Ganzheitliche Bewertung von Unternehmensnetzwerken

Europäische Hochschulschriften
Publications Universitaires Européennes
European University Studies

Reihe V
Volks- und Betriebswirtschaft

Série V Series V
Sciences économiques, gestion d'entreprise
Economics and Management

Bd./Vol. 2854

PETER LANG
Frankfurt am Main · Berlin · Bern · Bruxelles · New York · Oxford · Wien

Wolfgang Voß

Ganzheitliche Bewertung von Unternehmensnetzwerken

Konzeption eines Bewertungsmodells

PETER LANG
Europäischer Verlag der Wissenschaften

Die Deutsche Bibliothek - CIP-Einheitsaufnahme

Voß, Wolfgang :

Ganzheitliche Bewertung von Unternehmensnetzwerken : Konzeption eines Bewertungsmodells / Wolfgang Voß. - Frankfurt am Main ; Berlin ; Bern ; Bruxelles ; New York ; Oxford ; Wien : Lang, 2002
(Europäische Hochschulschriften : Reihe 5, Volks- und Betriebswirtschaft ; Bd. 2854)
Zugl.: Kaiserslautern, Univ., Diss., 2001
ISBN 3-631-38811-X

D 386
ISSN 0531-7339
ISBN 3-631-38811-X

www.peterlang.de

Vorwort

Das wirtschaftliche, gesellschaftliche und technologische Umfeld von Unternehmen ist einem sich ständig beschleunigenden Wandel unterworfen. Die Verschmelzung von Wissenschafts- und Technikdisziplinen, der immer schnellere technische Fortschritt sowie die Globalisierung des Wirtschaftsgeschehens bringen neue Herausforderungen mit sich. Dadurch gewinnen Unternehmenskooperationen und -netzwerke kontinuierlich an Bedeutung. Diese neue Organisations- und Koordinationsform, die marktliche und hierarchische Elemente vereint, bietet besonders kleinen und mittleren Unternehmen (KMU) Chancen, den skizzierten Herausforderungen zu begegnen.

Über die zunehmende Relevanz von Unternehmensnetzwerken besteht Einigkeit in Wissenschaft und betriebswirtschaftlicher Praxis. Dennoch ist bislang weder ein in sich geschlossenes konzeptionelles Verständnis erkennbar, noch wurden in hinreichendem Maße praxisrelevante Hilfsmittel zur Gestaltung und Steuerung von Unternehmensnetzwerken vorgelegt. Hier setzt die vorliegende Arbeit an, die als Dissertation während meiner Tätigkeit als wissenschaftlicher Mitarbeiter am Institut für Technologie und Arbeit der Universität Kaiserslautern entstand. Sie dient der Entwicklung eines wissenschaftlich fundierten und praxisrelevanten Bewertungskonzepts, das die Gestaltung und Steuerung von Unternehmensnetzwerken unterstützt. Voraussetzung dafür ist eine theoriebasierte und empirisch fundierte Eingrenzung des Netzwerkbegriffs.

Die Entstehung dieser Arbeit war nur mit Unterstützung zahlreicher Freunde und Kollegen möglich. Zunächst bin ich meinem akademischen Lehrer, Herrn Prof. Dr. K.J. Zink, zu besonderem Dank verpflichtet. Er hat durch den fachlichen Dialog und seine konstruktive Kritik Inhalte und Aufbau der Arbeit wesentlich geprägt. Außerdem danke ich Herrn Prof. Dr. H. Müller-Merbach für die Übernahme des Koreferates sowie Herrn Prof. Dr. Dr. J. Ensthaler und Herrn Prof. Dr. R. Hölscher für die Mitwirkung in der Prüfungskommission.

Wertvolle Unterstützung habe ich weiterhin von derzeitigen und ehemaligen Mitarbeiterinnen und Mitarbeitern des Lehrstuhls für Industriebetriebslehre und Arbeitswissenschaft und des Instituts für Technologie und Arbeit erfahren. Sie haben wichtige Diskussionsbeiträge zur inhaltlichen Gestaltung der Arbeit geleistet und mich in der formalen Gestaltung unterstützt. Besonders hervorheben möchte ich hierbei Frau Dipl.-Wirtsch.-Ing. A. Reuter, Herrn Dr. T. Bäuerle sowie Herrn Dr. T. Brandstätt, die die Entstehung der Arbeit stets kritisch begleitet haben. Frau D. Köller schließlich bin ich zum Dank für die formale und insbesondere orthografische Prüfung der Endfassung verpflichtet.

Zuletzt danke ich meiner Familie für den Rückhalt und die Motivation, die sie mir auch in schwierigen Phasen bei der Erstellung dieser Arbeit vermittelt hat.

Kaiserslautern, im November 2001 Wolfgang Voß

Inhaltsübersicht

1 Einleitung **1**

1.1 Unternehmensnetzwerke als aktuelle Herausforderung 1

1.2 Ziele und Aufbau der Arbeit 4

2 Organisation und Unternehmen **9**

2.1 Organisationsbegriff 9

2.2 Unternehmensbegriff 16

2.3 Gründe für die Entstehung von Organisationen 18

2.4 Organisationstheoretische Grundlagen 28

2.5 Erfolgs-, Effektivitäts- und Effizienzkriterien für Organisationen 49

3 Organisations- und Unternehmensbewertung **69**

3.1 Begriff und Bedeutung der Organisations- und Unternehmensbewertung 69

3.2 Anforderungen an die Bewertung von Organisationen und Unternehmen 72

3.3 Ausgewählte Konzepte zur Organisations- und Unternehmensbewertung 88

3.4 Bewertung durch Excellence-Modelle 164

4 Unternehmensnetzwerke **273**

4.1 Begriff und Bedeutung von Unternehmensnetzwerken 273

4.2 Systematisierung von Unternehmensnetzwerken und empirische Bestandsaufnahme 337

4.3 Realisationsformen für Unternehmensnetzwerke 405

4.4 Gefahren und Grenzen der Kooperation 436

4.5 Erfolgs-, Effektivitäts- und Effizienzkriterien für Unternehmensnetzwerke 445

5 Bewertung von Unternehmensnetzwerken **457**

5.1 Ziele und Aufgaben der Bewertung von Unternehmensnetzwerken 457

5.2 Anforderungen an die Bewertung von Unternehmensnetzwerken 459

5.3 Aktuelle Bewertungskonzepte für Unternehmensnetzwerke 462

5.4 Konzeption eines Bewertungsmodells 471

5.5 Überlegungen zur Anwendung des Modells 510

5.6 Erfüllung der Anforderungen an die Bewertung 522

6 Zusammenfassung und Ausblick 529

Abbildungsverzeichnis 535

Tabellenverzeichnis 539

Abkürzungsverzeichnis 543

Literaturverzeichnis 547

Personen- und Sachregister 607

Anhang: Fragebogen zur empirischen Erhebung 625

Inhaltsverzeichnis

1 Einleitung 1

1.1 Unternehmensnetzwerke als aktuelle Herausforderung 1

1.2 Ziele und Aufbau der Arbeit 4

2 Organisation und Unternehmen 9

2.1 Organisationsbegriff 9

2.1.1 Funktionaler, instrumenteller und institutioneller Organisationsbegriff 9

2.1.2 Aufbau- und Ablauforganisation 13

2.2 Unternehmensbegriff 16

2.3 Gründe für die Entstehung von Organisationen 18

2.3.1 Kognitive und kapazitive Restriktionen des Individuums 19

2.3.2 Dynamik und Instabilität von Marktbeziehungen 22

2.3.3 Reduktion von Verhaltensvarietät 26

2.4 Organisationstheoretische Grundlagen 28

2.4.1 Klassische Organisationstheorie 29

2.4.2 Neoklassische Organisationstheorie 32

2.4.3 Moderne Organisationstheorie 35

2.4.3.1 Situativer oder strukturalistischer Ansatz 35

2.4.3.2 Entscheidungstheoretischer Ansatz 36

2.4.3.3 Institutionenökonomischer Ansatz 38

2.4.3.4 Evolutionstheoretischer Ansatz 43

2.4.3.5 Systemtheoretischer Ansatz 45

2.4.3.6 Interpretativer oder kognitiv-symbolischer Ansatz 47

2.5 Erfolgs-, Effektivitäts- und Effizienzkriterien für Organisationen 49

2.5.1 Kriterien aus dem Systemansatz 54

2.5.1.1 Systemerhaltung 55

2.5.1.2 Systemeffizienz 56

2.5.1.3 Systemzuverlässigkeit 61

2.5.2 Kriterien aus dem Sozialansatz 62

2.5.3 Kriterien aus dem Interaktionsansatz ... 63
2.5.3.1 Strategische Positionierung und organisationaler Fit ... 63
2.5.3.2 Gestaltung der Außenbeziehungen und Kooperationsfähigkeit ... 65

3 Organisations- und Unternehmensbewertung ... 69

3.1 Begriff und Bedeutung der Organisations- und Unternehmensbewertung ... 69

3.2 Anforderungen an die Bewertung von Organisationen und Unternehmen ... 72

3.2.1 Ganzheitlichkeit der Bewertung ... 73

3.2.2 Entwicklungs- und Verbesserungsorientierung ... 77

3.2.3 Testgütekriterien ... 80

3.2.4 Utilität und Operationalität ... 86

3.3 Ausgewählte Konzepte zur Organisations- und Unternehmensbewertung ... 88

3.3.1 Bewertung auf Basis finanzieller Ergebnisse ... 89
3.3.1.1 Bewertung auf Basis des Unternehmensvermögens ... 91
3.3.1.2 Bewertung auf Basis individueller Erfolgsgrößen ... 93
3.3.1.3 Bewertung auf Basis von Markt- und Wettbewerbsvergleichen ... 100

3.3.2 Erweiterung der finanzorientierten Bewertung ... 104
3.3.2.1 Due Diligence ... 104
3.3.2.2 Rating ... 108
3.3.2.3 Bewertung nach dem Shareholder-Value-Konzept ... 114
3.3.2.4 Corporate-Sustainability-Assessment ... 117

3.3.3 Bewertung von Managementsystemen ... 122
3.3.3.1 Qualitätsmanagement ... 123
3.3.3.1.1 DIN EN ISO 9000 ff. ... 123
3.3.3.1.2 VDA 6.1, QS 9000 und ISO TS 16949 ... 130
3.3.3.2 Umweltschutz, Gesundheit, Arbeitsschutz ... 137
3.3.3.3 Integrierte Managementsysteme ... 142

3.3.4 Weitere Bewertungskonzepte ... 147
3.3.4.1 Portfolioanalyse ... 147
3.3.4.2 Nutzwertanalyse ... 152
3.3.4.3 Gemeinkostenwertanalyse ... 155
3.3.4.4 Zero-Base-Budgeting ... 157

3.3.5 Balanced Scorecard ... 159

3.4 Bewertung durch Excellence-Modelle ... 164

3.4.1 European Quality Award ... 166
3.4.1.1 Inhaltliche Grundlagen des Bewertungsmodells ... 167
3.4.1.2 Modellstruktur und Bewertungsdimensionen ... 173
3.4.1.3 Inhalte der Modellkriterien ... 179

3.4.2 Malcolm Baldrige National Quality Award ... 192
3.4.2.1 Inhaltliche Grundlagen des Bewertungsmodells ... 193
3.4.2.2 Modellstruktur und Kriterien ... 197

3.4.3 Australian Quality Award ... 207
3.4.3.1 Inhaltliche Grundlagen des Bewertungsmodells ... 208
3.4.3.2 Modellstruktur und Kriterien ... 211

3.4.4 Japan Quality Award ... 219
3.4.4.1 Inhaltliche Grundlagen des Bewertungsmodells ... 219
3.4.4.2 Modellstruktur und Kriterien ... 222

3.4.5 Perspektiven zur Weiterentwicklung der Modelle ... 230
3.4.5.1 Assessment-Modell nach Conti ... 231
3.4.5.2 International Excellence Framework nach Schmidt ... 233

3.4.6 Wirtschaftliche und politische Bedeutung der Excellence-Modelle ... 238
3.4.6.1 Nutzung von Excellence-Modellen in der betrieblichen Praxis ... 239
3.4.6.2 Empirische Begründung ausgewählter Modellzusammenhänge ... 245
3.4.6.3 Auswirkungen der Umsetzung von Excellence-Modellen auf den Unternehmenswert ... 247
3.4.6.4 Auswirkungen der Umsetzung von Excellence-Modellen auf sonstige Erfolgs- und Effizienzmessgrößen ... 255

4 Unternehmensnetzwerke ... 273

4.1 Begriff und Bedeutung von Unternehmensnetzwerken ... 273

4.1.1 Netzwerke und Kooperationen ... 279

4.1.2 Betrachtungsebenen des Netzwerkbegriffs ... 280
4.1.2.1 Interpersonale Perspektive ... 282
4.1.2.2 Strukturale Perspektive ... 285
4.1.2.3 Institutionalistische Perspektive ... 291

4.1.3 Konstitutive Merkmale von Organisationsnetzwerken ... 297
4.1.3.1 Organisationsmehrheit mit interorganisatorischer Arbeitsteilung ... 298
4.1.3.2 Zielkomplementarität der Partner ... 303
4.1.3.3 Strategische Ausrichtung ... 306
4.1.3.4 Selbständigkeit und Unabhängigkeit der Partner ... 313
4.1.3.5 Freiwilligkeit der Teilnahme ... 317
4.1.3.6 Interdependenz der Partner ... 319

4.1.3.7 Inanspruchnahme von Vertrauen ... 323
4.1.3.8 Vertragliche Vereinbarung ... 329
4.1.3.9 Dauer der Kooperation ... 332
4.1.3.10 Dynamik in Struktur und Zusammensetzung ... 335

4.2 Systematisierung von Unternehmensnetzwerken und empirische Bestandsaufnahme ... 337

4.2.1 Ziele der Kooperation ... 344
4.2.1.1 Effiziente Strukturgestaltung ... 349
4.2.1.2 Marktzugang und Wettbewerbsbeeinflussung ... 352
4.2.1.3 Bündelung materieller Ressourcen ... 357
4.2.1.4 Wissensakquisition und Know-how-Transfer ... 358
4.2.1.5 Dynamisierung und Flexibilisierung ... 362

4.2.2 Mitgliederstruktur und Tätigkeitsbereiche des Netzwerks ... 367
4.2.2.1 Zahl und Größe der Mitglieder ... 367
4.2.2.2 Richtung der Zusammenarbeit und geografische Reichweite ... 372
4.2.2.3 Wertschöpfungsbereiche des Netzwerks ... 375

4.2.3 Bindungsintensität im Netzwerk ... 379
4.2.3.1 Machtverteilung im Netzwerk ... 380
4.2.3.2 Reichweite und strategische Bedeutung für die Partner ... 389
4.2.3.3 Rechtliche Bindung der Partner ... 392
4.2.3.4 Zeitliche Bindung der Partner ... 395
4.2.3.5 Ressourcenbindung ... 399

4.2.4 Weitere Ergebnisse der Bestandsaufnahme ... 403

4.3 Realisationsformen für Unternehmensnetzwerke ... 405

4.3.1 Kunden-Lieferanten-Partnerschaften ... 406

4.3.2 Arbeitsgemeinschaften und Konsortien ... 410

4.3.3 Strategische Allianzen ... 412

4.3.4 Joint Ventures ... 414

4.3.5 Regionale und nationale Netzwerke ... 417
4.3.5.1 Excellence-Centers oder Community-Quality-Councils ... 418
4.3.5.2 Japanische Unternehmensgruppen oder Keiretsu ... 421
4.3.5.3 Branchenbezogene Regionalnetzwerke ... 424

4.3.6 Virtuelle Unternehmen ... 427

4.3.7 Public-Private-Partnerships ... 432

4.4 Gefahren und Grenzen der Kooperation ... 436

4.4.1 Abfluss von Know-how an den Wettbewerb ... 437

4.4.2 Verlust der eigenen Innovationskraft ... 439

4.4.3 Verlust der Unabhängigkeit ... 440

4.4.4 Verlust der Agilität durch administrative Overheads ... 442

4.4.5 Konflikte und Rivalität zwischen den Partnern ... 444

4.5 Erfolgs-, Effektivitäts- und Effizienzkriterien für Unternehmensnetzwerke ... 445

4.5.1 Relevanz einzelorganisatorischer Kriterien ... 445

4.5.2 Zusätzliche Kriterien für Unternehmensnetzwerke ... 451

5 Bewertung von Unternehmensnetzwerken ... 457

5.1 Ziele und Aufgaben der Bewertung von Unternehmensnetzwerken .. 457

5.2 Anforderungen an die Bewertung von Unternehmensnetzwerken ... 459

5.3 Aktuelle Bewertungskonzepte für Unternehmensnetzwerke ... 462

5.3.1 Bewertung von Mergers und Acquisitions ... 463

5.3.2 Netzwerkanalyse ... 465

5.3.3 Balanced Scorecard ... 468

5.4 Konzeption eines Bewertungsmodells ... 471

5.4.1 Inhaltliche Grundlagen des Modells ... 472

5.4.2 Modellstruktur und Bewertungsdimensionen ... 477

5.4.3 Inhalte der Modellelemente ... 482

5.4.3.1 Führung ... 482
5.4.3.2 Werte und Kultur ... 488
5.4.3.3 Netzwerkarchitektur ... 491
5.4.3.4 Strategie und Ziele ... 495
5.4.3.5 Stakeholder ... 498
5.4.3.6 Ressourcen ... 501
5.4.3.7 Prozesse ... 503
5.4.3.8 Subjektive Leistungen ... 507
5.4.3.9 Objektive Leistungen ... 508

5.5 Überlegungen zur Anwendung des Modells 510

5.5.1 Grundsätzliches Vorgehen 511

5.5.2 Anwendungsvoraussetzungen und Einfluss der Gestaltung 513

5.6 Erfüllung der Anforderungen an die Bewertung 522

5.6.1 Bewertung des Modells 522

5.6.2 Bewertung des Konzepts 526

6 Zusammenfassung und Ausblick 529

Abbildungsverzeichnis 535

Tabellenverzeichnis 539

Abkürzungsverzeichnis 543

Literaturverzeichnis 547

Personen- und Sachregister 607

Anhang: Fragebogen zur empirischen Erhebung 625

1 Einleitung

1.1 Unternehmensnetzwerke als aktuelle Herausforderung

Komplexität und Dynamik – zwei Schlagworte bestimmen immer mehr die Diskussion in der betriebswirtschaftlichen Forschung und Praxis.[1] Sie beschreiben aktuelle Entwicklungen, denen sich Unternehmen gegenübersehen. Die zunehmende Verknüpfung von Wissenschafts- und Technikdisziplinen sowie die Globalisierung der Wirtschaft führen zur Entstehung vielschichtiger Wirkungszusammenhänge und Abhängigkeiten, die eine intellektuelle Durchdringung auf individueller Ebene erschweren.[2] Dieses Problem wird durch den ständig beschleunigten technischen Fortschritt sowie die Dynamisierung des Wettbewerbs nachhaltig verschärft.[3] Veränderungen im industriellen Umfeld sind immer weniger vorhersagbar,[4] damit stößt unternehmerische Planung zunehmend an ihre Grenzen.[5] Planungshorizonte verkürzen sich in einer Weise, dass sie die Flexibilität klassisch hierarchischer Strukturen überfordern.[6]

Hier bieten – so der Tenor der aktuellen Diskussion – kooperative Arrangements oder Netzwerke einen erfolgversprechenden Weg aus der Krise: Geschickt konfiguriert, eröffnen sie kurzfristig den Zugang zu komplementären Kompetenzen der Partner[7] und begründen damit potentielle Wettbewerbsvorteile in einem komplexen und dynamischen Umfeld: "Gezielte Partnerschaften bieten die Chance, zukunftsorientierte Wachstumspotentiale aufzubauen. Zudem lassen sich die Lasten auf mehrere Partner verteilen. ... Partnerschaften bieten sich z.B. in kostenintensiven Funktionsbereichen wie Forschung und Entwicklung oder auch der Produktion an. Besonders geeignet erscheinen Partnerschaften bei Auslandsengagements. So können Kooperationen im Ausland einen direkten Marktzugang erleichtern. Eine umfassende Infrastruktur sowie das erforderliche Know-how muss nicht aufgebaut werden, da der Partner hilft."[8]

---

1 Vgl. Bleicher (1999), S. 19; Chisholm (1996), S. 217; Merkle (1999), S. 1

2 Vgl. Balling (1997), S. 7; Bullinger/Ohlhausen/Hoffmann (1997), S. 21 f.; Frank (1999), S. 258 f.; Götz (1996), S. 21; Kemmner/Gillesen (2000), S. 6; Porter (1989b), S. 19; Ulrich (1987), S. 186; Warnecke (1992), S. 10; Warnecke (1999), S. 5; Yoshino/Rangan (1995), S. 52

3 Vgl. Belzer (1993), S. 18; Bleicher (1999), S. 29; Bullinger/Ohlhausen/Hoffmann (1997), S. 20-23; Frank (1999), S. 257 f.; Götz (1996), S. 22; Hagedoorn (1990), S. 19; Handfield/Ragatz/Petersen/Monczka (1999), S. 59; Hartmann (1985), S. 15; Hofmann/Holzschuh/Gölz (2000), S. 25; Jansen (1998), S. 1; Kaluza/Blecker (1999), S. 1; Kreikebaum (1991), S. 29; Littig (1999), S. 5; Warnecke (1992), o.S.

4 Vgl. Probst (1983), S. 326

5 Vgl. Hinterhuber (1997), S. 85; Schreyögg (1984), S. 72 f.; Warnecke (1999), S. 7

6 Vgl. Belzer (1993), S. 11, S. 13; Bleicher (1999), S. 15, S. 28; Goeken (1998), S. 183; Goldman/Nagel/Preis (1996a), S. 3; Kreikebaum (1991), S. 58; Lipnack/Stamps (1994), S. 17 f.; Schuh/Millarg/Göransson (1998), S. 17 f.

7 Vgl. Goldman/Nagel/Preis (1996a), S. 6

8 Steinbach (1999), S. 8 f.; Vgl. Porter/Fuller (1989), S. 364

Kooperative Elemente ergänzen zunehmend marktliche, d.h. kompetitive Steuerungsmechanismen sowohl in der vertikalen Zusammenarbeit entlang der Wertschöpfungskette zwischen Zulieferern und Abnehmern als auch in der horizontalen Kooperation zwischen Unternehmen der gleichen Wertschöpfungsstufe – mitunter auch zwischen unmittelbaren Wettbewerbern. Zur Verbreitung entsprechender Verhaltensweisen und struktureller Arrangements führt beispielsweise MORGAN aus: "If we look at the organizational world, we find that, as in nature, collaboration is often as common as competition."[9]

Beschränken sich die skizzierten Vorteile noch auf die einzelbetriebliche Perspektive, ist inzwischen auch ein Einstellungswandel auf makroökonomischer Ebene festzustellen.[10] Ursprünglich wurden Unternehmenskooperationen vielfach auf ihre wettbewerbsmindernde und damit gesamtgesellschaftlich schädliche Wirkung reduziert: "The basic tenet of textbook orthodoxy is that competition drives resource allocation towards efficient outcomes, while market power distorts outcomes and creates inefficiencies. The image of competition which informs this view is that of neoclassical perfect competition. ... Cooperation is generally analyzed only in terms of its negative impacts on economic welfare."[11] SYDOW argumentiert: "Kooperatives Verhalten von Unternehmungen wird im Rahmen der originären Industrieökonomik oft voreilig als wettbewerbsschädigende Kollusion interpretiert. Überhaupt wird die Organisiertheit der Beziehungen zwischen Organisationen von der industrieökonomischen Forschung zum großen Teil ignoriert, obwohl strategische Interdependenzen gerade in oligopolistischen Märkten von großer Bedeutung sind."[12]

Angeregt u.a. durch den Erfolg des japanischen Produktionsmodells, das kooperativen Elementen sowohl in der horizontalen als auch in der vertikalen Ebene klassischerweise hohe Bedeutung beimisst,[13] entstand eine intensive Diskussion über den Nutzen entsprechender Organisationsformen auch in einer gesamtwirtschaftlichen Effizienzbetrachtung:[14] "Mit den Weihen eines zukünftigen Produktionskonzeptes versehen, ist ein Typ von Produktionsorganisation in die Aufmerksamkeit von Wissenschaft und Praxis geraten, der die alte Form 'hochintegrierter Massenproduktion' ablösen soll. Die Rede ist von Netzwerkfirmen, Produktionsnetzwerken, Solarfirmen, Konsortien und Agglomerationen und ähnlich etikettierten Formen der Produktion. Die Diskussion um das Nichtkonzept der 'schlanken Produktion', das 'virtuelle Unternehmen' oder gar die 'fraktale Fabrik' gaben der Propagandierung dieses Produktionskonzeptes als eines mit

---

9 Morgan (1986), S. 70

10 Vgl. Jansen (1998), S. 7

11 Jorde/Teece (1989), S. 26

12 Sydow (1993), S. 174 f.; Vgl. Berg/Duncan/Friedman (1982), S. 37

13 Vgl. Dore (1987), S. 14 f.; Lewis (1990), S. 84; Pohlmann/Apelt/Buroh/Martens (1995), S. 7

14 Vgl. Belzer (1993), S. 13

Zukunft neuen Auftrieb."[15] Dabei stehen insbesondere die höhere wirtschaftliche Tragfähigkeit von Unternehmensmehrheiten bei der gemeinsamen Entwicklung und Nutzung komplexer neuer Technologien sowie die in diesem Prozess erzielbaren Zeitvorteile im Mittelpunkt.[16]

Zwei Faktoren behindern derzeit die Verbreitung kooperativer Arrangements in der Praxis. Zum einen fehlt in vielen Unternehmen grundsätzlich die Bereitschaft, sich auf das Risiko wechselseitiger Abhängigkeit einzulassen.[17] Gravierender ist jedoch ein Mangel an Wissen und Erfahrung im Hinblick auf eine erfolgversprechende Gestaltung entsprechender Strukturen:[18] "Unternehmensnetzwerke gelten weithin - gerade wegen der für sie charakteristischen Flexibilität - als wesentliche Organisationsform der Zukunft. Während ihre potentiellen Vorteile erkannt worden sind und auch Beispiele für solche Netzwerke bestehen, fehlt es jedoch ... an Erkenntnissen zur Gestaltung und zum Management der Beziehungen zwischen den Partnerunternehmen und den damit verbundenen Wertschöpfungsprozessen. So werden zwar ... bereits Formen von Unternehmensnetzwerken diskutiert, die eine hohe Wandelbarkeit sicherstellen sollen ... , ohne jedoch Aussagen zur konkreten Gestaltung, Bewertung und zum Controlling der Wertschöpfungsprozesse bieten zu können."[19]

Dieses Defizit wiegt umso schwerer, als z.B. POWELL auf praktische Schwierigkeiten bei der Gestaltung und Steuerung von Unternehmensnetzwerken hinweist: "Cooperative arrangements are not necessarily easy to sustain, nor do they always entail success."[20] Hieraus entsteht ein dringend artikulierter Unterstützungbedarf der Praxis: "Obwohl Allianzen in großer Zahl gegründet werden, scheitern nach Praxiserkenntnissen mehr als 50 % in ihrer operativen Umsetzung aus organisatorischen und/oder kulturellen Gründen. Die durch die Gründung strategischer Allianzen möglichen Chancen werden so nicht genutzt, auf Risiken bereitet man sich nicht ausreichend vor."[21] Entsprechende Schwierigkeiten betreffen in besonderem Maße KMU: "Mit der Bewältigung der ... Kooperationsbarrieren sind gerade kleine und mittlere Unternehmen oftmals überfordert."[22]

---

15 Pohlmann/Apelt/Buroh/Martens (1995), S. 1; Vgl. Warnecke (1992), S. 1

16 Vgl. Belzer (1993), S. 13; Yoshino/Rangan (1995), S. IX

17 Vgl. Belzer (1993), S. 14

18 Vgl. Braun (1999), S. 43

19 Klocke (1998), S. 55; Vgl. Sydow (1995), S. 629; Ulmer (1996), S. 132

20 Powell (1990), S. 318

21 Heck (1999), S. VII (*Anm.: Die hier verwendeten Begriffe "Allianz" und "strategische Allianz" decken sich mit dem Begriffsverständnis dieser Arbeit von Unternehmensnetzwerken.*)

22 Staudt/Kriegesmann/Thielemann/Behrendt (1995), S. 1222

1.2 Ziele und Aufbau der Arbeit

Hier knüpft die vorliegende Arbeit an. Ihr Ziel besteht in der Entwicklung eines ganzheitlichen Instruments zur Bewertung von Unternehmensnetzwerken. Dabei steht weniger die Wert- oder Preisermittlung im Vordergrund, sondern eher die gestaltungs- und veränderungsorientierte Beurteilung im Sinne einer analytischen und diagnostischen Bestandsaufnahme.[23] Daher wird ein Instrument geschaffen, um über die Identifikation von Stärken und Verbesserungsbereichen im Hinblick auf die organisatorische Gestaltung und die darüber verankerte Leistungsfähigkeit sowie das erreichte Leistungsniveau die Führung eines Unternehmensnetzwerks und den organisatorischen Gestaltungs- und Verbesserungsprozess zu strukturieren und auf erfolgskritische Handlungsfelder zu konzentrieren. Über die Bewertungsfunktion wird somit mittelbar eine Gestaltungswirkung erzielt: Durch Adressierung der bei der Bewertung herausgearbeiteten Verbesserungsbereiche über konkrete Veränderungsmaßnahmen wird das Netzwerk auf eine langfristige Erfolgssicherung im Sinne organisationaler Zielerreichung ausgerichtet.

Der in diesem Zusammenhang verfolgte Ganzheitlichkeitsanspruch ergibt sich aus den Strukturierungsdimensionen im Konzept Integriertes Management nach BLEICHER,[24] die das Bewertungsmodell einschließlich der zwischen ihnen bestehenden Beziehungen abbilden muss. Der Blick richtet sich daher auf die horizontale und vertikale Harmonisierung, d.h. auf eine stringente Gestaltung von Strukturen, Aktivitäten und Verhalten sowie von normativen, strategischen und operativen Elementen. Entsprechende Anforderungen werden in den weiteren Ausführungen konkretisiert.

Die Entwicklung greift auf bestehende Bewertungsansätze für Einzelorganisationen zurück, um diese, ausgehend von einer Betrachtung der Unterschiede und Gemeinsamkeiten auf konzeptioneller Ebene, auf kooperative Strukturen zu übertragen. Sie führt damit bestehende Tendenzen zur Ausgestaltung von Managementkonzepten fort, auf die KLOCKE hinweist: "Es existieren erste Ansätze eines Managements interorganisationaler Beziehungen, in denen versucht wird, allgemeine Managementansätze auf Unternehmensnetzwerke zu übertragen. Umfassende Ergebnisse, insbesondere Konzepte, die konkrete Aussagen zur Gestaltung der klassischen Managementfunktionen Organisation, Planung und Kontrolle (Controlling) sowie Führung in Netzwerken enthalten, fehlen."[25] Inhaltlich wird die Anknüpfung an bestehende Bewertungskonzepte für Einzelorganisationen über die konzeptionellen Parallelen zu Organisationsnetzwerken begründet: "The conditions for the existence of stable networks are the same as the conditions for the existence of organizations, using this word now in the traditional sense of organization theory."[26]

---

23 Vgl. Schmidt (2001), S. 58

24 Vgl. Bleicher (1999), S. 77

25 Klocke (1998), S. 55

26 Jarillo (1988), S. 36

Der Aufbau der Arbeit geht im Einzelnen aus Abb. 1 hervor. Nach einem einleitenden Überblick in Kap. 1 werden in Kap. 1 zunächst die konzeptionellen Grundlagen des Organisations- und Unternehmensbegriffs gelegt (vgl. Kap. 2.1, Kap. 2.2). Diese werden in der Auseinandersetzung mit den Gründen der Organisations- und Unternehmensgenese, mit der Einordnung in das wirtschaftliche und gesellschaftliche Umsystem (vgl. Kap. 2.3, Kap. 2.4) sowie daraus abgeleiteten Erfolgs-, Effektivitäts- und Effizienzkriterien einer Organisation (vgl. Kap. 2.5) fortgeführt. Die ausführliche Beschäftigung mit Einzelorganisationen und –unternehmen legt den Grundstein zur späteren Herausarbeitung konzeptioneller Parallelen und Unterschiede zu Unternehmensnetzwerken.

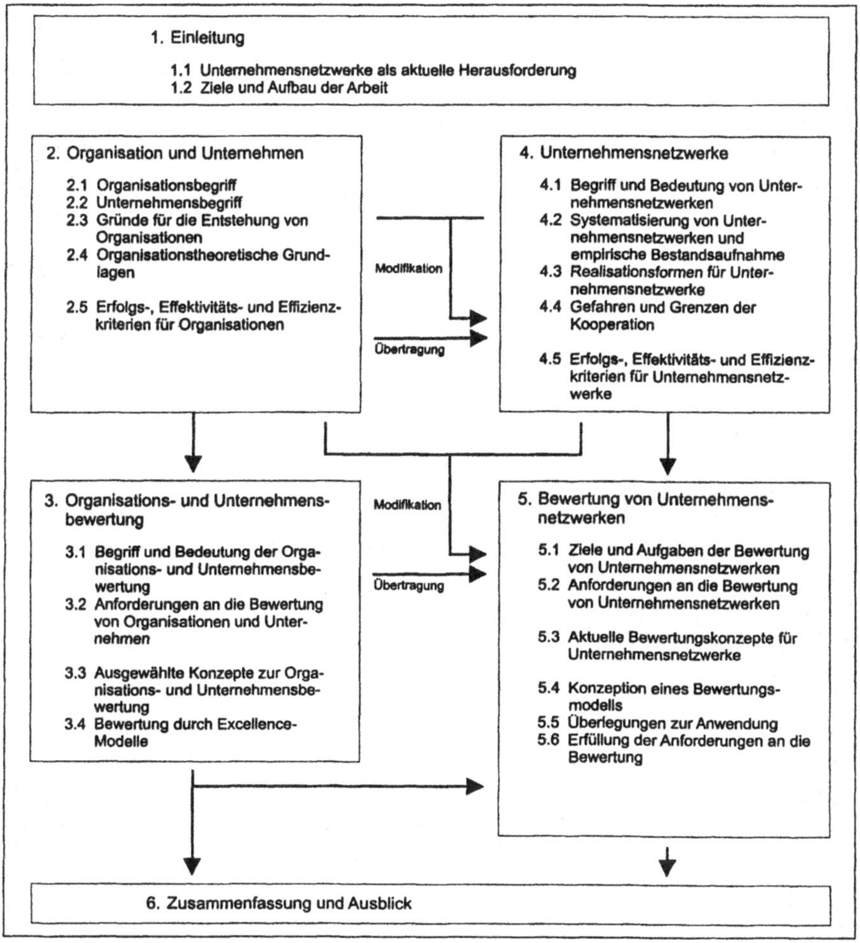

Abb. 1: Aufbau der Arbeit

Effektivitäts- und Effizienzkriterien leiten zu Kap. 1 über, das sich zunächst mit den Grundlagen der Organisations- und Unternehmensbewertung befasst und Anforderungen an diese beleuchtet (vgl. Kap. 3.1, Kap. 3.2). Letztere wiederum bilden die Basis für die Betrachtung und Beurteilung bestehender Ansätze zur Organisations- und Unternehmensbewertung (vgl. Kap. 3.3). Das Interesse gilt dabei nicht primär Verfahren zur ausschließlichen Ermittlung eines monetären Wertes, vielmehr steht die Steuerungs- und Gestaltungsfunktion der Bewertung im Mittelpunkt der Betrachtung. Vor diesem Hintergrund kommt den sog. Excellence-Modellen, die als Kriterienraster für die Vergabe internationaler Qualitätspreise entstanden sind, besondere Bedeutung zu. Sie zeichnen sich durch einen ganzheitlichen Betrachtungsansatz[27] sowie durch eine starke Entwicklungs- und Verbesserungsorientierung aus und werden demzufolge als Grundlage der weiteren Ausführungen verwendet (vgl. Kap. 3.4).

Kap. 1 ist der konzeptionellen und empirischen Analyse des Netzwerkphänomens gewidmet. Hier werden zunächst theoretische Überlegungen zur Entstehung und Gestaltung von Unternehmenskooperationen und –netzwerken angestellt (vgl. Kap. 4.1). Diese beinhalten nach einer einleitenden begrifflichen Eingrenzung insbesondere die Auseinandersetzung mit komparativen Vorteilen gegenüber den alternativen Gestaltungsformen des Marktes und der Hierarchie. Da bisher keine einheitliche Definition des Netzwerkbegriffs vorgelegt wurde,[28] werden durch Auswertung des Schrifttums konstitutive Elemente für Unternehmensnetzwerke abgeleitet.

Die Erarbeitung eines Merkmalskatalogs zur Systematisierung konkreter Gestaltungsformen sowie eine Überprüfung seiner Relevanz und der statistischen Verteilung entsprechender Ausprägungen sind Gegenstand einer empirischen Erhebung. Sie liefert Hinweise auf die Bedeutung des Netzwerkphänomens und unterschiedlicher Gestaltungsalternativen in der Praxis (vgl. Kap. 4.2). Diese werden durch die Auseinandersetzung mit ausgewählten Kooperationsformen vertieft, die sich zum einen durch hohe Verbreitung, zum anderen durch eine zumindest grundsätzliche konzeptionelle Geschlossenheit auszeichnen (vgl. Kap. 4.3). Überlegungen zu den potentiellen Gefahren, die sich aus einer Beteiligung an Unternehmenskooperationen ergeben, runden die Argumentation ab (vgl. Kap. 4.4). Das Kapitel schließt mit der Erarbeitung von Effektivitäts- und Effizienzkriterien (vgl. Kap. 4.5). Diese werden zum einen durch Übertragung der Überlegungen zu Einzelorganisationen auf Basis konzeptioneller Parallelen, zum anderen durch die Ergebnisse der theoretischen Auseinandersetzung mit Unternehmensnetzwerken und die Herausarbeitung konzeptioneller Unterschiede gewonnen.

Die Eingrenzung des Netzwerkphänomens bildet den Bezugsrahmen zur Ableitung eines Bewertungsmodells als Kernbestandteil der vorliegenden Arbeit in Kap. 1. Nach

---

27 Vgl. Schmidt (2001); Zink (1995)

28 Vgl. Balling (1997), S. 7 f.; Benson (1975), S. 229 f.; Jansen (1998), S. 9; Jarillo (1988), S. 31; Mayer (2000), S. 7, S. 25 f.

einer Auseinandersetzung mit den Zielen und Aufgaben der Bewertung, die sich unter Berücksichtigung der Charakteristika des Bewertungsobjekts und -kontextes ergeben (vgl. Kap. 5.1), werden unter Rückgriff auf die früheren Ausführungen zur Bewertung von Einzelorganisationen konkrete Anforderungen an die Bewertung von Unternehmensnetzwerken abgeleitet (vgl. Kap. 5.2). Die Überlegungen basieren auf einer Gegenüberstellung der Entstehung, Zielsetzung und Struktur von Einzelorganisationen einerseits und Netzwerken als Organisationsmehrheiten andererseits. Der hieraus entstehende Anforderungskatalog wird herangezogen, um bestehende Ansätze zur Bewertung zu beurteilen (vgl. Kap. 5.3). Dabei offenbaren sich im Ergebnis teilweise erhebliche Defizite etablierter Konzepte im Hinblick auf die Erfüllung der Bewertungsanforderungen.

Sie führen zur Erarbeitung eines eigenständigen, ganzheitlichen Modells zur Bewertung von Unternehmensnetzwerken, dem Network-Excellence-Modell (vgl. Kap. 5.4). Dieses basiert konzeptionell auf bestehenden Excellence-Modellen, trägt aber durch Modifikationen den Besonderheiten des Betrachtungsobjekts Unternehmensnetzwerk und dem veränderten Bewertungskontext Rechnung. Daran schließen sich erste Überlegungen zur Anwendung an, die Gestaltungsempfehlungen für das Bewertungsverfahren in Abhängigkeit von der organisatorischen Gestaltung des Netzwerks im Einzelfall enthalten (vgl. Kap. 5.5). Eine Beurteilung des Modells einschließlich der Anwendungshinweise hinsichtlich einer Erfüllung der Bewertungsanforderungen belegt die grundsätzliche Eignung als Instrument zur Steuerung eines organisationalen Entwicklungsprozesses und damit die Erreichung des Forschungsziels (vgl. Kap. 5.5). Die Erarbeitung des Network-Excellence-Modells führt inhaltlich zwei Argumentationslinien zusammen. Sie basiert einerseits auf einzelbetrieblichen Bewertungsansätzen, die nach ihrer Aussagekraft bewertet werden. Andererseits greift sie Anforderungen aus der konzeptionellen Auseinandersetzung mit dem Bewertungsobjekt Unternehmensnetzwerk auf.

Die Zusammenfassung in Kap. 1 resümiert die wesentlichen Ergebnisse und zeigt weiteren Forschungsbedarf, der sich insbesondere auf eine empirische Überprüfung der prognostischen Validität des Modells bezieht.

Die Argumentationslinien zur Bewertung von Einzelorganisationen einerseits und Unternehmensnetzwerken andererseits werden damit weitgehend parallel entwickelt: Den Ausgangspunkt bildet in beiden Fällen eine theoretische Auseinandersetzung mit dem Betrachtungsobjekt, die jeweils zur Ableitung von Effektivitäts- und Effizienzkriterien führt. Die Verknüpfung beider Linien stützt sich auf konzeptionelle Parallelen und Unterschiede zwischen Einzelorganisationen und Unternehmensnetzwerken. Gemeinsamkeiten und Analogien schaffen die Basis für eine grundsätzliche Übertragbarkeit entsprechender Ausführungen, Differenzen konstitutieren Modifikationsbedarfe. Aus den Effektivitäts- und Effizienzkriterien wiederum leiten sich Anforderungen an die Bewertung ab. Auch hier erfolgt ein simultaner Rückgriff auf Erfahrungen und Überlegungen zu beiden Arten von Betrachtungsobjekten, um erneut eine enge Verknüpfung in der Betrachtung zu gewährleisten. Die endgültige

Zusammenführung erfolgt schließlich in der Entwicklung eines eigenständigen Bewertungskonzepts, das sich im Network-Excellence-Modell konkretisiert und sowohl auf einzelbetriebliche Erfahrungen als auch auf Anforderungen aus der Netzwerkdiskussion rekurriert.

Die Entwicklung geht insoweit über bislang in der Literatur beschriebene Ansätze hinaus, als mit dem Network-Excellence-Modell und den hier erarbeiteten Anwendungsempfehlungen ein Bewertungskonzept zur Verfügung steht, das durch seine starke Entwicklungs- und Verbesserungsorientierung einen Beitrag zur Führung und organisatorischen Gestaltung von Unternehmensnetzwerken leisten kann. Die inhaltliche Ausgestaltung wird erstmalig aus einer systematischen konzeptionellen Analyse des Netzwerkbegriffs, über die Herausarbeitung grundsätzlicher Gestaltungsparameter und eine Beschreibung von Realisationsformen der betrieblichen Praxis abgeleitet. Zudem wird die theoretische Auseinandersetzung mit dem Netzwerkbegriff durch eine empirische Erhebung zur Verbreitung konkreter Gestaltungsmodelle gestützt, die die Relevanz der Ergebnisse belegt. Der stringente Rückgriff auf organisationstheoretische Grundlagen und konzeptionelle Ansätze der Netzwerkdiskussion bei der Erarbeitung des Network-Excellence-Modells lässt eine hohe Aussagekraft des Bewertungsergebnisses und damit eine wirkungsvolle Unterstützung bei der Gestaltung und Steuerung von Unternehmensnetzwerken erwarten.

2 Organisation und Unternehmen

2.1 Organisationsbegriff

Eine fundierte Auseinandersetzung mit dem Thema Organisationsbewertung setzt zunächst eine Definition des Betrachtungsgegenstands, d.h. eine Eingrenzung des Organisationsbegriffs voraus. Dabei geht es zunächst um die Unterscheidung tätigkeits- und strukturorientierter Ansätze (vgl. Kap. 2.1.1). Hier wird – losgelöst von konkreten Gestaltungsprinzipien – der grundsätzliche Inhalt des Organisationsbegriffs im Sinne einer prozeduralen oder ergebnisorientierten Betrachtung festgelegt. Parallel wird die – insbesondere in der deutschsprachigen Betriebswirtschaftslehre verfolgte – Unterscheidung in Aufbau- und Ablauforganisation diskutiert (vgl. Kap. 2.1.2). Obwohl in der theoretischen Perspektive regelmäßig unterschieden, weisen beide Betrachtungsansätze enge inhaltliche Bezüge auf.

Die im Folgenden erarbeitete Festlegung des Organisationsbegriffs bildet die Grundlage für die später vorgenommene Eingrenzung auf den Sonderfall des Unternehmens, der einen Ausschnitt aus dem vielfältigen Spektrum empirisch beobachtbarer Organisationsformen beschreibt.

2.1.1 Funktionaler, instrumenteller und institutioneller Organisationsbegriff

Eine einheitliche Position zum Verständnis des Organisationsbegriffs ist in der Literatur nicht zu erkennen: "Die Frage 'Was ist Organisation' lässt sich ... weder einfach noch erschöpfend beantworten. ... Es gibt ... nicht den Begriff der Organisation, sondern unterschiedliche Begriffe, welche jeweils auf unterschiedlichen organisationstheoretischen Ansätzen beruhen. Die verschiedenen Organisationsbegriffe lassen sich grob in drei Kategorien untergliedern: den tätigkeitsorientierten, den instrumentellen und den institutionellen Organisationsbegriff."[1] (vgl. Tab. 1) Häufig werden die beiden erstgenannten Kategorien zusammengefasst; die Abgrenzung von tätigkeitsorientierten und instrumentellen Aspekten wird nicht durchgängig vollzogen.[2] Grundsätzlich besteht im Hinblick auf die Kategorisierung jedoch weitgehende Einigkeit. Begrifflich abweichende, materiell jedoch ähnliche Beschreibungen finden sich bei einer Vielzahl von Autoren.[3]

---

1 Bea/Göbel (1999), S. 3; Vgl. Kosiol (1976), S. 15; Müller-Merbach (1976), S. 69 f.

2 Vgl. Picot (1993), S. 105

3 Vgl. Gomez/Zimmermann (1993), S. 15 f.; Ringlstetter (1997), S. 13 f.; Schanz (1992), Sp. 1460-1462; Schierenbeck (1993), S. 90; Staehle (1999), S. 415, S. 671-674; Steinbrenner (1997), S. 58; Wöhe (2000), S. 172-175

Organisationsbegriff	Funktional bzw. tätigkeitsorientiert	Instrumentell	Institutionell
Beschreibung	Die Unternehmung **wird** organisiert.	Die Unternehmung **hat** eine Organisation.	Die Unternehmung **ist** eine Organisation.
Fokus	Organisationsgestaltung	Führungsinstrument	Gesamtführung
Ziel	Komplexitätsbewältigung	Wirtschaftlichkeit	Sinnvermittlung
Ansatz	Systemtheorie und Kybernetik	Betriebswirtschaftliche Organisationslehre	Verhaltenswissenschaften

Tab. 1: Inhalte des Organisationsbegriffs[4]

Der funktionale oder tätigkeitsorientierte Organisationsbegriff bezieht sich auf den Vorgang der zielorientierten Gestaltung und Strukturierung von Aufgaben.[5] Organisation ist damit gleichbedeutend mit Organisieren.[6] In diesem Prozess entsteht eine verbindliche Ordnung als Ergebnis eines rationalen Denk- und Entscheidungsprozesses.[7] Sie bildet die Grundlage für eine einheitliche Handlungsausrichtung der Organisationsmitglieder. Die Strukturierungsaufgabe kann auf bestimmte Personen, die sog. "Organisatoren"[8], konzentriert werden. WÖHE spricht in diesem Zusammenhang explizit die Zuständigkeit der Führung an, die er als Betriebsleitung bezeichnet.[9] Die Organisatoren legen in Ausübung der Organisationsfunktion verbindliche Regeln für alle Mitglieder fest: "Die Organisationsmitglieder übernehmen diese Vorgaben - das ist die Annahme - richtig und vollständig, sie lassen sich also (fremd-)organisieren."[10]

Neuere Konzepte der Organisationstheorie heben aufgrund von Motivations- und Effizienzüberlegungen die klassische Rollenteilung von Strukturgestaltung und Handlungsrealisation teilweise wieder auf.[11] Die Aufgabe der Organisation bzw. des Organisierens wird unter dem Stichwort der Selbstorganisation[12] bzw. der Erweiterung von Aufgabenspektren in die Zuständigkeit aller Organisationsmitglieder zurückverlagert. Entsprechende Entwicklungen in Theorie und Praxis begründen die Aktualität und Relevanz des hier betrachteten tätigkeitsorientierten Begriffsverständ-

4 Tab. nach Gomez/Zimmermann (1993), S. 16

5 Vgl. Dale (1952), S. 17; Laux/Liermann (1993), S. 3; Schierenbeck (1993), S. 90

6 Vgl. Nordsieck (1955), S. 24

7 Vgl. Bea/Göbel (1999), S. 3; Dale (1959), S. 209; Schierenbeck (1993), S. 90

8 Bea/Göbel (1999), S. 3

9 Vgl. Wöhe (2000), S. 173; Powell (1990), S. 303

10 Bea/Göbel (1999), S. 3

11 Vgl. Frese (1995), S. 27 f.; Zink (1995), S. 145

12 Vgl. Malik/Probst (1981); Schräder (1996), S. 93; Turnheim (1990), S. 174-176

nisses. Es legt die konzeptionelle Grundlage für Fremd- und Selbstorganisation (Allo- bzw. Autopoiesis[13]) und damit für aktuelle Strukturierungs- und Gestaltungsansätze.

Dennoch rückt in den folgenden Ausführungen eher das Ergebnis des Organisationsprozesses in den Mittelpunkt. Insoweit wird der tätigkeitsorientierte Organisationsbegriff in der weiteren Betrachtung ausgeblendet. Im Vordergrund steht stattdessen das instrumentelle Verständnis von Organisation. Es bezieht sich auf "die Gesamtheit aller Regelungen, deren sich die Betriebsleitung und die ihr untergeordneten Organe bedienen, um die durch Planung entworfene Ordnung aller betrieblichen Prozesse und Erscheinungen zu realisieren,"[14] und deckt sich damit z.B. mit den Positionen GUTENBERGs[15], KOSIOLs[16] oder NORDSIECKs[17]. Diese begriffliche Interpretation kommt in der zusammenfassenden Aussage zum Ausdruck, ein Unternehmen *habe* eine Organisation.[18] "Die Unternehmung hat eine Organisation i.S. eines dauerhaften Regelsystems, welches u.a. die Aufgabenteilung (Spezialisierung), die Abstimmung zwischen den Teilaufgaben (Koordination), die Übertragung von Entscheidungsbefugnissen (Delegation) und die Über- und Unterordnung (Konfiguration) verbindlich festlegt."[19] Damit entsteht als Bestandsphänomen die (Organisations-)Struktur. Diese umfasst nach dem im Folgenden zugrunde gelegten Begriffsverständnis alle Regelungen gemäß der vorgenannten Definition und die daraus entstehende gefügehafte Ordnung.[20]

Eine Erweiterung des instrumentellen führt zum institutionellen Organisationsbegriff: "Der Begriff der Organisation ist auch weiter gefasst worden, indem man auch die Planung der Ordnung oder sogar alle gestaltenden Kräfte des Betriebes als Organisation betrachtet und damit praktisch Betrieb und Betriebsorganisation gleichsetzt."[21] Organisationen sind damit soziale Einheiten.[22] "Nach dieser Sichtweise ist die Unternehmung eine Organisation (also eine spezielle Institution). ... Eine Institution kann als ein System formgebundener (formaler) und formungebundener (informeller) Regeln einschließlich der Vorkehrungen zu deren Durchsetzung verstanden werden."[23] Im Unterschied zu den vorherigen Ausführungen schlägt sich diese Interpretation in

---

13 Vgl. Luhmann (1988)

14 Wöhe (2000), S. 172 f.; Vgl. Merton (1968), S. 249

15 Vgl. Gutenberg (1972), S. 236

16 Vgl. Kosiol (1976), S. 23-26

17 Vgl. Nordsieck (1955), S. 23

18 Vgl. Bea/Göbel (1999), S. 4; Müller-Merbach (1976), S. 69; Ringlstetter (1997), S. 13

19 Bea/Göbel (1999), S. 4; Vgl. Dale (1952), S. 17; Fessmann (1980), S. 24; Ringlstetter (1997), S. 30 f.; Ulrich/Fluri (1995), S. 171; Whisler (1962), S. 315

20 Vgl. Bea/Göbel (1999), S. 10

21 Wöhe (2000), S. 173

22 Vgl. Hill/Fehlbaum/Ulrich (1989), S. 17; Ringlstetter (1997), S. 14

23 Bea/Göbel (1999), S. 5

der zusammenfassenden Aussage nieder, ein Unternehmen *sei* eine Organisation.[24] Insgesamt muss eine Organisation im institutionellen Sinne daher folgende Merkmale aufweisen:[25]

- Zur Organisation gehören alle Mitglieder einschließlich der Systeme und Regeln, die ihr Zusammenwirken betreffen.[26] In letzteren wird die Anknüpfung an den instrumentellen Organisationsbegriff deutlich, der bereits das Regelsystem selbst als Organisation konzeptualisiert.
- Eine Organisation zeichnet sich darüber hinaus durch stabile Grenzen aus, die eine klare Unterscheidung zwischen System und Umwelt sowie zwischen Mitgliedern und Nicht-Mitgliedern erlaubt.[27]
- Die Mitglieder einer Organisation verfolgen gemeinsame Ziele. Damit sind Inkongruenzen zwischen individuellen und kollektiven Zielsystemen, die z.B. in der Principal-Agency-Theorie diskutiert werden,[28] nicht ausgeschlossen. Sie werden jedoch durch Transformations- und Transaktionsmechanismen überbrückt, die ein gesamtzielkonformes Verhalten der Mitarbeiter unterstützen.[29]
- Organisationen werden vorsätzlich geschaffen. Sie sind Ergebnis eines intentionalen Gestaltungsprozesses,[30] der im tätigkeitsorientierten Organisationsbegriff angesprochen wird.[31]
- PORTER, LAWLER und HACKMAN ergänzen ein weiteres Merkmal: Sie heben die langfristige Orientierung einer Organisation hervor, die grundsätzlich auf Dauer angelegt sei.[32] Dieser Aspekt kommt implizit bereits in der zuvor angesprochenen Forderung nach (langfristig) stabilen Grenzen zum Ausdruck, sei an dieser Stelle jedoch wegen seiner hohen Bedeutung zur Abgrenzung von teilweise zeitlich befristeten Netzwerken noch einmal ausdrücklich hervorgehoben.

BEA und GÖBEL sprechen an anderer Stelle von einer 'endgültigen oder zumindest auf längere Sicht stabilen Struktur'[33]. Sie fassen diese Merkmale in folgender Aussage zusammen: "Unter Organisation verstehen wir eine Institution, in der eine abgrenzbare Gruppe von Personen (die Organisationsmitglieder) ein auf Dauer angelegtes

---

24 Vgl. Bea/Göbel (1999), S. 5; Fessmann (1980), S. 24; Laux/Liermann (1993), S. 3; Ringlstetter (1997), S. 14

25 Vgl. Bea/Göbel (1999), S. 5

26 Vgl. North (1992), S. 5

27 Vgl. Schreyögg (1996), S. 10

28 Vgl. Sydow (1993), S. 171 f.

29 Vgl. Frese (1995), S. 148; Porter/Lawler/Hackman (1975), S. 78-87; Rilling (1997), S. 53 f.

30 Vgl. Malik/Probst (1981), S. 122; North (1992), S. 5

31 Vgl. Staehle (1999), S. 671-674

32 Vgl. Porter/Lawler/Hackman (1975), S. 96-98; Staehle (1999), S. 416 f.

33 Vgl. Bea/Göbel (1999), S. 6

Regelsystem planvoll geschaffen hat, um gemeinsam Ziele zu verfolgen, und in der Ordnung auch von selbst entstehen kann."[34]

Unabhängig vom gewählten Organisationsbegriff besteht Einigkeit im Hinblick auf die Zielbezogenheit als konstitutives Definitionsmerkmal.[35] Sie äußert sich im tätigkeitsorientierten Organisationsverständnis in der Rückführung des Gestaltungsprozesses auf einen rationalen Denk- und Entscheidungsprozess.[36] Die Instrumentalorientierung impliziert die Etablierung von Entscheidungs- und Handlungsstrukturen und ihre zielorientierte Nutzung als Führungsinstrument,[37] während die institutionalistische Perspektive schließlich explizit ein gemeinschaftliches Zielsystem aller Mitglieder voraussetzt.[38] Damit findet der Zielbildungsprozess vor dem Organisationsprozess statt, Organisation wird über strategische Vorgaben determiniert.[39] Diese Überzeugung schlägt sich im CHANDLERschen Theorem "Structure follows Strategy"[40] nieder. Eine Bewertung von Organisationen und Organisationseffizienz muss daher ihren Ausgangspunkt in einer Auseinandersetzung mit den Zielen der jeweiligen Betrachtungseinheit finden.

Die im Folgenden betrachteten Bewertungsansätze greifen sowohl auf den instrumentellen wie auf den institutionellen Organisationsbegriff zurück. Beziehen sich die Bewertungskriterien auf die Effizienz der Strukturgestaltung, stehen instrumentelle Aspekte im Vordergrund. Liegt der Betrachtungsschwerpunkt auf den Zielen und dem Verhalten einzelner Interessengruppen oder auf einer entsprechenden Leistungsbewertung, verschiebt sich der Akzent in Richtung einer institutionellen Betrachtung. Beide Facetten werden in den später behandelten Bewertungskonzepten berücksichtigt, insoweit sind beide Interpretationsansätze für die weiteren Ausführungen relevant.

2.1.2 Aufbau- und Ablauforganisation

Der instrumentelle Organisationsbegriff lässt sich weiter differenzieren.[41] Hier haben sich insbesondere in der deutschsprachigen Literatur die Begriffe der Aufbau- und Ablauforganisation eingebürgert:[42]

- Die Aufbauorganisation beschreibt "die Struktur der Institution selbst"[43]. Sie ergibt sich aus der innerorganisatorischen Arbeitsteilung und der damit verbundenen

---

34 Bea/Göbel (1999), S. 6

35 Vgl. Ringlstetter (1997), S. 15; Staehle (1999), S. 415

36 Vgl. Bea/Göbel (1999), S. 3; Dale (1959), S. 209; Schierenbeck (1993), S. 90

37 Vgl. Bea/Göbel (1999), S. 4

38 Vgl. North (1992), S. 87

39 Vgl. Bea/Göbel (1999), S. 10 f.; Kreikebaum (1991), S. 30; Schreyögg (1984), S. 128

40 Vgl. Chandler (1962), S. 15, S. 91 f.; Müller-Stevens (1992), Sp. 2344-2355

41 Vgl. Gaitanides (1993), Sp. 191; Picot (1993), S. 105

42 Vgl. Gaitanides (1992), Sp. 1; Hoffmann (1992), Sp. 208; Kosiol (1976), S. 32

Zerlegung der Gesamtaufgabe einer Organisation in handhabbare Teilaufgaben und –funktionen.[44] "Unter Aufbauorganisation werden alle Fragestellungen subsumiert, die im Zusammenhang mit der vertikalen und horizontalen Zerlegung komplexer Entscheidungsaufgaben [sowie] der Zuweisung abgegrenzter Aufgabenkomplexe auf organisatorische Einheiten (Stellenbildung) ... stehen."[45] Dabei spielen zunächst primär sachlogische Beziehungen zwischen den einzelnen Aufgabenkomplexen eine Rolle.[46] Den inhaltlichen Ausgangspunkt dieses Prozesses bilden die strategischen Ziele der Organisation.[47] Insofern ergeben sich klare Bezüge zwischen den Ergebnissen des organisationalen Zielbildungs- und Strukturgestaltungsprozesses. Die Aufbauorganisation beschreibt weiterhin die Verteilung von Aufgaben und Kompetenzen auf einzelne Aufgabenträger.[48] Damit sind personale Zuordnungsbeziehungen erfasst.[49] Sie schließen explizit die Definition von Beziehungen zwischen den Organisationsmitgliedern ein.[50] Diese können Weisungs- sowie Über- bzw. Unterordnungsbeziehungen beinhalten oder Kommunikations- und Transportwege definieren. Über entsprechende Festlegungen werden Koordinationsmechanismen innerhalb der Organisation determiniert.

Im Ergebnis entsteht die formale und statisch stabile Organisationsstruktur oder Konfiguration der Organisation, die sich grafisch im Organigramm konkretisiert. Ihre Grundelemente sind sog. Stellen, d.h. arbeitsteilige Einheiten zur Verknüpfung von Teilaufgaben zum Arbeits- und Tätigkeitsbereich einer Person.[51] Diesen übergeordnet sind sog. Instanzen, d.h. Stellen mit Leitungsbefugnissen.[52] Eine Instanz wird mit denen ihr nachgeordneten Stellen zur sog. Abteilung zusammengefasst.[53] Dieses System kann fallweise durch Stellen mit Beratungs-, aber ohne Weisungsfunktion, die sog. Stäbe, ergänzt werden.[54] In Abhängigkeit von der Anordnung der Stellen und der Definition des Beziehungsgefüges entstehen als Grundtypen funktionale, divisionale oder Matrixstrukturen bzw. Mischformen daraus.[55]

---

43 Müller-Merbach (1976), S. 71; Vgl. Ulrich (1987), S. 195 f.

44 Vgl. Ringlstetter (1997), S. 13; Wöhe (2000), S. 176-190

45 Frese (1995), S. 11 f.

46 Vgl. Schierenbeck (1993), S. 91

47 Vgl. Bea/Göbel (1999), S. 4

48 Vgl. Bea/Göbel (1999), S. 256

49 Vgl. Schierenbeck (1993), S. 91

50 Vgl. Frese (1995), S. 11 f.

51 Vgl. Wöhe (2000), S. 177-181

52 Vgl. Gaitanides (1993), Sp. 196; Hoffmann (1992), Sp. 214; Nordsieck (1955), S. 94

53 Vgl. Kieser (1993), Sp. 2994

54 Vgl. Dale (1952), S. 83; Picot (1993), S. 127

55 Vgl. Bea/Göbel (1999), S. 314-336

- Die Ablauforganisation konzentriert sich demgegenüber auf die im Rahmen der Aufbauorganisation ablaufenden Prozesse[56] und erfasst damit das dynamische Moment der Strukturgestaltung.[57] "Ablauforganisatorische Beziehungen regeln als spezifisches Prozessphänomen die räumlichen und zeitlichen Vollzugsbedingungen der Aufgabenerfüllung."[58] Das hier angesprochene Prozessverständnis äußert sich zunächst in der Bestimmung von Arbeitsgängen und der zeitlichen Abstimmung von Arbeitsabläufen[59] und ist damit inhaltlich klar von der begrifflichen Verwendung in der Diskussion um Konzepte zum Prozessmanagement zu trennen.[60]

Zeitlich geht der Gestaltung der Ablauforganisation prinzipiell die Festlegung der Aufbauorganisation voraus: Zunächst "wird eine 'statische' organisatorische Infrastruktur geschaffen, innerhalb derer sich die Gesamtheit aller in der Unternehmung abzuwickelnden Aufgabenerfüllungsprozesse vollzieht."[61] Entsprechende Ausführungen finden sich bereits bei NORDSIECK[62] und KOSIOL[63]; auch hier wird im Rahmen der Aufgabenanalyse und -synthese zunächst die Aufbau- und erst im zweiten Schritt die Ablauforganisation festgelegt.

Eine vollständig isolierte Betrachtung beider Aspekte erscheint dennoch wenig zielführend. "Aufbau- und Ablauforganisation sind komplementär zu sehen, denn ein organisatorischer Aufbau erfordert immer auch eine Organisation der Abläufe und umgekehrt."[64] Zunehmend wird sowohl in der betriebswirtschaftlichen Forschung als auch in der betrieblichen Praxis erkannt, dass die Definition von Abläufen im Rahmen einer zuvor definierten, dann fest gefügten Aufbauorganisation zu Ineffizienzen in der Leistungserstellung führt.[65] Aus dieser Erkenntnis leitet bereits WILD die Forderung ab, die gedankliche Trennung von Aufbau- und Ablauforganisation aufzugeben.[66] Auch der Wertkettenansatz von PORTER weist in diese Richtung, indem er die Funktionsgliederung einer Organisation an der Struktur der Leistungserstellung ausrichtet. Entsprechende Überlegungen werden in der Diskussion um Fragen des Prozessmanagements fortgeführt:[67] "Die Interdependenz von Aufbauorganisation und Ablauforganisation hat immer wieder zu Kritik an der getrennten Betrachtung beider

56 Vgl. Ringlstetter (1997), S. 14; Wöhe (2000), S. 190

57 Vgl. Bea/Göbel (1999), S. 221 f.

58 Schierenbeck (1993), S 92

59 Vgl. Schierenbeck (1993), S 92

60 Vgl. Gaitanides (1983), S. 61 f.; Scholz (1995), S. 43 f.

61 Frese (1995), S. 11 f.

62 Vgl. Nordsieck (1972a), S. 13 f., S. 31 f.; Nordsieck (1972b), S. 8-16, S. 33-40

63 Vgl. Kosiol (1976)

64 Ringlstetter (1997), S. 14; Vgl. Picot (1993), S. 105

65 Vgl. Brandstätt (2000), S. 106

66 Vgl. Wild (1966), S. 126

67 Vgl. Gaitanides (1983), S. 61 f.; Gronau (1999a), S. 209 f.; Scholz (1995), S. 43 f.

Ansatzpunkte der Organisation geführt. Sie ist heute mehr denn je berechtigt, weil wir mit der Prozessorganisation über ein höchst aktuelles Organisationsmodell verfügen, das die Trennung von Aufbau- und Ablauforganisation bewusst aufhebt."[68]

Auch in den folgenden Abschnitten werden Aufbau- und Ablauforganisation nicht konsequent getrennt. Die dort diskutierten Bewertungsansätze greifen auf beide Aspekte zurück. Dies gilt insbesondere im Zusammenhang mit der Betrachtung von Geschäftsprozessen, die einen wesentlichen Bestandteil von Excellence-Konzepten bildet.

2.2 Unternehmensbegriff

Eine stringente Abgrenzung des Organisations- und Unternehmensbegriffs ist vielfach nicht erkennbar. Dieses Defizit erklärt sich historisch, da die Organisationstheorie im Wesentlichen auf der Auseinandersetzung mit Unternehmen und ihrer Gestaltung fußt. Dennoch werden im Folgenden zusätzliche konstitutive Elemente eines Unternehmens herausgearbeitet, die eine Eingrenzung des Organisationsbegriffs mit sich bringen. Zur Definition liegen zahlreiche Ansätze vor:

- "Unternehmen sind offene, zielorientierte, selbstorganisierende, psycho-soziale und soziotechnische Systeme."[69]
- "Die Unternehmung wird als produktives soziales System betrachtet, das von der Umwelt gesetzte Ziele zu erfüllen hat, sich aber im Rahmen dieser Funktionsbedingungen selbst Ziele setzen kann. Grundlegend ist vor allem die Vorstellung der Unternehmung als einer offenen, gesellschaftsbezogenen Institution, die in ihren Zielsetzungen und Handlungen nur begrenzte Autonomie genießt; wir betrachten deshalb die Unternehmung stets im Zusammenhang mit ihrer Umwelt, von der sie abhängig ist und die sie ihrerseits beeinflusst."[70]
- "Unternehmen sind marktorientierte Entscheidungssysteme. ... Die Entscheidungen sind zielgerichtet: Unternehmungen sind auf die Verwirklichung eines 'offiziellen', von einer Kerngruppe legitimierten Ziels ausgerichtet, das einen anzustrebenden Zustand beschreibt. ... Die ... interpersonelle Arbeitsteilung äußert sich in der Zerlegung des gesamten Entscheidungskomplexes in Teilentscheidungen und in der Notwendigkeit des Austausches von Informationen zwischen den einzelnen Einheiten."[71]
- "Eine Unternehmung zeichnet sich idealtypisch unter anderem dadurch aus, dass sie auf Märkten autonom agiert, d.h. dass sie bei der Leistungserstellung und -verwertung keiner Fremdbestimmung durch andere Organisationen unterliegt.

---

68 Bea/Göbel (1999), S. 222

69 Zahn (1989), Sp. 1905 f.

70 Ulrich (1987), S. 13; Vgl. Ulrich/Krieg (1974), S. 17

71 Frese (1995), S. 5

Dabei wird sie von den Eigentümern mittels einer hierarchischen Organisationsform direkt (Unternehmer) oder indirekt (Manager) gelenkt. Diese hierarchische, im Wesentlichen auf Anweisung beruhende Organisationsform der Koordination ökonomischer Aktivitäten wird i.d.R. der Koordination durch den Markt gegenübergestellt, wo der Preis die Transaktionen steuert."[72]

- Nach WÖHE ist ein Unternehmen eine planvoll organisierte Wirtschaftseinheit, in der durch Kombination von Produktionsfaktoren Sachgüter produziert und Dienstleistungen bereitgestellt werden.[73] "Die Unternehmung ist als Produktionsbetrieb durch drei Merkmale charakterisiert: durch die Deckung fremden Bedarfs, die wirtschaftliche Selbständigkeit und die freiwillige Übernahme des Marktrisikos."[74]

Die weitgehende Übereinstimmung mit den Ausführungen zum Organisationsbegriff belegt, dass der Unternehmensbegriff dem Organisationsbegriff unterzuordnen ist und insoweit die dort herausgearbeiteten Merkmale übernimmt. Zur weiteren Eingrenzung wird als zusätzliches konstitutives Element die Erzielung von Gewinnen, also eine starke wirtschaftliche Orientierung des Zielsystems aufgenommen.[75] Dies schließt das Angebot von Leistungen am Markt gegen Entgelt ein.[76] Kritisch wird hingegen die von WÖHE postulierte Übernahme des Marktrisikos diskutiert. Einwendungen ergeben sich hier aus der Verwendung des Unternehmensbegriffs im Zusammenhang mit "Öffentlichen Unternehmen". BELLINGER und VAHL gehen demzufolge davon aus, dass die Übernahme eines Marktrisikos nicht konstitutiver Bestandteil des Unternehmensbegriffs sein muss.[77]

Grundsätzlich decken Unternehmen ein ähnlich breites Spektrum von Erscheinungsformen ab wie die übergeordnete Kategorie von Organisationen insgesamt. Folglich zeichnen sie sich durch eine große Varietät der Zielsysteme aus, die die Ableitung einheitlicher Kriterien zur Erfolgsmessung erschwert. Gemeinsames Merkmal ist jedoch die Gewinnerzielungsabsicht, die eine starke Fokussierung auf den wirtschaftlichen Erfolg am Markt mit sich bringt: "Der Erfolg einer Unternehmung, die Sicherung der Überlebensfähigkeit, hängt von der Bewertung der marktlichen Transaktionen ab. Die Ausrichtung aller Aktivitäten auf den Markterfolg wird damit zwangsläufig zur dominierenden Handlungsperspektive. Der Anspruch marktlicher Effizienz gerät häufig in Konflikt mit dem Ziel der sozialen Effizienz, der

72 Sydow (1993), S. 78 f.

73 Vgl. Wöhe (2000), S. 2

74 Wöhe (2000), S. 12

75 Vgl. o.V. (1997f), S. 3952; Schwerdtle (1999), S. 7 f.; Ulrich (1987), S. 91; Wöhe (2000), S. 3

76 Vgl. Kosiol (1976), S. 41 f.

77 Vgl. Bellinger/Vahl (1992), S. 20 f.

Gewährleistung und Förderung der individuellen Entwicklungsmöglichkeiten der Mitglieder."[78]

Diese vordergründig ausschließliche Ausrichtung an den Interessen der Anteilseigner wird trotz der aktuellen Diskussion über Shareholder-Value-Konzepte zunehmend kritisch hinterfragt. Insbesondere die Forderung nach langfristiger Erfolgssicherung erfordert die Einbeziehung weiterer Interessengruppen ins unternehmerische Kalkül: "Niemand wird abstreiten, daß die grundlegende Mission des Unternehmens darin besteht, für das investierte Risikokapital eine Vergütung zu erhalten. In der Vergangenheit wurde dies oft als einziges Ziel betrachtet. Heute sind die Shareholder nicht mehr länger die alleinigen Nutznießer der Unternehmensergebnisse. Diese Sicht wäre kontraproduktiv: Der exklusive Fokus auf Profite und Dividenden würde das kurzfristige Geschäft und Finanzergebnisse überbewerten, was auf Kosten anderer wichtiger Faktoren wie der Kunden- und Mitarbeiterzufriedenheit und der Notwendigkeit des Wachstums geht. Im Laufe der Zeit würde dadurch unweigerlich die Fähigkeit des Unternehmens beeinträchtigt, Profite zu machen. In den letzten Jahren hat sich ein Bewusstsein dafür entwickelt, dass es neben der Verzinsung des Kapitals noch andere Missionen gibt."[79] Insoweit ist von einer Ergänzung ökonomischer Zielsysteme um immaterielle Faktoren auszugehen, die sich aus den Interessen unterschiedlicher Gruppen ergeben.

2.3 Gründe für die Entstehung von Organisationen

Die Gründe für die Entstehung von Organisationen im Sinne des institutionellen Begriffsverständnisses sind vielfältig, werden in den Wirtschaftswissenschaften und insbesondere in der Betriebswirtschaftslehre jedoch nur selten diskutiert.[80] Im Wesentlichen lassen sich drei Gruppen von Erklärungsansätzen unterscheiden:

- Die erste Gruppe setzt sich mit den begrenzten kognitiven und kapazitiven Möglichkeiten des Menschen auseinander (vgl. Kap. 2.3.1). Komplexe Probleme und umfangreiche Aufgabenstellungen übersteigen schnell die Fähigkeiten eines Einzelnen.[81] Ein arbeitsteiliger Zusammenschluss mehrerer Individuen zur gemeinsamen Bewältigung von Aufgaben ist die logische Folge aus dieser Erkenntnis.
- Der zweite Ansatz basiert auf der Institutionalismusdiskussion und transaktionskostentheoretischen Überlegungen (vgl. Kap. 2.3.2). Er sieht in der Entstehung von Organisationen oder Hierarchien einen Weg, um das Versagen von Marktmechanismen unter bestimmten Bedingungen zu kompensieren.[82] Inhaltlich liegt

---

78 Frese (1995), S. 6

79 Conti (1999a), S. 19; Vgl. Würzberg (2001), S. 21

80 Vgl. Picot (1982), S. 267

81 Vgl. Frese (1995), S. 5

82 Vgl. Powell (1990), S. 303; Williamson (1975), S. 2

damit eine wesentliche Ursache für die Gründung von Organisationen in der Dynamik und Instabilität von Marktbeziehungen. Allerdings erweist sich hier auch die Hierarchie mitunter nicht als ideale Koordinationsform; entsprechende Defizite können zur Entstehung hybrider Formen führen, die später diskutiert werden (vgl. Kap. 4.1.2).

- Der dritte hier diskutierte Aspekt setzt sich mit der im Vergleich zu individuellen Akteuren geringeren Verhaltensvarietät formaler Organisationen auseinander (vgl. Kap. 2.3.3). Die bessere Vorhersagbarkeit und höhere Reliabilität organisationalen Handelns fußen im Wesentlichen auf durch eine stabile Aufbau- und Ablauforganisation definierten Handlungsroutinen und Entscheidungsprozeduren.[83] Hieraus ergibt sich für Außenstehende eine größere Planungssicherheit, die in höheres Vertrauen und bessere Marktakzeptanz mündet.

Alle drei Themenkreise werden in den folgenden Abschnitten ausführlicher erläutert. Sie sind für die weiteren Ausführungen insoweit relevant, als konzeptionelle Parallelen zur Genese von Netzwerken die Begründung für die spätere Übertragung von Bewertungsansätzen von Einzelorganisationen auf Organisationsmehrheiten liefern.

2.3.1 Kognitive und kapazitive Restriktionen des Individuums

Ausgangspunkt der folgenden Überlegungen ist die Tatsache, dass jede Handlung grundsätzlich zwei elementare Tätigkeiten miteinander verknüpft. Diese betreffen einerseits die Aufteilung der Gesamtaufgabe in einzelne Teilschritte einschließlich ihrer Ausführung und andererseits die Koordination der Teilaufgaben.[84] Mit zunehmend umfangreichen und komplexen Aufgaben stößt ein individueller Akteur dadurch an seine kapazitiven und kognitiven Grenzen.[85] Komplexität meint dabei mehr "als dass Probleme oder Strukturen in ihrem Aufbau einfach 'kompliziert' seien. Unter Komplexität wird vielmehr diejenige Eigenschaft von Systemen verstanden, in einer gegebenen Zeitspanne eine große Anzahl von verschiedenen Zuständen annehmen zu können, was deren geistige Erfassung und Beherrschung durch den Menschen erschwert."[86]

Der individuelle Handlungs- und Entscheidungsträger ist angesichts komplexer Probleme zum einen nicht in der Lage, alle Teilaufgaben selbst zu bewältigen, zum anderen übersteigt der mit dem Umfang der Gesamtaufgabe exponentiell wachsende Koordinationsaufwand seine intellektuellen Grenzen.[87] Die Konsequenz besteht in einem nicht optimalen Koordinationsergebnis: "Der Mensch kann nur ein begrenztes

---

83 Vgl. Bea/Göbel (1999), S. 289

84 Vgl. Mintzberg (1992), S. 17; Ringlstetter (1997), S. 1

85 Vgl. Dale (1952), S. 19; Luhmann (1972), S. 194; Picot (1993), S. 103; Porter/Lawler/Hackman (1975), S. 88

86 Bleicher (1999), S. 31; Vgl. Ulrich (1987), S. 187; Ulrich/Probst (1995), S. 58; Warnecke (1999), S. 5

87 Vgl. Morgan (1986), S. 81; Porter/Lawler/Hackman (1975), S. 61

Maß an Rationalität erreichen ... und als Folge seiner kognitiven Restriktionen neigt er dazu, sich an Subzielen zu orientieren."[88] Unvermeidbare Konflikte oder Konkurrenzen zwischen solchen Partialzielen verhindern dann die Entwicklung einer optimalen Entscheidungs- und Handlungsstrategie.

Aus diesen Überlegungen entsteht das Prinzip der Arbeitsteilung. "Sobald Menschen einzeln oder in kleinen Gruppen danach streben, größere Ziele zu erreichen, und Aufgaben, die die Möglichkeiten des Einzelnen oder der Gruppe übersteigen, bewerkstelligen wollen, werden sie eine soziale Einheit bilden. Sie organisieren sich."[89] Die Aufspaltung der Gesamtaufgabe in überschaubare Teilkomplexe, d.h. eine horizontale Aufgabendekomposition,[90] erlaubt eine Ausweitung der Bearbeitungskapazitäten. Entscheidender sind jedoch die damit verfolgten Spezialisierungsvorteile. Deren konzeptionelle Grundlagen wurden durch SMITH gelegt, der sich bereits 1776 mit den Effizienzvorteilen arbeitsteiligen Wirtschaftens beschäftigt.[91] Die Diskussion findet ihren Höhepunkt in den Untersuchungen TAYLORs zur wissenschaftlichen Betriebsführung.[92] Auch wenn die mit dem Taylorismus verbundene, stark mechanistische Betrachtung der menschlichen Arbeit in der aktuellen betriebswirtschaftlichen Forschung und Praxis keine nennenswerte Rolle mehr spielt,[93] illustriert sie – allerdings in extremer Form – das grundsätzliche Ziel der Arbeitsteilung.

TAYLOR konzentriert sich in seinen Ausführungen auf eine rein funktionale Differenzierung, d.h. eine Gliederung der Gesamtaufgabe nach der Verrichtung. Sie ermöglicht hohe Spezialisierungsvorteile, bringt durch starke Interdependenzen zwischen den Stellen aber auch eine hohe Störanfälligkeit des Gesamtsystems mit sich.[94] Aktuelle Konzepte verknüpfen die funktionale mit einer sachlichen oder segmentären Differenzierung. Dieses mündet in relativ eigenständige Teilaufgaben und reduziert so die hohe Abhängigkeit der Gesamt- von einer einzelnen Teilleistung.[95]

Arbeitsteilung vollzieht sich jedoch nicht nur auf der horizontalen Ebene. In vertikaler Richtung impliziert sie die Trennung von ausführenden und dispositiven Aufgaben, mit der sich TAYLOR ebenfalls ausführlich beschäftigt.[96] "Die so begründete interpersonelle Arbeitsteilung äußert sich in der Zerlegung des gesamten Entscheidungskomplexes in Teilentscheidungen und in der Notwendigkeit des Austausches von

88 Frese (1995), S. 3
89 Weinert (1998), S. 515; Vgl. Bleicher (1999), S. 60
90 Vgl. Laux/Liermann (1993), S. 28; Morgan (1986), S. 82; Ringlstetter (1997), S. 5
91 Vgl. Smith (1974), S. 9-15; Laux/Liermann (1993), S. 5
92 Vgl. Taylor (1913); Warnecke (1999), S. 4
93 Vgl. Scholl (1993), S. 412; Wöhe (2000), S. 105
94 Vgl. Ringlstetter (1997), S. 3
95 Vgl. Ringlstetter (1995), S. 120
96 Vgl. Taylor (1913)

Informationen zwischen den einzelnen Einheiten."[97] Sie führt zur Entstehung von Leitungsfunktionen als konstitutivem Element der Organisation. Die den sog. Instanzen zugeordneten Weisungsbefugnisse,[98] die hierarchische Strukturen und damit eine Organisation im institutionellen Sinne voraussetzen, vereinfachen die Koordination erheblich.[99] Sie erlauben eine zuverlässige Abstimmung der Stellen und die Ausrichtung individuellen Handelns der Mitglieder auf die Ziele der Organisation.[100] Mehr noch als die Arbeitsteilung auf der ausführenden Ebene ermöglicht die vertikale Segmentierung eine Erhöhung der Komplexitätstoleranz. Über die Organisation im instrumentellen Sinne definierte Zuständigkeiten und Entscheidungskompetenzen erlauben eine Aufspaltung übergeordneter Aufgaben der Gesamtorganisation in für den Einzelnen lösbare Teilprobleme und tragen insoweit den kognitiven Restriktionen des Individuums Rechnung.[101]

Diese Vorteile werden allerdings mit zumindest potentiellen Nachteilen erkauft: Unabhängig von der Art der Aufgabendekomposition gilt, dass arbeitsteilige Systeme eine starke Tendenz zur Differenzierung zeigen: "Eine solche Differenzierung ist stets mit einer Beeinträchtigung der Gesamtzielerreichung verbunden, da die Entscheidungen der einzelnen Organisationseinheiten Auswirkungen auf andere Bereiche der Unternehmung haben, die verschiedenen organisatorischen Einheiten mithin über Interdependenzbeziehungen miteinander verbunden sind."[102] Aus dieser Gefahr ergeben sich hohe Anforderungen an die Koordinationsfunktion innerhalb der Organisation;[103] die Segmentierung als Grundlage der Arbeitsteilung erhöht die in der inhaltlichen Dimension der Organisationsaufgabe begründete Komplexität zusätzlich.

Die institutionelle Organisation bewegt sich damit in einem ständigen Spannungsfeld. Einerseits ermöglicht Organisation im instrumentellen Sinne erst eine arbeitsteilige Aufgabenbearbeitung und damit eine interne Reduktion der extern durch die Umwelt und die zu bewältigende Aufgabe induzierten Komplexität.[104] Sie erhöht so die Toleranz und Problemlösungskompetenz des Gesamtsystems. Andererseits entsteht durch die Aufgabendekomposition Eigenkomplexität der Organisation, die sich im internen Koordinationsaufwand niederschlägt und dadurch das Problemlösungspotential insgesamt wieder begrenzt.[105] Dieses Dilemma versuchen neuere Organisationskonzepte zu durchbrechen, indem sie durch die Rückdelegation von

---

97 Frese (1995), S. 5 f.

98 Vgl. Malik/Probst (1991), S. 127

99 Vgl. Kaluza/Blecker (1996), S. 397

100 Vgl. Frese (1995), S. 6

101 Vgl. Gomez/Zimmermann (1993), S. 17; Hayes/Abernathy (1980), S. 73; Laske/Weiskopf (1982), Sp. 794

102 Frese (1995), S. 11; Vgl. Zündorf (1986), S. 33

103 Vgl. Ulrich/Fluri (1995), S. 108

104 Vgl. Bleicher (1999), S. 31; Gaitanides (1992), Sp. 2

105 Vgl. Bleicher (1999), S. 31 f.; Bosetzky (1976); Luhmann (1993), S. 261 f.; Schwaninger (1999b), S. 60

Verantwortung Mechanismen der Selbststeuerung (Autopoiesis) nutzen.[106] Durch die Dezentralisierung von Kompetenz und Verantwortung sinkt tendenziell die Eigenkomplexität des Systems[107] und steigt die Fähigkeit zur Lösung komplexer Probleme.[108]

Diese Überlegungen werden später im Zusammenhang mit der Entstehung von Netzwerken erneut aufgegriffen. Wesentlich ist in jedem Fall die Möglichkeit, durch gezieltes Zusammenwirken individueller Akteure auch umfangreiche und komplexe Aufgaben zu bewältigen.

2.3.2 Dynamik und Instabilität von Marktbeziehungen

Durch Arbeitsteilung entstandene Teilaufgaben müssen sachlich und zeitlich koordiniert werden.[109] Dabei kommen zum einen die zuvor angesprochenen Kapazitätsbeschränkungen des Einzelnen zum Tragen, zum anderen bringt das Zusammenwirken einer Mehrheit von Handlungssubjekten zusätzliche Systemvariablen ins Spiel.[110] Geht man davon aus, dass jeder Akteur auch eigene Interessen verfolgt, ergeben sich dynamische System- und Umweltentwicklungen, die vielfach außerhalb der Einflusssphäre einzelner Entscheidungsträger liegen. Die so begründete Komplexität und Dynamik der Handlungs- und Entscheidungssituation generiert besondere Anforderungen an die Koordination des Leistungsaustausches.

Hierfür bieten sich grundsätzlich die Alternativen des Marktes und der Hierarchie an. Im ersten Fall werden sämtliche relevanten Informationen im Datum des Preises zusammengefasst, die Abstimmung von Handlungen stützt sich auf individuelle, rational-ökonomische Nutzenerwägungen der einzelnen Marktteilnehmer. Im zweiten Fall dienen definierte Weisungsbeziehungen der einheitlichen Handlungsausrichtung.[111] Sie basieren auf einer Stellen- oder Personenhierarchie,[112] die Macht- und Entscheidungsbefugnisse konstituiert. Voraussetzung sind definierte Organisationsstrukturen im Sinne des instrumentellen Organisationsbegriffs. Die Entscheidung zwischen den Strukturalternativen Markt oder Hierarchie wird wesentlich durch die Höhe der damit verbundenen Transaktionskosten beeinflusst.[113] Bei deren Betrachtung geht es nicht darum, quantifizierte Aussagen zur Effizienz einzelner Organisations-

---

106 Vgl. Bleicher (1999), S. 33; Laske/Weiskopf (1992), Sp. 802 f.; Malik/Probst (1981), S. 126 f.; Warnecke (1999), S. 8 f.

107 Vgl. Bellmann/Mildenberger (1996), S. 144; Duncan/Weiss (1979), S. 107 f.

108 Vgl. Dyllick (1982), S. 342; Turnheim (1990), S. 174

109 Vgl. Picot (1982), S. 269

110 Frese (1995), S. 11

111 Vgl. Zündorf (1986), S. 33

112 Vgl. Laske/Weiskopf (1992), Sp. 792

113 Vgl. Williamson (1975), S. 2

formen zu erhalten. Dazu ist der Begriff der Transaktionskosten zu unpräzise.[114] Vielmehr stehen konzeptionelle Überlegungen im Vordergrund, um die Entstehung von Organisationen im institutionellen Sinne zu begründen.

Transaktionskosten entstehen bei der Übertragung eines Gutes oder einer Leistung über eine technisch trennbare Schnittstelle.[115] Dazu ist ein expliziter, d.h. formalisierter und kodifizierter, oder impliziter, durch stillschweigende Übereinkunft entstehender Vertrag erforderlich, in dem die Rahmenbedingungen für den Leistungsaustausch festgelegt werden.[116] Transaktionskosten entstehen im Vorfeld für die Suche nach geeigneten Partnern, den Vertragsschluss etc. sowie nach Abschluss des Leistungsaustausches durch Kontroll- und Anpassungskosten.[117] Ihre Höhe wird einerseits durch die an der Transaktion teilnehmenden Partner, andererseits durch situative Faktoren bestimmt.

Transaktionskosten entstehen zum einen durch die begrenzte Rationalität der Menschen, die letztlich für die dem Leistungsaustausch zugrunde liegenden Verträge und Vereinbarungen verantwortlich zeichnen.[118] Die Parteien sind regelmäßig nicht in der Lage, alle möglichen Veränderungen des Handlungsumfelds zu antizipieren und ex ante in entsprechenden Regelungen zu berücksichtigen.[119] Kontrakte sind demzufolge immer unvollständig[120] und führen u.U. zu suboptimalen Tauschergebnissen oder bedürfen späterer Nachbesserungen.

Überdies neigen Individuen dazu, Handlungs- und Entscheidungsspielräume im Sinne eigener Interessen auszunutzen. Dieses Phänomen wird unter dem Stichwort opportunistischen Verhaltens diskutiert und "schließt selbst die arglistige Täuschung ein."[121] Eine Organisation muss demzufolge Anreiz-, Kontroll- und Sanktionssysteme etablieren, um eine Verhaltensausrichtung der Mitglieder an den Organisationszielen zu gewährleisten.[122]

Die Höhe der Transaktionskosten wird wesentlich durch die mit dem Austausch verbundene Unsicherheit und Komplexität beeinflusst.[123] Erstere bedeutet dabei, dass "nicht sicher ist, welcher von mehreren möglichen, aber bekannten Umweltzuständen eintritt."[124] Letztere impliziert eine hohe Zahl potentieller System- und Umwelt-

---

114 Vgl. Rilling (1997), S. 11; Scholl (1993), S. 416; Sydow (1993), S. 152; Williamson (1990), S. 328 f.

115 Vgl. Williamson (1990), S. 1

116 Vgl. Bea/Göbel (1999), S. 133

117 Vgl. Picot (1982), S. 270; Schildbach (1991), S. 3; Williamson (1990), S. 22-25

118 Vgl. Williamson (1975), S. 7, S. 21-26

119 Vgl. Graham (1996), S. 3

120 Vgl. Sydow (1993), S. 131

121 Sydow (1993), S. 131; Vgl. Williamson (1975), S. 7, S. 26-30

122 Vgl. Frese (1995), S. 128

123 Vgl. Sydow (1993), S. 131; Williamson (1975), S. 21-26

124 Schildbach (1993), 84

zustände, die eine geistige Erfassung und Beherrschung durch den Menschen erschwert oder gar verhindert.[125] Beide Faktoren tragen u.a. dazu bei, dass zustandsbedingte Unwägbarkeiten im wirtschaftlichen, rechtlichen oder sozialen Umfeld die ursprüngliche Entscheidungssituation stark verändern können. Auch opportunistische Verhaltensweisen des Partners sind imstande, die Vorteilhaftigkeit der gesamten Transaktion zu gefährden.[126] Insofern steigen die Transaktionskosten durch Nachverhandlungen bzw. die Etablierung von Schiedsfunktionen etc. tendenziell an.

Entscheidend für die Höhe der Transaktionskosten ist schließlich die Zahl potentieller Transaktionspartner.[127] Sie bestimmt über die Wettbewerbsintensität die Marktmacht einer Organisation. Diese Überlegungen münden in drei wesentliche Aspekte, die die Höhe der Transaktionskosten determinieren:

- Eine wichtige Rolle spielt das zuvor angesprochene Problem der Unsicherheit, die mit einem bestimmten Kontrakt verbunden ist.[128] Sie bedingt zum einen erhöhten Aufwand für die Informationsbeschaffung und die Bewertung von Entscheidungsalternativen. Zum anderen müssen Vereinbarungen im Falle von ex ante nicht bekannten Veränderungen der Entscheidungssituation angepasst werden. Innerhalb einer Organisation ist dies durch Weisungsrechte übergeordneter Instanzen relativ einfach möglich;[129] ob entsprechende Nachverhandlungen am Markt durchgesetzt und erfolgreich abgeschlossen werden können, ist indes fraglich.[130] Bei hoher Unsicherheit stellt die Hierarchie mithin die effizienteste Koordinationsform dar.
- Eine weitere Einflussgröße betrifft die Spezifität der Transaktion, d.h. das Spektrum alternativer Nutzungsmöglichkeiten.[131] Je mehr Substitutionsmöglichkeiten sich ergeben und je geringer die damit verbundenen Nutzenverluste sind, desto geringer ist die Abhängigkeit zwischen beiden Partnern. Damit verliert die Gefahr opportunistischen Verhaltens durch den Anbieter einer Leistung[132] an Bedeutung, die Absicherungsmaßnahmen zur Vermeidung ökonomischer Nachteile für den Abnehmer erfordert. Insoweit ist hier der Markt das effizienteste Koordinationsmedium. Demgegenüber erweist sich im Falle hoher Spezifität tendenziell eine hierarchische Organisationsform als vorteilhaft.
- Als dritter Faktor wird die Häufigkeit der Transaktion genannt.[133] Für seltene Aktivitäten lohnt i.d.R. der Aufwand für den Aufbau organisationsinterner

125 Vgl. Bleicher (1999), S. 31

126 Vgl. Bea/Göbel (1999), S. 135

127 Vgl. Sydow (1993), S. 131

128 Vgl. North (1992), S. 75; Wolter/Wolff/Freund (1998), S. 23

129 Vgl. Sydow (1993), S. 98

130 Vgl. Pohlmann/Apelt/Buroh/Martens (1995), S. 286 f.

131 Vgl. Wolter/Wolff/Freund (1998), S. 23

132 Vgl. Stewart (1998a), S. 206 f.

133 Vgl. Wolter/Wolff/Freund (1998), S. 23

Funktionen sowie entsprechender Steuerungs- und Sicherungssysteme nicht.[134] Insofern gilt bei geringer Transaktionshäufigkeit der Markt als überlegene Organisationsform.

Im Ergebnis sind daher hierarchische Strukturen immer dann überlegen, wenn sich eine Transaktion durch hohe Komplexität und Unsicherheit, hohe Spezifität und große Häufigkeit auszeichnet.[135] Dynamische Veränderungen im wirtschaftlichen, rechtlichen und gesellschaftlichen Umfeld lassen sich damit tendenziell durch die Etablierung von Weisungsbeziehungen innerhalb von Organisationen kompensieren.[136] Sie reduzieren die Abhängigkeit von nicht oder nur begrenzt beeinflussbaren externen Faktoren, tragen zur Verminderung oder Vermeidung opportunistischen Verhaltens auf der Individualebene bei und schaffen so die Voraussetzungen für eine langfristige Zielerreichung.

Einschränkend wirkt allerdings die Strukturträgheit, die sich als Folge institutionalisierter arbeitsteiliger Systeme ergibt und die eine kontinuierliche Ausrichtung an veränderlichen Rahmenbedingungen behindert. "Structural inertia must be defined in relative and dynamic terms. ... In particular, structures of organizations have high inertia when the speed of reorganization is much lower than the rate at which environmental conditions change. Thus the concept of inertia, like fitness, refers to a correspondence between the behavioral capabilities of a class of organizations and their environments."[137] Insoweit ermöglichen etablierte organisatorische Strukturen einschließlich der Festlegung von Zuständigkeiten und Entscheidungskompetenzen einerseits erst den Umgang mit dynamischen Rahmenbedingungen; andererseits können sie gleichzeitig die Adaptationsfähigkeit der Organisation einschränken. Dennoch ist insgesamt davon auszugehen, dass dynamische und instabile Marktbeziehungen die Herausbildung hierarchischer Strukturen und damit von Organisationen im institutionellen Sinne begünstigen. In bestimmten Fällen ist eine weitere Optimierung durch Herausbildung von Netzwerken als hybride Koordinationsform möglich, die später diskutiert wird (vgl. hierzu Kap. 4.1.2).

Die disziplinierende Wirkung von Macht- und Sanktionsinstrumenten,[138] die Verhaltensvarietät und Opportunismus der Organisationsmitglieder begrenzen, schlägt sich nicht nur in der Reduktion von Reibungsverlusten im Innenverhältnis, sondern auch in einer besseren Vorhersagbarkeit organisationalen Handelns im Außenverhältnis nieder, die im folgenden Abschnitt betrachtet wird.

---

134 Vgl. Sydow (1993), S. 132

135 Vgl. Powell (1990), S. 296 f.; Williamson (1975), S. 10

136 Vgl. Schildbach (1991), S. 4 f.

137 Hannan/Freeman (1984), S. 151

138 Vgl. Baetge (1993)

2.3.3 Reduktion von Verhaltensvarietät

Formale Organisationen zeichnen sich durch eine im Vergleich zu individuellen Akteuren geringere Varianz im Verhalten aus.[139] Diese Eigenschaft erklärt sich über die Festlegungen zur Ablauf- und Aufbauorganisation, die wiederum stabile Entscheidungs- und Handlungsroutinen etablieren.[140] "Eine arbeitsteilige Struktur wird ... in der Tendenz die Verhaltensvarietät auf eine Regelbefolgung reduzieren."[141] In die gleiche Richtung weisen die Aussagen BEAs und GÖBELs: "Die Ablauforganisation soll durch Standardisierung und Vorstrukturierung Varianz in der Ausführung der Aufgabe verhindern und so stabile Verhaltenserwartungen schaffen. Eine hohe Regelungsintensität ist vor allem dann sinnvoll, wenn die Aufgabe klar und endgültig definiert ist und sich oft wiederholt. In einer solchen Situation steht der stabile und wirtschaftliche Aufgabenvollzug im Vordergrund. Ist die Aufgabenstellung jedoch weniger stabil und planbar, dafür aber innovativ und unbestimmt, kann die schematische Behandlung und Formalisierung der Vorgänge zur ineffektiven Starrheit werden."[142]

In dieser Aussage wird gleichzeitig der ambivalente Charakter institutionalisierter Strukturen deutlich: "... institutionalization is a two-edged sword. It greatly lowers the cost of collective action by giving an organization a taken-for-granted character such that members do not continually question organizational purposes, authority relations, etc. Reproduction of structure occurs without apparent effort in highly institutionalized structures. The other edge of the sword is inertia. The very factors that make a system reproducible make it resistant to change."[143] Eine Organisation im institutionellen Sinne bewegt sich damit immer in einem Spannungsfeld aus effizienter Handlungsrealisation durch die Etablierung standardisierter Abläufe einerseits und Behinderung der Umweltanpassung durch die Festschreibung obsoleter Strukturen andererseits.[144]

Die Ausbildung organisatorischer Routinen und die Entwicklung struktureller Beharrungstendenzen führt u.U. zur Abkopplung organisationalen Handelns von den Interessen der Mitglieder:[145] Organisationen entwickeln die Fähigkeit, "sich partiell oder integral aus der Bindung an individuell oder interindividuell konstituierte Werte, Ziele und Interessen zu befreien und aufgrund ihrer soziotechnischen Binnenstrukturen einerseits und ihrer spezifischen Umweltproblematik andererseits eigenständige Zielsetzungen, Normen und Handlungsstrategien zu erzeugen. Erst das Zugeständnis einer solchen - wenn auch durchaus partiellen - Autonomie nötigt dazu, Organisa-

---

139 Bea/Göbel (1999), S. 289

140 Vgl. Frank (1999), S. 259 f.; North (1992), S. 98 f.

141 Bleicher (1999), S. 34

142 Bea/Göbel (1999), S. 289; Vgl. Bleicher (1999), S. 33; Bünting (1995), S. 142-176; Ulrich/Probst (1995), S. 63

143 Hannan/Freeman (1984), S. 154; Vgl. Morgan (1986), S. 22

144 Vgl. Johannisson (1987a), S. 7; Johannisson (1987b), S. 55

145 Vgl. Hannan/Freeman (1984), S. 155

tionen analog zu Individuen als soziale Akteure sui generis zu respektieren ... ."[146] GESER führt diese Entwicklung auf die Tatsache zurück, "dass Organisationen ... eine fundamentale Basisautonomie beibehalten, die in der Komplexität ihrer Strukturen und Prozesse (und den daraus emergierenden Integrations- und Adaptionserfordernissen) ihre Ursache hat."[147] Damit wird die Organisation zum korporativen Akteur.[148] Handlungen sind ihr zumindest partiell zuzurechnen und nicht auf Präferenzen und Entscheidungen ihrer Mitglieder oder auf externe Einflüsse zurückzuführen.[149] Diese Zurechenbarkeit kommt z.B. im Konstrukt der juristischen Person zum Ausdruck,[150] die Rechtsfähigkeit erwirbt und damit Träger von Rechten und Pflichten sein kann ohne natürliche Person zu sein.[151]

Grundsätzlich steigern institutionalisierte und standardisierte ablauf- und aufbauorganisatorische Regelungen jedoch die Reproduzierbarkeit[152] und Verlässlichkeit von Organisationen als korporativen Akteuren. In diesem Sinne verfügen sie über eine höhere Reliabilität und Verantwortlichkeit ("Accountability"):

- Reliabilität betrifft die Reproduzierbarkeit von Entscheidungen und Handlungen. "Organizations have higher levels of reliability than ad hoc collectives in two senses: one cross-sectional and the other temporal. Cross-sectional reliability means that an outcome chosen at random from a population of organizations will have a lower variance than one chosen at random from a population of other kinds of producers. Temporal reliability means the variability over time in the quality (including timing of delivery) of an outcome is lower for those produced by organizations than for those produced by ad hoc groups. Overall, we argue that the distinctive competence of organizations is the capacity to generate collective actions with relatively small variance in quality."[153]

  Daraus ergibt sich für einen Transaktionspartner der Vorteil, dass das Verhalten einer Organisation tendenziell gut vorhersehbar ist. Die mit der Transaktion für ihn verbundene Unsicherheit reduziert sich; mit ihr sinken auch die Transaktionskosten. Daraus erklärt sich die Attraktivität formaler Organisationen als Transaktionspartner und ihre tendenziell höhere Marktakzeptanz im Vergleich zu individuellen Akteuren.

- Gleichzeitig wird die Verantwortlichkeit ("Accountability") einer Organisation für ihr zurechenbare Handlungen hervorgehoben. "The spread of general norms of

146 Geser (1990), S. 401 f.
147 Geser (1990), S. 403
148 Vgl. Pohlmann/Apelt/Buroh/Martens (1995), S. 22
149 Vgl. Geser (1990), S. 402 f.
150 Vgl. Pohlmann/Apelt/Buroh/Martens (1995), S. 22
151 Vgl. Brox (1991), S. 294, S. 306
152 Vgl. Ulrich/Probst (1995), S. 62 f.
153 Hannan/Freeman (1984), S. 153

rationality in the modern world and a variety of internal and external contingencies demand that organizations be able to account rationally for their actions. ... Potential members want assurance that their investments of time and commitment will not be wasted. When membership involves an employment relation, potential members often want guarantees that careers within the organization are managed in some rational way. Potential investors (or supporters) also assess accountability."[154] Anknüpfungspunkte finden sich generell im Konstrukt des korporativen Akteurs bzw. rechtlich in der juristischen Person.

Damit stehen die hohe Verlässlichkeit von Organisationen sowie die Vorhersag- und Reproduzierbarkeit ihres Verhaltens als wesentliche Gestaltungsziele im Vordergrund. Diese Eigenschaften begünstigen die Entstehung von Vertrauen potentieller Transaktionspartner, das nicht personal-, sondern systemorientiert ist. Insoweit erfüllt die Organisation im institutionellen Sinn wichtige Voraussetzungen für eine hohe Marktakzeptanz.

Die später betrachteten Bewertungsansätze greifen alle angesprochenen Aspekte auf: Sie konzentrieren sich auf die kontinuierliche Ausrichtung des organisationalen Handelns an Wünschen und Bedürfnissen der wesentlichen Interessengruppen, um eine Emanzipation von diesen zu verhindern. Gleichzeitig stützen sie über die Forderung nach systematischen Vorgehensweisen, Methoden und Konzepten die Reliabilität als wesentlichen Vorteil stabiler Organisationsstrukturen. Sie begründen die Verlässlichkeit einer Organisation als korporativer Akteur und schaffen damit das angesprochene Vertrauen der Transaktionspartner als wesentliches Beziehungskapital.

2.4 Organisationstheoretische Grundlagen

Das Verständnis von Organisationen wird über die Entstehungsgründe hinaus wesentlich durch den gewählten Betrachtungsansatz bestimmt. Den Ausgangspunkt bildet hier die klassische Organisationstheorie, die sich um die Jahrhundertwende mit der fortschreitenden Industrialisierung und der parallelen Entstehung großer Unternehmen entwickelt hat (vgl. Kap. 2.4.1). Sie wurde in den neoklassischen Ansätzen weiterentwickelt (vgl. Kap. 2.4.2). Diese integrieren insbesondere soziale Aspekte, die sich aus einem veränderten Menschenbild ergeben. Schließlich sind neuere Theorien zu betrachten, die in der zweiten Hälfte des 20. Jh. entstanden sind und aufgrund ihrer vielfältigen Inhalte und Schwerpunkte eine kohärente Darstellung nicht mehr erlauben (vgl. Kap. 2.4.3).[155]

---

[154] Hannan/Freeman (1984), S. 153

[155] Vgl. Schreyögg (1996), S. 52

2.4.1 Klassische Organisationstheorie

Bei den klassischen Ansätzen der Organisationstheorie sind im Wesentlichen die Arbeiten WEBERs, FAYOLs und TAYLORs zu nennen.[156] Diese haben zu Beginn des 20. Jh. den Grundstein der modernen Organisationslehre gelegt:

- Der Bürokratieansatz WEBERs[157] hat wichtige "Grundlagen zum Verständnis der Funktionsweise moderner Großorganisationen in Staat und Wirtschaft geschaffen und dabei zugleich auch entscheidende Beiträge zur Begründung der Organisationstheorie geleistet."[158] WEBER beschäftigt sich weniger mit der Entwicklung optimaler Gestaltungskonzepte, sondern begründet konzeptionell die Genese von Organisationen.[159] Er stützt sich in seiner Analyse auf die Beobachtung dynamisch wachsender Organisationen in der industriellen Gesellschaft und ihre im Vergleich zu bestehenden Strukturformen überlegene Leistungsfähigkeit.

  Übersteigt mit zunehmender Komplexität einer Aufgabe die Zahl der zu ihrer Lösung notwendigen Akteure ein überschaubares Maß, wird eine systematische Koordination individuellen Handelns erforderlich.[160] Diese Funktion übernimmt in den Überlegungen Webers die bürokratische Organisation als Herrschaftsinstrument.[161] Herrschaft ist in diesem Zusammenhang als Chance definiert, "für spezifische ... Befehle bei einer angebbaren Gruppe von Menschen Gehorsam zu finden."[162] Sie stützt sich auf ein definiertes System von Regeln, das eine Organisationsstruktur im Sinne formeller Ordnung etabliert und dem sich die Mitglieder der Organisation aus rationalen Überlegungen heraus unterwerfen.[163] Damit ersetzt legale Herrschaft kraft Satzung[164] traditionelle oder charismatische Herrschaft, die sich auf Tradition oder personale Faktoren stützt.[165]

  Die bürokratische Organisation nach WEBERs Verständnis zeichnet sich durch eine hochgradige Regelbindung und Formalisierung aus.[166] Die individuelle Handlungssituation ist vollständig durch ein definiertes Regelwerk erfasst und inhaltlich determiniert.[167] Darüber hinaus verfügt jedes Mitglied über klare Aufgaben, Pflichten und Rechte; Über- und Unterordnungsbeziehungen im Sinne der

---

156 Vgl. Fayol (1929); Taylor (1913); Weber (1976)

157 Vgl. Weber (1976), S. 551-556

158 Schreyögg (1996), S. 31

159 Vgl. Brandstätt (2000), S. 34

160 Vgl. Schreyögg (1996), S. 32

161 Vgl. Bea/Göbel (1999), S. 47 f.; Merton (1968), S. 249 f.

162 Weber (1976), S. 122

163 Vgl. Frank (1999), S. 263; Probst (1993), S. 423; Weber (1976), S. 551 f.

164 Vgl. Bea/Göbel (1999), S. 47 f.

165 Vgl. Schreyögg (1996), S. 33; Weber (1976), S. 551

166 Vgl. Brandstätt (2000), S. 34; Whisler (1962), S. 315 f.

167 Vgl. Weber (1976), S. 551

Konfiguration und Hierarchiebildung sind eindeutig festgelegt.[168] Schließlich wird unter dem Prinzip der Aktenmäßigkeit die Schriftlichkeit aller Vorgänge subsumiert.[169] Die Amtsführung erfolgt strikt neutral im Sinne einer ex ante erfolgten Programmierung; persönliche Erfahrungen und Empfindungen spielen keine Rolle. Eine zielgerichtete und inhaltsadäquate Ausfüllung der formalen Ordnung setzt eine qualifizierte Besetzung von Stellen voraus. Die einzelnen Funktionen werden daher von Fachleuten wahrgenommen.[170]

Damit wird ein stabiles Struktur- und Funktionsgefüge geschaffen, dass in Anknüpfung an die Ausführungen zur Verhaltensvarietät die hohe Effizienz und Verlässlichkeit einer bürokratischen Organisation begründet.[171] Koordinationsaufwand und Verhaltensvarietät als Problemfelder werden systematisch reduziert. Aufgrund ihres stark mechanistischen Ansatzes und der damit verbundenen Förderung organisatorischer Beharrungstendenzen wird die Bürokratie heute nicht mehr als effizienter und empfehlenswerter Organisationstyp angesehen. "Statt blindem Gehorsam wird von den Mitarbeitern erwartet, dass sie mitdenken und mitentscheiden. ... Große Stabilität gilt als kontraproduktive Starrheit."[172]

- Während WEBER einen soziologischen Betrachtungsansatz wählt, sind die Überlegungen TAYLORS[173] eher betriebswirtschaftlichen und mehr noch ingenieurwissenschaftlichen Traditionen verpflichtet. Im Mittelpunkt seiner Untersuchungen steht die rationelle Arbeitsteilung und die Optimierung der Ausführung.[174] "Die Institution 'Organisation' wird von ihm als Aufgabenerfüllungssystem verstanden, in welchem eine planvoll konstruierte, technisch durchdachte Ordnung für hohe Effizienz sorgen sollte."[175] Wissenschaftliche Betriebsführung stützt sich auf folgende Aspekte: Das Management registriert und klassifiziert Kenntnisse und Aktivitäten der Arbeiter und setzt sie in wissenschaftliche Gesetzmäßigkeiten um.[176] Es stützt sich dabei methodisch insbesondere auf Zeit- und Bewegungsstudien.[177] Weiterhin wählt es die Angestellten aus, bildet sie aus und stellt durch enge Zusammenarbeit mit ihnen sicher, dass die Grundsätze wissenschaftlicher Betriebsführung praktisch umgesetzt werden.[178] Schließlich ist eine klare Arbeitsteilung zwischen Management, das für Organisation und Planung

---

168 Vgl. Bea/Göbel (1999), S. 48 f.; Brandstätt (2000), S. 34; Schreyögg (1996), S. 34

169 Vgl. Weber (1976), S. 552

170 Vgl. Schreyögg (1996), S. 34; Weber (1976), S. 552; Weinert (1998), S. 518 f.

171 Vgl. Weber (1976), S. 561-566

172 Bea/Göbel (1999), S. 57; Vgl. Morgan (1986), S. 25

173 Vgl. Taylor (1913)

174 Vgl. Frank (1999), S. 262; Schreyögg (1996), S. 39; Taylor (1913), S. 8-11, S. 38 f., S. 140

175 Bea/Göbel (2000), S. 59

176 Vgl. Morgan (1986), S. 30; Probst (1993), S. 421; Taylor (1913), S. 38 f., S. 89, S. 121

177 Vgl. Schreyögg (1996), S. 40; Taylor (1913), S. 19, S. 41-50, S. 106, S. 125-128, S. 139, S. 144

178 Vgl. Taylor (1931), S. 50, S. 89, S. 131

verantwortlich zeichnet, und Arbeitern vorgesehen, die mit der Ausführung betraut sind.[179]

Als charakteristisch gelten insbesondere die ausgeprägte Spezialisierung, die eine Zerlegung von Arbeiten in kleinste Teilschritte und eine radikale Trennung von Kopf- und Handarbeit[180] mit sich bringt, sowie das zumindest aus heutiger Sicht negative Menschenbild der Arbeiter, denen TAYLOR jede eigene Motivation abspricht.[181] Damit wird ein hoher Kontrollaufwand erforderlich, der sich aus einer detaillierten Leistungsbeobachtung der Arbeiter ergibt.[182] Allerdings fordert TAYLOR bereits damals eine unmittelbare finanzielle Beteiligung der Mitarbeiter an den Produktivitätssteigerungen, die die wissenschaftliche Betriebsführung ermöglicht, und betrachtet gleichzeitig den mittelbaren Nutzen höheren gesamtgesellschaftlichen Wohlstands.[183] Dennoch haben insbesondere die negativen Effekte der wissenschaftlichen Betriebsführung, die heute in einer starken Sinnentleerung der Arbeit, extremem Leistungsdruck und aufwendiger, motivationshemmender Fremdkontrolle gesehen werden, im Laufe der Zeit zu einer zunehmend kritischen Betrachtung des Taylorismus geführt.[184]

- Als dritter Vertreter der klassischen Organisationstheorie ist FAYOL zu nennen, der sich insbesondere der Gestaltung hierarchischer Beziehungen in Organisationen widmet.[185] Er gliedert ein Unternehmen in zwei Gruppen mit insgesamt sechs Funktionen. Zum einen erkennt er die ressourcenschaffenden Funktionen Technik, Absatz und Finanzen (technische, kommerzielle und finanzwirtschaftliche Funktion[186]), zum anderen die betriebsmittelerhaltenden Funktionen Rechnungsführung, Sicherheit und Administration (Funktion der Rechnungslegung, der Sicherheit dienende Funktion, administrative Funktion[187]).[188] Außerdem definiert er allgemeine Verwaltungsprinzipien, von denen er vierzehn besonders hervorhebt.[189] Dazu gehören Arbeitsteilung, Autorität und Verantwortung, die Unterordnung von Einzelinteressen unter das Gesamtwohl, zufriedenstellende Vergütung, Ordnung, Gleichheit, Firmentreue der Mitarbeiter, Initiative sowie Corpsgeist. FAYOL setzt sich darüber hinaus unter dem Stichwort der "Einheit der Auftragserteilung" mit den Problemen der Doppelunterstellung auseinander und

179 Vgl. Probst (1993), S. 421; Taylor (1913), S. 39 f.

180 Vgl. Bungard (1995), S. IX f.

181 Vgl. Taylor (1913), S. 11-14, S. 18, S. 34 f.; Volpert (1995), S. XXV-XXXII

182 Vgl. Schreyögg (1996), S. 39

183 Vgl. Taylor (1913), S. 146-150, S. 153 f.

184 Vgl. Morgan (1986), S. 31; Schreyögg (1996), S. 41 f.; Ulrich/Fluri (1995), S. 194

185 Vgl. Fayol (1929); Frank (1999), S. 263 f.

186 Vgl. Fayol (1929), S. 6 f.

187 Vgl. Fayol (1929), S. 7

188 Vgl. Probst (1993), S. 422

189 Vgl. Fayol (1929), S. 18

fordert unter "Einheit der Leitung" die Ausrichtung aller Aktivitäten auf ein einheitliches Ziel sowie unter einheitlicher Leitung und Verantwortung.[190] Schließlich hebt er die Aspekte Zentralisation und klare Autoritätshierarchie hervor.[191]

Die von FAYOL formulierten Grundsätze sind – bewusst oder unbewusst – oftmals nach wie vor Grundlage der Organisationsgestaltung. Dennoch haben die fehlende methodische Abstützung und mangelnde Operationalisierbarkeit der Prinzipien sowie ihre unzureichende empirische Basis zu erheblicher Kritik an seinen Überlegungen geführt.[192]

Alle drei Vertreter haben die moderne Organisationstheorie begründet und bis in die heutige Zeit geprägt.[193] Gemeinsam ist ihnen allen die Konzeptualisierung einer Organisation als geschlossenes System, dessen Optimierung sich primär auf die Binnenstruktur konzentriert und externe Einflüsse vernachlässigt.[194] Die starke Fokussierung auf eine ex ante abgeschlossene Strukturierung und Programmierung von Entscheidungen sowie damit mittelbar organisationalen Handelns führt gleichzeitig tendenziell zu einer höheren Strukturträgheit von Organisationen und behindert eine flexible Reaktion auf dynamische Rahmenbedingungen.[195]

2.4.2 Neoklassische Organisationstheorie

Eine deutliche Abkehr von den konzeptionellen Ansätzen der klassischen Organisationstheorie ist mit den sog. Hawthorne-Experimenten verbunden, die 1924 im Hawthorne Werk der Western Electric Corp. durchgeführt wurden. Sie zielten auf die Untersuchung der Einflüsse äußerer Arbeitsbedingungen auf die Arbeitsproduktivität in empirischen Erhebungen.[196] Im Ergebnis wurden nicht leistungsorientierte Entlohnung und physische Arbeitsbedingungen als wesentliche Determinanten der individuellen Leistung identifiziert, sondern ein dominanter Einfluss sozio-emotionaler Faktoren erkannt.[197] Die Erkenntnisse mündeten in den sog. Human-Relations-Ansatz, der u.a. auf die Arbeiten ROETHLISBERGERs und DICKSONs zurückgeht.[198] Er konzentriert sich primär auf die soziale Interaktion innerhalb einer Organisation.

---

190 Vgl. Fayol (1929), S. 21 f.

191 Vgl. Fayol (1929), S. 28-30; Probst (1993), S. 422

192 Vgl. Schreyögg (1996), S. 38

193 Vgl. Volpert (1995), S. XXI

194 Vgl. Dyllick (1982), S. 167; Weinert (1998), S. 516 f.; S. 521 f.

195 Vgl. Bungard (1995), S. XI; Hannan/Freeman (1984), S. 151; Morgan (1986), S. 35; Roethlisberger/Dickson (1966); Warnecke (1999), S. 16 f.

196 Vgl. Morgan (1986), S. 41 f.; Probst (1993), S. 424 f.; Schreyögg (1996), S. 43

197 Vgl. Barnard (1968), S. 57-61; Kieser (1993), Sp. 3001; Roethlisberger/Dickson (1966), S. 586 f.; Schreyögg (1996), S. 44; Scholl (1993), S. 412

198 Vgl. Roethlisberger/Dickson (1966)

Dies schlägt sich zum einen in der Unterscheidung formaler und informaler Organisation nieder.[199] "Die formale Organisation wird bewusst und planvoll mit dem Ziel höchster ökonomischer Effizienz gestaltet. Die im Unternehmen geltende Ordnung ist aber nur 'in part formally organized'. ... Neben der formalen Organisation findet immer auch eine informale Organisation durch die Organisationsmitglieder statt. Diese kann die formale Organisation stören, aber auch ergänzen."[200]

Gleichzeitig verändert sich im Zuge der Human-Relations-Bewegung aber auch die Einstellung gegenüber den Mitgliedern bzw. Mitarbeitern einer Organisation. Sie werden zunehmend als wertvolle Ressource für den Unternehmenserfolg anerkannt.[201] Ihre Zufriedenstellung entwickelt sich zum Instrumentalziel, um wirtschaftlichen Erfolg des Unternehmens als Finalziel zu ermöglichen.[202] Damit verschiebt sich analog die Aufgabe des Managements. "Es muss für eine Erreichung des ökonomischen Ziels der Unternehmung sorgen und ein soziales Gleichgewicht anstreben, so dass die Individuen in der Organisation zufrieden sind. Die Zufriedenheit ist aber kein Selbstzweck, sondern steht auch wieder im Dienste des ökonomischen Ziels. Es interessiert letztlich, wie man die latente Energie der Mitarbeiter und ihre Fähigkeit zur produktiven Mitarbeit aktiviert."[203]

Weitere Impulse liefert der Human-Ressourcen-Ansatz, der sich aus der Human-Relations-Bewegung entwickelt hat. Anders als diese geht er jedoch nicht von einer Organisationsstruktur als gegebenes Rahmengefüge aus, sondern konzentriert sich auf eine motivationsfördernde Neugestaltung der Aufbau- und Ablauforganisation.[204] Damit bieten sich Anknüpfungspunkte für die Motivationsforschung, als deren Vertreter in diesem Zusammenhang MASLOW[205], HERZBERG[206] und MCGREGOR[207] zu nennen sind.[208]

In die gleiche Richtung weist die Anreiz-Beitrags-Theorie nach BARNARD.[209] Sie basiert auf dem Verständnis von Unternehmen als kooperative Systeme. BARNARD definiert formale Organisationen als Systeme "of consciously coordinated activities or forces of two or more persons."[210] Sie sind potentiell fragil, ihr Bestand hängt von der

---

199 Vgl. Barnard (1968), S. 114-123; Roethlisberger/Dickson (1966), S. 558 f.

200 Bea/Göbel (1999), S. 68 f.; Vgl. Roethlisberger/Dickson (1966), S. 559

201 Vgl. Probst (1993), S. 425

202 Vgl. Roethlisberger/Dickson (1966), S. 552 f., S. 569

203 Bea/Göbel (1999), S. 75

204 Vgl. Schreyögg (1996), S. 52

205 Vgl. Maslow (1954)

206 Vgl. Herzberg (1993)

207 Vgl. McGregor (1960)

208 Vgl. Morgan (1986), S. 42

209 Vgl. Barnard (1968)

210 Barnard (1968), S. 81

Bereitschaft der Mitglieder ab, in der Organisation als Kooperationsverbund mitzuwirken.[211] Damit ergeben sich folgende grundsätzliche Überlegungen:

- Wenn die Existenz einer Organisation von der bewussten Kooperationsentscheidung der Mitglieder und damit von individuellen Nutzenerwägungen abhängt, muss diese entsprechende Anreize bieten. Ihr Fortbestand hängt vom Gleichgewicht zwischen den Handlungen der Mitglieder als Beiträge zur Gesamtzielerreichung einerseits und Gegenleistungen der Organisation andererseits ab. Letztere sind sowohl materieller als auch immaterieller Natur.[212]
- Die so zum Ausdruck kommende Balance zwischen Anreizen und Beiträgen betrifft nicht die Arbeitnehmer allein, sondern alle Parteien, auf die die Organisation zur Erreichung ihrer Ziele angewiesen ist. Damit ist eine Organisation im Sinne BARNARDs eine Koalition aller kooperierenden Personen.[213]
- Die Stabilität der Organisation beruht wesentlich auf der Idee einer sog. Indifferenzzone. Individuen bringen – obwohl grundsätzlich freiwillige Mitglieder – der Organisation einen Vertrauensvorschuss entgegen, indem sie sich innerhalb gewisser Grenzen deren Autorität unterwerfen. Damit ist nicht jede Fremdbestimmung im Rahmen der Organisationshierarchie der Rechtfertigungsfrage und der Bewertung der Vorteilhaftigkeit einer weiteren Mitgliedschaft unterworfen.[214]

Die Anreiz-Beitrags-Theorie und insbesondere die Konzeptualisierung von Organisationen als kooperative Systeme wurden von SIMON, MARCH und CYERT[215] rezipiert und fortgeführt. Grundsätzlich ist jedoch kritisch anzumerken, dass die Koalitions- und Kooperationsentscheidung der Mitglieder als zentrales Element des Ansatzes nicht in jedem Fall dem Idealtypus einer freien Entscheidung entspricht, sondern durch asymmetrische Machtverhältnisse geprägt ist. Darüber hinaus kann die Theorie die Vorteile großer Organisationen, Stabilität im Sinne von Robustheit gegenüber Gefährdungen durch veränderliche Rahmenbedingungen sowie Berechenbarkeit, nur ansatzweise erklären.[216]

211 Vgl. Barnard (1968), S. 4, S. 56-61, S. 83-88; Schreyögg (1996), S. 48; Williamson (1990), S. 6

212 Vgl. Barnard (1968), S. 44, S. 56-61, S. 142; Bellinger/Vahl (1992), S. 106 f.; Schneider (1973), S. 20; Schreyögg (1996), S. 48

213 Vgl. Gerum (1992), Sp. 2486; Schreyögg (1996), S. 49

214 Vgl. Schreyögg (1996), S. 50

215 Vgl. March/Simon (1958), Cyert/March (1962b); Cyert/March (1963)

216 Vgl. Schreyögg (1996), S. 49 f.

2.4.3 Moderne Organisationstheorie

Seit Mitte des 20. Jh. entwickelt sich die Organisationstheorie sehr divergent. In unterschiedlichen Wissenschaftsdisziplinen kristallisieren sich vielfältige Erklärungs- und Betrachtungsansätze heraus, deren wesentliche im Folgenden diskutiert werden.

2.4.3.1 Situativer oder strukturalistischer Ansatz

Beim situativen[217] oder strukturalistischen Ansatz[218] geht es zunächst darum, empirisch beobachtbare Organisationsstrukturen zu beschreiben und in ihrer Unterschiedlichkeit zu erklären: Der Ansatz zielt "darauf ab, durch empirische Forschung Unterschiede zwischen den Organisationsstrukturen verschiedener Unternehmen durch Unterschiede in deren Kontext (Situation) zu erklären. Es interessiert also, ob bestimmte Situationsmerkmale und bestimmte Strukturmerkmale 'kontingent' sind, d.h. regelmäßig zusammen auftreten. Daher wird auch vom Kontingenzansatz gesprochen. Weitergehend wird aus solchen Befunden dann gefolgert, dass bestimmte Strukturen zu bestimmten Situationen 'passen' und dass dieser 'Fit' die Effizienz der Unternehmung darstellt."[219] Wesentliche Beiträge stammen von CHANDLER,[220] KIESER und KUBICEK[221] sowie SCHREYÖGG[222].

Der innovative Gedanke dieser kontingenztheoretischen Überlegungen liegt in der Berücksichtigung organisationsexterner Determinanten für die Strukturgestaltung.[223] Dabei spielen im Wesentlichen die Umweltsituation, die Technologie und die Größe der Organisation eine Rolle.[224] Die Bedeutung technologischer Rahmenbedingungen wird beispielsweise in den Gestaltungsmöglichkeiten sichtbar, die der Einsatz aktueller Informations- und Kommunikationstechniken für die Organisationsgestaltung eröffnet.[225] Tendenziell ist folgendes Muster zu erkennen: "Für stabile und überschaubare Umwelten wird eine stark formalisierte und zentralisierte ... Organisationsstruktur für notwendig erachtet, während in turbulenten, komplexen Umwelten ein flexibles und anpassungsfähiges ... Strukturgefüge als Voraussetzung der Überlebensfähigkeit gilt."[226] Hier deutet sich ein Dilemma im Zusammenhang mit Organisationen im institutionellen Sinne an, das erst mit dem Konstrukt von Netzwerken gelöst wird.

---

217 Vgl. Bea/Göbel (1999), S. 89-104; Brandstätt (2000), S. 36-38

218 Vgl. Schreyögg (1996), S. 54-65

219 Bea/Göbel (1999), S. 89; Vgl. Duncan/Weiss (1979), S. 76; Kieser (1993), Sp. 3002

220 Vgl. Chandler (1962)

221 Vgl. Kieser/Kubicek (1992)

222 Vgl. Schreyögg (1978)

223 Vgl. Belzer (1993), S. 98; Frank (1999), S. 266 f.; Ulrich/Fluri (1995), S. 30

224 Vgl. Schreyögg (1996), S. 59

225 Vgl. Cammerer (1998); Klein (1996), S. V; Malone/Laubacher (1999); Mocker/Mocker (1997); o.V. (1996c), S. 5; Reichwald/Möslein/Riedel (1997); Schmidt (1997)

226 Schreyögg (1996), S. 60

Einerseits eröffnet die Koordinationsform der Hierarchie überlegene Möglichkeiten, um durch fallspezifische Weisung unvorhersehbare Veränderungen in den Rahmenbedingungen zu kompensieren, andererseits behindert die oftmals gleichzeitig eintretende Erstarrung organisatorischer Strukturen eben diese Anpassungsfähigkeit.

Die wesentliche Erkenntnis aus der Kontingenztheorie besagt, dass es keine eindeutig überlegenen Gestaltungsmodelle gibt.[227] Vielmehr ist für jeden Einzelfall ein optimales Konzept zu erarbeiten. Damit sind aus der theoretischen Auseinandersetzung keine verallgemeinerbaren, praxisrelevanten Gestaltungshilfen zu erwarten; allerdings zeigen die Ergebnisse der Kontingenzforschung zumindest tendenziell, unter welchen Prämissen welche Struktur welche Wirkungen entfaltet. Gleichzeitig bieten sich gute Anknüpfungspunkte zur konzeptionellen Verankerung des strategischen Managements: "Zentral für den situativen Ansatz ist die Vorstellung, dass zwischen Situation und Struktur ein 'Fit' hergestellt werden muss. Organisationsmaßnahmen sind dann erfolgreich, wenn sie zum Kontext passen. Derselbe Fitgedanke ist ebenfalls typisch für das strategische Management. Über den situativen Ansatz kann die Organisationslehre stringent in das Denkgebäude des strategischen Managements eingeführt werden."[228]

2.4.3.2 Entscheidungstheoretischer Ansatz

Der entscheidungstheoretische Ansatz führt die Auseinandersetzung mit dem Organisationsphänomen auf die Analyse organisationaler Entscheidungsprozesse zurück, die nicht nur auf Ebene der Instanzen, sondern auch innerhalb jeder Stelle ablaufen.[229] Dabei wird ein weitgehend rationales Entscheidungsverhalten angenommen.[230] Entsprechende Analysen und konzeptionelle Überlegungen liefern Konzepte der Problemlösungs- und Entscheidungslogik und fokussieren auf die Erklärung organisationalen Handelns.[231] Organisationen werden als System zur Lösung von Problemen angesehen. "Dabei liegt der Fokus auf Prozessen, Handlungen und dem Fällen von Entscheidungen. Untersucht werden in erster Linie die Prozesse und Handlungsweisen in ihrer Beziehung zu Entscheidungen und Alternativen ... ."[232] In seiner Analyse greift der entscheidungstheoretische Ansatz auf die zuvor angesprochenen Organisationsbegriffe im funktionalen, instrumentellen und institutionellen Sinne zurück:[233]

227 Vgl. Fessmann (1980), S. 50; Morgan (1986), S. 48-60

228 Bea/Göbel (1999), S. 103

229 Vgl. Frank (1999), S. 265 f.; Kosiol (1976), S. 35; Probst (1993), S. 442; Schauenberg (1993), Sp. 4178

230 Vgl. Cyert/March (1962a), S. 290; Schreyögg (1996), S. 65

231 Vgl. Hill/Fehlbaum/Ulrich (1989), S. 18 f.

232 Weinert (1998), S. 530

233 Vgl. Bea/Göbel (1999), S. 107

- Zunächst wird die Organisation als Institution betrachtet, in der laufend Entscheidungen getroffen werden.[234] Organisationales Handeln stützt sich auf individuelles Entscheidungsverhalten, das wiederum von Zielen, Informationen und Erwartungen der Organisationsmitglieder geprägt wird. Insoweit wird eine Organisation als Koalition von Individuen konzeptionalisiert, die sich in ihren Entscheidungen jeweils durch eigene Interessen leiten lassen.
- Im instrumentellen Sinne werden die Wechselbeziehungen zwischen organisatorischen Strukturen und den Ergebnissen korporativer Entscheidungsprozesse beleuchtet.[235] Durch die Zuweisung von Kompetenz und Verantwortung[236] und die Lenkung von Informationsströmen[237] werden Entscheidungsprozesse vorstrukturiert und in ihrem Ergebnis zumindest teilweise vorgezeichnet (vgl. hierzu auch Kap. 2.3.3).[238] "Das Problem organisatorischer Gestaltung besteht demnach im Kern darin, die Entscheidungen von Organisationsmitgliedern zielorientiert zu steuern."[239]
- Organisation im funktionalen Sinne greift auf die Instrumentalfunktion zurück und impliziert im Wesentlichen die Auswahl einer optimalen Gestaltungsalternative im Hinblick auf Aufbau- und Ablauforganisation. Die Bewertung der Wirksamkeit richtet sich in diesem Zusammenhang an der Programmierung und Programmierbarkeit von Entscheidungen aus: Sie konzentriert sich auf die Vorhersag- und Strukturierbarkeit individuellen Verhaltens.

In Anknüpfung an diese Überlegungen werden im entscheidungstheoretischen Ansatz auf konzeptioneller Ebene daher Objekt- und Organisationsentscheidungen unterschieden.[240] Objektentscheidungen werden durch jede Stelle getroffen, sie betreffen im Wesentlichen ausführende Aufgaben. Ihnen sind die sog. Organisationsentscheidungen überlagert, die ausschließlich auf Ebene der Instanzen gefällt werden. Diese umfassen Managemententscheidungen im Sinne strukturgestaltender Maßnahmen und zur Zuweisung von Handlungs- und Entscheidungskompetenzen. Damit schaffen Organisationsentscheidungen der Instanzen den Rahmen für Objektentscheidungen nachgeordneter Stellen, so dass sich eine Entscheidungshierarchie und damit eine Vorstrukturierung des Entscheidungsprozesses insgesamt ergibt.[241]

---

234 Vgl. Cyert/March (1962a), S. 289

235 Vgl. Morgan (1986), S. 81-84; Schreyögg (1996), S. 66

236 Vgl. Ringlstetter (1997), S. 39-41, S. 141-147

237 Vgl. Luhmann (1972), S. 190-192

238 Vgl. Bleicher (1999), S. 34; Geser (1990), S. 402 f.; Hannan/Freeman (1984), S. 154

239 Laux/Liermann (1993), S. 4

240 Vgl. Bea/Göbel (1999), S. 109

241 Vgl. Cyert/March (1962a), S. 293

2.4.3.3 Institutionenökonomischer Ansatz

Institutionenökonomische Ansätze zeichnen sich insbesondere dadurch aus, dass sie die mit der Errichtung einer Organisation im institutionellen Sinne verbundenen Aufwendungen und Erträge untersuchen. Sie lösen sich damit von der neoklassischen Vorstellung einer reibungslosen Interaktion:[242] "Die effiziente Ressourcennutzung und die Übertragung arbeitsteilig erstellter Produkte oder Dienstleistungen über eine technisch trennbare Schnittstelle hinweg ... gelingen in der Realität nicht so friktionslos und automatisch, wie es in der ökonomischen Modellwelt vorausgesetzt wird. Ursächlich für die Probleme ist die 'menschliche Natur', zu deren wesentlichem Merkmalen Opportunismus ... und begrenzte Rationalität gehören. Erst diese Verhaltensweisen lassen es überhaupt notwendig erscheinen, dass man sich ... Gedanken macht über eine Regelung und Steuerung ökonomischer Interaktionen."[243] Die Überlegungen führen zum Konstrukt der Transaktionskosten (vgl. hierzu auch Kap. 2.3.2). In ähnliche Richtungen weisen die Theorie der Verfügungsrechte sowie der Principal-Agency-Ansatz:[244]

- Der Transaktionskostenansatz geht davon aus, dass marktliche Transaktionen Kosten verursachen.[245] Dazu gehören insbesondere Ex-ante-Kosten für die Suche nach Vertragspartnern, für Verhandlungen sowie für die vertragliche Vereinbarung. Ex post entstehen weitere Kosten für die Überwachung der Leistungserfüllung und eine ggf. erforderliche Anpassung von Austauschverträgen.[246] Die Höhe der Transaktionskosten hängt von der Spezifität und der Unsicherheit der Transaktion ab.[247] Hohe Spezifität, d.h. wenige Substitutionsmöglichkeiten und damit eine enge Bindung von Investitionen an eine bestimmte Transaktion, bringt große Verluste im Falle eines notwendigen Rückgriffs auf die nächstbeste Nutzungsalternative mit sich und führt damit potentiell zu hohen wirtschaftlichen Nachteilen. Ausgeprägte Unsicherheit äußert sich demgegenüber in der Unmöglichkeit, alle transaktionsrelevanten Merkmale ex ante in vertraglichen Regelungen abzudecken und entsprechende Informationen im stark verkürzenden Datum des Preises zu verdichten.[248] Damit steigt das Risiko eines nicht erwartungskonformen Verlaufs der Transaktion, die Eintrittswahrscheinlichkeit eines Verlusts nimmt signifikant zu. Beide Entwicklungen führen zusammen zu einem hohen Risikopotential und lassen marktliche Transaktionen unvorteilhaft erscheinen.

242 Vgl. Coase (1990), S. 38 f., S. 114; Laux/Liermann (1993), S. 9; North (1992), S. 18 f.; Schreyögg/Papenheim (1988), S. 2

243 Bea/Göbel (1999), S. 126

244 Vgl. Schreyögg (1996), S. 70

245 Vgl. Williamson (1990), S. 1

246 Vgl. North (1992), S. 32; Williamson (1990), S. 22 f.

247 Vgl. Wolter/Wolff/Freund (1998), S. 23

248 Vgl. Graham (1996), S. 3; Sydow (1993), S. 131

In diesem Fall entsteht eine Organisation oder Unternehmung im institutionellen Sinne, in der das Spektrum der Koordinationsinstrumente durch die Weisung ergänzt wird:[249] "Typisch für die Institution 'Unternehmung' ... sind langfristige und unvollständige Verträge, in denen der Arbeitnehmer sich verpflichtet, den jeweils situativ durch den Vorgesetzten erteilten Anweisungen Folge zu leisten. Beide Seiten haben ein Interesse an der Fortsetzung der Beziehung, weil es Erfahrungskurveneffekte gibt. Konflikte werden nicht nur durch Kündigung oder Gerichtsverfahren gelöst, sondern durch unternehmensinterne Konfliktlösungsmechanismen. Alle Beteiligten können leichter miteinander kommunizieren als mit externen Marktpartnern."[250] Die Koordination über den Preis, die konstitutives Element marktlicher Arrangements ist, wird durch die Etablierung von Weisungsbeziehungen ersetzt. Ihre Existenz kompensiert das aus Unsicherheit entstehende Risiko, dass opportunistische Verhaltensweisen der Transaktionspartner nicht verhindert werden können. Außerdem geht WILLIAMSON – einer der Protagonisten der Transaktionskostentheorie – davon aus, dass sich bei langfristigen Verträgen auch moralische Bindungen entwickeln, die gegenseitige Rücksichtnahme und den Verzicht auf opportunistisches Verhalten zur Folge haben. Sie setzen i.d.R. jedoch eine über den Marktkontakt hinausgehende Bindungsintensität voraus, die eher innerhalb einer Organisation entsteht.[251]

Auch die Errichtung einer institutionellen Organisation ist selbstverständlich mit Aufwendungen verbunden.[252] Diese relativieren sich jedoch insbesondere bei einem hohen Wiederholungsgrad der Transaktion,[253] denn eine häufige Durchführung lässt eine Internalisierung ökonomisch opportun erscheinen. COASE erweitert diese Überlegungen, indem er sich auf qualitativer Ebene mit der unterschiedlichen rechtlichen und steuerlichen Würdigung von Transaktionen innerhalb und außerhalb einer Organisation beschäftigt.[254]

Damit hängt die Entscheidung zwischen marktlicher und hierarchischer Koordination von rein rationalen, ökonomisch motivierten Effizienzüberlegungen ab.[255] Ihre höhere Anreizverträglichkeit spricht grundsätzlich für Marktmechanismen.[256] Im Falle hoher Unsicherheit und Spezifität sowie geringer Transaktionshäufigkeit erweist sich eine weisungsbezogene Koordination innerhalb hierarchisch geprägter Organisationen als vorteilhaft. Dazwischen liegen die Alternativen dreiseitiger

249 Vgl. Coase (1990), S. 35; North (1992), S. 87; Schreyögg (1984), S. 58 f.

250 Bea/Göbel (1999), S. 134; Vgl. Coase (1990), S. 38 f.

251 Vgl. Williamson (1975), S. 38

252 Vgl. Coase (1990), S. 116; Sydow (1993), S. 132

253 Vgl. Schreyögg (1996), S. 71

254 Vgl. Coase (1990), S. 41

255 Vgl. Gerum (1992), Sp. 2489 f.

256 Vgl. Kasuga (1999), S. 499; Whinston (1962), S. 417

Kontrolle durch eine unabhängige Schiedsstelle sowie zweiseitiger Kontrolle im Sinne kooperativer Arrangements, die noch ausführlich betrachtet werden (vgl. Abb. 2).[257] Kritik am Transaktionskostenansatz entzündet sich an der mangelnden Operationalisierbarkeit, der Ausblendung sozialer Aspekte und der Vernachlässigung marktstrategischer Überlegungen.[258] Er bildet primär einen argumentativen Rahmen, um die Genese von Organisationen konzeptionell zu begründen.

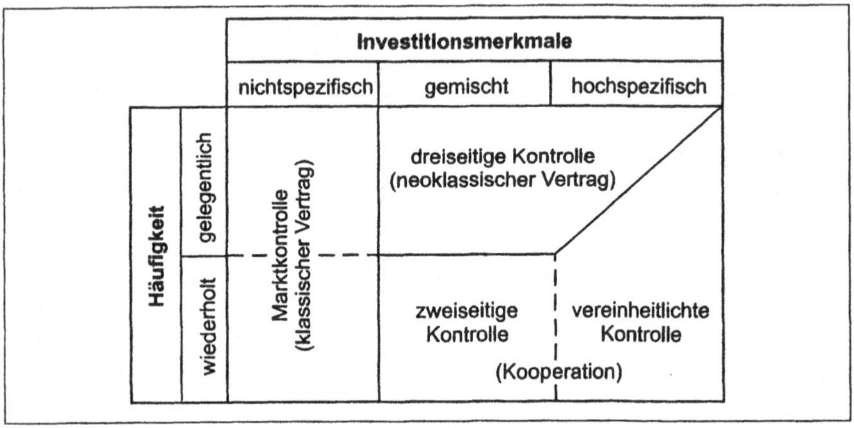

Abb. 2: Kontrollformen im Transaktionskostenansatz[259]

- Mit dem Transaktionskostenansatz ist die Theorie der Verfügungsrechte eng verbunden. Sie setzt sich insbesondere mit der Verfügung über Ressourcen sowie der Verteilung entsprechender Rechte auseinander.[260] Die Verfügungsrechte oder "Property Rights" implizieren die Nutzung von Gütern und Rechten, die Aneignung des Ertrags, die Veränderung von Form und Substanz sowie die Übertragung an Dritte.[261] Diese grundsätzliche Einheit ist in der Praxis vielfach aufgelöst, einzelne Wirtschaftsubjekte verfügen nur teilweise über das gesamte Spektrum der Verfügungsrechte.[262]

Die Theorie der Verfügungsrechte untersucht auf dieser Basis die Wirkungen unterschiedlicher Verteilungen von Rechten auf individuelles und damit mittelbar organisationales Handeln.[263] Mitglieder einer Organisation versuchen, eigene - mitunter auch konfligierende - Zielsysteme durch bi- und multilaterale

257 Vgl. Bea/Göbel (1999), S. 138

258 Vgl. Balling (1997), S. 62; Schreyögg (1996), S. 72

259 Abb. aus Bea/Göbel (1999), S. 138

260 Vgl. Schreyögg (1996), S. 72-77

261 Vgl. Furubotn/Pejovich (1972), S. 1146 f.; Furubotn/Pejovich (1974b), S. 4; Gerum (1992), Sp. 2842

262 Vgl. Furubotn/Pejovich (1972), S. 1140

263 Vgl. Demsetz (1974), S. 31 f.

Austauschbeziehungen zu verfolgen. Organisation im institutionellen Sinne wird demnach als Gleichgewichtssystem von Einzelverträgen konzeptualisiert. Hier zeigen sich deutliche Anknüpfungspunkte an die Koalitionsüberlegungen der Anreiz-Beitrags-Theorie.[264] Im Unterschied zum zuvor diskutierten Transaktionskostenansatz fokussiert die Theorie der Verfügungsrechte stärker auf das Entscheidungsverhalten des Individuums, das z.B. bei WILLIAMSON als Erklärungsansatz keine Rolle spielt.[265]

- Der dritte Ansatz im institutionenökonomischen Umfeld ergibt sich aus der Principal-Agency-Theorie.[266] Sie richtet ihr Augenmerk "auf den bilateralen Vertrag zwischen einem Prinzipal (Auftraggeber) und einem Agenten (Auftragnehmer). Prinzipal-Agent-Beziehungen treten in allen Institutionen auf: Auf dem Markt zwischen Käufern und Verkäufern genauso wie in Unternehmen zwischen den Aktionären und dem Top-Management, aber auch zwischen Managern und anderen Mitarbeitern sowie in Kooperationen zwischen den Partnern."[267] In jedem Fall beauftragt der Prinzipal den Agenten mit der Wahrnehmung bestimmter Aufgaben.[268] Er erzielt durch die Delegation einen Nutzenvorteil, der in der eigenen Entlastung oder in der Nutzung besonderer Kompetenzen des Agenten bestehen kann. Allerdings kann er nie sicher sein, dass dieser die ihm eingeräumten Handlungs- und Entscheidungsvollmachten vollständig im Sinne des Prinzipals ausfüllt. Vielmehr ist davon auszugehen, dass der Agent auch eigene Interessen verfolgt und insoweit ein aus Sicht des Prinzipals suboptimales Handlungsergebnis erzielt.

  Konzeptionell wird dieses Misstrauensproblem in den Agenturkosten abgebildet.[269] Sie beinhalten zum einen sog. "Monitoring Costs", die sich aus der Überwachung und Disziplinierung des Agenten ergeben. Andererseits ist dieser bemüht, seine Vertrauenswürdigkeit gegenüber dem Prinzipal unter Beweis zu stellen. Die daraus entstehenden Aufwendungen werden als "Bonding Costs" bezeichnet. Die dritte Komponente der Agenturkosten bildet der sog. "Residual Loss". "Er ergibt sich aus der Differenz zwischen der Leistung des Agenten und der i.S. des Prinzipals bestmöglichen Leistung. ... Zwischen Monitoring und Bonding Costs und dem Residual Loss ist ein Trade-off zu vermuten, d.h. eine Verbesserung der Agenturleistung ... muss mit verstärkten Aufwendungen seitens des Prinzipals erkauft werden."[270]

---

264 Vgl. Barnard (1968)

265 Vgl. Schreyögg (1996), S. 73 f.

266 Vgl. Jensen/Meckling (1976)

267 Bea/Göbel (1999), S. 139

268 Vgl. Gerum (1992), Sp. 2490; Rilling (1997), S. 36-41; Schreyögg (1996), S. 78

269 Vgl. Bea/Göbel (1999), S. 142; Schräder (1996), S. 47 f.

270 Bea/Göbel (1999), S. 142

Das Problem der Agenturkosten umgehen am besten Markttransaktionen, die die individuelle Leistung unmittelbar über ökonomische Nutzenvorteile honorieren. Sie wirken begrenzt auch in die Organisation hinein: Manager, die in einer klassischen Agentenrolle für die Anteilseigner des Unternehmens agieren, sind gleichzeitig Teilnehmer am Arbeitsmarkt. Sie wollen ihre Position sowohl gegenüber dem Prinzipal als auch gegenüber anderen, potentiellen Arbeitgebern über nachweisbare wirtschaftliche Erfolge verbessern und sich insofern gleichzeitig im Sinne des Prinzipals verhalten. Typischerweise stützt sich die organisatorische Lösung des Agenturproblems jedoch auf ex ante definierte Handlungs- und Entscheidungsspielräume im Sinne der instrumentellen Organisation sowie ad hoc getroffene Weisungen. Diese finden ihre Grenzen immer dann, wenn der Agent gerade wegen seiner fachlichen Kompetenz mit der Wahrnehmung bestimmter Aufgaben betraut ist und eine fundierte externe Bewertung seiner Leistungen erschwert wird. Auch die Etablierung von Kontrollstrukturen erweist sich als kontraproduktiv, da sie den ursprünglich verfolgten Delegationsnutzen stark schmälert. Hier kommen Anreizmechanismen zum Tragen,[271] die versuchen, Interessen beider Parteien zu harmonisieren und damit das Eigeninteresse des Agenten im Sinne des Prinzipals zu stimulieren. Auch sie stoßen jedoch an Grenzen, da sich eine vollständige Deckungsgleichheit i.d.R. nicht herbeiführen lässt.[272]

Obwohl von ihrem konzeptionellen Ansatz mit der Transaktionskostentheorie eng verwandt, beleuchtet die Principal-Agency-Theorie eine andere Facette des Organisationsproblems. Sie konzentriert sich auf die Grenzen der Delegation als wesentlichem Element arbeitsteiligen Wirtschaftens. Gemeinsam ist beiden Ansätzen die mangelnde Operationalisierbarkeit. Außerdem wird die Ausblendung jeder langfristigen sozialen Bindung des Agenten an den Prinzipal und die damit verbundene fast paranoide Hervorhebung externer Kontrollmechanismen kritisiert.[273]

Grundsätzlich ist festzustellen, dass alle drei hier präsentierten institutionenökonomischen Ansätze jeweils einzelne Aspekte des Organisationsproblems beleuchten, jedoch nicht geeignet sind, um eine in sich geschlossene Organisationstheorie zu begründen. Ihre mangelnde Operationalisierung schmälert insbesondere die praktische Relevanz zur Lösung konkreter Probleme bei der Gestaltung von Aufbau- und Ablaufstrukturen, praxisrelevante Gestaltungsvorschläge sind aus den hier skizzierten Überlegungen nicht ableitbar. Der Wert liegt primär in der konzeptionellen Auseinandersetzung mit der Genese von Organisationen und in der Sensibilisierung für Problemfelder der Organisationsgestaltung.

---

271 Vgl. Baetge (1993); Frese (1995), S. 128

272 Vgl. Bea/Göbel (1999), S. 141

273 Vgl. Schreyögg (1996), S. 79

2.4.3.4 Evolutionstheoretischer Ansatz

Die bisherigen Ausführungen gehen von einem Organisationsbegriff aus, der eine intentionale, d.h. planvolle Strukturgestaltung impliziert. Auf Basis einer Analyse der Rahmenbedingungen, in die mit unterschiedlicher Gewichtung interne und externe, sachlogische und personal-soziale Aspekte einfließen, entsteht eine definierte Organisationsstruktur. Dieser Prozess läuft in der Verantwortung bestimmter Individuen, der sog. Organisatoren, ab. Zuständig ist i.d.R. die Unternehmensführung bzw. das Management. Evolutionstheoretische Ansätze brechen mit dieser Überlegung grundsätzlich.

Sie greifen auf den biologischen Evolutionsprozess zurück[274] und übertragen diesen auf den Prozess des Organisierens. Im Gegensatz zum "traditionellen tätigkeitsorientierten Organisationsbegriff wird allerdings dieser Prozess nicht als gezielte Tätigkeit eines bestimmten Organisators angesehen, sondern als größtenteils unkontrollierbare und unvorhersehbare Systementwicklung ... . Organisieren heißt also vor allem, (*Anm.: in einem nicht-intentionalen Prozess*) Variationen zu produzieren, um der Evolution Ansatzpunkte für eine Weiterentwicklung zu liefern."[275] Gestaltungs- und Handlungsalternativen werden dabei nicht planvoll oder zielorientiert geschaffen, sie entstehen zweckneutral aus im Ergebnis nicht vorhersehbaren Abstimmungsprozessen zwischen unterschiedlichen Interessengruppen und auf Basis einer nicht deterministischen Beziehung zwischen unternehmerischem Handeln und marktlichem Erfolg.[276]

Diese Überzeugung korrespondiert mit den Ausführungen zum Konstrukt des korporativen Akteurs, in dem die zumindest partielle Lösung der Organisation im institutionellen Sinne von den Interessen und Handlungen der Mitglieder thematisiert wird.[277] Diese Emanzipation, die sich einerseits über die Ausbildung organisatorischer Routinen und damit generierter Beharrungstendenzen sowie andererseits über das komplexe Beziehungsgefüge unterschiedlicher Interessengruppen und eine darauf basierende Eigendynamik erklärt, verhindert zumindest potentiell eine vollständig intentionale Strukturgestaltung. Sie führt stattdessen zu Aufbau- und Ablaufstrukturen und organisationalem Handeln als emergentem Phänomen.[278] Handlungen sind mindestens partiell nicht mehr den Mitgliedern oder externen Einflüssen zuzurechnen, sondern der Organisation selbst.[279] Organisation im funktionalen Sinn impliziert demzufolge weniger planvolle Gestaltung und Umgestaltung, sondern primär Selek-

---

274 Vgl. Hannan/Freeman (1984), S. 150; Morgan (1986), S. 66

275 Bea/Göbel (1999), S. 153

276 Vgl. Bea/Göbel (1999), S. 155; Hannan/Freeman (1984), S. 150 f.; Schreyögg (1996), S. 67; Staehle (1999), S. 911

277 Vgl. Geser (1990), S. 401 f.; Hannan/Freeman (1984), S. 155

278 Vgl. Schreyögg (1996), S. 405

279 Vgl. Geser (1990), S. 402 f.

tion von Gestaltungsalternativen in Abhängigkeit von ihrer Effizienz.[280] Dieser evolutorische Prozess vollzieht sich grundsätzlich auf zwei Ebenen:

- Variation innerhalb einer Organisation wird durch einen Wechsel der Mitglieder erzeugt. "Ein ausscheidendes Organisationsmitglied nimmt sozusagen Kompetenzen aus der Organisation heraus, ein neu eintretendes Mitglied bringt eigene Kompetenzen und Fähigkeiten mit."[281] Die kontinuierliche Weiterentwicklung und der betriebliche Reifeprozess[282] stützen sich damit je nach betrachteter Ebene auf die Selektion von Individuen oder auf die Bevorzugung und den Ausbau erfolgreicher Abteilungen auf Kosten weniger erfolgreicher. Grundlage ist in jedem Fall die Förderung erfolgreicher und die Selektion weniger erfolgreicher Einheiten.
- Evolutionäre Weiterentwicklung basiert jedoch nicht primär auf intraorganisationaler Selektion, sondern findet auf der Ebene von Organisationspopulationen statt.[283] Organisationen zeigen großes strukturelles Beharrungsvermögen und erweisen sich damit grundsätzlich als träge.[284] Weiterentwicklung wird über den Selektionsmechanismus des Marktes gesteuert und findet folglich primär auf der Makroebene statt. Erfolgreiche Unternehmen bestehen und können positive Wachstumsraten realisieren, ineffiziente Gestaltungsmodelle scheiden aus dem Markt aus.[285]

Die Kritik am evolutionstheoretischen Ansatz entzündet sich an der Negation planvollen Handelns. Zwar betont GESER: "Bekanntlich hat die Analyse demokratischer Entscheidungsverfahren zur ernüchternden Schlussfolgerung geführt, dass individuelle Präferenzstrukturen für kollektive Entscheidungen ... keine geeignete Grundlage bilden, weil immer damit gerechnet werden muss, dass sie sich zu intransitiven Gesamtpräferenzen aggregieren. Dies impliziert, dass die Fähigkeit zum konsistenten kollektiven Entscheiden als emergente Leistung eines Sozialsystems betrachtet werden muss, weil die getroffenen Beschlüsse ... nicht mit der Summe individueller Präferenzen koinzidieren."[286] Dennoch erscheint die Übertragung biologischer Evolutionsmechanismen auf soziale Systeme problematisch, da sie die integrierende Wirkung gemeinsamer Werte[287] und die (zumindest begrenzte) Fähigkeit des Menschen zur Antizipation zukünftiger Entwicklungen[288] vernachlässigt.

---

280 Vgl. Staehle (1999), S. 911

281 Bea/Göbel (1999), S. 155

282 Vgl. Probst (1993), S. 208

283 Vgl. Morgan (1986), S. 67

284 Vgl. Hannan/Freeman (1984), S. 154; zu Knyphausen-Aufseß (1999), S. 606

285 Vgl. Bea/Göbel (1999), S. 155

286 Geser (1990), S. 403; Vgl. Schreyögg (1996), S. 406 f.

287 Vgl. Hill/Fehlbaum/Ulrich (1989), S. 23

288 Vgl. Hannan/Freeman (1984), S. 151; Ulrich/Probst (1995), S. 19

2.4.3.5 Systemtheoretischer Ansatz

Der systemtheoretische Ansatz leitet Konzepte zur Beschreibung und Erklärung des Organisationsphänomens aus der Systemtheorie und Kybernetik ab.[289] Er stellt dazu zum einen im Sinne einer terminologischen Funktion ein generisches Begriffssystem zur Verfügung, das eine weitgehend prämissenfreie Analyse ermöglicht.[290] Zum anderen bietet er heuristische Strukturmodelle, die der Erklärung von Wirkungszusammenhängen im Hinblick auf soziale und soziotechnische bzw. soziotechnologische Systeme dienen. Schließlich integriert er Aspekte der Psychologie, Soziologie, Ökonomie und Technologie zu einem interdisziplinären Betrachtungsansatz[291] und erhebt damit den Anspruch, in seiner Aussagekraft über monodisziplinäre Konzepte hinauszugehen.[292]

Betrachtungsobjekt der Systemtheorie ist ein System, das beschrieben wird als "ein dynamisches Ganzes mit spezifischen Eigenschaften und Verhaltensweisen. Es besteht aus Teilen, die untereinander in Wechselwirkung stehen, so dass keiner der Teile völlig unabhängig von allen übrigen Teilen existieren kann und das Verhalten des Ganzen durch den Wirkungszusammenhang der systembildenden Teile beeinflusst wird."[293] Üblicherweise werden die Teile als Elemente bezeichnet.[294] Das System als Betrachtungsobjekt ist in die Systemumwelt eingebettet. Sie beschreibt die externen Bedingungen, "in deren Rahmen sich ein System entwickelt. Sie besteht aus externen Elementen, mit denen das System in einen Wirkungszusammenhang tritt."[295]

Die Festlegung der Systemgrenzen führt zur Entstehung einer hierarchischen Gliederung, da Elemente übergeordneter Systeme ihrerseits wieder Systeme bilden. Begrifflich schlägt sich diese Unterscheidung im In- und Umsystem bzw. im Sub- und Supersystem nieder.[296] Die Abhängigkeit der Beschreibung und Verhaltensanalyse von der Festlegung der Systemgrenzen ergibt sich aus den externen Wirkungszusammenhängen. Hier kommt die Unterscheidung in geschlossene und offene Systeme zum Tragen. Offene Systeme zeichnen sich dadurch aus, dass ihre Entwicklung nicht nur von der Binnendynamik des Systems selbst, sondern auch von Einflüssen außerhalb der Systemgrenze abhängt.[297] Überdies ist in Abhängigkeit von der Art der Elemente zwischen technischen Systemen, die ausschließlich aus technischen Aggregaten bestehen, sozialen Systemen, in denen Menschen, Tiere und Pflanzen zusammen-

---

289 Vgl. Frank (1999), S. 266; Mesarović/Sanders/Sprague (1962), S. 495; Schreyögg (1996), S. 86

290 Vgl. Grochla/Lehmann (1980), Sp. 2208; Ulrich/Krieg (1974), S. 11 f.

291 Vgl. Hill/Fehlbaum/Ulrich (1989), S. 18; Wyssusek (1999), S. 19

292 Vgl. Grochla/Lehmann (1980), Sp. 2205

293 Probst (1993), S. 27

294 Vgl. Grochla/Lehmann (1980), Sp. 2209; Wyssusek (1999), S. 21

295 Probst (1993), S. 27

296 Vgl. Grochla/Lehmann (1980), Sp. 2209

297 Vgl. Fessmann (1980), S. 50; Grochla/Lehmann (1980), Sp. 2210; Wyssusek (1999), S. 25

gefasst werden, und soziotechnischen Systemen zu unterscheiden, die Elemente der beiden vorgenannten Arten integrieren.[298] Organisationen oder Unternehmen werden in diesem Zusammenhang als offene soziotechnische Systeme konzeptualisiert.[299] RÜHL und ZINK haben den soziotechnischen zum soziotechnologischen Systembegriff weiterentwickelt, um über die technischen Bedingungen hinaus den Blick auf organisatorische, ökonomische und ökologische Faktoren zu lenken, die Struktur und Verhalten von Organisationen beeinflussen.[300]

Grundsätzlich ist damit eine wesentliche Erweiterung des klassischen, morphologisch geprägten systemtheoretischen Denkens verbunden, das primär auf die Zusammenhänge zwischen Systemelementen und dem mit ihrer Verknüpfung verbundenen Mehrwert ausgerichtet ist, externe Einflüsse demgegenüber jedoch vernachlässigt.[301] Diese kommen über die Kybernetik ins Spiel, die definierte Reaktions- und Regelungsprozesse einführt. Damit ist eine Dynamisierung des Systemverhaltens verbunden, immer noch dominiert jedoch eine stark mechanistische Betrachtung. Diese wird erst in der kybernetischen Systemtheorie überwunden, die durch ASHBY und WIENER begründet wird.[302] Sie analysiert das Spannungsfeld zwischen organisationaler Stabilität und dynamischer Umwelt.[303] Die weitere Diskussion führt zur Betrachtung von Organisationen als Instrument zur Problemlösung und zeigt damit deutliche Anknüpfungspunkte zur entscheidungstheoretischen Perspektive (vgl. Kap. 2.4.3.2).[304] Erst mit der Konzeptualisierung offener Systeme findet jedoch ein bidirektionales Wirkungsgefüge Eingang in die Analyse. Die Organisation folgt nicht mehr nur reaktiv externen Einflüssen, sondern übernimmt eine aktive Gestaltungsfunktion der Systemumwelt.[305]

Methodisch ist im Zusammenhang mit der Organisationstheorie insbesondere die Systemanalyse interessant. Sie basiert auf einer Input-Output-Betrachtung, bei der das System in seiner Struktur weitgehend unbekannt ist oder ausgeblendet und damit als sog. Black Box betrachtet wird. Die Systemanalyse unterstützt insbesondere die Identifikation und Analyse relevanter externer Einflussfaktoren auf das Systemverhalten. Wichtige Beiträge zur Erklärung des Systemverhaltens leistet darüber hinaus die Modellierung von Systemen, die eine Abbildung von Elementen und

---

298 Vgl. Morgan (1986), S. 42-44; Probst (1993), S. 27

299 Vgl. Ulrich/Krieg (1974), S. 17; Zink (1984b), S. 25 f.

300 Vgl. Rühl (1973), S. 164; Rühl (1974), S. 155; Zink (1984b), S. 28 f.; Zink (1999), S. 280

301 Vgl. Schreyögg (1996), S. 86 f.; Wyssusek (1999), S. 19

302 Vgl. Ashby (1956); Wiener (1963), S. 191-202

303 Vgl. Schreyögg (1996), S. 87

304 Vgl. Hill/Fehlbaum/Ulrich (1989), S. 18 f.; Weinert (1998), S. 530

305 Vgl. Schreyögg (1996), S. 90

Wirkungszusammenhängen in der Binnenstruktur und ihrer Einbindung in die Systemumwelt beinhaltet.[306]

Die systemtheoretisch fundierte Systemanalyse ist demnach ein heuristisches Verfahren, das über eine sukzessive Annäherung an die Systemstruktur, d.h. an die Elemente und ihre Beziehungen, zur Erklärung und Prognose des Systemverhaltens beiträgt.[307] Der potentielle Beitrag zur Organisationsbewertung im Sinne der zuvor thematisierten Entwicklungs- und Verbesserungsorientierung besteht damit primär in der Analyse von Zusammenhängen zwischen organisationalem Handeln und den so generierten Ergebnissen sowie in einer Prognose der Wirkungen von Veränderungs- und Verbesserungsmaßnahmen sowohl in struktureller Hinsicht als auch im Hinblick auf die strategische Ausrichtung. Einschränkungen im Hinblick auf die konkrete Handlungsunterstützung für die Praxis ergeben sich jedoch aus dem hohen Abstraktionsgrad systemtheoretischer Ansätze, der eine über die Erklärung grundsätzlicher Zusammenhänge hinausgehende Nutzung erschwert.[308]

Die Systemanalyse geht im Zusammenhang mit soziotechnischen bzw. soziotechnologischen Systemen von der Prämisse grundsätzlich rationalen Handelns aus.[309] Damit werden die Grenzen des Ansatzes sichtbar. Sie liegen insbesondere in der Vielzahl relevanter Elemente, die sich aus dem breiten Spektrum von Interessengruppen einer Organisation ergibt,[310] in der Unbestimmtheit menschlichen Verhaltens und der generell fehlenden zuverlässigen Kenntnis von Ursache-Wirkungs-Zusammenhängen im sozio-ökonomischen Bereich.[311] Die Systemtheorie leistet jedoch wirkungsvolle Unterstützung bei der empirischen Analyse entsprechender Zusammenhänge, da sie die systematische Identifikation von Einflussgrößen unterstützt und damit Hilfestellung für die Forschungskonzeption leistet. Außerdem unterstützt die Modellierung von Systemen die Integration bekannter Partialzusammenhänge und trägt so zum Gesamtverständnis bei.[312]

2.4.3.6 Interpretativer oder kognitiv-symbolischer Ansatz

Der u.a. von SCHEIN[313] geprägte interpretative[314] oder kognitiv-symbolische Ansatz[315] fokussiert auf die integrierende Wirkung gemeinsamer Werte. "Eine gemeinsame Sicht

---

306 Vgl. Grochla/Lehmann (1980), Sp. 2211 f.; Mesarović/Sanders/Sprague (1962), S. 493

307 Vgl. Frank/Gronau (1999a), S. 35; Wyssusek (1999), S. 20

308 Vgl. Hartmann (1985), S. 23

309 Vgl. Wyssusek (1999), S. 20

310 Vgl. Mitroff (1989), S. 33

311 Vgl. Grochla/Lehmann (1980), Sp. 2212 f.; Wyssusek (1999), S. 20

312 Vgl. Koschnitzki (1984), S. 51-54; Probst (1993), S. 441; Ulrich/Krieg (1974), S. 12 f.

313 Vgl. Schein (1988b)

314 Vgl. Bea/Göbel (1999), S. 166-178

315 Vgl. Schreyögg (1996), S. 80-85

der Wirklichkeit ist die Aufgabe eines Organisationsprozesses, damit ineinander greifende Verhaltensweisen zueinander passen ... . Es muss 'Konsens' erzielt werden über die 'richtige' Sicht der Dinge. ... Im Ergebnis hat die Organisation eine Menge von mehr oder weniger bewussten Regeln, Konventionen, Rezepten und Routinen, aufgrund derer die Mitglieder wissen, wie Dinge getan und verstanden werden sollen."[316] Im Mittelpunkt steht die sinnstiftende und koordinierende Wirkung gemeinsamer Werte, die eine Isomorphie im Verhalten der Mitglieder bewirken[317] und sich in einer gemeinsamen Unternehmenskultur konkretisieren.[318] Unternehmenskultur ist dabei definiert als "das implizite Bewusstsein eines Unternehmens, das sich aus dem Verhalten der Organisationsmitglieder ergibt und das umgekehrt die formalen sowie die informalen Verhaltensweisen der Individuen steuert."[319] Analog definiert SCHEIN: "I will argue that the term 'culture' should be reserved for the deeper level of basic assumptions and beliefs that are shared by members of an organization, that operate unconsciously, and that define in a basic 'taken-for-granted' fashion an organization's view of itself and its environment."[320]

Organisationen werden damit als kulturelle Gemeinschaften konzeptualisiert, "deren Handlungsgrundlage nur über die Erschließung der kulturellen Muster verstehbar wird."[321] Diese kulturellen Muster oder Organisationskulturen beinhalten gemeinsame Denkschemata und -strukturen, die als kognitive Muster bezeichnet werden. Sie bilden die Grundlage für ein geteiltes Verständnis der Systemumwelt und für die organisationsinterne Verständigung.[322] Damit bilden die von den Mitgliedern der Organisation getragenen Kulturen die Grundlage der gemeinsamen Handlungsrealisation und damit in der Außensicht für das Verhalten der Organisation als korporativem Akteur.

Auch im Hinblick auf den interpretativen Ansatz bleibt das Problem der mangelnden Operationalisierbarkeit bzw. der fehlenden Ableitung organisatorischer Gestaltungsempfehlungen bestehen. Allerdings begründet er die Relevanz integrierender Maßnahmen z.B. zur Formulierung und Vermittlung eines gemeinsamen Wertekanons oder eines Leibilds oder zur systematischen Zielentfaltung bzw. zum Policy Deployment. Für die weitere argumentative Struktur der Arbeit ist der interpretative Ansatz insofern relevant, als er die herausragende Bedeutung gemeinsamer Werte und einer Unternehmenskultur als sinnstiftendes Element und zur einheitlichen Handlungsausrichtung

---

316 Bea/Göbel (1999), S. 167; Vgl. Morgan (1986), S. 128

317 Vgl. Godoy Tenter/Müller (1998), S. 145-156, S. 152; Sydow (1993), S. 161; Töpfer (2000c), S. 71

318 Vgl. Chromy/Stork (1998), S. 125; Morgan (1986), S. 127; Rilling (1997), S. 114 f.; Ringlstetter (1997), S. 161; Schein (1988b), S. 311-326

319 Scholz (1997), S. 88; Vgl. Scholl (1993), S. 424

320 Schein (1988b), S. 6

321 Schreyögg (1996), S. 82

322 Vgl. Schreyögg (1996), S. 83; Scholl (1993), S. 415

der Mitglieder hervorhebt.[323] Gleichzeitig bietet die Analyse gemeinsamer kognitiver Muster einen Anhaltspunkt zur Grenzziehung zwischen In- und Umsystem und damit zur Festlegung eines systemtheoretischen Betrachtungsobjekts.[324] Diese Möglichkeit gewinnt im Zusammenhang mit dem später diskutierten Netzwerkkonstrukt an Bedeutung, das eine Aufweichung der Organisationsgrenzen mit sich bringt. Hier spielen die Etablierung eines gemeinsamen Wertekanons und die Sicherstellung kultureller Verträglichkeit eine wichtige Rolle.

2.5 Erfolgs-, Effektivitäts- und Effizienzkriterien für Organisationen

Die theoretisch-konzeptionelle Auseinandersetzung mit dem Organisationsbegriff leitet unmittelbar zur Diskussion von Erfolgskriterien über. Erfolg dokumentiert sich dabei im Wesentlichen über die Erreichung organisationsspezifischer Ziele.[325] Die Organisation dient einem Zweck, der außerhalb ihrer selbst liegt, sich allerdings nicht zwingend ihrem Einfluss entzieht. Die Zielbildung, d.h. die Formulierung des Existenzzwecks, wird von den wesentlichen Interessengruppen, i.d.R. insbesondere von den Anteilseignern und Mitarbeitern getragen. Diese sind zwar in ihrer Funktion als Entscheidungsträger Bestandteil der Organisation im institutionellen Sinne, tragen als Interessengruppen ihre Ziele allerdings von außen in diese hinein. Insoweit liegen die Ziele außerhalb der unmittelbarer Sphäre der Organisation. Sie besitzt keine Existenzberechtigung an sich, sondern legitimiert sich über den Nutzen für relevante Gruppen (vgl. hierzu auch Kap. 2.5.1.1). "Die Sichtweise, dass die Organisation in erster Linie ein Instrument zur Verwirklichung des Leistungsziels ist, entspringt dem Modell der rationalen, zielgerichteten Fremdorganisation."[326] Die konkrete inhaltliche Ausgestaltung des Zielsystems und seine Autorisierung hängen in diesem Zusammenhang stark vom grundlegenden Organisationsverständnis im Sinne der vorgenannten Ausführungen ab. Unabhängig davon dokumentiert sich der Erfolg einer Organisation aber in der Erreichung offizieller Ziele.

Die tatsächliche Erreichung der Ziele einer bzw. für eine Organisation oder zumindest die strukturell verankerte Fähigkeit dazu determinieren im Umkehrschluss ihre Effektivität und Effizienz.[327] Entsprechende Aussagen greifen explizit auf die Organisationsziele zurück, indem sie den Grad der Zielerreichung als Bewertungsmaßstab heranziehen:[328] "The criterion of effectiveness refers to the accomplishment of the purpose of the enterprise; it is therefore of a social and non-personal nature."[329] BEA

---

323 Vgl. Chromy/Stork (1998), S. 125

324 Vgl. Morgan (1986), S. 131-140; Schreyögg (1996), S. 90

325 Vgl. Bühner (1977), S. 51

326 Bea/Göbel (1999), S. 221

327 Vgl. Steers (1977), S. 1 f.

328 Vgl. Scholz (1987), S. 15

329 Dale (1952), S. 196; Vgl. Duncan/Weiss (1979), S. 81

und GÖBEL fahren fort: "Als effektiv gilt eine Organisation dann, wenn sie die ihr zugeordnete Aufgabe gut erfüllt."[330] Effektivität und Effizienz sind für die Diskussion über die Bewertung von Unternehmen und Unternehmensnetzwerken insoweit relevant, als entsprechende Kriterien inhaltlich im zugrunde gelegten Bewertungsmaßstab abzubilden sind.

Eine durchgängige und klare begriffliche Trennung von Effektivität und Effizienz einer Organisation liegt bislang nicht vor.[331] BEA und GÖBEL führen aus: "Das grundsätzliche Ziel des Organisierens besteht darin, eine gute, effektive Organisation zu etablieren. Statt von Effektivität spricht man häufig auch von Effizienz. Im Zusammenhang mit der Bewertung von Organisationen wird dem Effektivitätsbegriff aber im Allgemeinen der Vorzug gegeben. Effizienz i.S. einer guten Ressourcennutzung gilt dann als Unterkriterium der Effektivität."[332] Die Aussage deckt sich mit der Mehrzahl der von FESSMANN zusammengetragenen Abgrenzungen in der Literatur (vgl. Tab. 2, Tab. 3).[333]

Diese Arbeit folgt dieser Position insoweit, als Effektivität grundsätzlich als Maß für den Zielbeitrag der Organisation angesehen wird.[334] Sie bezieht sich damit auf die Fähigkeit zur und den Erfolg bei der Erreichung autorisierter Organisationsziele bzw. der Ziele wesentlicher Akteure.[335] Effektivität wird wesentlich über die Positionierung einer Organisation in einem gesellschaftlichen, rechtlichen und wirtschaftlichen Umfeld sowie über ihre grundsätzliche Handlungs- und Strukturausrichtung bestimmt. Effizienz bezeichnet demgegenüber den zielwirksamen Einsatz vorhandener Ressourcen oder zumindest die Fähigkeit dazu.[336] Sie wird vielfach über das Verhältnis von oder die Differenz aus Input und Output beschrieben.[337] Effizienz bezieht sich somit primär auf binnenstrukturelle Fragen der Organisationsgestaltung. In Anlehnung an ZINK fokussiert Effektivität im Sinne dieser Überlegungen darauf, "das Richtige zu tun", Effizienz hingegen auf die Fähigkeit, "etwas richtig zu tun".[338] KLINGEBIEL führt hierzu aus: "Dem mehrheitlichen Begriffsverständnis folgend, charakterisieren Größen der Effektivität ... den Zielerreichungsgrad ... . Die Effizienz ... zeigt dagegen die Input-Output-Relation bzw. Input-Ziel-Relation ... an. Damit wird deutlich, dass Effektivität als eine grundsätzliche Voraussetzung für Effizienz verstanden wird."[339]

330 Bea/Göbel (1999), S. 221

331 Vgl. Budäus/Dobler (1977), S. 61 f.; Fessmann (1980), S. 28; Joost (1975), S. 10; Scholz (1992), Sp. 532

332 Bea/Göbel (1999), S. 14

333 Vgl. Fessmann (1990), S. 27, S. 29

334 Vgl. Scholz (1992), Sp. 532

335 Vgl. Scholl (1993), S. 439

336 Vgl. Scholl (1993), S. 439; Scholz (1992), Sp. 532; Wöhe (2000), S. 375

337 Vgl. Fessmann (1980), S. 83

338 Vgl. Zink (1995), S. 41; Scholz (1992), Sp. 532

339 Klingebiel (2000), S. 25; Vgl. Budäus/Dobler (1977), S. 62

Folglich führt eine Verbesserung im Verhältnis von Input und Output nur dann zu einer Effizienzverbesserung, wenn sich der Output positiv auf die Zielerreichung (und Effektivität) der Organisation auswirkt.

<table>
<tr><th>Autor</th><th>Efficiency</th><th>Effectiveness</th></tr>
<tr><td rowspan="2">Barnard (1968)[340]</td><td colspan="2">"Effectiveness" und "efficiency" bedeuten Zielerreichung oder Zielerreichungsgrad.</td></tr>
<tr><td>Erfüllung der individuellen und sozialen Ziele der Organisationsmitglieder</td><td>Erfüllung anerkannter Ziele der kooperativen Aktion (Erfüllung des objektiven Zweckes der Organisation)</td></tr>
<tr><td rowspan="2">Simon (1981)[341]</td><td colspan="2">Bist fast zum Ende des 19. Jh. waren die Begriffe "effectiveness" und "efficiency" nahezu mit derselben Bedeutung gebraucht worden. Definition: Eignung oder Macht, den angestrebten Zweck zu erreichen bzw. Erfolg im Erreichen dieses Zwecks.</td></tr>
<tr><td>In jüngster Zeit hat "efficiency" eine zweite Bedeutung erhalten: das Verhältnis zwischen Input und Output.</td><td></td></tr>
<tr><td>Etzioni (1964)[342]</td><td>Menge der Ressourcen, die gebraucht werden, um eine Einheit an Output zu erzeugen</td><td>Grad, mit der eine bestimmte Organisation ihre Ziele erreicht</td></tr>
<tr><td>Thompson (1967)[343]</td><td>Erreichung eines definierten Zieles mit möglichst geringem Aufwand, Erreichung eines möglichst hohen Zielerreichungsgrades mit gegebenem Aufwand</td><td>"Instrumentalness" = Erreichung eines definierten Zieles</td></tr>
<tr><td>Steers (1977)[344]</td><td>Kosten-Nutzen-Verhältnis, das bei der Verfolgung von Zielen realisiert wird, Ausmaß, in dem Ressourcen rational im Hinblick auf die Verfolgung von organisatorischen Zielen genutzt werden</td><td>Grad, mit dem tatsächlich und operational definierte Ziele erreicht werden</td></tr>
</table>

Tab. 2: Efficiency und Effectiveness im anglo-amerikanischen Sprachraum[345]

340 Vgl. Barnard (1968), S. 55-59

341 Vgl. Simon (1981), S. 201-203

342 Vgl. Etzioni (1964), S. 8

343 Vgl. Thompson (1967), S. 86 f.

344 Vgl. Steers (1977), S. 51-53

345 Tab. nach Fessmann (1980), S. 27

Autor	Effizienz	Effektivität
Wagener (1969)[346]	Effizienz und Effektivität sind Synonyma. Der Begriff Effizienz wird allerdings nicht verwendet, weil er "künstlich" erscheint.	Möglichst hoher Einsatz bei möglichst hoher Leistung sowie gleichzeitig hohem Wirkungsgrad
Gzuk (1975)[347]	Effizienz bedeutet das Ausmaß der Zweckerreichung einer Entscheidung unter zwei Nebenbedingungen: Die Zweckerreichung ist mit einem Mindestmaß an Wirtschaftlichkeit des Ressourceneinsatzes zu erzielen und sie soll nicht nur vorläufiger Natur sein, sondern Aussicht auf langfristigen Bestand durch entscheidungsbegleitende Vorsorgemaßnahmen für eine adäquate Realisation der Problemlösung versprechen.	(synonym mit Effizienz gebraucht)
Joost (1975)[348]	Relative Größe, die ein Ergebnis zu dem Aufwand, der zur Hervorbringung des Ergebnisses getätigt wurde, in Beziehung setzt	Erreichung eines Ergebnisses per se, welches der Erfüllung eines Zieles dient
Bohne/König (1976)[349]	Effizienz kennzeichnet Zweck-Mittel-Relation	Verwendung für Soll-Ist-Vergleiche im Bereich eines einzelnen Programmelements, Effektivität ist dabei der Oberbegriff für Vergleiche zwischen dem geplanten und dem erreichten Ziel, dem geplanten und dem erreichten Ergebnis sowie dem geplanten und dem tatsächlichen Ressourceneinsatz
Budäus/Dobler (1977)[350]	Effizienz dient der Erfassung von Input-Output-Relationen	Effektivität kennzeichnet die Erreichung langfristiger Ziele einer Organisation

Tab. 3: Effizienz und Effektivität im deutschen Sprachraum[351]

Methodische Probleme ergeben sich in diesem Zusammenhang aus der Festlegung eines sog. Schwellwertes.[352] Dieser beschreibt die Grenze zwischen Effizienz und Ineffizienz bzw. zwischen Effektivität und Ineffektivität. Hier kommen erhebliche Subjektivierungsprobleme ins Spiel, da eine allgemeine und verbindliche Festlegung

346 Vgl. Wagener (1969), S. 4 f.

347 Vgl. Gzuk (1975), S. 12-16

348 Vgl. Joost (1975), S. 11

349 Vgl. Bohne/König (1976), S. 22

350 Vgl. Budäus/Dobler (1977), S. 62

351 Tab. nach Fessmann (1980), S. 29

352 Vgl. Fessmann (1980), S. 80-83

konkreter Kriterien bislang nicht gelungen ist.[353] Daher kommt SCHOLZ zu dem Schluss: "Die Frage, wann eine Organisation als effektiv zu gelten hat, wird also zunehmend abgelöst durch pragmatische Maßnahmen zur Effektivitätssteigerung."[354] Analoge Aussagen gelten auch für den Effizienzbegriff.

Diese Position reflektiert das Erkenntnisinteresse dieser Arbeit. Auch hier wird keine quantifizierte Grenze zwischen Effektivität und Ineffektivität bzw. zwischen Effizienz und Ineffizienz gezogen. Damit steht weniger eine absolute Aussage über die Erfüllung bzw. Nichterfüllung entsprechender Kriterien im Mittelpunkt, sondern vielmehr die Herausarbeitung von Ansatzpunkten zu ihrer kontinuierlichen Verbesserung. Auch diese Zielrichtung erfordert eine grundlegende Auseinandersetzung mit inhaltlichen Facetten entsprechender Anforderungen, sie ermöglicht aber den Verzicht auf eine quantitative Einordnung.

DUNCAN und WEISS konkretisieren die Forderung nach organisationaler Effektivität und Effizienz in drei Teilbereichen:[355]

- Die Organisation erreicht die von den maßgeblichen Entscheidungsträgern definierten Ziele unter Einsatz eines geplanten Portfolios personeller und sachlicher Ressourcen.
- Die Zielerreichung der Organisation wird über einen längeren Zeitraum durch eine Anpassung organisationaler Strukturen und Routinen sichergestellt. Damit wird langfristige Erfolgssicherung betrieben.
- Aktivitäten innerhalb der Organisation sind konsistent; die dafür erforderliche Abstimmung wird über eine intentionale Koordination erreicht.

Aus der individuellen Zielabhängigkeit von Effektivitäts- und Effizienzkriterien[356] entsteht naturgemäß das Problem, dass die Bewertung immer einzelfallbezogen erfolgen muss, die Ableitung verallgemeinerbarer und dennoch konkreter Kriterien über das Abstraktum der Zielerreichung hinaus wird mit erheblichen methodischen Problemen belegt.[357] Ziele und damit auch optimale organisatorisch-strukturelle Gestaltungsalternativen sind nicht normativ zu definieren, sie hängen vielmehr von den individuellen Rahmenbedingungen der betrachteten Organisation im institutionellen Sinne ab sowie von den Interessen der wesentlichen Stakeholder. Dieser Begriff "charakterisiert Personen oder Gruppen, die Ansprüche an oder Eingriffsmöglichkeiten in das Unternehmen haben und die deshalb als relevant einzustufen sind. Ansprüche und Eingriffsmöglichkeiten können gesetzlich, faktisch oder vertraglich begründet sein, sind aber auch aus gesellschaftspolitischen Konventionen oder Wertsystemen

---

353 Vgl. Scholz (1992), Sp. 532

354 Scholz (1992), Sp. 532

355 Vgl. Duncan/Weiss (1979), S. 81

356 Vgl. Budäus/Dobler (1977), S. 63; Fessmann (1980), S. 89 f.

357 Vgl. Bea/Göbel (1999), S. 17

ableitbar."[358] Die entsprechenden Gruppen- und Einflusskonstellationen fallen einzelfallbezogen unterschiedlich aus. In jedem Fall wird das Unternehmen hier als "interessenpluralistisches System"[359] konzeptualisiert.

Damit gilt aber: "Es gibt keinen Strategieansatz, dem Unternehmen dogmatisch folgen müssen, um erfolgreich zu sein. Und es wird auch nie einen Strategieansatz geben, der für Unternehmungen eine Erfolgsgarantie für die Zukunft mit sich bringt!"[360] FRESE geht sogar noch einen Schritt weiter und weist auf die Unmöglichkeit einer zwingenden Verknüpfung zwischen dem Zielsystem einer Organisation und der Ausübung konkreter Gestaltungsoptionen hin: "In aller Regel ist es nicht möglich, einen unmittelbaren Kausalzusammenhang zwischen der implementierten Organisationsstruktur und dem Zielerreichungsgrad in Bezug auf die obersten Unternehmungsziele (z.B. Gewinnmaximierung) herzustellen."[361]

Die Ableitung operationalisierbarer (Mess-)Kriterien organisationaler Effektivität muss sich daher zwangsläufig auf vergleichsweise allgemeine, inhaltlich einzelfallspezifisch auszufüllende Anforderungen beschränken. In diesem Zusammenhang werden Kriterien organisationaler Effektivität aus dem Systemansatz (vgl. Kap. 2.5.1) abgeleitet, der die Zielorientierung von Organisationen konkretisiert. Weitere Ansatzpunkte bieten der Sozialansatz (vgl. Kap. 2.5.2), der auf die Einbettung in ein gesellschaftlich-soziales Umsystem gerichtet ist und die Berücksichtigung von Interessen relevanter Gruppen fordert, und schließlich der Interaktionsansatz (vgl. Kap. 2.5.3), der die Interdependenz intraorganisatorischer Zielbildungsprozesse und externer Einflüsse thematisiert.[362] Alle drei Konzepte werden im Folgenden näher betrachtet.

2.5.1 Kriterien aus dem Systemansatz

Wesentliche Kriterien zur Bewertung der Effektivität und Effizienz einer Organisation oder eines Unternehmens leiten sich aus dem systemtheoretischen Ansatz ab (vgl. Kap. 2.4.3.5). Sie werden über die Konzeptualisierung als offene soziotechnologische Systeme begründet.[363] Entsprechende Anforderungen betreffen unter dem Stichwort der Systemerhaltung eine langfristige Entwicklungsorientierung (vgl. Kap. 2.5.1.1), die Organisations- bzw. Systemeffizienz (vgl. Kap. 2.5.1.2) sowie die Systemzuverlässigkeit (vgl. Kap. 2.5.1.3).

---

358 Scholz (1987), S. 25

359 Homolka/Tung-Quan (1996), S. 679

360 Schmid (1997), S. 1; Vgl. Ulrich/Fluri (1995), S. 196-199; Warnecke (1992), S. 4

361 Frese (1995), S. 24; Vgl. Bea/Göbel (1999), S. 17

362 Vgl. Scholz (1987), S. 15-17

363 Vgl. Morgan (1986), S. 42-44; Probst (1993), S. 27; Rühl (1973), S. 164; Rühl (1974), S. 155; Zink (1984b)

2.5.1.1 Systemerhaltung

Ein wesentliches Ziel aus der Systemtheorie besteht in der langfristigen Existenzsicherung und –erhaltung eines Systems. Die Frage der Stabilität wird damit zu einer Kernfrage der Systemgestaltung und –steuerung.[364] MORGAN knüpft in diesem Zusammenhang an die metaphorische Betrachtung von Organisationen als Organismen an und leitet daraus das Ziel der Existenzsicherung ab: "The management of organizations can often be improved through systematic attention to the 'needs' that must be satisfied if the organization is to survive. The metaphor emphasizes survival as the key aim or primary task facing any organization. This contrasts with the classical focus on specific operational goals. Survival is a process, whereas goals are often targets or end points to be achieved."[365]

Damit wird die langfristige Existenzsicherung wesentliches Gestaltungs- und Steuerungsziel einer Organisation. Sie integriert als A-priori-Ziel jedes Unternehmens individuell unterschiedliche Zielsysteme auf einer übergeordneten Ebene. Die inhaltliche Klammerfunktion erklärt sich aus der Tatsache, dass die Bereitschaft der Organisationsmitglieder zur Bereitstellung von Ressourcen von der Erreichung der von ihnen für die Organisation gesetzten Ziele oder zumindest einer entsprechenden Erfolgsperspektive abhängt.[366] Darin werden deutliche Bezüge zur Anreiz-Beitrags-Theorie sichtbar (vgl. Kap. 2.4.2).

Die Überlegungen verdeutlichen gleichzeitig, dass nicht Existenzsicherung an sich Finalziel des Unternehmens sein kann. Damit würde ein dialektischer Kreislauf entstehen: Raison d'être kann nicht die Sicherung der eigenen Existenz sein. Sie bildet vielmehr den Orientierungsrahmen, um konkrete Handlungs- und Entscheidungsoptionen zu bewerten. Auswahlkriterien leiten sich aus dem Beitrag einzelner Alternativen zur langfristigen Sicherung des Unternehmensbestands ab. Dahinter steht aber die Fähigkeit des Unternehmens, die Interessen wesentlicher Gruppen dauerhaft zu erfüllen. SCHWANINGER führt dazu aus: "Die Fähigkeit einer Organisation ... zu überleben ist nicht ihr höchstes Ziel. Es geht vielmehr um eine 'Viability beyond survival' ... , also eine Lebensfähigkeit, die über das Ziel der Aufrechterhaltung einer spezifischen Identität hinausgeht. Darum wurde ... 'Entwicklung' als eigenständiges, höheres Ziel ... herausdifferenziert."[367] Dabei definiert er "'Entwicklung' als Zunahme der Fähigkeit eines Systems, eigene und fremde Ansprüche zu erfüllen ... ."[368]

Konzeptionelles Finalziel jeder Organisation aus Sicht der Systemtheorie ist damit die Erfüllung von Anforderungen der Stakeholder, deren Position im grundsätzlichen

---

364 Vgl. Budäus/Dobler (1977), S. 65, S. 67

365 Morgan (1986), S. 72

366 Vgl. Budäus/Dobler (1977), S. 66

367 Schwaninger (1999b), S. 65 f.

368 Schwaninger (1999b), S. 66

Selbstverständnis der Organisation zum Ausdruck kommt. Diese Fähigkeit liefert die Begründung der eigenen Existenz, sie legitimiert das Streben der Organisation nach einer dauerhaften Bestandsperspektive. Die inhaltliche Konkretisierung der abstrakten Größen Bedürfnisbefriedigung bzw. Existenzsicherung wird über unternehmensspezifisch ausgestaltete Zielsysteme geleistet. Eine Fokussierung der Betrachtung auf die Systemerhaltung liefert damit durch Abstraktion von der individuellen strategischen Ausrichtung gemeinsame, d.h. einzelfallunabhängig gültige Kriterien für die Bewertung der Effektivität und Effizienz einer Organisation.

2.5.1.2 Systemeffizienz

Die Systemeffizienz betrifft die primär über die Binnenstruktur, d.h. die interne Gestaltung determinierte Fähigkeit der Organisation, gegebene Ressourcen effizient im Hinblick auf strategische und operative Ziele einzusetzen. Die Verfolgung des Leistungsziels bzw. die Wahrnehmung der Unternehmensaufgabe basiert auf der arbeitsteiligen Zerlegung der Gesamt- in Teilaufgaben und auf deren gesamtzielkonformen Erfüllung.[369] Als wesentliche Erfolgsdeterminante kommt somit die innerorganisatorische Abstimmung auf inhaltlicher und personaler Ebene ins Spiel.[370] Damit leitet die Effizienzforderung unmittelbar zu den beiden Facetten der Koordinations- und der Motivationseffizienz über, die FRESE wie folgt differenziert:

- "Die Koordinationsperspektive beurteilt organisatorische Regelungen allein danach, inwieweit sie den aufgabenlogischen Anforderungen der Unternehmungsaktivitäten gerecht werden. Von individuellen Einstellungs- und Verhaltensmerkmalen der Entscheidungsträger, die unter Umständen in Konflikt zu den Unternehmungszielen oder den Verhaltenserwartungen stehen können, wird weitgehend abstrahiert. Probleme wie mangelnde Leistungsintensität oder bewusstes Fehlverhalten der Mitarbeiter sind folglich aus der Betrachtung ausgeklammert.
- Demgegenüber werden individuelle Verhaltensmerkmale der Unternehmungsmitglieder und Möglichkeiten ihrer zielkonformen Beeinflussung durch organisatorische Regelungen im Rahmen der Motivationsdimension explizit thematisiert. Den Motivationsmaßnahmen kommt im organisatorischen Gestaltungsinstrumentarium eine flankierende Funktion zur Unterstützung der Koordination zu."[371]

Koordination bezieht sich demnach auf die inhaltliche und über die Konfiguration, d.h. aufbau- sowie ablauforganisatorische Regelungen, weitgehend determinierte Zerlegung der unternehmerischen Gesamtaufgabe in sachlogisch zusammenhängende Teilaktivitäten.[372] Sie stützt sich auf Maßnahmen zur Strukturierung, die den

---

369 Vgl. Bea/Göbel (1999), S. 223; Kruisinga (1954b), S. 3

370 Vgl. Duncan/Weiss (1979), S. 81

371 Frese (1995), S. 12; Vgl. Joost (1975), S. 9; von Werder/Grundei (2000), S. 116 f.

372 Vgl. Frese (1995), S. 13 f.

Kompetenzspielraum der Entscheidungsträger determinieren, und zur Segmentierung, die den Kompetenzinhalt festlegen.[373] Die Entwicklung einer sinnvollen Aufgabengliederung und entsprechenden Arbeitsteilung und die einheitliche Ausrichtung auf übergeordnete Unternehmensziele bestimmt maßgeblich die Effizienz des Gesamtsystems.[374] Inhaltlich basiert sie auf der Zuordnung von Entscheidungskompetenzen sowie auf der Definition unterstützender Informations- und Kommunikationslinien.[375] Diese schaffen erst die Grundlage für eine effiziente Aufgabenbearbeitung durch die Stellen.

Eine Bewertung der Koordinationseffizienz knüpft an die Verursachung von Abstimmungs- und Autonomiekosten an.[376] Eine Erhöhung der Koordinationsintensität, die den Handlungsspielraum nachgeordneter Einheiten reduziert, bringt einen Anstieg der Abstimmungskosten mit sich. Dieser ist insbesondere auf den Aufwand zur Entwicklung, Erprobung und Vermittlung organisatorischer Regelungen sowie zur Überwachung ihrer Einhaltung zurückzuführen. Umgekehrt führt eine geringe Koordinationsintensität tendenziell zu größerer Verhaltensvarietät der Mitglieder. Damit entstehen in arbeitsteiligen Systemen regelmäßig Reibungsverluste durch eine unvollkommene Integration von Einzelaktivitäten. Abstimmungs- und Autonomiekosten bleiben als Messgrößen jedoch zu abstrakt, um eine fundierte und praxisrelevante Bewertung von Gestaltungsalternativen zuzulassen.[377] Insoweit wird eine Aufspaltung der Koordinationseffizienz in folgende Aspekte vorgeschlagen:

- Markteffizienz bezieht sich auf den Erfolg des Unternehmens am Beschaffungs- und Absatzmarkt, wobei ersterer auch den Arbeits- und Finanzmarkt einbezieht. Hier spielen insbesondere die Nutzung von Chancen und die Vermeidung von Abhängigkeiten eine Rolle. Außerdem ist eine auf die Gesamtziele des Unternehmens ausgerichtete Gestaltung der Beziehungen zu Kunden und Lieferanten angesprochen.[378] Damit sind gleichzeitig Fragen der strategischen Positionierung, d.h. der Fokussierung auf attraktive Märkte, eingeschlossen.[379]
- Prozesseffizienz impliziert eine starke Binnenorientierung der Betrachtung. Sie bezieht sich auf den gesamten Prozess der Leistungserstellung[380] und kann über ein System von Messgrößen erfasst werden. PORTER weist in diesem Zusammenhang

---

373 Vgl. Frese (1995), S. 65

374 Vgl. Brech (1954), S. 10 f.; Bünting (1995); Dale (1954), S. 40; Kruisinga (1954b), S. 3 f.; Van der Schroeff (1954), S. 45 f.

375 Vgl. Bea/Göbel (1999), S. 256; Bünting (1995), S. 49-53; Frese (1995), S. 14, S. 122; Porter (1985), S. 50; von Werder/Grundei (2000), S. 116

376 Vgl. Frese (1995), S. 25 f.

377 Vgl. Frese (1995), S. 25 f.

378 Vgl. Frese (1995), S. 26; Porter (1985), S. XVI

379 Vgl. Porter (1985), S. 4

380 Vgl. Frese (1995), S. 26

darauf hin, dass sich die Erfassung von Wettbewerbsvorteilen nicht allein auf die Betrachtung des Unternehmens als Ganzes stützen kann: "Competitive advantage cannot be understood by looking at a firm as a whole. It stems from the many discrete activities a firm performs in designing, producing, marketing, and supporting its product. ... A systematic way of examining all the activities a firm performs and how they interact is necessary for analyzing the sources of competitive advantage."[381] Er leitet daraus die Forderung nach einer systematischen Betrachtung der innerbetrieblichen Wertschöpfungskette mit primären wertschöpfenden und unterstützenden Aktivitäten ab.

- Ressourceneffizienz bezieht sich auf den zielkonformen Einsatz von Potentialfaktoren des Unternehmens. Dazu gehören die Mitarbeiter sowie materielle (Anlage- und Umlaufvermögen) und immaterielle Ressourcen (z.B. Wissen des Unternehmens).[382] Auch hier sind neben prozessualen auch ergebnisbezogene Informationen heranzuziehen.

- Delegationseffizienz schließlich erfasst, inwieweit es der Organisation gelingt, einerseits durch die Zuordnung von Entscheidungskompetenzen auf übergeordnete Ebenen eine weitgehende Integration von Einzelaktivitäten im Sinne der Gesamtzielsetzung zu gewährleisten, andererseits aber Wissen und Erfahrungen nachgelagerter Ebenen durch Einräumung von Handlungsspielräumen zu nutzen.[383]

Inhaltlich muss die Bewertung der Koordinationseffizienz daher auf der Analyse aufbau- und ablauforganisatorischer Regelungen basieren. Diese schließen das Stellengefüge der Organisation, die grundsätzliche Gestaltung von Geschäftsprozessen einschließlich der Schnittstellengestaltung, die konsistente Delegation von Entscheidungsbefugnissen und Verantwortung[384] sowie Informations- und Kommunikationssysteme mit ihren organisatorischen und technischen Grundlagen ein. Dabei geht es zum einen um eine strukturelle, zum anderen aber auch um eine ergebnisbezogene Betrachtung, die z.B. eine Beurteilung der Leistungsfähigkeit und tatsächlichen Leistung der Prozesse impliziert.

Die Frage der Motivation führt ergänzend personale Aspekte in arbeitsteiligen Systemen ein. Motivation als Begriff umfasst zunächst die Erklärung von Verhalten, d.h. die Rückführung menschlichen Handelns auf seine zugrunde liegenden Beweggründe oder situativen Bedingungen, oder die Beschreibung von Erlebenssituationen, die im Zusammenhang mit der Handlungsdisposition stehen.[385] Leistungsmotivation beinhaltet das Bestreben, "einem für vorbildlich gehaltenen Gütemaßstab zu ent-

---

381 Porter (1985), S. 33

382 Vgl. Frese (1995), S. 26; Porter (1985), S. 164-176

383 Vgl. Frese (1995), S. 26 f.; von Werder/Grundei (2000), S. 118

384 Vgl. Brech (1954), S. 9

385 Vgl. Gebert/von Rosenstiel (1996), S. 38; von Rosenstiel (1990a), S. 174 f.

sprechen."[386] Inhaltsorientierte Motivationskonzepte beziehen sich in diesem Zusammenhang auf zentrale Motivinhalte der Mitarbeiter und entsprechende Merkmale der Arbeit.[387] Dies schließt die Klassifikation menschlicher Bedürfnisse und die Analyse von Zusammenhängen mit den Arbeitsbedingungen ein. Prozessorientierte Ansätze stellen demgegenüber den Einfluss des Werts bzw. der Valenz und der Eintrittswahrscheinlichkeit eines Handlungsergebnisses auf die Leistungsmotivation in den Mittelpunkt der Betrachtung.[388] Damit wird insbesondere die potentielle Diskrepanz zwischen Anstrengung und Leistung bzw. zwischen Leistungsbereitschaft und –fähigkeit relevant. Zusätzlich werden aus prozessorientierter Sicht Einflüsse von Zielbildungsprozessen und Anforderungsniveaus analysiert.[389]

Motivation ergibt sich grundsätzlich aus dem Zusammenspiel zwischen der motivierten Person und einer motivierenden Situation.[390] Insbesondere der zweite Aspekt unterliegt den Gestaltungsmöglichkeiten einer Organisation. Ziele der Organisation betreffen aus motivationstheoretischer Sicht die Erfüllung von Bedürfnissen der Mitarbeiter sowie deren Leistung im Sinne der Aufgabenstellung.[391] Bei letzterer geht es darum, das im Rahmen der Koordination geschaffene Aufgaben- und Stellengefüge durch konkretes Verhalten zu füllen. Dieser Teilaspekt der Motivation steht im Folgenden im Mittelpunkt. BRECH illustriert entsprechende Inhalte und Aufgaben anschaulich: "getting the members of the teams to pull their weight effectively, to give their loyalty to the group, to carry out properly the activities allocated, and generally to play an effective part in the purpose or tasks that the organization has undertaken."[392] Die Bedeutung von Motivation leitet sich aus der Tatsache ab, dass den Mitarbeitern innerhalb ihrer fest umrissenen Aufgaben und Kompetenzen immer ein diskretionärer Handlungsspielraum verbleibt.[393] DALE weist in diesem Zusammenhang darauf hin, dass Entscheidungen in der Organisation nicht nur nach formellen, sondern auch nach informellen Regeln getroffen werden.[394] FRESE führt aus: "Da es der Unternehmungsführung grundsätzlich nicht möglich ist, alle betrieblichen Vorgänge und Handlungen im Vorhinein bis ins Detail festzulegen, verbleiben den Mitarbeitern regelmäßig mehr oder weniger große Handlungsspielräume. Soll deren Ausnutzung im Sinne der Unter-

---

386 Gebert/von Rosenstiel (1996), S. 53

387 Vgl. Gebert/von Rosenstiel (1996), S. 4-53; Semmer/Udris (1993), S. 137-139; von Rosenstiel (1990a), S. 178-182; Weinert (1998), S. 143 f.

388 Vgl. Gebert/von Rosenstiel (1996), S. 53-60; Semmer/Udris (1993), S. 139-143; von Rosenstiel (1990a), S. 182-185; Weinert (1998), S. 143 f.

389 Weinter (1998), S. 171-175

390 Vgl. Gebert/von Rosenstiel (1996), S. 69 f.; von Rosenstiel (1990a), S. 185 f.

391 Vgl. von Rosenstiel (1990a), S. 188; von Rosenstiel (1990b), S. 194

392 Brech (1954), S. 10 f.

393 Vgl. Sydow (1993), S. 171 f.

394 Vgl. Dale (1954), S. 28

nehmungsleitung erfolgen, so ist eine entsprechende Motivation der Mitarbeiter erforderlich."[395]

Koordination und Motivation hängen daher eng zusammen: Erstere dient der Explikation von Verhaltenserwartungen an die Mitarbeiter sowie der Definition von Handlungs- und Entscheidungsspielräumen. Letztere soll im Sinne der zuvor vorgenommenen Eingrenzung deren zielkonforme Ausfüllung gewährleisten und "die potentielle Diskrepanz zwischen Verhaltenserwartungen und tatsächlichem Verhalten der Entscheidungsträger ... überwinden"[396]. Grundsätzlich kommen dabei zwei Mechanismen zum Tragen, die als Transaktion bzw. Transformation bezeichnet werden:

- "Der Transaktionsmechanismus lässt sich auch als Anreiz-Beitrags-Mechanismus charakterisieren; die Unternehmung bietet den Mitarbeitern Anreize in der Erwartung, dass sie ... dazu beitragen, die Unternehmungsziele zu erreichen. Das heißt, die Anreize sollen hier eine Brücke schlagen zwischen den Zielen der Unternehmung einerseits und den nicht notwendigerweise hiermit identischen Zielen und Präferenzen der einzelnen Mitarbeiter andererseits. ... Mithin werden für die Unternehmungsmitglieder unternehmungszielkonforme Handlungen nach der Einführung entsprechender Anreize ... attraktiver."[397]
- Transformationsmechanismen bewirken demgegenüber eine Identifikation der Mitarbeiter mit den Zielen des Unternehmens; sie übernehmen diese in ihr individuelles Zielsystem.[398] POHLMANN ET AL. führen aus: "Die Beziehungsstruktur zwischen den Positionen wird durch ein zentrales Management festgelegt, und ist sie gut angelegt, können Agenten sogar ihre eigenen Ziele verfolgen und zugleich – quasi en passant – den Zweck der Körperschaft erreichen."[399] Hier leisten die Unternehmenskultur und ein gemeinsames Wertesystem, das eine Isomorphie im Verhalten induziert, wichtige Unterstüzung.[400]

Ansatzpunkte zur Beurteilung der Motivationseffizienz ergeben sich aus einer ergebnisorientierten Betrachtung der Mitarbeiterleistung; eine Isolierung der moderierenden Variable der Fähigkeiten ist jedoch nicht ohne weiteres möglich. Operationale Kriterien der Motivationseffizienz, d.h. der Wirksamkeit von Transaktions- und Transformationsmechanismen liegen bislang nicht vor:[401] Sie "lassen sich nicht logisch aus einem theoretisch geschlossenen Konzept ableiten. Allerdings würde ein hierdurch begründeter Verzicht auf die Beurteilung der Motivationswirkungen von Organisationsstrukturen der Realität nicht gerecht werden, da Koordinations-

395 Frese (1995), S. 128

396 Frese (1995), S. 11 f.; Vgl. Ulrich (1987), S. 236 f.

397 Frese (1995), S. 129 f.

398 Vgl. Frese (1995), S. 148

399 Pohlmann/Apelt/Buroh/Martens (1995), S. 23

400 Vgl. Kirsch (1990), S. 308 f.; Sydow (1993), S. 161

401 Vgl. von Werder/Grundei (2000), S. 120 f.

regelungen stets auch unmittelbare Konsequenzen für die psychische Disposition und das tatsächliche Leistungsverhalten der Mitarbeiter beinhalten. Motivationseffekte können die Koordinationseffizienz von Organisationsstrukturen verstärken, abschwächen und im Extremfall sogar vollständig konterkarieren."[402]

Eine fundierte Bewertung der Systemeffizienz organisatorischer Strukturen muss sich in Anknüpfung an die vorgenannten Überlegungen mit mitarbeiterbezogenen Aspekten der Organisationsgestaltung auseinandersetzen.[403] Dabei sind insbesondere Fragen der Befähigung und Ermächtigung sowie der zielkonformen Handlungsleitung und Motivation einschließlich entsprechender Anerkennungssysteme einzubeziehen. Sie ergänzen die Anforderungen an die Auseinandersetzung mit aufbau- und ablauforganisatorischen Regelungen.

2.5.1.3 Systemzuverlässigkeit

Die Frage der Systemzuverlässigkeit korrespondiert mit dem Organisationsziel einer Reduktion von Verhaltensvarietät (vgl. Kap. 2.3.3). Dort wurde die im Vergleich zu individuellen Akteuren geringere Varianz von Organisationen im Verhalten hervorgehoben.[404] Institutionalisierte und standardisierte ablauf- und aufbauorganisatorische Regelungen sowie darauf basierende stabile Entscheidungs- und Handlungsroutinen zu einer höheren Reproduzierbarkeit[405] und Verlässlichkeit organisationalen Handelns. Systemzuverlässigkeit im Umfeld der Organisations- und Unternehmensbewertung impliziert damit die Etablierung organisatorischer Routinen im Sinne einer Programmierung von Entscheidungen und Handlungen. Sie bilden die Grundlage für die Entstehung von Systemvertrauen Dritter, das von individuellen Personen, die letztlich Träger organisationalen Handelns sind, abstrahiert und der Organisation als gesamthaftes soziales Gebilde zugerechnet wird.[406]

Damit sind Strukturen gefordert, die einerseits ein systematisches Vorgehen zur Planung und Realisation unternehmerischen Handelns induzieren, andererseits aber die Entstehung von Beharrungstendenzen, die als wesentliche Gefahr des Institutionalisierungsprozesses herausgearbeitet wurde,[407] wirksam verhindern. Effektivität und, in zweiter Linie, Effizienz werden daher in der strukturellen Verankerung einer Balance aus Stabilität und Wandlungsfähigkeit sichtbar.

Systemzuverlässigkeit zeigt sich aber nicht nur auf der strukturellen Ebene der Aufbau- und Ablauforganisation. Sie muss sich ebenso in einer langfristigen Erfolgs-

---

402 Frese (1995), S. 27

403 Vgl. Bünting (1995), S. 86

404 Bea/Göbel (1999), S. 289

405 Vgl. Frank (1999), S. 259 f.; North (1992), S. 98 f.; Ulrich/Probst (1995), S. 62 f.

406 Vgl. Staehle (1999), S. 412 f.

407 Vgl. Hannan/Freeman (1984), S. 154; Johannisson (1987a), S. 7; Johannisson (1987b), S. 55; Morgan (1986), S. 22

perspektive auf der Seite der Ergebnisse niederschlagen. Demzufolge ist bei der Bewertung auf eine positive Leistungsentwicklung zu achten. Diese konkretisiert sich in der dauerhaften Erfüllung von Anforderungen der wesentlichen Interessengruppen bzw. der Erreichung der Organisationsziele. Insoweit greift eine ausschließliche Betrachtung momentaner Ergebnisse zu kurz; sie ist vielmehr auf einen größeren Zeithorizont hin auszurichten, der eine Aussage zur mittel- und langfristigen Entwicklungs- und Erfolgsperspektive der Organisation ermöglicht.

Zusammenfassend muss sich die Forderung nach Systemzuverlässigkeit in der Bewertung von Effektivität und Effizienz zum einen in der strukturellen Verankerung konsistenten organisationalen Handelns, zum anderen in einer dauerhaft positiven Leistungsentfaltung niederschlagen. In der Praxis werden darin starke Anknüpfungspunkte zum Kriterium der Systemerhaltung sichtbar; die langfristige Erfolgsperspektive bildet gleichzeitig die Voraussetzung für den Fortbestand der Organisation. Eine unzureichende Zielerreichung führt im Rückgriff auf die evolutionstheoretische Perspektive zur Selektion und damit zur Auflösung.[408]

2.5.2 Kriterien aus dem Sozialansatz

Der Sozialansatz führt die über den soziotechnologischen Systemansatz angestoßene Diskussion[409] fort und löst sich von einer rein binnenorientierten Sichtweise der Organisation. Er rückt stattdessen ihre Einordnung in ein gesellschaftlich-soziales Umsystem in den Mittelpunkt,[410] die unter dem Stichwort der "social embeddedness" diskutiert wird.[411] Damit sind nicht mehr allein die Mitglieder für intraorganisationale Zielbildungsprozessse und damit für die mittelbare Definition von Effektivätskriterien verantwortlich, sondern auch außenstehende Interessengruppen.[412] Diese Überzeugung findet sich im sog. Anspruchsgruppenkonzept wieder.[413] Die dort postulierte Ausrichtung an den Interessen der Stakeholder determiniert Anforderungen an die Effektivität einer Organisation.[414] Entsprechende Bewertungskriterien müssen den Erfüllungsgrad von Erwartungen unterschiedlicher Gruppen aufnehmen. DALE führt in diesem Zusammenhang das Stichwort organisationaler Effizienz ein: "The criterion of

---

408 Vgl. Staehle (1999), S. 911

409 Vgl. Zink (1984b)

410 Vgl. Brantl (1985), S. 7 f.; Dale (1952), S. 235; Mitroff (1989), S. 4; Oshry (1995), S. 51; Kirsch (1990), S. 248; Sohn (1982), S. 139-144

411 Vgl. Johannisson (1987b), S. 55; Klein (1996b), S. 20; Sydow (1993), S. 154; Sydow/Windeler (1999), S. 56; Tichy/Fombrun (1979), S. 931

412 Vgl. Ulrich/Fluri (1975), S. 17

413 Vgl. Gomez (1993), S. 23, S. 39; Janisch (1993); Merkle (1999), S. 62

414 Vgl. Ulrich/Fluri (1975), S. 16 f.; Vettiger/Volkart (1999), S. 14

efficiency requires the fulfillment of the personal and individual objectives of those who are connected with the enterprise."[415]

Wird wirtschaftliches Handeln demnach nicht mehr allein durch Interessen der Anteilseigner und damit primär ökonomische Erwägungen determiniert, sondern gleichermaßen durch differenzierte Erwartungen weiterer Gruppen, gewinnen außerökonomische, stärker soziale Motive an Bedeutung, die sich aus der gesellschaftlichen Rolle und Position von Handlungs- und Entscheidungsträgern ergeben.[416] Parallel entstehen sozial-ethische Verpflichtungen für die Organisation gegenüber gesamtgesellschaftlichen Belangen, die unter dem Stichwort der "corporate social responsibility" zusammengefasst werden.[417]

Für die Bewertung der Effektivität und Effizienz von Organisationen zeigen diese Überlegungen weitreichende Wirkung. Entsprechende Kriterien müssen über den rein ökonomischen Horizont hinausgehen. Insbesondere erlauben rein finanzorientierte Kenngrößen keine fundierte Bewertung der Effektivität und Effizienz im Sinne des Sozialansatzes. Vielmehr sind differenzierte Messkonzepte gefordert, die die Erfüllung von Interessen unterschiedlicher Gruppen erfassen.

2.5.3 Kriterien aus dem Interaktionsansatz

Der Interaktionsansatz führt die primär binnenorientierte Perspektive des Systemansatzes mit der stärkeren Außenorientierung des Sozialansatzes zusammen.[418] Er thematisiert einerseits die Genese organisationaler Ziele aus dem Zusammenspiel der Organisationsmitglieder und damit insbesondere inhaltliche Analogien zu den Interessen der Anteilseigner. Andererseits erfasst er die Wechselwirkungen, die sich aus der Interaktion mit externen Gruppen, beispielsweise mit gesamtgesellschaftlichen Einflüssen oder mit Entwicklungen im Wettbewerb, ergeben.

2.5.3.1 Strategische Positionierung und organisationaler Fit

Wesentliches Merkmal organisationaler Effektivität ist die konsequente Ausrichtung auf Markterfordernisse.[419] Sie beinhaltet die Auswahl eines attraktiven Marktsegments sowie die Entwicklung und Umsetzung entsprechender Strategien. PORTER hat in diesem Zusammenhang sein Konzept generischer Strategien vorgelegt. Er betont die Notwendigkeit konsistenter Struktur- und Kulturgestaltung: "Each generic strategy implies different skills and requirements for success, which commonly translate into differences in organizational structures and culture. ... The organizational differences

---

415 Dale (1952), S. 198

416 Vgl. Oshry (1995), S. 128; Kutschker/Schmidt (1995), S. 14

417 Vgl. Liebl (1997), S. 17

418 Vgl. Scholz (1987), S. 16

419 Vgl. Bea/Göbel (1999), S. 16; Bünting (1995), S. 88-90

commonly implied by each generic strategy carry a number of implications. Just as there are often economic inconsistencies in achieving more than one generic strategy, a firm does not want its organizational structures to be suboptimal because it combines inconsistent practices. ... The concept of generic strategies also has implications for the role of culture in competitive success. Culture, that difficult to define set of norms and attitudes that help shape an organization, has come to be viewed as an important element of a successful firm. However, different cultures are implied by different generic strategies. ... Culture can powerfully reinforce the competitive advantage a generic strategy seeks to achieve, if the culture is an appropriate one. There is no such thing as a good or bad culture per se. Culture is a means of achieving competitive advantage, not an end in itself."[420] Aus dieser Überzeugung heraus begründet er eine klare Ausrichtung der Strategie auf den konsequenten Auf- und Ausbau von Wettbewerbsvorteilen und auf die Differenzierung gegenüber den Wettbewerbern.

Diese impliziert die Entwicklung von Kernkompetenzen im Sinne wettbewerbsrelevanter, erfolgskritischer und nicht imitierbarer Fähigkeiten, die eine überlegene Leistung am Markt ermöglichen.[421] Kernkompetenzen beschreiben Wissen und Fähigkeiten, "die den Kern des Erfolgs in sich tragen und die Überlebensfähigkeit des Unternehmens sichern sollen. Kernkompetenzen sind die Fähigkeiten eines Unternehmens, die den potentiellen Zugang zu einem weiten Spektrum von Produkten und/oder Märkten sichern, die nicht einfach zu kopieren sind und einen erheblichen Anteil an den von den Kunden wahrgenommenen Vorzügen des Endproduktes haben. Kernkompetenzen zeichnen sich durch eine häufige und vielartige Verwendung in verschiedenen Produkten aus."[422]

Zur weiteren begrifflichen Abgrenzung führen HINTERHUBER und STAHL aus: "Ein Unternehmen verfügt grundsätzlich über höchst diverse tangible und intangible Ressourcen mit höchst unterschiedlicher strategischer Relevanz, Reagibilität und Transferierbarkeit. Daraus erklärt sich sowohl die Einzigartigkeit eines Unternehmens als auch seine Abhängigkeit vom Ressourcenmix und von der Art und Weise, wie es damit umgeht. ... Das Konzept der Kernkompetenzen setzt nun an den intangiblen Ressourcen bzw. 'skills' oder 'competencies' und ihrer Umwandlung in Erfolgspotentiale an. Kernkompetenzen sind dann integrierte und durch organisatorische Lernprozesse koordinierte Gesamtheiten von Know-how, Technologien, Fähigkeiten und Fertigkeiten, die für den Kunden erkennbar und wichtig sind, gegenüber den Konkurrenten einmalig sind, nur schwer imitierbar sind und potentiell den Zugang zu einer Vielzahl von Märkten eröffnen."[423]

---

[420] Porter (1985), S. 23 f.

[421] Vgl. Prahalad/Hamel (1990)

[422] Schuh/Millarg/Göransson (1998), S. 48

[423] Hinterhuber/Stahl (1996), S. 96; Vgl. Bartmess/Cerny (1992), S. 81 f.

Wichtig ist also in jedem Fall, dass der erzielte Leistungsvorteil aus Sicht des Kunden erkennbar ist.[424] Das Unternehmen muss ggf. Maßnahmen ergreifen, um durch zusätzliche Informationen eine angemessene Bewertung der eigenen Leistung durch den Markt zu unterstützen. Die konsequente Ausrichtung an Wünschen und Bedürfnissen der Kunden und damit eine erfolgreiche Positionierung des eigenen Unternehmens am Markt setzen eine fundierte und systematische Auseinandersetzung mit der Wahrnehmung der eigenen Leistung voraus. Nur so kann das Unternehmen fundierte Informationen zur Identifikation von Erfolgspotentialen gewinnen. Entsprechende Überlegungen begründen konzeptionell die Relevanz des Themas Kundenorientierung für unternehmerischen Erfolg, die auch empirisch belegt ist.[425]

Bewertungskriterien müssen daher auf struktureller Ebene die Analyse potentieller Märkte und die konsistente Ableitung der strategischen Positionierung sowie organisatorischer Gestaltungsparameter erfassen. Außerdem ist eine Abbildung des organisationalen Fits, d.h. der Konsistenz von Binnenstruktur sowie wirtschaftlichem, rechtlichem und gesellschaftlichem Umfeld, über konkrete Erfolgsindikatoren unerlässlich.

2.5.3.2 Gestaltung der Außenbeziehungen und Kooperationsfähigkeit

Neben der Positionierung im Markt spielt die Gestaltung der Außenbeziehungen entlang der Wertschöpfungskette eine entscheidende Rolle im Hinblick auf die Erzielung von Wettbewerbsvorteilen und damit auf die dauerhafte Sicherung des Unternehmenserfolgs. PORTER führt aus: "The linkage between suppliers' value chains and a firm's value chain provide opportunities for the firm to enhance its competitive advantage. It is often possible to benefit both the firm and suppliers by influencing the configuration of suppliers' value chains to jointly optimize the performance of activities, or by improving coordination between a firm's and suppliers' value chains. Supplier linkages mean that the relationship with suppliers is not a zero sum game in which one gains only at the expense of the other, but a relationship in which both can gain."[426]

Die Zusammenarbeit mit anderen Unternehmen muss und kann sich jedoch nicht auf die vertikale Perspektive entlang der Wertschöpfungskette beschränken. Vielmehr gewinnt auch die horizontal ausgerichtete Zusammenarbeit mit Wettbewerbern oder Partnern außerhalb des eigenen Marktes zunehmend an Bedeutung. Dies zeigt sich im umfangreichen Schrifttum, das sich mit Unternehmenskooperationen und –netzwerken beschäftigt und im Folgenden noch ausführlicher diskutiert wird.[427] Auch die im Zusammenhang mit der gesellschaftlichen Verantwortung thematisierte Einbettung des

---

424 Vgl. Porter (1985), S. 138 f.; Stalk/Evans/Shulman (1992), S. 62

425 Vgl. Bäuerle (2000), S. 1-3; Jaworski/Kohli (1993), S. 63 f.; Kotler/Bliemel (1999), S. 44; Narver/Slater (1990), S. 32

426 Porter (1985), S. 51

427 Vgl. z.B. Balling (1997), S. 29 f.; Doz/Hamel (1998), S. XIII; Heck (1999), S. VII; Jansen (1998), S. 1; Jarillo (1988), S. 31; Kaluza/Blecker (1999), S. 1; Yoshino/Rangan (1995), S. 196

Unternehmens in ein gesellschaftliches Umsystem[428] verlangt nach einer gezielten Steuerung entsprechender Beziehungen. Eine ausführliche Auseinandersetzung mit der kooperativen Gestaltung von Außenbeziehungen einer Organisation, die in den letzten Jahren zunehmend in den Blickpunkt der Managementforschung und –praxis gerückt ist,[429] folgt in Kap. 1.

Das Einzelunternehmen muss demnach durch geeignete Konzepte und Maßnahmen sicherstellen, dass der Aufbau kooperativer Beziehungen gefördert und zielgerichtet gesteuert wird. Diese Fähigkeit gewinnt zunehmende Bedeutung für die Aufrechterhaltung und den Ausbau seiner Wettbewerbsposition.[430] Der Interaktionsansatz bestimmt so einerseits inhaltliche Anforderungen an die Bewertung der Organisations- und Unternehmenseffizienz, die auch die Gestaltung von Außenbeziehungen auf horizontaler und vertikaler Ebene berücksichtigen muss. Er liefert gleichzeitig einen Hinweis auf die grundsätzliche Relevanz des hier verfolgten Forschungsziels.

System-, Sozial- und Interaktionsansatz begründen daher in unterschiedlichen inhaltlichen Facetten Effektivitäts- und Effizienzkriterien einer Organisation. Diese betreffen die Ausrichtung an den wesentlichen Interessengruppen und eine darüber geschaffene dauerhafte Bestandsperspektive, eine hohe Binneneffizienz, die zur Optimierung von Autonomie- und Abstimmungskosten beiträgt, sowie eine über die Programmierung organisationaler Handlungen und Entscheidungen begrenzte Verhaltensvarietät als Voraussetzung für die Entstehung von Systemvertrauen. Daneben wird die Integration auch außerökonomischer Ziele angesprochen. Schließlich ist die Gestaltung der Binnenstruktur einer Organisation in Abhängigkeit vom sie umgebenden Wirtschafts-, Gesellschafts- und Sozialsystem relevant. Ein Überblick über die entsprechenden Inhalte geht aus Tab. 4 hervor.

---

428 Vgl. Brantl (1985), S. 7 f.; Dale (1952), S. 235; Liebl (1997), S. 17; Mitroff (1989), S. 4; Kirsch (1990), S. 248; Sohn (1982), S. 139-144

429 Vgl. z.B. Balling (1997), S. 29 f.; Baumgarten (1998), S. 1; Chisholm (1996), S. 216; Doz/Hamel (1998), S. XIII; Gerstein/Shaw (1994), S. 264; Gerth (1971), S. 9; Ghemawat/Porter/Rawlinson (1989), S. 402; Goldman/Nagel/Preis (1996a), S. 24; Hagedoorn (1990), S. 19; Hall (1994), S. 159; Heck (1999), S. VII; Jansen (1998), S. 1; Jarillo (1988), S. 31; Kaluza/Blecker (1999), S. 1; Klein (1996b), S. 1; Klocke (1998), S. 49 f.; Lei/Slocum (1991), S. 44; Luke/Begun/Pointer (1989) S. 10; Mattsson (1987), S. 235; Reiß (1996b), S. 196; Rilling (1997), S. 1; Strohmayer (1996), S. 25, Trist (1983), S. 269; Urban (1998b), S. 19; Wirth (2000), S. 170; Yoshino/Rangan (1995), S. 196

430 Vgl. Belzer (1993), S. 12

Quelle	Inhalt
Systemansatz	Langfristige Existenzsicherung ist wesentliches Gestaltungs- und Steuerungsziel der Organisation, das über über die Fähigkeit zur Erfüllung eigener und fremder Ansprüche erreicht wird. Effektivität und Effizienz werden damit in einer dauerhaften Bestandsperspektive sichtbar. Weitere Kriterien betreffen die Optimierung von Abstimmungs- und Autonomiekosten bei der Koordination sowie die zielkonforme Motivation der Organsationsmitglieder. Systemzuverlässigkeit impliziert darüber hinaus eine geringe Verhaltensvarietät und eine dauerhaft positive Leistungs- bzw. Ergebnisentwicklung.
Sozialansatz	Die Effektivität einer Organisation wird über die Erfüllung nicht nur ökonomischer Wünsche und Bedürfnisse der wesentlichen Interessengruppen determiniert.
Interaktionsansatz	Effektivität und Effizienz betreffen im Wesentlichen die Gestaltung der Außenbeziehungen. Sie schlagen sich in einer auf das umgebende Wirtschafts-, Gesellschafts- und Sozialsystem abgestimmten Binnenstruktur, einer konsistenten Marktpositionierung und Strategiebildung sowie der Kooperationsfähigkeit der Organisation nieder.

Tab. 4: Effektivitäts- und Effizienzkriterien von Organisationen

3 Organisations- und Unternehmensbewertung

3.1 Begriff und Bedeutung der Organisations- und Unternehmensbewertung

Die Auseinandersetzung mit dem Thema Organisations- und Unternehmensbewertung setzt zunächst eine Abgrenzung der verwandten Begriffe Bewertung, Messung und Beurteilung voraus. Die beiden letzteren beinhalten als Aufgabe oder Funktion die Ermittlung einer Merkmalsausprägung für ein Betrachtungsobjekt. Messen beschreibt dabei "im Allgemeinen das Zuordnen von Zahlen (Messwerten) zu Eigenschaften eines Objekts"[1]. Es setzt ein quantitatives Merkmal einschließlich exakt definierter Ausprägungen voraus. "Messen besteht im Zuordnen von Zahlen zu Objekten nach einer Regel, so dass bestimmte Relationen zwischen den Zahlen analoge Relationen zwischen den Objekten reflektieren."[2] Die Zuordnung einer qualitativen Wertung dagegen ist Gegenstand der Beurteilung:[3] Sie beinhaltet einen Zustandsvergleich des Betrachtungsobjekts oder die Gegenüberstellung mit Vergleichsobjekten. Im Hinblick auf Unternehmen wird in Abhängigkeit vom Beurteilungsmaßstab zwischen einem Zeitvergleich (Gegenüberstellung gleichartiger Unternehmenszustände über die Zeit), einem Konkurrenzvergleich (Gegenüberstellung mit vergleichbaren anderen Unternehmen) und einem Soll-Ist-Vergleich (Gegenüberstellung von tatsächlichem und angestrebtem Zustand) unterschieden.[4]

Bewertung im hier interessierenden betriebswirtschaftlichen Sinn vereint Aspekte sowohl der Messung als auch der Beurteilung.[5] Sie bezeichnet oftmals die Zuordnung einer Wertgröße zum Betrachtungsobjekt, insbesondere zu Vermögensgegenständen oder bestimmten Handlungs- und Entscheidungsalternativen.[6] "Dementsprechend besteht Bewertung also darin, die durch eine subjektive Präferenzstruktur bestimmten Objektrelationen durch Nennung isomorpher Zahlenrelationen abzubilden."[7] Bewertung basiert also einerseits auf der Ableitung einer ökonomischen Wertgröße im Sinne quantifizierender Messung. Deren Höhe hängt andererseits von der individuellen Ziel- oder Präferenzstruktur ab, impliziert damit immer auch eine kontextspezifische und meist qualitative Beurteilung durch den Bewertenden. Kontextspezifität ist in diesem Zusammenhang nicht mit Willkür gleichzusetzen, sondern reflektiert die Ziel- und Einzelfallabhängigkeit des Ergebnisses. WÖHE folgt zwar nicht der zuvor entwickelten

---

1 Ulrich (1987), S. 62

2 Zangemeister (1976), S. 143

3 Vgl. Ulrich (1987), S. 62

4 Vgl. Ulrich (1987), S. 62

5 Vgl. Bellinger/Vahl (1992), S. 98

6 Vgl. Behringer (1999), S. 25; Bellinger/Vahl (1992), S. 19; Graf (1992), S. 22

7 Zangemeister (1976), S. 143

begrifflichen Abgrenzung zwischen Bewertung und Beurteilung, fasst diesen Sachverhalt aber in folgender Formulierung zusammen: "Bewerten ist eine Tätigkeit, die das Ziel hat, den Wert einer Handlungsweise, eines Verfahrens oder einer Sache festzustellen. ... Im Gegensatz zu Urteilen über ethische Werte sind Urteile über ökonomische Werte keine Werturteile, sondern rational zu erklärende Feststellungen ... ."[8]

Organisations- und Unternehmensbewertung schränkt den Bewertungsvorgang auf das Betrachtungsobjekt einer Organisation oder spezieller eines Unternehmens ein. Sie verfolgt eine Reihe unterschiedlicher Ziele. Zunächst geht es um die Ableitung eines - meist finanziellen - Unternehmenswertes, der als Verhandlungs- und Entscheidungsgrundlage etwa im Falle einer Übernahme oder bei einer Preisermittlung zur Festlegung der Wertanteile fusionierender Partner herangezogen wird.[9] Stand hier ursprünglich die Ermittlung eines objektiven, d.h. zweckneutralen und intersubjektiv gleichen Wertes im Mittelpunkt, wurde zunehmend der Subjektbezug der Bewertung anerkannt, der sich aus der individuellen Ziel- und Präferenzstruktur ableitet und damit einen jeweils spezifischen Entscheidungswert liefert.[10] Aus der Notwendigkeit, für Transaktionen unter Beteiligung mehrerer Parteien zu einem allseits anerkannten Unternehmenswert zu gelangen, leitet sich allerdings häufig der Zwang zu einer zumindest partiellen Konventionalisierung des Wertermittlungsprozesses und damit wieder einer Objektivierung des Bewertungsergebnisses ab.

Aus der Verbindung objektiver und subjektiver Verfahren entsteht die zweckbezogene Ermittlung des Unternehmenswertes.[11] Sie trägt der Entscheidungsorientierung der Betriebswirtschaftslehre Rechnung, die mit der Wertermittlung eine Beurteilung von Handlungsalternativen (z.B. die Entscheidung für oder gegen den Kauf eines Unternehmens) verfolgt.[12] Entscheidungsorientierung impliziert neben der Individualität des Zielbezugs auch einen breiten Bewertungs- und Betrachtungsansatz, der in Analogie zur Mehrdimensionalität menschlicher Zielsysteme monetäre, sonstige ökonomische und metaökonomische Aspekte berücksichtigen muss. BEHRINGER weist hier insbesondere auf die Bedeutung von Macht- und Unabhängigkeitsstreben als Handlungsmotive hin.[13] Diese Überlegung belegt erneut die zuvor angesprochene Beurteilungskomponente der Bewertung. Insoweit geht diese Arbeit explizit von einem über die rein finanzielle Betrachtung hinausgehenden Bewertungsansatz aus. Damit werden Anknüpfungspunkte an Fragen der Betriebs- oder Unternehmensanalyse sichtbar. Sie zielt auf die Gewinnung handlungs- und entscheidungsrelevanter Infor-

---

8 Wöhe (1990), S. 1036

9 Vgl. Barthel (1999a), S. 73; Behringer (1999), S. 106; Berens/Strauch (1998), S. 17; o.V. (1997f), S. 3955

10 Vgl. Behringer (1999), S. 28 f.; Bellinger/Vahl (1992), S. 13; Graf (1992), S. 16; Sieben (1993), Sp. 4315

11 Vgl. Bankmann (1960), S. 14 f.; Sieben (1993), Sp. 4315

12 Vgl. Bellinger/Vahl (1992), S. 97; Behringer (1999), S. 29

13 Vgl. Behringer (1999), S. 108-112; Bellinger/Vahl (1992), S. 99 f.

mationen aus dem und über das Betriebsgeschehen. Die Analyse hat dabei zunächst keine gestaltende, sondern nur beschreibende Funktion.[14] Sie bildet aber die Grundlage unternehmerischer Planungs- und Entscheidungsprozesse und besitzt insoweit handlungsleitenden Charakter.

Der Akzent liegt auf der Steuerungsfunktion des Bewertungsansatzes. Hierbei geht es um die Bewertung strategischer Handlungs- und Entscheidungsoptionen von Organisationen und um die Festlegung zukünftiger Handlungsfelder. Sie soll insbesondere die kontinuierliche Ausrichtung an den Interessen wesentlicher Gruppen und aktuellen Marktanforderungen sicherstellen: "Today's dynamic competitive environment mandates continual reassessment of firms' strategies. The basic thrust of a firm's strategy may not change much over the medium term, but differential emphasis on elements of that strategy very well might. Changes in strategy frequently incur changes in firms' operations, which may imply a need for reassessment of the need for or viability of its strategic alliances."[15]

Damit rückt die Entscheidungshilfefunktion der Unternehmensbewertung in den Mittelpunkt des Interesses.[16] Bewertung nach dem hier verfolgten Verständnis soll dazu beitragen, der Unternehmensleitung Hilfestellung zur Auswahl von Handlungs- und Entscheidungsalternativen bei der organisatorischen Gestaltung, Marktpositionierung und der operativen Steuerung der Geschäftstätigkeit zu geben. Diese Forderung leitet über die Abbildung organisationaler Effektivitäts- und Effizienzkriterien hinaus unmittelbar zur später diskutierten Bewertungsanforderung der Entwicklungs- und Verbesserungsorientierung über (vgl. Kap. 3.2.2).

Die Vielfalt von Gestaltungsformen zeigt, dass es nicht darum geht, alle Arten von Organisationen über ein enges Kriterienraster zu bewerten. "Das Erkenntnisobjekt 'Organisation' ist so komplex, dass es nicht den 'one best way', eine ausschließlich richtige Betrachtungsweise gibt. Die einzelnen Ansätze [zur Bewertung] ergänzen sich eher, als dass sie sich gegenseitig falsifizieren."[17] Die Entwicklung eines umfassenden, rein quantitativen Bewertungsmodells ist bislang nicht gelungen. Entsprechende Ansätze müssen stattdessen auf qualitativer Ebene Vor- und Nachteile bzw. Stärken und Verbesserungsbereiche konkreter Gestaltungsformen identifizieren.[18] Daher wird Bewertung hier als analytische und diagnostische Auseinandersetzung mit dem Betrachtungsobjekt,[19] d.h. mit der Organisation oder dem Unternehmen verstanden. Sie muss im Ergebnis über rein finanzorientierte Aspekte hinausgehen, kann diese aber

---

14 Vgl. Hartmann (1985), S. 19 f.

15 Yoshino/Rangan (1995), S. 134

16 Vgl. Behringer (1999), S. 55

17 Bea/Göbel (1999), S. 203

18 Vgl. Bea/Göbel (1999), S. 17

19 Vgl. Schmidt (2001), S. 58

integrieren. Konkrete methodische und inhaltliche Anforderungen aus dieser Aufgabe gehen aus den folgenden Abschnitten hervor.

Bewertung als Aufgabe oder Funktion stützt sich auf ein Bewertungskonzept, das Aussagen zum Betrachtungsobjekt, zu Bewertungskriterien sowie Festlegungen im Hinblick auf das Bewertungsverfahren beinhaltet:

- Als Betrachtungsobjekt kommen Organisationen und Unternehmen in Frage.
- Anforderungen an diese sind inhaltlich in den Bewertungskriterien verankert, die zunächst den Betrachtungshorizont bestimmen, d.h. den Bezug zum gesamten Unternehmen oder ggf. eine Fokussierung auf einzelne Funktionen, Bereiche etc. Sie determinieren darüber hinaus den Bewertungsmaßstab, d.h. die Inhalte der Bewertung. Beispielhafte Aspekte sind in diesem Zusammenhang die Marktpositionierung, die Struktur eines Unternehmens, (finanzielle) Wert- oder Leistungs- und Erfolgsgrößen. Mittelbar werden über die Bewertungskriterien gleichzeitig Problem- oder Zielbezüge der Bewertung bestimmt. Sie begründen damit wesentlich die Eignung eines bestimmten Bewertungskonzepts für eine konkrete Entscheidungssituation.

  Von einem Bewertungsmodell ist im Folgenden immer dann die Rede, wenn die Bewertungskriterien inhaltlich und strukturell so konzipiert sind, dass sie den Anforderungen eines Modells entsprechen. Dieses wird als vereinfachtes und vereinfachendes Abbild einer komplizierteren Wirklichkeit definiert, das wesentliche Attribute einer realen Entscheidungssituation integriert.[20] "Das Modell abstrahiert also von vielen Eigenschaften des Realsystems und beschränkt sich im Idealfall auf die für eine Entscheidungssituation wesentlichen Attribute."[21]
- Das Bewertungsverfahren legt methodische Aspekte der Bewertung fest. Dazu gehören im Wesentlichen konkrete Durchführungshinweise und -bedingungen.

Die in den folgenden Abschnitten herausgearbeiteten Anforderungen an die Bewertung lassen sich regelmäßig nicht allein durch die Gestaltung der Bewertungskriterien oder über das Vorgehen zur Anwendung erfüllen, sondern betreffen vielfach beide Elemente eines Bewertungskonzepts. Insoweit ist mehrheitlich eine simultane Auseinandersetzung sowohl mit inhaltlichen als auch methodischen Fragen erforderlich.

3.2 Anforderungen an die Bewertung von Organisationen und Unternehmen

Eine fundierte Bewertung von Organisationen muss auf den zuvor skizzierten Effektivitäts- und Effizienzkriterien (vgl. Kap. 2.5) aufbauen. Diese sind in den Bewertungskriterien auf inhaltlicher Ebene abzubilden. Die Forderungen müssen

---

20 Vgl. Hanssmann (1978), S. 74; Bortz/Döring (1995), S. 339

21 Hanssmann (1978), S. 74

daher eine langfristig positive Unternehmensentwicklung, die entscheidungs- und handlungsleitende Funktion sowie die Binneneffizienz der Aufbau- und Ablauforganisation, die Erfüllung von Wünschen und Bedürfnissen relevanter Interessengruppen und schließlich den Fit der Organisation mit dem umgebenden Wirtschafts-, Gesellschaft- und Sozialsystem erfassen. Damit sind erste inhaltliche Elemente eines Bewertungsmodells konkretisiert. Weitergehende Anforderungen ergeben sich aus der Zielsetzung der Arbeit, die die Entwicklung eines ganzheitlichen Bewertungsmodells umfasst. Diese werden im folgenden Abschnitt näher ausgeführt (vgl. Kap. 3.2.1).

Neben inhaltlichen sind auch methodische Aspekte für die Auswahl und Konzeption eines Bewertungskonzepts relevant. Die Ergebnisse sollen konkrete Hinweise zur Weiterentwicklung des Unternehmens liefern. Entsprechende Forderungen werden unter dem Stichwort der Entwicklungs- und Verbesserungsorientierung diskutiert (vgl. Kap. 3.2.2). Die Aussagekraft der Bewertungsergebnisse setzt eine hinreichende Zuverlässigkeit und methodische Absicherung voraus. Dies führt zur Auseinandersetzung mit klassischen Testgütekriterien (vgl. Kap. 3.2.3), deren Erfüllung wesentlich über Anwendungsempfehlungen und die instruktive Modellbeschreibung beeinflusst wird.[22] Neben einer theoretischen Fundierung, die Voraussetzung der prognostischen Validität ist, erschließt sich der Nutzen eines Bewertungsansatzes erst aus der Anwendung in der Praxis. Daraus ergibt sich die Forderung nach einer praxisnahen Gestaltung sowohl des Bewertungsmodells als auch des –verfahrens. Insoweit gewinnen die Utilität und Operationalität des Ansatzes an Bedeutung (vgl. Kap. 3.2.4). Alle genannten Aspekte werden in den folgenden Abschnitten näher ausgeführt.

3.2.1 Ganzheitlichkeit der Bewertung

BLEICHER weist darauf hin, dass die Komplexität und Dynamik aktueller Wirtschafts-, Rechts- und Gesellschaftssysteme sowie technologischer Entwicklungen eine Wahrnehmung und intellektuelle Durchdringung zunehmend erschweren.[23] Die pragmatische Lösung dieses Problems besteht häufig in einer mehr oder weniger radikalen Vereinfachung der Realität, die durch die Betrachtung lediglich von Ausschnitten entsprechender Systeme erreicht wird. Auch wenn kritische Bereiche oder solche mit existenzieller Bedeutung hervorgehoben werden, bringt diese Strategie zwingend eine Fokussierung auf Partiallösungen mit sich. BLEICHER weist auf die Problematik eines solchen Vorgehens hin. Die Ausblendung wesentlicher Ursache-Wirkungs-Zusammenhänge führt oftmals zur Ableitung suboptimaler Lösungen[24] oder zeigt sogar dysfunktionale Wirkungen.[25] Insbesondere in komplexen und in ihrer Struktur dynamischen Systemen stoßen sowohl die Extrapolation von Erfahrungen aus

---

22 Vgl. Fisseni (1990), S. 55

23 Vgl. Bleicher (1999), S. 45

24 Vgl. Bleicher (1999), S. 45

25 Vgl. Ulrich/Probst (1995), S. 12

der Vergangenheit[26] als auch eine lediglich auf singuläre Wirkungszusammenhänge zielende Betrachtung schnell an Grenzen.

Aus diesen Überlegungen leitet sich die Forderung nach einer ganzheitlichen Betrachtung von Untersuchungsobjekten ab, also hier nach ganzheitlichen Konzepten zur Unternehmensbewertung, die auf einem systemischen Betrachtungsansatz aufbauen. Ganzheitlichkeit impliziert vor diesem Hintergrund die Auseinandersetzung mit der Vernetztheit der Probleme und Beziehungen sozialer Systeme.[27] "Gemeint ist damit ein integrierendes, zusammenfügendes Denken, das auf einem breiten Horizont beruht, von größeren Zusammenhängen ausgeht und viele Einflussfaktoren berücksichtigt, das weniger isolierend und zerlegend ist als das übliche Vorgehen. Ein Denken also, das mehr demjenigen des viele Dinge zu einem Gesamtbild zusammenführenden Generalisten als dem analytischen Vorgehen des auf ein enges Fachgebiet beschränkten Spezialisten entspricht."[28]

Damit liegt der Schwerpunkt weniger auf einer funktionsspezifischen Tiefenanalyse, sondern eher auf der Betrachtung globaler Zusammenhänge. Diese Überlegung erscheint angesichts der Führungsorientierung der Bewertungskonzepte, die hier vertreten wird und in der Steuerungsfunktion für den Organisationsentwicklungsprozess[29] zum Ausdruck kommt (vgl. Kap. 3.2.2), auch plausibel. Unternehmensführung auf oberster Ebene konzentriert sich weniger auf die detaillierte Betrachtung einzelner, z.B. fachbezogener Detailfragen als auf die Gestaltung und Steuerung übergeordneter Zusammenhänge. Dieser Aufgabenstellung muss das hier zu entwickelnde Bewertungsmodell Rechnung tragen.

BLEICHER als Vertreter der von ULRICH geprägten St. Galler Schule greift in seinem Konzept Integriertes Management auf die vertikale Dreigliederung des normativen, strategischen und operativen Managements zurück, um seinen Anspruch an eine ganzheitliche Betrachtung eines Managementkonzepts zu konkretisieren:[30]

- "Die Ebene des normativen Managements beschäftigt sich mit den generellen Zielen der Unternehmung, mit Prinzipien, Normen und Spielregeln, die darauf ausgerichtet sind, die Lebens- und Entwicklungsfähigkeit der Unternehmung zu ermöglichen."[31] Normatives Management nimmt damit die ziel- und sinngebende Funktion für die Unternehmensaktivitäten wahr.[32]

---

26 Vgl. Ulrich/Probst (1995), S. 12

27 Vgl. Liesegang/Pischon (1999), S. 100 f.

28 Ulrich/Probst (1995), S. 11; Vgl. Ulrich/Krieg (1974), S. 12

29 Vgl. Comelli (1999), S. 634; Gebert (1993), S. 481 f.; Zink (1995), S. 55 f.

30 Vgl. Bleicher (1999), S. 70-80; Ulrich/Fluri (1995); Ulrich/Krieg (1974), S. 31-37

31 Bleicher (1999), S. 74

32 Vgl. Probst (1983), S. 323; Probst (1993), S. 175

- "Strategisches Management ist auf den Aufbau, die Pflege und die Ausbeutung von Erfolgspotentialen gerichtet, für die Ressourcen eingesetzt werden müssen."[33] Es dient der Entwicklung von grundlegenden Wegen und Konzepten zur Erreichung der im normativen Management definierten Ziele.[34]
- Operatives Management dient dem Vollzug der Setzungen auf normativer und strategischer Ebene.[35] Es impliziert im Wesentlichen die "Organisation und Lenkung der laufenden Aktivitäten des Unternehmens"[36].

In horizontaler Richtung unterscheidet BLEICHER Strukturen, Aktivitäten und Verhalten:

- Aktivitäten beziehen sich auf handlungsauffordernde Aspekte des Managements. Dazu gehören unternehmenspolitische Missionen, die das grundsätzliche Vorgehen zur Erreichung des Unternehmenszwecks determinieren. Diese werden über Programme und Aufträge konkretisiert und integrieren damit die oben genannten Ebenen des Managements.[37]
- Die Legimitierung und Strukturierung organisationalen Handelns bzw. die Abstimmung individueller Akteure vollzieht sich über die Strukturen des Unternehmens.[38] Sie umfassen auf oberster Ebene die Unternehmensverfassung, die über Organisationsstrukturen und Managementsysteme konkretisiert und in Prozessen und Dispositionssystemen umgesetzt wird.
- Die dritte Dimension umfasst das Verhalten der Mitarbeiter.[39] Es wird auf oberster Ebene durch die Unternehmenskultur bestimmt bzw. lässt diese umgekehrt erfahrbar werden. Auf strategischer Ebene steht das erstrebte Verhalten der Mitarbeiter als Träger von Aufgaben sowie bei der organisationalen Entscheidungsfindung und der Lösung unternehmerischer Probleme im Mittelpunkt. Gegenstand der Betrachtung auf operativer Ebene ist das Leistungs- und Kooperationsverhalten der Mitarbeiter im Arbeitsprozess.

Als ziel- und sinnstiftende inhaltliche Klammer der hier skizzierten Elemente dient die Managementphilosophie, die grundlegende Einstellungen, Überzeugungen und Werthaltungen beinhaltet[40] und damit die quasi weltanschauliche Grundlage unternehmerischen bzw. organisationalen Handelns und Gestaltens umfasst.[41] Sie legt

33 Bleicher (1999), S. 75

34 Vgl. Probst (1983), S. 323

35 Vgl. Bleicher (1999), S. 76

36 Probst (1983), S. 324

37 Vgl. Bleicher (1999), S. 81

38 Vgl. Bleicher (1999), S. 81-85

39 Vgl. Bleicher (1999), S. 83

40 Vgl. Ulrich/Fluri (1995), S. 53 f.

41 Vgl. Probst (1983), S. 322

u.a. den Umgang mit und das Verhältnis zu den wesentlichen Interessengruppen fest. Aufgabe der Managementphilosophie ist, so PROBST, die Werterhellung und Wertdefinition,[42] also die Explikation grundsätzlicher Überzeugungen über die Einbettung des Unternehmens in sein wirtschaftliches und soziales Umsystem. Die Wirkung der Managementphilosophie hängt in erheblichem Umfang von der Vorbildfunktion von Führungskräften ab.[43] Die Zusammenhänge zwischen den Elementen des Integrierten Managements veranschaulicht Abb. 3.

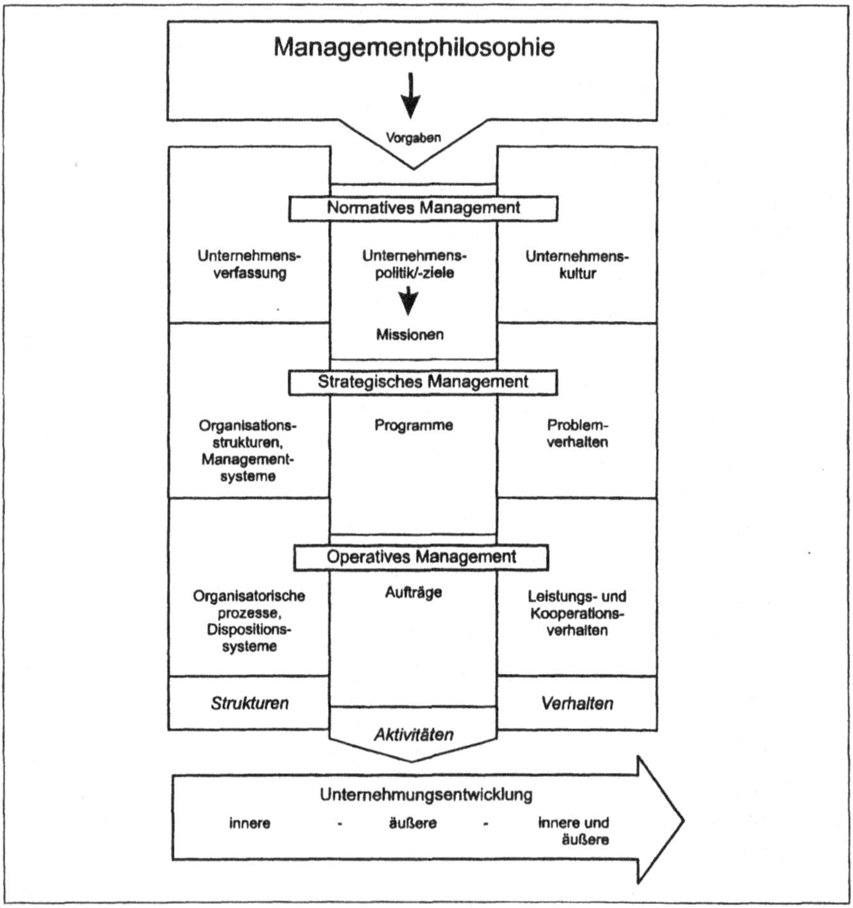

Abb. 3: Das Konzept Integriertes Management[44]

---

[42] Vgl. Probst (1983), S. 322-324

[43] Vgl. Bleicher (1999), S. 96 f.

[44] Abb. aus Bleicher (1999), S. 77

Wesentlich ist damit nicht allein die inhaltliche Füllung aller über die Strukturierungsdimensionen aufgespannten Elemente, sondern auch ihre inhaltliche Abstimmung und Harmonisierung.[45] Vertikaler Fit bedeutet in diesem Zusammenhang eine konsistente Umsetzung normativer Vorgaben im strategischen Management und in der operativen Umsetzung,[46] horizontaler Fit die Vereinbarkeit von Aktivitäten im Sinne handlungsleitender Führungsaspekte, der Organisationsstruktur und des realisierten Verhaltens.[47] Darüber hinaus ist eine klare inhaltliche Ausrichtung an der übergeordnetem Managementphilosophie gefordert.[48]

Die Übertragung der Ganzheitlichkeitsforderung auf ein Unternehmensbewertungskonzept bedeutet, dass es zunächst die genannten Elemente durch einen breiten Betrachtungshorizont abdecken muss. Ganzheitlichkeit erfordert also eine Erfassung der horizontalen und vertikalen Strukturierungsdimensionen.[49] Konkreter formuliert impliziert sie, dass Bewertungsmodelle "neben betrieblicher Leistung, Produktivität und Kosten auch die Erfüllung der sogenannten 'Soft Skills' wie Flexibilität, Lernfähigkeit, Mitarbeiterzufriedenheit usw."[50] erfassen. Bewertungsrelevant sind aber nicht nur die über die Strukturierungsdimensionen angesprochenen Einzelelemente, sondern überdies ihre Konsistenz. Diese wird in der Abstimmung von normativer, strategischer und operativer Ebene (vertikaler Fit), von Strukturen, Aktivitäten und Verhalten (horizontaler Fit) und schließlich aller Elemente mit der Managementphilosophie sichtbar. Gleichzeitig ergibt sich die Forderung nach einem systemischen Betrachtungsansatz, der Strukturen und Ergebnisse in ihren Bedingtheiten und Wirkungszusammenhängen abbildet. Dieser Anspruch wird nicht nur in der Wissenschaft diskutiert, er wird auch in der Nachfrage der Praxis nach entsprechenden Modellen deutlich.[51]

3.2.2 Entwicklungs- und Verbesserungsorientierung

Die im Folgenden betrachteten Bewertungskonzepte sollen sich in ihrer Anwendung nicht in der reinen Ermittlung eines Unternehmenswertes erschöpfen, der z.B. die Grundlage zur Festlegung eines Kaufpreises bildet oder zur Ermittlung der Wertanteile im Rahmen von Verschmelzungen herangezogen wird. Das Ziel liegt vielmehr in der Ableitung von Handlungsbedarfen im Hinblick auf die Definition wesentlicher Unternehmensziele und ihre stringente Umsetzung in der Geschäftstätigkeit. Die Unterstützungs- und Steuerungsfunktion bei der Führung und Gestaltung von Organisa-

---

45 Vgl. Bleicher (1999), S. 588-597

46 Vgl. Bleicher (1999), S. 594-597

47 Vgl. Bleicher (1999), S. 591-594; Schwaninger (1994), S. 299

48 Vgl. Bleicher (1999), S. 593 f.

49 Vgl. Liesegang/Pischon (1999), S. 100 f.

50 Luczak/Wimmer (2000), S. 141

51 Vgl. Luczak/Wimmer (2000), S. 141

tionen zeigt weitreichende Auswirkungen auf die Bewertungskonzepte. Diese müssen zum einen die Ableitung qualitativer Handlungsempfehlungen unterstützen, zum anderen eine langfristige Erfolgsorientierung beinhalten.

Der Begriff der Organisationsentwicklung umfasst nach ZINK hierbei alle Ansätze, "die durch eine Änderung der Einstellung und des Verhaltens von Einzelnen und Gruppen sowie eine Veränderung von Organisationsstrukturen und Technologien eine Organisation leistungsfähiger, die Zusammenarbeit zwischen Arbeitsgruppen effizienter und die Arbeitsbedingungen für den Einzelnen befriedigender gestalten wollen."[52] Dieses Verständnis deckt sich weitgehend mit Ausführungen COMELLIs und GEBERTs, die als wesentliche Ziele die Steigerung der Effizienz auf Ebene der Gesamtorganisation sowie gleichzeitig die Ausrichtung an Interessen der Mitarbeiter im Hinblick auf Selbstverwirklichung und Autonomie thematisieren.[53] Strukturelle Aspekte betreffen in diesem Zusammenhang Veränderungen der "äußeren" Situation, z.B. der Arbeitsgestaltung und der Organisationsstruktur; personelle beziehen sich demgegenüber auf Veränderungen der "inneren" Situation, z.B. Maßnahmen zur Erhöhung der sozialen Kompetenz und zur fachlichen Qualifizierung.[54]

Damit erscheint insbesondere eine rein outputorientierte Bewertung[55] des Betrachtungsobjekts unzureichend. Die Fokussierung auf Ergebnisse bringt überdies – neben den durch die Abhängigkeit des Erfolgsmaßstabs von individuellen Zielen begründeten inhaltlichen Problemen einer einzelfallunabhängigen Festlegung – tendenziell eine starke Vergangenheitsorientierung des Bewertungsergebnisses mit sich.[56] Leistungen sind, sofern nicht extern induziert, Ergebnis organisationaler Handlungen und Entscheidungen in der Vergangenheit. Eine Aussage über die Zukunft ist nur über eine Trendextrapolation zu erreichen, deren sachlich-inhaltliche Fundierung sich jedoch einer Überprüfung meist entzieht. Insoweit begrenzt die Vernachlässigung von Ursachen und Einflussfaktoren organisationalen Erfolgs und unternehmerischer Leistung zum einen die Zuverlässigkeit in der Prognose zukünftiger Entwicklungen. Zum anderen verhindert sie eine systematische Veränderung von Erfolgsdeterminanten im Sinne struktureller Voraussetzungen des Organisationserfolgs. Entwicklungs- und Verbesserungsorientierung eines Bewertungskonzepts, die die konsequente Verbesserung zukünftiger Erfolgsperspektiven impliziert, erfordert damit regelmäßig eine strukturierte Analyse struktureller und institutioneller Gegebenheiten als wesentliche Treiber des Unternehmenserfolgs. Damit sind neben output- auch prozess-, ressourcen- und potentialorientierte Aspekte einzubeziehen. "Das prozessbezogene Element ... legt ... den Schwerpunkt darauf, wie das Ergebnis zustande gekommen ist.

52 Zink (1995), S. 55

53 Vgl. Comelli (1999), S. 634; Gebert (1993), S. 481

54 Vgl. Gebert (1993), S. 482; Zink (1995), S. 55

55 Vgl. Merkle (1999), S. 69

56 Vgl. Scholl (1993), S. 440

Durch den ressourcenorientierten Teil ... fliesst die Fähigkeit des Unternehmens in die Bewertung ein, knappe Ressourcen zu erhalten."[57] Insoweit wird der Blick auf die strukturelle Verankerung langfristiger Erfolgsperspektiven gelenkt.

Das Bewertungskonzept kann allerdings nie so weit gehen, dass es konkrete Gestaltungsoptionen festlegt. Dies erscheint im Hinblick auf die Vielzahl und Varietät organisationaler Zielsysteme sowie angesichts der Dynamik und Komplexität der Rahmenbedingungen als wenig hilfreiches und im Übrigen aussichtsloses Unterfangen. Die Erkenntnis ist spätestens in den konzeptionellen Ausführungen im Umfeld der situativen[58] und strukturalistischen[59] Organisationstheorie bzw. entsprechender kontingenztheoretischer Überlegungen offensichtlich geworden (vgl. Kap. 2.4.3.1).[60] Vielmehr können Bewertungsmodelle Kriterien für die Auswahl konkreter Gestaltungsalternativen bereitstellen. Sie gewährleisten dadurch einerseits die Vollständigkeit der Bewertungsdimensionen und schaffen auf methodischer Ebene die Grundlage für die Auswahlentscheidung zwischen unterschiedlichen Handlungsoptionen. Andererseits stellen sie mittelbar sicher, dass im organisationalen Gestaltungsprozess erarbeitete Strukturmodelle eine für die Effizienz- und langfristige Erfolgssicherung der Organisation hinreichende Abdeckung der Geschäftstätigkeit erreichen.

Vor diesem Hintergrund ergibt sich die Aufgabe solcher Modelle analog der Aussage BLEICHERs zum Konzept Integriertes Management: Ihr Ziel ist es nicht, "dem Manager in einem konkreten Umfeld spezifische Lösungen für seine wechselnden Problemlagen anzubieten. Diese muss er in erfahrener Abschätzung aller Bedingtheiten, welche die Struktur und Situation seiner Entscheidungen beeinflussen, selbst finden."[61] Sie stellen stattdessen "eine Systematik für seine Gedankenführung [bereit], die es ihm erleichtert, von isolierten Teillösungen Abstand zu nehmen, indem er anhand einer vorgegebenen Struktur für seinen Denk- und Dialogprozess Gesamtzusammenhänge erkennt und Interdependenzen von Entscheidungen in seine Überlegungen einbezieht."[62] Das Ziel besteht mithin in der Strukturierung der Auswahl- und Gestaltungsaufgabe. Die Unterstützung des Managements liegt nicht in der Vorgabe konkreter und unmittelbar umsetzbarer Handlungsempfehlungen, sondern in der Anleitung zur Selbstreflektion[63], in der "Hilfe zur Selbsthilfe". Sie ist Voraussetzung für eine dauerhafte Unterstützung des Managements in der Wahrnehmung der organisationalen Führungsaufgabe.

---

57 Merkle (1999), S. 69 f.

58 Vgl. Bea/Göbel (1999), S. 89-104; Brandstätt (2000), S. 36-38

59 Vgl. Schreyögg (1996), S. 54-65

60 Vgl. Bea/Göbel (1999), S. 89; Kieser (1993), Sp. 3002; Duncan/Weiss (1979), S. 76

61 Bleicher (1999), S. 16

62 Bleicher (1999), S. 16 f.

63 Vgl. Bleicher (1999), S. 72

Die Erweiterung des Betrachtungshorizonts über Ergebnisse hinaus um strukturelle Aspekte unterstützt die Ableitung konkreter Handlungs- und Veränderungsbedarfe. Ergebnisse als Beleg für erfolgreiches unternehmerisches Handeln und effiziente organisationale Gestaltung in der Vergangenheit unterstützen in diesem Zusammenhang die Selektion erfolgreicher Entscheidungs-, Handlungs- und Gestaltungsalternativen. Sie ermöglichen über die Extrapolation der dokumentierten Leistungsentwicklung gleichzeitig eine Abschätzung zukünftiger Erfolgspotentiale. Voraussetzung dafür ist jedoch eine stringente Verknüpfung zwischen struktur- und ergebnisbezogenen Elementen. Die Bewertung muss demzufolge in den zugrunde gelegten Kriterien beide Facetten abbilden und sowohl durch die Gestaltung der Kriterieninhalte als auch durch das methodische Vorgehen die unmittelbare Ableitung von Handlungs- bzw. Veränderungsbedarfen fördern.

3.2.3 Testgütekriterien

Die Qualität des Bewertungsergebnisses hängt von der Erfüllung der Testgütekriterien ab. Diese gliedern sich in die drei Facetten Objektivität, Reliabilität und Validität.[64] Die Erfüllung der Testgütekriterien bringt insbesondere im Zusammenhang mit qualitativen Verfahren besondere Herausforderungen mit sich. Für die vorliegende Arbeit sind diese insofern relevant, als einerseits HIRSCH darauf hinweist, dass auch finanzorientierte Verfahren trotz ihres vordergründig rein quantitativen Charakters über die Auswahl der zugrunde gelegten Merkmale (z.B. Unternehmensvermögen, Ertrag oder Cash-Flow) und die Prognose ihrer (zukünftigen) Ausprägungen qualitative Komponenten beinhalten.[65] Andererseits konzentriert die zuvor thematisierte Forderung nach der Ganzheitlichkeit sowie nach der Entwicklungs- und Verbesserungsorientierung von Bewertungskonzepten die Auswahl auf qualitative Verfahren. Eine ausschließlich quantitative Erhebung zukunftsorientierter Faktoren erscheint angesichts der Probleme bei der Definition einzelfallunabhängiger Effizienzkriterien problematisch. Insoweit wird ganzheitliche Unternehmensbewertung regelmäßig über die Auseinandersetzung mit quantitativen und quantifizierenden Leistungskennzahlen hinausgehen und eine Analyse deskriptiver Bewertungsgrundlagen im Sinne von Beschreibungen etc. erfordern.

Damit kommen Fragen der Inhaltsanalyse, d.h. einer regelgeleiteten, intersubjektiv nachvollziehbaren Analyse und Auswertung textueller Daten,[66] ins Spiel, die veränderte Testgütekriterien mit sich bringen und eine Operationalisierung gegenüber rein quantitativen Verfahren mit größeren Schwierigkeiten belegen. MAYRING identifiziert zunächst allgemein folgende Merkmale der Inhaltsanalyse:

---

64 Vgl. Bortz/Döring (1995), S: 180

65 Hirsch (1996), S. 671

66 Vgl. Bortz/Döring (1995), S. 307

- Gegenstand der Inhaltsanalyse ist Kommunikation im Sinne einer Übertragung von Symbolen. Diese konkretisiert sich in Sprache, Musik, Bildern etc. Die Inhaltsanalyse erschließt damit nicht nur quantitative, sondern auch qualitative Informationen. Diese liegen für die Auswertung in fixierter, d.h. dokumentierter Form vor.[67]

- Die Inhaltsanalyse stützt sich auf ein systematisches Verfahren und grenzt sich damit von einer freien Interpretation beispielsweise im Rahmen eines hermeneutischen Verfahrens ab.[68] Die Voraussetzung dafür besteht in einem explizit regelgeleiteten Procedere. Hierüber wird die Grundlage intersubjektiver Nachprüfbarkeit gelegt.[69]

- Darüber hinaus greift die Inhaltsanalyse auf eine fundierte theoretische Basis zurück. Diese determiniert sowohl das konkrete Vorgehen in der Analyse als auch die Interpretation der Ergebnisse.[70]

- Wesentliches Element der Inhaltsanalyse ist ihre Ergebnisorientierung. Sie will über die Auswertung Rückschlüsse auf bestimmte Aspekte der Kommunikation ziehen.[71] Im Falle einer Unternehmensbewertung geht es beispielsweise um die Ableitung von Entscheidungsgrundlagen.[72]

MAYRING entwickelt im nächsten Schritt eine Reihe von Anforderungen zur Konstruktion einer qualitativen Inhaltsanalyse:

- Aus der Auseinandersetzung mit der Content Analysis in den Kommunikationswissenschaften, die sich auf eine quantifizierende Analyse fixierter Kommunikation konzentriert, leitet er die Forderung nach einem systematischen Vorgehen ab. Darüber hinaus ist das betrachtete Material in Analogie zur Content Analysis in den übergeordneten Zusammenhang eines Kommunikationsmodells einzuordnen. Weiterhin muss sich die Inhaltsanalyse in ihrer Aussagekraft anhand anerkannter Gütekriterien messen lassen.[73]

- Aus der Hermeneutik leitet MAYRING die Forderung nach einer sorgfältigen Quellenkritik ab; das verwendete Material ist im Hinblick auf seine Entstehung und Authentizität zu bewerten. Außerdem sind das Vorverständnis des Bewerters sowie die theoretischen Hintergründe der Analyse zu explizieren. Die Analyse darf sich nicht auf den sog. manifesten Oberflächeninhalt des betrachteten Materials

---

67 Vgl. Mayring (1988), S. 10

68 Vgl. Mayring (1996), S. 4

69 Vgl. Mayring (1988), S. 10; Mayring (1996), S. 48

70 Vgl. Mayring (1988), S. 10

71 Vgl. Mayring (1988), S. 11

72 Vgl. Sieben (1993), Sp. 4316

73 Vgl. Mayring (1988), S. 25

beschränken, sondern muss dessen sog. latenten Sinngehalt erfassen.[74] Damit wird insbesondere einer starken Formalorientierung der Bewertung eine Absage erteilt. Die Analyse muss insbesondere Schwächen in der Darstellung kompensieren können.

- Die qualitative Sozialforschung führt zur Alltagsorientierung der Bewertung. Sie muss an den "alltäglichen Prozessen des Verstehens und Interpretierens sprachlichen Materials"[75] anknüpfen. Die Analyse und Auswertung müssen demnach an der Perspektive des Textproduzenten ansetzen. Die ohnehin bestehende Gefahr einer Ergebnisverfälschung durch das Vorverständnis des Bewerters darf nicht zusätzlich durch eine interpretative Beeinflussung seiner Äußerungen gesteigert werden. Generell führt die qualitative Inhaltsanalyse nicht zu einem abschließenden Ergebnis, sondern bietet immer die Möglichkeit einer Neuinterpretation.[76]
- Weitere Beiträge stammen aus der Literaturwissenschaft, der Schwerpunkt liegt hier in der Semiotik mit syntaktischen, semantischen und sigmatischen Analyseschwerpunkten. Konkret muss die qualitative Inhaltsanalyse die semiotischen Grundbegriffe in ihr Kommunikationsmodell aufnehmen. Die Interpretation basiert auf einer pragmatischen Bedeutungstheorie, d.h. sie leitet den Sinninhalt des betrachteten Materials einschließlich etwaiger Konnotationen aus dem tatsächlichen Gebrauch im Umfeld des Textproduzenten ab. Damit ist eine fundierte Auseinandersetzung mit dem Sprechakt bzw. allgemeiner dem Produktionsakt des betrachteten Materials erforderlich.[77]
- Zuletzt betrachtet MAYRING die Psychologie der Textverarbeitung, die sich mit dem psychischen Prozess des Verstehens und der Verarbeitung von Texten beschäftigt. Die Berücksichtigung entsprechender Erkenntnisse führt zur Entwicklung von Regeln zur systematischen Zusammenfassung und Verdichtung sprachlichen Materials.[78]

Zusammenfassend werden als wesentliche Merkmale der Inhaltsanalyse die Regelgeleitetheit im Sinne eines systematischen und intersubjektiv nachvollzieh- und überprüfbaren Vorgehens sowie die Theoriegeleitetheit im Sinne grundsätzlicher Prämissen und Hypothesen identifiziert.[79] Außerdem gelten die klassischen Testgütekriterien, die jedoch einer inhaltlichen Anpassung bedürfen.[80] Für eine qualitative Datenerhebung und Bewertung betreffen sie Fragen der Objektivität, Reliabilität und Validität:

---

74 Vgl. Mayring (1988), S. 27; Mayring (1996), S. 11

75 Mayring (1988), S. 32

76 Vgl. Mayring (1988), S. 32

77 Vgl. Mayring (1988), S. 36

78 Vgl. Mayring (1988), S. 40

79 Vgl. Mayring (1988), S. 47; Mayring (1996), S. 17 f., S. 119 f.

80 Vgl. Mayring (1996), S. 115

- Objektivität bezieht sich auf einen interpersonalen Konsens über das Bewertungsergebnis, "d.h. unterschiedliche Forscher müssen bei der Untersuchung desselben Sachverhalts (*Anm.: d.h. im vorliegenden Falle bei der Untersuchung desselben Unternehmens*) mit denselben Methoden zu vergleichbaren Resultaten kommen können. Dies erfordert eine genaue Beschreibung des methodischen Vorgehens und eine gewisse Standardisierung."[81] Entsprechende Fragen werden unter dem Stichwort der Durchführungsobjektivität diskutiert.[82] Dabei geht es den qualitativen Verfahren weniger um eine Standardisierung der äußeren Bedingungen, sondern eher um Vergleichbarkeit im Verständnis und Erleben der Befragten. Dies wird durch eine einzelfallbezogene Übersetzung und Erläuterung der Bewertungskriterien erreicht. Im Hinblick auf die Beurteilung der Objektivität entsteht somit jedoch das methodische Problem, dass ein Rückgriff auf standardisierte Rahmenbedingungen aufgrund der durch den Bewerter zu leistenden Interpretation nicht möglich, der Nachweis einer vergleichbaren Erlebenssituation und eines übereinstimmenden Verständnisses der Kriterien aber nur schwer zu führen ist. FISSENI führt aus: "Eine approximative Standardisierung soll die Testinstruktion ermöglichen."[83]

  Neben der Durchführungs- bestimmen Auswertungs- und Interpretationsobjektivität die Testgüte. Sie umfassen die eindeutige Zuordnung von numerischen Werten zu Antworten bzw. von Merkmalsausprägungen zu numerischen Werten. Grundsätzliche methodische Empfehlungen zur Sicherstellung einer objektiven Auswertung liegen nur für gebundene Items vor, im Falle offener Fragestellungen wird lediglich eine umfangreiche Beispielsammlung vorgeschlagen, anhand derer die Auswerter eine Bewertung vornehmen können. Insoweit ist eine Bewertung der Objektivität lediglich über eine vergleichende Analyse von Bewertungsergebnissen des gleichen Objekts möglich, die sich auf korrelative oder varianzanalytische Schätzungen stützen muss.[84]

- Reliabilität kennzeichnet "den Grad der Genauigkeit, mit dem das geprüfte Merkmal gemessen wird."[85] Sie betrifft im Wesentlichen die Wiederholgenauigkeit der Messung oder Bewertung, d.h. die Abweichung bei wiederholter Durchführung mit derselben Person. Sie bezieht sich damit auf unsystematische Abweichungen im Mess- oder Bewertungsergebnis, die sog. Fehlervarianz. Reliabilität wird als "Messgenauigkeit des Instrumentes unter Absehung vom Inhalt"[86] bezeichnet. Sie ist als Testgütekriterium im Hinblick auf qualitative Erhebungs- und Bewer-

---

81 Bortz/Döring (1995), S. 302

82 Vgl. Fisseni (1990), S. 55

83 Fisseni (1990), S. 55

84 Vgl. Fisseni (1990), S. 55

85 Bortz/Döring (1995), S. 181

86 Fisseni (1990), S. 56

tungsverfahren umstritten.[87] Die Kritik entzündet sich dabei zum einen an der Einzigartigkeit und Kontextabhängigkeit von Bewertungssituationen, zum anderen am Mangel zuverlässiger Methoden zur Berechnung oder Abschätzung. Dennoch bleibt bei der Konzeption von Mess- und Bewertungsinstrumenten das Ziel einer möglichst geringen Fehlervarianz bestehen, eine hohe Wiederholgenauigkeit ist in jedem Falle anzustreben.[88]

Eine Bewertung der Reliabilität ist über einen Retest möglich, bei dem eine erneute Durchführung der Forschungsoperation zum gleichen Ergebnis führen muss. Alternativ wird ein Paralleltest durchgeführt, der sich bei gleichem Ausgangsmaterial auf ein anderes Auswertungsverfahren stützt, das den Testgütekriterien anerkanntermaßen entspricht. Halbierungs- und Konsistenztests untersuchen, ob die Analyse unterschiedlicher Teilmengen des zugrunde liegenden Materials zu ähnlichen Ergebnissen führt.[89] In jedem Fall wird die Reliablität des Verfahrens über die Konsistenz der erhobenen Teilergebnisse erfasst. Häufig kommt auch eine Kombination der genannten Verfahren zur Anwendung.[90]

Für qualitative, inhaltsanalytische Verfahren wird eine unabhängige Durchführung der Analyse durch mehrere Personen vorgeschlagen, deren Ergebnisse verglichen werden. Dieser Ansatz wird unter dem Stichwort der Interkoderreliabilität verfolgt.[91] Dabei ist jedoch keine vollständige, sondern nur eine weitgehende Deckungsgleichheit der Ergebnisse zu erwarten. In diesem Kriterium laufen die Anforderungen an Objektivität und Reliabilität zusammen, eine trennscharfe Abgrenzung erscheint nicht mehr möglich.

- Validität gilt als das wichtigste Gütekriterium der qualitativen Forschung. Sie "gibt an, wie gut der Test in der Lage ist, genau das zu messen, was er zu messen vorgibt."[92] Validität stützt sich im Wesentlichen auf die Authentizität des bei der Bewertung zugrunde gelegten Materials - z.B. der vom Unternehmen bereitgestellten Dokumentation. Diese hängt einerseits von der Fähigkeit und Ehrlichkeit des Befragten, andererseits von der Anleitung des Bewerters ab. Daneben beeinflussen Verzerrungen durch die Dokumentation des Bewerters sowie der inhaltliche Bezug zwischen den beobachteten Merkmalen und den zu ermittelnden Inhalten die Validität.[93]

---

87 Vgl. Bortz/Döring (1995), S. 302

88 Vgl. Bortz/Döring (1995), S. 302

89 Vgl. Fisseni (1990), S. 56-91; Mayring (1988), S. 93

90 Mummendey (1995), S. 75

91 Vgl. Mayring (1988), S. 94

92 Bortz/Döring (1995), S. 185

93 Vgl. Bortz/Döring (1995), S. 303

Inhaltlich bezieht sich Validität zunächst auf eine hinreichend genaue Definition des Zielmerkmals über die Testitems.[94] Das Zielmerkmal ist über eine logische und fachliche Diskussion zu definieren und umfasst beobacht- und beschreibbare Eigenschaften des Unternehmens, die einen Rückschluss auf den Unternehmenswert oder –erfolg zulassen. Seine adäquate Abbildung in den Testitems wird als Inhaltsvalidität bezeichnet. Ihre quantitative Ermittlung ist nicht üblich; stattdessen stützt sich ihre Beurteilung i.d.R. auf ein qualifiziertes Expertenurteil.[95] Für die im Folgenden diskutierten Verfahren ist die Inhaltsvalidität das herausragende Kriterium, sie kann beispielsweise über eine theoriegeleitete Konstruktbildung oder Expertenbefragungen bewertet werden.[96]

Neben der Inhaltsvalidität spielt die sog. kriteriumsbezogene Validität eine wichtige Rolle. Sie manifestiert sich in der Übereinstimmung von Test- und Kriterienergebnissen.[97] Die entsprechende Bewertung eines Verfahrens kann sich auf einen Abgleich der Ergebnisse mit denen ähnlicher Untersuchungen stützen (Außenkriterium), für die eine Erfüllung der Testgütekriterien belegt ist (Übereinstimmungsvalidität). Alternativ werden durch die Ergebnisse des betrachteten Verfahrens Prognosen über zukünftige Entwicklungen oder Ergebnisse gestellt, deren Eintreffen ex post überprüft wird (Vorhersagevalidität). Auch eine Analyse von Extremgruppen erlaubt eine Einschätzung der Validität: Teile der Stichprobe, für die extreme Bewertungsergebnisse zu erwarten sind, werden herausgegriffen und die Konformität der tatsächlich realisierten Analyseergebnisse mit den Erwartungen untersucht.

Schließlich wird unter dem Stichwort der Konstruktvalidität eine Überprüfung des konzeptionellen Hintergrunds eines Verfahrens anhand anerkannter Theorien vorgeschlagen.[98] Konkrete Handlungsanweisungen zur eindeutigen, ggf. quantitativen Ermittlung der Konstruktvalidität liegen jedoch nicht vor.[99]

Im Hinblick auf qualitative Verfahren im Rahmen der Unternehmensbewertung ist zur Erfüllung der Testgütekriterien daher eine klare Instruktion für die Datenerhebung und -auswertung erforderlich.[100] Außerdem sind hinreichend genaue Verfahrensregeln zu ermitteln, die zumindest eine Annäherung an standardisierte Test- und Bewertungsverfahren erlauben. Schließlich ist eine verständliche und damit auch für die unternehmerische Praxis verwendbare Darstellung und Formulierung der Bewertungskriterien Voraussetzung für eine hohe Bewertungsobjektivität. Die Validität der

94 Vgl. Fisseni (1990), S. 77

95 Vgl. Fisseni (1990), S. 78

96 Vgl. Fisseni (1990), S. 108 f.

97 Vgl. Fisseni (1990), S. 79; Mummendey (1995), S. 77

98 Vgl. Mayring (1988), S. 93 f.

99 Vgl. Fisseni (1990), S. 86

100 Vgl. Flick (2001), S. 242

Bewertung stützt sich ergänzend auf eine sorgfältige konzeptionelle und theoretische Fundierung des Bewertungsverfahrens und der Kriterien.

3.2.4 Utilität und Operationalität

Eine solide konzeptionelle Fundierung ist grundsätzliche Voraussetzung für die Ableitung eines validen Bewertungsmodells. Sie allein bietet jedoch nicht die Gewähr für eine wirksame Unterstützung bei der Gestaltung und Steuerung von Organisationen in der Praxis. Hier ist vielmehr zusätzlich auf eine hinreichende Utilität und Operationalität zu achten. Diese Forderung trägt dem "Übergang von einem theoretischen Wissenschaftsinteresse hin zu einer anwendungsorientierten Sicht der Betriebswirtschaftslehre"[101] Rechnung, den auch ULRICH postuliert.[102] Mit diesem Wandel ist die Forderung nach der Lösung von Problemen aus der Praxis sowie eine Bewertung entsprechender Ansätze im Hinblick auf ihre Nützlichkeit verbunden.

BALL und LORANGE gehen sogar einen Schritt weiter und fordern im Hinblick auf die Verwendung in der strategischen Planung: "The approach must be simple. It must be intuitively useful and meaningful to managers in developing their planning inputs, and it must clearly enable them to provide valuable enough inputs to the planning process so as to merit the additional effort."[103] Insoweit ist – in Ergänzung zur konzeptionellen Begründung im Sinne einer Auswahl "wahrer" Lösungen[104] – eine Bewertung nach der empirischen Relevanz und dem konkreten Nutzen für die praktische Betriebsführung erforderlich.[105] Neben einer konzeptionellen Fundierung wird daher die praktische Verwendbarkeit der betrachteten und entwickelten Instrumente gefordert. Diese ist beispielsweise über eine hinreichende Konkretisierung und verständliche Formulierung der inhaltlichen Anforderungen im Bewertungsmodell sowie durch eine klare methodische Instruktion zu gewährleisten.

Bei der Analyse vorhandener Bewertungsansätze wird der Nachweis der Operationalität in vielen Fällen bereits über den Umfang der praktischen Anwendung erbracht. In einigen sind allerdings Zweifel angebracht, inwieweit in der Wissenschaft diskutierte Lösungswege die Bewährungsprobe in der Praxis bestehen würden, Erfahrungen hierzu liegen nicht durchgängig vor. Bei der späteren Erarbeitung des Network-Excellence-Modells wird eine erste Abschätzung durch den Rückgriff auf Erfahrungen mit den noch zu betrachtenden Excellence-Modellen vorgenommen. Eine fundierte Beurteilung wird jedoch erst nach weitergehenden empirischen Untersuchungen möglich sein.

---

101 Schmidt (2001), S. 3

102 Vgl. Ulrich (1988), S. 177 f.

103 Ball/Lorange (1979), S. 4

104 Vgl. Ulrich (1988), S. 177 f.

105 Vgl. Schmidt (2001), S. 3

Fundierte Nutzenbewertungen liegen bislang nicht für alle beschriebenen Verfahren vor. Insoweit sind teilweise nur Abschätzungen möglich, inwieweit die Ansätze in der Praxis einen signifikanten Erkenntnisgewinn und damit einen Zuwachs an Entscheidungsqualität im Sinne der Unternehmensführung erbringen können.

Zusammenfassend ergeben sich daher die in Tab. 5 zusammengestellten Anforderungen an die Bewertung. Die Ganzheitlichkeit des Betrachtungsansatzes, die Entwicklungs- und Verbesserungsorientierung des Bewertungskonzepts und die Erfüllung der Testgütekriterien leiten sich aus der methodisch-konzeptionellen Fundierung ab und konstitutieren die Aussagekraft des Ergebnisses aus theoretischer Sicht. Dazu trägt weiterhin die Abbildung der organisationstheoretisch begründeten Effektivitäts- und Effizienzkriterien bei (vgl. Kap. 2.5). Die entsprechenden Forderungen werden durch die Betrachtung der Utilität und Operationalität ergänzt, die Voraussetzung einer Verwendung in der Praxis und damit eines relevanten Beitrags zur Unterstützung von Unternehmensführung sind. Die hier erarbeiteten Anforderungen werden herangezogen, um die Auseinandersetzung mit Bewertungskonzepten aus Wissenschaft und Praxis im folgenden Abschnitt zu strukturieren und eine geeignete Grundlage zur Konzeption des hier vorgelegten Bewertungsmodells für Unternehmensnetzwerke zu identifizieren (vgl. Kap. 3.3).

Forderung	Inhalt
Abbildung der Effizienzkriterien	Die Bewertung fokussiert auf eine langfristig positive Organisationsentwicklung. Diese bezieht sich auf die dauerhafte Sicherung der Existenz über den für fallspezifisch zu definierende Interessengruppen gestifteten Nutzen. Weitere bewertungsrelevante Inhalte betreffen die Binneneffizienz der Aufbau- und Ablauforganisation, die Programmierung von Entscheidungen und organisationalen Handelns durch Etablierung organisatorischer Routinen sowie den Fit mit dem umgebenden Wirtschafts-, Gesellschafts- und Sozialsystem.
Ganzheitlichkeit	Die Bewertung basiert auf einem systemischen Betrachtungsansatz, der auf eher globaler Ebene Ursache-Wirkungsbeziehungen im System Unternehmen analysiert. Sie erfasst Fragen normativen, strategischen und operativen Managements, die horizontalen Dimensionen Aktivitäten, Strukturen und Verhalten sowie die inhaltliche Konsistenz und Harmonisierung dieser Elemente.
Entwicklungs- und Verbesserungsorientierung	Die Bewertung unterstützt inhaltlich und methodisch die Ableitung konkreter Handlungsbedarfe zur kontinuierlichen Verbesserung einer Organisation. Sie bezieht sich daher sowohl auf realisierte Ergebnisse als auch auf die zu ihrer Realisation geschaffenen Strukturen im Unternehmen.
Testgütekriterien	Die Bewertung stützt sich auf ein standardisiertes Verfahren, dass objektive und valide Ergebnisse hervorbringt.
Utilität und Operationalität	Die Bewertung leistet einen relevanten Beitrag zur Führung von Organisationen. Sie stützt sich im Sinne der Handhabbarkeit auf verständliche und in der Praxis verwendbare Kriterien und Verfahren. Die Ergebnisse erbringen im Sinne der Nützlichkeit einen Erkenntnisgewinn und einen Zuwachs an Entscheidungsqualität.

Tab. 5: Anforderungen an die Bewertung von Organisationen

3.3 Ausgewählte Konzepte zur Organisations- und Unternehmensbewertung

Das Thema Unternehmensbewertung ist derzeit stark durch finanzorientierte Verfahren geprägt. Allerdings werden inzwischen zunehmend auch andere Ansätze entwickelt und diskutiert, die sich von einer ausschließlich finanzwirtschaftlichen Perspektive entfernen. KAPLAN und NORTON, die mit dem Konzept der Balanced Scorecard ein inhaltlich breiter angelegtes Bewertungs- und Steuerungsinstrument vorgelegt haben, weisen auf die starke Finanzorientierung bestehender Instrumente und die daraus resultierenden Probleme in der Praxis hin: "All the new programs, initiatives, and change management processes of information age companies are being implemented in an environment governed by quarterly and annual financial reports. The financial reporting process remains anchored to an accounting model developed centuries ago for an environment of arm's-length transactions between independent entities. This venerable financial accounting model is still being used by information age companies as they attempt to build internal assets and capabilities, and to forge linkages and strategic alliances with external parties."[106]

Diese Aussage deutet auf die Bedenken der Autoren gegenüber aktuellen, ausschließlich finanzorientierten Bewertungskonzepten hin. Sie favorisieren eine Erweiterung des Betrachtungshorizonts, die die Identifikation von Stärken und Verbesserungsbereichen unterstützt und damit die Basis für eine systematische und kontinuierliche Verbesserung der Wettbewerbsfähigkeit durch den Ausbau kritischer Kompetenzen schafft (vgl. hierzu auch Kap. 3.2).[107] Damit erfährt das Spektrum relevanter Bewertungsansätze eine erhebliche Erweiterung; entsprechende Vorschläge und Konzepte stammen aus unterschiedlichen Teildisziplinen der Betriebswirtschaftslehre.

Im Folgenden werden aktuelle Bewertungskonzepte in ihren inhaltlichen Grundzügen skizziert und im Hinblick auf die Erfüllung der zuvor thematisierten Anforderungen bewertet. Den Ausgangspunkt bilden Bewertungsverfahren auf Basis finanzieller Ergebnisse, die die Diskussion um Unternehmensbewertung trotz ihres teilweise beschränkten Betrachtungshorizonts nach wie vor dominieren (vgl. Kap. 3.3.1). Die anschließend betrachteten erweiterten Verfahren stammen aus diesem Umfeld, gehen durch Einbeziehung nicht-monetärer und insbesondere auch potentialorientierter Aspekte aber inzwischen deutlich über eine ausschließlich finanzorientierte Perspektive hinaus (vgl. Kap. 3.3.2.1). Einen grundsätzlich anderen Zugang zur Bewertung von Organisationen wählen Normen und Standards, die primär aus dem Qualitätsmanagement hervorgegangen sind. Sie formulieren Anforderungen an die Gestaltung von Managementsystemen, deren Erfüllung zertifizierbar ist (vgl. Kap. 3.3.2.3). Die Analyse schließt mit weiteren Bewertungsverfahren insbesondere aus den Bereichen Strategisches Management und Controlling, die zur Gestaltung und Steuerung von

---

[106] Kaplan/Norton (1996), S. 7

[107] Vgl. Conti (1999a), S. 1

Organisationen und Unternehmen herangezogen werden (vgl. Kap. 3.3.4), sowie mit der von NORTON und KAPLAN entwickelten Balanced Scorecard (vgl. Kap. 3.3.5).[108]

Die Konzepte weisen unterschiedliche Schwerpunkte auf. Ein Teil ist primär inhaltlich orientiert. Hier stehen Fragen des Bewertungsmaßstabs bzw. der Bewertungskriterien im Mittelpunkt, methodische oder prozedurale Aspekte der Bewertung spielen demgegenüber nur eine untergeordnete Rolle. In diesem Zusammenhang ist das Shareholder-Value-Konzept hervorzuheben, dass nur wenig Hinweise auf das konkrete Vorgehen bietet, sondern inhaltliche Fragen bei der Festlegung wesentlicher Interessengruppen und der Ausrichtung organisationalen Handelns an diesen betont. Demgegenüber zeichnen sich andere Konzepte durch einen starken methodischen Schwerpunkt aus, der mit geringer inhaltlicher Geschlossenheit verbunden ist. Hier ist z.B. die Portfoliotechnik zu nennen, die die Verknüpfung bestimmter Merkmale impliziert, allerdings Freiräume bei der konkrete Belegung der Merkmalsachsen lässt.

3.3.1 Bewertung auf Basis finanzieller Ergebnisse

Eine große Gruppe finanzieller bzw. finanzorientierter Bewertungsverfahren beschäftigt sich mit der Wertpapieranalyse. Hier sind insbesondere Verfahren der sog. Fundamentalanalyse relevant, die den inneren Wert einer Aktie ermitteln wollen.[109] Dabei werden alle Informationen berücksichtigt, die über ein Unternehmen verfügbar sind oder Aussagen zur Entwicklung wirtschaftlicher, gesellschaftlicher, rechtlicher oder technischer Rahmenbedingungen zulassen und einen relevanten Einfluss auf die Erfolgsperspektiven ausüben. Das Ziel der Analyse besteht in der möglichst frühzeitigen Prognose von Kursverläufen zur effizienten Gestaltung von Wertpapierportfolios.[110] Dabei wird die – allerdings umstrittene[111] – Prämisse gesetzt, dass die Kursentwicklung langfristig von fundamentalen Daten beeinflusst wird und dass demnach mit zunehmendem zeitlichen Betrachtungshorizont psychologische bzw. nicht-fundamentale Fakten - oftmals unter dem Stichwort der Börsenphantasie diskutiert - an Bedeutung verlieren.[112]

Die im Folgenden betrachteten finanzorientierten Bewertungsverfahren basieren also auf der These, dass die Entwicklung des Aktienkurses eines Unternehmens zumindest langfristig mit seinem wirtschaftlichen Erfolg korreliert. Insoweit versuchen sie, realisierte Erfolge und zukünftige Erfolgsperspektiven in einem finanziellen Datum, dem Preis des entsprechenden Wertpapiers abzubilden. Löst sich die Betrachtung von der Investition in eine einzelne Aktie und fokussiert auf den oftmals mit strategischen

---

108 Vgl. Kaplan/Norton (1996)

109 Vgl. Eidel (1999), S. 7

110 Vgl. Eidel (1999), S. 6

111 Vgl. Böcking/Nowak (2000), S. 131-136; Rappaport (1998), S. 13

112 Vgl. Eidel (1999), S. 17

Zielen verbundenen Erwerb eines größeren Aktienpakets,[113] wird der qualitative Sprung von der Aktien- zur Unternehmenswertanalyse und damit zur Unternehmensbewertung vollzogen. Damit ergeben sich jedoch keine grundlegenden technischen Unterschiede im Hinblick auf die Analyse; sie zielt nach wie vor auf die Ermittlung des inneren Werts einer Aktie.

Ein Teil der finanzorientierten Unternehmensbewertungserfahren knüpft an das Vermögen des Unternehmens als Bestandsgröße an (vgl. Kap. 3.3.1.1). Eine weitere Gruppe greift auf individuelle Erfolgsgrößen wie den Gewinn oder den Cash-Flow zurück (vgl. Kap. 3.3.1.2). Diese werden im Hinblick auf die Renditeerwartungen der Aktionäre bewertet und liefern eine Aussage zur Attraktivität einer Investition in das betrachtete Unternehmen. Einen anderen Ansatz wählen markt- und wettbewerbsorientierte Verfahren, die auf einem Vergleich mit anderen Unternehmen basieren, die strukturelle Ähnlichkeiten aufweisen oder in vergleichbaren Märkten agieren (vgl. Kap. 3.3.1.3). Alle drei Gruppen werden im Folgenden im Überblick betrachtet.

Demgegenüber werden Ansätze wie die Optionspreistheorie[114] in der weiteren Analyse ausgeblendet. Diese beschäftigt sich primär auf konzeptioneller Ebene mit den Quellen und Einflussfaktoren des Unternehmenswertes. Sie basiert auf der Überlegung, dass sich einem Investor beim Kauf eines Unternehmens unterschiedliche Handlungsoptionen eröffnen, die von unveränderter Fortführung der Geschäftstätigkeit über eine Anpassung der strategischen Ausrichtung bis hin zur Einstellung des Betriebs reichen.[115] Die Existenz von Entscheidungsalternativen steigert die Wahrscheinlichkeit zur Erzielung eines wirtschaftlichen Erfolgs und stellt damit einen Wert an sich dar.[116] Die Bewertung wendet auf diese sog. Realoptionen ähnliche Verfahren an wie auf die Preisermittlung für Aktienoptionen.[117] Der Optionspreistheorie fehlt aber ein eigenständiger, operabler Bewertungsmaßstab,[118] sie greift zur Bewertung der jeweiligen Entscheidungsalternativen auf die im Folgenden diskutierten Verfahren zurück.[119] Die Optionspreistheorie allein kann aus diesem Grund die skizzierten Anforderungen an Operationalität und Utilität nicht erfüllen und soll daher nicht weiter betrachtet werden.

---

113 Vgl. Eidel (1999), S. 22 f.

114 Vgl. Bärtl/Brockmann (2000), S. 394-399; Eube (2000), S. 377-380; Hesse (1996), S. 67-71; Scheffen (1995), S. 14

115 Vgl. Laux (1993), S. 933

116 Vgl. Scheffen (1995), S. 56

117 Vgl. Kilka (1995), S. 1 f., S. 34-37

118 Vgl. Bärtl/Brockmann (2000), S. 399; Eube (2000), S. 378-380; Korolev/Leifert/Rommelfanger (1999), S. 1; Kilka (1995), S. 132-134

119 Vgl. Laux (1993), S. 934-941; Scheffen (1995), S. 117

3.3.1.1 Bewertung auf Basis des Unternehmensvermögens

Bei der Bewertung auf Basis des Unternehmensvermögens sind grundsätzlich folgende Wertansätze zu unterscheiden:

- Der Verkehrs- oder Veräußerungswert beschreibt den Betrag, der für den Erwerb eines Unternehmens, d.h. für die Übertragung von Vermögens- und Beteiligungsrechten im freien Geschäftsverkehr bezahlt werden muss.[120] Er entspricht dem Marktwert, d.h. dem erzielbaren Verkaufspreis bei einer Veräußerung des Unternehmens ohne preismindernde Veräußerungszwänge.[121] Dabei wird unter dem Stichwort des Paketzuschlags ggf. ein höherer Preis für den Erwerb von Mehrheitsstimmrechten anerkannt.[122]
- Der buchmäßige Unternehmenswert ergibt sich demgegenüber aus der Summe der Wertansätze von Vermögenswerten des Unternehmens in der Bilanz.[123]
- Der Ertragswert löst sich von der Betrachtung des Unternehmensvermögens. Er spiegelt die Höhe einer Finanzinvestition wider, die in der Zukunft gleiche Zahlungsströme generiert wie das Unternehmen aus der Geschäftstätigkeit.[124] Obwohl häufig in einer Reihe mit den übrigen hier aufgeführten Wertansätzen genannt, nimmt der Ertragswert aufgrund seiner Anknüpfung an individuelle Erfolgsgrößen eine Sonderstellung ein. Er wird daher mit verwandten Verfahren in einem eigenen Abschnitt (vgl. Kap. 3.3.1.2) betrachtet.
- Der Liquidationswert spiegelt den Erlös bei Zerschlagung des Unternehmens und separater Veräußerung der Vermögenswerte wider.[125] Die Höhe variiert mit der Zerschlagungsintensität, dem Einzelveräußerungsgrad sowie mit der durch den Liquidationszeitraum bestimmten Zerschlagungsgeschwindigkeit. Eine kurzfristige Liquidation ist demzufolge regelmäßig mit einer geringeren Werterzielung verbunden als eine längerfristige planmäßige Abwicklung.[126]
- Der Substanzwert bezieht sich auf die Vermögenswerte der Eigentümer.[127] Er basiert auf dem Wiederbeschaffungswert der Vermögenswerte abzüglich der Schulden (Reproduktionswert).[128] Der Bewertungsansatz geht von einer Fortführung der Geschäftstätigkeit (sog. Going-Concern-Prämisse[129]) aus.[130] Die

---

120 Vgl. Bellinger/Vahl (1992), S. 1, S. 20

121 Vgl. Graf (1992), S. 50

122 Vgl. Bellinger/Vahl (1992), S. 336 f.; Böcking/Nowak (2000), S. 137

123 Vgl. Bellinger/Vahl (1992), S. 2

124 Vgl. Bellinger/Vahl (1992), S. 2, S. 23; Jansen (1998), S. 176; Lersmacher (1979), S. 15, S. 18

125 Vgl. Behringer (1999), S. 68 f.; Bellinger/Vahl (1992), S. 2; Jansen (1998), S. 175

126 Vgl. Graf (1992), S. 48 f.

127 Vgl. Lersmacher (1979), S. 15; Sieben (1993), Sp. 4327

128 Vgl. Bellinger/Vahl (1992), S. 20; Wöhe (2000), S. 680-682

129 Vgl. Barion (1992), S. 44

Definition des Substanzwertes fällt im Detail unterschiedlich aus.[131] Sie reicht vom sog. Teilreproduktionswert, der sich durch Addition der Werte selbständig verkehrsfähiger Güter des Unternehmens ergibt, bis zur Einbeziehung ertragsbedingter Mehrwerte.

Die genannten Wertansätze haben sich im wirtschaftlichen Verkehr gebildet. Sie können für dasselbe Betrachtungsobjekt, d.h. für ein bestimmtes Unternehmen, durchaus unterschiedliche Ergebnisse liefern. Der Substanzwert wird vielfach als Untergrenze für den tatsächlichen Unternehmenswert angesehen. Dieser spiegelt sich alternativ im tendenziell höheren Ertragswert wider, der den wirtschaftlichen Erfolg zukünftiger Geschäftstätigkeit antizipiert. Inzwischen wird jedoch anerkannt, dass der Ertragswert im Einzelfall auch unter dem Substanzwert liegen kann, die Untergrenze der Wertermittlung liegt demnach im Liquidationswert eines Unternehmens.[132] Die konkrete Auswahl eines Ansatzes demnach vom Bewertungskontext ab. Auch rechtliche Bestimmungen können hier zum Tragen kommen. So wird zur steuerrechtlichen Bewertung das sog. Stuttgarter Verfahren herangezogen, das auf dem Substanzwert eines Unternehmens aufbaut und diesen um ertragswertbezogene Komponenten ergänzt.[133]

Die genannten Wertansätze spielen für die finanzorientierte Bewertung von Unternehmen eine wichtige Rolle. Allerdings wird inzwischen eine ausschließlich auf das Vermögen gerichtete Wertermittlung generell als unzureichend angesehen. Erst ihre Ergänzung um ertragsbezogene Komponenten erlaubt die Abbildung von Entwicklungs- und Erfolgsperspektiven in der Zukunft.[134] Darin werden gleichzeitig die Grenzen einer vermögensorientierten Unternehmensbewertung deutlich. Neben einer Beschränkung der Betrachtung auf monetäre Aspekte erweist sie sich als stark vergangenheitsorientiert. Die strukturierte Erfassung von Erfolgspotentialen im Unternehmensvermögen, die sich z.B. aus einer langfristig erfolgversprechenden Positionierung in zukunftsträchtigen Märkten ergeben können, ist nicht möglich. Insofern können die skizzierten Wertansätze insbesondere die Forderung nach einer Entwicklungs- und Verbesserungsorientierung nicht erfüllen (vgl. Tab. 6). Die Abbildung organisationaler Effizienzkriterien sowie ein ganzheitlicher Bewertungsansatz sind durch die eindimensionale und ausschließlich ergebnisbezogene Betrachtung ebenfalls nur begrenzt realisierbar. Schließlich unterstützen die hier diskutierten Ansätze die unmittelbar Ableitung von Veränderungsmaßnahmen nur rudimentär. Insoweit ist ihre Anwendung auf die bloße finanzielle Wertermittlung beschränkt, die Eignung als Führungs- und Steuerungsinstrument ist stark zu bezweifeln.

---

130 Vgl. Bankmann (1960), S. 15 f.; Behringer (1999), S. 64 f.; Bellinger/Vahl (1992), S. 2

131 Vgl. Bankmann (1960), S. 17; Graf (1992), S. 46; Jansen (1998), S. 174; Sieben (1993), Sp. 4327 f.

132 Vgl. Behringer (1999), S. 69; Breidenbach (1999), S. 250 f.; Graf (1992), S. 48

133 Vgl. Bellinger/Vahl (1992), S. 200-202; Breidenbach (1999), S. 247; Jansen (1998), S. 179-181

134 Vgl. Bankmann (1960), S. 9 f.

Forderung	Erfüllung
Abbildung der Effizienzkriterien	Sehr begrenzte Aussagekraft im Hinblick auf die langfristige Erfolgssicherung, wenig Aussagen zur Binneneffizienz
Ganzheitlichkeit	Keine Betrachtung struktureller Elemente, damit unzureichende Abdeckung der Strukturierungsdimensionen, keine systemische Betrachtung
Entwicklungs- und Verbesserungsorientierung	Keine unmittelbare Ableitung von Maßnahmen aus dem Bewertungsergebnis
Testgütekriterien	Objektivität der Wertermittlung zumindest grundsätzlich anerkannt, Validität umstritten
Utilität und Operationalität	Operationalität des Verfahrens belegt, Nutzen auf bestimmte Anwendungssituationen beschränkt

Tab. 6: Bewertung auf Basis des Unternehmensvermögens

3.3.1.2 Bewertung auf Basis individueller Erfolgsgrößen

Erfolgs- oder ertragsorientierte Bewertungsverfahren basieren nicht wie die zuvor beschriebenen Ansätze auf dem Vermögen eines Unternehmens als Bestandsgröße, sondern auf Fluss- oder Stromgrößen wie Gewinnen oder Erträgen. Sie greifen häufig auf die Analyse von Investitionen in Aktien zurück. Dabei wird die Prämisse zugrunde gelegt, dass sich der innere Wert einer Aktie grundsätzlich am Kapitalwert einer Investition in das entsprechende Unternehmen, d.h. am Saldo der Zahlungsströme zwischen Unternehmen und Anteilseigner bzw. Investor orientiert.[135] Diese Überzeugung impliziert, dass der wesentliche Existenzzweck des Unternehmens in der Generierung von Einkommen für die Eigentümer liegt.[136] Die Betrachtung ist i.d.R. langfristig orientiert und stützt sich auf mehrperiodische Zahlungsreihen.[137] Unter der Voraussetzung, dass die Fähigkeit eines Unternehmens zur Generierung finanzieller Rückflüsse über seine Einnahmeüberschüsse aus der Geschäftstätigkeit bestimmt wird, bietet die Analyse von Zahlungsströmen zwischen Unternehmen und Umwelt eine alternative Grundlage zur Definition des Unternehmenswertes.[138] Die Zusammenhänge zwischen der Wahl der Schnittebene und den betrachteten Zahlungsströmen bzw. eingesetzten Verfahren zeigt Abb. 4.

Eine Verlagerung der Betrachtung von der Schnittstelle zwischen Unternehmen und Anteilseigner auf unternehmensinterne Aspekte unterliegt jedoch erheblicher Kritik: RAPPAPORT weist am Beispiel der Earnings-per-Share (EPS) darauf hin, dass die Ausschüttungs- bzw. Thesaurierungspolitik des Unternehmens ausgeblendet wird.

135 Vgl. Eidel (1999), S. 19

136 Vgl. Steiner/Wallmeier (1999), S. 1

137 Vgl. Vettiger/Volkart (1999), S. 14

138 Vgl. Eidel (1999), S. 19

Diese beeinflusst Kapitalrückflüsse an die Anteilseigner im Hinblick auf die absolute Höhe, die zeitliche Struktur, die steuerliche Wirkung und insbesondere auf Risikoaspekte.[139] Auch aktuelle Börsenkurse, die z.B. durch hohe Erfolgserwartungen einen Teil der durch den Anleger erzielbaren Gewinne bereits vorwegnehmen und damit gegenüber einer EPS-basierten Bewertung zu weniger attraktiven bzw. rentablen Anlagebedingungen führen, werden durch eine auf das Unternehmen und seine Umwelt bezogene Betrachtung unter Ausblendung der Anteilseigner vernachlässigt.[140]

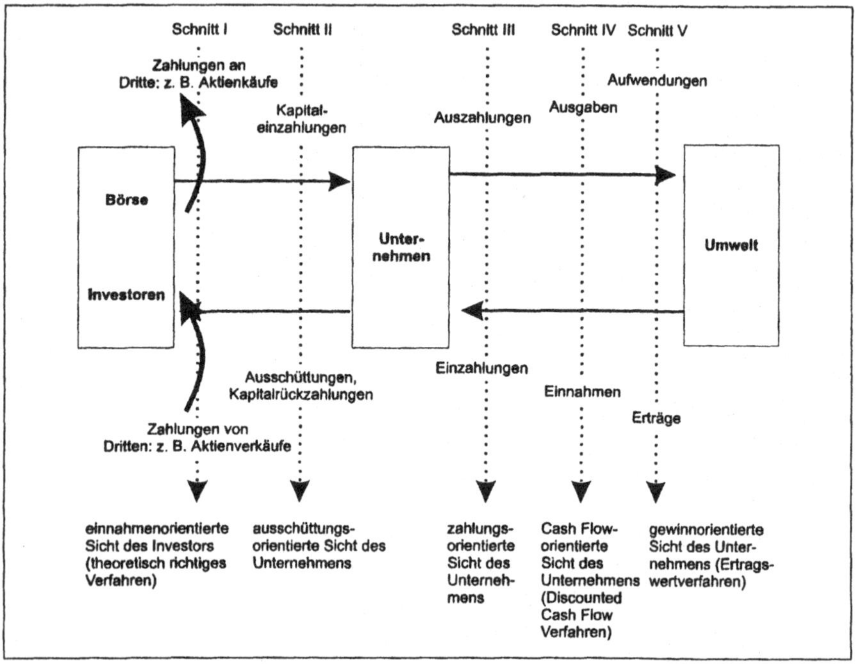

Abb. 4: Bewertungsströme bei der Unternehmensbewertung[141]

Grundsätzlich sind in Abhängigkeit von der Definition der Schnittstelle, über die die Zahlungsströme bestimmt werden, vier wesentliche Bewertungsmethoden zu unterscheiden:[142]

- Die erste basiert auf dem Barwert der Dividenden (Stream-of-Dividends-Approach).[143] Er ist auf die theoretisch richtige Perspektive einer investor-

---

139 Vgl. Rappaport (1998), S. 13-20; Drukarczyk/Schüler (2000), S. 7; Krolle/Knollmann (2000), S. 73

140 Vgl. Rappaport (1998), S. 110

141 Abb. aus Eidel (1999), S. 20

142 Vgl. Eidel (1999), S. 23

143 Vgl. Graf (1992), S. 76; Hesse (1996), S. 30 f.

bezogenen Bewertung gerichtet.[144] Der Wert eines Unternehmens wird demnach mit dem Barwert einer Investition in dessen Aktien gleichgesetzt, er bestimmt sich über die diskontierten Einzahlungsüberschüsse aus dem Kauf eines entsprechenden Wertpapiers.

- Alternativ wird der Barwert der Cash-Flows (Discounted-Cash-Flow-Approach) zur Bewertung herangezogen.[145] Er leitet sich aus den diskontierten Einnahmeüberschüssen des Unternehmens ab. Damit wird die ursprünglich aus der Investitionsanalyse stammende Barwertmethode auf die Bewertung von Unternehmen übertragen.[146] Das Bewertungsergebnis stimmt bei vollständiger Ausschüttung der Überschüsse an die Anteilseiger mit dem Barwert der Dividenden überein. Andernfalls sind kalkulatorische Zinsen auf die Kapitalbindung sowie die Kapitalbindung zum Bewertungszeitpunkt insgesamt in die Wertermittlung einzubeziehen.
- Die dritte Alternative besteht im Barwert der Erfolge (Stream-of-Earnings-Approach), der inbesondere Opportunitätskosten der Eigen- bzw. Selbstfinanzierung einschließt. Damit gehen kalkulatorische Zinsen auf das Eigenkapital bzw. die in der laufenden Periode erbrachten Investitionen sowie die aktuelle Höhe des Eigenkapitals in die Bewertung ein. Einen Sonderfall bildet in diesem Zusammenhang das Ertragswertverfahren, das von einer Vollausschüttung der Gewinne und damit konstantem Eigenkapital ausgeht. Die Höhe des Eigenkapitals wird dann durch den Barwert darauf anfallender kalkulatorischer Zinsen egalisiert. Insoweit kann sich die Wertermittlung auf die Berücksichtigung der jeweiligen Periodenerfolge beschränken.[147]
- Als letztes wird der "Barwert der gegenwärtigen, laufenden Gewinne zuzüglich des Barwerts der Investitionsmöglichkeiten (Current-Earnings-plus-Future-Investment-Opportunities-Approach)"[148] zur Ableitung des Unternehmenswertes herangezogen.[149] Hier fließen neben der Ertragskraft vorhandener Vermögensgegenstände auch Wachstums- und Erfolgsperspektiven ein, die sich aus Investitionen in Geschäftsfelder bzw. -tätigkeiten ergeben, die eine über den Kapitalkosten liegende Verzinsung erbringen. Damit werden Wachstumspotentiale auch außerhalb der bisherigen unternehmerischen Aktivitäten bewertungsrelevant.[150]

---

144 Vgl. Behringer (1999), S. 77; Behringer (2001), S. 129; Copeland/Koller/Murrin (1996), S. 27; Krolle/Knollmann (2000), S. 73

145 Vgl. Eidel (1999), S. 24 f.; Graf (1992), S. 78 f.; Hesse (1996), S. 31 f.

146 Vgl. Steiner/Wallmeier (1999), S. 1

147 Vgl. Eidel (1999), S. 27

148 Eidel (1999), S. 23

149 Vgl. Graf (1992), S. 73 f.

150 Vgl. Eidel (1999), S. 28 f.

Die hier skizzierten Bewertungsmaßstäbe bilden die Grundlage für eine Reihe konkreter Bewertungsverfahren, die im Folgenden erläutert und im Hinblick auf die zuvor thematisierten Anforderungen an die Bewertung beurteilt werden:

- Beim Ertragswertverfahren[151], das maßgeblich durch den Hauptfachausschuss des Instituts der Wirtschaftsprüfer geprägt wurde,[152] werden fiktive Gewinn- und Verlustrechnungen (GuV) für kommende Perioden erstellt. Die so ermittelten Ertragsüberschüsse werden diskontiert und aufsummiert. Zinsaufwendungen für eine etwaige Fremdfinanzierung schmälern, Zinserträge für Kapitalanlagen erhöhen die Periodenerträge. Der für die Diskontierung angesetzte Kapitalisierungszins spiegelt in diesem Verfahren die Renditeerwartungen der Anlieger wieder. Er wird i.d.R. über der am Kapitalmarkt risikolos erzielbaren Verzinsung liegen. Der Ertragswert beschreibt damit die Investition am Kapitalmarkt, die für die Generierung gleicher Zahlungsströme erforderlich wäre.[153] Eine positive Differenz zwischen dem auf Basis zukünftiger Erfolgserwartungen ermittelten Ertragswert und dem aktuellen Marktwert indiziert eine vorteilhafte Anlagemöglichkeit.

  Das Ertragswertverfahren unterscheidet zwischen der Ermittlung eines objektiven und eines subjektiven Unternehmenswertes.[154] Ersterer basiert auf der Annahme einer Fortführung ohne grundlegende Änderungen in der Geschäftstätigkeit. Neuinvestitionen, Repositionierungen am Markt sowie interne Restrukturierungsmaßnahmen werden ausgeblendet. Diese finden nur bei der Ermittlung des subjektiven Unternehmenswertes Berücksichtigung. Hier fließen auch etwaige Veränderungen in der strategischen Ausrichtung des Unternehmens in die Bewertung ein. Damit wird auch die Prämisse einer vollständigen Ausschüttung von Ertragsüberschüssen zugunsten einer Erfassung ausschüttungsfähiger finanzieller Überschüsse aufgegeben.

- Das Discounted-Cash-Flow-Verfahren (DCF)[155] geht nicht von Erträgen, sondern von Einnahmeüberschüssen des Unternehmens aus.[156] Der Cash-Flow repräsentiert erwartete Einnahmeüberschüsse vor Zinsen, aber nach Investitionsausgaben und Steuern.[157] Er liefert damit die Überschüsse aus der Geschäftstätigkeit, die zur Bedienung von Fremd- und Eigenkapitalgebern herangezogen werden können. Der

---

151 Vgl. Eidel (1999), S. 32-35; Graf (1992), S. 47 f.; Sieben (1993), Sp. 4323 f.; Töpfer/Mauerer (2000), S. 11; Wöhe (2000), S. 679 f.

152 Vgl. Klein/Jonas (1998), S. 161

153 Vgl. Bellinger/Vahl (1992), S. 15; Jansen (1998), S. 176; Sieben (1993), Sp. 4324

154 Vgl. Küting/Eidel (1999), S. 226

155 Vgl. Ballwieser (1998); Behringer (1999), S. 89-99; Eidel (1999), S. 36-42; Fischer/Hahnenstein/Heitzer (1999), S. 1211 f.; Jansen (1998), S. 184-187; Klein/Jonas (1998), S. 162-164; Vettiger/Volkart (1999), S. 15

156 Vgl. Behringer (2001), S. 130 f.; Töpfer/Mauerer (2000), S. 11

157 Vgl. Ballwieser (1998), S. 85; Behringer (2001), S. 43 f.

Unternehmenswert wird hier grundsätzlich über die Differenz zwischen dem Gesamtwert und dem Fremdkapital ermittelt. Einen Überblick über Varianten des DCF-Verfahrens gibt Tab. 7.

	Entity-Ansatz (Kapitalkosten-ansatz)	**Adjusted-Present-Value-Ansatz (APV)**	**Equity-Ansatz**
Zahlungsströme	Freier Cash-Flow: vor Bedienung der Eigen- und Fremdkapitalgeber, nach bei Eigenfinanzierung zu zahlenden Steuern	Freier Cash-Flow: vor Bedienung der Eigen- und Fremdkapitalgeber, nach bei Eigenfinanzierung zu zahlenden Steuern, periodische Steuervorteile aus Fremdfinanzierung	Freier Cash-Flow: nach Bedienung der Fremdkapitalgeber, nach bei anteiliger Fremdfinanzierung zu zahlenden Steuern
Kapitalisierungszins	Durchschnittlicher Kapitalkostensatz, Eigenkapitalkostensatz bei anteiliger Fremdfinanzierung, risikoloser Zinssatz abzüglich relativer Steuervorteile aus Fremdfinanzierung	1. Eigenkapitalkostensatz bei Eigenfinanzierung 2. Risikoloser Fremdkapitalzinssatz	Eigenkapitalkostensatz bei anteiliger Fremdfinanzierung
Berechnung des Marktwerts des Eigenkapitals	Abzug des Fremdkapitalwerts vom Unternehmensgesamtwert	Abzug des Fremdkapitalwerts vom Unternehmensgesamtwert	Direkte Berechnung
Berücksichtigung des Steuervorteils aus anteiliger Fremdfinanzierung	Kapitalisierungszins	Einfluss der Finanzierung wird explizit zum Marktwert eines unverschuldeten Unternehmens addiert	Freier Cash-Flow

Tab. 7: Varianten des DCF-Verfahrens[158]

Die Verwendung des DCF-Verfahrens im Hinblick auf die Unternehmenssteuerung zielt im Wesentlichen auf den Vergleich zwischen strategischen Handlungsalternativen. Diese werden nach ihren finanziellen Wirkungen auf die Anteilseigner des Unternehmens bewertet. Die Simulation von Auswirkungen unterschiedlicher Handlungsoptionen unterstützt die Identifikation von Werttreibern, d.h. von Faktoren und Entwicklungen im unternehmerischen Umfeld bzw. internen Entscheidungsaspekten, die einen relevanten Einfluss auf die wirtschaftliche Leistungsfähigkeit des Unternehmens ausüben. Insoweit ist das DCF-

158 Tab. aus Eidel (1999), S. 41; Vgl. Ballwieser (1998); Beyer (2000), S. 307-310; Böcking/Nowak (2000), S. 139-143; Drukarczyk/Honold (1998), S. 1 f.; Küting/Eidel (1999), S. 227; Schwetzler/Darijtschuk (1999), S. 296 f.; Töpfer (2000d), S. 141

Verfahren grundsätzlich dem Konzept des Shareholder-Value verpflichtet (vgl. Kap. 3.3.2.3).[159]

- Das Economic-Value-Added-Modell (EVA), das durch das Beratungsunternehmen Stern Stewart & Co. entwickelt wurde,[160] ermittelt als sog. Contribution-Modell den Über- oder Residualgewinn eines Unternehmens, der die über die Verzinsung von Fremd- und Eigenkapital hinausgehende wirtschaftliche Tragfähigkeit beschreibt.[161] Im Economic-Value-Added (EVA) liefert das Verfahren damit einen Indikator für die Performance des Unternehmens im Bewertungszeitraum.[162] Die Prognose, Diskontierung und Summation des EVA über zukünftige Perioden führt zur Entwicklung des Market-Value-Added (MVA),[163] der bei positiver Ausprägung eine gegenüber dem Kapitalmarkt vorteilhaftere Anlagemöglichkeit indiziert.[164] Neben der Bewertungs- wird auch die strategische und operative Steuerungsfunktion von EVA und MVA hervorgehoben. Die Ausprägungen dieser Werte erlauben einen Vorteilhaftigkeitsvergleich zwischen verschiedenen Ziel- und Handlungsalternativen.[165] Das Auswahlkriterium ist dabei die Steigerung der wirtschaftlichen Tragfähigkeit, d.h. eine Erhöhung der Residualgewinne.

  In dem von der Boston Consulting Group (BCG) propagierten Cash-Value-Added-Modell (CVA) stützt sich die Bewertung statt auf Gewinne bzw. Gewinnprognosen auf die periodische Analyse des Cash-Flow.[166] Damit steht eine einfachere Alternative zum später diskutierten CFROI-Modell zur Verfügung.

- Das Cash-Flow-Return-on-Investment-Modell (CFROI) basiert auf dem Entity-Ansatz im DCF-Verfahren.[167] Bei diesem von der Boston Consulting Group entwickelten Ansatz werden die freien Cash-Flows aus bereits getätigten und zukünftigen Investitionen abzüglich des jeweiligen Investitionsvolumens diskontiert und aufsummiert. Von diesem Betrag wird der Marktwert des Fremdkapitals abgezogen. Der so ermittelte Unternehmenswert repräsentiert den Barwert gegenwärtiger Erfolge zuzüglich des Barwerts der Investitionsmöglichkeiten eines Unternehmens. Er stützt sich auf vergangenheitsbezogene Daten und eine Prognose zukünftiger Entwicklungen.

---

159 Vgl. Böcking/Nowak (1998), S. 685

160 Vgl. Böcking/Nowak (1999), S. 281; Copeland/Koller/Murrin (1996); Ehrbar (1999), S. 10

161 Vgl. Ehrbar (1999), S. 9; Eidel (1999), S. 69-73; Jansen (1998), S. 194 f.; Steiner/Wallmeier (1999), S. 7

162 Vgl. Behringer (2001), S. 36; Brown (1997), S. 54-56; Ehrbar (1999), S. 25; Böcking/Nowak (1999), S. 281 f.

163 Vgl. Brown (1997), S. 56 f.; Ehrbar (1999), S. 68 f.; Jansen (1998), S. 195

164 Vgl. Böcking/Nowak (1999), S. 288; Vettiger/Volkart (1999), S. 15

165 Vgl. Böcking/Nowak (1999), S. 282

166 Vgl. Eidel (1999), S. 74

167 Vgl. Eidel (1999), S. 56-65; Jansen (1998), S. 192 f.

Erstere werden im Cash-Flow-Return-on-Investment (CFROI) abgebildet. Dieser beinhaltet die über einen internen Zinsfuß ermittelte durchschnittliche Verzinsung des in der Vergangenheit in ein Unternehmen investierten Kapitals. Der CFROI beschreibt also die Performance des Unternehmens in der Berichtsperiode.[168] Zur Prognose der zukünftigen Entwicklung werden für alle Teilbereiche der Geschäftstätigkeit eines Unternehmens Cash-Flow-Abschätzungen vorgenommen. Das Verfahren geht davon aus, dass in der Zukunft eine Annäherung sowohl der Investitionsvolumina als auch des Cash-Flow an Durchschnittswerte anderer Unternehmen zu erwarten ist. Die prognostizierten Werte stützen sich damit auf eine unternehmensindividuelle Trendextrapolation, die auf eine mittelfristige Konvergenz mit nationalen Durchschnittswerten hinausläuft. Diese Annahme wird als Free-Cash-Flow-Konvergenz bezeichnet.

Ein Problem der hier diskutierten, finanzorientierten Bewertungsverfahren liegt nicht in der Anwendung des Verfahrens selbst, sondern in der Entwicklung einer geeigneten Datengrundlage.[169] JANSEN weist darauf hin, "dass ... die Bewertungsverfahren auch in komplexeren Formen keine nennenswerten Probleme bereiten, sondern die Daten, die in den Bewertungsprozess einfließen, von entscheidender Bedeutung sind."[170] Die Ermittlung zukünftiger Zahlungsströme ist angesichts der Dynamik wirtschaftlicher, gesellschaftlicher, rechtlicher und technischer Rahmenbedingungen sowie mehrdimensionaler Wirkungszusammenhänge mit der Unternehmensumwelt mit erheblichen methodischen Problemen belegt.[171] Diese beeinträchtigen die Qualität des bei der Bewertung zugrunde gelegten Datenmaterials. Damit wird die Aussagekraft einer Prognose zur Wertermittlung eines Unternehmens stark eingeschränkt. Dieses Problem wird zusätzlich verschärft, da sich z.B. Erfolgsperspektiven aus wettbewerbskritischem Know-how oder einem attraktiven Technologieportfolio einer allein finanziellen Bewertung im Rahmen der skizzierten Verfahren weitgehend verschließen (vgl. Tab. 8).[172]

Weitere Defizite bestehen im Hinblick auf die Handlungs- und Verbesserungsorientierung der Verfahren. Unabhängig von den verwendeten Messgrößen – Gewinn, Cash-Flow etc. – stützt sich die Prognose von Zahlungsströmen i.d.R. auf eine zumindest grundsätzliche Fortführung bisheriger Strategien. Veränderungen im Hinblick auf die Marktpositionierung oder die innere Struktur des Unternehmen müssen zunächst in ihren finanziellen Auswirkungen quantifiziert werden, um in die Bewertung einfließen

---

168 Vgl. Behringer (2001), S. 141; Hesse (1996), S. 155

169 Vgl. Bärtl/Brockmann (2000), S. 393; Behringer (2001), S. 109; Bellinger/Vahl (1992), S. 107, S. 109; Berens/Schmitting/Strauch (1998), S. 79; Kleber (1989), S. 3; Vettiger/Volkart (1999), S.15; Wöhe (2000), S. 675

170 Jansen (1998), S. 168 f.

171 Vgl. Behringer (1999), S. 87; Fischer/Hahnenstein/Heitzer (1999), S. 1209; Graf (1992), S. 89-99; Kleber (1989), S. 144-150; Schwetzler (1998), S. 1

172 Vgl. Hartmann (1998), S. 1009; Prange/Probst/Rüling (1996), S. 10

zu können. Nur dann liefern die Verfahren einen Hinweis auf die finanzielle Vorteilhaftigkeit entsprechender Handlungsoptionen. Damit liegen der eigentliche Akt der Bewertung und die Entscheidungsunterstützung außerhalb der Sphäre der hier skizzierten Bewertungsverfahren. Diese geben selbst keine oder nur sehr rudimentäre Hinweise auf aktuelle Handlungsfelder, deren Bearbeitung zur langfristigen Existenzsicherung oder zur Leistungssteigerung des Unternehmens beitragen kann. Insoweit genügen sie nur teilweise den zuvor thematisierten Anforderungen an Bewertungsverfahren.

Forderung	Erfüllung
Abbildung der Effizienzkriterien	Fokussierung der Bewertung auf den wirtschaftlichen Erfolg, wenig Aussagen zur Binneneffizienz, keine Aussagen zu Interessengruppen außerhalb der Anteilseigner
Ganzheitlichkeit	Keine Betrachtung struktureller Elemente, damit unzureichende Abdeckung der Strukturierungsdimensionen, keine systemische Betrachtung
Entwicklungs- und Verbesserungsorientierung	Keine unmittelbare Ableitung von Maßnahmen aus dem Bewertungsergebnis
Testgütekriterien	Güte des Bewertungsergebnisses wesentlich über die Qualität der Datengrundlage bestimmt, daher keine zuverlässige Aussage zur Testgüte
Utilität und Operationalität	Operationalität des Verfahrens belegt, Nutzen auf bestimmte Anwendungssituationen beschränkt

Tab. 8: Bewertung auf Basis von Erfolgsgrößen

3.3.1.3 Bewertung auf Basis von Markt- und Wettbewerbsvergleichen

Das skizzierte Problem hoher Ungenauigkeit und Unsicherheit bei der Prognose von Zahlungsströmen umgehen in Teilen Verfahren, die die Ermittlung des Unternehmenswertes nicht auf die Antizipation von Performance-Indikatoren stützen, sondern von einem Vergleich mit Unternehmen ausgehen, die Parallelen im Hinblick auf ihre Binnenstruktur aufweisen oder unter ähnlichen Rahmenbedingungen operieren:

- Das Price-Earnings-Ratio-Modell (P/E-Ratio) löst sich von der Konzeption der Barwertmodelle. Der Unternehmenswert ist hier als Produkt aus dem erwarteten oder erzielten Gewinn der aktuellen Periode sowie einer angemessenen P/E-Ratio definiert.[173] Letztere impliziert Erwartungen über die Markt- und Unternehmensentwicklung und ersetzt so die aufwendige unternehmensindividuelle Analyse und Prognose von Wachstumschancen und Erfolgsperspektiven über mehrere Perioden in der Zukunft. Die Ausprägung der P/E-Ratio wird über einen Vergleich mit ähnlichen Unternehmen ermittelt.[174] Die zweite Möglichkeit besteht in der regres-

173 Vgl. Eidel (1999), S. 80-83

174 Vgl. Eidel (1999), S. 94-100

siven Ermittlung der P/E-Ratio aus einer Reihe gewichteter Faktoren, die das Unternehmen und die bearbeiteten Märkte beschreiben. Eine alternative Ableitung aus den Barwerten zukünftiger Erfolge ist insoweit nur von eingeschränkter Bedeutung, als sie die Prognose der zukünftigen Ergebnisentwicklung erfordert und damit auf eine ähnliche Datengrundlage zurückgreifen muss wie die zuvor diskutierten Ertragswert- und DCF-Verfahren.

Der Gewinnausweis im P/E-Ratio-Modell geht vielfach über den Umweg des Gewinns je Aktie, auch bezeichnet als Earnings-per-Share (EPS). Dieser Wert wird mit der Zahl der Aktien multipliziert. Die EPS stellen gleichzeitig einen eigenständigen Indikator der Unternehmensperformance dar, der verbindlicher Bestandteil eines Jahresabschlusses nach den international bedeutsamen Bilanzierungsrichtlinien US-GAAP und IAS ist[175] und dessen Aussage sich insbesondere durch einen meist branchenbezogenen Datenvergleich erschließt. Die sog. Basic-PS basieren auf einer vergangenheitsorientierten Betrachtung, also auf dem Gewinn in der Berichtsperiode bei konstanter Zahl der Aktien. Demgegenüber berücksichtigen die sog. Diluted-PS auch Veränderungen, die sich aus Neuemissionen z.B. bei der Ausübung von Bezugsrechten ergeben.[176]

Die Aussagekraft der EPS als isolierter Performance-Maßstab wird selbst bei einer rein ökonomischen bzw. finanzorientierten Betrachtung bezweifelt, da die Entwicklung der Kenngröße nicht zwingend den Veränderungen des Gewinns oder der Eigenkapitalrentabilität folgt.[177]

- Einen ähnlichen Ansatz wählt der Marktwertansatz. Er geht bei der Wertermittlung von einer Gegenüberstellung des betrachteten mit geeigneten Vergleichsunternehmen aus.[178] Diese werden über die Auswertung finanzieller Kennzahlen, z.B. das Kurs-Gewinn- oder das Kurs-Buchwert-Verhältnis, sowie nach strukturellen Ähnlichkeiten im Marktumfeld, die sich z.B. in einer identischen Branchen-einordnung äußern, ermittelt und ausgewählt.[179] Der Wert des betrachteten Unternehmens leitet sich aus dem Marktwert der Vergleichsunternehmen ab, der entsprechend dem Verhältnis der zuvor gebildeten Kennzahlen angepasst wird.

  Die Varianten des Verfahrens unterscheiden sich im Hinblick auf die Vergleichsgrundlage:[180] Beim Comparable-Company-Approach (auch: Similar-Public-Company-Method) wird der aktuelle Börsenkurs der Vergleichsunternehmen herangezogen. Das Verfahren liefert allerdings nur beim Erwerb von Minderheitsbeteiligungen aussagefähige Informationen, da eine höhere Beteiligung, die die

175 Vgl. Eidel (1999), S. 116

176 Vgl. Eidel (1999), S. 85 f.

177 Vgl. Eidel (1999), S. 217 f.

178 Vgl. Küting/Eidel (1999), S. 228

179 Vgl. Küting/Eidel (1999), S. 231

180 Vgl. Behringer (1999), S. 103 f.; Böcking/Nowak (2000), S. 144-149; Küting/Eidel (1999), S. 229

Ausübung von Kontrollrechten ermöglicht, auch an der Börse i.d.R. mit einem Paketaufschlag verbunden ist.[181] Hier kommt der Comparable-Acquisitions-Approach (auch: Recent-Acquisitions-Method) ins Spiel, der als Wertansatz einen im Rahmen von Unternehmensübernahmen erzielten Preis heranzieht. Dieser bezieht sich auf den sog. Control-Value, den Preis der für die Übernahme der Leitungsmacht gezahlt werden muss. Die dritte Alternative besteht im Initial-Public-Offering-Approach, der den bei einer erstmaligen Börsenplatzierung erzielten Erlös betrachtet.

Die Grenzen beider Verfahren liegen erneut in der fehlenden Handlungs- und Verbesserungsorientierung (vgl. Tab. 9). Durch die Fokussierung auf den externen Vergleich bzw. auf eine Abschätzung von Einflüssen der Marktstruktur und sonstiger exogener Faktoren gehen sie in ihrer Prognose der Unternehmensentwicklung tendenziell von einer Konvergenz gegen den Branchendurchschnitt aus. Damit wird die Abhängigkeit des Erfolgs von individuellen Handlungsoptionen verwässert; die Ableitung unternehmensspezifischer Handlungsfelder vernachlässigt zumindest potentiell die Einzigartigkeit des Betrachtungsobjekts. Unkonventionelle Lösungen, die Grundlage überlegenen Markterfolgs sein können, werden tendenziell ungünstiger bewertet.

Forderung	Erfüllung
Abbildung der Effizienzkriterien	Sehr begrenzte Aussagekraft im Hinblick auf die langfristige Erfolgssicherung, Prämisse der Konvergenz zum Branchendurchschnitt problematisch, keine Aussagen zur Binneneffizienz
Ganzheitlichkeit	Nur begrenzte Betrachtung struktureller Elemente, damit unzureichende Abdeckung der Strukturierungsdimensionen, keine systemische Betrachtung
Entwicklungs- und Verbesserungsorientierung	Keine unmittelbare Ableitung von Maßnahmen aus dem Bewertungsergebnis
Testgütekriterien	Objektivität der Wertermittlung zumindest grundsätzlich anerkannt, Validität umstritten
Utilität und Operationalität	Operationalität des Verfahrens belegt, Nutzen auf bestimmte Anwendungssituationen beschränkt

Tab. 9: Bewertung auf Basis von Markt-/Wettbewerbsvergleichen

Weitere Bedenken im Hinblick auf das Bewertungsergebnis finanzorientierter Verfahren insgesamt ergeben sich aus methodisch-konzeptionellen Aspekten: So werden z.B. die Ziele der Anteilseigner auf rein monetäre Aspekte beschränkt. Diese Prämisse erscheint angesichts der Vielzahl und Vielschichtigkeit ökonomischer und außer-

181 Vgl. Böcking/Nowak (2000), S. 137

ökonomischer Motive fragwürdig.[182] Schwierigkeiten bereitet bereits die Abbildung individueller Risikopräferenzen allein über den Kapitalisierungszins.[183] Generell ist die Abbildung individueller Zielsysteme in einer quantifizierenden Nutzenfunktion selbst bei fundierter Kenntnis der individuellen Präferenzen Beteiligter schwierig.[184] Das ursprünglich verfolgte Ziel einer vergleichenden Gegenüberstellung unterschiedlicher finanzieller Engagements erscheint im Hinblick auf eine Aktienwertanalyse angemessen, für die meist mit der Verfolgung strategischer - und damit einer rein ökonomischen Betrachtung nur begrenzt zugänglicher - Ziele einer Unternehmensbewertung greift es jedoch zu kurz.[185]

Auch der geforderten Ausrichtung an den Interessen unterschiedlicher Gruppen, wie sie im Anspruchsgruppen- oder Stakeholder-Konzept[186] propagiert wird, kann durch eine finanzorientierte Betrachtung nur begrenzt Rechnung getragen werden.[187] Zielsysteme der Mitarbeiter, Kunden und insbesondere der Gesellschaft messen häufig außerökonomischen Fragen eine ebensolche oder gar höhere Bedeutung bei als einer rein wirtschaftlichen Betrachtung. Auch die Überzeugung, dass die Bedienung solcher Interessen nur durch ein wirtschaftlich gesundes Unternehmen gewährleistet sei,[188] rechtfertigt nicht deren vollständige Ausblendung in der Bewertung. Umfassende Performance-Indikatoren können damit die finanzorientierten Verfahren nicht liefern.[189] Vielfach verweisen sie sogar explizit auf ihre ausschließliche Fokussierung auf Interessen der Anteilseigner.[190]

Darüber hinaus leisten die skizzierten Verfahren keine oder nur sehr begrenzte Hilfestellung zur Ableitung konkreter Verbesserungsmaßnahmen. Zwar lassen sich Aussagen im Hinblick auf eine günstige Marktpositionierung im Sinne des PORTERschen Verständnisses ableiten. Zudem sind auch aus der vergleichenden Betrachtung finanzieller Kennzahlen unterschiedlicher Unternehmen, die unter ähnlichen strukturellen Rahmenbedingungen arbeiten, Hinweise auf die organisationale Effizienz zu gewinnen. Die stringente Definition organisationaler Handlungsfelder im Sinne konkret bearbeitbarer Verbesserungsbereiche übersteigt jedoch die Möglich-

---

182 Vgl. Bellinger/Vahl (1992), S. 247; Berens/Strauch (1998), S. 17; Berens/Schmitting/Strauch (1998), S. 79; Böcking/Nowak (1999), S. 288; Eidel (1999), S. 50; Henning (1994), S. 2; Sieben (1993), Sp. 4327; Zangemeister (1976), S. 6

183 Vgl. Sieben (1993), Sp. 4326

184 Vgl. Böcking/Nowak (1998), S. 687

185 Vgl. Behringer (1999), S. 87 f.

186 Vgl. Dale (1952), S. 19; Gomez (1993), S. 23; Janisch (1993); Mitroff (1989), S. 4; Töpfer (2000b), S. 31; Töpfer/Mauerer (2000), S. 11 f.

187 Vgl. Eidel (1999), S. 50

188 Vgl. Ehrbar (1999), S. 14; Hesse (1996), S. 18

189 Vgl. Böcking/Nowak (1999), S. 288

190 Vgl. Hesse (1996), S. 17

keiten der genannten Verfahren. Die eingangs geforderte Verbesserungsorientierung wird damit nur mit erheblichen Einschränkungen erfüllt.

3.3.2 Erweiterung der finanzorientierten Bewertung

Aus den bislang diskutierten Bewertungsansätzen, die die Analyse finanzieller Ergebnisse eines Unternehmens in den Mittelpunkt stellen, wurde inzwischen eine Reihe weiterer Konzepte entwickelt, die wesentliche inhaltliche Erweiterungen mit sich bringen. Dabei geht es inbesondere um die Ausdehnung des Betrachtungshorizonts auf potentialorientierte, d.h. aufbau- und ablauforganisatorische sowie marktstrategische Aspekte. Darüber hinaus ergibt sich teilweise eine Verschiebung in der Gewichtung der unterschiedlichen Interessengruppen. Teilweise dominieren nach wie vor Belange der Anteilseigner bzw. von Parteien mit einem finanziellen Interesse an der Organisation. Dies gilt insbesondere für die Due Diligence (vgl. Kap. 3.3.2.1) und das Rating (vgl. Kap. 3.3.2.2), weitgehend auch für das Shareholder-Value-Konzept (vgl. Kap. 3.3.2.3). Allerdings wird hier zumindest für eine langfristige Betrachtung die Berücksichtigung weiterer Gruppen diskutiert.[191] Dieser Gedanke wird im Corporate-Sustainability-Assessment weitergeführt, das sozialen und umweltbezogenen Belangen hohe Bedeutung beimisst (vgl. Kap. 3.3.2.4).

3.3.2.1 Due Diligence

Due Diligence beschreibt die Analyse, Prüfung und Bewertung zur Vorbereitung geschäftlicher Transaktionen mit dem Ziel einer informationellen Entscheidungsunterstützung.[192] BERENS und STRAUCH heben den Bezug zu einer potentiellen Vertragsbeziehung zwischen zwei oder mehr Transaktionspartnern, z.B. im Falle einer Beteiligung, eines Kaufs, einer Aktienzeichnung oder einer Kreditvergabe hervor.[193] Die Entstehung der Due Diligence wird auf das US-amerikanische Kapitalmarkt- und Anlegerschutzrecht zurückgeführt, das eine unzureichende Information von Investoren und Anlegern mit erheblichen Haftungsrisiken belegt.[194] Hier eröffnet die Durchführung einer Due Diligence Exkulpationsmöglichkeiten.[195]

Meist ist die Due Diligence auf die finanzorientierte Bewertung von Vermögenswerten und Verbindlichkeiten eines Unternehmens und die damit verbundene Bereitstellung von Informationen zur Preisermittlung im Falle eines Kaufs oder einer Beteiligung gerichtet. Hier verfolgt sie das Ziel, die Informationsasymmetrie zwischen Käufer und

---

191 Vgl. Baan (1994), S. 130 f., S. 143; Bühner (1997), S. 12; Copeland/Koller/Murrin (1996), S. 22; Fechtel/Stelter (1997), S. 30; Müller-Merbach (1997a), S. 10

192 Vgl. Barthel (1999a), S. 73; Jansen (1998), S. 166; Marten/Köhler (1999), S. 337

193 Vgl. Berens/Strauch (1998), S. 5; Barthel (1999a), S. 78; Fleischer/Körber (2001), S. 841

194 Vgl. Berens/Strauch (1998), S. 6; Fleischer/Körber (2001), S. 842

195 Vgl. Barthel (1999a), S. 76 f.; Berens/Schmitting/Strauch (1998), S. 82-84

Verkäufer aufzuheben.[196] Dabei geht es nicht allein um eine betriebswirtschaftliche Beurteilung der Transaktion, sondern auch um die Klärung rechtlicher Anforderungen. Alternativ steht die Beurteilung von Chancen und Risiken in der Geschäftstätigkeit im Mittelpunkt.[197] Dabei ist zu prüfen, inwieweit etwa eine Akquisition geeignet ist, die mit ihr verfolgten strategischen Ziele tatsächlich zu erreichen.[198]

MARTEN und KÖHLER unterscheiden in Abhängigkeit von der inhaltlichen Schwerpunktsetzung mehrere Arten der Due Diligence (vgl. Tab. 10).[199] Diese bedingen jeweils unterschiedliche methodische Vorgehensweisen,[200] insofern ist eine sachlich-inhaltliche Geschlossenheit der Due Diligence bislang nicht zu erkennen. Vielmehr liegen unterschiedliche Vorschläge zur methodischen und inhaltlichen Gestaltung vor.

Art	Beispiel
Financial Due Diligence	Analyse der Jahresabschlüsse des Zielunternehmens
Tax Due Diligence	Analyse von Steuerbescheiden, Steuerrückstellungen
Management Due Diligence	Analyse der Führungsstruktur des Zielunternehmens
Legal Due Diligence	Analyse möglicher Haftungs- und Gewährleistungsansprüche Dritter gegenüber dem Zielunternehmen
Environmental Due Diligence	Analyse möglicher Umweltrisiken beim Zielunternehmen
Insurance Due Diligence	Analyse möglicher versicherungstechnischer Risiken
Technical Due Diligence	Analyse möglicher produktionstechnischer Risiken bei den Fertigungsverfahren des Zielunternehmens
Organisatorische Due Diligence	Analyse der Beziehungen zwischen Organen des Zielunternehmens
Market Due Diligence	Stärken- und Schwächenanalyse des Zielunternehmens

Tab. 10: Arten der Due Diligence[201]

Inhaltlich geht der Due Diligence i.d.R. die grundsätzliche Entscheidung über eine Transaktion, insbesondere eines Kaufs, zumindest aber die Auswahl des entsprechenden Unternehmens voraus (vgl. Tab. 11).[202] Diese schafft erst die Voraussetzung für die Offenlegung vertraulicher Informationen durch das bewertete Unternehmen, die Voraussetzung einer fundierten Bewertung ist.[203] Daran schließen sich folgende Schritte an: die Sichtung vorhandener Unterlagen, die Erhebung ergänzender

196 Vgl. Berens/Schmitting/Strauch (1998), S. 69

197 Vgl. Barthel (1999a), S. 4; Berens/Strauch (1998), S. 12

198 Vgl. Brauner/Grillo (1998), S. 179

199 Vgl. Marten/Köhler (1999), S. 339

200 Vgl. Barion (1992), S. 73; Berens/Strauch (1998), S. 14

201 Tab. nach Marten/Köhler (1999), S. 339; ähnlich: Barthel (1999b), S. 137; Fleischer/Körber (2001), S. 841

202 Vgl. Brauner/Grillo (1998), S. 175

203 Vgl. Barthel (1999a), S. 75 f.

Daten, die Aufbereitung und Darstellung der Daten sowie die Auswertung anhand von Beurteilungskriterien und eine Ergebnisdiskussion.[204] An dieser Stelle ist insbesondere der letzte Schritt relevant, der den eigentlichen Bewertungsvorgang impliziert. Das Vorgehen zur Auswertung und die Beurteilungskriterien betreffen den hier interessierenden Themenkreis.

Art	Beispiel
Pre Due Diligence	Analyse des Marktes und der anvisierten Unternehmen aufgrund zugänglicher Daten
Pre Acquisition Due Diligence I	Analyse der Gesellschaft aufgrund ihrer Firmenbeschreibung und anderer Informationen, die sie zur Verfügung stellt
Pre Acquisition Due Diligence II	Weitergehende Überprüfungen von Management-Fähigkeiten und anderen Unternehmensaspekten
Post Completion Due Diligence	Beurteilung nach Vertragsunterzeichnung – aber vor der Vertragserfüllung
Post Acquisition Due Diligence	Überprüfungen einige Zeit nach Vertragserfüllung zur Integration der Gesellschaft in die eigene Gruppe sowie Bereinigung noch offener Vertragspunkte wie abgesprochener Vor- und Rückbehalte

Tab. 11: Zeitpunkt der Due Diligence[205]

Genau in diesen beiden Aspekten liegen jedoch die Probleme bei der Eingrenzung der Due Diligence. BERENS, SCHMITTING und STRAUCH führen aus: "Die schwierigsten Probleme bei der Prüfungsdurchführung – und im Weiteren bei der Due Diligence – stellen (1) die Ermittlung der zur Beurteilung heranzuziehenen Normen und ihre Eindeutigkeit sowie (2) die Ableitung der Soll-Objekte aus den Normen dar."[206] Eine einzelfallunabhängige Kriteriendefinition ist damit unmöglich: Die Bewertung der Ordnungsmäßigkeit kann sich auf Rechtsvorschriften und – in Grenzen – ethische Aspekte oder soziale Konventionen stützen. Eine Vorteilhaftigkeitsprüfung setzt dagegen – über die im Zusammenhang mit finanzorientierten Verfahren bereits angesprochene Erfassung von Unsicherheit hinaus – die Operationalisierung des Zielsystems insoweit voraus, so dass der Beitrag des betrachteten Unternehmens zur Nutzenmaximierung deutlich wird. Dies ist insbesondere bei nicht unmittelbar finanziellen Motiven, die nichtsdestoweniger ökonomischer Natur sein können (z.B. Akquisition von Know-how, Eröffnung marktstrategischer Positionen), ein methodisch anspruchsvolles Unterfangen.[207]

---

204 Vgl. Barthel (1999b), S. 138; Berens/Schmitting/Strauch (1998), S. 71, S. 86; Hartmann (1985), S. 17

205 Tab. nach Berens/Schmitting/Strauch (1998), S. 86; Vgl. Barthel (1999a), S. 73 f., S. 78 f.

206 Berens/Schmitting/Strauch (1998), S. 73

207 Vgl. Berens/Schmitting/Strauch (1998), S. 75

Die Unternehmensbewertung im Rahmen der Due Diligence setzt häufig bei der Bilanzanalyse und darauf basierenden Normalisierungsrechnungen an, die zur Ableitung eines von periodenfremden oder außerordentlichen Einflüssen bereinigten Ergebnisses führen.[208] Entsprechende methodische Empfehlungen liegen von der Deutschen Vereinigung der Finanzanalysten oder der Schmalenbach-Gesellschaft im sog. DVFA/SG-Verfahren vor.[209] Ergänzend kommt eine Kombination aus den diskutierten finanzorientierten Verfahren zum Einsatz, z.B. Ertrags-, Substanzwert- oder Discounted-Cash-Flow (DCF)-Verfahren.[210] Die Unsicherheit der Datengrundlage wird über Betriebsbesichtigungen[211] oder die Hinzuziehung von Expertenurteilen aufgefangen, die qualitative Entscheidungshilfen liefern können.[212] Eine letzte Alternative besteht in der Gegenüberstellung bestimmter Ergebnis- oder Kenngrößen des betrachteten mit Vergleichsunternehmen. Dieses Vorgehen wird als Comparable-Company-Approach bezeichnet.[213]

Insgesamt wird aber deutlich, dass der Due Diligence kein in sich geschlossenes methodisches Konzept zugrunde liegt. So hebt BARTHEL hervor, "dass es weder in Deutschland noch im internationalen Bereich 'Grundsätze ordnungsmäßiger Due-Diligence-Untersuchungen' gibt, so dass diese äußerst flexibel vorgenommen werden können."[214] Eindeutige Aussagen zur Testgüte oder zur Entwicklungs- und Verbesserungsorientierung sind daher nicht möglich. Aus diesem Grund kommt die Due Diligence trotz ihres potentiell breiten Betrachtungshorizonts, der im Sinne einer ganzheitlichen Bewertung positiv zu beurteilen ist, zur Begründung eines operablen Bewertungsmodells nicht in Frage (vgl. Tab. 12).

208 Vgl. Barthel (1999a), S. 74 f.; Brebeck/Bredy (1998), S. 197, S. 201-211

209 Vgl. Klein/Jonas (1998), S. 160

210 Vgl. Berens/Schmitting/Strauch (1998), S. 78; Klein/Jonas (1998), S. 160-164; Richter (2000), S. 66

211 Vgl. Barthel (1999b), S. 138

212 Vgl. Barthel (199b), S. 139; Berens/Hoffjan/Strauch (1998), S. 126-129; Berens/Schmitting/Strauch (1998), S. 79 f.

213 Vgl. Jansen (1998), S. 184; Klein/Jonas (1998), S. 159

214 Barthel (1999b), S. 136

Forderung	Erfüllung
Abbildung der Effizienzkriterien	Fokussierung der Bewertung auf den wirtschaftlichen Erfolg, Aussagen zur Binneneffizienz in Abhängigkeit vom Einzelfall, keine Aussagen zu Interessengruppen außerhalb der Eigen- und insbesondere der Fremdkapitalgeber
Ganzheitlichkeit	Keine zwingende Betrachtung struktureller Elemente, damit unzureichende Abdeckung der Strukturierungsdimensionen, keine systemische Betrachtung
Entwicklungs- und Verbesserungsorientierung	Unmittelbare Ableitung von Maßnahmen aus dem Bewertungsergebnis möglich, allerdings nicht methodisch verankert
Testgütekriterien	Objektivität und Validität des Bewertungsergebnisses über die Anwendung im Einzelfall bestimmt, daher keine zuverlässige Aussage zur Testgüte
Utilität und Operationalität	Operationalität des Verfahrens belegt, Nutzen anerkannt, allerdings methodisch nur bedingt verankert

Tab. 12: Bewertung im Rahmen der Due Diligence

3.3.2.2 Rating

Ratings implizieren Aussagen über die Fähigkeit einer Organisation, bestehende finanzielle Verpflichtungen fristgerecht zu erfüllen, und beruhen auf standardisierten Bewertungskriterien. BERBLINGER führt aus: "Ratings sind Meinungen über die künftige Fähigkeit und rechtliche Verpflichtung eines Emittenten, Zahlungen von Zins und Tilgung ... termingerecht und vollständig zu erfüllen. Sie bestimmen die Wahrscheinlichkeit von Zahlungsstörungen einer Schuldverschreibung über ihre gesamte Laufzeit."[215] BÜSCHGEN definiert Rating als die "Beurteilung und Klassifizierung der relativen und absoluten Bonität von Schuldtiteln und deren Emittenten anhand einheitlicher Maßstäbe".[216] In beiden Definitionen kommt der finanzwirtschaftliche Hintergrund des Ratings zum Ausdruck. Tatsächlich liegt der Anwendungsschwerpunkt in der Kreditwürdigkeitsprüfung von Unternehmen.[217]

Grundsätzlich ist zwischen internen und externen Ratings zu unterscheiden. Interne Ratings ergeben sich aus unternehmens- oder bankspezifischen Verfahren. Entsprechende Kriterien dienen überwiegend einer einzelfallabhängigen Prüfung, meist im Zusammenhang mit einem bestimmten Kreditengagement. Hier sind insbesondere sog. Scoring-Modelle zu nennen, die eine multikriterielle Bewertung von Unternehmen auf Basis sowohl quantifizierter bzw. quantifizierbarer als auch qualitativer Faktoren implizieren. Diese umfassen einerseits eine vergangenheitsorientierte

---

215 Berblinger (1996), S. 31; Vgl. Baetge/Sieringhaus (1996), S. 223

216 Büschgen (1998), S. 723

217 Vgl. Homolka/Tung-Quan (1996), S. 677; Neuberger/Henning (2000), S. 8 f., S. 11

Analyse von Kenngrößen wie Eigenkapitalquote, Cash-Flow, Umsatzrentabilität, ROI sowie die Antizipation ihrer weiteren Entwicklung, andererseits eine qualifizierte Einschätzung der Wettbewerbssituation, der Produktqualität etc.[218] Insbesondere die letztgenannten Aspekte eröffnen mitunter erhebliche Interpretations- und Beurteilungsspielräume. Teilbewertungen für die jeweils unternehmens- oder bankspezifisch festgelegten Merkmale gehen mit einer definierten Gewichtung in die Gesamtbewertung ein, die sich in einem zusammenfassenden Datum, dem Rating, manifestiert. Die Struktur und die konkreten Inhalte der Kriterien werden i.d.R. nicht im Detail offengelegt.

Externe Ratings, sog. Bond-, Credit- oder Financial Ratings, basieren auf einer unabhängigen Bewertung des Emittenten durch externe Dienstleister. Hier sind in erster Linie die beiden großen Ratingagenturen Moody's Investors Service und Standard & Poor's Ratings Services zu nennen, die bei internationalen Investoren hohe Beachtung finden.[219] Daneben werden der Nippon Investors Service, die Japan Credit Agency oder die Fitch IBCA Notation genannt.[220] Die entsprechenden Bewertungsverfahren beschränken sich in jedem Fall nicht auf die Auswertung schriftlicher Unterlagen wie publizierter Jahresabschlussberichte, sondern schließen regelmäßig einen Besuch des Unternehmens ein.[221] Auch ein Gespräch zwischen Ratingagentur und Emittent ist zwingender Bestandteil des Bewertungsprozesses.[222] Dessen grundsätzlicher Ablauf geht aus Abb. 5 hervor.

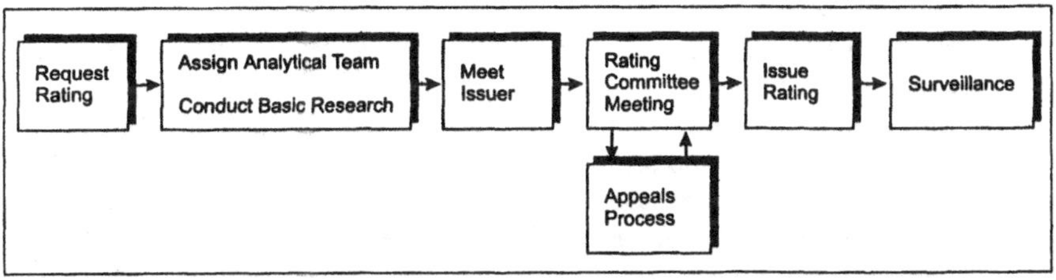

Abb. 5: Der Ratingprozess bei Standard & Poor's[223]

Das Ergebnis der Bewertung kommt in standardisierten, meist alphanumerischen Symbolen zum Ausdruck (z.B. AAA, AA, A, BBB, ...).[224] Vorteile eines externen Ratings ergeben sich aus dem hohen Vertrauen der Anleger in das Beurteilungsergebnis, das auf die Neutralität des Bewerters, die Transparenz des Verfahrens sowie

---

218 Vgl. Hirsch (1996), S. 661; Neuberger/Henning (2000), S. 18 f.

219 Vgl. Everling (1996), S. 9; Neuberger/Henning (2000), S. 8

220 Vgl. Everling (1996), S. 5; Homolka/Tung-Quan (1996), S. 677

221 Vgl. Standard & Poor's Ratings Services (2000), S. 11-14

222 Vgl. Berblinger (1996), S. 61-64; Hirsch (1996), S. 666 f.; Meyer-Parpart (1996), S. 116 f.; Schmidt (1996), S. 266 f.

223 Abb. aus Standard & Poor's Ratings Services (2000), S. 11

224 Vgl. Berblinger (1996), S. 32 f.; Steiner/Heinke (1996), S. 581, S. 600

den umfassenden Zugang zu Informationen des Unternehmens zurückzuführen ist.[225] Auch die Aktualität und Schnelligkeit des Bewertungsprozesses wird gegenüber einer unternehmens- und bankspezifischen Ausgestaltung hervorgehoben.[226]

Inhaltlich greifen die verwendeten Kriterienmodelle ähnlich wie die Scoring-Modelle des internen Ratings auf eine Kombination quantitativer und qualitativer Aspekte zurück.[227] "The rating process is not limited to an examination of various financial measures. Proper assessment of credit quality for an industrial company includes a thorough review of business fundamentals, including industry prospects for growth and vulnerability to technological change, labor unrest, or regulatory actions."[228] Eine Unternehmensbewertung der Agentur Standard & Poor's Ratings Services beispielsweise stützt sich konkret auf zwei grundlegende Themenfelder (vgl. Tab. 13):

Geschäftsrisiko, Business Risk	Finanzielles Risiko, Financial Risk
- Industriemerkmale - Wettbewerbsposition (Marktanteil, Marketing, Technologie, Effizienz) - Management	- Bilanz- und Rechnungswesen - Finanzpolitik - Rentabilität - Kapitalstruktur - Cash-Flow - Finanzielle Flexibilität

Tab. 13: Bewertung von Industrieunternehmen[229]

❑ "Business Risk" bezieht sich auf die grundlegende strategische Positionierung des Unternehmens. Hier spielen Marktcharakteristika wie Wachstumsperspektiven, Substitutionsbedrohungen durch neue Technologien sowie die Wettbewerbsintensität eine Rolle.[230] Sie begrenzen i.d.R. das für ein Unternehmen erreichbare Rating nach oben, in kritischen Marktsegmenten ist daher ein hervorragendes Bewertungsergebnis nicht zu erreichen. Ist ein Unternehmen in unterschiedlichen Märkten tätig, werden die sektorspezifischen Bewertungen nach ihrer Bedeutung für den Erfolg der Gesamtorganisation aggregiert.

Gleiches gilt für die aktuelle Wettbewerbsposition in den einzelnen Geschäftsfeldern. Ihre Einschätzung stützt sich u.a. auf den Marktanteil und die Größe des Unternehmens. Zwar fallen die Größenanforderungen in der Bewertung segmentspezifisch unterschiedlich aus, da Größenvorteile je nach Marktcharakteristik

225 Vgl. Everling (1996), S. 5; Meyer-Parpart (1996), S. 113

226 Vgl. Steiner/Heinke (1996), S. 581, S. 624

227 Vgl. Berblinger (1996), S. 57

228 Standard & Poor's Ratings Services (2000), S. 5

229 Tab. aus Meyer-Parpart (1996), S. 121

230 Vgl. Berblinger (1996), S. 64-66; Meyer-Parpart (1996), S. 121-125; Standard & Poor's Ratings Services (2000), S. 17 f.

unterschiedlich gewichtet werden, doch korreliert die Unternehmensgröße grundsätzlich positiv mit dem Rating. Darin kommt die Überzeugung zum Ausdruck, dass große Unternehmen eher in der Lage sind, Markturbulenzen zu kompensieren, und dass damit die Wahrscheinlichkeit von Störungen der Zahlungsströme sinkt.[231] An dieser Stelle schlägt sich die Zielorientierung der Bewertung deutlich nieder: Im Mittelpunkt steht die Fähigkeit eines Emittenten, finanzielle Verpflichtungen fristgerecht und vollständig zu bedienen.

Auch die Bewertung des Managements fließt in das Gesamtergebnis ein. Dabei spielen zum einen bisherige Erfolge der verantwortlichen Manager z.B. in früheren Positionen, zum anderen explizit subjektive Einschätzungen der Ratingagenturen über das aktuelle Führungsverhalten eine Rolle.[232] Diese werden durch die konsistente Umsetzung von Aussagen der Unternehmensleitung zu Werten sowie zur strategischen Positionierung im Tagesgeschäft geprägt. Überdies fließen personale Faktoren wie die Akzeptanz von Führungskräften im Unternehmen, das interne Standing einzelner betrieblicher Funktionen, insbesondere von Finanzen und Controlling, die Dominanz und damit die Abhängigkeit der Gesamtführung von einzelnen Personen sowie die Altersstruktur und Fluktuation im Management ein.

- "Financial Risk" als zweites großes Themenfeld impliziert eine Auseinandersetzung mit der wirtschaftlichen Situation des Unternehmens primär auf Basis quantitativer Indikatoren.[233] Die Bewertung berücksichtigt dabei zunächst den Umfang und die methodisch begründete Qualität der vorliegenden Informationen. Letztere ergibt sich in erster Linie aus den eingesetzten Bewertungs- und Berechnungsverfahren. Ggf. werden hier Anpassungen vorgenommen, um eine vergleichbare Datenbasis zu anderen Unternehmen herzustellen. Auch Fragen der Finanzstrategie sowie die Betrachtung finanzieller Ziele gehen in das Gesamtergebnis ein. Dabei wird zunächst das Vorhandensein entsprechender Planungen betrachtet, inhaltlich spielen dann insbesondere Aspekte der Risikosteuerung und –bewertung eine Rolle.

  Der Schwerpunkt der Analyse liegt jedoch auf klassisch finanzorientierten Kenngrößen, die insbesondere die Erlössituation, die Kapital- und Vermögensstruktur sowie außerbilanzielle finanzielle Chancen und Risiken abbilden.[234] Dazu werden konkrete Kenngrößen definiert, die sowohl in ihrer bisherigen Entwicklung als auch in der Antizipation zukünftiger Entwicklungen in die Gesamtbewertung

231 Vgl. Meyer-Parpart (1996), S. 126 f.; Standard & Poor's Ratings Services (2000), S. 19

232 Vgl. Berblinger (1996), S. 69-71; Meyer-Parpart (1996), S. 127; Standard & Poor's Ratings Services (2000), S. 19

233 Vgl. Berblinger (1996), S. 67-71; Meyer-Parpart (1996), S. 121; Standard & Poor's Ratings Services (2000), S. 22

234 Vgl. Standard & Poor's Ratings Services (2000), S. 23-29

eingehen. Eindeutige Korrelationen zwischen einzelnen Indikatoren und dem Rating bestehen dabei nicht, sie sind auch inhaltlich nicht zu begründen. Ein geringer freier Cash-Flow kann beispielsweise auf eine ungünstige Erlössituation (negativ) oder einen wachstums- und investitionsintensiven Markt (positiv) zurückzuführen sein.[235] Bewertungsrelevant ist daher die Gesamtschau auf Basis des vorliegenden Ergebnisspektrums, die eine fundierte Aussage zur finanziellen Flexibilität des Unternehmens zulässt und damit seine Fähigkeit zur Bedienung finanzieller Verpflichtungen auch im Falle wirtschaftlicher Turbulenzen beschreibt.[236]

Die Ratings konkurriender Dienstleister basieren auf inhaltlich ähnlichen Ansätzen.[237] HIRSCH weist darauf hin, dass durch die skizzierten Kriterien eine vollständig objektive Bewertung nicht möglich sei. Ermessensspielräume und damit Subjektivität ergeben sich zum einen zwangsläufig aus der Integration qualitativer Einschätzungen in das Gesamtergebnis, sie entstehen jedoch zum anderen bereits aus der Auswahl quantitativer Indikatoren und ihrer Gewichtung im Rahmen einer mathematischen Verknüpfung.[238] "Quantitativen Erhebungen liegen qualitative Prämissen zugrunde. Umgekehrt münden qualitative Überlegungen oft in eine Abstrahierung quantitativer Natur. Es gibt kein rein quantitatives Ratingverfahren, ebensowenig wie es rein qualitative Verfahren gibt."[239] In Anknüpfung an diese Argumentation sieht HIRSCH in den subjektiven Beurteilungen sogar eine wesentliche Determinante der prognostischen Validität der eingesetzten Verfahren. Eine Objektivierung des Bewertungsansatzes ist seiner Meinung nach gleichbedeutend mit einer Ausblendung wesentlicher Erfolgsdeterminanten. Die Ratingagenturen vertreten diese Position offensiv: "There are not formulae for combining scores to arrive at a rating conclusion. Bear in mind that ratings represent an art as much as a science. A rating is, in the end, an opinion."[240] Die ausschließliche Konzentration auf objektive Indikatoren stellt demnach eine unzulässige Simplifizierung dar und reduziert die Aussagekraft des Bewertungsergebnisses.[241] Insoweit fordert HIRSCH eine systemische Interaktion beider Facetten.[242]

Diese Herausforderung wird umso größer, wenn neben dem stark finanzwirtschaftlich orientierten Bewertungsinteresse über die Stakeholder-Perspektive motivierte Fragen

---

[235] Vgl. Standard & Poor's Ratings Services (2000), S. 27

[236] Vgl. Berblinger (1996), S. 70

[237] Vgl. Berblinger (1996), S. 24 f.; Everling (1996), S. 8; Neuberger/Henning (2000), S. 9

[238] Vgl. Hirsch (1996), S. 659

[239] Hirsch (1996), S. 671

[240] Standard & Poor's Ratings Services (2000), S. 17

[241] Vgl. Hirsch (1996), S. 660 f.

[242] Vgl. Hirsch (1996), S. 671

der Ethik und Ökologie Eingang in die Betrachtung finden.[243] Ein entsprechendes Rating scheitert bislang daran, dass "dort unternehmensbezogene Informationen fehlen, die den Anlageentscheidungsprozess in sozialer und ökologischer Hinsicht qualifizieren können."[244] Klassische Ratings sind nicht oder nur sehr begrenzt in der Lage, außerökonomische Ziele der Anleger angemessen abzubilden.[245] Die weitergehende Auseinandersetzung mit Anforderungen und Bedürfnissen zusätzlicher Gruppen, z.B. der Mitarbeiter oder der Gesellschaft insgesamt, steht dabei noch gar nicht zur Diskussion. Ihre Verdichtung in einem einzelnen Datum, dem Rating, erscheint jedenfalls mit erheblichen methodischen Problemen belastet. Zwar liegen auf qualitativer Ebene Vorschläge für ethische und ökologische Bewertungskriterien vor, auch bieten bereits einige Agenturen entsprechende Ratings an, ein operabler und allgemein anerkannter Beurteilungsmaßstab fehlt bislang jedoch.[246]

So lange diese Erweiterung des Betrachtungshorizonts nicht gelungen ist, können Ratings inhaltlich die Forderung nach einer Berücksichtigung aller relevanten Interessengruppen nicht hinreichend erfüllen (vgl. Tab. 14). Darüber hinaus fokussieren sie auf eine ergebnisorientierte Betrachtungsweise, binnenstrukturelle Determinanten langfristigen Unternehmenserfolgs werden über die lediglich grob strukturierte Auseinandersetzung mit Fragen des Managements nur mittelbar erfasst. Damit kann auch die Forderung nach einem ganzheitlichen Betrachtungsansatz nur ansatzweise erfüllt werden. Die Verdichtung des Bewertungsergebnisses im Rating, dessen unterlagerte qualitative Zwischenergebnisse i.d.R. nicht offengelegt werden, schränkt überdies die Entwicklungs- und Verbesserungsorientierung ein, die eine nicht nur mittelbare Ableitung konkreter Verbesserungsbereiche voraussetzt.

---

243 Vgl. Copeland/Koller/Murrin (1996), S. 3; Dale (1952), S. 19; Gomez (1993), S. 23; Homolka/Tung-Quan (1996), S. 679; Janisch (1993); Liebl (1997), S. 17; Mitroff (1989), S. 4; Scholz (1987), S. 25; Töpfer (2000b), S. 31; Töpfer/Mauerer (2000), S. 11 f.

244 Homolka/Tung-Quan (1996), S. 677

245 Vgl. Homolka/Tung-Quan (1996), S. 678

246 Vgl. Homolka/Tung-Quan (1996), S. 689 f., S. 693 ft., S. 698

Forderung	Erfüllung
Abbildung der Effizienzkriterien	Fokussierung der Bewertung auf den wirtschaftlichen Erfolg, wenig Aussagen zur Binneneffizienz, wenig Aussagen zu Interessengruppen außerhalb der Anteilseigner
Ganzheitlichkeit	Nur ansatzweise Betrachtung struktureller Elemente, nur bedingte Abdeckung der Strukturierungsdimensionen, keine systemische Betrachtung
Entwicklungs- und Verbesserungsorientierung	Keine unmittelbare Ableitung von Maßnahmen aus dem Bewertungsergebnis
Testgütekriterien	Objektivität durch die Standardisierung und Transparenz der Verfahrens grundsätzlich anerkannt, Validität nur im Hinblick auf die finanzwirtschaftliche Perspektive belegt
Utilität und Operationalität	Operationalität des Verfahrens belegt, Nutzen explizit auf bestimmte Anwendungssituationen beschränkt

Tab. 14: Bewertung durch Ratings

3.3.2.3 Bewertung nach dem Shareholder-Value-Konzept

In der Wissenschaft und besonders in der Praxis hat der von RAPPAPORT geprägte Shareholder-Value Ansatz hohe Bedeutung erlangt.[247] Im Untertitel zur ersten Auflage seines Werks "Creating Shareholder Value"[248] erweckt er durch die Formulierung "The New Standard for Business Performance" den Eindruck, ein Bewertungskonzept für unternehmerische Leistungsfähigkeit vorzulegen. Tatsächlich weist er explizit auf das Ziel hin, ein Werkzeug zur Bewertung von Strategiealternativen vorzulegen.[249] "Sein Anliegen in Bezug auf die Bewertung von Unternehmen ist es, diese nicht anhand von Bilanzkennzahlen, Gewinn pro Aktie oder Return-on-Investment u.ä. zu bewerten, sondern auf Grundlage der von diesen Unternehmen verfolgten Strategien."[250]

Der Ansatz des Shareholder-Value basiert auf der grundlegenden Überzeugung, dass sich der Wert eines Unternehmens im Wesentlichen aus dem wirtschaftlichen Nutzen für die Anteilseigner ableitet.[251] Dieser entsteht aus der Kursentwicklung bzw. den Wertveränderungen der Geschäftsanteile sowie ausgeschütteten Dividenden oder sonstigen Zahlungen des Unternehmens.[252] RAPPAPORT fasst die Betrachtung in der sog. Shareholder-Rate-of-Return (SROR) zusammen, die das Verhältnis des insgesamt

247 Vgl. Behringer (1999), S. 55; Töpfer/Mauerer (2000), S. 11

248 Vgl. Rappaport (1986); Rappaport (1998)

249 Vgl. Rappaport (1998), S. 77-80

250 Graf (1992), S. 54

251 Vgl. Rappaport (1998), S. XIII, S. 1 f.; Copeland/Koller/Murrin (1996), S. 3; Gomez (1993), S. 23; Töpfer (2000b), S. 36 f.

252 Vgl. Rappaport (1998), S. 32

erzielten Vermögenszuwachses zur Anfangsinvestition abbildet.[253] Der Shareholder-Value-Ansatz korrespondiert daher mit einigen der zuvor diskutierten finanzorientierten Bewertungsverfahren (vgl. Kap. 3.3.1). RAPPAPORT weist jedoch auf die methodischen Unzulänglichkeiten entsprechender Ansätze hin und nennt in diesem Zusammenhang explizit Kenngrößen wie EPS, ROI und ROE.[254] Er hebt demgegenüber die Notwendigkeit eines Bewertungsmaßstabs hervor, der die langfristigen Erfolgsperspektiven und -potentiale eines Unternehmens valide abbildet.

Grundsätzlich ergibt sich der Shareholder-Value aus der Differenz des Unternehmenswerts (Corporate-Value) und den Schulden (Debt). Der Unternehmenswert basiert auf den Cash-Flows der Prognoseperiode sowie einem Residualwert, der auf die Erfolgsperspektiven der längeren Zukunft, d.h. über den Prognosezeitraum hinaus, zurückgeführt wird. Außerdem ist der Wert des nicht betriebsnotwendigen Vermögens einzubeziehen.[255] Die beiden erstgenannten Komponenten des Unternehmenswerts werden wie folgt ermittelt:

- Der Cash-Flow des Prognosezeitraums wird analog dem Discounted-Cash-Flow-Verfahren (DCF) bestimmt (vgl. Kap. 3.3.1.2).[256]
- Grundsätzlich basiert die Ermittlung des Residualwerts auf der Prämisse, dass sich der über eine Investition generierte Cash-Flow nach Ablauf der Prognoseperiode durch den Eintritt neuer Wettbewerber in ein attraktives Marktsegment in Höhe der Kapitalkosten einpendelt.[257] Damit ergibt sich ein Barwert der Investition von Null, der Gesamtwert entspricht dem Quotienten aus dem jährlichen Cash-Flow und den durchschnittlichen Kapitalkosten. In den Fällen, in denen die langfristige Konvergenz des Cash-Flows gegen die Kapitalkosten unwahrscheinlich erscheint, kommen Vergleichsverfahren wie die P/E-Ratio-Methode zum Einsatz (vgl Kap. 3.3.1.3).

Der grundsätzliche Ansatz zur Ermittlung des Shareholder-Value bzw. der wertsteigernden Wirkung entsprechender Strategiealternativen geht aus Abb. 6 hervor. Insgesamt wird deutlich, dass der Shareholder-Value-Ansatz methodisch auf die zuvor diskutierten finanzorientierten Bewertungsverfahren zurückgreift. Er weist damit ebenso die dort diskutierten Probleme im Hinblick auf die Generierung einer aussagefähigen und vor allem zuverlässigen Datengrundlage, auf die Eindimensionalität der Betrachtung sowie die ausschließliche Fokussierung auf die Interessen der Anteilseigner auf.

---

253 Vgl. Rappaport (1998), S. 103-106

254 Vgl. Rappaport (1998), S. 13, S. 21-31

255 Vgl. Rappaport (1998), S. 33

256 Vgl. Behringer (1999), S. 56; Behringer (2001), S. 129; Rappaport (1998), S. 33-40; Gomez (1993), S. 56; Töpfer/Mauerer (2000), S. 11

257 Vgl. Rappaport (1998), S. 40-47

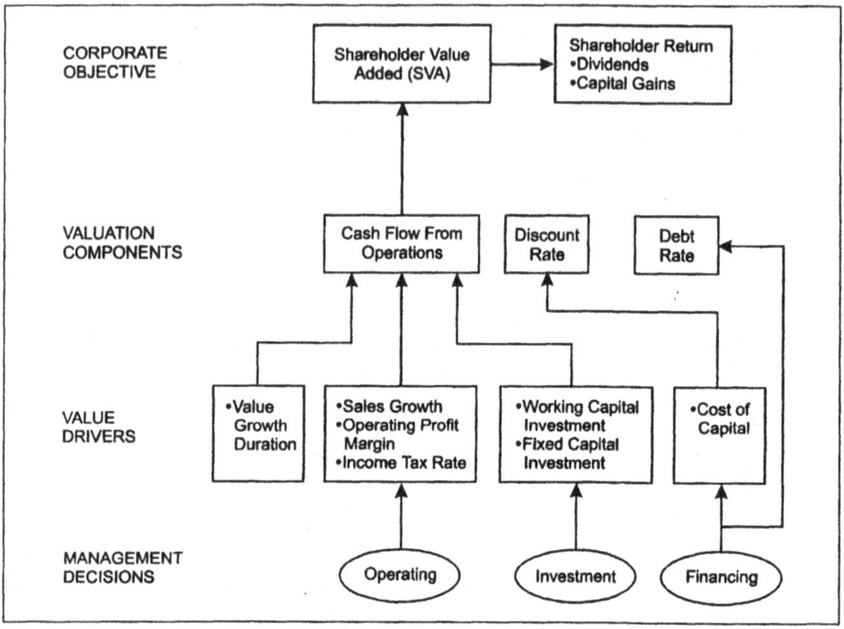

Abb. 6: Ermittlung des Shareholder-Value[258]

Überdies deutet die Zielsetzung der Strategieevaluation auf eine fehlende Binnenorientierung der Bewertung hin, die durch Ausblendung struktureller Erfolgsdeterminanten gleichbedeutend mit fehlender Verbesserungs- bzw. Entwicklungsorientierung wäre. In der ersten Auflage seines Werks umgeht RAPPAPORT dieses Problem zwar noch zumindest auf konzeptioneller Ebene, indem er die Analyse an den Wertkettenansatz PORTERs[259] anlehnt und die Generierung von Cash-Flows auf die Beiträge einzelner betrieblicher Funktionen zurückführt,[260] allerdings sind diese Ausführungen in der aktuellen Fassung nicht mehr enthalten. Außerdem formuliert RAPPAPORT grundsätzliche Empfehlungen für die Gestaltung eines Unternehmens zur Umsetzung des Shareholder-Value-Ansatzes. Diese umfassen beispielsweise die erfolgsbezogene Bezahlung des Managements und eine strategiekonforme Strukturgestaltung.[261] Damit ist eine erste Schwerpunktsetzung im Verbesserungs- und Entwicklungsprozess des Unternehmens prinzipiell möglich. Allerdings fehlt in der Mehrzahl der Fälle eine konkrete Beschreibung entsprechender Vorgehensmodelle. Die Forderung der Entwicklungs- und Verbesserungsorientierung wird daher im Kern nicht erfüllt. Auch die

258 Abb. aus Rappaport (1998), S. 56

259 Vgl. Porter (1985), S. 37

260 Vgl. Rappaport (1986), S. 86-88

261 Vgl. Rappaport (1998), S. 112-119, S. 132, S. 178 f.; Bärtl/Brockmann (2000), S. 391

Operationalität und Utilität des Verfahrens unterliegen durch die fehlende methodische Konkretisierung an dieser Stelle starken Zweifeln.

Trotz der hohen Popularität des Shareholder-Value-Ansatzes, der wahrscheinlich von seinem einfachen und zwingend erscheinenden Anspruch einer ausschließlichen Fokussierung auf die Anteilseigner[262] beinflusst wird, ist daher sein methodischer Innovations- und Erkenntniswert insgesamt begrenzt. Eine umfassende Lösung der im Zusammenhang mit der Diskussion finanzorientierter Verfahren dargestellten Defizite ist nicht zu erwarten. Mithin erscheint eine weitergehende Betrachtung zur Entwicklung eines Bewertungsmodells für Unternehmenskooperationen wenig nutzbringend (vgl. Tab. 15).

Forderung	Erfüllung
Abbildung der Effizienzkriterien	Fokussierung der Bewertung auf den wirtschaftlichen Erfolg, wenig Aussagen zur Binneneffizienz, ausschließliche Berücksichtigung der Anteilseigner als wesentliche Interessengruppe
Ganzheitlichkeit	Keine zwingende Betrachtung struktureller Elemente, damit unzureichende Abdeckung der Strukturierungsdimensionen, keine systemische Betrachtung
Entwicklungs- und Verbesserungsorientierung	Unmittelbare Ableitung von Maßnahmen aus dem Bewertungsergebnis möglich, allerdings nicht methodisch verankert
Testgütekriterien	Güte des Bewertungsergebnisses wesentlich über die Qualität der Datengrundlage bestimmt, daher keine zuverlässige Aussage zur Testgüte
Utilität und Operationalität	Operationalität und Utilität des Verfahrens trotz hoher Popularität bislang nicht belegt

Tab. 15: Bewertung im Rahmen des Shareholder-Value-Konzepts

3.3.2.4 Corporate-Sustainability-Assessment

Die bislang betrachteten Bewertungsansätze zeichnen sich durch einen gegenüber ausschließlich finanzorientierten Verfahren breiteren Betrachtungshorizont aus, indem sie zusätzliche Aspekte des Organisations- und Unternehmensnerfolgs integrieren. Allerdings legen sie den Schwerpunkt nach wie vor auf Interessen der Anteilseigner oder Kreditgeber. Damit dominiert immer noch eine finanzwirtschaftliche Perspektive. Trotz eines ähnlichen Entstehungshintergrunds und eines vergleichbaren methodischen Ansatzes basiert das von der Dow Jones Sustainability Group und der SAM Sustainability Group geschaffene Corporate-Sustainability-Assessment auf einem

262 Vgl. Gomez (1993), S. 103

anderen inhaltlichen Zugang zur Bewertung.[263] Es fokussiert auf langfristigen und nachhaltigen Unternehmenserfolg.[264]

Nachhaltigkeit als deutsches Pendant zu "Sustainability" bezieht sich auf die langfristige Tragfähigkeit der Geschäftstätigkeit. Ein Unternehmen vermeidet also die Gefährdung seiner langfristigen materiellen und sozialen Existenzgrundlagen sowie Beeinträchtigungen seiner eigenen Entwicklungsmöglichkeiten oder die außenstehender Individuen, Gruppen oder anderer Organisationen in der Zukunft.[265] Nachhaltiger Unternehmenserfolg erfordert eine ausgewogene Balance zwischen Anforderungen und Bedürfnissen unterschiedlicher Interessengruppen; gleichzeitig werden hohe ethische Anforderungen an die Geschäftstätigkeit gestellt. Diese umfassen insbesondere die Wahrnehmung der sozialen Verantwortung und den Respekt gegenüber der Umwelt.

Die Dow Jones Sustainability Group hat ein Bewertungsinstrument geschaffen, dass diese Elemente integriert: "Auf dem Prüfstand stehen das Verhältnis des Unternehmens zu den Stakeholdern, zu Technologieführerschaft und Umweltschutz, Sozialkompetenz und Führungskultur sowie Gewinnbeteiligung und Weiterbildung der Mitarbeiter. Darüber hinaus werden Produktivität, langfristiges Wachstum, der Umgang mit gesellschaftlichen und kulturellen Trends, Transparenz sowie die Verpflichtung des Managements zur Umweltverantwortung berücksichtigt."[266] Die Kriterien zur Bewertung von Unternehmen, die durch ihre wirtschaftliche Entwicklung den Erfolg einer Ausrichtung am Prinzip der Nachhaltigkeit dokumentieren, beruhen auf folgenden Prämissen:[267]

- Innovation: Entwicklung, Produktion und Lieferung von Produkten bzw. Dienstleistungen basieren auf innovativen Technologien und Organisationskonzepten, die eine effektive und effiziente Nutzung finanzieller, natürlicher und sozialer Ressourcen ermöglichen.
- Unternehmensverfassung: Nachhaltigkeit beinhaltet höchste Anforderungen an die Unternehmensführung einschließlich der Verantwortung des Managements, an die Führungs- und Unternehmenskultur sowie an die Beziehungen zu den relevanten Interessengruppen im Sinne der Stakeholder-Orientierung.
- Shareholder: Das Unternehmen entspricht den Interessen der Anteilseigner durch solide finanzielle Ergebnisse und langfristiges wirtschaftliches Wachstum. Diese basieren auf Produktivitätszuwächsen, gesteigerter Wettbewerbsfähigkeit auf den

263 Vgl. SAM Sustainability Group (2000)

264 Vgl. Dow Jones Sustainability Group (2000a)

265 Vgl. Meadows/Meadows/Randers (1992), S. 250, S. 298; Hauff (1987), S. 46-49

266 Teltschik (1999), S. 29

267 Vgl. Dow Jones Sustainability Group (2000b), S. 3; Dow Jones Sustainability Group (2000c), S. 7

Weltmärkten sowie einem Ausbau des organisationalen Wissens und intellektuellen Kapitals.

- Führung und Vorreiterrolle: Das Unternehmen agiert als Vorreiter des nachhaltigen Wirtschaftens im eigenen Wirtschaftsbereich und dokumentiert öffentlich die Selbstverpflichtung auf die zugehörigen Grundprinzipien. Diese Vorreiterfunktion erlangt durch herausragende Erfolge besondere Überzeugungskraft.
- Gesellschaft: Das Unternehmen trägt seiner sozialen Verantwortung Rechnung, indem es auf gesellschaftliche Veränderungen schnell und angemessen reagiert. Dies betrifft demografische Entwicklungen, Migrationsbewegungen und daraus folgende ethnische Herausforderungen, kulturellen Wandel sowie Veränderungen im Hinblick auf lebenslanges Lernen und kontinuierliche Weiterbildung.

Die Grundprinzipien führen zur Entwicklung von Bewertungskriterien, die wirtschaftliche, umweltbezogene und soziale Belange erfassen.[268] Dazu werden jeweils sowohl branchen- bzw. sektor- als auch unternehmensspezifische Chancen und Risiken identifiziert. Wirtschaftliche Aspekte betreffen Planungsprozesse, die Ausrichtung an und den Umgang mit Marktentwicklungen sowie die Organisationsstruktur und Unternehmensverfassung. Umweltbezogene Belange beziehen sich in erster Linie auf die Reduktion von Umweltbelastungen und die Nutzung technologischer Innovationen zur Optimierung des Ressourcenverbrauchs. Soziale Elemente betreffen die Einhaltung gesetzlicher und moralisch-ethischer Normen sowie Maßnahmen zur Verbesserung der Lebenssituation aller relevanten Interessengruppen. Die Forderungen beziehen sich dabei zum einen auf die unter dem Stichwort "Strategy" betrachtete normative Verankerung entsprechender Aussagen im Unternehmensleitbild, in Strategien, Planungen. Zum anderen erfassen sie unter der Überschrift "Management" die Umsetzung entsprechender Vorgaben durch das Managementsystem und die Überwachung der tatsächlichen Leistungen durch Controlling oder Berichtswesen. Beide Ebenen werden durch eine branchenbezogene Betrachtung ergänzt. Insgesamt ergeben sich damit folgende Themenbereiche (vgl. Tab. 16):[269]

---

268 Vgl. Dow Jones Sustainability Group (2000c), S. 9 f.

269 Vgl. Dow Jones Sustainability Group (2000c), S. 13 f.

	Opportunities	Risks
Economic	Strategic: Strategic Planning, Organizational Development	Strategic: Corporate Governance
	Management: Intellectual Capital Management, IT Management and IT Integration, Quality Management	Management: Risk and Crisis Management, Corporate Codes of Conduct
	Industry Specific (for example): R&D Spending	Industry Specific (for example): Product Recall
Environmental	Strategic: Environmental Charters	Strategic: Environmental Policy, Responsible Person for Environmental Issues
	Management: Environmental, Health and Safety Reporting, Environmental Profit and Loss Accounting	Management: Environmental Management System, Environmental Performance
	Industry Specific (for example): Eco-Design, Eco-efficient Products	Industry Specific (for example): Hazardous Substances, Environmental Liabilities
Social	Strategic: Stakeholder Involvement	Strategic: Social Policy, Responsible Person for Social Issues
	Management: Social Reporting, Employee Benefits, Employee Satisfaction, Remuneration	Management: Child Labor, Conflict Resolution, Equal Rights and non-discrimination, Occupational Health and Safety Standards, Layoffs/Freedom of Association, Standards for Suppliers
	Industry Specific (for example): Community Programs	Industry Specific (for example): Personnel Training in Developing Countries

Tab. 16: Corporate-Sustainability-Assessment-Criteria[270]

- Strategy/Sustainability Opportunities: Hier werden die dokumentierte Verpflichtung des Unternehmens auf Prinzipien nachhaltigen Wirtschaftens, ihre Verankerung in der Unternehmensplanung sowie die Verantwortung des Managements für die Umsetzung im Tagesgeschäft thematisiert.

- Management/Sustainability Opportunities: Hier werden Ansätze zur Motivation und Anerkennung der Mitarbeiter für Leistungen in Übereinstimmung mit den Prinzipien nachhaltigen Wirtschaftens betrachtet. Außerdem erfasst die Bewertung gesellschafts-, gesundheits-, sicherheits- und umweltbezogene Ziele des Unternehmens und ihre Bedeutung für Controlling und Steuerung. Schließlich werden Informations-, Wissensmanagement sowie die Nutzung und Steuerung strategischer Partnerschaften berücksichtigt.

270 Tab. aus Dow Jones Sustainability Group (2000c), S. 8, S. 10

- Industry Specific/Sustainability Opportunities: Die vorgenannten Bewertungsdimensionen werden durch sektorspezifische Aspekte ergänzt.
- Strategy/Sustainability Risks: Das Modell betrachtet die Bereiche Umwelt- und Risikomanagement, die Einhaltung von Umwelt- und Sozialstandards sowie die Entwicklung und Verankerung eines unternehmensbezogenen Verhaltenskodex, der z.B. Fragen von Bestechung und Korruption beinhaltet.
- Management/Sustainability Risks: Hier sind das Vorgehen bei und der Umfang der Auditierung von Managementsystemen in den Bereichen Gesundheit und Sicherheit sowie die Überwachung der Einhaltung von Sozialstandards angesprochen. Außerdem bewertet das Modell die Nutzung von Steuerungsinstrumenten wie Umweltbilanzen und Produktlebenszyklusanalysen. Die entsprechenden Angaben werden um Ergebnisse zu sozialen und umweltbezogenen Aspekten ergänzt, die z.B. in Daten und Informationen zu Strafen und Schadenersatzforderungen aufgrund von Verstößen gegen Gesetze und Vorschriften bestehen können.
- Industry Specific/Sustainability Risks: Die vorgenannten Bewertungsdimensionen werden auch hier durch sektorspezifische Aspekte ergänzt.

Methodisch erinnert die Bewertung an das Vorgehen beim Rating. Sie stützt sich einerseits auf die Auswertung eines Fragebogens[271] mit allgemeinen und branchenspezifischen Elementen sowie von Geschäftsberichten und Unterlagen zur Unternehmensstrategie. Andererseits schließt sie eine Analyse der Beziehungen zu relevanten Interessengruppen ein, die sich primär auf eine kontinuierliche Medienanalyse stützt.[272] Das Bewertungsergebnis liegt in numerischer Form vor und wird einem Branchenvergleichswert gegenübergestellt. Konkrete Aussagen zur Vorgehensweise liegen nicht vor, auch der publizierte und sehr detaillierte, aber wenig differenzierte Fragebogen lässt nur begrenzte Rückschlüsse zu. Das Verfahren ist primär auf eine externe Bewertung durch die Dow Jones Sustainability Group oder die SAM Sustainability Group zugeschnitten.

Nachhaltiges Wirtschaften beinhaltet nach dem hier zugrunde liegenden Verständnis die aktive Wahrnehmung der sozialen und gesellschaftlichen Unternehmensverantwortung, die Anerkennung und Berücksichtigung von Interessen der Mitarbeiter in unternehmerischen Entscheidungen, die Ausrichtung auf relevante Interessengruppen und schließlich Ergebnisorientierung aus Sicht der Anteilseigner. Die Ausrichtung am Prinzip der Nachhaltigkeit impliziert überdies eine starke Langfristorientierung in der Betrachtung. Insoweit werden die Effizienzkriterien der Organisation im Bewertungsmodell inhaltlich abgebildet (vgl. Tab. 17). Die Gliederung der Forderungen lässt eine weitgehende Abdeckung der vertikalen und horizontalen Strukturierungsdimensionen erkennen. Allerdings vermitteln die Kriterien durch ihre

---

271 Vgl. SAM Sustainability Group (2000)

272 Vgl. Dow Jones Sustainability Group (2000c), S. 8, S. 11

Struktur nur begrenzte Einsichten in Ursache-Wirkungszusammenhänge, die im Sinne einer systemischen Betrachtung gefordert wurden. Dennoch wird die Ableitung von Maßnahmen im Sinne der Entwicklungs- und Verbesserungsorientierung insbesondere durch den differenzierten Ausweis von Chancen und Risiken unterstützt. Aussagen zur prognostischen Validität liegen vor und werden später noch diskutiert (vgl. Kap. 3.4.6.2). Einschränkungen ergeben sich allerdings im Hinblick auf die Operationalität und Utilität der Bewertung, da kein Vorgehensmodell zur Durchführung vorliegt und die Kriterien auf die Nutzung im Rahmen eines externen Ratings zugeschnitten sind.

Forderung	Erfüllung
Abbildung der Effizienzkriterien	Verknüpfung finanzieller und nicht-finanzieller Elemente, Anknüpfung der Bewertung an die strategischen Ziele, Berücksichtigung aller relevanten, über das Selbstverständnis der Organisation determinierten Interessengruppen, Erfassung struktureller Aspekte
Ganzheitlichkeit	Erfassung der vertikalen und horizontalen Strukturierungsdimensionen sowie des elementübergreifenden Fits, allerdings keine Abbildung von Ursache-Wirkungszusammenhängen. in der Kriterienstruktur, Verknüpfung von Strukturen und Ergebnissen nur in Ansätzen
Entwicklungs- und Verbesserungsorientierung	Ableitung von Maßnahmen möglich und durch Branchenvergleich gestützt
Testgütekriterien	Güte des Bewertungsergebnisses in Abhängigkeit von der Gestaltung des Verfahrens, Objektivität und Validität des Ergebnisses grundsätzlich empirisch bestätigt
Utilität und Operationalität	Operationalität des Verfahrens in der praktischen Anwendung belegt, allerdings bislang auf eine externe Durchführung beschränkt, Nutzen bislang nicht empirisch belegt, aber plausibel

Tab. 17: Corporate-Sustainability-Assessment

3.3.3 Bewertung von Managementsystemen

In der Praxis weit verbreitete Bewertungsmodelle für Unternehmen entstammen internationalen Normen und Standards. Sie zeichnen sich gegenüber den bislang betrachteten Verfahren durch einen grundsätzlich anderen Zugang zur Bewertung aus: Ihre Forderungen beziehen sich formal nicht auf das gesamte Unternehmen, sondern auf die Gestaltung und Umsetzung eines (mitunter auf einzelne Funktionen ausgerichteten, themenzentrierten[273]) Managementsystems. Sie sind an dieser Stelle insofern relevant, als über ihre Forderungen die Fähigkeit eines Unternehmens bewertet wird, Leistungen gemäß vorgegebener Spezifikationen zu erstellen, Wünschen und Bedürf-

273 Vgl. Schwaninger (1994), S. 289

nissen der Kunden Rechnung zu tragen oder Fragen des Umweltschutzes, der Arbeitssicherheit etc. durch ein strukturiertes Vorgehen zu entsprechen. Damit bilden die Kriterienmodelle zumindest in Teilen die zuvor diskutierten Effizienzforderungen ab.

Obwohl im Detail in ihrer inhaltlichen Ausprägung unterschiedlich, verfolgen alle Kriterienmodelle daher das Ziel, strukturelle Elemente zur Sicherung der Leistungsfähigkeit dieses Managementsystems und damit allerdings mittelbar auch des gesamten Unternehmens zu definieren. In diesem Zusammenhang sind primär die Normen und Standards zum Qualitätsmanagement zu nennen, die in der Praxis bislang die größte Bedeutung erlangt haben (vgl. Kap. 3.3.3.1). Sie werden inzwischen durch vergleichbare Regelwerke für Umweltschutz, Gesundheit, Arbeitsschutz und -sicherheit ergänzt (vgl. Kap. 3.3.3.2). Die im Sinne einer gesamthaften Betrachtung von Unternehmen problematische Fokussierung der Modelle auf einzelne betriebliche Funktionsbereiche versuchen Integrationsmodelle zu überwinden, die weitere unternehmerische Funktionen einbeziehen (vgl. Kap. 3.3.3.3).

3.3.3.1 Qualitätsmanagement

Die Diskussion über Normen und Standards wird durch entsprechende Regelwerke zum Qualitätsmanagement dominiert. Sie haben die Diskussion zur Normung oder Standardisierung von Managementsystemen angestoßen. Hier dominieren die DIN EN ISO 9000 ff. (vgl. Kap. 3.3.3.1.1), außerdem die automobilspezifischen Standards QS 9000 und VDA 6.1, die in absehbarer Zeit im gemeinsamen Modell der ISO TS 16949 aufgehen werden (vgl. Kap. 3.3.3.1.2).

3.3.3.1.1 DIN EN ISO 9000 ff.

Die Normenreihe DIN EN ISO 9000 ff. enthält Empfehlungen zur zweckmäßigen Ausgestaltung eines Qualitätsmanagementsystems, die auf weltweit gesammelte Erfahrungen zurückgreifen.[274] Sie decken sich damit in ihrer originären Zielsetzung zunächst nicht mit dem hier zugrunde gelegten Bewertungsverständnis. Allerdings weisen die Forderungen der Normenreihe insbesondere nach der letzten Überarbeitung in Teilen über das Qualitätsmanagement im engeren Sinne hinaus und erfassen Aspekte der Unternehmensplanung, der Kundenorientierung etc. Überdies bedienen sich Unternehmen eines Qualitätsmanagementsystems, um die Erstellung ihrer marktgängigen Leistungen zu steuern. Insoweit beziehen sich die Forderungen der Normenreihe DIN EN ISO 9000 ff. auf strukturelle Voraussetzungen zur systematischen Erfüllung von Kundenanforderungen. Sie decken somit die zuvor beschriebenen Effizienzkriterien materiell zumindest teilweise ab: Die Erfüllung der

274 Vgl. Geiger (1994), S. 49; Russell (2000), S. 657; Schwaninger (1994), S. 291

Normforderungen soll die Fähigkeit eines Unternehmens dokumentieren, Produkte und Dienstleistungen gemäß einer Spezifikation zu erstellen.[275]

Der inzwischen erreichte hohe Verbreitungsgrad[276] lässt die Normenreihe zu einem standardisierten Instrument zur Bewertung der Leistungsfähigkeit (i.S.v. Qualitätsfähigkeit) eines Unternehmens werden. Sie stellt damit eines der am weitesten verbreiteten Modelle für die Gestaltung von Qualitätsmanagementsystemen dar:[277] In Europa sind mittlerweile fast 200.000 Unternehmen zertifiziert, weltweit nahezu 350.000.[278] Vermutlich haben fünf- bis zehnmal mehr Organisationen ein Qualitätsmanagementsystem eingeführt, das sich in seinem Aufbau an die Normenreihe anlehnt, ohne sich dem Prozess der Zertifizierung zu unterziehen. Die weitere Verbreitung wird u.a. dadurch unterstützt, dass der Zwang zur Zertifizierung von industriellen Kunden über ihre direkten an die indirekten Zulieferer weitergegeben wird und so inzwischen nahezu alle Unternehmen erfasst.

Die Forderungen der Normenreihe DIN EN ISO 9000 ff. beziehen sich nicht unmittelbar auf die Produktqualität. Sie betreffen vielmehr die Voraussetzungen, um zu gewährleisten, dass das tatsächlich erreichte Qualitäts- bzw. Anspruchsniveau der Produkte oder Dienstleistungen mit vertraglichen Vereinbarungen übereinstimmt. Die Elemente der Norm beschreiben damit die Qualitätsfähigkeit eines Unternehmens.[279] Eine Zertifizierung, d.h. der Nachweis der Forderungserfüllung durch einen neutralen Dritten, erlaubt die Erfüllung von Darlegungspflichten gegenüber Kunden. Sie schafft Vertrauen in die Fähigkeit eines Unternehmens, Produkte und Dienstleistungen in Übereinstimmung mit vereinbarten Spezifikationen und in konstanter Qualität herzustellen.[280] Ein Zertifikat beinhaltet damit jedoch noch keine Aussagen zum tatsächlich erreichten Qualitätsniveau nach traditionellem Verständnis. Die Normenreihe im engeren Sinne stützt sich auf folgende Einzelnormen:[281]

- DIN EN ISO 9000 enthält grundlegende Gedanken und Begriffe zum Qualitätsmanagement.[282]
- DIN EN ISO 9001 definiert die konkreten Anforderungen an die Ausgestaltung eines Qualitätsmanagementsystems.[283] Sie bildet die Grundlage einer Zertifizierung. Die Umsetzung der hier spezifizierten Normelemente soll die Fähigkeit

275 Vgl. Conti (1999b), S. 455

276 Vgl. Graebig (2000), S. 2; o.V. (2001b), S. 4

277 Vgl. Seghezzi (1996), S. 204

278 Vgl. ISO (2000), S. 11-14; Scheiber (1998), S. 6

279 Vgl. Kolleck (1995), S. 939; Russell (2000), S. 659

280 Vgl. Buchner (1994), S. 398

281 Vgl. Graebig (2000), S. 3; Pfitzinger (2000), S. 7

282 Vgl. DIN EN ISO 9000 : 2000-12

283 Vgl. DIN EN ISO 9001 : 2000-12

eines Unternehmens bedingen, Produkte in Übereinstimmung mit relevanten Qualitätsforderungen herzustellen.[284]

- DIN EN ISO 9004 ist der Realisierung eines kontinuierlichen Verbesserungsprozesses gewidmet.[285] Sie impliziert insoweit die zuvor thematisierte Verbesserungsorientierung des Bewertungskonzepts (vgl. Kap. 3.2.2). Allerdings ist diese Einzelnorm explizit nicht zertifizierungsrelevant.

Die Normenreihe DIN EN ISO 9000 ff. basiert auf acht sog. Grundsätzen des Qualitätsmanagements. Sie beinhalten Kundenorientierung, Führung, die Einbeziehung der Personen (primär der Mitarbeiter), einen prozessorientierten Ansatz, einen systemorientierten Managementansatz, ständige Verbesserung, einen sachbezogenen Ansatz zur Entscheidungsfindung (im Sinne von Management by Fact[286]) sowie Lieferantenbeziehungen zum gegenseitigen Nutzen.[287] Auf diesem konzeptionellen Grundverständnis beruhen die konkreten Forderungen der Normenreihe, die in einen prozessorientierten Ansatz zu integrieren sind.[288] Sie werden in der Einzelnorm DIN EN ISO 90001 zusammengefasst und stützen sich inhaltlich auf vier Themenbereiche (vgl. Abb. 7):[289]

- Die "Verantwortung der Leitung" umfasst in einem ersten Schritt die durchgängige Bewusstseinsbildung und Sensibilisierung für die Erfüllung von Kundenanforderungen. Dazu dienen die Formulierung einer Qualitätspolitik sowie eine dieser nachgeordnete Planung.[290] Die Norm ordnet die Verantwortung für eine strukturierte Erhebung von Kundenwünschen, ihre Übersetzung in interne Spezifikationen sowie die Sicherstellung ihrer Realisierung in Produkten und Dienstleistungen der Unternehmensleitung zu. Außerdem werden Forderungen an die Festlegung von Handlungs- und Entscheidungskompetenzen, an die Dokumentation von Strukturen und Abläufen sowie an die regelmäßige Überprüfung der Wirksamkeit des Managementsystems aufgestellt.[291]

- Das "Management der Mittel" bezieht sich zum einen auf personelle Ressourcen, d.h. auf die Mitarbeiter einer Organisation.[292] Damit sind im Wesentlichen eine systematische Ermittlung von Schulungsbedarfen, die stringente Umsetzung in Maßnahmen der Personalentwicklung sowie eine Bewertung ihrer Wirksamkeit gemeint. Zum anderen werden die Pflege, Verwaltung und Verarbeitung von

---

284 Vgl. Graebig (2000), S. 3

285 DIN EN ISO 9004 : 2000-12

286 Vgl. Jung (1990), S. 181; Scheiber (1998), S. 5 f.; .Zink (1998), S. 60

287 Vgl. DIN EN ISO 9000 : 2000-12, S. 6 f.

288 Vgl. DIN EN ISO 9004 : 2000-12, S. 9 f.

289 Vgl. Pfitzinger (2000), S. 27

290 Vgl. DIN EN ISO 9001 : 2000-12, S. 20-22; DIN EN ISO 9004 : 2000-12, S. 20-33

291 Vgl. Pfitzinger (2000), S. 29-32; Scheiber (1998), S. 33-37

292 Vgl. DIN EN ISO 9001 : 2000-12, S. 22 f.; DIN EN ISO 9004 : 2000-12, S. 33-41

Informationen einschließlich der Bereiche Datenschutz und Zugriffsverwaltung angesprochen. Schließlich ist die Nutzung des Umlauf- und Anlagevermögens relevant. Sie bezieht sich auf infrastrukturelle Aspekte der Leistungserstellung einschließlich der Gestaltung von Arbeitsplatz und Arbeitsumgebung.[293]

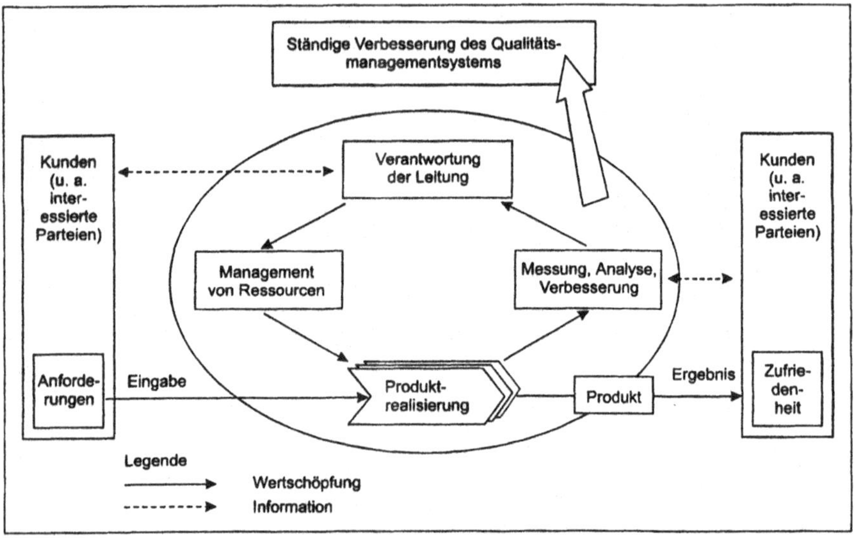

Abb. 7: Prozessorientierung der ISO 9000 ff.[294]

- "Produktrealisierung" beschreibt die Kernbereiche der Leistungserstellung. Diese umfassen die systematische Ermittlung von Kundenanforderungen, den Abgleich von Marktanforderungen mit eigenen Fähigkeiten, die Umsetzung in Produkte und Dienstleistungen über Design und Entwicklung und schließlich die Leistungserstellung i.e.S., die sich auf die Bereiche Produktion und Auftragsbearbeitung konzentriert.[295] Darüber hinaus ist die Kommunikation mit den Kunden im Sinne eines Beziehungsmanagements eingeschlossen.[296] Die Norm enthält keine konkreten Vorschriften zur Ausgestaltung der Geschäftsprozesse; sie trägt damit der Vielfalt im Unternehmens- und Organisationsspektrum Rechung.[297]

- "Messung, Analyse und Verbesserung" als weiteres Themenfeld bezieht sich auf die Implementierung eines kontinuierlichen Verbesserungsprozesses.[298] Dieser

293 Vgl. Pfitzinger (2000), S. 31 f.; Scheiber (1998), S. 37 f.

294 Abb. aus DIN EN ISO 9000 : 2000-12, S. 11

295 Vgl. DIN EN ISO 9001 : 2000-12, S. 23-30; DIN EN ISO 9004 : 2000-12, S. 41-62

296 Vgl. Pfitzinger (2000), S. 32-34; Scheiber (1998), S. 39-45

297 Vgl. Scheiber (1998), S. 8

298 Vgl. DIN EN ISO 9001 : 2000-12, S. 30-34; DIN EN ISO 9004 : 2000-12, S. 63-80

stützt sich auf statistische Verfahren und muss präventive Maßnahmen zur Fehlerverhütung beinhalten. Eine regelmäßige Bewertung der Wirksamkeit ist ein weiterer wesentlicher Forderungsinhalt in diesem Zusammenhang. Anregungen und Anstöße für Verbesserungen gehen auf eine regelmäßige Erhebung der Kundenzufriedenheit sowie auf eine kontinuierliche Bewertung und Überprüfung von Prozessen zurück.[299] Diese Inhalte werden in der DIN EN ISO 9004 weiter vertieft, die gänzlich dem Ziel der Leistungsverbesserung gewidmet ist.

Damit deckt die Norm wesentliche Teile der Anforderungen an die Bewertung von Organisationen ab. Ihre Verbesserungsorientierung wird in der gegenüber früheren Fassungen erheblich ausgebauten Forderung nach kontinuierlicher Weiterentwicklung etablierter Strukturen und Abläufe deutlich. Die Operationalität der Norm ist angesichts des Umfangs ihrer Anwendung bzw. der praktischen Bedeutung der Zertifizierung sowie dokumentierter Erfahrungen von Unternehmen als gegeben anzusehen. Die Utilität bleibt hingegen umstritten; der über Zertifizierunganforderungen institutioneller Kunden begründete Umfang der Nutzung deutet jedoch zumindest im Hinblick auf die Gestaltung von Kunden-Lieferanten-Beziehungen auf positive Nutzenerwartungen der Praxis hin.[300] Defizite bestehen insbesondere im Hinblick auf die Ganzheitlichkeit des Ansatzes, die beispielsweise eine strategiekonforme Strukturgestaltung beinhaltet. Zwar wurde die enge Kundenorientierung früherer Fassungen der Normenreihe insbesondere in den Ausführungen der DIN EN ISO 9004 zugunsten einer breiteren Stakeholder-Perspektive[301] aufgegeben. Dennoch bleiben die Forderungen von einer wirklich umfassenden Betrachtung wesentlicher Interessengruppen im Sinne der für die Bewertung geforderten Abbildung organisationaler Effizienzkriterien nach wie vor entfernt.[302] Eine Leistungsbewertung auf Basis der DIN EN ISO 9000 ff. ist überdies generell mit Problemen behaftet:[303]

- Der Nutzen der Normanwendung wird häufig durch die einseitige Ausrichtung auf die Zertifizierung eingeschränkt.[304] Die angestrebte Erfüllung lediglich der Minimalanforderungen der jeweiligen Darlegungsnorm entspricht nicht der Zielsetzung des Ansatzes und führt demzufolge - trotz u.U. erfolgreicher Zertifizierung - auch nicht zur Verwirklichung eines dem Geiste der Norm entsprechenden Qualitätsmanagementsystems.[305] Die primär betrachtete Funktion zur

299 Vgl. Pfitzinger (2000), S. 34 f.; Scheiber (1998), S. 45-55

300 Vgl. Conti (1999b)

301 Vgl. DIN EN ISO 9000 : 2000-12, S. 6; DIN EN ISO 9004 : 2000-12, S. 8, S. 71 f.; Conti (1999b), S. 461; Zorn (2000), S. 2.4

302 Vgl. Conti (1999b), S. 458; o.V. (2001b), S. 4; Russell (2000), S. 658 f.; Zink/Voß/Reuter (2001)

303 Vgl. Zink/Voß (1997), S. 29 f.

304 Vgl. Conti (1999b), S. 461; Felix/Pischon/Riemenschneider/Schwerdtle (1997), S. 9; Kamiske/Malorny/Michael (1994), S. 1216; Pfitzinger (2000), S. 8, S. 17

305 Vgl. Liesegang/Pischon (1999), S. 140

Gestaltung, kontinuierlichen Verbesserung und Steuerung von Organisationen bleibt davon jedoch weitgehend unberührt.

- Zum anderen bleibt das Verständnis der Normelemente und -inhalte verbesserungsfähig.[306] Das Problem der Umsetzung einzelner Elemente in einheitliche Maßstäbe und der Festlegung eindeutiger Kriterien für Erfüllung und Nichterfüllung ist bislang nicht vollständig gelöst.[307] Durch die Verwendung unterschiedlicher Beurteilungsraster wird die Bewertung subjektiv, die Auditierung abhängig vom jeweiligen Bewerter oder Zertifizierer.[308] Dieses Defizit betrifft weniger die o.g. Steuerungsfunktion, beeinflusst jedoch deutlich die Erfüllung der Testgütekriterien. Beide Aspekte beziehen sich primär auf das Bewertungsverfahren, werden erst in zweiter Linie über die Bewertungsforderungen der Normenreihe begründet.
- Anders verhält es sich mit den gravierenderen, weil generellen Zweifeln an der Aussagekraft der Zertifikate.[309] Sie beziehen sich unmittelbar auf die grundsätzliche Wirksamkeit der Modellforderungen. Einige Autoren vertreten die Position, die Zertifizierung bescheinige die Funktions- und Qualitätsfähigkeit des Qualitätsmanagementsystems, andere wenden ein, sie bestätige lediglich die Konformität mit den Normanforderungen.[310] Kritik entzündet sich an der Techniklastigkeit der Norm[311] sowie an der engen Ausrichtung auf eine spezifikationskonforme Erstellung von Produkten und Dienstleistungen. Diese greife zu kurz, um Kundenorientierung zu gewährleisten.[312]

Insbesondere die Diskussion über die Aussagekraft der Zertifizierung weckt Zweifel an der Eignung der Normenreihe als wirksames Konzept zur Gestaltung und Steuerung von Organisationen. Die skizzierten inhaltlichen Bedenken gegenüber den Forderungen der DIN EN ISO 9000 ff. werden durch Kritik am hohen Aufwand für die erforderliche Dokumentation von Strukturen und Abläufen zusätzlich gestärkt.[313] Dennoch illustrieren Erfahrungen der Praxis positive Effekte der Normanwendung, die sich beispielsweise aus dem Strukturierungszwang für betriebliche Abläufe ergeben.[314] Der zugehörige Forderungskatalog ist als Bewertungsinstrument daher insofern potentiell relevant, als er häufig herangezogen wird, um die Leistungsfähigkeit eines Unternehmens zu bewerten, das in einem Zulieferer-Abnehmer-Verhältnis steht.

---

306 Vgl. Faßhauer (1995), S. 180; Pfitzinger (2000), S. 8 f.

307 Vgl. Bläsing (1992), S. 21

308 Vgl. Chynoweth (1992)

309 Vgl. Conti (1999b), S. 456; Liesegang/Pischon (1999), S. 138; Malorny/Kassebohm (1994), S. 245

310 Vgl. Ehrhart (1996), S. 50

311 Vgl. Scheiber (1998), S. 7; Zorn (2000), S. 2.3

312 Vgl. Liesegang/Pischon (1999), S. 138 f.; Pfitzinger (2000), S. 9 f.

313 Vgl. Conti (1999b), S. 456; Liesegang/Pischon (1999), S. 138

314 Vgl. Liesegang/Pischon (1999), S. 139

Die Bewertung fokussiert in dieser Situation auf die Fähigkeit eines Lieferanten, Produkte und Dienstleistungen gemäß einer vorgegebenen Spezifikation zu erstellen. Sie ist in dieser Zielsetzung allerdings auf die Kundenperspektive eingegrenzt,[315] andere Interessengruppen wie Mitarbeiter, Anteilseigner und die Gesellschaft spielen nur eine untergeordnete Rolle. Insoweit ist kritisch zu prüfen, inwieweit die Normenreihe dem gestellten Anspruch einer Berücksichtigung aller wesentlichen Stakeholder gerecht werden kann (vgl. Tab. 18).[316] Auch die Beschränkung oder zumindest starke Konzentration auf Fragen des Qualitätsmanagements birgt Probleme, da sie eine vollständige Abbildung aller Bereiche des Unternehmens verhindert. Insoweit wird insbesondere der vertikale Fit, d.h. die Harmonisierung der normativen, strategischen und operativen Ebene, weitgehend ausgeblendet. Die Verwendung der DIN EN ISO 9000 ff. als Grundlage eines ganzheitlichen Bewertungsmodells scheitert daher weniger an den skizzierten Problemen der Praxis als konzeptionell an der fehlenden Ganzheitlichkeit des Betrachtungsansatzes. Inwieweit eine Ergänzung um weitere funktionsbezogene Managementsysteme z.B. im Hinblick auf Umweltschutz, Arbeitsschutz und Sicherheit sowie deren in der Norm explizit gewünschte Integration[317] hier Abhilfe schaffen kann, wird später untersucht.

Forderung	**Erfüllung**
Abbildung der Effizienzkriterien	Aussagen zur Binneneffizienz umstritten, starke Ausrichtung auf die Kunden-Lieferanten-Perspektive, nur bedingte Berücksichtigung weiterer Gruppen
Ganzheitlichkeit	Betrachtung struktureller Elemente, weitgehende Ausblendung von Ergebnissen, nur bedingte Abdeckung der Strukturierungsdimensionen
Entwicklungs- und Verbesserungsorientierung	Ableitung von Maßnahmen aus dem Bewertungsergebnis bedingt möglich, jedoch nur begrenzte Unterstützung kontinuierlicher Verbesserung
Testgütekriterien	Objektivität durch die Standardisierung und Transparenz des Verfahrens grundsätzlich anerkannt, jedoch in der Praxis durch die Abhängigkeit von der Auditierungs- bzw. Zertifizierungsgesellschaft eingeschränkt, Validität umstritten
Utilität und Operationalität	Operationalität des Verfahrens durch breite Anwendung in der Praxis belegt, Nutzen umstritten und auf Kunden-Lieferanten-Beziehungen beschränkt

Tab. 18: Bewertung nach DIN EN ISO 9000 ff.

[315] Vgl. Pfitzinger (2000), S. 28; Russell (2000), S. 658 f.

[316] Vgl. Zink/Voß/Reuter (2001)

[317] Vgl. DIN EN ISO 9000 : 2000-12, S. 15, S. 17; DIN EN ISO 9004 : 2000-12, S. 12

3.3.3.1.2 VDA 6.1, QS 9000 und ISO TS 16949

In der Automobilindustrie entstanden frühzeitig branchenspezifische Standards in den USA und Europa. Für Deutschland sind hier insbesondere die QS 9000 und die VDA 6.1 von Bedeutung. Letztere steht unter dem Titel "QM-Systemaudit - Materielle Produkte". Sie wird vom Verband der Automobilindustrie e.V. herausgegeben. An ihrer Entstehung haben alle großen deutschen Automobilhersteller sowie namhafte Zulieferer der Automobilindustrie mitgewirkt.[318] Die VDA 6.1 wird durch sieben weitere Teile zu anderen Auditarten ergänzt. Gemeinsam beschreiben sie den "Qualitätsstandard der deutschen Automobilindustrie (VDA 6)".[319] Abb. 8 zeigt Zusammenhänge zwischen den verschiedenen Teilen und den Aufbau des Gesamtstandards.

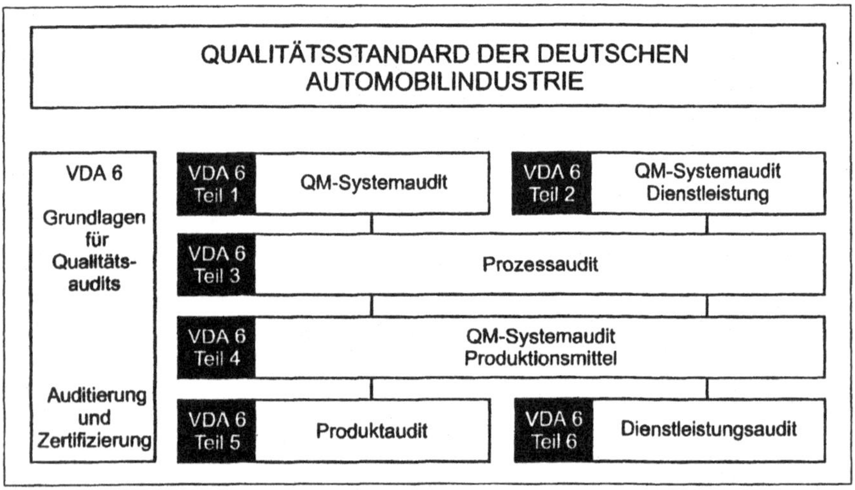

Abb. 8: VDA 6 – Qualitätsstandard der deutschen Automobilindustrie[320]

Die VDA 6.1 enthält einen Fragenkatalog, der die wesentlichen Elemente der DIN EN ISO 9000 ff. abdeckt. Er ist gegliedert in die Bereiche "Unternehmensführung" sowie "Produkt und Prozess". Dadurch wird verdeutlicht, dass "Qualitäts- und Qualitätsmanagementprobleme ... überwiegend nicht rein technischer Art, sondern häufig management-, organisations- und strukturbedingt"[321] sind. Technische Aspekte, d.h. Anforderungen an die Qualitätssicherung im traditionellen Sinn, werden über 88 Fragen zu Produkten und Prozessen abgedeckt, weitere 36 Fragen zur Unternehmensführung spiegeln die übrigen Facetten des Qualitätsmanagements nach dem

318 Vgl. VDA (1998), S. 8

319 Vgl. VDA (1998), S. 7

320 Abb. aus VDA (1998), S. 7

321 VDA (1998), S. 6

Verständnis der Normenreihe DIN EN ISO 9000 ff. wider. Neben den Kriterien der DIN-Normen sind im Rahmen verschiedener Überarbeitungen des Fragenkatalogs auch Elemente aus der QS 9000 sowie Erfahrungen aus der Praxis der Automobilindustrie eingeflossen. Diese führten zur Entwicklung zusätzlicher Fragen, denen keine entsprechenden Elemente der DIN EN ISO 9000 ff. zugrunde liegen. Inhaltliche Erweiterungen betreffen insbesondere Aspekte der Unternehmensstrategie, finanzielle Auswirkungen, Produktsicherheit sowie Prozessplanung und Entwicklung.[322]

Die Beurteilung des QM-Systems wird durch einen Beauftragten des Kunden durchgeführt (Second-Party-Audit), daneben ist auch die Zertifizierung durch einen unabhängigen Dienstleister (Third-Party-Audit) möglich.[323] Die Bewertung der Fragen folgt einem zweidimensionalen Schema:[324] Zunächst wird geprüft, ob die in der Frage angesprochenen Inhalte in der Praxis wirksam nachgewiesen sind. Außerdem geht in die Beurteilung ein, inwieweit sie im QM-System vollständig festgelegt sind. Tab. 19 zeigt, zu welchen Punktzahlen die Ausprägungen der Bewertungsmerkmale führen.

Die Ableitung einer quantitativen Gesamtbeurteilung folgt einem mehrstufigen Schema.[325] Zunächst wird auf Basis der für ein Element des Qualitätsmanagementsystems zutreffenden Fragen ein Erfüllungsgrad ermittelt. Er errechnet sich aus dem Anteil der erzielten Punkte an der Maximalpunktzahl. Anschließend werden die elementbezogenen Erfüllungsgrade auf Ebene der beiden Auditteile "Unternehmensführung" sowie "Produkt und Prozess" aggregiert. Dazu wird das arithmetische Mittel über die jeweiligen Elemente errechnet. Als Gesamterfüllungsgrad gilt dann das gewichtete Mittel ("Unternehmensführung": 33 %, "Produkt und Prozess": 66 %) der Erfüllungsgrade der Auditteile. Er führt zur Ableitung einer Gesamtbewertung, die eine Leistungsklassifikation des Unternehmens beinhaltet.

Fragengegenstand	**Bewertung der Antworten**				
Im QM-System vollständig festgelegt	ja	nein	ja	nein	ja/nein
In der Praxis wirksam nachgewiesen	ja		überwiegend		nein
Punktanzahl	10	8	6	4	0

Tab. 19: Bewertungsschema der VDA 6.1[326]

Parallel zur VDA 6.1 in Europa wurde in den USA das konkurrierende Regelwerk der QS 9000 entwickelt. Die Federführung lag bei den drei großen amerikanischen Automobilherstellern Chrysler, Ford und General Motors ("The Big Three"). Außer-

322 Vgl. Zink/Voß (1997), S. 41

323 Vgl. VDA (1998), S. 14

324 Vgl. VDA (1998), S. 20

325 Vgl. VDA (1998), S. 21-26

326 Tab. aus VDA (1998), S. 21

dem gehören zu den Mitbegründern Opel in Deutschland, die britische GM-Tochter Vauxhall, einige Nutzfahrzeughersteller sowie Toyota in Australien. Die QS 9000 steht unter dem Titel "Quality System Requirements QS-9000"[327]. Sie harmonisiert die qualitätsrelevanten Forderungen der genannten Hersteller und ersetzt deren spezifische Regelwerke.[328] Die Parallelität der Entwicklung deutet auf inhaltliche Analogien zwischen VDA 6.1 und QS 9000 im Hinblick auf die enthaltenen Forderungen sowie die verfolgten Ziele hin, die durch eine detaillierte Gegenüberstellung bestätigt werden. Weitere Belege liefert die Tatsache, dass Teile der QS 9000 bei der letzten Überarbeitung Eingang in den Fragenkatalog der VDA 6.1 gefunden haben und dass Bemühungen zur wechselseitigen Anerkennung der Zertifikate bestehen.[329]

Inhaltlich gliedert sich die QS 9000 in zwei Sektionen: Der erste Teil baut auf den zwanzig Elementen der DIN EN ISO 9001 in der Fassung von 1994 auf und ergänzt bzw. erweitert diese.[330] Hier werden insbesondere sektorspezifische Forderungen der Automobilindustrie integriert. Diese enthalten organisatorische Kriterien im Hinblick auf die Freigabe von Produkten, den kontinuierlichen Verbesserungsprozess sowie die Prozessfähigkeit von Produktionsanlagen.[331] Die QS 9000 geht hier in einer Reihe von Punkten über den Inhalt der Normenreihe DIN EN ISO 9000 ff. hinaus: Zunächst ist ein Geschäftsplan zu entwickeln, der kurz- und langfristige Qualitätsziele beinhaltet. Er stützt sich auf die Untersuchung und Prognose der Kundenerwartungen und auf einen Vergleich mit dem Wettbewerb. Das Unternehmen muss systematisch die Kundenzufriedenheit bestimmen und die eigenen Leistungen im Vergleich zum Wettbewerb dokumentieren. Die Entwicklungsabteilung muss angemessene Kompetenzen im Hinblick auf bestimmte Qualitätstechniken nachweisen.[332] Zur Prozesslenkung sind wesentliche Steuerungsparameter zu erfassen; die Erfüllung des Geschäftsplans, die Einhaltung von Kundenforderungen sowie Umwelt- und Sicherheitsauflagen sind nachzuweisen.[333] Außerdem enthält die QS 9000 die weitergehende Verpflichtung des Lieferanten, die Forderungen des anschließend beschriebenen PPAP-Handbuchs (Production-Part-Approval-Process) zu erfüllen. Die Norm legt darin fest, dass der Lieferant für die Qualität aller von ihm beschafften Produkte und Dienstleistungen gegenüber dem Kunden verantwortlich ist.[334] Außerdem wird die Bedeutung des kontinuierlichen Verbesserungsprozesses unterstrichen. Der zweite Teil enthält kunden-

---

327 Vgl. QS 9000 (1998a)

328 Vgl. Reddish (1995), S. 104; Zink/Voß (1997), S. 31

329 Vgl. Brakhahn (1996), S. 638

330 Vgl. Hinz/Wanke (1995), S. 43

331 Vgl. Brakhahn (1996), S. 637

332 Vgl. QS 9000 (1998a), S. 11 f.; S. 12, S. 23

333 Vgl. QS 9000 (1998a), S. 34-38

334 Vgl. QS 9000 (1998a), S. 49

spezifische Forderungen und erschöpft sich im Wesentlichen in Kennzeichnungsbestimmungen sowie im Verweis auf besondere Verfahrens- und Prüfanweisungen.[335]

Ein Unternehmen ist über die Forderungen der QS 9000 verpflichtet, eine Termintreue von 100 % zu erreichen. Bei Abweichungen sind geeignete Gegenmaßnahmen einzuleiten. Überdies ist ein System einzuführen, um dem Kunden Lieferungen zum Zeitpunkt des Versands anzuzeigen (Übermittlung von ASNs – Advance-Shipping-Notifications). Die QS 9000 betrifft überdies nicht nur das auditierte oder zertifizierte Unternehmen selbst, sondern greift auch in das Verhältnis zu dessen Zulieferern ein: Unterauftragnehmer müssen durch den Kunden zugelassen werden und sind in die Qualitätsentwicklung einzubeziehen.[336]

Insgesamt wird deutlich, dass die QS 9000 die Stellung des Kunden erheblich stärkt; die Verpflichtung, seine Zustimmung einzuholen, betrifft nicht nur das Verhältnis zwischen Lieferant und Kunden selbst, sondern berührt darüber hinaus zahlreiche Aspekte in der Beziehung zwischen Lieferant und Unterauftragnehmern. Die unterzeichnenden Unternehmen haben daher über die QS 9000 ihren Einflussbereich erheblich ausgedehnt und können auch auf ihre indirekten Zulieferer einwirken.[337] In Ergänzung zur eigentlichen QS 9000 wurde eine Reihe von Handbüchern entwickelt:

- Das Handbuch Quality-System-Assessment (QSA) stellt einen Fragenkatalog zur Verfügung, der verwendet werden kann um nachzuweisen, dass die Forderungen der QS 9000 erfüllt werden. Gleichzeitig werden Hinweise zum Vorgehen bei der Auditierung und Zertifizierung gegeben, die eine Dokumentenanalyse sowie einen Firmenbesuch einschließen.[338]
- Die Unterlagen zum Production-Part-Approval-Process (PPAP) enthalten Richtlinien zur Produktions- und Produktfreigabe, die das Vorgehen zur Prüfung und zur Freigabe festlegen.[339]
- Der Advanced-Product-Quality-Planning-and-Control-Plan (APQP) beinhaltet Richtlinien zur Qualitätsplanung und -steuerung und bezieht sich sowohl auf die Herstellung materieller Produkte als auch auf die Erbringung von Dienstleistungen. Er legt das grundsätzliche Vorgehen von der Ermittlung der Kundenwünsche bis zum Prozessmanagement in der Fertigung, der Ermittlung der Kundenzufriedenheit und der Auslösung von Verbesserungsmaßnahmen fest.[340]
- Die Broschüre zur Statistical-Process-Control (SPC) beschreibt die Grundlagen der statistischen Prozessregelung. Sie enthält einen kurzen Überblick über die

335 Vgl. QS 9000 (1998a), S. 60-79

336 Vgl. Hinz/Wanke (1995), S. 41 f.; QS 9000 (1998a), S. 30

337 Vgl. Zink/Voß (1997), S. 37

338 Vgl. QS 9000 (1998b)

339 Vgl. QS 9000 (2000)

340 Vgl. QS 9000 (1995a)

mathematischen Grundlagen sowie die Einsatzmöglichkeiten in der Praxis.[341] Ein Handbuch zur Potential-Failure-Mode-and-Effects-Analysis (FMEA) stellt Einsatzbedingungen und Vorgehen zur Design- und Prozess-FMEA dar.[342] Schließlich vermittelt der Leitfaden zur Measurement-Systems-Analysis (MSA) Grundlagen und Verfahren der Messmittelfähigkeitsuntersuchung.[343]

Über die ergänzenden Leitfäden stellt die QS 9000 dem Anwender ein breites Repertoire von Instrumenten und Werkzeugen zur Verfügung, die ihn bei Qualitätssicherung und –management unterstützen können. Durch die Verweise aus der Norm auf die Handbücher wird der sachgerechte Einsatz der Verfahren gleichzeitig verbindlich und sichert so die Qualität von Produkten und Dienstleistungen.[344]

Beide Standards, VDA 6.1 wie QS 9000, zeigen deutlich die Handschrift der Automobilindustrie. Ihre branchenunabhängige Anwendung ist dadurch mit erheblichen Schwierigkeiten belegt. Zwar führt die inhaltliche Ergänzung zu einer verbesserten Ausrichtung auf Kundenbedürfnisse; weitere Anspruchsgruppen, die im Sinne einer ganzheitlichen Betrachtung anzusprechen wären, werden jedoch weitgehend ausgeblendet. Auch die inhaltlichen Bedenken gegenüber der DIN EN ISO 9000 ff. im Hinblick auf die Aussagekraft der Zertifizierung und insbesondere auf die funktionale Spezialisierung werden nicht grundsätzlich ausgeräumt. Insoweit werden die Defizite bei der Erfüllung der Forderung nach einem ganzheitlichen Bewertungsansatz durch die skizzierten inhaltlichen Erweiterungen nicht überwunden. Damit können weder VDA 6.1 noch QS 9000 als Grundlage zur Konzeption eines ganzheitlichen Bewertungsmodells herangezogen werden (vgl. Tab. 20).

Die parallele Entwicklung der VDA 6.1 und der QS 9000, die inhaltlich weitgehend deckungsgleich sind, formal und damit im Hinblick auf die Dokumentations- und Nachweispflichten aber erhebliche Unterschiede aufweisen, hat zu hohen Belastungen insbesondere der Automobilzulieferer geführt. I.d.R. ist eine Mehrfachauditierung bzw. –zertifizierung erforderlich, die mit einer erheblichen Bindung finanzieller und personeller Ressourcen verbunden ist. Daher haben die International Organization for Standardization (ISO) und die Automobilverbände der USA (AIAG), Deutschlands (VDA), Frankreichs (CCFA, FIEV), Großbritanniens (SMMT Ltd.) sowie Italiens (ANFIA) in Zusammenarbeit mit den Herstellern DaimlerChrysler, Ford und General Motors, die für die Entwicklung der QS 9000 verantwortlich zeichnen, das gemeinsame Regelwerk ISO TS 16949 vorgelegt.[345]

Die Autoren führen aus: "Ziel dieser Technischen Spezifikation ist die Entwicklung eines umfassenden Qualitätsmanagementsystems ... , durch welches kontinuierliche

[341] Vgl. QS 9000 (1995b)

[342] Vgl. QS 9000 (1995c)

[343] Vgl. QS 9000 (1998c)

[344] Vgl. Zink/Voß (1997), S. 39

[345] Vgl. VDA (1999)

Verbesserung, Betonung der Fehlervorbeugung sowie Verringerung von Streuung und Verschwendung in der Lieferkette erreicht wird. ... Diese Technische Spezifikation vereint die weltweit existierenden Forderungen der Automobilindustrie an Qualitätsmanagementsysteme. Hierdurch werden Mehrfachzertifizierungen vermieden."[346] Inhaltlich basiert das Regelwerk nicht auf der zuvor beschriebenen aktuellen Fassung der Normenreihe DIN EN ISO 9000 ff., sondern auf der Version von 1994, die um branchenbezogene Forderungen erweitert wird. Die Inhalte werden unter dem Titel "Quality System Assessment" in einem Fragenkatalog zur Auditierung und Zertifizierung umgesetzt.[347]

Ein Teil der Forderungen bezieht sich auf die Sicherstellung und ständige Verbesserung von Produkten und Leistungen des Unternehmens. So muss ein systematisches Vorgehen zur kontinuierlichen Verbesserung implementiert werden. Die Qualitätspolitik des Unternehmens ist durch konkrete Messgrößen zu untermauern.[348] Außerdem ist ein Geschäftsplan mit einem Zeithorizont von drei Jahren zur Umsetzung von Kundenerwartungen vorzulegen.[349]

Die Forderungen der ISO TS 16949 tragen zu einer deutlichen Stärkung der Kundenposition bei. So muss ein Unternehmen ein systematisches Vorgehen zur Messung der Kundenzufriedenheit implementieren;[350] außerdem ist ein Mitarbeiter zu benennen, der Kundeninteressen intern vertritt.[351] Im Falle von Kundenbeschwerden sind ggf. außerplanmäßige System-, Prozess- oder Produktaudits vorzunehmen.[352]

Der Produktentstehungsprozess, für den umfangreiche Methodenkenntnisse nachzuweisen sind, ist an den Anforderungen des Kunden auszurichten.[353] Außerdem sind dessen Forderungen zur Produktionsprozess- und Produktfreigabe sowie zur Auswahl von Zulieferern einzuhalten.[354] Das Risiko der Nichteinhaltung gesetzlicher Bestimmungen nicht nur im Herstellungs-, sondern auch im Vertriebsland wird ebenso auf das Unternehmen abgewälzt wie die Erstellung von Notfallplänen im Falle höherer Gewalt etc.[355] Schließlich wird die EDV-technische Verknüpfung über die gesamte Lieferkette betrachtet.[356]

---

346 VDA (1999), S. XI
347 Vgl. AIAG (1999)
348 Vgl. VDA (1999), S. 3
349 Vgl. VDA (1999), S. 7 f.
350 Vgl. VDA (1999), S. 3
351 Vgl. VDA (1999), S. 5
352 Vgl. VDA (1999), S. 54
353 Vgl. VDA (1999), S. 12, 21, 25
354 Vgl. VDA (1999), S. 17, 28
355 Vgl. VDA (1999), S. 29, 34
356 Vgl. VDA (1999), S. 51

Belange der Mitarbeiter finden sich in der Forderung nach einer Erhebung der Mitarbeiterzufriedenheit und der Überprüfung des Verständnisses für die Qualitätsziele.[357] Gesamtgesellschaftliche Interessen werden unter dem Stichwort der Produktsicherheit, die auch umweltbezogene Fragen beinhaltet, sowie über die Verpflichtung zur nachgewiesenen Einhaltung von Sicherheits- und Umweltbestimmungen integriert.[358]

Insgesamt zeigen die Forderungen des ISO TS 16949 eine gegenüber der DIN EN ISO 9000 ff. erweiterte Stakeholder-Perspektive. Eine grundsätzliche Überwindung der im Zusammenhang mit dieser geäußerten inhaltlichen Bedenken ist dadurch jedoch nicht zu erwarten (vgl. Tab. 20). Die starke Fokussierung auf branchenspezifische Belange der Automobilindustrie, die z.B. in der EDV-technischen Verknüpfung zur Umsetzung von JIT-Strategien sichtbar wird, führt darüber hinaus zu einer starken Einengung des Anwendungsbereichs. Eine inhaltliche Übertragung der Forderungen etwa auf den Dienstleistungsbereich oder den Non-Profit-Sektor erscheint schwierig. Insoweit bringt die harmonisierte Norm keinen deutlichen Fortschritt bei der Auswahl eines Bewertungsmodells zur Übertragung auf Unternehmenskooperationen.

Forderung	Erfüllung
Abbildung der Effizienzkriterien	Aussagen zur Binneneffizienz umstritten, starke Ausrichtung auf die Kunden-Lieferantenperspektive, einige Aussagen zu Mitarbeitern und der Gesellschaft, nur bedingte Berücksichtigung weiterer Gruppen
Ganzheitlichkeit	Betrachtung struktureller Elemente, weitgehende Ausblendung von Ergebnissen, nur bedingte Abdeckung der Strukturierungsdimensionen
Entwicklungs- und Verbesserungsorientierung	Ableitung von Maßnahmen aus dem Bewertungsergebnis bedingt möglich, jedoch nur begrenzte Unterstützung kontinuierlicher Verbesserung
Testgütekriterien	Objektivität durch die Standardisierung und Transparenz der Verfahrens grundsätzlich anerkannt, jedoch – ähnlich wie bei der ISO 9000 ff. – durch die Abhängigkeit von der Auditierungs- bzw. Zertifizierungsgesellschaft eingeschränkt, Validität umstritten
Utilität und Operationalität	Operationalität Anwendung in der Praxis belegt bzw. durch Rückgriff auf Erfahrungen mit bestehenden Normen plausibel, Nutzen umstritten, Anwendung inhaltlich auf die Automobilindustrie beschränkt

Tab. 20: Bewertung nach VDA 6.1, QS 9000 und ISO TS 16949

357 Vgl. VDA (1999), S. 9

358 Vgl. VDA (1999), S. 9

3.3.3.2 Umweltschutz, Gesundheit, Arbeitsschutz

Neben einem Qualitätsmanagementsystem nach den Forderungen der DIN EN ISO 9000 ff. werden in vielen Unternehmen parallele Strukturen zur Wahrnehmung von Aufgaben im Rahmen des Umweltschutzes, von Gesundheit und Sicherheit sowie weiteren inhaltlichen Schwerpunkten geschaffen.[359] Dazu existieren eine Reihe funktionsbezogener Normen. Umweltrelevante Belange werden beispielsweise in der DIN EN ISO 14000 ff. angesprochen.[360] Ähnlich wie bei der DIN EN ISO 9000 ff. beinhalten zwei Einzelnormen die Kernforderungen zum Umweltmanagement. DIN EN ISO 14001 umfasst neben begrifflichen Grundlagen zertifizierungsfähige Anforderungen an ein Umweltmanagementsystem.[361] Hier wird explizit die Möglichkeit einer Anknüpfung an entsprechende Strukturen eines QM-Systems hervorgehoben. DIN ISO 14004 stellt ergänzende Hinweise zur Einführung eines Umweltmanagementsystems zur Verfügung.[362] Aus Abb. 9 geht die Grundstruktur der Forderungen hervor, die sich auf der obersten Ebene in fünf Themenbereiche gliedern:[363]

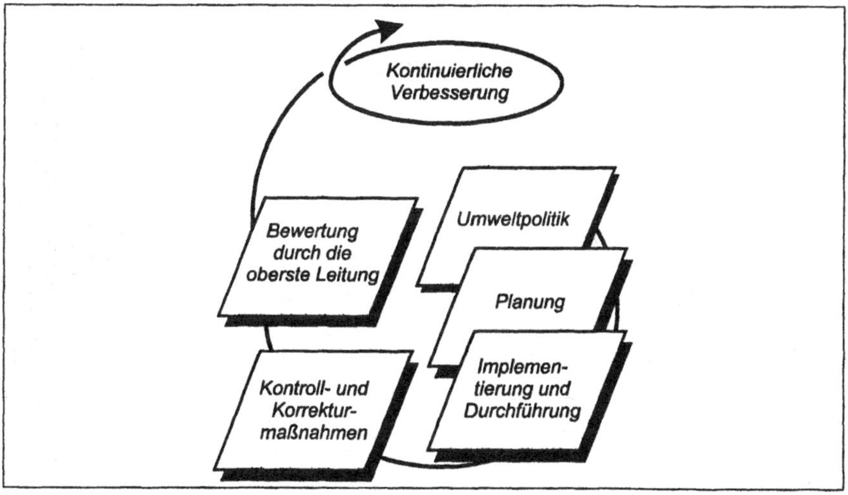

Abb. 9: Aufbau der DIN EN ISO 14001[364]

[359] Vgl. Liesegang/Pischon (1999), S. 1 f.; Rebmann/Bergemann/Schulz/Maier (1998), S. 167; Scheiber (1998), S. 60; Schwerdtle (1999), S. 1

[360] Vgl. DIN EN ISO 14001 : 1996-10; DIN ISO 14004 : 1998-01

[361] Vgl. DIN EN ISO 14001 : 1996-10

[362] Vgl. DIN EN ISO 14004 : 1998-01

[363] Vgl. Liesegang/Pischon (1999), S. 199-203; Schwerdtle (1999), S. 32

[364] Abb. aus DIN EN ISO 14001 : 1996, S. 4

- Jedes Unternehmen muss eine "Umweltpolitik" entwickeln und intern sowie extern kommunizieren. Diese muss inhaltlich die Selbstverpflichtung auf eine kontinuierliche Reduktion der Umweltbelastungen sowie die Einhaltung relevanter gesetzlicher Standards und konkrete Ziele im Hinblick auf umweltrelevante Fragen umfassen.[365]

- "Planung" fordert die Ermittlung potentieller Umweltwirkungen der eigenen Geschäftstätigkeit sowie der erstellten Produkte und Dienstleistungen. Außerdem muss jedes Unternehmen durch eine systematische Vorgehensweise alle relevanten rechtlichen Vorschriften zusammenstellen und strukturiert verwalten. Auf Ebene des Gesamtunternehmens sind umweltbezogene Ziele zu definieren und in einem stringenten Deploymentprozess auf nachgeordnete Bereiche herunterzubrechen. Diese sind in definierte Maßnahmenpläne umzusetzen, die Festlegungen zum Zeithorizont und zu konkreten Verantwortlichkeiten einschließen.[366]

- "Implementierung" umfasst die Etablierung einer geeigneten Organisationsstruktur, definierter Aufgaben, Verantwortlichkeiten und Befugnisse sowie die Bereitstellung hinreichender sachlicher und personeller Ressourcen, um die umweltbezogene Planung zu verwirklichen. Die Einführung schließt die Schulung der Mitarbeiter, geeignete Kommunikationsstrategien für Mitarbeiter und externe Gruppen sowie eine Dokumentation des Vorgehens ein. Schließlich sind Pläne zur Verminderung negativer Umweltwirkungen aus Unfällen und sonstigen Notfallsituationen nachzuweisen.[367]

- "Kontroll- und Korrekturmaßnahmen" bezieht sich auf die kontinuierliche Messung von Prozessparametern. Diese müssen alle Prozesse des Unternehmens abdecken, die potentielle Umweltwirkungen entfalten können. Die entsprechenden Ergebnisse sind zu dokumentieren. Außerdem verlangt die Norm detaillierte Festlegungen über Reaktionsmaßnahmen im Falle einer Soll-/Ist-Abweichung umweltbezogener Messgrößen. Die Forderungen zur regelmäßigen Überwachung beziehen sicht sich jedoch nicht nur auf die Prozesse selbst, sondern auch auf die im Rahmen des Umweltmanagementsystems geschaffenen Steuerungsstrukturen. Das gesamte System ist einem regelmäßigen Umweltaudit zu unterziehen, das sowohl von Mitarbeitern des Unternehmens als auch von externen Personen durchgeführt werden kann.[368]

- Im letzten Bereich "Verantwortung der obersten Leitung" ordnet die Norm die Verantwortung für die regelmäßige Effizienzbewertung und eine kontinuierliche

---

365 Vgl. DIN EN ISO 14001 : 1996-10, S. 8

366 Vgl. DIN EN ISO 14001 : 1996-10, S. 8 f.

367 Vgl. DIN EN ISO 14001 : 1996-10, S. 9-11

368 Vgl. DIN EN ISO 14001 : 1996-10, S. 11 f., S. 20

Verbesserung des Umweltmanagementsystems explizit dem Management des Unternehmens zu.[369]

Parallel zur Einführung der Normenreihe DIN EN ISO 14000 ff. verabschiedete die Europäische Kommission im Jahr 1993 die "Verordnung über die freiwillige Beteiligung gewerblicher Unternehmen an einem Gemeinschaftssystem für das Umweltmanagement und die Umweltbetriebsprüfung", die üblicherweise als EG-Öko-Audit-Verordnung oder "Environmental-Management-and-Audit-Scheme" (EMAS) bezeichnet wird.[370] Die Unterschiede zwischen beiden Ansätzen sind allerdings im Hinblick auf ihre Eignung als Unternehmensbewertungsmodell nicht von Bedeutung, insoweit wird die weitere Betrachtung auf die international bedeutendere DIN EN ISO 14000 ff. beschränkt.[371]

Absichten zur Entwicklung entsprechender Regelwerke für Sicherheit und Arbeitsschutz bestehen bei der ISO derzeit nicht.[372] In diesem Bereich ergeben sich Forderungen in erster Linie aus Rechtsvorschriften des Staates und in Deutschland außerdem der Berufsgenossenschaften.[373] Von besonderer Bedeutung ist das Arbeitsschutzgesetz, das beispielsweise im Zusammenhang mit dem Arbeitsschutzausschuss konkrete Anforderungen an die Organisationsstruktur impliziert. Ihre Umsetzung in Kriterienmodelle analog zum Umweltschutz steckt in Deutschland jedoch noch in den Anfängen. Beispielhafte Konzepte sind das "Sicherheits Certificat Contractoren" bzw. "Safety Checklist Contractors" (SCC) aus der petrochemischen Industrie, das ASCA-Programm ("Arbeitsschutz und sicherheitstechnischer Check in Anlagen") der Hessischen Landesregierung sowie ein Modellentwurf des Landes Bayern.[374] Eine Zusammenführung der unterschiedlichen Vorschläge wurde bislang jedoch nicht erreicht.[375]

RITTER und LANGHOFF präsentieren Normen und Normentwürfe u.a. aus Spanien, Irland, Norwegen und Australien; sie gehen aber davon aus, dass international der britischen Norm BS 8800 aufgrund ihres vergleichweise weit fortgeschrittenen Entwicklungsstandes und ihrer hohen Praxistauglichkeit besondere Bedeutung zukommt (vgl. Abb. 10).[376] Die BS 8800 steht unter dem Titel "Guide to Occupational Health and Safety Management System" und orientiert sich im Aufbau an der DIN EN

---

369 Vgl. DIN EN ISO 14001 : 1996-10, S. 12 f.

370 Vgl. Liesegang/Pischon (1999), S. 189; Schwerdtle (1999), S. 28 f.

371 Vgl. Schwerdtle (1999), S. 30

372 Vgl. Leonhard (2000), S. 1.5; Ritter/Langhoff (1998), S. 9; Schwerdtle (1999), S. 45

373 Vgl. Liesegang/Pischon (1999), S. 43-49; Schwerdtle (1999), S. 35-42

374 Vgl. Felix/Pischon/Riemenschneider/Schwerdtle (1997), S. 26-31; Liesegang/Pischon (1999), S. 235-243, 251 f.; Ritter/Langhoff (1998), S. 10, S. 13, S. 27-35; Schwerdtle (1999), S. 40 f.

375 Vgl. Ritter/Langhoff (1998), S. 14

376 Vgl. Ritter/Langhoff (1998), S. 41

ISO 14001. Eine Zertifizierung ist allerdings nicht vorgesehen.[377] Die inhaltliche Grundlage eines Arbeitsschutzmanagementsystems bilden folgende Kernelemente:[378]

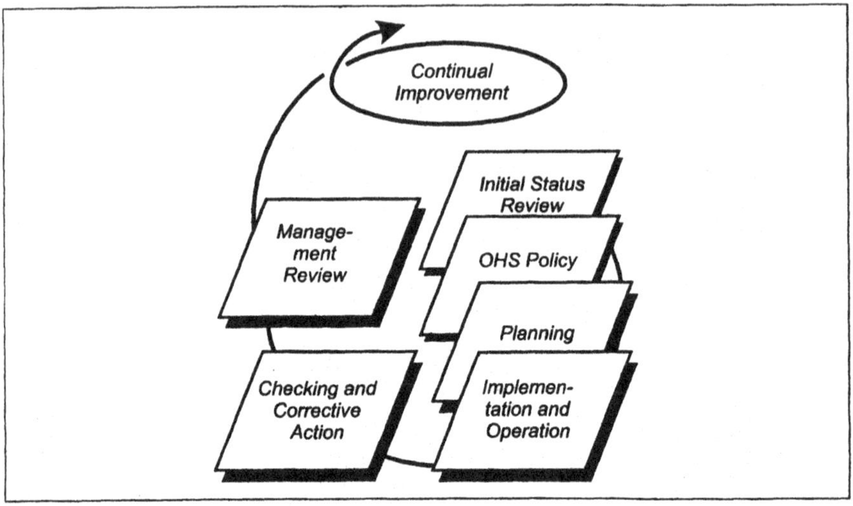

Abb. 10: Aufbau der BS 8800[379]

- Ein sog. "Initial Status Review" bildet die Grundlage der Systemgestaltung. Diese Ist-Analyse beschreibt die Ausgangssituation im Unternehmen und determiniert damit wesentliche Gestaltungsanforderungen.[380]
- Diese Bestandsaufnahme führt zur Ableitung einer Arbeitsschutzpolitik durch die Geschäftsleitung, die unter dem Titel "OHS (Occupational Health and Safety) Policy" steht. Inhaltliche Mindestforderungen der Norm beziehen sich auf die Einhaltung gesetzlicher Standards und die Festschreibung eines kontinuierlichen Verbesserungsprozesses.[381]
- Das Element "Planning" beschreibt die Konkretisierung dieser grundlegenden Leitsätze in Zielen, Budgets und Maßnahmen. Es beinhaltet überdies die Durchführung von Risikoanalysen und die inhaltliche Auseinandersetzung mit gesetzlichen Anforderungen.[382]
- Planerische Vorgaben werden im nächsten Schritt in konkrete Strukturen überführt. Das entsprechende Element "Implementation and Operation" ist damit

377 Vgl. Ritter/Langhoff (1998), S. 20

378 Vgl. Liesegang/Pischon (1999), S. 234; Ritter/Langhoff (1998), S. 79 f.; Schwerdtle (1999), S. 43-45

379 Abb. aus BS 8800 : 1996, o.S.

380 Vgl. BS 8800 : 1996, S. 5

381 Vgl. BS 8800 : 1996, S. 6

382 Vgl. BS 8800 : 1996, S. 6

gleichbedeutend mit der Definition von Zuständigkeiten, der Einführung von Kommunikationslinien und einer angemessenen Qualifizierung der Mitarbeiter.[383]

- Die Wirksamkeit dieser Maßnahmen wird im Element "Checking and Corrective Action" überprüft, das sich im Wesentlichen auf regelmäßige Messungen einschließlich der zugehörigen Dokumentation bezieht.[384]
- In der Überprüfung werden enge inhaltliche Bezüge zum letzten Element "Management Review" sichtbar, das auf die gesamthafte Bewertung des Arbeitsschutzmanagementsystems gerichtet ist.[385]

Die strukturelle Angleichung der jeweils funktionsbezogenen Normwerke erleichtert die im folgenden Abschnitt betrachtete Integration entsprechender Managementsysteme. Ein Unternehmen ist somit eher in der Lage, die Forderungen der Normen im Hinblick auf Qualität, Umweltschutz etc. über eine einheitliche Strukturierung der Aufbau- und Ablauforganisation abzubilden. Im Hinblick auf die betrachteten Einzelnormen bleibt im wesentlichen das bereits im Zusammenhang mit der DIN EN ISO 9000 ff. diskutierte Problem einer einseitigen, über die thematische Fixierung determinierten Ausrichtung auf ausgewählte Interessengruppen unter weitgehender Ausblendung der jeweils übrigen bestehen. Auch die im Hinblick auf eine ganzheitliche Betrachtung geforderten vertikalen und horizontalen Strukturierungsdimensionen werden nur unzureichend abgebildet (vgl. Tab. 21).

Forderung	Erfüllung
Abbildung der Effizienzkriterien	Aussagen zur Binneneffizienz umstritten, jeweils starke Ausrichtung auf einzelne Interessengruppen, nur bedingte gesamthafte Auseinandersetzung
Ganzheitlichkeit	Betrachtung struktureller Elemente, weitgehende Ausblendung von Ergebnissen, nur bedingte Abdeckung der Strukturierungsdimensionen
Entwicklungs- und Verbesserungsorientierung	Ableitung von Maßnahmen aus dem Bewertungsergebnis bedingt möglich, jedoch nur begrenzte Unterstützung kontinuierlicher Verbesserung
Testgütekriterien	Objektivität durch die Standardisierung und Transparenz der Verfahren grundsätzlich anerkannt, jedoch in der Praxis durch die Abhängigkeit von der Auditierungs- bzw. Zertifizierungsgesellschaft eingeschränkt, Validität umstritten
Utilität und Operationalität	Operationalität des Verfahrens durch Anwendung in der Praxis belegt, Nutzen umstritten

Tab. 21: Bewertung auf Basis von DIN EN ISO 14000 ff. oder BS 8800

383 Vgl. BS 8800 : 1996, S. 7

384 Vgl. BS 8800 : 1996, S. 8

385 Vgl. BS 8800 : 1996, S. 8

3.3.3.3 Integrierte Managementsysteme

Aus der parallelen Entwicklung und Implementierung unterschiedlicher, jeweils funktionsbezogener Managementsysteme[386] hat sich in Wissenschaft und Praxis inzwischen die Überzeugung durchgesetzt, dass eine Integration dieser Aktivitäten in ein gemeinsames Managementsystem sowohl aus funktionalen Erwägungen, z.B. zur Reduktion von Reibungsverlusten und zur Gewährleistung der inhaltlichen Konsistenz, als auch unter ökonomischen Gesichtspunkten, z.B. durch Vermeidung von Mehrfachauditierungen und -zertifizierungen, angezeigt ist.[387]

Integration beschreibt dabei nicht allein die Addition unabhängiger Teilsysteme, sondern ihre koordinierte Zusammenführung und Verschmelzung zur Erzielung von Synergieeffekten.[388] Beim Aufbau integrierter Managementsysteme findet häufig ein Rückgriff auf Systeme des Qualitätsmanagements statt, der sich aus der hohen Verbreitung entsprechender Ansätze in der Praxis erklärt. QM-Systeme – und hier vorzugsweise solche auf Basis der DIN EN ISO 9000 ff. – sind bereits in vielen Unternehmen realisiert. Die inhaltliche Erweiterung etablierter Strukturen ist damit ein oft gewählter Weg, um den Aufbau unabhängiger und in Teilbereichen redundanter Strukturen zu vermeiden.[389] Dieses Ziel wird durch die strukturelle Angleichung unterschiedlicher, jeweils funktionsbezogener Normen unterstützt.[390]

Grundsätzlich bestehen aber mehrere Möglichkeiten zur Entwicklung integrierter Managementsysteme.[391] Diese reichen von einer bloßen Zusammenführung der Dokumentationen bis zur Schaffung eines einheitlichen und generischen Systems zur Erfüllung aller Teilforderungen (vgl. Abb. 11). Konkrete Gestaltungsansätze bestehen im Aufbau eines einzelsystemübergreifenden Kerns, der z.B. die Bereiche Führung bzw. Verantwortung der Leitung, Planung bzw. Zielformulierung, Dokumentation und Kommunikation sowie Audits enthält.[392] Dieser wird durch jeweils funktionsspezifische Teilsysteme ergänzt. Die Realisation entsprechender Systeme wird durch eine prozessorientierte Gestaltung (und Dokumentation) erleichtert, die sich an organisatorischen Abläufen und nicht an den funktionsspezifisch unterschiedlichen Gliederungsansätzen orientiert.[393]

---

386 Vgl. Liesegang/Pischon (1999), S. 1; Rebmann/Bergemann/Schulz/Maier (1998), S. 167; Scheiber (1998), S. 60; Schwerdtle (1999), S. 1

387 Vgl. Felix/Pischon/Riemenschneider/Schwerdtle (1997), S. 33

388 Vgl. Liesegang/Pischon (1999), S. 277; Schwerdtle (1999), S. 6; Zink (1999)

389 Vgl. Felix/Pischon/Riemenschneider/Schwerdtle (1997), S. 42-74; Rebmann/Bergemann/Schulz/Maier (1998), S. 168 f.; Schwerdtle (1999), S. 69, S. 93

390 Vgl. Scheiber (1998), S. 65

391 Vgl. Liesegang/Pischon (1999), S. 301; Schwerdtle (1999), S. 68

392 Vgl. Liesegang/Pischon (1999), S. 115-118; Rebmann/Bergemann/Schulz/Maier (1998), S. 169, S. 171

393 Vgl. Rebmann/Bergemann/Schulz/Maier (1998), S. 170; Schwerdtle (1999), S. 3

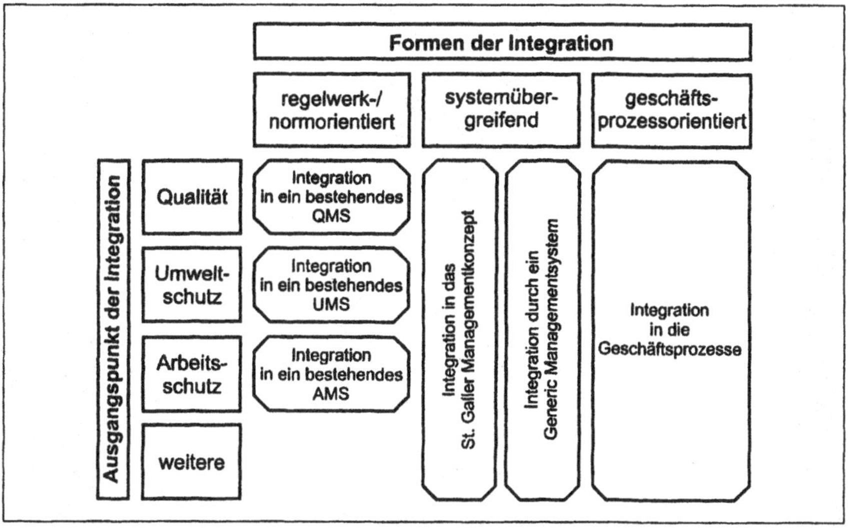

Abb. 11: Formen der Integration von Managementsystemen[394]

Die ökonomisch und inhaltlich wünschenswerte Integration bezieht sich auf das Managementsystem als Betrachtungsobjekt. Die jeweils individuellen Bewertungskonzepte, die nach wie vor in den jeweiligen Einzelnormen vorliegen, fokussieren dennoch auf isolierte inhaltliche Aspekte. Damit kann die Konsistenz einzelner Facetten der Unternehmensführung in den Kriterien nur begrenzt verankert werden.[395] Die Einbindung etwa des Qualitätsmanagements in die übergeordnete Unternehmenspolitik oder die Abstimmung mit anderen Teilbereichen wie dem Umweltschutz wird in den funktionsbezogenen Einzelnormen nicht explizit angesprochen.

Die Notwendigkeit einer Integration wird aus der Vielzahl und Vielfalt der Bewertungsanforderungen abgeleitet, sie ergibt sich gerade nicht als inhaltliche Forderung nach einer konsistenten Ausprägung organisationaler Gestaltungsfelder im Sinne der zuvor diskutierten Ganzheitlichkeit. Zwar wird durch den Aufbau eines integrierten Managementsystems die Ausbildung redundanter Strukturen verhindert; damit reduziert sich der Aufwand für die Implementierung. Allerdings wird diese Integrationsleistung bei einer Bewertung auf Basis funktionsbezogener Einzelnormen nicht honoriert, diese fokussieren nach wie vor jeweils auf themenzentrierte Managementsysteme[396] und damit lediglich auf einen Ausschnitt des (integrierten) Gesamtsystems. Die inhaltliche Abstimmung leitet sich daher nur mittelbar aus dem reduzierten Auf-

394 Abb. aus Schwerdtle (1999), S. 68

395 Vgl. Liesegang/Pischon (1999), S. 2

396 Vgl. Schwaninger (1994), S. 289

wand bei der Erfüllung redundanter Einzelforderungen ab,[397] nicht unmittelbar aus einer expliziten Modellforderung; sie schlägt sich insbesondere nicht im Bewertungsergebnis nieder. Insoweit können die Normen auch bei kombinierter Anwendung dem zuvor erhobenen Anspruch der Ganzheitheitlichkeit des Bewertungsansatzes nicht in angemessener Weise Rechnung tragen.

Erste Ansätze zur Lösung dieses Problems liegen in der australisch-neuseeländischen Norm AS/NZS 4581 vor, die gemeinsame Elemente funktionsbezogener Managementsysteme in einen gemeinsamen Forderungskatalog integriert und nur noch für funktionsspezifische Elemente auf die jeweiligen Spezialnormen verweist. Den grundlegenden Ansatz der Norm verdeutlicht Abb. 12.[398] Die gemeinsamen Forderungen, in der Norm als "Management System Components" bezeichnet, gliedern sich in neun Komponenten. Sie werden in die drei Facetten "Approach", "Implementation" sowie "Monitoring and Improvement" des Managementsystems gegliedert:[399]

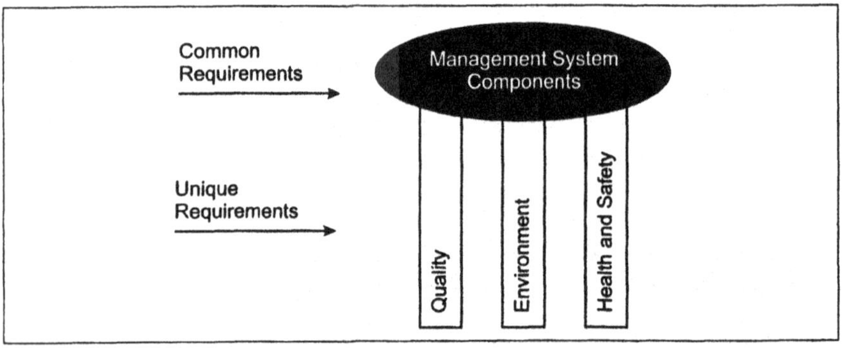

Abb. 12: Aufbau eines integrierten Managementsystems nach AS/NZS 4581[400]

- "Approach" bezieht sich zunächst auf den Aspekt "Management Responsibility and Leadership". Hier werden eine aktive Vorbildfunktion von Führungskräften, die klare Zuordnung von Verantwortlichkeiten sowie die persönliche Mitwirkung im Verbesserungsprozess gefordert.[401] Auch die Formulierung und Implementierung von Politik und Strategie werden als Kernfunktionen des Managements definiert. In weiteren Elementen sind die Etablierung effizienter Organisationsstrukturen und Kommunikationssysteme, die Unterstützung des Veränderungs- und Verbesserungsprozesses durch geeignete Ressourcen und die Einbeziehung der Mitarbeiter angesprochen. Letztere basiert auf einem stringenten Deployment-

397 Vgl. Liesegang/Pischon (1999), S. 4; Rebmann/Bergemann/Schulz/Maier (1998), S. 169; Schwerdtle (1999), S. 62, S. 213; Zink (1999), S. 288 f.

398 Vgl. AS/NZS 4581 : 1999

399 Vgl. AS/NZS 4581 : 1999, S. 5

400 Abb. aus AS/NZS 4581 : 1999, S. 5

401 Vgl. AS/NZS 4581 : 1999, S. 8-11

prozess, der individuellen Vermittlung von Zielen und der Honorierung von Leistungen. Schließlich zeichnet die Unternehmensführung für die Einbeziehung aller relevanten Interessengruppen in den organisationalen Planungs- und Umsetzungsprozess verantwortlich. Außerdem wird ihre Verantwortung für die Konzeption, Umsetzung, Bewertung, Überprüfung und Verbesserung des Managementsystems konstituiert.

- "Implementation" führt im Element "Identification and Analysis of Needs" die Ausrichtung an den wesentlichen Interessengruppen des Unternehmens[402] weiter aus.[403] Wünsche und Bedürfnisse von Kunden, Mitarbeitern, Anteilseignern und Lieferanten sowie rechtliche und gesetzliche Anforderungen, die Interessen des Staates zum Ausdruck bringen, sind strukturiert zu ermitteln und in der Geschäftstätigkeit umzusetzen. "Policy and Objectives" bezieht sich auf die Formulierung einer Unternehmensstrategie sowie ihre Übersetzung in konkrete und messbare Ziele auf allen Ebenen der Organisation im Sinne eines stringenten Deploymentprozesses.[404]

  "System Planning and Implementation" beschreibt die strategiekonforme Gestaltung der Organisationsstruktur.[405] Hier sind insbesondere die zielorientierte Koordination und Integration betrieblicher Funktionen, die Zuordnung von Verantwortlichkeiten und die Dokumentation entsprechender Regelungen angesprochen. "Allocation of Resources" betrifft die Beschaffung und Bereitstellung informationeller und finanzieller Ressourcen, die Akquisition und Qualifizierung von Personal sowie die Gestaltung der erforderlichen Infrastruktur und Arbeitsumgebung.[406] Besondere Bedeutung erfahren in diesem Zusammenhang die Aspekte Berichtswesen und Kommunikation bei Stör- und Notfällen.

  Unter dem Stichwort "Process and Activity Management" wird die Identifikation der für die Leistungserstellung erforderlichen Prozesse und Aktivitäten angesprochen.[407] Dies schließt Fragen des Umweltschutzes und der Sicherheit ein. Weitere Forderungen betreffen die Steuerung, Bewertung und kontinuierliche Verbesserung der Prozesse. Die Zusammenarbeit mit Lieferanten und Auftragnehmern, die Dokumentation und die Vorbereitung auf Notfälle werden in eigenen Elementen angesprochen.

---

402 Vgl. Copeland/Koller/Murrin (1996), S. 3; Dale (1952), S. 19; Gomez (1993), S. 23; Homolka/Tung-Quan (1996), S. 679; Janisch (1993); Liebl (1997), S. 17; Mitroff (1989), S. 4; Scholz (1987), S. 25; Töpfer (2000b), S. 31; Töpfer/Mauerer (2000), S. 11 f.

403 Vgl. AS/NZS 4581 : 1999, S. 12 f.

404 Vgl. AS/NZS 4581 : 1999, S. 15

405 Vgl. AS/NZS 4581 : 1999, S. 16 f.

406 Vgl. AS/NZS 4581 : 1999, S. 18-20

407 Vgl. AS/NZS 4581 : 1999, S. 21-23

- "Monitoring and Improvement" umfasst in der Komponente "Measurement and Monitoring" Forderungen zur regelmäßigen Bewertung der Effizienz und Effektivität der Prozesse.[408] Die Überprüfung bezieht sich auf die Konformität von Strukturen und Abläufen mit gesetzlichen Anforderungen sowie der unternehmensbezogenen Dokumentation. Sie mündet in einen strukturierten Prozess zum Umgang mit Abweichungen. Weitergehende Forderungen betreffen unter dem Titel "Management Review and Improvement Plan" die Ableitung von Verbesserungsbereichen und ihre Umsetzung in konkrete Maßnahmen.[409]

Die Forderungen der AS/NZS 4581 unterstützen damit die Integration funktionsspezifischer Teilnormen. Die Norm weist aber den Nachteil auf, dass sich eine umfassende Bewertung nicht auf die AS/NZS 4581 allein stützen kann, sondern auf die ergänzenden Forderungen der Spezialnormen zurückgreifen muss. Inhaltlich erweist sich die AS/NZS 4581 daher in Kombination mit entsprechenden Funktionsnormen als weitgehend umfassend, sie allein kann jedoch die Ganzheitlichkeitsforderung nicht erfüllen (vgl. Tab. 22).

Forderung	**Erfüllung**
Abbildung der Effizienzkriterien	Erfassung unterschiedlicher Interessengruppen mit Einschränkungen im Hinblick auf die Anteilseigner, Aussagen zur Binneneffizienz bislang nur ansatzweise begründet
Ganzheitlichkeit	Betrachtung struktureller Elemente, weitgehende Ausblendung von Ergebnissen, nur bedingte Abdeckung der Strukturierungsdimensionen, Erfüllung der Ganzheitlichkeitsforderung nur durch Hinzuziehung von Funktionsnormen möglich
Entwicklungs- und Verbesserungsorientierung	Ableitung von Maßnahmen aus dem Bewertungsergebnis bedingt möglich, jedoch nur begrenzte Unterstützung kontinuierlicher Verbesserung
Testgütekriterien	Objektivität in Analogie zu den Funktionsnormen mit Einschränkungen anerkannt, Validität noch nicht belegt
Utilität und Operationalität	Operationalität des Verfahrens durch Rückgriff auf bestehende Normen plausibel, Nachteil durch simultane Verwendung unterschiedlicher, jeweils funktionsbezogener Bewertungskriterien, Nutzen grundsätzlich anerkannt, bislang aber nicht nachgewiesen

Tab. 22: Bewertung nach AS/NZS 4581

408 Vgl. AS/NZS 4581 : 1999, S. 24 f.

409 Vgl. AS/NZS 4581 : 1999, S. 26

3.3.4 Weitere Bewertungskonzepte

Neben den diskutierten finanzorientierten und erweiterten Verfahren sowie der Bewertung von Managementsystemen auf Basis von Normen und Standards existiert eine Fülle weiterer Ansätze, die aus unterschiedlichen Teildisziplinen der Betriebswirtschaftslehre hervorgegangen sind. Ihre Ursprünge liegen im Controlling, im Rechnungswesen oder im strategischen Management. Dazu gehört einerseits die Portfolioanalyse, die die strategische Positionierung eines Unternehmens oder einzelner Geschäftseinheiten in den Mittelpunkt stellt. Andererseits umfassen sie die Nutzwert- und Gemeinskostenwertanalyse sowie das Zero-Base-Budgeting, die Fragen der Binneneffizienz in den Vordergrund rücken.

3.3.4.1 Portfolioanalyse

Die Portfolioanalyse wird als wichtiges Instrument des strategischen Managements diskutiert.[410] Ihre wesentliche Aufgabe besteht darin, Chancen und Risiken eines Unternehmens bzw. seiner strategischen Geschäftseinheiten zu erkennen.[411] Dabei geht es im Wesentlichen um eine strukturierte Bewertung der strategischen Bedeutung von Ressourcen des Unternehmens und eine darauf aufbauende Gestaltung unternehmerischer Planung und Strategien.[412] Die Portfolioanalyse unterstützt insbesondere die Strukturierung strategischer Entscheidungsprobleme, indem sie zur Aufbereitung und transparenten Darstellung relevanter Informationen beiträgt und damit eine fundierte Diskussionsgrundlage schafft.[413]

Inhaltlich steht klassischerweise die Auseinandersetzung mit der Positionierung des Unternehmens oder einzelner Geschäftseinheiten am Markt im Mittelpunkt.[414] Diese ist jedoch nicht zwingender Bestandteil der Portfolioanalyse. Gemeinsames Merkmal der verschiedenen, unter diesem Begriff zusammengefassten Techniken ist vielmehr das methodische Vorgehen. Bei der Portfolioanalyse kommt i.d.R. eine Matrix zur Anwendung,[415] die von zwei unabhängigen Merkmalsachsen aufgespannt wird.[416] Diese beziehen sich auf wesentliche Erfolgsfaktoren aus Sicht des Unternehmens. Auf der einen Achse wird dabei mehrheitlich ein Merkmal skaliert, das sich einer unmittelbaren Beeinflussung durch das Unternehmen entzieht, auf der anderen eines,

---

[410] Vgl. Gälweiler (1989), Sp. 1560; Haspeslagh (1982), S. 58 f.

[411] Vgl. Albach (1978), S. 705; Day (1986), S. 10, S. 193; Kleber (1989), S. 290 f.; Mauthe/Roventa (1982), S. 191; Servatius (1985), S. 15; Wolfrum (1992a), S. 312

[412] Vgl. Day (1986), S. 3 f.; Schmidt (2001), S. 132; Servatius (1985), S. 15

[413] Vgl. Böhler (1989), Sp. 1549; Gälweiler (1989), Sp. 1560 f.

[414] Vgl. Wolfrum (1992a), S. 315

[415] Vgl. Bullinger/Seidel (1994), S. 144; Servatius (1985), S. 15

[416] Vgl. Böhler (1989), Sp. 1549; Bullinger/Seidel (1994), S. 144; Wolfrum (1992a), S. 315

das Gegenstand strategischer Entscheidungen ist.[417] In dieser Matrix werden Unternehmensressourcen oder Geschäftseinheiten verortet. Über die Färbung oder Größe der entsprechenden Positionsmarkierung lassen sich zusätzliche Merkmale in der grafischen Darstellung verankern, um den Aussagewert der Matrix zu steigern.[418] In Abhängigkeit vom Inhalt der betrachteten Merkmale lassen sich u.a. folgende Arten von Portfolios unterscheiden:

- Umwelt-/Unternehmenportfolios[419] ordnen das Betrachtungsobjekt in das jeweilige Markt- und Wettbewerbsumfeld ein. Bekanntestes Beispiel ist die von der Boston Consulting Group (BCG) entwickelte Marktwachstum-Marktanteil-Matrix.[420] Hier werden als Merkmalsachsen der relative Marktanteil im Vergleich zum stärksten Wettbewerber am Markt sowie das Marktwachstum des betrachteten Segments herangezogen. Die Matrix gliedert sich in die vier Felder "Stars", "Cash Cows", "Dogs" und "Question Marks". In Abhängigkeit von der Einordnung eines Geschäftsfelds in diese Felder und dem hierdurch induzierten Potential zur Generierung eines positiven Cash-Flows werden Strategieempfehlungen abgeleitet, die vom Ausbau der Marktposition bis zur Aufgabe des Geschäftsfelds reichen.

  Ähnliche Bedeutung hat die von McKinsey entwickelte Marktattraktivitäts-Wettbewerbsstärke-Matrix erlangt.[421] Das Merkmal der Marktattraktivität wird auf strukturelle Merkmale der betrachteten Segmente (z.B. Preiselastizität der Nachfrage, Konkurrenzsituation) zurückgeführt. Die eigene Wettbewerbsstärke ergibt sich u.a. aus den Kompetenzen und der aktuellen Position des Unternehmens am Markt. Damit wird die auf lediglich zwei Merkmale beschränkte Bewertung in Richtung einer multifaktoriellen Betrachtung erweitert.[422] Die Einordnung stützt sich auf neun Felder, für die ebenfalls grundsätzliche Strategieempfehlungen vorliegen.

  Weitere Beispiele sind das ADL-Portfolio der Unternehmensberatung Arthur D. Little (ADL), das sich auf die aktuelle Position im Lebenszyklus[423] des betrachteten Marktes bzw. Produkts und die Wettbewerbssituation des Unternehmens

417 Vgl. Barion (1992), S. 101; Bullinger/Seidel (1994), S. 144; Kleber (1989), S. 293; Schmidt (2001), S. 132

418 Vgl. Böhler (1989), Sp. 1549

419 Vgl. Böhler (1989), Sp. 1549

420 Vgl. Albach (1978), S. 705 f.; Barion (1992), S. 102 -109; Barksdale/Harris (1982), 77-81; Böhler (1989), Sp. 1549 f.; Bullinger/Seidel (1994), S. 145-151; Day (1986), S. 168-179; Hedley (1977), S. 10; Horváth (1994), S. 249; Jansen (1998), S. 63; Kleber (1989), S. 293-299; Mauthe/Roventa (1982), S. 193; Michel (1987), S. 45 f.

421 Vgl. Albach (1978), S. 706-708; Barion (1992), S. 105-108; Böhler (1989), Sp. 1550-1552; Bullinger/Seidel (1994), S. 152 f.; Day (1986), S. 194-207; Mauthe/Roventa (1982), S. 193; Servatius (1985), S. 136; Wolfrum (1992b), S. 403

422 Vgl. Day (1986), S. 194

423 Vgl. Bullinger/Seidel (1994), S. 108-118; Day (1986), S. 59-85

stützt,[424] sowie die Directional-Policy-Matrix von Shell.[425] Zur Positionierung werden hier die marktbezogenen Perspektiven zur Entwicklung eines Geschäftsfeldes sowie die eigene Wettbewerbsposition herangezogen.

Die Branchenattraktivitäts-Geschäftsfeldstärken-Matrix erfasst einerseits die Stabilität und Flexibilität einer Branche sowie andererseits die Finanzkraft und etwaige Wettbewerbsvorteile des Unternehmens. Schließlich ist die Geschäftsfeld-Ressourcen-Matrix zu nennen. Sie bildet im ersten Merkmal die aktuelle Position im Lebenszyklus sowie die Marktattraktivität ab und bewertet im zweiten die prognostizierte Kostenentwicklung sowie die Substituierbarkeit erforderlicher Unternehmensressourcen.

- Risikoportfolios[426] erlauben eine strukturierte Bewertung der Gefahren, die dynamische und komplexe Rahmenbedingungen für den langfristigen Unternehmenserfolg mit sich bringen. In der Umweltfaktoren-Reaktionsmöglichkeiten-Matrix wird die Vorhersehbarkeit von Umweltentwicklungen den Möglichkeiten einer kurzfristigen Reaktion auf externe Einflüsse gegenübergestellt. Risiken bestehen insbesondere bei hoher Dynamik und Komplexität der Rahmenbedingungen bei gleichzeitig geringer Flexibilität des Unternehmens im Sinne kurzfristiger Reaktionsmöglichkeiten.

  Das Umweltrisiko-Marktattraktivitäts-Portfolio[427] wurde auf Basis der Directional-Policy-Matrix bei Rolls Royce entwickelt. Es erfasst neben der Marktattraktivität die Höhe des Einflusses und die Wahrscheinlichkeit bestimmter Umfeldentwicklungen. Darüber ermöglicht es eine Abwägung von Chancen und Risiken aus der Positionierung eines Geschäftsfelds am Markt.

- Finanzportfolios[428] unterstützen die Bewertung der finanziellen Attraktivität von Investitionsmöglichkeiten bzw. von Geschäftseinheiten. So greift der Ronagraph (Return on Net Assets) bei der Einordnung auf den sog. Reinvestitionsindex zurück, der sich als Quotient von Investitionen in Anlage- und Umlaufvermögen und dem dadurch generierten Brutto-Cash-Flow ergibt. Das zweite Merkmal beschreibt die Rentabilität des Gesamtvermögens.[429] Damit erlaubt der Ronagraph eine Aussage zur Rentabilität einzelner Geschäftseinheiten und ihrer Einordnung in das Produktlebenszykluskonzept; er unterstützt die Entwicklung von Geschäftsfeldstrategien.[430]

---

424 Vgl. Böhler (1989), Sp. 1552-1555; Day (1986), S. 211; Michel (1987), S. 142-147; Servatius (1985), S. 114-119

425 Vgl. Day (1986), S. 212-214; Mauthe/Roventa (1982), S. 195; Robinson/Hichens/Wade (1978)

426 Vgl. Böhler (1989), Sp. 1549

427 Vgl. Böhler (1989), Sp. 1553 f.

428 Vgl. Böhler (1989), Sp. 1549

429 Vgl. Mauthe/Roventa (1982), S. 197

430 Vgl. Patel/Younger (1978), S. 11

Die sog. Pre-Investment-Matrix dient der Abschätzung von Chancen und Risiken.[431] Sie erfasst zum einen das Potential einer Geschäftseinheit, das sich aus der Höhe und Eintrittswahrscheinlichkeit finanzieller Erfolge ergibt. Zum anderen wird ihre Robustheit bewertet. Diese leitet sich aus der Eintrittswahrscheinlichkeit bestimmter finanzieller Risiken sowie aus der Fähigkeit des Unternehmens ab, diese Risiken zu verkraften bzw. abzufedern. Eine entsprechende Abschätzung basiert vielfach auf dem Vergleich mit der Konkurrenz. Die Matrix erlaubt damit eine Bewertung des Erfolgspotentials einer Investition und der mit ihr verknüpften finanziellen Gefährdung. Diese hängt ihrerseits vom unmittelbaren Investitionsrisiko und der Tragfähigkeit des Unternehmens ab.

- Technologieportfolios als vierte Gruppe dienen der Analyse der technologischen Wettbewerbsfähigkeit und damit einer Abschätzung langfristig wirksamer Erfolgspotentiale.[432] Das FuE-Programm-Portfolio stützt sich auf die Merkmale Technologiedruck und Marktsog.[433] Ersterer bezieht sich auf die Realisierbarkeit und das technologische Potential einer Innovation, letzterer auf die mit einer Einführung erreichbaren Markt- und Wettbewerbspositionen. Das FuE-Programm-Portfolio unterstützt die Indentifikation von Handlungsfeldern und damit eine effiziente Mittelallokation im FuE-Management.

  Das Technologieportfolio der Unternehmensberatung Booz Allen & Hamilton stellt die Wichtigkeit einer Technologie und die relative Technologieposition des Unternehmens dar.[434] Es illustriert damit die Kompetenz in wettbewerbsentscheidenden Bereichen.[435]

  Die Innovationsmatrix von BROSE und CORSTEN erfasst die Merkmale Innovationspotential und Marktfähigkeit.[436] Für beide Merkmale liegt eine weitere Gliederung in die wesentlichen Bedingungsfaktoren vor. Sie umfassen im ersten Fall das Potential der Mitarbeiter, vorhandene Kompetenzen des Unternehmens, sowie Finanz- und Sachmittel, im zweiten die Marktsituation und den Reifegrad einer Technologie. Die Innovationsmatrix trägt ähnlich wie das FuE-Programm-Portfolio zur effizienten Mittelallokation im FuE-Management bei.

  Auch die sog. Markteintrittsmatrix dient der marktorientierten Bewertung neuer Technologien.[437] Auf der Abszisse wird die relative Technologieposition des Unternehmens abgetragen. Sie beschreibt eine etwaige Technologieführerschaft bzw. Positionen, in denen der Anschluss an den Stand der Technik noch nicht

---

431 Vgl. Derkinderen (1977)

432 Vgl. Day (1986), S. 215 f.; Michel (1987), S. 2

433 Vgl. Wolfrum (1992b), S. 405

434 Vgl. Wolfrum (1992b), S. 405

435 Vgl. Michel (1987), S. 147 f.; Servatius (1985), S. 138-140

436 Vgl. Wolfrum (1992b), S. 405

437 Vgl. Wolfrum (1992b), S. 405

erreicht wurde. Die Ordinate gliedert sich in einen Premarktbereich (vor dem Markteintritt), in der der Reifegrad erfasst wird, und einen Postmarktbereich (nach dem Markteintritt), in dem die Wachstumsperspektiven bewertet werden. Das Ziel besteht darin, das FuE-Engagement eines Unternehmens in wachstumsintensive Bereiche zu lenken und insbesondere die Einsatzreife neuer Technologien zu illustrieren.

Eine ähnliche Zielrichtung verfolgt das sog. Innovationspotentialportfolio, das die Innovationsattraktivität und die relative Innovationsstärke eines Unternehmens in einem Markt- oder Technologiebereich abbildet.[438] Das erste Merkmal wird in das Diffusions- und Problemlösungspotential einer Technologie, das zweite in das Implementierungs- und wettbewerbliche Differenzierungspotential aufgespalten.

Schließlich ist das Technologie-Portfolio-Konzept nach PFEIFFER zu nennen, das auf der Technologieattraktivität und der Ressourcenstärke basiert.[439] In ihm wird einerseits die – auch potentielle – technisch-wirtschaftliche Vorteilhaftigkeit einer Technologie analysiert, andererseits werden das Entwicklungspotential und das Know-how des Unternehmens erfasst. Das Konzept soll dazu beitragen, das FuE-Engagement auf diejenigen Bereiche zu konzentrieren, in denen das Unternehmen über besondere Kompetenzen verfügt und die ein hohes Erfolgspotential bergen.

Allen genannten Portfolios sind konkrete Strategieempfehlungen unterlagert.[440] Sie unterstützen die zielgerichtete Steuerung des Unternehmens zur Realisierung langfristiger Erfolgspotentiale. Allerdings dominiert bei der Mehrzahl der Instrumente eine klare Funktionsorientierung. Sie erfassen damit nicht das Unternehmen als Ganzes, sondern nur einen begrenzten Ausschnitt wie z.B. Forschung und Entwicklung. Darüber hinaus implizieren sie regelmäßig eine einseitige Ausrichtung am finanziellen Unternehmenserfolg, mithin an den Interessen der Anteilseigner. Die geforderte Berücksichtigung aller wesentlichen Interessengruppen kommt dadurch zu kurz (vgl. Tab. 23).

Überdies liegt der Schwerpunkt auf einer inhaltlichen Bewertung von Strategie- und Entscheidungsalternativen.[441] Strukturelle Aspekte der Unternehmensgestaltung und -steuerung bleiben weitgehend außen vor. Insoweit können die vorgestellten Instrumente hierzu auch nur implizite Aussagen treffen, die Initiierung und Steuerung struktureller Verbesserungen spielen nur eine untergeordnete Rolle. Damit ist auch die Forderung nach einer verbesserungsorientierten Bewertung durch die Portfolioanalyse

---

438 Vgl. Michel (1987), S. 153-157, S. 193-199

439 Vgl. Bullinger/Seidel (1994), S. 154-163; Michel (1987), S. 133; Servatius (1985), S. 137 f.; Wolfrum (1992a), S. 319

440 Vgl. Gälweiler (1989), Sp. 1564; Haspeslagh (1982), S. 61; Mauthe/Roventa (1982); Wolfrum (1992b), S. 406

441 Vgl. Hedley (1977), S. 9

nicht hinreichend zu erfüllen. Dieses Defizit gewinnt durch die nur mäßige theoretische Fundierung der abgeleiteten Normstrategien zusätzlich an Bedeutung.[442]

Forderung	Erfüllung
Abbildung der Effizienzkriterien	Detaillierte Analyse zum Fit mit dem umgebenden Wirtschaftssystem, wenig Aussagen zur Binneneffizienz, Ausblendung wesentlicher Interessengruppen
Ganzheitlichkeit	Keine Betrachtung struktureller Elemente, damit unzureichende Abdeckung der Strukturierungsdimensionen, keine systemische Betrachtung
Entwicklungs- und Verbesserungsorientierung	Keine unmittelbare Ableitung von Maßnahmen aus dem Bewertungsergebnis
Testgütekriterien	Güte des Bewertungsergebnisses wesentlich über die Qualität der Datengrundlage bestimmt, daher keine zuverlässige Aussage zur Testgüte, keine theoretische Fundierung der Normstrategien
Utilität und Operationalität	Operationalität des Verfahrens belegt, Nutzen auf bestimmte Anwendungssituationen beschränkt

Tab. 23: Bewertung mit Hilfe der Portfolioanalyse

3.3.4.2 Nutzwertanalyse

Nutzwertverfahren allgemein dienen der Bewertung von Handlungs-, Entscheidungs- und Gestaltungsalternativen bei multikriteriellen Zielsystemen. Sie unterstützen die Ableitung einer Rangreihe in Abhängigkeit von den Präferenzen des Entscheiders durch die Zuordnung eines quantifizierten Wertes, des sog. Nutzwertes.[443] Dieser repräsentiert grundsätzlich einen dimensionslosen Ordnungsindex, der die relative Vorteilhaftigkeit von Handlungs-, Entscheidungs- oder Gestaltungsalternativen ausdrückt.[444] "Durch die subjektive Teilnutzenbestimmung hinsichtlich einzelner Zielkriterien, deren Ergebnisse unter Berücksichtigung unterschiedlicher, subjektiv festgelegter Wichtigkeit der Ziele zu einem Gesamtnutzen zusammengefasst werden"[445], tragen Nutzwertverfahren zur Bewältigung komplexer Bewertungsprobleme bei. Der Vorteil besteht in der Möglichkeit einer simultanen Berücksichtigung objektiver und subjektiver Informationen.[446] Insbesondere letztere fließen andernfalls oft unbewusst in die Entscheidung ein. Ihre Explikation im Rahmen der Entschei-

---

442 Vgl. Böhler (1989), Sp. 1556

443 Vgl. Hartmann (1985), S. 138 f.; Horváth (1994), S. 462-464; Landauer (1996), S. 291; Lillich (1991), S. 4; o.V. (1997f), S. 2804; Zangemeister (1976), S. 7, S. 31, S. 45

444 Vgl. Zangemeister (1976), S. 45 f.

445 Landauer (1996), S. 331

446 Vgl. Henning (1994), S. 4, S. 34; Köhrmann/Schimmelpfeng (1997), S. 396; Zangemeister (1976), S. 9

dungsvorbereitung führt tendenziell zu einer Verbesserung der Entscheidungsqualität.[447]

Nutzwertverfahren können daher insoweit einen Beitrag zur Unternehmensbewertung leisten, als sie auf mehrdimensionalen Zielfunktionen aufbauen, die sich beispielsweise aus der Interessendisparität unterschiedlicher Stakeholder oder der Dualität monetärer und nicht-monetärer Aspekte ergeben können.[448] LANDAUER weist explizit auf die Unterstützung von Investitionsentscheidungen hin.[449] Damit bestehen deutliche Überschneidungen mit dem Anwendungsbereich finanzorientierter Bewertungsverfahren. Die Nutzwertanalyse unterstützt die Bewertung der Vorteilhaftigkeit eines z.B. finanziellen Engagements in einem Unternehmen.[450] LILLICH unterscheidet nutzentheoretische und nutzwertanalytische Verfahren:

- Nutzentheoretische Verfahren setzen kardinale Merkmale[451] zur Beschreibung der Zielerfüllung voraus, die nicht nur eine ordinale Über- und Unterordnungsbeziehung von Ausprägungen implizieren, sondern darüber hinaus eine Bewertung von Ausprägungsdifferenzen erlauben.[452] Gleichzeitig sind quantifizierte Präferenzangaben, sog. Präferenzrelationen, für den Fall von Zielkonkurrenzen erforderlich, die z.B. eine Bewertung von Trade off-Beziehungen ermöglichen.
- Nutzwertanalytische Verfahren kommen dann zur Anwendung, wenn die skizzierten, strengen Voraussetzungen nicht erfüllt werden können bzw. keine definierten Substitutionsraten zwischen einzelnen Zielmerkmalen vorliegen.[453] Obwohl ihre methodische Fundierung gegenüber nutzentheoretischen Verfahren Schwächen aufweist, sind sie für die betriebliche Praxis aufgrund der geringeren und realitätsnäheren Anwendungsvoraussetzungen von größerer Bedeutung.[454]

Die Auswertung stützt sich grundsätzlich auf die Summation der Zielerreichungsgrade, die über die Präferenzrelationen gewichtet werden.[455] Im Falle nutzwertanalytischer Verfahren ist ersatzweise eine Reihe von Paarvergleichen auf Basis einzelner Merkmale möglich, die über mathematische (Regressions-)Verfahren zu einer globalen Nutzenfunktion und damit einer funktionalen und multikriteriellen Bewertung der Entscheidungsalternativen führen. Beispielhaft ist die aus dem Marketing bekannte Methode des Conjoint Measurement zu nennen. Auch iterative Verfahren, die in

---

447 Vgl. Zangemeister (1976), S. 67

448 Vgl. Bellinger/Vahl (1992), S. 420; Henning (1994), S. 22 f.; Lillich (1991), S. 2

449 Vgl. Landauer (1996), S. 292; Horváth (1994), S. 464; Ossadnik/Lange/Aßbrock (1997), S. 548

450 Vgl. Zangemeister (1976), S. 34 f.

451 Vgl. Bamberg/Bauer (1993), S. 7; Pinnekamp/Siegmann (1990), S. 12 f.

452 Vgl. Landauer (1996), S. 296; Lillich (1991), S. 2 f.; Ossadnik/Lange/Aßbrock (1997), S. 548 f.

453 Vgl. Landauer (1996), S. 336; Lillich (1991), S. 3 f.

454 Vgl. Lillich (1991), S. 6

455 Vgl. Bellinger/Vahl (1992), S. 405-417; Ossadnik/Lange/Aßbrock (1997), S. 548 f.

Interaktion mit dem Entscheidungsträger über verschiedene Stufen der Vorauswahl sukzessive zur Gesamtoptimierung gelangen, sind möglich.[456] Grundsätzlich werden unterschiedliche Verfahren diskutiert: MAUT- (Multi-Attribute-Utility-Theory), MAVIT (Multi-Attribute-Value-Theory), AHP-Verfahren (Analytic-Hierarchy-Process), NWA (klassische Nutzwertanalyse), GewRgAd (Gewichtete Rangaddition) oder die relationsbasierte Methode ORESTE (Organisation, rangement et synthèse de données relationelles).[457]

Die klassische Nutzwertanalyse als prominentestes dieser Verfahren stützt sich auf isoliert festgelegte, eindimensionale Wertfunktionen für individuelle Attribute mit einer endlichen Zahl von Handlungs-, Entscheidungs- oder Gestaltungsalternativen.[458] Die multikriterielle Nutzenfunktion wird durch gewichtete Summation der attributsbezogenen Ränge oder der Merkmalsausprägungen ermittelt. Letztere ergeben sich unmittelbar aus einer Messung oder mittelbar im Rahmen von Scoring-Verfahren über eine eindimensionale (oftmals qualitative, z.B. inhaltsanalytische) Bewertung.[459]

Der Nachteil der Nutzwertanalyse für die Unternehmensbewertung liegt in ihrer ausschließlich methodischen, formal-rationalen Schwerpunktsetzung unter Ausblendung inhaltlicher Anforderungen im Sinne substanzieller Rationalität.[460] Sie impliziert keinerlei Aussagen zu den bei der Bewertung zugrunde gelegten Maßstäben und Zielsystemen. Diese sind vom Entscheidungsträger individuell zu definieren.[461] Dies setzt eine operationale Definition mess- oder bewertbarer Merkmale und die Ableitung ordinaler, besser aber kardinaler Skalen voraus.[462] Eine nur ordinale Skalierung, die in der Praxis bei vielen nicht-monetären Zieldimensionen auftreten wird, führt tendenziell zu mehrdeutigen Bewertungsergebnissen und schränkt damit den Nutzen der Verfahren erheblich ein.[463] Außerdem wird der Einfluss auf die Qualität der Entscheidungsfindung auf Basis empirischer Erhebungen kritisch diskutiert.[464]

Darüber hinaus stellt sich auch bei der Nutzwertanalyse das bereits im Zusammenhang mit finanzorientierten Verfahren konstatierte Problem der prognostischen Validität der Datengrundlage. Die Zuverlässigkeit einer zukunftsbezogenen Bewertung von Handlungs- und Entscheidungsalternativen hängt nicht nur von der methodischen Qualität des eingesetzten Bewertungs-, sondern gleichermaßen von der Zuverlässigkeit

---

456 Vgl. Henning (1994), S. 70-72; Landauer (1996), S. 292; Lillich (1991), S. 17-24

457 Vgl. Lillich (1991), S. 67-98

458 Vgl. Landauer (1996), S. 330; Lillich (1991), S. 84-98

459 Vgl. Zangemeister (1976), S. 69-75

460 Vgl. Zangemeister (1976), S. 93

461 Vgl. Landauer (1996), S. 292 f.

462 Vgl. Landauer (1996), S. 297, S. 333; Lillich (1991), S. 25-66; o.V. (1997f), S. 2804

463 Vgl. Zangemeister (1976), S. 93, S. 259

464 Vgl. Lillich (1991), S. 168-170

des Prognoseverfahrens bei der Definition von Merkmalsausprägungen ab.[465] Die daraus resultierenden – zumindest potentiellen – Beeinträchtigungen des Bewertungsergebnisses im Hinblick auf seine prognostische Validität werden in der Nutzwertanalyse vollständig ausgeblendet. Insoweit kann sie den zuvor entwickelten Anforderungen an die Organisations- und Unternehmensbewertung nicht genügen (vgl. Tab. 24).

Forderung	Erfüllung
Abbildung der Effizienzkriterien	Durch starke methodisch-formale Orientierung keine zwingende inhaltliche Auseinandersetzung mit den Effizienzkriterien der Organisation
Ganzheitlichkeit	Möglichkeit zur zielorientierten Bewertung struktureller Gestaltungsalternativen, Abdeckung der Strukturierungsdimensionen abhängig von der Anwendung im Einzelfall, keine systemische Betrachtung
Entwicklungs- und Verbesserungsorientierung	Unmittelbare Ableitung von Maßnahmen aus dem Bewertungsergebnis möglich, allerdings nicht methodisch verankert
Testgütekriterien	Güte des Bewertungsergebnisses wesentlich über die Qualität der Datengrundlage bestimmt, daher keine zuverlässige Aussage zur Testgüte
Utilität und Operationalität	Operationalität des Verfahrens belegt, Nutzen auf bestimmte Anwendungssituationen beschränkt

Tab. 24: Bewertung mit Hilfe der Nutzwertanalyse

3.3.4.3 Gemeinkostenwertanalyse

Die Gemeinkostenwertanalyse (GWA) ist ein Instrument zur Kostenplanung und -kontrolle in indirekten oder administrativen Bereichen.[466] Sie zielt auf die Senkung von Kosten bzw. die Steigerung der Leistungsfähigkeit unterstützender Unternehmensfunktionen. HORVÁTH sieht die Aufgabe der GWA darin, "in einem systematischen und kreativitätsfördernden Prozess Kosten und Nutzen der untersuchten Gemeinkostenbereiche zu beurteilen und 'unnötige' Leistungen bzw. die Kosten hierfür zu reduzieren."[467] Dazu werden zunächst Tätigkeiten und Leistungen der Untersuchungseinheiten dokumentiert und die dort entstehenden Kosten in einem groben Schätzverfahren zugeordnet.[468] Das so ermittelte Leistungsportfolio wird im Hinblick auf die Sinnhaftigkeit der einzelnen Leistungen (Effektivität der Untersuchungseinheit) und deren wirtschaftlich optimale Erstellung (Effizienz der Untersuchungs-

465 Vgl. Zangemeister (1976), S. 129 f.

466 Vgl. Ederer (1997), S. 121; Franz (1995), S. 132; Hartmann (1985), S. 140

467 Horváth (1994), S. 276; Vgl. Meyer-Piening (1994), S. 137; o.V. (1997f), S. 1483

468 Vgl. Franz (1995), S. 134

einheit) überprüft. Die Analyse mündet in die Ableitung und Umsetzung konkreter Verbesserungsmaßnahmen.

Inhaltlich wird der Gemeinkostenwertanalyse insbesondere die verkürzende Beschränkung auf Kostenaspekte vorgeworfen.[469] Auch die fehlende Prozessorientierung in der Betrachtung gibt Anlass zur Kritik.[470] Sie führt zumindest potentiell zu einer isolierten Optimierung einzelner Untersuchungseinheiten, die i.d.R. mit den Kostenstellen einer Organisation übereinstimmen, ohne ihre Einordnung in übergreifende Prozesse der Leistungserstellung zu berücksichtigen. Damit wird eine ganzheitliche Betrachtung des Unternehmens verhindert oder zumindest erheblich erschwert. Außerdem fokussiert das Verfahren stark auf inkrementale oder evolutionäre Veränderungen. Tiefgreifende Umgestaltungen, die i.d.R. auch eine Veränderung von Organisationseinheiten und ihres Beziehungsgefüges implizieren, werden tendenziell ausgeblendet.

Damit hängt die fehlende Orientierung an strategischen Zielen des Unternehmens zusammen.[471] Die Gemeinkostenwertanalyse fördert die Binnenoptimierung einzelner Untersuchungseinheiten. Sie berücksichtigt allenfalls implizit die Zielwirksamkeit indirekter Bereiche, d.h. ihren Beitrag zur Erfüllung übergeordneter strategischer Ziele der Gesamtorganisation (vgl. Tab. 25). SCHIEBLE, SPIELMANN und WEIMER führen aus: "Die Gemeinkostenwertanalyse sticht nur dann, wenn der Fokus fast ausschließlich auf einer Senkung der Gemeinkosten ... liegt, keine aufbauorganisatorische Veränderung geplant ist, eine Orientierung an bestehenden Prozessen und Praktiken sinnvoll ist."[472] In solchen Fällen kommt die im nächsten Abschnitt diskutierte Methode des Zero-Base-Budgeting (ZBB) ins Spiel, die bestehende Strukturen und Leistungsbeziehungen grundsätzlich in Frage stellt.

---

469 Vgl. Meyer-Piening (1994), S. 137

470 Vgl. Franz (1995), S. 137 f.

471 Vgl. Franz (1995), S. 139

472 Schieble/Spielmann/Weimer (1999), S. 692

Forderung	Erfüllung
Abbildung der Effizienzkriterien	Detaillierte Analyse zur Binneneffizienz einer Organisation (insbesondere im Hinblick auf die Aufbauorganisation), Ausrichtung an den wesentlichen Interessengruppen methodisch nicht verankert, tendenziell einseitige Ausrichtung auf Kostenaspekte
Ganzheitlichkeit	Möglichkeit zur zielorientierten Bewertung struktureller Gestaltungsalternativen, Abdeckung der Strukturierungsdimensionen abhängig von der Anwendung im Einzelfall, keine systemische Betrachtung
Entwicklungs- und Verbesserungsorientierung	Unmittelbare Ableitung von Maßnahmen aus dem Bewertungsergebnis möglich, allerdings nicht methodisch verankert
Testgütekriterien	Objektivität und Validität des Bewertungsergebnisses über die Anwendung im Einzelfall bestimmt, daher keine zuverlässige Aussage zur Testgüte
Utilität und Operationalität	Operationalität des Verfahrens belegt, Nutzen umstritten

Tab. 25: Bewertung mit Hilfe der Gemeinkostenwertanalyse

3.3.4.4 Zero-Base-Budgeting

Beim Zero-Base-Budgeting (ZBB) handelt es sich um ein kostenorientiertes Budgetierungs- und Planungsverfahren, das erstmals bei Texas Instruments eingesetzt wurde.[473] Dabei werden sog. Entscheidungspakete oder –einheiten ("Decision Packages"[474]), die konkrete Tätigkeiten oder Entwicklungs- und Entscheidungsalternativen beinhalten, in Abhängigkeit von ihrem Beitrag zur Erfüllung der Organisationsziele budgetiert. Jedes Entscheidungspaket umfasst Angaben zu den geleisteten oder zu leistenden Tätigkeiten, eine Begründung des Nutzens einschließlich entsprechender Messkonzepte, eine Prognose über den zu erwartenden Mittelbedarf sowie Angaben zu den Konsequenzen im Falle einer Nichtgenehmigung.[475] Damit wird die traditionell inkrementale Budgetierung der Gemeinkostenbereiche durch ein analytisch wertorientiertes Vorgehen ersetzt.[476]

Wesentliches Element des Zero-Base-Budgeting ist die Forderung nach einer regelmäßigen Überprüfung aller in der Planungsperiode erstmalig anfallenden oder aus laufenden Projekten zukünftig entstehenden Ausgaben.[477] Die Zielwirksamkeit, d.h. der Beitrag einzelner Positionen zur Erreichung der Organisations- oder Unternehmensziele, bildet dabei die Grundlage zur Ableitung einer Prioritätenliste. In Abgrenzung zu klassischen Budgetierungsverfahren besteht ein wesentliches

---

473 Vgl. Dreyfack/Seibel (1978), S. 62

474 o.V. (1997f), S. 4517

475 Vgl. Dreyfack/Seibel (1978), S. 62; Horváth (1994), S. 281-285

476 Vgl. Horváth (1994), S. 279

477 Vgl. Dreyfack/Seibel (1978), S. 40

Charakteristikum des Verfahrens darin, dass auch in der Vergangenheit getroffene, zukünftig aber noch kostenwirksame Planungsentscheidungen einer regelmäßigen Überprüfung unterzogen werden.

Aus diesem Ansatz leitet sich auch der Begriff des Zero-Base-Budgeting ab: Ausgangspunkt der Finanzplanung ist regelmäßig eine "Stunde Null" oder "Situation Null", in der Entscheidungen der Vergangenheit nicht mehr als unabänderliches Faktum auch im Hinblick auf ihre Zukunftswirkung angesehen werden.[478] "Die ... Grundidee ... ist es, geplante Aktivitäten ... jeweils from 'base zero' aus zu rechtfertigen, d.h. als würde das Unternehmen erst gegründet."[479] Beim Zero-Base-Budgeting handelt es daher "um ein Analyse- und Planungsinstrument, mit dem durch komplette Neubudgetierung eine effiziente Ressourcenverteilung unter gleichzeitiger Beachtung von Qualitätsaspekten erreicht werden soll."[480] "Zero-Base-Budgeting ist keine Alternative, sondern es handelt sich um ein weiterentwickeltes programmiertes Planungs- und Budgetsystem, das sich von der vergangenheitsorientierten Vorgehensweise ganz oder teilweise löst und das die zukunftsorientierte Zielsetzung an den Anfang der Planung stellt."[481]

Zwar wird auch beim Zero-Base-Budgeting ähnlich wie bei der zuvor betrachteten Gemeinkostenwertanalyse die Ableitung von Verbesserungsmaßnahmen als wesentlicher Bestandteil des Konzepts hervorgehoben,[482] konkrete Aussagen zum Vorgehen finden sich jedoch nicht. In der Praxis führt das Zero-Base-Budgeting daher häufig zur Ableitung von Verbesserungsmaßnahmen. Ein entsprechender Anstoß geht von der Prämisse einer grundsätzlichen Überprüfung innerbetrieblicher Leistungsstrukturen aus. Die inhaltliche Erarbeitung von Maßnahmen liegt aber außerhalb des ZBB-Konzepts i.e.S. Das Instrument selbst leistet dabei keine Hilfestellung. Insoweit ist die Verbesserungsorientierung des Zero-Base-Budgeting kritisch zu hinterfragen. Ansätze sind zweifellos vorhanden, eine wirksame methodische Unterstützung des organisationalen Verbesserungsprozesses auf der Inhaltsebene ist jedoch nicht zu erkennen (vgl. Tab. 26).

---

478 Vgl. Dreyfack/Seibel (1978), S. 41; Meyer-Piening (1994), S. 183; Schieble/Spielmann/Weimer (1999), S. 692

479 o.V. (1997f), S. 4517

480 Schieble/Spielmann/Weimer (1999), S. 692

481 Dreyfack/Seibel (1978), S. 32

482 Vgl. Schieble/Spielmann/Weimer (1999), S. 694 f.

Forderung	Erfüllung
Abbildung der Effizienzkriterien	Detaillierte Analyse zur Binneneffizienz einer Organisation (insbesondere im Hinblick auf die Aufbauorganisation), Ausrichtung an den wesentlichen Interessengruppen methodisch nicht verankert, tendenziell einseitige Ausrichtung auf Kostenaspekte
Ganzheitlichkeit	Möglichkeit zur zielorientierten Bewertung struktureller Gestaltungsalternativen, Abdeckung der Strukturierungsdimensionen abhängig von der Anwendung im Einzelfall, keine systemische Betrachtung
Entwicklungs- und Verbesserungsorientierung	Unmittelbare Ableitung von Maßnahmen aus dem Bewertungsergebnis möglich, allerdings nicht methodisch verankert
Testgütekriterien	Objektivität und Validität des Bewertungsergebnisses über die Anwendung im Einzelfall bestimmt, daher keine zuverlässige Aussage zur Testgüte
Utilität und Operationalität	Operationalität des Verfahrens belegt, Nutzen umstritten

Tab. 26: Bewertung mit Hilfe des Zero-Base-Budgeting

3.3.5 Balanced Scorecard

Ähnlich wie der Shareholder-Value-Ansatz wird auch das von NORTON und KAPLAN aus der unternehmerischen Praxis heraus entwickelte Modell der Balanced Scorecard intensiv diskutiert.[483] Ihr grundlegendes Ziel besteht in der Erweiterung klassisch finanzorientierter Bewertungsmodelle,[484] um der Vielschichtigkeit organisationaler Zielsysteme und der darauf basierenden Diversität fundierter Effizienzmaßstäbe Rechnung zu tragen.[485] Die Balanced Scorecard dient der Operationalisierung, Umsetzung und Überprüfung von Unternehmensstrategien.[486] Sie basiert im Wesentlichen auf der Transformation meist qualitativer Aussagen zu langfristigen Unternehmenszielen in konkrete Leistungs- und Erfolgsmessgrößen.[487] Diese beziehen sich nicht nur auf die zu erzielenden Ergebnisse, sondern auch auf das Vorgehen zur Zielerreichung. Dem Ansatz liegt die Einsicht zugrunde, dass nur getan, was auch tatsächlich gemessen (und honoriert) wird.[488] Gleichzeitig zwingt die Ableitung konkreter Messgrößen das Management zu einer wirklichen Einigung auf konkrete Aussagen zur strategischen Ausrichtung der Organisation.[489]

---

483 Vgl. Kaplan/Norton (1996); Merkle (1999), S. 79

484 Vgl. Kaplan/Norton (1996), S. VII; Merkle (1999), S. 76 f.

485 Vgl. Kaplan/Norton (1996), S. 7

486 Vgl. Kaplan/Norton (1996), S. 10-18

487 Vgl. Kaplan/Norton (1996), S. 193; Klingebiel (2000), S. 74

488 Vgl. Kaplan/Norton (1996), S. 21, S. 147, S. 217-222

489 Vgl. Brown (1997), S. 173 f.; Merkle (1999), S. 77; Kaplan/Norton (1996), S. 147

Strategische und operationale Ziele werden stringent über die verschiedenen Ebenen im Unternehmen heruntergebrochen, um eine gemeinsame Handlungsausrichtung aller Teilbereiche und –einheiten sicherzustellen.[490] Wichtig ist in diesem Zusammenhang die angesprochene Erweiterung der klassisch finanzorientierten Managementperspektive, der jedoch nach wie vor hohe Priorität eingeräumt wird.[491] Die Geschäftstätigkeit wird nicht mehr allein über finanzielle Parameter aus Finanz- und Rechnungswesen gesteuert, sondern unter Einbeziehung weiterer Aspekte. Aus diesem Grund enhält die Balanced Scorecard über finanzielle Größen ("Financial") hinaus die Elemente Kunde ("Customer"), Prozesse ("Internal Business Process") sowie Lernen und Entwicklung bzw. Wachstum ("Learning and Growth") (vgl. Abb. 13):

- Das erstgenannte Element "Customer" bezieht sich auf die Kenntnis des bearbeiteten Marktes, eigene Leistungen zur Erfüllung der Kundenwünsche sowie die dadurch erzielte Zufriedenheit und Loyalität.[492]

- Die zweite inhaltliche Dimension, "Internal Business Process", beschreibt diejenigen Geschäftsprozesse, die die größte Wirkung auf Kundenzufriedenheit und finanzielle Leistungen bzw. auf die Leistungsfähigkeit eines Unternehmens entfalten.[493] Inhaltlich beschränkt sie sich nicht auf Prozessmanagement im Sinne einer operativen Lenkung. Der Einsatz der Balanced Scorecard dient ebenso der Überprüfung der Geschäftsprozesse im Hinblick auf ihren Beitrag zu den Unternehmenszielen und ggf. ihrer Redefinition. Dabei genießt der Innovationsprozess hohe Priorität.

- Das dritte Element der Scorecard neben der finanziellen Perspektive beinhaltet Lernen und Wachstum im Sinne einer kontinuierlichen Verbesserung. Dabei geht es um die strukturellen Voraussetzungen langfristiger Erfolgssicherung.[494] Hier erweisen sich neben Aufbau- und Ablauforganisation die Mitarbeiter als Schlüsselfaktor:[495] Ausbildung und Training zur Erweiterung ihrer Fähigkeiten sowie Informationssysteme zur Unterstützung ihrer Arbeit tragen, so die Prämisse der Balanced Scorecard, zur Steigerung der Gesamtleistung bei. Die Erhebung der Mitarbeiterzufriedenheit und -leistung dokumentiert den Erfolg von Investitionen in das Humankapital. Dadurch trägt die Balanced Scorecard der Schlüsselrolle der Mitarbeiter für den Unternehmenserfolg Rechnung.

---

490 Vgl. Brown (1997), S. 7; Kaplan/Norton (1996), S. VIII

491 Vgl. Brown (1997), S. 6, S. 29 f.; Kaplan/Norton (1996), S. 47-62

492 Vgl. Kaplan/Norton (1996), S. 26, S. 63-77

493 Vgl. Kaplan/Norton (1996), S. 27, S. 92-107

494 Vgl. Kaplan/Norton (1996), S. 28 f., S. 126-144

495 Vgl. Wildemann (2000), S. 325; Kaplan/Norton (1996), S. 127-132

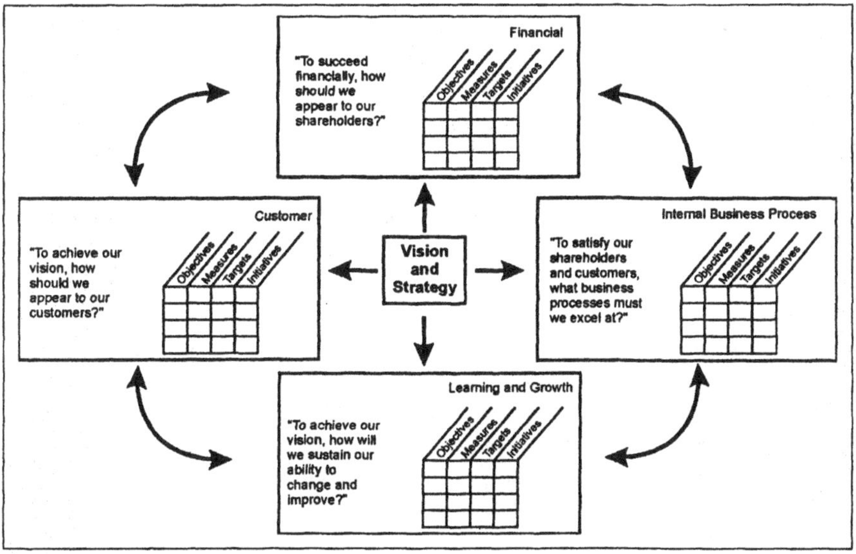

Abb. 13: Aufbau der Balanced Scorecard[496]

Auch im Hinblick auf die Auswahl finanzieller Kenngrößen, die im Mittelpunkt vieler klassischer Bewertungs- und Steuerungsansätze stehen, impliziert die Balanced Scorecard weitergehende inhaltliche Anforderungen. KAPLAN und NORTON heben insbesondere die Anknüpfung an die strategischen Ziele des Unternehmens hervor.[497] Damit genügen standardisierte Messgrößen und Erfolgsindikatoren den Anforderungen an eine strategieorientierte Unternehmenssteuerung nicht. Vielmehr müssen sie unternehmensspezifisch entwickelt und auf individuelle Strategien zur Verzinsung des eingesetzten Kapitals ausgerichtet werden.[498] Die begriffprägende Balance der Bewertungsinhalte kommt dabei gleich in mehreren Ebenen zum Ausdruck:[499]

- Über die Balanced Scorecard werden langfristige, strategische Ziele mit operativen Ergebnissen verknüpft.
- Extern orientierte Messgrößen, die sich auf die Kunden bzw. die Shareholder des Unternehmens beziehen, werden durch interne Indikatoren zur Leistungsfähigkeit der Geschäftsprozesse ergänzt. Gleichzeitig werden finanzielle und nichtfinanzielle Kenngrößen gleichberechtigt berücksichtigt.

496 Abb. aus Kaplan/Norton (1996), S. 9

497 Vgl. Kaplan/Norton (1996), S. 47

498 Vgl. Kaplan/Norton (1996), S. 61

499 Vgl. Merkle (1999), S. 78 f.; Töpfer/Mauerer (2000), S. 17

- Die vergangenheitsorientierte Betrachtung von Ergebnissen wird flankiert durch die Analyse von Mess- und Kenngrößen, die die Leistungsfähigkeit der Organisation in die Zukunft extrapolieren und damit die Grundlage einer langfristigen Erfolgssicherung schaffen.[500]

- Die Bewertung stützt sich auf objektive Daten und Informationen, wie sie das klassische Controlling generiert, schließt gleichzeitig aber subjektive, d.h. vom Urteil des Bewerters abhängige Ergebnisse ein, die eine Auseinandersetzung mit weiteren wichtigen, aber häufig nur schwer quantifizierbaren Erfolgsfaktoren erlauben.

Das Ziel der Scorecard besteht darin, die Unternehmensstrategie in konkrete operationale Ziele zu transformieren und dadurch die Grundlage für einen stringenten Deployment- oder Zielentfaltungsprozess zu legen.[501] Daher werden zu den vier Perspektiven der Scorecard Ziele, Kennzahlen und Messgrößen definiert, die zur operativen Steuerung verwendet werden.[502] Sie unterstützen die tatsächliche Anbindung organisationalen Handelns an die - meist qualitativ formulierten - strategischen Ziele.[503] Gleichzeitig steht ein Steuerungsinstrument auf operativer Ebene zur Verfügung: Die laufende Erfassung eines inhaltlich breiten Spektrums von Kennzahlen ermöglicht die Früherkennung wichtiger Binnen- und Umweltentwicklungen und damit eine hohe Reagibilität der Unternehmenssteuerung.[504] NORTON und KAPLAN stellen in diesem Zusammenhang die Cockpitfunktion der Balanced Scorecard heraus.[505] Zur praktischen Umsetzung liegen in diesem Zusammenhang inzwischen beispielhafte Messgrößen zur inhaltlichen Füllung vor.[506]

Kritik am Konzept der Balanced Scorecard ist auf die nur implizite Berücksichtigung der Mitarbeiter in der Perspektive "Learning and Growth" gerichtet. Sie trage der Bedeutung der personellen Ressourcen als wesentlichem Erfolgsfaktor des Unternehmens nicht angemessen Rechnung (vgl. Tab. 27).[507] Generell fehlt eine zwingende Auseinandersetzung mit struktur- und potentialorientierten Elementen des Unternehmens, die Voraussetzung eines ganzheitlichen Betrachtungshorizonts wäre. Die nur implizite Ableitung von Veränderungsmaßnahmen, die nicht methodisch verankert ist, schränkt überdies die Entwicklungs- und Verbesserungsorientierung ein.

---

500 Vgl. Kaplan/Norton (1996), S. 31 f.

501 Vgl. Guldin (2000), S. 110; Kinsey (2000), S. 168; Töpfer (2000e); Töpfer/Mauerer (2000), S. 17; Wigand/Schnopp (2000), S. 266

502 Vgl. Töpfer/Mauerer (2000), S. 17

503 Vgl. Kaplan/Norton (1996), S. VIII; Töpfer (2000c), S. 69

504 Vgl. Brown (1997), S. 15; Töpfer (2000c), S. 79

505 Vgl. Kaplan/Norton (1996), S. 1 f.; Töpfer (2000c), S. 79

506 Vgl. Guldin (2000); Haldi (2000), S. 256, S. 259; Kaplan/Norton (1996); Töpfer (2000d); Wigand/Schnopp (2000), S. 272

507 Vgl. Töpfer/Mauerer (2000), S. 19

Forderung	Erfüllung
Abbildung der Effizienzkriterien	Verknüpfung finanzieller und nicht-finanzieller Elemente, Anknüpfung der Bewertung an die strategischen Ziele, Berücksichtigung von Kunden, Mitarbeitern und Anteilseignern, wenig Hinweise zur Erfassung struktureller Aspekte
Ganzheitlichkeit	Zwingende Anknüpfung der Bewertung an strategische Ziele, Unterstützung des vertikalen Fit durch Operationalisierung von Zielen, allerdings keine konkreten Hinweise zur Betrachtung struktureller Elemente, damit keine vollständige Abdeckung der Strukturierungsdimensionen
Entwicklungs- und Verbesserungsorientierung	Unmittelbare Ableitung von Maßnahmen aus dem Bewertungsergebnis möglich, allerdings nicht umfassend methodisch verankert
Testgütekriterien	Güte des Bewertungsergebnisses wesentlich über die konsistente Konkretisierung der inhaltlichen Dimensionen der Scorecard bestimmt, daher keine zuverlässige Aussage zur Testgüte
Utilität und Operationalität	Operationalität des Verfahrens in der praktischen Anwendung belegt, Nutzen für die operative Steuerung anerkannt

Tab. 27: Bewertung über die Balanced Scorecard

TÖPFER sowie TÖPFER und MAUERER weisen auf die inhaltliche und funktionale Verwandtschaft zwischen der Balanced Scorecard und den später diskutierten Excellence-Modellen hin:[508] Deutliche Parallelen zeigen sich im Hinblick auf die konzeptionellen Grundlagen. Dies gilt insbesondere für das Verständnis der wesentlichen Werttreiber im Unternehmen. Während die Scorecard aber den Schwerpunkt auf eine ergebnisbezogene Betrachtung legt und damit insbesondere für operative Steuerungsaufgaben in Betracht kommt,[509] sind die Excellence-Modelle (stellvertretend das EFQM-Modell für Excellence sowie der Malcolm Baldrige National Quality Award) durch Berücksichtigung struktureller Faktoren einer systemorientierten Sicht verpflichtet, die eine stärkere Maßnahmenorientierung impliziert. TÖPFER sieht daher in der simultanen Anwendung beider Modelle große Synergieeffekte.[510] Eine detaillierte Darstellung der Excellence-Modelle folgt im nächsten Abschnitt (vgl. Kap. 3.4).

508 Vgl. Töpfer (2000f); Töpfer/Mauerer (2000), S. 14 f.

509 Vgl. Kinsey (2000), S. 181; Töpfer (2000c), S. 79; Töpfer (2000f), S. 311, S. 315

510 Vgl. Töpfer (2000c), S. 101 f.; Wigand/Schnopp (2000), S. 276

3.4 Bewertung durch Excellence-Modelle

Excellence-Modelle haben sich aus der Diskussion um Qualität und Qualitätsmanagement entwickelt. Sie umfassen Kriterien zur Bewertung von Organisationen, die bei der Vergabe nationaler und internationaler Qualitätspreise herangezogen werden. Inhaltlich basieren die Modelle auf der Überzeugung, die Leistungsfähigkeit eines Unternehmens hänge wesentlich davon ab, inwieweit es mitunter widersprüchliche Bedürfnisse und Wünsche der unterschiedlichen Interessengruppen in ein ausgewogenes Gleichgewicht bringe.[511] Hervorragende Leistungen umfassen hohe Kundenzufriedenheit und –loyalität, die Wahrnehmung der gesellschaftlichen Verantwortung und das – zumindest für gewinnorientierte Unternehmen konstitutive – Ziel einer angemessenen Verzinsung des eingesetzten Kapitals im Sinne der Shareholder.[512] Entsprechend spiegeln die Modelle in ihren Kriterien die Interessen und die Zufriedenheit von Anteilseignern, Kunden, Mitarbeitern und der Gesellschaft wider.[513] Insoweit bringen sie durch ihren breiten Bewertungshorizont einen tiefgreifenden Paradigmenwechsel mit sich, der sich mit Erfahrungen der Praxis deckt.[514]

Die Excellence-Modelle repräsentieren in der betrieblichen Praxis verwendbare Erklärungs- und Bewertungsmodelle, die es Unternehmen ermöglichen, im Rahmen einer Selbstbewertung eigene Stärken und Verbesserungsbereiche zu identifizieren.[515] Selbstbewertung wird dabei definiert als "umfassende und systematische Bewertung von Tätigkeiten und Ergebnissen der Organisation, die auf das Qualitätsmanagementsystem oder ein Exzellenzmodell bezogen werden."[516] Die Durchführung liegt in der Verantwortung der betrachteten Organisation selbst. Auf den Ergebnissen kann ein kontinuierlicher Entwicklungsprozess aufbauen, um durch stetige Verbesserung der eigenen Leistung umfassende Qualität zu verwirklichen, die herausragende Geschäftsergebnisse einschließt.[517]

Alle Modelle vereint, dass sie den Erfolg einer Organisation in einer breiten Palette von Ergebnissen abbilden, die eine Leistungsbewertung aus Sicht unterschiedlicher Interessengruppen impliziert[518] und damit in ihrer Aussage weit über klassisch finanzorientierte Bewertungsansätze hinausgeht. Die Modelle beschränken sich jedoch nicht auf die Betrachtung von Leistungen, die Ergebnis von Entscheidungen in der Vergangenheit sind, sondern umfassen gleichzeitig die strukturellen Voraussetzungen

---

511 Vgl. Zink/Voß (1998b), S. 459

512 Vgl. d'Arbeloff et al. (1992), S. 139

513 Vgl. Conti (1991), S. 168

514 Vgl. Schein (1988a), S. VII

515 Vgl. Conti (1999b), S. 463; o.V. (1997a), S. 11; Jernberg/Lindström/Chocron (1994), S. 36; van den Bos (1994), S. 159 f.

516 DIN EN ISO 9000 : 2000-12, S. 15

517 Vgl. Daley (1997), S. 4

518 Vgl. Conti (1991), S. 168; d'Arbeloff (1992), S. 132

des Organisationserfolgs in der Zukunft.[519] Die detaillierte Analyse der eingesetzten Vorgehensweisen, Systeme und Konzepte einer Organisation liefert Hinweise, inwieweit diese in der Lage sein wird, auf dynamische wirtschaftliche, rechtliche und gesellschaftliche Rahmenbedingungen zu reagieren und gleichzeitig eigene Ziele und strategische Vorstellungen umzusetzen.

ZINK formuliert: "Die Ergebnisse der Selbstbewertung müssen nicht immer denen einer traditionellen, finanzorientierten Unternehmensbewertung entsprechen. Finanzielle Ergebnisse - z.B. der Bilanzgewinn - spiegeln zum einen hauptsächlich die Interessen der Kapitalgeber oder Anteilseiger wider und beruhen zum anderen ausschließlich auf Entscheidungen und Maßnahmen der Vergangenheit. Selbstbewertung auf der Grundlage von Business Excellence-Modellen erweitert die Datenbasis in doppelter Hinsicht: Einerseits werden über die Mitarbeiter- und Kundenzufriedenheit Belange weiterer Interessengruppen berücksichtigt, andererseits werden auch Potentiale erfasst, die erst in der Zukunft (ergebnis-)wirksam werden. Die praktische Erfahrung zeigt, dass Unternehmen, die die Forderungen der Kriterienmodelle in hohem Umfang umsetzen, meist auch erfolgreich am Markt operieren und demzufolge aus beiden Perspektiven gute Bewertungsergebnisse erreichen."[520]

CONTI hebt hervor, dass erst die Auseinandersetzung mit strukturellen Aspekten eine fundierte Bewertung von Erfolgsperspektiven für die Zukunft ermöglicht.[521] "Bei der verbesserungsorientierten Selbstbewertung ... geht es nicht um das Erreichen einer Anerkennung, sondern um die Identifizierung der Faktoren und Prozesse, die aktiviert werden müssen, um die Leistung des Unternehmens zu verbessern und die Wettbewerbsfähigkeit anzukurbeln. In diesem Fall unterliegen Ergebnisse ... keiner Diskriminierungsgefahr: Der Mechanismus muss bei Unternehmen mit schlechten Ergebnissen noch besser funktionieren. In diesen Unternehmen ist die klare Identifizierung der Gründe für die schlechten Ergebnisse unerlässlich. Das Bewertungsmodell und die Bewertungsprozeduren müssen bei der Messung der systemischen Faktoren - der materiellen und immateriellen - so zuverlässig wie möglich sein und die Ursache-Wirkungs-Beziehungen zwischen den Schwächen in den Ergebnissen und den systemischen Faktoren und Prozessen des Unternehmens identifizieren. Während die ... Awards die Aufgabe haben, die Excellence und die Unterscheidung auf einer höheren Ebene hervorzuheben, besteht die Aufgabe der Selbstbewertung darin, das Unternehmen bei seinem Wachstum und der kontinuierlichen Verbesserung der Leistung zu unterstützen."[522]

Über die Bewertungsfunktion zeigen die Modelle gleichzeitig Gestaltungswirkungen. Abstrakte Forderungen wie Kunden- oder Mitarbeiterorientierung bedürfen der

---

519 Vgl. Zink/Voß (1997), S. 49

520 Zink (1998), S. 45

521 Vgl. Conti (1991), S. 168; Conti (1999a), S. 6

522 Conti (1999a), 17 f.

Konkretisierung. Hier geben die Inhalte der Excellence-Modelle Hilfestellungen. Über ihre Kriterien erklären sie das Konzept TQM und geben somit eine erste Orientierungshilfe für die darauf basierende Gestaltung und Steuerung eines Unternehmens.[523] Erste Ansätze in dieser Richtung finden sich in Japan bereits seit Einführung des Deming Prize im Jahre 1951.[524] Sie wurden – insbesondere im Hinblick auf die interne Verwendung im Rahmen der Selbstbewertung – im Modell des US-amerikanischen Malcolm Baldrige National Quality Award wesentlich weiterentwickelt, das 1987 in seiner ersten Fassung erschienen ist.[525] Auch Australien, sonst im Hinblick auf aktuelle Entwicklungen von Managementkonzepten vielfach nicht im Mittelpunkt der Aufmerksamkeit, verfügt seit 1988 über einen eigenen Qualitätspreis, der ursprünglich eng an den Malcolm Baldrige National Quality Award angelehnt war, sich inzwischen aber zu einem eigenständigen Modell entwickelt hat.[526]

In den folgenden Abschnitten werden unterschiedliche Modelle nationaler und internationaler Qualitätspreise vorgestellt. Den Ausgangspunkt bilden dabei der European Quality Award sowie das ihm zugrunde liegende EFQM-Modell für Excellence. Die anschließende Auseinandersetzung mit vergleichbaren Preis- bzw. Kriterienmodellen in anderen Ländern und ihre Gegenüberstellung mit dem vorgenannten Modell dient einem inhaltlichen Vergleich und einer Analyse der Vollständigkeit.

3.4.1 European Quality Award

Der European Quality Award (EQA)[527] wurde 1992 zum ersten Mal vergeben. Er wird durch die European Foundation for Quality Management (EFQM) verliehen, die sich die Steigerung der Wettbewerbsfähigkeit europäischer Organisationen sowie die Förderung der Bedeutung von Qualität in allen Funktions- und Tätigkeitsbereichen zum Ziel gesetzt hat. Sie will Ansporn und Unterstützung bei der Entwicklung von Maßnahmen zur Qualitätsverbesserung geben.[528]

Zu diesem Zweck vergibt die EFQM jährlich den European Quality Award. Sie zeichnet Unternehmen bzw. Organisationen aus, die den Nachweis erbringen, dass ihr Vorgehen zur Verwirklichung von TQM einen beträchtlichen Beitrag zur Erfüllung der Erwartungen von Anteilseignern, Kunden, Mitarbeitern und anderen Interessengruppen erbracht hat.[529] Preisträger werden in den Kategorien Unternehmen und Öffentlicher Sektor sowie für kleine und mittlere Unternehmen ermittelt. Grundlage der Bewertung ist das EFQM-Modell für Excellence, das im Jahre 1999 einer

---

523 Vgl. Zink/Voß (1998a), S. 127

524 Vgl. JUSE (1996); Zink/Voß (1998b), S. 459

525 Vgl. NIST (2001)

526 Vgl. Australian Quality Council (2000)

527 Vgl. EFQM (1999a)

528 Vgl. Zink/Voß (1997), S. 47

529 Vgl. Zink/Voß (1998a), S. 131 f.

tiefgreifenden Überarbeitung unterzogen wurde. Ab 2001 werden als Pilotvorhaben zusätzliche Anerkennungen für Organisationen ausgesprochen, die sich – bei einem reduzierten Anspruch an das bereits realisierte Leistungsniveau – durch gute Fortschritte bei der Umsetzung der Modellforderungen hervorgetan haben.[530] Die EFQM verwendet dafür die Begriffe "Recognition of Commitment to Excellence" bzw. "Recognition of Achievement in Excellence". Die Initiative zur Einführung dieses sog. "Recognition Scheme" greift das Vorbild des Australian Quality Award auf, dessen Anerkennungsschema an späterer Stelle beschrieben wird (vgl. Kap. 3.4.3).

3.4.1.1 Inhaltliche Grundlagen des Bewertungsmodells

Die Gestaltung der Kriterien im EFQM-Modell für Excellence erlaubt eine Übertragung und Anwendung auf unterschiedliche Arten von Organisationen. Das Modell bezeichnet die wesentlichen inhaltlichen Schwerpunkte, zu denen eine Organisation systematische Vorgehensweisen entwickeln muss. Die konkrete Ausgestaltung und Umsetzung bleibt hingegen offen und kann situationsspezifisch angepasst werden. So schreibt das Modell z.B. vor, dass Strukturen zur Steuerung der wesentlichen Geschäftsprozesse zu schaffen sind; wie diese konkret aussehen, ist jedoch der Entscheidung der Organisation überlassen. Der sich daraus auf den ersten Blick mitunter ergebende Anschein der Beliebigkeit trügt jedoch: Durch die inhaltlichen Verknüpfungen zwischen den Modellkriterien und die durchgängige Forderung nach einer regelmäßigen Bewertung der und einem Nachweis für die Effizienz gewählter Vorgehensweisen ergeben sich sogar höchste Anforderungen an ein stringentes Managementsystem.

Die Offenheit des Modells unterstützt seinen Einsatz in vielfältigen Bereichen und die Anwendung auf unterschiedliche Organisationen. Umfangreiche Erfahrungen liegen für Unternehmen aller Branchen und Größenklassen vor.[531] Inzwischen finden sich zunehmend auch Ansätze für eine Übertragung in den öffentlichen Bereich bzw. für die Anwendung des Bewertungsmodells auf nicht gewinnorientierte Organisationen.[532] Die EFQM trägt dieser Entwicklung durch die Einführung spezieller Informations- und Schulungsmaterialien Rechnung.[533]

Bei aller Flexibilität im Hinblick auf die konkrete Umsetzung stützt sich das Modell auf eine Reihe normativer Setzungen, die in der Diktion der EFQM als "Grundlegende Konzepte" bezeichnet werden (vgl. Abb. 14).[534] Sie erläutern das dem Modell

---

530 Vgl. o.V. (2001a), S. 16 f.

531 Vgl. Conti (1993); Voß (1998); Zink/Klein/Voß (1996); Zink/Hauer/Schmidt (1992a); Zink/Hauer/Schmidt (1992b); Zink/Voß (1997); Zink/Voß (1999a)

532 Vgl. Böffel/Beisel (1997); Dahlgaard (1999); Littler (1999); o.V. (1998), S. 31; Schubert/Zink/Albert/Bahmer (1997); Zink (1997b); Zink/Voß (1998c); Zink/Voß (1999b)

533 Vgl. EFQM (1999e)

534 Vgl. EFQM (1999b), S. 5

zugrunde liegende Verständnis von Organisationen sowie branchen- und sektorunabhängigen Erfolgsfaktoren:

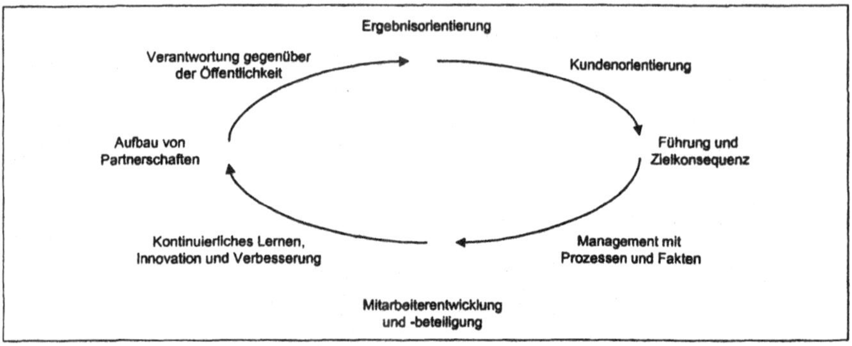

Abb. 14: Die Grundlegenden Konzepte im EFQM-Modell für Excellence[535]

- "Ergebnisorientierung" beschreibt die Ausrichtung einer Organisation sowie ihres gesamten Handelns auf die Wünsche und Bedürfnisse ihrer wesentlichen Interessengruppen. Hier werden Mitarbeiter, Kunden, Lieferanten, die Gesellschaft sowie natürliche und juristische Personen mit finanziellen Interessen an der Organisation explizit genannt.[536] Weitere Gruppen sind in Abhängigkeit von wirtschaftlichen, gesellschaftlichen und rechtlichen Rahmenbedingungen organisationsspezifisch zu definieren. Ein wichtiges und langfristig unabhängig vom Einzelfall erfolgskritisches Ziel besteht darin, die mitunter widersprüchlichen Ziele der genannten Gruppen in ein ausgewogenes Gleichgewicht zu bringen.[537] Wertschöpfung für alle Interessengruppen wird explizit als Aufgabe jeder Organisation definiert. Methodisch erfordert Ergebnisorientierung im Sinne wertschöpfender Aktivitäten für alle Anspruchsgruppen die fundierte Definition ihrer jeweiligen Interessenlagen.[538] Dies schließt die Festlegung von Kenngrößen ein, um den Erfolg bei der Bedürfnisbefriedigung und Zufriedenstellung zu ermitteln, zu dokumentieren und als Steuergrößen für die Gestaltung der Geschäftstätigkeit zu verwenden.

- "Kundenorientierung" beschreibt das zweite grundlegende Konzept im EFQM-Modell für Excellence.[539] Es rechtfertigt sich über den dominanten Einfluss der Kunden auf den langfristigen Organisationserfolg.[540] "Über die Qualität von

535 Abb. aus EFQM (1999b), S. 5

536 Vgl. EFQM (1999b), S. 6

537 Vgl. Mitroff (1989), S. 5; Zahn (1989), Sp. 1906

538 Vgl. EFQM (1999b), S. 6

539 Vgl. EFQM (1999b), S. 6

540 Vgl. Anderson/Fornell/Lehmann (1994), S. 61; Bäuerle (2000), S. 2; Drucker (1988), S. 56; Simon/Homburg (1998b), S. 18, S. 30 f.; Töpfer/Mann (1996), S. 25 f.

Produkten und Dienstleistungen entscheidet schlussendlich die Meinung des Kunden. Kundenloyalität, Kundenbindung und Marktanteil werden am besten durch eine klare Ausrichtung auf die Bedürfnisse von bestehenden und potentiellen Kunden optimiert."[541] Diese Überzeugung korrespondiert mit aktuellen Überlegungen im Marketing, die entsprechende Wirkungsbeziehungen konzeptionell[542] oder empirisch[543] begründen. Wichtig ist in diesem Zusammenhang, dass nicht die objektive Leistung einer Organisation Grundlage einer etwaigen Kaufentscheidung bzw. allgemeiner von Kundenzufriedenheit oder –loyalität ist, sondern ihre Wahrnehmung durch den Kunden.[544]

- "Führung und Zielkonsequenz" werden als drittes Element genannt.[545] Sie beinhalten die Leitungsaufgabe des Managements, die sich in den Aspekten "Leadership", d.h. Führung im Sinne einer Vorbildfunktion, sowie "Management", d.h. Wahrnehmung einer sachlich-inhaltlichen Leitungs- und Koordinationsfunktion, konkretisiert. Damit werden sowohl personale als auch funktionale Aufgaben und Ziele für Führungskräfte thematisiert. Sie zeichnen zunächst für eine klare strategische Ausrichtung der Organisation verantwortlich.[546] Führungsverhalten schließt aber nicht nur die sachlich-inhaltliche Koordinationsfunktion ein, sondern beinhaltet auch Verhaltenserwartungen an das Management, die in den Kriterien zum Element "Führung" konkretisiert werden (vgl. Kap. 3.4.1.3).
- "Management mit Prozessen und Fakten" knüpft in erster Linie an Forderungen nach systematischen Vorgehensweisen und fundierten Entscheidungsgrundlagen an.[547] Das Ziel besteht darin, gefühlsbasierte Entscheidungsprozesse durch eine solide informationelle Fundierung im Sinne von Management by Fact[548] zu ersetzen oder – wo dies nicht möglich ist – zumindest zu unterstützen und abzusichern. Damit trägt das Modell der Vorstellung einer stringenten und möglichst rationalen Planung Rechnung. Diese leugnet nicht die hohe Bedeutung und die Erfolgspotentiale unternehmerischen Gespürs, fordert aber eine kontinuierliche Reflexion der daraus entstehenden Erkenntnisse anhand fundierter Informationen über die verschiedenen Interessengruppen bzw. Entwicklungen der wirtschaftlichen, gesellschaftlichen und rechtlichen Rahmenbedingungen. Neben der informationellen Fundierung von Entscheidungen zieht sich die strukturelle Absicherung organisationalen Verhaltens über etablierte Konzepte, Methoden und

541 EFQM (1999b), S. 6

542 Vgl. Matzler/Hinterhuber/Handlbauer (1997), S. 7; Kotler/Bliemel (1999), S. 27-29; Peters/Waterman (1997)

543 Vgl. Jaworski/Kohli (1993); Narver/Slater (1990)

544 Vgl. Bäuerle (2000), S. 132-137; Porter (1985), S. 139

545 Vgl. EFQM (1999b), S. 6

546 Vgl. Porter (1995), S. 25

547 Vgl. EFQM (1999b), S. 7

548 Vgl. Jung (1990), S. 181; Zink (1998), S. 60

Verfahren durch alle Kriterien. Sie setzt ein systematisches oder prozesshaftes Vorgehen voraus, das die Grundlage zur Herausbildung organisatorischer Routinen bildet.

Die Forderung nach einem systematischen, faktenbasierten Vorgehen wird über dessen Effektivitätswirkung erklärt: "Organisationen funktionieren effektiver, wenn alle miteinander verknüpften Aktivitäten verstanden und systematisch gemanagt werden und Entscheidungen über gegenwärtige Aktivitäten und geplante Verbesserungen aufgrund von zuverlässigen Informationen getroffen werden, zu welchen auch die Wahrnehmung der Interessengruppen gehört."[549]

- "Mitarbeiterentwicklung und –beteiligung" als fünftes der grundlegenden Konzepte hebt die Bedeutung der Mitarbeiter als wesentliche Interessengruppe einerseits und als wichtige Ressource einer Organisation andererseits hervor:[550] "Das volle Potential von Mitarbeitern wird am besten durch eine gemeinsame Kultur des Vertrauens und der Ermächtigung freigesetzt, welche alle Mitarbeiter ermutigt, sich zu beteiligen."[551] Insoweit wird hier das Postulat des Anspruchsgruppenkonzepts im Hinblick auf eine wesentliche Interessengruppe präzisiert.
- "Kontinuierliches Lernen, Innovation und Verbesserung" stellt eine der Kernforderungen im EFQM-Modell dar. Durch eine regelmäßige Überprüfung der eigenen Leistung werden proaktiv Verbesserungsmöglichkeiten erschlossen.[552] Dieser geschlossene Regelkreis aus Planung und Implementierung von Maßnahmen, Leistungsbewertung, Ableitung von Verbesserungen einschließlich einer neuen Zielformulierung sowie abschließender Erfolgskontrolle begründet einen dynamischen Entwicklungsprozess zur Erzielung dauerhaft überlegener Leistung.[553] Dabei stehen kontinuierliche, aber inkrementale Veränderungen gleichberechtigt neben tiefgreifenden strukturellen Eingriffen, wie sie beispielsweise im Rahmen des Business Reengineering[554] thematisiert werden. In jedem Fall muss der Entwicklungsprozess alle relevanten Handlungs- und Entscheidungsfelder einer Organisation betreffen.[555]

Parallel werden aktuelle Entwicklungen in den Bereichen Organisationales Lernen und Wissensmanagement angesprochen, die inhaltlich eng zusammenhängen.[556] Organisationales Lernen ist dabei grundsätzlich definiert als "the process within

---

549 EFQM (1999b), S. 7

550 Vgl. Deutsch/Diedrichs/Raster/Westphal (1997b), S. 18 f.; Zink (1995), S. 135; Zink (1998), S. 73; Zink/Voß (1997), S. 61

551 EFQM (1999b), S.7

552 Vgl. EFQM (1999b), S. 7

553 Vgl. Wildemann (2000), S. 325

554 Vgl. Hammer/Champy (1994); Champy (1995); Hammer/Stanton (1995)

555 Vgl. Zink/Bäuerle/Schmidt (1999a), S. 158; Zink/Bäuerle/Schmidt (1999b), S. 5-8

556 Vgl. Duncan/Weiss (1979), S. 84 f.; Eberl (1996), S. 52 f.

the organization by which knowledge about action-outcome relationships and the effect of the environment on these relationships is developed"[557], wobei in der Literatur eine Vielzahl von Definitionen mit unterschiedlichen Akzentuierungen vorgelegt werden.[558] (Organisationales) Wissen wird demgegenüber beschrieben als "knowledge which is available to organizational decision makers and which is relevant to organizational acitivities."[559] Wissensmanagement beschreibt Routinen, "die Organisationen in die Lage versetzen, ihr Wissen zu visualisieren, zu planen und weiterzuentwickeln."[560] Eine einheitliche Begriffsdefinition liegt bislang jedoch nicht vor.

Wie später noch auszuführen sein wird, löst auch das EFQM-Modell das Defizit einer hinreichend präzisen Definition und praxisrelevanten Konkretisierung nicht. Vielmehr leitet es aus dem grundlegenden Konzept "Lernen, Innovation und Verbesserung" unter Rückgriff auf allgemein anerkannte Elemente aus den Bereichen des Wissensmanagements und des Organisationalen Lernens insbesondere die Forderung nach struktureller Verankerung kontinuierlicher Verbesserung durch regelmäßige Reviewzyklen und Benchmarkingaktivitäten ab, die auch individuelle Beiträge und das Lernen der Mitarbeiter systematisch fördern.

- Ein weiteres der grundlegenden Konzepte betrifft den "Aufbau von Partnerschaften".[561] Dabei geht es um das Kunden- oder, weiter gefasst, das Beziehungskapital einer Organisation.[562] Dies impliziert das Wissen um Wünsche, Bedürfnisse und Eigenheiten der Kunden, Lieferanten und weiterer externer Gruppen sowie die Fähigkeit, mit diesen dauerhafte Partnerschaften einzugehen.

Damit trägt das EFQM-Modell aktuellen Entwicklungen in Wissenschaft und Praxis Rechnung.[563] Zunehmend werden in der koordinierten Zusammenarbeit mit anderen Organisationen wirkungsvolle Ansätze zur Stärkung der Wettbewerbsfähigkeit gesehen.[564] Sie erlaubt die Zusammenführung von Kompetenzen und Ressourcen unterschiedlicher Partner zur Erschließung von Synergiepotentialen:[565] Die Möglichkeit interorganisationaler Kooperation bietet damit nicht nur Chancen, sie erweist sich geradezu als strategische Notwendigkeit.[566] Die Fähigkeit, organisationsübergreifende Kooperationsbeziehungen – mitunter auch zu Wett-

---

557 Duncan/Weiss (1979), S. 84

558 Vgl. Helleloid/Simonin (1994), S. 217

559 Duncan/Weiss (1979), S. 85; Vgl. Schönherr (1999), S. 320-327

560 Schönherr (1999), S. 320

561 Vgl. EFQM (1999b), S. 8

562 Vgl. Stewart (1998)

563 Vgl. z.B. Doz/Hamel (1998), S. XIII; Jarillo (1988), S. 31; Yoshino/Rangan (1995), S. 196

564 Vgl. Lewis (1990), S. 20

565 Vgl. EFQM (1999b), S. 8; Helleloid/Simonin (1994), S. 221

566 Vgl. Doz/Hamel (1998), S. IX

bewerbern – aufzubauen, zu steuern und zur Stärkung des eigenen Unternehmens zu nutzen, wird sich zu einer entscheidenden Determinante der Wettbewerbsfähigkeit entwickeln.[567]

- Das letztgenannte der grundlegenden Konzepte bezieht sich auf die "Verantwortung gegenüber der Öffentlichkeit".[568] Es führt das Anspruchsgruppenkonzept weiter[569] und basiert auf der Einbettung der Organisation in das sie umgebende Gesellschafts- und Sozialsystem.[570] Wirtschaftliches Handeln wird demnach nicht allein durch rein ökonomische Erwägungen determiniert, sondern gleichermaßen durch soziale Motive, die sich aus der gesellschaftlichen Rolle und Position von Handlungs- und Entscheidungsträgern ergeben.[571] Damit ergänzen personal-soziale Aspekte die strenge Rationalitätsprämisse der Ökonomie.[572] Hieraus ergeben sich sozial-ethische Verpflichtungen für die Organisation[573] insbesondere auf rechtlich einwandfreies und ethisch korrektes Verhalten.

  Unabhängig von solchen ethisch-sozial motivierten Überlegungen sprechen auch rational-ökonomische Erwägungen für die Wahrnehmung der sozialen Verantwortung. Sie schaffen Vertrauen in die Aufrichtigkeit und Ehrenhaftigkeit einer Organisation und zahlen sich dadurch langfristig tendenziell auch wirtschaftlich aus. Dies gilt insbesondere im Zusammenhang mit Kooperationsbeziehungen, die – wie später noch zu zeigen ist – immer eine wechselseitige Vertrauensbasis voraussetzen.[574] Die EFQM fasst diese Überlegungen in folgender Aussage zusammen: "Den langfristigen Interessen der Organisation und ihrer Mitarbeiter ist am besten gedient, wenn sie ein ethisch korrektes Vorgehen praktiziert und die Erwartungen und Vorschriften der Gesellschaft im weitesten Sinne übertrifft."[575]

Die skizzierten Aspekte charakterisieren die dem EFQM-Modell zugrunde liegenden Grundhaltungen, Überzeugungen von wirtschaftlichen, gesellschaftlichen und sozialen Zusammenhängen sowie das damit verbundene Menschenbild. Obwohl ohne unmittelbare Bedeutung im Prozess der Fremd- oder Selbstbewertung, determinieren sie inhaltlich die dabei zur Anwendung kommenden und im folgenden Kapitel beschriebenen Modellkriterien.

---

567 Vgl. Klocke (1998), S. 50

568 Vgl. EFQM (1999b), S. 8

569 Vgl. Gomez (1993), S. 23, S. 39; Janisch (1993)

570 Vgl. Brantl (1985), S. 7 f.; Dale (1952), S. 235; Mitroff (1989), S. 4; Kirsch (1990), S. 248; Sohn (1982), S. 139-144

571 Vgl. Kutschker/Schmidt (1995), S. 14; Ulrich (1987), S. 146; Ulrich/Fluri (1995), S. 36 f.

572 Pohlmann/Apelt/Buroh/Martens (1995), S. 20

573 Vgl. Liebl (1997), S. 17

574 Vgl. Doz/Hamel (1998), S. 28; Kutschker/Schmidt (1995), S. 19; Lorenzoni/Ornati (1988), S. 55; Moss Kanter (1995), S. 39; Schuh/Strack (1999), S. 10; Ulmer (1996), S. 130-132

575 EFQM (1999b), S. 8

3.4.1.2 Modellstruktur und Bewertungsdimensionen

Das EFQM-Modell für Excellence gliedert sich auf der ersten Ebene in neun Elemente oder Kriterien, die alle Facetten der Geschäftstätigkeit einer Organisation betreffen. Diesen sind, in jeweils unterschiedlicher Zahl, insgesamt 32 sog. Unter- oder Teilkriterien zugeordnet, die die in den neun Elementen angesprochenen Themenkreise inhaltlich konkretisieren. Diese Teilkriterien sind insoweit verbindlich, als ihre jeweils separate Behandlung im Rahmen einer Bewerbung um den European Quality Award unabdingbar ist.[576] Zwar besteht grundsätzlich die Möglichkeit, einzelne Teilkriterien aus der Wertung zu nehmen, wenn diese in der konkreten Situation einer bestimmten Organisation nicht anwendbar sind. An die Begründung werden jedoch sehr strenge Anforderungen gestellt. In der Praxis sind nur selten Situationen vorstellbar, in denen bestimmte Forderungen nicht sachgerecht übertragen werden können. Der Nachweis wurde für unterschiedliche Arten von Organisationen bereits erbracht.[577]

Die Teilkriterien werden über sog. Ansatzpunkte weiter detailliert. Diese stellen eine beispielhafte Aufzählung möglicher Inhalte dar. Sie sind weder verbindlich noch erheben sie Anspruch auf Vollständigkeit.[578] Damit findet die wesentliche Interpretationsleistung bei der Übertragung der Modellforderungen auf eine konkrete Organisation auf der Ebene der Ansatzpunkte statt: Hier ist die Frage nach der Bedeutung eines Teilkriteriums unter spezifischen Rahmenbedingungen zu stellen. Jede Organisation muss demzufolge individuell Ansatzpunkte definieren, über die sie die Modellforderungen erfüllen kann. Der daraus entstehenden Gefahr einer beliebigen Deut- und Interpretierbarkeit des Modells wird durch – über die inhaltlichen Zusammenhänge zwischen Elementen und Teilkriterien etablierte – Plausibilitäts- und Konsistenzprüfungen vorgebeugt. Diese stellen sicher, dass Ziele, Maßnahmen und Ergebnisse einer Organisation korrespondieren und ein stringentes Vorgehen zu allen im Modell angesprochenen Themenkreisen vorliegt.

Eine Anpassung des Kriterienmodells im Rahmen der Selbstbewertung steht selbstverständlich jeder Organisation frei, verbindliche Regeln können aufgrund der freiwilligen Verwendung nicht festgelegt oder zumindest nicht durchgesetzt werden. Üblicherweise übernehmen Organisationen für die Selbstbewertung jedoch die grundlegenden Anforderungen des Modells, da sie sich einerseits als sinnvoll erwiesen haben und andererseits die Voraussetzungen schaffen, um z.B. Ergebnisse aus Selbstbewertungen verschiedener (Teil-)Einheiten vergleichen oder für ein übergreifendes Benchmarkingprojekt verwenden zu können.

---

576 EFQM (1999a), S. 9

577 Vgl. Böffel/Beisel (1997); Conti (1993); Dahlgaard (1999); Littler (1999); Schubert/Zink/Albert/Bahmer (1997); Voß (1998); Zink (1994); Zink (1997a); Zink (1997b); Zink/Voß (1997); Zink/Voß (1999a); Zink/Voß (1999b); Zink/Voß (1998c); Zink/Voß (2000)

578 Vgl. EFQM (1999a), S. 9

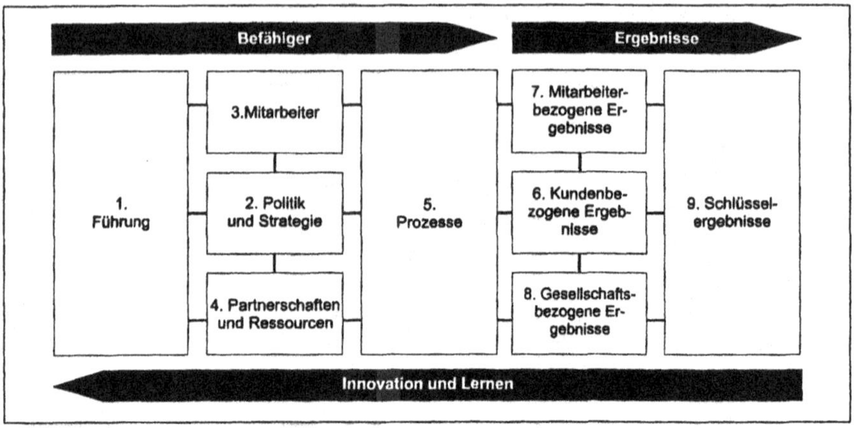

Abb. 15: Das EFQM-Modell für Excellence[579]

In seiner gegenwärtigen Fassung stellt sich das EFQM-Modell für Excellence gemäß Abb. 15 dar. Hier werden die grundlegende Perspektive des Modells und die inhaltliche Gliederung deutlich:

- Die vier Elemente auf der rechten Seite werden der Gruppe der "Ergebnisse" zugeordnet. Sie beschreiben die Leistungen der Organisation aus der Sicht unterschiedlicher Interessengruppen. Damit wählt das Modell bewusst eine sehr breite Betrachtungsperspektive. Unter dem Stichwort "Schlüsselergebnisse" werden die Kernleistungen der Organisation bei der Erfüllung strategischer Ziele zusammengefasst. Diese umfassen aus den strategischen Zielen abgeleitete Leistungsmessgrößen – im Falle gewinnorientierter Organisationen also immer auch klassische finanzorientierte Erfolgsgrößen wie Gewinn, Return-on-Investment etc. Das Element beinhaltet damit eine Leistungsbewertung aus Sicht der Shareholder. Seine Benennung in der deutschen Übersetzung erscheint insofern unglücklich, als sie durch die exklusive Kennzeichnung der (Geschäfts-)Ergebnisse als "Schlüsselergebnisse" eine Abwertung der übrigen Ergebnisdimensionen impliziert – selbst wenn sich diese auf die langfristige Erfolgssicherung der Organisation beziehen. Der im englischen Original verwendete Begriff "Key Performance Results"[580] erweist sich in dieser Hinsicht allerdings ebenfalls nicht als sachgerechter.

  Die Kategorie der Schlüsselergebnisse wird durch Informationen zu weiteren wesentlichen Interessengruppen ergänzt. Hier sind Kunden, Mitarbeiter und die Gesellschaft insgesamt zu nennen. Für jede dieser Parteien sind die Leistungen der Organisation zu belegen, die sich z.B. in der Zufriedenheit und Loyalität niederschlagen. Die Betrachtung von Ergebnissen im Bezug auf unterschiedliche

---

579 Abb. aus EFQM (1999a), S. 8

580 Vgl. EFQM (1999d), S. 8

Partner oder Stakeholder erweitert zum einen die inhaltliche Dimension der Bewertung im Sinne einer Anspruchsgruppenorientierung. Zum anderen eröffnet sie auch eine größere zeitliche Perspektive: Hervorragende Geschäftsergebnisse nach klassischem Verständnis lassen sich über einen längeren Zeitraum regelmäßig nur dann erzielen, wenn sich auch Kundenzufriedenheit und –loyalität entsprechend entwickeln. Diese wiederum werden durch das Verhalten der Mitarbeiter und damit mittelbar durch deren Zufriedenheit sowie durch die Wahrnehmung einer Organisation in der Öffentlichkeit beeinflusst.[581]

- Die übrigen fünf Elemente bilden die Gruppe der "Befähiger". Sie beschreiben die Voraussetzungen des Organisationserfolgs[582] und beziehen sich damit auf die Erfolgspotentiale einer Organisation im Sinne der Definition GÄLWEILERs. Er versteht darunter "das gesamte Gefüge aller jeweils produkt- und marktspezifischen erfolgsrelevanten Voraussetzungen, die spätestens dann bestehen müssen, wenn es um die Erfolgsrealisierung geht."[583] Mit den Befähigern werden eine Reihe von Themenkreisen angesprochen, die sich aus den zuvor diskutierten grundlegenden Konzepten ergeben. Dazu gehören Rolle und Aufgaben der Führungskräfte, Strategieentwicklungs- und -umsetzungsprozesse, der Umgang mit Mitarbeitern, der Einsatz materieller und immaterieller Ressourcen, Partnerschaftskonzepte sowie die Gestaltung der wesentlichen Geschäftsprozesse. Durch alle genannten Elemente zieht sich die Forderung nach einer stringenten Ausrichtung auf Wünsche und Bedürfnisse der Kunden. Der Frage der Kundenorientierung ist insoweit kein eigenes Element gewidmet.[584]

  Auch auf der Seite der Befähiger ist eine – wenn auch weniger stringente – Chronologie der Modellforderungen zu erkennen. "Führung" sowie "Politik und Strategie" besitzen stark zielsetzenden und damit originären Charakter, der die Ausgestaltung der übrigen Befähigerkriterien determiniert. Die Ergebnisse der strategischen Planung, die explizit in die Verantwortung der Führung einer Organisation gelegt wird, bilden den Rahmen für die gesamte Geschäftstätigkeit. Sie bestimmen einerseits die Prozessgestaltung, andererseits den Umgang mit Mitarbeitern und sachlichen Ressourcen der Organisation.

Inhaltliche Verbindungen bestehen jedoch nicht nur innerhalb der beiden genannten Gruppen. Stärker noch ziehen sie sich als stringente Bedingungsketten durch das gesamte Modell. Ergebnisse weisen nach dem Verständnis des EFQM-Modells klare Bezüge zu den Befähigern auf. Sie enthalten valide Messgrößen, um die Zielerreichung und damit die Angemessenheit und Leistungsfähigkeit der ergriffenen Konzepte und Maßnahmen zu bewerten, die Gegenstand der Befähiger sind. Damit

581 Vgl. Gomez (1993), S. 23; Matzler/Hinterhuber/Handlbauer (1997), S. 7

582 Vgl. Zink (1998), S. 153

583 Gälweiler (1987), S. 26

584 Vgl. Zink/Bäuerle (1999), S. 317

weisen letztere durch die inhaltliche Analogie und entlang der skizzierten Wirkungszusammenhänge auf die Ergebnisse. Umgekehrt gehen im Sinne von "Innovation und Lernen" vom realisierten und in den Ergebnissen gemessenen Leistungsniveau Anstöße zur Verbesserung der Befähiger aus.

Dieser geschlossene Regelkreis schlägt sich in den Bewertungsdimensionen des Modells nieder, die mit dem Akronym "RADAR" bezeichnet werden. Dieses setzt sich aus den Anfangsbuchstaben der Begriffe "Results" (Ergebnisse), "Approach" (Vorgehen), "Deployment" (Umsetzung) sowie "Assessment and Review" (Bewertung und Überprüfung) zusammen.[585] Bei der Bewertung einer Organisation anhand des Modells werden die Informationen zu jedem Teilkriterium des EFQM-Modells an den im Folgenden beschriebenen Aspekten gespiegelt:

- "Results" (Ergebnisse) umfasst die Bewertungsdimensionen der Ergebniskriterien. Auf qualitativer Ebene müssen die Daten und Informationen zu den verschiedenen Interessengruppen positive Trends über mehrere Jahre zeigen, um eine kontinuierliche Leistungsverbesserung nachzuweisen.[586] Die realisierten Leistungen sollen überdies das Ergebnis einer stringenten Planung sein, selbst gesetzte Ziele der Organisation sind zu erreichen oder zu übertreffen. Eine fundierte Bewertung wird über den Vergleich mit anderen Organisationen ermöglicht. Dabei können Wettbewerber herangezogen werden. Der Blick sollte sich aber nicht auf das eigene Geschäftsfeld beschränken, sondern jeweils funktions- oder themenbezogen sowie branchen- bzw. sektorübergreifend beste Praktiken identifizieren und als Zielgröße des eigenen Handelns übernehmen. Auf diese Weise wird eine Ausrichtung aller Aktivitäten auf hervorragende Lösungen und Leistungsniveaus quasi erzwungen.

  Schließlich fließt in die Bewertung ein, inwieweit die Ergebnisse auf das Vorgehen zurückzuführen sind. Die Komplexität von Organisationen als soziale Systeme und deren vielfältige Bedingtheit durch gesellschaftlich-soziale, rechtliche sowie technologische Rahmenbedingungen und externe Einflüsse lässt an dieser Stelle jedoch eine großzügige Auslegung der Bewertung adäquat erscheinen, der zweifelsfreie Nachweis stringenter Kausalketten kann i.d.R. nicht geführt werden.

  Neben der Qualität der Ergebnisse wird auch ihr Umfang bewertet. Er bezieht sich zum einen auf die inhaltlich vollständige Abdeckung der Kriterien über eine breite Palette von Daten und Informationen. Zum anderen wird auch die volle Erfassung der gesamten Organisation mit allen hierarchischen Ebenen sowie allen Geschäftsbereichen angesprochen. Insbesondere die Forderung nach thematischer Vollständigkeit impliziert eine enge Verknüpfung mit korrespondierenden Befähigerkriterien. Die Ergebnisse einer Organisation müssen eine fundierte Leistungs-

585 Vgl. EFQM (1999a), S. 10

586 Vgl. EFQM (1999a), S. 35

bewertung der im Themenkreis der Befähiger angesprochenen Konzepte und Maßnahmen erlauben. Weitere Verbindungen ergeben sich aus dem Rückgriff auf die Ziele der Organisation, die das Ergebnis eines – ebenfalls in die Sphäre der Befähiger fallenden – stringenten Planungsprozesses sind. Schließlich setzt die Auseinandersetzung mit den Ursachen realisierter Leistungen eine zumindest ansatzweise Analyse kausaler Beziehungen und Bedingtheiten voraus.

- "Approach" (Vorgehen) bezieht sich auf die Befähigerkriterien[587] und fordert strukturierte, prozesshafte Abläufe zur Adressierung der inhaltlichen Modellforderungen. Darin zeigen sich deutliche Anknüpfungspunkte an Fragen des systemischen Denkens und Managements sowie das grundlegende Konzept "Management mit Prozessen und Fakten".[588] Die Modellforderungen sind nicht über ad hoc ergriffene Maßnahmen zu erfüllen – selbst wenn diese klare inhaltliche Bezüge zu den Forderungen des jeweiligen Teilkriteriums aufweisen. Stattdessen sind fundierte, klar gestaltete Abläufe gefordert, die planbare Effekte zeigen. Diese Forderung wird über die Tatsache begründet, dass reaktive Entscheidungen und Handlungsweisen häufig nicht intendierte Wirkungen entfalten und das Phänomen emergenten organisationalen Handelns unterstützen.[589] Sie laufen damit einer langfristig zielgerichteten Organisationsgestaltung und –steuerung zuwider.

Das Ziel des EFQM-Modells besteht nicht darin, strategische Inflexibilität durch eine starre inhaltliche Festlegung z.B. strategischer Ziele zu fördern. Vielmehr sollen auf methodisch-struktureller Ebene Mechanismen verankert werden, um die Reagibilität einer Organisation sicherzustellen. Auf strategischer Ebene sind beispielsweise geeignete Abläufe zu implementieren, die durch eine regelmäßig Überprüfung und Veränderung die Aktualität strategischer Ziele sicherstellen. Es geht mithin darum, stabile Strukturen zur Bewältigung von Unsicherheit zu schaffen, innerhalb derer eine schnelle Reaktion auf veränderte Rahmenbedingungen möglich ist.

Neben der prozesshaften Verankerung von Maßnahmen in der Aufbau- und Ablauforganisation fordert das Modell eine themenübergreifende Integration und Abstimmung. Sie bezieht sich auf den von BLEICHER thematisierten vertikalen und horizontalen "Fit" innerhalb einer Organisation, der einerseits auf die Konsistenz von normativem, strategischem und operativem Management, andererseits auf die Abstimmung von Strukturen, Aktivitäten und Verhalten sowie organisatorischer Bereiche abhebt (vgl. Kap. 3.2.1).[590]

---

587 Vgl. EFQM (1999a), S. 36

588 Vgl. Bea/Göbel (1999), S. 84; Bleicher (1999), S. 577; EFQM (1999b), S. 7

589 Vgl. Sydow (1993), S. 80 f.

590 Vgl. Bleicher (1999), S. 588-597

- "Deployment" (Umsetzung) bezieht sich – als zweite Bewertungsdimension der Befähigerkriterien – auf die erfolgreiche Implementierung der unter dem Stichwort "Approach" diskutierten Konzepte und Maßnahmen.[591] Dabei geht es zum einen um ihre inhaltliche Reichweite, zum anderen um die Anwendung in allen Organisations- oder Geschäftsbereichen. Die praktische Handhabung ist durch geeignete Einführungs- und Stabilisierungsstrategien zu unterstützen, die z.B. eine Schulung der Mitarbeiter sowie die Verankerung in Leistungsbeurteilungssystemen umfassen können.

- Der letzte Aspekt bei der Bewertung der Befähigerkriterien bezieht sich auf "Assessment and Review", d.h. die "Bewertung und Überprüfung" von Vorgehensweisen.[592] Die Organisation muss über geeignete Bewertungs- und Messkonzepte die Leistungsfähigkeit ihrer Konzepte und Maßnahmen sowie das realisierte Leistungsniveau ihres Handelns erfassen. Die Bewertung bezieht sich sowohl auf die Wirksamkeit des Handelns als auch auf den Umfang der Umsetzung. Damit sind sowohl Effektivitäts- als auch Effizienzgesichtspunkte angesprochen. Auf Seiten der Befähigerkriterien werden an dieser Stelle die Systeme zur Leistungsbewertung sowie definierte Leistungsmessgrößen im Sinne statistischer Merkmale[593] beschrieben. Die konkret realisierten Ausprägungen und darauf basierende Auswertungen sind hingegen methodisch den Ergebnissen zugeordnet. Damit schließt sich der Regelkreis auch in den Bewertungsdimensionen: Die Befähiger beschreiben die eingesetzten Verfahren, die Ergebnisse den inhaltlichen Output.

  Die Bewertung der eigenen Leistung stützt sich im Idealfall nicht nur auf eine Analyse des realisierten Leistungsniveaus, selbst wenn diese auf eine breite Palette von Aspekten bzw. Messgrößen zurückgreift. Wichtige Hinweise ergeben sich auch aus Benchmarkingaktivitäten etc., die durch eine Gegenüberstellung eigener mit besten Praktiken Verbesserungspotentiale aufzeigen. Im EFQM-Modell werden entsprechende Ansätze unter dem Schlagwort "lernorientierte Aktivitäten" explizit gefordert. Daraus resultierende Erkenntnisse müssen unmittelbar Eingang in die Optimierung und Verbesserung des eigenen Handelns finden. Damit wird die Rückkopplung zwischen Befähigern und Ergebnissen erreicht, die sich in der Modelldarstellung im Pfeil "Innovation und Lernen" dokumentiert (vgl. Abb. 15).

Die skizzierten Bewertungsdimensionen – "Results" für die Ergebnis-, "Approach", "Deployment" sowie "Assessment and Review" für die Befähigerkritierien – gelten für die im Folgenden näher ausgeführten Teilkriterien. Sie bilden damit die methodische Grundlage, um die inhaltlich über die Teilkriterien vorgegebenen Themenkreise zu bewerten.

591 Vgl. EFQM (1999a), S. 36

592 Vgl. EFQM (1999a), S. 36

593 Vgl. Bamberg/Bauer (1993), S. 5; Pinnekamp/Siegmann (1990), S. 4 f.

3.4.1.3 Inhalte der Modellkriterien

Im Folgenden werden die Elemente und Teilkriterien im EFQM-Modell für Excellence vorgestellt und interpretiert. Sie bilden die Grundlage für eine spätere Übertragung auf Kooperationen und Netzwerke.

- Das erste Element im EFQM-Modell steht unter dem Schlagwort "Führung" (vgl. Tab. 28). Es beschäftigt sich mit Rolle und Aufgaben des Managements. Führungskräfte im Sinne des EFQM-Modells sind alle Mitarbeiter einer Organisation, die disziplinarische oder fachliche Weisungsbefugnisse besitzen. Diese Definition bezieht alle hierarchischen Ebenen von der Unternehmensleitung oder Geschäftsführung bis zu Mitarbeitern auf operativer Ebene ein, die im Falle eines Unternehmens z.B. die Funktion eines Meisters ausüben. Führungskräfte tragen nach dem Verständnis des EFQM-Modells sowohl sachlich-inhaltliche Koordinationsverantwortung im Sinne von "Management" als auch personal-soziale Führungsverantwortung im Sinne von "Leadership".[594]

1.	**Führung** Wie Führungskräfte die Mission und die Vision erarbeiten und deren Erreichen fördern; wie sie die für den langfristigen Erfolg erforderlichen Werte erarbeiten, diese durch entsprechende Maßnahmen und Verhaltensweisen umsetzen und durch persönliches Mitwirken dafür sorgen, dass das Managementsystem der Organisation entwickelt und eingeführt wird.
1a	Führungskräfte erarbeiten die Vision, die Mission und die Werte und agieren als Vorbilder für eine Kultur der Excellence.
1b	Führungskräfte sorgen durch ihr persönliches Mitwirken für die Entwicklung, Überwachung und kontinuierliche Verbesserung des Managementsystems der Organisation.
1c	Führungskräfte bemühen sich um Kunden, Partner und Vertreter der Gesellschaft.
1d	Führungskräfte motivieren und unterstützen die Mitarbeiter der Organisation und erkennen ihre Leistungen an.

Tab. 28: Führung[595]

Führungskräfte sind explizit für die Entwicklung einer Vision und Mission sowie grundlegender Werte der Organisation zuständig. Die Generierung und Vermittlung eines langfristigen Ziels, das Begeisterung und Motivation zu wecken vermag,[596] sowie die Entwicklung normativer Regeln im Sinne grundlegender Werthaltungen wirken identitätsstiftend und unterstützen eine einheitliche Verhaltensausrichtung der Organisationsmitglieder.[597] Die zielbildende Rolle der Führungskräfte legt damit den Grundstein für langfristig erfolgreiches organisatio-

594 Vgl. Blau (1964), S. 200-205; Pölking (1999), S. 861

595 Tab. aus EFQM (1999a), S. 12 f.

596 Vgl. Bleicher (1999), S. 99-113; Johannisson (1987a), S. 5 f.

597 Vgl. Kirsch (1990), S. 308 f.; Sydow (1993), S. 161

nales Handeln.[598] Sie wird jedoch nur dann ihre volle Wirkung entfalten können, wenn sich Führungskräfte selbst glaubwürdig und authentisch verhalten.[599] Das EFQM-Modell formuliert daher hohe Ansprüche an ihr individuelles Verhalten. In diesem müssen die zuvor formulierten Werte für alle Mitarbeiter sichtbar zum Ausdruck kommen. Die Forderung schließt insbesondere die glaubhafte Selbstverpflichtung zur kontinuierlichen Verbesserung ein. Sie wird durch die Ermächtigung und Anerkennung von Mitarbeitern, durch die Bereitstellung angemessener Ressourcen sowie nicht zuletzt durch persönliches Engagement in konkreten Projekten erreicht.

Führungskräfte tragen überdies die Verantwortung für eine effiziente Organisationsgestaltung.[600] Diese muss sich an den strategischen Zielen der Organisation ausrichten.[601] Organisationsgestaltung betrifft nicht nur die Definition und Konkretisierung der wesentlichen Geschäftsprozesse, sondern auch die Implementierung entsprechender Steuerungs- und Managementsysteme, die eine effiziente Geschäftstätigkeit gewährleisten. In die gleiche Richtung zielt die hier ebenfalls postulierte Verantwortung von Führungskräften für die organisatorische Verankerung und Absicherung eines kontinuierlichen Verbesserungsprozesses.

Aufgaben und Engagement der Führungskräfte dürfen jedoch nicht nur nach innen gerichtet sein, sondern sollten im Sinne des Anspruchsgruppenkonzepts auch die Beziehungen zu Kunden, Partnern und der Gesellschaft insgesamt einschließen.[602] Führungskräfte sollen daher aktiv dazu beitragen, deren Interessen zu verstehen und in konkrete Produkte und Dienstleistungen bzw. Kooperationsmodelle umzusetzen. Wichtig ist in diesem Zusammenhang ein glaubwürdiges Interesse an einer langfristigen Partnerschaft.[603] Über die Perspektive strategischer Partnerschaften und Kooperationen hinaus leitet sich aus dem in den grundlegenden Konzepten zusätzlich formulierten Anspruch gesellschaftlicher Verantwortung auch die Notwendigkeit ab, gesamtgesellschaftliche Interessen bei der organisationalen Entscheidungsfindung zu berücksichtigen.

Das EFQM-Modell erfasst weiterhin Fragen des persönlichen Kontakts zwischen Führungskräften und Mitarbeitern sowie der Zusammenarbeit im Tagesgeschäft, die sich insbesondere auf die Bereiche Kommunikation und Policy Deployment konzentrieren. Führungskräfte sind hier aufgefordert, Organisations- und Individualziele möglichst in Einklang zu bringen bzw. einer tragfähigen Kompromisslösung zuzuführen. Außerdem werden die Unterstützung der Mitarbeiter bei

598 Vgl. Barney (1986), S. 656, S. 658; Hinterhuber (1990), S. 23, S. 26

599 Vgl. Hinterhuber (1990), S. 35; Schein (1988b), S. 319

600 Vgl. EFQM (1999a), S. 13

601 Vgl. EFQM (1999a), S. 13; Kreikebaum (1991), S. 30

602 Vgl. EFQM (1999a), S. 13; Zink (1998), S. 52

603 Zink (1998), S. 52 f.

der Mitwirkung im Verbesserungsprozess sowie die persönliche Anerkennung von Leistungen angesprochen.

- Das zweite Element, "Politik und Strategie", lässt erkennen, welchen Wert das EFQM-Modell dem Prozess der Strategieentwicklung und –umsetzung beimisst (vgl. Tab. 29).[604] Politik und Strategie enthalten Kernaussagen über Entwicklung und Ziele der Organisation und zeichnen damit deren Zukunft sowie deren Fähigkeit zur Zufriedenstellung der relevanten Interessengruppen vor. Die konkrete inhaltliche Gestaltung bleibt von den Modellforderungen weitgehend unberührt, sie liegt in der Verantwortung der jeweiligen Organisation, bei der selbstverständlich auch die formale und sachliche Entscheidungshoheit verbleibt.[605] Einschränkungen ergeben sich lediglich insoweit, als eine Ausrichtung an den wesentlichen Interessengruppen verlangt wird. Diese ist in der Strategieentwicklung auch organisatorisch zu verankern.

2	**Politik und Strategie** Wie die Organisation ihre Vision und Mission durch eine klare, auf die Interessengruppen ausgerichtete Strategie einführt und diese durch entsprechende Politik, Pläne, Ziele, Teilziele und Prozesse unterstützt wird.
2a	Politik und Strategie beruhen auf den gegenwärtigen und zukünftigen Bedürfnissen und Erwartungen der Interessengruppen.
2b	Politik und Strategie beruhen auf Informationen aus Leistungsmessung, Marktforschung sowie den lernorientierten und kreativen Aktivitäten.
2c	Politik und Strategie werden entwickelt, überprüft und aktualisiert.
2d	Politik und Strategie werden durch ein Netzwerk von Schlüsselprozessen umgesetzt.
2e	Politik und Strategie werden kommuniziert und eingeführt.

Tab. 29: Politik und Strategie[606]

Erste Anknüpfungspunkte bieten sich aus der zugrunde gelegten Datenbasis. Die Modellforderungen beziehen sich auf die Festlegung von Politik und Strategie auf Basis fundierter und objektiver Informationen.[607] Zwar zeigen Erfahrungen, dass im Einzelfall auch ein visionärer Geschäftsführer oder Eigentümer, der Politik und Strategie eher nach dem Gefühl festlegt, die Organisation zum Erfolg führen kann. Dennoch entspricht dieses Vorgehen nicht den Forderungen des Modells, das stattdessen davon ausgeht, dass turbulente Rahmenbedingungen und ein intensiver Wettbewerb gravierende Managementfehler nicht mehr ohne weiteres verzeihen

---

604 Vgl. Zink (1998), S. 59

605 Vgl. Buckley/Casson (1988), S. 34; Doz/Hamel (1998), S. 21

606 Tab. aus EFQM (1999a), S. 14 f.

607 Vgl. EFQM (1999a), S. 14

und die Erfolgschancen einer solchen Führung immer weiter reduzieren.[608] Insofern ist eine breite Datenbasis über strategierelevante Entwicklungen gefordert. Darin sind die profunde Kenntnis der wesentlichen Interessengruppen sowie die Antizipation von Marktentwicklungen eingeschlossen. Die Auseinandersetzung mit den wesentlichen Interessengruppen wird durch eine fundierte Innensicht ergänzt.[609] Die in der Organisation verfügbaren Daten müssen auch eine Bewertung der eigenen Leistungsfähigkeit ermöglichen.[610]

Strategierelevante Informationen müssen durch einen strukturierten Entscheidungs- und Planungsprozess in die strategische Planung einfließen.[611] Die Forderungen umfassen die fortlaufende inhaltliche Aktualisierung von Politik und Strategie im Hinblick auf Relevanz und Effizienz. Außerdem schließen sie die Gewährleistung stringenter Zusammenhänge zur Datenbasis und zwischen den inhaltlichen Teilbereichen der Strategie ein. Das EFQM-Modell verlangt eine Abwägung von Wünschen und Bedürfnissen der relevanten Interessengruppen bei der Zielbildung.[612] Die Priorisierung bei Unvereinbarkeit oder Konflikten hängt vom Einzelfall ab und ist durch strategische Ziele und Werte der Organisation bestimmt. Schließlich fordert das EFQM-Modell die konsistente Umsetzung strategischer Vorgaben in eine Struktur von wesentlichen Geschäfts- oder Schlüsselprozessen.[613] Es enthält an dieser Stelle insoweit normative Setzungen, als es - zumindest für die Kernbereiche der Geschäftstätigkeit - eine prozessorientierte Gliederung der Aufbau- und Ablauforganisation fordert. Der Leistungsprozess ist über alle Wertschöpfungsstufen auf die Ziele der Gesamtorganisation auszurichten.[614]

Politik und Strategie müssen innerhalb der Organisation kommuniziert werden.[615] Gleichzeitig ist ein systematischer Prozess zur Ableitung von Partialzielen für Geschäftsbereiche, Abteilungen und einzelne Mitarbeiter erforderlich. Die daraus hervorgehende Aufgabe wird unter den Stichworten Zielentfaltung oder Policy Deployment diskutiert. Das konkrete Verfahren liegt in der Entscheidung der Organsation. Im Ergebnis müssen Politik und Strategie der Gesamtorganisation jedoch in operationale Teilziele übersetzt werden, die Grundlage einer effizienten Leistungserstellung unter Arbeitsteilung sind.[616] Um eine einheitliche Handlungs-

608 Vgl. Zink (1998), S. 60

609 Vgl. EFQM (1999a), S. 14 f.

610 Vgl. Deutsch/Diedrichs/Raster/Westphal (1997c), S. 28 f.

611 Vgl. EFQM (1999a), S. 15

612 Vgl. Gomez (1993), S. 23; Janisch (1993)

613 Vgl. EFQM (1999a), S. 15

614 Vgl. Frese (1995), S. 26

615 Vgl. EFQM (1999a), S. 15

616 Vgl. Wöhe (2000), S. 132 f.

ausrichtung zu erzielen, muss eine Organisation das Verständnis der Mitarbeiter für Politik und Strategie bzw. persönliche Ziele überprüfen und damit die Wirksamkeit sowohl der Kommunikations- als auch der Entfaltungsstrategie bewerten.

- Die Bedeutung der Mitarbeiter kommt im Kriterium "Mitarbeiter" (vgl. Tab. 30) zum Ausdruck. Entscheidend für eine positive Bewertung sind strukturierte Verfahren zur und der Erfolg bei der Freisetzung von Fähigkeiten und Potentialen der Mitarbeiter zur kontinuierlichen Verbesserung der Geschäftstätigkeit.[617] Die Modellforderungen konzentrieren sich daher zunächst auf Fragen der Personalplanung und des Human Resource Management auf Ebene der Gesamtorganisation.[618] Dabei ist insbesondere die inhaltliche Abstimmung von Personalpolitik und –planung mit übergeordneten strategischen Zielen der Gesamtorganisation hervorzuheben. Sie betrifft sowohl die Ermittlung des quantitativen Personalbedarfs als auch die Definition grundlegender Kompetenzanforderungen. Außerdem sind strukturierte Verfahren und Vorgehensweisen zur Personalbeschaffung sowie die Nutzung innovativer Organisationskonzepte und Arbeitsverfahren gefordert, die die Leistungsfähigkeit und das Leistungsniveau der Mitarbeiter unterstützen und gleichzeitig ihren Bedürfnissen im Hinblick auf die Gestaltung von Arbeitsumfeld und –aufgabe Rechnung tragen. Das EFQM-Modell verlangt schließlich eine fundierte Auseinandersetzung mit den Interessen der Mitarbeiter, die sich z.B. in der Durchführung und Nutzung von Mitarbeiterumfragen niederschlägt. Dabei wird der inhaltliche Bogen zum entsprechenden Ergebniskriterium geschlagen. Die dort präsentierten Daten und Informationen werden über die bei den Befähigern thematisierten Prozesse gewonnen.

  Strukturen und Abläufe auf Ebene der Gesamtorganisation werden durch personelle Maßnahmen für einzelne Mitarbeiter flankiert. In diesem Zusammenhang fordert das EFQM-Modell die systematische Ermittlung von Schulungsbedarfen und ihre Umsetzung in entsprechende Schulungspläne für alle Mitarbeiter,[619] deren Weiterentwicklung ferner durch die Gestaltung lernförderlicher Arbeitsbedingungen unterstützt werden soll. Daneben wird der bereits beim Themenkreis "Politik und Strategie" beleuchtete Aspekt einer stringenten Zielentfaltung ein weiteres Mal aufgegriffen. Hier geht es um die Definition von Zielen bzw. ihre akzeptanzfördernde Vermittlung innerhalb der Organisation. Weitere Forderungen beschäftigen sich mit der Beteiligung und Ermächtigung der Mitarbeiter.[620] Die Einräumung von Handlungs- und Entscheidungsspielräumen und die aktive Nutzung von Delegationsmöglichkeiten schaffen die Voraussetzungen,

---

617 Vgl. Zink/Voß (1997), S. 67

618 Vgl. EFQM (1999a), S. 16

619 Vgl. EFQM (1999a), S. 17

620 Vgl. EFQM (1999a), S. 17

um die Kreativität und das Leistungspotential der Mitarbeiter effizient zu nutzen.[621] Im Hinblick auf die durch den Umfang der Delegation determinierte Entscheidungsqualität geht das Modell davon aus, dass Mitarbeiter auf nachgelagerten Hierarchieebenen über Kompetenzen und Erfahrungen verfügen können, die auf übergeordneten Stellen nicht verfügbar sind.[622]

3	**Mitarbeiter** Wie die Organisation das Wissen und das gesamte Potential ihrer Mitarbeiter auf individueller, teamorientierter und organisationsweiter Ebene managt, entwickelt und freisetzt und wie sie diese Aktivitäten plant, um ihre Politik und Strategie und die Effektivität ihrer Prozesse zu unterstützen.
3a	Mitarbeiterressourcen werden geplant, gemanagt und verbessert.
3b	Das Wissen und die Kompetenzen der Mitarbeiter werden ermittelt, ausgebaut und aufrechterhalten.
3c	Mitarbeiter werden beteiligt und zu selbständigem Handeln ermächtigt.
3d	Die Mitarbeiter und die Organisation führen einen Dialog.
3e	Mitarbeiter werden belohnt, anerkannt und betreut.

Tab. 30: Mitarbeiter[623]

Schließlich wird das Thema der innerorganisatorischen Kommunikation betrachtet. Das EFQM-Modell fordert in diesem Zusammenhang eine systematische Ermittlung von Kommunikationsbedarfen und die Definition von Informationskanälen und –instrumenten.[624] Es enthält außerdem die Forderung nach einem strukturierten Anerkennungssystem, das mit der Politik und Strategie der Gesamtorganisation abgestimmt ist.[625] Leistungsbezogene Elemente in der Vergütungs- und Entlohnungsstruktur werden flankiert durch allgemeine Sozialleistungen. Diese umfassen zum einen klassische Aspekte wie Pensionspläne, Gesundheitsleistungen etc., aber auch Arbeitszeitsysteme und ähnliche Konzepte, die eine Anpassung der Arbeitsbedingungen an Wünsche und Bedürfnisse der Mitarbeiter unterstützen. Auch hier fordert das EFQM-Modell ein systematisches Vorgehen zur Festlegung, das insbesondere nachvollziehbare Auswahlkriterien beinhaltet.

- Das EFQM-Modell für Excellence hat in seiner letzten Überarbeitung die augenfälligsten Veränderungen beim vierten Element "Partnerschaften und Ressourcen" erfahren, da hier durch die Ergänzung des Partnerschaftsbegriffs eine signifikante inhaltliche Erweiterung auf der obersten Modellebene vorgenommen wurde. Sie

621 Vgl. Hentze/Brose (1985), S. 228; von Oetinger (1990), S. 152; Zink/Voß (1997), S. 62 f.

622 Vgl. Frese (1995), S. 26 f.

623 Tab. aus EFQM (1999a), S. 16 f.

624 Vgl. EFQM (1999a), S. 17

625 Vgl. EFQM (1999a), S. 17

trägt dem Bedeutungszuwachs kooperativer Unternehmensmodelle Rechnung (vgl. Tab. 31).[626] Inhaltlich ist eine strukturierte Vorgehensweise zur Auswahl von Schlüsselpartnern gefordert, die die strategischen Ziele des Unternehmens reflektiert.[627] Entsprechende Beziehungen sollen einen positiven Wertschöpfungsbeitrag leisten, der im Sinne bilateraler Synergien beiden Parteien zugute kommt. Dabei werden Wissensaustausch, Entwicklung sowie die organisationsübergreifende Geschäftsprozessoptimierung explizit angesprochen. Voraussetzung für die Erschließung entsprechender Nutzenpotentiale ist die kulturelle Verträglichkeit der Partner.[628] Daher fordert das EFQM-Modell auch hier einen strukturierten und systematischen Ansatz.

4	**Partnerschaften und Ressourcen** Wie die Organisation ihre externen Partnerschaften und internen Ressourcen plant und managt, um ihre Politik und Strategie und die Effektivität ihrer Prozesse zu unterstützen.
4a	Externe Partnerschaften werden gemanagt.
4b	Finanzen werden gemanagt.
4c	Gebäude, Einrichtungen und Material werden gemanagt.
4d	Technologie wird gemanagt.
4e	Informationen und Wissen werden gemanagt.

Tab. 31: Partnerschaften und Ressourcen[629]

Das Thema Partnerschaften wird um die effiziente Nutzung der finanziellen Ressourcen eines Unternehmens ergänzt. Hier fordert das EFQM-Modell eine Finanzstrategie, die in die übergeordnete Unternehmensplanung integriert ist. Sie ist durch ein systematisches Finanz- und Risikomanagement umzusetzen, das sich auf ein Controllingsystem stützt und über finanzielle Parameter gesteuert wird.[630] Im nächsten Schritt geht es um die Nutzung materieller Ressourcen, insbesondere im Rahmen der Material- und Anlagenwirtschaft.[631] Hier sind offensichtlich in besonderer Weise Unternehmen des produzierenden Gewerbes und des Handels gefordert, für die die effiziente Nutzung von Fertigungseinrichtungen sowie die Optimierung von Lagerbestand und -umschlag herausragende wirtschaftliche Bedeutung besitzen. Allerdings verfügen üblicherweise auch Dienstleistungsunter-

626 Vgl. z.B. Doz/Hamel (1998), S. XIII; Jarillo (1988), S. 31; Russell (2000), S. 675; Yoshino/Rangan (1995), S. 196

627 Vgl. EFQM (1999a), S. 18

628 Vgl. Amann (1999), S. 30; Hinterhuber/Handlbauer/Matzler (1997), S. 174; Sydow (1993), S. 93, 296; Ulmer (1996), S. 130-132

629 Tab. aus EFQM (1999a), S. 18 f.

630 Vgl. EFQM (1999a), S. 18

631 Vgl. EFQM (1999a), S. 18

nehmen über physische Vermögenswerte wie Gebäude und Ausstattungsgüter, deren Bewirtschaftung durch innovative Nutzungskonzepte relevante Optimierungspotentiale bietet. Überdies fordert das EFQM-Modell die Auseinandersetzung mit den Umweltwirkungen einer Organisation. Wichtig ist in diesem Zusammenhang, dass der Betrachtungshorizont nicht auf die Phase der Leistungserstellung und den Vertrieb beschränkt ist, sondern im Sinne einer ganzheitlichen Perspektive den gesamten Lebenszyklus von Produkten und Dienstleistungen einschließt.

Technologisches Know-how ist unbestritten eine der Schlüsselqualifikationen im Wettbewerb.[632] Dies gilt nicht nur für produzierende Unternehmen, sondern auch für solche im Dienstleistungssektor und sonstige Organisationen. Technologisches Know-how nach dem Verständnis des EFQM-Modells umfasst nämlich nicht allein technische oder gar produktbezogene Aspekte, vielmehr sind auch innovative Organisationskonzepte usw. eingeschlossen. Um den dort aufgestellten Forderungen zu entsprechen und die Aktualität des eigenen Know-hows sicherzustellen, muss eine Organisation daher systematisch aktuelle technologische Entwicklungen beobachten und hinsichtlich ihres potentiellen Nutzens für die eigene Geschäftstätigkeit bewerten.[633] Im engen Zusammenhang mit dem Thema Technologiemanagement steht der Umgang mit Wissen und Information[634] unter gleichberechtigter Betrachtung technischer und nicht-technischer Aspekte des Informations- und Wissensmanagements. Der Blick richtet sich zunächst auf elektronische Systeme zur Unterstützung der Informationsverwaltung und -verarbeitung, um eine effiziente Nutzung der Ressource Wissen zu unterstützen. Die einseitige Fokussierung auf solche Konzepte greift jedoch zu kurz. Einerseits sind EDV-Systeme in einen geeigneten Regelungsrahmen einzubetten, innerhalb dessen z.B. redaktionelle Verantwortlichkeiten festgelegt und Zugriffs- und Verfügungsrechte geregelt sind. Entscheidender ist jedoch, dass sich EDV-basierte Systeme in erster Linie auf den Umgang mit Daten und Informationen, also explizites und in Dokumenten und Datenbanken manifestes Wissen, beziehen.[635] Langfristiger Erfolg stützt sich vielfach jedoch eher auf implizites Wissen, also die Kompetenzen einer Organisation. Diese sind weniger flüchtig, aber auch schwieriger zu pflegen bzw. über strukturelle Maßnahmen zu erschließen. Sie basieren auf den Erfahrungen und der Intuition der Mitarbeiter, auf dem Wertesystem einer Organisation oder auf eingeübten Abläufen und Formen der Zusammenarbeit. Wissensmanagement muss daher auch dieses implizit vorhandene Wissen für die Organisation erschließen und zugänglich machen. Gleichzeitig fordert das EFQM-

632 Vgl. Zink/Voß (1997), S. 67

633 Vgl. EFQM (1999a), S. 18

634 Vgl. EFQM (1999a), S. 18

635 Vgl. Müller-Merbach (1995a), S. 4

Modell einen systematischen Schutz eigenen geistigen Eigentums, um Effizienzvorteile und Alleinstellungsmerkmale der eigenen Leistung dauerhaft zu sichern.

- Das Element "Prozesse" zeigt inhaltlich eine klare Zweiteilung (vgl. Tab. 32).[636] Die beiden ersten Kriterien beschäftigen sich mit grundsätzlichen Aspekten des Prozessmanagements. Hier sind vom einzelnen Prozess unabhängige Strukturen zur Steuerung von Geschäftsprozessen gefordert, die in der gesamten Ablaufstruktur der Organisation zur Anwendung kommen. Die verbleibenden drei Unterkriterien beschäftigen sich demgegenüber explizit mit drei Prozessen hoher Priorität, die in jeder Organisation als Grundvoraussetzungen der Leistungserstellung realisiert sind. Inhaltlich geht es um die Bereiche Produkt- und Dienstleistungsentwicklung, Auftragsabwicklung und Beziehungsmanagement.

5	**Prozesse** Wie die Organisation ihre Prozesse gestaltet, managt und verbessert, um ihre Politik und Strategie zu unterstützen und ihre Kunden und andere Interessengruppen voll zufrieden zu stellen und die Wertschöpfung für diese zu steigern.
5a	Prozesse werden systematisch gestaltet und gemanagt.
5b	Prozesse werden bei Bedarf verbessert, wobei Innovation eingesetzt wird, um Kunden und andere Interessengruppen voll zufrieden zu stellen und die Wertschöpfung für diese zu steigern.
5c	Produkte und Dienstleistungen werden aufgrund der Bedürfnisse und Erwartungen von Kunden entworfen und entwickelt.
5d	Produkte und Dienstleistungen werden hergestellt, geliefert und betreut.
5e	Kundenbeziehungen werden gepflegt und vertieft.

Tab. 32: Prozesse[637]

Die Forderungen des EFQM-Modells knüpfen hier an die Ergebnisse der im Element "Politik und Strategie" thematisierten Umsetzung strategischer Ziele in prozessorientierte Strukturen an. Das dort erarbeitete Prozessmodell bildet die Grundlage für die Auseinandersetzung mit Systemen und Vorgehensweisen zur Prozesssteuerung. Das EFQM-Modell fordert eine effiziente Prozessgestaltung und eine Orientierung an den Anforderungen der jeweils betroffenen Interessengruppen.[638] Daher sind für jeden Prozess Ziele und Messgrößen zur operativen Steuerung abzuleiten. Gleichzeitig sind Schnittstellen zwischen den Prozessen sowie zum Organisationsumfeld zu definieren. In vielen Fällen bauen entsprechende Strukturen auf etablierten Managementsystemnormen wie der DIN EN ISO 9000 ff. bzw. vergleichbaren Standards in den Bereichen Umweltmanagement

636 Vgl. EFQM (1999a), S. 20

637 Tab. aus EFQM (1999a), S. 20 f.

638 Vgl. EFQM (1999a), S. 20

und Sicherheit auf.[639] Ein Rückgriff auf solche Regelwerke ist jedoch aus Sicht des EFQM-Modells nicht zwingend vorgesehen, seine Forderungen gehen in jedem Fall über die in den Normen angesprochenen Inhalte hinaus.[640]

Mit der Gestaltung und Steuerung von Prozessen ist die Prozessverbesserung eng verbunden.[641] Diese betrifft insbesondere die Stimulation und Erfassung von Ideen aus dem Kreis der Interessengruppen sowie die Messung und Bewertung der eigenen Leistung zur Identifikation von Handlungsfeldern.[642] Veränderungsvorschläge sind durch ein strukturiertes Vorgehen zu implementieren, das z.B. die Information und Schulung Betroffener und die Erprobung von Veränderungen beinhaltet.

Die Forderungen des EFQM-Modells beziehen sich darüber hinaus auf die Gestaltung und Steuerung dreier ausgewählter Prozesse. Dazu gehört zunächst der Produkt- und Dienstleistungsentwicklungsprozess. Das Augenmerk liegt hier auf einer stringenten Prozessdefinition, die den grundsätzlichen Ablauf bei der Entwicklung neuer Produkte und Dienstleistungen erklärt,[643] sowie auf der Anknüpfung an Wünsche und Bedürfnisse der Kunden, die durch Marktforschung, Kundenumfragen etc. erhoben werden. Daneben wird die Erstellung von Produkten und Dienstleistungen betrachtet.[644] Im Wesentlichen geht es um die Umsetzung von Produkt- oder Dienstleistungskonzepten in eine konkrete Marktleistung. Diese setzt eine spezifikationskonforme Fertigung bzw. Erbringung voraus, wie sie den Schwerpunkt der Normenreihe DIN EN ISO 9000 ff. bildet.[645] Die Forderungen des EFQM-Modells gehen jedoch erheblich darüber hinaus. Sie betreffen ebenso die Vermarktung sowie Service und Wartung. Schließlich setzt sich das EFQM-Modell mit der vom einzelnen Auftrag unabhängigen Gestaltung der Kundenbeziehungen auseinander.[646] Neben Kundenbindungsaktivitäten spielt hier der Dialog mit den Kunden eine wichtige Rolle. Wichtig sind neben dem Beschwerdemanagement Kundenbefragungen, die die Verknüpfung mit dem Element "Kundenbezogene Ergebnisse" herstellen. Hier werden die methodischen Voraussetzungen betrachtet, um die später analysierten Ergebnisse zur Kundenzufriedenheit zu generieren.

- Im Element "Kundenbezogene Ergebnisse" fordert das EFQM-Modell fundierte Informationen über Bedürfnisse der Kunden und ihre Zufriedenheit mit den

639 Vgl. Russell (2000), S. 662 f.

640 Vgl. Voß (1996)

641 Vgl. EFQM (1999a), S. 20 f.; McHugh/Merli/Wheeler (1995), S. 58

642 Vgl. Zink/Voß (1997), S. 69

643 Vgl. EFQM (1999a), S. 21

644 Vgl. EFQM (1999a), S. 21

645 Vgl. Buchner (1994), S. 398; Stauss (1994b), S. 13; Zink/Voß (1997), S. 20; Zink/Voß/Reuter (2001)

646 Vgl. EFQM (1999a), S. 21

Leistungen der Organisation. Der subjektiv häufig vorhandene Eindruck zufriedener und loyaler Kunden ist durch eine geeignete Datenbasis inhaltlich abzusichern. Die entsprechenden Forderungen des EFQM-Modells leiten sich aus der bestimmenden Wirkung subjektiver Wahrnehmungen für die Kaufentscheidung ab. "Über die Qualität von Produkten und Dienstleistungen entscheidet schlussendlich die Meinung des Kunden."[647] Nicht die objektive Leistung einer Organisation ist primäre Grundlage von Kundenzufriedenheit oder –loyalität, sondern ihre individuelle Wahrnehmung.[648] Aus diesem Grund legt das EFQM-Modell in der Auseinandersetzung mit dem Thema Kundenzufriedenheit den Akzent auf unmittelbare Rückmeldungen des Kunden (vgl. Tab. 33).[649] Entsprechende Daten sind in erster Linie über regelmäßige Befragungen zu gewinnen. Ergänzend verlangt das EFQM-Modell die Hinzuziehung interner Indikatoren zur Wahrnehmung der Organisation (z.B. Marktanteile, Kundenfluktuation).[650] Sie werden vielfach sowieso erfasst[651] und erlauben eine Beurteilung der eigenen Leistung im Hinblick auf die Kundenanforderungen. Voraussetzung hoher Validität ist die stringente Umsetzung von Kundenwünschen in operable Indikatoren; die entsprechenden Zusammenhänge sind über den unmittelbaren Dialog mit den Kunden abzusichern. Insoweit ergänzen eigene Messungen zur Kundenzufriedenheit die Ergebnisse von Kundenbefragungen.

6	**Kundenbezogene Ergebnisse** Was die Organisation im Hinblick auf ihre externen Kunden erreicht.
6a	Messergebnisse aus Kundensicht.
6b	Leistungsindikatoren.

Tab. 33: Kundenbezogene Ergebnisse[652]

- In Analogie zur Auseinandersetzung mit den Interessen der Kunden setzt sich das EFQM-Modell auch mit der wichtigen Gruppe der Mitarbeiter auseinander.[653] Die Relevanz des Themas leitet sich aus der Überlegung ab, dass eine Organisation langfristig nur dann eine hohe Kundenzufriedenheit erreichen wird, wenn auch die Mitarbeiter motiviert und zufrieden sind.[654] Insoweit sind auch hier einerseits

647 Vgl. EFQM (1999b), S. 6

648 Vgl. Porter (1985), S. 139

649 Vgl. EFQM (1999a), S. 22 f.

650 Vgl. EFQM (1999a), S. 23; Bäuerle (2000), S. 247

651 Vgl. Töpfer/Mann (1996), S. 49

652 Tab. aus EFQM (1999a), S. 22 f.

653 Vgl. Trost/Jöns/Bungard (1999), S. 20 f.

654 Vgl. Gläbe/Meissner (1999), S. 147; Töpfer/Mann (1996), S. 77; Zink (1995), S. 194

Ergebnisse aus Mitarbeiterbefragungen sowie andererseits aus der Analyse interner Messungen nachzuweisen (vgl. Tab. 34).[655]

7	**Mitarbeiterbezogene Ergebnisse** Was die Organisation in Bezug auf ihre Mitarbeiter erreicht.
7a	Messergebnisse aus Mitarbeitersicht.
7b	Leistungsindikatoren.

Tab. 34: Mitarbeiterbezogene Ergebnisse[656]

In den Ergebnissen zur Mitarbeiterbefragung wird im Zusammenspiel mit dem Element "Mitarbeiter" auf der Befähiger-Seite die Grundstruktur des Modells besonders deutlich: Maßnahmen und Konzepte im Bereich Personalplanung und -management zeigen unmittelbare Wirkungen auf die Wahrnehmung durch die Mitarbeiter, die über entsprechende Befragungs- und interne Messergebnisse dokumentiert wird. Umgekehrt müssen aus der Messung resultierende Erkenntnisse in eine kontinuierliche Weiterentwicklung der zugehörigen Konzepte und Maßnahmen münden, um die Lernforderungen des Modells zu erfüllen.[657]

- Das Element "Gesellschaftsbezogene Ergebnisse" dokumentiert den Erfolg einer Organisation bei der Wahrnehmung ihrer gesellschaftlichen Verantwortung (vgl. Tab. 35).[658] Auch hier wird die Dualität der Mess- und Bewertungskonzepte durchgehalten. Direkte Befragungen werden durch die überwiegend interne Auswertung zusätzlicher Indikatoren ergänzt. Inhaltlich sind zum einen Fragen des Images angesprochen, zum anderen die Wahrnehmung sozialer, gesellschaftlicher und umweltbezogener Belange.[659]

8	**Gesellschaftsbezogene Ergebnisse** Was die Organisation in Bezug auf die lokale, nationale und internationale Gesellschaft, sofern angemessen, leistet.
8a	Messergebnisse aus Sicht der Gesellschaft.
8b	Leistungsindikatoren.

Tab. 35: Gesellschaftsbezogene Ergebnisse[660]

655 Vgl. EFQM (1999a), S. 24 f.

656 Tab. aus EFQM (1999a), S. 24 f.

657 Vgl. EFQM (1999b), S. 7; Zink/Bäuerle/Schmidt (1999a), S. 158; Zink/Bäuerle/Schmidt (1999b), S. 5-8

658 Vgl. EFQM (1999b), S. 8

659 Vgl. EFQM (1999a), S. 26 f.

660 Tab. aus EFQM (1999a), S. 26 f.

- Das Modellelement "Schlüsselergebnisse"[661] bezieht sich auf Kernbereiche der Effektivität und Effizienz einer Organisation, also den Erfolg bei der Erfüllung des wesentlichen Geschäftszwecks (vgl. Tab. 36). Einerseits werden dazu inhaltlich eng an den strategischen Organisationszielen orientierte Erfolgsgrößen erfasst,[662] die Bestandteil und Ergebnis der Langfristplanung sein müssen. Diese werden andererseits durch stärker operative Messgrößen ergänzt, die z.B. zur Bewertung und Steuerung von Geschäftsprozessen herangezogen werden.[663]

9	**Schlüsselergebnisse** Was die Organisation in Bezug auf ihre geplanten Leistungen erreicht.
9a	Ergebnisse der Schlüsselleistungen.
9b	Schlüsselleistungsindikatoren.

Tab. 36: Schlüsselergebnisse[664]

In jedem Fall müssen die Daten ein aussagekräftiges Bild von der Leistungsfähigkeit der Organisation insgesamt zeichnen. Dazu gehören im Falle eines Unternehmens die üblichen wirtschaftlichen Kenngrößen aus dem externen Rechnungswesen, aus Kostenrechnung und Controlling. Diese allein reichen jedoch nicht aus. Vielmehr sind zusätzliche Daten zur Marktanteilsentwicklung usw. gefordert. Die konkrete Auswahl hängt von den Zielen der Organisation ab. Das Datenmaterial muss eine fundierte Bewertung zulassen, inwieweit strategische Ziele erreicht wurden bzw. werden. Es bildet primär die Grundlage für inhaltliche Strategieentscheidungen zur Steigerung der Effektivität, weniger für interne Veränderungen. Zusätzlich sind steuerungsrelevante Effizienzmessgrößen nachzuweisen, die die Leistungsfähigkeit interner Abläufe und Prozesse dokumentieren. Sie decken sich mit den Informationen und Daten, die das Management zur operativen Steuerung der Geschäftstätigkeit heranzieht. Hier steht weniger die Leistungsfähigkeit der Organisation bei der Ausrichtung an den wesentlichen Interessengruppen, sondern eher eine interne Effizienzbetrachtung im Mittelpunkt. Die Daten stützen den kontinuierlichen Verbesserungsprozess der Organisation, lösen damit also binnenorientierte Anpassungs- und Veränderungsprozesse aus, die primär der internen Optimierung und Effizienzsteigerung dienen. Insgesamt sind beim Element "Schlüsselleistungen" daher Bezüge zu den in den Kriterien "Politik und Strategie" sowie "Prozesse" beschriebenen Ablaufstrukturen und Steuerungskonzepten herzustellen.

---

661 Vgl. EFQM (1999a), S. 28

662 Vgl. EFQM (1999a), S. 28

663 Vgl. EFQM (1999a), S. 29

664 Tab. aus EFQM (1999a), S. 28 f.

3.4.2 Malcolm Baldrige National Quality Award

Die Diskussion über umfassendes Qualitätsmanagement und Business Excellence in Europa, die im Jahre 1989 zur Gründung der EFQM führte, wurde wesentlich durch Entwicklungen in den USA beeinflusst. Der amerikanische Kongress hatte bereits 1987 die gesetzlichen Rahmenbedingungen geschaffen, um einen nationalen Qualitätspreis zu etablieren. "Die Chancen und Möglichkeiten eines solchen Qualitätspreises wurden zuerst in Japan und den USA erkannt: Hier wurden der Deming Prize und der Malcolm Baldrige National Quality Award (MBNQA) eingeführt, die Vorbildfunktion für Qualitätsauszeichnungen auf der ganzen Welt erlangt haben."[665] Beide haben nahezu weltweit eine Diskussion über Business Excellence-Konzepte sowie ihre wirtschaftliche und wirtschaftspolitische Bedeutung angeregt und zur Gründung entsprechender Programme geführt. Insbesondere der MBNQA wurde im Hinblick auf Inhalt und Struktur zum Vorbild für zahlreiche Preise, deren Kriterienmodelle starke Analogien zeigen. "The most widely accepted definition of what constitutes a total quality management company exists in the criteria of the Malcolm Baldrige National Quality Award. This annual award, given by the U.S. Commerce Department since 1988, recognizes U.S. companies that excel in quality achievement and quality management."[666]

Aufgrund ihrer herausragenden Bedeutung muss eine Auseinandersetzung mit Business Excellence-Modellen daher auch die Criteria for Performance Excellence[667] einschließen, die dem Malcolm Baldrige National Quality Award zugrunde liegen. Die Administration sowie der gesamte Vergabeprozess des MBNQA liegen in Händen des National Institute of Standards and Technology (NIST), einer dem Handelsministerium nachgeordneten Behörde.[668] Außerdem ist ein Konsortium nicht-staatlicher Organisationen beteiligt – unter ihnen die American Society for Quality Control sowie das American Productivity and Quality Center.[669] Ähnlich wie beim European Quality Award besteht das Ziel des gesamten Programms darin, die Diskussion über Qualität und Qualitätsmanagement anzustoßen und Unternehmen mit Vorbildfunktion auf diesem Gebiet publikumswirksam auszuzeichnen. Dadurch wird die Verbreitung erfolgreicher Konzepte und Maßnahmen zur Steigerung der Wettbewerbsfähigkeit unterstützt.[670] Gewinner werden im zugrunde liegenden Gesetz sogar explizit aufgefordert, die Auszeichnung aktiv zu vermarkten und so das Bewusstsein für Business Excellence in der Öffentlichkeit zu schärfen.[671] Die hohe Popularität des Preises in den

---

665 Zink/Voß (1998a), S. 127

666 United States General Accounting Office (1991), S. 2

667 Vgl. NIST (2001)

668 Vgl. o.V. (1997b), S. 14

669 Vgl. United States General Accounting Office (1991), S. 8

670 Vgl. Przasnyski/Tai (1999), S. 391 f.

671 Vgl. o.V. (1997c), S. 15

USA, deren Bedeutung sich in der persönlichen Verleihung durch den Präsidenten manifestiert, hat zu einer spürbaren Aufwertung des Themas geführt.[672]

War das gesamte Programm ursprünglich ausschließlich auf Unternehmen im Dienstleistungsbereich und im produzierenden Gewerbe ausgerichtet,[673] werden inzwischen jährlich jeweils Preise in den folgenden Kategorien vergeben: "Manufacturing Businesses" (Unternehmen des produzierenden Gewerbes), "Service Businesses" (Dienstleistungsunternehmen), "Small Businesses" (KMU), "Education Institutions" (Aus- und Weiterbildungseinrichtungen) sowie "Health Care Organizations" (Einrichtungen im Gesundheitswesen). Organisationen der beiden letztgenannten Bereiche können sich – eine Gewinnerzielungsabsicht vorausgesetzt – alternativ auch als Dienstleistungsunternehmen bewerben.[674]

Mit den Criteria for Performance Excellence steht ein Bewertungsinstrument zur Verfügung, um im Rahmen einer Selbstbewertung eigene Stärken und Verbesserungsbereiche zu identifizieren und damit die Entwicklung eines Unternehmens auf dem Weg zu Business Excellence zu steuern.[675] Diese Funktion steht bei der folgenden Modellbetrachtung im Mittelpunkt.

3.4.2.1 Inhaltliche Grundlagen des Bewertungsmodells

Das grundlegende Organisations- und Unternehmensverständnis, das im Kriterienmodell des MBNQA zum Ausdruck kommt, ist – ähnlich wie beim EFQM-Modell für Excellence – in einem Wertekanon verankert, der als "Core Values and Concepts" bezeichnet wird.[676] Er beinhaltet folgende Aspekte:

- "Visionary Leadership" zielt auf die Rolle der Führungskräfte einer Organisation. Diese müssen zum einen klassische Managementaufgaben wahrnehmen.[677] Dazu gehören die verantwortliche Mitwirkung im Prozess der Strategieentwicklung, die Definition eines Wertesystems und die Koordinations- und Steuerungsfunktion in der operativen Umsetzung. Zum anderen wird die Vorbildfunktion von Führungskräften in der Organisation angesprochen. Sie stützt sich auf persönliche Integrität und ethisch korrektes Verhalten sowie Fragen des persönlichen Führungsstils. Die entsprechenden Forderungen des MBNQA werden über die Schlüsselfunktion von Führungskräften bei der Durchsetzung von Veränderungen und der Überwindung organisatorischen Beharrungsstrebens begründet.[678]

672 Vgl. d'Arbeloff et al. (1992), S. 127

673 Vgl. o.V. (1997b), S. 14; o.V. (1997c), S. 13

674 Vgl. NIST (2001), S. 51 f.

675 Vgl. d'Arbeloff et al. (1992), S. 127

676 Vgl. NIST (2001), S. 1

677 Vgl. NIST (2001), S. 1

678 Vgl. United States General Accounting Office (1991), S. 9 f.

- "Customer Driven Excellence" beschreibt als Stichwort die Ausrichtung der gesamten Organisation auf Wünsche und Bedürfnisse der Kunden.[679] Kundenorientierung umfasst nach dem Verständnis des Modells nicht nur die Konzeption des Produkt- oder Dienstleistungsportfolios auf Basis aktueller und zukünftiger Marktanforderungen, sondern den gesamten Prozess der Leistungserbringung bis zum After-Sales-Bereich. Das Modell rechtfertigt diese Forderung über den Beitrag der Kundenorientierung zu Kundenzufriedenheit und -loyalität und damit zur langfristigen Erfolgssicherung der Organisation.[680]

- Das Konzept "Organizational and Personal Learning" orientiert sich einerseits am Ziel einer kontinuierlichen Verbesserung der Leistungsfähigkeit eines Unternehmens.[681] Andererseits spielt es gleichzeitig auf die Flexibilität und die Adaptionsfähigkeit an dynamische wirtschaftliche, rechtliche und soziale Rahmenbedingungen an. Lernen und Verbesserung auf Ebene der gesamten Organisation stützen sich nach dem Verständnis des Modells auf individuelle Lernvorgänge.[682] Insoweit kommt auch der Förderung und Unterstützung der Mitarbeiter bei der individuellen Weiterbildung und –entwicklung besondere Bedeutung zu.

- Diese Überlegungen spinnt das folgende Konzept weiter, das unter dem Titel "Valuing Employees and Partners" steht.[683] Der Akzent liegt hier auf der Wertschätzung der Mitarbeiter als wertvolle Ressource für den Unternehmenserfolg. Dieses Verständnis hat weitreichende Implikationen für den Umgang mit und zwischen Mitarbeitern. Das Modell geht in diesem Zusammenhang von einem partnerschaftlichen Verhältnis aus.

  Diese Forderung bleibt jedoch nicht auf organisationsinterne Beziehungen beschränkt, sondern schließt explizit außenstehende Institutionen ein. Beispielhaft werden Kunden-Lieferanten-Partnerschaften und strategische Allianzen, aber auch Kooperationen mit Weiterbildungseinrichtungen genannt. Als prägende Elemente hebt das Modell eine langfristige Entwicklungsperspektive, wechselseitige Nutzenpotentiale sowie einen respektvollen Umgang miteinander hervor. Damit zeigen sich deutliche Anknüpfungspunkte zur Auseinandersetzung mit Unternehmensnetzwerken.

- "Agility" als weiteres grundlegendes Konzept bezieht sich auf die Fähigkeit einer Organisation, mit hoher Veränderungsgeschwindigkeit auf dynamische Rahmenbedingungen zu reagieren.[684] Anknüpfungspunkte bestehen in der Gestaltung kleiner und schlagkräftiger organisatorischer Einheiten sowie in der Mehrfach-

---

679 Vgl. NIST (2001), S. 1

680 Vgl. United States General Accounting Office (1991), S. 9 f.

681 Vgl. United States General Accounting Office (1991), S. 9 f.; NIST (2001), S. 1 f.

682 Vgl. Zink/Voß (1999a), S. 159

683 Vgl. NIST (2001), S. 2

684 Vgl. NIST (2001), S. 2 f.

qualifizierung von Mitarbeitern. Das Konzept führt damit die auf kontinuierliche Verbesserung zielende Lern- und Entwicklungsfähigkeit der Organisation fort. Der Schwerpunkt liegt jedoch an dieser Stelle auf reaktiven Handlungs- und Entscheidungsmustern einschließlich der damit verbundenen kritischen Erfolgsfaktoren Zeit bzw. Veränderungsgeschwindigkeit.

- "Focus on the Future" spielt auf die langfristige Verpflichtung der Organisation gegenüber ihren wesentlichen Interessengruppen an.[685] Das Konzept entspricht damit dem grundsätzlich größeren Zeithorizont des Anspruchsgruppenkonzepts.[686] Eine Organisation ist gehalten, Veränderungen der sozialen, wirtschaftlichen und rechtlichen Rahmenbedingungen und in den Interessenlagen wesentlicher Gruppen zu antizipieren und in der strategischen Planung abzubilden. An dieser Stelle wird deutlich, dass das Modell nicht primär auf kurzfristige Erfolge, sondern auf eine kontinuierliche Steigerung der Leistungsfähigkeit und eine langfristige Erfolgsperspektive zielt.
- "Managing for Innovation" bezieht sich auf die Notwendigkeit eines systematischen Innovationsmanagements als Quelle langfristigen Unternehmenserfolgs.[687] Der Blick richtet sich dabei nicht nur auf Produkte und Dienstleistungen, sondern in gleicher Weise auf die Gestaltung der Geschäftsprozesse.
- "Management by Fact" beschreibt eine der wesentlichen Zielsetzungen von Excellence-Konzepten insgesamt.[688] Entscheidungen, die selbstverständlich nach wie vor auch auf Intuition und unternehmerischem Gespür beruhen können und sollen, müssen durch eine solide Daten- und Informationsbasis abgesichert werden.[689] Voraussetzung dafür sind die Definition und das Monitoring von Ziel- und Messgrößen, die die eigene Leistungsfähigkeit (auch im Vergleich zum Wettbewerb) valide beschreiben und klare Bezüge zu den strategischen Zielen der Organisation aufweisen. Damit ist eine fundierte Steuerung auf operativer Ebene möglich, die nicht nur eine effiziente Leistungserstellung, sondern auch die Ausrichtung an übergeordneten Zielen und Plänen sicherstellt.
- Das Konzept "Public Responsibility and Citizenship" setzt zunächst die konsequente Einhaltung rechtlicher Vorgaben voraus.[690] Es geht jedoch explizit darüber hinaus, indem es mehr als nur die bloße Erfüllung von (Mindest-)Anforderungen verlangt. Vielmehr sind die Einhaltung moralisch-ethischer Normen, ein aktives Engagement für Umwelt- und Sicherheitsbelange sowie die Wahrnehmung der gesellschaftlich-sozialen Verantwortung eingeschlossen.

---

685 Vgl. NIST (2001), S. 3

686 Vgl. Gomez (1993), S. 23

687 Vgl. NIST (2001), S. 3

688 Vgl. NIST (2001), S. 3

689 Vgl. United States General Accounting Office (1991), S. 9 f.; Zink (1998), S. 60

- "Focus on Results and Creating Value" führt zwei der zuvor angesprochenen Bereiche zusammen:[691] Die Überlegungen greifen zum einen die Verpflichtung gegenüber den relevanten Interessengruppen, zum anderen das Thema Management by Fact auf. Inhaltlich geht es um die Abbildung von Interessen der Stakeholder in konkreten Messgrößen zur Bewertung des Unternehmenserfolgs. Dabei stehen Wertschöpfung bzw. Nutzenstiftung für die jeweiligen Gruppen im Mittelpunkt. Ihre Bewertung über sog. "leading" sowie "lagging indicators" unterstützt eine Abwägung konfligierender Anforderungen.

- Das letztgenannte der grundlegenden Konzepte steht unter dem Stichwort "Systems Perspective".[692] Es zielt auf die Analyse systemischer Zusammenhänge zwischen Entscheidungen und Handlungen einer Organisation auf der einen und dabei erzielten Erfolgen auf der anderen Seite. Die zugrunde liegenden Wirkungszusammenhänge kommen in einem ersten Überblick in der Strukturdarstellung der Kriterien zum Ausdruck (vgl. Abb. 16). Die Nutzung des Modells im Rahmen der Selbstbewertung bietet daher Anknüpfungspunkte, um Verbesserungsaktivitäten auf kritische Erfolgsfaktoren zu konzentrieren und eingesetzte Ressourcen effizient zu nutzen.

Bereits dieser erste Überblick zeigt die im Detail mangelnde Trennschärfe der diskutierten Aspekte. Dennoch ergibt die Gegenüberstellung der grundlegenden Konzepte im EFQM-Modell für Excellence und in den Baldrige Criteria for Performance Excellence in der Summe keine wesentlichen inhaltlichen Unterschiede (vgl. Tab. 37). Agilität im Sinne kurzfristiger Reaktionsfähigkeit auf Umfeldveränderungen sowie Zukunfts- und Systemorientierung sind im EFQM-Modell zwar nicht explizit verankert, kommen aber implizit in allen Kriterien zum Ausdruck. Besonders Zusammenhänge zwischen Maßnahmen und Entscheidungen auf der einen und Ergebnissen auf der anderen Seite im Sinne einer systemischen Unternehmensperspektive sind – obwohl in den grundlegenden Konzepten des EFQM-Modells nicht explizit angesprochen – in der Modellstruktur klar erkennbar. Beide Modelle zeichnen sich damit durch korrespondierende Grundüberzeugungen aus, die im nächsten Schritt eine detaillierte Gegenüberstellung der Modellkriterien erlauben.

---

690 Vgl. NIST (2001), S. 3 f.

691 Vgl. NIST (2001), S. 4

692 Vgl. NIST (2001), S. 4

MBNQA	EQA	Ergänzungen zum EQA
Visionary Leadership	Führung und Zielkonsequenz	
Customer Driven Excellence	Kundenorientierung *und* Management mit Prozessen und Fakten	
Organizational and Personal Learning	Kontinuierliches Lernen, Innovation und Verbesserung	
Valuing Employees and Partners	Mitarbeiterentwicklung und Beteiligung	
Agility	Kontinuierliches Lernen, Innovation und Verbesserung	Berücksichtigung von Zeit und Veränderungsgeschwindigkeit als kritische Erfolgsfaktoren
Focus on the Future		Explizite Verankerung der Zukunftsorientierung in den grundlegenden Konzepten
Managing for Innovation	Kontinuierliches Lernen, Innovation und Verbesserung	
Management by Fact	Management mit Prozessen und Fakten	
Public Responsibility and Citizenship	Verantwortung gegenüber der Öffentlichkeit	
Focus on Results and Creating Value	Ergebnisorientierung *und* Management mit Prozessen und Fakten	
Systems Perspective	Management mit Prozessen und Fakten	Expliziter Verweis auf die inhaltlichen bzw. kausalen Zusammenhänge zwischen Modellelementen

Tab. 37: Grundlegende Konzepte von MBNQA und EQA

3.4.2.2 Modellstruktur und Kriterien

Ähnlich wie das EFQM-Modell für Excellence zeichnen sich auch die Baldrige Criteria for Performance Excellence durch eine Kriterienstruktur in mehreren Ebenen aus. Auf der obersten beschreiben sieben Kategorien die grundsätzlichen Themenkreise der Bewertung; sie reflektieren relevante Aspekte der Geschäftstätigkeit einer Organisation. Die entsprechenden Inhalte werden über insgesamt 18 sog. Items in jeweils unterschiedlicher Zahl detailliert. Diese wiederum spalten sich in sog. Ansatzpunkte auf.[693] Im Unterschied zum EFQM-Modell werden jedoch auch die Ansatzpunkte für verbindlich erklärt.[694] Eine Organisation ist gehalten, die Erfüllung aller darin spezifizierten Forderungen separat darzulegen.

Weitergehende inhaltliche Erläuterungen der Modellforderungen liegen in Form konkreter Fragen zu jedem Ansatzpunkt vor. Diese müssen nicht separat beantwortet werden, sie geben jedoch Anhaltspunkte für eine Gliederung der Organisations-

693 Vgl. NIST (2001), S. 5

694 Vgl. NIST (2001), S. 47-50

beschreibung. Die Fragen werden durch Hinweise (sog. Notes) ergänzt, die durch Definitionen oder beispielhafte Lösungsansätze primär zur begrifflichen Klärung einzelner Ansatzpunkte beitragen sollen. Außerdem enthält das Informationsmaterial zum MBNQA eine ausführliche Modellbeschreibung, in der jede Kategorie inhaltlich und in ihren Zusammenhängen mit anderen beschrieben, ihre Relevanz im Rahmen der Bewertung begründet und über konkrete Umsetzungsvorschläge erläutert wird.[695] Die Ausführungen finden im EFQM-Modell für Excellence keine Entsprechung.

Auch für die Baldrige Criteria for Performance Excellence wird über eine offene Formulierung der Kriterien die breite Anwendbarkeit des Modells auf unterschiedliche Arten von Organisationen sichergestellt.[696] Allerdings zeichnen sich die Kriterien im Vergleich zum EFQM-Modell für Excellence durch einen stärker präskriptiven Charakter aus, der sich aus der Verbindlichkeit der Forderungen bis hinunter zur Ebene der Ansatzpunkte erklärt.

Die Grundstruktur des Modells in seiner aktuellen Fassung geht aus Abb. 16 hervor. Die wesentlichen Rahmenbedingungen der Geschäftstätigkeit werden durch die strategische Planung gesetzt.[697] Diese ist Gegenstand einer einleitenden Unternehmensdarstellung unter dem Titel "Preface: Organizational Profile".[698] Dahinter verbirgt sich allerdings kein eigenes Bewertungskriterium. Vielmehr geht es um Basisinformationen zum Organisationsumfeld einschließlich der am Markt angebotenen Leistungen, wesentlicher Interessengruppen, der Wettbewerbssituation sowie strategischer Ziele auf Ebene des Gesamtunternehmens und einzelner Funktionsbereiche. Eine inhaltliche Analyse der strategischen Planung ist nicht Inhalt oder Ziel der Bewertung. Sie greift auf die hier thematisierten übergeordneten Ziele einer Organisation nur insoweit zurück, als sie eine konsistente Umsetzung in den übrigen Kategorien fordert. Bewertungsgegenstand sind damit nicht die Inhalte der strategischen Planung, sondern die Konsistenz mit den tatsächlich ergriffenen Konzepten, Maßnahmen und Ergebnissen.

---

695 Vgl. NIST (2001), S. 32-44

696 Vgl. NIST (2000b); NIST (2000c)

697 Vgl. o.V. (1997a), S. 11 f.

698 Vgl. NIST (2001), S. 10 f.

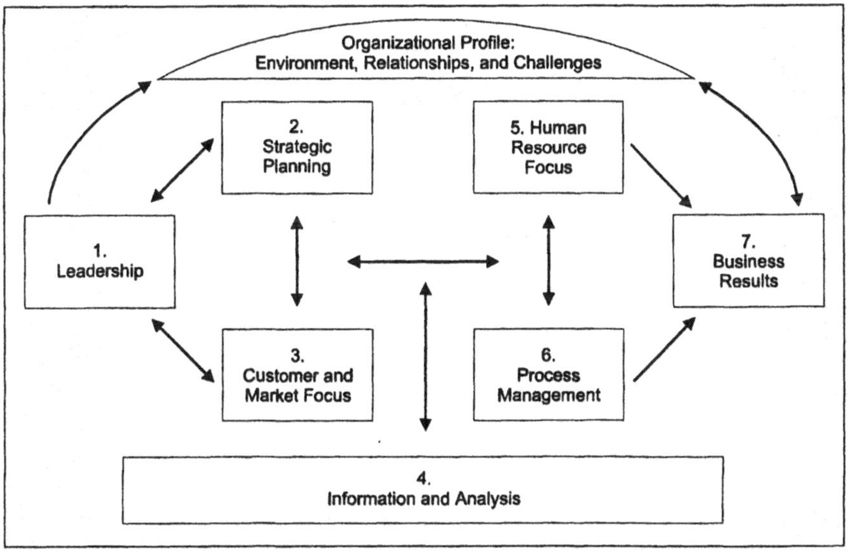

Abb. 16: Der Malcolm Baldrige National Quality Award[699]

Die sechs Kategorien in der Mitte der Modellillustration werden unter dem Stichwort "System" subsumiert. Sie beschreiben Strukturen, Geschäftstätigkeit und Ergebnisse der Organisation.[700] Als systemgestaltende und richtunggebende Faktoren werden dabei die Kriterien "Leadership" (Führung), "Strategic Planning" (Strategische Planung) sowie "Customer and Market Focus" (Kunden- und Marktorientierung) angesehen, die in der sog. Führungstriade zusammengefasst sind. Ihnen stehen in der korrespondierenden Ergebnistriade die Kategorien "Human Resource Focus" (Mitarbeiterorientierung), "Process Management" (Prozessmanagement) sowie "Business Results" (Geschäftsergebnisse) gegenüber. Mitarbeiter und in den Geschäftsprozessen verankerte Organisationsstrukturen stellen die Faktoren zur Umsetzung der Unternehmens- bzw. Organisationsziele dar und tragen zur Erzielung der Geschäftsergebnisse bei. Der Bereich "System" erläutert damit die grundsätzlichen Wirkungszusammenhänge ausgehend von Führung und Strategie bis zu den realisierten Leistungen einer Organisation.

Die Steuerung des gesamten Systems basiert auf der Kategorie "Information and Analysis" (Information und Analyse). Deren Inhalte dienen der Umsetzung des zuvor als Grundlage des Modells genannten Konzepts "Management by Fact" und als Basis für Prozessmanagement- und Controllingsysteme bzw. Performance Measurement.

---

699 Abb. aus NIST (2001), S. 5

700 Vgl. NIST (2001), S. 4 f.

Allen Modellforderungen sind – wiederum in Analogie zum EFQM-Modell – Bewertungsdimensionen überlagert.[701] Im Falle der "Business Results" geht es dabei um folgende Aspekte:

- das aktuell realisierte Leistungsniveau,
- den Vergleich mit dem Wettbewerb bzw. angemessenen Benchmark-Partnern,
- die Relevanz der dargestellten Informationen im Hinblick auf die inhaltliche Abdeckung der Modellforderungen sowie die vollständige Erfassung der gesamten Organisation einschließlich aller Hierarchieebenen und Geschäftsbereiche,
- die Verbindungen zwischen der strategischen Planung, daraus abgeleiteten Leistungsmessgrößen sowie dem realisierten Leistungsniveau und schließlich um Zusammenhänge zwischen den zu allen übrigen Kriterien beschriebenen Konzepten und Vorgehensweisen.

Die übrigen Kategorien werden nach den Bereichen "Approach" (Vorgehen) und "Deployment" (Umsetzung) bewertet:

- "Approach" bezieht sich auf die Angemessenheit der eingesetzten Methoden und Verfahren sowie ihre effiziente Nutzung. Der Akzent liegt auf einem systematischen und prozesshaften Vorgehen, das wiederholbar sowie mit strategischen Zielen und thematisch verwandten Maßnahmen abgestimmt ist. Außerdem sind Überprüfungs- und Lernzyklen zu implementieren, die die Basis kontinuierlicher Verbesserung darstellen. Das gesamte Vorgehen muss im Sinne von "Management by Fact" auf relevanten Daten und Informationen basieren. Schließlich wird der Innovationsgrad der präsentierten Konzepte und Maßnahmen erfasst.
- "Deployment" ist demgegenüber auf den Umfang der Umsetzung ausgerichtet. Die Bewertungsdimension beinhaltet zum einen die inhaltlich vollständige Abdeckung der Modellforderungen über die eingesetzten Maßnahmen der Organisation. Zum anderen analysiert sie die Anwendung in allen Bereichen – d.h. vertikal über alle Hierarchieebenen bzw. horizontal über alle Geschäfts- und Funktionsbereiche.

Die Bewertungsdimensionen gelten für die im Folgenden im Überblick präsentierten Modellforderungen:

- Die erste Kategorie "Leadership" (Führung) setzt sich mit der Rolle der Führungskräfte innerhalb der Organisation auseinander.[702] Diese umfasst zunächst die Verantwortung für die Entwicklung grundlegender Werte und strategischer Ziele. Dabei fordert das Modell eine Ausrichtung an den wesentlichen Interessengruppen. Die Führungsaufgabe beschränkt sich jedoch nicht darauf, die grundlegende Entwicklungsrichtung der Organisation vorzugeben. Sie berücksichtigt vielmehr gleichermaßen Umsetzungsaspekte wie die Ableitung operabler Teilziele

[701] Vgl. NIST (2001), S. 45

[702] Vgl. NIST (2001), S. 12 f.

sowie die Schaffung geeigneter struktureller Voraussetzungen, damit Mitarbeiter und die Organisation insgesamt ihre Ziele erreichen können. Führungskräfte zeichnen schließlich – so die Forderungen des Modells – für eine kontinuierliche Bewertung des realisierten Leistungsniveaus und die darauf basierende Ableitung von Handlungsfeldern und Verbesserungsbereichen verantwortlich.

Rolle und Aufgaben der Führung beschränken sich jedoch nicht auf die bislang betrachteten, eher binnenorientierten Aspekte, sondern weisen klar über die Grenzen der Organisation hinaus. Führungskräfte müssen die Einhaltung rechtlicher, sozialer und moralisch-ethischer Normen sicherstellen. Hier sind insbesondere Fragen des Umweltschutzes sowie die Wahrnehmung der gesellschaftlich-sozialen Verantwortung angesprochen, die die Organisation als "Corporate Citizen" definiert. In diesem Zusammenhang ist das persönliche Engagement von Führungskräften explizit gefordert.

- Die zweite Kategorie steht unter dem Schlagwort "Strategic Planning".[703] Sie untersucht zunächst den Prozess zur Strategieentwicklung. Dabei ist das konkrete Prozessdesign von Bedeutung. Parallel wird erfasst, wie strategische Ziele und Pläne inhaltlich auf Anforderungen der Kunden und Märkte, das Wettbewerbsumfeld, technologische, rechtliche und gesellschaftliche Rahmenbedingungen und die Bedürfnisse der Mitarbeiter sowie strategischer Partner ausgerichtet werden. In diesen Forderungen kommt die Ausrichtung der Baldrige Criteria for Performance Excellence am Anspruchsgruppen- oder Stakeholderkonzept zum Ausdruck.[704]

  Im Unterschied zum EFQM-Modell, das sich auf eine rein strukturelle Betrachtung des Strategieentwicklungsprozesses beschränkt, setzt sich das MBNQA-Modell auch mit inhaltlichen Fragen der strategischen Planung auseinander. So fordert es im Rahmen der Selbstbewertung und einer Bewerbung um den Award explizit die Darstellung konkreter Ziele und ihrer Bezüge zum Unternehmensprofil.

  Das zweite Item ist dem Thema Policy Deployment gewidmet. Hier geht es zum einen um die Umsetzung strategischer Ziele in die operative Planung. Gleichzeitig erfasst das Modell an dieser Stelle das Vorgehen zur Ableitung von Funktionalstrategien. Sie betreffen die Bereiche Mitarbeiter bzw. Human Resources und sachliche Einsatzfaktoren. Damit ist die Grundlage für die Integration der übrigen Modellkategorien gelegt, die in ihren jeweils funktionsbezogenen Zielen materiell mit übergeordneten Planungen auf Unternehmensebene korrespondieren müssen. Neben der inhaltlichen Dimension dieses Prozesses, der im Sinne des BLEICHERschen Fit[705] einen sachlogischen Zusammenhang vertikal zwischen strategischen und operativen Zielen sowie horizontal über Funktions- und Geschäfts-

---

703 Vgl. NIST (2001), S. 14 f.

704 Vgl. Gomez (1993), S. 23; Janisch (1993)

705 Vgl. Bleicher (1999), S. 588-597

bereiche sicherstellt (vgl. Kap. 3.2.1), spielen auch Aspekte der Kommunikation eine Rolle. Mitarbeiter sind demnach nicht nur über ihre individuellen Ziele in Kenntnis zu setzen. Vielmehr ist ihnen auch der Zusammenhang mit der gesamten Unternehmensplanung zu vermitteln.

Auch an dieser Stelle fordert das Modell des MBNQA nicht nur die Beschreibung des Vorgehens, sondern ergänzend die inhaltliche Darstellung konkreter Ziele, d.h. entsprechender Merkmale.[706] Deren Ausprägung wird über in der Vergangenheit realisierte Leistungsniveaus sowie den Vergleich mit Wettbewerbern bewertet.

- "Customer and Market Focus" (Kunden- und Marktorientierung) setzt die detaillierte Kenntnis von Kunden und Zielmärkten voraus.[707] Das Konzept schließt die Definition von Schlüsselkunden, Marktsegmenten und relevanten Wettbewerbern ein. Es fordert die Auseinandersetzung mit Kundenanforderungen, die Identifikation der wesentlichen Einflussfaktoren für eine Kaufentscheidung und ihre Umsetzung in konkrete Produkt- oder Dienstleistungsmerkmale. In diesem Zusammenhang werden wiederum nicht nur Angaben zum Vorgehen, sondern auch konkrete inhaltliche Belege erwartet. Letztere müssen klare Bezüge zwischen Kunden- bzw. Marktanforderungen sowie der Produkt- oder Dienstleistungsspezifikation verdeutlichen.

  Die Modellforderungen gehen jedoch weiter. Sie erfassen über die Leistungserstellung im engeren Sinne hinaus den gesamten After Sales-Bereich einschließlich des Themas Beziehungsmanagement. Dabei geht es um die Gewährleistung eines einfachen Zugangs für die Kunden zu Produkten und Dienstleistungen des Unternehmens. Zu diesen gehören nicht nur die Kern-, sondern auch begleitende Supportleistungen.[708] Außerdem wird der Bereich des Beschwerdemanagements angesprochen. Entsprechende Strukturen sind an den Wünschen und Bedürfnissen der Kunden auszurichten.

  Ein weiterer Aspekt betrifft die Messung von Kundenzufriedenheit und –loyalität. Dabei werden sowohl die Auswertung interner Indikatoren als auch die direkte Befragung der Kunden angesprochen. In jedem Fall ist auf eine angemessene Segmentierung der Daten nach unterschiedlichen Gruppen bzw. Märkten zu achten. Außerdem spielt der Vergleich mit dem Wettbewerb über Benchmark-Daten eine wichtige Rolle.

- Die vierte Kategorie im MBNQA-Modell, "Information and Analysis", bezieht sich auf den Bereich Performance Measurement.[709] Hier stehen die Messung und Überwachung der eigenen Leistung im Mittelpunkt, um die Effizienz des eigenen

706 Vgl. Bamberg/Bauer (1993), S. 5; Pinnekamp/Siegmann (1990), S. 4 f.

707 Vgl. NIST (2001), S. 16 f.

708 Vgl. Homburg/Bruhn (1999), S. 20; Nieschlag/Dichtl/Hörschgen (1997), S. 234

709 Vgl. NIST (2001), S. 18 f.

Handelns sicherzustellen. Dabei geht es um prozessuale und inhaltliche Aspekte bei der Festlegung von Leistungsmessgrößen, bei ihrer kontinuierlichen Erhebung und beim Vergleich mit Ergebnissen des Wettbewerbs. Das Modell fordert ausdrücklich die Verknüpfung mit der gesamten Unternehmensplanung und insbesondere kosten- bzw. finanzorientierten Bewertungsinstrumenten. Die entsprechenden Ergebnisse sind nicht nur für die Steuerung der operativen Geschäftstätigkeit zu nutzen, sondern müssen auch im Sinne eines geschlossenen Regelkreises zur Überarbeitung der strategischen Planung führen.

- Auch im MBNQA-Modell werden die Mitarbeiter als wesentliche Determinante des Unternehmenserfolgs betrachtet. Die entsprechenden Forderungen finden sich in der Kategorie "Human Resource Focus" (Mitarbeiterorientierung).[710] Das Modell spricht in diesem Zusammenhang zunächst allgemeine personalpolitische Maßnahmen an. Sie schließen die Bereiche Arbeits- und Arbeitssystemgestaltung, Ableitung von Schulungsbedarfen aus Stellenbeschreibungen und Qualifikationsprofilen, Beurteilungs- und Anerkennungssysteme sowie strukturierte Einstellungskriterien und –verfahren ein, außerdem Fragen der innerbetrieblichen Kommunikation. Herausgehobene Bedeutung besitzt das Thema Aus- und Weiterbildung: Der Qualifizierung der Mitarbeiter sowie der Entwicklung, Bewertung und kontinuierlichen Verbesserung entsprechender Schulungsprogramme ist ein eigenes Item gewidmet.

  Schließlich erfasst das Modell die mitarbeiterorientierte Gestaltung des Arbeitsumfelds. Sie muss insbesondere Fragen des Gesundheits- und Arbeitsschutzes Rechnung tragen. Aber auch Wünsche und Bedürfnisse der Mitarbeiter sollten soweit wie möglich berücksichtigt werden. Der Erfolg aller mitarbeiterorientierten Maßnahmen ist über geeignete Erhebungs- und Messverfahren zu dokumentieren. Das MBNQA-Modell spricht in diesem Zusammenhang die direkte Befragung der Mitarbeiter sowie die Auswertung interner Messgrößen wie Fluktuation, Abwesenheit und Krankenstand etc. an.

- Die folgende Kategorie "Process Management" (Prozessmanagement) bezieht sich auf die Gestaltung dreier wesentlicher Kategorien von Geschäftsprozessen.[711] Im ersten Schritt geht es um die Erstellung der Kernleistung im Rahmen der Auftragsabwicklung. Dabei wird zunächst die Gestaltung des Design- und Entwicklungsprozesses untersucht. Er muss sicherstellen, dass Wünsche der Kunden, Anforderungen des Marktes und aktuelle technische Entwicklungen Eingang in die Produkt- oder Dienstleistungsspezifikation finden. Darüber hinaus ist eine kontinuierliche Leistungsverbesserung sowohl für den Entwicklungsprozess selbst als auch für die daraus hervorgehenden Produkte und Dienstleistungen zu belegen. Diese sind über einen klar strukturierten Erstellungs- und Vertriebsprozess in eine

---

710 Vgl. NIST (2001), S. 20-22

711 Vgl. NIST (2001), S. 23-25

konkrete Marktleistung umzusetzen. Hier steht insbesondere eine effizienzorientierte Prozesssteuerung über geeignete Kennzahlen im Mittelpunkt der Modellforderungen.

Erfolg und Wachstum eines Unternehmens hängen nicht allein vom Prozess zur Entwicklung und Erstellung von Produkten und Dienstleistungen i.e.S. ab. Vielmehr determinieren – in Abhängigkeit vom Einzelfall – auch die Bereiche Innovation, Forschung, Technologiemanagement, Supply-Chain-Management etc. die Leistungsfähigkeit eines Unternehmens. Das zweite Item beschäftigt sich daher mit denjenigen Prozessen, die über Entwicklung und Produktion hinaus für den langfristigen Erfolg eines Unternehmens verantwortlich zeichnen. Der Fokus liegt dabei auf der konsistenten Ableitung dieser Prozesse, ihrer operativen Steuerung und kontinuierlichen Verbesserung. Hier ist ggf. der Umgang mit Partnern zu integrieren, dem in der Modellfassung des Jahres 2000 noch ein eigenes Item gewidmet war.[712] Diese Veränderung in der Modellstruktur steht im Widerspruch zur aktuellen Weiterentwicklung des EFQM-Modells, die zur Ergänzung eines eigenen Kriteriums zum Umgang mit Partnern geführt hat.

Die in den ersten beiden Items angesprochenen Geschäftsprozesse einer Organisation setzen eine funktionierende interne Infrastruktur voraus, die über die sog. Supportprozesse gebildet wird. Das MBNQA-Modell beschäftigt sich im dritten Item mit der Definition und Gestaltung dieser unterstützenden Abläufe. Ihr konkretes Design ist zu beschreiben. Gleichzeitig untersucht das Modell, ob und inwieweit sie wesentliche Anforderungen der Geschäftsprozesse erfüllen können. Auch hier spielt die Einführung wirksamer Prozessmanagementsysteme zur operativen Steuerung eine wichtige Rolle.

- Die letzte Kategorie der Baldrige Criteria for Performance Excellence, "Business Results", untersucht die Geschäftsergebnisse der Organisation.[713] Sie beschreiben das aktuell realisierte Leistungsniveau aus Sicht unterschiedlicher Interessengruppen und damit Effektivität und Effizienz der in den übrigen Kategorien dargestellten Konzepte und Maßnahmen. Als erste wesentliche Gruppe sind in diesem Zusammenhang die Kunden zu nennen. Das Modell spricht die Bereiche Kundenzufriedenheit, Wertschätzung und Loyalität an. In engem Zusammenhang mit diesen Zielgrößen stehen Daten und Informationen zur Leistungsfähigkeit der Produkte und Dienstleistungen einer Organisation. Zu allen Bereichen sind sowohl aktuelle Trends als auch Vergleichsdaten mit dem Wettbewerb nachzuweisen.

  Aus Sicht der Anteilseigner als zweiter wesentlicher Interessengruppe sind zum einen Fragen des finanziellen Erfolgs, gemessen über klassische finanzwirtschaftliche Kenngrößen aus Bilanz sowie Gewinn- und Verlustrechnung, zum

[712] Vgl. NIST (2000a), S. 23

[713] Vgl. NIST (2001), S. 26-28

anderen Belege für den Markterfolg einer Organisation, z.B. Marktanteile, Marktabdeckung oder Wachstumsraten, relevant. Mitarbeiterbezogene Ergebnisse betreffen die Themen Zufriedenheit und Loyalität, Gesundheit und Weiterentwicklung, außerdem individuell zu definierende Messgrößen der Arbeitseffizienz.

Der letzte Themenschwerpunkt der Geschäftsergebnisse liegt auf der Bewertung der Organisationseffizienz. Hier sind im Wesentlichen die für das Prozessmanagement zugrunde gelegten Indikatoren und Messgrößen zu nennen, deren inhaltliche Ausprägung an dieser Stelle erfasst wird. Beispielhaft werden Produktivität und Durchlaufzeiten genannt. Die entsprechenden Daten müssen Geschäfts- und Supportprozesse gleichermaßen abbilden und klare Bezüge zu den strategischen Zielen aufweisen. Im Hinblick auf Partner des Unternehmens sind Messgrößen für deren Leistungen beizubringen, die eine Effizienzbewertung der In- bzw. Outsourcingentscheidung zulassen. Darüber hinaus sind Erfolge bei der organisationsübergreifenden Optimierung der Wertschöpfungskette zu belegen. Die Daten sollen überdies eine Beurteilung zulassen, inwieweit die Organisation ihrer gesellschaftlichen Verantwortung gerecht wird.

Die grobe verbale Beschreibung der Modellforderungen zeigt bereits weitgehende inhaltliche Analogien zwischen dem EFQM-Modell für Excellence und den Baldrige Criteria for Performance Excellence. Diese werden durch eine detaillierte Gegenüberstellung auf Ebene der Unterkriterien bzw. Items bestätigt (vgl. Tab. 38). Allerdings ist zu berücksichtigen, dass das MBNQA-Modell durch seinen höheren Detaillierungsgrad wesentlich präskriptiver wirkt. Auch fordert es im Gegensatz zum EFQM-Modell explizit konkrete inhaltliche Angaben z.B. zur Unternehmensstrategie. Diese Unterschiede betreffen aber mehr die Darstellung und Dokumentation als den materiellen Forderungsinhalt. Letztlich muss eine Organisation auch für eine Bewertung nach dem EFQM-Modell eine inhaltlich vollständige Abdeckung der Kriterien nachweisen und damit Konzepte und Maßnahmen zumindest zu den wesentlichen Ansatzpunkten erkennen lassen.

MBNQA	EQA	Ergänzungen zum EQA
1. **Leadership**		
Organizational Leadership	1a/b/d; 2e	inhaltliche Aussagen zu Reviewergebnissen und abgeleiteten Maßnahmen
Public Responsibility and Citizenship	1c; 4c	Mitwirkung von Führungskräften bei der Wahrnehmung der gesellschaftlichen Verantwortung
2. **Strategic Planning**		
Strategy Development	2a/b/c	inhaltliche Aussagen zu strategischen Zielen
Strategy Deployment	2c/d/e; 3a; 4; 5a; 6; 7; 8; 9	
3. **Customer and Market Focus**		
Customer and Market Knowledge	2a; 5c	
Customer Relationships and Satisfaction	5b/c/d/e; 6	
4. **Information and Analysis**		
Measurement and Analysis of Organizational Performance	2b; 4e, 5a/b, 9b und Bewertungsdimensionen	Rolle der Führungskräfte bei der Leistungsüberprüfung
Information Management	3d; 4e	
5. **Human Resource Focus**		
Work Systems	1d; 3a/b/d/e	
Employee Education, Training, and Development	3a/b; 4d/e und Bewertungsdimensionen	
Employee Well-Being and Satisfaction	3a/e; 7	
6. **Process Management**		
Product and Service Processes	2d; 5; 9	
Business Processes	2d; 4; 5; 9	
Support Processes	2d; 4; 5a/b/e; 9b	
7. **Business Results**		
Customer Focused Results	6	
Financial and Market Results	6; 9	
Human Resource Results	7	
Organizational Effectiveness Results	8; 9	

Tab. 38: Kriterien von MBNQA und EQA

3.4.3 Australian Quality Award

Eine Alternative zum EFQM-Modell für Excellence sowie zu den Baldrige Criteria for Performance Excellence liegt im Australian Business Excellence Framework vor, das dem Australian Quality Award zugrunde liegt.[714] Diese Auszeichnung wurde bereits 1987/88 - also zeitgleich mit dem MBNQA - eingeführt, hat aber international bislang weniger Beachtung erlangt. Inhaltlich kann das Modell jedoch der Diskussion um Business Excellence wichtige Impulse geben:[715] "The AQA is a sophisticated model for Business Excellence. It stands in a line with the well-known MBNQA or EQA. However, it deserves particular attention because it is excellently presented and comprehensibly formulated. That is why it does not require extensive explanation or interpretation - which is undoubtedly a major advantage in practice. By directly assessing product quality via the category 'Quality of Process, Product and Service', the AQA complies with traditional notions of quality without neglecting further elements of modern Total Quality concepts."[716] Diese Aussage behält ihre Gültigkeit, auch wenn die Inhalte inzwischen als Unterkriterium unter dem Titel "Quality of Products and Services" im Modell verankert sind.[717] Ältere Entwicklungsstufen[718] lassen noch eine starke strukturelle Verwandtschaft mit den Kriterien des Malcolm Baldrige National Quality Award erkennen.[719] Inzwischen wurde das Modell jedoch wesentlich weiterentwickelt und zeigt eine ausprägte Eigenständigkeit.

Ähnlich wie seine europäischen und US-amerikanischen Pendants wurde der AQA geschaffen, um herausragende Leistungen bei der Verbesserung der Qualität von Produkten, Prozessen und Dienstleistungen anzuerkennen und Organisationen zu ermuntern, erfolgreichen Vorreitern nachzueifern. Außerdem soll das Qualitätsbewusstsein in Gesellschaft und Wirtschaft im Hinblick auf die internationale Wettbewerbsfähigkeit australischer Unternehmen gefördert werden.[720] Organisation und Abwicklung des gesamten Bewertungs- und Vergabeprozesses liegt in der Verantwortung des Australian Quality Council, einer nicht-staatlichen Non Profit-Organisation.[721]

Dem Australian Quality Award liegt ein interessantes Auszeichnungssystem zugrunde, das neben dem eigentlichen Preis zusätzliche Anerkennungsstufen kennt (vgl. Abb. 17).[722] Der obere Bereich, als "Award Level" bezeichnet, deckt sich mit den Vergabe-

---

714 Vgl. Australian Quality Council (2000); Australian Quality Council (2001)

715 Vgl. Zink (1998a), S. 127

716 Vgl. Voß (1998), S. 138

717 Vgl. Australian Quality Council (2001), S. 27

718 Vgl. Australian Quality Council (1993)

719 Vgl. Zink/Voß (1998a), S. 128

720 Vgl. Zink/Voß (1998a), S. 128

721 Vgl. Australian Quality Council (2000), S. 2

722 Australian Quality Council (2000), S. 3-5

verfahren der bisher beschriebenen Qualitätspreise. Hier werden jedes Jahr Unternehmen ausgezeichnet, die in der Gesamtbewertung anhand des Kriterienmodells hervorragende Leistungen zeigen. Der beste Bewerber erhält den Award. Dessen Gewinner werden zur Bewerbung um einen weiteren Preis, den sog. Award Gold, zugelassen. Dieser wird jedoch nicht in jedem Jahr, sondern in unregelmäßigen zeitlichen Abständen verliehen.

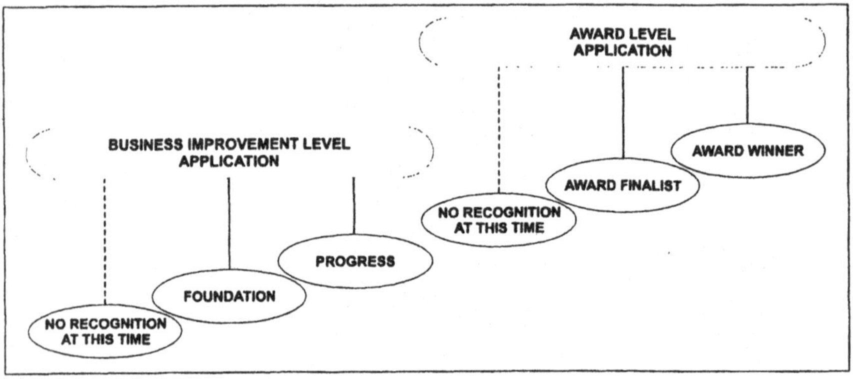

Abb. 17: Anerkennungsstufen im Australian Quality Award[723]

Interessanter als die Erweiterung des Auszeichnungsspektrums nach oben erscheint jedoch die Einführung von Auszeichnungen für diejenigen Unternehmen, die erst am Beginn der Einführung und Umsetzung von Business Excellence stehen. Die Preiskategorie "Foundation in Business Excellence" richtet sich an Organisationen, die systematische Vorgehensweisen zu allen Modellforderungen entwickelt haben, in denen die Umsetzung aber noch nicht das gesamte Spektrum der Organisation erfasst. Die nächste Stufe "Progress Toward Business Excellence" verlangt darüber hinaus einen hohen Umsetzungsgrad und den Nachweis erster Ergebnisse. Dieses Anerkennungssystem illustriert eindrucksvoll das Ziel des gesamten Modells, durch eine strukturierte Auseinandersetzung mit Stärken und Verbesserungsbereichen den kontinuierlichen Verbesserungsprozess einer Organisation zu unterstützen.

Eine Auseinandersetzung mit dem Australian Business Excellence Framework und eine Gegenüberstellung mit den bislang betrachteten Modellen erscheint insofern sinnvoll.

3.4.3.1 Inhaltliche Grundlagen des Bewertungsmodells

Inhaltlich stützt sich das Modell des AQA auf eine Reihe normativer Setzungen, den sog. "Principles", die das grundsätzliche Organisations- und Unternehmensverständnis illustrieren. Sie betreffen sowohl Anforderungen an den Umgang mit wesentlichen

723 Abb. aus Australian Quality Council (2000), S. 3

Interessengruppen als auch Annahmen über Wirkungszusammenhänge zwischen bestimmten Handlungs- und Entscheidungsfeldern:[724]

- Im ersten Schritt fordert das Modell eine klare strategische Zielsetzung für die Organisation. Sie bildet die Grundlage für eine einheitliche Handlungsausrichtung der Mitarbeiter und einen effizienten Ressourceneinsatz.
- Die Strategie der Gesamtorganisation ist über Aktions- und Maßnahmenpläne auf die operative Ebene zu übertragen. Das Modell legt in diesem Zusammenhang großen Wert auf die Zielentfaltung im Rahmen wechselseitiger Vereinbarungen, die akzeptanz- und motivationsfördernd wirken.
- Die gesamte Geschäftstätigkeit der Organisation ist an aktuellen und zukünftigen Wünschen und Erwartungen der Kunden auszurichten. Das Modell betont die hohe Bedeutung der Wahrnehmung durch den Kunden bzw. die Gefahr einer Wahrnehmungslücke;[725] nicht die objektiv messbare Leistung bzw. Leistungsfähigkeit von Produkten und Dienstleistungen determiniert die Kaufentscheidung, sondern die subjektive Einschätzung. Auf struktureller Ebene ist das Unternehmen gehalten, Feedback des Kunden zu stimulieren und die eigene Zugänglichkeit zu verbessern, um Marktanforderungen zuverlässig zu erfassen.
- Das gesamte Modell ist einer systemischen Sichtweise verpflichtet. Die Verbesserung von Ergebnissen ist nur über die kontinuierliche Weiterentwicklung von Konzepten, Maßnahmen und Systemen zu erreichen.
- Die Mitarbeiter als wesentliche Interessengruppe einer Organisation sind in den grundlegenden Prinzipien ebenfalls verankert: "The potential of an organisation is realised through its people's enthusiasm, resourcefulness and participation."[726]
- Schließlich werden die Themen kontinuierliche Verbesserung und organisationales Lernen angesprochen. Die Ausführungen beschränken sich jedoch darauf, die Bedeutung beider Aspekte für den Unternehmenserfolg hervorzuheben, ohne konkrete Anforderungen an die Umsetzung oder strukturelle Verankerung zu stellen.
- Die Strukturgestaltung der Organisation muss die Fähigkeiten der Mitarbeiter bestmöglich zum Tragen bringen. Verbesserungsbereiche sind nicht primär über Schuldzuweisungen bzw. den Verweis auf individuelles (Fehl-)Verhalten, sondern durch strukturelle Maßnahmen zu erschließen. Damit will das Modell eine konstruktive Atmosphäre zur kontinuierlichen Verbesserung erzeugen.
- Auch im Australian Business Excellence Framework findet sich das Thema Management by Fact. Das Modell fordert die Absicherung von Entscheidungen

---

724 Vgl. Australian Quality Council (2001), S. 5, S. 29-31

725 Vgl. Parasuraman/Zeithaml/Berry (1985), S. 44-48; Parasuraman/Zeithaml/Berry (1992), S. 62

726 Australian Quality Council (2001), S. 30

über Daten und eine fundierte Wissensbasis; es betont aber zugleich die Bedeutung von Gefühlen und Erfahrungen. Damit wird die Erfolgswirkung unternehmerischen Gespürs anerkannt, gleichzeitig aber der positive Beitrag einer rationalen Entscheidungsunterstützung auf die Entscheidungsqualität hervorgehoben.

- Ein fundiertes Verständnis der Ursachen von Systemvarietät, die sich zum einen aus unvorhersehbaren Umfeldentwicklungen, zum anderen aus Verhaltensvarietät innerhalb gegebener Prozessstrukturen entwickelt, ist Voraussetzung, um ein Unternehmen bzw. eine Organisation proaktiv steuern zu können. Insofern muss sich das Management intensiv mit Wirkungszusammenhängen innerhalb der Organisation auseinandersetzen, um die Interessen wesentlicher Gruppen erfolgreich wahrnehmen zu können.
- Schließlich geht das Modell in seinen Grundsätzen auf die Einbettung der Organisation in ein gesellschaftlich-soziales Umfeld ein und fordert die aktive Auseinandersetzung mit der gesellschaftlichen Verantwortung: "Organisations provide value to the community through their actions to ensure a clean, safe, fair and prosperous society."[727] Damit sind wirtschaftliche, umwelt- und sicherheitsbezogene sowie soziale Implikationen der Geschäftstätigkeit angesprochen.
- Langfristiger und dauerhafter Erfolg der Organisation dokumentiert sich – so die Überzeugung des Modells – in der Wertschöpfung für alle relevanten Interessengruppen. Damit zeigt es sich der Langfristorientierung des Stakeholder-Value- oder Anspruchsgruppenkonzepts verpflichtet.[728] Interessanterweise vertreten die Autoren bereits in den grundlegenden Prinzipien die These, eine fundierte Auseinandersetzung mit und Ausrichtung an den Interessengruppen setze eine systematische Erfassung von Anforderungen und eine Messung der Zufriedenheit voraus, und schaffen damit die inhaltliche Basis für die Grundstruktur des Modells.
- Wesentlichen Einfluss auf die Leistungsfähigkeit der Organisation besitzt die Vorbildfunktion der obersten Führungskräfte. Sie müssen die grundlegenden Werte im eigenen Verhalten verdeutlichen und gleichzeitig Rahmenbedingungen schaffen, die ein wertkonformes Verhalten der Mitarbeiter unterstützen.

Die grundlegenden Prinzipien im Australian Business Excellence Framework erweisen sich gegenüber den entsprechenden Konzepten für EQA und MBNQA als weitgehend deckungsgleich. Die folgende Tabelle enthält eine Gegenüberstellung (vgl. Tab. 39), in der Parallelen zum EFQM-Modell deutlich werden. Die Fokussierung auf die Kenntnis der Verhaltensvarietät des Unternehmens stellt keine grundsätzliche Erweiterung dar. Faktenbasierte Entscheidungsfindung, wie sie unter dem Stichwort "Management by Fact" thematisiert wird, setzt eine fundierte Auseinandersetzung mit alternativen Ent-

[727] Australian Quality Council (2001), S. 31

[728] Vgl. Gomez (1993), S. 23; Janisch (1993)

wicklungspfaden des Unternehmens voraus und ist demnach als selbstverständlicher Bestandteil auch im EFQM-Modell enthalten.

AQA	EQA	Ergänzungen zum EQA
Clear direction allows organisational alignment and a focus on the achievement of goals.	Führung und Zielkonsequenz	
Mutually agreed plans translate organisational direction into action.	Mitarbeiterentwicklung und –beteiligung *und* Führung und Zielkonsequenz	
Understanding what customers value ... influences organisational direction, strategy and action.	Kundenorientierung	
To improve the outcome, improve the system and its associated processes.	Management mit Prozessen und Fakten *und* Kontinuierliches Lernen, Innovation und Verbesserung	
The potential of an organisation is realised through its people's enthusiasm, resourcefulness and participation.	Mitarbeiterentwicklung und –beteiligung	
Continual improvement and innovation depend on continual learning.	Kontinuierliches Lernen, Innovation und Verbesserung	
All people work in a system. Outcomes are improved when people work on the system.	Mitarbeiterentwicklung und –beteiligung *und* Kontinuierliches Lernen, Innovation und Verbesserung	
Effective use of facts, data and knowledge leads to improved decisions.	Management mit Prozessen und Fakten	
All systems and processes exhibit variability, which impacts on predictability and performance.		Verständnis des Managements für das Systemverhalten
Organisations provide value to the community through their actions to ensure a clean, safe, fair and prosperous society.	Verantwortung gegenüber der Öffentlichkeit	
Sustainability is determined by an organisation's ability to create and deliver value for all stakeholders.	Ergebnisorientierung *und* Verantwortung gegenüber der Öffentlichkeit	
Senior leadership's constant role modelling of these principles ... are necessary for the organisation to reach its true potential.	Führung und Zielkonsequenz	

Tab. 39: Grundlegende Konzepte von AQA und EQA

3.4.3.2 Modellstruktur und Kriterien

Das Australian Business Excellence Framework stimmt von der Ebenenstruktur mit dem EFQM-Modell für Excellence überein. Es stützt sich auf der obersten Ebene auf sieben Kategorien, die grundsätzliche Forderungsinhalte spezifizieren. Ihnen sind insgesamt 22 sog. Items zugeordnet, in denen die Kategorien verbindlich detailliert werden. Zusätzlich sind Hinweise beigefügt, die im Sinne einer Vorschlagsliste beispielhafte Themenbereiche enthalten. Hier ist eine inhaltliche Anpassung an die besondere Situation der jeweiligen Organisation möglich.[729] Der Gesamtaufbau des Modells geht aus Abb. 18 hervor.

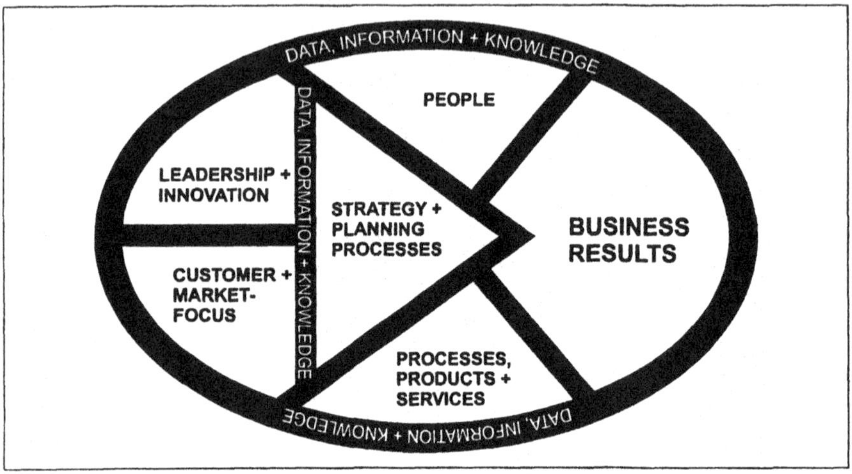

Abb. 18: Der Australian Quality Award[730]

Die Modellforderungen werden an den Bewertungsdimensionen gespiegelt, die unter dem Akronym ADRI eingeführt werden. Dieses setzt sich aus den Anfangsbuchstaben von "Approach" (Vorgehen), "Deployment" (Umsetzung), "Results" (Ergebnisse) und "Improvement" (Verbesserung) zusammen. Eine Organisation muss im Rahmen der Selbstbewertung sowie der Preisvergabe für jedes Unterkriterium alle Aspekte behandeln.[731] Damit unterscheidet sich das Modell des AQA grundsätzlich von den bislang diskutierten Kriterienmodellen des EQA und des MBNQA, die für Konzepte und Maßnahmen auf der einen sowie die dabei erzielten Ergebnisse auf der anderen Seite unterschiedliche Bewertungsraster verwenden:

- "Approach" (Vorgehen) bezieht sich auf die Konzepte und Maßnahmen einer Organisation zur Erfüllung der Modellforderungen. Der Akzent liegt auf prozesshaften Strukturen, d.h. stabilen, wiederhol- und planbaren Abläufen, die zur Leistungssteigerung beitragen.[732] Gleichzeitig ist auf klare Bezüge zu den im

---

729 Vgl. Australian Quality Council (2001), S. 6

730 Abb. aus Australian Quality Council (2001), S. 4

731 Vgl. Australian Quality Council (2001), S. 4

732 Vgl. Australian Quality Council (2001), S. 14

vorhergehenden Abschnitt beschriebenen Grundprinzipien zu achten (vgl. Kap. 3.4.3.1).

- "Deployment" (Umsetzung) betrifft die Anwendung der in der zuvor beschriebenen Bewertungsdimension präsentierten Konzepte und Maßnahmen in allen Geschäftsbereichen und auf allen Hierarchieebenen. Daneben ist die Integration in das normale Tagesgeschäft Gegenstand der Bewertung.
- "Results" (Ergebnisse) fasst die Bewertung zweier – nach der Strukturlogik der bisher betrachteten Modelle unterschiedlicher – Aspekte zusammen. Zum einen geht es um die Instrumente und Verfahren zur Leistungsmessung. Diese beziehen sich sowohl auf die Bewertung der Vorgehensweise als auch der Umsetzung, d.h. der beiden vorgenannten Bewertungsdimensionen. Zum anderen sind aber auch die dabei erhobenen Daten relevant. Damit sind realisierte Merkmalsausprägungen gemeint, die Aussagen zur konkreten Leistungsfähigkeit und zum realisierten Leistungsniveau der Organisation zulassen. Das Modell bewertet positive Trends, den Vergleich mit dem Wettbewerb sowie erkennbare Zusammenhänge zum Vorgehen.
- "Improvement" (Verbesserung) schließlich bezieht sich auf die regelmäßige Überprüfung des Vorgehens einschließlich deutlicher Belege für erzielte Verbesserungen.

Die ADRI-Logik beinhaltet eine klare zeitliche Struktur:[733] Ausgangspunkt der Organisationsgestaltung ist das Vorgehen. Dieses bildet die Grundlage der Umsetzung, die wiederum Voraussetzung für die Erzielung geplanter Ergebnisse nach einer systematischen Überprüfung und Messung ist. Auf Basis des hier skizzierten Zusammenhangs sind alle Modellforderungen anhand der vorgenannten Aspekte zu bewerten:

- Die Kategorie "Leadership and Innovation" (Führung und Innovation) bezieht sich auf Rolle und Verhalten der Führungskräfte einer Organisation.[734] Sie umfasst zunächst die Verantwortung für Strategieentwicklung und –deployment und für die zielorientierte Strukturgestaltung und Steuerung. Dabei spielt die Ausrichtung an den wesentlichen Interessengruppen eine wichtige Rolle. In engem Zusammenhang mit den strategischen Zielen steht eine korrespondierende Organisationskultur. Das Modell des AQA untersucht in diesem Zusammenhang, wie die Organisation ein gemeinsames Wertesystem sowie einen entsprechenden Verhaltenskodex etabliert.

  Führung findet nicht nur auf strategischer Ebene statt. Entsprechende Steuerungs- und Koordinationsaufgaben müssen alle Geschäftsbereiche und Hierarchieebenen durchdringen. Aus diesem Grund untersucht das Modell die Delegation von

---

733 Vgl. Australian Quality Council (2001), S. 14

734 Vgl. Australian Quality Council (2001), S. 15-17

Aufgaben und Verantwortung zwischen den verschiedenen Führungsebenen der Organisation. Diese ist im Managementsystem zu verankern und unterstützt das stringente Deployment, d.h. die Ableitung operativer aus strategischen Zielen. Neben diesen primär inhaltlich-sachlichen Führungsaufgaben sind auch personale Aspekte des Führungsverhaltens angesprochen, insbesondere die Begeisterung und Motivation der Mitarbeiter.

Im letzten Item geht es um die Wahrnehmung der gesellschaftlichen Verantwortung. Das Modell spricht in diesem Zusammenhang die Aspekte Umweltschutz, Sicherheit, Wohlstand und Ethik an und fordert ein entsprechendes persönliches Engagement der Führungskräfte.

- Die Kategorie "Strategy and Planning Processes" (Strategie- und Planungsprozesse) bewertet das Vorgehen zur Strategiegenerierung und -umsetzung.[735] Den Ausgangspunkt bildet die fundierte Auseinandersetzung mit dem Organisationsumfeld einschließlich relevanter politischer, wirtschaftlicher, rechtlicher und sozialer Rahmenbedingungen sowie der Markt- und Wettbewerbssituation. Sie wird um eine eher binnenorientierte Perspektive ergänzt, die auf die Kernkompetenzen der Organisation gerichtet ist. Diese sind zwar als Vermögenswert häufig nicht erfassbar, bilden aufgrund ihres herausragenden Beitrags zu den durch die Kunden wahrgenommenen Leistungen aber eine wesentliche Grundlage langfristigen Unternehmenserfolgs.[736] Auf dieser Basis sind strategische Ziele zu entwickeln und in operative Aktionspläne umzusetzen. Dabei beleuchtet das Modell die sachliche Stringenz des Deployment-Prozesses, d.h. den "Fit" zwischen der normativen, strategischen und operativen Ebene[737], die Einbeziehung der Mitarbeiter und die konsequente Überwachung der Zielerreichung.

  Eine erfolgreiche Strategieumsetzung setzt die effiziente Nutzung der organisatorischen Ressourcen voraus. Das Modell fordert in diesem Zusammenhang den strategiekonformen Einsatz des Sach- und Anlagevermögens sowie ein systematisches Informations- und Wissensmanagement. Dies setzt die Integration einzelner Funktionalstrategien in eine übergeordnete Unternehmenszielsetzung voraus.

- "Data, Information and Knowledge" (Daten, Information und Wissen) hebt als eigene Modellkategorie den Wert des "intellektuellen Kapitals"[738] für den Organisationserfolg hervor.[739] Information schafft die Grundlage für die Planung, Steuerung und Kontrolle des Gesamtsystems einer Organisation[740] und prägt damit das Zusammenwirken der übrigen Elemente. Die Forderungen beziehen sich zunächst

735 Vgl. Australian Quality Council (2001), S. 18 f.

736 Vgl. Hamel (1994), S. 11-33

737 Vgl. Bleicher (1999), S. 588-597

738 Stewart (1998b), S. 7

739 Vgl. Australian Quality Council (2001), S. 20 f.

740 Vgl. Müller-Merbach (1997a), S. 6

auf die zielgerichtete Erhebung von Daten, ihre Auswertung und Verdichtung zu entscheidungsrelevanten Informationen[741] sowie die strukturierte Speicherung und Zugriffsverwaltung.

Das zweite Item bewertet die Nutzung der in der Organisation vorhandenen Informationen zur Entscheidungsfindung. Der dritte Themenkreis bezieht sich auf die Nutzung organisationalen Wissens zur Steigerung der eigenen Leistungsfähigkeit. Hier sind insbesondere der Aufbau einer von einzelnen Mitarbeitern unabhängigen Erfahrungs- und Wissensbasis sowie die Vermittlung von und der Zugang zu Know-how für Mitarbeiter angesprochen.

- Das Thema Mitarbeiterorientierung wird im Modell des AQA in der folgenden Kategorie unter dem Titel "People" (Mitarbeiter) angesprochen.[742] Inhaltlich werden zunächst die Einbeziehung der Mitarbeiter in Entscheidungsprozesse und die Verantwortungsdelegation zur Einräumung eigenständiger Handlungsbereiche bewertet. Darüber hinaus ist das gesamte Feld der Aus- und Weiterbildung angesprochen, um individuelle Qualifikationsprofile und die Anforderungen einer Stelle zur Deckung zu bringen. Die Mitarbeiter werden damit ermächtigt und befähigt, ihr Potential im Sinne der Gesamtorganisation zu nutzen. Die dabei erzielten Leistungen sind über ein geeignetes Beurteilungssystem zu erfassen.

  Gleichzeitig hebt das Modell die Verantwortung einer Organisation für ihre Mitarbeiter hervor. Sie wird vor allem in einer gesundheits- und persönlichkeitsförderlichen Arbeitsgestaltung, Sozialleistungen der Organisation, fairen Anstellungs- und Arbeitsbedingungen einschließlich wirksamer Schutzmechanismen vor Diskriminierung sichtbar. Neben einer Beschreibung ergriffener Maßnahmen sind auch hier korrespondierende Belege für den Erfolg beizubringen.

- Die fünfte Kategorie greift unter dem Titel "Customer and Market Focus" (Kunden- und Marktorientierung) eines der Kernelemente der Excellence-Konzepte auf.[743] Kunden- und Marktorientierung setzen zunächst die Abgrenzung entsprechender Segmente, die Ermittlung von deren Anforderungen sowie relevanter Entwicklungstrends voraus. Hieraus ergeben sich Anknüpfungspunkte an die strategische Planung im zweiten Modellelement. Während es dort jedoch um die Auswahl attraktiver Geschäftsfelder und die Entscheidung über ihre Bearbeitung geht, steht beim Stichwort Marktorientierung die Entscheidungsvorbereitung im Sinne einer Beschreibung der Rahmenbedingungen im Vordergrund.

  Das zweite Item ist dem Thema Beziehungsmanagement gewidmet. In der betriebswirtschaftlichen Forschung und Praxis wird darunter primär das Spektrum von Aktivitäten eines Unternehmens oder eines Anbieters verstanden, um die

---

741 Vgl. Müller-Merbach (1995a), S. 4

742 Vgl. Australian Quality Council (2001), S. 22 f.

743 Vgl. Australian Quality Council (2001), S. 24 f.

Geschäftsbeziehung zum Kunden enger zu gestalten.[744] Damit steht das Ziel der Kundenbindung im Vordergrund. Beispielhafte Instrumente sind Beschwerdemanagement und Nachkaufbetreuung.[745] Das Modell des AQA geht jedoch über diese Inhalte hinaus. Es fasst – von der begrifflichen Einordnung sicher unglücklich – unter den Begriff des Beziehungsmanagements auch die an der Wertschöpfung für den Kunden orientierte Gestaltung des Produkt- und Dienstleistungsportfolios und den gesamten Vertriebsprozess.

Im dritten Item wird die Wahrnehmung der Organisation und ihrer Leistungen durch den Kunden angesprochen. Relevante Aspekte beziehen sich primär auf das Vorgehen zur und Ergebnisse aus der Messung von Kundenzufriedenheit, auf zugehörige Ziele und Benchmarks.

- Die sechste Kategorie "Processes, Products and Services" (Produkte, Prozesse und Dienstleistungen) setzt sich mit allgemeinen Fragen des Prozessmanagements, mit seiner Umsetzung in ausgewählten Geschäftsprozessen sowie mit den von der Organisation erbrachten Leistungen auseinander.[746] Zunächst wird der Innovationsprozess beleuchtet. Dabei geht es um die Stimulierung neuer Ideen im Hinblick auf Leistungsportfolio und interne Prozessgestaltung, um die strukturelle Gestaltung von Forschung und Entwicklung sowie um die Ausrichtung all dieser Aktivitäten an Wünschen und Bedürfnissen der Kunden. Das zweite Item spricht die Zusammenarbeit mit Partnern an. Hier ist die gleichberechtigte Auseinandersetzung mit Lieferanten, Vertriebspartnern und Behörden einerseits sowie mit Wettbewerbern und sonstigen Partnern andererseits, z.B. im Rahmen strategischer Allianzen oder Joint Ventures, hervorzuheben.

  Das folgende Item weist inhaltlich über die aktuelle Modellkategorie hinaus und betrifft alle im Modell des AQA angesprochenen Themenfelder. Es untersucht das grundsätzliche Vorgehen zur Steuerung und kontinuierlichen Verbesserung der Geschäftsprozesse. Damit ist an dieser Stelle das Vorgehen einer Organisation zum Prozessmanagement zu beschreiben.

  Durch das letzte Unterkriterium nimmt das AQA-Modell im Vergleich zu den übrigen Excellence-Modellen eine Sonderstellung ein: Hier werden Fragen der klassischen Produktqualität betrachtet.[747] Die Forderungen beziehen sich auf die Festlegung und Messung von Leistungsmerkmalen der angebotenen Produkte und Dienstleistungen. Sie müssen klare Bezüge zu den Anforderungen des Kunden und des Marktes aufweisen. Gleichzeitig fließen auch die Ergebnisse entsprechender Messungen einschließlich eines Vergleichs mit dem Wettbewerb ein.

---

744 Vgl. Diller (1995), S. 422; Diller (1996), S. 82; Homburg/Bruhn (1999), S. 8; Bliemel/Eggert (1997), S. 7

745 Vgl. Peter (1997), S. 58

746 Vgl. Australian Quality Council (2001), S. 26 f.

747 Vgl. Voß (1998), S. 138

- Die letzte Modellkategorie "Business Results" (Geschäftsergebnisse) misst den Erfolg der Organisation aus Sicht aller relevanten Interessengruppen.[748] Für jede sind entsprechende Messgrößen und die dazu realisierten Ausprägungen darzustellen. In Ergänzung zu einer Bewertung der momentanen Situation legt das Modell großen Wert auf Hinweise, inwieweit die Erfolge der Organisation langfristig stabilisiert werden können.

Die verbale Beschreibung der Modellforderungen und noch deutlicher die tabellarische Gegenüberstellung (vgl. Tab. 40) zeigen erneut weitgehende inhaltliche Parallelen zwischen den Bewertungsmodellen. Das vorliegende Australian Business Excellence Framework nimmt allerdings im Hinblick auf die direkte Auseinandersetzung mit dem Thema Produkt- und Dienstleistungsqualität und die Hervorhebung der Organisationskultur in einem eigenen Unterkriterium eine Sonderstellung ein. Insbesondere der zweite Aspekt wird sich bei der Übertragung auf Kooperationen und Netzwerke als hilfreich erweisen.

Demgegenüber erscheint die Betrachtung von Vorgehen und Maßnahmen auf der einen und dabei realisierten Ergebnissen auf der anderen Seite ohne klare formale Trennung in den Kriterien wenig glücklich. Sie lässt die systemische Sicht des Modells, das Ergebnisse über definierte Wirkungszusammenhänge auf Entscheidungen und Handlungen zurückführt, in den Hintergrund treten. Die Gliederung von EFQM- und MBNQA-Modell trägt dieser Grundüberzeugung eher Rechnung.

---

748 Vgl. Australian Quality Council (2001), S. 28

AQA	EQA	Ergänzungen zum EQA
1. Leadership and Innovation		
Strategic Direction	1a; 2c/d	
Organisational Culture	1a/b/c	
Leadership Throughout the Organisation	1b/d; 2d/e	
Environment & Community Contribution	1c; 2a/b/c; 8	
2. Strategy and Planning Processes		
Understanding the Business Environment	2a/b	
The Planning Process	2c/e; 3b	
Development and Application of Resources	4b/c/d/e	
3. Data, Information and Knowledge		
Collection and Interpretation of Data & Information	4d/e	
Integration and Use of Knowledge for Decision-Making	2a/b; 4d/e	
Creation and Management of Knowledge	4e	
4. People		
Involvement and Commitment	3b/c/d; 7	
Effectiveness and Development	3a/b/c; 7	
Health, Safety and Well-being	3e; 7	
5. Customer and Market Focus		
Knowledge of Customers and Markets	2a/b; 5c/e; 6	
Customer Relationship Management	5d/e; 6	
Customer Perception of Value	5e; 6	
6. Processes, Products and Services		
Innovation Process	3c; 5b/c und Bewertungsdimensionen	
Supplier and Partner Relationships	4a	
Management and Improvement of Processes	5a/b	
Quality of Products and Services	5c/d; 6; 9	Explizite Berücksichtigung von Produktqualität
7. Business Results		
Indicators of Success	6; 7; 8; 9	
Indicators of Sustainability	6; 7; 8; 9 und Bewertungsdimensionen	

Tab. 40: Kriterien von AQA und EQA

3.4.4 Japan Quality Award

Das letzte betrachtete Modell ist das des Japan Quality Award (JQA). Dieser wurde 1995 auf Initiative des Japan Productivity Center for Socio-Economic Development eingeführt.[749] Administration und Verleihung liegen in Händen des dort angesiedelten Japan Quality Award Committee, das auch die kontinuierliche Pflege des Modells sowie die Entwicklung von Informations- und Schulungsmaterialien koordiniert. Auf Basis der Vorbewertung durch sog. Examiners und Judges entscheidet es über die Vergabe des Award.[750]

Das Strukturbild des Japan Quality Award zeigt deutliche Anklänge an frühere Versionen des Malcolm Baldrige National Quality Award[751] – ein Beleg für die Aussagen zur weltweiten Bedeutung, die diese Auszeichnung erlangt hat. Die inhaltliche Auseinandersetzung mit dem Bewertungsmodell in der westlichen Welt leidet unter der erheblichen zeitlichen Verzögerung, mit der die englische Übersetzung der Kriterien erscheint. Bislang liegt nur die Fassung des Modells von 1999 vor.

3.4.4.1 Inhaltliche Grundlagen des Bewertungsmodells

Das Modell des JQA stützt sich auf sieben sog. "Core Concepts". Sie illustrieren grundlegende Anforderungen an die Rolle und Verantwortung einer Organisation bzw. Annahmen über Wirkungszusammenhänge und Erfolgsfaktoren:[752]

- Im Titel "Quality Judged by the Customer" kommt die Überzeugung zum Ausdruck, dass nicht die objektive Leistung eines Unternehmens allein, sondern vielmehr ihre subjektive Wahrnehmung durch den Kunden die Grundlage langfristigen Markterfolgs ist.[753] Diese unterliegt vielfältigen Einflüssen: Sie wird selbstverständlich in erheblichem Umfang durch die (messbare) Leistungsfähigkeit physischer Produkte oder von Kerndienstleistungen geprägt. Aber auch das gesamte Umfeld der Leistungserstellung einschließlich solcher Faktoren wie Markenimage spielen eine wichtige Rolle. Wesentlich sind in jedem Fall die konsequente Ausrichtung aller Facetten der Leistung an den Kundenwünschen und eine wirksame Differenzierung im Wettbewerb. Außerdem wird die hohe Bedeutung eines strukturierten Ansatzes zum Umgang mit unzufriedenen Kunden, z.B. im Rahmen des Beschwerdemanagements, hervorgehoben.
- "Senior Executives' Leadership" bezieht sich auf die Rolle der Führungskräfte im Strategiebildungs- und –umsetzungsprozess.[754] Hier wird ihre Verantwortung für

749 Vgl. Japan Quality Award Committee (1999), o.S.

750 Vgl. Takanashi (1998), S. 47

751 Vgl. NIST (1996), S. 33

752 Vgl. Takanashi (1998), S. 45

753 Vgl. Japan Quality Award Committee (1999), S. 11

754 Vgl. Japan Quality Award Committee (1999), S. 11 f.

die inhaltliche Festlegung der Unternehmensziele angesprochen. Der JQA schränkt den dabei vorhandenen Gestaltungsspielraum und die inhaltliche Entscheidungsfreiheit insofern ein, als er explizit von einer Ausrichtung auf die Interessen der Kunden und gesamtgesellschaftliche Belange ausgeht. Führungskräfte müssen des Weiteren die personellen und strukturellen Voraussetzungen für eine wirkungsvolle Strategieumsetzung schaffen. Dies schließt die Aspekte Policy Deployment, strategiekonforme Organisationsgestaltung sowie Fragen der Unternehmenskultur ein. Darüber hinaus werden auch personal-soziale Aspekte der Führungsfunktion erfasst. Sie betreffen das aktive Vorleben und die Authentizität im Verhalten, in dem insbesondere die Wahrnehmung der gesellschaftlichen Verantwortung zum Ausdruck kommen muss.

- "Continuous Improvement of Systems and Processes" spielt auf die allen bisher betrachteten Modellen innewohnende Betonung einer kontinuierlichen Verbesserung an, die Bestandteil der täglichen Arbeit sein muss.[755] Der JQA betrachtet zunächst kurzfristige, primär reaktive Maßnahmen, die durch negative Entwicklungen von (Geschäfts-)Ergebnissen ausgelöst werden und der Behebung von Symptomen dienen. Eine dauerhafte Verbesserung der Leistungsfähigkeit ist jedoch – so die Überzeugung des Modells – nur über strukturelle Maßnahmen zu erreichen, die an den Ursachen festgestellter Probleme ansetzen. Damit sind Veränderungen der Aufbau- und Ablauforganisation angesprochen, die im Modell unter den Stichworten der Prozess- und Systemverbesserung erfasst werden.
- Das folgende grundlegende Konzept im JQA steht unter der Überschrift "Education and Training of Human Resources and Development of Skills Aligned to Strategy".[756] Es hebt die grundsätzliche Bedeutung der Mitarbeiter hervor, die allein eine Nutzung der unternehmerischen Erfolgspotentiale ermöglichen - sowohl im Hinblick auf die strategische Positionierung als auch auf die Umsetzung der Organisationsstruktur in die konkrete Geschäftstätigkeit. Daraus wird die Notwendigkeit systematischer Personalentwicklung abgeleitet, die sich an strategischen Zielen des Gesamtunternehmens orientiert und deren Wirksamkeit über Ergebnisse aus Sicht wesentlicher Interessengruppen zu bewerten ist.
- "Quick Responses to Customers and Markets" bezieht sich auf die Reagibilität des Unternehmens im Hinblick auf Veränderungen im Kunden- und Wettbewerbsumfeld.[757] Dabei sind sowohl die flexible, primär situations- und einzelfallspezifische Reaktion auf Kundenwünsche bei der Leistungserstellung als auch die kurzfristige Anpassung des Leistungsportfolios durch leistungsfähige Entwicklungs- und Markteinführungsprozesse angesprochen.

---

755 Vgl. Japan Quality Award Committee (1999), S. 12

756 Vgl. Japan Quality Award Committee (1999), S. 12 f.

757 Vgl. Japan Quality Award Committee (1999), S. 13

- "Partnership and Teamwork" hebt die Bedeutung einer partnerschaftlichen Zusammenarbeit innerhalb und außerhalb des Unternehmens hervor.[758] Hier spielen die Abstimmung unterschiedlicher Interessenlagen, die Ausrichtung am Prinzip der Gegenseitigkeit, wechselseitiges Vertrauen sowie eine effiziente und offene Kommunikation eine wichtige Rolle. Dies gilt sowohl für die innerbetriebliche Zusammenarbeit über Hierarchieebenen und Funktions- bzw. Geschäftsbereiche hinweg als auch für die Zusammenarbeit mit externen Partnern. Der JQA bezieht explizit Kunden-Lieferanten-Partnerschaften entlang der Wertschöpfungskette, horizontale Kooperationen im Sinne strategischer Allianzen sowie die regionale Zusammenarbeit mit anderen Unternehmen und Bildungseinrichtungen ein, deren Relevanz sich aus der gesellschaftlichen Verantwortung ergibt.

- Der Rolle des Unternehmens in der Gesellschaft ist ein eigenes grundlegendes Konzept mit dem Titel "Responsibilities to Environment and Society" gewidmet.[759] Der JQA fordert in diesem Zusammenhang die Einhaltung und sogar Übererfüllung gesetzlicher, sozialer und ethischer Standards. Die entsprechenden Forderungen beschränken sich nicht auf die unmittelbare Sphäre der eigenen Geschäftstätigkeit. Insbesondere Fragen des Umweltschutzes sind auf den gesamten Lebenszyklus eigener Produkte einschließlich der Nutzungs- und Entsorgungsphase zu beziehen.

  Interessanterweise werden ausdrücklich Fragen der Kommunikation und Außendarstellung angesprochen: Unternehmen sind gefordert, Geschäftspraktiken und entsprechende Informationen offen zu legen, um durch eine aktive Informationspolitik etwaige Zweifel an der Wahrnehmung ihrer gesellschaftlichen Verantwortung im Vorfeld auszuräumen.

In der folgenden Tabelle werden die grundlegenden Konzepte des JQA inhaltlich denen des EQA gegenübergestellt (vgl. Tab. 41). Der Vergleich zeigt die weitgehenden inhaltlichen Parallelen beider Modelle im Hinblick auf ihr Grundverständnis von Struktur und Rolle eines Unternehmens im wirtschaftlichen und gesellschaftlichen Umfeld. Ähnlich wie der MBNQA betont der JQA allerdings stärker die kurzfristige Reaktionsfähigkeit auf dynamische Veränderungen der Märkte. Diese wird im EQA eher implizit berücksichtigt.

---

758 Vgl. Japan Quality Award Committee (1999), S. 13

759 Vgl. Japan Quality Award Committee (1999), S. 14

JQA	EQA	Ergänzungen zum EQA
Quality Judged by the Customer	Kundenorientierung	
Senior Executives' Leadership	Führung und Zielkonsequenz *und* Mitarbeiterentwicklung und -beteiligung	
Continuous Improvement of Systems and Processes	Management mit Prozessen und Fakten *und* Kontinuierliches Lernen, Innovation und Verbesserung	
Education and Training of Human Resources and Development of Skills Aligned to Strategy	Mitarbeiterentwicklung und -beteiligung	
Quick Responses to Customers and Markets	Ergebnisorientierung *und* Kundenorientierung *und* Management mit Prozessen und Fakten	Berücksichtigung von Zeit und Veränderungsgeschwindigkeit als kritische Erfolgsfaktoren
Partnership and Teamwork	Mitarbeiterentwicklung und -beteiligung *und* Aufbau von Partnerschaften	
Responsibilities to Environment and Society	Verantwortung gegenüber der Öffentlichkeit	Betonung der Außendarstellung, Offenheit gegenüber der Öffentlichkeit

Tab. 41: Grundlegende Konzepte von JQA und EQA

3.4.4.2 Modellstruktur und Kriterien

Das Modell des JQA zeigt in seiner aktuellen Fassung deutliche Anknüpfungspunkte an frühere Versionen des Malcolm Baldrige National Quality Award. Dies wird in der obersten Strukturebene sichtbar. Das Modell gliedert sich hier in acht Kategorien, die durch ihre Anordnung das Zusammenspiel unterschiedlicher Facetten der Geschäftstätigkeit und "a mechanism common to all enterprises"[760] verdeutlichen. Die Kategorien werden in jeweils unterschiedlicher Zahl über insgesamt 22 sog. "Examination Items" (Untersuchungsfragen), vergleichbar den Unterkriterien im EFQM-Modell für Excellence, detailliert. Diese gliedern die Themenkreise der Kategorien in abhängige, aber weitgehend abgrenzbare Teilbereiche. Darunter finden sich sog. "Description Ranges" (Darstellungsinhalte), die eine weitere Differenzierung beinhalten. Im Unterschied zum EFQM-Modell für Excellence sind auch die hier spezifizierten Forderungen grundsätzlich verbindlich. Allerdings sind sie nicht zwingend separat abzuhandeln. Die Beschreibung des Unternehmens kann sich in der Gliederung folglich an den Untersuchungsfragen orientieren, sie ist jedoch im Hinblick auf die Vollständigkeit an den Darstellungsinhalten zu messen.

760 Japan Quality Award Committee (1999), S. 16

Inhaltliche Zusammenhänge zwischen einzelnen Modellforderungen werden über ergänzende Hinweise verdeutlicht, die jeder Untersuchungsfrage beigefügt sind. Außerdem enthält das Modell des JQA jeweils eine ausführliche textuelle Beschreibung, die die jeweiligen Fragen inhaltlich begründet. Ergänzend werden für jede Kategorie im Modell wesentliche Schlüsselbegriffe definiert, um ein einheitliches Begriffsverständnis zu gewährleisten. Die Grundstruktur des Modells geht aus Abb. 19 hervor.

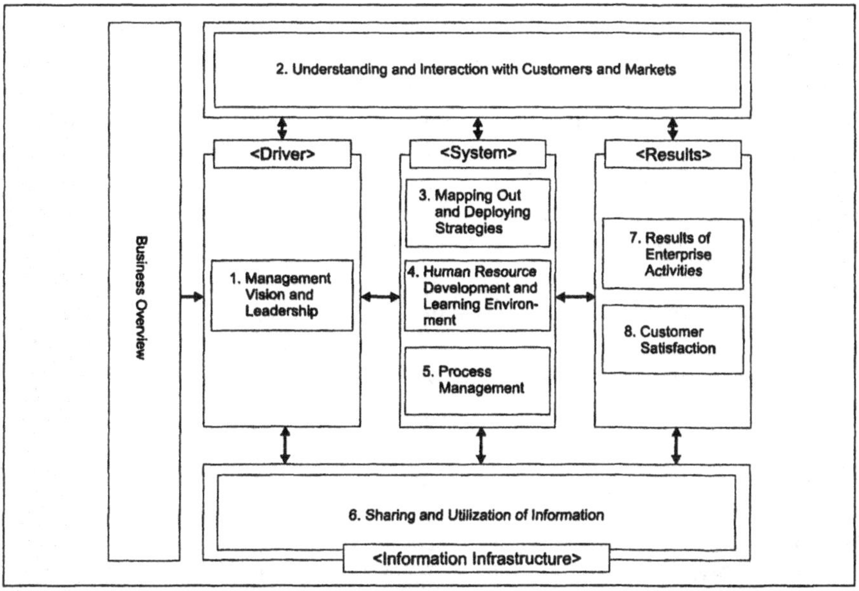

Abb. 19: Der Japan Quality Award[761]

Die Ausrichtung der gesamten Organisation wird über die Vorstellungen und das Verhalten der Unternehmensleitung determiniert.[762] Diese bestimmen die Struktur und über diese mittelbar die Geschäftstätigkeit der Organisation und erweisen sich damit als treibende Kräfte ("Drivers") organisationalen Handelns. In Fortführung der Überlegung setzen Aufbau- und Ablauforganisation den strukturellen Rahmen. Sie beinhalten die Strategieentwicklung und –entfaltung, ihre Umsetzung in entsprechende Prozesse einschließlich zugehöriger Steuerungsstrukturen sowie das Personalmanagement. Der JQA subsumiert diese Faktoren unter dem Stichwort "System".[763] Sie generieren Ergebnisse ("Results"[764]), insbesondere die Zufriedenheit der Kunden

---

761 Abb. aus Japan Quality Award Committee (1999), S. 15

762 Vgl. Japan Quality Award Committee (1999), S. 16

763 Vgl. Japan Quality Award Committee (1999), S. 17

764 Vgl. Japan Quality Award Committee (1999), S. 17

und die Leistungen der Organisation gegenüber den selbst gesetzten Zielen. Für Unternehmen sind hier u.a. Geschäftsergebnisse nach klassischer Lesart relevant. Alle genannten Bereiche werden durch das Informationsmanagement und die Auseinandersetzung mit bzw. die Kenntnis von Kunden und Märkten unterstützt. Beide sind daher außerhalb der zuvor beschriebenen Struktur angeordnet.[765]

Mit Ausnahme der Ergebniskategorien erfassen die Bewertungsdimensionen die Bereiche "Method" bzw. "Approach" sowie "Deployment":[766]

- "Approach" bezieht sich auf die Methoden und Verfahren, die eine Organisation zur Erfüllung der Modellforderungen einsetzt. Der Akzent liegt dabei auf einer prozesshaften Vorgehensweise, d.h. strukturierter Abläufe, die im Hinblick auf ihre Plan- bzw. Wiederholbarkeit sowie auf inhaltliche Konsistenz bewertet werden. Außerdem fließen die regelmäßige Überprüfung der Leistungsfähigkeit und eine kontinuierliche Verbesserung in die Bewertung ein. Schließlich werden Objektivität und Zuverlässigkeit von Informationen erfasst, die für die Steuerung und Entscheidungsfindung herangezogen werden.

- "Deployment" bezieht sich demgegenüber auf die Umsetzung in die unternehmerische Praxis. Gegenstand der Bewertung sind dabei sowohl die inhaltlich vollständige Abdeckung der Forderungsinhalte als auch die Durchdringung aller Funktions- und Geschäftsbereiche des Unternehmens.

Interessanterweise werden "Approach" und "Deployment" nicht unabhängig voneinander, sondern in einem kombinierten Verfahren bewertet. Im Unterschied zu den bisher betrachteten Modellen wird das Vorgehen zur kontinuierlichen Verbesserung der eingesetzten Methoden und Verfahren nicht über die Bewertungsdimensionen erfasst. Stattdessen sind entsprechende Forderungen in jeder der Untersuchungsfragen verankert. Obwohl formell unterschiedlich, wird damit eine materielle Deckungsgleichheit mit EQA, MBNQA etc. erreicht. Für die Ergebniskategorien enthält das Modell des JQA in etwas unglücklicher sprachlicher Abgrenzung die Bewertungsdimension "Results":

- "Results" erfasst den Vergleich realisierter Leistungen mit eigenen Zielen sowie mit den durch andere Organisationen realisierten Leistungsniveaus (Benchmarks). Das Modell berücksichtigt die Relevanz und Vollständigkeit der dargestellten Ergebnisse. Dabei ist besonders der Bezug zum "Deployment" herzustellen: Eine bei den entsprechenden Kriterien beschriebene Umsetzung von Maßnahmen im gesamten Unternehmen muss durch Ergebnisse für unterschiedliche Funktions- und Geschäftsbereiche untermauert werden.

  Der JQA legt großen Wert auf eine dauerhaft positive Unternehmensentwicklung. Dies schlägt sich in der Forderung nach positiven Trends in den eigenen

765 Vgl. Japan Quality Award Committee (1999), S. 17

766 Vgl. Japan Quality Award Committee (1999), S. 5

Leistungen nieder. Darüber hinaus sind Belege für die Fähigkeit einer Organisation gefordert, das aktuelle Leistungsniveau sowie die derzeitigen positiven Trends in den Ergebnissen auch in die Zukunft tragen zu können.

Diese Dimensionen bilden die Grundlage der Bewertung. An ihnen werden die im Folgenden beschriebenen Kategorien im Modell des JQA gemessen:

- Die erste Kategorie steht unter dem Titel "Management Vision and Leadership"[767] und setzt sich inhaltlich mit der Vision des Unternehmens auseinander. Diese beinhaltet einerseits die langfristige Begründung der Unternehmensexistenz, andererseits ein von allen Mitgliedern geteiltes Wertesystem und Selbstverständnis. Dabei spielt die Berücksichtigung unterschiedlicher Interessengruppen, namentlich Kunden, Märkte bzw. Wettbewerber, Gesellschaft, Mitarbeiter sowie Geschäftspartner, eine besondere Rolle. Daneben geht es um die Kommunikation der Vision innerhalb und außerhalb der Organisation sowie ihre Verknüpfung mit der tatsächlichen Geschäftstätigkeit. Bei all diesen Aspekten schenkt das Modell des JQA der aktiven Mitwirkung von Führungskräften besondere Beachtung.

  Gleichzeitig wird die Auseinandersetzung mit sozialen und ethischen Belangen angesprochen. Dabei geht es nicht nur um die Verankerung entsprechender Aussagen in der Vision des Unternehmens, sondern um Maßnahmen und Regelungsmechanismen, um die entsprechenden Erwartungen der Gesellschaft zu erheben, soziale und ethische Standards für die Geschäftstätigkeit abzuleiten und ihre Einhaltung zu überwachen.

- Die zweite Kategorie im Modell des JQA ist der fundierten Auseinandersetzung mit Kunden- und Marktanforderungen gewidmet. Sie steht unter der Überschrift "Understanding and Interaction with Customers and Markets".[768] Der erste Aspekt betrifft die Bestimmung von Marktanforderungen. Das Modell fordert eine fundierte Erhebung der Wünsche und Bedürfnisse aktueller und potentieller Kunden sowie die Auseinandersetzung mit entsprechenden Entwicklungstrends. Damit sind die Voraussetzungen für eine auch langfristig erfolgreiche Marktbearbeitung und die Erschließung neuer Segmente geschaffen.

  Weitere Forderungen betreffen die Geschäftsbeziehung zu den Kunden. Sie umfassen die Festlegung von Servicestandards, die Erhebung der Kundenmeinung, das Beschwerdemanagement sowie die Nutzung der dabei gewonnenen Daten zur Steigerung der eigenen Leistungsfähigkeit. Darüber hinaus betrachtet das Modell das Thema der Kunden-Lieferanten-Partnerschaft. Es fordert einen strukturierten Ansatz zum Aufbau vertrauensvoller Geschäftsbeziehungen mit langfristiger Perspektive. Die Erhebung der Kundenzufriedenheit schafft die Grundlage, um Erfolgsfaktoren am Markt zu identifizieren und gezielt zur weiteren Steigerung

767 Vgl. Japan Quality Award Committee (1999), S. 23-30

768 Vgl. Japan Quality Award Committee (1999), S. 31-38

von Zufriedenheit und Loyalität anzusprechen. Wesentlich ist in diesem Zusammenhang auch der Vergleich mit dem Wettbewerb, der wertvolle Hinweise liefern kann.

- Die dritte Modellkategorie steht unter der Überschrift "Mapping Out and Deploying Strategies"[769] und beschäftigt sich zunächst mit dem Prozess der Strategiegenerierung. Dieser knüpft an die zuvor thematisierte Vision der Unternehmensleitung an und setzt sie über eine strukturierte Auseinandersetzung mit Marktanforderungen und eigenen Kompetenzen in lang- und mittelfristige Pläne um. Das Modell fordert die Festlegung von Messgrößen, die zur Bewertung der Zielerreichung herangezogen werden und damit die Grundlage für ein Umsetzungscontrolling legen.

  Die weiteren Modellforderungen beschäftigen sich mit dem Prozess des Policy Deployment, d.h. der stringenten Ableitung von Bereichs-, Abteilungs-, Team- und schließlich Individualzielen. Gleichzeitig muss eine Organisation beschreiben, wie Führungs- und Managementkapazitäten verplant und zur Umsetzung von Aktionsplänen auf Ebene von Geschäfts- und Funktionsbereichen genutzt werden.

- Die folgende Kategorie im Modell des JQA, "Human Resource Development and Learning Environment", beschäftigt sich mit dem Personalmanagement einer Organisation.[770] Sie fordert eine systematische Personalentwicklungsplanung, die deutliche Bezüge zur strategischen Planung aufweist. Dabei ist eine angemessene Beteiligung der Personalvertretung zu gewährleisten. Inhaltlich sind eine lernförderliche Arbeitsgestaltung sowie Aus- und Weiterbildung zu nennen. Erstere beinhaltet die Gestaltung von Arbeitsaufgabe und –umfeld, um die Kreativität und das Potential der Mitarbeiter umfassend zu erschließen. Letztere umfasst sowohl unternehmensinterne als auch –externe Maßnahmen. Systematische Aus- und Weiterbildung setzt nach dem Verständnis des JQA zunächst den Abgleich zwischen individueller Qualifikation und Anforderungen der jeweiligen Stelle voraus. Die Ergebnisse münden – neben Wünschen und Interessen des einzelnen Mitarbeiters – in individuelle Ausbildungspläne, deren Wirksamkeit zu überprüfen ist.

  Die Modellforderungen umfassen außerdem ein strukturiertes Beurteilungs- und Anerkennungssystem für die Mitarbeiter, das sich ebenfalls an den strategischen Zielen des Unternehmens orientiert. Schließlich geht es um die Erhebung von Wünschen und Bedürfnissen der Mitarbeiter sowie ihrer Zufriedenheit. Die Ergebnisse müssen Eingang in personalpolitische Maßnahmen finden.

---

769 Vgl. Japan Quality Award Committee (1999), S. 39-44

770 Vgl. Japan Quality Award Committee (1999), S. 45-54

- Die folgende Kategorie "Process Management" setzt sich zunächst mit dem Kernbereich der Leistungserstellung auseinander.[771] Dazu ist der Prozess der Planung, Entwicklung, Erstellung und des Vertriebs von Produkten und Dienstleistungen zu beschreiben. Das Modell legt Wert auf die Ausrichtung des gesamten Entwicklungsbereichs an den Kundenwünschen und Markterfordernissen, am Stand der Technik sowie den Fähigkeiten und Anforderungen der an der Leistungserstellung beteiligten Partner. Auch der Verknüpfung von Produkt- und Dienstleistungsdesign mit den Anforderungen des Erstellungs- und Vertriebsprozesses wird besondere Beachtung geschenkt. Für diesen sind fundierte Leistungsmessgrößen als Grundlage effizienter Steuerungsstrukturen zu formulieren. Außerdem setzt sich das Modell mit dem Vorgehen zur Identifikation und Bearbeitung von Problem- und Verbesserungsbereichen im Sinne einer proaktiven Fehlervermeidung auseinander. Ähnliche Anforderungen werden an die Supportprozesse gestellt. Auch hier ist eine Ausrichtung an den Anforderungen interner Kunden erforderlich, das Prozessmanagement muss sich auf Leistungsstandards und entsprechende Messgrößen stützen.

  Ein zweiter Themenkreis erfasst die Partnerschaften mit wichtigen Zulieferern von Produkten, Dienstleistungen und Know-how. Den Ausgangspunkt bildet zunächst eine Zusammenstellung relevanter Partner sowie fremdbezogener Leistungen. Für diese sind grundsätzliche Anforderungen zu spezifizieren. Auf der prozessualen Ebene setzt sich das Modell mit der Schnittstellengestaltung innerhalb der Wertschöpfungskette sowie mit der Festlegung und Überwachung von Leistungsanforderungen an die Zulieferer auseinander. Schließlich sind Maßnahmen zur gemeinsamen Verbesserung von Kosten, Qualität und Effizienz sowie zur Erweiterung des Know-hows darzustellen.

- Die nächste Kategorie beschäftigt sich unter dem Stichwort "Sharing and Utilization of Information" mit dem Thema Informationsmanagement.[772] Dabei geht es zunächst grundsätzlich um die Gewinnung von Daten und Informationen, die für die Geschäftstätigkeit des Unternehmens von Bedeutung sind. Hier ist insbesondere die Verknüpfung mit Vision und Strategie hervorzuheben. Außerdem erfasst der JQA Regelungen und Maßnahmen, um die Aktualität und Zuverlässigkeit von Informationen und einen einfachen Zugang für Berechtigte sicherzustellen. Damit werden die informationellen Grundlagen für die Konzepte und Maßnahmen zu den bisher betrachteten Kategorien geschaffen.

  Im nächsten Schritt werden Informationen zu Wettbewerbern bzw. über Best Practices betrachtet. Ein Unternehmen muss darlegen, wie Inhalte und Partner für externes Benchmarking definiert, entsprechende Projekte durchgeführt, Daten und Informationen zum Vergleich mit den besten Organisationen gewonnen und für

771 Vgl. Japan Quality Award Committee (1999), S. 55-62

772 Vgl. Japan Quality Award Committee (1999), S. 63-70

eigene Verbesserungsaktivitäten genutzt werden. Die im Unternehmen unabhängig von der verwendeten Quelle (interne Erhebung, Benchmarking etc.) vorliegenden Daten und Informationen sind zur Steuerung und kontinuierlichen Verbesserung der eigenen Geschäftstätigkeit heranzuziehen, dabei erzielte Erfolge zu belegen.

- Die Kategorie "Results of Enterprise Activities" fasst Leistungen und Erfolge der Organisation aus Sicht unterschiedlicher Interessengruppen zusammen.[773] Zunächst werden Belege für die Wahrnehmung der gesellschaftlichen Verantwortung einer Organisation betrachtet. Dabei geht es um die Erfassung sozialer und ethischer Belange über entsprechende Messgrößen, die Erreichung eigener Ziele und schließlich um den Vergleich mit dem Wettbewerb. Inhaltlich werden die Bereiche Chancengleichheit, Förderung Behinderter, Umweltschutz etc. angesprochen. Ähnliche Forderungen werden für das Personalmanagement aufgestellt. Für alle in der Kategorie "Human Resource Development and Learning Environment" beschriebenen Maßnahmen und Konzepte sind konkrete, objektive Belege ihrer Effizienz beizubringen.

  Qualität klassischer Lesart wird in den Ergebniskriterien des JQA ebenfalls erfasst. Das Modell fordert objektive Belege für die Leistungsfähigkeit eigener Produkte und Dienstleistungen – auch im Vergleich zur Konkurrenz. Es geht jedoch insoweit darüber hinaus, als auch Aussagen zur Effizienz der Geschäftsprozesse, etwa Durchlaufzeiten und Fehlerquoten, zu treffen sind. Gleiches gilt für die Leistungen und Leistungsfähigkeit der wesentlichen Partner. Damit ergeben sich inhaltliche Anknüpfungspunkte an die Ausführungen zum "Process Management".

  Im letzten Schritt werden die Geschäftsergebnisse betrachtet. Ihr konkreter Inhalt leitet sich aus den Zielen einer Organisation ab. In jedem Fall sind finanzielle Ergebnisse sowie Belege für die Erreichung strategischer Ziele beizubringen. Sie erlauben eine Bewertung des aktuellen Leistungsniveaus der Organisation.

- Die letzte Kategorie im Modell des JQA beleuchtet die Erfolge einer Organisation aus Sicht der Kunden unter dem Stichwort "Customer Satisfaction".[774] Dabei sind Ergebnisse im Sinne von Merkmalen und Merkmalsausprägungen zur Kundenzufriedenheit und zur Marktakzeptanz von Produkten und Dienstleistungen beizubringen. Darunter fallen Ergebnisse aus Kundenbefragungen, Beschwerdezahlen, Marktanteile etc.

[773] Vgl. Japan Quality Award Committee (1999), S. 71-80

[774] Vgl. Japan Quality Award Committee (1999), S. 81-84

JQA	EQA	Ergänzungen zum EQA
1. Management Vision and Leadership		
Mechanism for Demonstrating Leadership	1a/d; 2a/b	
Social Responsibilities and Enterprise Ethics	1c; 2a	
2. Understanding and Interaction with Customers and Markets		
Understanding Customers and Markets	2a/b; 5a	
Interaction with Customers	1c; 5a/b/c	
Spelling Out of Customer Satisfaction	5c	
3. Mapping Out and Deploying Strategies		
Mapping Out Strategies	2a/b/c	
Deploying Strategies	2c/d/e	
4. Human Resource Development and Learning Environment		
Mapping Out HRD Plan and Building Learning Environment	3a/b	
Learning Environment	3a/c	
Employee Education and Training	3b/c	
Employee Satisfaction	3a/d/e	
5. Process Management		
Management of Basic Business Process	5a/b/c/d	
Management of Support Business Process	5a/b	
Cooperative Relationship with Your Business Partners	4a; 5a/b/e	
6. Sharing and Utilization of Information		
Information Selection and Sharing	2a/b; 4e	
Competitor Comparison and Benchmarking	Bewertungsdimensionen	Analyse des Vorgehens zum Benchmarking
Information Analysis and Utilization	2a/b; 4e	
7. Results of Enterprise Activities		
Results of Social Responsibilities and Enterprise Ethics	8	
Results of HRD and Learning Environment	7	
Results of Quality Activities	6; 9	Fokussierung auf Produkt- und Dienstleistungsqualität
Results of Business	9	
8. Customer Satisfaction		
Customer Satisfaction and Evaluation in Market		

Tab. 42: Kriterien von JQA und EQA

Eine Gegenüberstellung der Kriterien von JQA und EQA zeigt weitgehende inhaltliche Parallelen (vgl. Tab. 42). Ergänzungen zum EQA betreffen im Wesentlichen die explizite Erfassung der Qualität von Produkten und Dienstleistungen. Dieser Aspekt wird in den Ergebniskriterien des EFQM-Modells nur mittelbar über die Kundenzufriedenheit erhoben. Demgegenüber erweist sich beim JQA insbesondere die Abgrenzung zwischen den Kategorien 1 ("Management Vision and Leadership") und 3 ("Mapping Out and Deploying Strategies") ungünstig. Eine klare Trennung von Mission und Strategie erscheint schwierig. Überdies kommt die Rolle der Führungskräfte bei der Gestaltung der Geschäftstätigkeit relativ kurz.

Zusammenfassend scheint aber zwischen den unter den Schlagworten von umfassender Qualität oder (Business) Excellence weltweit propagierten Konzepten weitgehende Einigkeit darüber zu bestehen, welche Faktoren die Grundlage langfristigen Unternehmenserfolgs bilden. Trotz abweichender Gliederungen – Unterschiede werden im weltweiten Vergleich von EQA, MBNQA, AQA und JQA deutlich – zeigen sich alle Modelle inhaltlich insgesamt weitgehend deckungsgleich. Insoweit erscheint es möglich, ein weltweit akzeptiertes Bewertungsmodell zu entwickeln, das auf einem der betrachteten Konzepte beruht und Anregungen der übrigen aufgreift.[775] Dies gilt zumindest auf der Sachebene und unter Vernachlässigung von politischen Erwägungen oder Prestigezielen einzelner Länder. Auf einzelbetrieblicher Ebene liegen hier bereits erste Ansätze von CONTI und SCHMIDT vor, die später diskutiert werden.

In den weiteren Ausführungen soll das EFQM-Modell für Excellence als in Europa eingeführtes und anerkanntes Konzept die Grundlage bilden, um unter Ausnutzung eines hohen Wiedererkennungswertes ein entsprechendes Bewertungsmodell auch für Unternehmenskooperationen zu entwickeln. Dieses wird ergänzende Aspekte besonders von MBNQA und AQA aufnehmen und damit weltweite Erfahrungen nutzen. Weitere Anregungen gehen von den Vorschlägen zur Weiterentwicklung der Excellence-Modelle aus, die CONTI und SCHMIDT vorgelegt haben (vgl. Kap. 3.4.5).

3.4.5 Perspektiven zur Weiterentwicklung der Modelle

In den bisherigen Ausführungen zu den Award-Modellen wurde mehrfach auf den kontinuierlichen Entwicklungsprozess hingewiesen, den alle seit ihrer Einführung durchlaufen haben. Neue konzeptionelle Überlegungen, Ergebnisse von Forschungsprojekten und nicht zuletzt Erfahrungen der Wirtschaftspraxis aus dem Prozess der Selbstbewertung bzw. der Preisvergabe münden in zyklische Überarbeitungen der Modellkriterien. Diese haben im Ergebnis dazu geführt, dass EQA, MNBQA und AQA mit den jeweiligen ursprünglich eingeführten Modellen nur noch wenig gemeinsam haben. Beim MBNQA und AQA werden die Veränderungen sogar auf der obersten Ebene der Elemente und in der grundlegenden Modellstruktur deutlich.

---

775 Vgl. Schmidt (2001)

Lediglich für den Japan Quality Award ist eine ähnliche Dynamik bislang nicht zu erkennen.

Unabhängig von der inhaltlichen Diskussion, die die verantwortlichen Organisationen wie EFQM, NIST oder AQC angeregt haben, wurden alternative Modellkonzepte vorgelegt. Hier sind besonders die Arbeiten CONTIs[776] (vgl. Kap. 3.4.5.1) und SCHMIDTs[777] (vgl. Kap. 3.4.5.2) zu nennen. Ersterer war maßgeblich an der Entwicklung des EFQM-Modells beteiligt und hat in Reflexion theoretisch-konzeptioneller Überlegungen sowie praktischer Erfahrungen eigene Empfehlungen zur Weiterentwicklung vorgelegt. SCHMIDTs Verdienst liegt in der konzeptionellen Fundierung des von ihm entwickelten International Excellence Framework, das er stringent auf die Systemtheorie und Ausführungen BLEICHERs zum Integrierten Management zurückführt.

Einschränkend ist zu beiden Modellen anzumerken, dass es sich um bloße konzeptionelle Vorschläge handelt, eine Anwendung in der Praxis wurde bislang nicht nachgewiesen. Entsprechend fehlen Erfahrungen im Hinblick auf die Operationalität der Kriterien.

3.4.5.1 Assessment-Modell nach Conti

CONTI, der als einer der Urheber des EFQM-Modells für Excellence gilt, hat eigene Vorschläge zur Weiterentwicklung von Business Excellence-Modellen vorgelegt. Er betont dabei die veränderte Zielsetzung seines Ansatzes. Dieser dient nicht der Ermittlung oder Auszeichnung exzellenter Unternehmen. Vielmehr stellt CONTI die Selbstbewertung explizit in den Mittelpunkt. Das von ihm vorgelegte Modell unterstützt damit die strategiekonforme Ausrichtung und Gestaltung des Unternehmens im Sinne einer langfristigen Erfolgssicherung.[778]

Im Unterschied zu den bisher betrachteten Excellence-Modellen führt CONTI die seinem Modell zugrunde liegenden Überzeugungen und Werthaltungen nicht explizit aus. Er leitet es vielmehr unmittelbar aus einem Unternehmens- und Praxisverständis ab, das er in einem sehr kurzen Abriss darstellt. Sein Assessment-Modell weist auf oberster Ebene eine dreigliedrige Struktur auf (vgl. Abb. 20). Den Ausgangspunkt der Bewertung bildet der in der grafischen Darstellung rechts angeordnete Bereich der "Ziele" des Unternehmens. Sie beschreiben zum einen die Mission im Sinne eines erwünschten zukünftigen Zustands, zum anderen die tatsächlich realisierten Erfolge auf dem Weg dorthin. Die Ziele schaffen eine organisationsspezifische, inhaltliche Bewertungsgrundlage, auf die die Elemente in den übrigen Modellbereichen ("Systemische Faktoren" und "Prozesse") zurückgreifen. Die drei Zielelemente beinhalten

---

776 Vgl. Conti (1999a)

777 Vgl. Schmidt (2001)

778 Vgl. Conti (1999a), S. 18

über die reine Explikation hinaus einen ergebnisbezogenen und inhaltlich auf die Ziele rekurrierenden Soll-/Ist-Vergleich. Relevante Ergebnisse werden über die "Prozesse" des Unternehmens generiert, die den zweiten Block im Modell CONTIs bilden. Diese wiederum werden von den sog. Systemischen Faktoren getrieben. Prozesse und Systemische Faktoren beschreiben gemeinsam das Unternehmen im institutionellen Sinne:[779]

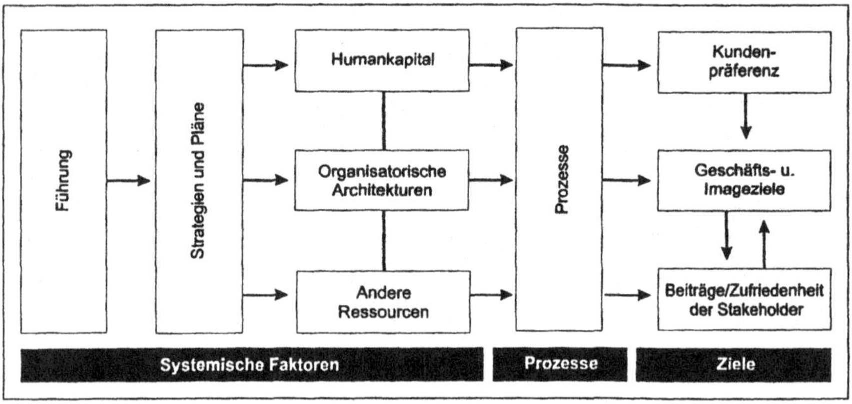

Abb. 20: Das Assessment-Modell nach Conti[780]

- Im Element "Führung" weist CONTI auf den richtunggebenden Charakter der Unternehmensführung hin; sie determiniert die grundlegende strategische Ausrichtung und damit die inhaltliche Füllung aller übrigen Kriterien.[781]
- "Strategien und Pläne" dienen der Konkretisierung und Verdeutlichung der Führungsrolle. Inhaltlich korrespondieren sie mit den Ergebniselementen im Modell und liefern die Grundlage zur zielkonformen Ausgestaltung und Ausrichtung der systemischen Faktoren.[782]
- "Humankapital" bezieht sich auf das Vorgehen des Unternehmens, um das Potential seiner Mitarbeiter zu entwickeln und zu nutzen. Alle sonstigen Einsatzfaktoren werden im Element "Andere Ressourcen" betrachtet. Explizit werden hier Finanzen, Technologie, Sachmittel und IT-Ressourcen genannt.[783]

---

779 Vgl. Conti (1999a), S. 23

780 Abb. aus Conti (1999a), S. 24

781 Vgl. Conti (1999a), S. 31

782 Vgl. Conti (1999a), S. 31

783 Vgl. Conti (1999a), S. 31

- CONTI hebt besonders die Bedeutung des Elements "Organisatorische Architekturen" hervor, das der wettbewerbskritischen Bedeutung der Aufbau- und Ablauforganisation Rechnung trägt.[784]
- Das Kriterium "Prozesse" bezieht sich nicht primär auf die Realisierung prozessorientierter Organisationsstrukturen, sondern konkret auf die wesentlichen Prozesse der Leistungserstellung, die unmittelbare Auswirkungen auf die Ergebnisse bzw. die wesentlichen Interessengruppen zeigen. Allgemeine Fragen der Prozessarchitektur werden dagegen dem vorgenannten Element "Organisatorische Architekturen" zugeordnet.[785]

Leider gelingt keine vollständige inhaltliche Abgrenzung der einzelnen Elemente, da CONTI mit Ausnahme der Systemischen Faktoren[786] eine über die erste Ebene hinausgehende Konkretisierung schuldig bleibt. Auch eine einheitliche Bewertungssystematik liegt nicht vor. Insoweit erweist sich das Modell in Teilbereichen noch als unausgereift. Eine sinnvolle Verwendung zur verbesserungsorientierten Unternehmensbewertung würde zunächst eine detailliertere Erläuterung der Modellforderungen voraussetzen.

Wichtige Anregungen gehen dennoch insbesondere vom Kriterium "Organisatorische Architekturen" aus. Dem Hinweis CONTIs auf die hohe Wettbewerbsrelevanz der Aufbau- und Ablauforganisation ist uneingeschränkt zuzustimmen. Ihre Berücksichtigung als Bewertungskriterium erscheint demzufolge sinnvoll. SCHMIDT hat diese Anregung bereits aufgegriffen und im Element "Processes and Structures" seines International Excellence Framework verarbeitet.

3.4.5.2 International Excellence Framework nach Schmidt

Auf Basis einer Analyse bestehender Excellence-Modelle und umfassender systemtheoretischer Überlegungen hat SCHMIDT ein Unternehmensbewertungsmodell entwickelt, das er als International Excellence Framework (IEF) bezeichnet.[787] Es setzt sich im Einzelnen aus dem Kriterienmodell im engeren Sinne, dem sog. International Excellence Model (IEM) und einer Bewertungssystematik zusammen. Die inhaltliche Grundlage kommt in den Basic Beliefs of Excellence zum Ausdruck. Letztere umfassen sieben Themenbereiche, die wesentliche konzeptionelle Elemente eines exzellenten Unternehmens illustrieren und damit in ihrer Funktion den Grundlegenden Konzepten im EFQM-Modell für Excellence entsprechen:[788]

---

784 Vgl. Conti (1999a), S. 27

785 Vgl. Conti (1999a), S. 29

786 Vgl. Conti (1999a), S. 100-108

787 Vgl. Schmidt (2001), S. 291-339

788 Vgl. Schmidt (2001), S. 302-304

- "A Systems Perspective" verdeutlicht den Blickwinkel der Bewertung: Das IEF ist einer systemischen Unternehmenssicht verhaftet, die – ausgehend von Werten und Zielen des Unternehmens – Strukturen und Beziehungen sowie die daraus entstehenden Ergebnisse analysiert.
- "A Stakeholder View for Sustainable Development" fordert die langfristige Orientierung an Wünschen und Bedürfnissen der wesentlichen Interessengruppen. Diese umfassen explizit Mitarbeiter, Kunden, Anteilseigner, Partner sowie die Gesellschaft insgesamt.
- "Goals and Purposes drive the Company" weist auf die richtunggebende Funktion unternehmerischer Ziele hin. Eine klare strategische Ausrichtung, ihre glaubhafte Vermittlung durch die Führungskräfte und eine flankierende Unternehmenskultur schaffen die Voraussetzung exzellenter Leistungen. Sie verdeutlichen den Weg zur Erfüllung der Unternehmensziele und zur Ausrichtung an den wesentlichen Interessengruppen.
- "Processes and Structures driven by Goals and Purposes" verdeutlicht die grundsätzliche Position des Modells im Hinblick auf die Organisationsstruktur. Diese soll explizit den strategischen Zielen des Unternehmens folgen. Prozesse und Aufbauorganisation ergeben sich aus den Zielen und generieren die Ergebnisse; sie werden durch Information und Kommunikation gestützt.
- "Management by Fact" zielt auf eine informationelle Fundierung von Entscheidungen. Diese stützen sich auf strukturierte Leistungsmessungen, die inhaltlich aus der Unternehmensstrategie und den Interessen der wesentlichen Gruppen abgeleitet werden.
- "Development through Learning, Innovation and Improvement" zielt auf individuelle und organisationale Lernprozesse sowie einen kontinuierlichen Verbesserungsprozess.
- "Metamizing" ergibt sich aus dem Spannungsfeld von Stabilität und Flexibilität, in dem sich jede Organisation befindet. Ein Lösungsansatz besteht in der Etablierung stabiler Managementprozesse und variabler Geschäftsprozesse. Damit bleiben Grundstrukturen im Sinne des institutionellen Organisationsbegriffs konstant, sie bilden den Rahmen, innerhalb dessen das Unternehmen eine flexible Anpassung an dynamische Rahmenbedingungen erreicht.

Im Vergleich zu den bisher betrachteten Modellen zeichnen sich die Basic Beliefs of Excellence durch eine höhere inhaltliche Konsistenz und Geschlossenheit aus. Insbesondere das Element "Metamizing", das – allerdings auf hohem sprachlichen Abstraktionsniveau – Ansätze zum Umgang mit dynamischen wirtschaftlichen, rechtlichen, technischen und sozialen Rahmenbedingungen aufzeigt, weist deutlich über die bisher diskutierten Inhalte hinaus. Entsprechende Ausführungen finden sich nur in Ansätzen beim Stichwort "Agility" in den grundlegenden Konzepten des MBNQA.

Die Basic Beliefs of Excellence liefern bereits einen deutlichen Hinweis auf die Grundstruktur des International Excellence Model. Die Ausrichtung des Unternehmens wird über die sog. Drivers determiniert. Sie umfassen die Kriterien "Directions" sowie "Policy and Strategy". Diese leiten unmittelbar zu Strukturelementen und Beziehungen über, zusammengefasst in den sog. Enablers. Dazu gehören "People", "Stakeholders" und "Processes and Structures". Die Enablers generieren die sog. Results, d.h. die Ergebnisse der Organisation, die in "Key Performance Results" und "Stakeholder Perceptions" aufgespalten werden (vgl. Abb. 21). Die Inhalte der sieben Elemente ergeben sich wie folgt:[789]

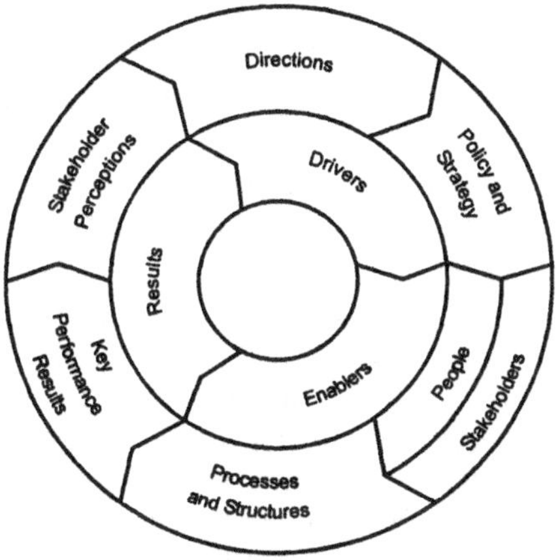

Abb. 21: Das International Excellence Model[790]

- "Directions" hebt auf die Entwicklung und den Inhalt der Unternehmensmission und –vision ab ("Mission and Vision"). Diese definieren insbesondere das Selbstverständnis und die Beziehungen des Unternehmens zu den wesentlichen Interessengruppen. Ein weiterer Aspekt betrifft unter dem Stichwort "Corporate Culture" die Unternehmenskultur. Das Modell fokussiert dabei auf die Genese kultureller Aspekte sowie Maßnahmen, die ihre Umsetzung in konkretes Handeln fördern.

- "Policy and Strategy" bezieht sich auf die strategische Planung des Unternehmens. Diese stützt sich auf eine solide und umfassende Informationsbasis ("Analysis"), die die Interessen wesentlicher Gruppen und Ergebnisse interner Leistungsmessungen beinhalten soll. Im nächsten Schritt analysiert das Modell den Prozess zur Strategieentwicklung ("Development") sowie zum Deployment und zur Umsetzung ("Deployment and Implementation"). Dabei geht es um die Zieldetaillierung,

---

789 Vgl. Schmidt (2001), S. 307-315

790 Abb. aus Schmidt (2001), S. 305

d.h. die inhaltliche Konkretisierung strategischer Vorgaben, sowie um die Abbildung in strukturellen Aspekten.

- "People" bringt die hohe Bedeutung der Mitarbeiter (einschließlich der Führungskräfte) für den Organisationserfolg zum Ausdruck. Das Element bezieht sich auf die Identifikation, Entwicklung und Pflege individuellen Wissens und individueller Kompetenzen. Außerdem wird das Vorgehen des Unternehmens erfasst, um einerseits Wünsche und Bedürfnisse der Mitarbeiter zu ermitteln, andererseits Erwartungen an diese im Sinne einer Zielentfaltung auf individueller Ebene zu explizieren. Schließlich sind Fragen der Einbeziehung und Anerkennung angesprochen.

- Das Element "Stakeholders" erfasst das Vorgehen zur Ermittlung der Wünsche und Bedürfnisse wesentlicher Gruppen und zu deren Umsetzung in der konkreten Geschäftstätigkeit. Außerdem werden die Messung ihrer Zufriedenheit und die Gestaltung der Außenbeziehungen des Unternehmens einbezogen. Das Modell bezieht sich dabei auf Kunden, Anteilseigner, Partner (z.B. Lieferanten, strategische Partner, ...) und die Gesellschaft insgesamt.

- "Processes and Structures" stellt aufbau- und ablauforganisatorische Regelungen des Unternehmens in den Mittelpunkt. Dabei geht es zunächst um Prozessmanagement und –verbesserung i.e.S., d.h. um Steuerungsmechanismen der Geschäftsprozesse ("Process Management and Improvement"). Der Prozess der Leistungserstellung vom Design bis zum Aftersales-Bereich wird in einem eigenen Unterkriterium angesprochen ("Design and Delivery of Products and Services"). Er ist durchgängig an Wünschen und Bedürfnissen der Kunden zu orientieren.

  Die drei folgenden Kriterien sind den unterstützenden Managementprozessen gewidmet. Das Modell hebt Information und Kommunikation sowie Wissens- und Innovationsmanagement besonders hervor ("Management of Information and Communication" bzw. "Creation and Management of Knowledge and Innovation"). Darüber hinaus bietet es im vorletzten Unterkriterium die Möglichkeit, diejenigen Managementprozesse darzustellen, die für das Unternehmen besondere Relevanz besitzen ("Specific Management Processes"). Ihre Auswahl ist – idealerweise unter Rückgriff auf Selbstverständnis und strategische Ziele – zu begründen. Beispielhaft werden Technologiemanagement und das Management des Anlagevermögens genannt.

  Schließlich wird die unterstützende Wirkung aufbauorganisatorischer Regelungen zur Erreichung der Unternehmensziele bewertet. Im Mittelpunkt der Betrachtung steht die grundsätzliche Organisationsstruktur und ihr Bezug zu den wesentlichen Geschäftsprozessen.

- "Key Performance Results" beschreibt als Ergebniselement die Leistungsfähigkeit der Organisation im Hinblick auf die Erreichung strategischer Ziele. Das Modell unterscheidet dabei prozessbezogene und prozessunabhängige Kenngrößen ("Process Focused Key Performance Results" bzw. "Non-Process Focused Key

Performance Results"). Diese bilden neben den Unternehmenszielen Wünsche und Bedürfnisse der wesentlichen Interessengruppen ab.

- "Stakeholder Perceptions" ergänzt die Wahrnehmung durch die Interessengruppen. Hier spielen nur unmittelbare Äußerungen eine Rolle, die z.B. über Befragungen gewonnen werden. Die Gliederung des Elements reflektiert die eingangs beschriebene Stakeholder-Orientierung des Modells in einzelnen Unterkriterien für jede Gruppe.

Ähnlich wie bei den zuvor skizzierten Excellence-Modellen sind auch beim International Excellence Model allen Elementen Bewertungsdimensionen überlagert, die SCHMIDT zum sog. Cross Model Improvement and Scoring Grid zusammenfasst.[791]

- Drivers und Enablers werden – ähnlich wie beim EFQM-Modell für Excellence – im Hinblick auf Vorgehen, Umsetzung, Bewertung und Überprüfung beurteilt. Dabei werden ein systematisches Vorgehen, seine Integration und Abstimmung mit anderen Kriterien, sowie Umfang und Systematik der Anwendung auf alle relevanten Bereiche bewertet ("Sound Approach", "Fit", "Implementation" sowie "Systematic Application"). Darüber hinaus werden die regelmäßige Leistungsmessung sowie die Ableitung und Umsetzung von Verbesserungsmaßnahmen angesprochen ("Measurement", "Learning" sowie "Improvement").
- Results werden zunächst im Hinblick auf den Umfang erfasst. Damit ist die inhaltliche Breite der Leistungsmessung gemeint ("Range of Indicators"). Daneben geht es um die Stimmigkeit der einzelnen Indikatoren, d.h. inhaltliche Bezüge zwischen den einzelnen Elementen sowie zu den Enablers ("Fit of Indicators"). Schließlich sind die vollständige Abdeckung des Unternehmens und eine angemessene Segmentierung der Ergebnisse gefordert ("Range of Company Aspects"). Auch ein Nachweis zur Relevanz der Ergebnisse ist Gegenstand der Bewertung ("Relevance of Results").

  Die zweite Bewertungsdimension umfasst den Status der Ergebnisse. Ähnlich wie beim EFQM-Modell für Excellence impliziert dieser eine Betrachtung von Trends, Vergleichen mit eigenen Zielen sowie dem Wettbewerb. Außerdem sind kausale Zusammenhänge mit dem Vorgehen bei den Enablers aufzuzeigen.

Nicht nur in den Bewertungsdimensionen werden starke inhaltliche Bezüge der Kriterien im International Excellence Framework zu denen der Quality Awards deutlich. Diese sind im methodischen Vorgehen zur Modellentwicklung begründet: SCHMIDT entwickelt das Modell auf Basis bestehender Ansätze. Die wesentliche Leistung besteht damit weniger in einer inhaltlichen Erweiterung oder Kritik von Modellforderungen der Quality Awards, sondern vielmehr in einer konsistenten Strukturierung und konzeptionellen Fundierung. SCHMIDT greift hier insbesondere auf die Systemtheorie sowie Vorarbeiten BLEICHERs zum Integrierten Management

791 Vgl. Schmidt (2001), S. 316-331

zurück.[792] Für die Modellentwicklung im Rahmen dieser Arbeit ist insbesondere die sich bei CONTI (vgl. Kap. 3.4.5.1) bereits abzeichnende Dreigliederung der Grundstruktur in Drivers, Enablers und Results hilfreich, da sie den Determinismus von der grundlegenden strategischen Ausrichtung des Unternehmens über Aufbau- und Ablaufstrukturen zu den wesentlichen Ergebnissen verdeutlicht.

Die Sinnhaftigkeit der hier diskutierten Bewertungsmodelle zeigt sich in einer Reihe von Untersuchungen, die auf den Zusammenhang zwischen der unternehmensbezogenen Nutzung der Modelle zur Gestaltung und Steuerung des Verbesserungsprozesses und den realisierten Geschäftsergebnissen zielen. Die in den vorhergehenden Abschnitten geleistete Gegenüberstellung der Modelle und der Nachweis ihrer weitgehenden inhaltlichen Deckungsgleichheit lassen in diesem Zusammenhang eine Übertragung der Ergebnisse aus den – mehrheitlich für die Kriterien eines bestimmten Preises durchgeführten – Untersuchungen auf andere Bewertungsmodelle zu.

3.4.6 Wirtschaftliche und politische Bedeutung der Excellence-Modelle

Total Quality Management, in dessen inhaltlicher Tradition die betrachteten Excellence-Modelle stehen, durchlebt – wie nahezu alle aktuellen Managementkonzepte – deutliche Schwankungen im Hinblick auf die Aufmerksamkeit von und die Beurteilung durch Wissenschaft und Praxis. Damit verbindet sich mitunter deutliche Kritik am Erfolg entsprechender Konzepte.[793] Dennoch zeigt sich die positive wirtschaftliche und hohe politische Bedeutung der Excellence-Modelle sowie darauf basierender Auszeichnungen in einer Reihe von Entwicklungen.

Einen ersten Hinweis liefern Kenntnis und Nutzung entsprechender Modelle in der betrieblichen Praxis, die belegen, in welchem Umfang sich Unternehmen und andere Organisationen mit dem Thema auseinandersetzen. Zunehmende Nachfrage nach entsprechenden Informations- und Schulungsmaterialien sowie ein wachsender Kreis von Mitarbeitern, die über Ziele und den grundsätzlichen Ansatz einer Organisationsbewertung auf Basis von Excellence-Modellen informiert sind, setzen zumindest die Überzeugung voraus, dass sich mit dem Konzept Erfolgspotentiale verbinden. Ein von vornherein als nicht erfolgversprechend erkanntes Instrument wird – insbesondere angesichts des mit einer Selbstbewertung oder Preisbewerbung verbundenen personellen und sachlichen Aufwands – nicht auf hohe Nachfrage stoßen. Insoweit gibt das Interesse von Unternehmen einen ersten Hinweis auf in der Praxis erwartete Erfolge. Einen Schritt weiter gehen Untersuchungen zur tatsächlichen Anwendung des Modells. Sie dokumentieren die Nutzeneinschätzung von Organisationen, die bereits Erfahrungen mit Excellence-Modellen gewonnen haben und die damit verbundenen

---

792 Vgl. Bleicher (1999)

793 Vgl. Byrne (1997), S. 37; Fuchsberg (1992b); Jacobs (1993); Neilson/Baum/Doria (1991), S. 2; o.V. (1992), S. 69; o.V. (1995), S. 62

Erfolgspotentiale fundiert beurteilen können. Entsprechende Erhebungen zeigen durchweg günstige Entwicklungsperspektiven (vgl. Kap. 3.4.6.1).

Parallel wird die Relevanz von Excellence-Modellen in einem zweiten Argumentationsansatz deutlich, der an den inhaltlichen Grundlagen entsprechender Konzepte ansetzt, ohne explizit darauf Bezug zu nehmen. Dabei geht es im Wesentlichen um die Untersuchung der Wirkungen, die die Umsetzung grundlegender Konzepte wie beispielsweise der Stakeholder-Orientierung auf die langfristige Unternehmensentwicklung ausüben. Excellence-Modelle greifen diese Zusammenhänge sowohl in ihren grundlegenden Konzepten oder Werten als auch in den konkreten Kriterienmodellen auf und können in ihrer inhaltlichen Begründung demzufolge auf entsprechenden empirischen Erkenntnissen aufbauen (vgl. Kap. 3.4.6.2).

Schließlich liegt eine Vielzahl von Untersuchungen vor, die ausdrücklich die Wirkung der innerbetrieblichen Umsetzung von Excellence-Modellen auf den Unternehmenserfolg erheben. Sie sehen in der Selbstbewertung und mehr noch in einer Preisverleihung einen aussagefähigen Indikator für eine erfolgreiche Umsetzung entsprechender Konzepte. Daher konzentrieren sie sich auf den Vergleich der wirtschaftlichen Entwicklungen von Preisträgern bzw. Organisationen, die die Selbstbewertung anwenden, und Kontrollgruppen ohne solche Erfahrungen. Der Erfolg wird über den - mehrheitlich im Aktienkurs dokumentieren - Unternehmenswert (vgl. Kap. 3.4.6.3) oder objektive Messungen bzw. subjektive Einschätzungen der Effizienz gemessen (vgl. Kap. 3.4.6.4).

3.4.6.1 Nutzung von Excellence-Modellen in der betrieblichen Praxis

Wichtige Hinweise auf die wirtschaftliche und politische Bedeutung der diskutierten Excellence-Modelle ergeben sich aus dem Interesse von Unternehmen und sonstigen Organisationen sowie aus dem Umfang der betrieblichen Nutzung. Für das EFQM-Modell sind in diesem Zusammenhang dauerhaft positive Entwicklungen zu erkennen. So steigen die Mitgliederzahlen der EFQM seit Jahren kontinuierlich.[794] Auch die Zahl deutscher Organisationen zeigt insbesondere in den letzten Jahren starke Zuwächse, die deutlich über denen der anderen europäischen Länder liegen.[795] Diese Entwicklungen belegen, dass das Interesse am Modell und seiner Nutzung zur Selbstbewertung zunimmt. Auch die Tatsache, dass ein erheblicher Teil der Mitgliederzuwächse nicht bei Unternehmen aus Industrie und nicht-beratender Dienstleistung als originärer Zielgruppe der EFQM, sondern in den Branchen Ausbildung/Training und Consulting/Beratung erzielt wurde, schmälert diese Aussage nicht. Schließlich wirken gerade Unternehmen der letztgenannten Wirtschaftszweige als Multiplikatoren, die sich über die Mitgliedschaft einen durch hohes Interesse ihrer Kunden erst lukrativen Markt erschließen wollen.

---

794 Vgl. Mitgliederlisten der EFQM

Zwischen der Mitgliedschaft in der EFQM und der Nutzung des EFQM-Modells im Rahmen der Selbstbewertung besteht selbstverständlich kein zwingender Zusammenhang. Weder müssen Unternehmen zur Nutzung des Konzepts Mitglied in der EFQM werden, noch setzt die Mitgliedschaft Erfahrungen mit der Selbstbewertung im eigenen Hause voraus. Die skizzierte Entwicklung illustriert aber, dass das Thema in Deutschland kontinuierlich an Interesse gewinnt.[796]

Untersuchungen von ZINK, SCHMIDT und VOSS bei 196 Unternehmen in Deutschland belegen überdies, dass die Kenntnis des Modells kontinuierlich zunimmt.[797] "A positive trend can be seen regarding basic knowledge about the European Quality Award (EQA) or Malcolm Baldrige National Quality Award (MBNQA). Both had been chosen when designing the questionnaire as the most prominent examples for Total Quality Management and Business Excellence models. The proportion of people knowing about the awards has increased from 66 % in 1994 to 76 % in 1998 ... . However, the high percentage probably does not give a representative impression of all companies in Europe. Here, basic knowledge about quality awards will be considerably lower. Nevertheless, the increase shows that quality management and Business Excellence concepts in particular are on the rise."[798] Damit sind die Voraussetzungen für eine hohe Verbreitung in der betrieblichen Praxis geschaffen.

Diese wird weiterhin gefördert durch die positiven Erfahrungen, die Unternehmen mit dem Selbstbewertungsansatz gesammelt haben. Eine überwiegende Mehrheit von 71 % erkennt positive Auswirkungen auf die Geschäftsergebnisse nach klassischer Lesart (vgl. Abb. 22). Detailliertere Auswertungen belegen korrespondierende Effekte im Hinblick auf die Bereiche Kunden- und Mitarbeiterorientierung.

795 Vgl. Kirstein (1999), S. 17

796 Vgl. Kirstein (1999), S. 12

797 Vgl. Zink/Schmidt/Voß (1998a); Zink/Schmidt/Voß (1998b); van der Wiele/Dale/Williams/Kolb/Luzon/Schmidt/Wallace (1994); van der Wiele/Williams/Dale/ Carter/Kolb/Luzon/Schmidt/Wallace (1996)

798 Zink/Voß (1999a), S. 166 f.

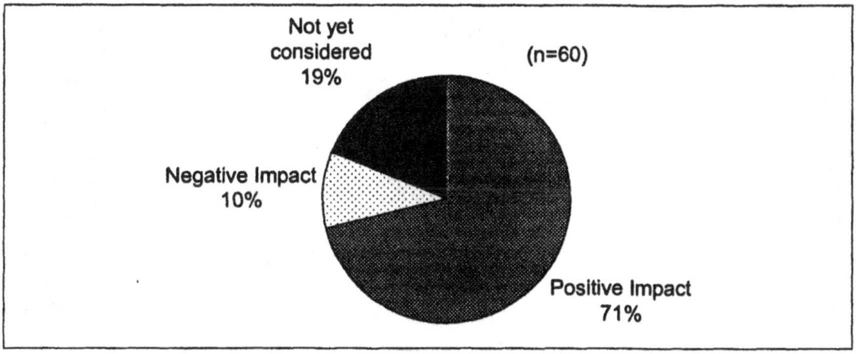

Abb. 22: Auswirkungen der Selbstbewertung auf Geschäftsergebnisse[799]

Eine Studie der American Society for Quality Control liefert analoge Ergebnisse. Sie konzentriert sich zwar nicht auf das Konzept der Selbstbewertung, sondern setzt sich allgemeiner mit den Effekten von TQM-Aktivitäten in den befragten Unternehmen auseinander. In ihrer grundsätzlichen Tendenz ergeben sich jedoch ähnliche Aussagen: Auch hier zeigt sich die überwiegende Mehrheit von Führungskräften aus 604 amerikanischen Unternehmen mit den Auswirkungen entsprechender Aktivitäten auf den Unternehmenserfolg zufrieden, nur eine Minderheit spricht von enttäuschenden Ergebnissen.[800] Auch eine Studie der US-amerikanischen Organisation The Conference Board liefert korrespondierende Ergebnisse.[801]

Konsequenterweise münden diese Erfahrungen in der Studie von ZINK, SCHMIDT und VOSS in klare Präferenzen zur Fortführung der Selbstbewertung (vgl. Abb. 23). "Only 6 % of the businesses do not plan to go on and will eventually stop the self-assessment cycle. More surprisingly, 40 % plan to carry on for more than 10 years. We take this answer as an indication that self-assessment is acknowledged as an efficient management tool in day-to-day business. From the present perspective, people do not see a reason to terminate its employment. Instead, they consider self-assessment as an integral part of management tools for the future. This finding strongly correlates with the positive evaluation of the impact on bottom-line results."[802]

799 Abb. aus Zink/Schmidt/Voß (1999), S. 50

800 Vgl. Hiam (1993), S. 13

801 Vgl. Hiam (1993), S. 17; Walsh (1989)

802 Zink/Schmidt/Voß (1999), S. 51

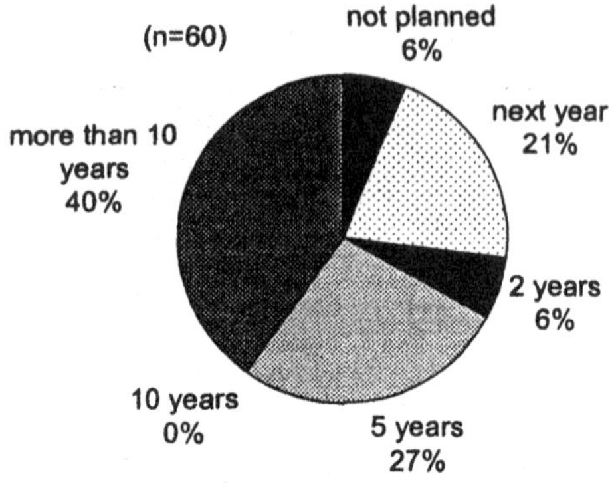

Abb. 23: Fortführung der Selbstbewertung[803]

Das hohe Interesse der Praxis gilt auch für den MBNQA bzw. das zugehörige Kriterienmodell. Ihre Bedeutung wird auf den ersten Blick in einer seit Einführung des Programms über mehrere Jahre steigenden Zahl von Bewerbungen sichtbar. Diese haben sich inzwischen vervielfacht: "Award applications have increased from 111 in 1991 to 804 in 1996."[804] Auch eine Abschwächung der positiven Entwicklung in den Jahren danach[805] ist kein Hinweis auf ein zurückgehendes Interesse seitens der Unternehmen. Vielmehr existieren inzwischen eine Reihe paralleler Auszeichnungen in über 40 Bundesstaaten der USA[806] sowie auf lokaler Ebene,[807] so dass sich die Bewerbungen nicht mehr auf den nationalen Preis allein konzentrieren. Diese Awards greifen zum überwiegenden Teil auf die Baldrige Criteria for Performance Excellence zurück. Ergänzende Programme auf Ebene der Bundesstaaten und nachgeordneter Gebietskörperschaften stellen gerade für kleine Unternehmen oder solche, die erst am Anfang der Entwicklung stehen, eine sinnvolle Alternative zur MBNQA-Bewerbung dar. Ihre Einführung an sich stellt einen weiteren Beleg für die in den Excellence-Modellen erkannten Erfolgspotentiale dar. Weitere Hinweise auf das hohe Interesse am Thema gibt der Umfang, in dem Informations- und Schulungsmaterialien nachgefragt werden. Auch hier zeigen sich deutlich positive Trends. Jährlich werden zwischen 150.000 und 200.000 Broschüren angefordert.

Das Baldrige-Programm bleibt in seinen Wirkungen nicht auf die USA beschränkt. Das dort entwickelte Bewertungsmodell hat weitere Länder zur Einführung eigener

803 Abb. aus Zink/Schmidt/Voß (1999), S. 51

804 o.V. (1997d), S. 3

805 Vgl. Fuchsberg (1992a), S. B7

806 Vgl. o.V. (1997b), S. 15

807 Vgl. o.V. (1997d), S. 3

Qualitätspreise angeregt. Studien gehen von etwa 40 Preisen aus, die durch den MBNQA inspiriert oder inhaltlich geprägt wurden.[808]

Selbstverständlich können all diese Daten nur erste Anhaltspunkte geben, sie liefern sicher keinen zweifelsfreien Nachweis über den Nutzen der Selbstbewertung bzw. des Kriterienmodells zur langfristigen Sicherung des Unternehmenserfolgs. Die Hinweise werden jedoch durch Ergebnisse von Studien des NATIONAL INSTITUTE OF STANDARDS AND TECHNOLOGY gestützt: "There were 308 respondents to the survey, conducted by mail between February and April, 1998 … . The survey was sent to a nationwide cross section sample of 2.500 CEOs of companies with revenues of $100 million or more. Larger companies had a higher probability of selection than smaller companies. Included in the sample were a small number of top managers of non-corporate organizations. … Significant majorities of the CEOs believe that the Baldrige criteria and awards are extremely or very valuable in stimulating both improvements in quality in U.S. companies (79 %) and improvements in the competitiveness of U.S. business (67 %). … Relatively few believe they are 'not very valuable' or 'not valuable' in improving quality (11 %) or competitiveness (23 %)."[809]

Die positive Einschätzung von Führungskräften gegenüber den Baldrige Criteria for Performance Excellence wird auch in einer Erhebung von KNOTTS, PARRISH und EVANS deutlich.[810] Sie befragen Führungskräfte aus Unternehmen des produzierenden Gewerbes und aus dem Dienstleistungssektor. Dabei werden große Unternehmen aus der Liste der Fortune 500 sowie KMU mit hohen Wachstumsraten ausgewählt, die die Autoren über Publikationen in den Zeitschriften Business Week und Fortune identifizieren. Die Ergebnisse belegen, dass die Mehrzahl der Befragten die Kriterien des MBNQA als hilfreich ansieht, um die Wettbewerbsfähigkeit von Unternehmen zu steigern (vgl. Tab. 43, Tab. 44).

Im Gegensatz zu später diskutierten Studien, die Nutzenvorteile für KMU erkennen lassen, belegen die Aussagen der Befragten in der vorliegenden Studie eine mit der Unternehmensgröße zunehmende Überzeugung vom Nutzen der Baldrige Criteria for Performance Excellence. Führungskräfte in KMU erweisen sich tendenziell als skeptischer gegenüber dem Modell. In beiden Fällen ist aber die Mehrheit von der Aussagekraft und Wirksamkeit der Selbstbewertung überzeugt.

---

808 Vgl. Daley (1997), S. 5

809 NIST (1998), o.S.

810 Vgl. Knotts/Parrish/Evans (1993)

Do the Baldrige Criteria Measure Excellent Performance That Improves Competitive Position?		
	Agree (%)	**Disagree (%)**
Fortune 100 Industrials	77	2
Rest of Fortune 500 Industrials	75	8
Small Industrials	63	0
Fortune Service 500	51	9
Small Service	46	0
Overall	64	6

Tab. 43: Beitrag der MBNQA-Kriterien zur Wettbewerbsfähigkeit[811]

Does Criteria Application Result in Quantifiable Success Factors?		
	Agree (%)	**Disagree (%)**
Fortune 100 Industrials	94	2
Rest of Fortune 500 Industrials	80	5
Small Industrials	68	0
Fortune Service 500	53	3
Small Service	39	0
Overall	69	3

Tab. 44: Nutzen aus der Anwendung des MBNQA-Modells[812]

Die Ergebnisse decken sich mit den Antworten zur Nutzung des Modells im Rahmen einer internen Selbstbewertung. 88 % der Fortune 100-Unternehmen aus dem produzierenden Gewerbe verfügen bereits über entsprechende Erfahrungen. Die korrespondierenden Werte für die übrigen Unternehmen der Fortune 500-Liste liegen bei 48 %, für KMU bei lediglich 17 %. Im Dienstleistungsbereich nutzen 31 % der großen und 8 % der kleinen Unternehmen die Baldrige Criteria for Performance Excellence.[813] Angesichts der Vielzahl alternativer Konzepte und Methoden und des Erhebungszeitraums, der inzwischen mehr als acht Jahre zurückliegt, liefert die Studie damit einen eindrucksvollen Beleg, welche hohen Erfolgspotentiale Führungskräfte in der Umsetzung von Excellence-Modellen bzw. in der Nutzung für den Selbstbewertungsprozess sehen.

Auch in Australien belegen Studien des AUSTRALIAN QUALITY COUNCIL und der Unternehmensberatung DELOITTE TOUCHE TOHMATSU eine hohe Verbreitung und

811 Tab. aus Knotts/Parrish/Evans (1993), S. 51; Hiam (1993), S. 24

812 Tab. aus Knotts/Parrish/Evans (1993), S. 51

813 Vgl. Hiam (1993), S. 24

Nutzung des Modells: Etwa 30 % der befragten privaten und mehr als 60 % der öffentlichen Organisationen nutzen die Kriterien des Australian Business Excellence Framework zur Steuerung des internen Verbesserungsprozesses.[814]

Die Bekanntheit der Excellence-Modelle und positive Einschätzungen von Führungskräften hinsichtlich ihrer Ergebniswirkung sind selbstverständlich nur ein erster Hinweis auf den tatsächlich durch ihre Anwendung erzielbaren Nutzen. Die Argumentation wird aber durch die im Folgenden beschriebene empirische Begründung ausgewählter Modellzusammenhänge gestärkt.

3.4.6.2 Empirische Begründung ausgewählter Modellzusammenhänge

Alle diskutierten Excellence-Modelle legen hohen Wert auf die Ausrichtung des Unternehmens und der gesamten Geschäftstätigkeit an den Interessen der wesentlichen Stakeholder und des Wettbewerbsumfelds. In diesem Zusammenhang untersucht eine Studie der Unternehmensberatung ERNST & YOUNG in Kooperation mit der AMERICAN QUALITY FOUNDATION, welche Bedeutung Kunden, Wettbewerber und Mitarbeiter im Rahmen der strategischen Planung aus Sicht von Unternehmen in Kanada, Deutschland, Japan und den USA besitzen. Länderunabhängig wird deutlich, dass die Auseinandersetzung mit allen Gruppen als wesentliche Erfolgsvoraussetzung angesehen wird.[815] In diesem Zusammenhang ist es weitgehend unerheblich, ob sich die erhobenen Antworten auf die tatsächliche Realisierung oder auf einen erwünschten bzw. als sinnvoll erkannten Idealzustand beziehen. In beiden Fällen kommt die Fokussierung auf Kunden und Mitarbeiter als wesentliche Erfolgsdeterminante zum Ausdruck.

Die hohe Bedeutung der Mitarbeiterpartizipation schlägt sich in einer wachsenden Beteiligung an den qualitätsbezogenen Aktivitäten der befragten Unternehmen nieder. Diese wird - so die Erwartungen und Einschätzungen der Befragten - in der Zukunft weiter zunehmen.[816] Ähnliche Ergebnisse liefern Studien von LAWLER ET AL. im Auftrag der US-amerikanischen Association for Quality and Participation.[817] In einer Befragung von mehr als 300 Unternehmen zeigt sich, dass die Einbindung der Mitarbeiter in die Umsetzung von TQM-Programmen positive Einflüsse auf (Produkt-)Qualität, Kundenorientierung und Wettbewerbsfähigkeit zeigt.[818] Diese Erkenntnisse decken sich mit Aussagen von TROY, die die Einbindung der Mitarbeiter in den TQM-Prozess US-amerikanischer Unternehmen betrachtet.[819]

---

814 Vgl. Australian Quality Council/Deloitte Touche Tohmatsu (2000), S. 4

815 Ernst & Young/American Quality Foundation (1991), S. 18

816 Vgl. Ernst & Young/American Quality Foundation (1991), S. 30

817 Vgl. Lawler/Mohrmann/Ledford (1992)

818 Vgl. Hiam (1993), S. 13

819 Vgl. Hiam (1993), S. 16; Troy (1991)

Weitere Studien z.B. von FLYNN, SCHROEDER und SAKAKIBARA[820], NEILSON, BAUM und DORIA[821] sowie HIAM[822] belegen den Einfluss einer glaubwürdigen Unterstützung durch das Top-Management. Sie bestätigen damit das hohe Gewicht, das alle betrachteten Excellence-Modelle dem Thema Führung bzw. Leadership beimessen. Engagement und Vorbildfunktion der Unternehmensführung sowie die aktive Unterstützung von Aktivitäten zur Umsetzung von Excellence-Konzepten wirken mittelbar, aber nachweislich auf die erzielten Marktleistungen und die Wettbewerbsfähigkeit eines Unternehmens.

Gleiches gilt für die Hinzuziehung von Markt- und Wettbewerbsanalysen. Die Auseinandersetzung mit realisiertem und erwartetem Verhalten der Konkurrenten sowie ein Leistungsvergleich im Sinne von Benchmarking werden als wichtige Faktoren in der Strategieentwicklung beschrieben. Dieses Ergebnis korrespondiert mit der Forderung aller Modelle nach einer Gegenüberstellung eigener Leistungen mit denen des Wettbewerbs.

Die betrachteten Excellence-Modelle zielen durchweg auf langfristigen und nachhaltigen Unternehmenserfolg. Dieser erfordert eine ausgewogene Balance zwischen Anforderungen und Bedürfnissen unterschiedlicher Interessengruppen. Um die wirtschaftlichen Auswirkungen einer Verpflichtung auf das Prinzip der Nachhaltigkeit zu dokumentieren, hat die DOW JONES SUSTAINABILITY GROUP[823] einen Aktienindex geschaffen, der bei der Zusammenstellung des zugrunde gelegten Portfolios über das bereits eingeführte Corporate-Sustainability-Assessment neben ökonomischen auch ökologische und soziale Aspekte integriert (vgl. Kap. 3.3.2.4).[824] Methodisch werden aus dem Gesamtportfolio, das dem Dow-Jones-Group-Index zugrunde liegt, Unternehmen ausgewählt, die sich durch die systematische Umsetzung ihrer Selbstverpflichtung zum nachhaltigen Wirtschaften auszeichnen. Der Dow-Jones-Sustainability-Group-Index (DJSGI) stützt sich auf über 200 Aktienwerte, die sich auf 33 Länder und 122 Wirtschaftszweige verteilen.[825] Die ökonomische Sinnhaftigkeit einer Selbstverpflichtung und systematischen Umsetzung des Nachhaltigkeitsanspruchs dokumentiert sich in der Wertentwicklung des Dow-Jones-Sustainability-Group-Index, der deutlich bessere Ergebnisse zeigt als der Dow-Jones-Group-Index insgesamt (vgl. Abb. 24). Sie belegt damit gleichzeitig die wirtschaftlichen Erfolgspotentiale, die sich mit der Umsetzung von Excellence-Konzepten und ihrer Forderung nach Wahrnehmung der gesellschaftlichen Verantwortung verbinden. Diese werden in den folgenden Abschnitten weiter vertieft.

---

[820] Vgl. Flynn/Schroeder/Sakakibara (1995), S. 683

[821] Vgl. Hiam (1993), S. 15; Neilson/Baum/Doria (1991), S. 8

[822] Vgl. Hiam (1992), S. VIII, S. 215-236

[823] Vgl. Dow Jones Sustainability Group (2000a)

[824] Vgl. Dow Jones Sustainability Group (2000b), S. 3; Dow Jones Sustainability Group (2000c), S. 9; Teltschik (1999), S. 29

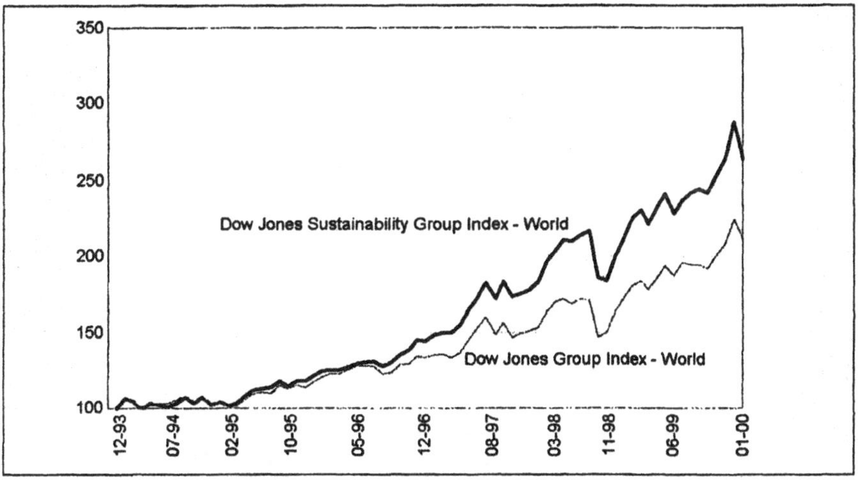

Abb. 24: Dow-Jones-Sustainability-Group-Index[826]

3.4.6.3 Auswirkungen der Umsetzung von Excellence-Modellen auf den Unternehmenswert

Zahlreiche Untersuchungen konzentrieren sich auf die Zusammenhänge zwischen der Umsetzung von Excellence-Konzepten und dem finanziellen Unternehmenserfolg. Als Indikator für eine erfolgreiche Implementierung wird in diesem Zusammenhang häufig der Gewinn eines Qualitätspreises herangezogen.[827] Im Rahmen einer Bewerbung sind entsprechende betriebliche Maßnahmen, Konzepte und Ergebnisse zu dokumentieren; die Angaben werden vor Vergabe einer Auszeichnung durch unabhängige Experten in der Praxis überprüft. Insoweit ist im Falle einer Auszeichnung von einem hohen Umsetzungsgrad auszugehen. Der Unternehmenserfolg wird – so der grundlegende Ansatz der Studien – in der Entwicklung des Aktienkurses deutlich. Alternativ werden eine Selbsteinschätzung des Managements oder ein Expertenurteil auf Basis von Interviews und Informationsmaterialien vorgeschlagen.

Die populärste Studie in diesem Zusammenhang stammt vom NATIONAL INSTITUTE OF STANDARDS AND TECHNOLOGY (NIST), der für Administration und Vergabe des Malcolm Baldrige National Quality Award verantwortlichen Institution.[828] Die sog. "Baldrige Index Study" stellt die Wertentwicklung eines fiktiven Aktienportfolios, das sich aus Werten von Gewinnern bzw. Finalisten des MBNQA zusammensetzt, der

825 Vgl. Dow Jones Sustainability Group (2000b), S. 7

826 Abb. aus Dow Jones Sustainability Group (2000a), S. 4

827 Vgl. Hendricks/Singhal (1998b), S. 3

828 Vgl. o.V. (1997e), S. 7

eines am amerikanischen Index Standard & Poor's 500 orientierten Depots gegenüber. Dabei werden statistisch signifikante Unterschiede und eine deutliche Überlegenheit gegenüber der Kontrollgruppe ermittelt.[829] Die Studie zeigt, so die Autoren, die enge Korrelation zwischen Produktivität, Mitarbeiter- und Kundenzufriedenheit und wirtschaftlichem Erfolg: "While stock market performance is only one indicator of business success, this study demonstrates that a quality approach to running a business can be financially profitable and can lead to increased productivity, satisfied employees and customers, and a competitive advantage."[830]

Die Studie basiert auf einer hypothetischen Investition von US$ 1.000 in jeden der öffentlich gehandelten Gewinner des MBNQA.[831] Im Unterschied zur Situation in Europa, wo sich zahlreiche Organisationen am Wettbewerb beteiligen, deren Aktien nicht börsennotiert sind, sind in den USA entsprechende Informationen für die Mehrzahl der Bewerber verfügbar. Nicht börsennotierte Tochtergesellschaften, die einen Preis gewinnen, werden über eine Bruchteilsinvestition in die Aktien der Muttergesellschaft berücksichtigt. Dabei wird ein Anteil von US$ 1.000 investiert, der der Mitarbeiterzahl des ausgezeichneten Unternehmens im Verhältnis zur Muttergesellschaft entspricht. Die jeweils gleiche Summe fließt in ein Portfolio, dessen Zusammensetzung dem Index Standard & Poor's 500 entspricht.

Aktien der Gewinner werden am ersten Börsentag im April des Jahres erworben, in dem der Preis verliehen wird, und am jeweiligen Abschlussstichtag der Studie wieder verkauft. Anpassungen sind für den Fall von Aktiensplits sowie im Falle eines Verkaufs von Tochtergesellschaften an andere Unternehmen vorgesehen. Die Studie wird jährlich durchgeführt und zeigt eine beeindruckende Überlegenheit der ausgezeichneten Unternehmen (vgl. Tab. 45). Ähnliche Daten liegen für Unternehmen vor, sie zwar nicht zu den Preisgewinnern, aber zu den Finalisten gehören und deren Bewerbungen durch einen Expertenbesuch vor Ort überprüft worden sind (vgl. Tab. 46).

Kritik an der Erhebungsmethode konzentriert sich im Wesentlichen auf zwei Aspekte. Zum einen wird die ausschließliche Fokussierung auf den Aktienkurs als problematisch angesehen. Unzweifelhaft wird die Kursentwicklung nachhaltig durch den wirtschaftlichen Erfolg eines Unternehmens beeinflusst. Sie fasst demnach einzelfallbezogen unterschiedliche wirtschaftliche Kenngrößen wie Gewinn oder Cash-Flow (mit im Detail variabler Definition) in einem gemeinsamen, standardisierten Datum zusammen. Allerdings unterliegt der Aktienkurs zahlreichen nicht kontrollierbaren Einflüssen. Beispielhaft seien in diesem Zusammenhang Börsenphantasien genannt, die rational häufig nicht erklärbar sind. Damit kann allein die Bekanntgabe eines Preisgewinns ohne Zutun des Unternehmens zu einer positiven Kursentwicklung beitragen.

---

829 Vgl. Daley (1997), S. 5; o.V. (1996b), S. 73

830 o.V. (1997e), S. 7; Vgl. NIST (1999), o.S.

831 Vgl. o.V. (1997e), S. 11

Zeitraum		Investition (US$)	Wert zum Stichtag (US$)	Veränderung (%)
1988-1997	Gewinner des MBNQA	8.769,02	46.092,40	425,63 %
	S&P 500	8.769,02	23.963,36	173,27 %
1988-1998	Gewinner des MBNQA	8.883,31	83.617,73	841,29 %
	S&P 500	8.883,31	28.564,67	221,55 %
1990-1999	Gewinner des MBNQA	7.282,35	57.185,90	685,26 %
	S&P 500	7.282,35	19.160,33	163,11 %

Tab. 45: Öffentlich gehandelte Gewinner des MBNQA[832]

Zeitraum		Investition (US$)	Wert zum Stichtag (US$)	Veränderung (%)
1988-1997	Finalisten des MBNQA	23.103,06	70.776,25	206,35 %
	S&P 500	23.103,06	53.598,28	132,00 %
1988-1998	Finalisten des MBNQA	24.335,44	109.879,60	351,52 %
	S&P 500	24.335,44	66.845,11	174,68 %
1990-1999	Finalisten des MBNQA	23.537,43	99.280,06	321,80 %
	S&P 500	23.537,43	59.676,37	153,54 %

Tab. 46: Finalisten im Preisvergabeprozess des MBNQA[833]

Zum anderen wird die unzureichende Vergleichbarkeit der Portfolios hervorgehoben. Die Kritik konzentriert sich insbesondere auf die unterschiedliche Branchenstruktur von MBQNA-Gewinnern und im Index Standard & Poor's 500 vertretener Werte. In der Tat belegen Untersuchungen von KOTHARI und WARNER[834] sowie BARBER und LYON[835], dass die Verwendung von Kontrollgruppen auf Basis von Aktien- oder Marktindizes Leistungsvorteile des untersuchten Portfolios suggerieren kann, die de facto nicht gegeben sind. Insoweit schlagen sie ein Erhebungsdesign vor, in dem sich Untersuchungs- und Kontrollgruppe durch gleiche Branchen- und Größenstruktur sowie insbesondere durch gleiche Verhältnisse von Buch- und Marktwert auszeichnen.[836]

832 Tab. nach NIST (1999), o.S.; o.V. (2000), S. 55

833 Tab. nach NIST (1999), o.S.; o.V. (2000), S. 55

834 Vgl. Kothari/Warner (1997)

835 Vgl. Barber/Lyon (1997)

836 Vgl. Hendricks/Singhal (1997b), 7 f.

PRZASNYSKI und TAI haben diese Einwände untersucht.[837] Zunächst wird die Kursentwicklung der MBNQA-Gewinner retrospektiv über zwei Zeiträume vor und unmittelbar nach der Bekanntgabe und Verleihung des Preises betrachtet: Das Ziel der Studie besteht darin, "to examine whether or not the release of information influences stock market returns, or in other words to test the efficiency of the market."[838]

Diese Überlegung kommt in der sog. Effizienz-Markt-These zum Ausdruck, die den Einfluss verfügbarer Informationen auf das Preisgefüge untersucht.[839] In ihrer schwachen Form geht sie davon aus, "dass der momentane Kurs die im vergangenen Kursverlauf enthaltenen Informationen ... berücksichtigt."[840] Eine Extrapolation vergangener Preisentwicklungen in die Zukunft ist nicht möglich, da die schwache Effizienz-Markt-Hypothese von einem mehr oder weniger zufälligen Verlauf ausgeht. Demgegenüber besagt sie in der mittelstarken Form, dass das aktuelle Preisniveau einer Aktie umgehend alle öffentlich verfügbaren Informationen über das entsprechende Unternehmen widerspiegelt. In der strengen Form geht sie darüber hinaus davon aus, dass sowohl öffentlich verfügbare als auch jede Art von Insider-Informationen kurzfristig ihren Niederschlag in der Kursentwicklung finden. PRZASNYSKI und TAI gehen in ihrer Untersuchung von der mittelstarken Hypothese aus: "In this paper we test the semi-strong form efficient market hypothesis using the MBNQA announcements."[841]

Konkret wird die Reaktion der Märkte in der Kursentwicklung über einen Zeitraum von 170 bis 21 Tagen vor der Bekanntgabe der Auszeichnung sowie über eine Periode von 20 Tagen vor bis 5 Tage nach der offiziellen Ankündigung erhoben. Im Ergebnis ist ein statistisch signifikanter Einfluss auf die Börsennotierung nicht nachzuweisen: "We suggest that a possible explanation for the lack of market reaction is that information about companies with significant quality improvement efforts and achievements, such as MBNQA contenders, is already available to the market and is therefore reflected in the price of the shares. Consequently, the announcement of winning the award has little impact on market performance."[842] Damit ist zumindest eine systematische Beeinflussung des Kurswertes durch die öffentliche Bekanntgabe einer Auszeichnung eher unwahrscheinlich.

Anders verhält es sich mit der unterschiedlichen Struktur der in der Studie des NIST gegenübergestellten Portfolios. Um verzerrende Einflüsse aus Branchen- und Marktentwicklungen zu eliminieren, stellen PRZASNYSKI und TAI die Kursentwicklung der MBNQA-Gewinner einer in ihrer Branchenstruktur vergleichbaren Kontrollgruppe

---

837 Vgl. Przasnyski/Tai (1999)

838 Przasnyski/Tai (1999), S. 394

839 Vgl. Eidel (1999), S. 11 f.

840 Eidel (1999), S. 12; Vgl. Behringer (2001), S. 146 f.

841 Przasnyski/Tai (1999), S. 394

842 Przasnyski/Tai (1999), S. 396

gegenüber. Sie setzen dabei eine Übereinstimmung mindestens in den ersten drei Stellen der Branchenklassifikation nach dem Standard Industry Classification Code (SIC) voraus, in der Mehrheit der Fälle sind sogar vier Stellen identisch.[843] Außerdem werden Kursgewinne und -verluste des gesamten Portfolios jährlich ermittelt, um die unterschiedlichen Zeiträume, in denen bestimmte Werte gehalten werden, besser berücksichtigen zu können.

Dadurch verkehren sich die Ergebnisse aus der Studie des NIST in ihr Gegenteil: "A fictitious mutual fund, consisting of all the MBNQA winners to midway through 1997, underperformed stocks with similar risk and industry by a 31 % margin. This evidence suggests that the spectacular returns of the stocks of winning companies claimed by earlier studies were due to market and industry factors, i.e. due to a booming stock market and prosperous industries. After adjusting for these factors, the award-winning stocks as a group performed much worse than similar firms in similar industries. The MBNQA winners did outperform the S&P 500, but if we had invested in the stocks of the matching firms, we would have achieved an even higher return."[844]

Allerdings liegen zu diesem Sachverhalt auch anderslautende Ergebnisse vor. Im Rahmen eines Projekts von SINGHAL und HENDRICKS, durchgeführt am Georgia Institute of Technology, wird die Entwicklung des Aktienkurses von mehr als 600 Unternehmen, die den Malcolm Baldrige National Quality Award, eine vergleichbare Auszeichnung auf Ebene der Bundesstaaten oder als Lieferant einen unternehmenseigenen Qualitätspreis erhalten haben, der einer Kontrollgruppe gegenübergestellt.[845] Dabei bleiben geringfügige inhaltliche Differenzen oder unterschiedliche Gewichtungen in den Kriterienmodellen unberücksichtigt. Gemeinsamkeiten der einbezogenen Preise und Auszeichnungen betreffen in jedem Falle einerseits die thematischen Aspekte Führung bzw. Führungsverhalten und Kundenzufriedenheit, andererseits die strukturellen Elemente einer kontinuierlichen Verbesserung, hoher Reagibilität, systematischer und prozesshafter Vorgehensweisen sowie Ergebnisorientierung.[846]

Der Erhalt einer Auszeichnung, die diese grundlegenden Konzepte aufgreift, dient in der Erhebung als Beleg für die erfolgreiche Umsetzung eines Excellence-Konzepts. Der Verleihung geht bei jedem der einbezogenen Preise eine sorgfältige Beurteilung des Bewerbers einschließlich einer Überprüfung vor Ort voraus. Insoweit bestätigt sie von dritter Seite die Einführung eines TQM-Programms und ersetzt eine Selbsteinschätzung durch die untersuchten Firmen.[847] Insgesamt wird der Studie ein Sample von 600 Unternehmen zugrunde gelegt, das 50 verschiedene Branchen (beschrieben

---

843 Vgl Przasnyski/Tai (1999), S. 397

844 Przasnyski/Tai (1999), S. 398

845 Vgl. Georgia Oglethorpe Award Process, Inc. (1998), S. 1; Hendricks/Singhal (1997b), 8 f.; o.V. (2000), S. 55

846 Vgl. Hendricks/Singhal (1997b), 9 f.

847 Vgl. Georgia Institute of Technology (1998), o.S.; Hendricks/Singhal (1997b), 11

durch die ersten beiden Stellen des Standard Industry Classification Code, SIC) enthält und einen Anteil des produzierenden Gewerbes in Höhe von 75 % aufweist.[848]

Der so generierten Grundgesamtheit werden drei Kontrollgruppen gegenübergestellt, die nach folgenden Merkmalen konstituiert werden:[849]

- In der ersten Gruppe wird jedem Unternehmen in der Untersuchungsgruppe ein Unternehmen gegenübergestellt, das seinen Sitz im gleichen Land hat, für das Finanzdaten über den gesamten Vergleichszeitraum vorliegen, das das gleiche Geschäftsjahr zugrunde legt und das den gleichen zweistelligen Standard Industry Classification Code (SIC) aufweist. Außerdem wird eine vergleichbare Unternehmensgröße – gemessen über den Buchwert des Vermögens – angestrebt. Maximal wird hier ein Verhältnis von 3:1 zugelassen. Unternehmen, für die kein entsprechender Partner gefunden werden kann, werden aus der Untersuchung ausgeschlossen. Damit ergibt sich insgesamt ein Sample von 335 Unternehmen.
- In einer zweiten Kontrollgruppe werden die Anforderungen an das Geschäftsjahr aufgehoben, außerdem wird die Branchengleichheit nur noch über die erste Stelle des Standard Industry Classification Code (SIC) beschrieben. Die Größe der Grundgesamtheit kann dadurch auf 394 gesteigert werden.
- Die dritte Kontrollgruppe verzichtet überdies auf die Beschränkung des Größenverhältnisses. Damit werden für 431 Unternehmen Matches gefunden.

Im Rahmen der Studie bilden die Autoren aus den Preisträgern ein fiktives Portfolio, dessen Wertentwicklung sie über einen Zeitraum von 5 Jahren analysieren. Abb. 25 zeigt die entsprechenden Ergebnisse: Während die Preisträger einen Wertzuwachs von 114 % erzielen konnten, liegt der entsprechende Wert für den Index Standard & Poor's 500 nur bei 80 %. Auch Aktien verschiedener Börsen fallen im Vergleich zurück: "Winners also outperformed a benchmark consisting of all stocks traded on the New York, American, and NASDAQ stock exchanges."[850] Die erste Kontrollgruppe erreichte einen Zuwachs von 88 %, die zweite von 80 %. Zwar fällt die Überlegenheit des Portfolios aus Aktien der Preisträger nicht derart spektakulär aus wie in der zuvor beschriebenen Studie des National Institute of Standards and Technology, doch ist sie statistisch signifikant.

---

848 Vgl. Hendricks/Singhal (1998a), S. 3

849 Vgl. Hendricks/Singhal (1997a), S. 1264 f.

850 Hendricks/Singhal (1998a), S. 8

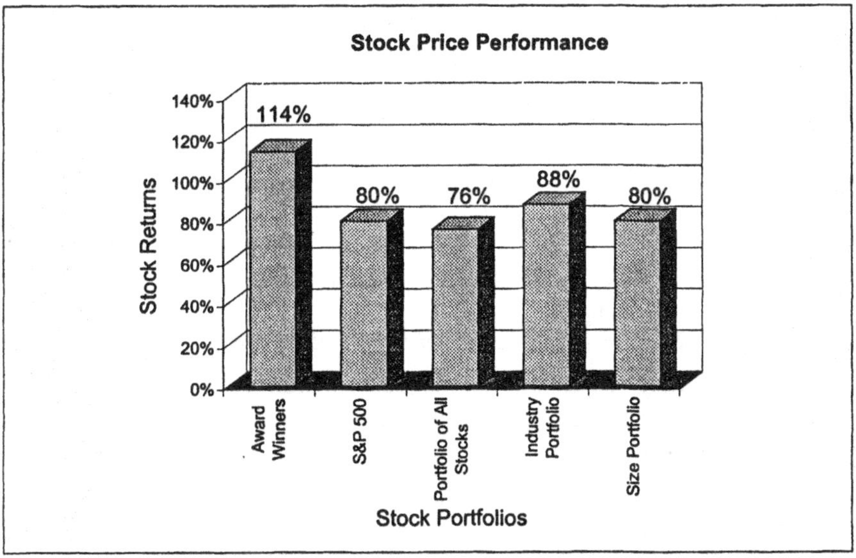

Abb. 25: Aktienkursentwicklung von Preisträgern und Kontrollportfolios[851]

Alle vorgenannten Studien weisen allerdings das Problem der Selbstreferentialität auf. Die betrachteten Excellence-Modelle erfassen durchgängig auch den wirtschaftlichen Erfolg einer Organisation. Die Validität des Ergebnisses, d.h. die Effizienz des Bewertungsansatzes wird über eben diesen wirtschaftlichen Erfolg analysiert. Damit sind die betrachteten Merkmale nicht unabhängig, die ermittelten Korrelationen methodisch angreifbar.

Dieses Problem versucht HELLER mit einem teilweise abweichenden Forschungsansatz zu umgehen.[852] Auch er stellt zwar die Wertentwicklung des Index Standard & Poor's 500 der eines fiktiven Portfolios gegenüber, das sich aus Unternehmen zusammensetzt, die Erfahrungen mit der Umsetzung von Excellence-Konzepten besitzen. Dabei greift er als Nachweis auf eine im Rahmen der Studie durchgeführte Bewertung anhand der Baldrige Criteria for Performance Excellence zurück, die inhaltlich an verschiedenen Konzepten zum Thema Total Quality Management gespiegelt und darauf hin in Randbereichen erweitert wird.[853] Allerdings vermeidet er das Problem der Selbstreferentialität, indem er die Analyse der finanziellen Geschäftsergebnisse ausblendet. Vielmehr konzentriert er sich bei der Auswahl von Unternehmen auf solche, die sich im Hinblick auf die übrigen Kategorien durch einen hohen Umsetzungsgrad aus-

851 Abb. aus Hendricks/Singhal (1998a), S. 18

852 Vgl. Heller (1994)

853 Vgl. Heller (1994), S. 28

zeichnen. Die Bewertung stützt sich auf strukturierte Interviews und die Auswertung von Unterlagen.

Aus dem so geschaffenen Pool von Unternehmen setzt HELLER ein fiktives Portfolio aus 150 Werten zusammen, das in seiner Branchen- und Risikostruktur die entsprechenden Parameter des Index Standard & Poor's 500 widerspiegelt. Die danach verbleibenden Performance-Unterschiede führt er auf die Umsetzung von TQM- oder Excellence-Konzepten zurück.[854] Über einen Zeitraum von vier Jahren von Januar 1989 bis Dezember 1992 zeigt das Untersuchungsportfolio einen Wertzuwachs von 83,65 % gegenüber 78,67 % für die indexorientierte Kontrollgruppe (vgl. Tab. 47). Durch vergleichende statistische Strukturanalysen isoliert HELLER folgende Einflussfaktoren bzw. ermittelt die daraus resultierenden Wertzuwächse:

- "Common factors such as interest sensitivity, market/book ratio, and annual yield;
- Industry factors that are idiosyncratic to types of business, such as energy, retail, and technology; and
- Specific returns, the residual that relies on statistics and factors to discriminate between luck and skill."[855]

Performance Attribution Summary	**Total Quality Index**	**S&P 500 Index**	**Delta**
Total Return	83,65 %	78,67 %	4,98 %
Monthly Average Contributions	**Total Quality Index**	**S&P 500 Index**	**Delta**
Common Factors	0,32 %	0,43 %	-0,11 %
Industry Factors	0,18 %	0,17 %	0,01 %
Specific Return	0,86 %	0,70 %	0,16 %

Tab. 47: Vergleich von TQM- und S&P 500-Index[856]

Die letzte Kategorie erfasst die durch die Umsetzung von Excellence-Konzepten erzielten Erfolge im Hinblick auf die Performance des betrachteten Portfolios. Weitergehende statistische Analysen belegen diese Überlegenheit auf hohem Signifikanzniveau, so dass sich erneut klare Hinweise auf die ökonomische Sinnhaftigkeit eines entsprechenden Engagements der Unternehmen ergeben.

In ihrer Gesamtheit legen die beschriebenen Studien den Schluss nahe, dass die der Selbst- oder Fremdbewertung zugrunde gelegten Excellence-Modelle die wesentlichen Determinanten des Unternehmenserfolgs abbilden. Der analytische Nachweis stringenter Kausalketten scheitert jedoch an der Vielzahl nicht kontrollierbarer Störgrößen, die

854 Vgl. Heller (1994), S. 30

855 Heller (1994), S. 31

856 Tab. aus Heller (1994), S. 31

außerhalb der Unternehmenssphäre liegen und insoweit eine strenge ceteris paribus-Betrachtung von Untersuchungs- und Kontrollgruppe verhindern:[857] "The argument is not that quality and financial performance are unrelated; it is that the linkage is a difficult one to measure with precision because there are so many confounding factors."[858]

3.4.6.4 Auswirkungen der Umsetzung von Excellence-Modellen auf sonstige Erfolgs- und Effizienzmessgrößen

Untersuchungen zum Erfolg von Excellence-Modellen beschränken sich nicht auf die Betrachtung der Kursentwicklung an den Börsen. In einer Vielzahl von Forschungsprojekten werden Zusammenhänge mit anderen Leistungsmessgrößen betrachtet. Eine Studie des U.S. GENERAL ACCOUNTING OFFICE (GAO) untersucht beispielsweise die Entwicklung bestimmter Kennzahlen (z.B. Marktanteil, Umsatz pro Mitarbeiter, Umsatzrentabilität) bei Gewinnern und Finalisten im Preisprozess des Malcolm Baldrige National Quality Award in den Jahren 1988 und 1989.[859]

15 Gewinner und Finalisten gaben Auskunft zu den Aspekten Mitarbeiter bzw. Mitarbeiterorientierung, Geschäftsabläufe, Kundenzufriedenheit sowie finanzielle Erfolge. Die Analyse stützt sich auf einen strukturierten Fragebogen, auf die Auswertung der jeweiligen Bewerbungen und ergänzender Dokumente, die Unternehmen beigebracht haben, sowie auf Interviews mit Führungskräften. Insgesamt werden 52 Kennzahlen generiert und im Hinblick auf Trends bewertet, die mit Beginn der unternehmensinternen Aktivitäten zur Umsetzung von Excellence-Konzepten erkennbar sind. Dabei ergeben sich zum bei weitem überwiegenden Teil kontinuierliche Verbesserungen über einen Zeitraum von 2 ½ Jahren.[860]

Den Aufbau des Kennzahlensystems, grundsätzliche Entwicklungstendenzen und identifizierte Zusammenhänge zeigt Abb. 26. Hier wird die positive Entwicklung deutlich, die Gewinner und Finalisten im Preisvergabeprozess des MBNQA durchlaufen haben. Darin dokumentiert sich, so die Autoren, die Sinnhaftigkeit des TQM-Engagements.[861] Vertiefend gehen aus Abb. 27 und Abb. 28 die realisierten prozentualen Verbesserungen im Hinblick auf Mitarbeiter und Kunden sowie auf allgemeine Effizienz- und wirtschaftliche Erfolgsmessgrößen hervor.

---

[857] Vgl. Jarrell/Easton (1998), S. 300; o.V. (1998), S. 30

[858] d'Arbeloff et al. (1992), S. 129; Vgl. Walsh (1989), S. 8

[859] Vgl. Hendricks/Singhal (1997a), S. 1260; Malorny 1996, S. 241

[860] Vgl. United States General Accounting Office (1991), S. 4, S. 18

[861] Vgl. Zink/Voß (1997), S. 122

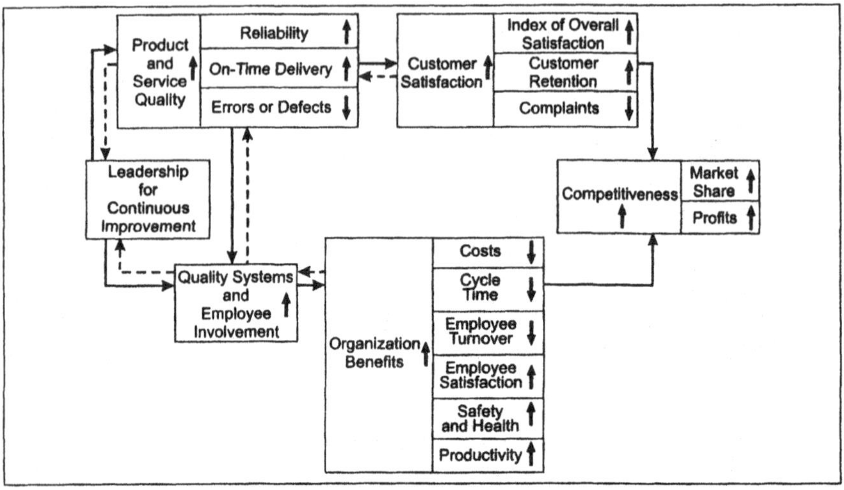

Abb. 26: Struktur und Ergebnisse der GAO-Studie[862]

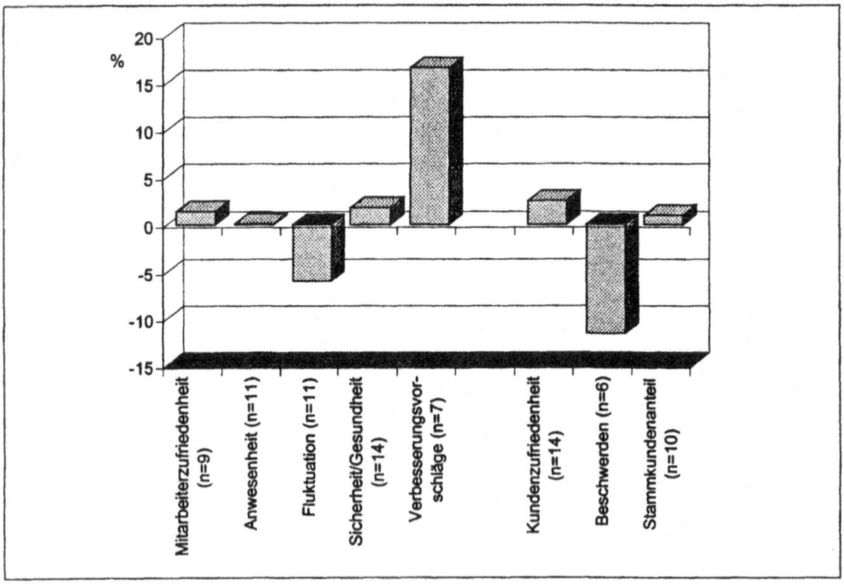

Abb. 27: Verbesserungen bzgl. Mitarbeitern und Kunden[863]

862 Abb. aus United States General Accounting Office (1991), S. 15

863 Abb. aus United States General Accounting Office (1991), S. 19, S. 25

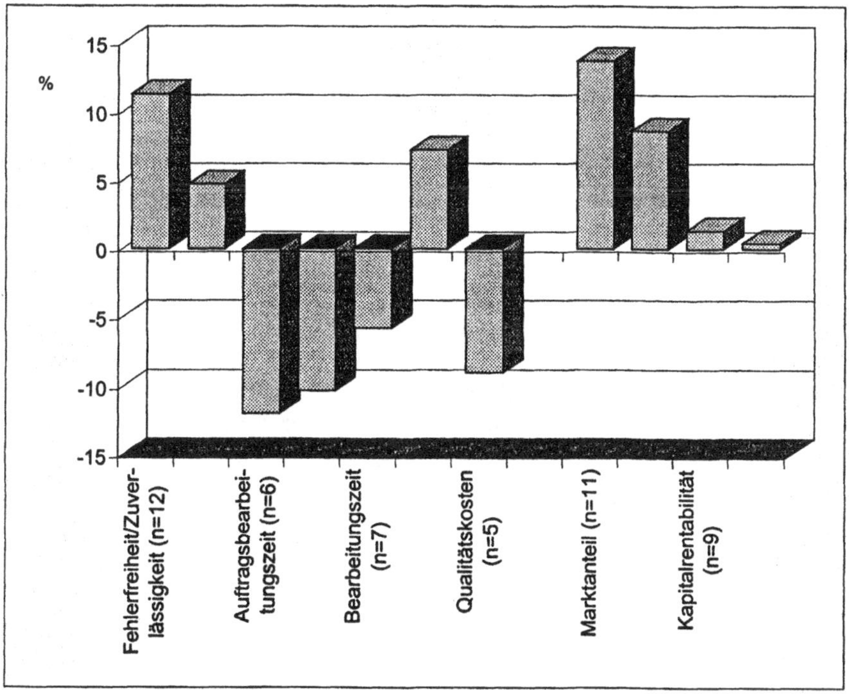

Abb. 28: Verbesserungen bzgl. Effizienz und Erfolg[864]

Die Autoren fassen die wesentlichen Ergebnisse ihrer Studie wie folgt zusammen: "GAO's review of 20 companies that were among the highest-scoring applicants in 1988 and 1989 for the Malcolm Baldrige National Quality Award indicated the following:

- Companies that adopted quality management practices experienced an overall improvement in corporate performance. In nearly all cases, companies that used total quality management practices achieved better employee relations, higher productivity, greater consumer satisfaction, increased market share, and improved profitability.
- Each of the companies studied developed its practices in a unique environment with its own opportunities and problems. However, there were common features in their quality management systems that were major contributing factors to improved performance.
- Many different kinds of companies benefited from putting specific total quality management practices in place. However, none of these companies reaped those

864 Abb. aus United States General Accounting Office (1991), S. 22, S. 27

benefits immediately. Allowing sufficient time for results to be achieved was as important as initiating a quality management program."[865]

Im Detail wurden folgende Ergebnisse im Hinblick auf vier wesentliche Themenbereiche erzielt:

- "Somewhat better employee relations were realized. Employees in the companies GAO reviewed experienced increased job satisfaction and improved attendance; employee turnover also decreased. 18 companies reported a total of 52 observations (performance measures) in this area. 39 out of the 52 improved, 9 declined, and 4 were unchanged.
- Improved quality and lower cost were attained. Companies increased the reliability and on-time delivery of their product or service and reduced errors, product lead time, and their cost of quality. 20 companies reported a total of 65 observations. 59 out of the 65 improved, 2 became worse, and 4 were unchanged.
- Greater customer satisfaction was accomplished. 17 of the 20 companies provided data on customer satisfaction based on the companies' survey results of their consumers' overall perceptions about a product or service, the number of complaints received, and customer retention rates. 21 out of the 30 reported observations improved, 3 became worse, and 6 were unchanged.
- Improved market share and profitability were attained. As measured by several ratios widely used in financial analysis, the impact of an organization's quality management practices was improved profitability. 15 companies reported a total of 40 observations in this area. 34 of the 40 increased and 6 declined."[866]

Die Ergebnisse der Studie zeigen insgesamt außerordentlich positive Entwicklungen der untersuchten Unternehmen, die alle wesentlichen Interessengruppen erfassen. Allerdings ergeben sich zwei grundsätzliche methodische Probleme, die die Aussagekraft der Ergebnisse einschränken. Zum einen findet kein Abgleich mit der Entwicklung anderer Unternehmen, z.B. in der gleichen Branche oder im gleichen Marktsegment, statt.[867] Damit ist eine fundierte Bewertung der ermittelten Trends schwierig. Wesentlich gravierender erscheint jedoch die Selbstreferentialität des Ansatzes. Die erhobenen Kenngrößen sind wichtige Indikatoren zur Beschreibung von Kunden- und Mitarbeiterzufriedenheit, zur Bewertung der Prozesseffizienz sowie zur Illustration des geschäftlichen Erfolgs. Damit decken sie die Ergebniskriterien im Modell des Malcolm Baldrige National Quality Award ab. Bewerber um den Preis werden auf Basis dieser Daten und Informationen bewertet. Ein Rückschluss auf die Erfolge, die mit der Umsetzung des Excellence-Konzepts verbunden sind, erscheint insofern problematisch, als sie über eben diese Größen gemessen werden. Damit dienen formal

---

865 United States General Accounting Office (1991), S. 2 f.

866 United States General Accounting Office (1991), S. 3 f.

867 Vgl. Knotts/Parrish/Evans (1993), S. 49

vielleicht unterschiedliche, materiell jedoch eng zusammenhängende Messgrößen gleichzeitig als Grundlage für die Auswahl des Samples wie für die Leistungsbewertung. Insoweit sind die im Rahmen der Studie gezogenen Schlüsse nur eingeschränkt aussagefähig.

Dieses Problem umgeht die Studie von SINGHAL und HENDRICKS am Georgia Institute of Technology.[868] Sie untersucht nicht nur die Entwicklung des Aktienkurses, sondern erfasst auch zusätzliche operative Kenngrößen wie Umsatz, Umsatzerlöse, Mitarbeiterzahlen und Vermögenswert. In jedem Fall zeigen die Preisträger deutlich bessere Leistungen als die Kontrollgruppe (vgl. Tab. 48, Abb. 29).

Performance Measure	**Number of Observations**	**Mean**
% Change in Operating Income	372	39,10 %
% Change in Sales	411	25,99 %
% Change in Cost Per Dollar of Sales	411	- 1,22 %

Tab. 48: Leistungsvergleich von Preisträgern und Kontrollgruppe[869]

Die Autoren vermuten sogar, dass die tatsächlich realisierten Erfolge eher größer sind. Sie führen dies darauf zurück, dass auch für den Fall einer Preisverleihung nur an einzelne Standorte oder Divisionen aus Gründen der Verfügbarkeit Daten für das gesamte Unternehmen herangezogen werden mussten. Damit sind auch Bereiche erfasst, in denen keine Aktivitäten zur Umsetzung von Excellence-Konzepten nachgewiesen sind und die damit – im Rückschluss aus den Gesamtergebnissen der Studie – die Erfolgsbilanz trüben.[870]

Interessanterweise zeigen sich deutliche Unterschiede zwischen denjenigen Unternehmen, die einen unabhängigen Preis – z.B. den MBNQA oder ein Pendant auf Ebene der Bundesstaaten – erhalten haben und solchen, die mit einem Lieferantenpreis ausgezeichnet wurden (vgl. Abb. 30). Die Autoren führen die gemessenen Differenzen darauf zurück, dass der MBNQA bzw. vergleichbare Modelle einen inhaltlich breiteren Betrachtungsansatz wählen und der Verknüpfung der einzelnen Elemente höhere Bedeutung beimessen. Dieses Ergebnis lässt den Schluss zu, dass die Modellkriterien nur in ihrer Gesamtheit das volle Erfolgspotential bergen. Insoweit kommt dem Anspruch der Ganzheitlichkeit, der sich in der integrativen Verknüpfung der Einzelelemente niederschlägt, besondere Bedeutung zu.

---

868 Vgl. Hendricks/Singhal (1997a); Hendricks/Singhal (1998b)

869 Tab. aus Hendricks/Singhal (1998b), S. 25

870 Vgl. Hendricks/Singhal (1997a), S. 1272

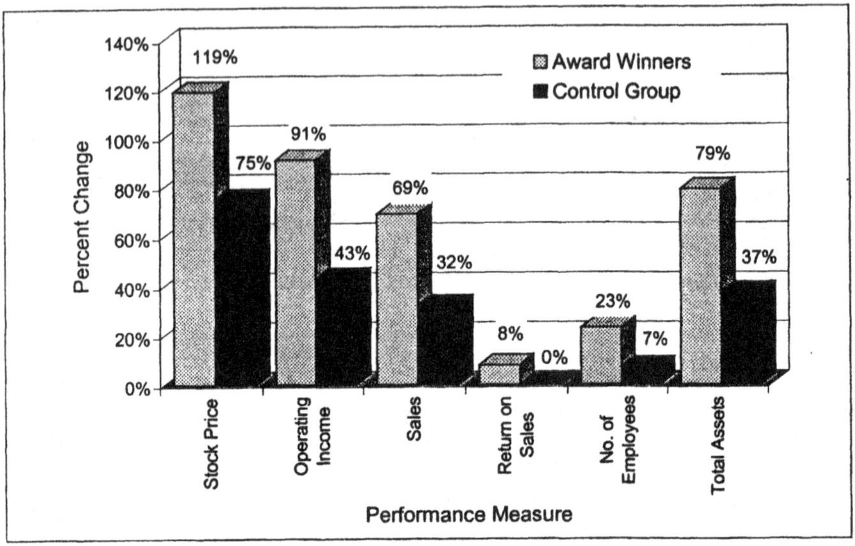

Abb. 29: Veränderung operativer Leistungsmessgrößen[871]

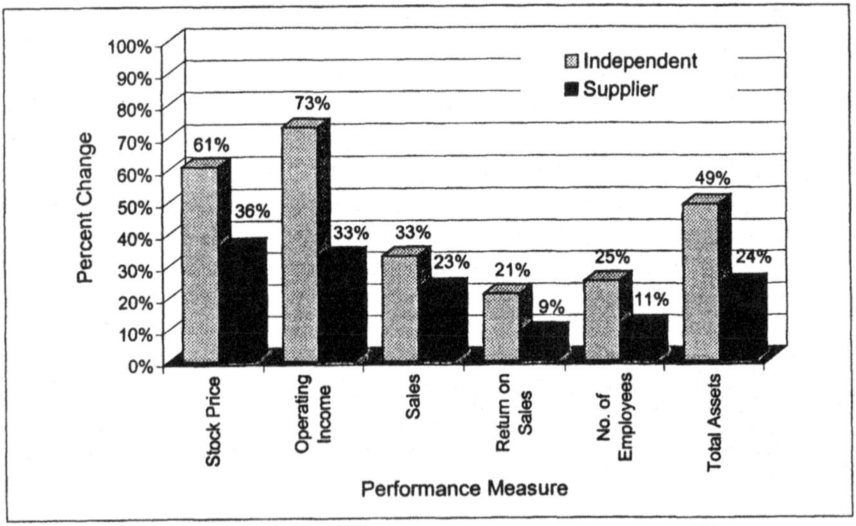

Abb. 30: Vergleich zwischen Lieferanten- und unabhängigen Preisen[872]

---

871 Abb. aus Georgia Oglethorpe Award Process, Inc. (1998), S. 1

872 Abb. aus Georgia Oglethorpe Award Process, Inc. (1998), S. 2

Unabhängig von diesen Ergebnissen zeigt die Studie, dass sich die positiven Effekte, die mit der Umsetzung von Excellence-Konzepten verbunden sind, nicht kurzfristig einstellen.[873] Methodisch greifen die Autoren dazu auf eine Untersuchung über zwei unabhängige Perioden zurück: "Performance is examined over two five-year periods.

- The first period (referred to as the post-implementation period) starts one year before and ends four years after the winners win their first quality award. Clearly, winners have a reasonably effective TQM implementation by the time they win their first quality award. Since, it takes award givers about 6 to 9 months to evaluate and certify the effectiveness of the implementation, we assumed that the winner's TQM implementation was effective about a year before the first award. Examining performance from this point provides an estimate of the financial impact of TQM implementations once they are effective.
- The second period (referred to as the implementation period) starts six years before and ends one year before the winners win their first quality award. It is during this time period that winners are implementing TQM and incurring the associated implementation costs. To provide a balanced perspective on the net benefits of TQM, it is important to estimate the magnitude of these costs."[874]

Diese Phasengliederung setzt voraus, dass sich Unternehmen gezielt um einen Preis bewerben, wenn sie bzw. ihr Managementsystem einen bestimmten Reifegrad erreicht haben. Diese Prämisse erscheint in der Praxis eher unrealistisch.[875] Der Zeitpunkt einer Bewerbung steht nicht zwingend in engem Zusammenhang mit dem Fortschritt bei der innerbetrieblichen Umsetzung von Excellence-Konzepten. Vielmehr unterliegt er – zumindest potentiell – auch situativen Einflüssen wie der Prädisposition des Managements gegenüber entsprechenden Auszeichnungen oder Marketingerwägungen. Dennoch ist eine grundsätzliche Koinzidenz plausibel.

In der Einführungsphase ("Implementation Period") zeigen sich keinerlei signifikante Performance-Unterschiede zwischen Preisträgern und Kontrollgruppe.[876] Diese kommen erst später, in der sog. "Post-Implementation Period", zum Tragen. Darin wird deutlich, dass die Umsetzung von Excellence-Konzepten eine langfristig wirksame Investition darstellt. Erfolge sind nachweisbar, treten aber mit zeitlicher Verzögerung ein.

In der qualitativen Dimension sind die Ergebnisse unabhängig von der Unternehmensgröße. Im Gegensatz zu einem häufig anzutreffenden Vorurteil, dass Excellence-Konzepte eher für große Organisationen geeignet seien, weisen HENDRICKS und

873 Vgl. Georgia Institute of Technology (1998), o.S.; Hiam (1993), S. 5

874 Hendricks/Singhal (1998a), S. 3 f.

875 Vgl. Jarrell/Easton (1998), S. 256

876 Vgl. Hendricks/Singhal (1998a), S. 5

SINGHAL sogar günstigere Entwicklungen für kleine nach (vgl. Abb. 31).[877] Damit ist die Anwendbarkeit auch für KMU belegt; Hindernisse für eine Übertragung auf Netzwerke und Unternehmenskooperationen, die später diskutiert werden wird, ergeben sich daher jedenfalls nicht aus einer Diskussion über die Mindestgröße der zu bewertenden Einheit.

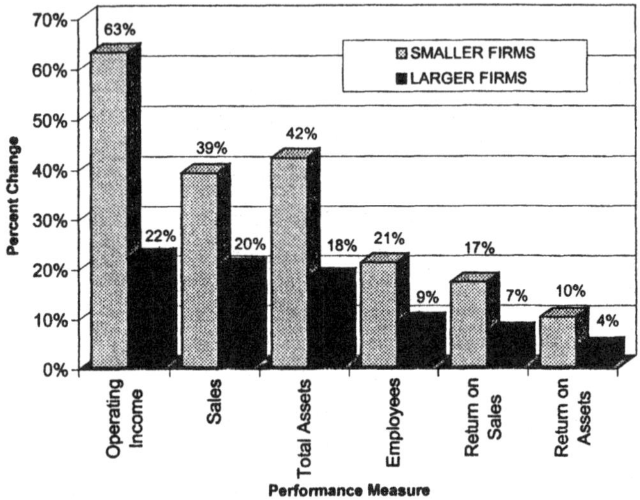

Abb. 31: Vergleich großer und kleiner Unternehmen[878]

Mit dem zuvor angesprochenen Leistungsvergleich über unterschiedliche Entwicklungsperioden eines Unternehmens vor bzw. nach Einführung von Excellence-Konzepten beschäftigen sich auch JARRELL und EASTON.[879] Sie weisen allerdings explizit auf die Schwierigkeiten hin, die entsprechenden Zeiträume exakt zu bestimmen und Beginn bzw. Ende der Einführungsphase zu definieren. Die Erhebung stützt sich auf eine Literaturanalyse, die u.a. die Liste der MBNQA-Gewinner und –Finalisten sowie wissenschaftliche Publikationen und Unterlagen zur Studie des United States General Accounting Office berücksichtigt.[880] Eine Auswertung allgemein zugänglicher Quellen über die so identifizierten Unternehmen wird durch teilstrukturierte Interviews mit Führungskräften zur Umsetzung von Excellence-Konzepten ergänzt.[881] Unternehmen werden nach dem Umfang bewertet und ausgewählt, in dem sie den Forderungen der

877 Vgl. Hendricks/Singhal (1996), S. 435; Hendricks/Singhal (1998a), S. 6; Hendricks/Singhal (1998b), S. 20

878 Abb. aus Hendricks/Singhal (1998a), S. 14

879 Vgl. Jarrell/Easton (1998), S. 256

880 Vgl. United States General Accounting Office (1991)

881 Vgl. Jarrell/Easton (1998), S. 262-264

Baldrige Criteria for Performance Excellence entsprechen.[882] Insgesamt liegt der Untersuchung ein Sample von 108 Unternehmen zugrunde.[883] Die zeitliche Eingrenzung der Einführungsphase stützt sich auf die o.g. Interviews mit Führungskräften.[884] Grundsätzlich wird dabei als Beginn ein Zeitpunkt sechs Monate nach dem Start der ersten Informations- und Schulungsinitiative angenommen.[885]

Die angesprochenen Interviews mit Führungskräften erlauben eine Gliederung der Grundgesamtheit in zwei Teilgruppen in Abhängigkeit vom erreichten Umsetzungs- und Reifegrad des Managementsystems. Die Unterscheidung ergibt sich dabei - so die Aussagen der Autoren - weniger aus der Qualität der eingesetzten Konzepte und Maßnahmen, sondern eher aus dem Umfang der Umsetzung.[886] Dem so geschaffenen Portfolio wird eine Kontrollgruppe gegenübergestellt, die für jedes Unternehmen in der Untersuchungsgruppe drei Werte der u.a. über den Standard Industry Classification Code (SIC) beschriebenen gleichen Branche mit ähnlichen finanziellen Strukturdaten enthält.[887]

Die wirtschaftliche Entwicklung der Untersuchungs- und Kontrollgruppe wird über einen Zeitraum von fünf Jahren ab Beginn der Einführungsphase analysiert. Dabei werden die Entwicklung des Aktienkurses sowie zusätzliche finanzwirtschaftliche Kenngrößen (z.B. Umsatzerlöse, Ergebnis der gewöhnlichen Geschäftstätigkeit, Bestände) herangezogen. Positive Einflüsse aus der Umsetzung von Excellence-Konzepten werden aus einer Gegenüberstellung der Merkmalsausprägungen in der Untersuchungsgruppe mit Analystenprognosen, die vor der öffentlichen Verfügbarkeit von Informationen über das TQM-Engagement entstanden sind, sowie mit der Wertentwicklung des Kontrollportfolios ermittelt.[888] Insbesondere die Hinzuziehung eines ex ante getroffenen Expertenurteils stellt eine interessante methodische Erweiterung zu den bislang betrachteten Untersuchungen dar.

Im Ergebnis übertreffen die Unternehmen der Untersuchungsgruppe nach Ablauf von drei bis fünf Jahren in ihren wesentlichen finanziellen Leistungsdaten, z.B. Umsatz- und Kapitalrentabilität, die Erwartungen der Analysten und die Kontrollgruppe.[889] In der Anfangsphase zeigen sich dagegen vereinzelt leichte Performance-Nachteile. Auch ein Leistungsvergleich vor und nach Einführung von TQM-Aktivitäten belegt deutliche Steigerungen für die sog. "Post-Implementation-Period".[890] Damit bestätigt sich

---

882 Vgl. Jarrell/Easton (1998), S. 254

883 Vgl. Jarrell/Easton (1998), S. 263

884 Vgl. Jarrell/Easton (1998), S. 256

885 Vgl. Jarrell/Easton (1998), S. 265

886 Vgl. Jarrell/Easton (1998), S. 266

887 Vgl. Jarrell/Easton (1998), S. 267

888 Vgl. Jarrell/Easton (1998), S. 258, S. 265

889 Vgl. Jarrell/Easton (1998), S. 275

890 Vgl. Jarrell/Easton (1998), S. 278-282

erneut These, dass die Umsetzung von Excellence-Konzepten mit Investitionen verbunden ist, die sich erst mittelfristig auszahlen. Dies korrespondiert mit einer Auswertung der im Rahmen der Studie generierten Daten nach den zuvor genannten Teilgruppen. Hier zeigt sich eine deutliche Überlegenheit der Unternehmen mit einem höheren Umsetzungs- und Reifegrad. Die Ergebnisse decken sich in ihrer Aussage weiterhin mit einer Gegenüberstellung der Entwicklung zugehöriger Aktienkurse. Das der Untersuchung zugrunde gelegte TQM-Portfolio zeigt im Median eine deutlich bessere Performance im Hinblick auf die erzielten Wertzuwächse (vgl. Tab. 49).

Excess Cumulative Continuously Compounded With-Dividend Daily Stock Returns (%)			
Year	**Full Sample**	**Less Advanced TQM-Firms**	**More Advanced TQM-Firms**
1	3,19	1,55	4,72
2	3,82	-2,80	9,41
3	3,91	-1,72	17,28
4	6,04	-1,43	18,48
5	21,02	14,20	22,11

Tab. 49: Aktienkursentwicklung des TQM-Portfolios (Median)[891]

Einen etwas anderen Forschungsansatz wählt HAUSER in einer Untersuchung des Australian Quality Council in Kooperation mit der University of Wollongong.[892] Er untersucht 22 Unternehmen des produzierenden Gewerbes, die sich zwischen 1992 und 1997 um den Australian Quality Award beworben haben. Die Grundgesamtheit deckt 13 Wirtschaftszweige und ein Größenspektrum zwischen 200 und 1.000 Mitarbeitern ab. HAUSER greift zur Bewertung des Unternehmenserfolgs auf ein einheitliches System von Key Performance Indicators (KPIs) zurück, die die Interessen unterschiedlicher Gruppen wie Kunden, Mitarbeiter und Anteilseigner abdecken. Ein deutlicher Schwerpunkt liegt auf finanziellen Geschäftsergebnissen, die mit einer Gewichtung von 29 % in die Gesamtbewertung eingehen. Die korrespondierenden Werte für Ergebnisse im Hinblick auf Kunden und Mitarbeiter liegen bei 13 % bzw. 15 %. Die entsprechenden Merkmalsausprägungen in der Untersuchungsgruppe werden durch eine Analyse der Bewerbungsunterlagen, durch die Auswertung von Quartals- und Jahresberichten sowie durch Interviews in den beteiligten Unternehmen gewonnen.[893] Die so gemessene Unternehmensleistung wird der Punktbewertung auf Basis des Australian Business Excellence Framework gegenübergestellt.

Auf den ersten Blick fällt eine starke Korrelation zwischen den durchschnittlich erzielten jährlichen Verbesserungsraten bei den Key Performance Indicators der

891 Tab. aus Jarrell/Easton (1998), S. 284

892 Vgl. Hauser (1999)

893 Vgl. Hauser (1999), S. 2

betrachteten Unternehmen und den Bewertungsergebnissen des Excellence-Modells ins Auge (vgl. Abb. 32). Der ermittelte Wert von R=0,79 spricht für einen engen inhaltlich-kausalen Zusammenhang zwischen dem im Rahmen der Preisbewerbung erzielten Punktwert und dem über die Key Performance Indicators gemessenen Unternehmenserfolg.[894]

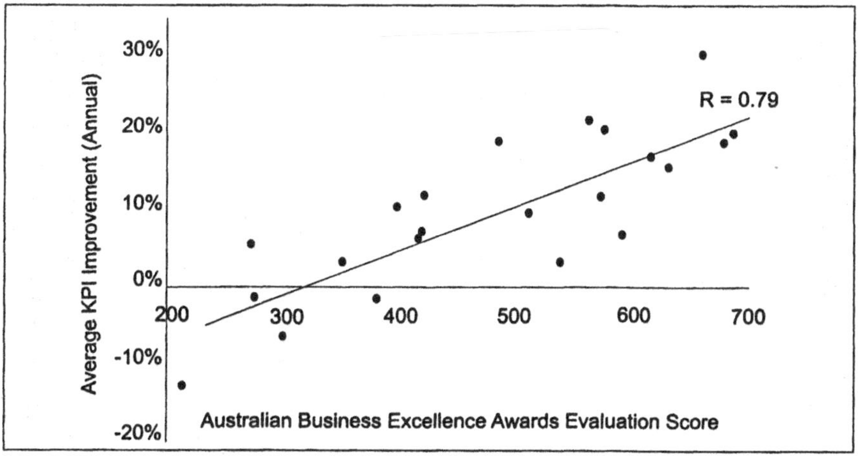

Abb. 32: Korrelation von Gesamtbewertung und KPI-Verbesserung[895]

Überdies vermittelt ein zweites Ergebnis der Studie wesentlich detailliertere Einblicke in entsprechende Zusammenhänge. Die Autoren haben nicht nur Korrelationen zwischen über die Key Performance Indicators gemessenen Leistungssteigerungen und der Gesamtbewertung untersucht, sondern entsprechende Analysen auch für die einzelnen Kategorien und Items durchgeführt. Die Ergebnisse gehen aus Abb. 33 hervor. Die Studie basiert noch auf dem Kriterienmodell, das bis 1997 dem Australian Quality Award zugrunde lag. Insofern erklären sich leichte sprachliche Abweichungen in den Benennungen der Kategorien. In jedem Fall überraschen die hohen Korrelationswerte, die durchweg über R=0,50 liegen und damit eine hohe Relevanz der entsprechenden Inhalte für den Unternehmenserfolg belegen.[896]

---

894 Vgl. Bamberg/Baur (1993), S. 37

895 Abb. aus Hauser (1999), S. 1

896 Vgl. Bamberg/Baur (1993), S. 37

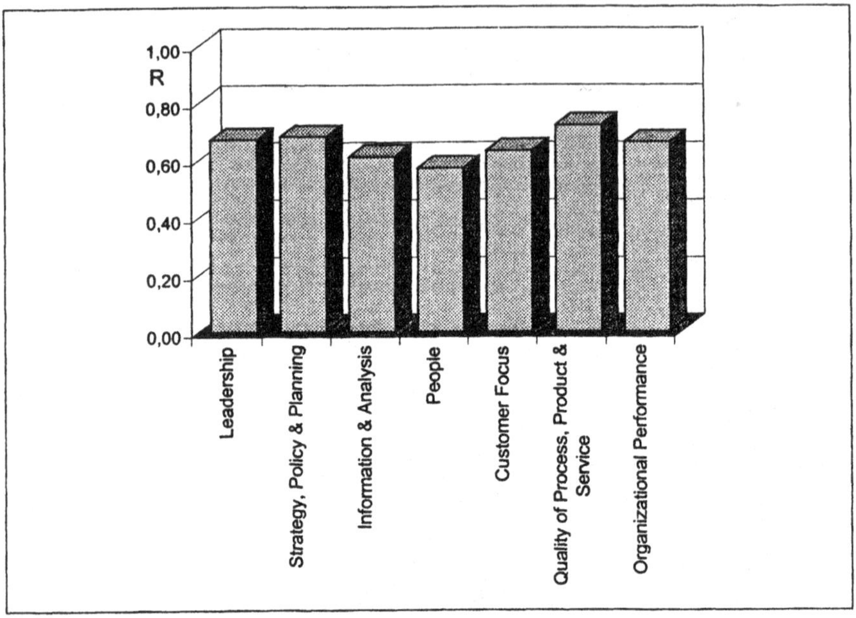

Abb. 33: Korrelation von Einzelbewertung und KPI-Verbesserung[897]

Auch in dieser Studie spielt sicherlich das Problem der Selbstreferentialität eine Rolle. Eine gute Bewertung setzt - zumindest tendenziell - eben jenen Erfolg voraus, der über die Key Performance Indicators gemessen wird. Insoweit ist die starke Korrelation zum Teil sicher forschungsmethodisch begründet. Andererseits ist an dieser Stelle die Bewertungssystematik des Australian Business Excellence Framework hervorzuheben, die einen starken Akzent auf die in einem Unternehmen ergriffenen Konzepte und Maßnahmen legt und im Vergleich zu den übrigen betrachteten Excellence-Modellen die Ergebnisdimensionen vernachlässigt (vgl. 3.4.3.2).[898] Insoweit zeigen insbesondere die hohen Korrelationen im Hinblick auf einzelne Modellkategorien, dass die der Modellkonzeption zugrunde liegenden Zusammenhänge insbesondere zwischen "Approach" (Vorgehen), "Deployment" (Umsetzung) und "Results" (Ergebnisse) auch in der betrieblichen Praxis hohe Bedeutung besitzen.

Daher vertritt HAUSER sogar die These, auf Basis einer Verbesserung der Bewertungsergebnisse nach dem Australian Business Excellence Framework sei eine Leistungssteigerung im Hinblick auf die Key Performance Indicators in doppelter Höhe zu erwarten.[899] Auch wenn man diesem Schluss sicherlich nicht uneingeschränkt folgen

---

[897] Abb. aus Hauser (1999), S. 3

[898] Vgl. Australian Quality Council (1995), S. 24

[899] Vgl. Hauser (1999), S. 4

kann, belegen die Ergebnisse der Untersuchung die Relevanz der Excellence-Modelle für den langfristigen Unternehmenserfolg. In diesem Zusammenhang vertritt HAUSER die Position, die beschriebenen Schlussfolgerungen seien - zumindest in ihrer qualitativen Dimension - auch auf andere Excellence-Modelle zu übertragen.[900] Für die Kriterien des Australian Business Excellence Framework werden sie durch eine Studie des AUSTRALIAN QUALITY COUNCIL und der Unternehmensberatung DELOITTE TOUCHE TOHMATSU bestätigt.[901]

Auch eine Studie des Computerherstellers IBM belegt die Erfolgspotentiale der Excellence-Konzepte. Geschäftseinheiten, die im Rahmen einer Bewertung nach den Kriterien des Malcolm Baldrige National Quality Award oder des internen MDQ Achievement Award einen Gesamtwert von mehr als 500 Punkten erreicht haben, zeigen signifikant bessere Leistungen im Hinblick auf Kunden- und Mitarbeiterzufriedenheit, Marktanteil, Umsatzerlöse und Rentabilität.[902] Die Untersuchung erweist sich insofern als besonders interessant, als Einheiten, die in einem mehr oder weniger einheitlichen Unternehmensumfeld z.B. im Hinblick auf kulturelle Aspekte agieren, in ihren Leistungen verglichen werden und damit ein Teil der sonst nicht isolierbaren Störgrößen entfällt. Entsprechende Erfolge sind - in Ergänzung zur hier skizzierten Erhebung - auch anhand von Fallstudien dokumentiert.[903]

In die gleiche Richtung weisen Ergebnisse einer Studie der Alphastat Research Corporation aus dem Jahre 1991.[904] Sie stützt sich auf eine Befragung von mehr als 200 Führungskräften von Unternehmen des produzierenden Gewerbes hinsichtlich ihrer Erwartungen zur Einführung von TQM-Programmen. Die Ergebnisse verdeutlichen, dass die Befragten mit der Umsetzung hohe Erwartungen an die Steigerung der Leistungsfähigkeit aus Sicht unterschiedlicher Interessengruppen verbinden. So gehen beispielsweise 91 % von einer Steigerung der Kundenzufriedenheit aus, 86 % nennen die Reduktion eigener Kosten, 79 % Leistungssteigerung bei ihren Lieferanten. Diese Einschätzungen sind insofern als fundiert anzusehen und belegen die mit der Umsetzung von TQM-Programmen verbundenen Erfolgspotentiale, als die Grundgesamtheit der Erhebung auf Unternehmen mit Erfahrungen bei der Einführung von Qualitätsmanagement beschränkt war.

HENDRICKS und SINGHAL präsentieren eine schriftliche Befragung von nahezu 300 Unternehmen, die den Einfluss eines institutionalisierten Verbesserungsprozesses als Kernelement von TQM auf die Leistungen eines Unternehmens untersucht. "Their survey shows that over a two- to three-year period, respondents reported an average of

---

900 Vgl. Hauser (1999), S. 4

901 Vgl. Australian Quality Council/Deloitte Touche Tohmatsu (2000), S. 6

902 Vgl. Hendricks/Singhal (1997a), S. 1260; Hiam (1993), S. 23

903 Vgl. IBM (1993)

904 Vgl. Hiam (1993), S. 10-12

17 % increase in profits as a result of their continuous improvement efforts."[905] Ähnlich positive Ergebnisse sind im Hinblick auf nicht-finanzielle Geschäftsergebnisse erkennbar (vgl. Abb. 34, Abb. 35).

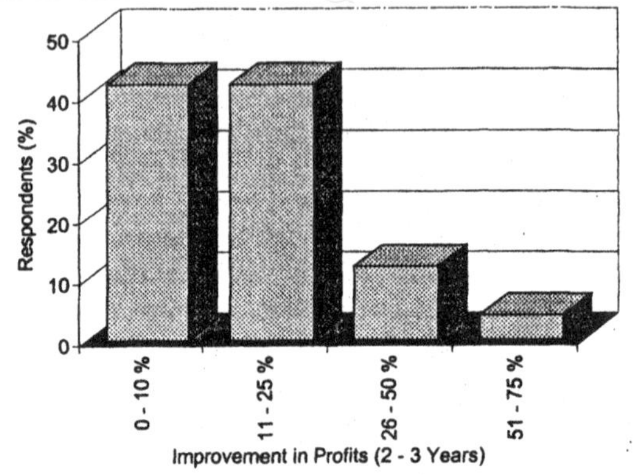

Abb. 34: Auswirkungen auf finanzielle Geschäftsergebnisse[906]

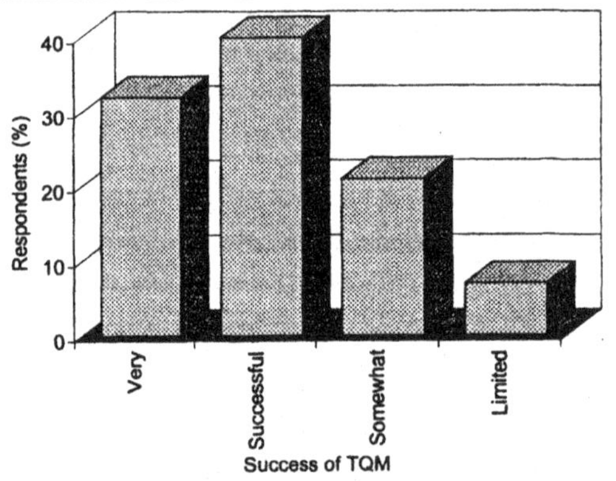

Abb. 35: Auswirkungen auf nicht-finanzielle Geschäftsergebnisse[907]

Weitere Belege für den Erfolg von Excellence-Konzepten liefert eine Studie des BRADFORD MANAGEMENT CENTRE. Sie bewertet die Leistungsfähigkeit europäischer Unternehmen, die die Umsetzung entsprechender Modelle nachweisen können, anhand

---

905 Hendricks/Singhal (1997a), S. 1260

906 Abb. aus Hiam (1993), S. 15

907 Abb. aus Hiam (1993), S. 15

von vier Kenngrößen.[908] Dabei werden die entsprechenden Ergebnisse dem Median der Branche gegenübergestellt. Die Ergebnisse gehen aus Abb. 36 hervor.

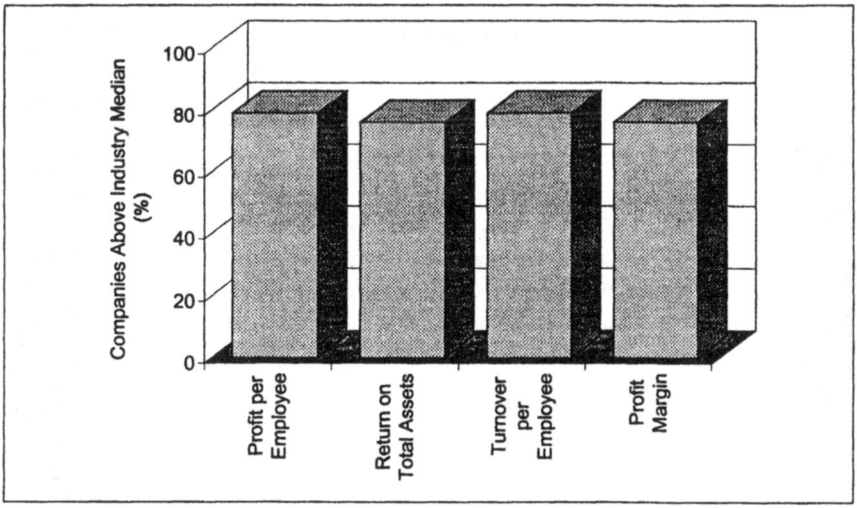

Abb. 36: Verbesserung durch Umsetzung von Excellence-Konzepten[909]

Schließlich belegt eine nahezu beliebige Zahl von Fallstudien, die der Untersuchung von Chancen, Risiken und realisierten Erfolgen bei der Umsetzung von Excellence-Konzepten gewidmet sind, nachhaltige positive Effekte.[910] HIAM arbeitet in einer Untersuchung von mehr als 100 in wissenschaftlichen Publikationen und der Wirtschaftspresse erschienenen Fallstudien über Erfahrungen mit der Umsetzung von Excellence-Konzepten heraus, dass mehr als 90 % davon substanzielle Leistungssteigerungen belegen.[911] Diese beziehen sich u.a. auf die Messgrößen Kosten, Kundenzufriedenheit, Durchlaufzeiten, Mitarbeiterbeteiligung sowie Gewinn.

Auch wenn jede der beschriebenen Studien für sich allein methodisch angreifbar ist, so zeigen sie doch in der Summe eine einheitliche Aussage: Bislang ist es nicht gelungen, negative Entwicklungen in den Leistungen eines Unternehmens auf die Umsetzung von Excellence-Konzepten zurückzuführen.[912] Demgegenüber existieren eine Fülle von Untersuchungen, die in wechselndem Umfang positive Einflüsse auf die Wahrnehmung der Interessen unterschiedlicher Gruppen - namentlich Kunden, Mitarbeiter und Anteilseigner - belegen. Insbesondere der Zusammenhang mit der Steigerung der

908 Vgl. European Centre for Business Excellence (1998), S. 5; o.V. (1998), S. 32

909 Abb. aus o.V. (1998), S. 32

910 Vgl. o.V. (1998), S. 31 f.; Walsh (1989), S. 8

911 Vgl. Hiam (1993), S. 9

912 Vgl. Hiam (1993), S. 6, S. 34

Kundenzufriedenheit wird nahezu durchgängig nachgewiesen.[913] Umfangreiche konzeptionelle Überlegungen und Studien im Marketing zur Korrelation zwischen Kundenzufriedenheit, Kundenbindung und Geschäftsergebnissen stellen die Wirkungskette zur finanziellen Leistungsfähigkeit eines Unternehmens her.[914] Die Umsetzung von Excellence-Konzepten erscheint damit sowohl aus einer ausschließlich finanzorientierten Unternehmensperspektive als auch im Sinne einer Stakeholder-Orientierung[915] lohnend. Erfolge stellen sich zwar mit einer gewissen zeitlichen Verzögerung ein, werden langfristig aber offensichtlich.

Insoweit steht mit den Excellence-Modellen ein Instrument mit hoher prognostischer Validität zur Verfügung. Anwendungserfahrungen aus der Praxis belegen die Utilität und Operationalität sowie den unmittelbaren Beitrag zur Ableitung konkreter Verbesserungsmaßnahmen im Sinne der zuvor herausgearbeiteten Entwicklungsorientierung (vgl. Tab. 50). Damit liegt ein Bewertungsansatz vor, der sich auf einzelbetrieblicher Ebene bewährt hat und hinsichtlich seiner Übertragbarkeit auf Unternehmenskooperationen und -netzwerke zu prüfen ist. Einschränkungen ergeben sich allerdings aus der Abhängigkeit des Bewertungsergebnisses von der Gestaltung des Bewertungsverfahrens. Insoweit sind hierzu später noch ergänzende Überlegungen erforderlich (vgl. Kap. 5.5).

913 Vgl. European Centre for Business Excellence (1998), S. 4; Hiam (1993), S. 33; o.V. (1998), S. 30

914 Vgl. Anderson/Fornell/Lehmann (1994); Drucker (1988); Jaworski/Kohli (1993); Matzler/Hinterhuber/Handlbauer (1997); Kotler/Bliemel (1999); Narver/Slater (1990); Peters/Waterman (1997); Simon/Homburg (1998b); Töpfer/Mann (1996)

915 Vgl. Gomez (1993), S. 23; Janisch (1993)

Forderung	Erfüllung
Abbildung der Effizienzkriterien	Verknüpfung finanzieller und nicht-finanzieller Elemente, Anknüpfung der Bewertung an die strategischen Ziele, Berücksichtigung aller relevanten, über das Selbstverständnis der Organisation determinierten Interessengruppen, Erfassung struktureller Aspekte
Ganzheitlichkeit	Abbildung globaler Ursache-Wirkungszusammenhänge in der Modellstruktur, Verknüpfung von Strukturen und Ergebnissen, Erfassung der vertikalen und horizontalen Strukturierungsdimensionen sowie des elementübergreifenden Fits
Entwicklungs- und Verbesserungsorientierung	Ableitung von Maßnahmen als Kernbestandteil des Bewertungsergebnisses
Testgütekriterien	Güte des Bewertungsergebnisses in Abhängigkeit von der Gestaltung des Verfahrens, Objektivität und Validität des Ergebnisses grundsätzlich empirisch bestätigt
Utilität und Operationalität	Operationalität des Verfahrens in der praktischen Anwendung belegt, Nutzen zumindest unter Anwendern anerkannt

Tab. 50: Bewertung über Excellence-Modelle

Die Gegenüberstellung international eingeführter Modelle wie der Baldrige Criteria for Performance Excellence oder des Australian Business Excellence Framework mit dem EFQM-Modell für Excellence belegt eine weitgehende inhaltliche Deckungsgleichheit der Bewertungskriterien. Insoweit kann sich die Konzeption eines Modells zur Bewertung von Unternehmensnetzwerken an das EFQM-Modell für Excellence anlehnen, das bei inhaltlicher Gleichwertigkeit in Deutschland und Europa den Vorteil vergleichsweise hoher Bekanntheit und Akzeptanz genießt. Nichtsdestoweniger integriert das Modell sinnvolle Erweiterungen im Detail, die auf die übrigen betrachteten Excellence-Modelle sowie die Entwicklungsvorschläge CONTIs und SCHMIDTs zurückgehen.

4 Unternehmensnetzwerke

4.1 Begriff und Bedeutung von Unternehmensnetzwerken

Die Betrachtung von Netzwerken und Kooperationsmodellen sowie ihre Bewertung und Steuerung setzen zunächst eine vertiefte Auseinandersetzung mit dem begrifflichen Verständnis und der Bedeutung entsprechender Konzepte voraus. Dabei zeigen sich facettenreiche und mitunter nicht widerspruchsfreie Positionen.

Das Thema gewinnt unstrittig sowohl in der wissenschaftlichen Diskussion als auch in der unternehmerischen Praxis kontinuierlich an Bedeutung:[1] Die aktive Auseinandersetzung mit Konzepten zur Gestaltung der Außenbeziehungen eines Unternehmens wird durch eine Reihe von Entwicklungen gefördert, die sich in den letzten Jahren branchen- und länderübergreifend abzeichnen. Hier ist zunächst die zunehmende Internationalisierung der Märkte nennen.[2] Sie führt zum einen durch den vereinfachten Marktzutritt für neue Konkurrenten zu einem verschärften Wettbewerb und damit zu erhöhten Kompetenzanforderungen an Unternehmen bei der Bearbeitung ihrer Heimatmärkte. Zum anderen ergibt sich vielfach die Notwendigkeit globaler Präsenz, um neue Märkte zu erschließen oder als Lieferant industrieller Kunden deren Internationalisierungsstrategien zu folgen. Langfristiger Erfolg setzt damit die fundierte Kenntnis neuer, bislang nicht bearbeiteter Märkte voraus.

Weitere Herausforderungen entstehen aus der Dynamisierung der Märkte. Diese betrifft sowohl das technologische Know-how in Produkten, Fertigungsprozessen und innovativen - auch produktbegleitenden - Dienstleistungen als auch gesellschaftliche, rechtliche und wirtschaftliche Rahmenbedingungen. Auch hier steigen die Marktanforderungen an Unternehmen beträchtlich. Diese müssen ihr technologisches Wissen immer schneller weiterentwickeln und kontinuierlich erweitern. SCHUH ET AL. stellen in diesem Zusammenhang fest, dass "reale Unternehmen ... zum Teil nicht mehr in neue Produktsegmente oder Prozesse investieren [können], da sie die aus den dynamischen Märkten resultierende Komplexität nicht mehr beherrschen, was zu Starrheit und einer beschränkten Handlungsfähigkeit führt. Um dieser Starrheit ent-

---

1 Vgl. z.B. Balling (1997), S. 29 f.; Baumgarten (1998), S. 1; Chisholm (1996), S. 216; Doz/Hamel (1998), S. XIII; Gerstein/Shaw (1994), S. 264; Gerth (1971), S. 9; Ghemawat/Porter/Rawlinson (1989), S. 402; Goldman/Nagel/Preis (1996a), S. 24; Hagedoorn (1990), S. 19; Hall (1994), S. 159; Heck (1999), S. VII; Jansen (1998), S. 1; Jarillo (1988), S. 31; Kaluza/Blecker (1999), S. 1; Klein (1996b), S. 1; Klocke (1998), S. 49 f.; Lei/Slocum (1991), S. 44; Luke/Begun/Pointer (1989) S. 10; Mattsson (1987), S. 235; Mayer (2000), S. 25; Reiß (1996b), S. 196; Rilling (1997), S. 1; Strohmayer (1996), S. 25, Trist (1983), S. 269; Urban (1998b), S. 19; Wirth (2000), S. 170; Yoshino/Rangan (1995), S. 196

2 Vgl. z.B. Auster (1987), S. 3; Balling (1997), S. 7; Heck (1999), S. 7; Hinterhuber (1990), S. 23; Klocke (1998), S. 6, S. 49 f.

gegenzuwirken, haben einige Branchen bereits vor einigen Jahren mit der Virtualisierung ihrer Unternehmen begonnen."[3]

Die Kooperation mit anderen Unternehmen eröffnet in diesem Zusammenhang die Chance, Kompetenzen und Ressourcen unterschiedlicher Partner zusammenzuführen und synergetisch miteinander zu verknüpfen. Sie schafft vielfältige Wege zur Stärkung der Wettbewerbsfähigkeit.[4] DOZ und HAMEL fassen diese Perspektive in der Aussage zusammen: "The idea that many heads and many complementary sets of skills working together are better than one is intuitively appealing."[5] Sie gehen sogar einen Schritt weiter und formulieren die Möglichkeit interorganisationaler Kooperation nicht nur als Chance, sondern geradezu als strategische Notwendigkeit.[6] Die Fähigkeit, organisationsübergreifende Kooperationsbeziehungen – mitunter auch zu Wettbewerbern – aufzubauen, zu steuern und zur Stärkung des eigenen Unternehmens zu nutzen, wird zu einer entscheidenden Determinante der Wettbewerbsfähigkeit.[7]

Neben diesen kompetenzbezogenen Betrachtungen weist die – auch in ihrer geografischen Dimension – enge Kooperation mit Zulieferern im Zeitalter von Just-in-time-Konzepten und Systemlieferanten gleichzeitig personal-soziale Elemente auf. Das auf strategischer Ebene aus der Reduktion von Wertschöpfungstiefe auf Seiten des Kunden und hohen Investitionen auf Seiten des Lieferanten oder durch die Zusammenführung von Entwicklungs- oder Fertigungskompetenzen und operativ durch die logistische Kopplung von Produktionssystemen entstehende Risiko wechselseitiger Abhängigkeit wird durch neue Ansätze kompensiert, die kooperative und partnerschaftliche Elemente enthalten.[8] Sie basieren auf gegenseitigem Vertrauen und der Perspektive einer langfristigen Partnerschaft.[9]

Gleichzeitig unterstützt die aktuelle technische Entwicklung den Aufbau und die Steuerung der Zusammenarbeit über Unternehmensgrenzen hinweg.[10] Insbesondere die Weiterentwicklung der Informations- und Kommunikationstechniken (IuK-Techniken) leistet durch die Verbindung unternehmensspezifischer Informationssysteme sowie den Austausch von Daten im World-Wide-Web (WWW) wirkungsvolle

---

3 Schuh/Millarg/Göransson (1998), S. 17 f.

4 Vgl. Hinterhuber (1997), S. 91; Klinke (1997), S. 128; Lewis (1990), S. 20; zu Knyphausen-Aufseß (1999), S. 608

5 Doz/Hamel (1998), S. 33

6 Doz/Hamel (1998), S. IX; Vgl. Helleloid/Simonin (1994), S. 221

7 Vgl. Klocke (1998), S. 50

8 Vgl. Klein (1996), S. 164

9 Vgl. Zink/Voß (1998a), S. 125 f.

10 Vgl. Auster (1994), S. 4; Karl/Schonelle (1996), S. 207; Klein (1996a), S. 161

Unterstützung,[11] da sie die räumliche und zeitliche Entkopplung von Geschäftsprozessen erleichtert.[12]

Diese Trends schlagen sich in einer wachsenden Bedeutung zwischenbetrieblicher Kooperationsformen nieder.[13] Ähnliche Feststellungen treffen DOZ und HAMEL: "An unprecedented number of strategic alliances between firms are being formed each year. These are not limited to a few industries but occur broadly in transportation, manufacturing, telecommunications, electronics, pharmaceuticals, finance, and even professional services. They bridge national borders and continents. Indeed, the strategic alliance has become a cornerstone of global competitiveness, one that all executives must now understand and manage with skill."[14]

Eine Reihe empirischer Untersuchungen belegt, dass Zahl und Bedeutung kooperativer, d.h. nicht-kompetitiver Formen des Wirtschaftens kontinuierlich zunehmen.[15] Allerdings besteht in nahezu allen Erhebungen zu diesem Thema das methodische Problem, dass es bislang nicht befriedigend gelungen ist, eine einheitliche und angesichts der Vielzahl empirisch beobachtbarer Realisationsformen trennscharfe Definition der Begriffe Netzwerk oder Kooperation[16] oder gar ein in sich geschlossenes theoretisches Konzept zu erarbeiten.[17] KUTSCHKER und SCHMIDT formulieren: "Der Begriff des Netzwerkes wird bis heute in den meisten wissenschaftlichen Disziplinen weitgehend metaphorisch gebraucht."[18]

SYDOW stellt sogar die These auf, eine statistische Analyse von Bedeutung und Verbreitung kooperativer Organisationsformen sei methodisch einwandfrei nicht zu leisten. Er formuliert: "Der empirische Nachweis der Existenz und mehr noch der zunehmenden Verbreitung von Unternehmungsnetzwerken ist alles andere als einfach, ein exakter Nachweis unmöglich. Die Wirtschaftsstatistik kann über eine so spezifische Organisationsform ökonomischer Aktivitäten keine Auskunft geben. Wirtschaftsstatistische Daten zur Veränderung der Betriebsgrößenstruktur – auch einzelner Branchen – können keinen Aufschluss darüber geben, ob etwa (Groß-)Unternehmungen zunehmend durch Unternehmungsnetzwerke substituiert oder ergänzt werden. Zu vielfältig sind die möglichen Formen, Ursachen und Folgen einer solchen Entwicklung. Das gilt auch für wirtschaftsstatistische Daten, die eine Verlangsamung oder sogar Umkehr des Trends zunehmender wirtschaftlicher Konzen-

---

11 Vgl. Braun (1999), S. 81-85; Dörsam/Icks (1997), S. 34; Klein (1996a), S. 161; Mayer (2000), S. 26 f.

12 Vgl. Klocke (1998), S. 6; Sautter (1997)

13 Vgl. Hamel/Doz/Prahalad (1989), S. 133; Morgan (1986), S. 70

14 Doz/Hamel (1998), S. XIII (*Anm.: Der hier verwendete Begriff "strategic alliance" deckt sich mit dem Begriffsverständnis dieser Arbeit von Unternehmensnetzwerken.*)

15 Vgl. Heck (1999), S. VII; S. 4; Hergert/Morris (1988), S. 99-109

16 Vgl. Benson (1975), S. 229 f.; Jansen (1998), S. 9; Jarillo (1988), S. 31; Mayer (2000), S. 26

17 Vgl. Balling (1997), S. 7 f.; Baumgarten (1998), S. 14

18 Kutschker/Schmidt (1995), S. 3; Vgl. Tichy (1981), S. 227

tration konstatieren und stattdessen eine zunehmende Anzahl kleinerer und mittlerer Unternehmungen belegen."[19] Entsprechende Untersuchungen sind mithin nicht geeignet, eine zuverlässige quantifizierte Aussage zur Verbreitung kooperativer Organisationsmodelle zu liefern.[20] Bei aller methodischen Angreifbarkeit geben sie jedoch sicherlich Hinweise auf die zunehmende Verbreitung entsprechender Konzepte in der betrieblichen Praxis. Auch SYDOW erkennt trotz der zuvor geäußerten Kritik zahlreiche Indikatoren für eine Auflösung klassisch hierarchischer Lenkungs- und Steuerungsstrukturen.[21]

Die Überlegungen werfen ein Schlaglicht auf das Dilemma, in dem sich die Organisationsforschung im Zusammenhang mit der Entstehung und zunehmenden Verbreitung netzwerkartiger Strukturen befindet. Zahlreich sind die Aussagen zur wachsenden Bedeutung dieses Phänomens in Theorie und Praxis.[22] Ebenso vielfältig sind die Versuche, die empirisch beobacht- und auch theoretisch begründbare Entwicklung in ein in sich geschlossenes theoretisches Konzept zu überführen, das einerseits ausreichend trennscharf für eine fundierte wissenschaftliche Auseinandersetzung mit dem Thema ist und andererseits die Vielzahl der in der betrieblichen Praxis entwickelten Kooperationsformen abbildet.

Weitgehende Einigkeit besteht darüber, dass die Entstehung von Unternehmenskooperationen zur Verwischung von Organisationsgrenzen führt. Der Übergang zwischen internen, d.h. von der Organisationshierarchie erfassten Bereichen und der über Marktmechanismen gesteuerten Außenwelt gestaltet sich zunehmend fließend.[23] Damit entstehen neue Gestaltungs- und Steuerungsmodelle, die zur Koordination weder auf klare Weisungsbeziehungen noch auf Preisbildungsmechanismen zurückgreifen. Sie ergeben sich aus der Konvergenz zweier Entwicklungstrends – einerseits aus der Segmentierung und Auflösung hierarchischer Organisationsformen in kleinere Einheiten mit dezentraler Verantwortung, andererseits aus abgestimmtem Verhalten einzelner Unternehmen im Sinne langfristiger Zusammenarbeit.[24] Damit durchbrechen sie die klassisch dichotome Sichtweise von Markt und Hierarchie[25] und führen zur Bildung hybrider Formen, die Elemente beider Extrempunkte miteinander verbinden.[26]

---

19 Sydow (1993), S. 15

20 Vgl. Balling (1997), S. 29

21 Vgl. Sydow (1993), S. 15-19

22 Vgl. Heck (1999), S. 3; Hergert/Morris (1988), S. 99; Jarillo (1988), S. 31; Klocke (1998), S. 49 f.; Merkle (1999), S. 4; Pohlmann/Apelt/Buroh/Martens (1995), S. 1; Schuh/Millarg/Göransson (1998), S. 19; Urban (1998b), S. 19

23 Vgl. Powell (1990), S. 301

24 Vgl. Schuh/Millarg/Görannson (1998), S. 19

25 Vgl. Powell (1990), S. 297

26 Vgl. Vornhusen (1994), S. 25

An dieser Stelle enden die Gemeinsamkeiten jedoch bereits. Dies erscheint umso erstaunlicher, als "Unternehmungsnetzwerke keine grundsätzlich neue Organisationsform ökonomischer Aktivitäten darstellen. Netzwerkartige Beziehungen lassen sich zwischen Unternehmungen solange ausmachen wie Unternehmungen existieren. Die gesellschaftliche Arbeitsteilung hat nicht nur zur Entstehung von Unternehmungen und Märkten geführt, sondern auch zur Herausbildung von Beziehungen zwischen Unternehmungen (und anderen Organisationen), die mehr als nur spontane Austauschbeziehungen im Sinne von Kauf/Verkauf (arm's length-transactions) sind."[27] Dennoch ist es bislang nicht gelungen, eine allgemein anerkannte Definition zu erarbeiten.[28] Vielmehr stehen unterschiedliche Begriffe in wechselnden Interpretationen und unscharfer Abgrenzung nebeneinander (vgl. Tab. 51). Dies schlägt sich u.a. in einer Vielzahl von Schlagworten nieder, die auch die betriebliche Praxis prägen: Virtuelle Unternehmen, Netzwerkfirmen, Produktionsnetzwerke, Solarfirmen, Konsortien und Agglomerationen sind nur einige davon.[29] Eine Zusammenführung der Ansätze in einem übergeordneten Netzwerk- oder Kooperationskonzept liegt bislang nicht vor.

Die folgenden Ausführungen versuchen nicht, den zahllosen Definitionen eine weitere hinzuzufügen. Sie beschränken sich in einem ersten Schritt darauf, die konkurrierenden Begriffe Netzwerk und Kooperation abzugrenzen (vgl. Kap. 4.1.1), grundsätzliche Betrachtungsebenen zu identifizieren (vgl. Kap. 4.1.2) und anschließend aus der Analyse relevanter Literatur konstitutive Elemente des Kooperations- und Netzwerkbegriffs abzuleiten (vgl. Kap. 4.1.3). Empirische oder theoretisch diskutierte Realisationsformen greifen diese Elemente später auf und schlagen die Brücke zur Umsetzung (vgl. Kap. 4.2).

---

27 Sydow (1993), S. 54; Vgl. Mayer (2000), S. 25 f.

28 Vgl. Mayer (2000), S. 26

29 Vgl. Belzer (1993), S. 41; Baumgarten (1998), S. 17; Pohlmann/Apelt/Buroh/Martens (1995), S. 1

Begriffe	Explikation
Interorganisatorische Domäne	'Functional social systems which occupy a position in social space between the society and the simple organization'. Genauer wird damit ein Problemgebiet bezeichnet, das für mehrere Organisationen von wechselseitigem Interesse ist und damit potentiell eine interorganisatorische Zusammenarbeit begründet. ... Mit der Bestimmung der organisationalen Domäne wird letztlich die Grenze zwischen Organisation und Umwelt abgesteckt ... .
Interorganisationales Feld	Lenkt die Aufmerksamkeit prinzipiell auf die Totalität der strukturellen und funktionalen Beziehungen zwischen Organisationen, die sich mit derselben Problemsituation konfrontiert sehen, dabei allerdings keine Identität als 'Unternehmung' entwickeln.
Organisationale Population	Eine Menge von Organisationen, die ähnliche Leistungen an ihre Umwelt unter Nutzung ähnlicher, von ihnen importierter Ressourcen erbringen und ... in struktureller und technologischer Hinsicht ähnlich sind.
Organisationale Gemeinschaften	Sind 'systems of interacting populations of organizations'.
Organisationskollektiv	Ein soziales Handlungssystem, das sich durch differenzierte Rollen und entsprechende gegenseitige Rollenerwartungen auszeichnet und zudem in der Lage ist, als Einheit zu agieren.
Organisationsset	Umfasst (als methodisches Konzept) eine Menge von Organisationen, die mit einer fokalen Organisation in Beziehung stehen. Damit entspricht das Organisationsset der aus der Kommunikationsforschung bekannten egozentrischen Sicht auf soziale Netzwerke.
Aktionsset	Fasst eine Menge von Organisationen zusammen, die zur Erreichung eines begrenzten Zweckes zusammen handeln und eventuell sogar dazu eine gemeinsame Identität (corporate identity) herausbilden. Dies ist im Rahmen strategischer Allianzen der Fall.
(Interorganisationales) Netzwerk	Umfasst (als methodisches Konzept) alle durch ökonomische Aktivitäten miteinander in Beziehung stehenden Organisationen einer Population.
Organisationale Föderation	Eine Menge von Organisationen, deren ökonomische Aktivitäten durch eine speziell damit betraute Organisation ... koordiniert werden.
Multiorganisationale Systeme, Transorganisationale Systeme	'are comprised of organizations that have joined together for a common purpose... Transorganizational systems are federative or coalitional structures whose member organizations maintain their separate identities and disparate goals, yet employ either some formal organization or informal collaboration'.
Quasi-Integration, Vertikale Organisation	Bezieht sich ausdrücklich auf die Integration ökonomischer Aktivitäten vorgelagerter Wirtschaftsstufen (Vorwärtsintegration) oder nachgelagerter Wirtschaftsstufen (Rückwärtsintegration), ohne dass sich allerdings eine vollständige Integration (Unternehmungskonzentration) ergibt.
Quasi-Unternehmung	Sind lose miteinander verbundene (loosely coupled) interorganisationale Arrangements mit strategischer Zielsetzung.
Hybrid-Organisation, Hybrid Arrangement	'Hybrids are organizational arrangements that use resources and/or governance structures from more than one existing organization.'

Tab. 51: Begriffe und Konzepte der Managementforschung[30]

30 Tab. nach Sydow (1993), S. 66-70

4.1.1 Netzwerke und Kooperationen

In der einleitendend diskutierten Begriffsvielfalt stechen zwei Begriffe hervor, die die wissenschaftliche Diskussion und die Auseinandersetzung in der Praxis unabhängig von der konkreten organisatorischen bzw. strukturellen Gestaltung im Einzelfall durchziehen. Zum einen ist von Netzwerken die Rede, zum anderen von Kooperationen. Beide Begriffe sind nicht vollständig trennscharf voneinander abzugrenzen,[31] sie zeichnen sich jedoch durch eine unterschiedliche Akzentuierung aus.

Die Mehrzahl der Betrachtungs- und Definitionsansätze geht von der Analyse des Zusammenspiels grundsätzlich unabhängiger Handlungssubjekte aus. "Der Begriff des Netzwerkes ... erleichtert die einprägsame Vermittlung der Charakteristika von Beziehungen zwischen Aktoren. Ein Netzwerk besteht aus Knoten und Kanten. Als Knoten werden die Aktoren eines Netzwerkes bezeichnet, bei denen es sich um Individuen, Gruppen, Organisationen oder Nationen handeln kann. Kanten nennt man die zwischen den Aktoren bestehenden direkten oder indirekten Beziehungen."[32] Vordergründig abweichende Aussagen finden sich z.B. bei THORELLI: Er abstrahiert von Handlungssubjekten und bezeichnet die Knoten auch als (ökonomische oder soziale) Positionen, die Kanten als korrespondierende Beziehungen zwischen diesen Positionen.[33] Damit ergibt sich jedoch keine grundlegende Verschiebung der Inhalte und Aussagen, da Positionen von Akteuren besetzt werden müssen, um praktische Wirkung zu entfalten.

Obwohl für eine fundierte Beschreibung im Sinne einer präzisen Abgrenzung des Forschungsgegenstands noch zu abstrakt, wird bereits der grundsätzliche inhaltliche Schwerpunkt des Netzwerkbegriffs deutlich. Er fokussiert unabhängig von der gewählten Betrachtungsebene auf strukturelle Aspekte im Zusammenspiel von Handlungssubjekten und auf die Analyse der zwischen ihnen bestehenden Beziehungen.[34] Die Kopplung der Akteure und ihre Interaktion begründen – darin besteht weitgehende Einigkeit – Interdependenzen[35] und mithin organisatorische Abstimmungsmechanismen.[36] Antagonistisches Verhalten innerhalb des Netzwerks widerspricht tendenziell diesem als konstitutiv erachteten wechselseitigen Abhängigkeitsverhältnis.[37] Damit wird kooperatives Verhalten zu einem wichtigen Bestandteil des Netzwerkkonzepts. Der Begriff der Kooperation findet daher vielfach bereits Eingang in die Begriffsdefinition: "Ein Unternehmensnetzwerk liegt vor, wenn zwischen mehreren rechtlich selbständigen und formal weitgehend unabhängigen Unternehmen eine koordinierte,

---

31 Vgl. Balling (1997), S. 8, S. 12 f.; Jansen (1998), S. 89; Schneider (1973), S. 34; Schräder (1996), S. 13

32 Vgl. Kutschker/Schmidt (1995), S. 3

33 Vgl. Thorelli (1986), S. 38

34 Vgl. Pohlmann/Apelt/Buroh/Martens (1995), S. 20

35 Vgl. Faust (1996), S. 273

36 Vgl. Sydow (1993), S. 80 f., S. 217 f.

37 Vgl. Dörsam/Icks (1997), S. 4

kooperative Zusammenarbeit stattfindet. Entscheidend ist, dass die beteiligten, bisher autonom agierenden Unternehmen ein übergeordnetes, gemeinsames Ziel verfolgen."[38]

Umgekehrt wird auch der Begriff der Kooperation durch eine Rekursion auf konstitutive Elemente des Netzwerkbegriffs definiert: "Im Allgemeinen wirtschaftlichen Sprachgebrauch kann jede Art der Zusammenarbeit von Personen und Institutionen im Wirtschaftsleben als Kooperation bezeichnet werden. In der betriebswirtschaftlichen Literatur wird der Begriff jedoch mit einem engen Sinngehalt gebraucht. Hier versteht man unter Kooperation eine auf stillschweigenden oder vertraglichen Vereinbarungen beruhende Zusammenarbeit zwischen rechtlich selbständigen ... Unternehmungen."[39]

SYDOW richtet den Blick mehr auf Verhaltensaspekte denn auf die strukturelle Verankerung entsprechender Beziehungen: "In der betriebswirtschaftlichen Literatur zur Unternehmungskooperation wird unter (zwischenbetrieblicher) Kooperation zumeist 'die gemeinsame Ausübung betrieblicher Funktionen mit dem Ziel größerer Wirtschaftlichkeit und Rentabilität der einzelnen Unternehmen' verstanden. Ziel ist die Erwirtschaftung eines Kooperationserfolges, dessen Quellen die Unterlassung einander neutralisierender Aktivitäten, die Vermeidung von Doppelaktivitäten oder die Überwindung einer Unvollkommenheit der Faktorausstattung durch Kooperationen sind. Dieser Kooperationserfolg stärkt potentiell die Wettbewerbsposition gegenüber Unternehmungen, die von der Kooperation ausgeschlossen sind."[40]

Die Diskussion zeigt aber, dass eine präzise inhaltliche Trennung beider Begriffe in der Literatur nicht erkennbar ist. Im Rahmen der vorliegenden Arbeit werden sie aus diesem Grund weitgehend synonym verwendet. Unterschiede bestehen im Hinblick auf die Schwerpunktsetzung. Während der Begriff des Netzwerks den Blick eher auf strukturelle Aspekte der Zusammenarbeit lenken will, stehen beim Stichwort Kooperation eher Verhaltensdimensionen im Mittelpunkt.

4.1.2 Betrachtungsebenen des Netzwerkbegriffs

Die verschiedenen Beschreibungs- und Definitionsansätze in der Literatur unterscheiden sich durch den Blickwinkel, unter dem sie das Netzwerk- und Kooperationsphänomen, d.h. nicht-kompetitive Verhaltensweisen in einem marktlich dominierten Umfeld, betrachten. Grundsätzlich sind drei Dimensionen zu erkennen:[41]

- Die interpersonale Perspektive (vgl. Kap. 4.1.2.1) konzentriert sich auf die Einbettung von Organisationen und insbesondere ihrer Mitglieder in ein übergeordnetes soziales System. Sie untersucht, inwieweit das Verhalten von Organisationen im Sinne korporativer Akteure durch das Handeln der Mitglieder und deren soziale

---

38 Hippe (1996), S. 26 f.; Vgl. Hippe (1997), S. 39

39 Blohm (1980), Sp. 1112; Vgl. Gerth (1971), S. 11; Strohmayer (1996), S. 25

40 Vgl. Sydow (1993), S. 93

41 Vgl. Pohlmann/Apelt/Buroh/Martens (1995), S. 19

Interaktion determiniert ist.[42] Damit verknüpft organisationales Handeln individuelle Entscheidungen und unterliegt mittelbar deren Einfluss- und Bedingungsfaktoren.

- Der strukturale Ansatz (vgl. Kap. 4.1.2.2) vernachlässigt die soziale Perspektive organisationalen Handelns. Er ist vielmehr auf die Bindungsarten zwischen Organisationen i.S. einer "losen Kopplung" ausgerichtet.[43] Damit stehen Netzwerke eigenständiger Partner im Mittelpunkt, die sich – bei aller Unabhängigkeit in ihren Entscheidungen – durch ein gemeinsames System von Normen und Regeln leiten lassen.

- Die institutionalistische Perspektive (vgl. Kap. 4.1.2.3) ordnet kooperatives Verhalten auf dem Kontinuum zwischen Markt und Hierarchie ein.[44] Sie stellt dabei Koordinationsinstrumente zwischen Preis und Weisung in den Mittelpunkt. Die Entstehung nicht-kompetitiven Verhaltens wird in diesem Zusammenhang über transaktionskostentheoretische Überlegungen erklärt, die kooperatives Verhalten unter bestimmten Bedingungen als Kompensationsinstrument für Markt- und Hierarchieversagen ansehen.

Natürlich sind die skizzierten Betrachtungsweisen interdependent. POHLMANN ET AL. weisen in diesem Zusammenhang darauf hin, dass das Verhalten von Organisationen und Organisationsmehrheiten in hohem Maße durch Normen und Regeln im Sinne eines strukturalen Ansatzes determiniert ist. Jedoch wird der durch die Organisationsstruktur vorgegebene Rahmen erst durch konkret realisierte Verhaltensweisen aufgefüllt. Diese sind das Ergebnis individueller Wahrnehmungs- und Entscheidungslogiken.[45] Damit kommt wiederum die soziale Perspektive ins Spiel, die Verhaltensvarietät einerseits als Ergebnis regelwidrigen Verhaltens oder andererseits als unvermeidliche Folge der individuellen und situationsspezifischen Ausschöpfung strukturell verankerter Verhaltens- und Entscheidungsspielräume erklärt. Insoweit greifen die genannten Betrachtungsansätze ineinander. Das Ziel besteht demnach nicht darin, die "richtige" Perspektive zu finden, sondern durch einen differenzierten argumentativen Zugang das vielfältige Ursachen- und Bedingungsgefüge zur Genese und Verhaltenssteuerung von Unternehmensnetzwerken zu illustrieren.

Im Folgenden werden wesentliche Elemente und Schlussfolgerungen der unterschiedlichen Betrachtungsperspektiven erläutert.

---

42 Vgl. Moss Kanter (1995), S. 33

43 Vgl. Chisholm (1996), S. 218 f.; Merkle (1999), S. 26; Pohlmann (1989), S. 25; Sydow (1993), S. 86

44 Vgl. Bea/Göbel (1999), S. 353 f.; Hinterhuber/Stahl (1996), S. 91

45 Vgl. Pohlmann/Apelt/Buroh/Martens (1995), S. 23 f.

4.1.2.1 Interpersonale Perspektive

Die interpersonale Perspektive ist durch die These der sozialen Einbettung oder "social embeddedness" gekennzeichnet.[46] Danach ist wirtschaftliches Handeln nicht allein durch ökonomische Motive bestimmt, sondern ebenso durch die Rolle der Wirtschaftssubjekte bzw. im Falle von Organisationen ihrer Bevollmächtigten oder verantwortlichen Entscheidungsträger im sozialen Umfeld.[47] Damit streicht "dieser Ansatz ... die grundlegende Bedeutung sozialer Beziehungen in der Welt der Ökonomie heraus."[48] Er löst sich von der lediglich gesamthaften Betrachtung organisationalen Handelns, die sich im Verständnis von Organisationen als korporativen Akteuren manifestiert, und führt dieses zurück auf Entscheidungen und individuelles Verhalten der Organisationsmitglieder. "Menschen, nicht Institutionen machen Kooperationen aus."[49]

Damit verliert der qualitative Sprung zwischen Handlungen und Entscheidungen innerhalb der Organisationshierarchie und der Interaktion mit der Umwelt an Bedeutung.[50] Organisationen werden nicht als quasi monolithische Gebilde betrachtet, sondern entstehen durch individuelles und kollektives Handeln ihrer Mitglieder. Sie sind "Systeme von miteinander vernetzten Akteuren"[51]. Handlungen und Entscheidungen entstehen nicht auf aggregierter Ebene der Gesamtorganisation und sind nicht dieser als Abstraktum zuzuordnen, sondern basieren auf individuellem Verhalten der Mitglieder, die ihrerseits durch ihr soziales Umfeld geleitet werden.

In dieser Tradition interpersonaler Ansätze unterstreicht beispielsweise GRANOVETTER die Relevanz sozialer Motive als Einflussfaktor auch für ökonomisches Handeln. Er sieht eine rein ökonomisch-rational motivierte Entscheidungsfindung als lediglich theoretisches Konstrukt an und erkennt in jedem Fall auch nicht-ökonomische Einflussfaktoren menschlichen Handelns.[52] In die gleiche Richtung weisen die Überlegungen POWELLs. Er erkennt in der Ergänzung rein ökonomischer Motive durch soziale Aspekte eine Verfälschung der historischen und anthropologischen Entwicklung.[53] Der Ausgangspunkt liegt für ihn in durch soziale Motive motivierten Transaktionen, die bereits vor Einführung funktionierender Märkte und Wirtschaftssysteme gesellschaftliche Realität waren. Ökonomische Aktivität entfaltet sich grund-

---

46 Vgl. Sydow (1993), S. 154

47 Vgl. Dörsam/Icks (1997), S. 25-32; Klink (1997), S. 125; Kutschker/Schmidt (1995), S. 14; Luczak/Wimmer (2000), S. 141; Schenk (1984), S. 178

48 Pohlmann/Apelt/Buroh/Martens (1995), S. 20; Vgl. Porter/Lawler/Hackman (1975), S. 38-40; Vgl. Tichy (1981), S. 225

49 Balling (1997), S. 116; Vgl. Johannisson (1987a), S. 9-16

50 Vgl. Mansfield (1987), S. 258

51 Sydow (1993), S. 75; Schenk (1984), S. VIII

52 Vgl. Granovetter (1985), S. 495

53 Vgl. Powell (1990), S. 298

sätzlich innerhalb eines durch politische, religiöse und soziale Normen gegebenen Rahmens. Kooperatives, von sozialen Erwägungen gesteuertes Handeln steht demnach in mindestens ebenso langer Tradition wie kompetitives.

Die erfolgreiche Realisation kooperativer Beziehungen zwischen Organisationen basiert demzufolge letztlich immer auf der sozialen Interaktion ihrer Mitglieder.[54] Durch diese Rückführung organisationalen Handelns auf Aktivitäten der Organisationsmitglieder und die Betrachtung sowohl ökonomischer wie sozialer Motive individuellen Verhaltens verlieren die qualitativen Unterschiede zwischen organisationsinternen und –externen Handlungen an Bedeutung.[55] In beiden Fällen handelt es sich letztlich um Systeme miteinander vernetzter individueller Akteure. Unterschiede betreffen weniger den grundsätzlichen Interaktionsrahmen, sondern eher die Ausprägung einzelner Merkmale wie Koordinationsmechanismen oder den Grad der kulturellen Integration.

Diese Perspektive führt die Betrachtung auf soziale Netzwerke zurück, die definiert sind als "a specific set of linkages among a defined set of persons, with the additional property that the characteristics of these linkages as a whole may be used to interpret the social behaviour of the persons involved."[56] Damit schließt die Netzwerkdefinition jede Mehrheit individueller und korporativer Akteure ein und grenzt lediglich das einzelne Individuum aus. Akteure können nicht nur Einzelpersonen, sondern auch Gemeinschaften, Organisationen, Unternehmen und ganze Gesellschaften sein.[57]

Soziale Beziehungen sind persönlicher, kategorieller oder struktureller Art.[58] Persönliche Beziehungen betreffen im Wesentlichen individuelle Kontakte durch Bekanntschaft, Freundschaft oder Verwandtschaft, kategorielle ergeben sich aus der Zugehörigkeit zu sozialen Stereotypen. Innerhalb sozialer Schichten, Milieus oder Ethnien kristallisieren sich bestimmte Handlungs- und Entscheidungsmuster heraus. Das Gefühl gemeinsamer Zugehörigkeit beeinflusst das Verhalten gegenüber Angehörigen der eigenen und fremder Gruppen. Strukturelle Beziehungen schließlich betreffen soziale Positionen und Rollen innerhalb von Gruppen und Organisationen. Aus ihnen ergeben sich bestimmte Verhaltenserwartungen sowie Handlungs- und Entscheidungsmuster.

Die Akzentuierung sozialer Beziehungen erlaubt die Berücksichtigung von Dimensionen wie Vertrauen und Zuversicht, die sich durch positive Erfahrungen aus der Interaktion mit anderen ergeben. Gleichzeitig gewinnen handlungsleitende Motive wie das Streben nach Respekt, Anerkennung und Akzeptanz im sozialen Umfeld an Bedeutung. Damit ist die optimale Bedürfnisbefriedigung, die notfalls auch durch

---

54 Vgl. Handy (1995), S. 46; Hinterhuber/Stahl (1996), S. 90; Moss Kanter (1995), S. 33

55 Vgl. Jensen/Meckling (1976), S. 310 f.

56 Mitchell (1969b), S. 2

57 Vgl. Sydow (1993), S. 78

58 Pohlmann/Apelt/Buroh/Martens (1995), S. 19; Schenk (1984), S. 32

opportunistisches Handeln in anonymen Markttransaktionen erreicht wird, nicht mehr alleiniges Handlungsregulativ.[59] Vielmehr ergeben sich langfristig orientierte Motive, die auch die kurzfristige Zurückstellung eigener Interessen attraktiv erscheinen lassen, wenn sich daraus langfristige, nicht nur rein ökonomische Nutzenpotentiale ergeben.[60] Dadurch sind die Voraussetzungen geschaffen, damit sich Individuen auch auf Basis rationaler Entscheidungen auf kooperatives, d.h. nicht kompetitives oder opportunistisches Verhalten einlassen. In dieser Situation spielt die sog. Reziprozitätsnorm eine wichtige Rolle. "Sie besagt, dass im Verhältnis zu anderen Akteuren nicht nur einseitig Leistungen empfangen werden können, sondern dass eine Verpflichtung zur Gegenleistung entsteht, auch wenn vertraglich keine Vereinbarung existent ist. Die moralische Verpflichtung trägt zur Stabilität eines sozialen Systems bei ... ."[61]

Werden also Organisationen und Organisationsnetzwerke als Ergebnis koordinierten Handelns individueller Akteure und damit stabiler personal-sozialer Beziehungen betrachtet, ergeben sich Erklärungsansätze für kooperatives Handeln, das kompetitive und opportunistische Elemente zumindest kurzfristig vernachlässigt. Im Ergebnis verlieren marktliche Koordinationsmechanismen ihren alleinigen Einfluss auf das Verhalten der Marktteilnehmer.[62] Damit erklärt die Einbettung ökonomischer Aktivitäten in soziale Beziehungen, warum Individuen und Organisationen die kurzfristige Befriedigung eigener Bedürfnisse durch opportunistisches Verhalten zugunsten einer langfristig stabilen, positiven personal-sozialen Beziehung zurückstellen. Gleichzeitig bietet sie Erklärungsansätze, die die Anbahnung und Aufrechterhaltung von Kooperationsbeziehungen erleichtern. Hier ist in erster Linie das später noch ausführlich behandelte Konstrukt des Vertrauens in die Aufrichtigkeit der Transaktionspartner zu nennen, das durch den sozialen Kontakt entsteht und ebenfalls Voraussetzung für kooperatives Verhalten ist.

Parallel entstehen durch die Beziehungen innerhalb des sozialen Netzwerks Struktur- und Verhaltensähnlichkeiten der Mitglieder.[63] "Drei Kräfte sind hier potentiell von Bedeutung: Erstens wird Isomorphie mit der symbolisch-institutionellen Umwelt durch den von einer mächtigen Organisation (u.U. auch von staatlichen Stellen) ausgehenden formellen oder informellen Zwang bewirkt (coercive isomorphism). Zweitens entsteht eine Isomorphie, indem organisationale Praktiken anderer zum Leitbild eigenen Handelns werden (mimetic isomorphism). Und drittens ähneln sich Organisationen, weil sie intensiv miteinander kooperieren und sich an denselben professionellen Standards und Ideologien orientieren (normative isomorphism). Alle

---

59 Vgl. Sydow (1993), S. 154

60 Vgl. Sydow (1993), S. 154

61 Hippe (1996), S. 33 f.; Vgl. Blau (1964), S. 156-160; Graham (1996), S. 42; Johannisson (1987a), S. 14; Sydow/Windeler (1999), S. 56

62 Vgl. Goldberg (1980), S. 338

63 Vgl. DiMaggio/Powell (1983), S. 148; DiMaggio (1986), S. 363-365

drei Kräfte können bei der Verfolgung kollektiver Strategien auch innerhalb strategischer Netzwerke zusammenwirken. Wirksam sind diese Mechanismen, die bewusst oder unbewusst ablaufen und Isomorphie im Hinblick auf die von der institutionellen Umwelt gehegten Erwartungen bewirken, besonders in Situationen mit hoher Unsicherheit."[64] Dieser Effekt führt zur Entstehung einer eigenen Identität von Organisationen und Netzwerken[65] und begünstigt koordiniertes Handeln im Sinne einer Kooperation.

Gleichzeitig schafft das "interorganisatorische Beziehungspotential"[66], d.h. die Einbindung der Mitglieder in das Organisationsumfeld und der damit verbundene, organisationsübergreifende soziokulturelle Hintergrund, die Grundlage, um kurzfristig aktivierte Netzwerke mit konkretem Wertschöpfungsauftrag zu etablieren. Zudem wirkt es über die Grenzen der eigenen Organisation sowie bestehende partnerschaftliche Beziehungen hinaus in bislang marktlich dominierte Bereiche. Damit wird die Etablierung kooperativer Beziehungen zwischen Organisationen als korporativen Akteuren wesentlich erleichtert. Sie kann auf das bestehende personal-soziale Beziehungsgefüge der jeweiligen Mitglieder zurückgreifen, das über die Grenzen der Einzelorganisation hinaus besteht.

Zusammenfassend liefern soziale Beziehungen daher einerseits die Erklärung für die Bereitschaft von Individuen und Organisationen zur Kooperation, andererseits erleichtern sie die Anbahnung und Steuerung entsprechender Beziehungen.

4.1.2.2 Strukturale Perspektive

In der strukturalen Perspektive treten die zuvor beleuchteten sozialen Aspekte der Interaktion gegenüber strukturellen Fragen der Kooperation in den Hintergrund. Ein Organisationsnetzwerk wird hier als System miteinander verbundener Organisationen betrachtet. Die Art der Bindung kann sich dabei von Fall zu Fall unterscheiden.[67] Das Hauptaugenmerk dieses Ansatzes liegt in der sog. "losen Kopplung" von Organisationen.[68] Entsprechende Systeme sind nach SYDOW "sehr differenziert, aber kaum integriert. Das gilt auch hinsichtlich der Zielvorstellungen und Wertsysteme, mit anderen Worten, der kulturellen Organisiertheit. Konsequenterweise sind nicht alle Systeme in alle Aktionen involviert. Trotzdem wird derartigen Systemen, nicht zuletzt aufgrund ihrer Anpassungsfähigkeit, ein recht dauerhafter Bestand nachgesagt."[69] Mit

---

64 Vgl. Sydow (1993), S. 208

65 Vgl. Sydow (1993), S. 161

66 Schuh/Millarg/Göransson (1998), S. 31

67 Yoshino/Rangan (1995), S. 5

68 Vgl. Pohlmann/Apelt/Buroh/Martens (1995), S. 20

69 Sydow (1993), S. 86

diesen Überlegungen verbinden sich im Wesentlichen folgende Anforderungen an die Existenz eines Interorganisationsnetzwerks:[70]

- Die Organisationen, die das Netzwerk bilden, bleiben in ihrer Entscheidungsfindung und ihrem Verhalten am Markt grundsätzlich unabhängig. Dies schließt selbstverständlich eine partielle gegenseitige Abhängigkeit, z.B. in wirtschaftlicher Hinsicht, sowie den Zwang zur Abstimmung eigener Maßnahmen und Entscheidungen innerhalb und außerhalb der Sphäre des Netzwerks nicht aus.[71] Die Motivation zum abgestimmten Handeln leitet sich aus Zielen des gesamten Netzwerks ab, auf deren gemeinsame Verfolgung sich die Mitgliedsorganisationen geeinigt haben.[72]
- Die Partner ziehen einen gemeinsamen Nutzen aus den Aktivitäten im Netzwerk. Umgekehrt zeichnen sie gemeinschaftlich für dessen Gestaltung und Steuerung verantwortlich. Die Aufgabenverteilung stellt insofern besondere Anforderungen an die Partner, als klare Weisungsbeziehungen wie innerhalb einer Organisation nicht bestehen.[73] Daraus resultierende Koordinationsprobleme sowie Ansätze zu ihrer Lösung stehen im Mittelpunkt des vorliegenden Ansatzes.
- Die Partnerorganisationen konzentrieren sich in ihren Beiträgen zu den Aktivitäten des Netzwerks auf unterschiedliche Ressourcen. Sie bringen individuelle Kompetenzen ein, die durch die koordinierte Zusammenarbeit verknüpft und in strategische Wettbewerbspositionen umgesetzt werden.[74]

Diese Überlegungen lenken den Blick auf die Koordination der Partner als wesentliches Gestaltungsfeld aus strukturaler Sicht. Sie kann sich auf die Ausübung von Macht im Sinne eines von außen induzierten Verhaltens stützen. POHLMANN ET AL. erkennen grundsätzlich drei Arten der Machtausübung:[75]

- Marktmacht leitet sich primär aus der Stellung einer Organisation am Markt ab. Diese kann sowohl auf der wirtschaftlichen Dominanz in einem bestimmten Marktbereich als auch auf Alleinstellungsmerkmalen und damit mangelnder Substituierbarkeit der Leistung beruhen, die Abhängigkeiten anderer Marktteilnehmer konstituieren.[76] Als Grundlage kommen insbesondere überlegenes technologisches Know-how oder rechtlich geschützte Monopolpositionen in Betracht, die eine Imitation oder Substitution verhindern oder erschweren.

---

70 Vgl. Yoshino/Rangan (1995), S. 5

71 Vgl. Bea/Göbel (1999), S. 365

72 Vgl. Hippe (1996), S. 26 f.

73 Vgl. Kaluza/Blecker (1996), S. 397

74 Vgl. Doz/Hamel (1998), S. 224

75 Vgl. Pohlmann/Apelt/Buroh/Martens (1995), S. 50-53

76 Vgl. Blau (1964), S. 197

- Organisationsmacht basiert auf Entscheidungs- oder Weisungskompetenzen, die sich aus der hierarchischen Position des Machtausübenden oder aus vertraglichen Regelungen ergeben.[77] In jedem Fall setzt sie ein formalisiertes und regelmäßig auch kodifiziertes Vertragsverhältnis zwischen den beteiligten Parteien voraus.
- Beide Arten der Macht bzw. Machtausübung sind strukturell verankert. Davon ist die dritte Art der Machtausübung abzugrenzen, die sich im Wesentlichen aus persönlichkeitsbedingten Merkmalen der Akteure ergibt: Personalmacht wird primär im unmittelbaren Umgang ausgeübt. Sie wird durch Organisations- und Marktmacht unterstützt, leitet sich aber grundsätzlich aus individuellem Verhalten und persönlichkeitsbedingten Merkmalen wie z.B. natürlicher Autorität ab.[78]

Die Ausübung von Marktmacht deutet auf kompetitives Verhalten hin, das am Markt, nur in Ausnahmefällen jedoch innerhalb eines Netzwerks üblich ist. Im Zusammenhang mit Unternehmensnetzwerken erlangt diese Form der Macht in der Phase der Konstitutierung durch ihren Einfluss auf die individuellen Verhandlungspositionen der Mitgliedsorganisationen bei der Strukturgestaltung hohe Bedeutung. Organisationsmacht, die sich auf hierarchische Beziehungen, d.h. durch die Organisationsstruktur etablierte Über- und Unterordnungsverhältnisse stützt, kennzeichnet organisationsinternes Verhalten und Koordination. Die Abstimmung im Rahmen eines Netzwerks, d.h. über Organisationsgrenzen hinweg, basiert demgegenüber i.d.R. auf der Ausübung von Organisationsmacht, die über wechselseitige Verträge mit entsprechenden Entscheidungskompetenzen formalisiert ist, oder von informell legitimierter Personalmacht.

An dieser Stelle wird bereits die enge Verbindung von strukturaler und institutionalistischer Perspektive deutlich (vgl. Kap. 4.1.2.3).[79] Besondere Merkmale eines Netzwerks ergeben sich vielfach aus der Gegenüberstellung mit marktlichen oder hierarchischen Abstimmungsmechanismen. Diese Einordnung in das Kontinuum zwischen den beiden Extrempolen Markt und Hierarchie stellt eine der zentralen Überlegungen der Institutionalismusdiskussion dar.[80] Aus strukturaler Sicht sind dagegen die Art der Verbindungen zwischen den Mitgliedsorganisationen eines Netzwerks sowie ihr Einfluss auf die Flexibilität und Steuerbarkeit des Gesamtsystems von Bedeutung. Beide Aspekte werden über die Komplexität des Netzwerks beeinflusst.

Organisatorische Strukturen werden grundsätzlich mit dem Ziel geschaffen, zielgerichtetes Handeln und die Bewältigung von Aufgaben zu ermöglichen, die die kognitiven Möglichkeiten eines einzelnen Akteurs übersteigen. Ihr wesentlicher Beitrag liegt in diesem Zusammenhang in der Unterstützung bei der Aufbereitung von Informationen,

---

77 Vgl. Graham (1996), S. 7; Laske/Weiskopf (1982), Sp. 795; Morgan (1986), S. 275; Weber (1976), S. 551-556

78 Vgl. Weber (1976), S. 550 f.

79 Vgl. Pohlmann/Apelt/Buroh/Martens (1995), S. 50-53

80 Vgl. Thorelli (1986), S. 39

um Komplexität der Umwelt zu beherrschen. "Grundlegend hierfür sind modellhafte Einsichten in Strukturen und Prozesse der handlungsrelevanten Umwelt. In diesen manifestiert sich die von einer Organisationseinheit wahrgenommene Varietät der Umwelt, als Umweltkomplexität bezeichnet. Dem Umweltmodell steht das Eigenmodell gegenüber, das in seiner Vielfältigkeit das Problemlösungspotential einer Organisationseinheit verkörpert, das Eigenkomplexität genannt wird. Das Ausmaß des prinzipiell vorhandenen Potentialgefälles zwischen Umwelt- und Eigenkomplexität, das zugleich die Grenze zwischen Organisationseinheit und Umwelt markiert, ist maßgeblich für das Erfolgspotential einer Organisation."[81]

Hier zeigen sich die Vorteile eines Netzwerkarrangements. Zwar handelt es sich dabei um komplexe organisatorische Strukturen,[82] sie bieten jedoch wesentliche Vorteile: Die grundsätzliche Unabhängigkeit der Netzwerkmitglieder, also ihre rechtliche und zumindest partielle wirtschaftliche Selbständigkeit, erlaubt eine Handlungskoordination über grundlegende Rahmenvorgaben, die nach wie vor Entscheidungsspielräume eröffnen. Sie unterstützt dadurch eine kurzfristige und flexible Reaktion auf dynamische Umweltveränderungen. Die hierarchisch organisierten Systemen innewohnende Strukturträgheit wird tendenziell reduziert. Netzwerke sind damit zumindest teilweise autopoietische, d.h. selbststeuernde Systeme.[83] Sie weisen eine höhere Toleranz gegenüber Umweltkomplexität auf und bergen damit im Sinne der oben angeführten Diskussion große Erfolgspotentiale.

Überdies sorgt die gegenüber hierarchischen Beziehungen flexiblere Struktur organisationsübergreifender Netzwerke dafür, dass Störungen an einzelnen Knoten, d.h. in der Sphäre einer Mitgliedsorganisation, lokal begrenzt bleiben. SYDOW weist auf die Stabilität lose gekoppelter Systeme hin, die über ihren geringen Integrationsgrad erklärt wird.[84] Im Extremfall ist das Netzwerk als Ganzes auch durch das vollständige Ausscheiden oder die Auflösung einzelner Mitglieder in seiner Existenz nicht gefährdet.

Die Stabilität des Netzwerks beruht damit grundsätzlich auf gegenüber ad hoc entstehenden, aber meist einmaligen Markttransaktionen längerfristigen Beziehungen zwischen den einzelnen Mitgliedern. Deren konkrete, z.B. vertragliche Ausgestaltung fällt in Abhängigkeit von Zielen und Umweltbedingungen der Kooperation von Fall zu Fall unterschiedlich aus.[85] Sie unterliegt mitunter sogar im Zeitablauf dynamischen Veränderungen: "Die Gleichwertigkeit der fachspezifischen Bedeutung von Partnern und Kompetenzen induziert, dass ... die Positionierung von Netzwerk zu Netzwerk

---

81 Bellmann/Mildenberger (1996), S. 144; Vgl. Chisholm (1996), S. 218; Rilling (1997), S. 8; Wiendahl/Kuhn/Beckmann/Fastabend/Helms/Kloth (1996), S. 23

82 Vgl. Mayer (2000), S. 29; Jarillo (1988), S. 32

83 Vgl. Bellmann/Mildenberger (1996), S. 138

84 Vgl. Sydow (1993), S. 86

85 Vgl. Porter (1985), S. 57; Powell (1990), S. 297

wechseln kann. ... Aufgrund dieser multiplen und dynamisierten Vernetzung von Akteuren ... , die netzwerkübergreifend sowohl kooperieren als auch konkurrieren können und sollen, sowie fortlaufend wechselnder partnerschaftlicher Über- und Unterordnungen ... entstehen heterarische Produktionsnetzwerke als Gebilde zwischen den Koordinationsformen freier Wettbewerb und strukturstabiler Kooperation."[86]

Mit zunehmendem Zeithorizont gewinnt das Problem der Unsicherheit[87] an Bedeutung: Es wird nur im Ausnahmefall gelingen, Zielbildungsprozesse organisationsübergreifend vollständig zu synchronisieren oder gar Entwicklungen im wirtschaftlichen, sozialen und rechtlichen Umfeld erschöpfend vorherzusagen und zu berücksichtigen. Insofern sind ex ante getroffene Vereinbarungen, die die Kanten des Netzwerks determinieren, tendenziell umso unvollständiger,[88] je länger sich ihr zeitlicher Geltungsbereich erstreckt.

Daraus ergeben sich besondere Anforderungen an die Gestaltung der Netzwerkbeziehungen. SYDOW argumentiert in diesem Zusammenhang wie folgt: "Auch in vertragsrechtlicher Perspektive besitzt das strategische Netzwerk eine intermediäre Position zwischen Markt und Hierarchie, die beide ... als System von Verträgen konzeptualisiert werden. Gemeinhin basiert ein strategisches Netzwerk auf dem Prinzip des 'relational contracting'. Das 'relational contracting' unterscheidet sich von dem für die marktliche Koordination typischen 'spot contracting'. Es ist ... besonders für längerfristige, regelmäßig wiederkehrende und im Detail wenig festgelegte Transaktionen geeignet. Diese Kontraktart baut auf die sich über die Zeit entwickelnde Beziehung der Kontraktparteien auf ... ."[89] An dieser Stelle wird erneut die Brücke zur interpersonalen Netzwerkperspektive geschlagen (vgl. Kap. 4.1.2.1).

Im Übergang vom Markt zur Hierarchie nimmt damit die Bindungsdauer kontinuierlich zu, gleichzeitig sinken die Möglichkeiten einer vollständigen, ex ante getroffenen Festlegung zur Vermeidung opportunistischen Verhaltens. Die strukturalen Grundlagen der Machtausübung verschieben sich auf diesem Kontinuum von der Markt- über die vertraglich legitimierte hin zur hierarchiegestützten Organisationsmacht (vgl. Abb. 37). In diesen Überlegungen kommen Aknüpfungspunkte an die für die Institutionalismusdiskussion typische Einordnung von Netzwerken auf einem Kontinuum zwischen Markt und Hierarchie zum Ausdruck (vgl. Kap. 4.1.2.3).

---

86 Bellmann/Hippe (1996b), S. 62 f.

87 Vgl. Schildbach (1993), S. 84 f.

88 Vgl. Wolter/Wolff/Freund (1998), S. 23

89 Sydow (1993), S. 103

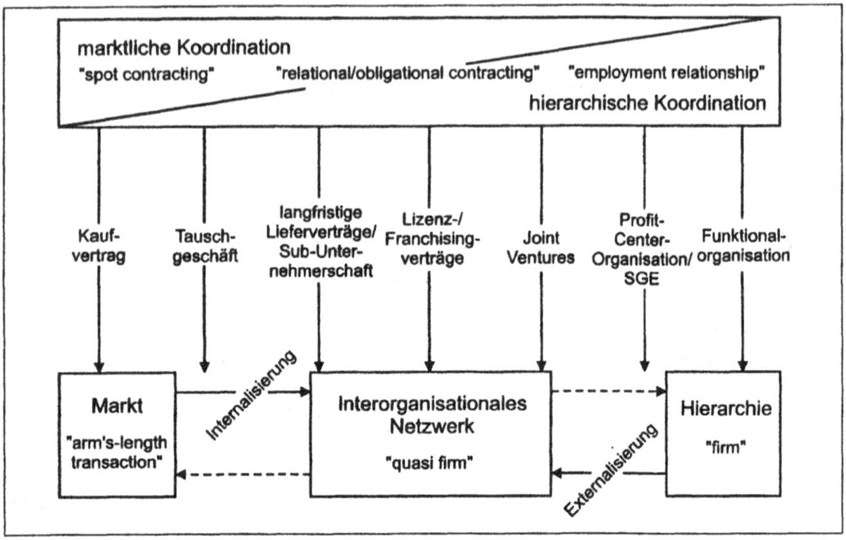

Abb. 37: Netzwerke zwischen Markt und Hierarchie[90]

"Die Netzwerkidee durchzieht auch das gesamte Kontinuum wirtschaftlicher Koordinationsmöglichkeiten von dem (idealtypischen) bindungsfreien, beweglichen und über den Preismechanismus gesteuerten Arrangement des Marktes bis zu der (wiederum idealtypisch) auf Stabilität abzielenden, technokratisch koordinierten Organisationsform der Hierarchie. ... Die Pole Markt und Hierarchie bilden eine gleitende Skala, auf der intermediäre ('hybride') Arrangements ihren Platz finden, ohne allerdings die beiden Endpunkte einzuschließen. Solche Koordinationsformen sind bindender als der bloße marktliche Tausch, jedoch loser als etwa die vertikale Integration."[91]

Die Attraktivität der Netzwerke ergibt sich unmittelbar aus dieser Mittelstellung. Sie vermeiden einerseits die "Unberechenbarkeit zufälliger Beziehungen"[92], die sich aus einer Markttransaktion ergibt, andererseits auch die "Erstarrung sozialer Einheiten durch eine allzu 'enge Kopplung' zwischen den Mitgliedern"[93], die sich als Trägheit und Beharrungstendenz hierarchischer Organisationen manifestiert. Diese Einordnung wird im folgenden Abschnitt weiter vertieft.

90 Abb. aus Sydow (1993), S. 104

91 Hinterhuber/Stahl (1996), S. 91

92 Hinterhuber/Stahl (1996), S. 90

93 Hinterhuber/Stahl (1996), S. 90

4.1.2.3 Institutionalistische Perspektive

Der wohl bedeutendste Betrachtungsansatz des Netzwerkphänomens ist der Neuen Institutionellen Ökonomie verhaftet.[94] Er sieht "die strukturelle Form des Netzwerkes als ökonomische Institution an, die i.d.R. als zwischen Markt und Hierarchie angesiedelt betrachtet wird."[95] Netzwerke gelten damit als intermediäre oder hybride Organisationsform, die Elemente beider Pole verknüpft.[96] Die Entscheidung zwischen diesen Strukturalternativen wird wesentlich beeinflusst durch die Höhe der damit verbundenen Transaktionskosten.[97] Der Ansatz begründet anhand qualitativer Überlegungen mögliche Effizienzvorteile einzelner Gestaltungsalternativen im Spektrum zwischen Markt und Hierarchie. Er leistet damit einen Beitrag, um das Auftreten entsprechender Strukturphänomene in der Praxis zu erklären. Transaktionskosten werden primär durch die Unsicherheit und Komplexität, die Spezifität und die Häufigkeit einer Transaktion bestimmt (vgl. hierzu auch Kap. 2.4.3.3):[98]

- Die begrenzte Rationalität des Menschen führt einerseits zu Aufwand für die Entscheidungsvorbereitung (Informationsbeschaffung und –bewertung). Andererseits erfordern ex ante nicht vorhersehbare Entwicklungen des Handlungsumfelds u.U. Nachbesserungen der einem Leistungsaustausch zugrunde liegenden Vereinbarungen oder führen zu suboptimalen Ergebnissen und damit insgesamt zu Ineffizienzen im Leistungsaustausch.[99] Auch der Aufbau von Anreiz-, Kontroll- und Sanktionssystemen zur Vermeidung opportunistischen Verhaltens verursacht Kosten,[100] die durch die Etablierung von Weisungsrechten vermindert werden können.[101] Hohe Entscheidungskomplexität und –unsicherheit begründen damit tendenziell eine Überlegenheit hierarchischer Systeme.[102]

- Transaktionen mit geringer Spezifität[103] und damit hohen Substitutionsmöglichkeiten reduzieren die Abhängigkeit zwischen beiden Partnern und die Gefahr opportunistischen Verhaltens.[104] Dieses kann entweder ökonomische Nach-

---

94 Vgl. Klein (1996b), S. 83; Sydow (1993), S. 129

95 Pohlmann/Apelt/Buroh/Martens (1995), S. 21; Vgl. Williamson (1990), S. 18

96 Vgl. Balling (1997), S. 10; Hippe (1997), S. 27; Kasuga (1999), S. 498; Klein (1996b), S. 2; Porter (1990), S. 65 f., Powell (1990), S. 297; Schneider (1973), S. 13; Schreyögg/Papenheim (1988), S. 2; Thorelli (1986), S. 37

97 Vgl. Belzer (1993), S. 118; Bronder/Pritzl (1991), S. 45; Dörsam/Icks (1997), S. 19-23; Hagedoorn (1993), S. 371; Steinbrenner (1997), S. 27

98 Vgl. Williamson (1990), S. 34

99 Vgl. Graham (1996), S. 3; Johanson/Mattsson (1987), S. 10; Sydow (1993), S. 131; Sydow (1995), S. 630; Williamson (1990), S. 51 f.

100 Vgl. Belzer (1993), S. 118; Frese (1995), S. 128

101 Vgl. Sydow (1993), S. 98

102 Vgl. Rilling (1997), S. 7; Williamson (1990), S. 64-68

103 Vgl. Johanson/Mattsson (1987), S. 10; Williamson (1990), S. 60-64; Wolter/Wolff/Freund (1998), S. 23

104 Vgl. Johanson/Mattsson (1987), S. 10; Stewart (1998a), S. 206 f.

teile mit sich bringen oder erfordert entsprechende Absicherungsmaßnahmen. Im Falle hoher Spezifität erweist sich daher tendenziell eine hierarchische Organisationsform als vorteilhaft.

- Für seltene Aktivitäten lohnt i.d.R. der Aufwand für den Aufbau organisationsinterner Funktionen nicht.[105] Insofern erweist sich bei geringer Transaktionshäufigkeit der Markt als überlegene Organisationsform.

Damit wird bereits deutlich, dass die verschiedenen Organisationsformen je nach situativen Bedingungen komparative Vorteile im Hinblick auf die entstehenden Transaktionskosten aufweisen (vgl. Abb. 38). Genau spezifizierte, standardisierte Leistungen mit geringem Transaktionsvolumen deuten auf Markttransaktionen hin, im Umkehrschluss sind hierarchische Strukturen – insbesondere bei hoher Transaktionshäufigkeit – eher in der Lage, die Probleme der Unsicherheit und Spezifität aufzufangen. Die situationsspezifische Vorteilhaftigkeit beider Ansätze lenkt den Blick auf hybride Formen zwischen Markt und Hierarchie,[106] die unter bestimmten Bedingungen Stärken beider verbinden können.[107]

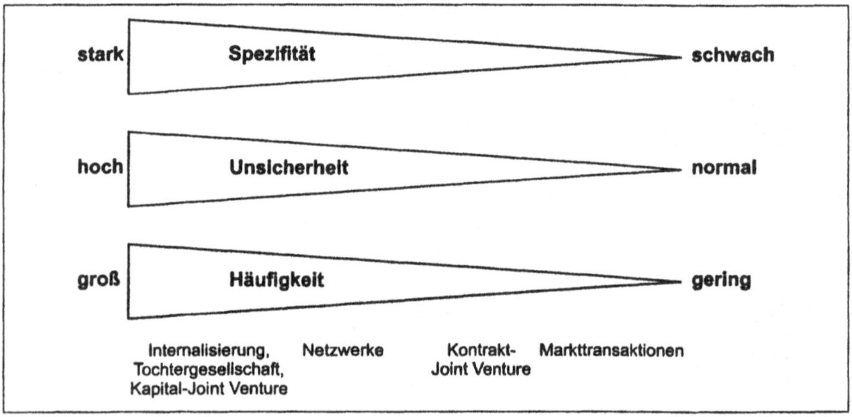

Abb. 38: Transaktionsmerkmale und Organisationsformen[108]

LEWIS unterscheidet grundsätzlich vier Alternativen, die eine Organisation zum Aufbau von Marktpositionen wählen kann (vgl. Tab. 52).[109] Der häufigste Weg, um Leistungen zu beziehen, besteht in der Markttransaktion (arm's length-transaction). Sie bietet i.d.R. klare Effizienzvorteile: Insbesondere für standardisierte Produkte, d.h. bei einer vollständigen Leistungsspezifikation, ist die Anbahnung durch die Vielzahl

105 Vgl. Sydow (1993), S. 132; Williamson (1990), S. 69; Wolter/Wolff/Freund (1998), S. 23

106 Vgl. Bea/Göbel (1999), S. 148; Rilling (1997), S. 9

107 Vgl. Balling (1997), S. 57-63; Mertens/Faisst (1995), S. 62; Sydow (1993), S. 134

108 Abb. aus Wolter/Wolff/Freund (1998), S. 24

109 Vgl. Lewis (1990), S. 16-20

verfügbarer Anbieter relativ einfach. Die Gefahr opportunistischen Verhaltens spielt nur eine untergeordnete Rolle. Die Modalitäten des Leistungsaustausches werden zu Beginn festgelegt,[110] alle transaktionsrelevanten Informationen im Preis zusammengefasst.[111] Genau darin besteht aber das entscheidende Problem: Eine vollständige Ex-ante-Festlegung aller Austauschbedingungen ist nicht in jedem Fall möglich;[112] insbesondere wirkt die Verdichtung der transaktionsrelevanten Information im Preis verkürzend. Nicht-ökonomische Nutzenpotentiale bleiben unberücksichtigt (vgl. dazu Kap. 4.1.2.1).[113]

	Internal Activities	**Acquisitions**	**Arm's Length-Transactions**	**Strategic Alliances**
Scope	Core strengths	Closely related to core strengths Need most of purchased firm	Cannot add competitive strength Limited by risks others willingly take alone	Add competitive strength Most extensive access to outside resources
Control	Full	Full	Via initial terms	Ongoing mutual adjustments
Risks	Taken alone	Taken by buyer	Taken separately	Shared

Tab. 52: Alternativen zum Ausbau strategischer Stärken[114]

Am anderen Ende des Spektrums liegt die Internalisierung von Aktivitäten, d.h. ihre Erbringung innerhalb der Organisationshierarchie (Internal Activities).[115] Die Organisation zeichnet sich dabei durch ihre Autonomie aus, sie unterliegt – zumindest grundsätzlich – keiner Fremdbestimmung von außen.[116] Durch den Rückgriff auf Weisungsbeziehungen[117] sowie durch die normative Wirkung gemeinsamer Werte und einer korrespondierenden Organisationskultur werden Unsicherheiten der Transaktion aufgefangen.[118] Opportunistisches Verhalten spielt eine im Vergleich zu anderen Organisationsformen geringere Rolle. Damit sind auch nachträgliche Anpassungen der Transaktionsmodalitäten i.d.R. unproblematischer. Allerdings ist die Internalisierung häufig mit Effizienznachteilen verbunden. Durch die fehlende Substitutionsbedrohung[119] organisationsinterner Funktionen fehlt die Stimulanz des Wettbewerbs.

110 Vgl. Lewis (1990), S. 16-20

111 Vgl. Sydow (1993), S. 98

112 Vgl. Stewart (1998a), S. 206 f.

113 Vgl. Kutschker/Schmidt (1995), S. 25 f.; Powell (1990), S. 299; Sydow (1993), S. 152

114 Tab. aus Lewis (1990), S. 19

115 Vgl. Lewis (1990), S. 16-20

116 Vgl. Sydow (1990), S. 78

117 Vgl. Sydow (1993), S. 98

118 Vgl. MacMillan/Farmer (1979), S. 279; Sydow (1993), S. 132

119 Vgl. Bellmann/Hippe (1996b), S. 68; Schuh/Millarg/Göransson (1998), S. 78

Darunter leidet tendenziell die Leistungsfähigkeit. Überlegene Leistungen des Wettbewerbs können nicht in Anspruch genommen werden. HINTERHUBER und STAHL bezeichnen dieses Problem als "Rigidität der ... Integration"[120].

Markttransaktionen erweisen sich als grundsätzlich anreizverträglicher, da über den Preis eine unmittelbare Leistungsbewertung und –honorierung erfolgt.[121] Die demgegenüber innerhalb einer Organisation festzustellende Neigung zu opportunistischem Verhalten wird in der Principal-Agency-Theorie ausführlich thematisiert. Sie führt zu Ineffizienzen der Hierarchie. In die gleiche Richtung weisen Überlegungen, die eine Interessenharmonisierung innerhalb der Organisation bezweifeln.[122] Dies führt insbesondere in – auch kulturell – diversifizierten, großen Organisationen zur einer weiteren Verschärfung des Problems.

Der dritte von LEWIS vorgeschlagene Weg zum Aufbau von Marktpositionen besteht in der Akquisition von Organisationen (Acquisitions).[123] Hieraus ergibt sich die Chance, komplementäre Kompetenzen zur Marktbearbeitung zu erwerben. Allerdings entsteht im Ergebnis eine neue, größere Organisation, so dass sich mittel- bis langfristig die zuvor skizzierte Situation hierarchischer Strukturen wieder einstellt. Generell wird der langfristige Nutzen einer Akquisitionsstrategie zunehmend bezweifelt.[124] Aus diesem Grund soll im Folgenden auf die ausführliche Betrachtung von Akquisitionen verzichtet werden.

Die Bildung von Netzwerken bzw. Strategischen Allianzen (Strategic Alliances) gilt als vierte Alternative bei der Wahl einer geeigneten Organisationsform.[125] Sie impliziert die Möglichkeit, Kernkompetenzen unterschiedlicher Partner über langfristige Beziehungen synergetisch miteinander zu verknüpfen.[126] Unter Effizienzgesichtspunkten liegt der Vorteil dabei in einer breiten Auswahl potentieller Partner[127] – u.U. auch durch Einbeziehung von Wettbewerbern.[128] Unter Beibehaltung individueller Spezialisierungsvorteile lassen sich kurzfristig und flexibel strategische Marktpositionen aufbauen.[129]

Aus Transaktionskostensicht ergeben sich aus der Kooperation im Netzwerk Vorteile durch die entstehende Vertrauenskultur: Zwar "fehlt in Netzwerken eine übergeordnete Instanz, so dass die typischerweise in hierarchischen Strukturen eingesetzten

120 Hinterhuber/Stahl (1996), S. 100

121 Vgl. Kasuga (1999), S. 499; Whinston (1962), S. 417; Wolter/Wolff/Freund (1998), S. 21 f.

122 Vgl. Sydow (1993), S. 136

123 Vgl. Lewis (1990), S. 16-20

124 Vgl. Berens/Mertes/Strauch (1998), S. 64 f.; Klein (1996b), S. 10

125 Vgl. Lewis (1990), S. 16-20

126 Vgl. Kaluza/Blecker (1999), S. 1

127 Vgl. Porter (1985), S. 57

128 Vgl. Yoshino/Rangan (1995), S. 196

129 Vgl. Wildemann (1996), S. 334

Koordinationsinstrumente wie Weisungen, Programme oder Pläne in Netzwerken schwächer ausgeprägt sind als in hierarchischen Organisationen. Andererseits unterscheiden der für das Eingehen der Netzwerkbeziehungen erforderliche Konsens und die angestrebte längerfristige Form der Kooperation Unternehmensnetzwerke von einer rein marktlichen Koordination über den Preismechanismus."[130] POHLMANN ET AL. gehen in diesem Zusammenhang davon aus, dass bei antagonistischer Interaktion unter Marktbedingungen "eine Art 'rough trade'" zu den Spielregeln gehört, innerhalb des Netzwerks aber "eine Art 'fair trade'" reklamiert werden kann.[131] Auch im Vergleich zur Hierarchie wird die Gefahr opportunistischen Verhaltens begrenzt: Der jederzeit drohende Ausschluss einzelner Mitglieder aus dem Netzwerk dient als Disziplinierungsinstrument.[132] Damit reduziert sich der Aufwand für Koordination und Kontrolle. Hier zeigen sich deutliche Anknüpfungspunkte zur interpersonalen Netzwerkperspektive (vgl. Kap. 4.1.2.1). Das Konstrukt des Vertrauens wird hier jedoch nur im Sinne langfristig opportunistischen Verhaltens betrachtet, die personal-soziale Dimension wird weitgehend vernachlässigt.[133] Häufig wird dem Transaktionskostenansatz gerade diese Vernachlässigung sozialer Beziehungen vorgeworfen.[134]

Der Nutzen eines Netzwerks erschließt sich insgesamt nur dann, wenn es gelingt, durch eine situationsangemessene Gestaltung die Vorteile von Markt und Hierarchie wirklich miteinander zu verbinden: Die Herausforderung besteht darin, "Wettbewerbs- und Kooperationskomponenten bezüglich des gemeinsamen Ziels so zu verschmelzen, dass negative Anreize der grundlegenden Koordinationsformen weniger zur Wirkung kommen als positive. Das Management von Netzwerken ist demnach als Gratwanderung zwischen enger kooperativer und freier wettbewerblicher Koordination anzusehen, um operative Effizienz und strategische Effektivität zu sichern."[135]

Netzwerke werden überwiegend nicht als dritte Form neben Markt und Hierarchie, sondern als Verbindung beider angesehen:[136] "Zwar wird behauptet, dass in derartigen Arrangements die 'Koordination durch Markt' bzw. die 'Koordination durch Hierarchie' durch eine 'Koordination durch Kooperation' ersetzt wird; typischerweise aber kombiniert jedes auf Kooperation beruhende Netzwerk Elemente sowohl der marktlichen als auch der hierarchischen Koordination. Dies wird besonders deutlich bei der hierarchischen Struktur solcher Netzwerke, die sich infolge ökonomischer Asymmetrien ergeben kann. Die hierarchische Struktur strategischer Netzwerke wird

---

130 Wildemann (1996), S. 333

131 Pohlmann/Apelt/Buroh/Martens (1995), S. 286 f.

132 Vgl. Sydow (1993), S. 142

133 Vgl. Kutschker/Schmidt (1995), S. 26

134 Vgl. Powell (1990), S. 299; Sydow (1993), S. 171

135 Bellmann/Hippe (1996b), S. 69 f.

136 Vgl. Jarillo (1988), S. 32

durch die für eine dezentrale Konzeption der Unternehmungsführung typische Zuweisung von Autonomie ebenso wenig überwunden wie die hierarchische Struktur von Unternehmungen durch die Einführung (teil-)autonomer Arbeitsgruppen."[137]

SYDOW weist weiterhin darauf hin, dass Kooperation und Wettbewerb innerhalb eines Netzwerks koexistieren können: "Erstens kann sich die Kooperation auf nur einen oder einige wenige Funktionsbereiche erstrecken, so dass die kooperierenden Unternehmungen bezüglich anderer Funktionsbereiche weiterhin im Wettbewerb stehen. Zweitens kann die Kooperation einiger Netzwerkmitglieder auf die Erzielung eines wirtschaftlichen Vorteils ausgerichtet sein, der nur zu Lasten anderer Unternehmungen innerhalb oder außerhalb des Netzwerkes realisiert werden kann ... . Drittens kann sich die Beziehung der Netzwerkunternehmungen untereinander im Zeitablauf wandeln."[138]

BELLMANN und HIPPE betonen sogar die positive Stimulanzwirkung, die wettbewerbliche bzw. marktliche Elemente innerhalb des Netzwerks zeigen. "Bei enger Zusammenarbeit ist unvermeidbar, dass ein Netzwerkpartner vom anderen lernt und sich somit dessen Spezialwissen nach und nach aneignet. Daraus entsteht intern wechselseitig eine Substitutionsbedrohung, weil jedes Mitglied aufgrund des eigenen Technologiepotentials früher oder später in der Lage ist, die komplementäre Kernkompetenz eines Partners an seiner Statt einzubringen. Kernkompetenzen erfahren dadurch in einem Netzwerk eine beschleunigte Entwertung. Um seine derzeitige und zukünftige Positionierung nicht zu gefährden, ist deshalb ein Netzwerkmitglied gezwungen, die eigenen Kernkompetenzen konsequent und innovativ weiterzuentwickeln und neue sich anzueignen ... ."[139]

Entsprechende Überlegungen zur Entstehung von Netzwerken lassen sich auch aus der Principal-Agency-Theorie ableiten, die auf Beziehungen zwischen Organisationen übertragen wird.[140] Ihr Augenmerk ist grundsätzlich auf die Situation gerichtet, die sich aus der Teilung von Eigentum und Entscheidungs- bzw. Handlungsverantwortung in Organisationen ergibt. Dies ist dann der Fall, wenn der Eigentümer einer Organisation (Prinzipal) zur operativen Steuerung einen Bevollmächtigten (Agent) benennt, d.h. wenn Geschäftsführungs- oder Managementaufgaben nicht durch die Eigentümer wahrgenommen werden. Die Principal-Agency-Theorie geht in diesem Fall davon aus, dass der Agent nicht nur die Interessen des Prinzipals vertritt, sondern auch eigene Ziele verfolgt.[141] Letzterer muss daher durch ein geeignetes Anreiz- und Sanktionssystem sowie durch Weisung und Kontrolle Handlungen und Entscheidungen des

137 Sydow (1993), S. 103

138 Sydow (1993), S. 94

139 Bellmann/Hippe (1996b), S. 68; Vgl. Blancke (1994), S. 40; Deutsch/Diedrichs/Raster/Westphal (1997c), S. 27; Hippe (1997), S. 44; Reiß (1996b), S. 198; Yoshino/Rangan (1995), S. 76

140 Vgl. Balling (1997), S. 63; Rilling (1997), S. 11 f.; Sydow (1993), S. 172 f.

141 Vgl. Vickers/Yarrow (1989), S. 9

Agenten in seinem Sinne beeinflussen.[142] Dennoch ist grundsätzlich davon auszugehen, dass diesem immer ein Handlungsspielraum verbleiben wird, den er auch durch opportunistisches Verhalten ausfüllen kann, das im Widerspruch zu den Zielen des Prinzipals steht.[143]

Das Konstrukt aus Prinzipal und Agent lässt sich heranziehen, um die Entstehung von Netzwerken zu erklären.[144] Die innerhalb einer Organisation ohne Zweifel bestehenden Steuerungs- und Kontrollprobleme im Verhältnis von Prinzipal und Agent lassen sich durch die Einführung marktlicher Koordinationsmechanismen, d.h. durch Externalisierung bestimmter Funktionen im Rahmen eines Interorganisationsnetzwerks, entschärfen. Der Prinzipal erhält dadurch ein wirksames Anreiz- und Sanktionsinstrument. Risikoaverses Verhalten bedeutet in diesem Fall Etablierung von im Vergleich zu hierarchischen Weisungsbeziehungen marktnäheren und damit anreizverträglicheren Steuerungsmechanismen wie sie sich aus der Zusammenarbeit im Netzwerk ergeben. Daraus resultiert potentiell eine Reduktion der Transaktionskosten.[145] Die vollständige Verlagerung der Koordination in den Markt, d.h. der Verzicht auf jede Art von Organisationsmacht, bedeutet demgegenüber den Verlust hierarchischer Weisungs- und Kontrollmöglichkeiten. Insoweit bietet ein Netzwerk dem Prinzipal die Möglichkeit, sich außerhalb des primär wertschöpfenden Kerngeschäfts von einem Teil der Kontrollaufgaben zu entlasten, ohne vollständig auf die Verfügungsrechte des Eigentümers zu verzichten.

Damit wird die Emergenz von Netzwerken einerseits über ihre komparativen Vorteile im Hinblick auf die Transaktionskosten, andererseits gleichzeitig über die Principal-Agency-Theorie erklärt. In jedem Fall entsteht das Netzwerk als hybride Organisation, die Vorteile der Institutionen Markt und Hierarchie verbinden soll.

4.1.3 Konstitutive Merkmale von Organisationsnetzwerken

Nach wie vor fehlt jedoch eine geschlossene Definition des Netzwerkbegriffs. Eine Lösung dieses Defizits erscheint angesichts der Vielfalt empirisch beobachtbarer Gestaltungsformen und in der Literatur diskutierter Begriffe unwahrscheinlich.[146] Beispielhafte Realisationsformen und Begriffe zeigt Abb. 39. Aus diesem Grund werden in den folgenden Abschnitten konstitutive Merkmale und Merkmalsausprägungen thematisiert, die als Voraussetzung für die Existenz eines Netzwerks anzusehen sind. Dabei ist davon auszugehen, dass eine überschneidungsfreie Gliederung nicht zu erreichen ist. Die im Folgenden herausgearbeiteten Merkmale sind daher nicht unabhängig. Sie ermöglichen aber eine erste Eingrenzung des Netzwerk-

---

142 Vgl. Bea/Göbel (1999), S. 129-143

143 Vgl. Sydow (1993), S. 171 f.

144 Vgl. Sydow (1993), S. 185

145 Vgl. Stewart (1998a), S. 206 f.

146 Vgl. Blancke (1994), S. 14 f.; Dörsam/Icks (1997), S. 4; Hippe (1997), S. 14

phänomens. Inhaltlich sind sowohl strukturelle Gestaltungsparameter wie die interorganisatorische Arbeitsteilung als auch inhaltliche Fragen z.B. der Zielkomplementarität angesprochen.

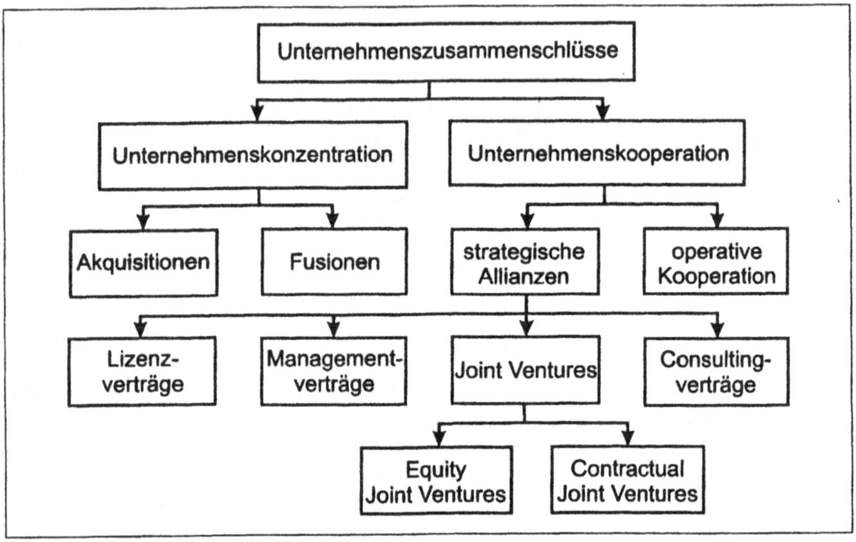

Abb. 39: Beispiele und Formen von Unternehmenszusammenschlüssen[147]

4.1.3.1 Organisationsmehrheit mit interorganisatorischer Arbeitsteilung

Basierend auf der Definition eines Netzwerks als System aus Knoten und Kanten,[148] in dem einzelne Handlungssubjekte, d.h. Individuen oder Organisationen, als sog. Aktoren über formelle oder informelle Vereinbarungen miteinander verbunden sind und koordiniert handeln, ist von einer Mehrheit beteiligter Partner auszugehen.[149] Ein Netzwerk entsteht also, wenn formal weitgehend unabhängige Organisationen koordiniert zusammenarbeiten.[150] Teilweise wird in diesem Zusammenhang insbesondere in der angloamerikanischen Literatur der Begriff einer Allianz ("Alliance") synonym gebraucht: Sie wird als Unternehmensverbindung definiert, "in der die Erfüllung auf Mitgliedsunternehmen delegierter Teilaufgaben koordiniert wird."[151] Die weiteren Ausführungen folgen dieser weitgehenden Gleichsetzung jedoch nicht, sondern beziehen den Begriff der (strategischen) Allianz auf eine bestimmte Gestaltungsform von

147 Abb. aus Bullinger/Ohlhausen/Hoffmann (1997), S. 24

148 Vgl. Kutschker/Schmidt (1995), S. 3

149 Vgl. Benson (1975), S. 230; Faust (1996), S. 273; Heck (1999), S. 4; Hippe (1997), S. 39; Pohlmann/Apelt/Buroh/Martens (1995), S. 35; Roggenkamp (1999), S. 26

150 Vgl. Hippe (1996), S. 26 f.; Schienstock (1994), S. 258

151 Schräder (1996), S. 13

Unternehmensnetzwerken, die später diskutiert wird (vgl. Kap. 4.3.3). Die Verbindungen zwischen den Knoten eines Netzwerks können "personell-organisatorisch und technisch-organisatorisch strukturiert sein."[152] Diese Unterscheidung stellt den Bezug zu den zuvor diskutierten Netzwerkperspektiven her. Sie spielt einerseits auf personale, andererseits auf strukturale Aspekte der Zusammenarbeit an.

Netzwerke können auf bilateralen Beziehungen basieren, zunehmende Bedeutung gewinnen inzwischen jedoch multilaterale Engagements, die mehr als zwei Partner einbinden.[153] Einige Autoren beschränken in Folge dieser Entwicklung die Anwendung des Netzwerkbegriffs auf kooperative Strukturen mit mehr als zwei Knoten.[154] Auch in der Managementpraxis liegt das Hauptaugenmerk vielfach auf Strukturen mit mindestens drei Akteuren. Diese Prämisse wird allerdings über die theoretische Auseinandersetzung mit kooperativen Strukturen nicht gerechtfertigt: Der Übergang von zwei zu drei Partnern markiert keinen qualitativen Sprung, da die diskutierten konstitutiven Elemente und auch die wesentlichen Problem- bzw. Gestaltungsfelder in jedem Fall Gültigkeit besitzen. Allerdings steigt mit der Zahl der Partner die Komplexität des Netzwerks,[155] da die Zahl relevanter Beziehungen exponentiell ansteigen kann und sich überdies die Frage der Transitivität von Beziehungen stellt.[156] Chancen und Risiken gewinnen dennoch nur graduell an Bedeutung. Die Fokussierung auf eine größere Zahl von Knoten dient somit der Hervorhebung relevanter Managementfragen und trägt dem in solchen Fällen ausgeprägteren Orientierungs- und Unterstützungsbedürfnis der Praxis Rechnung. An dieser Stelle wird jedoch aufgrund der fehlenden konzeptionell begründbaren Abgrenzung keine Eingrenzung in dieser Richtung vorgenommen. Netzwerke umfassen demnach grundsätzlich auch Fälle mit lediglich zwei Knoten.[157]

Alle Partner bringen unterschiedliche Kompetenzen in das Netzwerk ein.[158] Dazu gehören beispielsweise Produkte, Technologien, Fertigungskapazitäten oder der Zugang zu bestimmten Märkten.[159] In der synergetischen Verknüpfung von Einzelleistungen, die im Idealfall jeweils Alleinstellungsmerkmale am Markt aufweisen, liegt die besondere Stärke von Netzwerken.[160] Alle Partner müssen dazu in ihren direkten Beiträgen zur Leistungserstellung im Netzwerk exzellente Kompetenzen nach-

---

152 Sydow (1993), 87

153 Vgl. Doz/Hamel (1998), S. 29

154 Vgl. Jäger/Boucke (1997), S. 93; Sydow (1995), S. 629

155 Vgl. Doz/Hamel (1998), S. 114; Håkansson/Johanson (1988), S. 370; Hinterhuber/Handlbauer/Matzler (1997), S. 183; Kutschker/Schmidt (1995), S. 3-6; Sydow (1993), S. 255

156 Kutscher/Schmidt (1995), S. 6

157 Vgl. Balling (1997), S. 8; Gerth (1971), S. 9; Schneider (1973), S. 39

158 Vgl. Balling (1997), S. 66 f.; Hinterhuber (1996b), S. 86; Shan (1990), S. 132 f.; Wirth (2000), S. 170

159 Vgl. Yoshino/Rangan (1995), S. 5

160 Vgl. Faust (1996), S. 273 f.

weisen.[161] Die grundsätzlich immer gegebene Substitutionsbedrohung,[162] d.h. die Möglichkeit, einzelne Organisationen aufgrund unzureichender Leistungen aus dem Netzwerk auszuschließen, sorgt für kontinuierliches Effizienz- und Innovationsstreben in der individuellen Sphäre der Partner.[163]

Um die Einzelbeiträge der Partner wirkungsvoll zu verknüpfen, sind neben rein fachlichen Kompetenzen auch kooperative Fähigkeiten erforderlich.[164] Sie reduzieren Transaktions- und Koordinationskosten und determinieren gleichzeitig die Rollenverteilung der beteiligten Organisationen innerhalb des Netzwerks. Idealerweise verfügen alle Partner über exzellente Fach- und hohe Kooperationskompetenz (vgl. Abb. 40). SCHUH ET AL. weisen aber darauf hin, dass unter bestimmten Bedingungen auch Spezialisten allein aufgrund ihrer fachlichen Kompetenz als Zulieferer peripherer, aber notwendiger Kompetenzen und sog. Liberos in einer Moderations- oder Managementfunktion als Garanten hoher Flexibilität eine wichtige Rolle spielen können.[165] Grundsätzlich aber steigt die Wettbewerbsstärke des gesamten Netzwerks mit der Zahl beteiligter Unternehmen mit hoher fachlicher und kooperativer Kompetenz. Allerdings sinkt bei einer großen Zahl von Partnern tendenziell der Grenznutzen durch die Hinzuziehung weiterer aufgrund der mit ihrer Zahl steigenden Anforderungen an die Steuerung der gemeinsamen Geschäftstätigkeit.

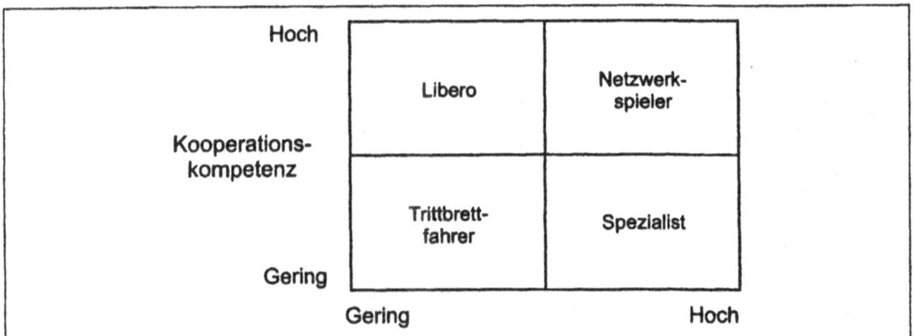

Abb. 40: Kompetenzen und Rollen der Partner im Netzwerk[166]

Die Beiträge der Partner werden grundsätzlich kontinuierlich erbracht.[167] Es geht also nicht um einmalige Leistungen, sondern um eine dauerhaft angelegte Kooperation, die

---

161 Vgl. Jäger/Boucke (1997), S. 96; Schuh/Millarg/Göransson (1998), S. 86 f.

162 Vgl. Bellmann/Hippe (1996b), S. 68

163 Vgl. Reiß (1996b), S. 198

164 Vgl. Hippe (1997), S. 177; Jäger/Boucke (1997), S. 96; Kaluza/Blecker (1999), S. 13; Raben (1994), S. 96 f.

165 Vgl. Schuh/Millarg/Göransson (1998), S. 86 f.

166 Abb. aus Schuh/Millarg/Göransson (1998), S. 87

sowohl horizontaler als auch vertikaler Art sein kann.[168] Damit werden sowohl Organisationen auf der gleichen Wertschöpfungsebene – mitunter sogar unmittelbare Wettbewerber – als auch solche eingebunden, die in einem Zulieferer-Abnehmer-Verhältnis stehen. Häufig ist eine schwierige Balance von Kooperation und Wettbewerb zu finden. Sie ergibt sich aus der begrenzten Reichweite der Netzwerkaktivitäten. Diese decken i.d.R. nur Teilbereiche der Geschäftstätigkeit jedes Mitglieds ab. Nicht vom Netzwerk erfasste Bereiche stehen dadurch am Markt u.U. in direktem Wettbewerb.[169] Diese Konstellation bringt besondere Herausforderungen für das Management kooperativer Beziehungen mit sich.

Die Realisation der für den Erfolg des Netzwerks notwendigen organisationsübergreifenden Differenzierung und interorganisatorischen Arbeitsteilung hängt entscheidend von der Integration und der effizienten Abstimmung der Partner und der Koordination ihrer Aktivitäten ab.[170] POHLMANN ET AL. weisen in diesem Zusammenhang darauf hin, dass "zwischenbetriebliche Koordinationsprobleme ... zumeist in internen Koordinationsproblemen begründet [sind]. In eher bürokratischen Organisationen entwickeln die einzelnen Abteilungen ein Eigenleben mit spezifischen Entscheidungsrationalitäten. Das eigene Aufgabenfeld wird dem der anderen Instanz untergeordnet, die entstehenden Abteilungsinteressen werden (zumindest aus der Abteilungsperspektive) denen des Gesamtunternehmens unterworfen."[171]

Generell entstehen aus der Mehrheit von Organisationen erhöhte Anforderungen an das Management des Netzwerks. "Akteure ... sind selbständige Unternehmen mit unterschiedlichen, individuellen Interessen, die keine hierarchischen Steuerungs- und Kontrollmöglichkeiten besitzen, d.h. Entscheidungen können nicht über Machtmittel durchgesetzt werden. Es müssen konsensbildende Prozesse über ein gegenseitiges Vertrauen und eine intensive Information der Partner initiiert werden. Aufgrund dieser spezifischen Situation ist ein effektives Management des Netzwerkes für das erfolgreiche Bestehen notwendig."[172]

Koordination und Kontrolle lassen sich über eng gesteckte vertragliche Vorgaben erreichen. Damit steigt einerseits die Steuerbarkeit des Gesamtsystems. Andererseits verliert es gleichzeitig tendenziell Flexibilität, Offenheit und Innovation, also die wesentlichen Vorteile, die sich aus der Zusammenführung individueller Kompetenzen ergeben.[173] SYDOW thematisiert diese Trade off-Beziehung unter dem Stichwort der

---

167 Vgl. Hergert/Morris (1988), S. 100

168 Vgl. Bea/Göbel (1999), S. 365; Sydow (1993), S. 105

169 Vgl. Faust (1996), S. 273 f.

170 Vgl. Sydow (1993), S. 79

171 Pohlmann/Apelt/Buroh/Martens (1995), S. 219

172 Kaluza/Blecker (1996), S. 397

173 Vgl. Moss Kanter (1995), S. 43

Selbst- und Fremdsteuerung.[174] Selbstorganisierende, autopoietische Systeme zeichnen sich durch eine hohe Komplexitätsverarbeitungskapazität aus.[175] Selbstorganisation umfasst dabei "alle Prozesse, die aus einem System heraus von selbst entstehen und in diesem 'Selbst' Ordnung entstehen lassen, verbessern oder erhalten."[176] Interorganisatorische Arbeitsteilung lässt polyzentrische Strukturen entstehen[177] und ist damit eine der wesentlichen Determinanten der strategischen Überlegenheit von Netzwerken im Vergleich zur hierarchischen Strukturen, die überwiegend fremdorganisiert, also allopoietisch sind.[178]

Gleichzeitig leidet unter Polyzentrismus und Autopoiesis die Möglichkeit zielgerichteter Organisations- und Strukturgestaltung. Durch die wechselseitige Verknüpfung und Interdependenz der Partner, zusammengefasst im Begriff der wechselseitigen Bedingtheit oder reziproken Konnektivität,[179] und das gleichzeitige Fehlen einer übergeordneten Instanz mit verbindlichen Entscheidungs- und Weisungsbefugnissen, entwickelt das Netzwerk eine Eigendynamik, deren Ergebnisse nicht immer vollständig vorherseh- und damit planbar sind.[180] Dieser Effekt verstärkt sich mit zunehmender Zahl der Mitglieder. Damit ergibt sich ein weiteres netzwerkspezifisches Gestaltungsdilemma. Einerseits erscheint eine hohe Zahl von Partnern wünschenswert, um Zugriff auf eine breite Basis von Kompetenzen zu erhalten. Andererseits steigt der Koordinationsaufwand exponentiell an: "Aus strategischen Gründen scheint es sinnvoll zu sein, eine Vielzahl von Beziehungen zu Aktoren zu erhalten, selbst wenn diese Beziehungen nicht manifest, sondern nur schwach oder latent vorhanden sind. Aus Aspekten der Führbarkeit ist es allerdings angebracht, die Zahl der Beziehungen zu begrenzen."[181]

Zusammenfassend besteht die Kernaufgabe von Netzwerken als Konstrukt aus zwei oder mehr Einzelorganisationen darin, durch die Verbindung individueller Kernkompetenzen ihrer Mitglieder strategische Marktpositionen zu erschließen.[182] Das organisierte und arbeitsteilige Zusammenwirken einzelner Organisationen verbessert die Fähigkeit, komplexe Herausforderungen des Marktes zu bewältigen, und führt damit zu strategischer Überlegenheit gegenüber den Organisationsformen des Marktes und der Hierarchie. Allerdings setzen die Koordinations- und Steuerungsanforderungen,

---

174 Vgl. Sydow (1993), S. 248-251

175 Vgl. Dyllick (1982), S. 342; Turnheim (1990), S. 174

176 Probst (1992), S. 2259

177 Vgl. Malik/Probst (1981), S. 128

178 Vgl. Bartlett/Ghoshal (1991), S. 92; Luhmann (1988); Wirth (2000), S. 174

179 Vgl. Morgan (1986), S. 247-255

180 Vgl. Doz/Hamel (1998), S. 114; Gerstein (1994), S. 45; Håkansson/Johanson (1988), S. 370; Hinterhuber/Handlbauer/Matzler (1997), S. 183; Sydow (1993), S. 255

181 Kutschker/Schmidt (1995), S. 23

182 Vgl. Merkle (1999), S. 25

die mit der Zahl der Aktoren exponentiell steigen, der strategisch u.U. wünschenswerten Ausweitung praktische Grenzen.

4.1.3.2 Zielkomplementarität der Partner

Die Führung eines Netzwerks wird wesentlich vereinfacht oder sogar erst ermöglicht, wenn alle Mitglieder an der Erreichung gemeinsamer Ziele arbeiten.[183] Die geteilte Vorstellung über Zweck und Aufgaben der Kooperation, der sog. "domain consensus", wirkt identitätsstiftend: "Nach der Theorie sozialer Systeme führen gemeinsame Ziele von Individuen zur Parallelisierung kognitiver Systeme und in deren Folge zu kollektiven Strategien eines Beziehungsgeflechts. In dieser Verflechtung existiert das soziale Netzwerk, das zwar wenig formalisiert aber dennoch als hierarchisch stabiles System erscheint."[184] Aus diesem Grund wird die Existenz gemeinsamer Ziele als notwendige Voraussetzung für die Existenz und den Bestand eines Netzwerks angesehen.[185] Neben der Interessenharmonisierung auf der Sachebene entfaltet sie auch eine personal-soziale Dimension. Sie garantiert nicht, begünstigt aber - zumindest bei einer längerfristiger Kooperation - die Ausbildung geteilter Werte und die Entstehung einer gemeinsamen Kultur.

Aus der gemeinsamen Interessenlage entstehen geteilte Ziele, die wirksame Anreize zur Kooperation und überzeugende Motive für den Verzicht auf opportunistisches Verhalten schaffen.[186] Damit entsteht Vertrauen in das zielkonforme Verhalten der Netzwerkmitglieder, das die Grundlage für langfristig stabile Interorganisationsbeziehungen bildet.[187] Die Zielkomplementarität der Partner ist geeignet, mit vertraglichen Vereinbarungen verbundene Unsicherheit aufzufangen[188] und selbst die in der Principal-Agency-Theorie angesprochenen Agenturprobleme zu überwinden, die ihre Ursache gerade in der Zieldivergenz der beteiligten Parteien haben. "Racing as a team requires several preconditions. One needs to be able to keep one's bearings in unstable conditions and uncharted territory. A compelling but realistic motive for running a particular race is key. Partners must want to win the same race, even if each one has a different reason for running. Each partner must understand the value of running as a team, that is, what and how each member contributes to increase the odds of

183 Vgl. Balling (1997), S. 101 f.; Bullinger/Ohlhausen/Hoffmann (1997), S. 25; Bronder/Pritzl (1991), S. 50; Byrne/Brandt (1993), S. 40; Jones/Shill (1991), S. 85; Lipnack/Stamps (1994), S. 17 f.; Merkle (1999), S. 25; Mertens/Faisst (1995), S. 65; Millarg (1999), S. 144; Strohmayer (1996), S. 28; Vornhusen (1994), S. 28

184 Bellmann/Mildenberger (1996), S. 145; Vgl. Kirsch (1990), S. 308-310; Reiß (1996b), S. 201

185 Vgl. Chisholm (1996), S. 218 f.; Krischer (1996), S. 231; Porter/Fuller (1989), S. 376

186 Vgl. Dörsam/Icks (1997), S. 4; Jansen (1998), S. 90; Merkle (1999), S. 71; Schräder (1996), S. 62; Schreyögg/Papenheim (1988), S. 13

187 Vgl. Powell (1990), S. 305

188 Vgl. Hinterhuber/Handlbauer/Matzler (1997), S. 182

winning."[189] Zielkomplementarität bezieht sich dabei auf gleichlautende Ziele für die Kooperation. Die Individualziele der einzelnen Partner können durchaus differieren, sie müssen lediglich komplementär im Sinne einer sinnvollen Vereinbarkeit zu übergeordneten Kollektivzielen sein.[190]

Zielkomplementarität stellt sich insbesondere dann ein, wenn die Partner einander ergänzende Leistungen in das Netzwerk einbringen.[191] Jeder Partner verfügt im Idealfall über besondere Kompetenzen, auf die die übrigen bei der Erreichung der Kooperationsziele angewiesen sind.[192] Außerdem erweist es sich als vorteilhaft, wenn diese Fähigkeiten für die übrigen Mitglieder nicht von hoher wettbewerbsstrategischer Bedeutung sind, so dass ihre Externalisierung unproblematisch erscheint.[193] Ein wechselseitiger Leistungsaustausch liegt damit im Interesse aller[194] und wirkt insoweit stabilisierend.

Andererseits bedingt er i.d.R. die Zusammenführung sehr unterschiedlicher Arten von Organisationen. Die Heterogenität des Leistungsspektrums geht häufig einher mit kulturellen Divergenzen, die die Zusammenarbeit im Netzwerk erschweren.[195] DOZ und HAMEL weisen in diesem Zusammenhang auf die herausragende Bedeutung kultureller Integration hin, die sie mit der Zielkomplementarität auf eine Ebene stellen: "Organizational context is as important as strategic context in an alliance. Each partner projects onto the alliance its 'way of doing things', a set of tacit and accepted behaviors, norms, procedures, and routines. This includes not only the strategic decision-making processes but also day-to-day work routines. How each partner's organization works, independent from the alliance, is important insofar as its usual procedures and informal ways are most likely to be applied tacitly by the partner within the alliance."[196]

Zielkomplementarität kann in gleicher Weise aus der Perspektive wechselseitigen Lernens entstehen.[197] Die – je nach Wahl der konkreten Kooperationsform mehr oder weniger – intensive Zusammenarbeit im Netzwerk unterstützt alle Partner in der Akquisition von Know-how und der Weiterentwicklung eigener, individueller Kompetenzen.[198] Der wechselseitige Nutzen entsteht aus dem unterschiedlichen Wert,

---

189 Doz/Hamel (1990), S. 33 f.; Vgl. Auster (1987), S. 4

190 Vgl. Bullinger/Ohlhausen/Hoffmann (1997), S. 25; Hagedoorn (1993), S. 374

191 Vgl. Balling (1997), S. 102; Benson (1975), S. 341; Merkle (1999), S. 70; Thorelli (1986), S. 39 f.

192 Vgl. Hinterhuber/Handlbauer/Matzler (1997), S. 185; Moxon/Roehl/Truitt (1988), S. 263; Perlmutter/Heenan (1986), S. 142

193 Vgl. Yoshino/Rangan (1995), S. 76

194 Vgl. Belzer (1993), S. 43; Kaluza/Blecker (1996), S. 389

195 Vgl. Blancke (1994), S. 39; Harrigan (1988), S. 206; Merkle (1999), S. 35

196 Doz/Hamel (1998), S. 143 (*Anm.: Der hier verwendete Begriff "alliance" deckt sich mit dem Begriffsverständnis dieser Arbeit von Unternehmensnetzwerken.*)

197 Vgl. Balling (1997), S. 108; Littig (1999), S. 7

198 Vgl. Doz/Hamel (1998), S. 172; Helleloid/Simonin (1994), S. 231

den die Partner dem akquirierten Wissen beimessen. In jedem Fall muss der Zugewinn an Kompetenzen aus Sicht der Organisation den Wert übersteigen, den die Offenlegung eigenen Know-hows aus marktstrategischer Sicht bedeutet.[199] Hierin besteht jedoch eine erhebliche Gefahr für das Kooperationspotential im Netzwerk: Aus der internen Wissensdiffusion zwischen den Partnern ergibt sich mit der Zeit eine wechselseitige Substitutionsbedrohung.[200] Um ihre Attraktivität aus Sicht der übrigen Mitglieder zu erhalten, muss eine Organisation sich daher kontinuierlich weiterentwickeln und ihre überlegene Leistungsfähigkeit unter Beweis stellen. Zielkomplementarität leitet sich demzufolge in erheblichem Umfang aus der dynamischen Weiterentwicklung des Netzwerks sowie seiner Mitglieder und der Erreichung antizipierter Ziele ab.

Zielkonvergenz oder –komplementarität betrifft jedoch nicht nur interorganisatorische Belange, d.h. die sachlich-inhaltlich begründete Vereinbarkeit autorisierter Zielsysteme der beteiligten Einzelorganisationen. Auch die explizite, quasi prozedurale Anknüpfung von strategischen Zielen der jeweiligen Mitgliedsorganisation durch einen organisationsübergreifenden Strategiebildungs- und Planungsprozess ist ein wichtiges Erfolgskriterium.[201] Die Kooperation im Netzwerk muss daher integrativer Bestandteil der individuellen strategischen Planung sein.[202] Nur so sind die Voraussetzungen für ein längerfristiges Engagement der Partner gegeben. HIPPE formuliert in diesem Zusammenhang: "Entscheidend ist, dass die beteiligten, bisher autonom agierenden Unternehmen ein übergeordnetes, gemeinsames Ziel verfolgen. Folglich findet eine Unterordnung der Individualziele der Einzelunternehmen unter das Kollektivziel des Unternehmensnetzwerkes statt. Im strategischen Kontext führt diese kooperative Ausrichtung zu kollektiven, übergeordneten Strategien."[203] Eine ausführlichere Betrachtung des dadurch relevanten Strategiebildungs- und Planungsprozesses folgt in Kap. 4.1.3.3.

Geteilte Ziele sind somit insgesamt ein wesentlicher Erfolgsfaktor für die Stabilität und Effizienz von Netzwerken. Sie wirken identitätsstiftend und schaffen eine gemeinsame, quasi normative Basis für die Aktivitäten der Partner.[204] Damit wird die Führbarkeit erheblich verbessert. Wichtig ist in diesem Zusammenhang, dass die Feststellung übereinstimmender oder divergenter individueller und interorganisationaler Ziele Ergebnis subjektiver Bewertung ist.[205] Mithin ist nicht die objektive Vereinbarkeit – wie auch immer ermittelt und bewertet – Grundlage der Entscheidung

---

199 Vgl. Jarillo (1988), S. 36

200 Bellmann/Hippe (1996b), S. 68; Vgl. Hagedoorn (1990), S. 21

201 Vgl. Schmidt/Kochan (1977), S. 231 f.

202 Vgl. Doz/Hamel (1988), S. 142 f.

203 Hippe (1996), S. 26 f.

204 Vgl. Gerstein/Shaw (1994), S. 265 f.; Levine/White (1961), S. 589, S. 597-599

205 Vgl. Geringer/Frayne (1990), S. 106

für oder gegen kooperatives Verhalten, sondern ihre individuell geprägte Wahrnehmung.[206] Daher können sich unterschiedliche Einschätzungen der Partner ergeben, die u.U. auch im Laufe der Kooperation Veränderungen unterliegen.[207]

4.1.3.3 Strategische Ausrichtung

Die strategische Ausrichtung wird häufig als konstitutives Element einer Kooperationsbeziehung thematisiert. POHLMANN ET AL. sprechen im Zusammenhang mit dem Begriff strategischer Netzwerke gar von einer Tautologie.[208] Zugleich wird aber die fehlende Konkretisierung des Strategiebegriffs bemängelt.[209] Dies gilt nicht nur auf interorganisatorischer Ebene, sondern bereits für einzelne Organisationen: "Eine einwandfreie und erschöpfende Definition für Strategie gibt es nicht und wird sich auch kaum finden lassen, weil in der Praxis Strategie und Aktionspläne vielfach ineinander übergreifen und sich dauernd zwingend beeinflussen."[210] WELGE und AL-LAHAM haben zur Illustration der Begriffsvielfalt eine Reihe von Strategiedefinitionen zusammengetragen (vgl. Tab. 53, Tab. 54).

Nach klassischem Verständnis umfasst Strategie "ein geplantes Maßnahmenbündel ... [der Organisation] zur Erreichung ihrer langfristigen Ziele."[211] Dazu gehören neben der explizit genannten Festlegung qualitativer und quantitativer Langfristziele und der Ableitung entsprechender Handlungsprogramme[212] auch die Bestimmung und Bereitstellung erforderlicher Ressourcen.[213] Einigkeit besteht im Hinblick auf den Zeithorizont strategischer Planung: Sie zeichnet sich zwingend durch eine langfristige Orientierung aus.[214] Diese Position deckt sich mit der – auf Kooperationen und Netzwerke bezogenen – Einschätzung SYDOWs: "Je langfristiger, organisierter und strategischer diese Kontraktbeziehungen aus der Sicht zumindest einer der beteiligten Unternehmungen sind, desto eher werden sie als strategische Netzwerkbeziehung bezeichnet."[215] Schließlich zeichnen sich strategische Ziele durch ihre zentrale

---

206 Vgl. Braun (1999), S. 44; Buckley/Casson (1988), S. 32 f.; Jones/Shill (1991), S. 78

207 Vgl. Blancke (1994), S. 41; Braun (1999), S. 67; Bullinger/Ohlhausen/Hoffmann (1997), S. 58; Merkle (1999), S. 72

208 Vgl. Pohlmann/Apelt/Buroh/Martens (1995), S. 27; Braun (1999), S. 74

209 Vgl. Blancke (1994), S. 33; Bowman (1990), S. 17; Gälweiler (1987), S. 55; Hamel/Heene (1994b), S. 3; Hentze/Brose (1985), S. 123; Hinterhuber (1990), S. 28; Klaus (1987), S. 50; Kreikebaum (1991), S. 24; Mintzberg (1978), S. 935; Schreyögg (1984), S. 1; Sydow (1993), S. 80 f.

210 Hinterhuber (1996a), S. 18

211 Welge/Al-Laham (1999), S. 13

212 Vgl. Mag (1993), S. 51

213 Vgl. Chandler (1962), S. 13; Müller-Stevens (1992), Sp. 2344-2355

214 Vgl. Blancke (1994), S. 31; Jarillo (1988), S. 32; Hentze/Brose (1985), S. 120; Mag (1993), S. 50 f.; Kirsch (1990), S. 245; Kreikebaum (1991), S. 125; Schmid (1997), S. 5; Schreyögg (1984), S. 5

215 Vgl. Sydow (1993), S. 62

Bedeutung für den Unternehmenserfolg aus.[216] LEWIS weist in diesem Zusammenhang auf den Harmonisierungseffekt langfristiger, substanzieller Ziele hin: Sie integrieren die Interessenlagen der Mitglieder und wirken damit opportunistischem Verhalten entgegen.[217]

Autor	Strategiedefinition
Arbeitskreis Unternehmungs-planung[218]	Strategien beinhalten langfristig angelegte, die Gesamtunternehmung berührende und der Erreichung der Unternehmungsziele dienende Verhaltensweisen der Unternehmung in ihren Aktivitätsbereichen.
Gälweiler[219]	Strategie bedeutet, sein Denken, Entscheiden und Handeln an den übergeordneten Zielen oder Zielvoraussetzungen zu orientieren und sich dabei nicht durch vordergründige Dringlichkeiten ... ablenken zu lassen.
Hammer[220]	Strategie ist eine Philosophie und Denkmethodik, die sich auf das Überleben und für das Wachstum innerhalb und außerhalb der Unternehmung Wesentliche (strategisch Relevante) konzentriert. Strategie ist ein Rahmen für alle Entscheidungen, die die Art und Richtung der Unternehmung bestimmen. Die Strategie trifft vor allem Entscheidungen über Ziele, Maßnahmen und Mittel zur Erreichung von dauerhaften Wettbewerbsvorteilen.
Hanssmann[221]	Strategie ist die Gesamtheit aller Maßnahmen der Unternehmung, die einen wesentlichen Einfluss auf den Ausgang des Wettbewerbs – etwa auf den im Konkurrenzkampf errungenen Marktanteil und Gewinn – haben.
Hentze/Brose[222]	Strategien bezeichnen die grundsätzlichen, konzeptionellen Möglichkeiten zur Bestimmung, Verfolgung und Realisierung festgelegter (oder noch festzulegender) Unternehmungsziele.
Kirsch[223]	Strategien können metaphorisch als (globale) "Wegbeschreibungen" interpretiert werden. Eine solche Wegbeschreibung soll zum Ausdruck bringen, 1. von welchem Zustand man wegkommen will und 2. welche der von diesem Ausgangspunkt wegführenden alternativen Wege man beschreiten will.

Tab. 53: Strategiedefinitionen im deutschsprachigen Raum[224]

216 Vgl. Hammer (1995), S. 48-59, S. 126-130; Hentze/Brose (1985), S. 121; Schreyögg (1984), S. 5

217 Vgl. Lewis (1990), S. 218

218 Vgl. Hahn et al. (1977), S. 2-4

219 Vgl. Gälweiler (1987), S. 66

220 Vgl. Hammer (1995), S. 48-59, S. 126-130

221 Vgl. Hanssmann (1990), S. 255-258

222 Vgl. Hentze/Brose (1985), S. 123

223 Vgl. Kirsch (1990), S. 301

224 Tab. nach Welge/Al-Laham (1992), S. 166 f.

Autor	Strategiedefinition
Klaus[225]	1. Unternehmenspolitik-Ansatz Strategie i.w.S.: Die Gesamtheit der wesentlichen Ziele und Ausführungsrichtlinien der Unternehmenspolitik. Strategie i.e.S.: Das verbindende Element, das unternehmerische Entscheidungen und Aktionen kennzeichnet. 2. Umfeldorientierter Ansatz Strategie beinhaltet Pläne und Maßnahmen, die der bestmöglichen Anpassung des Unternehmens an Chancen und Risiken aus dem Umfeld dienen, und zugleich bestmöglichen Gebrauch von Ressourcen und Fähigkeiten eines Betriebes machen.
Kreikebaum[226]	Strategien bringen zum Ausdruck, wie ein Unternehmen seine vorhandenen und seine potentiellen Stärken einsetzt, um Veränderungen der Umweltbedingungen zielgerichtet zu begegnen.
Scholz[227]	Strategie ist die grundsätzliche Vorgehensweise zur Erreichung der unternehmenspolitischen Ziele.
Schreyögg[228]	Bei Strategien handelt es sich um komplexe Entscheidungen, die für die Unternehmung von besonderer Bedeutung sind.
Staehle[229]	Begriffsmerkmale von Strategie: Planung von Handlungen anderer (relevanter) Aktoren im Umfeld der Unternehmung, Planung, Langfristigkeit
Szyperski/Winand[230]	Eine Strategie ist ein bedingter und vollständiger Handlungsplan, der für jede mögliche Entscheidungssituation, in die ein Planer im Verlauf eines Entscheidungsprozesses gelangen kann, genau eine Handlungsalternative bestimmt.
Ulrich[231]	Strategie ist die grundsätzliche Vorgehensweise zur Erreichung der unternehmenspolitischen Ziele.
Ulrich/Fluri[232]	Strategien sollen helfen, Ziele mit einem genügend großen Sicherheitsabstand zu erreichen.
von Moltke[233]	Die Strategie ... ist die Fortbildung des ursprünglich leitenden Gedankens entsprechend den stets sich verändernden Verhältnissen, ist die Kunst des Handelns unter dem Druck der schwierigsten Bedingungen.
Zahn[234]	Strategie ist eine wirkungsvolle, auf das Ziel der Unternehmung ausgerichtete Verknüpfung des Weges, auf dem die Stärken und Schwächen einer Unternehmung sinnvoll zu den Chancen und Risiken der Umwelt in eine für das Unternehmen vorteilhafte Beziehung gesetzt werden, zu einer Route.

Tab. 54: Strategiedefinitionen im deutschsprachigen Raum[235]

225 Vgl. Klaus (1987)

226 Vgl. Kreikebaum (1991), S. 25

227 Vgl. Scholz (1987), S. 137

228 Vgl. Gälweiler (1987), S. 73; Schreyögg (1984), S. 5

229 Vgl. Staehle (1999), S. 603

230 Vgl. Szyperski/Winand (1980), S. 145

231 Vgl. Ulrich (1987), S. 111-123

232 Vgl. Ulrich/Fluri (1975), S. 98

233 Vgl. von Moltke (1912), S. 1

234 Vgl. Zahn (1989), Sp. 1904

Der bislang diskutierte Strategiebegriff stützt sich auf eine strenge Rationalitätsprämisse. Strategie ist demnach das inhaltliche Ergebnis eines in sich geschlossenen Planungsprozesses. Sie markiert eine deutliche Schnittstelle zur Implementierung. Damit ergeben sich klar gegliederte Phasen der Strategieentwicklung und -umsetzung.[236] Diese Voraussetzung wird z.B. von MINTZBERG stark in Zweifel gezogen.[237] Er weist nach, dass Strategien nach klassischem Begriffsverständnis häufig nicht die Aktivitäten einer Organisation determinieren, sondern sich im Extremfall sogar erst ex post aus realisierten Handlungen erkennen lassen. In diesem Fall liegen emergente Strategien vor, die quasi zufällig entstehen.[238] Zwischen diesen Extremen liegt die Position, dass langfristige Ziele zunächst im Sinne des klassischen Planungsbegriffs definiert, aber angesichts von Unsicherheit und begrenzter Rationalität im Zeitablauf modifiziert und weiterentwickelt werden.[239] In der Literatur ist eine Zusammenführung oder die Durchsetzung einzelner Positionen bislang nicht erkennbar.[240] Zusammenfassend werden jedoch folgende Grundvoraussetzungen für Strategiefähigkeit definiert:[241]

- Die Organisation weist eine langfristige Bestands- und Handlungsperspektive auf.[242] Damit sind die Notwendigkeit und Möglichkeit langfristiger Zielbildung und Planung gegeben.
- Die unvollkommene Rationalität des eigenen Entscheidungsverhaltens wird anerkannt. Aus dieser Überzeugung ergibt sich bereits ex ante die Notwendigkeit, auf Veränderungen der Umwelt zu reagieren.[243] In diesem Fall werden nur selten strategische Vorgaben grundsätzlich in Frage gestellt. Vielmehr geht es darum, Langfristziele unter veränderten Rahmenbedingungen zu realisieren.[244]
- Die Organisation und verantwortliche Entscheidungsträger verfügen über die Fähigkeit, zugunsten langfristiger Erfolgs- und Nutzenpotentiale auf kurzfristige Vorteile und einseitige Vorteilsnahme - zuvor als opportunistisches Verhalten thematisiert - zu verzichten. Diese Bereitschaft ist Voraussetzung für eine mittel- bis langfristige Bindung z.B. im Rahmen von Netzwerkarrangements.

---

235 Tab. nachWelge/Al-Laham (1992), S. 166 f.

236 Vgl. Ball/Lorange (1979), S. 3; Mintzberg (1994a), S. 17; Schreyögg (1984), S. 133 f.

237 Vgl. Mintzberg (1973), S. 46; Mintzberg (1978), S. 935; Mintzberg (1988), S. 73; Mintzberg (1990), S. 117 f.; Mintzberg (1994a), S. 16; Mintzberg (1994b), S. 29; Schreyögg (1984), S. 5; Sydow (1993), S. 242

238 Vgl. Sydow (1993), S. 80 f.

239 Vgl. Ball/Lorange (1979), S. 3 f.; Bleicher (1999), S. 436; Welge/Al-Laham (1999), S. 17

240 Vgl. Hamel/Heene (1994b), S. 1-10

241 Vgl. Pohlmann/Apelt/Buroh/Martens (1995), S. 29

242 Vgl. Belzer (1993), S. 113 f.; Hinterhuber/Handlbauer/Matzler (1997), S. 185

243 Vgl. Mintzberg (1994a), S. 15; Yoshino/Rangan (1995), S. 88

244 Vgl. Mintzberg (1988), S. 79

- Die Koordination innerhalb der Organisation und über Schnittstellen zu Partnern stützt sich nicht nur auf formale Instrumente der Organisationsmacht, sondern auch auf informale der Personalmacht. Damit steigt die Reagibilität auf Umfeldveränderungen.

Die hier skizzierten Elemente werden als Voraussetzung von Strategiefähigkeit und damit auch als Anforderungen an die hier betrachteten Netzwerke formuliert. Daher muss auf interorganisationaler Ebene ein Strategiebildungsprozess ablaufen, der gemeinsam für alle Partner wesentliche Grundlagen und Ziele der Netzwerkarbeit definiert.[245] Dabei kommen insbesondere folgende Elemente in Betracht:

- Zunächst müssen wesentliche Ziele und geplante Maßnahmen zur Zielerreichung definiert werden.[246] Diese Anforderung deckt sich mit den zuvor getroffenen Aussagen und betrifft die Formulierung einer Gesamtstrategie i.e.S. Sie ist in der Praxis insofern von erheblicher Bedeutung, als klar definierte strategische Ziele auf Ebene des gesamten Netzwerks als Ergebnis eines systematischen Prozesses häufig nicht vorliegen bzw. nur schwer zu erkennen sind.[247] In diesem Zusammenhang ist ein realistischer Zielbildungsprozess wichtig. Die Darstellung überzogener Erfolgspotentiale zur Gewinnung von Partnern erweist sich hier oft als Pyrrhus-Sieg: Mangelnde Zielerreichung unterminiert die Basis langfristiger Zusammenarbeit.[248]
- Die Festlegung von Maßnahmenbündeln beschränkt sich nicht auf netzwerkexterne Aspekte wie bearbeitete Marktsegmente, sondern auch auf die Implementierung von Organisationsstrukturen. Diese umfasst die Definition von Entscheidungsbefugnissen und Verantwortlichkeiten.[249] Außerdem ist die Reichweite der Netzwerkaktivitäten zu bestimmen.[250] Sie betrifft insbesondere die Abgrenzung individueller und kollektiver Interessen.[251] Diese ist Voraussetzung für eine langfristig konfliktfreie Zusammenarbeit. Strategische Bedeutung erlangt die Kooperation dann, wenn sie für jedes Mitglied – oder zumindest deren Mehrheit – substanzielle wettbewerbsstrategische Bedeutung besitzt.[252]
- Da der Erfolg des Netzwerks davon abhängt, dass es gelingt, Aktivitäten und Interessen der Mitglieder wirksam zu bündeln, sollte die strategische Planung Maßnahmen zur Integration der Partner umfassen[253]. Schließlich sind die Dauer

245 Vgl. Bresser (1989), S. 545; Bronder/Pritzl (1991), S. 45
246 Vgl. Heck (1999), S. 50; Merkle (1999), S. 70 f.
247 Vgl. Urban (1998b), S. 23
248 Vgl. Doz/Hamel (1998), S. 151
249 Vgl. Heck (1999), S. 50
250 Vgl. Doz/Hamel (1998), S. 74
251 Vgl. Lewis (1990), S. 132
252 Vgl. Sydow (1993), S. 82
253 Heck (1999), S. 50; Vgl. Doz/Hamel (1998), S. 93 f.

der Zusammenarbeit (vgl. Kap. 4.1.3.9) und die durch das Netzwerk in Anspruch genommene Managementkapazität zu klären.[254]

- Als weitere inhaltliche Anforderung wird der Mehrwert genannt, den die Mitgliedschaft im Netzwerk gegenüber kompetitivem Verhalten schafft.[255] Er begründet die Motivation der Partner, sich im Netzwerk zu engagieren. Ein wichtiger Punkt ergibt sich in diesem Zusammenhang aus der Möglichkeit wechselseitigen Lernens. Aus diesem Grund sind Regelungen für den Austausch von Informationen und Wissen vorzusehen, die einerseits die Attraktivität der Mitgliedschaft sichern, andererseits Kompetenzen einzelner Partner schützen.[256]

Netzwerke sollen die Gefahr opportunistischen Verhaltens der Transaktionspartner durch eine langfristige Nutzenperspektive minimieren. Dies lässt sich in der theoretischen Betrachtung idealerweise durch eine genaue Spezifikation der individuellen Beiträge erreichen.[257] Entsprechende Regelungen laufen aber der ursprünglichen Intention diametral entgegen, eine flexible Organisation zu schaffen. Sie widersprechen auch den Kernanforderungen an die strategische Planung, die Kreativität und Handlungsfreiheit der Organisationsmitglieder nicht mehr als nötig beschränken soll.[258]

Ausgangspunkt der Strategieformulierung bilden in jedem Fall die individuellen Langfristziele der Netzwerkpartner.[259] Sie bestimmen im Ergebnis die Bereitschaft zu kooperativem Verhalten und zum Engagement im und für das Netzwerk.[260] Aus Zielvorstellungen der Mitgliedsorganisationen sind damit die Gesamtaufgaben des Verbundes abzuleiten. Diese wiederum bestimmen im Ergebnis den Bedarf an zusätzlichen Kompetenzen bzw. Ressourcen und damit mittelbar die Auswahl weiterer Partner. Damit leitet die Forderung nach strategischer Ausrichtung des gesamten Netzwerks zwingend über zur zuvor betrachteten Zielkomplementarität der Partner, die eine Kopplung intra- und interorganisatorischer Strategiebildungs- und Zielformulierungsprozesse verlangt.

Dabei ergibt sich eine wechselseitige Abhängigkeit: Einerseits greifen strategische Ziele auf Ebene des Netzwerks Vorgaben der Mitgliedsorganisationen auf, andererseits prägen Ergebnisse des interorganisationalen Zielbildungsprozesses sowie Erfahrungen mit der Kooperation im Netzwerk strategische Entscheidungen und Handlungen der Einzelorganisationen.[261] Planungen auf Netzwerkebene können damit

---

254 Vgl. Heck (1999), S. 50

255 Vgl. Yoshino/Rangan (1995), S. 18, 71

256 Vgl. Yoshino/Rangan (1995), S. 18, 76

257 Vgl. Doz/Hamel (1998), S. 160

258 Vgl. Hinterhuber (1996a), S. 17

259 Vgl. Yoshino/Rangan (1995), S. 42, 99 f.

260 Vgl. Lewis (1990), S. 83

261 Vgl. Mattsson (1987), S. 235

Wirkungen in Geschäftsbereichen der Mitglieder entfalten, die nicht Bestandteil der Netzwerkaktivitäten sind und somit auch außerhalb der unmittelbaren Einflusssphäre der Kooperation liegen.[262] Die Herausforderung besteht darin, Planungs- und Entwicklungsprozesse auf intra- und interorganisationaler Ebene in Einklang zu bringen.[263] SYDOW formuliert in diesem Zusammenhang: "Diesem Bezugsrahmen zufolge ist auch die strategische Identität einer Unternehmung letztlich durch die Interaktion mit ihren wichtigsten Transaktionspartnern im Netzwerk bestimmt. Strategischer Wandel manifestiert sich in gewandelten interorganisationalen Beziehungen."[264]

Aus der Abstimmung entsteht "kollektives strategisches Management"[265], das Individual- und Kollektivziele gleichermaßen berücksichtigen muss. Strategische Ziele auf Ebene des Gesamtnetzwerks stehen somit in sachlichem Zusammenhang mit den individuellen Planungen der Mitgliedsorganisationen und legitimieren sich zunächst über diese. Sie emanzipieren sich durch ihren Integrationscharakter aber zumindest vom Einfluss einzelner Mitglieder allein. Damit gewinnt das Netzwerk insgesamt an Unabhängigkeit und leitet eine von Partikularinteressen der Mitglieder unabhängige Existenzberechtigung ab. So entsteht eine Art raison d'être des Netzwerks, die sich über seine strategischen Ziele begründet.

Aus der Abstimmung mitunter divergierender Individualziele ergibt sich naturgemäß ein hohes inhaltliches und soziales Konfliktpotential.[266] Zunächst inkompatible Partialziele lassen sich nur über Kompromisslösungen miteinander verknüpfen.[267] Daraus entsteht die Gefahr, dass strategische Ziele auf Ebene des Netzwerks den "kleinsten gemeinsamen Nenner" markieren und damit eine klare strategische Ausrichtung der Gesamtaktivitäten verloren geht. Die Gefahr ist umso größer, je stärker die Mitglieder verbindliche Verpflichtungen ablehnen, um strategische Rückzugspositionen aufzubauen.[268] Diese Option erscheint andererseits – zumindest in begrenztem Umfang – aus einzelorganisatorischer Sicht unumgänglich;[269] eine Organisation in völlige Abhängigkeit außenstehender Entscheidungsträger zu bringen, läuft i.d.R. dem Selbstverständnis und der Verantwortung des Managements entgegen.

Die Gefahr, die eigene Unabhängigkeit zu verlieren, kann sich beispielsweise aus dem vollständigen oder zumindest weitgehenden Verzicht einer Organisation auf den Auf- und Ausbau eigener Kompetenzen und aus dem ausschließlichen Rückgriff auf solche

---

262 Vgl. Balling (1997), S. 44 f.; Contractor/Lorange (1988b), S. 7

263 Vgl. Yoshino/Rangan (1995), S. 42

264 Sydow (1993), S. 219; Vgl. Yoshino/Rangan (1995), S. 42

265 Vgl. Sydow (1993), S. 238 f.

266 Vgl. Balling (1997), S. 75; Braun (1999), S. 64; Eccles/Crane (1987), S. 184 f.

267 Vgl. Doz/Hamel (1998), S. 93 f.; Yoshino/Rangan (1995), S. 116

268 Vgl. Yoshino/Rangan (1995), S. 77

269 Vgl. Yoshino/Rangan (1995), S. 18

der Partner ergeben.[270] Auch darin wird die herausragende Bedeutung abgestimmter Zielbildung deutlich. Sie muss einerseits gemeinsame Entwicklungspfade für das Netzwerk definieren, die einen angemessenen Markterfolg erbringen, andererseits aber auch den einzelnen Partnern eigene Handlungsbereiche und ein gewisses Maß an Autonomie belassen und so strategische Komplementarität auch langfristig ermöglichen.[271]

Vereinzelt wird die Auffassung vertreten, strategische Ausrichtung eines Netzwerks erfordere aktive Führung durch eine "fokale Unternehmung" oder "hub firm".[272] Damit wird die ursprüngliche Konzeption einer polyzentrischen Kooperation gleichberechtigter Partner zugunsten einer Konstellation aufgegeben, bei der ein Mitglied als "primus inter pares" größeren Einfluss auf die Strategiebildung und Handlungsrealisation nimmt. Dieses dominiert auch die Entscheidung über die Zusammensetzung des Netzwerks, d.h. über die Aufnahme und den Ausschluss einzelner Partner.[273] Die Auffassung deckt sich sicherlich mit der Praxis: Hier ergibt sich nur in den seltensten Fällen ein wirklich ausbalanciertes Machtgefüge zwischen den Partnern. Stattdessen kristallisiert sich in der Mehrzahl der Fälle ein – mitunter informeller – Führer heraus.

Die strukturelle Verankerung entsprechender Führungsfunktionen erscheint jedoch nicht zwingend erforderlich, um von der Existenz eines strategischen Netzwerks auszugehen. Insofern folgen die Ausführungen dieser Arbeit der oben skizzierten Auffassung nicht. Sie setzen in der Forderung nach strategischer Ausrichtung im Sinne einer intentionalen Gestaltung zur Verfolgung gemeinsamer Langfristziele[274] keine strukturell verankerte Führungsrolle eines oder weniger Partner voraus. Führung als Erfolgsvoraussetzung im Netzwerk bezieht sich damit nicht auf die Dominanz einzelner institutioneller Mitglieder; sie erfordert aber ein aktives Engagement von Führungskräften auf einzelorganisatorischer und kollektiver Ebene, das sowohl sachlich-inhaltliche als auch personal-soziale Komponenten umfasst.[275]

4.1.3.4 Selbständigkeit und Unabhängigkeit der Partner

Die Mehrzahl der Betrachtungsansätze zum Thema Netzwerke und Kooperationen geht von einem Beziehungsgeflecht zwischen unabhängigen Handlungssubjekten aus.[276] Insofern gewinnt die Auseinandersetzung mit der Handlungs- und Entscheidungsautonomie der Partner besondere Bedeutung. Sie sichert auf der Sachebene die Flexibilität eines Netzwerks und legt damit den Grundstein für einen

270 Vgl. Hamel/Doz/Prahalad (1989), S. 137

271 Vgl. Doz/Hamel (1998), S. 93 f., 114

272 Vgl. Balling (1997), S. 26 f.; Sydow (1993), S. 81; Sydow/Windeler (1999), S. 56

273 Vgl. Sydow (1993), S. 246

274 Vgl. Bresser (1989), S. 546

275 Vgl. Balling (1997), S. 117

276 Vgl. Baumgarten (1998), S. 153; Strohmayer (1996), S. 26; Sydow/Windeler (1999), S. 55

der entscheidenden strategischen Vorteile dieser Kooperationsform.[277] Die Ergänzung hierarchischer Koordinationsmechanismen durch marktliche Elemente unterstützt durch die größere Anreizverträglichkeit[278] und die Substitutionsbedrohung[279] der Partner die Entwicklung von Kompetenzen. Sie setzt aber gleichzeitig eine im Vergleich zur Hierarchie deutlich höhere Entscheidungs- und Handlungsautonomie voraus.

Auf der anderen Seite wurde im vorhergehenden Abschnitt die Bedeutung strategischer Rückzugspositionen aus Sicht der Partner deutlich. "All the parties involved in a venture have an inalienable de facto right to pursue their own interests at the expense of others."[280] Dieses Recht impliziert auf der einen Seite die Unmöglichkeit einer vollständigen Bindung innerhalb des Netzwerks, d.h. außerhalb rein hierarchischer Weisungsbeziehungen. Es setzt auf der anderen Seite der Selbstbindung und Selbstverpflichtung der Partner Grenzen. Sie werden vielfach nicht bereit sein, Handlungs- und Entscheidungskompetenzen vollständig in die kollektive Verantwortung ihrer Partner zu übertragen, deren Verhalten nicht mit letzter Sicherheit vorhersagbar ist. Diese partielle Unabhängigkeit ist einer der wesentlichen Gründe für die Flexibilität[281] und Stabilität[282] des Netzwerks. Insoweit ist ein bestimmtes – in Abhängigkeit vom konkreten Einzelfall mitunter unterschiedliches – Maß an Autonomie Voraussetzung für die Bereitschaft der Mitglieder, eigene Leistungen in das Netzwerk einzubringen.[283] Dabei ist zwischen rechtlicher und wirtschaftlicher Selbständigkeit zu unterscheiden.

Weitgehende Einigkeit besteht im Hinblick auf die rechtliche Selbständigkeit der Partner. Sie wird überwiegend als konstitutives Element von Organisationsnetzwerken angesehen.[284] Rechtliche Selbständigkeit hebt im Wesentlichen auf den Status einer eigenen Rechtspersönlichkeit ab; es geht also um den Zusammenschluss natürlicher und juristischer Personen. Unabhängigkeit und Selbständigkeit schließen explizit nicht formelle Verträge zwischen den Netzwerkmitgliedern aus.[285] Die Kooperation kann sowohl auf impliziten wie auch expliziten Vereinbarungen beruhen.

Damit werden allerdings im Einzelfall die Grenzen zwischen Netzwerken und hierarchisch organisierten Organisationen verwischt. Die vertragliche Bindung der Partner

---

277 Vgl. Sydow (1993), S. 2

278 Vgl. Kasuga (1999), S. 499, Wolter/Wolff/Freund (1998), S. 21 f.

279 Vgl. Bellmann/Hippe (1996b), S. 68

280 Buckley/Casson (1988), S. 34; Vgl. Doz/Hamel (1998), S. 21; Sydow (1995), S. 630

281 Vgl. Knetsch/Hacker/Hesse/Mörsdorf/Weling (1995), S. 17 f.

282 Vgl. Sydow (1993), S. 86

283 Vgl. Moxon/Roehl/Truitt (1988), S. 272

284 Vgl. Balling (1997), S. 15; Bullinger/Ohlhausen/Hoffmann (1997), S. 26; Dörsam/Icks (1997), S. 4; Jansen (1998), S. 90; Knetsch/Hacker/Hesse/Mörsdorf/Weling (1995), S. 17 f.; Sydow (1993), S. 90; Sydow (1995), S. 629; Vornhusen (1994), S. 27

285 Vgl. Sydow (1993), S. 90

kann beispielsweise zur Gründung einer eigenen juristischen Person führen,[286] eines sog. Joint Ventures (vgl. Kap. 4.3.4). Dabei handelt es sich um ein eigenständiges Unternehmen, an dessen Kapital die Gründungspartner beteiligt sind. Somit entsteht je nach Betrachtungsperspektive einerseits "ein ausdrücklich institutionalisiertes strategisches Netzwerk"[287], in dem sich die Kooperationsbeziehung der Partner manifestiert und das den zuvor angesprochenen Kriterien entsprechen kann: Es stützt sich auf eine Mehrheit von Gründungsmitgliedern oder Anteilseignern und spiegelt in seiner strategischen Ausrichtung deren individuelle strategischen Ziele wider. Andererseits kann es sich gleichzeitig auch um eine eigenständige Organisation mit eigener Rechtspersönlichkeit, z.B. in Form einer Kapitalgesellschaft, sowie klar hierarchischen Strukturen handeln.

Ähnliche Probleme bestehen im Hinblick auf die Einordnung von Konzernstrukturen. Die Definition eines Konzerns kann sich an das Aktiengesetz (AktG) anlehnen, dass von einer Zusammenfassung mehrerer rechtlich selbständiger Unternehmen unter einer einheitlichen Leitung und unter einem gemeinsamen Zielsystem ausgeht.[288] Damit entspricht der Konzern rein formal den bislang diskutierten Merkmalen eines Netzwerks. Allerdings stellt er ökonomisch nichts anderes dar "als eine Organisationsform der Großunternehmung, die den Vorzug hat, dass sie die dezentrale Leitung und Lenkung fördert, die Unternehmung dadurch elastischer und anpassungsfähiger macht und so die Vorzüge der Großunternehmung und die Beweglichkeit der mittleren Unternehmung in sich vereinigt."[289] BÄLZ spricht in diesem Zusammenhang von "polykorporativen Unternehmen"[290].

Ein Konzern basiert als Vertragskonzern auf Vereinbarungen oder einer Kapitalbeteiligung. Er kann aber auch auf informellem Wege ohne Legitimation durch Organschaft oder Eingliederung geschaffen werden. In diesem Fall entsteht ein sog. faktischer Konzern.[291] Beide sind Organisationsformen "zwischen Markt und Unternehmung, wobei der faktische Konzern als das marktnähere und der Vertragskonzern als das unternehmungsnähere Modell gilt."[292] Wesentliches Element ist grundsätzlich der zuvor genannte Tatbestand der einheitlichen Leitung.[293] Strategische Führung durch eine fokale Unternehmung wurde dabei nicht als konstitutives Element definiert, allerdings als empirisch häufig beobachtbares Phänomen charakterisiert.[294] Insgesamt

---

286 Vgl. Sydow (1993), S. 73

287 Wolter/Wolff/Freund (1998), S. 172

288 Vgl. § 18 AktG; Kübler (1994), S. 485; Ringlstetter (1995), S. 28; Schräder (1996), S. 21 f.

289 Hax (1959), S. 60

290 Bälz (1974), S. 320

291 Vgl. Kübler (1994), S. 504

292 Sydow (1993), S. 73 f.

293 Vgl. Kübler (1994), S. 485; Schildbach (1991), S. 47

294 Vgl. Faust (1996), S. 273 f.

wird deutlich, dass Netzwerke nicht grundsätzlich den rechtlichen Merkmalen eines Konzerns entsprechen müssen. Allerdings sind Konstellationen denkbar, in denen eine Unternehmenskooperation zumindest den Anforderungen eines qualifiziert faktischen Konzerns entspricht und damit einen solchen begründet.[295] Somit entstehen Organisationsstrukturen, die ökonomisch vielfach einer Einzelunternehmung entsprechen, formal jedoch Organisationsmehrheiten darstellen und damit eher den Netzwerkarrangements zuzurechnen sind.

Aufgrund der hier skizzierten Abgrenzungsprobleme schließen zahlreiche Autoren Kooperationen, die zur Entstehung eigenständiger Rechtspersönlichkeiten führen, aus ihrer Betrachtung aus.[296] Diese Vorgehensweise ist jedoch mit einer – aus Sicht des Autors unzulässigen – Verkürzung der Realität verbunden. Aus diesem Grund wird die rechtliche Selbständigkeit der Partner als Voraussetzung für die Existenz eines Netzwerks angenommen, an die rechtliche Gestaltung der Kooperation selbst werden jedoch keine Anforderungen gestellt.

Entsteht aus der Kooperation eine eigenständige Rechtspersönlichkeit, stellt diese die Manifestation des Netzwerks, d.h. seine organisatorische Konkretisierung dar. Die neu entstandene Organisation ist nicht Mitglied des Netzwerks, sie bildet dieses selbst. Mitglieder sind in diesem Fall die Gründungspartner und Anteilseigner. Damit werden aber zumindest diejenigen Kooperationsmodelle ausgeschlossen, die zu einer Verschmelzung von Mitgliedern führen.[297] Fusionen und Akquisitionen mit anschließender Eingliederung des erworbenen Unternehmens sollen deshalb nicht weiter betrachtet werden.

Der Grad an Autonomie, über den die Mitglieder eines Netzwerks verfügen, lässt sich über eine formal-rechtliche Analyse allein nicht fundiert bewerten.[298] Hier ist vielmehr auch die Betrachtung der wirtschaftlichen Interdependenzen erforderlich. Eine Quantifizierung dieser Beziehungen zur Schaffung operationalisierbarer Abgrenzungskriterien erscheint schwierig,[299] bislang beschränkt sich die Auseinandersetzung in der Literatur auf eine qualitative Betrachtung. Grundsätzlich ist in der Mehrheit der Fälle von weitgehender wirtschaftlicher Unabhängigkeit der Netzwerkmitglieder auszugehen.[300] Wirtschaftliche Selbständigkeit bezeichnet in diesem Zusammenhang "das Ausmaß, zu dem eine Unternehmung in der Lage ist, strategische Wahlentscheidungen selbst zu treffen und umzusetzen."[301] SCHNEIDER sieht die Unabhängigkeit formal so

---

295 Vgl. Sydow (1993), S. 73 f.

296 Vgl. Yoshino/Rangan (1995), S. 5

297 Vgl. Sydow (1993), S. 90; Yoshino/Rangan (1995), S. 5

298 Vgl. Strohmayer (1996), S. 26

299 Vgl. Vornhusen (1994), S. 30

300 Vgl. Sydow (1995), S. 629; Vornhusen (1994), S. 27

301 Sydow (1993), S. 90; Vgl. Vornhusen (1994), S. 31

lange gewahrt, wie Unternehmen das Netzwerk auf eigene Entscheidung wieder verlassen können.[302]

In der Praxis ist davon auszugehen, dass vollständige wirtschaftliche Unabhängigkeit der Netzwerkmitglieder nicht realisierbar ist.[303] Sie würde vermutlich sogar negative Auswirkungen auf die Stabilität des Netzwerks entfalten, da gemeinsame wirtschaftliche Interessen i.d.R. die Grundlage für eine hohe Zielkomplementarität der Partner schaffen. "Ausgehend von diesen Betrachtungen ist einzubringen, dass eine wirtschaftliche Autonomie im Rahmen von Netzwerkbeziehungen nicht absolut gegeben ist; es handelt sich vielmehr um eine graduelle Ausprägung, die in Abhängigkeit vom Anpassungsdruck im Netzwerk variiert. Anpassung bedeutet hierbei, dass Alternativenspielräume durch Netzwerkpartner bewusst eingeschränkt werden."[304]

Wirtschaftliche Selbständigkeit äußert sich häufig dadurch, dass die einzelnen Partner nur Teile ihrer Geschäftstätigkeit in das Netzwerk einbringen, jedoch auch wirtschaftliche Aktivitäten in eigener Verantwortung außerhalb der Reichweite der Kooperation entfalten.[305] Dieser Sachverhalt ist allerdings nicht notwendigerweise für alle Arten von Netzwerken erfüllt. Insofern wird die wirtschaftliche Unabhängigkeit - selbst unter Vernachlässigung der mangelnden Operationalisierbarkeit als Abgrenzungskriterium - nicht als zwingende Voraussetzung für die Existenz eines Netzwerks angesehen. Allerdings wird sie sich – in vom Einzelfall abhängigem Umfang – in vielen empirisch beobachtbaren Strukturformen einstellen.

Die Bedeutung der wirtschaftlichen und rechtlichen Selbständigkeit als konstitutive Elemente eines Netzwerks fasst BLOHM dahingehend zusammen, dass er von einer Zusammenarbeit zwischen rechtlich unabhängigen Partnern ausgeht, die in den vom Netzwerk erfassten Geschäftsbereichen in einem (wirtschaftlichen) Abhängigkeitsverhältnis stehen, außerhalb dieses Bereichs aber autonom handeln und entscheiden können.[306] Die vorliegende Arbeit folgt seiner Position und geht damit explizit von zumindest partieller wirtschaftlicher Abhängigkeit der Partner aus.[307] Abhängigkeit bedeutet hier aber Interdependenz, einseitige Weisungsbeziehungen als Kennzeichen hierarchischer Strukturen sind ausgeschlossen.

4.1.3.5 Freiwilligkeit der Teilnahme

Die Auseinandersetzung mit der wirtschaftlichen und rechtlichen Unabhängigkeit der Partner leitet unmittelbar zur Freiwilligkeit der Teilnahme über. Die Bereitschaft zum

---

302 Schneider (1973), S. 40 f.

303 Vgl. Bresser (1989), S. 551; Goeken (1998), S. 186; Hippe (1997), S. 47; Merkle (1999), S. 27

304 Bellmann/Hippe (1996b), S. 64; Vgl. Gerth (1971), S. 40

305 Vgl. Bullinger/Ohlhausen/Hoffmann (1997), S. 25; Doz/Hamel (1998), S. 74; Jansen (1998), S. 90; Lewis (1990), S. 132; Steinbrenner (1997), S. 75

306 Vgl. Blohm (1980), Sp. 1112

307 Vgl. Hippe (1997), S. 53 f.

Verzicht auf opportunistisches Verhalten und zur Kooperation leitet sich aus eigenen Motiven der Mitglieder[308] und nicht aus exogenen Zwängen ab. Unternehmen können sich "in eigenständiger unternehmerischer Entscheidung einer Kooperationsform anschließen beziehungsweise die eingegangenen Beziehungen wieder lösen ... ."[309]

Als Motiv für kooperatives Verhalten wird Machtstreben diskutiert.[310] Kooperationsbeziehungen im Netzwerk bieten die Möglichkeit, Verhalten und Entscheidungen der Partner zu beeinflussen und diese Ausübung von Macht über die Zielkomplementarität bzw. die Existenz kollektiver Ziele zu legitimieren. Von höherer praktischer Relevanz ist jedoch sicherlich die ebenso angesprochene Überlegung, aktuellen Herausforderungen und Bedrohungen, die sich z.B. aus Marktentwicklungen ergeben können, durch koordiniertes Handeln besser zu begegnen. Damit ist die Überzeugung verbunden, abgestimmtes Verhalten ermögliche im Sinne einer Symbiose die Stärkung aller Partner. Alle Überlegungen führen im Ergebnis zur Bereitschaft, kurzfristige individuelle Nutzenüberlegungen zugunsten einer längerfristigen Kooperationsperspektive zurückzustellen.[311]

Allerdings behindert die nach wie vor vorhandene Möglichkeit opportunistischen Verhaltens seitens der Partner häufig die Bereitschaft, das Risiko einer Kooperation und damit verbundener Selbstbindung einzugehen. Hier spielt insbesondere die Furcht vor einem Kontrollverlust eine Rolle,[312] die durch Eigendynamik der Netzwerkentwicklung weiter geschürt wird.[313] Überdies erfordert die Zusammenarbeit mit Partnern in strategierelevanten Bereichen immer auch einen Austausch von Informationen und die damit verbundene potentielle Entwertung eigener Kompetenzen.[314] Außerdem werden Leistungen und Fähigkeiten anderer Organisationen bzw. die sich daraus ergebenden Marktchancen oftmals geringer eingeschätzt als eigene Kompetenzen. Diese häufig vorzufindende Einstellung beeinflusst die Nutzenabwägung einer Kooperation zwangsläufig negativ.[315]

Die Bereitschaft zur Kooperation hängt insgesamt von der individuellen Wahrnehmung und Abwägung des Nutzens und Risikos ab.[316] Tendenziell ist allerdings "die Bereitschaft, intensiv und regelmäßig mit anderen Unternehmen zusammenzuarbeiten, eher als gering einzustufen. Hierbei nimmt die Kooperationsbereitschaft tendenziell

---

308 Vgl. Belzer (1993), S. 44; Braun (1999), S. 68; Dörsam/Icks (1997), S. 4; Jansen (1998), S. 90; Lipnack/Stamps (1994), S. 17 f.; Powell (1990), S. 305; Schneider (1973), S. 41 f.; Strohmayer (1996), S. 27; Vornhusen (1994), S. 28, S. 30

309 Schneider (1973), S. 40 f.; Vgl. Steinbrenner (1997), S. 74 f.

310 Vgl. Luscuere (1978), S. 52; Van Gils (1984), S. 1091 f.

311 Vgl. Kaluza/Blecker (1999), S. 10; Sydow (1993), S. 263

312 Vgl. Berg/Duncan/Friedmann (1982)

313 Vgl. Doz/Hamel (1998), S. 114; Håkansson/Johanson (1988), S. 370; Sydow (1993), S. 255

314 Bellmann/Hippe (1996b), S. 68; Vgl. Yoshino/Rangan (1995), S. 76

315 Vgl. Lewis (1990), S. 286

316 Vgl. Balling (1997), S. 106 f.; Buckley/Casson (1988), S. 32 f.

mit der Unternehmensgröße zu."[317] Grundsätzlich gilt, dass eine erfolgreiche Arbeit im Netzwerk nur auf Basis einer freiwilligen Mitgliedschaftsentscheidung gewährleistet ist.[318] Dies gilt zumindest für den Eintritt ins Netzwerk. Investitionen, die im Zusammenhang mit der Kooperation getätigt werden und nicht kurzfristig zurückzugewinnen sind, führen allerdings ggf. zu einer längerfristigen Bindung und damit zur Entstehung von Austrittsbarrieren.[319] Die Anforderungen an eine freiwillige Aufrechterhaltung der Mitgliedschaft sind demzufolge geringer anzusetzen als an die Eintrittsentscheidung. Eine realistische Austrittsoption wird aber als konstitutiv angesehen.

4.1.3.6 Interdependenz der Partner

Grundsätzlich ist davon auszugehen, dass ein Netzwerk nur dann zustande kommt, wenn die beteiligten Partner ein wechselseitiges Interesse an der Zusammenarbeit haben (vgl. Kap. 4.1.3.2).[320] Aus dieser Zielkomplementarität leitet sich schon in der Anbahnungsphase eines Netzwerks eine wechselseitige Abhängigkeit oder zumindest Verpflichtung der Partner ab. "Kooperation bezieht sich auf das Maß, in dem die (Teil-)Leistungen der Kooperationspartner einen direkten reziproken Bezug aufeinander haben, also in einer starken wechselseitigen Beziehung stehen."[321] Dabei ist es unerheblich, ob spieltheoretisch fundierte Überlegungen zugrunde gelegt werden und die Kooperationsentscheidung Ergebnis rein rationaler Überlegungen ist,[322] oder ob aus kooperativem Verhalten eines Partners die über die Reziprozitätsnorm primär ethisch-sozial begründete Verpflichtung resultiert, sich ebenfalls nicht opportunistisch zu verhalten.[323]

Die Entscheidung für ein Engagement im Netzwerk begründet i.d.R. ein wechselseitiges Abhängigkeitsverhältnis. Die Partner bleiben de jure autonom.[324] Bevor jedoch Nutzen- und Erfolgspotentiale einer Kooperation realisiert werden können, sind wie bei jeder Art wirtschaftlicher Betätigung Investitionen erforderlich. Diese können physischer Natur sein und im Erwerb von Gütern im Gesamthandsvermögen oder in sonstigen den Aktivitäten im Netzwerk zurechenbaren Investitionen bestehen. Die Bindungswirkung steigt mit der Spezifität der Investitionen, d.h. mit dem Grad ihrer

---

317 Wolter/Wolff/Freund (1998), S. 84 f.

318 Vgl. Schräder (1996), S. 81

319 Vgl. Doz/Hamel (1998), S. 22; Johanson/Mattsson (1987), S. 6 f.

320 Vgl. Hippe (1997), S. 34; Powell (1990), S. 303; Steinbrenner (1997), S. 24-32; Sydow/Windeler (1999), S. 58; van Gils (1984), S. 1083

321 Bullinger/Fröschle/Brettreich-Teichmann/Hofmann (1995), S. 378; Vgl. Zündorf (1986), S. 42

322 Vgl. Axelrod (1991); Balling (1997), S. 64; Baumgarten (1998), S. 56-64; Belzer (1993), S. 41 f.; Harrigan (1985), S. 73 f.

323 Vgl. Hippe (1996), S. 28; Sydow (1993), S. 95

324 Vgl. Faust (1996), S. 273; Goeken (1998), S. 186 f.

Entwertung bei einer Nutzung außerhalb der gemeinsamen Geschäftstätigkeit.[325] Investitionen immaterieller Art betreffen z.B. die Preisgabe von Informationen oder produktbezogenen und fertigungstechnischen Know-hows.[326] Außerdem fallen Kosten der Anbahnung einer Kooperation an.[327] Diese Investitionen werden über die gemeinsamen Aktivitäten im Netzwerk determiniert. Sie sind im Falle einer Auflösung nicht zurückzugewinnen und begründen – neben den skizzierten sozial-personalen Komponenten der Kooperation – eine wechselseitige Abhängigkeit, die die formal nach wie vor gegebene Unabhängigkeit der Partner einschränkt.[328]

HIPPE kennzeichnet die so entstehenden Beziehungen wie folgt: "Grundsätzlich implizieren Unternehmensbeziehungen in Netzwerken eine spezifische Form der Abhängigkeit, da einerseits, durch das kooperative Verhalten und die damit verbundene Arbeitsteilung bedingt, eine Einschränkung der wirtschaftlichen Autonomie erfolgt. Andererseits wird die Determinierung der wirtschaftlichen Entscheidungsfreiheit in Kauf genommen, um Potentialerweiterungen zu erlangen. Solche Unternehmensbeziehungen sind insofern von Dependenzen in traditionellen Marktmodellen zu unterscheiden. Beziehungen in Netzwerken zeichnen sich durch Langfristigkeit, Stabilität, relative Geschlossenheit, Zielabhängigkeit und hohe Kosten des Partnerwechsels aus. Die Entwicklung solcher Netzwerkbeziehungen, besonders unter strategischen Gesichtspunkten, ist ein evolutorischer Prozess, der aus kooperativem, gemeinsamem Handeln oder durch Machtausübung entsteht. Resultat dieser Beziehungen ist eine starke Interdependenz zwischen den Netzwerkteilnehmern, so dass die Schaffung von Unternehmensbeziehungen als umfassende Investition der einzelnen Netzwerkteilnehmer zu betrachten ist."[329]

DOZ und HAMEL untersuchen drei wesentliche Ziele kooperativer Arrangements hinsichtlich ihres Einflusses auf die Interdependenz der Partner:

- Kooption bezeichnet das Bestreben, (potentielle) Wettbewerber in eine Koalition zu integrieren und dadurch zu kooperativem Verhalten zu bewegen.[330] Damit werden einerseits Marktbedrohungen reduziert, andererseits komplementäre Kompetenzen zur Verbesserung der im Netzwerk erbrachten Marktleistung gewonnen. Die Entscheidung für eine Mitgliedschaft setzt i.d.R. bi- oder multilaterale Verpflichtungen voraus. Alle Partner schränken damit ihre strategischen Optionen für die Zukunft zugunsten der Nutzenpotentiale einer Kooperation ein.

325 Vgl. Wolter/Wolff/Freund (1998), S. 23

326 Vgl. Bellmann/Hippe (1996b), S. 68; Lorenzoni/Ornati (1988), S. 55; Yoshino/Rangan (1995), S. 76

327 Vgl. Picot (1982)

328 Vgl. Faust (1996), S. 273; Mattsson (1987), S. 251

329 Hippe (1996), S. 28; Vgl. Baumgarten (1998), S. 149-157; Reiß (1996b), S. 200 f.

330 Vgl. Doz/Hamel (1998), S. 5

Das geteilte Risiko eingeschränkter Handlungsalternativen führt zu wechselseitiger Abhängigkeit der Partner.[331]

In diesem Zusammenhang sei darauf hingewiesen, dass die Entscheidung für eine Kooperation auf individuellen Zielen und Erwartungen für die Zukunft basiert. Diese betreffen insbesondere das Verhalten potentieller Kooperationspartner.[332] Entsprechende Erwartungen sind durch deren bereits in der Vergangenheit realisierte und beobachtete Verhaltensweisen geprägt.[333] Eigenes Verhalten determiniert damit über seine Authentizität und Konsistenz das aus Sicht möglicher Partner erkennbare Risiko wechselseitiger Abhängigkeit und damit deren Prädisposition für kooperatives Verhalten.[334]

- Kospezialisierung ist die wohl einflussreichste Determinante wechselseitiger Abhängigkeit der Partner. Sie ist auf eines der wesentlichen strategischen Ziele der Kooperation zurückzuführen, das in der synergetischen Verknüpfung von Kernkompetenzen der beteiligten Organisationen besteht.[335] Damit ist für ein strategisches Netzwerk "die Anerkennung – und Ausnutzung – von Interdependenzen geradezu konstitutiv."[336] Keiner der Partner ist in der Lage, die gemeinsam erbrachte Marktleistung allein zu erstellen. Die Effizienz der kollektiven Geschäftstätigkeit hängt im Gegenteil von der Leistungsfähigkeit jedes einzelnen Mitglieds ab.

  Damit entsteht ein System hoher wechselseitiger Abhängigkeit: Die Stärke eines Partners beeinflusst die übrigen genauso wie etwaige Probleme oder Verbesserungsbereiche.[337] Dies unterscheidet Kooperationsbeziehungen weniger von hierarchischen Strukturen als von Marktkonstellationen. Innerhalb einer Organisation besteht dieses Problem in Bezug auf einzelne Abteilungen,[338] kann hier allerdings durch Weisungsbeziehungen aufgefangen werden. Am Markt werden leistungsschwache Akteure schlicht selektiert, negative Einflüsse auf die Aktivitäten anderer Marktteilnehmer sind idealtypisch nicht vorhanden.

- Lernen und die Internalisierung von Kernkompetenzen der Partner sind weitere wichtige Motive für ein Engagement im Netzwerk.[339] Der Wissenserwerb von den Partnern kann die eigene Stellung auch außerhalb der Geschäftstätigkeit des Netz-

331 Vgl. Lewis (1990), S. 4
332 Vgl. Hippe (1996), S. 43
333 Vgl. Lewis (1990), S. 65
334 Vgl. Sydow (1993), S. 263
335 Vgl. Doz/Hamel (1998), S. 5
336 Sydow (1993), S. 92
337 Vgl. Lewis (1990), S. 5
338 Vgl. Lewis (1990), S. 27
339 Vgl. Doz/Hamel (1998), S. 5

werks stärken.[340] Die Attraktivität einer Kooperation resultiert aus unterschiedlichen Nutzungsmöglichkeiten bestimmter Kompetenzen und dem damit verbundenen Wertverständnis der Partner.[341] Der Austausch von Wissen und Informationen schafft mithin einen Mehrwert für alle Beteiligten, der als einer der wesentlichen Vorteile der Kooperation angesehen wird.[342]

Er funktioniert jedoch nur, wenn der Saldo wirklich für alle Partner positiv ist. Aus dieser Überlegung entstehen erneut Interdependenzbeziehungen. Jedes Mitglied muss bereit sein, eigenes Know-how offenzulegen, um im Gegenzug Zugriff auf Fähigkeiten der übrigen Mitglieder zu erhalten.

Der Grad, in dem eine Organisation von ihren Partnern im Netzwerk abhängig ist, wird in der Anbahnungs- und Gründungsphase auf der Sachebene durch das Kompetenzportfolio, das sie in die Kooperation einbringen kann, und die strategische Bedeutung der Leistungen aller übrigen Mitglieder determiniert. Auf personaler Ebene spielt die Verhandlungsführung eine entscheidende Rolle. Es wäre jedoch zu kurz gegriffen, diese Faktoren als alleinige Einflussgrößen zu betrachten.[343] Die Ausnutzung einer stark asymmetrischen Machtverteilung durch den vermeintlich stärkeren Partner unterminiert langfristig die Stabilität des Netzwerks. Stattdessen ist ein ausbalanciertes Gleichgewicht sinnvoll.[344]

Im Übrigen erscheint es unwahrscheinlich, dass einmal etablierte Machtverhältnisse langfristig stabil bleiben. Sie unterliegen vielmehr einem kontinuierlichen Wandel. SYDOW formuliert in diesem Zusammenhang: "Diese (in der Tat oft gegenseitige) Abhängigkeit ist also nicht durch eine eventuell von Anfang an bestehende asymmetrische Machtverteilung im Netzwerk bestimmt, sondern durch die evolvierenden Austauschaktivitäten begründet. Diese sind ihrerseits durch die Verknüpfung mit anderen Austauschaktivitäten konditioniert."[345] Die Überzeugung korrespondiert mit der Eigendynamik in der Evolution von Netzwerken, die eine vollständige Vorhersage entsprechender Entwicklungen und Verschiebungen unmöglich macht.[346]

Die wechselseitige Abhängigkeit der Partner begründet damit einerseits die Stärke und die – unter bestimmten Rahmenbedingungen erzielbare – strategische Überlegenheit von Netzwerken, führt andererseits aber auch zu unübersehbaren Konfliktpotentialen, die ihrerseits der Kooperationsbereitschaft der Partner Grenzen setzen. Interdependenz auf Basis eines kontinuierlichen Leistungsaustausches außerhalb der klassischen

---

340 Vgl. Deutsch/Diedrichs/Raster/Westphal (1997d), S. 43 f.; Doz/Hamel (1998), S. 27

341 Vgl. Macneil (1985), S. 487

342 Vgl. Hamel/Doz/Prahalad (1989)

343 Vgl. Yoshino/Rangan (1985), S. 87 f.

344 Vgl. Lewis (1990), S. 4

345 Vgl. Sydow (1990), S. 218

346 Vgl. Doz/Hamel (1998), S. 114; Håkansson/Johanson (1988), S. 370; Hinterhuber/Handlbauer/Matzler (1997), S. 183; McHugh/Merli/Wheeler (1995), S. 12; Sydow (1993), S. 255

"Güter gegen Geld"-Transaktion, geteilte Übernahme von Risiken sowie gemeinsame Kontrolle werden als konstitutives Merkmal von Netzwerken angesehen. Damit sind beispielsweise Lizenz- oder Franchisemodelle, die keinen kontinuierlichen bilateralen und nicht-monetären Leistungstransfer erfordern, von der Betrachtung ausgeschlossen.[347]

4.1.3.7 Inanspruchnahme von Vertrauen

Vertrauen ist mit einer riskanten Vorleistung verbunden.[348] Es kommt zum Tragen, wenn der Erfolg einer Handlung oder Entscheidung nicht nur vom eigenen, sondern auch vom Verhalten eines anderen abhängt.[349] Vertrauen manifestiert sich in dieser Situation in der Erwartung einer bestimmten Verhaltensweise. Diese Erwartung erlaubt es dem Handelnden, die Zahl unsicherer Alternativen für die Zukunft zu begrenzen und wirkt damit komplexitätsreduzierend.[350] Er kann sich auf Transaktionen einlassen, die erst langfristig Nutzenperspektiven bieten.[351] Damit kristallisiert sich Vertrauen als komplementäres Koordinationsinstrument beispielsweise zu Macht, Geld und Recht heraus:[352]

- Grundlage von Vertrauen kann die Überzeugung sein, der Partner werde aufgrund seiner Fähigkeiten ihm überlassene Ressourcen effizient und zum Nutzen aller einsetzen.[353]
- Damit eng verbunden ist der Rückgriff auf Erfahrungen aus der Vergangenheit, deren Extrapolierung in die Zukunft eine – sicherlich nur begrenzt zuverlässige – Vorhersage von Verhaltensweisen anderer Akteure ermöglicht und insofern bestimmte Erwartungen begründet.[354] Einflussfaktoren sind hier Offenheit und Authentizität im Verhalten.[355] Vertrauen kann überdies aus der fundierten Kenntnis der Situation und Interessenlage des Partners entstehen. Damit ist – ähnlich wie aus der Kenntnis in der Vergangenheit realisierter Verhaltensweisen – eine Einschätzung zukünftiger Handlungen möglich.[356]

---

347 Vgl. Yoshino/Rangan (1985), S. 6

348 Vgl. Belzer (1993), S. 202 f.; Luhmann (1989), S. 23; Sydow (1996), S. 11

349 Vgl. Klein (1994), S. 311

350 Vgl. Balling (1997), S. 122; Gronau (1999b), S. 373; Schräder (1996), S. 66

351 Vgl. Buckley/Casson (1988), S. 34; Luhmann (1989), S. 20, 24

352 Vgl. Pohlmann/Apelt/Buroh/Martens (1995), S. 45 f.; Zündorf (1986), S. 40

353 Vgl. Doz/Hamel (1998), S. 28; Handy (1995), S. 46; Thorelli (1986), S. 38

354 Vgl. Balling (1997), S. 121 f.; Pohlmann/Apelt/Buroh/Martens (1995), S. 44 f., 55f.; Luhmann (1989), S. 20, Thorelli (1986), S. 41; Zucker (1986), S. 53; Zündorf (1986), S. 40

355 Vgl. Bellmann/Hippe (1996), S. 76; Doz/Hamel (1998), S. 163; Pohlmann/Apelt/Buroh/Martens (1995), S. 46 f.

356 Vgl. Doz/Hamel (1998), S. 28

- Eine weitere Quelle für Vertrauen liegt in sozialen Normen und gesetzlichen Anforderungen, die Verhaltensoptionen einschränken.[357] Natürlich kann sich ein Partner über diese Anforderungen hinwegsetzen, grundsätzlich ist jedoch ein regelkonformes Verhalten zu erwarten.
- Die letzte Alternative besteht in einer starken Abhängigkeit des Partners, durch die antagonistisches Verhalten mit negativen Sanktionen belegt werden kann.[358] Dieser Aspekt wird jedoch im Folgenden vernachlässigt, da die unmittelbare Sanktionsdrohung wenig typisch für Vertrauenssituationen ist, sondern eher Weisungsbeziehungen innerhalb hierarchischer Systeme kennzeichnet.

Die Bedeutung von Vertrauen im Rahmen kooperativer Arrangements wird in zahlreichen Veröffentlichungen hervorgehoben.[359] Sie steigt grundsätzlich mit dem Grad der Dezentralisierung.[360] Vertrauen wird vielfach als wichtiger erachtet als eine enge vertragliche Fixierung von Verhaltensanforderungen.[361] Es stellt daher eines der wesentlichen Abgrenzungsmerkmale zwischen Netzwerken und Markt bzw. Hierarchie dar.[362] Innerhalb einer Organisation kann es mittelfristig durch Ziel- bzw. Handlungsvorgaben mit entsprechenden Sanktionsdrohungen sowie kurzfristig durch fallbezogene Weisungen ersetzt werden. Marktmechanismen basieren nach klassischem Verständnis sogar auf der expliziten Erwartung antagonistischen, opportunistischen Verhaltens in kurzfristigen Transaktionen und greifen insoweit nicht auf das Konstrukt des Vertrauens zurück.[363]

Abseits aller sonstigen Plausibilitätsüberlegungen und empirisch belegbarer Erfahrungen wird die Bedeutung von Vertrauen in kooperativen Beziehungen modellhaft in der Spieltheorie begründet.[364] Dabei werden grundsätzlich zwei Verhaltens- bzw. Situationsannahmen unterschieden:

- Ein sog. "public good-game" liegt vor, wenn der Nutzen aus der Kooperation allen Partnern zugute kommt, unabhängig von ihrem eigenen Verhalten, d.h. selbst

357 Vgl. DiMaggio/Powell (1983), S. 148; DiMaggio (1986), S. 363-365; Powell (1990), S. 298

358 Vgl. Doz/Hamel (1998), S. 28; Pohlmann/Apelt/Buroh/Martens (1995), S. 44 f.

359 Vgl. Balling (1997), S. 107 f., S. 121; Baumgarten (1998), S. 35; Belzer (1993), S. 202; Blancke (1994), S. 39; Bleicher (1999), S. 135; Doz/Hamel (1998), S. 28; Gronau (1999b), S. 373 f.; Handy (1995), S. 46; Kutschker/Schmidt (1995), S. 19; Lorenzoni/Ornati (1988), S. 55; Merkle (1999), S. 35; Mertens/Faisst (1995), S. 65; McHugh/Merli/Wheeler (1995), S. 47 f.; Millarg (1999), S. 143; Moss Kanter (1995), S. 39; Pohlmann (1989), S. 30; Poirier/Reiter (1997), S. 37; Reiß (1996b), S. 202; Schienstock (1994), S. 258; Schuh/Strack (1999), S. 10; Selz (1996), S. 309; Steinbrenner (1997), S. 78; Sydow (1996), S. 10; Sydow/Windeler (1999), S. 56; Ulmer (1996), S. 130-132

360 Vgl. Schuh/Millarg/Göransson (1998), S. 80

361 Vgl. Klocke (1998), S. 64; Kutschker/Schmidt (1995), S. 14

362 Vgl. Merkle (1999), S. 36; Powell (1990), S. 302

363 Vgl. Jarillo (1988), S. 36

364 Vgl. Baumgarten (1998), S. 56-64; Merkle (1999), S. 6; Schräder (1996), S. 63-67

wenn der Einzelne zum Gelingen nicht oder nur wenig beiträgt.[365] Dadurch ergibt sich der Charakter eines öffentlichen Gutes. Charakteristisch sind sog. Win-Win-Situationen, in denen alle Beteiligten von der Kooperation profitieren. Allerdings ist der individuelle Nutzen umso größer, je geringer der eigene Input ausfällt. Damit gewinnt das Problem der sog. Free Riders an Bedeutung, die Nutzen aus der Kooperation ziehen, ohne aktiv dazu beizutragen.[366] Das Konstrukt des Vertrauens spielt hier insoweit eine Rolle, als am kurzfristigen Eigennutz orientiertes Verhalten nicht zu hohem Engagement für die Kooperation führt. Vertrauen in kooperatives Verhalten der Partner und der daraus resultierende, mit hoher Wahrscheinlichkeit eintretende Nutzenvorteil lässt demgegenüber die Free-Rider-Position weniger attraktiv erscheinen.

- Im Falle eines sog. Gefangenen-Dilemmas erbringt kooperatives Verhalten in der Gesamtnutzenperspektive, d.h. aus der Sicht aller Partner, zwar optimalen Nutzen, aus individueller Sicht aber liegt der Erwartungswert bei opportunistischem Verhalten höher.[367] Vertrauen in die Redlichkeit des Partners bietet hier die einzige Möglichkeit, den insgesamt maximalen Nutzen zu erzielen.

Vertrauen in kooperatives Verhalten der Partner basiert zum einen auf der langfristigen Nutzenperspektive für ein Kooperationsengagement, zum anderen aber auch auf personal-sozialen Aspekten der Zusammenarbeit wie Freundschaft und Fragen der Reputation. Damit kommen auch altruistische Verhaltensaspekte ins Spiel.[368] Eine der Kernaufgaben des Managements besteht daher darin, trotz aller Rivalität, die zwischen den Partnern im Netzwerk bestehen kann, eine harmonische und vertrauensvolle Zusammenarbeit zu etablieren, um die Nutzenpotentiale effizient zu erschließen.[369]

Die hohe Bedeutung wechselseitigen Vertrauens wird aus der Zielformulierung kooperativer Organisationsformen ersichtlich: Sie werden häufig gegründet, um unsichere und komplexe Transaktionen abzuwickeln.[370] Dadurch ist eine präzise Festlegung individueller Beiträge und Pflichten kontraproduktiv. Alle Partner verfügen entsprechend über Handlungs- und Entscheidungsspielräume, die sie im Sinne der Kooperation nutzen oder durch opportunistisches Verhalten ausfüllen können. Es besteht im Wesentlichen Einigkeit darüber, dass sich Kooperationsbeziehungen nicht über formale Regelungsmechanismen steuern lassen, sondern auf ein System persönlicher Verbindungen zurückgreifen müssen.[371] Das Konstrukt des Vertrauens ersetzt in

---

365 Vgl. Wolter/Wolff/Freund (1998), S. 29 f.

366 Vgl. Stewart (1998a), S. 206 f.

367 Vgl. Baumgarten (1998), S. 59; Wolter/Wolff/Freund (1998), S. 29 f.

368 Vgl. Macneil (1985), S. 498 f.

369 Vgl. Jarillo (1988), S. 36; Perlmutter/Heenan (1986); Schwarz (1996), S. 360

370 Vgl. Bresser (1989), S. 548

371 Vgl. Moss Kanter (1995), S. 34

dieser Situation das – ohnehin praxisferne – Bedürfnis, opportunistisches Verhalten durch enge Regelungsmechanismen zu unterbinden.[372]

Allerdings entsteht ein problematischer Kreislauf: Solange keine Vertrauensbasis geschaffen ist, zögern die Partner im Sinne risikoaversen Verhaltens mit irreversiblen Investitionen oder der Preisgabe von Wissen oder Informationen.[373] Diese Zurückhaltung ihrerseits schafft keine glaubwürdige Grundlage für Vertrauen in die Ernsthaftigkeit ihres Engagements.[374] Vertrauen muss sich demzufolge sukzessive über zahlreiche Transaktionen entwickeln.[375] Damit ist eine nur graduelle Verbesserung der Zusammenarbeit über die Zeit zu erwarten.[376] "Vertrauen ... spielt in riskanten Situationen eine Rolle, ist eine riskante Vorleistung, die Vertrautheit ('Confidence') voraussetzt. Sein Einsatz wird dann notwendig, wenn nur unvollständige Informationen zur Verfügung stehen. Instrumentell gedacht, ist Vertrauen eine auf Reziprozitätsunterstellungen basierende Wette, die je nach Gewinn- und Verlustchancen eingegangen wird und damit die Handlungsmöglichkeiten in sozialen Systemen steigert. Evolvierende Kooperation setzt Vertrautheit voraus, Vertrauen ist ihr Ergebnis nach mehreren erfolgreich absolvierten Spielrunden."[377]

Am Anfang stehen üblicherweise Transaktionen von geringer strategischer Relevanz und mit überschaubarem Risiko. Zug um Zug entwickeln sich komplexere Beziehungen. Das Netzwerk erfasst mehr und mehr strategisch zentrale Bereiche der Geschäftstätigkeit.[378] Parallel entwickeln die Beziehungen im Netzwerk durch ihren langfristigen Charakter sowie durch den Zuwachs an strategischer Bedeutung und Stabilität selbst einen Wert. Damit entsteht ein glaubhaftes Interesse der Partner an ihrer kontinuierlichen Weiterentwicklung und Pflege,[379] das als eine der möglichen Quellen für wechselseitiges Vertrauen thematisiert wurde. Allerdings erweist sich diese Entwicklung als sehr instabil, da eine einmalige Enttäuschung ausreicht, die Vertrauensbasis nachhaltig zu stören.[380] SYDOW fasst diese ambivalente Entwicklung in der Aussage zusammen, Vertrauen erzeuge Vertrauen in einem "cycle of trust", der sich sehr schnell zu einem "cycle of mistrust" umkehre.[381] "Vertrauen ist ein Sprung in eine begrenzte und strukturierte Ungewissheit und Vertrauensbereitschaft liegt in der Steigerung tragbarer Unsicherheit auf Kosten von Sicherheit. Vertrauen hebt den

---

372 Vgl. Gronau (1999b), S. 374; Jarillo (1988), S. 36

373 Vgl. Doz/Hamel (1998), S. 28; Johannisson (1987a), S. 13

374 Vgl. Doz/Hamel (1998), S. 22

375 Vgl. Belzer (1993), S. 203 f.; Pohlmann/Apelt/Buroh/Martens (1995), S. 32

376 Vgl. Doz/Hamel (1998), S. 22

377 Pohlmann/Apelt/Buroh/Martens (1995), S. 46

378 Vgl. Lewis (1990), S. 4; Sydow (1993), S. 217 f.

379 Vgl. Jarillo (1988), S. 37

380 Vgl. Bleicher (1999), S. 136; Pohlmann/Apelt/Buroh/Martens (1995), S. 33

381 Vgl. Sydow (1993), S. 304

Erwartungswiderstand stabilerer unsicherer Erwartungen, die das Gegenteil gleich miterwarten, auf. Eine Enttäuschung hat aber dann eine radikale Beziehungsänderung zur Folge. Vertrauenswürdig ist nur, wer authentisch ist bzw. bei dem Bild bleibt, dass er vermittelt hat ... ."[382]

Die Entstehung wechselseitigen Vertrauens und die erfolgreiche Etablierung kooperativer Beziehungen werden daher nachhaltig unterstützt, wenn bereits in der Anbahnungs- und Gründungsphase soziale Beziehungen zwischen Entscheidungsträgern bestehen.[383] Mentale Nähe wird als Schlüssel für den Erfolg angesehen.[384] Sie generiert eine Art von Vertrauensvorschuss und beschleunigt somit die Evolution eines Netzwerks. Damit eröffnen sich u.U. mittel- bis langfristig Perspektiven einer erfolgreichen Zusammenarbeit, die zum Zeitpunkt der Gründung noch nicht absehbar waren.[385]

Außerdem trägt eine bestehende sozial-personale Beziehung dazu bei, die anfängliche Hürde zu überwinden, die sich aus dem Übergang von der Verhandlungsposition in der Anbahnungs- in die Kooperation der Gründungs- und Bestehensphase ergibt. Am Anfang steht die Aushandlung einer möglichst günstigen Ausgangsposition im Mittelpunkt, die grundsätzlich eher kompetitives Verhalten erfordert – ohne aber die Vertrauensbasis nachhaltig zu beschädigen. Später jedoch rücken eher kollektive Nutzenaspekte und kooperative Handlungsweisen in den Vordergrund.[386] Dieser Schwerpunktwechsel wird erleichtert, wenn auch die antagonistische Verhandlungsphase in ein starkes sozial-personales Beziehungsgefüge eingebettet ist.

Voraussetzung einer langfristig vertrauensvollen Zusammenarbeit zwischen unterschiedlichen Organisationen ist die kulturelle Integration der Partner.[387] Als Organisationskultur wird in diesem Zusammenhang die "Gesamtheit von im Lauf der Zeit in einer Organisation entstandenen und akzeptierten Werten und Normen [verstanden], die über bestimmte Wahrnehmungs-, Denk und Verhaltensmuster das Entscheiden und Handeln der Mitglieder der Organisation prägen."[388] KUTSCHKER und SCHMIDT nennen als kulturelle Dimensionen Zielkongruenz, Kohäsion, Identität und Konfliktniveau.[389] Darin kommt die identitäts- und kulturstiftende Wirkung kollektiver Ziele zum Ausdruck (vgl. hierzu auch Kap. 4.1.3.2). Einigkeit über die Ziele einer

---

382 Pohlmann/Apelt/Buroh/Martens (1995), S. 46 f.; Vgl. Jarillo (1988), S. 37

383 Vgl. Schuh/Millarg/Göransson (1998), S. 78; Sydow (1993), S. 296

384 Vgl. Schwarz (1996), S. 366

385 Vgl. Lewis (1990), S. 4; Moss Kanter (1995), S. 34

386 Vgl. Doz/Hamel (1998), S. 162

387 Vgl. Amann (1999), S. 30; Balling (1997), S. 100 f.; Braun (1999), S. 71; Bronder/Pritzl (1991), S. 50 f.; Bullinger/Ohlhausen/Hoffmann (1997), S. 59, S. 72; Godoy Tenter/Müller (1998), S. 142-156; Hinterhuber/Handlbauer/Matzler (1997), S. 174; Jansen (1998), S. 120 f.; Reiß (1996b), S. 202; Schienstock (1994), S. 258; Sydow (1993), S. 93, 296; Ulmer (1996), S. 130-132

388 Bea/Göbel (1999), S. 410

389 Vgl. Kutschker/Schmidt (1995), S. 19

Kooperation und ihre Verknüpfung mit individuellen Vorstellungen schaffen die Voraussetzung für die Entstehung einer Corporate Identity auf Netzwerkebene und verknüpfen damit strukturelle und personal-soziale Aspekte. Die Bedeutung einer gemeinsamen Organisationskultur heben DOZ und HAMEL hervor: "Organizational dissimilarity between partners constitutes yet another gap that alliances must overcome. Although cultural and organizational differences are obvious sources of tension, partners may still cooperate successfully if those differences are acknowledged and constructively overcome."[390]

Eine ausgeprägte Vertrauenskultur unterstützt die Stabilität des Netzwerks. Konflikte werden offen angesprochen und können durch konstruktiven Dialog sowie Strukturveränderungen gelöst werden. Dysfunktionale Konfliktwirkungen, z.B. der Austritt eines Partners oder der Rückzug in eine passive Rolle, werden tendenziell minimiert. Stattdessen kommen eher die konstruktiven Wirkungen in der Weiterentwicklung von Organisationsstrukturen zum Tragen.[391] In der Praxis führt eine einseitige Fokussierung auf strukturelle Aspekte wie Arbeitsteilung bzw. Transaktionsbeziehungen, Informations- und Kommunikationsstrukturen etc., die den Blick für personale Aspekte wie Konsens und Vertrauen verstellt, daher oftmals zum Scheitern einer Kooperation.[392]

Allerdings stellt die kulturelle Integration die Partner in der Praxis vor erhebliche Probleme. Differenzen aufgrund von Größe und Strukturierungs- bzw. Bürokratisierungsgrad, Kooperationserfahrungen sowie der Verankerung in unterschiedlichen gesellschaftlich-kulturellen Sphären sind oft nur schwer zu überbrücken.[393] Eine strukturelle Verankerung dieses Prozesses erweist sich überdies deshalb als schwierig, "weil sich die Kultur nicht ohne weiteres instrumentalisieren lässt. Zwar kann man versuchen, den Mitarbeitern über ein Unternehmensleitbild und entsprechende konkrete Richtlinien einen Orientierungs- und Interpretationsrahmen vorzugeben und auch bestimmte Riten, Zeremonien und Sprachregelungen bewusst einzuführen. Was zutiefst kulturell verankert ist, lässt sich aber nicht von heute auf morgen ändern."[394]

Dennoch – und trotz aller Probleme einer objektiven Bewertung oder gar Messung – wird eine Atmosphäre vertrauensvoller Zusammenarbeit, die sich auf dem Boden einer gemeinsamen Organisationskultur entwickelt, als konstitutives Element eines Netzwerks angesehen. Die bewusste Entscheidung, Risiken in Kauf zu nehmen, die durch das nicht mit Sicherheit bestimmbare Verhalten von Partnern determiniert sind, stellt eines der wesentlichen Abgrenzungsmerkmale kooperativer Modelle gegenüber klas-

---

390 Doz/Hamel (1998), S. 152 (*Anm.: Der hier verwendete Begriff "alliance" deckt sich mit dem Begriffsverständnis dieser Arbeit von Unternehmensnetzwerken.*)

391 Vgl. Braun (1999), S. 73; Simmel (1955), S. 15; Sydow (1993), S. 217 f.

392 Vgl. Kutschker/Schmidt (1995), S. 19

393 Vgl. Doz/Hamel (1998), S. 320; Harrigan (1988), S. 223

394 Bea/Göbel (1999), S. 411 f.

sischen Hierarchiestrukturen und Marktmechanismen dar. Unsicherheit wird innerhalb der Kooperation nicht durch Weisungsrechte, eine Sanktionsbedrohung oder durch vollständige Externalisierung, sondern durch das Konstrukt des Vertrauens zumindest partiell kompensiert. Damit stellt dieses eine der wesentlichen Voraussetzungen für effektive und effiziente Kooperation dar.

4.1.3.8 Vertragliche Vereinbarung

Grundsätzlich setzt eine Kooperation intentionales Verhalten voraus, das von bloß zufälligem Parallelverhalten abzugrenzen ist.[395] Sie kann sowohl auf stillschweigender Vereinbarung als auch auf expliziten Verträgen zwischen den beteiligten Parteien beruhen.[396] Der Schwerpunkt verschiebt sich dabei mit der Betrachtungsperspektive.[397] Interpersonale Ansätze (vgl. Kap. 4.1.2.1) mit ihrer Fokussierung auf personal-soziale Beziehungen sind weniger auf explizite vertragliche Vereinbarungen ausgerichtet als beispielsweise struktural orientierte Konzepte (vgl. Kap. 4.1.2.2), die sich mit den Methoden und Instrumenten einer "losen Kopplung" von Organisationen beschäftigen.[398] Dabei ergibt sich eine klare Divergenz von Theorie und Praxis: In der Literatur steht vielfach die Manifestation der Kooperation in bestimmten Organisationsmodellen wie Joint Ventures, Lizenz- oder Franchisemodellen im Mittelpunkt. In der Praxis dagegen ist ein erheblicher Teil – wenn nicht die Mehrheit – der Kooperationen eher informeller Natur.[399]

Netzwerke werden häufig gegründet, um unsichere und komplexe Transaktionen abzuwickeln.[400] Eine – zumindest theoretisch tragfähige – Alternative zur Zielkomplementarität der Partner sowie einer zwischen ihnen bestehenden Vertrauensbeziehung als Mechanismen zur Vermeidung antagonistischen Verhaltens besteht auch in der Ex-ante-Festlegung von Rechten und Pflichten der Partner. Sie kann grundsätzlich Vertrauen substituieren, bewirkt aber gleichzeitig eine veränderte Einordnung der Organisationsform auf dem Kontinuum zwischen Markt und Hierarchie: "Auch in vertragsrechtlicher Perspektive besitzt das strategische Netzwerk eine intermediäre Position zwischen Markt und Hierarchie, die beide ... als System von Verträgen konzeptualisiert werden."[401] Die Vereinbarung konkreter Leistungspflichten führt zur Annäherung an marktliche Transaktionen. Sie erfordert eine exakte Spezifikation, die ex ante nicht immer zu leisten sein wird.[402] Der alternative Weg einer vertraglichen

---

395 Vgl. Jansen (1998), S. 90; Schneider (1973), S. 43; Strohmayer (1996), S. 27

396 Vgl. Blohm (1980), Sp. 1112; Holz/Hippe (1996), S. 239; Schneider (1973), S. 42-51; Vornhusen (1994), S. 28

397 Vgl. Håkansson/Johanson (1988), S. 370

398 Vgl. Sydow (1993), S. 86

399 Vgl. Håkansson/Johanson (1988), S. 369

400 Vgl. Bresser (1989), S. 548

401 Sydow (1993), S. 103

402 Vgl. Cunningham (1995), S. 86

Verankerung von Entscheidungsrechten oder Weisungsbeziehungen impliziert eine Annäherung an hierarchische Strukturen. Probleme ergeben sich zum einen aus der Bereitschaft potentieller Partner, sich auf ein solches Arrangement einzulassen und Teile ihrer Entscheidungsautonomie aufzugeben,[403] zum anderen aus der Durchsetzbarkeit in Beziehungen zwischen souveränen Partnern.

Hier kommen Anreiz- und Sanktionsmechanismen ins Spiel, die auf der Basis wechselseitiger Vereinbarungen antagonistisches Verhalten verhindern sollen.[404] Nicht-kooperatives Verhalten wird mit Strafen belegt, die aus der privatrechtlichen Beziehung der Partner einklagbar sind. Im Grunde handelt es sich dabei um ein Motivationsinstrument, das auf Transaktionsmechanismen aufbaut.[405] Für die Mitglieder entsteht ein Anreizsystem, das kooperationswidrige Entscheidungsalternativen im Vergleich zu solchen im Sinne des kollektiven Zielsystems unattraktiver erscheinen lässt. Damit wird quasi künstlich die Zielkomplementarität der Partner hergestellt. "Dieser Lösungsansatz kann zweifelsohne einen bedeutenden Beitrag zur Stabilisierung von Kooperationsbeziehungen leisten. Entsprechend häufig ist er in der Praxis anzutreffen. Die dieser Vorgehensweise anhaftenden Probleme – namentlich die hohen Vereinbarungs- und Kontrollkosten – lassen es aber, gerade im Hinblick auf die Realisierung virtueller Unternehmen, wenig ratsam erscheinen, ausschließlich auf derartige Sanktionsmechanismen zu setzen."[406] Das Problem liegt in der Unsicherheit über zukünftige Umfeldentwicklungen. Sie belegt eine erschöpfende Ex-ante-Definition von Verhaltenserwartungen mit erheblichen Schwierigkeiten.[407] Die nachträgliche Modifikation von Anreiz- und Sanktionsvereinbarungen scheitert i.d.R. aber am natürlichen Eigeninteresse der Partner.

Häufig verfolgen Organisationen mit der vertraglichen Vereinbarung von Kooperationsbeziehungen natürlich auch andere Ziele, die unter den Stichworten der Sichtbarkeit und Glaubwürdigkeit diskutiert werden.[408] Die Bereitschaft, sich auf eine vertragliche – und damit ggf. justiziable – Vereinbarung einzulassen, untermauert die Glaubwürdigkeit des eigenen Engagements für die Kooperation. Außerdem zeigen vertragliche Verbindungen eine stärkere Außenwirkung. Die öffentliche Ankündigung strategischer Allianzen – insbesondere mit prominenten Partnern – dient der Dokumentation der eigenen Wettbewerbsstärke und beeinflusst die eigene wettbewerbsstrategische Positionierung. Entsprechende Erwägungen sollen im Folgenden jedoch unberücksichtigt bleiben.

---

403 Vgl. Schneider (1973), S. 40; Yoshino/Rangan (1995), S. 18

404 Vgl. Wolter/Wolff/Freund (1998), S. 35 f.

405 Vgl. Frese (1995), S. 125 f.

406 Wolter/Wolff/Freund (1998), S. 35 f.

407 Vgl. Doz/Hamel (1998), S. 15; North (1992), S. 74; Schräder (1996), S. 79

408 Vgl. Håkansson/Johanson (1988), S. 377

Die Neigung, Rechte und Pflichten der einzelnen Mitglieder vertraglich zu definieren, steigt tendenziell mit dem Risiko der Mitgliedschaft. YOSHINO und RANGAN formulieren als wesentliche Einflussfaktoren die strategische Bedeutung der Mitgliedschaft für den eigenen Unternehmenserfolg, das über Investitionen determinierte Bindungsrisiko sowie mögliche Angriffspunkte gegenüber opportunistischem Verhalten der übrigen Mitglieder.[409] Damit ergibt sich ein grundsätzliches Dilemma: Große Risikopotentiale führen einerseits zu einem hohen formalen Regelungebedürfnis. Andererseits entstehen sie häufig durch Unsicherheiten hinsichtlich der zukünftigen Entwicklung wesentlicher Entscheidungsgrößen. Damit sinken aber gleichzeitig die Möglichkeiten einer exakten Ex-ante-Definition wechselseitiger Rechte und Pflichten als Grundlage vertraglicher Regelungen.

Generell gilt, dass eine vertragliche Fixierung wechselseitiger Rechte und Pflichten nicht grundsätzlich erforderlich ist, um kooperative Organisationsmodelle zu etablieren. Auch eindeutige Zusammenhänge zwischen Rechtsform und Ziel oder Struktur lassen sich nicht konstruieren.[410] Formale Verträge sind damit keine notwendige Bedingung für die Entstehung von Netzwerken. Sie sind andererseits jedoch auch nicht hinreichend. Der bloße Abschluss von Kooperationsvereinbarungen gewährleistet noch längst kein wirklich kooperatives Verhalten und damit effiziente, abgestimmte Zusammenarbeit zwischen den Partnern.[411] Er mag zwar die Handlungs- und Entscheidungsalternativen einschränken, aber innerhalb dieser besteht nach wie vor die Möglichkeit opportunistischen Verhaltens. Die durch begrenzte Rationalität der vertragschließenden Parteien nicht exakt antizipierbaren Umfeldentwicklungen erfordern i.d.R. eine so weit gefasste Definition der Aufgaben und Pflichten aller Partner, dass antagonistisches Verhalten selbst innerhalb des verbleibenden Spielraums den Erfolg der Kooperation nachhaltig gefährden kann. Insofern macht auch eine detaillierte vertragliche Fixierung die Zielkomplementarität der Mitglieder sowie das Bemühen um kulturelle Integration nicht überflüssig.[412]

Da explizite Vereinbarungen und Verträge damit weder notwendig noch hinreichend für die Entstehung einer Kooperation sind, wird die formale Fixierung nicht als konstitutives Element angesehen. Allerdings besteht das hier verfolgte Forschungsziel in der Entwicklung eines Bewertungsmodells für Kooperationsstrukturen. Damit rücken Organisationsmodelle in dem Mittelpunkt, die de jure über formelle Vereinbarungen und/oder de facto über die Herausbildung organisatorischer Routinen in der praktischen Geschäftstätigkeit institutionalisiert sind. Hier bieten vertragliche Vereinbarungen gute Anknüpfungspunkte. Insoweit wirken formale Vereinbarungen zwar

409 Vgl. Yoshino/Rangan (1995), S. 84

410 Vgl. Porter/Fuller (1989), S. 365

411 Vgl. Lewis (1990), S. 4

412 Vgl. Kutschker/Schmidt (1995), S. 19; Sydow (1993), S. 296

nicht konstitutiv auf die Entstehung eines Netzwerks, sie bilden jedoch durch ihre bessere Fass- und Bewertbarkeit den Schwerpunkt der folgenden Ausführungen.

4.1.3.9 Dauer der Kooperation

Organisationen im klassischen Sinne sind überwiegend auf einen längeren zeitlichen Bestand hin angelegt. Dies ist für Netzwerk- und Kooperationsarrangements nicht zwingend der Fall, wie zahlreiche Aussagen aus der Literatur für unterschiedliche Gestaltungsmodelle belegen: "Project alliances are narrow in scope and generally have a limited life span."[413] Auch DOZ und HAMEL weisen auf die zeitliche Befristung hin: "... partners must keep tabs on the benefits that remain to be gained as their alliances proceed through their life cycles. As those benefits are exhausted, partners are likely to opt out."[414]

Diese Befristung kommt im Lebenszyklus- oder Phasenmodell für Strategische Allianzen zum Ausdruck, das HECK vorgelegt hat (vgl. Abb. 41). Phase 5 enthält explizit die Beendigung und Auflösung der Allianz. Sie trägt insoweit der Tatsache Rechnung, dass Allianzen häufig entweder zur gemeinsamen Bearbeitung einer in sich geschlossenen Aufgabe gegründet werden und damit von vornherein befristet sind[415] oder aber dass die Partner im Laufe der Zeit divergente Zielvorstellungen entwickeln und damit das Bindungselement der Zielkomplementarität verloren geht. "Die Fragilität strategischer Netzwerke besteht von Anfang an oder entwickelt sich, wenn aus einer anfänglichen Übereinstimmung der Interessen der Netzwerkunternehmungen im Laufe der Zeit Interessengegensätze entstehen. Eine Interessendisparität ist für den Zerfall eines strategischen Netzwerkes, und dies gilt auch für andere Formen der Unternehmenskooperation, allerdings nur dann eine hinreichende Bedingung, wenn die Macht in den interorganisationalen Beziehungen eher symmetrisch verteilt ist."[416]

---

413 Taucher (1988), o.S.; Vgl. Dörsam/Icks (1997), S. 4; Hagedoorn (1990), S. 21; Staudt/Kriegesmann/Thielemann/Behrendt (1995), S. 1217

414 Doz/Hamel (1998), S. 87; Vgl. Braun (1999), S. 63

415 Vgl. Baumgarten (1998), S. 209; Klingebiel (2000), S. 167; Sydow (1993), S. 73

416 Sydow (1993), S. 304

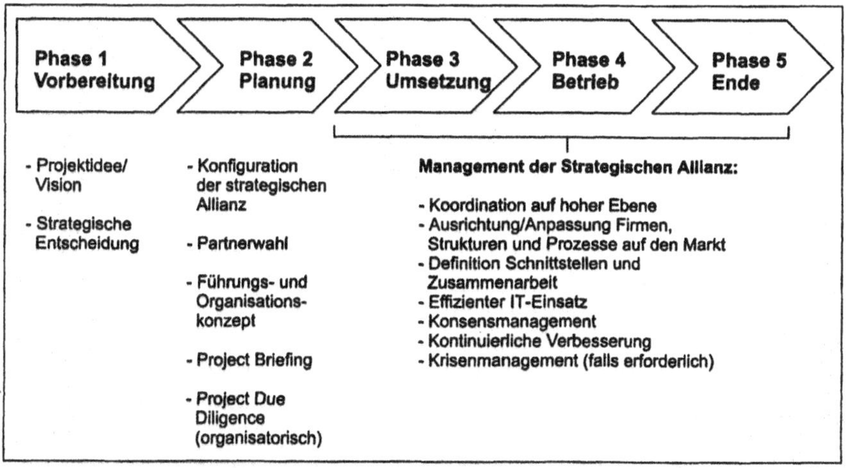

Abb. 41: Phasen der Kooperation[417]

SYDOW spricht zwei weitere, systemimmanente Entwicklungen an, die – obwohl nicht intendiert – den Fortbestand eines Netzwerks gefährden können:[418]

- Bürokratisierungstendenzen, die hierarchische Organisationen erfassen, betreffen - wenn auch vielleicht in geringerem Umfang - gleichermaßen Netzwerke von Organisationen.[419] Längerfristig etablierte Formen der Kooperation führen oftmals zur Formalisierung und Zentralisierung von Entscheidungswegen und Handlungsweisen. Damit geht die Überlegenheit der "losen Kopplung" von Netzwerken gegenüber hierarchischen Organisationen leicht verloren.[420] Gleichzeitig entstehen Konfliktpotentiale zwischen der über das Netzwerk instrumentalisierten Fremdbestimmung und dem Autonomiestreben der Mitglieder.[421]
- Parallel führt die enge Zusammenarbeit im Sinne der zuvor thematisierten Isomorphie[422] u.U. zu einer inhaltlichen Annäherung der Aktivitäten einzelner Partner. Dadurch entstehen Konkurrenzbeziehungen, die einer effizienten Zusammenarbeit im Wege stehen und Konfliktpotentiale bergen.[423]

Neben diesen eher konzeptionellen Überlegungen sprechen auch empirische Befunde dafür, dass kooperative Beziehungen zwar durchaus langfristig angelegt sein können,

417 Abb. aus Heck (1999), S. 63
418 Vgl. Sydow (1993), S. 303
419 Vgl. Håkansson/Johanson (1988), S. 371
420 Vgl. Hinterhuber/Stahl (1996), S. 90
421 Vgl. Sydow (1993), S. 303
422 Vgl. DiMaggio/Powell (1983), S. 148; DiMaggio (1986), S. 363-365
423 Vgl. Sydow (1993), S. 303

im Ergebnis aber doch oft zeitlich befristet sind. Insbesondere für Joint Ventures liegt eine umfangreiche Datenbasis vor. Zwar ist es aus methodischer Sicht sicher problematisch, von Forschungsergebnissen für eine einzelne Organisationsform ohne weitere Voraussetzungen induktiv auf das gesamte Spektrum der Kooperationen zu schließen. Unter Hinzuziehung der zuvor getätigten theoretischen Überlegungen erscheint der Schluss jedoch zulässig.

Der Grund für die vergleichsweise ausführliche Beschäftigung der Literatur mit dem Thema liegt vermutlich in der guten Abgrenzbarkeit. Das Modell der Joint Ventures lässt sich schlüssig und trennscharf definieren, insoweit bietet sich hier die Möglichkeit, den Untersuchungsgegenstand genau einzugrenzen. KOGUT hat in diesem Zusammenhang eine Breitenerhebung durchgeführt und die Mortalitätsrate von Joint Ventures über einen längeren Zeitraum beobachtet.[424] Im Ergebnis wird die Mehrheit der betrachteten Organisationen innerhalb eines befristeten Zeitraum aufgelöst (vgl. Tab. 55). Dabei ist Auflösung nicht mit Misserfolg gleichzusetzen.[425] KOGUT weist sogar explizit darauf hin, dass sich die Befristung häufig unmittelbar aus den Zielen der Kooperation ableitet.[426]

	Age (Years)						
	1	2	3	4	5	6	>6
Domestic joint ventures terminated (%)	5.6	13.5	5.1	12.7	10.4	8.3	25.9
– Dissolved	4.2	7.5	1.7	3.6	10.4	5.6	14.8
– Acquired	1.4	6.0	3.4	9.1	0.0	2.7	11.1
International joint ventures terminated (%)	3.9	5.4	10.8	4.2	20.0	24.0	12.6
– Dissolved	2.6	2.7	3.1	2.1	14.3	12.0	6.3
– Acquired	1.3	2.7	7.7	2.1	5.7	12.0	6.3
Both international and domestic joint ventures terminated (%)	4.7	9.3	8.1	8.7	14.7	14.8	20.9
– Dissolved	3.4	5.0	2.4	2.9	12.0	8.2	11.6
– Acquired	1.3	4.3	5.7	5.8	2.7	6.6	9.3

Tab. 55: Mortalitätsraten von Joint Ventures über die Lebensdauer[427]

Ähnliche Ergebnisse zeigen die Studien von BERG ET AL.: "Over one-fourth of the chemical joint ventures in one sample were terminated after three years or less. Of the 50 joint ventures that died in this sample of chemical firms from 1924 to 1969, almost half were purchased and absorbed by one of the parents. Many of the joint ventures were failures, but some were quite successful."[428] Auch die Untersuchung alternativer

424 Vgl. Kogut (1988), S. 170

425 Vgl. Prange/Probst/Rüling (1996), S. 11

426 Vgl. Kogut (1988), S. 174

427 Tab. aus Kogut (1988), S. 170

428 Berg/Duncan/Friedmann (1982), S. 46

Realisationsformen von Netzwerken weist in die gleiche Richtung: "The average life span of a venture was 3.5 years ... . Of the ventures that were mutually assessed to be successful by their sponsors, 50 percent lasted at least 4 years. ... A total of 6.6 percent of the ventures studied lasted one year (or less) after formation. Of the ventures that were mutually assessed to be successful by their sponsors, 4.7 percent lasted one year or less."[429]

Die Befunde zeigen, dass befristete Existenz nicht zwingend mit mangelndem Erfolg gleichzusetzen ist.[430] Offensichtlich ist der Zeithorizont von Netzwerken tendenziell geringer als von hierarchischen Organisationsformen. Dies erscheint vor dem Hintergrund der Tatsache auch plausibel, dass der Austritt oder Ausschluss eines Partners aus dem Netzwerk meist nicht das Ende seiner wirtschaftlichen Existenz bedeutet. Trotz aller ökonomischen Abhängigkeiten bleiben i.d.R. strategische Rückzugspositionen[431] – beispielsweise durch eigene Geschäftstätigkeit außerhalb der Reichweite des Netzwerks.[432] Zusammenfassend ist davon auszugehen, dass eine zeitliche Befristung zwar nicht konstitutives Merkmal, jedoch ein theoretisch begründ- und empirisch belegbares Charakteristikum kooperativer Strukturen darstellt.

4.1.3.10 Dynamik in Struktur und Zusammensetzung

Die zeitliche Befristung der Kooperation und die Tendenz der Mitglieder, strategische Rückzugspositionen aufzubauen, deuten bereits auf eine weitere wesentliche Eigenschaft von Netzwerken hin. Der Stamm ihrer Mitglieder sowie die Art der interorganisationalen Arbeitsteilung unterliegen zumindest potentiell größeren Veränderungen als innerhalb hierarchischer Organisationsformen. Der Eintritt neuer sowie die (Re-)Positionierung und der Austritt vorhandener Mitglieder werden explizit als Gestaltungsoptionen im Netzwerk genannt.[433] Vereinzelt wird die Selektion von Mitgliedern als Kernaufgabe des Managements betrachtet.[434] Meist bleibt jedoch offen, ob es sich dabei um einen gesteuerten Prozess handelt oder eher um ein emergentes Phänomen, das sich quasi zufällig aus der parallelen Entwicklung individueller und kollektiver Zielsysteme ergibt.

Eine fundierte Bewertung des Ein- und Austritts von Mitgliedern ist selbstverständlich nur im Einzelfall möglich. Sie hängt von der marktstrategischen Bedeutung der Netzwerkaktivitäten für das einzelne Mitglied sowie umgekehrt von der Relevanz

---

429 Harrigan (1988), S. 207

430 Vgl. Baumgarten (1998), S. 209; Powell (1990), S. 332

431 Vgl. Yoshino/Rangan (1995), S. 77

432 Vgl. Faust (1996), S. 273 f.

433 Vgl. Jäger/Boucke (1997), S. 98; Handy (1995), S. 46; Mattsson (1987), S. 236; Rilling (1997), S. 132; Schräder (1996), S. 74-82; Schreyögg/Papenheim (1988), S. 3; Thorelli (1986), S. 42; Wiendahl/Kuhn/Beckmann/Fastabend/Helms/Kloth (1996), S. 24

434 Vgl. Schräder (1996), S. 75

seines Beitrags für die kollektiven Leistungsziele ab. Durch die "lose Kopplung" der Mitglieder ist sie tendenziell jedoch begrenzt.[435] Durch die meist polyzentrische Struktur wird der Dominanz eines Mitglieds vorgebeugt, Ausnahmen bestehen lediglich im Falle eines fokalen Partners, der eine starke Führungsrolle innehat.[436] Damit bleibt der Austritt eines Mitglieds, sofern es sich nicht um eben jenen fokalen Partner handelt, ohne existenzielle Bedeutung für das Netzwerk: "In spite of the strong interdependencies, the industrial networks have a plasticite in the sense that single actors, relations, or acitivities may disappear without jeopardizing the overall functioning of the network."[437] Im Umkehrschluss impliziert die im Vergleich zu hierarchischen Organisationsformen weniger enge Bindung der Partner, dass diese auch Aktivitäten außerhalb der Netzwerksphäre entfalten. Insoweit hat ein Ausscheiden oder ein Ausschluss für das individuelle Mitglied zwar häufig gravierende, i.d.R. nicht aber existenzielle Bedeutung.

Die Gründe für Veränderungen der Mitgliederstruktur sind vielfältig und liegen sowohl in der kollektiven als auch in der individuellen Sphäre. Netzwerke wurden als autopoietische Systeme charakterisiert.[438] Ihre Entwicklung entfaltet durch die wechselseitige Abhängigkeit der Mitglieder, eine hohe Dynamik, die eine vollständige Determinierung auch über kollektive Entscheidungsmechanismen i.d.R. verhindert.[439] Gleichzeitig entwickeln sich auch die Zielsysteme der Mitglieder dynamisch weiter.[440] Daraus u.U. entstehende Widersprüche gefährden die Zielkomplementarität der Partner, die notwendige Bedingung für eine erfolgreiche Arbeit im Netzwerk ist.

"Beziehungen zwischen Akteuren werden aufgebaut, aufrechterhalten, intensiviert, weiterentwickelt, verändert, unterbrochen. Das gesamte Netzwerk ist damit ständig in Bewegung, ob durch den Eintritt neuer Aktoren oder die Aufnahme, die Veränderung oder die Unterbrechung von Beziehungen."[441] In der Konsequenz treten Netzwerkmitglieder mitunter sogar in unmittelbaren Wettbewerb mit bisherigen Kooperationspartnern.[442]

Diese Dynamik stellt hohe Anforderungen an die Gestaltung und Steuerung von Netzwerken. Uneinigkeit besteht jedoch darüber, ob Kooperationsstrukturen im Laufe der Zeit an Stabilität gewinnen oder inhärente Zerfallstendenzen aufweisen. Sie zeigen ähnlich wie hierarchische Strukturen klare Bürokratisierungs- und Strukturierungs-

---

435 Vgl. Sydow (1993), S. 86, S. 116 f.

436 Vgl. Bellmann/Hippe (1996), S. 68

437 Håkansson/Johanson (1988), S. 371

438 Vgl. Luhmann (1988)

439 Vgl. Doz/Hamel (1998), S. XVI, S. 114; Håkansson/Johanson (1988), S. 370; Hinterhuber/Handlbauer/Matzler (1997), S. 183; Morgan (1986), S. 247-255; Sydow (1993), S. 255

440 Welge/Al-Laham (1999), S. 17

441 Kutschker/Schmidt (1995), S. 31

442 Vgl. Doz/Hamel (1998), S. 15

tendenzen, die einerseits zu einer Festigung der Interorganisationsbeziehungen beitragen,[443] andererseits aber auch dem Autonomiestreben der Mitglieder entgegenwirken, damit Konfliktpotentiale schaffen und die Gefahr eines Auseinanderbrechens heraufbeschwören können.[444] Eine generelle Aussage, welche dieser Entwicklungen die Oberhand gewinnt, ist bislang nicht gelungen.[445]

Ähnlich wie im Zusammenhang mit der zeitlichen Bestandsperspektive von Unternehmensnetzwerken wird eine dynamische Mitgliederstruktur nicht als konstitutives Element, sondern als empirisch belegtes und theoretisch begründbares Charakteristikum angesehen. Dabei ist es unerheblich, ob der Ein- und Austritt von Mitgliedern Ergebnis eines planvollen Vorgehens und strukturierter Selektionsmechanismen ist oder sich aus der Handlungs- und Entscheidungsautonomie der beteiligten Unternehmen ergibt.

Die bisherigen Ausführungen belegen die Vielfalt theoretischer Konzepte und empirisch beobachtbarer Realisationsformen von Netzwerken und Kooperationen. Sie geben gleichzeitig einen deutlichen Hinweis, wie schwierig eine in sich geschlossene und trennscharfe Definition des Netzwerkbegriffs ist. Einen weiteren Erkenntnisfortschritt verspricht – in Ergänzung zu den zuvor betrachteten Merkmalen – die Entwicklung von Kriterien zur Systematisierung, die auf wesentliche Ziel- und Gestaltungsparameter eingehen.

4.2 Systematisierung von Unternehmensnetzwerken und empirische Bestandsaufnahme

Neben den zuvor betrachteten konstitutiven Elementen leistet die Formulierung von Merkmalen und realisierbaren bzw. realisierten Ausprägungen einen weiteren Beitrag zur Systematisierung der Kooperationsmodelle, die die betriebliche Praxis hervorgebracht hat, sowie zur Abgrenzung des Netzwerkbegriffs. In Anlehnung an BALLING erscheint es sinnvoll "unter Zugrundelegung ökonomisch relevanter Merkmale einen an den Realerscheinungen orientierten Ordnungsrahmen zur Differenzierung der verschiedenen Formen einer zwischenbetrieblichen Kooperation zu entwickeln. Eine derartige Abstraktion verzichtet einerseits auf fallspezifisch interessante Detailinformation, erlaubt jedoch andererseits das Aufdecken von Zusammenhängen und Unterschieden."[446] Der Verzicht auf eine einzelfallbezogene Detailanalyse wird an späterer Stelle zum Teil über die exemplarische Beschreibung ausgewählter Realisationsformen kompensiert (vgl. Kap. 4.3).

---

443 Vgl. Håkansson/Johanson (1988), S. 371

444 Vgl. Blancke (1994), S. 42; Sydow (1993), S. 303

445 Vgl. Thorelli (1986), S. 43

446 Balling (1997), S. 39

Aus dem von BALLING formulierten Gliederungsziel ergeben sich folgende Anforderungen an eine Gliederungssystematik: "One, it should encompass all types of alliances .... Two, it should take as a point of departure the definition of alliance ... as cooperation between two or more independent firms involving shared control and continuing contributions by all partners. Three, it should facilitate identification and recognizing the urgency of key management issues in each type of alliance."[447] Inhaltlich muss ein umfassendes Gliederungskonzept überdies grundsätzlich drei Ebenen abbilden: "eine 'Infrastruktur' produktiver Aktivitäten, eine darüber liegende, formale sowie informale 'Soziostruktur' der Austauschbeziehungen und eine 'Superstruktur' geteilter Wertvorstellungen, die diese überformt ... . Die 'Infrastruktur' strategischer Netzwerke kann beispielsweise mit Hilfe von Input-Output-Matrizen beschrieben werden. Die damit verkoppelten soziostrukturellen Austauschbeziehungen im Netzwerk schlagen sich beispielsweise in der Interaktionshäufigkeit nieder. Über der 'Infrastruktur' und der 'Soziostruktur' schließlich liegt die Folie der 'Superstruktur', die eine gemeinsame Auffassung über Organisation, Effizienz, Legitimität, Kooperation usw. inkorporiert und den 'darunter liegenden' Aktivitäten Sinn verleiht."[448]

Diese Ebenen zeigen Bezüge zu den horizontalen Dimensionen im Managementkonzept BLEICHERs,[449] so dass ein derartiges Gliederungskonzept als ganzheitlich gelten kann. Die Infrastruktur wird in der begrifflich analog gebildeten Strukturebene abgebildet. Sie stützt sich auf normativer Ebene auf die Unternehmensverfassung, strategisch auf realisierte Unternehmensstrukturen und Managementsysteme sowie operativ auf organisatorische Prozesse und Dispositionssysteme. Analogien zur Soziostruktur finden sich im Bereich der Aktivitäten mit den Elementen Unternehmenspolitik und Missionen, Programme sowie Aufträge. Informale Aspekte beziehen sich außerdem auf das Verhalten mit den Elementen Unternehmenskultur, Problemverhalten sowie Leistungs- und Kooperationsverhalten in der vertikalen Gliederung. Hier zeigen sich gleichzeitig Anknüpfungspunkte der Superstruktur, die primär normative Aktivitäten im Sinne BLEICHERs sowie die grundlegende Managementphilosophie umfasst.

SYDOW hat ein erstes Gliederungskonzept vorgelegt. Es erfüllt insbesondere die Anforderungen an die Beschreibung der informalen Sozio- und der Superstruktur, da es wesentliche Regelungs- bzw. Gestaltungsbedarfe bei der Gründung und Steuerung eines Netzwerks anspricht (vgl. Tab. 56, Tab. 57). Allerdings stützt es sich bei der Einordnung von Netzwerk- oder Kooperationsmodellen nach ihrer kulturellen Organisiertheit auf eine Reihe von Merkmalen, die strukturell nur schwer zu verankern und primär situationsbezogen zu bewerten sind. Sie erlauben dadurch nur mit Einschrän-

---

447 Yoshino/Rangan (1995), S. 17 (*Anm.: Der hier verwendete Begriff "alliance" deckt sich mit dem Begriffsverständnis dieser Arbeit von Unternehmensnetzwerken.*)

448 Sydow 1993, S. 276 f.

449 Vgl. Bleicher (1999), S. 74-80, S. 81-85

kungen eine einzelfallunabhängige, am grundlegenden Modelltypus ausgerichtete Beschreibung.

Strukturelle Dimension	
Intensität des Leistungsaustausches	gering/groß
Richtung des Leistungsaustausches	einseitig/wechselseitig
Machtstruktur	verteilt/konzentriert
Formalisierungsgrad	hoch/niedrig
Standardisierungsgrad	hoch/niedrig
Kommunikation	zentralisiert/dezentralisiert
hierarchische Verankerung	hoch/niedrig
räumliche Distanz	groß/gering
verfügbare Ressourcen für die Koordination	wenig/viel
Personaltransfer	häufig/selten
Vertragsgestaltung	'weich'/'hart'

Tab. 56: Strukturelle Organisiertheit strategischer Netzwerke[450]

Kulturelle Dimension	
Zielkongruenz	gering/groß
geteilte Werte	wenig/viel
Erwartungen	unklar/klar
Vertrauen	gering/groß
Identitäten	eigene/gemeinsame
Kohäsion	niedrig/hoch
Konfliktniveau	niedrig/hoch

Tab. 57: Kulturelle Organisiertheit strategischer Netzwerke[451]

Aus diesem Grund wird für die Systematisierung empirisch beobachtbarer Realisationsformen zunächst ein Ansatz gewählt, der sich auf die Ebene der Infrastruktur und der formellen Soziostruktur konzentriert. Nichtsdestoweniger greift die Arbeit beim später zu konzipierenden Bewertungsmodell auf die von SYDOW geforderten Inhalte zurück. Ansatzpunkte für die Konzeption liefern KUTSCHKER und SCHMIDT, die auf struktureller Ebene die Merkmale Größe, Varietät, Dichte und Transitivität entwickeln:

450 Tab. aus Sydow (1993), S. 85

451 Tab. aus Sydow (1993), S. 85

- "Größe: Die Größe des Netzwerkes wird durch die Zahl der das Netzwerk konstituierenden Aktoren bestimmt.
- Varietät: Mit der Varietät ist zum einen die Unterschiedlichkeit der Aktoren eines Netzwerkes, zum anderen die Unterschiedlichkeit der Beziehungen zwischen den Aktoren angesprochen.
- Dichte: Die Dichte eines Netzwerkes bezieht sich auf die Zahl der manifesten Beziehungen im Vergleich zu den möglichen latenten Beziehungen. Die Dichte eines Netzwerkes nimmt mit der Aktivierung latenter Beziehungen zu. Unter Clustern und Cliquen können Teilnetzwerke besonders hoher Dichte verstanden werden.
- Stabilität: Die Stabilität von Netzwerken bezeichnet das Ausmaß, in dem die Beziehungen zwischen den Aktoren über einen gewissen Zeitraum weitgehend unverändert bleiben. Mit der Stabilität ist die Fähigkeit verbunden, störenden Einflüssen und Kräften widerstehen und entgegenwirken zu können.
- Transitivität: Transitivität von Netzwerken liegt vor, wenn positive Beziehungen zwischen Aktor A und Aktor B und positive Beziehungen zwischen Aktor B und Aktor C auch positive Beziehungen zwischen Aktor A und Aktor C implizieren."[452]

Neben diesen Überlegungen spielt das Zielsystem des Netzwerks eine wichtige Rolle, da in Übereinstimmung mit CHANDLER[453] von einem engen Zusammenhang zwischen den mit einer Kooperation verfolgten strategischen Zielen und der Strukturgestaltung der Interorganisationsbeziehungen auszugehen ist.[454] Dieser Bezug sollte aus theoretischer Sicht im Vergleich zu klassisch hierarchischen Strukturen angesichts deren - zumindest tendenziell - längerfristigen Orientierung[455] (vgl. Kap. 4.1.3.9) und größeren Strukturträgheit[456] (vgl. Kap. 4.1.3.10) sogar deutlicher ausfallen: Divergenzen zwischen veränderlichen Zielen und nicht oder nur zeitverzögert angepassten Strukturen kommen weniger zum Tragen. Insoweit gehört die Auseinandersetzung mit strategischen Zielen zu den wesentlichen Bestandteilen der Gliederungssystematik. Insgesamt werden daher folgende Dimensionen vorgeschlagen:

- Ziele der Kooperation: Ziele der Kooperation ergeben sich primär aus der intermediären Position von Kooperationen und Netzwerken zwischen den beiden

---

452 Kutscher/Schmidt (1995), S. 5 f.; Vgl. Balling (1997), S. 157 f.; Hippe (1997), S. 32; Mitchell (1969b), S. 17-20; Schenk (1984), S. 57-65

453 Vgl. Chandler (1962), S. 15, S. 91 f.; Müller-Stevens (1992), Sp. 2344-2355

454 Vgl. Balling (1997), S. 40 f., S. 74; Kreikebaum (1991), S. 30; Schreyögg (1984), S. 128; Sydow (1993), S. 194; Yoshino/Rangan (1995), S. 272

455 Vgl. Doz/Hamel (1998), S. 87; Heck (1999), S. 63; Sydow (1993), S. 73, S. 304; Taucher (1988), o.S.

456 Vgl. Bellmann/Mildenberger (1996), S. 138

Polen Markt und Hierarchie.[457] Daraus abgeleitete konzeptionelle Überlegungen zeigen Anknüpfungspunkte zu den zuvor genannten Dimensionen der Varietät und Stabilität. Sie äußern sich zum einen in der Kooperation unterschiedlicher Akteure, zum anderen in der synergetischen Verknüpfung komplementärer Kompetenzen und im Prinzip der "losen Kopplung"[458], um flexibel auf Umwelt- und Umfeldveränderungen reagieren zu können (vgl. Kap. 4.2.1).

- Mitgliederstruktur und Tätigkeitsbereiche: Ein wesentliches Unterscheidungsmerkmal empirisch beobachtbarer Kooperationsmodelle besteht in der Zahl und Art der Mitglieder bzw. der von der Kooperation betroffenen Unternehmensbereiche.[459] Dabei ist zum einen explizit die Größe des Netzwerks angesprochen, zum anderen erneut die Varietät der Partner. Diese ergibt sich aus deren grundsätzlicher Positionierung am Markt sowie aus dem Umfang, in dem sie eigene Aktivitäten in die gemeinsame Sphäre des Netzwerks einbringen (vgl. Kap. 4.2.2).

- Bindungsintensität: Über die betroffenen Tätigkeitsbereiche oder das Aktivitäten- und Kompetenzportfolio des Netzwerks hinausgehende strukturelle Merkmale betreffen im Wesentlichen die Bindungsintensität. Sie bezieht sich im o.g. Ebenenmodell auf die Dimensionen Varietät der Beziehungen, Dichte, Stabilität und Transitivität (vgl. Kap. 4.2.3).

Die hier angerissenen Dimensionen werden in den folgenden Abschnitten näher erläutert. Um die empirische Relevanz der Merkmale und insbesondere die Verteilung der jeweiligen Ausprägungen im Sinne einer populationsbeschreibenden Untersuchung[460] zu ermitteln, wurde im Rahmen eines Forschungsprojekts mit Mitteln des Bundesministeriums für Bildung, Wissenschaft, Forschung und Technologie (bmb+f) eine schriftliche Befragung bei kleinen und mittleren Unternehmen (KMU) in der Bundesrepublik Deutschland durchgeführt. Dazu wurde der im Anhang wiedergegebene Fragebogen, der die Merkmale zur Systematisierung von Unternehmenskooperationen in praxisverständliche Fragen überführt, an die Inhaber oder Geschäftsführer von 998 Unternehmen in Deutschland versandt. Die Adressen wurden in einer Zufallsstichprobe[461] aus einem Gesamtbestand von 50.000 Adressen der CD-Publikation "Mittelständische Unternehmen" des Hoppenstedt Verlags gezogen.[462] Das Abgrenzungskriterium für die Einordnung als KMU liegt hier bei einem jährlichen Umsatz von 2 bis 20 Mio. DM sowie 20 bis 150 Mitarbeitern.

---

457 Vgl. Pohlmann/Apelt/Buroh/Martens (1995), S. 21; Powell (1990), S. 297; Thorelli (1986), S. 37

458 Vgl. Sydow (1993), S. 86

459 Vgl. Balling (1997), S. 41

460 Vgl. Bortz/Döring (1995), S. 369-371

461 Vgl. Bortz (1999), S. 86 f.

462 Vgl. Hoppenstedt Verlag GmbH (2000)

Um die regionale Ausgewogenheit der Befragung sicherzustellen, wurden die verzeichneten Unternehmen nach den Bundesländern ihres Firmensitzes sortiert; anschließend wurden für jedes Bundesland anhand gleichverteilter Zufallszahlen so viele Adressen ausgewählt, wie seinem Anteil am Gesamtbestand entsprechen. Die geografische Verteilung entspricht daher derer des gesamten Adressenbestands, um eine Verfälschung der Ergebnisse durch eine räumliche Schwerpunktsetzung zu vermeiden. Dennoch ist nicht von einer repräsentativen Erhebung im strengen Sinne auszugehen. BORTZ führt aus: "Sind nicht alle Einheiten der Grundgesamtheit erfassbar, sollte die Zufallsstichprobe aus einer möglichst großen Teilmenge der Grundgesamtheit zusammengestellt werden. Dies hat zur Konsequenz, dass die Befunde genau genommen nur auf diese Teilmenge der Grundgesamtheit generalisiert werden können, es sei denn, man kann begründen, dass die Teilmenge ihrerseits repräsentativ für die Gesamtpopulation ist."[463]

Eine vollständige Erfassung der Grundgesamtheit, d.h. aller KMU im Sinne der vorgenannten Abgrenzungsmerkmale, scheitert an der Verfügbarkeit entsprechender Informationen. Insbesondere Kleinstunternehmen werden nicht zuverlässig erfasst. Der Rückgriff auf den Adressenbestand der Hoppenstedt CD-Publikation ist aus dem gleichen Grund wahrscheinlich mit einem systematischen Selektionseffekt verbunden, da die mit der Unternehmensgröße zunehmende Sichtbarkeit bzw. Verfügbarkeit von Daten zu einer höheren Wahrscheinlichkeit der Erfassung und damit zumindest tendenziell zum Oversampling führt.[464] Dies schränkt die Repräsentativität der Teilmenge für die Grundgesamtheit ein. Insoweit ist die vorliegende Stichprobe als anfallende oder ad hoc-Stichprobe zu qualifizieren.[465] Eine Verallgemeinerung der Ergebnisse für alle KMU in Deutschland ist nicht ohne weiteres möglich. Sie legen im Sinne einer Exploration, d.h. eines 'mehr oder weniger systematischen Sammelns von Informationen'[466] über die Grundgesamtheit von KMU dennoch erste Grundlagen zur Beschreibung wesentlicher struktureller Eigenschaften.[467]

Das Erhebungsinstrument wurde zunächst in einem Pretest von fünf Personen ausgefüllt, die eine Bewertung im Hinblick auf die Vollständigkeit des Inhalts, die Logik des Aufbaus und die Verständlichkeit der Fragen vornahmen. Die Ergebnisse flossen in die vorliegende Endfassung des Instruments ein.

Nach Abfrage ausgewählter soziografischer Daten wurde in der Erhebung folgende Eingrenzung des Netzwerk- und Kooperationsbegriffs vorgenommen: "Eine Unternehmenskooperation liegt vor, wenn zwei oder mehr rechtlich selbständige Unternehmen ihre Geschäftstätigkeit auf gemeinsam verfolgte Ziele hin abstimmen. Die

463 Bortz (1999), S. 86; Vgl. Bortz/Döring (1995), S. 375 f.

464 Vgl. Bortz/Döring (1995), S. 372

465 Vgl. Bortz (1999), S. 86

466 Vgl. Bortz/Döring (1995), S. 330

467 Vgl. Bortz/Döring (1995), S. 452

Zusammenarbeit wird ausdrücklich vereinbart und ist mittel- bis langfristig angelegt; sie erfordert jedoch nicht zwingend detaillierte vertragliche Regelungen oder gar die Gründung eines eigenen Unternehmens. Grundsätzlich bringt jedes Mitgliedsunternehmen in die Kooperation Leistungen ein, für die es besondere Fähigkeiten besitzt. Ihre Zusammenführung ist mit Vorteilen für alle Partner verbunden."[468]

Die Definition greift auf die konzeptionellen Überlegungen in Kap. 4.1.3 zurück. Sie hebt die wesentlichen dort herausgearbeiteten konstitutiven Elemente hervor, kann aber die weitergehenden Ausführungen nur unzureichend reflektieren. Insoweit ist sie auch nicht in der Lage, das eingangs hervorgehobene Defizit einer prägnanten, aber dennoch erschöpfenden Eingrenzung des komplexen Betrachtungsobjekts Unternehmensnetzwerk oder –kooperation aufzuheben. Sie stellt einen Kompromiss zwischen dem theoretisch begründeten Anspruch einer vollständigen Definition und den Anforderungen einer empirischen Erhebung im Hinblick auf Verständlichkeit und Übersichtlichkeit dar. Daher erübrigt sie nicht die weitergehende Detaillierung über die vorgenannten Ausführungen.

175 auswertbare Fragebögen wurden zurückgesandt; die erzielte Rücklaufquote der Erhebung liegt damit bei 17,5 %. Die geografische Verteilung der Rückläufer nach Bundesländern entspricht weitgehend derer des verwendeten Adressenbestands (vgl. Tab. 58). Der Anteil der Befragten, deren Unternehmen in keiner Kooperation mitwirken, liegt mit 63 % relativ hoch (vgl. Abb. 42). Dieses Ergebnis gibt bereits einen ersten Hinweis auf die Probleme und Gefahren, die insbesondere kleine und mittlere Unternehmen in der Gründung und Gestaltung von Kooperationen sehen, und begründet insoweit ein weiteres Mal die Relevanz des hier verfolgten Forschungsziels. Die Angaben zur Verteilung der Merkmalsausprägungen in den folgenden Abschnitten stützen sich auf die Auswertung derjenigen Fragebögen, in denen das Vorhandensein zumindest einer Kooperationsbeziehung angegeben wurde. Die Grundgesamtheit liegt damit bei 65 Fragebögen.

---

468 Vgl. Anhang: Fragebogen zur empirischen Erhebung, S. 607

	Stichprobe		Rücklauf	
	n	%	N	%
Baden-Württemberg	146	15 %	29	17 %
Bayern	154	15 %	23	13 %
Berlin	34	3 %	5	3 %
Brandenburg	32	3 %	3	2 %
Bremen	9	1 %	3	2 %
Hamburg	29	3 %	4	2 %
Hessen	80	8 %	18	10 %
Mecklenburg-Vorpommern	20	2 %	2	1 %
Niedersachsen	74	7 %	9	5 %
Nordrhein-Westfalen	217	22 %	36	21 %
Rheinland-Pfalz	41	4 %	10	6 %
Saarland	10	1 %	1	1 %
Sachsen	63	6 %	15	9 %
Sachsen-Anhalt	30	3 %	4	2 %
Schleswig-Holstein	26	3 %	4	2 %
Thüringen	33	3 %	6	3 %
Ohne Landesangabe			3	
Summe	998	100 %	175	100 %

Tab. 58: Verteilung der Stichprobe und Rückläufer

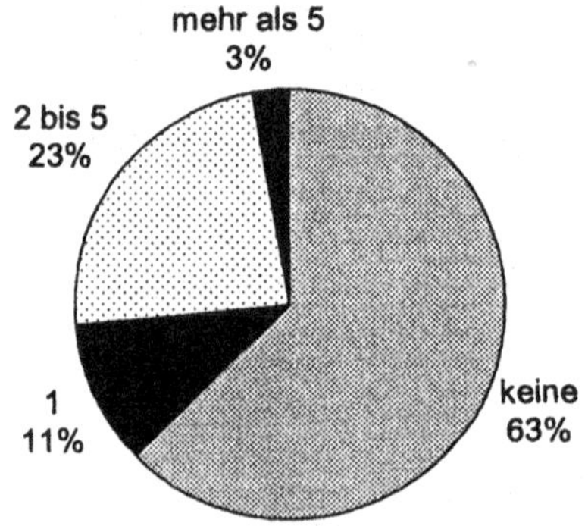

Abb. 42: Anzahl aktueller Kooperationen je Unternehmen

4.2.1 Ziele der Kooperation

Die konkreten Netzwerk- oder Kooperationsziele sind einer der wesentlichen Einflussfaktoren für die Gestaltung und Steuerung. Die Auseinandersetzung mit der Zielkomplementarität der Partner (vgl. Kap. 4.1.3.2) sowie der strategischen Ausrichtung (vgl. Kap. 4.1.3.3) und die Betrachtung komparativer Vorteile im Vergleich zu rein marktlichen oder hierarchischen Koordinationsmechanismen haben Anhaltspunkte für unternehmensindividuelle Motive geliefert, die zur Entstehung entsprechender Gestaltungsmodelle führen:[469] "The prevalence of corporate linkages in the modern era has sparked much academic interest in the search for motives to these relationships. The literature contains an exhaustive list of synergistic effects created as a result of the pooling of resources by cooperating partners. These include risk sharing and reduction, economies of scale and scope, production rationalization, and convergence of technologies. Firms are said to be motivated to pursue cooperative relationships when the synergies outweigh the externalities, such as technology dissemination and reputation erosion. This approach is useful in identifying the immediate economic factors that motivate management to seek cooperative relationships. However, a more relevant and fundamental question in examining the causes of cooperative arrangements is why other forms of governance structure of inter-firm relationships fail to achieve the same synergism. Synergy creation provides a sufficient, but not a necessary, condition for the formation of cooperative relationships."[470]

DOZ und HAMEL weisen in diesem Zusammenhang darauf hin, dass eine Reduktion der Ziele auf kurzfristig realisierbare, objektiv messbare Nutzenpotentiale zu kurz greift.[471] Sie betonen vielmehr die hohe Bedeutung schwer quantifizierbarer Vorteile wie eines unternehmensübergreifenden Wissenstransfers, der Eröffnung strategischer Positionen und der – auch bei anderen Autoren genannten – Risikominimierung[472] bei der Erschließung neuer Märkte (vgl. Abb. 43). In die gleiche Richtung weist die Argumentation von LORENZONI und ORNATI, die langfristige Erfolgspotentiale durch eine gemeinschaftliche Entwicklung innovativer Produkt- und Dienstleistungskombinationen in den Blickpunkt rücken.[473] BRAUN, PORTER und FULLER sowie ROOT nennen die Erweiterung des verfügbaren Technologieportfolios zur Generierung neuer oder zur wirtschaftlicheren Erstellung bestehender Produkte, Einsparungen durch Outsourcing von Leistungen sowie den Eintritt in neue geografische Märkte bzw. die Einflussnahme auf die Wettbewerbsstruktur.[474] BULLINGER, OHLHAUSEN und HOFFMANN untermauern die theoretische Auseinandersetzung mit Ergebnissen einer empirischen Erhebung. Sie analysieren die mit Kooperationen verbundenen Chancen und Erwartungen in der Praxis, die gleichzeitig die Relevanz entsprechender Ziele erkennen lassen (vgl. Abb. 44).[475] In die gleiche Richtung weisen Ergebnisse einer Studie von LITTIG (vgl. Abb. 45).[476]

---

469 Vgl. Contractor/Lorange (1988b), S. 9; Pohlmann/Apelt/Buroh/Martens (1995), S. 35

470 Shan (1990), S. 129 f.

471 Vgl. Doz/Hamel (1998), S. 35

472 Vgl. Contractor/Lorange (1988), S. 11 f.

473 Vgl. Lorenzoni/Ornati (1988), S. 42

474 Vgl. Braun (1999), S. 45-50; Porter/Fuller (1989), S. 375-379; Root (1988), S. 72

475 Vgl. Balling (1997), S. 74

476 Vgl. Littig (1999)

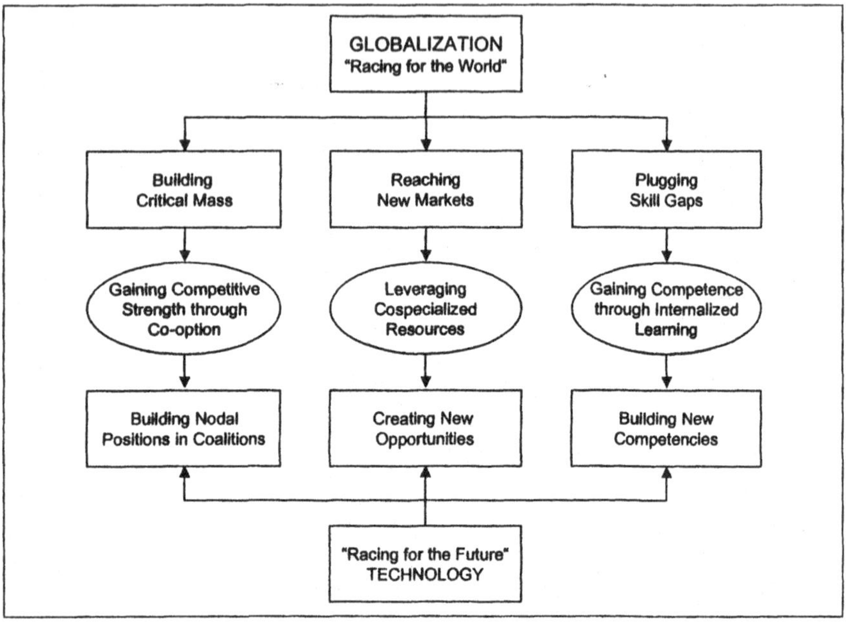

Abb. 43: Gliederung von Kooperationszielen nach Doz/Hamel[477]

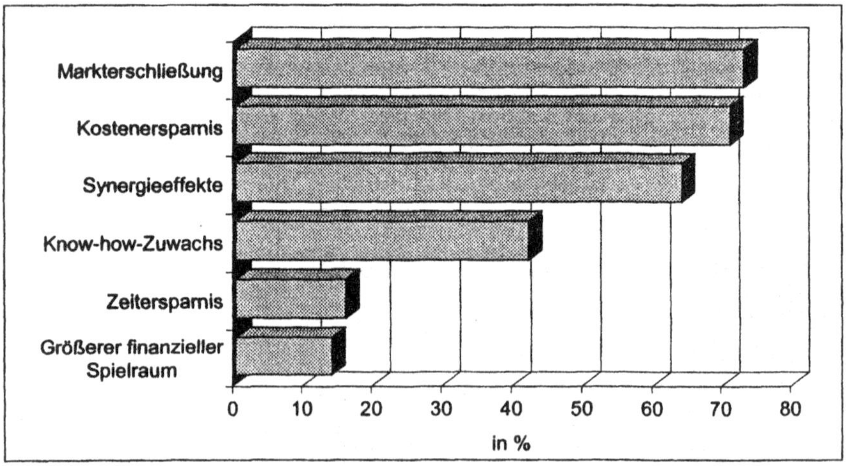

Abb. 44: Chancen von Kooperationen nach Bullinger et al.[478]

---

477 Abb. aus Doz/Hamel (1998), S. 36

478 Abb. aus Bullinger/Ohlhausen/Hoffmann (1997), S. 49

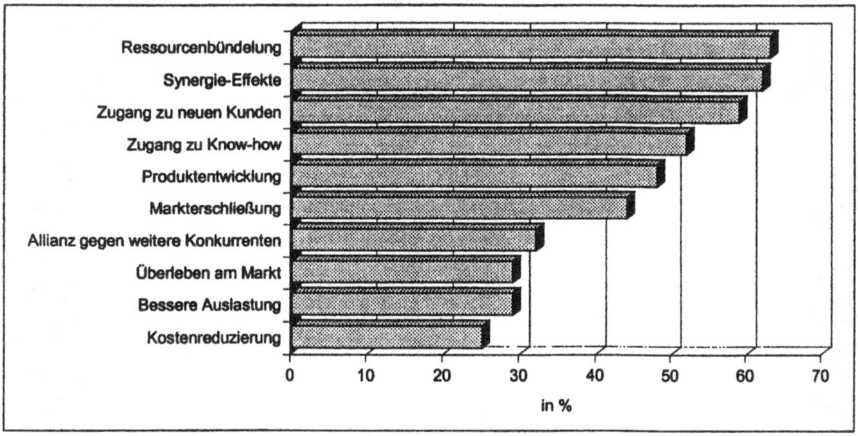

Abb. 45: Kooperationsziele nach Littig[479]

Auch BELZER,[480] HAGEDOORN[481] sowie STAUDT ET AL.[482] haben die Ziele kooperativer Engagements untersucht. Die Ergebnisse sind in Tab. 59 zusammengefasst. Eine einheitliche Systematisierung dieser Ziele, die sich überdies durch starke Interdependenzen auszeichnen, ist jedoch bislang nicht erkennbar. Den folgenden Ausführungen liegt daher eine viergeteilte Betrachtung zugrunde:

- Zunächst werden Ziele und Erfolgspotentiale untersucht, die sich unmittelbar aus der Mittelstellung der Kooperation zwischen Markt und Hierarchie bzw. den damit verbundenen strukturellen Effizienzvorteilen ergeben. Sie beziehen sich damit primär auf die innere Struktur der Kooperation (vgl. Kap. 4.2.1.1).
- Danach werden die marktstrategischen Möglichkeiten betrachtet, die sich mit der Mitgliedschaft in einem Netzwerk verbinden. Sie betreffen primär den Zugang zu neuen Märkten bzw. die aktive Einflussnahme auf die Wettbewerbsintensität (vgl. Kap. 4.2.1.2).
- Im Anschluss werden zwei häufig genannte Motive der Partner für die Gründung von Netzwerken näher untersucht: Dabei geht es zum einen um die Bündelung materieller Ressourcen zur Erzielung von Skaleneffekten und Verbundvorteilen (Economies of Scale, Economies of Scope).[483] Zum anderen werden die Bereiche Wissens- und Know-how-Transfer angesprochen. Sie beschreiben die Nutzung

---

479 Abb. aus Littig (1999), S. 48

480 Vgl. Belzer (1993), S. 169-172

481 Vgl. Hagedoorn (1993)

482 Vgl. Staudt/Kriegesmann/Thielemann/Behrendt (1995)

483 Vgl. z.B. Schuh/Millarg/Göransson (1998), S. 59-61

immaterieller Ressourcen zur Entwicklung eines innovativen Leistungsangebots (vgl. Kap. 4.2.1.3, Kap. 4.2.1.4).

- Zuletzt werden die aus einem veränderlichen Mitgliederstamm und einer dynamischen Strukturgestaltung entstehenden Flexibilitätsvorteile angesprochen (vgl. Kap. 4.2.1.5).

Skalierung nach Belzer (1993)		**Skalierung nach Hagedoorn (1993)**		**Skalierung nach Staudt/Kriegesmann/Thielemann/Behrendt (1995)**	
Know-how-Transfer	12	Zugang zu neuen Märkten	32	Bessere Markterschließung/-erweiterung	54
Zugang zu neuen (oder komplementären) Technologien	8	Zugang zu komplementären Technologien	29	Entwicklung neuer Technologien oder Produkte	45
Marktzugang	7	Zeitersparnis bei Innovationen	28	(Schnellere) Einführung/Umsetzung neuer Techniken	28
Entwicklung bzw. Herstellung von Komplettsystemen	6	Technologiebeobachtung/Produktentwicklung	11	Hohes Qualifikationspotential beim Partner	17
Erhöhung des Ressourcenpotentials	4	Risiko- und Kostenreduktion	6	Auslagerung bestimmter (Produktions-)Vorgänge	12
Synergien	3	Grundlagenforschung	5	Bessere Auslastung des eigenen Personals	11
Reduktion von Kosten	2	Fehlendes Finanzkapital	4	Beseitigung eigener Fertigungsengpässe	8
Reduktion von Risiken	1			Veränderte Beziehungen zu Abnehmern/Zulieferern	5
				Sonstige Gründe	6

Tab. 59: Empirische Erhebung von Kooperationszielen[484]

In dieser Gliederung spiegelt sich zum einen der zuvor beschriebene Gliederungsansatz von DOZ und HAMEL[485] (vgl. Abb. 43) wider. Der Aspekt "Building Critical Mass" zeigt klare Bezüge zur Bündelung von Ressourcen, "Plugging Skill Gaps" bezieht sich auf die Erweiterung des eigenen Kompetenzportfolios durch Know-how- bzw. Wissens- und Informationstransfer. Die letzte Zielkategorie "Reaching New Markets" wird unter dem Stichwort Marktzugang thematisiert. Sie verknüpft die beiden vorgenannten Facetten miteinander, einzelfallbezogen kann sie sowohl die Erreichung eines kritischen Volumens als auch Insiderwissen oder besondere Zugangsmöglichkeiten zu bestimmten Märkten voraussetzen.

---

484 Tab. nach Dörsam/Icks (1997), S. 41 (korrigierte Fassung); Vgl. Belzer (1993), S. 170; Hagedoorn (1993), S. 379; Staudt/Kriegesmann/Thielemann/Behrendt (1995), S. 1215

485 Vgl. Doz/Hamel (1998), S. 36

Zum anderen finden auch die Überlegungen PORTERs und FULLERs in der Gliederung ihren Niederschlag.[486] Die dort thematisierte Erzielung von Lern- und Skaleneffekten sowie die Möglichkeiten zur aktiven Marktbeeinflussung werden unter der Bündelung von Ressourcen subsumiert, der Zugang zu Ressourcen der Partner deckt sich mit den folgenden Überlegungen zur Wissensakquisition und zur Erschließung neuer Märkte. Der Aspekt der Risikominimierung bzw. -streuung knüpft an beide Bereiche an. Voraussetzung kann sowohl eine Erhöhung der Erfolgswahrscheinlichkeit durch eine Erweiterung des eingesetzten Kompetenzportfolios als auch eine größenmäßige Begrenzung etwaiger Schäden für den Einzelnen sein.

Die empirische Relevanz der verschiedenen Ziele wird am Ende des vorliegenden Abschnitts betrachtet (vgl. S. 367).

4.2.1.1 Effiziente Strukturgestaltung

Die Ziele, die Unternehmen mit der Gründung von Netzwerken bzw. Kooperationen verfolgen, hängen in erheblichem Umfang von der Mittelstellung entsprechender Organisationsformen zwischen Markt und Hierarchie ab. SIHN und HÄGELE leiten die zunehmende Bedeutung von Netzwerken in der Praxis aus der von Unternehmen erkannten Notwendigkeit ab, auf dynamische Rahmenbedingungen zu reagieren.[487] Die Auseinandersetzung mit aktuellen Management- und Organisationskonzepten wie Lean Management, Just-in-Time-Strategien führt – so ihre Aussage – konsequenterweise zur Entstehung kooperativer Gestaltungsmodelle. Damit stimmen sie in ihrer Argumentation z.B. mit REISS oder LAZERSON überein.[488]

Wesentliche Facetten der Zielbildung betreffen die einfache Gestaltung von Koordinationsmechanismen, eine damit verbundene Marktbeeinflussung bzw. Gestaltung der eigenen Position im Sinne eines Gleichgewichts von Kooperation und Wettbewerb und schließlich die Dynamisierung und Flexibilisierung von Organisationsstrukturen gegenüber klassisch marktlichen bzw. hierarchischen Strukturen.[489] Die Bewertung von Gestaltungsalternativen stützt sich prinzipiell auf den im Zusammenhang mit der Institutionalismusdiskussion betrachteten Transaktionskostenansatz. Die Überlegenheit kooperativer Arrangements wird strukturell durch folgende Überlegungen begründet:

- Netzwerke zeichnen sich tendenziell durch eine hohe Informationseffizienz aus.[490] Im Vergleich zum Markt bilden sie über eine formale Strukturgestaltung mit definierten Informations- und Kommunikationswegen oder die vertrauensbasierte

486 Vgl. Porter/Fuller (1989), S. 375 f.

487 Vgl. Sihn/Hägele (1998), S. 10; Schwaninger (1999b), S. 67

488 Vgl. Lazerson (1988), S. 332; Reiß (1996b), S. 196

489 Vgl. Reiss (1996b), S. 195

490 Vgl. Powell (1990), S. 304

Entstehung informaler Beziehungen zwischen den beteiligten Mitgliedsorganisationen und ihren Mitarbeitern[491] differenziertere Kommunikationskanäle aus. Damit unterstützen sie den Austausch auch komplexer Informationen. Durch diese Fähigkeit sind Unternehmensnetzwerke in der Lage, Marktversagen zu kompensieren, das auf der fehlenden Fähigkeit beruht, angebotene Leistungen ex ante hinreichend zu spezifizieren[492] und sämtliche transaktionskostenrelevanten Informationen im Preis zu verdichten.[493] Die fundierte Kenntnis der Partner im Netzwerk, eine ggf. zu ihnen bestehende Vertrauensbeziehung[494] sowie ein darauf aufbauender Dialog, der über die Verhandlungs- und Anbahnungsphase hinaus zumindest über die gesamte Dauer einer einzelnen Transaktion besteht und i.d.R. auch unabhängig davon fortgeführt wird, führen zu einer qualitativen Aufwertung der Informationsbasis als Grundlage einer effizienten Steuerung der Geschäftstätigkeit.

Im Vergleich zur rein hierarchisch strukturierten Organisation gelingt es über die Hinzuziehung externer Partner im Rahmen eines Netzwerks, die eigene Wissensbasis als Grundlage unternehmerischer Entscheidungen erheblich zu verbreitern. POWELL weist in diesem Zusammenhang darauf hin, dass die wertvollste Information nicht jene ist, "which flows down the formal chain of command in an organization"[495]. Er misst deshalb der horizontalen und unternehmensübergreifenden Kommunikation hohe Bedeutung zu. Sie kann insofern zusätzlich Erkenntnisse vermitteln, als die Partner im Netzwerk häufig erhebliche Teile ihrer Geschäftstätigkeit außerhalb der Kooperationssphäre abwickeln[496] und damit Zugang zu Märkten und Informationsquellen besitzen, die den übrigen Mitgliedern verschlossen sind. Ein funktionierendes Informationsmanagement vorausgesetzt, steigen so tendenziell der Umfang verfügbarer Daten und Informationen sowie mit ihm die Qualität generierten Wissens bzw. getroffener unternehmerischer Entscheidungen. Wird mit dem Aufbau kooperativer Beziehungen das Ziel einer Steigerung der Informations- und Kommunikationseffizienz verfolgt, sprechen KUTSCHKER und SCHMIDT von Informations- und Kommunikationsnetzwerken.[497]

- Ein weiterer Vorteil kooperativer Organisationsformen liegt in ihrer Koordinationseffizienz, die konzeptionell über den Transaktionskostenansatz begründet wird. Das Prinzip der "losen Kopplung"[498] vermeidet die mit einer vollständigen

---

491 Vgl. Hinterhuber/Stahl (1996), S. 90; Moss Kanter (1995), S. 33; Mitchell (1969b), S. 2

492 Vgl. Lewis (1990), S. 16-20

493 Vgl. Sydow (1993), S. 98

494 Vgl. Bellmann/Hippe (1996), S. 76; Doz/Hamel (1998), S. 163; Pohlmann/Apelt/Buroh/Martens (1995), S. 44 f., 55f.; Luhmann (1989), S. 20, Thorelli (1986), S. 41; Zucker (1986), S. 53

495 Powell (1990), S. 304

496 Vgl. Contractor/Lorange (1988b), S. 7

497 Vgl. Kutschker/Schmidt (1995), S. 4

498 Vgl. Pohlmann/Apelt/Buroh/Martens (1995), S. 20

Internalisierung verbundenen Kosten, die durch Entwicklung und Umsetzung von Weisungs- und Kontrollstrukturen entstehen. An dieser Stelle kommt die bessere Anreizverträglichkeit einer mit marktlichen Elementen angereicherten Koordination zum Tragen.[499] Principal-Agency-Probleme[500] werden weitgehend vermieden.

Andererseits erlaubt die langfristige Kooperationsperspektive den Verzicht auf eine vollständige Ex-ante-Definition wechselseitiger Leistungsverpflichtungen wie sie im Rahmen von Markttransaktionen notwendig sind.[501] Die dadurch entstehende Unsicherheit wird über das Vertrauen in die Aufrichtigkeit und in das zielkonforme Verhalten des Partners kompensiert.[502] Die Vorteilhaftigkeit der jeweiligen Gestaltungsform hängt vom Inhalt der Transaktion ab. Genau spezifizierte, standardisierte Leistungen mit geringem Transaktionsvolumen deuten auf Markttransaktionen hin,[503] im Umkehrschluss sind hierarchische Strukturen – insbesondere bei hoher Transaktionshäufigkeit – eher in der Lage, die Probleme der Unsicherheit und Spezifität aufzufangen. Insoweit erweisen sich Netzwerke unter bestimmten Transaktionsbedingungen als gegenüber Markt und Hierarchie effizientere Gestaltungsform[504] die Stärken beider Pole verbinden kann (vgl. Kap. 4.1.2.3).[505]

- Die strukturellen Vorteile von Netzwerken gegenüber hierarchischen Organisationen auf der einen und Markttransaktionen auf der anderen Seite umfassen schließlich die Flexibilitäts- und Effizienzvorteile, die sich aus der losen Kopplung der Mitglieder und der Möglichkeit des Ein- und Austritts ergeben. Diese werden jedoch in einem separaten Abschnitt betrachtet (vgl. Kap. 4.2.1.5), da sie eng mit allen genannten Zielen verknüpft sind und insoweit besondere Bedeutung besitzen. An dieser Stelle seien z.B. die Möglichkeit kurzfristiger Kapazitätserweiterungen (im Sinne der Bündelung materieller Ressourcen) sowie die Nutzung von Know-how der einzelnen Partner (zur Akquisition von Wissen) genannt.

Die strukturbedingte Effizienz von Netzwerkarrangements kommt als Zielgröße immer dann zum Tragen, wenn eine Entscheidung über die Integration bzw. das Outsourcing einer konkreten Leistung ansteht. Voraussetzung sind hier echte Gestaltungsalternativen. Häufig erlauben die Rahmenbedingungen eine solche Auswahl nicht. Dies ist z.B. dann der Fall, wenn bestimmte Fähigkeiten am Markt nicht verfügbar sind und sich weder die Möglichkeit zum Kauf noch zur Integration ergibt.

---

499 Vgl. Lazerson (1988), S. 333; MacMillan/Farmer (1979), S. 283; Wolter/Wolff/Freund (1998), S. 21 f.

500 Vgl. Vickers/Yarrow (1989), S. 9

501 Pohlmann/Apelt/Buroh/Martens (1995), S. 286 f.; Porter (1990), S. 57

502 Vgl. Jarillo (1988), S. 36

503 Vgl. Lazerson (1988), S. 332 f.

504 Vgl. Bea/Göbel (1999), S. 148; Shan (1990), S. 130

505 Vgl. Shan (1990), S. 130; Sydow (1993), S. 134

4.2.1.2 Marktzugang und Wettbewerbsbeeinflussung

Der Eintritt in einen neuen Markt erfordert eine fundierte Kenntnis wirtschaftlicher, technischer und rechtlicher Rahmenbedingungen. Ein Unternehmen muss sich im Vorfeld mit Kundenanforderungen sowie der Wettbewerbssituation auseinandersetzen. Darüber hinaus erweist sich eine hohe Marktpräsenz als wichtig. Sie basiert u.a. auf einem eingeführten Unternehmens- und Markennamen, der hohe Akzeptanz bei den Kunden genießt, sowie auf flächendeckenden Vertriebswegen.[506] Auch politisch motivierte Kontakte zu örtlichen Repräsentanten sind u.U. Voraussetzung für den Zugang zu einem bestimmten Markt: "This is often a necessity when market entry is restricted by government and where companies must secure a local partner to become an insider."[507] Dies schlägt sich oftmals in sog. "Local Content"-Forderungen nieder, die einen bestimmten lokalen Wertschöpfungsanteil vorschreiben.[508]

Unternehmen sehen sich unmittelbar beim Markteintritt bei der Erfüllung dieser Anforderungen mit großen Herausforderungen konfrontiert. Die Zusammenarbeit mit im neuen Zielmarkt bereits etablierten Partnern bietet hier ein Lösungsansatz.[509] Durch Gründung von Netzwerken können z.B. kleine und mittelständische Unternehmen in begrenzter Zeit ihre internationale Präsenz trotz knapper Ressourcen ausbauen.[510] SIHN und HÄGELE fassen diese Überlegungen zusammen: "Unternehmensnetzwerke gelten im Hinblick auf die steigenden Marktanforderungen ... als besonders chancenreich. Innerhalb eines Netzwerkes können die Partner – vorausgesetzt sie ergänzen sich in ihren Tätigkeitsfeldern und in ihrer Marktpräsenz – wesentlich stärker im Markt auftreten und sich dadurch neue Märkte erschließen oder in bestehende Märkte eintreten. Bei sich ergänzenden Absatzmärkten können die Vertriebskanäle der Netzwerkpartner genutzt und damit die Absatzchancen erhöht werden. Aufgrund der Kosten und Risiken einer Globalisierungsstrategie sind Unternehmensnetzwerke insbesondere für kleine und mittelständische Unternehmen ein erfolgversprechender Weg, um der Marktmacht der Großunternehmen begegnen zu können."[511]

Netzwerke entwickeln sich in unterschiedlichen Partnerkonstellationen. I.d.R. werden unmittelbare Konkurrenzbeziehungen innerhalb der Kooperation vermieden; mitunter entstehen entsprechende Modelle jedoch auch unter Beteiligung direkter Wettbe-

---

506 Vgl. Hagedoorn (1993), S. 380

507 Doz/Hamel (1998), S. 46-48; Vgl. Auster (1987), S. 4; Baumgarten (1998), S. 29; Bronder/Pritzl (1991), S. 45; Porter (1989b), S. 32 f., S. 59 f.

508 Vgl. Balling (1997), S. 34; Belderbos/Sleuwagen (1997); Bullinger/Ohlhausen/Hoffmann (1997), S. 22; Götz (1996), S. 23; Klein (1996b), S. 27; Lahiri/Ono (1998), S. 445; Nowicki (1997); Taylor (1998), S. 116 f.

509 Vgl. Heinz/Eichmann/Schütze (2000), S. 220; Merkle (1999), S. 1; Porter (1990), S. 66; Porter/Fuller (1989), S. 385; Prange/Probst/Rüling (1996), S. 11; Yoshino/Rangan (1995), S. 182

510 Vgl. Bullinger/Ohlhausen/Hoffmann (1997), S. 43 f., S. 48 f.; Dörsam/Icks (1997), S. 1; Heinz/Eichmann/Schütze (2000), S. 213

511 Sihn/Hägele (1998), S. 10; Vgl. Klein (1996b), S. 27

werber.[512] In diesem Fall sind sie und mehr noch ihnen zugrunde liegendes koordiniertes und kooperatives Verhalten zumindest potentiell wettbewerbsschädlich. "Allianzen sind ... geeignet, den Wettbewerb unter den Unternehmen aufzuheben oder einzuschränken und sei es nur in bestimmten Märkten oder bei bestimmten Produkten/Dienstleistungen."[513] Die Bedeutung solcher Effekte in der Praxis heben YOSHINO und RANGAN hervor: "Our research suggests that a significant number of corporate collaborations are rationalizing alliances, that is, they reduce the number of competitors by combining what were previously industry rivals."[514]

LEWIS weist auf die Gefahren hin, die mit wettbewerbsbeschränkenden Kooperationen auch für die beteiligten Unternehmen selbst verbunden sind.[515] Neben wettbewerbsrechtlichen Konsequenzen hebt er insbesondere die Instabilität entsprechender Konstellationen hervor. Der Verzicht auf die Auseinandersetzung mit den Herausforderungen des Marktes und die Stimulanz des Wettbewerbs schwächt mittel- bis langfristig die Wettbewerbsfähigkeit eines Unternehmens. Der Verlust von Alleinstellungsmerkmalen und proprietären Kompetenzen[516] lässt einerseits die Attraktivität als Partner im Netzwerk sinken und führt damit zu einer steigenden Substitutionsbedrohung.[517] Andererseits eröffnet er gleichzeitig neu eintretenden Wettbewerbern die Chance, sich auf Basis überlegener Leistungsfähigkeit am Markt zu positionieren. Damit wirken wettbewerbsbeschränkende Strategien kurzfristig erfolgversprechend, bergen aber Gefahren für die langfristige Unternehmensentwicklung.[518]

Aus diesem Grund und wegen ihrer Unvereinbarkeit mit wettbewerbsrechtlichen Bestimmungen[519] werden in der weiteren Betrachtung solche Unternehmenskooperationen ausgegrenzt, deren primäres Ziel eine Beschränkung des Wettbewerbs ist.[520] Dies gilt beispielsweise für ein Kartell. Dabei handelt es sich um einen "Verbund rechtlich selbständiger Unternehmungen, der mit dem Ziel eingerichtet ist, eine marktbeherrschende Stellung zu erlangen. Jedes Kartell basiert insofern auf einer Unternehmenskooperation. Kartelle sind – im Gegensatz zu Konzernen – grundsätzlich verboten. ... Ein Unternehmungsnetzwerk unterscheidet sich von einem

---

512 Vgl. Doz/Hamel (1998), S. 24; Lewis (1990), S. 24; Yoshino/Rangan (1995), S. 19

513 Heck (1999), S. 8 (*Anm.: Der hier verwendete Begriff "Allianz" deckt sich mit dem Begriffsverständnis dieser Arbeit von Unternehmensnetzwerken.*)

514 Yoshino/Rangan (1995), S. 178 (*Anm.: Der hier verwendete Begriff "alliance" deckt sich mit dem Begriffsverständnis dieser Arbeit von Unternehmensnetzwerken.*); Vgl. Schräder (1996), S. 59 f.

515 Vgl. Lewis (1990), S. 71

516 Vgl. Doz/Hamel (1998), S. 205

517 Vgl. Bellmann/Hippe (1996b), S. 68; Littig (1999), S. 7; Schuh/Millarg/Göransson (1998), S. 78

518 Vgl. Bresser (1989), S. 553; Klein (1996b), S. 21 f.; Lewis (1990), S. 71; Schräder (1996), S. 59 f.

519 Vgl. Dörsam/Icks (1997), S. 58-77

520 Vgl. Balling (1997), S. 15; Jansen (1998), S. 90

Kartell insofern, als sein primäres Ziel nicht die Aufwandsverminderung oder Ertragsverbesserung durch Beschränkung von Wettbewerb ist."[521]

Grundsätzlich ist die Wettbewerbswirkung von Unternehmensnetzwerken ambivalent.[522] Sie können auch wettbewerbsfördernde Wirkung entfalten. Der Zusammenschluss unterschiedlicher Unternehmen und die synergetische Verknüpfung individueller Kompetenzen stärken die Wettbewerbsposition der Mitglieder gegenüber außenstehenden Konkurrenten.[523] Sie bieten die Grundlage für einen Eintritt in neue Marktsegmente. Dort entstehen somit neue Wettbewerber, die erst durch die Kooperation einzelner Partner und die Bildung des Netzwerks konstituiert werden.[524] In gleicher Weise können kooperative Gestaltungsmodelle einen Weg eröffnen, um die marktbeherrschende Stellung eines Wettbewerbers zu durchbrechen.[525] In diesen Fällen führt die Gründung eines Netzwerks zur Belebung des Wettbewerbs.

Auch der Zusammenschluss von Partnern zur Etablierung von Markt- oder Leistungsstandards ist in seiner Wettbewerbswirkung nicht eindeutig zu bewerten: "The race for the future also calls for critical mass of a sort, the competitive momentum and the coalition skills needed to lead a race that leaves room for very few winners. This 'winner-takes-all' contest can often be traced to technical standards and the network effects they trigger. Building critical mass in one's industry to establish a 'de facto' standard and making one's own coalition attractive to customers through accessing and tying 'complementers' (providers of complementary goods and services that enhance the value of one's offerings to customers) from related adjacent industries are the two fundamental drivers of alliances in that situation."[526] Eine eindeutige Beurteilung, ob entsprechende Strategien wettbewerbsverzerrend[527] wirken oder ob ihre Durchsetzbarkeit lediglich Ausdruck erfolgreich genutzter Chancen in einem funktionierenden Marktumfeld ist, erscheint an dieser Stelle schwierig und ist sicherlich nicht abschließend zu leisten.[528]

Schließlich besteht auch die Möglichkeit, durch die Auflösung hierarchischer Strukturen und ihre Überführung in Netzwerkarrangements klassisch weisungsorientierte Koordinationsinstrumente durch marktliche und damit anreizverträglichere

---

521 Sydow (1993), S. 74

522 Vgl. Balling (1997), S. 182; Belzer (1993), S. 56 f.; Blancke (1994), S. 4; Bresser (1989), S. 549; Götz (1996), S. 39-42; Porter/Fuller (1989), S. 376; Sydow (1993), S. 74

523 Vgl. Belzer (1993), S. 56; Hamel/Doz/Prahalad (1989), S. 133; Harrigan (1985), S. 31; Schneider (1973), S. 45

524 Vgl. Balling (1997), S. 182; Braun (1999), S. 64

525 Vgl. Blancke (1994), S. 4; Doz/Hamel (1998), S. 60 f.; Lewis (1990), S. 72

526 Doz/Hamel (1998), S. 45 f. (*Anm.: Der hier verwendete Begriff "alliance" deckt sich mit dem Begriffsverständnis dieser Arbeit von Unternehmensnetzwerken.*)

527 Vgl. Blancke (1994), S. 45

528 Vgl. MacMillan/Farmer (1979), S. 282 f.

Elemente anzureichern.[529] Die verfolgten Motivations- und Dynamisierungsvorteile beruhen auf einer Stärkung wettbewerblicher Elemente und ihrer Nutzung für die Koordination innerhalb des Netzwerks.[530] In diesem Fall besteht die Herausforderung darin, eine ausgewogene Balance von zwischenbetrieblicher Kooperation und Wettbewerb innerhalb des Netzwerks zu finden:[531] "An alliance-seeking firm must take into account two managerial dimensions – cooperation and competition or, more generally, cooperation and conflict. The task of managing alliances is to optimize along these two dimensions. Stress on the dimensions varies with the nature of the partner firms and extent of organizational interaction needed for the cooperative effort to bear fruit. Successful alliance management turns on managing the interactions between cooperation and competition by prioritizing the firm's key strategic objectives."[532]

In jedem Fall sind diejenigen Bereiche zu definieren, die in die Sphäre des Netzwerks fallen und damit Gegenstand kooperativen Verhaltens der Mitglieder sind, und jene, in denen Konkurrenzbeziehungen, d.h. kompetitive Verhaltensweisen, zulässig sind.[533] Diese Klärung ist Voraussetzung, um unmittelbare Interessenkollisionen in Randbereichen[534] und mittelfristig eine – mitunter schleichende – Benachteiligung eines der Partner zu vermeiden: "Successful companies never forget that their new partners may be out to disarm them. They enter alliances with clear strategic objectives, and they also understand how their partners' objectives will affect their success."[535]

Die Grenze zwischen Wettbewerb und Kooperation ist allein durch vertragliche Regelungen sicherlich nicht zu ziehen: "Cooperation has limits. Companies must defend against competitive compromise. A strategic alliance is a constantly evolving bargain whose real terms go beyond the legal agreement or the aims of top management. What information gets traded is determined day to day, often by engineers and operating managers. Successful companies inform employees at all levels about what skills and technologies are off-limits to the partner and monitor what the partner requests and receives."[536] In die gleiche Richtung argumentieren YOSHINO und RANGAN; auch sie weisen darauf hin, dass eine ausgewogene Balance wesentlich stärker durch Aktivitäten im Tagesgeschäft als durch die Festlegung eines vertrag-

---

529 Vgl. Hinterhuber/Stahl (1996), S. 100; Wolter/Wolff/Freund (1998), S. 21 f.

530 Vgl. Doz/Hamel (1998), S. 55

531 Vgl. Urban (1998b), S. 23; Yoshino/Rangan (1995), S. 109

532 Yoshino/Rangan (1995), S. 18 (*Anm.: Der hier verwendete Begriff "alliance" deckt sich mit dem Begriffsverständnis dieser Arbeit von Unternehmensnetzwerken.*)

533 Vgl. Doz/Hamel (1998), S. 24

534 Vgl. Perlmutter/Heenan (1986), S. 142

535 Hamel/Doz/Prahalad (1989), S. 134 (*Anm.: Der hier verwendete Begriff "alliance" deckt sich mit dem Begriffsverständnis dieser Arbeit von Unternehmensnetzwerken.*)

536 Hamel/Doz/Prahalad (1989), S. 134 (*Anm.: Der hier verwendete Begriff "strategic alliance" deckt sich mit dem Begriffsverständnis dieser Arbeit von Unternehmensnetzwerken.*)

lichen Rahmens auf der Führungsebene determiniert wird: "Even the legal documents that establish an alliance cannot be complete and exhaustive. ... A contract can outline only broad themes of cooperation. ... . Naturally this leaves managers with a great deal of uncertainty."[537] Diese Herausforderung wird dadurch verschärft, dass Kooperationsbeziehungen i.d.R. auf der obersten Führungsebene angebahnt werden; ihre Umsetzung liegt dann aber oftmals in der Verantwortung nachgeordneter Stellen und Abteilungen, die an der Vertrags- und Strukturgestaltung nur am Rande beteiligt waren.

Wesentlich ist mithin weniger eine exakte vertragliche Festschreibung kooperativer bzw. kompetitiver Verhaltensweisen, sondern vielmehr eine fundierte inhaltliche Klärung der Mitgliederinteressen, die jeder Partner zunächst für sich selbst leisten muss. Daran fehlt es in der Praxis jedoch häufig.[538] Die sorgfältige Analyse und Explikation eigener strategischer Ziele und insbesondere die Sicherstellung der Zielkomplementarität mit den übrigen Partnern (vgl. Kap. 4.1.3.2) werden bei der Gründung eines Netzwerks oft vernachlässigt. Dabei geht es nicht nur um die Abgrenzung von Marktsegmenten. Stattdessen ist das gesamte Zielsystem der beteiligten Unternehmen relevant. DOZ und HAMEL weisen darauf hin, dass Rivalität und Wettbewerb – unabhängig von sich überschneidenden Geschäftsfeldern – beispielsweise auch aus Verteilungskonflikten innerhalb des Netzwerks und aus Machtstreben der Mitglieder entstehen können: "Naturally, no two partners define 'fair share' in the same way and, to some extent, there is competition for who will extract the most value relative to contributions. Even in alliances that benefit from very high complementarity and cospecialization, the issue of fairness in value capture is a bone of contention and a source of rivalry."[539] Dieses Phänomen ergibt sich analog zu Bereichsegoismen innerhalb hierarchischer Systeme, ist aber aufgrund der weniger engen Verbindung zwischen den Akteuren tendenziell stärker ausgeprägt.[540]

Zusammenfassend kommen als konkrete Ziele im Hinblick auf den Marktzugang die Nutzung vorhandener Vertriebswege sowie die Überwindung politischer und rechtlicher Markteintrittsbarrieren in Betracht. Eine Beeinflussung des Wettbewerbs durch Unternehmenskooperationen äußert sich in Absprachen, um Konkurrenzbeziehungen zu neutralisieren, in der Stärkung der eigenen Wettbewerbsposition gegenüber Nichtmitgliedern oder in der Anreicherung hierarchischer und weisungsbasierter Binnenstrukturen durch marktliche Elemente. Damit kommen sowohl Wettbewerbsförderung als auch -beschränkung als Ziele von Unternehmensnetzwerken in Betracht, eine eindeutige und einzelfallunabhängige Bewertung ihrer Wirkung ist unmöglich.

---

537 Yoshino/Rangan (1995), S.110 (*Anm.: Der hier verwendete Begriff "alliance" deckt sich mit dem Begriffsverständnis dieser Arbeit von Unternehmensnetzwerken.*)

538 Vgl. Doz/Hamel (1998), S. 25

539 Vgl. Doz/Hamel (1998), S. 195 (*Anm.: Der hier verwendete Begriff "alliance" deckt sich mit dem Begriffsverständnis dieser Arbeit von Unternehmensnetzwerken.*)

540 Vgl. Schuh/Millarg/Göransson (1998), S. 129 f.

4.2.1.3 Bündelung materieller Ressourcen

Ein wesentlicher Vorteil der koordinierten Zusammenarbeit zwischen Unternehmen besteht in der gemeinsamen Nutzung materieller Ressourcen:[541] Netzwerke werden gegründet, "weil zum Aufbau strategischer Erfolgspositionen häufig nicht nur Know-how, sondern auch erhebliche finanzielle und organisatorische Ressourcen eingesetzt werden müssen, die einzelne Unternehmen nicht aufbringen können oder nicht aufbringen wollen."[542] Über die Frage der Tragfähigkeit etwaiger Risiken hinaus erlaubt eine sinnvolle und koordinierte Verknüpfung individueller Fähigkeiten die Entwicklung und Erbringung von Leistungen, die die Möglichkeiten eines einzelnen Partners übersteigen.[543] Dabei kann es um die gemeinsame Nutzung von Entwicklungs- oder Fertigungskapazitäten gehen, aber auch der Aufbau oder die wechselseitige Inanspruchnahme von Vertriebsstrukturen sind denkbar. Die Ziele können z.B. in einer Kostendegression oder in Zeitvorteilen, d.h. einer Verkürzung von Einführungszeiten, bestehen.[544]

Die konzeptionellen Grundlagen werden in der Austauschtheorie gelegt. Sie "führt die Evolution interorganisationaler Beziehungen oder Netzwerke auf das absichtsvolle Streben prinzipiell selbständiger Organisationen zurück, einen die Kosten des Austausches überschreitenden Nutzen zu erzielen. Konsequent wird Austausch ... definiert als eine freiwillige Aktivität zweier oder mehrerer Organisationen zum Zwecke ihrer besseren Zielerreichung ... . Der Begriff des Austausches ist vom transaktionskostentheoretischen Begriff der Transaktion zu unterscheiden. Während letzterer 'a unit of transfer of legal control' bezeichnet und dem eigentlichen physischen Austausch logisch vorausgeht, umfasst ersterer den tatsächlichen Austausch von Ressourcen, Information, Wertvorstellungen, Gefühlen u.v.m."[545]

Konkret finden diese Überlegungen im Kapazitätsmanagement, d.h. in der wechselseitigen Nutzung des betrieblichen Anlagevermögens, ihren Niederschlag: "Mit dem Kapazitätsmanagement bezwecken Unternehmen, eine bessere kapazitive Auslastung ihrer vorhandenen Ressourcen zu erzielen. Es entstehen Austauschnetzwerke zum Zweck des Kapazitätsmanagements. In solchen Netzwerken schließen sich Unternehmen ausgehend von einem gering formalisierten Beziehungsnetzwerk ... zu einem übergelagerten aktivierten Netzwerk zusammen, um sich, nach Erledigung des Auftrags, wieder aufzulösen und in das stabile Beziehungsnetzwerk zurückzukehren."[546] Damit erschließen sich Vorteile sowohl im Hinblick auf eine konstante

---

541 Vgl. Braun (1999), S. 64; Merkle (1999), S. 1; Porter (1990), S. 57; Porter/Fuller (1989), S. 385

542 Heck (1999), S. 8; Vgl. Klein (1996b), S. 11

543 Vgl. Buckley/Casson (1988), S. 32; Porter/Fuller (1989), S. 364

544 Vgl. Harrigan (1985), S. 83 f.; Sydow (1993), S. 174

545 Sydow (1993), S. 194; Vgl. Balling (1997), S. 68; Emerson (1962); Homans (1972), S. 26-30

546 Schuh/Millarg/Göransson (1998), S. 50

Kapazitätsauslastung als auch auf Skaleneffekte.[547] Ein Anstieg im Leistungsvolumen bringt in vielen Fällen Kosten- und Effizienzvorteile mit sich.[548]

Konkrete Ziele können damit in der Erweiterung eigener Kapazitäten, in einer gleichmäßigen Auslastung oder einer Bündelung ähnlicher Aktivitäten zur Erzielung von Skalen- und Verbundeffekten (Economies of Scale and Scope) bestehen.[549]

4.2.1.4 Wissensakquisition und Know-how-Transfer

Ein weiterer Vorteil kooperativer Strategien liegt in der Zusammenführung und Verknüpfung individueller Kompetenzen der Partner.[550] Der häufig länderübergreifende Rückgriff auf überlegene Fähigkeiten anderer Unternehmen[551] ist Ausdruck arbeitsteiligen Wirtschaftens in einer Zeit zunehmender Wettbewerbsintensivierung und Globalisierung.[552] Damit sind drei wesentliche Ziele verbunden:

- "Time leverage. Entrepreneurial firms decide and act very quickly; the sum of quick decisions leading to competitive advantage.
- Cost leverage. The external units are able to realize economies of scale by dealing with many different clients. The cost advantages are passed on to the leading organizsation. External firms devote great attention to process innovations.
- Product innovation leverage. Many innovations stem from the capacity to innovate in different phases or parts of a single product. Every external actor may give a limited innovative contribution but through the group, each contributes even more."[553]

Innovationsvorteile stellen dabei ein unmittelbar mit dem zwischenbetrieblichen Know-how- und Wissenstransfer verknüpftes Ziel dar.[554] Zeit- und Kostenvorteile zeigen demgegenüber auch enge Bezüge zu Strukturvorteilen von Netzwerkarrangements, zur gemeinsamen Nutzung materieller Ressourcen sowie zur später diskutierten Dynamisierung und Flexibilisierung. Sie stützen sich aber letztlich ebenso auf die Nutzung besonderer Kompetenzen der Partner, deren mittel- bis langfristige Internalisierung explizites, häufig aber nur implizit verfolgtes Ziel eines erfolgsorientierten Unternehmens ist.[555]

---

547 Vgl. Bronder/Pritzl (1991), S. 45; Picot (1993), S. 163; Taucher (1988), o.S.

548 Vgl. Lewis (1990), S. 79; Prange/Probst/Rüling (1996), S. 10 f.

549 Vgl. Schräder (1996), S. 56 f.

550 Vgl. Klocke (1998), S. 50; Lewis (1990), S. 79

551 Vgl. Hagedoorn (1993), S. 380; Jarillo (1988), S. 35; Porter/Fuller (1989), S. 375

552 Vgl. Yoshino/Rangan (1995), S. 99 f.

553 Lorenzoni/Ornati (1988), S. 51 f.; Vgl. Bleicher (1999), S. 126

554 Vgl. Balling (1997), S. 85; Klein (1996b), S. 10; Merkle (1999), S. 1; Sabel/Herrigel/Kazis/Deeg (1987), S. 35

555 Vgl. Warnecke (1999), S. 13; Yoshino/Rangan (1995), S. 18

Oftmals hängt die Einordnung eines Netzwerks im Hinblick auf die damit verfolgten Ziele von der Blickrichtung des einzelnen Partners ab. SHAN diskutiert beispielsweise Kooperationsmodelle im Hochtechnologiebereich oder generell in globalen Märkten mit hoher Innovationsdynamik.[556] Hier erweisen sich kleine und mittlere Unternehmen im Hinblick auf ihre technologische Kompetenz oder allgemeiner im Hinblick auf ihren Innovationsgrad häufig als strukturell überlegen.[557] Ihre Einbindung in ein Netzwerkarrangement spiegelt daher das Ziel der Wissensakquisition und einer Erhöhung der Innovationsgeschwindigkeit wider.[558] Andererseits verfügen kleine Partner häufig nicht über die globale Präsenz, die für eine wirtschaftliche Vermarktung erforderlich ist. Hier kommen die Stärken großer Unternehmen zum Tragen, die einen Marktzugang auf überregionaler, nationaler, internationaler oder gar globaler Ebene ermöglichen.[559] Ihre Mitgliedschaft ist daher u.U. das Ergebnis markt- und wettbewerbsstrategischer Überlegungen.[560]

Konzeptionell werden die Grundlagen für die gemeinsame Nutzung unternehmensindividuellen Know-hows im Sinne des gesamten Netzwerks in der derzeit in Wissenschaft und Praxis intensiv geführten Diskussion über Kernkompetenzen gelegt.[561] Damit wird gleichzeitig die Abgrenzung zum zuvor angesprochenen Ziel einer Bündelung materieller Ressourcen deutlich (vgl. Kap. 4.2.1.3). Während dort die gemeinsame Nutzung von Sachmitteln zur Erzielung von Skalen- und Verbundeffekten (Economies of Scale and Scope) im Mittelpunkt steht, geht es nun primär um immaterielle Ressourcen.[562] Diese sind – insbesondere über Markttransaktionen – nur schwer transferierbar und setzen damit auch der Integration enge Grenzen.[563] "Cooperative arrangements ... are particularly conducive to organizational learning or the transfer of organizationally embedded intangibles such as tacit knowledge, organizational routines and skills, experiences, reputation, and goodwill. A cooperative arrangement synchronizes the incentives and interests of the partnering firms, and ensures the efficient appropriation of interfirm synergies."[564]

In der Literatur finden sich in diesem Zusammenhang zahlreiche Hinweise und Belege anhand praktischer Beispiele, dass in vielen Märkten hybride Technologien ständig an Bedeutung gewinnen, die auf unterschiedliche Technik- bzw. Wissenschafts-

---

556 Vgl. Shan (1990), S. 133 f.; Porter/Fuller (1989), S. 383 f.

557 Vgl. Bellmann/Mildenberger (1996), S. 138; Lazerson (1988), S. 332; Lewis (1990), S. 25

558 Vgl. Hinterhuber (1997), S. 86

559 Vgl. Berg/Duncan/Friedman (1982), S. 38; Perlmutter/Heenan (1986), S. 136; Staudt/Kriegesmann/Thielemann/Behrendt (1995), S. 1210; Warnecke (1999), S. 28

560 Vgl. Doz/Hamel (1998), S. 45 f.

561 Vgl. Deutsch/Diedrichs/Raster/Westphal (1997b); Lewis (1990), S. 25 f.; Prahalad/Hamel (1990)

562 Vgl. Prange/Probst/Rüling (1996), S. 10

563 Vgl. Doz/Hamel (1998), S. 52; Prange/Probst/Rüling (1996), S. 13

564 Shan (1990), S. 130

disziplinen zurückgreifen (vgl. Abb. 46).[565] Auch die Ergänzung von Produkten durch innovative Dienstleistungen als Instrument zur Wettbewerbsdifferenzierung wird immer wichtiger.[566] Ein Unternehmen wird in Zukunft nur in Ausnahmefällen in der Lage sein, die für komplexe Leistungen erforderlichen Kompetenzen in jedem Fall selbst zu entwickeln.[567] Demzufolge wird sich die Fähigkeit, komplementäre Kompetenzen kurzfristig wenn nicht zu generieren, dann über Integrations- und Kooperationsstrategien zu akquirieren, zu einem wesentlichen Erfolgsfaktor entwickeln.[568]

SIHN und HÄGELE charakterisieren diesen Sachverhalt wie folgt: "Chancen von Unternehmensnetzwerken bestehen in der Möglichkeit, bei den Netzwerkpartnern vorhandenes Know-how zu bündeln, sich über Produkt- und Prozesskenntnisse auszutauschen und durch diesen Know-how-Transfer nicht nur Synergieeffekte, sondern auch die von vielen Kunden geforderte Systemkompetenz zu erlangen. Da der interne Aufbau von Produkt- und Prozess-Know-how oftmals zeitaufwendig ist, erzielen die Netzwerkpartner durch die Nutzung des Partnerwissens oftmals einen Zeitvorsprung gegenüber ihren Wettbewerbern."[569]

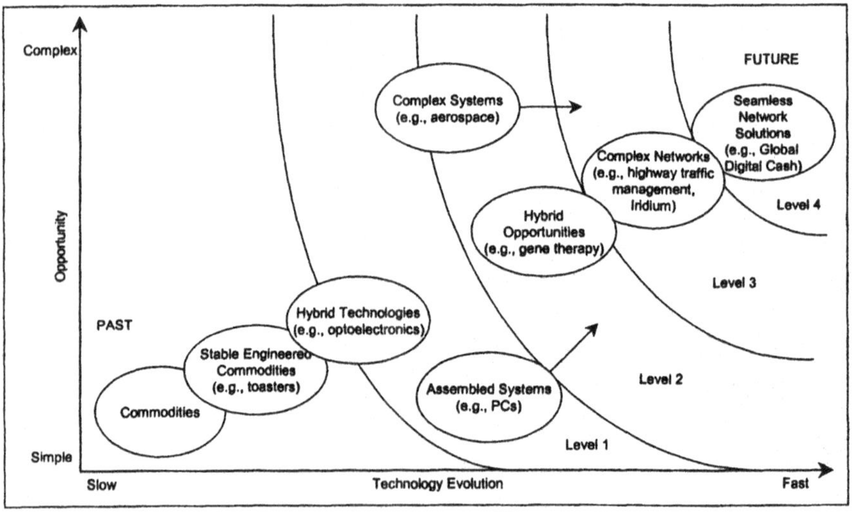

Abb. 46: Interdisziplinarität neuer Technologien[570]

---

565 Vgl. Baumgarten (1998), S. 25; Belzer (1993), S. 40; Doz/Hamel (1998), S. 51; Goeken (1998), S. 198; Hagedoorn (1993), S. 372

566 Vgl. Heinz/Eichmann/Schütze (2000), S. 215

567 Vgl. Auster (1987), S. 4; Cunningham (1995), S. 87; Klocke (1998), S. 42 f.; Sommerlatte (1990), S. 166

568 Vgl. Lewis (1990), S. 26; Raben (1994), S. 89

569 Sihn/Hägele (1998), S. 10; Vgl. Bartmess/Cerny (1992), S. 84; Hagedoorn (1993), S. 372

570 Abb. aus Doz/Hamel (1998), S. 51; Vgl. Hagedoorn (1993), S. 372

Neben dieser inhaltlichen Dimension umfasst die Diversität oder Varietät der Mitglieder im Netzwerk auch prozessuale Aspekte: "Nimmt man ... Organisationen ... als 'parallel prozessierende Informationsverarbeiter' ernst, so erscheint es wahrscheinlich, dass sich unterschiedliche Verarbeitungslogiken entfalten, die zu verschiedenartig gelagerten Wahrnehmungsstrukturen und Wirklichkeitskonstruktionen führen. Gerade durch die Ausbildung unterschiedlicher Rationalitäten wird das Variationspotential der Organisation in Bezug auf Problemlösungen erhöht, auch wenn der Preis, der aus den Folgen des Widerstreits unterschiedlicher Rationalitäten resultiert, hoch sein kann. Nicht nur Disaggregationsprobleme in Form von Abteilungsegoismen, differenzierende statt integrierende Problemlösungen, eine folgenreiche Aufspaltung in Gewinner und Verlierer sind hier zu nennen, sondern auch das Problem, mit der sich einstellenden Logik des 'kleinsten gemeinsamen Nenners' unterschiedlicher Rationalitäten, des 'strukturellen Konservatismus' zu brechen."[571] Trotz dieser Einschränkungen profitiert ein Unternehmen insbesondere bei komplexen Problemen durch die Mitgliedschaft im Netzwerk von dessen tendenziell höherer Problemlösungskompetenz. Diese basiert auf der im Vergleich zu hierarchischen Strukturen geringeren strukturellen und kulturellen Isomorphie der Mitglieder und damit einem breiteren inhaltlichen und prozessualen Vorgehens- und Problemlösungspotential.[572]

Die Partner eines Netzwerks verfolgen das Ziel der Wissensakquisition jedoch häufig nicht nur im Sinne der gesamten Kooperation. "Rather than balanced, the learning relationship may be one-sided, with one partner paying 'tuition' to the other for the privilege of being its apprentice. ... In cases where the exchange is clearly formalized - via technology transfer and royalty agreements between partners, for instance - formalization seldom covers the full range of learning opportunities. Strategically, if a company is only partly aware of its partner's learning aspiration, or is perhaps even entirely unaware, it will not extract an appropriate price for the learning opportunities it offers."[573] Wissensakquisition bedeutet demnach nicht allein Mehrung und Ausbau der kollektiven, sondern gleichermaßen auch der individuellen Wissensbasis. Der unternehmensindividuelle Nutzen aus dem Wissen und den Kompetenzen der Partner erschließt sich also nicht nur für die unmittelbar vom Netzwerk erfasste Sphäre, sondern bietet Transfermöglichkeiten für die gesamte Geschäftstätigkeit.[574]

Voraussetzung für eine Stärkung der eigenen Wettbewerbsfähigkeit durch die Akquisition von Wissen und Know-how sind zum einen die aktive Nutzung von Gelegenheiten zum Lernen im Tagesgeschäft sowie zum anderen der Schutz eigener Kompetenzen, die Voraussetzung für Alleinstellungsmerkmale sind. Die Herausforderung

---

571 Pohlmann/Apelt/Buroh/Martens (1995), S. 24 f.

572 Vgl. Sydow (1993), S. 205

573 Doz/Hamel (1998), S. 64 f.

574 Vgl. Lewis (1990), S 289

besteht darin, die dazu erforderlichen Lernprozesse strukturell zu verankern und gleichzeitig die Weitergabe eigenen Know-hows zu kanalisieren.[575] Ihre Bewältigung muss zu einer ausgewogenen Balance im zwischenbetrieblichen Wissenstransfer führen, da ein Unternehmen nur dann als Partner eines Netzwerks attraktiv ist, wenn es im Sinne der Gegenseitigkeit nicht nur Know-how gewinnen will, sondern auch selbst den übrigen Mitgliedern die Gelegenheit zum Lernen bietet: "There is always tension between providing learning opportunities for one's partner while protecting the core skills that provide bargaining power in the relationship. A firm must share enough information to make value creation possible, but it must also protect its bargaining power and competitive advantage by avoiding the whole-sale transfer of key skills. Firms that manage their transparency will walk a fine line between openness and opaqueness."[576]

Zusammenfassend werden Wissensakquisition und Know-how-Transfer als eines der wesentlichen Ziele kooperativer Organisationsformen beschrieben. Dabei geht es zum einen um die synergetische Verknüpfung immaterieller Ressourcen der Partner im Sinne der Ziele des Gesamtnetzwerks. Zum anderen spielt auch die Erweiterung unternehmensindividueller Kompetenzen bei gleichzeitiger Erhaltung eigener, kompetenzbasierter Wettbewerbsvorteile eine wichtige Rolle. Hier ist als Voraussetzung langfristiger Kooperationsbereitschaft und damit Stabilität des Netzwerks ein fairer Austausch zu etablieren, der ggf. bestehende Leistungssalden im wechselseitigen Know-how-Transfer über eine materielle Kompensation ausgleichen muss.

4.2.1.5 Dynamisierung und Flexibilisierung

Ein wesentlicher Gestaltungsparameter bei Kooperationen und Netzwerken leitet sich aus dem Prinzip der "losen Kopplung" ab.[577] Die Mitgliederstruktur ist nicht dauerhaft festgeschrieben, ein Wechsel von Partnern ist grundsätzlich möglich. Er wird dadurch erleichtert, dass meist nicht die gesamte Geschäftstätigkeit eines Mitglieds in der Sphäre des Netzwerks liegt[578] und dass ein Austritt oder Ausschluss daher i.d.R. nicht das Ende der wirtschaftlichen Existenz bedeutet (vgl. Kap. 4.1.3.9 und 4.1.3.10). Die flexible Hinzuziehung neuer bzw. das Ausscheiden alter Mitglieder ermöglichen eine Dynamisierung im Kompetenzportfolio des Netzwerks.[579] Benötigte Fähigkeiten können kurzfristig akquiriert werden. Damit ergeben sich klare Vorteile im Hinblick auf die Innovationsgeschwindigkeit.[580] Im Unterschied zur Internalisierung ist dieser

---

575 Vgl. Porter (1985), S. 101

576 Doz/Hamel (1998), S. 208

577 Vgl. Pohlmann/Apelt/Buroh/Martens (1995), S. 20

578 Vgl. Faust (1996), S. 273 f.; Yoshino/Rangan (1995), S. 77

579 Vgl. Goldman/Nagel/Preis (1996a), S. 71; Reiß (1996b), S. 198; Schuh/Millarg/Göransson (1998), S. 143; Sommerlatte (1990), S. 164

580 Vgl. Bronder/Pritzl (1991), S. 45; Shan (1990), S. 132

Prozess umkehrbar. Unternehmen, die keinen Beitrag zur gemeinsamen Wertschöpfung mehr leisten, können selektiert werden:[581] "Als Alternative ... stehen zwar auch Fusionen und Firmen-Akquisitionen zur Verfügung. Diese sind jedoch häufig nicht wie geplant machbar und teilweise sind sie auch komplexer als andere Allianzen. ... Darüber hinaus haben Fusionen und Akquisitionen den Nachteil, dass ihnen ... das potentielle Risiko der Irreversibilität inhärent ist."[582]

Die hohe strukturelle Dynamik eines Netzwerks unterbindet die Entstehung und Herausbildung organisatorischer Routinen, die typisch besonders für große, hierarchisch strukturierte Organisationen sind.[583] Institutionalisierung und Programmierung führen dort zu besserer Vorhersag- und Planbarkeit sowie hoher Problemlösungseffizienz in Standardsituationen. Gleichzeitig tragen sie aber auch durch marktferne und träge Entscheidungsinstanzen sowie zeitaufwendige und fragmentierte Entscheidungswege[584] zu höherer Strukturträgheit bei.[585] Aus dem im Vergleich zu hierarchischen Systemen geringeren Strukturierungsgrad von Netzwerken resultieren tendenziell kurze Entscheidungswege, ein wichtiger Vorteil in dynamischen Märkten.[586] Aus diesem Grund eignen sich Kooperationen weniger zur Abwicklung standardisierter, repetitiver Transaktionen. Stattdessen liegt ihre Domäne in der Bewältigung komplexer, wenig vorstruktuierter Aufgaben. Diese können entweder im Umgang mit turbulenten Märkten oder in der Erstellung anspruchsvoller und innovativer Leistungen bestehen.[587]

Allerdings weist SYDOW in diesem Zusammenhang auch auf die negativen Folgen eines zu geringen Organisationsgrades hin: "Eine lose Kopplung der Netzwerkunternehmungen hat ... auch flexibilitätsreduzierende Effekte. Eine lose Kopplung geht mit einer geringen strukturellen und kulturellen Organisiertheit der Netzwerkbeziehungen einher. Diese erleichtert zwar Aus- und Eintritt von Unternehmungen aus bzw. in das Netzwerk (Exit-Option), erschwert bei Unterschreitung eines gewissen Mindestorganisationsgrades allerdings die interorganisationale Kommunikation, die netzwerkweite Durchsetzbarkeit von Produkt- und Prozessinnovationen – und damit die Voice-Option. Folglich ist von einem Trade-off zwischen einer zu losen und zu engen Kopplung auszugehen. Netzwerkmanagement impliziert mit anderen Worten die

---

581 Vgl. Jarillo (1988), S. 35

582 Heck (1999), S. 8 (*Anm.: Der hier verwendete Begriff "Allianz" deckt sich mit dem Begriffsverständnis dieser Arbeit von Unternehmensnetzwerken.*); Vgl. Hayes/Abernathy (1980), S. 74

583 Vgl. Powell (1990), S. 317

584 Vgl. Bellmann/Mildenberger (1996), S. 127 f.; McHugh/Merli/Wheeler (1995), S. 19; Schuh/Millarg/Göransson (1998), S. 52

585 Vgl. Bellmann/Mildenberger (1996), S. 138; Lazerson (1988), S. 332; Lewis (1990), S. 25

586 Vgl. Bellmann/Hippe (1996b), S. 61; Lorenzoni/Ornati (1988), S. 51 f.; Yoshino/Rangan (1995), S. 68

587 Vgl. Picot (1993), S. 163

Ermittlung und Realisierung eines unter Flexibilitätsgesichtspunkten 'optimalen' Organisationsgrades von Netzwerkbeziehungen."[588]

Ihr hohes Flexibilitätspotential begründet die Eignung entsprechender Organisationsmodelle für turbulente Märkte: "We would expect cooperative strategies to be more effective where the industry is in a turbulent stage (formation or reconfiguration). Such a proposition simply states that cooperations, as a strategy, being consistent with the turbulent formative or reconfiguration stages should be more effective than where the industry is more mature and is more favorable to domination strategies."[589] Abb. 47 illustriert demzufolge den Einfluss von Marktreife und wettbewerbskritischen Ressourcen auf die Erfolgswahrscheinlichkeit von Unternehmenskooperationen.

Flexibilisierung und Dynamisierung als wesentliche Gestaltungsziele spiegeln sich in einer dynamischen Mitgliederstruktur wider. Konkrete Merkmale sind eine zeitlich befristete Mitgliedschaft sowie Veränderungen der Branchenstruktur im Kreis der beteiligten Unternehmen etc. Mit der Gründung eines Netzwerks verbindet sich daher die Möglichkeit eines kurzfristigen Zugriffs auf ein breites Spektrum von Kompetenzen durch Aufnahme neuer Mitglieder. Gleichzeitig wird eine dauerhafte Bindung vermieden, die zu Strukturträgheit und Ineffizienzen im Kompetenzportfolio führen kann.

---

588 Vgl. Sydow (1993), S. 116 f.

589 Hafsi (1998), S. 41 f.

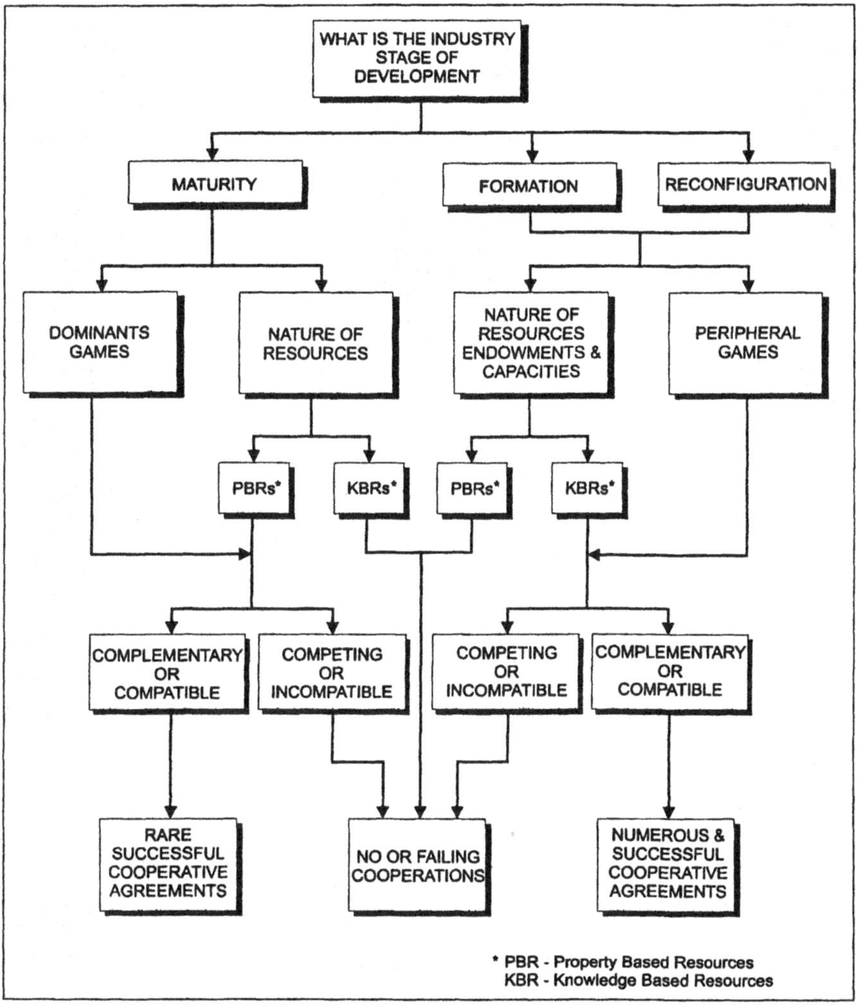

Abb. 47: Abhängigkeit von Kooperations- und Marktstrukturen[590]

Insgesamt wird deutlich, dass Unternehmen mit der Gründung von Kooperationen und Netzwerken ein breites Spektrum von Zielen verfolgen. Im Hinblick auf eine Systematisierung ergeben sich konkret die in Tab. 60 herausgearbeiteten Merkmalsausprägungen. Die Verteilung im Rahmen der einleitend beschriebenen empirischen Erhebung geht aus Abb. 48 hervor. Dabei fällt auf, dass die Vermeidung einer längerfristigen Bindung an den bzw. die Partner nur in 5 % der Fälle zum Zielsystem

---

590 Abb. aus Hafsi (1998), S. 49

der Kooperation gehört. Auch die Bündelung materieller Ressourcen ist mit 29 % der Nennungen nur von untergeordneter Bedeutung. Demgegenüber spielen wettbewerbsstrategische Fragen, Know-how-Aspekte und insbesondere die Steigerung der eigenen Agilität eine dominierende Rolle. Damit stehen immaterielle Aspekte einer langfristigen Erfolgssicherung im Mittelpunkt.

Merkmal	Ausprägung	Beschreibung
Ziele der Kooperation	Effiziente Strukturgestaltung	Das wesentliche Ziel der Kooperation besteht in der Ausnutzung komparativer Vorteile gegenüber Markt und Hierarchie. Sie liegen im Wesentlichen in der hohen Informationseffizienz, der Anreizverträglichkeit bei gleichzeitig verbesserter Abstimmung im Handeln der Partner und der komplexitätsreduzierenden Wirkung autopoietischer Systeme.
	Marktzugang und Wettbewerbsbeeinflussung	Die Kooperation zielt primär auf eine Beeinflussung der Wettbewerbssituation. Dabei kann es um den Zutritt einzelner Partner zu neuen Märkten über die übrigen Mitglieder im Netzwerk, um die gemeinsame Erschließung neuer Märkte für alle Partner oder die Stärkung der Wettbewerbsposition der Mitglieder gegenüber Außenstehenden gehen.
	Bündelung materieller Ressourcen	Das wesentliche Ziel der Kooperation besteht in der gemeinsamen Nutzung materieller Ressourcen der Mitglieder. Diese können Anlagen und Einrichtungen (z.B. zur Erzielung von Spezialisierungsvorteilen oder zur Verstetigung der Kapazitätsauslastung) sowie finanzielle Mittel (z.B. zur Risikoteilung) umfassen.
	Wissensakquisition und Know-how-Transfer	Das wesentliche Ziel der Kooperation besteht im gemeinsamen Zugriff auf immaterielle Ressourcen der Mitglieder, insbesondere auf Produkt- und Prozess-Know-how sowie die besondere Kenntnis von Märkten. Neben der Erweiterung der eigenen Wissensbasis rückt die Nutzung eigener Kompetenzen in neuen Märkten über die Kooperation in den Mittelpunkt.
	Dynamisierung und Flexibilisierung	Das wesentliche Ziel der Kooperation ergibt sich aus der "losen Kopplung" der Mitglieder. Sie ermöglicht einerseits durch eine Dynamisierung des Mitgliederstamms eine ständige Selektion von Partnern und ihrer Kompetenzen, andererseits unterstützt sie durch autopoietische Strukturen eine hohe Komplexitätstoleranz und Problemlösungskompetenz.

Tab. 60: Ziele der Kooperation

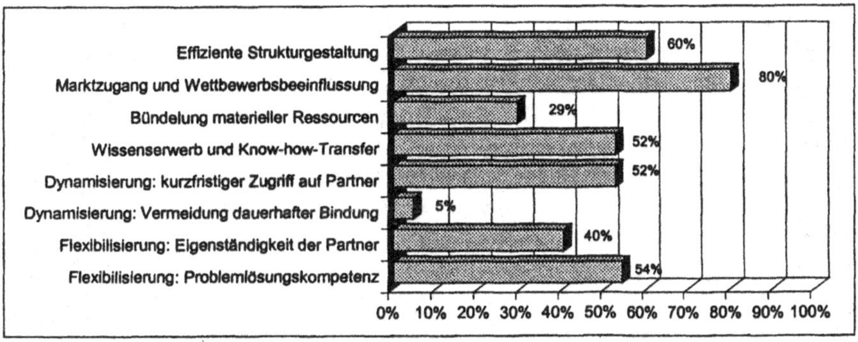

Abb. 48: Ziele der Kooperation

Das Ergebnis belegt einerseits die hohe Bedeutung kooperativer Strukturen für den Umgang mit turbulenten Märkten, bestätigt andererseits aber auch ein bereits angesprochenes Gestaltungsdilemma: Der Versuch, die skizzierten inhaltlichen Schwerpunkte in operable Zielsysteme zu überführen, erweist sich als methodisch anspruchsvolles Unterfangen. Auch deutet sich eine fehlende Trennung individueller und kollektiver Ziele an. Dies kontrastiert zumindest potentiell mit der zuvor begründeten Notwendigkeit einer gemeinsamen strategischen Ausrichtung als integrierende Klammer einzelorganisatorischen Handelns und der strukturellen Anbindung einzelbetrieblicher Strategie- und Planungsprozesse. In diesen Ergebnissen wird erneut die Sinnhaftigkeit einer methodischen Unterstützung bei der strukturellen Gestaltung von Unternehmensnetzwerken untermauert.

4.2.2 Mitgliederstruktur und Tätigkeitsbereiche des Netzwerks

Ein weiterer wesentlicher Ansatz zur Beschreibung und Systematisierung von Netzwerk- und Kooperationsmodellen greift auf ihre Mitgliederstruktur zurück. Zahl, Größenverteilung und Tätigkeitsschwerpunkte der beteiligten Unternehmen bestimmen in erheblichem Maße Art und Umfang der Zusammenarbeit. Sie determinieren gleichzeitig die in die Zusammenarbeit eingebrachten Wertschöpfungsbereiche sowie - über das damit definierte Kompetenzportfolio - die insgesamt möglichen Leistungsangebote des Netzwerks.

4.2.2.1 Zahl und Größe der Mitglieder

Im Zusammenhang mit der Beschreibung konstitutiver Elemente von Netzwerken wurde die Arbeitsteilung zwischen einer Mehrheit von Organisationen hervorgehoben.[591] Explizit werden auch Kooperationsmodelle mit lediglich zwei Partnern

591 Vgl. Faust (1996), S. 273; Heck (1999), S. 4; Pohlmann/Apelt/Buroh/Martens (1995), S. 35; Yoshino/Rangan (1995), S. 5

einbezogen (vgl. Kap. 4.1.3.1). Dies gilt in der Praxis insbesondere für die Realisationsform der Strategischen Allianz, die in dieser Arbeit enger definiert wird als "strategic alliance" im angelsächsischen Sprachraum (vgl. Kap. 4.3.3). Die Zahl der Partner stellt eine wesentliche Determinante der Strukturkomplexität dar[592] und wird insoweit regelmäßig als deskriptives Merkmal und als Ansatz für eine Systematisierung herangezogen.[593] Einerseits erscheint eine hohe Zahl von Netzwerkmitgliedern hilfreich, um ein breites Kompetenzportfolio aufzubauen, andererseits steigt mit ihr auch der Koordinationsaufwand. Die aus der Unabhängigkeit der Partner und ihrer hohen Zahl entstehende Eigendynamik der Zusammenarbeit, die einerseits eine der wesentlichen Stärken dieser Organisationsform bildet,[594] kann andererseits eine vollständige Planung und zielorientierte (zentrale) Steuerung verhindern.[595] Diese Überlegung ergibt sich systemtheoretisch aus der mit der Zahl der Knoten, d.h. der am Netzwerk beteiligten Partner, gleichzeitig zunehmenden Zahl der Kanten, d.h. der zwischen ihnen bestehenden Beziehungen.[596] Beschränkt sich der Regelungs- und Koordinationsbedarf bei zwei Partnern noch auf eine rein zweiseitige Beziehung, entstehen bei drei, vier oder fünf Parteien bereits drei, sechs bzw. zehn jeweils bilaterale Konstellationen.

In der theoretischen Perspektive wird diese Situation dadurch verschärft, dass die betrachteten Einzelbeziehungen nicht unabhängig voneinander sind. Vielmehr entfaltet die Verbindung zwischen zwei Partnern regelmäßig auch Außenwirkung auf die Beziehung zu den übrigen Mitgliedern.[597]. Diese Zusammenhänge werden unter dem Stichwort der Transitivität diskutiert.[598] Außerdem stützt sich das Netzwerk nicht zwingend auf einen festen Stamm von Mitgliedern. Vielmehr wird ein Wechsel der Partner explizit als Gestaltungsoption hervorgehoben, um kurzfristig ein marktadäquates Kompetenzprofil aufzubauen und damit die Agilität der Gesamtorganisation zu erhöhen.[599] Dadurch entwickelt das gesamte System zusätzliche Dynamik. Entscheidungsstrukturen und Koordinationsinstrumente müssen kontinuierlich an diese Entwicklung angepasst werden. Zusätzliche Schwierigkeiten ergeben sich aus ihrer mitunter begrenzten Wirksamkeit für die Zusammenarbeit zumindest partiell unabhängiger Partner. Die Durchsetzbarkeit von Entscheidungen gegen legitime individuelle Interessen[600] leidet unter der jederzeit wahrnehmbaren Austrittsoption.[601]

---

592 Vgl. Kutschker/Schmidt (1995), S. 5 f.; Staudt/Kriegesmann/Thielemann/Behrendt (1995), S. 1216

593 Vgl. Balling (1997), S. 153

594 Vgl. Moss Kanter (1995), S. 43

595 Vgl. Doz/Hamel (1998), S. 114; Håkansson/Johanson (1988), S. 370; Hinterhuber/Handlbauer/Matzler (1997), S. 183; Sydow (1993), S. 255

596 Vgl. Hippe (1997), S. 29; Kutschker/Schmidt (1995), S. 3

597 Vgl. Sydow (1993) S. 255

598 Vgl. Kutschker/Schmidt (1995), S. 5 f.

599 Vgl. Hayes/Abernathy (1980), S. 74; Heck (1999), S. 8; Schuh/Millarg/Göransson (1998), S. 143

600 Vgl. Buckley/Casson (1988), S. 34; Doz/Hamel (1998), S. 21

Die durch den heterarchischen oder polyzentrischen Strukturcharakter[602] notwendigen Konsensbildungsprozesse werden durch eine hohe Zahl zu berücksichtigender Interessenpositionen ebenfalls erschwert.[603]

Andererseits lässt sich die Situation in der Praxis durch unterschiedlich enge Bindungen zwischen den Partnern entschärfen. Die Zahl relevanter bilateraler Konstellationen reduziert sich, wenn sich Cluster oder Cliquen von Mitgliedern herauskristallisieren, innerhalb derer die Bindungsintensität höher ist als über die Grenzen des Clusters hinweg.[604] Konkrete Gestaltungsmodelle können beispielsweise auf eine kleine Kerngruppe von Organisationen zurückgreifen, die dauerhaft zusammenarbeitet und nur fallweise zusätzliche Partner einbindet. Auch stark zentralistische Strukturen tragen dazu bei, die Zahl relevanter Beziehungen zu reduzieren und damit die Steuerbarkeit des Gesamtsystems zu verbessern (vgl. Abb. 49). Hier ist die Frage der Dichte eines Netzwerks angesprochen, die sich auf das Verhältnis von latenten und manifesten, d.h. aktivierten latenten Beziehungen konzentriert.[605]

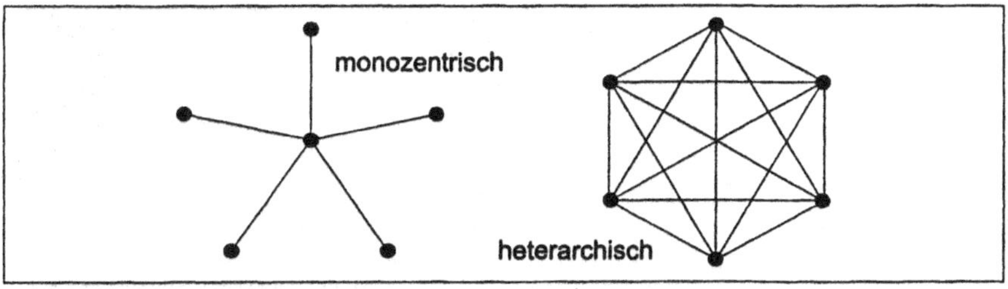

Abb. 49: Monozentrische und heterarchische Netzwerke

Grundsätzlich aber beeinflusst die Zahl der Mitglieder sowohl im Hinblick auf ihre absolute Höhe als auch auf ihre Veränderlichkeit im Zeitablauf die Strukturgestaltung der Kooperation erheblich.[606] Signifikante Unterschiede bestehen unzweifelhaft zwischen bi- und multilateralen Kooperationen, da das Problem der Transitivität erst bei drei und mehr Partnern auftritt. Die nächste Veränderung tritt dann ein, wenn die Zahl der Partner so stark anwächst, dass personal-soziale Beziehungen, die in der interpersonalen Netzwerkperspektive zum Ausdruck kommen, in den Hintergrund treten. Hier verlieren Personalmacht und Vertrauen an Wirksamkeit und Bedeutung. Eine exakte Quantifizierung der Schwelle ist sicherlich nicht möglich. Als Hilfskonstrukt ist lediglich eine Tendenzbetrachtung mit den Merkmalsausprägungen "wenige" bzw. "viele Mitglieder" denkbar, die trotz ihrer mangelnden Objektivier-

601 Vgl. Faust (1996), S. 273 f.; Yoshino/Rangan (1995), S. 77
602 Vgl. Bea/Göbel (1999), S. 368
603 Vgl. Kaluza/Blecker (1996), S. 397
604 Vgl. Hippe (1997), S. 32
605 Vgl. Kutschker/Schmiet (1995), S. 5 f.; Steinbrenner (1997), S. 24
606 Vgl. Balling (1997), S. 156

barkeit einen wertvollen Beitrag zur Systematisierung und zur Erklärung konkreter Gestaltungsmodelle leistet.

Schließlich spielen die Größe und Größenverteilung der Partner eine wichtige Rolle.[607] Bestimmte Gestaltungsmodelle eigenen sich vorzugsweise für Unternehmen mittelständischer Größenordnung,[608] andere wiederum werden eher von großen Partnern gebildet. Wenige große und zahlreiche kleine Partner begründen tendenziell Machtasymmetrien innerhalb des Netzwerks und begünstigen damit eine Zentralisierung von Handlungs- und Entscheidungskompetenzen. Der Anknüpfungspunkt liegt in der Varietät, d.h. der Unterschiedlichkeit der Mitglieder.[609] Insoweit wird die Größenverteilung der Partner als weitere Systematisierungsdimension begründet. Insgesamt ergeben sich damit die in Tab. 61 zusammengefassten Merkmale und Merkmalsausprägungen.

Merkmal	Ausprägung	Beschreibung
Zahl der Mitglieder	zwei	Die Kooperationsbeziehung beschränkt sich auf zwei Partner.
	wenige	Die Kooperation beschränkt sich auf einen kleinen Kreis von Partnern, die sich wechselseitig kennen und tendenziell auch personalsoziale Beziehungen unterhalten.
	viele	Die Kooperation stützt sich auf einen großen Kreis von Mitgliedern, die sich nicht alle persönlich kennen und deren Zusammenarbeit sich primär auf der Sachebene abspielt.
Kreis der Mitglieder	geschlossen	Der Kreis der Partner ist klar definiert. Ein- bzw. Austritt von Mitgliedern ist grundsätzlich nicht vorgesehen.
	offen	Die Kooperation besteht unabhängig von der konkreten Zusammensetzung der Mitglieder. Ein- und Austritte sind explizit vorgesehen.
Größe der Mitglieder	KMU	Mitglieder im Netzwerk sind ausschließlich kleine und mittlere Unternehmen.
	überwiegend KMU	Das Netzwerk setzt sich aus zahlreichen kleinen und mittleren sowie wenigen großen Unternehmen zusammen.
	überwiegend Großunternehmen	Das Netzwerk wird überwiegend von großen Unternehmen gebildet, KMU bilden die Minderheit.
	Großunternehmen	Nur Großunternehmen schließen sich im Rahmen einer Kooperation zusammen.

Tab. 61: Größe und Zahl der Mitglieder im Netzwerk

607 Vgl. Balling (1997), S. 153

608 Vgl. Heck (1999), S. 3

609 Vgl. Kutschker/Schmidt (1995), S. 5 f.

Die jeweilige Verteilung als Ergebnis der empirischen Erhebung geht aus Abb. 50, Abb. 51 und Abb. 52 hervor. Die Verwendung im Rahmen des Fragebogens setzt eine Konkretisierung der Merkmalsausprägungen zur Zahl der Mitglieder voraus, da die Alternativen "wenige" und "viele" für die empirische Erhebung zu unspezifisch sind. Die Ergebnisse belegen jedoch, dass Häufigkeitsschwerpunkte im Bereich von zwei, drei bis sechs sowie mehr als zehn beteiligten Unternehmen liegen und insoweit eine Klassifizierung im Sinne der o.g. Darstellung sinnvoll ist. Der hohe Anteil von Kooperationen mit einem offenen, d.h. veränderlichen Mitgliederkreis steht in Analogie mit den Erkenntnissen über die Ziele entsprechender Initiativen, die auf die Erhöhung der Agilität und Flexibilität gerichtet sind und damit den Blick auf die Möglichkeit einer kurzfristigen Hinzuziehung komplementärer Kompetenzen richten.

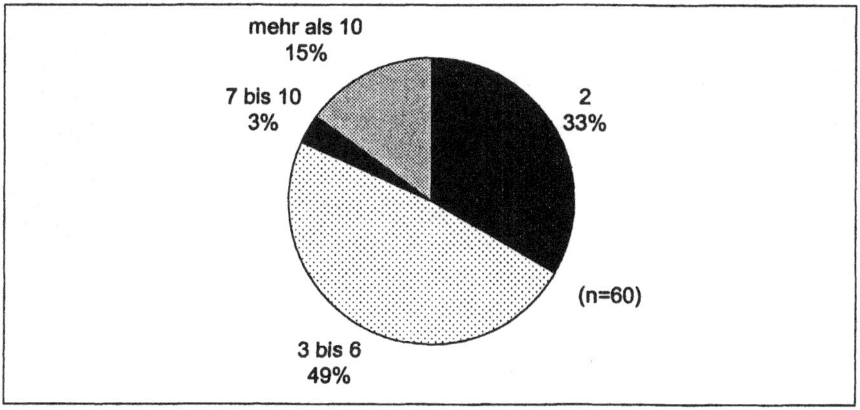

Abb. 50: Zahl der Mitglieder des Netzwerks

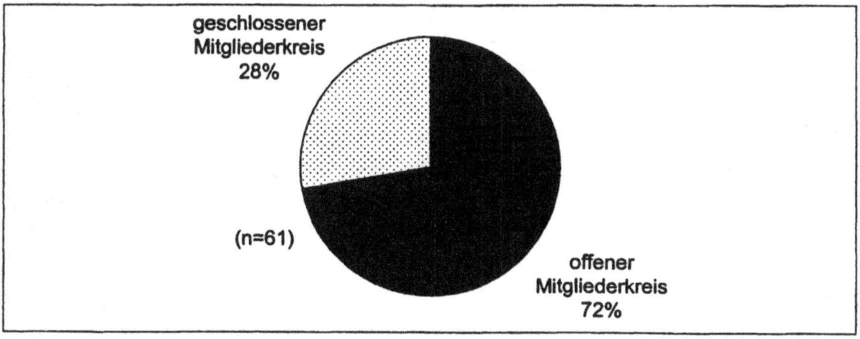

Abb. 51: Kreis der Mitglieder im Netzwerk

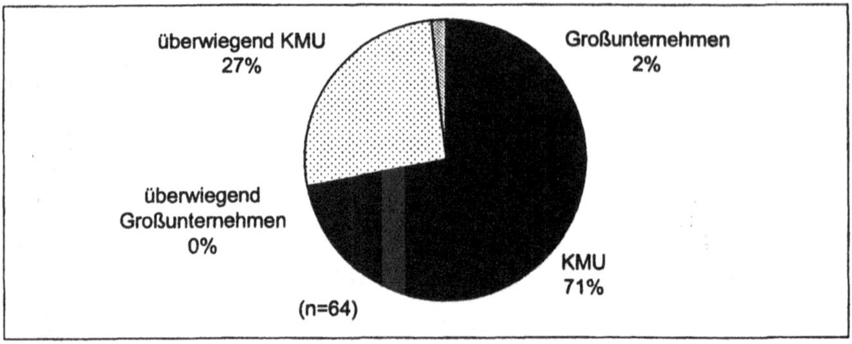

Abb. 52: Größe der Mitglieder des Netzwerks

4.2.2.2 Richtung der Zusammenarbeit und geografische Reichweite

Die Gestaltung der Kooperationsbeziehung sowie die damit verfolgten Ziele hängen wesentlich davon ab, in welchem Verhältnis die Partner im Hinblick auf ihre Position in der Wertschöpfungskette zueinander stehen. Eine vertikale Kooperation liegt dann vor, wenn Unternehmen auf vor- und nachgelagerten Wertschöpfungsstufen zusammenarbeiten.[610] Dabei spielen insbesondere langfristige Partnerschaften zwischen Kunden und Lieferanten eine Rolle, die in den letzten Jahren in zahlreichen Wirtschaftsbereichen an Bedeutung gewonnen haben.[611] Alternativ integrieren Netzwerke Unternehmen auf der gleichen Wertschöpfungsstufe, die häufig in einem Konkurrenzverhältnis zueinander stehen[612] und nur in bestimmten Teilbereichen ihrer Geschäftstätigkeit abgestimmt handeln. In diesem Fall liegt eine horizontale Kooperation vor,[613] die u.U. unmittelbar den Wettbewerb beeinflusst (vgl. Kap. 4.2.1). Eine simultan verfolgte horizontale und vertikale Integration von Aktivitäten wird als diagonale Kooperation bezeichnet.[614] In der Literatur wird in diesem Zusammenhang häufig auch der Begriff der lateralen Kooperation verwendet.[615]

Selbstverständlich ist koordiniertes Handeln auch marktübergreifend möglich. Dies ist insbesondere dann der Fall, wenn die Partner stark unterschiedliche Kompetenzen zur Erstellung einer neuen Leistung verknüpfen. Hier fällt eine Einordnung der Wertschöpfungsstufe naturgemäß schwer. Die Festlegung vor- bzw. nachgelagerter

---

610 Vgl. Balling (1997), S. 155; Bea/Göbel (1999), S. 365; Bronder/Pritzl (1991), S. 46 f.; Gerth (1971), S. 9; Jansen (1998), S. 127; Merkle (1999), S. 24 f.

611 Vgl. Schmidt/Brüning/Köster (1998), S. 22

612 Vgl. Bea/Göbel (1999), S. 365; Gerth (1971), S. 9; Heinz/Eichmann/Schütze (2000), S. 218 f.

613 Vgl. Jansen (1998), s. 127Merkle (1999), S. 24 f.

614 Vgl. Dorsam/Icks (1997), S. 6; Staudt/Kriegesmann/Thielemann/Behrendt (1995), S. 1216; Wirth (2000), S. 180

615 Vgl. Jansen (1998), S. 127

Bereiche ist nicht immer eindeutig möglich. Entsprechende Kooperationsmodelle werden als diversifiziert bezeichnet.

Daneben spielt die geografische Verteilung der Partner eine wichtige Rolle. In bestimmten Kooperationsmodellen ist die konkrete Geschäftstätigkeit der Mitglieder nur von untergeordneter Bedeutung. Auslösendes Element für ein koordiniertes Handeln von Unternehmen ist vielmehr die Ansiedlung an einem gemeinsamen Standort.[616] Die räumliche Nähe begünstigt die Entstehung eines engen personal-sozialen Beziehungsgefüges und hebt interpersonale Fragen der Netzwerkgestaltung und -steuerung hervor. Inhaltlich schafft sie beispielsweise eine gute Grundlage, um auch außerökonomische Ziele - etwa die gemeinsame Wahrnehmung gesellschaftlicher Verantwortung im unmittelbaren Umfeld des eigenen Standorts - zu verfolgen.

Im Hinblick auf die geografische Reichweite der Kooperation besteht das andere Extrem in einer inter- oder multinationalen Kooperation, die Partner aus unterschiedlichen Ländern integriert.[617] Entsprechende Strukturen werden beispielsweise zur Erschließung ausländischer Märkte mit vom Heimatmarkt stark abweichenden Rechts- und Sozialsystemen oder zur Erfüllung politischer Anforderungen geschaffen.[618] Mit zunehmender kultureller Ferne der Partner steigen die Anforderungen an die für eine effiziente Zusammenarbeit notwendige Integration.[619] HECK betont in diesem Zusammenhang: "Primär ist aber die Herbeiführung einer gemeinsamen Kultur ausschlaggebend für den Erfolg."[620] Insoweit ergeben sich aus einer internationalen Partnerschaft besondere Gestaltungs-, Koordinations- und Führungsaufgaben.

Zwischen diesen beiden Polen bewegt sich eine Kooperation auf nationaler Ebene, in der die Partner zwar nicht mehr räumlich konzentriert sind, sich aber innerhalb eines gemeinsamen Rechts-, Werte- und Gesellschaftssystems bewegen. Insoweit ergeben sich die in Tab. 62 zusammengefassten Merkmale und Merkmalsausprägungen.

---

616 Vgl. Jansen (1998), S. 128

617 Vgl. Root (1988), S. 69

618 Vgl. Doz/Hamel (1998), S. 46-48; Sihn/Hägele (1998), S. 10

619 Vgl. Doz/Hamel (1998), S. 143, S. 252; Lewis (1990), S. 62 f.; Yoshino/Rangan (1995), S. 123-125, S. 165

620 Heck (1999), S. 185; Vgl. Bartlett/Ghoshal (1991), S. 42

Merkmal	Ausprägung	Beschreibung
Richtung der Zusammenarbeit	horizontal	Die Kooperation bezieht sich auf Unternehmen, die auf der gleichen Wertschöpfungsstufe und damit häufig in einem Konkurrenzverhältnis stehen.
	vertikal	Die Kooperation bezieht sich auf Unternehmen, die auf unterschiedlichen Wertschöpfungsstufen tätig sind und dient damit der Vorwärts- bzw. Rückwärtsintegration.
	diagonal	Die Kooperation integriert Unternehmen sowohl auf der gleichen als auch auf vor- oder nachgelagerten Wertschöpfungsstufen.
	diversifiziert	Die Kooperation integriert Unternehmen, die auf vollkommen unterschiedlichen Märkten agieren.
Geografische Reichweite	regional	Die Mitglieder der Kooperation sind regional konzentriert.
	national	Die Mitglieder der Kooperation sind überregional verteilt, stammen aber alle aus demselben Land.
	international	Die Kooperation erstreckt sich über nationale Grenzen hinweg.

Tab. 62: Richtung der Zusammenarbeit und geografische Reichweite des Netzwerks

Die Verteilung der Merkmalsausprägungen in der empirischen Erhebung geht aus Abb. 53 und Abb. 54 hervor. Horizontale Kooperationen zeigen mit 62 % der Nennungen eine deutliche Dominanz. Überraschend gering fällt mit lediglich 13 % der Nennungen die Bedeutung vertikaler Zusammenarbeit aus, da Kunden-Lieferanten-Partnerschaften zumindest im Maschinen-, Anlagen- und Fahrzeugbau, aber auch in anderen industriellen Wirtschaftszweigen seit längerem diskutiert und realisiert werden. Ein Erklärungsansatz besteht darin, dass der kooperative Charakter entsprechender Gestaltungsmodelle im Kreis der Befragten nur begrenzt wahrgenommen wird, dass insofern in der Beziehung keine neue Qualität gegenüber einer klassisch marktlichen und antagonistisch geprägten Interaktion erkannt wird. Im Hinblick auf die geografische Reichweite fällt auf, dass die Zusammenarbeit über Ländergrenzen hinweg mit 29 % der Antworten keine herausragende Rolle spielt. Insoweit weist die starke Fokussierung der Literatur auf trans- und internationale Kooperationen zumindest für die in Deutschland wichtige Zielgruppe kleiner und mittlerer Unternehmen in die falsche Richtung und geht am Bedarf der Praxis vorbei.

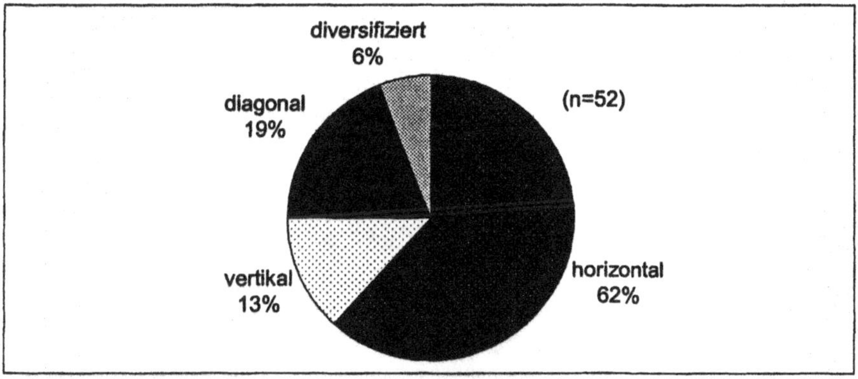

Abb. 53: Richtung der Zusammenarbeit im Netzwerk

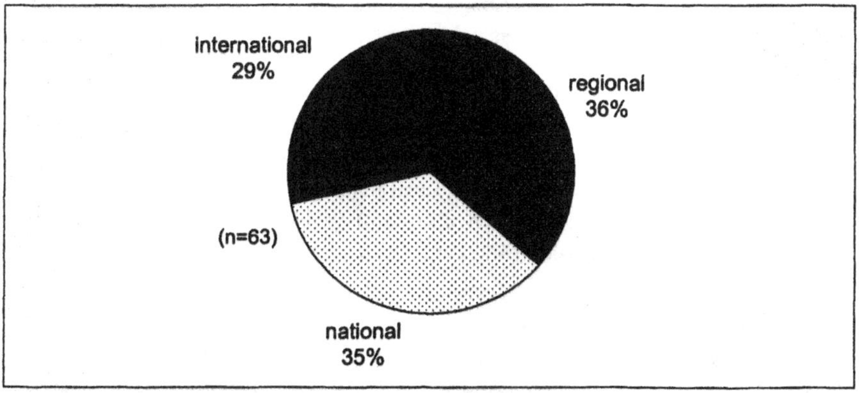

Abb. 54: Geografische Reichweite des Netzwerks

4.2.2.3 Wertschöpfungsbereiche des Netzwerks

Die konkrete Ausgestaltung der Kooperation hängt weiterhin von den erfassten Wertschöpfungsbereichen bzw. von der Einordnung der gemeinsamen Geschäftstätigkeit in die Wertschöpfungskette bzw. die betrieblichen Funktionen der Partner ab.[621] Eine funktionale Spezialisierung liegt vor, wenn die Mitglieder eines Netzwerks einheitliche - sowohl direkte, unmittelbar wertschöpfende als auch indirekte, unterstützende - Funktionen in die gemeinsame Geschäftstätigkeit einbringen. Diese liegen sowohl im Hinblick auf die Wertschöpfungsstufe als auch im Hinblick ihre Einordnung in die einzelbetriebliche Wertkette nach PORTER[622] auf einer Ebene. Beispielhafte Realisationsformen sind Entwicklungspartnerschaften oder die Nutzung gemeinsamer Ferti-

621 Vgl. Bronder/Pritzl (1991), S. 45; Porter/Fuller (1989), S. 389 f.

622 Vgl. Porter (1985), S. 37

gungsstätten. Das Netzwerk substituiert hier allen Mitgliedern gemeinsame interne Funktionen. Damit tritt eine Quasi-Externalisierung von Funktionsbereichen ein, die nicht zwingend am Markt sichtbar wird. Unmittelbare Bedeutung für den Kundenkontakt hat in diesem Zusammenhang nur die Integration von Vertriebsaktivitäten. Die mit einer solchen Kooperation verfolgten Ziele liegen damit - je nach Art der funktionalen Spezialisierung - in der Verbesserung des Zugangs zu neuen (geografischen) Märkten,[623] mehr noch aber in der Bündelung materieller Ressourcen[624] zur Risikostreuung, zur Erzielung von Skaleneffekten oder zur Verstetigung der Kapazitätsauslastung.[625]

Die synergetische Verknüpfung unterschiedlicher Kompetenzen der Partner steht beim zweiten Kooperationstyp im Mittelpunkt,[626] der als funktional integriert bezeichnet wird. Hier bringen die Mitglieder einander ergänzende Funktionen in die gemeinsame Geschäftstätigkeit ein.[627] Die Einordnung der jeweiligen Funktion in die Wertkette ist jedoch unabhängig von der einzelbetrieblichen Perspektive oder aus Sicht des Netzwerks. In der Praxis übernimmt beispielsweise ein Partner Entwicklungsaufgaben im Rahmen des Netzwerks, ein weiterer ist für die Fertigung verantwortlich, während ein dritter die entsprechenden Vertriebskanäle einbringt.[628] Auf Basis individueller Beiträge wird die gesamte Wertkette innerhalb der gemeinsamen Geschäftstätigkeit abgebildet. Tendenziell entsteht aus der Zusammenarbeit eine marktgängige Leistung. Auch hier tritt eine Quasi-Externalisierung von Funktionsbereichen ein, die damit verfolgten Ziele verschieben sich jedoch eher in Richtung einer effizienten Strukturgestaltung sowie der Wissensakquisition und des Know-how-Transfers.[629]

Im Falle funktionsübergreifend integrierter Kooperationen bringen die Partner ebenfalls individuelle Kompetenzen in die gemeinsame Geschäftstätigkeit ein. Dabei tritt beim Leistungstransfer von der betriebsindividuellen in die Sphäre des Netzwerks jedoch eine Verschiebung im Hinblick auf die Einordnung der Leistung in die Wertkette ein. Das Netzwerk tritt tendenziell eigenständig am Markt auf und bietet marktgängige Leistungen an.[630] Es steht mit dem einzelnen Mitglied in einem quasiinternen Zulieferer-Abnehmer-Verhältnis. Dies ist immer dann der Fall, wenn durch die Kooperation auch allein marktgängige Leistungen der Partner zu einem neuen

---

623 Vgl. Doz/Hamel (1998), S. 46-48

624 Vgl. Heck (1999), S. 8; Porter (1990), S. 57

625 Vgl. Contractor/Lorange (1988b), S. 9 f.; Harrigan (1988), S. 206; Klein (1996b), S. 29 f.; Schuh/Millarg/Göransson (1998), S. 50; Taucher (1980), o.S.

626 Vgl. Klocke (1998), S. 50; Lewis (1990), S. 79

627 Vgl. Contractor/Lorange (1988b), S. 9 f.

628 Vgl. Afriyie (1988), S. 91

629 Vgl. Shan (1990), S. 133 f.; Yoshino/Rangan (1995), S. 99 f.

630 Vgl. Afriyie (1988), S. 91

Produkt oder einer neuen Dienstleistung integriert und damit neuartige Wertschöpfungspotentiale erschlossen werden.[631]

In diesem Fall durchläuft beispielsweise ein Produkt oder eine Dienstleistung den gesamten Erstellungsprozess einschließlich des Vertriebs in der Zuständigkeit des einzelnen Mitglieds, um dann über eine definierte Schnittstelle zum Netzwerk Eingang in dessen Leistungserstellungsprozess zu finden. Das Mitglied steht damit auf einer vorgelagerten Wertschöpfungsstufe im Vergleich zum gesamten Netzwerk. Im Umkehrschluss ist auch die Übernahme des Vertriebs durch einen spezialisierten Dienstleister denkbar. Während die damit verbundenen Aktivitäten auf Ebene des Netzwerks als Vertriebsfunktion einzuordnen sind, stellen sie für das einzelne Mitglied den Kernbereich der Leistungserstellung dar, die Vertriebsfunktion aus seiner Sicht umfasst im Wesentlichen die Akquisition von Kunden für die von ihm erbrachte Dienstleistung. Die hier skizzierte Arbeitsteilung ist beispielsweise kennzeichnend für die Organisationsform des Virtuellen Unternehmens (vgl. Kap. 4.3.5.3).[632]

Die Auseinandersetzung mit den von der Kooperation erfassten Wertschöpfungsbereichen leitet unmittelbar zur Frage der Redundanz von Funktionen und Kompetenzen über. Einerseits verfolgt das Netzwerk von seiner Grundkonzeption her das Ziel, Fähigkeiten der einzelnen Mitglieder miteinander zu verknüpfen. Seine wesentliche Stärke liegt damit in der Nutzung von Alleinstellungsmerkmalen der Partner.[633] Diese Überlegungen deuten auf eher geringe Redundanzen im Leistungsspektrum der Mitglieder hin. Andererseits wurde die Stimulanzwirkung und hohe Anreizverträglichkeit interner Wettbewerbsbeziehungen hervorgehoben.[634] Dieser Effekt wird durch eine hohe Redundanz von Leistungen unterstützt. Gleichzeitig verhindert sie die Entstehung stark asymmetrischer Machtkonstellationen, die dem Unabhängigkeitsstreben der Mitglieder entgegenstehen.[635] Insoweit stellt die Redundanz der Mitglieder ein wesentliches Systematisierungskriterium für die in der Praxis realisierten Gestaltungsmodelle dar. Insgesamt ergeben sich daher die in Tab. 63 beschriebenen Merkmale und Merkmalsausprägungen.

---

631 Vgl. Sommerlatte (1990), S. 166

632 Vgl. Heck (1999), S. 195 f.; Köhler (1996), S. 23; Schuh/Millarg/Göransson (1998), S. 20 f.

633 Vgl. Faust (1996), S. 273 f.

634 Vgl. Bellmann/Hippe (1996b), S. 68; Hagedoorn (1990), S. 21; Hagedoorn (1993), S. 373; Jäger/Boucke (1997), S. 99; Jones/Shill (1991), S. 99; Kemmner/Gillesen (2000), S. 63; Lazerson (1998), S. 333; Merkle (1999), S. 31; Schräder (1996), S. 81; Wolter/Wolff/Freund (1998), S. 21-24

635 Vgl. Blau (1964), S. 119-125

Merkmal	Ausprägung	Beschreibung
Wertschöpfungsbereiche der Kooperation	funktional spezialisiert	Die Kooperation bündelt gleiche Funktionen der Partner auf einer einheitlichen Wertschöpfungsstufe. Sie ist nicht zwingend am Markt tätig.
	funktional integriert	Die Mitglieder bringen jeweils unterschiedliche Kompetenzen ein. Die Beiträge betreffen im individuellen Leistungsspektrum des jeweils verantwortlichen Partners und im Hinblick auf die Leistungen der Kooperation insgesamt die gleiche Funktion.
	funktionsübergreifend integriert	Die Mitglieder bringen jeweils unterschiedliche Kompetenzen ein. Ihre Beiträge, d.h. die für die Kooperation erbrachten Funktionen, liegen jedoch im Hinblick auf die individuelle Leistung des verantwortlichen Partners bzw. im Leistungserstellungprozess der Kooperation insgesamt auf einer anderen Ebene.
Redundanz der Mitglieder	gering	Kompetenzen und Aktivitäten der Mitglieder sind nur in geringem Umfang redundant. Innerhalb der Kooperation bestehen für die Partner nur begrenzte Substitutionsbedrohungen und damit geringer Wettbewerb um die Verteilung der Wertschöpfungsbeiträge.
	partiell	Bestimmte Kompetenzen und Aktivitäten können nur von einzelnen Partnern eingebracht werden, andere sind innerhalb des Netzwerks substituierbar. Interner Wettbewerb beschränkt sich auf bestimmte Funktionen.
	hoch	Alle relevanten Kompetenzen und Aktivitäten sind innerhalb des Netzwerks im individuellen Leistungsportfolio jeweils mehrerer Partner vorhanden. Damit besteht eine hohe interne Substitutionsbedrohung der Mitglieder.

Tab. 63: Wertschöpfungsbereiche der Kooperation

Die Verteilung der Merkmalsausprägungen im Rahmen der empirischen Erhebung geht aus Abb. 55 und Abb. 56 hervor. Eine Schwerpunktbildung für das Verhältnis einzelorganisatorischer und kollektiver Wertschöpfungsbereiche ist nicht erkennbar. Es fällt jedoch auf, dass interner Wettbewerb zahlreiche Kooperationen prägt: 52 % der Antworten gehen von zumindest partiellen Redundanzen zwischen den beteiligten Unternehmen, d.h. von bestehenden Wettbewerbsbeziehungen aus. Weitere 17 % der befragten Kooperationen lassen sogar Konkurrenzbeziehungen zwischen den Partnern in allen relevanten Bereichen zu. Insofern scheinen die Stimulanzwirkung und Anreizverträglichkeit kompetitiver Elemente die diskutierten Gefahren aufzuwiegen.

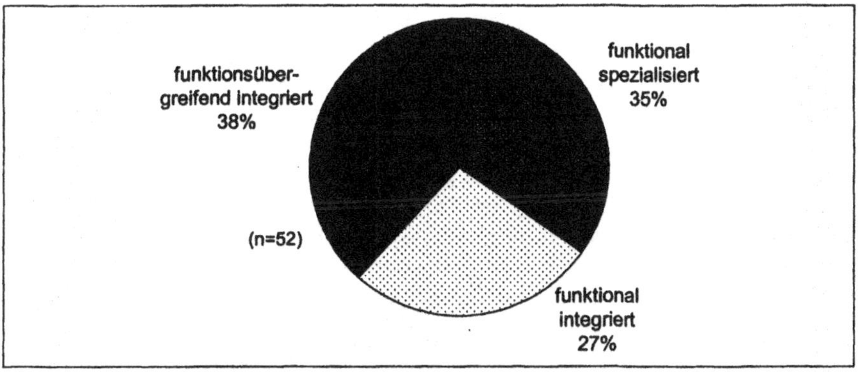

Abb. 55: Wertschöpfungsbereiche der Kooperation

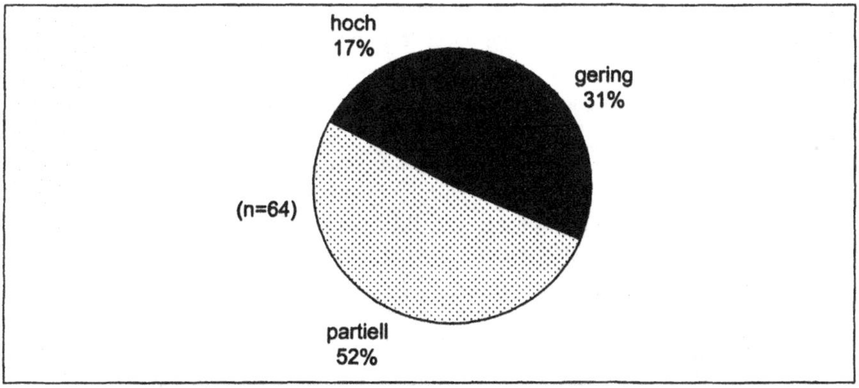

Abb. 56: Redundanz der Mitglieder im Netzwerk

4.2.3 Bindungsintensität im Netzwerk

Die Bindungsintensität in einem Netzwerk beschreibt Art und Umfang der zwischen den Partnern bestehenden Beziehungen. Sie bezieht sich damit auf die "lose Kopplung" als wesentlichem Gestaltungselement kooperativer Organisationsformen.[636] Inhaltlich geht es bei der Betrachtung der Bindungsintensität um die innerhalb des Netzwerks bestehenden Abhängigkeitsverhältnisse. Diese werden u.a. über die Verteilung von Macht und Entscheidungsbefugnissen zwischen den Partnern determiniert, die Einflussmöglichkeiten auf die Entwicklung der Kooperation und damit gleichzeitig Autonomiespielräume der Mitglieder festschreiben (vgl. Kap. 4.2.3.1).

Wesentlichen Einfluss zeigt überdies die Bedeutung der Netzwerkaktivitäten für das einzelne Unternehmen (vgl. Kap. 4.2.3.2). Hohe strategische Relevanz der Geschäfts-

636 Vgl. Sydow (1993), S. 86

tätigkeit im Rahmen der Kooperation ist aus Sicht des einzelnen Mitglieds i.d.R. gleichbedeutend mit hohen Opportunitäts- oder tatsächlichen Kosten durch einen Verzicht auf die Mitgliedschaft und daher mit einer hohen Bindungswirkung. Diese hängt darüber hinaus von der konkreten Festlegung der Interorganisationsbeziehungen ab. Dabei spielen die rechtliche Ausgestaltung und Formalisierung eine Rolle (vgl. Kap. 4.2.3.3). Auch die zeitliche Perspektive der Zusammenarbeit ist relevant (vgl. Kap. 4.2.3.4).[637] Die beiden letztgenannten Aspekte determinieren Ein- und insbesondere Austrittsmöglichkeiten der Mitglieder und beeinflussen so die Bindungsintensität unmittelbar. Schließlich ist die Verknüpfung von Investitionen mit der gemeinsamen Geschäftstätigkeit von Bedeutung; entsprechende Bindungswirkungen können sowohl über längerfristige finanzielle Engagements als auch über Sachinvestitionen begründet werden, deren maximales Nutzenpotential nur innerhalb der Kooperation realisierbar ist. Dieser Sachverhalt wird unter dem Stichwort der Ressourcenbindung diskutiert (vgl. Kap. 4.2.3.5).

Konkrete und einzelfallunabhängige Gestaltungsempfehlungen liegen bislang nicht vor. Zu vielgestaltig sind die in der Praxis realisierten Kooperationsformen, die rechtlichen, gesellschaftlichen und wirtschaftlichen Rahmenbedingungen sowie die verfolgten Ziele. "Successful companies that shared their experiences for this book have had few guidelines for strategic alliances. Like other accomplished pioneers, their good fortune today comes from intuition, intelligence, some luck, an early start, and a solid ability to learn from experience. That they have not translated their mastery into formal guidelines is probably because, having learned by doing, they absorbed key lessons implicitly."[638]

4.2.3.1 Machtverteilung im Netzwerk

Die Herausbildung von Machtstrukturen bzw. eine explizite Zuordnung von Handlungs- und Entscheidungsspielräumen bestimmen wesentlich die Geschäftstätigkeit. Dies gilt unabhängig vom Formalisierungsgrad des Netzwerks. "Bei einer geringen Formalisierung handelt es sich um rein informelle Beziehungsnetzwerke, die aus persönlichen Beziehungen zwischen Mitarbeitern verschiedener Unternehmen bestehen. ... Bei hoher Formalisierung kommt es zu gemeinsamen Investitionen, z.B. in die überbetriebliche Infrastruktur ... , es kann auch zu gegenseitigen Beteiligungen kommen."[639]

Werden die zwischen den Partnern bestehenden Beziehungen vertraglich (unabhängig von der Schriftform) oder faktisch durch gemeinsame Investitionen bzw. strukturbildende Maßnahmen festgeschrieben, kommt dem Verhandlungsgeschick und der

---

637 Vgl. Jansen (1998), S. 128

638 Lewis (1990), S. XII (*Anm.: Der hier verwendete Begriff "strategic alliance" deckt sich mit dem Begriffsverständnis dieser Arbeit von Unternehmensnetzwerken.*)

639 Schuh/Millarg/Göransson (1993), S. 33

Verhandlungsposition der einzelnen Unternehmen in der Anbahnungsphase besondere Bedeutung zu.[640] In der konkreten Vertragsgestaltung finden die im Vorfeld herauskristallisierten Machtverhältnisse ihren konkreten Niederschlag.[641] Je höher die in vertraglichen Regelungen verbliebenen Handlungs- und Entscheidungsfreiräume ausfallen bzw. je weniger solche Regelungen für die konkrete Gestaltung des Netzwerks eine Rolle spielen, desto mehr Bedeutung kommt dem Machtgefüge zwischen den Partnern für die Durchsetzung von Interessen auch nach Abschluss der Gründungsphase, d.h. bei der konkreten Gestaltung der Geschäftstätigkeit zu. PORTER formuliert in diesem Zusammenhang: "Coalition partners remain independent firms and there is the question of how the benefits of a coalition are to be divided. The relative bargaining power of each coalition partner is thus central to how the gains are shared, and determines the impact of the coalition on a firm's competitive advantage. A strong coalition partner may appropriate all the gains of a shared marketing organization through the terms of the agreement, for example."[642] Auch TAUCHER hebt die Bedeutung einer starken Verhandlungsposition innerhalb des Netzwerks hervor.[643] SYDOW argumentiert ähnlich; er geht jedoch nicht von einer einseitigen Durchsetzung der Interessen eines Partners aus, sondern hebt die Bedeutung einer Konsensfindung hervor. "Verhandlungsgeschick und weitere politische Fähigkeiten werden von Managern strategischer Netzwerke auch deshalb verlangt, weil strategische Programme hier, anders als in hierarchischen Strukturen, nicht mehr mittels Weisung durchgesetzt werden können. Obgleich auch eine erfolgreiche Strategieimplementierung in Organisationen eine gewisse Konsensfindung voraussetzt, ist sie in strategischen Netzwerken wegen der relativen Autonomie der Netzwerkunternehmungen unabdingbare Voraussetzung."[644]

In jedem Fall werden Struktur und Geschäftstätigkeit des Netzwerks über die zwischen den Partnern realisierten Machtstrukturen bestimmt. Macht ist dabei als Chance definiert, "innerhalb einer sozialen Beziehung den eigenen Willen auch gegen Widerstreben durchzusetzen, gleichviel worauf diese Chance beruht."[645] "Machtgrundlagen sind die Möglichkeit zur Belohnung und die Ausübung von Zwang, daneben Expertentum, Konsens, Legitimität und Identifikation. ... Potentiell sind alle diese Machtgrundlagen im Rahmen strategischer Netzwerke von Bedeutung, wobei die tatsächlich ausgeübte oder wahrgenommene Macht zumeist durch Indikatoren wie die Anziehungskraft auf das Personal, die Fähigkeit zur Kapitalbeschaffung, das Potential zur Ideengewinnung und –implementierung, die Produktion qualitativ hochwertiger

640 Vgl. Balling (1997), S. 75

641 Vgl. Belzer (1993), S. 58 f.; Benson (1975), S. 234; Schienstock (1994), S. 259

642 Porter (1985), S. 57 f. (*Anm.: Der hier verwendete Begriff "coalition" deckt sich mit dem Begriffsverständnis dieser Arbeit von Unternehmensnetzwerken.*)

643 Vgl. Taucher (1988), o.S.

644 Sydow (1993), S. 312

645 Weber (1976), S. 28; Vgl. Blau (1964), S. 115; Steinbrenner (1997), S. 23

Produkte und Dienstleistungen, die Lenkung von Güterströmen oder Fähigkeit zur Absorption von Unsicherheiten zu messen versucht wird."[646] Damit sind primär Markt- und Personalmacht im Sinne der zuvor genannten Gliederung von POHLMANN ET AL. angesprochen (vgl. Kap. 4.1.2.2).[647] In der betrieblichen Praxis legitimiert sich das Machtpotential einzelner Partner über ihren exklusiven Zugang zu nicht substituierbaren Ressourcen bzw. über die Persönlichkeit und das Verhandlungsgeschick einzelner Mitarbeiter.[648]

"Bargaining power in cospecialization alliances stems from asymmetry in contribution uniqueness. Asymmetry creates unbalanced dependence among partners; if you make the most unique contribution, your partners need you more than you need them. As cospecialization grows, the dependent partners find it increasingly costly and difficult to terminate or exit the alliance even though conditions in the alliance are increasingly unfavorable to them. They are left with a choice between ineffectiveness on their own and lack of balance, or stature, in the alliance."[649] In die gleiche Richtung argumentiert SYDOW: "Machtungleichgewicht (power-gaining) resultiert vor allem ... aus der Kontrolle über kritische Ressourcen bzw. Interdependenzen. Als mächtig gilt eine Organisation dann, wenn sie im Netzwerk eine zentrale Position einnimmt und über diese den Ressourcenfluss steuert. Ein Machtausgleich (power-balancing) kann durch andere dem Netzwerk angehörende Organisationen durchgesetzt werden, indem sie entweder das Netzwerk ausdehnen oder konsolidieren, dabei alternative Ressourcenquellen erschließen und insbesondere kollektiv agieren."[650] Insoweit begünstigen Fehleinschätzungen einzelner Partner über die eigene Markt- und Abhängigkeitsposition zumindest langfristig stark asymmetrische Machtverhältnisse innerhalb der Kooperation (vgl. Abb. 57).

Organisationsmacht als dritte Alternative neben Markt- und Personalmacht setzt ein kodifiziertes Vertragsverhältnis zwischen den beteiligten Parteien voraus. Sie weist auf Fragen der rechtlichen Bindung hin, die im folgenden Abschnitt angesprochen werden (vgl. Kap. 4.2.3.3). Vertragliche Regelungen lassen Machtpositionen entstehen, die grundsätzlich unabhängig von den vor Vertragsschluss bestehenden realen Verhältnissen sind. Sie bilden damit ein Machtsurrogat,[651] dessen Wirksamkeit innerhalb eines Netzwerks jedoch stark von den Rahmenbedingungen abhängt. Einschränkungen ergeben sich aus dem Problem der Unsicherheit, das eine vollständige Festschreibung von Kompetenzen und Verantwortlichkeiten und damit auch von Machtpotentialen zur

---

646 Sydow (1993), S. 92; Vgl. Blau (1964), S. 117

647 Vgl. Pohlmann/Apelt/Buroh/Martens (1995), S. 50-53

648 Vgl. Belzer (1993), S. 58 f.; Doz/Hamel (1998), S. 233

649 Doz/Hamel (1998), S. 199 (*Anm.: Der hier verwendete Begriff "alliance" deckt sich mit dem Begriffsverständnis dieser Arbeit von Unternehmensnetzwerken.*)

650 Sydow (1993), S. 194

651 Vgl. Pohlmann/Apelt/Buroh/Martens (1995), S. 146

Durchsetzung eigener Interessen mit wesentlich größeren Schwierigkeiten belegt als dies in hierarchischen Strukturen der Fall ist.[652]

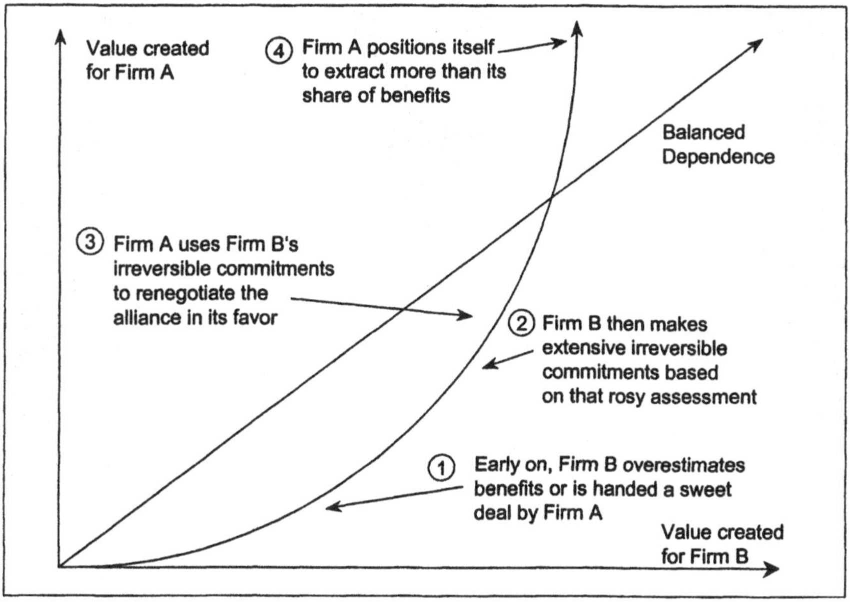

Abb. 57: Machtasymmetrie durch exklusiven Zugang zu Ressourcen[653]

In jedem Fall bestehen Grenzen der Machtausübung in der jederzeit wahrnehmbaren Exit-Option, d.h. dem Austritt einzelner Mitglieder.[654] Die Wahrscheinlichkeit ihrer Ausübung hängt einerseits von der Attraktivität und strategischen Relevanz der Mitgliedschaft, andererseits von der Höhe der Austrittsbarrieren ab. Eine – so SYDOW – "Versachlichung" wird über die gegenüber rein hierarchischen Organisationsformen ermöglichte Erweiterung des Macht- und Kontrollrepertoires durch marktliche Koordinationsmechanismen erreicht.[655]

Die Ausübung von Macht hängt weiterhin von der Stärke und Richtung des Abhängigkeitsverhältnisses zwischen den Partnern ab. Eine einseitige Abhängigkeit begünstigt unabhängig von der Legitimationsgrundlage ein stark asymmetrisches Machtverhältnis.[656] Wechselseitige Abhängigkeit, die auch richtungsspezifisch unterschiedlich über Markt-, Personal- und Organisationsmacht begründet sein kann, führt

---

652 Vgl. Sydow (1993), S. 312 f.; Yoshino/Rangan (1995), S. 110

653 Abb. aus Doz/Hamel (1998), S. 201

654 Vgl. Schräder (1996), S. 81

655 Vgl. Sydow (1993), S. 311 f.

656 Vgl. Blau (1964), S. 118; van Gils (1994), S. 1083 f.

dagegen eher zu einem Gleichgewicht. Hier spielen auch kulturelle Einflüsse eine erhebliche Rolle: "Americans have historically harbored the belief that power, not parity, should govern collaborative ventures. In contrast, the Europeans and Japanese often consider partners as equals, subscribe to management by consensus, and rely on lengthy discussions to secure stronger commitment to shared enterprises."[657]

Instabile Konstellationen ergeben sich insbesondere dann, wenn die vertraglich, d.h. primär formal festgelegte Organisationsmacht in starkem Kontrast zur materiell realisierten Markt- und Personalmacht steht. Dies ist der Fall, wenn sich das Machtgefüge zwischen den Partnern nach Vertragsschluss dynamisch weiterentwickelt hat und insoweit die dort definierte Verteilung von Handlungs- und Entscheidungskompetenzen nicht mehr der tatsächlichen Situation entspricht. Dieses Problem ergibt sich aus der zumindest tendenziell vorhandenen Statik vertraglicher Vereinbarungen bei gleichzeitig hoher Dynamik der materiellen Rahmenbedingungen. Daran ändern auch einfache Anpassungsklauseln grundsätzlich nichts: "The initial agreement will, in general, be neither self-enforcing nor self-adjusting."[658]

Die Entstehung entsprechender Inkongruenzen wird durch das natürliche Streben von Individuen und Organisationen nach einem Ausbau ihrer Machtposition begründet:[659] "Interorganisationsbeziehungen sind aus dieser Sicht Ausdruck des Versuchs von Organisationen, ihren Einfluss auf die im Wesentlichen aus Organisationen bestehende Umwelt zu verstärken, dadurch dass sie versuchen, die Abhängigkeit von anderen Organisationen zu reduzieren und gleichzeitig deren Abhängigkeit von sich selbst zu erhöhen. ... Im Falle einseitiger Abhängigkeiten wird die abhängige Organisation darum bemüht sein, den Grad der Abhängigkeit zumindest auf ein Niveau gegenseitiger Abhängigkeit oder gar vollkommener Unabhängigkeit zu reduzieren. Dadurch wird eine an sich die Koordination erleichternde asymmetrische Beziehung bedroht."[660] Entsprechende Bestrebungen gewinnen mit der strategischen Relevanz der Kooperation für ihre Mitglieder an Bedeutung: "In general, we can say that the greater the significance of an arrangement for the growth and profitability of a partner (that is, its strategic importance), the more that partner wants to control it."[661] "Control" oder Kontrolle wird dabei definiert als "the process by which one entity influences the behavior and output of another, through the use of formal or informal mechanisms"[662], mithin als Fähigkeit und Vermögen, Handlungen der Partner zu beeinflussen.

Dieses individuelle Macht- und Kontrollstreben der Partner ist durch die Festlegung von Handlungs- und Entscheidungskompetenzen zu begrenzen, um eine einheitliche

---

657 Perlmutter/Heenan (1986), S. 146

658 Goldberg (1980), S. 341

659 Vgl. Hagedoorn (1990), S. 21

660 Sydow (1993), S. 197; Vgl. Steinbrenner (1997), S. 22 f.; van Gils (1984), S. 1083-1086

661 Root (1988), S. 75; Vgl. Balling (1997), S. 80 f.

662 Geringer/Frayne (1990), S. 105

Ausrichtung im Sinne korporativen Handelns zu ermöglichen. Unternehmen "must identify those operational issues – from transfer pricing to personnel matters – that are most likely to cause friction, and must then set up unitary management processes where one decision point has the authority to commit all the partners. Far too often, however, managers neglect this important step. As a result, the new venture suffers from unclear lines of authority, poor communication, and slow decision making."[663] Dabei geht es um eine nicht zwingend schriftliche, wohl aber explizite Vereinbarung zwischen den Partnern. Entscheidend ist weniger die Nachweisbarkeit als vielmehr eine Klärung und Einigung zwischen den Mitgliedern.

SYDOW weist in diesem Zusammenhang darauf hin, dass Koordination in Netzwerken eher über die Abgrenzung grundsätzlicher Handlungs- und Arbeitsräume als über Weisungsbeziehungen definiert wird, deren Durchsetzbarkeit in der Austrittsoption ihre Grenzen findet: "In strategischen Netzwerken ... reduziert sich die Funktion der Leitung oder Führung im Wesentlichen auf die Allokation von Autonomie. Allokation von Autonomie heißt, dass den Unternehmungen, die von der fokalen Unternehmung in das Netzwerk nun einmal aus strategischen Gründen eingebunden worden sind, durch Organisation der Netzwerkbeziehungen ein mehr oder weniger großer Handlungsspielraum gewährt wird. Dieser Handlungsspielraum kann von den Netzwerkunternehmungen zur Formation der Unternehmungsstrategien, der Geschäftsbereichsstrategien, der Funktionalstrategien und nicht zuletzt auch der kollektiven Strategien genutzt werden."[664] Allerdings darf diese Überlegung sich nicht in einem Verzicht auf klare Führung niederschlagen: "Wenn die Führung einer Allianz nicht wirklich bereit ist, bei der Umsetzung gegen Hindernisse, Barrieren und Blockaden wirksam vorzugehen (die in jeder Allianz genauso wie in jedem anderen Unternehmen vorkommen), wird auch der Einsatz der besten organisatorischen Mittel keine positiven Erfolge bewirken."[665]

Eine Systematisierung von Netzwerken kann sich in Fortführung dieser Überlegungen an der Verteilung von Macht und Entscheidungskompetenzen orientieren. Sie spielt damit auf den Zentralisierungsgrad an: "Bei vollkommener Zentralisation ist die Ausübung von Einfluss in einer Person konzentriert, bei vollkommener Dezentralisation haben alle Mitglieder die gleiche Einflussmöglichkeit."[666] Beide Formen markieren die Extrempunkte auf einem kontinuierlichen Spektrum von Realisationsformen. In Anlehnung an HAGE und AIKEN[667] werden als Indikatoren für den Zentralisierungsgrad

---

663 Perlmutter/Heenan (1986), S. 150 f. (*Anm.: Der hier verwendete Begriff "venture" deckt sich mit dem Begriffsverständnis dieser Arbeit von Unternehmensnetzwerken.*); Vgl. Moxon/Roehl/Truitt (1988), S. 256

664 Sydow (1993), S. 310 f.; Vgl. Bartlett/Ghoshal (1991), S. 92; Bellmann/Mildenberger (1996), S. 138

665 Heck (1999), S. 39 (*Anm.: Der hier verwendete Begriff "Allianz" deckt sich mit dem Begriffsverständnis dieser Arbeit von Unternehmensnetzwerken.*)

666 Frese (1995), S. 85; Simon/Kozmetsky/Guetzkow/Tyndall (1954), S. 13

667 Vgl. Hage/Aiken (1967), S. 77 f.

einerseits die Partizipation des einzelnen Mitglieds an Entscheidungen, die das gesamte Netzwerk betreffen bzw. außerhalb des eigenen Handlungs- und Arbeitsraumes liegen, sowie andererseits die Unabhängigkeit von Einflüssen anderer in der eigenen Handlungssphäre betrachtet. Hohe Zentralisation ist damit gleichbedeutend mit geringer Partizipation und Eigenständigkeit bzw. Eigenverantwortlichkeit der Partner.[668] Insgesamt lassen sich monozentrische, polyzentrische und paritätisch geprägte Strukturen unterscheiden.

Letztere setzen eine gleichberechtigte Beteiligung aller Partner an wichtigen Entscheidungen voraus. Diese stützt sich häufig auf eine gleiche Beteiligung der Mitglieder am Gesamthandsvermögen oder – z.B. im Falle eines Joint Ventures – an der dem Netzwerk zugrunde liegenden Gesellschaftsform. TAUCHER weist allerdings darauf hin, dass diese Konstellation häufig nicht Ergebnis intentionalen Handelns ist: "50/50 Joint Ventures are popular because they give the impression of 'shared responsibility'. In fact, they often result from the real issue of control having been avoided at the time of negotiation. When such ventures are limited in scope ... and the product involved is commodity-like in character, the chance for survival is improved. Unfortunately, their great weakness lies in the lack of a clear decision-making focus."[669] Zur Bewertung der Erfolgsperspektiven paritätisch verteilter Entscheidungskompetenzen verweisen er und weitere Autoren auf Erhebungen, die für Kooperationsformen mit asymmetrischer Machtverteilung, d.h. klarer strategischer Führung durch einen oder wenige, nicht aber alle Partner, signifikant geringere Versagensraten belegen.[670] In der Praxis dominieren insofern Konstellationen, in denen ein Teil der Partner stärkeren Einfluss auf die Geschäftstätigkeit und langfristige Entwicklung des Netzwerks ausübt (vgl. Kap. 4.1.3.3). Nur in den seltensten Fällen ergibt sich ein wirklich ausbalanciertes Machtgefüge; stattdessen kristallisieren sich ein oder mehrere – mitunter informelle – Führer heraus.

Im Fall einer monozentrischen Struktur gibt es einen einzelnen Partner, der die strategische und operative Führung des gesamten Netzwerks einschließlich der Strategiebildung übernimmt und als "fokale Unternehmung" oder "hub firm" bezeichnet wird.[671] Auch eine monozentrische Struktur impliziert aber keine vollständige Zentralisation im Sinne der vorgenannten Ausführungen. Diese wäre unvereinbar mit wesentlichen konstitutiven Eigenschaften eines Netzwerks, das sich gerade über ein gewisses Maß an Dezentralisierung definiert: "Infolge der relativen Autonomie dieser Netzwerkunternehmungen ist ein Unternehmungsnetzwerk ein heterarchisches oder polyzentrisches System. Ein solches System ist aufgrund seiner Komplexität nicht

668 Vgl. Hage/Aiken (1967), S. 89

669 Taucher (1988), o.S.

670 Vgl. Balling (1997), S. 103; Baumgarten (1998), S. 46; Jäger/Boucke (1997), S. 101 f.; Raben (1994), S. 100; Taucher (1988), o.S.

671 Vgl. Sydow (1993), S. 81

(ausschließlich) zentral steuerbar, sondern verfügt über viele Handlungs- und Entscheidungszentren."[672] Insoweit weist das Machtgefüge der Partner ein klares Gravitationszentrum auf, entsprechende Kompetenzen sind aber nicht vollständig auf diesen einen Knoten im Netzwerk konzentriert. Polyzentrische Konstellationen erweitern den Führungskreis auf eine Gruppe von Mitgliedern. Damit bilden sich zwei Cluster heraus: der eine umfasst fokale, der andere eher periphere Partner. Letztere stehen unter einer wesentlich intensiveren Substitutionsbedrohung.

Insgesamt ist im Sinne einer Systematisierung zum einen nach der Grundlage der Machtausübung, zum anderen nach der Zahl der dominierenden Partner zu unterscheiden. Außerdem spielt die Richtung der Abhängigkeitsbeziehungen eine wichtige Rolle. Konkrete Merkmale und Merkmalsausprägungen sind in Tab. 64 zusammengestellt.

Merkmal	Ausprägung	Beschreibung
Machtgrundlage	Marktmacht	Die Ausübung von Entscheidungskompetenzen bzw. die Machtverteilung stützen sich primär auf den exklusiven Zugang einzelner Partner zu strategischen Ressourcen (Marktzugang, Produkt- oder Prozess-Know-how etc.).
	Personalmacht	Die Durchsetzung von Interessen hängt in erster Linie von personalen Faktoren der Zusammenarbeit ab, z.B. von der Persönlichkeit und dem Charisma einzelner Mitglieder.
	Organisationsmacht	Macht- und Entscheidungskompetenzen sind vertraglich festgelegt.
Machtverteilung	monozentrisch	Entscheidungsmacht liegt ausschließlich oder zumindest überwiegend bei einem Partner.
	polyzentrisch	Entscheidungsmacht konzentriert sich auf einen Teil der Mitglieder.
	paritätisch	Entscheidungen werden von allen Partnern gemeinsam getroffen, eine Dominanz einzelner Partner ist nicht festzustellen.
Abhängigkeit der Mitglieder	einseitig	Abhängigkeitsbeziehungen zwischen den Mitgliedern sind überwiegend einseitig, d.h. einzelne Partner sind stärker von der Kooperation abhängig als andere.
	interdependent	Die Partner sind wechselseitig voneinander abhängig, ein Austritt ist gleichermaßen mit Verlusten für beide Seiten verbunden.

Tab. 64: Machtverteilung im Netzwerk

Die Verteilung der Merkmalsausprägungen in der empirischen Erhebung geht aus Abb. 58, Abb. 59 und Abb. 60 hervor. Die dominierenden Machtgrundlagen sind in etwa gleich verteilt. Eine klare Präferenz bezüglich vertraglich festgelegter, personal

[672] Sydow (1993), S. 80

begründeter oder aus Marktbedingungen abgeleiteter Entscheidungskompetenzen ist nicht festzustellen. Die Ergebnisse zur Machtverteilung korrespondieren mit den Erkenntnissen zur Abhängigkeit der Mitglieder. Mehrheitlich bestehende Interdependenzbeziehungen gehen einher mit einer überwiegend paritätischen Entscheidungsfindung. Insgesamt dominiert daher zumindest in der Zielgruppe der Erhebung das Bild einer koordinierten Zusammenarbeit unter gleichberechtigten Partnern. Konsequenterweise liegt der Schwerpunkt gleichzeitig auf einer konsensualen Entscheidungsfindung, die allerdings – dies belegen konzeptionelle Überlegungen sowie empirische Untersuchungen[673] – tendenziell negative Wirkungen auf die Erfolgsperspektiven ausübt.

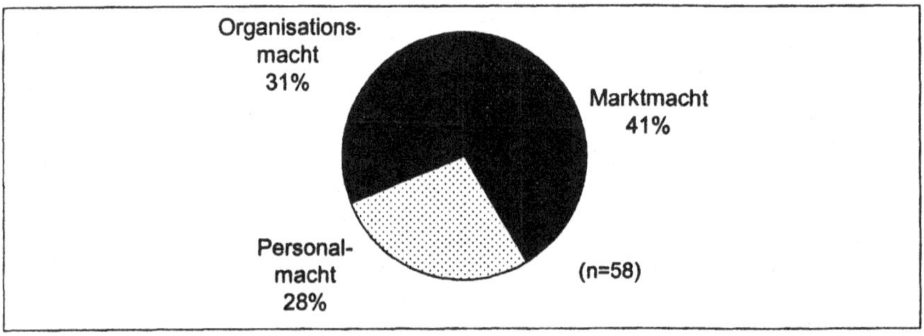

Abb. 58: Machtgrundlage im Netzwerk

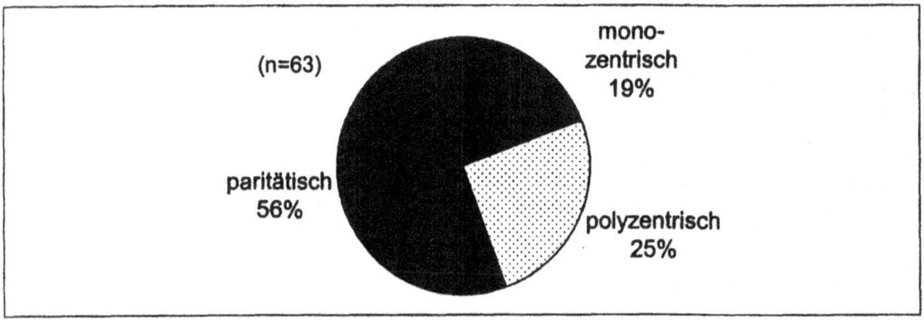

Abb. 59: Machtverteilung zwischen den Partnern

---

[673] Vgl. Balling (1997), S. 103; Baumgarten (1998), S. 46; Doz/Hamel (1998), S. 93 f.; Jäger/Boucke (1997), S. 101 f.; Raben (1994), S. 100; Taucher (1988), o.S.; Yoshino/Rangan (1995), S. 116

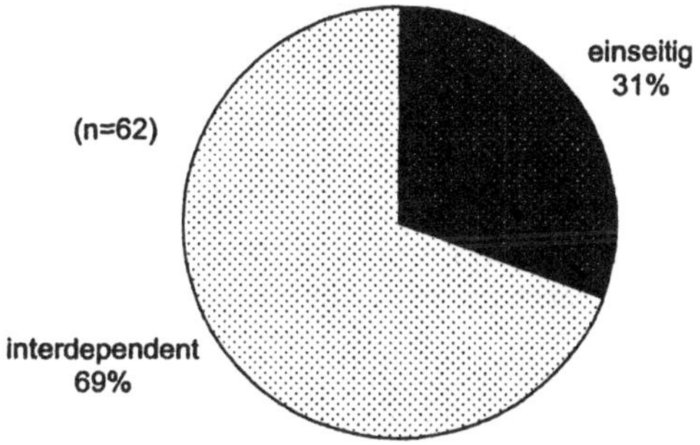

Abb. 60: Abhängigkeit der Mitglieder im Netzwerk

4.2.3.2 Reichweite und strategische Bedeutung für die Partner

Die Bindung eines Mitglieds an die gesamte Kooperation hängt nachhaltig von der strategischen Bedeutung ab, die die gemeinsame Geschäftstätigkeit für die eigene Wettbewerbsposition besitzt. Ein erster Indikator steht über die Reichweite der Kooperation zur Verfügung.[674] "Ein Unternehmen verfügt gewöhnlich über mehrere Fachkompetenzen unterschiedlicher Art. I.d.R. wird es nur den Teil seines Kompetenzspektrums in ein Netzwerk einbringen, der als Kern- und Komplementaritätskompetenz nachgefragt wird. Partner ... werden deshalb gewöhnlich nicht Unternehmen in ihrer Gesamtheit, sondern leistungsbezogen strukturell und wirtschaftlich weitgehend autonome, wettbewerbsstarke Wertschöpfungsbereiche von ... Unternehmen."[675] Wichtig ist daher, ob der einzelne Partner nur bestimmte Funktionen, d.h. einen kleinen Teil seines gesamten Kompetenzportfolios, in die Sphäre der Kooperation einbringt oder ob der gesamte Wertschöpfungsbereich erfasst ist.[676] Damit ist die Reichweite der Kooperation angesprochen; diese kann sich auf einzelne Geschäftsbereiche oder betriebliche Funktionen beschränken oder die gesamte Geschäftstätigkeit der Mitglieder erfassen.

Die in der Zusammenarbeit bestehende Gefahr einer Preisgabe von Wissen und Knowhow ist nur durch die über die Kooperation erreichte Teilhabe an Kompetenzen der Partner zu kompensieren.[677] Aus dieser Entwicklung heraus entsteht eine individuelle Abhängigkeit der Mitglieder von der gesamten Kooperation. Diese fällt zumindest tendenziell umso stärker aus, je geringer die nicht von der gemeinsamen Geschäftstätigkeit erfassten Bereiche des einzelnen Unternehmens sind. Die Bindungsintensität

674 Vgl. Balling (1997), S. 155

675 Bellmann/Hippe (1996b), S. 63

676 Vgl. Bullinger/Ohlhausen/Hoffmann (1997), S. 28 f.

677 Vgl. Buckley/Casson (1988), S. 32 f.; Jarillo (1988), S. 36

hängt darüber hinaus von der marktstrategischen Bedeutung und der Nicht-Imitierbarkeit der über die Kooperation zugänglichen Kompetenzen ab.[678] Grundsätzlich spricht zwar eine starke Abhängigkeit des Markterfolgs von bestimmten Fähigkeiten eher für eine vollständige Internalisierung zur Vermeidung externer Abhängigkeiten.[679] Häufig verhindern aber die fehlende Verfügbarkeit am Markt eine Akquisition und der hohe Zeitbedarf eine unabhängige Entwicklung im eigenen Haus.[680] In einem solchen Fall entstehen Kooperationen mit hoher wettbewerbsstrategischer Bedeutung und entsprechend starker Bindungsintensität.

Entscheidend ist an dieser Stelle nicht nur, in welchem Umfang bestimmte Kompetenzen den Markterfolg beeinflussen, sondern darüber hinaus, in welchen Geschäftsfeldern sie wirksam werden. Eine reine Betrachtung der von der gemeinsamen Geschäftstätigkeit erfassten Bereiche greift hier zu kurz, da sich der Nutzen aus der Kooperation nicht nur hier erschließt. Häufig leitet sich der Mehrwert für das einzelne Mitglied in größerem Umfang aus den Transfermöglichkeiten in andere Geschäftsbereiche ab.[681] Daher ist an dieser Stelle zwischen partieller und durchgängig hoher wettbewerbsstrategischer Bedeutung zu unterscheiden. Im ersten Fall führt ein Austritt oder Ausschluss aus dem Netzwerk nur in bestimmten Geschäftsfeldern zu einer Verschlechterung der Wettbewerbsposition, im zweiten ist eine generelle Beeinträchtigung zu erwarten.

Merkmale und Merkmalsausprägungen gehen aus Tab. 65, ihre Verteilung in der empirischen Erhebung aus Abb. 61 und Abb. 62 hervor. Augenfällig sind insbesondere die Ergebnisse zur strategischen Bedeutung der Kooperation. In nur 14 % der Fälle wird diese als hoch bezeichnet. Die mit 55 % klare Mehrheit der Befragten geht von einer partiell hohen strategischen Bedeutung aus. Dieses Ergebnis korrespondiert mit dem mit 73 % der Nennungen hohen Anteil funktionsspezifischer Kooperationen, die die geschäftsbereichsbezogene Relevanz begründen. Es belegt überdies die These, dass Mitglieder von Unternehmenskooperationen dazu neigen, strategische Rückzugspositionen aufzubauen, und insoweit auch der später diskutierten zeitlichen Befristung der individuellen Mitgliedschaft bzw. des Netzwerks insgesamt Rechnung tragen.

---

678 Vgl. Hinterhuber/Handlbauer/Matzler (1997), S. 185; Moxon/Roehl/Truitt (1988), S. 263; Perlmutter/Heenan (1986), S. 142

679 Vgl. Yoshino/Rangan (1995), S. 76

680 Vgl. Cunningham (1995), S. 86

681 Vgl. Lewis (1990), S. 289

Merkmal	Ausprägung	Beschreibung
Reichweite der Kooperation	funktionsspezifisch	Die Zusammenarbeit beschränkt sich lediglich auf (vertikale oder horizontale) Teilbereiche der Geschäftstätigkeit der Mitglieder.
	funktionsübergreifend	Die Zusammenarbeit erfasst wesentliche Bereiche der Geschäftstätigkeit der Mitglieder.
Strategische Bedeutung der Kooperation	gering	Die Kooperation ist von geringer strategischer Bedeutung für die Mitglieder. Ein Austritt oder Ausschluss ist nicht mit einer relevanten Beeinträchtigung der Wettbewerbsposition verbunden.
	partiell	Die Kooperation ist in ausgewählten Geschäftsfeldern von hoher Bedeutung für die Mitglieder. Ein Austritt oder Ausschluss führt hier zu einer nachhaltigen Beeinträchtigung der Wettbewerbsposition, gefährdet insgesamt jedoch nicht die wirtschaftliche Existenz.
	hoch	Die Kooperation ist für die Mitglieder von existenzieller Bedeutung. Ein Austritt oder Ausschluss führt zu einer nachhaltigen Verschlechterung der gesamten Wettbewerbsposition.

Tab. 65: Reichweite und strategische Bedeutung der Kooperation

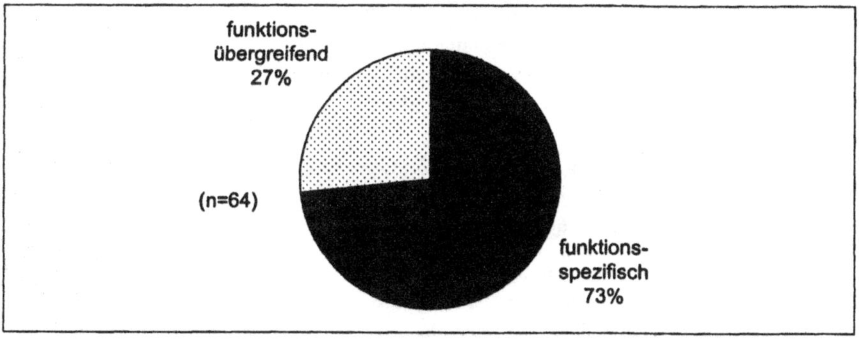

Abb. 61: Reichweite der Kooperation

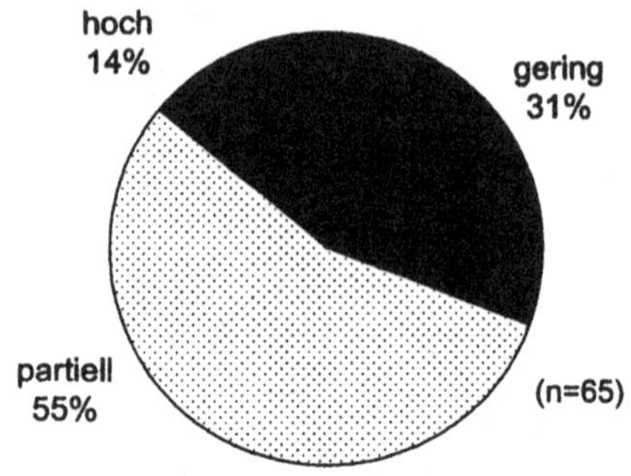

Abb. 62: Strategische Bedeutung der Kooperation

4.2.3.3 Rechtliche Bindung der Partner

Die rechtliche Gestaltung spielt eine wichtige Rolle im Hinblick auf die Bindungswirkung des Netzwerks.[682] Kooperationen ohne jede rechtliche Verbindlichkeit sind in der Praxis sicherlich häufig anzutreffen,[683] werden im Weiteren jedoch vernachlässigt. Sie sind nicht zu verwechseln mit mündlichen, aber - unter Ausblendung des Problems einer Beweisführung im Streitfall - rechtlich dennoch bindenden Absprachen. Diese mangelnde Unterscheidung kommt z.B. bei LEWIS zum Ausdruck: "Although many alliances involve formal agreements, a contract isn't always necessary. Informal alliances can be a valuable way to cooperate."[684] Die Form entsprechender Erklärungen, mündlich oder schriftlich, ist für das Zustandekommen eines Vertrags und damit für die rechtliche Bindungswirkung unerheblich. Hier kommt es lediglich auf übereinstimmende Willenserklärungen der Partner an, in denen ein wechselseitiger Bindungswille zum Ausdruck kommt.[685]

Rechtliche Unverbindlichkeit kommt nur dann in Betracht, wenn die Erklärungen eine hinreichende Konkretisierung vermissen lassen[686] oder auf ein sittenwidriges oder durch Gesetz verbotenes Geschäft gerichtet sind.[687] Kooperationen, die einem unzulässigen Geschäftszweck dienen, werden nicht weiter berücksichtigt (vgl. Kap. 4.2.1.2). Eine Strukturbewertung von Gestaltungsmodellen auf Basis unverbindlicher, weil vager Absichtserklärungen der Partner erscheint ebenfalls wenig hilfreich, da konkrete Abreden zur Regelung von Zuständigkeiten einschließlich einer Festlegung

682 Vgl. Balling (1997), S. 43 f., S. 154; Braun (1999), S. 69 f.; Bullinger/Ohlhausen/Hoffmann (1997), S. 28

683 Sydow (1993), S. 104

684 Lewis (1990), S. 91 (*Anm.: Der hier verwendete Begriff "alliance" deckt sich mit dem Begriffsverständnis dieser Arbeit von Unternehmensnetzwerken.*)

685 Vgl. §§ 116 ff. BGB, insbesondere § 118 BGB; §§ 145 ff. BGB; Brox (1991), S. 86-95

686 Vgl. Heinrichs (2000), S. 144; § 145 BGB Rdz 1

687 Vgl. §§ 134, 138 BGB; Brox (1991), S. 145-151

von - auch rudimentären - Aufbau- und Ablaufstrukturen, die erst die Grundlagen einer Bewertung schaffen, i.d.R. bereits eine rechtliche Bindungswirkung mit sich bringen. Insoweit beschränkt sich die Arbeit auf die Auseinandersetzung mit rechtlich bindenden Gestaltungsformen. Hier kommt der vertraglichen Fixierung besondere Bedeutung zu. Obwohl rechtlich nicht begründbar, wird schriftlich niedergelegten Vereinbarungen in der Praxis oftmals ein stärker verbindlicher Charakter zugeschrieben als mündlichen Abreden.[688] Diese Einschätzung ist jedoch allenfalls aus einer besseren Beweisbarkeit im Streitfall abzuleiten. Grundsätzlich wird die Justiziabilität davon nicht beeinflusst. "Formal agreements ... are often drafted ... to make them easy to enforce through the courts. The formalities typically refer to readily observable aspects of behavior on which convincing evidence is easy to collect."[689]

Die rechtliche Bindungswirkung vertraglicher Vereinbarungen steigt naturgemäß mit ihrem Detaillierungs- oder Formalisierungsgrad.[690] Allerdings setzen nicht vorhersehbare Veränderungen externer Rahmenbedingungen einer vollständigen Ex-ante-Festlegung von Rechten und Pflichten Grenzen: "It isn't possible or even wise to address each contingency, but every major function, policy, and outside relationship should be discussed, as well as issues likely to affect venture performance."[691] In die gleiche Richtung zielen Aussagen von BUCKLEY und CASSON: "But the formal aspect of a venture cannot usually guarantee much more than its survival. True success can only come if informal understandings between the parties are honored as well. In this context, legal processes are seriously deficient."[692] Sein autopoietischer Charakter als wesentliche Stärke des Netzwerkkonstrukts erweist sich somit als tendenziell inkompatibel zum Wunsch einer einheitlich-zentralen und prospektiven Detaildefinition von Aufgaben, Rechten und Pflichten. Entsprechende Regelungen werden meist aus zwei Beweggründen schriftlich niedergelegt: Sie unterstützen die Sichtbarkeit nach außen und die Glaubwürdigkeit des Engagements gegenüber den übrigen Mitgliedern.[693] Aufgrund dieser Motive und des in der Praxis gegenüber lediglich mündlich getroffenen Abreden häufig höheren Detaillierungsgrades wird die Schriftform als wesentliches Systematisierungskriterium aufgenommen.

Die Unterscheidung zwischen formalisierten bzw. kodifizierten auf der einen und institutionalisierten Kooperationsformen auf der anderen Seite kommt in der Aussage von DOZ und HAMEL zum Ausdruck: "The central issue in governance design is the choice between contractual and institutional forms of governance. Should the alliance

---

688 Vgl. Staudt/Kriegesmann/Thielemann/Behrendt (1995), S. 1217

689 Buckley/Casson (1988), S. 36

690 Vgl. Balling (1997), S. 157; Bronder/Pritzl (1991), S. 48

691 Lewis (1990), S. 129 (*Anm.: Der hier verwendete Begriff "venture" deckt sich mit dem Begriffsverständnis dieser Arbeit von Unternehmensnetzwerken.*)

692 Buckley/Casson (1988), S. 36 (*Anm.: Der hier verwendete Begriff "venture" deckt sich mit dem Begriffsverständnis dieser Arbeit von Unternehmensnetzwerken.*); Vgl. Balling (1997), S. 110

693 Vgl. Håkansson/Johanson (1988), S. 377

be defined through a set of contracts or as a separate institution, such as a joint venture? The institutional form does not exclude contractual arrangements, such as shareholders' agreements between joint venture partners, but it provides an institutional context for these contracts. Contractual forms of organization imply legal agreements on contributions and benefits such as technology transfers, the use of brands, and distribution channels. Institutional forms typically include the creation of a legally separate corporate entity, usually in the shape of an equity joint venture."[694] Entscheidend ist damit die Entstehung einer rechtlich eigenständigen Körperschaft, in der sich die Kooperation manifestiert (vgl. Kap. 4.1.3.4).[695]

Zusammenfassend hängen Qualität und Umfang der rechtlichen Bindungswirkung von der Art und Ausgestaltung der Vertragsbeziehungen zwischen den Partnern ab. Insoweit werden an dieser Stelle die Systematisierungsmerkmale "Rechtliche Bindung" und "Detaillierungsgrad" eingeführt (vgl. Tab. 66).

Merkmal	**Ausprägung**	**Beschreibung**
Rechtliche Bindung	keine	Es liegen nur rechtlich unverbindliche Absprachen zur Kooperation vor.
	nicht formalisiert	Modalitäten der Kooperation sind vereinbart, aber nicht in einem kodifizierten Vertrag festgelegt.
	formalisiert/kodifiziert	Modalitäten der Kooperation sind in einem kodifizierten Vertrag festgelegt.
	institutionalisiert	Die Kooperation mündet in die Gründung einer rechtlich eigenständigen Organisation.
Detaillierungsgrad	Gering	Vertragliche Regelungen zur Kooperation eröffnen weite Handlungs- und Interpretationsspielräume.
	Hoch	Rechte und Pflichten der Mitglieder sind weitgehend erschöpfend geregelt.

Tab. 66: Rechtliche Bindung der Partner

Die Verteilung der Merkmalsausprägungen in der empirischen Erhebung geht aus Abb. 63 und Abb. 64 hervor. In nur 6 % der Fälle liegen lediglich unverbindliche Absprachen vor. Insoweit sind sich die Befragten offensichtlich der rechtlichen Bindungswirkung auch nicht schriftlich niedergelegter Vereinbarungen bewusst. Immerhin 32 % der Kooperationen werden als nicht formalisiert eingeordnet; es liegen also Vereinbarungen vor, die jedoch nicht kodifiziert sind. 44 % stützen sich dagegen auf schriftliche Vereinbarungen. Hier ist allerdings der überwiegend nur geringe Detaillierungsgrad zu berücksichtigen, der weite Handlungs- und Entscheidungsspielräume eröffnet. Die eigenständige Institutionalisierung der Kooperation spielt mit

694 Doz/Hamel (1998), S. 127 f. (*Anm.: Der hier verwendete Begriff "alliance" deckt sich mit dem Begriffsverständnis dieser Arbeit von Unternehmensnetzwerken.*)

695 Vgl. Sydow (1993), S. 90; Yoshino/Rangan (1995), S. 5

18 % der Nennungen nur eine untergeordnete Rolle. Die Verteilung der Merkmalsausprägungen spiegelt damit die im Rahmen der konzeptionellen Überlegungen entwickelte Einordnung von Kooperationen als Instrument zum Umgang mit Unsicherheit und die daraus abgeleiteten Schwierigkeiten bei einer vollständigen Festlegung von Leistungspflichten im Vorfeld wider.

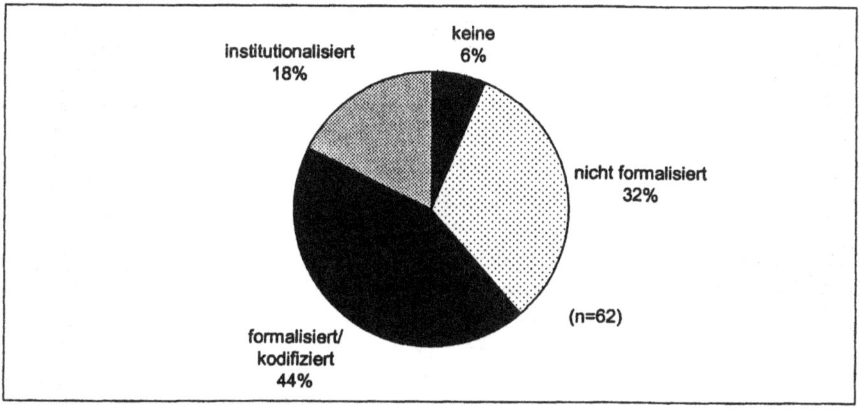

Abb. 63: Rechtliche Bindung der Partner

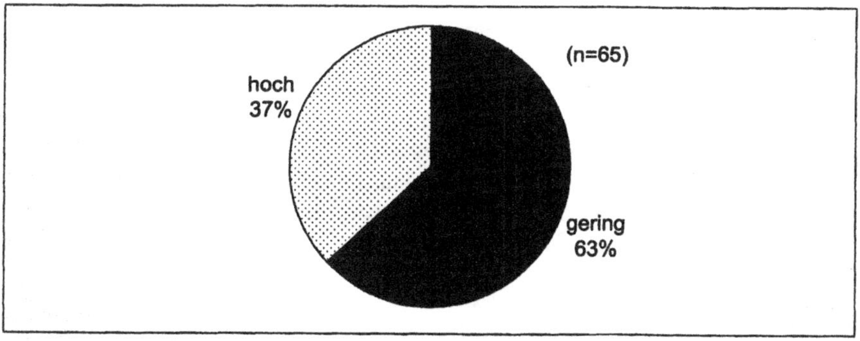

Abb. 64: Detaillierungsgrad von Vereinbarungen

4.2.3.4 Zeitliche Bindung der Partner

Die zeitliche Bindung der Mitglieder an eine Kooperation hängt zum einen von deren gesamter Lebensdauer ab, zum anderen von einer etwaigen Befristung der Mitgliedschaft bzw. den mit einem Ein- oder Austritt verbundenen Hürden. Die häufig festzustellende zeitliche Befristung von Unternehmensnetzwerken[696] kann auf die im

696 Vgl. Berg/Duncan/Friedmann (1982), S. 46; Harrigan (1988), S. 207; Heck (1999), S. 63; Jansen (1998), S. 136-139; Kogut (1988), S. 170; Taucher (1988), o.S.

Vergleich zu hierarchischen Organisationsformen höhere Fragilität[697] sowie systemimmanente Zerfallstendenzen[698] zurückzuführen sein (vgl. hierzu Kap. 4.1.3.9). Eine Auflösung ist dennoch nicht grundsätzlich mit mangelndem Erfolg gleichzusetzen, sondern kann auch intentionales Gestaltungselement sein.[699] Insoweit impliziert die zeitliche Bestandsperspektive nicht automatisch eine Erfolgsbewertung, sie determiniert aber sehr wohl die zeitliche Bindung der Mitglieder.[700]

Eine kurzfristig angelegte Kooperation wird i.d.R. zur Bearbeitung eines konkreten Projekts oder Auftrags ins Leben gerufen und anschließend wieder aufgelöst. Sie setzt meist ein längerfristig stabiles personal-soziales Beziehungsgefüge voraus, das die Grundlage für die spontane Formation eines aktivierten Netzwerks bildet.[701] Kooperationen mit mittel- oder langfristiger Bestandsperspektive sind in ihrer Existenz meist nicht an ein Projekt oder einen Auftrag gebunden. Bereits bei ihrer Gründung werden jedoch Bedingungen für ihre Auflösung festgelegt, sie sind mithin bereits ex ante befristet. Schließlich existieren Gestaltungsmodelle, die auf unbefristete Zeit ins Leben gerufen werden. Dies steht selbstverständlich einer späteren Auflösung nicht im Wege, da zunächst die bei der Formation ins Auge gefasste zeitliche Bestandsperspektive entscheidend ist. Allerdings ist hier im Falle einer kurz- oder mittelfristigen Beendigung von einer unbefriedigenden Erfolgsperspektive auszugehen.

Die Bindungswirkung für die Partner hängt neben der Lebensdauer der Kooperation insgesamt selbstverständlich von der Länge ihrer individuellen Mitgliedschaft ab.[702] Diese wiederum wird durch rechtliche und finanzielle Bindungen und strategisch begründete Abhängigkeiten determiniert, die Ein- und Austrittshürden entstehen lassen.[703] Dennoch gilt ein zumindest potentieller Wechsel von Mitgliedern als konstitutives Element eines Netzwerks. Er begründet wesentlich die Abgrenzung zu hierarchischen Strukturen. Die Selektion aktueller und die Aufnahme neuer Mitglieder werden sogar explizit als Gestaltungsoption angeführt,[704] um eine Dynamisierung des im Netzwerk vorhandenen Kompetenzportfolios und damit komparative Wettbewerbsvorteile gegenüber marktlichen oder hierarchischen Arrangements zu gewährleisten.[705]

---

697 Vgl. Sydow (1993), S. 304

698 Vgl. DiMaggio/Powell (1983), S. 148; DiMaggio (1986), S. 363-365; Håkansson/Johanson (1988), S. 371; Hinterhuber/Stahl (1996), S. 90; Sydow (1993), S. 303

699 Vgl. Kogut (1988), S. 174

700 Bullinger/Ohlhausen/Hoffmann (1997), S. 29

701 Vgl. Schuh/Millarg/Göransson (1998), S. 31

702 Vgl. Merkle (1999), S. 31 f.

703 Vgl. Schneider (1973), S. 40 f.

704 Vgl. Thorelli (1986), S. 42

705 Vgl. Jarillo (1988), S. 35; Klocke (1998), S. 50; Lewis (1990), S. 79

Eine Systematisierung im Sinne der Bindungswirkung grenzt zunächst eine kurzfristig angelegte Mitgliedschaft ab,[706] die - unabhängig von der insgesamt verfolgten Bestandsperspektive der gesamten Kooperation - projekt- oder auftragsbezogen entsteht. Eine mittel- bis langfristige Perspektive ergibt sich immer dann, wenn durch die Dynamik der Mitgliederstruktur die durchschnittliche Zugehörigkeit der Partner zum Netzwerk geringer ausfällt als die Lebensdauer der Kooperation als Ganzes. Die Mitgliedschaft ist damit nicht zwingend bereits mit dem Eintritt befristet, sie ist andererseits jedoch auch nicht auf Dauer angelegt. Dies ist bei der unbefristeten Mitgliedschaft der Fall. Hier ist grundsätzlich von einer Bestandskraft der Mitgliedschaft bis zur Auflösung der Kooperation insgesamt auszugehen.

Die beiden Merkmale und ihre Merkmalsausprägungen gehen aus Tab. 67 hervor, die entsprechenden Verteilungen in der empirischen Erhebung sind aus Abb. 65 und Abb. 66 ersichtlich. Sowohl im Hinblick auf die Bestandsperspektive der Kooperation insgesamt als auch auf die Dauer der Mitgliedschaft dominiert mit 54 % bzw. 58 % der Nennungen eine zeitlich unbefristete Perspektive. In immerhin einem Drittel der Fälle (38 % bzw. 34 %) ist von einem mittel- bis langfristigen Zeithorizont auszugehen, allerdings wird die Kooperation hier als eine Initiative auf Zeit betrachtet. Dieses Ergebnis korrespondiert mit den vorherigen Ausführungen: Zwar wird grundsätzlich eine eher langfristige Zusammenarbeit angestrebt, doch ist eine Auflösung nicht zwingend mit dem Misserfolg der Kooperation gleichzusetzen. Sie kann sich vielmehr auch aus der ursprünglichen Zielsetzung und Konzeption ergeben.

---

706 Vgl. Luczak/Wimmer (2000), S. 153

Merkmal	Ausprägung	Beschreibung
Bestandsperspektive der Kooperation	kurzfristig	Die Kooperation ist auf einen relativ kurzen Zeitraum, z.B. für die Abwicklung eines Projekts, befristet.
	mittel- oder langfristig	Die Kooperation ist auf einen längeren Zeitraum angelegt. Bei der Gründung wird jedoch bereits ein Zeitpunkt oder ein Ereignis festgelegt, der bzw. das zur Auflösung führt.
	unbefristet	Die Kooperation ist auf Dauer angelegt. Ein Auflösungszeitpunkt wird ex ante nicht bestimmt.
Dauer der Mitgliedschaft	kurzfristig	Die Mitgliedschaft des einzelnen Unternehmens ist kurzfristiger Natur und beschränkt sich z.B. auf die Bearbeitung eines konkreten Projekts oder Auftrags.
	mittel- oder langfristig	Die Mitgliedschaft des einzelnen Unternehmens ist mittel- bis langfristig angelegt. Sie erstreckt sich tendenziell jedoch nicht über die Lebensdauer der gesamten Kooperation.
	unbefristet	Die Mitgliedschaft ist grundsätzlich an die Lebensdauer der gesamten Kooperation gekoppelt.

Tab. 67: Zeitliche Bindung der Partner

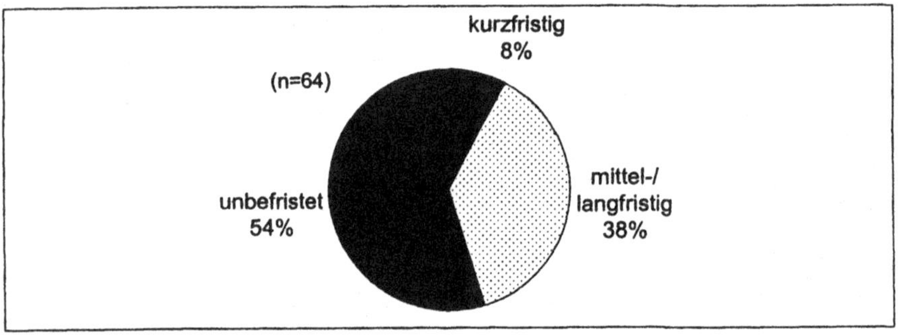

Abb. 65: Bestandsperspektive der Kooperation

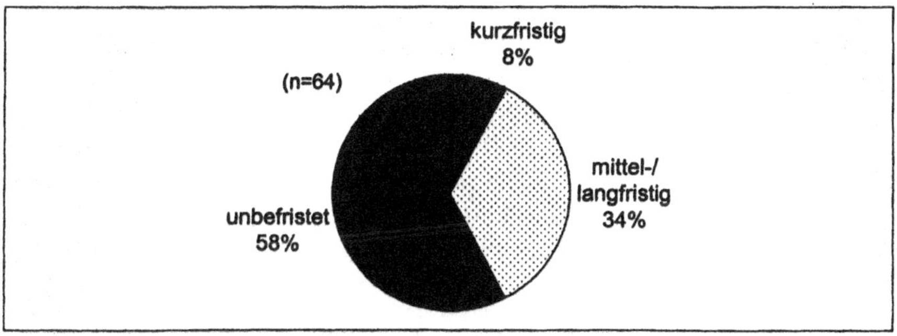

Abb. 66: Dauer der Mitgliedschaft im Netzwerk

4.2.3.5 Ressourcenbindung

Eine weitere wesentliche Determinante der Bindungsintensität besteht im finanziellen Engagement der Partner. "Ownership is viewed as a key dimension by writers because it often reflects the division of managerial responsibility among partners and thus the extent of strategic control over important decisions made in the context of the alliance."[707] Obwohl eine paritätische Beteiligung aller Mitglieder am Vermögen des Netzwerks häufig als Grundlage und Indikator gemeinschaftlich ausgeübter Entscheidungs- und Kontrollrechte angesehen wird,[708] ist dieser Zusammenhang keinesfalls zwingend.[709] Vertraglich fixierte Verfügungsrechte sind weitgehend unabhängig von der Teilhabe am Gesellschaftsvermögen regelbar. Personal- und Marktmacht als weitere Einflussfaktoren[710] sind davon sogar völlig unabhängig.[711] Allerdings lassen sich starke Korrelationen zwischen hoher Kapitalbeteiligung und vertraglich fixierten oder faktischen Führungskompetenzen empirisch nachweisen. Auch die geringe Fungibilität von Geschäftsanteilen begründet eine mit der Höhe des Engagements steigende Bindungswirkung der Partner.[712] Insoweit wird die Kapitalbeteiligung als Merkmal zur Systematisierung von Gestaltungsformen eingeführt.

Mit ihr eng verbunden ist die Frage der Haftung, die sich weitgehend unabhängig von der gewählten Gestaltungsform stellt. "Müssen die beteiligten Basisunternehmen beispielsweise für Schäden ... gesamtschuldnerisch einstehen, so unterliegen sie einem erheblichen Risiko. Wird zum Beispiel Jahre nach der Durchführung eines gemeinsamen Projekts ein Produkthaftungsanspruch erhoben, ist es unter Umständen

---

707 Yoshino/Rangan (1995), S. 82 (*Anm.: Der hier verwendete Begriff "alliance" deckt sich mit dem Begriffsverständnis dieser Arbeit von Unternehmensnetzwerken.*)

708 Vgl. Root (1988), S. 71; Taucher (1988), o.S.

709 Vgl. Geringer/Frayne (1990), S. 104

710 Vgl. Pohlmann/Apelt/Buroh/Martens (1995), S. 50-53

711 Vgl. Geringer/Frayne (1990), S. 105

712 Vgl. Buckley/Casson (1988), S. 36

nicht mehr möglich, den für den Fehler verantwortlichen Partner heranzuziehen."[713] Im Innenverhältnis können die Partner hier individuelle Regelungen treffen, deren Wirksamkeit im Außenverhältnis jedoch begrenzt ist. Hier hängt die Haftung wesentlich von der konkret gewählten Rechtsform der Kooperation ab. Eine Haftungsbeschränkung der Mitglieder auf ihre Einlage bzw. eine ggf. eingegangene Nachschussverpflichtung setzt regelmäßig die Gründung einer eigenen Gesellschaft - vorzugsweise einer Kapitalgesellschaft - und damit eine institutionalisierte Kooperation voraus.[714] Ansonsten ist grundsätzlich von einer unbeschränkten Haftung der Mitglieder auszugehen. Im ungünstigsten Fall müssen sie sogar gesamtschuldnerisch für die Verbindlichkeiten des Netzwerks einstehen. Ein Gläubiger kann sich in diesem Fall an ein beliebiges Mitglied wenden und die Erfüllung seiner gesamten Forderung unabhängig von vertraglichen Regelungen im Innenverhältnis verlangen.

Häufig liegt der kritische Faktor für den Erfolg einer Kooperation jedoch weniger in einer mangelnden Kapitalausstattung. Wichtiger ist im ersten Schritt die Einbringung sachlicher Ressourcen: "The value of an alliance ultimately hinges on the respective partners' willingness to make the requisite contributions in human, capital, and material resources in a timely manner. How well a firm meets its obligations to an alliance is the most tangible evidence of its commitment."[715] Nutzen- und Erfolgspotentiale einer Kooperation können regelmäßig erst nach einer Anfangsinvestition erschlossen werden (vgl. hierzu auch Kap. 4.1.3.6). Je nach deren Art und Spezifität entsteht eine sachliche Bindung der Mitglieder an das Netzwerk:[716] "Sharing resources is an important motivation in international ventures, but sharing may have important consequences on the partners' long-term competitive positions."[717] Die Bindungswirkung hängt von der Höhe des drohenden Nutzenverlustes im Verhältnis zur wirtschaftlichen Tragfähigkeit des betroffenen Partners ab. Diesem Sachverhalt trägt die Einführung des Merkmals "Bindung durch Sachmittel" Rechnung. Merkmale und Merkmalsausprägungen sind in Tab. 68 zusammengestellt.

Die jeweiligen Verteilungen der Merkmalsausprägungen in der empirischen Erhebung gehen aus Abb. 67, Abb. 68 und Abb. 69 hervor. Es fällt auf, dass die Bindung der Partner über Finanz- oder Sachmittel in der überwiegenden Zahl der Fälle keine nennenswerte Rolle spielt. Die finanzielle Perspektive korrespondiert dabei mit dem geringen Anteil institutionalisierter Kooperationen. Die Ursache der geringen Bindungswirkung über Sachmittel ist anhand der Ergebnisse der vorliegenden Erhebung nicht eindeutig zu klären. Sie kann entweder auf geringe Ressourcenanforderungen der

---

713 Wolter/Wolff/Freund (1998), S. 156 f.

714 Vgl. Kübler (1994)

715 Yoshino/Rangan (1995), S. 125 (*Anm.: Der hier verwendete Begriff "alliance" deckt sich mit dem Begriffsverständnis dieser Arbeit von Unternehmensnetzwerken.*)

716 Vgl. Faust (1996), S. 273; Wolter/Wolff/Freund (1998), S. 23

717 Moxon/Roehl/Truitt (1988), S. 267 (*Anm.: Der hier verwendete Begriff "venture" deckt sich mit dem Begriffsverständnis dieser Arbeit von Unternehmensnetzwerken.*); Vgl. Bresser (1989), S. 551

gemeinsamen Geschäftstätigkeit oder eine geringe Spezifität entsprechender Investitionen zurückzuführen sein, die eine Alternativnutzung in der individuellen Sphäre der beteiligten Unternehmen erlaubt. Eine genauere Betrachtung setzt hier weitere Forschung voraus.

Merkmal	Ausprägung	Beschreibung
Kapitalbeteiligung	keine	Eine kapitalmäßige Verflechtung der Mitglieder über die Aktivitäten im Netzwerk liegt nicht vor.
	paritätisch	Die Mitglieder sind durch ein finanzielles Engagement an den Aktivitäten des Netzwerks paritätisch beteiligt.
	Mehrheits-/Minderheitsbeteiligung	Die Mitglieder sind durch ein finanzielles Engagement in unterschiedlichem Umfang an den Aktivitäten des Netzwerks beteiligt.
Haftung der Mitglieder	beschränkt	Das Netzwerk haftet nur mit dem eigenen Vermögen. Das Risiko der Mitglieder ist auf ihre Einlage und/oder eine begrenzte Nachschussverpflichtung beschränkt.
	unbeschränkt	Die Mitglieder haften gesamtschuldnerisch oder zu festgelegten Teilen, insgesamt aber unbeschränkt für Verbindlichkeiten des Netzwerks.
Bindung über Sachmittel	keine/gering	Die einzelnen Mitglieder haben keine oder nur vernachlässigbare netzwerkspezifische Investitionen getätigt. Investitionsausgaben sind nicht ausschließlich an die Geschäftstätigkeit der Kooperation gebunden; eine alternative Nutzung außerhalb der Kooperation ist ohne gravierende Verluste möglich.
	hoch	Die einzelnen Mitglieder haben erhebliche Investitionen hoher Spezifität getätigt. Ihre alternative Nutzung außerhalb der Kooperation ist nur mit deutlichen Nutzenverlusten möglich.

Tab. 68: Ressourcenbindung der Partner

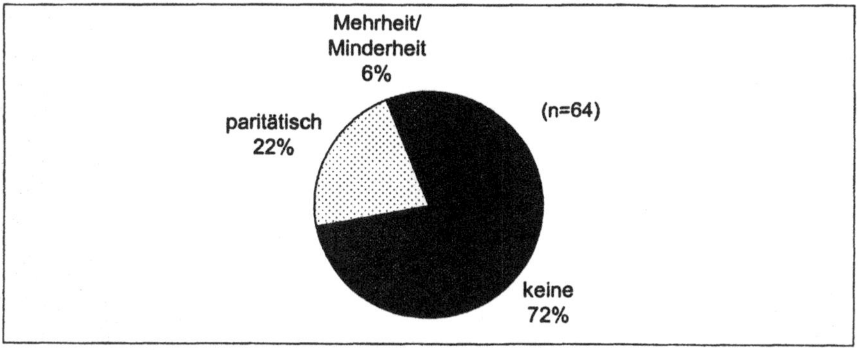

Abb. 67: Kapitalbeteiligung der Partner

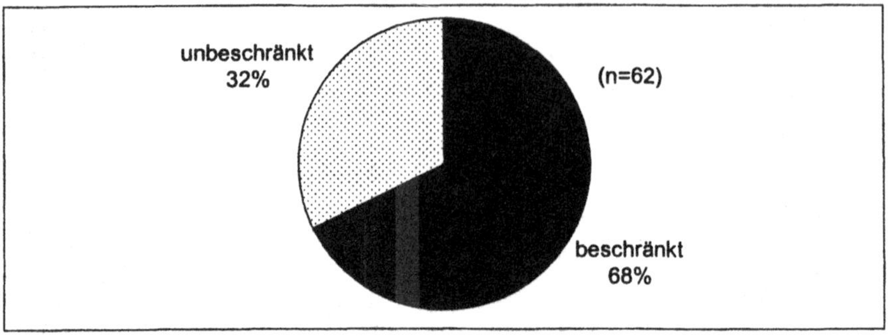

Abb. 68: Haftung der Partner

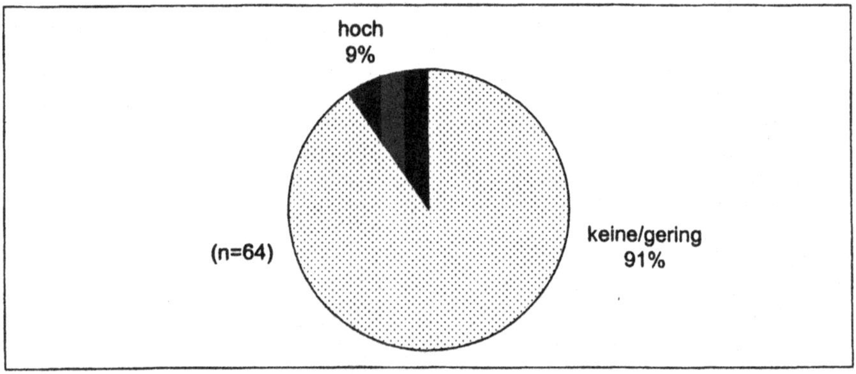

Abb. 69: Bindung der Partner über Sachmittel

Das gesamte Spektrum von Merkmalen und Merkmalsausprägungen, das in den Ausführungen zur Systematisierung von Unternehmensnetzwerken entwickelt wurde, geht aus Tab. 69 hervor. Die hier entwickelte Morphologie wird im folgenden Abschnitt herangezogen, um empirisch beobachtbare Realisationsformen von Unternehmensnetzwerken zu charakterisieren (vgl. Kap. 4.3).

Merkmal	Ausprägung
Ziele der Kooperation	Mehrfachnennungen möglich: effiziente Strukturgestaltung, Marktzugang und Wettbewerbsbeeinflussung, Bündelung materieller Ressourcen, Wissensakquisition und Know-how-Transfer, Dynamisierung und Flexibilisierung
Zahl der Mitglieder	zwei – wenige – viele
Kreis der Mitglieder	geschlossen – offen
Größe der Mitglieder	KMU – überwiegend KMU – überwiegend Großunternehmen – Großunternehmen
Richtung der Zusammenarbeit	horizontal – vertikal – diagonal – diversifiziert
Geografische Reichweite	regional – national – international
Wertschöpfungsbereiche der Kooperation	funktional spezialisiert – funktional integriert – funktionsübergreifend integriert
Redundanz der Mitglieder	gering – partiell – hoch
Machtgrundlage	Marktmacht – Personalmacht – Organisationsmacht
Machtverteilung	monozentrisch – polyzentrisch – paritätisch
Abhängigkeit der Mitglieder	einseitig – interdependent
Reichweite der Kooperation	funktionsspezifisch – funktionsübergreifend
Strategische Bedeutung der Kooperation	gering – partiell – hoch
Rechtliche Bindung	keine - nicht formalisiert - formalisiert/kodifiziert – institutionalisiert
Detaillierungsgrad	gering – hoch
Bestandsperspektive der Kooperation	kurzfristig – mittel- oder langfristig – unbefristet
Dauer der Mitgliedschaft	kurzfristig – mittel- oder langfristig – unbefristet
Kapitalbeteiligung	keine – paritätisch – Mehrheits-/Minderheitsbeteiligung
Haftung der Mitglieder	beschränkt – unbeschränkt
Bindung über Sachmittel	keine/gering – hoch

Tab. 69: Merkmale von Unternehmensnetzwerken

4.2.4 Weitere Ergebnisse der Bestandsaufnahme

In Ergänzung zu den bislang diskutierten deskriptiven Merkmalen zielte die Erhebung auf die Identifikation wesentlicher Erfolgsfaktoren von Unternehmensnetzwerken. Die Ergebnisse gehen aus Abb. 70 hervor. Zunächst fällt die hohe Bedeutung wechselseitigen Vertrauens auf (Item: "Wechselseitiges Vertrauen"): 61 % der Befragten sehen einen sehr positiven, weitere 33 % einen positiven Einfluss auf den Kooperationserfolg. Dieses Ergebnis deckt sich mit den zuvor angestellten konzeptionellen Überlegungen (vgl. Kap. 4.1.3.7); Aufbau und Unterstützung einer vertrauensvollen Zusammenarbeit sind demzufolge in das hier zu konzipierende Bewertungsmodell zu integrieren.

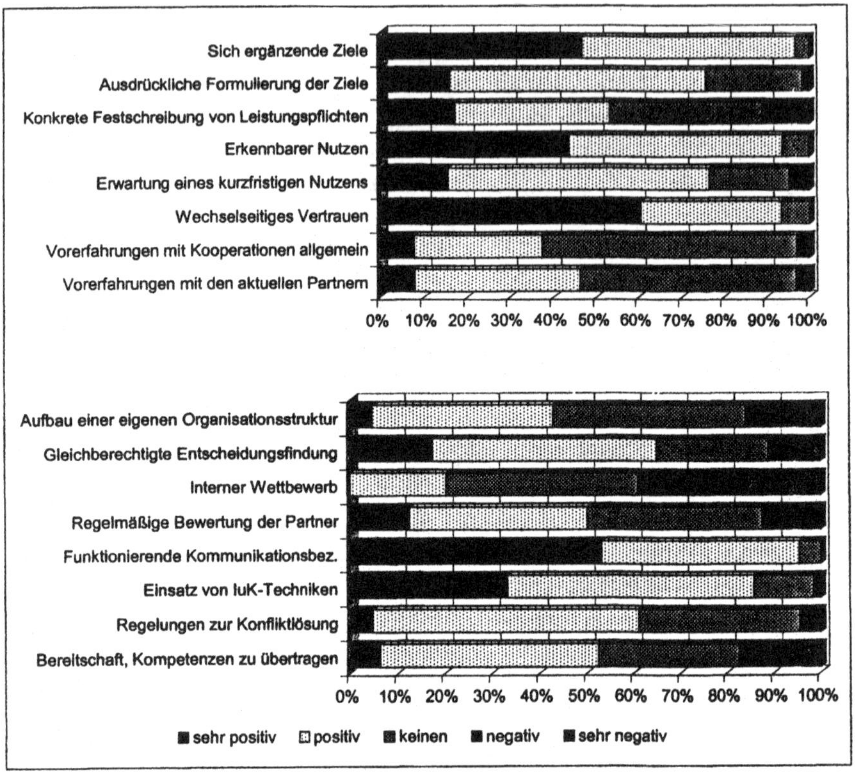

Abb. 70: Erfolgsfaktoren der Kooperation

Ein weiterer wesentlicher Aspekt betrifft die Zielkomplementarität der Partner. Sie wird in der Erhebung über die Fragen nach sich ergänzenden (Individual-)Zielen (Item: "Sich ergänzende Ziele") sowie einem erkennbaren (individuellen) Nutzen (Item: "Erkennbarer Nutzen") reflektiert. Hier besteht – so die Ergebnisse der empirischen Untersuchung in Übereinstimmung mit theoretischen Erklärungsansätzen – ein signifikanter Einfluss auf den Erfolg der gesamten Kooperation. In beiden Fällen entfallen über 90 % der Nennungen auf die Ausprägungen "sehr positiv" bzw. "positiv". Die ausdrückliche Formulierung kollektiver Ziele (Item: "Ausdrückliche Formulierung der Ziele") und mehr noch die konkrete Festschreibung von Leistungspflichten (Item: "Konkrete Festschreibung von Leistungspflichten") fallen mit 76 % bzw. 53 % der Antworten bereits deutlich ab. Dennoch ist der gesamte Themenkomplex der gemeinsamen Strategiebildung und der Abstimmung mit der inviduellen Planung in einem vollständigen Bewertungsansatz abzubilden.

Schließlich erfährt das Thema zwischenbetriebliche Kommunikation besondere Beachtung. 95 % der Befragten sehen einen positiven oder sogar sehr positiven Einfluss funktionierender Kommunikationslinien und –beziehungen (Item: "Funktionierende Kommunikationsbez."). Immerhin 85 % treffen die gleiche Aussagen für den Einsatz von IuK-Techniken (Item: "Einsatz von IuK-Techniken"). Auch hierzu sind daher inhaltliche Forderungen im Bewertungsmodell zu verankern.

Auffällig ist außerdem die ambivalente Beurteilung internen Wettbewerbs (Item: "Interner Wettbewerb"). Hier gehen immerhin 39 % der Nennungen von einem negativen oder sehr negativen Einfluss auf den Kooperationserfolg aus. Dies ist umso erstaunlicher, als in 69 % der Fälle hohe oder partielle Redundanzen der Mitglieder vorhanden sind (vgl. Kap. 4.2.2.3), die kompetitive Konstellationen auch innerhalb der Netzwerke konstituieren. In dieser Beurteilung kommt die potentiell konfliktfördernde Wirkung wettbewerblicher Elemente zum Tragen, die offensichtlich die positive Stimulanzwirkung und die höhere Anreizverträglichkeit dominieren. Eine einzelfall-unabhängige Festlegung für oder gegen internen Wettbewerb zwischen den Partnern ist demzufolge nicht möglich, dennoch sind aufgrund der potentiell negativen Effekte grundlegende Regeln zur Balance zwischen Kooperation und Wettbewerb zu treffen. Entsprechende Forderungen finden ebenso Eingang in das hier zu entwickelnde Bewertungsmodell.

4.3 Realisationsformen für Unternehmensnetzwerke

Die Praxis zeigt eine Vielzahl von Realisationsformen von Unternehmensnetzwerken in nahezu allen Wirtschaftsbereichen und mit unterschiedlichen Zielen.[718] SIHN und HÄGELE skizzieren ein - auf dieser abstrakten Ebene stringentes - Phasenschema, um aus der Positionierung des Gesamtverbunds am Markt über die Auswahl geeigneter Partner und die vertragliche Regelung im Sinne einer strategiekonformen Organisationsstruktur[719] zu einem konkreten Gestaltungsmodell zu finden (vgl. Abb. 71).[720] In der Praxis ist diese methodische Stringenz allerdings nur ansatzweise nachzuvollziehen. Angesichts des breiten Spektrums von Realisationsformen lassen sich keine eindeutigen Zusammenhänge zwischen der Organisationsstruktur und den Aktivitäten eines Netzwerks[721] oder der jeweiligen Branche erkennen. Vielmehr fallen in den branchenspezifischen Gestaltungsmodi industrieller Netzwerke teilweise erhebliche Divergenzen ins Auge.[722]

---

718 Vgl. z.B. Powell (1990)

719 Vgl. Chandler (1962), S. 15, S. 91 f.; Müller-Stevens (1992), Sp. 2344-2355

720 Vgl. Sihn/Hägele (1998), S. 13

721 Vgl. Yoshino/Rangan (1995), S. 77

722 Vgl. Pohlmann/Apelt/Buroh/Martens (1995), S. 282

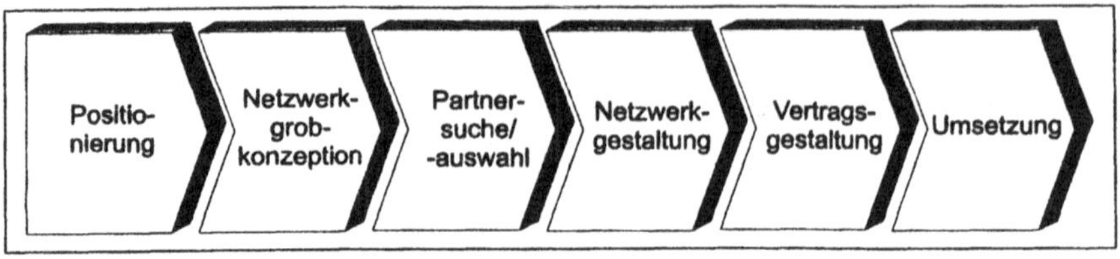

Abb. 71: Gestaltung der Netzwerkstruktur[723]

In den folgenden Abschnitten werden ausgewählte Gestaltungskonzepte beschrieben und in die zuvor entwickelte Gliederungssystematik eingeordnet. Sie zeichnen sich einerseits durch theoretische und empirische Relevanz, d.h. eine intensive Diskussion in der Literatur und einen hohen Verbreitungsgrad in der Praxis aus. Anderseits lassen sie eine gewisse konzeptionelle Geschlossenheit erkennen, die eine weitgehende Einigkeit über die konkrete Gestaltung zumindest im Hinblick auf wesentliche Systematisierungsmerkmale impliziert. In der Tat fokussiert die Mehrzahl der betrachteten Modelle jeweils auf einzelne dieser Merkmale, die zur Systematisierung von Kooperationen erarbeitet wurden. Realisationsformen, die ein im Sinne des zuvor entwickelten Merkmalskatalogs vollständig definiertes und in sich geschlossenes Organisations- oder Strukturmodell implizieren, sind nicht erkennbar. Insoweit bestehen in jedem Fall im Hinblick auf nicht angesprochene Merkmale individuelle Gestaltungsoptionen, die aber ohne Auswirkungen auf die begriffliche Einordnung bleiben.

4.3.1 Kunden-Lieferanten-Partnerschaften

Kooperation mit Zulieferern löst in zahlreichen Wirtschaftszweigen die klassische, antagonistische Interaktion ab und entwickelt sich zu einem wichtigen Faktor im Wettbewerb.[724] Steigende Kompetenz- und Effizienzanforderungen und die mit dem Ziel der Flexibilisierung und Effizienzsteigerung verbundene Reduktion von Fertigungstiefe bedingen eine enge Zusammenarbeit über die Wertschöpfungskette.[725] Das damit einhergehende Risiko wechselseitiger Abhängigkeit wird durch gegenseitiges Vertrauen und die Perspektive einer langfristigen Partnerschaft kompensiert.[726] POWELL weist in diesem Zusammenhang darauf hin, "that in many countries the relations

---

723 Abb. aus Sihn/Hägele (1998), S. 12

724 Vgl. Handfield/Ragatz/Petersen/Monczka (1999), S. 59; McHugh/Merli/Wheeler (1995), S. 98; Weng (1999), S. 3

725 Vgl. Belzer (1993), S. 62; Dathe (1998), S. 156; Schuh/Millarg/Göransson (1998), S. 22 f.; Schreyögg/Papenheim (1988), S. 16; Straube/Zadek (2000); Zink/Voß (1998a), S. 125 f.

726 Vgl. Kaluza/Blecker (1999), S. 12-16; Poirier/Reiter (1997), S. 40; Schmidt/Brüning/Köster (1998), S. 22; Zink/Voß (1998a), S. 125 f.

between a general contractor and his subcontractors are stable and continuous over long time periods, and only rarely established through competitive bidding."[727]

Der Akzent verschiebt sich von einer rein marktlichen Austauschbeziehung, die als einmaliger Kauf- bzw. Verhandlungsakt eher kurzfristig angelegt und von opportunistischen Verhaltensweisen geprägt ist, in Richtung einer langfristigen personal-sozialen Bindung und sachlich-technischen Verknüpfung der innerbetrieblichen Wertschöpfungsprozesse. Diese Strategie kann sich in einem Austausch von Personal niederschlagen. Weit häufiger aber impliziert sie sowohl eine enge Zusammenarbeit in der Phase der Produktentwicklung, um technische und wirtschaftliche Anforderungen beider Parteien zu integrieren,[728] als auch eine stringente logistische und informationstechnische Vernetzung auf operativer Ebene. Gleichzeitig verlieren die technischen und organisatorischen Schnittstellen zwischen Unternehmen an Bedeutung. Dieses Phänomen wird im Verzicht auf Wareneingangsprüfungen oder in der Verantwortung des Lieferanten für Montagetätigkeiten, die im räumlichen Zuständigkeitsbereich des Kunden liegen, sichtbar. Die so redefinierte Rollenverteilung bleibt nicht ohne Auswirkung auf die Abstimmungsmechanismen zwischen den Partnern. Die rein marktliche Koordination über den Preis wird durch hierarchische Elemente ergänzt oder partiell substituiert.

Entsprechende Entwicklungen werden unter dem Stichwort der Quasi-Integration diskutiert:[729] "Although most contracts are set under fixed price terms, no hierarchical organization arises, even though there are clear 'incentives for shirking performance requirements'. Instead, long-term and fairly exclusive association obviates the need for costly organizational monitoring."[730] Die Argumentation von SCHUH, MILLARG und GÖRANSSON weist in die gleiche Richtung: "Der Wandel in den Kunden-Lieferanten-Beziehungen führt zu veränderten Anforderungen an beide Partner. Ein effizienteres Lieferverhältnis ist unvermeidlich mit einem erhöhten Abstimmungsaufwand zwischen Kunde und Lieferant verbunden. Hier gilt es, organisatorische Rahmenbedingungen zu schaffen, um die vorhandenen Potentiale zu nutzen."[731] Auch PORTER begründet die Entstehung von Wettbewerbsvorteilen über die strukturelle Integration eines Unternehmens in die gesamte Wertschöpfungskette.[732]

Damit rückt die partnerschaftliche Zusammenarbeit von Kunden und Lieferanten entlang der Wertschöpfungskette in den Mittelpunkt des Interesses: "Eine der größten Herausforderungen des Beschaffungsmanagements ist, den Wert eines Produktes zu maximieren und die Kosten im vorgelagerten Bereich der Wertschöpfungskette so

---

727 Powell (1990), S. 306

728 Vgl. Handfield/Ragatz/Petersen/Monczka (1999), S. 62-66

729 Vgl. Balling (1997), S. 22 f.

730 Powell (1990), S. 306

731 Schuh/Millarg/Göransson (1998), S. 25

732 Vgl. Porter (1990), S. 42 f.

niedrig wie möglich zu halten. Die Bewältigung dieser Herausforderung verlangt, dass sich Firmen, die in der produzierenden und in der Dienstleistungsbranche tätig sind, zusammen mit ihren Zulieferern und den Lieferanten ihrer Zulieferer darauf konzentrieren müssen, die Gesamtkosten ... innerhalb der Wertschöpfungskette gering zu halten."[733] Entsprechende Ansätze werden beispielsweise im Rahmen des Lieferkettenmanagements oder Supply-Chain-Management (SCM) diskutiert,[734] das die unternehmensübergreifende Koordination der Leistungserstellung impliziert:[735]

"Hierunter wird meistens die umfassende Planung, Gestaltung und Steuerung der Logistik über alle Stufen der Wertschöpfungskette hinweg verstanden."[736] Es geht also um die integrierende Steuerung der Material- und Warenflüsse im Produktionsverbund.[737] Die Umsetzung dieses Konzepts setzt langfristige Partnerschaften zwischen Kunden und Lieferanten voraus.[738] Für diese werden auf institutioneller Ebene die Begriffe "Value Added Partnership", "Wertschöpfungspartnerschaft"[739] oder "Value Chain Partnership"[740] bzw. "Partnerschaft in der Wertkette"[741] eingeführt.[742] Auch eine Erweiterung linearer Beziehungen um netzwerkartige Arrangements wird vermehrt diskutiert.[743] Die Ziele beschränken sich nicht auf eine Kostenreduktion, sondern umfassen auch nicht-finanzielle Überlegungen, z.B. logistikinduzierte Flexibilitätsvorteile.[744]

Supply-Chain-Management impliziert damit die strukturelle Gestaltung und Steuerung der gesamten Wertschöpfungskette. Potentielle Partner sind Lieferanten und Abnehmer über verschiedene Wertschöpfungsstufen bis hin zum Endkunden sowie logistische Dienstleister.[745] Dabei steht die Gestaltung der Interorganisationsbeziehungen unter expliziter Berücksichtigung von deren Wandlungsfähigkeit im Mittelpunkt.[746] Somit sind organisatorische Regelungen, die logistische Abstimmung sowie die informationstechnische Vernetzung angesprochen. Als Idealvorstellung gilt eine Partnerschaft zwischen den beteiligten Unternehmen, d.h. Handeln zum gegen-

---

733 Burt/Doyle (1994), S. 175; Vgl. Belzer (1993), S. 65 f.; Poirier/Reiter (1997), S. 11

734 Vgl. McHugh/Merli/Wheeler (1995), S. 117 f.; Zäpfel/Piekarz (1996), S. 7

735 Vgl. Balling (1997), S. 48

736 Kaluza/Blecker (1999), S. 2; Vgl. Mertens/Faisst (1995), S. 68

737 Vgl. Zäpfel/Piekarz (1996), S. 7

738 Vgl. Handfield/Ragatz/Petersen/Monczka (1999), S. 61; Kaluza/Blecker (1999), S. 8

739 Vgl. Sydow (1992), S. 64

740 Vgl. Moss Kanter (1994), S. 98

741 Vgl. Moss Kanter (1995), S. 34

742 Vgl. Balling (1997), S. 21

743 Vgl. Kaluza/Blecker (1999), S. 8

744 Vgl. Kaluza/Blecker (1999), S. 7, S. 11; Weng (1999), S. 3; Zäpfel/Piekarz (1986), S. 16

745 Vgl. Poirier/Reiter (1997), S. 19; Zäpfel/Piekarz (1986), S. 12

746 Vgl. Braun (1999), S. 53

seitigen Nutzen.[747] Die stark asymmetrischen Machtverhältnisse zwischen Herstellern und Zulieferern in bestimmten Branchen, z.B. der Automobilindustrie, deuten jedoch vielfach auf eine Dominanz einzelner Mitglieder der Supply Chain hin.

Allerdings liegt bislang kein in sich geschlossenes Konzept des Supply-Chain-Management vor.[748] Generell erweisen sich Kunden-Lieferanten-Partnerschaften als außerordentlich vielgestaltig. Dies schlägt sich in einer nur partiell möglichen, eindeutigen Zuordnung von Ausprägungen im zuvor angesprochenen Merkmalskatalog nieder (vgl. Tab. 70). Insofern können Kunden-Lieferanten-Partnerschaften den einleitend formulierten Anspruch konzeptioneller Geschlossenheit zwar nur begrenzt erfüllen, aufgrund ihrer hohen praktischen Bedeutung finden sie allerdings dennoch Eingang in die Betrachtung.

KALUZA und BLECKER weisen im Übrigen auf die Anknüpfungspunkte von Supply-Chain-Management und anderen Kooperationsformen hin.[749] Sie gehen davon aus, dass positive Erfahrungen aus der Zusammenarbeit von Unternehmen entlang der Wertschöpfungskette die Basis für eine Ausweitung der Kooperationssphäre schaffen können. Dies impliziert, dass nicht nur logistische Aktivitäten abgestimmt werden, sondern wesentliche Bereiche der betrieblichen Wertschöpfung einschließlich des marktstrategischen Verhaltens.

Diese Entwicklung führt zur zuvor angesprochenen (Quasi-)Integration gemeinsamer Aktivitäten, die in die Einbeziehung weiterer Partner auch auf horizontaler Ebene, in die Gründung eines Virtuellen Unternehmens (vgl. Kap. 4.3.6) oder andere Kooperationsmodelle einmünden kann. Eine regionale Konzentration von Hersteller und Zulieferern führt zur Annäherung an die später diskutierten branchenbezogenen Regionalnetzwerke (vgl. Kap. 4.3.5.3). In der Praxis finden sich solche Kooperationsmodelle in den Zulieferparks der Automobilindustrie, in denen Systemlieferanten unmittelbar auf dem Werksgelände des Automobilherstellers angesiedelt sind.[750] Im Umkehrschluss bilden starke personal-soziale Beziehungsgefüge oder institutionalisierte Netzwerke insbesondere im Falle einer vertikalen, diagonalen oder diversifizierten Zusammenarbeit die Grundlage, um auch vertikale Kunden-Lieferanten-Beziehungen zu stärken.

---

747 Vgl. Poirier/Reiter (1997), S. 91

748 Vgl. Kaluza/Blecker (1999), S. 8

749 Vgl. Kaluza/Blecker (1999), S. 12-16; Poirier/Reiter (1997), S. 106

750 Vgl. Klug (2000)

Merkmal	Ausprägung
Ziele der Kooperation	Bündelung materieller Ressourcen *oder* Wissensakquisition und Know-how-Transfer
Zahl der Mitglieder	zwei *oder* wenige
Kreis der Mitglieder	*tendenziell* geschlossen
Größe der Mitglieder	*keine generelle Aussage*
Richtung der Zusammenarbeit	vertikal
Geografische Reichweite	*keine generelle Aussage*
Wertschöpfungsbereiche der Kooperation	funktional integriert
Redundanz der Mitglieder	gering
Machtgrundlage	Marktmacht *oder* Organisationsmacht
Machtverteilung	monozentrisch *oder* paritätisch
Abhängigkeit der Mitglieder	*keine generelle Aussage*
Reichweite der Kooperation	*tendenziell* funktionsspezifisch
Strategische Bedeutung der Kooperation	*keine generelle Aussage*
Rechtliche Bindung	nicht formalisiert *oder* formalisiert/kodifiziert
Detaillierungsgrad	*tendenziell* hoch
Bestandsperspektive der Kooperation	*tendenziell* mittel- oder langfristig
Dauer der Mitgliedschaft	*tendenziell* mittel- oder langfristig
Kapitalbeteiligung	keine
Haftung der Mitglieder	*keine generelle Aussage*
Bindung über Sachmittel	*tendenziell* hoch

Tab. 70: Kunden-Lieferanten-Partnerschaften

4.3.2 Arbeitsgemeinschaften und Konsortien

Eine häufig praktizierte Form der Kooperation ist die Arbeitsgemeinschaft. Ihr wesentliches Merkmal ist in jedem Fall die auch nach außen dokumentierte rechtliche und weitgehende wirtschaftliche Selbständigkeit der Mitglieder. Es findet keine Verschmelzung der Einzelleistungen statt, auch gemeinsame Infrastrukturleistungen werden i.d.R. nicht erbracht. Die Zusammenarbeit beschränkt sich auf die Erfüllung einer bestimmten Aufgabe, einen einzigen Werk- oder Werklieferungsvertrag oder die gemeinschaftliche Erfüllung einer begrenzten Anzahl entsprechender Verträge (vgl. Tab. 71).[751]

[751] Vgl. Jansen (1998), S. 35

Merkmal	Ausprägung
Ziele der Kooperation	Bündelung materieller Ressourcen
Zahl der Mitglieder	*tendenziell* wenige
Kreis der Mitglieder	*tendenziell* geschlossen
Größe der Mitglieder	*keine generelle Aussage*
Richtung der Zusammenarbeit	horizontal, vertikal *oder* diagonal
Geografische Reichweite	*keine generelle Aussage*
Wertschöpfungsbereiche der Kooperation	funktional integriert *oder* funktionsübergreifend integriert
Redundanz der Mitglieder	partiell *oder* hoch
Machtgrundlage	Marktmacht *oder* Organisationsmacht
Machtverteilung	monozentrisch *oder* polyzentrisch
Abhängigkeit der Mitglieder	*tendenziell* interdependent
Reichweite der Kooperation	funktionsspezifisch
Strategische Bedeutung der Kooperation	partiell
Rechtliche Bindung	formalisiert/kodifiziert
Detaillierungsgrad	*keine generelle Aussage*
Bestandsperspektive der Kooperation	kurzfristig *oder* mittel- oder langfristig
Dauer der Mitgliedschaft	kurzfristig *oder* mittel- oder langfristig
Kapitalbeteiligung	keine
Haftung der Mitglieder	unbeschränkt
Bindung über Sachmittel	keine/gering

Tab. 71: Arbeitsgemeinschaften und Konsortien

Dabei hat i.d.R. ein Unternehmen eine Führungsfunktion inne und tritt als Generalunternehmer auf.[752] Die übrigen Mitglieder agieren als Subunternehmer oder Unterauftragnehmer. Die Zusammenarbeit konzentriert sich überwiegend auf eine Branche, in der alle Mitglieder tätig sind. "Die Arbeitsgemeinschaft (ARGE) ist vor allem in der Bauindustrie eine übliche Form der Zusammenarbeit zwischen Unternehmen. Arbeitsgemeinschaften werden gebildet, wenn ein Projekt finanziell, hinsichtlich seines Risikos, seines Kapazitätsbedarfs oder hinsichtlich des geforderten Leistungsspektrums für ein einzelnes Unternehmen zu groß ist."[753] Insoweit liegt die Arbeitsgemeinschaft strukturell nahe an einer rein marktlichen Transaktion.

Inhaltlich weitgehend deckungsgleiche Beschreibungen finden sich für Konsortien, die z.B. im Bankwesen üblich sind. Auch sie werden i.d.R. auftrags- oder projektbezogen

752 Vgl. Merkle (1999), S. 42

753 Kemmner/Gillesen (2000), S. 10; Vgl. Gronau (1999b), S. 350

gegründet und vertraglich verankert.[754] Insofern gilt die für Arbeitsgemeinschaften angeführte Charakterisierung analog.

4.3.3 Strategische Allianzen

BLANCKE definiert eine Strategische Allianz als "unter langfristigen Aspekten eingegangene Zusammenarbeit von rechtlich selbständigen (vorwiegend international operierenden Groß-)Unternehmen auf einem oder mehreren horizontalen Geschäftsfeld(ern), wobei die Allianzpartner auf anderen Geschäftsfeldern durchaus in einem Wettbewerbsverhältnis zueinander stehen können."[755] Diese Definition geht nicht signifikant über die konstitutiven Merkmale einer Kooperation bzw. eines Netzwerks hinaus und erscheint insoweit nur bedingt geeignet, eine sinnvolle Eingrenzung des Gestaltungsphänomens Strategischer Allianzen zu leisten. BLANCKE ist sich des Problems aber bewusst und hebt als weitere Besonderheiten daher die Zusammenarbeit auf internationaler Ebene, die Größe der beteiligten Unternehmen, eine problematische Nähe zur Politik und eine partielle Zusammenarbeit bei potentiellen Spannungen und Wettbewerbsbeziehungen zwischen den Partnern hervor.[756] Auch damit ist jedoch kein deutlicher Erkenntnisfortschritt verbunden; im Gegenteil erscheint die Fokussierung auf eine länderübergreifende Kooperation sowie auf Großunternehmen im Sinne einer sachgerechten Beschreibung eher kontraproduktiv.

STEINBRENNER unterscheidet im Sinne einer begrifflichen Klärung drei Arten von Allianzen:

- "Informelle Allianzen, bei denen Firmen ohne bindendes Abkommen und mit begrenztem Engagement zusammenarbeiten. Die Kontrolle liegt weitgehend bei jeder einzelnen der getrennt handelnden Firmen,
- Formelle Allianzen, bei denen über Vertragsabschlüsse explizite Bindungen eingegangen werden. Diese bieten die Möglichkeit einer gemeinsamen Kontrolle, da die zu teilenden Risiken erheblich sein können,
- Beteiligungsallianzen, bei denen durch Minderheitsbeteiligungen, Joint Ventures und Konsortien ein gemeinsames Eigentum vorliegt. Die gegenseitige Bindung und Kontrolle ist dadurch weit stärker ausgeprägt als bei den anderen Formen, wobei die Rolle jeder Firma von der jeweiligen Art der Beteiligungsallianz abhängt."[757]

Auch seine Beschreibung zeigt starke inhaltliche Überschneidungen mit einer allgemeinen Systematisierung kooperativer Arrangements. Diesen Eindruck bestätigen zahlreiche Publikationen weiterer Autoren. Die mangelnde Abgrenzung kommt insbe-

754 Vgl. Mertens/Faisst (1995), S. 65

755 Blancke (1994), S. 20; Vgl. Jorde/Teece (1989), S. 29; Urban (1998b), S. 17

756 Vgl. Blancke (1994), S. 18 f.

757 Steinbrenner (1997), S. 79

sondere im angelsächsischen Sprachraum zum Tragen, wo der Begriff "Strategic Alliances" alle Arten kooperativer Strukturen beschreibt.[758] BULLINGER, OHLHAUSEN und HOFFMANN bestätigen explizit: "Missverständnisse entstehen oftmals aus dem undifferenzierten Gebrauch dieses Begriffes, der ohne nähere Erklärung in vielerlei Hinsicht interpretiert werden kann."[759] Im Folgenden wird die Verwendung des Begriffs bewusst auf Kooperationsformen beschränkt, die einer Reihe inhaltlicher und formaler Anforderungen genügen, und insoweit eine undifferenzierte Anwendung auf jede Art kooperativen Verhaltens vermieden.

Weitgehende Einigkeit besteht im Hinblick auf die Reichweite der Kooperation: "Strategische Allianzen sind tendenziell auf einzelne Geschäftsfelder ausgerichtet."[760] Sie erfassen damit die Geschäftstätigkeit der Partner nur partiell und insbesondere nur in einem Maße, die neben deren rechtlicher auch ihre wirtschaftliche Selbständigkeit erhält. I.d.R. stehen Strategische Allianzen im Sinne dieser Arbeit außerhalb des Kerngeschäfts der Mitglieder; sie werden tendenziell zwischen Großunternehmen gegründet.[761] Die Tatsache, dass die gemeinsame Geschäftstätigkeit der beteiligten Unternehmen mehrheitlich außerhalb des jeweiligen Kerngeschäfts liegt, führt zu einem weiterhin unabhängigen Außenauftritt der Mitglieder. Die Allianz präsentiert sich als partielle Zusammenarbeit unabhängiger Partner.[762]

Einheitliche Aussagen zur Bestandsperspektive liegen nicht vor. BELZER geht aber von einer Befristung der Kooperation aus, die er aus der nur begrenzten Erfassung der Geschäftstätigkeit ableitet.[763] Allerdings weist er darauf hin, dass sich aus positiven Kooperationserfahrungen im Rahmen einer Strategischen Allianz häufig Anschlussprojekte ergeben, die in eine Fortführung der Zusammenarbeit münden. Generell ist daher von einer eher langfristigen, aber nicht unbefristeten Orientierung der Zusammenarbeit auszugehen.[764] Eine zusammenfassende Charakterisierung geht aus Tab. 72 hervor.

---

758 Vgl. Balling (1997), S. 25; Doz/Hamel (1998); Götz (1996), S. 20; Jorde/Teece (1989), S. 30; Kasuga (1999); Killing (1998); Lewis (1990); Urban (1998a); Vornhusen (1994), S. 25, S. 36; Yoshino/Rangan (1995)

759 Bullinger/Ohlhausen/Hoffmann (1997), S. 24; Vgl. Belzer (1993), S. 50

760 Arnold/Faisst/Härtling/Sieber (1995), S. 13; Vgl. Belzer (1993), S. 50; Götz (1996), S. 27 f.; Jansen (1998), S. 105; Kemmner/Gillesen (2000), S. 9; Schienstock (1994), S. 258; Vornhusen (1994), S. 38; Wolter/Wolff/Freund (1998), A. 172

761 Vgl. Götz (1996), S. 30; Jansen (1998), S. 104; Kemmner/Gillesen (2000), S. 10; Mertens/Faisst (1995), S. 64 f.; Vornhusen (1994), S. 36 f.

762 Vgl. Götz (1996), S. 27; Gronau (1999b), S. 349

763 Vgl. Belzer (1993), S. 51; Götz (1996), S. 28 f.

764 Vgl. Gronau (1999b), S. 349

Merkmal	Ausprägung
Ziele der Kooperation	Marktzugang und Wettbewerbsbeeinflussung *oder* Bündelung materieller Ressourcen *oder* Wissensakquisition und Know-how-Transfer
Zahl der Mitglieder	zwei *oder* wenige
Kreis der Mitglieder	*tendenziell* geschlossen
Größe der Mitglieder	*tendenziell* Großunternehmen
Richtung der Zusammenarbeit	*vorwiegend* horizontal
Geografische Reichweite	*keine generelle Aussage*
Wertschöpfungsbereiche der Kooperation	funktional spezialisiert
Redundanz der Mitglieder	partiell *oder* hoch
Machtgrundlage	Marktmacht *oder* Personalmacht
Machtverteilung	paritätisch
Abhängigkeit der Mitglieder	interdependent
Reichweite der Kooperation	funktionsspezifisch
Strategische Bedeutung der Kooperation	partiell *oder* hoch
Rechtliche Bindung	nicht formalisiert *oder* formalisiert/kodifiziert
Detaillierungsgrad	*keine generelle Aussage*
Bestandsperspektive der Kooperation	*tendenziell* mittel- oder langfristig
Dauer der Mitgliedschaft	mittel- oder langfristig *oder* unbefristet
Kapitalbeteiligung	keine
Haftung der Mitglieder	unbeschränkt
Bindung über Sachmittel	*keine generelle Aussage*

Tab. 72: Strategische Allianzen

4.3.4 Joint Ventures

Ein Joint Venture setzt die Gründung einer rechtlich eigenständigen Gesellschaft voraus, an der die Partner des Netzwerks über eine Kapitaleinlage beteiligt sind:[765] "Joint Ventures sind von mehreren Unternehmen gegründete neue Unternehmen, an deren Kapital die Kooperationspartner ... beteiligt sind. Bei dieser Kooperationsform handelt es sich also um ein ausdrücklich institutionalisiertes strategisches Netzwerk.

---

[765] Vgl. Arnold/Faisst/Härtling/Sieber (1995), S. 13; Balling (1997), S. 20 f.; Büchel/Prange/Probst/Rüling (1997), S. 14; Bullinger/Ohlhausen/Hoffmann (1997), S. 31; Eisele (1995), S. 12; Gronau (1999b), S. 350; Hagedoorn (1990), S. 18; Kemmner/Gillesen (2000), S. 10; Killing (1988), S. 56; Kogut (1988), S. 184; Lei/Slocum (1991), S. 50-57; Merkle (1999), S. 45; Mowery (1987), S. 3; Pfeffer/Nowak (1976), S. 400; Steinbrenner (1997), S. 77; Vornhusen (1994), S. 33

Ein sichtbares Zeichen für die intendierte Langfristigkeit der Zusammenarbeit bildet die Kapitalbeteiligung der Partner."[766]

Die Betrachtung in der Literatur fokussiert dabei stark auf internationale Kooperationen,[767] bei denen zumindest eines der Gesellschafterunternehmen seinen Sitz in einem anderen Land hat als das Joint Venture selbst.[768] Ein länderübergreifender Zusammenschluss ist jedoch keinesfalls als konstitutiv anzusehen.[769] Auch eine eindeutige Klassifikation von Zielen ist nicht zu erkennen. Genannt werden z.B. die Erfüllung von Local-Content-Forderungen,[770] die Bündelung von Ressourcen,[771] die Erzielung von Größenvorteilen,[772] die Akquisition von Know-how oder sonstige marktstrategische Überlegungen.[773] Entscheidendes Element des Joint Ventures bleibt jedoch einzig und allein die Bildung einer rechtlich eigenständigen Organisation.[774]

Die Kontrolle ist i.d.R. – jedoch nicht ausschließlich oder zwingend[775] – an die Höhe der Kapitalbeteiligung gebunden.[776] Dabei werden häufig paritätische Engagements betrachtet, die mit entsprechenden Beteiligungsmodellen im Hinblick auf die strategische Führung verbunden sind.[777] Allerdings erweist sich in empirischen Untersuchungen eine klare Führungsfunktion eines Partners als tendenziell erfolgversprechender.[778] Eine dauerhafte Bestandsperspektive gilt nicht als konstitutiv,[779] der hohe Aufwand, den die Gründung einer eigenständigen Gesellschaft mit sich bringt, lässt dieses Gestaltungsmodell jedoch für ad hoc konfigurierte und kurzfristig angelegte Kooperationen als ungeeignet erscheinen.[780] Tab. 73 zeigt die wesentlichen Merkmale von Joint Ventures.

---

766 Wolter/Wolff/Freund (1998), S. 172; Vgl. Berg/Duncan/Friedman (1982), S. 45; Geringer/Frayne (1990), S. 104; Harrigan (1985), S. 2; Kumar (1992), Sp. 1077

767 Vgl. Kumar (1992), Sp. 1077 f.; Pfeffer/Nowak (1976), S. 398

768 Vgl. Geringer/Frayne (1990), S. 104

769 Vgl. Bullinger/Ohlhausen/Hoffmann (1997), S. 31; Harrigan (1985), S. 12 f.; Kemmner/Gillesen (2000), S. 10; Mowery (1987), S. 4

770 Vgl. Powell (1990), S. 316; Steinbrenner (1997), S. 78

771 Vgl. Kogut (1988), S. 184; Powell (1990), S. 317

772 Vgl. Kasuga (1999), S. 510; Lei/Slocum (1991), S. 51; Mowery (1987), S. 6; Pfeffer/Nowak (1976), S. 403; Steinbrenner (1997), S. 78

773 Vgl. Berg/Duncan/Friedman (1982), S. 93; Büchel/Prange/Probst/Rüling (1997), S. 2-24; Hagedoorn (1990), S. 21

774 Vgl. Jansen (1998), S. 92; Mertens/Faisst (1995), S. 65; Vornhusen (1994), S. 36

775 Vgl. Geringer/Frayne (1990), S. 104

776 Vgl. Caves (1982), S. 85; Dathe (1998), S. 88; Harrigan (1985), S. 2

777 Vgl. Schräder (1996), S. 20

778 Vgl. Harrigan (1985), S. 14; Kumar (1992), Sp. 1079; Taucher (1988), o.S.

779 Vgl. Kumar (1992), Sp. 1077

780 Vgl. Bea/Göbel (1999), S. 365; Berg/Duncan/Friedman (1982), S. 9

Merkmal	Ausprägung
Ziele der Kooperation	*keine generelle Aussage*
Zahl der Mitglieder	zwei *oder* wenige
Kreis der Mitglieder	geschlossen
Größe der Mitglieder	*keine generelle Aussage*
Richtung der Zusammenarbeit	*häufig* horizontal
Geografische Reichweite	*keine generelle Aussage*
Wertschöpfungsbereiche der Kooperation	*keine generelle Aussage*
Redundanz der Mitglieder	*tendenziell* gering
Machtgrundlage	Organisationsmacht
Machtverteilung	*tendenziell* paritätisch
Abhängigkeit der Mitglieder	interdependent
Reichweite der Kooperation	*tendenziell* funktionsspezifisch
Strategische Bedeutung der Kooperation	*keine generelle Aussage*
Rechtliche Bindung	institutionalisiert
Detaillierungsgrad	hoch
Bestandsperspektive der Kooperation	mittel- oder langfristig *oder* unbefristet
Dauer der Mitgliedschaft	mittel- oder langfristig *oder* unbefristet
Kapitalbeteiligung	paritätisch *oder* Mehrheits-/Minderheitsbeteiligung
Haftung der Mitglieder	beschränkt
Bindung über Sachmittel	*tendenziell* hoch

Tab. 73: Joint Ventures

In der Kooperationsform des Joint Venture läuft die Bewertung von Einzelorganisationen und Netzwerken als Organisationsmehrheiten zusammen. Durch die Erlangung einer eigenen Rechtspersönlichkeit, d.h. durch seinen besonderen Charakter als Inkorporation strategischer Netzwerke[781] in einer eigenständigen Institution kann das Joint Venture Gegenstand beider Arten von Ansätzen sein. Einerseits wird es als eigenständiges Unternehmen betrachtet, dessen Besonderheit sich im Wesentlichen in der institutionellen Eigentümerschaft durch andere Unternehmen erschöpft. Andererseits repräsentiert das Joint Venture die Institutionalisierung einer zwischen den Anteilseignern bestehenden Kooperationsbeziehung. Die Fokussierung auf diesen Kooperations- und Netzwerkcharakter und die Verwendung entsprechender Bewertungsmodelle impliziert dann allerdings die zwingende Einbeziehung der Eigentümerunternehmen und damit im Vergleich zur einzelorganisatorischen Bewertung eine Ausdehnung der Systemgrenzen.

781 Vgl. Wolter/Wolff/Freund (1998), S. 172

4.3.5 Regionale und nationale Netzwerke

Konstitutives Element regionaler oder nationale Netzwerke ist die geografische Anknüpfung, die sich in der Konzentration der Akteure in einer Region[782] oder zumindest innerhalb von Landesgrenzen manifestiert. Darüber hinausgehende Gemeinsamkeiten in struktureller Hinsicht lassen sich nur über eine häufigkeitsorientierte Betrachtung empirischer Realisationsformen festlegen. Wesentlich ist in jedem Fall der Rückgriff auf personal-soziale Beziehungen,[783] die durch die begrenzte räumliche Entfernung der Partner und den darauf basierenden engen persönlichen Kontakt gestützt werden.[784]

"Regionale Beziehungsnetzwerke leben von zwischenbetrieblichen Beziehungen, die sozialer und informeller Natur sind. Die Mitarbeiter der Unternehmen haben meist ähnliche Wertvorstellungen und Denkstrukturen und pflegen einen losen Kontakt. Ein gemeinsamer Marktauftritt findet nicht statt und wird auch nicht angestrebt. Durch das vielfältige unternehmerische Engagement entsteht vielmehr ein attraktiver Aktionsraum, der Nährboden für die Gründung neuer Unternehmen oder zwischenbetrieblicher Kooperationen ist. Solche regionalen Aktionsräume lassen sich weltweit in verschiedenen Branchen in unterschiedlicher Ausprägung identifizieren. In den USA sind das legendäre Silicon Valley und die Route 128 in Massachusetts zu nennen. In Deutschland finden sich diese Netzwerke z.B. in Teilen Baden-Württembergs. Die Ausprägungen solcher Netzwerke sind stark an ihre historische Entwicklung gekoppelt."[785]

DÖRSAM und ICKS weisen auf die regionalpolitische Bedeutung entsprechender Kooperationsmodelle hin: "Kooperationsbeziehungen zwischen Unternehmen, die innerhalb einer Region angesiedelt sind, werden ... als potentielle Innovationsquelle und als Instrument zur Verbesserung der ökonomischen Entwicklung von Regionen angesehen."[786] Die Autoren weisen aber gleichzeitig auf die methodischen Probleme zur definitorischen Abgrenzung und Erfassung entsprechender Strukturen hin, die von den beteiligten Akteuren vielfach nicht als Netzwerke wahrgenommen werden.[787] Auch die Vielfalt entsprechender Gestaltungsmodelle führt zu erheblichen Schwierigkeiten bei einer erschöpfende Analyse.

Aus diesem Grund werden in den folgenden Abschnitten ausgewählte Modelle beleuchtet. Dabei handelt es sich um regional ausgerichtete Unternehmensnetzwerke, die branchenübergreifend oder mit Bezug auf einen bestimmten Wirtschaftszweig

---

782 Vgl. Sydow (1995), S. 630

783 Vgl. Dörsam/Icks (1997), S. 28 f.

784 Vgl. Balling (1997), S. 104; Belzer (1993), S. 76; Schneider (1973), S. 116; zu Knyphausen-Aufseß (1999), S. 600 f.

785 Schuh/Millarg/Göransson (1998), S. 71 f.; Vgl. Castells (1995), S. 39

786 Dörsam/Icks (1997), S. 1; Vgl. Belzer (1993), S. 75; zu Knyphausen-Aufseß (1999), S. 595-599

787 Vgl. Dörsam/Icks (1997), S. 3

gebildet werden. Sie repräsentieren damit exemplarisch drei Typen von Regionalnetzwerken, die DÖRSAM und ICKS identifizieren:[788]

- Excellence-Centers oder Community-Quality-Councils bezeichnen Konzepte zur sektorübergreifenden Kooperation. Sie beziehen Organisationen des öffentlichen sowie unterschiedlicher Branchen des privaten Sektors ein (vgl. Kap. 4.3.5.1).
- Das japanische Modell der Keiretsu beinhaltet i.d.R. fokale Großunternehmen, die eine Vielzahl kleiner und mittlerer Partner an sich binden (vgl. Kap. 4.3.5.2).
- Branchenbezogene Regionalnetzwerke sind dagegen geprägt durch eine mittelständisch orientierte Mitgliederbasis, die neben ihrer geografischen Konzentration einen deutlichen Branchenschwerpunkt aufweist (vgl. Kap. 4.3.5.3).

Alle drei Konzepte werden in den folgenden Abschnitten ausführlicher betrachtet.

4.3.5.1 Excellence-Centers oder Community-Quality-Councils

Die branchenübergreifende Kooperation innerhalb einer Region verfolgt häufig nur mittelbar ökonomische Ziele. Vielmehr steht die Förderung der Wirtschaftskraft und Lebensqualität im Mittelpunkt: "Viele Regionen ... bewegen sich derzeit in einem Spannungsfeld divergierender Entwicklungen. Auf der einen Seite schränkt die Mittelknappheit öffentlicher Haushalte die Handlungsspielräume des Staates immer weiter ein. Auf der anderen Seite stehen Organisationen und Regionen vor wachsenden Herausforderungen. Sie müssen sich sowohl im Industrie- und Dienstleistungssektor als auch im öffentlichen Bereich einem beschleunigten strukturellen Wandel stellen, der zu Verschiebungen im regionalen Branchenmix, zur Veränderung von Qualifikationsanforderungen und zur Freisetzung von Arbeitskräften führt. Gleichzeitig stehen Regionen durch die zunehmende globale Verflechtung im verschärften Wettbewerb mit anderen Wirtschaftsräumen nicht nur innerhalb Deutschlands, sondern in der ganzen Welt. ... Damit sehen sich sowohl Organisationen als auch ganze Regionen einem verschärften nationalen und internationalen Wettbewerb gegenüber."[789] In diesem Umfeld können sie nur bestehen, wenn es gelingt, eine Vielzahl lokaler Akteure in gemeinsame Aktivitäten zur Standortsicherung und –entwicklung einzubinden und insbesondere die klassische Rollenteilung von öffentlichem und privatem Sektor zu durchbrechen.[790]

Aus dieser Überlegung heraus entstand in den USA das Konzept der Excellence-Councils, Excellence-Centers oder Community-Quality-Councils. Entsprechende

---

788 Vgl. Dörsam/Icks (1997), S. 10

789 Zink/Voß (1998d), S. 181; Vgl. Clayborne/Wilson (1993), S. 21; Farquhar/Macbride-King (1994), S. 1; Knoke (1994), S. 19 f.

790 Vgl. Chisholm (1996), S. 219 f.; Bradley (1994), S. 17; Dörsam/Icks (1997), S. 10; Lehner/Schmidt-Bleek/Kilper (1995b), S. 7; Knoke (1994), S. 19; Tait (1994), S. 23

Initiativen bestehen inzwischen in nahezu allen Bundesstaaten.[791] Sie binden Unternehmen einer Region sowie Vertreter der öffentlichen Hand in gemeinsame Anstrengungen zur Standortsicherung ein.[792] Inhaltliche Grundlage ihrer Arbeit sind umfassende Qualitätskonzepte wie sie unter den Stichworten Total Quality Management oder Business Excellence diskutiert werden. ZINK, DEDEKE und VOSS haben entsprechende Kooperationsformen in den USA im Hinblick auf ihre Ziele und strukturellen Merkmale untersucht.[793] Hinsichtlich des konkreten Tätigkeits- und Leistungsspektrums kristallisierten sich im Wesentlichen folgende Elemente heraus:

- Im Prozess der Standortentwicklung nehmen die Excellence-Centers eine Moderatorenfunktion wahr. Sie veranstalten Diskussionsrunden, um Erfahrungen bei der Umsetzung von TQM-Konzepten auszutauschen. Dadurch entstehen Lernforen, die einen sektorübergreifenden Wissenstransfer ermöglichen und so den beteiligten Partnern Impulse für die eigene Entwicklung geben. Excellence-Centers knüpfen über den fachlichen Dialog und persönliche Beziehungen der Teilnehmer ein regionales Netzwerk zur Wirtschaftsförderung.[794]
- Die meisten Initiativen bieten Lehrveranstaltungen nach klassischem Muster an, in denen die Teilnehmer Handlungskompetenzen zur Organisationsentwicklung erwerben.[795]
- Die Bedeutung der Excellence-Centers geht über ihre Rolle bei der fachbezogenen Qualifizierung und der Koordination gemeinsamer Aktivitäten hinaus. In Zusammenarbeit mit örtlichen Colleges rufen private Unternehmen und Behörden beispielsweise gemeinsame Projekte zur Lösung sozialer oder gesellschaftlicher Probleme wie Analphabetismus etc. ins Leben. Die Centers haben damit nicht nur die wirtschaftliche Entwicklung der Region, sondern die Lebensqualität insgesamt im Visier.[796]

Während weitgehende Einigkeit im Hinblick auf die grundsätzliche Rolle der Excellence-Centers besteht, unterscheiden sie sich erheblich im Hinblick auf ihre Institutionalisierung.[797] Ein Teil der Initiativen wird über einen Verein und vergleichbare Rechtsformen mit formeller Mitgliedschaft bzw. Zugehörigkeit inkorporiert, ein anderer besteht nur als lockerer, informeller Zusammenschluss ohne längerfristige

---

791 Vgl. Kline (1993), S. 266 f.; Zink/Voß (1998d), S. 184

792 Vgl. ASQC (1995); Box/Joiner/Rohan/Sensenbrenner (1991); Brown (1992); DeCrease (1992); Kline (1993), S. 265-271; Mathers (1993); Partain (1992), S. 23 f.; Schwinn (1994); Zink/Dedeke/Voß (1998), S. 553 f.

793 Vgl. Dedeke (1997); Zink/Dedeke/Voß (1998); Zink/Voß (1998d)

794 Vgl. Bradley (1994), S. 18; Farquhar/Macbride-King (1994), S. 1, S. 13; Partain (1992), S. 25; Zink/Voß (1998d), S. 185

795 Vgl. Clayborne/Wilson (1993), S. 21; Farquhar/Macbride-King (1994), S. 11; Leuenberger (1994); Partain (1992), S. 25; Zink/Voß (1998d), S. 185

796 Vgl. Schwinn (1994), S. 8; Zink/Voß (1998d), S. 187

797 Vgl. Farquhar/Macbride-King (1994), S. 8

rechtliche Bindung der beteiligten Partner.[798] Im zweiten Fall erweisen sich das zugrunde liegende personal-soziale Beziehungsgefüge sowie die Initiative und Mitwirkung von Führungskräften aus der Region als unabdingbar, da der gemeinsame institutionelle Rahmen fehlt. Generell wird ein aktives Engagement von Führungskräften örtlicher Unternehmen als notwendige Voraussetzung für eine längerfristige Existenz angesehen.[799] Tendenziell wirkt sich die Eingliederung in eine größere Organisation – meistens ein etablierter Partner wie die örtliche Handelskammer oder ein College – durch den damit ermöglichten Zugriff auf sachliche oder personelle Ressourcen positiv auf die Erfolgsaussichten aus.[800] Merkmalsausprägungen der Excellence-Centers gehen aus Tab. 74 hervor.

Die positiven Erfahrungen in den USA haben inzwischen zur Gründung ähnlicher Initiativen in Europa geführt, die unter Fortführung des grundlegenden Konzepts eine Anpassung an nationale und regionale Anforderungen beinhalten.[801]

Zusammenfassend besteht der wesentliche Vorteil solcher regionalen Unternehmenskooperationen in der Koordination lokaler Akteure zur Vermeidung negativer externer Effekte, zur wirtschaftlichen Stärkung und zur gesellschaftlich-sozialen Weiterentwicklung einer Region. Gleichzeitig trägt der branchenübergreifende Erfahrungsaustausch zur Stärkung des individuellen Kompetenzportfolios der Mitglieder bei. "Im Zuge des 'Wettbewerbs der Regionen' könnten sich die regionalen Plattformen zu attraktiven Innovationsräumen entwickeln, indem Informationen über Bedürfnisse, Techniken und Technologien zwischen Käufern, Zulieferern und verwandten Branchen ausgetauscht werden."[802]

---

798 Vgl. Tincombe (1994), S. 22; Zink/Voß (1998d), S. 189

799 Vgl. Box/Joiner/Rohan/Sensenbrenner (1991), S. 58; Dedeke (1997), S. 57; Farquhar/Macbride-King (1994), S. 3-6

800 Vgl. Box/Joiner/Rohan/Sensenbrenner (1991), S. 61; Clayborne/Wilson (1993)

801 Vgl. Bosch (1999), S. 155 f.; Bourgetau (1995); Carayon/Coujard (1998); Naschold (1995), S. 198 f.; Zink/Voß (1998d); Zink/Voß (1998e)

802 Schuh/Millarg/Göransson (1998), S. 44; Vgl. Colletis (1995), S. 217; Gordon (1995), S. 143 f.

Merkmal	Ausprägung
Ziele der Kooperation	Bündelung materieller Ressourcen *oder* Wissens-akquisition und Know-how-Transfer
Zahl der Mitglieder	viele
Kreis der Mitglieder	offen
Größe der Mitglieder	überwiegend KMU
Richtung der Zusammenarbeit	diversifiziert
Geografische Reichweite	regional
Wertschöpfungsbereiche der Kooperation	funktionsübergreifend integriert
Redundanz der Mitglieder	partiell *oder* hoch
Machtgrundlage	Personalmacht
Machtverteilung	polyzentrisch *oder* paritätisch
Abhängigkeit der Mitglieder	interdependent
Reichweite der Kooperation	funktionsübergreifend
Strategische Bedeutung der Kooperation	*tendenziell* gering
Rechtliche Bindung	keine *oder* institutionalisiert
Detaillierungsgrad	gering
Bestandsperspektive der Kooperation	mittel- oder langfristig *oder* unbefristet
Dauer der Mitgliedschaft	mittel- oder langfristig *oder* unbefristet
Kapitalbeteiligung	*tendenziell* keine
Haftung der Mitglieder	*keine generelle Aussage*
Bindung über Sachmittel	*tendenziell* keine/gering

Tab. 74: Excellence-Centers

4.3.5.2 Japanische Unternehmensgruppen oder Keiretsu

Eine andere Entwicklung haben die sog. Keiretsu genommen. Dabei handelt es sich um Kooperationen japanischer Unternehmen,[803] die nach überwiegender Meinung einen wichtigen Beitrag zum Wachstum und zur Innovationskraft der japanischen Wirtschaft geleistet haben und weiterhin leisten.[804] Sie "entstanden aus den Zaibatsu, von wohlhabenden Familien geführte diversifizierte Firmengruppen. Der Versuch der Amerikaner, die Konglomerate nach dem 2. Weltkrieg über ein Anti-Trust-Gesetz zu zerschlagen, scheiterte, da das historisch gewachsene personelle Beziehungsnetzwerk der japanischen Führungselite dieses Vorhaben überlebte. Noch während der Besatzungszeit wurde, aufbauend auf dem sozialen Beziehungsgeflecht, die Reorganisation der Zaibatsu unter dem Gewand wirtschaftlicher Verbundgruppen, den

803 Vgl. Mertens/Faisst (1995), S. 65; Naschold (1995), S. 200 f.

804 Vgl. Burt/Doyle (1994), S. 78; Steinbrenner (1997), S. V; zu Knyphausen-Aufseß (1999), S. 596

Keiretsu, vorgenommen."[805] Die Entflechtung gelang im Hinblick auf die rechtliche Konstruktion und die kapitalmäßigen Verbindungen, der Versuch einer Auflösung des zugrunde liegenden personal-sozialen Beziehungsgefüges innerhalb der wirtschaftlichen und politischen Führungseliten, das der eigentliche Träger der Kooperation ist, war naturgemäß jedoch zum Scheitern verurteilt.[806]

Im Unterschied zu den historischen Vorläufern zeichnen sich die Keiretsu durch eine stärkere Diversifizierung der Unternehmensaktivitäten aus: Die Mitglieder sind auf unterschiedlichen Märkten tätig.[807] Hinzu treten der Wegfall einer einheitlichen Leitungsfunktion und damit eine größere rechtliche Selbständigkeit der Mitgliedsunternehmen als unmittelbare Folge der rechtlichen Beschränkungen.[808] Diese schlagen sich auch in einer relativ vagen Gestaltung der Verträge innerhalb der Keiretsu nieder, die nur selten konkrete Leistungspflichten beinhalten.[809] Dennoch bestehen nach wie vor auch institutionalisierte Koordinationsmechanismen, um gruppeninterne Teilaktivitäten zu koordinieren.[810] Außerdem wurden die Außengrenzen der Keiretsu gegenüber den Zaibatsu teilweise aufgeweicht; der Leistungsbezug zu außenstehenden Unternehmen spielt nun eine erheblich größere Rolle.[811]

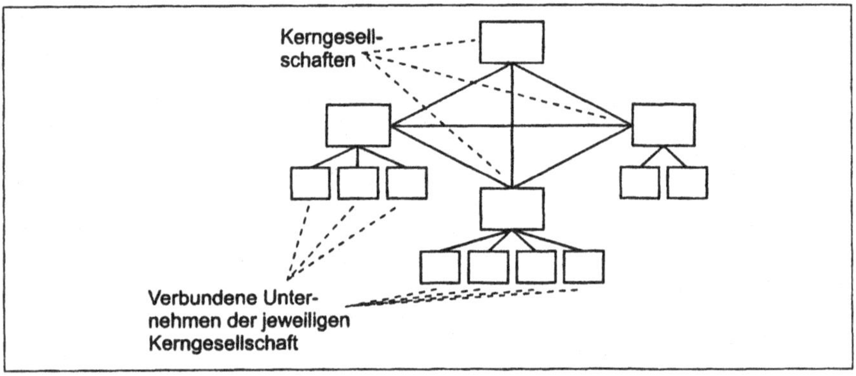

Abb. 72: Strukturschema der Keiretsu[812]

Die kapitalmäßig Verflechung der Mitgliedsunternehmen innerhalb eines Keiretsu ist bei jeweils bilateraler Betrachtung nahezu vernachlässigbar. Sie übersteigt selten den

[805] Schuh/Millarg/Göransson (1998), S. 74; Vgl. Belzer (1993), S. 84; Steinbrenner (1997), S. 7

[806] Vgl. Schmid (1997), S. 16; Steinbrenner (1997), S. 12, S. 101-104; Sydow (1993), S. 38

[807] Vgl. Schmid (1997), S. 14; Steinbrenner (1997), S. 1, S. 50

[808] Vgl. Steinbrenner (1997), S. 13; Sydow (1993), S. 39

[809] Vgl. Sydow (1993), S. 43

[810] Vgl. Steinbrenner (1997), S. 5

[811] Vgl. Schmid (1997), S. 23; Sydow (1993), S. 39

[812] Abb. aus Steinbrenner (1997), S. 13

Wert von 5 %.[813] Durch die Vielzahl der Partner ergibt sich in der Summe jedoch eine hohe finanzielle Autarkie des Netzwerks insgesamt. Nur ein geringer Teil der Aktien bzw. Anteile von Mitgliedsunternehmen wird außerhalb der Kooperationssphäre gehalten.[814]

Der Wegfall einer einheitlichen Leitung ist nicht gleichbedeutend mit einer paritätischen Machtverteilung. Vielmehr zeichnen sich die traditionellen Keiretsu dadurch aus, dass sie über ein großes Industrieunternehmen, eine Großbank oder ein Handelshaus strategisch geführt werden. Sie gruppieren sich also i.d.R. um ein fokales Unternehmen.[815] Gleichzeitig weisen sie eine ausgeprägte funktionale Arbeitsteilung zwischen den Mitgliedern auf,[816] insoweit ist tendenziell von einer geringen Redundanz auszugehen. Dies bedingt eine gewisse Machtbalance bzw. gegenseitige Abhängigkeit der beteiligten Unternehmen.[817] Eine weitergehende Ableitung gemeinsamer struktureller Merkmale scheitert an der Verschiedenartigkeit realisierter Aufbau- und Ablaufstrukturen.[818]

Kritik an den Keiretsu konzentriert sich vorwiegend auf ihre wettbewerbsbeschränkende Außenwirkung. Diese basiert auf dem fehlenden oder zumindest stark eingeschränkten Marktzugang für Unternehmen ohne Gruppenanbindung[819] und betrifft damit insbesondere ausländische Unternehmen, die Zugang zu japanischen Märkten suchen.[820] Merkmalsausprägungen der Keiretsu gehen aus Tab. 75 hervor. Der Erfolg der Keiretsu in Japan hat zu intensiven Überlegungen geführt, einzelne Aspekte dieser Kooperationsmodelle auch in andere Länder zu übertragen. So diskutieren beispielsweise BURT und DOYLE eine Adaption an das US-amerikanische Gesellschafts-, Wirtschafts- und Rechtssystem.[821]

---

813 Vgl. Steinbrenner (1997), S. 95-101

814 Vgl. Burt/Doyle (1994), S. 56

815 Vgl. Schmid (1997), S. 14 f.; Steinbrenner (1997), S. 16 f., S. 66

816 Vgl. Schmid (1997), S. 16

817 Vgl. Steinbrenner (1997), S. 21

818 Vgl. Steinbrennter (1997), S. 4

819 Vgl. Steinbrenner (1997), S. 1, S. 32

820 Vgl. Burt/Doyle (1994), S. 56 f.

821 Vgl. Burt/Doyle (1994)

Merkmal	Ausprägung
Ziele der Kooperation	Marktzugang und Wettbewerbsbeeinflussung *oder* Bündelung materieller Ressourcen *oder* Wissensakquisition und Know-how-Transfer
Zahl der Mitglieder	wenige
Kreis der Mitglieder	geschlossen
Größe der Mitglieder	überwiegend Großunternehmen
Richtung der Zusammenarbeit	*keine generelle Aussage*
Geografische Reichweite	regional *oder* national
Wertschöpfungsbereiche der Kooperation	funktional integriert *oder* funktionsübergreifend integriert
Redundanz der Mitglieder	gering
Machtgrundlage	Marktmacht *oder* Personalmacht
Machtverteilung	polyzentrisch
Abhängigkeit der Mitglieder	einseitig
Reichweite der Kooperation	funktionsübergreifend
Strategische Bedeutung der Kooperation	hoch
Rechtliche Bindung	nicht formalisiert *oder* formalisiert/kodifiziert
Detaillierungsgrad	gering
Bestandsperspektive der Kooperation	unbefristet
Dauer der Mitgliedschaft	unbefristet
Kapitalbeteiligung	*keine generelle Aussage*
Haftung der Mitglieder	unbeschränkt
Bindung über Sachmittel	keine/gering

Tab. 75: Keiretsu

4.3.5.3 Branchenbezogene Regionalnetzwerke

Branchenbezogene Kooperationsnetzwerke ergeben sich im Zusammenhang mit einer wirtschaftsdemografisch nachweisbaren Branchenkonzentration in bestimmten Regionen. "Interfirm cooperation is often found in economic activities based in a particular region, such as in Japan or Scandinavia, or in locals where firms from similar industries are spatially concentrated, such as Silicon Valley or Route 128 in the United States. The extended trading relationships that develop under these circumstances of physical proximity may vary considerably in their details, but their underlying logic is constant."[822] Häufig bilden die dort angesiedelten Unternehmen die gesamte Wert-

822 Powell (1990), S. 311; Vgl. Wirth (2000), S. 193 f.; zu Knyphausen-Aufseß (1999), S. 594, S. 600

schöpfungskette einer Branche ab, die Leistungserstellung stützt sich auf eine stark arbeitsteilige Kooperation.[823] Damit werden Skaleneffekte durch weitgehende Spezialisierung mit hoher Flexibilität im Leistungsspektrum durch die variable Zusammenarbeit mit unterschiedlichen Partnern verbunden.[824]

Die branchenbezogene Konzentration von Unternehmen in einer Region bietet eine Reihe von Vorteilen: Kandidaten für eine Neuansiedlung finden häufig ein hohes Arbeitskräftepotential, das über branchenbezogene Qualifikationen verfügt, sowie eine gut ausgebildete Infrastruktur vor, die z.B. qualifizierte Zulieferer und lokale fachliche Unterstützung durch wissenschaftliche oder sonstige beratende Einrichtungen einschließt.[825] Darüber hinaus ergeben sich kurze Transportwege. Die Zusammenarbeit mit Zulieferern und Kunden wird durch ein – nur über die räumliche Nähe in dieser Form realisierbares – personal-soziales Beziehungsgefüge unterstützt. Damit reduzieren sich die Transaktionskosten einer Zusammenarbeit mit Dritten. Diese Veränderungen zeigen u.U. nachhaltige Auswirkungen auf die transaktionskostentheoretisch motivierte Entscheidung zwischen Markt oder Hierarchie bzw. über die In- oder Externalisierung von Wertschöpfungsbereichen. Die Konzentration auf eigene Kernkompetenzen und die Externalisierung von Funktionen über den Markt bzw. über kooperative Arrangements gewinnen an Attraktivität. In der Tat zeichnen sich Unternehmen in Regionen mit starken Branchenschwerpunkten durch eine geringe vertikale Integration aus.[826] Dadurch können u.U. erhebliche Effizienz- und Wettbewerbsvorteile realisiert werden.

So entsteht ein potentielles Gegengewicht zur Internationalisierung des Wirtschaftsgeschehens: "Parallel zur Globalisierung findet die gezielte Einbindung in regionale Unternehmensnetzwerke zur Stärkung der Wettbewerbsfähigkeit immer größere Beachtung. Diese Strategie wird oftmals als Alternative zu den im Zuge der Globalisierung getätigten Produktionsverlagerungen ins Ausland verstanden."[827] Aus dem dichten regionalen Beziehungsgefüge ergibt sich eine hohe Dynamik der zwischenbetrieblichen Kooperationsbeziehungen. "Die hoch spezialisierten Zulieferer dienen ... nicht ihre gesamte Produktionskapazität einem Abnehmer an. Weil sie mehrere weiterverarbeitende oder vermarktende Unternehmungen beliefern, ist ihre Beziehung zu einem bestimmten Abnehmer denn auch nicht besonders stabil. Stabil ist allein die Mitgliedschaft in einem regionalen Netzwerk. Die mit dem relativ häufigen Wechsel der Interorganisationsbeziehungen verbundenen Transaktionskosten sind dabei nur von untergeordneter Bedeutung, weil die Region mit einem personalen Netz

---

823 Vgl. Belzer (1993), S. 76; McHugh/Merli/Wheeler (1995), S. 23

824 Vgl. Dörsam/Icks (1997), S. 10

825 Vgl. Belzer (1993), S. 78; Dörsam/Icks (1997), S. 26 f.; Porter (1990), S. 154-159; Powell (1990), S. 309, S. 313 f.; zu Knyphausen-Aufseß (1999), S. 602

826 Vgl. Powell (1990), S. 310; Sabel (1987); Sydow (1993), S. 44

827 Kinkel/Schneider/Wengel (1998), S. 274

vertrauensvoller Austauschbeziehungen durchtränkt ist, das den Abschluss formeller Verträge selten notwendig macht."[828]

Die positiven ökonomischen Auswirkungen entsprechender Kooperationsmodelle werden am Beispiel der Emilia-Romagna illustriert, die durch die italienische Textilindustrie geprägt ist.[829] Als weitere Regionen werden das Silicon Valley in den USA, Sophia Antipolis in Frankreich und einzelne Regionen in Baden-Württemberg genannt.[830] Sie erlauben die Verbindung der Flexibilität und Dynamik von KMUs mit den Ressourcen- und Know-how-Vorteilen von Großunternehmen.[831] Diese Stärke kommt insbesondere in Branchen zum Tragen, in denen eine starke Individualisierung von Produkten und Dienstleistungen üblich ist und damit Skaleneffekte nur begrenzt genutzt werden können.[832] Hier wirkt sich die bei Kleinunternehmen früher eintretende Kostendegression aus.[833]

Konstitutive Elemente betreffen die Branchenzugehörigkeit sowie die regionale Eingliederung der Mitglieder. Zwingende Merkmale im Hinblick auf die Binnenstruktur sind jedoch nicht erkennbar, vielmehr bilden sich in der Praxis vielfältige Formen der Zusammenarbeit aus. Generell ist jedoch in der Mehrzahl der Fälle ein geringer Zentralisierungsgrad[834] und eine nur begrenzte Formalisierung der Kooperation festzustellen.[835] Die Ausprägung der Systematisierungsmerkmale geht im Übrigen aus Tab. 76 hervor.

---

828 Sydow 81993), S. 47

829 Vgl. Brusco (1982); Sydow (1993), S. 47

830 Vgl. Dörsam/Icks (1997), S. 11-16; Schuh/Millarg/Göransson (1998), S. 71 f.

831 Vgl. Lazerson (1988), S. 331; Warnecke (1999), S. 28

832 Vgl. Lazerson (1988), S. 332

833 Vgl. Sydow (1993), S. 48

834 Vgl. Sydow (1993), S. 47

835 Lazerson (1988), S. 331

Merkmal	Ausprägung
Ziele der Kooperation	*keine generelle Aussage*
Zahl der Mitglieder	viele
Kreis der Mitglieder	offen
Größe der Mitglieder	überwiegend KMU
Richtung der Zusammenarbeit	*keine generelle Aussage*
Geografische Reichweite	regional
Wertschöpfungsbereiche der Kooperation	funktional integriert *oder* funktionsübergreifend integriert
Redundanz der Mitglieder	partiell *oder* hoch
Machtgrundlage	Marktmacht *oder* Personalmacht
Machtverteilung	polyzentrisch *oder* paritätisch
Abhängigkeit der Mitglieder	interdependent
Reichweite der Kooperation	funktionsspezifisch
Strategische Bedeutung der Kooperation	partiell *oder* hoch
Rechtliche Bindung	keine *oder* nicht formalisiert
Detaillierungsgrad	gering
Bestandsperspektive der Kooperation	mittel- oder langfristig *oder* unbefristet
Dauer der Mitgliedschaft	mittel- oder langfristig *oder* unbefristet
Kapitalbeteiligung	keine
Haftung der Mitglieder	*keine generelle Aussage*
Bindung über Sachmittel	*tendenziell* keine/gering

Tab. 76: Branchenbezogene Regionalnetzwerke

4.3.6 Virtuelle Unternehmen

Ein Virtuelles Unternehmen ist ein intendiert befristeter Zusammenschluss rechtlich selbständiger und unabhängiger Organisationen,[836] in die jedes Mitglied auf der Basis partnerschaftlicher Kooperation seine Kernkompetenzen einbringt.[837] Das dabei entstehende heterarchische Netzwerk tritt im Außenverhältnis als einheitliche Organisation auf und bietet Produkte oder Dienstleistungen an, in die die Leistungen der einzelnen Partner einfließen und die diese allein nicht erstellen könnten.[838]

---

836 Vgl. Goldman/Nagel/Preis (1996a), S. 72-74; Goldman/Nagel/Preis (1996b), S. 169; Gronau (1999b), S. 364 f.; Köhler (1996), S. 23; Millarg (1999), S. 141; Schiffenbacher/Lorenzen (1998), S. 18

837 Vgl. Bleicher (1999), S. 130; Bührer (1999), S. 173; Byrne/Brandt (1993), S. 36; Gronau (1999b), S. 358

838 Vgl. Hofmann/Holzschuh/Gölz (2000), S. 38 f.; Kernler (1996), S. 38; Ott (1995), S. 14; Schuh/Strack (1997), S. 12; Wolter/Wolff/Freund (1998), S. 6

Der Außendarstellung als eigenständige Institution[839] steht im Innenverhältnis ein bloßes Kooperationskonstrukt gegenüber: "Als wesentliches Merkmal lässt sich identifizieren, dass sich dem Betrachter bzw. Nutzer eines virtualisierten Objektes die gleiche Funktionalität des ursprünglichen Objektes präsentiert, die meist um einen zusätzlichen Nutzen erweitert wird. Des Weiteren fehlen – scheinbar vorhandene – physikalische Attribute des korrelierenden realen Objektes, es handelt sich um Entitäten ohne physikalische Basis."[840] Das Virtuelle Unternehmen kommt daher ohne physische und juristische Körperschaft aus,[841] es entsteht mithin eine "Als-ob-Organisation"[842]. Der Begriff des Virtuellen Unternehmens geht auf MOWSHOWITZ[843] zurück und leitet sich aus der Analogie zur virtuellen Speicherverwaltung in der Informatik ab.[844] Das Konzept bietet besonders kleinen und mittleren Unternehmen (KMU) strategische Vorteile, um im Wettbewerb zu bestehen:[845]

- Der Kooperationstyp des Virtuellen Unternehmens bietet die Chance, komplementäre Kompetenzen der Partner zu verbinden.[846] Damit können spezialisierte Dienstleister gemeinsam am Markt auftreten und eine Aufwertung des eigenen Leistungsspektrums erreichen. Durch die Bündelung von Leistungen kann sich das Netzwerk als Systemanbieter etablieren und Komplettlösungen statt isolierter Einzelleistungen anbieten.
- Das Virtuelle Unternehmen verfügt über mehr sichtbare Größe als die einzelnen Partner. Damit können insbesondere KMU einen wesentlichen Nachteil im Wettbewerb überwinden: Sie bauen ihre Marktpräsenz aus und können dadurch mit größeren Unternehmen in Wettbewerb treten.[847]
- Jeder Partner eröffnet mit seinem Kundenstamm einen potentiellen Markt für das gesamte Netzwerk.[848] Neben der besseren Kenntnis der Kundenwünsche ergibt

839 Vgl. Heck (1999), S. 195 f.; Kemmner/Gillesen (2000), S. 12

840 Schuh/Millarg/Göransson (1998), S. 25; Vgl. Wolter/Wolff/Freund (1998), S. 3 f.

841 Vgl. Balling (1997), S. 27; Bullinger/Fröschle/Brettreich-Teichmann/Hofmann (1995), S. 377; Mertens/Faisst (1995), S. 61; Schuh/Millarg/Göransson (1998), S. 29; Schuh/Strack (1999), S. 13; Sydow (1996), S. 10; Warnecke (1999), S. 13

842 Kaluza/Blecker (1999), S. 3; Klein (1994), S. 309

843 Vgl. Mowshowitz (1986), S. 389

844 Vgl. Hoffmann/Hanebeck (1995), S. 69; Hofmann/Holzschuh/Gölz (2000), S. 33; Kaluza/Blecker (1999), S. 2; Kemmner/Gillesen (2000), S. 16 f.; Klein (1994), S. 309; Schräder (1996), S. 34

845 Vgl. Schuh/Strack (1997), S. 13

846 Vgl. Arnold/Faisst/Härtling/Sieber (1995), S. 10; Elmauer/Preuß (1996), S. 63; Frigo-Mosca/Brütsch/Tettamanti (1996), S. 47; Hofmann/Holzschuh/Gölz (2000), S. 35; Klein (1994), S. 309; Schiffenbacher/Lorenzen (1998), S. 18; Scholz (1997), S. 348 f.; Schräder (1996), S. 58; Selz (1996), S. 309; Sydow (1996), S. 10

847 Vgl. Goldman/Nagel/Preis (1996b), S. 181; Schuh/Millarg/Göransson (1998), S. 22; Schräder (1996), S. 10

848 Vgl. Goldman/Nagel/Preis (1996b), S. 182; Hofmann/Holzschuh/Gölz (2000), S. 35; Schiffenbacher/Lorenzen (1998), S. 18; Schuh/Millarg/Göransson (1998), S. 22

sich die Möglichkeit, Vertrauen der Kunden in einzelne Unternehmen für das gesamte Netzwerk in Anspruch zu nehmen und dadurch einen größeren Kundenstamm aufzubauen.

- KMU verfügen im Vergleich zu größeren Wettbewerbern häufig über geringere Investitionsspielräume und Kapazitätsreserven. Die Kooperation im Rahmen eines strategischen Netzwerks unterstützt die Nutzung einer gemeinsamen Infrastruktur und erlaubt die Bündelung von FuE-Aktivitäten sowie eine Kosten-/Risikoteilung bei der Entwicklung und Einführung von Dienstleistungen.[849]
- Aus der Koordination der FuE- und Planungsaktivitäten der Partner im Netzwerk können sich signifikante Zeit- und Kostenvorteile ergeben.[850] Eine wechselseitige Abstimmung führt zum Abbau mehrfach erbrachter Leistungen und setzt damit knappe Kapazitäten zur Entwicklung marktfähiger Dienstleistungen frei.

Die Auseinandersetzung mit dem Konzept des Virtuellen Unternehmens fokussiert stark auf eine intensive informationstechnische Vernetzung der Partner.[851] Das Virtuelle Unternehmen stellt danach "ein temporäres Netzwerk von selbständigen Firmen dar, die durch Informationstechnologie miteinander verbunden sind."[852] Einschränkend merken jedoch SCHUH und STRACK an: "Obwohl die Informationstechnologie expliziter Bestandteil einiger Definitionen Virtueller Organisationen ist, kann sie nur ein ausgezeichnetes Hilfsmittel, aber nicht der entscheidende Faktor zur Ermöglichung Virtueller Organisationen sein. Der Schlüssel zur Überwindung der Leistungsgrenzen der Organisation kann nur ein Streben nach innovativen IuK-Technologie-Lösungen einerseits und dem richtigen 'organizational fit' andererseits sein. Es ist unbestritten, dass die IuK-Technik neue Lösungsräume öffnet. Die Praxis hat aber gezeigt, dass der entscheidende Wettbewerbsvorsprung und das effektive Funktionieren der überbetrieblichen Zusammenarbeit nicht durch Möglichkeiten der IuK-Technik, sondern durch unternehmerisch agierende Menschen bestimmt wird."[853] Insoweit fokussiert die Auseinandersetzung auch hier nicht auf die informationstechnische Vernetzung der Mitglieder einer Kooperation, sondern rückt die effiziente Gestaltung organisato-

---

849 Vgl. Davidow/Malone (1993), S. 161; Schiffenbacher/Lorenzen (1998), S. 18

850 Vgl. Hofmann/Holzschuh/Gölz (2000), S. 35; Köhler (1996), S. 23; Ott (1995), S. 15

851 Vgl. Arnold/Faisst/Härtling/Sieber (1995), S. 13-16; Balling (1997), S. 27 f.; Byrne/Brandt (1993), S. 38; Dudenhausen/Halmosi/Lickefett (1996); Fischer (1999); Gora/Scheid (2000); Gronau (1999b), S. 358, S. 377-385; Heck (1999), S. 195; Mowshowitz (1986), S. 389; Kaluza/Blecker (1999), S. 4; Klein (1994), S. 309; Müller-Merbach (1995b), S. 104; Reiß (1996a), S. 10; Reiß (1996b), S. 197; Schiffenbacher/Lorenzen (1998), S. 19; Schräder (1996), S. 70 f.; Selz (1997), S. 310; Sydow (1995), S. 631; Sydow (1996), S. 10; Wöhe (2000), S. 226

852 Kernler (1996), S. 38

853 Schuh/Strack (1999), S. 13; Vgl. Bullinger/Fröschle/Brettreich-Teichmann/Hofmann (1995), S. 382; Goldman/Nagel/Preis (1996b), S. 171; Kemmner/Gillesen (2000), S. 15 f.; McHugh/Merli/Wheeler (1995), S. 158

rischer Strukturen in den Mittelpunkt – jedoch ohne die unterstützende Funktion der IuK-Technologien in Zweifel zu ziehen.[854]

Die kurzfristige Konfiguration eines Virtuellen Unternehmens stößt in der Praxis an Grenzen,[855] die im Zusammenhang mit den konzeptionellen Überlegungen zum Vertrauen zwischen den Partnern stehen. Kooperatives Verhalten mit ex ante nicht vollständig definierten oder definierbaren Rechten und Pflichten ist i.d.R. mit Risiken behaftet und setzt daher eine fundierte Kenntnis der Partner voraus, die sich erst mit der Zeit entwickelt. Insoweit erfordert die kurzfristige Gründung eines Virtuellen Unternehmens meist ein längerfristig stabiles Beziehungsnetzwerk zwischen den Partnern, das über einen längeren Zeitraum aufgebaut wird:[856] "In der Realität bilden sich virtuelle Strukturen sehr oft auf einem evolutionären Weg."[857] Häufig wird dies über ein Kooperationsnetzwerk realisiert, das die Basis für die Aktivierung eines Virtuellen Unternehmens bildet. Dieses greift jeweils bedarfsgerecht auf unterschiedliche Mitglieder zurück und hat nur für jeweils einen konkreten Auftrag Bestand (vgl. Abb. 73).[858] Die Auflösung des Virtuellen Unternehmens nach seiner Abwicklung verändert damit die grundsätzliche Geschäftsbeziehung qualitativ nicht, diese ruht lediglich bis zur erneuten Aktivierung u.U. in einem anderen Kreis von Partnern.

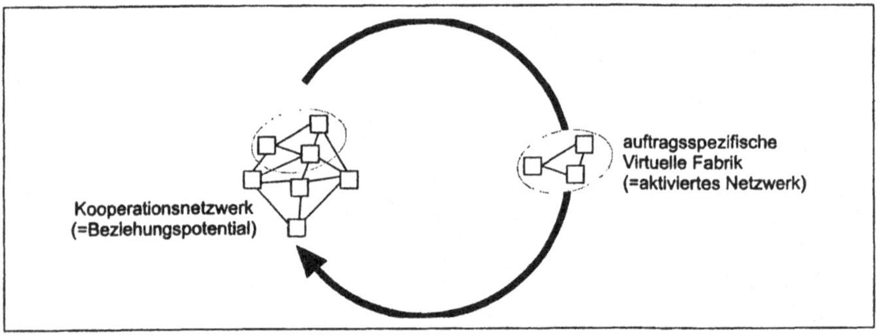

Abb. 73: Formation des aktivierten Netzwerks in der Virtuellen Fabrik[859]

Die langfristige Etablierung des Kooperationsnetzwerks schafft also die Grundlage, um ad hoc und auftragsbezogen kurzfristige Leistungsverbünde konfigurieren zu

854 Vgl. Hofmann/Holzschuh/Gölz (2000), S. 213; Mertens/Faisst (1995), S. 63

855 Vgl. Mertens/Faisst (1996), S. 280

856 Vgl. Goldman/Nagel/Preis (1996b), S. 173; Gronau (1999b), S. 375; Handy (1995), S. 44; Kaluza/Blecker (1999), S. 5; Kemmner/Gillesen (2000), S. 11; Schuh/Katzy/Eisen (1997), S. 9; Schuh/Millarg/Göransson (1998), S. 29 f.; Wolter/Wolff/Freund (1998), S. V

857 Hofmann/Holzschuh/Gölz (2000), S. 243; Vgl. Gronau (1999b), S. 363

858 Vgl. Elmauer/Preuß (1996), S. 63; Schiffenbacher/Lorenzen (1998), S. 18; Schuh/Katzy/Eisen (1997), S. 8; Schuh/Strack (1997), S. 13; Sydow (1996), S. 11

859 Abb. aus Schuh/Millarg/Göransson (1998), S. 63

können und auf Basis einer bestehenden Vertrauensbeziehung auf die Regelung aller Einzelheiten und wechselseitigen Leistungspflichten zu verzichten.[860] Die kulturelle Integration und die Entwicklung einer eigenen korporativen Identität entwickelt sich damit zu einem wichtigen Erfolgsfaktor,[861] auch wenn dies vereinzelt angezweifelt wird.[862] Auch die Verabschiedung grundsätzlich geltender rechtlicher Regelungen im Sinne allgemeiner Geschäftsbedingungen verkürzt die Anbahnungsphase erheblich.[863]

FRIGO-MOSCA, BRÜTSCH und TETTAMANTI identifizieren insgesamt folgende gemeinsame Merkmale, die sie aus einer Auseinandersetzung mit vorhandenen Definitionsansätzen extrahieren: "Die rechtliche und finanzielle Selbständigkeit, die Bedeutung der Informations- und Kommunikationstechnologien, die Konzentration auf die Kernkompetenzen der einzelnen Teilnehmer, keine Zentralisierung der Managementaufgaben und das Fehlen einer Aufbauorganisation, die Erreichung eines gemeinsamen Ziels."[864] Die Grenzen des Unternehmens bestimmen sich nicht mehr über Eigentums- und Verfügungsrechte oder einheitliche Führungsstrukturen, sondern über Produkte, Dienstleistungen und Projekte bzw. die Teilnahme institutioneller Akteure daran.[865]

Wesentliche Merkmale des Virtuellen Unternehmens gehen aus Tab. 77 hervor. In der Literatur besteht grundsätzliche Einigkeit im Hinblick auf die Grundstruktur des Virtuellen Unternehmens. Differenzen ergeben sich jedoch aus der exakten Verwendung des Begriffs und der genauen Einordnung des Betrachtungsobjekts.[866] Einige Autoren beziehen sich auf das langfristig stabile Beziehungsnetzwerk, das die Grundlage einer fallbezogenen Konfiguration von Teilnetzwerken bildet.[867] Andere sehen nur in diesem temporär bestehenden, aktivierten Netzwerk ein Virtuelles Unternehmen.[868] Erkenntnisobjekt und Bewertungsgegenstand sei im Weiteren das gesamte, dauerhaft etablierte Netzwerk einschließlich aller, auch temporär eingebundener Mitglieder.

---

860 Vgl. Davidow/Malone (1993), S. 161; Jansen (1998), S. 120 f.; o.V. (1996c), S. 42; Schuh/Strack (1997), S. 13; Wolter/Wolff/Freund (1998), S. 83

861 Vgl. Arnold/Faisst/Härtling/Sieber (1995), S. 10; Davidow/Malone (1993), S. 163; Goldman/Nagel/Preis (1996a), S. 77; Gronau (1999b), S. 370 f.; Schräder (1996), S. 86 f.; Schuh/Millarg/Göransson (1998), S. 31, S. 91; Ulmer (1996), S. 130-132

862 Vgl. Ott (1995), S. 16

863 Vgl. Schuh/Katzy/Eisen (1997), S. 11; Schuh/Strack (1999), S. 14

864 Frigo-Mosca/Brütsch/Tettamanti (1996), S. 47; Vgl. Arnold/Faisst/Härtling/Sieber (1995), S. 10, S. 12

865 Vgl. Bullinger/Fröschle/Brettreich-Teichmann/Hofmann (1995), S. 377; Klein (1994), S. 310; Schräder (1996), S. 36

866 Vgl. Hofmann/Holzschuh/Gölz (2000), S. 44; Mertens/Faisst (1995), S. 62

867 Vgl. Schuh/Millarg/Göransson (1998), S. 63

868 Vgl. Gronau (1999b), S. 359, S. 364; Kaluza/Blecker (1999), S. 3 f.; Kemmner/Gillesen (2000), S. 11; Kernler (1996), S. 38; Köhler (1996), S. 23; Schiffenbacher/Lorenzen (1998), S. 19; Wolter/Wolff/Freund (1998), S. 7 f.

Merkmal	Ausprägung
Ziele der Kooperation	*keine generelle Aussage*
Zahl der Mitglieder	wenige *bis* viele
Kreis der Mitglieder	*tendenziell* geschlossen
Größe der Mitglieder	*tendenziell* überwiegend KMU
Richtung der Zusammenarbeit	vertikal *oder* diagonal, *vorwiegend jedoch* diversifiziert
Geografische Reichweite	*keine generelle Aussage*
Wertschöpfungsbereiche der Kooperation	funktional integriert *oder* funktionsübergreifend integriert
Redundanz der Mitglieder	*keine generelle Aussage*
Machtgrundlage	*keine generelle Aussage*
Machtverteilung	*keine generelle Aussage*
Abhängigkeit der Mitglieder	interdependent
Reichweite der Kooperation	*tendenziell* funktionsspezifisch
Strategische Bedeutung der Kooperation	*keine generelle Aussage*
Rechtliche Bindung	nicht formalisiert *oder* formalisiert/kodifiziert
Detaillierungsgrad	*keine generelle Aussage*
Bestandsperspektive der Kooperation	mittel- oder langfristig *oder* unbefristet
Dauer der Mitgliedschaft	mittel- oder langfristig *oder* unbefristet
Kapitalbeteiligung	keine
Haftung der Mitglieder	*keine generelle Aussage*
Bindung über Sachmittel	*keine generelle Aussage*

Tab. 77: Virtuelle Unternehmen

4.3.7 Public-Private-Partnerships

Initiativen, in denen Institutionen des öffentlichen und privaten Sektors zusammenarbeiten, werden in der Literatur unter dem Begriff der "Public-Private-Partnerships" (PPPs) diskutiert.[869] Dieser beschreibt die "institutionalisierte Zusammenarbeit zwischen öffentlichen und privaten Akteuren."[870] Public-Private Partnerships sind Ausdruck eines im Rahmen der Leistungstiefendiskussion[871] veränderten Rollenverständnisses staatlicher Einrichtungen. Sie überwinden zumindest partiell die

---

869 Vgl. Zink/Voß (1998d), S. 182

870 Roggencamp (1999), S. 19

871 Vgl. Naschold (1997), S. 69 f.

klassische Dichotomie von Staat und Markt[872] und tragen dazu bei, nicht-hoheitliche Aufgaben, die traditionell der öffentlichen Hand zugeordnet werden, trotz angespannter Haushaltslage zu verwirklichen: "Faced with falling tax revenue, increasing social expenditure, excessive public sector budgetary deficits, overdue infrastructural investments and the anticipated burden of civil service supranational provision, the search for ways and means of reducing the pressure on available financial resources has become of primary importance for the public sector. There is, moreover, the additional hope that partnerships with private sector investors will lead to a scaling down of public sector institutions."[873]

Eine Beschränkung der finanziellen Handlungsspielräume bei gleichzeitig wachsenden Herausforderungen im Umgang mit dynamischen wirtschaftlichen und sozialen Rahmenbedingungen erfordert eine Konzentration staatlichen Handelns auf bestimmte Kernaufgaben und den Rückzug aus peripheren Bereichen.[874] Entsprechende Einschränkungen des Leistungsspektrums können durch die Kooperation mit Akteuren des privaten Sektors zumindest teilweise kompensiert werden.[875] In der Praxis dominieren hier die Schlagworte "New Public Management" und "Reinventing Government". Der entsprechende konzeptionelle Rahmen der Wissenschaft wird im Wesentlichen über die Public-Choice-Theorie geschaffen.[876]

Neben diesen primär fiskalisch motivierten Überlegungen können durch die sektorübergreifende Zusammenarbeit bestimmte Problemfelder überhaupt erst einer Lösung zugeführt werden.[877] Auch Effizienzüberlegungen sprechen für die Kooperation von öffentlicher Hand und privatem Sektor und die gezielte Nutzung marktlicher Elemente in der Leistungserstellung.[878] Konzeptionell begründen sich die dadurch erzielbaren Vorteile durch die bessere Anreizverträglichkeit des Marktes gegenüber monopolistischen Einheitssystemen.[879]

Diese Art der Kooperation, die in den USA seit Jahrzehnten praktiziert wird,[880] hat in Deutschland - zumindest auf kommunaler Ebene - bisher nur wenige Nachahmer gefunden.[881] Einzelne Projekte beschäftigen sich z.B. mit Fragen der Stadtent-

---

872 Vgl. Budäus/Eichhorn (1997), S. 11; Roggencamp (1999), S. 34

873 Eichhorn (1998), S. 226; Vgl. Mirow (1997), S. 13-23

874 Vgl. Erd (1995), S. 14

875 Vgl. Mirow (1997), S. 15

876 Vgl. Brandstätt (2000), S. 55-61; Budäus/Grüning (1997), S. 27-37; Frey (1995), S. 50

877 Vgl. Budäus/Eichhorn (1997), S. 11

878 Vgl. Budäus/Grüning (1997), S. 37

879 Vgl. Erd (1995), S. 11; Kasuga (1999), S. 499

880 Vgl. Budäus/Eichhorn (1997), S. 11; Roggencamp (1999), S. 19

881 Vgl. Budäus/Grüning (1997), S. 25

wicklung, der Infrastrukturgestaltung sowie der Ver- und Entsorgung.[882] Ein integrativer Ansatz zur Verbesserung der Standortqualität insgesamt ist hier bislang jedoch nicht erkennbar.[883] Probleme bereiten tendenziell die unterschiedlichen Zielsysteme privatwirtschaftlicher Partner und der öffentlichen Hand:[884] "The specific problems of mixed enterprises or rather mixed economy enterprises revolve around the various partners. Complicated compromises are called for to establish a balance of interest when aims which at the outset were compatible ... become rival aims. The classic case is where the public sector partner endeavours to use the enterprise to execute public tasks ... , whereas the underlying motivation of the private sector investor is the earning of secure profits. Conflict becomes inevitable when these two aims become mutually exclusive either because the determined performance does not return sufficient profit or is neglected in the search for profit."[885]

Das Konzept der Public-Private-Partnerships ist insgesamt wenig geschlossen. Die Vielzahl der Kooperationsinhalte und der Partnerkonstellationen verhindert einen Rückgriff auf einen homogenen Erfahrungsschatz und die Ableitung von Gestaltungsempfehlungen.[886] Strukturelle Gemeinsamkeiten sind – auch im Hinblick auf die rechtssystematische Einordnung[887] – nur begrenzt zu identifizieren. Vielfach wird der Begriff so weit gefasst, dass er mit Privatisierung oder Deregulierung gleichzusetzen ist.[888] Auch BUDÄUS und GRÜNING bemängeln die Aufweichung der Definition von Public-Private-Partnerships: Sie "verliert aber restlos an Schärfe, wenn jedwede Zusammenarbeit zwischen Akteuren aus dem privaten oder dem öffentlichen Sektor als PPP bezeichnet wird."[889]

Die Autoren leiten daher als konstitutive Merkmale über die sektorübergreifende Zusammenarbeit hinaus die Zielkomplementarität der Partner, die Erzielung von Synergieeffekten aus der Zusammenarbeit, eine inhaltlich nicht weiter konkretisierte und daher im Folgenden vernachlässigte Prozessorientierung, die Beibehaltung der Identität und Unabhängigkeit der Partner sowie die Institutionalisierung der Zusammenarbeit über formalisierte (Gesellschafts-)Verträge ab.[890] ROGGENCAMP legt eine weitgehend identische Beschreibung vor und ergänzt die gleichberechtigte Teilhabe an Chancen und Risiken der Kooperation.[891] Damit sind allerdings nicht gleiche Auf-

---

882 Vgl. Budäus/Grüning (1997), S. 41; Gottschalk (1997); Mehler (1995); Muthesius (1997); Roggencamp (1999), S. 39 f.; Sinz (1997)

883 Vgl. Zink/Voß (1998d), S. 182

884 Vgl. Frey (1995), S. 54; Wentz (1995), S. 61 f.

885 Eichhorn (1998), S. 228

886 Vgl. Budäus/Grüning (1997), S. 37; Roggencamp (1999), S. 20

887 Vgl. Tettinger (1997), S. 126

888 Vgl. Roggencamp (1999), S. 25, S. 52-55

889 Budäus/Grüning (1997), S. 46

890 Vgl. Budäus/Grüning (1997), S. 54

891 Vgl. Roggencamp (1999), S. 27, S. 47-50

wände und Erträge, sondern eine ausgewogene Verteilung gemeint. TETTINGER führt außerdem die Wahrnehmung einer öffentlichen Aufgabe ein.[892] Eine entsprechende Charakterisierung geht aus Tab. 78 hervor.

Merkmal	**Ausprägung**
Ziele der Kooperation	*keine generelle Aussage*
Zahl der Mitglieder	wenige *oder* viele
Kreis der Mitglieder	*keine generelle Aussage*
Größe der Mitglieder	*keine generelle Aussage*
Richtung der Zusammenarbeit	*tendenziell* diversifiziert
Geografische Reichweite	*tendenziell* regional
Wertschöpfungsbereiche der Kooperation	funktionsübergreifend integriert
Redundanz der Mitglieder	*keine generelle Aussage*
Machtgrundlage	Personalmacht *oder* Organisationsmacht
Machtverteilung	polyzentrisch *oder* paritätisch
Abhängigkeit der Mitglieder	interdependent
Reichweite der Kooperation	funktionsspezifisch
Strategische Bedeutung der Kooperation	*tendenziell* gering
Rechtliche Bindung	formalisiert/kodifiziert
Detaillierungsgrad	*tendenziell* gering
Bestandsperspektive der Kooperation	mittel- oder langfristig *oder* unbefristet
Dauer der Mitgliedschaft	mittel- oder langfristig *oder* unbefristet
Kapitalbeteiligung	*tendenziell* keine
Haftung der Mitglieder	beschränkt
Bindung über Sachmittel	keine/gering

Tab. 78: Public-Private-Partnerships

Diese Ausführungen belegen anhand ausgewählter, in Wissenschaft und Praxis diskutierter Gestaltungsmodelle die empirische Relevanz der theoretisch-konzeptionellen Analyse von Unternehmensnetzwerken in den vorhergehenden Abschnitten. Allerdings standen in der Auseinandersetzung mit dem Netzwerkphänomen bislang konzeptionelle Überlegungen und empirische Erkenntnisse überwiegend im Hinblick auf eine erfolgsförderliche Strukturgestaltung sowie auf erzielbare Nutzenpotentiale im Mittelpunkt. Eine fundierte Bewertung von Chancen und Risiken setzt aber gleichermaßen die proaktive Auseinandersetzung mit potentiellen Gefahren bei der Gestaltung von und der Beteiligung an Unternehmensnetzwerken voraus. Diese ist

---

892 Vgl. Tettinger (1997), S. 125

Gegenstand des folgenden Abschnitts. Sie liefert weitere inhaltliche Anforderungen für das hier zu konzipierende Bewertungsmodell.

4.4 Gefahren und Grenzen der Kooperation

Den bislang primär betrachteten Erfolgsperspektiven von Unternehmensnetzwerken steht eine Reihe von Risiken gegenüber. Dazu führen PORTER und FULLER aus: "Eine Koalition kann für ein Unternehmen möglicherweise auch Nachteile mit sich bringen, die es gegen die Vorteile aufzurechnen hat. Diese Nachteile lassen sich in drei Kategorien einteilen: Koordinationsschwierigkeiten, Untergrabung der Wettbewerbsposition und Entstehung einer ungünstigen Verhandlungsposition."[893] BULLINGER, OHLHAUSEN und HOFFMANN haben in einer empirischen Erhebung wesentliche Risiken von Unternehmenskooperationen erhoben (vgl. Abb. 74).[894] Auch LITTIG hat vergleichbare Ergebnisse vorgelegt (vgl. Abb. 75).[895] Die Ergebnisse belegen, dass Netzwerke und Kooperationen als Perspektive unternehmerischen Handelns nicht nur Nutzenpotentiale mit sich bringen. Vielmehr ergeben sich sowohl aus Sicht der Praxis als auch aus konzeptionellen Überlegungen heraus mitunter erhebliche, insbesondere langfristig wirksame Gefahren für den Unternehmenserfolg.

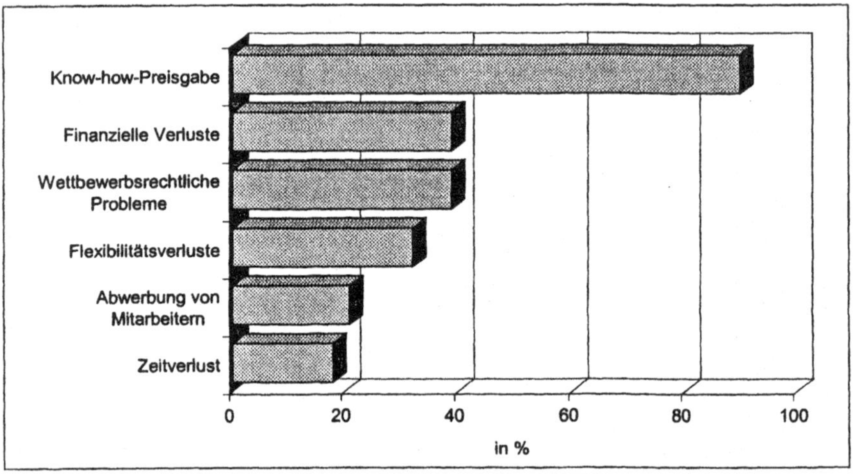

Abb. 74: Risiken von Kooperationen nach Bullinger et al.[896]

[893] Porter/Fuller (1989), S. 377

[894] Vgl. Bullinger/Ohlhausen/Hoffmann (1997)

[895] Vgl. Littig (1999)

[896] Abb. aus Bullinger/Ohlhausen/Hoffmann (1997), S. 50

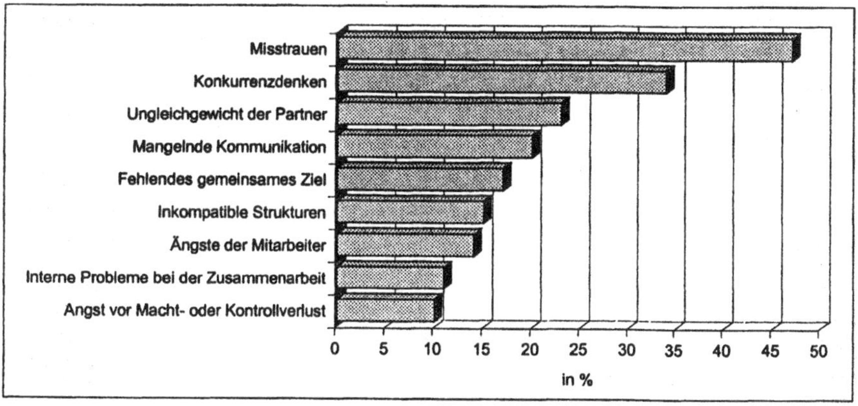

Abb. 75: Risiken und Probleme von Kooperationen nach Littig[897]

In den folgenden Abschnitten werden daher grundsätzliche Risiken einer Kooperation mit anderen Unternehmen thematisiert. Sie betreffen insbesondere systemimmanente Gefahren für den Fortbestand bzw. die Wettbewerbsfähigkeit des Netzwerks insgesamt sowie langfristige Auswirkungen auf die individuelle Wettbewerbsfähigkeit beteiligter Unternehmen. Die Risiken sind durch eine ausgewogene Positionierung der Partner und die strukturelle Gestaltung der Beziehungen untereinander zumindest teilweise aufzufangen. Allerdings ist generell festzustellen, dass die komparativen Vorteile der Kooperation gegenüber den Gestaltungsalternativen des Marktes bzw. der Hierarchie mit potentiellen Nachteilen erkauft werden. Insofern ist eine fundierte Risikoabwägung im Falle einer Entscheidung über die vollständige In- bzw. Externalisierung von Leistungen oder über die alternative Etablierung kooperativer Organisationsformen notwendig. Diese setzt auch die im Folgenden geleistete Auseinandersetzung mit Gefahren der Kooperation voraus.

4.4.1 Abfluss von Know-how an den Wettbewerb

Ein wesentliches Problem innerhalb von Unternehmensnetzwerken entsteht aus der Vielzahl nicht kontrollierbarer Kanäle zur Diffusion von Wissen und Informationen:[898] "Häufig wird die Verschlechterung der Wettbewerbsposition ... gefördert durch eine unkontrollierte Informationspreisgabe in der Kooperationsbeziehung. Informationen werden in der praktischen Zusammenarbeit oft nicht nur zum unmittelbaren Kommunikationsfeld, sondern auch darüber hinaus weitergegeben."[899] Die Bedeutung dieser Gefahr heben HAMEL, DOZ und PRAHALAD insbesondere für die Zusammenarbeit mit asiatischen Partnern hervor: "But the spread of what we call 'competitive

---

[897] Abb. aus Littig (1999), S. 59

[898] Vgl. Hagedoorn (1990), S. 21; Heinz/Eichmann/Schütze (2000), S. 221

[899] Balling (1997), S. 149

collaboration' – joint ventures, outsourcing agreements, product licensings, cooperative research – has triggered unease about the long-term consequences. A strategic alliance can strengthen both companies against outsiders even as it weakens one partner vis-à-vis the other. In particular, alliances between Asian companies and Western rivals seem to work against the Western partner. Cooperation becomes a low-cost route for new competitors to gain technology and market access."[900]

Auch LEI und SLOCUM weisen auf die Probleme hin, die sich aus der Dualität von Kooperation und Wettbewerb ergeben.[901] Erstere fordert die Einbringung und Offenlegung erfolgskritischer Kompetenzen und führt damit zum Verlust von Alleinstellungsmerkmalen.[902] Interner Wettbewerb, dessen positive Stimulanzwirkung zu den Stärken des Netzwerkansatzes gehört, schwächt in der Folge die Position einzelner Partner innerhalb des Netzwerks.[903] Auch außerhalb dessen Sphäre besteht die Gefahr, Wettbewerber im eigenen Markt aufzubauen und sich selbst durch Preisgabe interner Informationen verwundbar zu machen.[904] Ein Ausscheiden aus der Kooperation[905] - entweder in Form eines Austritts oder durch Selektion - führt dann zu einer mitunter erheblichen Beeinträchtigung der Wettbewerbsposition einzelner Partner gegenüber der Situation vor dem Eintritt.[906]

Der Abfluss von Know-how kann nur dann kontrolliert werden, wenn ein systematisches Konzept zur Gestaltung der Beziehungen zu den anderen Partnern der Kooperation vorliegt. Dies schließt eine Kanalisierung von Kontakten über personelle Zuständigkeiten, ein klare Zielexplikation und eine darauf basierende, trennscharfe Abgrenzung von kollektiven und individuellen Geschäftsbereichen ein. Die Nutzenbilanz einer Mitgliedschaft wird nur dann positiv ausfallen, wenn es zumindest gelingt, den Abfluss eigenen Know-hows durch den Erwerb neuen Wissens und neuer Kompetenzen oder durch die Eröffnung neuer strategischer Positionen zu kompensieren: "Companies must learn how to better utilize strategic alliances as vehicles for learning new technologies and skills from their alliance partners while simultaneously protecting themselves from being 'deskilled' and 'hallowed out'. Deskilling creates an external dependence for components, supplies, and new designs and technologies."[907] Für die Konzeption des Bewertungsmodells ist diese Einsicht insofern relevant, als die

900 Hamel/Doz/Prahalad (1989), S. 133 (*Anm.: Der hier verwendete Begriff "strategic alliance" deckt sich mit dem Begriffsverständnis dieser Arbeit von Unternehmensnetzwerken.*); Vgl. Belzer (1993), S. 89

901 Vgl. Lei/Slocum (1992), S. 82

902 Bellmann/Hippe (1996b), S. 68; Vgl. Blancke (1994), S. 40; Deutsch/Diedrichs/Raster/Westphal (1997c), S. 27; Hippe (1997), S. 44; Reiß (1996b), S. 198; Yoshino/Rangan (1995), S. 76

903 Vgl. Bellmann/Hippe (1996b), S. 68

904 Vgl. Contractor/Lorange (1988b), S. 8; Porter/Fuller (1989), S. 378

905 Vgl. Reiß (1996b), S. 198

906 Vgl. Bea/Göbel (1999), S. 366 f.; Contractor/Lorange (1988b), S. 8

907 Lei/Slocum (1992), S. 81 (*Anm.: Der hier verwendete Begriff "strategic alliance" deckt sich mit dem Begriffsverständnis dieser Arbeit von Unternehmensnetzwerken.*)

Kanalisierung zwischenbetrieblicher Informationsflüsse und der Schutz geistigen Eigentums einzelner Mitglieder berücksichtigt werden müssen.

4.4.2 Verlust der eigenen Innovationskraft

Der Rückgriff auf Kompetenzen der Partner kann vorübergehend eigene Defizite und den unabhängigen Aufbau von Know-how kompensieren. Allerdings kommt in einem solchen Fall spätestens mittelfristig die Substitutionsbedrohung zum Tragen:[908] Mitglieder werden im Regelfall in die Kooperation aufgenommen, weil sie zur Abrundung des gemeinsamen Kompetenzportfolios beitragen.[909] Erbringt ein Mitglied diese Leistung nicht mehr, wird es potentiell selektiert.

Insofern birgt die Mitgliedschaft in einem Unternehmensnetzwerk als Ersatz für die Pflege eigener Kompetenzen mittel- bis langfristig erhebliche Risiken: "Many firms do not understand the inherent complexities involved in formulating and implementing a strategic alliance and simply seek to cut costs and thereby reduce their commitment to investing in new product development and manufacturing technologies. In effect, firms that rely on strategic alliances as an outsourcing mechanism to secure access to competitive products may find their internal skill sets deteriorating as they become 'locked out' from learning new skills and technologies critical to participating in industry evolution."[910] Dieses Risiko wird vielfach in Kooperationen westlicher und asiatischer Partner diagnostiziert. Hier führt eine rein kostenorientierte Outsourcing-Strategie ersterer zum Aufbau zukünftiger Konkurrenten.[911]

Auch SYDOW argumentiert in eine ähnliche Richtung: "Eine Unternehmung, die für den Unternehmungserfolg bedeutsame Funktionen konsequent externalisiert, läuft Gefahr, ihre Kernkompetenzen zu verlieren, die die Basis gegenwärtigen und zukünftigen Erfolgs sein mögen. Dies gilt insbesondere bei der Externalisierung oder Quasi-Externalisierung von Forschungs- und Entwicklungsfunktionen, aber auch von Montageaufgaben und selbst der Komponentenfertigung, in die oft ein erhebliches Know-how gebunden ist. Die Reduzierung der Fertigungstiefe und der Entwicklungstiefe sind zudem nicht unabhängig voneinander: Eine bloße Verringerung der Fertigungstiefe bei Beibehaltung der Entwicklungstiefe erhöht ebenso wie eine Reduktion der Entwicklungstiefe bei Beibehaltung der Fertigungstiefe den zwischenbetrieblichen Koordinationsbedarf."[912]

Ein Unternehmen muss hier eine bewusste Entscheidung treffen, in welchen Bereichen es eigene Kompetenzen auf- und ausbauen muss, um einen langfristigen Markterfolg

---

908 Vgl. Bellmann/Hippe (1996b), S. 68

909 Vgl. Berg/Duncan/Friedman (1982), S. 42

910 Lei/Slocum (1992), S. 81 (*Anm.: Der hier verwendete Begriff "strategic alliance" deckt sich mit dem Begriffsverständnis dieser Arbeit von Unternehmensnetzwerken.*); Vgl. Sydow (1995), S. 633

911 Vgl. Hamel/Doz/Prahalad (1989), S. 133; Lewis (1990), S. 55

912 Sydow (1993), S. 109

zu erzielen, und in welchen es sich in Abhängigkeit von Kooperationspartnern begeben kann. Hierfür dürfen nicht allein aktuelle oder kurzfristige Kostenerwägungen eine Rolle spielen, vielmehr sind die Auswirkungen einer solchen Entscheidung aus strategischer Perspektive zu bewerten. Dabei ist zu beachten, dass Kernkompetenzen sich nicht allein auf die aktuelle Geschäftstätigkeit beziehen. Sie bilden vielmehr die Grundlage zukünftiger Erfolgspotentiale u.U. auch in bislang noch nicht bearbeiteten Märkten oder Marktsegmenten.[913]

4.4.3 Verlust der Unabhängigkeit

Mit dem Verzicht auf den Ausbau eigener Kernkompetenzen bzw. dem Rückgriff auf solche der Partner ist langfristig nahezu zwingend ein starkes Abhängigkeitsverhältnis von den Kooperationspartnern verbunden.[914] LEI und SLOCUM haben die – häufig durch auf Basis von Kostenüberlegungen verfolgte Outsourcing-Strategien induzierte – graduelle Zunahme der Abhängigkeit anhand eines siebenstufigen Phasenschemas illustriert (vgl. Abb. 76).[915] In der Praxis häufig nahezu unmerkliche quantitative Veränderungen führen im Ergebnis in einem qualitativen Sprung zum Verlust der eigenen Unabhängigkeit bzw. untergraben nachhaltig die eigene Wettbewerbsposition.[916] Die so entstehende Abhängigkeit des Einzelunternehmens von der Kooperation bzw. den übrigen Mitgliedern lässt zunächst Austrittsbarrieren entstehen, die einen Verbleib im Netzwerk auch unter ungünstigen Bedingungen erzwingen. Sie besteht potentiell jedoch auch losgelöst von der Mitgliedschaft, indem sie über ein etwaiges Ausscheiden oder einen Ausschluss hinaus Einflussmöglichkeiten der übrigen Partner oder der Kooperation insgesamt auf Geschäftstätigkeit bzw. Erfolgsperspektiven des Unternehmens konstituiert.

913 Vgl. Sydow (1993), S. 109

914 Vgl. Sydow (1995), S. 633

915 Vgl. Lei/Slocum (1992), S. 89 f.

916 Vgl. Bea/Göbel (1999), S. 366 f.

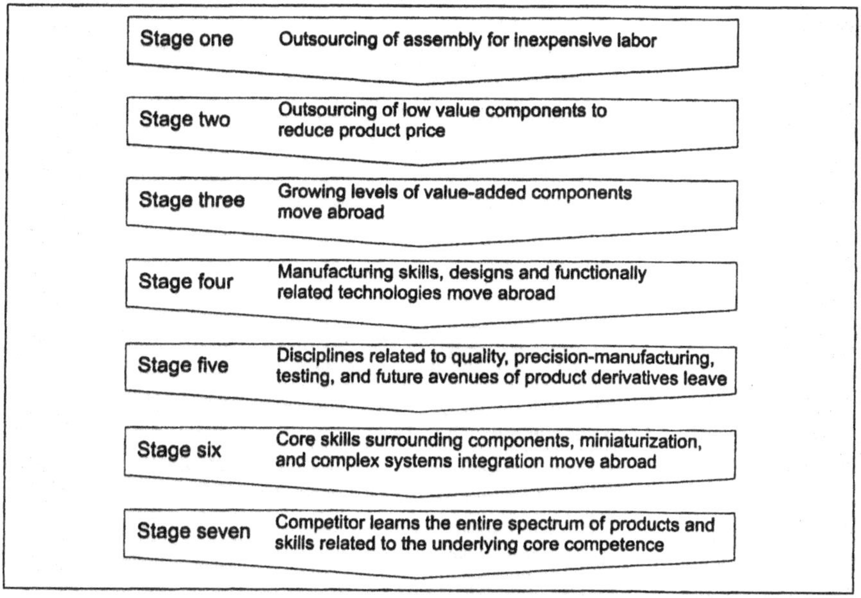

Abb. 76: Stadien der Abhängigkeit in einer Kooperation[917]

Die gemeinsame Geschäftstätigkeit erfordert grundsätzlich eine Abstimmung des einzelbetrieblichen Verhaltens und schränkt damit die Autonomie der Mitglieder ein. Entscheidungen werden in ungleich höherem Umfang als bei marktlichen Transaktionen durch das Verhalten der Partner mitbestimmt. Damit entstehen Entscheidungsinterdepenzen, die dazu führen, "dass die verschiedenen Partialzentren, z.B. die Kooperationspartner, wechselseitig Forderungen aneinander richten. Die Partialzentren sind in diesem Falle ... als politische Systeme zu charakterisieren, zwischen denen (Entscheidungs-)Interdependenzen in Gestalt von politischen Kopplungen vorliegen."[918] Der Eintritt in ein Unternehmensnetzwerk schränkt zwingend die individuelle Handlungs- und Entscheidungsautonomie ein. Dies ist quasi konstitutiver Bestandteil entsprechender Strukturen.

Durch den Beitritt zur Kooperation können daher "Flexibilitätskosten auftreten, da jede Form eines Unternehmenszusammenschlusses zu einem Verlust an Entscheidungsautonomie und damit zu einem Rückgang von Flexibilität der verbundenen Geschäftsbereiche führt."[919] Dieser Effekt ist unabhängig von der rechtlichen Bindungswirkung etwaiger Verträge. Er beruht vielmehr auf mittel- bis langfristigen

917 Abb. aus Lei/Slocum (1992), S. 89

918 Baumgarten (1998), S. 164

919 Dörsam/Icks (1997), S. 50; Vgl. Lei/Slocum (1992), S. 87

Nutzenerwägungen der Mitglieder.[920] Sie verzichten auf die Verfolgung kurzfristiger Eigeninteressen, um die gemeinsamen Ziele der Kooperation zu erreichen. Im Rahmen der gemeinsamen Geschäftstätigkeit werden außerdem regelmäßig Investitionen getätigt, die durch ihre Spezifität eine längerfristige Bindungswirkung entfalten.[921] Diese bleibt auch bei einer Veränderung der wirtschaftlichen Rahmenbedingungen oder der strategischen Ziele einzelner Partner bestehen (vgl. Kap. 4.1.3.6). Damit ist eine weitere Beschränkung der Handlungsautonomie verbunden: Mitglieder der Kooperation können sich kurzfristig ergebende strategische Optionen nicht wahrnehmen.

Schließlich besteht die Möglichkeit, durch eine vertragliche Vereinbarung kooperativer Beziehungen Handlungsalternativen der Mitglieder rechtsverbindlich zu beschränken. Verstöße gegen privatrechtliche Verträge begründen in einem solchen Fall regelmäßig Schadenersatzansprüche. Damit findet eine Verschiebung in der Nutzenbetrachtung unterschiedlicher Entscheidungsmöglichkeiten statt. Auch hier wird die Handlungsfähigkeit der Mitglieder eingeschränkt. Insgesamt wird daher die Erreichung kollektiver Ziele und die Erschließung der mit der Kooperation verbundenen Erfolgsperspektiven regelmäßig durch eine Einschränkung der unternehmensindividuellen Entscheidungs- und Handlungsautonomie und durch die Entstehung von Abhängigkeitsbeziehungen erkauft.

4.4.4 Verlust der Agilität durch administrative Overheads

Die Gefahren einer Institutionalisierung und damit verbundenen Erstarrung betrifft nicht nur Einzelorganisationen (vgl. Kap. 2.3.3): Die Etablierung von Handlungs- und Entscheidungskompetenzen in arbeitsteiligen Systemen und damit auch in Unternehmensnetzwerken führt tendenziell zur Entstehung organisationaler Strukturträgheit. Der Fähigkeit zur Anpassung an dynamische wirtschaftliche, technische und gesellschaftliche Rahmenbedingungen werden dadurch Grenzen gesetzt. HANNAN und FREEMAN weisen darauf hin, dass sich neu gegründete Organisationen i.d.R. durch eine höhere Dynamik und bessere Anpassungsfähigkeit an aktuelle Herausforderungen im Umfeld auszeichnen als ältere. Diese weisen umgekehrt eine höhere Stabilität und geringere Verhaltensvarietät auf.[922]

Solche Überlegungen gelten analog für die Genese und Entwicklung von Unternehmensnetzwerken. Diese zeichnen sich aufgrund der losen Kopplung ihrer Mitglieder[923] und ihre hohe Informations- und Koordinationseffizienz[924] durch ein hohes dynamisches Potential aus. Vielfach ist der Umgang mit schnell veränderlichen

920 Vgl. Buckley/Casson (1988), S. 34

921 Vgl. Wolter/Wolff/Freund (1998), S. 23

922 Vgl. Hannan/Freeman (1984), S. 157

923 Vgl. Hippe (1997), S. 34; Pohlmann/Apelt/Buroh/Martens (1995), S. 20

924 Vgl. Powell (1990), S. 304

Rahmenbedingungen wesentliches Motiv ihrer Etablierung. Ihre oftmals kurzfristige Gründung, die sich i.d.R. wesentlich schneller vollzieht als die eher evolutorische Entwicklung hierarchischer Strukturen, sowie die strukturelle Neuartigkeit kooperativer Arrangements begünstigen grundsätzlich einen längerfristigen Erhalt der Strukturdynamik und Adaptionsfähigkeit. Dies schlägt sich beispielsweise in der Forderung nach schlanken Organisationsstrukturen nieder, die die Diskussion um Unternehmenskooperationen und –netzwerke durchzieht.[925] Dennoch zeigen natürlich auch Unternehmensnetzwerke eine inhärente Tendenz zur Ausbildung organisatorischer Routinen, d.h. zur Generierung administrativer Overheads. Diese wiederum führen – analog zur Entwicklung auf Ebene von Einzelorganisationen – zu einer Beeinträchtigung des dynamischen Potentials. DOZ und HAMEL führen aus: "While alliances can create enormous wealth, they can also become black holes for management time and resources."[926]

Ein weiterer Verlust an Handlungsfähigkeit ergibt sich potentiell aus dem Strategiebildungsprozess innerhalb der Unternehmenskooperation. Die Beteiligung unterschiedlicher Parteien an der Formulierung kollektiver Strategien erfordert meist aufwendigere Verhandlungs- und Abstimmungsprozesse als innerhalb einer Einzelorganisation.[927] "A network of alliances can also make it difficult to maintain a coherent strategic intent overall, inasmuch as individual alliances are likely to entail compromises in a firm's various strategic objectives. The more alliances, the more compromises, and the more diluted a firm's strategic objectives are likely to be."[928] Die Notwendigkeit der Kompromissfindung sowie langwierige Entscheidungs- und Planungsprozesse gefährden mitunter die Existenz der gesamten Kooperation.[929]

Grundsätzlich gilt aber, dass die Ausbildung stark differenzierter Organisationsstrukturen kein zwingender Bestandteil von Unternehmensnetzwerken ist: "Alliances that undertake complex tasks do not always need to be organizationally complex. Task complexity does impact on organizational complexity, but so do a number of other factors."[930] Angesichts der skizzierten Schwierigkeiten, Rechte und Pflichten aller Partner ex ante vollständig zu definieren, kann die Institutionalisierung kooperativer Beziehungen sowieso nur einen begrenzten Beitrag zur Erfolgssicherung leisten.[931]

---

925 Vgl. Lei/Slocum (1992), S. 95

926 Doz/Hamel (1998), S. X (*Anm.: Der hier verwendete Begriff "alliance" deckt sich mit dem Begriffsverständnis dieser Arbeit von Unternehmensnetzwerken.*)

927 Vgl. Lewis (1990), S. 161; Sydow (1993), S. 116 f.

928 Yoshino/Rangan (1995), S. 116 (*Anm.: Der hier verwendete Begriff "alliance" deckt sich mit dem Begriffsverständnis dieser Arbeit von Unternehmensnetzwerken.*)

929 Vgl. Porter/Fuller (1989), S. 377; Taucher (1988), o.S.

930 Killing (1988), S. 55 (*Anm.: Der hier verwendete Begriff "alliance" deckt sich mit dem Begriffsverständnis dieser Arbeit von Unternehmensnetzwerken.*)

931 Vgl. Bresser (1989), S. 548; Moss Kanter (1995), S. 34

4.4.5 Konflikte und Rivalität zwischen den Partnern

Eine potentielle Konfliktquelle innerhalb eines Netzwerks liegt in der Bewertung individuell erbrachter Beiträge und der Verteilung des erzielten Nutzens bzw. in der Festlegung eines entsprechenden Leistungsausgleichs. Dabei geht es zum einen um finanzielle Mittel, zum anderen aber auch um den kollektiven Zugang zu Ressourcen der einzelnen Partner.[932] Hieraus ergeben sich Rivalitätsbeziehungen, die durch außerhalb der gemeinsamen Sphäre u.U. bestehende Konkurrenzsituationen am Markt zusätzlich verstärkt werden: "Every alliance partner makes self-interested commitments in pursuit of its own objectives. This fact makes many of the alliances ... hydra-headed: while different partners agree on the logic of value creation, they operate with incompatible goals and yardsticks, making their priorities diverge over time. Sustained agreement on how to run the alliance and share the benefits becomes impossible. Rivalry between partners may be the greatest deterrent to alignment of strategic interests. It aggravates strategic incompatibility, undermining the basis for cooperation and fueling distrust, especially when hidden agendas become visible. This problem is most acute in alliances involving companies in the same industry. These partners are rivals in both the alliance and the marketplace."[933]

Konflikte zwischen den Partnern werden durch ihre unterschiedliche kulturelle Herkunft begünstigt.[934] Dies gilt besonders für Kooperationen, deren Partner auf internationaler Ebene zusammenarbeiten.[935] Hier treten neben Differenzen der jeweiligen Unternehmenskulturen Unterschiede, die sich aus den divergierenden Wirtschafts-, Rechts- und Sozialsystemen ergeben. "The most important factor in the endurance of a global alliance is chemistry. The partners must be willing to mold a common set of values, style, and culture while retaining their national identities. ... Cultural incompatibility can produce enormous operational difficulties."[936] In die gleiche Richtung argumentieren DOZ und HAMEL: "Deep historical, cultural, and organizational differences between the two companies made the melding of their cospecialized skills and resources particularly difficult."[937] Auch die Herkunft aus stark unterschiedlichen Branchenumfeldern oder erhebliche Größendifferenzen zwischen den Partnern begünstigen durch ihre Sozialisationswirkung die Entstehung interpersonaler Konflikte.[938]

---

932 Vgl. Belzer (1993), S. 89; Doz/Hamel (1998), S. 87 f.; Hofmann/Holzschuh/Gölz (2000), S. 245; Porter/Fuller (1989), S. 378

933 Doz/Hamel (1998), S. 93 (*Anm.: Der hier verwendete Begriff "alliance" deckt sich mit dem Begriffsverständnis dieser Arbeit von Unternehmensnetzwerken.*)

934 Vgl. Baumgarten (1998), S. 147

935 Vgl. Bartlett/Ghoshal (1991), S. 42 f.; Belzer (1993), S. 198; Yoshino/Rangan (1995), S. 114

936 Perlmutter/Heenan (1986), S. 146 (*Anm.: Der hier verwendete Begriff "alliance" deckt sich mit dem Begriffsverständnis dieser Arbeit von Unternehmensnetzwerken.*)

937 Doz/Hamel (1998), S. 14; Vgl. Lewis (1990), S. 62 f.

938 Vgl. Belzer (1993), S. 199

Die kulturelle Integration der Partner wird daher als eine der wichtigsten Aufgaben des Managements in kooperativen Systemen angesehen.[939] Eine erfolgreiche Zusammenarbeit erfordert damit nicht nur eine strukturelle Abstimmung, sondern überdies auch eine Art interpersonalen Fits, also eine unternehmenskulturelle Harmonisierung sowie individuelle Kompatibilität der beteiligten Akteure.[940]

4.5 Erfolgs-, Effektivitäts- und Effizienzkriterien für Unternehmensnetzwerke

Der Erfolg eines Unternehmensnetzwerks ergibt sich analog zur Definition auf einzelorganisatorischer Ebene aus der Erreichung kollektiver strategischer Ziele (vgl. Kap. 2.5). Damit sind zunächst die Ziele für das Netzwerk gemeint, die mit einer Mitwirkung verfolgten Individualziele der Einzelunternehmen sind nur mittelbar berührt. Durch die enge inhaltliche Verknüpfung sowie die organisatorische Abstimmung individueller und kollektiver Zielbildungsprozesse ist der Erfolg des Netzwerks allerdings regelmäßig auch mit einer Verbesserung der individuellen Zielerreichung verbunden. Die Situation entspricht damit der Rückführung des Gesamterfolgs auf Anforderungen wesentlicher Interessengruppen im Zusammenhang mit Einzelorganisationen. Unterschiede zwischen beiden Arten von Betrachtungsobjekten erfordern allerdings eine Anpassung der Effektivitäts- und Effizienzkriterien. Für Unternehmensnetzwerke werden sie im Folgenden über zwei Argumentationslinien modifiziert. Den Ausgangspunkt bildet die Analyse konzeptioneller und organisationstheoretischer Analogien zwischen Einzelorganisationen und Unternehmensnetzwerken, die den Grundstein für eine Übertragung der für erstere formulierten Effektivitäts- und Effizienzkriterien legen (vgl. Kap. 4.5.1). Die so erarbeiteten Anforderungen werden um die Ergebnisse aus der Diskussion konstitutiver Elemente und die Auseinandersetzung mit Gefahren und Grenzen der Kooperation ergänzt (vgl. Kap. 4.5.2).

4.5.1 Relevanz einzelorganisatorischer Kriterien

In den bisherigen Ausführungen wurden Effektivitäts- und Effizienzkriterien für Einzelorganisationen durch konzeptionelle und organisationstheoretische Überlegungen begründet (vgl. Kap. 2.5). Dabei wurden im Wesentlichen die Aspekte Systemerhaltung, -effizienz und -zuverlässigkeit aus dem Systemansatz, die Ausrichtung an den wesentlichen Interessengruppen aus dem Sozialansatz und die strategische Positionierung sowie die Gestaltung der Außenbeziehungen aus dem Interaktionsansatz abgeleitet. Die Relevanz dieser Kriterien auch für Organsiationsmehrheiten offenbart sich im Folgenden durch Parallelen beider Betrachtungsobjekte im Hinblick auf ihre Genese und organisationstheoretische Fundierung.

---

939 Vgl. Yoshino/Rangan (1995), S. 123

940 Vgl. Belzer (1993), S. 200 f.

Konzeptionelle Parallelen ergeben sich zunächst aus dem grundsätzlich ähnlichen Zielbezug eines Einzelunternehmens sowie eines Unternehmensnetzwerks. Beide dienen der Erstellung von Produkten und Dienstleistungen.[941] Im Zusammenhang mit der begrifflichen Eingrenzung wurden Unternehmen als offene, zielorientierte, selbstorganisierende und soziotechnologische Systeme[942] konzeptualisiert. Dabei wurde die Einbettung in ein rechtliches, wirtschaftliches und soziales Umfeld hervorgehoben. Dieses führt einerseits zur Beschränkung der Handlungsautonomie, unterliegt andererseits aber auch der aktiven Gestaltung durch das Unternehmen selbst.[943]

Entsprechende Überlegungen lassen sich nahezu uneingeschränkt auf Unternehmensnetzwerke übertragen. Auch sie dienen der Erstellung von Produkten oder Dienstleistungen. Die von WÖHE geforderte Übernahme eines Marktrisikos[944] wurde bereits auf einzelbetrieblicher Ebene kritisch beurteilt (vgl. Kap. 2.2). Sie ist im Zusammenhang mit Unternehmensnetzwerken immer dann erfüllt, wenn diese nach außen in Erscheinung treten, also für Dritte als eigenständige Akteure erkennbar sind. Dies ist z.B. bei Virtuellen Unternehmen oder Joint Ventures der Fall, die im Außenverhältnis mit einer eigenen Rechtspersönlichkeit auftreten. Entwicklungspartnerschaften oder Kooperationen zur gemeinsamen Nutzung von Produktionsanlagen, die ebenfalls langfristige Partnerschaften begründen können, treten am Markt jedoch nicht zwingend in Erscheinung. Hier ist insoweit auch nicht von der Übernahme eines Marktrisikos auszugehen. Dieses wird vielmehr von den beteiligten Einzelunternehmen unmittelbar getragen. Grundlegende Einschränkungen im Sinne einer Analogiebetrachtung ergeben sich daraus jedoch nicht. Entsprechende definitorische Forderungen wurden bereits im Hinblick auf Einzelunternehmen verworfen.

Wie diese basieren Unternehmensnetzwerke auf dem abgestimmten Handeln personaler und korporativer Akteure und dem zielorientierten Einsatz technischer Aggregate. Daher bilden auch sie soziotechnische bzw. -technologische Systeme.[945] Ihre zumindest partielle Abhängigkeit von der Systemumwelt klassifiziert sie ebenso wie Einzelunternehmen als offene Systeme.[946] Insoweit offenbaren sich im konzeptionellen Verständnis deutliche Parallelen. Insbesondere die Interaktion mit der Systemumwelt zeigt Auswirkungen auf die Bewertung. Diese knüpft an den aus der Erstellung von Produkten oder Dienstleistungen resultierenden Austauschbeziehungen an. Hier spielen die im Zusammenhang mit der Betrachtung von Einzelorganisationen diskutierten kontingenztheoretischen Überlegungen eine wichtige Rolle. Sie beziehen sich auf den Fit des Unternehmens mit seiner Umwelt, d.h. eine konsistente Gestaltung

---

941 Vgl. Wöhe (2000), S. 2

942 Vgl. Rühl (1973), S. 164; Rühl (1974), S. 155; Zahn (1989), Sp. 1905 f.; Zink (1984b)

943 Vgl. Sydow (1993), S. 78 f.; Ulrich (1987), S. 13

944 Wöhe (2000), S. 12

945 Vgl. Morgan (1986), S. 42-44; Probst (1993), S. 27

946 Vgl. Grochla/Lehmann (1980), Sp. 2210; Wyssusek (1999), S. 25

von Binnenstruktur und Umsystem.[947] Diese ist auch für Unternehmensnetzwerke gleichermaßen relevant.

Neben exogenen Gestaltungsparametern spielt die strategische Ausrichtung einer Organisation und ebenso von Unternehmensnetzwerken eine entscheidende Rolle. Sie wurde zum einen in der Diskussion des Unternehmensbegriffs hervorgehoben: "Unternehmungen sind auf die Verwirklichung eines 'offiziellen' ... Ziels ausgerichtet, das einen anzustrebenden Zustand beschreibt."[948] Zum anderen war die strategische Ausrichtung auch Gegenstand der Auseinandersetzung mit Unternehmensnetzwerken (vgl. Kap. 4.1.3.3). Hier wurde u.a. die Bedeutung der strategischen Planung als "Konzept zur wirksamen Integration der Allianz-Partner"[949] hervorgehoben. Die handlungsleitende Funktion geteilter Ziele, die nur über eine langfristige, strategische Nutzenperspektive zu erreichen ist, bildet ein konstitutives Element kooperativen Handelns,[950] da erst sie die Bereitschaft zum Verzicht auf kurzfristig motiviertes opportunistisches Verhalten begründet.

Ein weiteres wesentliches Element des Unternehmens betrifft die Arbeitsteilung, die auf kognitive und kapazitive Restriktionen des Individuums zurückgeführt wurde (vgl. Kap. 2.3.1): "Die ... interpersonelle Arbeitsteilung äußert sich in der Zerlegung des gesamten Entscheidungskomplexes in Teilentscheidungen und in der Notwendigkeit des Austausches von Informationen zwischen den einzelnen Einheiten."[951] Arbeitsteilung, Spezialisierung und die Nutzung komplementärer Kompetenzen der Partner sind ebenso konstitutive Elemente von Unternehmensnetzwerken.[952] Auch hier stehen die Aufteilung der Gesamtaufgabe auf unterschiedliche Akteure und die Ausnutzung von Spezialisierungvorteilen im Mittelpunkt. Interpersonelle Arbeitsteilung wird im Analogieschluss auf eine interorganisationale Ebene übertragen. Ähnlich wie im Falle der Einzelorganisation entsteht daraus ein Koordinationsbedarf, der über die Strukturgestaltung und die Zuordnung von Verantwortlichkeiten gedeckt wird.

Die Programmierung oder Vorstrukturierung von Handlungen und Entscheidungsprozessen, die auf Ebene der Einzelorganisation unter dem Stichwort einer Reduktion von Verhaltensvarietät diskutiert wurde (vgl. Kap. 2.3.3),[953] spielt damit auch für Unternehmenskooperationen als Organisationsmehrheiten eine wichtige Rolle. Auch hier legt die Definition von Abläufen sowie die Zuordnung von Handlungs- und

---

947 Vgl. Bea/Göbel (1999), S. 89; Belzer (1993), S. 98; Duncan/Weiss (1979), S. 76; Frank (1999), S. 266 f.; Kieser (1993), Sp. 3002; Ulrich/Fluri (1995), S. 30

948 Frese (1995), S. 5

949 Heck (1999), S. 50; Vgl. Doz/Hamel (1998), S. 93 f.

950 Vgl. Chisholm (1996), S. 218 f.; Krischer (1996), S. 231; Porter/Fuller (1989), S. 376

951 Frese (1995), S. 5

952 Vgl. Klocke (1998), S. 50; Lewis (1990), S. 79

953 Vgl. Bea/Göbel (1999), S. 289; Bleicher (1999), S. 33; Bünting (1995), S. 142-176; Frank (1999), S. 259 f.; North (1992), S. 98 f.; Ulrich/Probst (1995), S. 63

Entscheidungskompetenzen den Grundstein für die effiziente Abstimmung individuellen Handelns der Mitgliedsunternehmen.

Aus der Konzeptualisierung von Unternehmen als soziotechnische bzw. soziotechnologische Systeme[954] (vgl. Kap. 2.4.3.5) ergibt sich als Erklärungsansatz organisationalen Handelns zwangsläufig der Rückgriff auf personales Handeln der Mitglieder bzw. Mitarbeiter. Unternehmerisches Handeln ist daher immer auf die soziale Interaktion der Menschen zurückzuführen. Entsprechende Überlegungen wurden unter dem Stichwort der "social embeddedness" angestellt.[955] Im Unterschied zu Einzelorganisationen verfügen Unternehmensnetzwerke nicht zwingend über eigene Mitarbeiter, sondern greifen mitunter lediglich auf solche der Mitglieder zurück. Diese Situation kollidiert nicht mit dem soziotechnischen oder soziotechnologischen Systembegriff; die Elemente sind jedoch nicht personale, sondern korporative Akteure,[956] in jedem Fall aber soziale Einheiten. Dennoch wird auch bei nur mittelbarem Zugriff der Kooperation auf Mitarbeiter das Netzwerk durch die Schnitt- oder Grenzstelleninhaber realisiert.[957] Organisationales basiert auch hier auf personalem Handeln.

Die hier ausgeführten konzeptionellen und organisationstheoretischen Parallelen zwischen beiden Betrachtungsobjekten begründen die grundsätzliche Relevanz der für Einzelorganisationen herausgearbeiteten Effektivitäts- und Effizienzkriterien auf Basis des System-, Sozial- und Interaktionsansatzes. Dies gilt uneingeschränkt im Hinblick auf Systemeffizienz und –zuverlässigkeit, die Ausrichtung an den wesentlichen Interessengruppen sowie die strategische Positionierung. Einschränkungen bestehen dagegen im Hinblick auf die Systemerhaltung. Unternehmenskooperationen unterscheiden sich durch ihre zumindest potentiell kürzere zeitliche Bestandsperspektive von Einzelunternehmen. Während letztere regelmäßig auf eine über ihre spezifischen Zielsysteme begründete, unbefristete Erhaltung ausgerichtet sind oder sich zumindest durch eine sehr langfristige Orientierung auszeichnen, ist dies bei Unternehmensnetzwerken nicht zwingend der Fall. Deren oftmalige zeitliche Befristung wurde bereits theoretisch begründet[958] und empirisch belegt.[959] Zielerreichung impliziert bei ihnen daher nicht in jedem Fall eine langfristige Bestandsperspektive. Damit ist die Auflösung entsprechender Strukturen nicht mit mangelndem Erfolg gleichzusetzen,[960] sie darf demzufolge nicht Bestandteil der Effektivitäts- und Effizienzbetrachtung sein. Mehr noch als im Zusammenhang mit Einzelorganisationen ist das Kriterium der Systemerhaltung an den Zeitraum bis zur Erreichung des

954 Vgl. Zahn (1989), Sp. 1905 f.

955 Vgl. Oshry (1995), S. 128; Kutschker/Schmidt (1995), S. 14

956 Vgl. Pohlmann/Apelt/Buroh/Martens (1995), S. 22

957 Pohlmann/Apelt/Buroh/Martens (1995), S. 23 f.

958 Vgl. Sydow (1993), S. 303

959 Vgl. Berg/Duncan/Friedmann (1982); Kogut (1988)

960 Vgl. Baumgarten (1998), S. 209; Powell (1990), S. 332

Kooperationszwecks gebunden und impliziert insofern u.U. bereits von Anfang an eine zeitliche Befristung.

Auch die im Interaktionsansatz hervorgehobene Gestaltung der Außenbeziehungen unterscheidet sich von der Ebene der Einzelorganisation. Dies ist auf die weniger eindeutige Grenzziehung zwischen System und Umwelt zurückzuführen.[961] Eine klare, über die formelle Zugehörigkeit oder eine eindeutige kulturelle Isomorphie begründete Zuordnung von Akteuren ist nicht immer möglich. Überdies wurde bereits auf die nur teilweise Integration der Mitglieder oder Partner in die Kooperationssphäre und die legitime Verfolgung eigener Interessen in nicht von dieser erfassten Bereichen hingewiesen.[962] Die Gestaltung der Außenbeziehungen eines Unternehmensnetzwerks ist damit nicht eindeutig von den internen Beziehungen zwischen den beteiligten Unternehmen als relevanten Akteuren zu trennen. Insoweit richtet sich das Augenmerk eher auf eine eindeutige Abgrenzung der individuellen und kollektiven Sphäre,[963] die den Grundstein für die Verbindung von Kooperation und Wettbewerb legt.

Die Überlegungen lenken den Blick auf das im Vergleich zu Einzelorganisationen differenziertere Beziehungsgefüge von Unternehmensnetzwerken. Es ergibt sich aus der abweichenden Definition wesentlicher Interessengruppen oder Stakeholder.[964] Im Hinblick auf Unternehmen dominieren Kunden, Mitarbeiter, Anteilseigner und die Gesellschaft.[965] Zusätzlich kommen Lieferanten in Betracht. Vereinzelt werden die genannten Gruppen überdies weiter segmentiert; in diesem Fall treten als weitere Parteien das Management, Behörden etc. hinzu.[966] Grundsätzlich besteht aber weitgehende Einigkeit über die vorgenannte Gliederung. Dabei können sich durchaus Mehrfachzuordnungen ergeben: Der Inhaber eines Unternehmens kann gleichzeitig Mitarbeiter sein; Mitarbeiter und u.U. auch Kunden sind Mitglieder der Gesellschaft. I.d.R. lässt sich jedoch eine hinreichend trennscharfe Rollenzuordnung vornehmen.

Diese Situation stellt sich im Zusammenhang mit Unternehmensnetzwerken weniger eindeutig dar. Ein Netzwerk muss beispielsweise nicht zwingend über eigene Mitarbeiter verfügen, sondern greift häufig auf personelle Ressourcen der Mitglieder zurück. Zwar repräsentieren in diesem Fall auch die für das Netzwerk tätigen Personen eine wichtige Interessengruppe, ihre Ein- und Abgrenzung fällt jedoch wesentlich schwerer. Sie hängt im Wesentlichen von der Differenzierung der organisationsindividuellen und kollektiven Entscheidungssphäre ab. Auch die Einfluss- und

---

961 Vgl. Bullinger/Fröschle/Brettreich-Teichmann/Hofmann (1995), S. 377; Klein (1994), S. 310; Schräder (1996), S. 36

962 Vgl. Bullinger/Ohlhausen/Hoffmann (1997), S. 25; Doz/Hamel (1998), S. 74; Jansen (1998), S. 90; Lewis (1990), S. 132; Steinbrenner (1997), S. 75

963 Vgl. Doz/Hamel (1998), S. 74; Lewis (1990), S. 132

964 Vgl. Gomez (1993), S. 23, S. 39; Janisch (1993); Merkle (1999), S. 62; Scholz (1987), S. 25; Ulrich/Fluri (1975), S. 16 f.; Vettiger/Volkart (1999), S. 14

965 Vgl. EFQM (1999b), S. 6

966 Liebl (1997), S. 17

Zugriffsmöglichkeiten sind nicht mit der Situation innerhalb einer Organisation zu vergleichen. Weisungsbefugnisse, Kommunikationslinien und Qualifizierungsansätze sind i.d.R. nur über vertragliche Vereinbarungen oder Grenzstelleninhaber zu etablieren, die Koordinationsanforderungen aus dem Netzwerk in die Linienstruktur der Mitgliedsorganisationen überführen und damit eine Mittlerfunktion an der interorganisatorischen Schnittstelle wahrnehmen. Im Übrigen führt der Analogieschluss von der Einzel- zur Netzwerkorganisation zur Einführung einer zusätzlichen Interessengruppe. Die Mitglieder, regelmäßig nicht personale, sondern korporative Akteure, bilden hier eine eigene Klasse von Systemelementen und Trägern der Gesamtorganisation. Damit ist in der Übertragung von der einzel- auf die interorganisatorische Ebene die Gruppe der Mitarbeiter in personale und korporative Mitglieder aufzuspalten. Diese unterscheiden sich erheblich im Hinblick auf Bedürfnisse, Erwartungen und Fähigkeiten und damit auf die Möglichkeiten des Umgangs, insbesondere auf Kommunikation, Koordination und Qualifizierung.

Auch die Abgrenzung von Kunden und Anteilseignern – im Unternehmensumfeld nur in Ausnahmefällen mit methodischen Problemen belegt – stößt in Netzwerken vielfach an Grenzen. Insbesondere in jenen Fällen, in denen die Kooperation im Außenverhältnis nicht in Erscheinung tritt, sind beide Gruppen regelmäßig deckungsgleich. Entwicklungspartnerschaften oder Kooperationen zur gemeinsamen Nutzung von Produktionsanlagen beispielsweise verfügen nicht über unmittelbare Kunden, die über die Gruppe der Mitgliedsorganisationen hinausgehen. In diesem Fall erscheint eine Unterscheidung von Anteilseignern und unmittelbaren Kunden wenig sinnvoll, Interessendisparitäten und signifikante Rollenunterschiede bestehen nicht.

Auch etwaige Wettbewerbsbeziehungen gestalten sich u.U. differenzierter als im Unternehmensumfeld. Während dort kompetitive Beziehungen innerhalb der Organisationssphäre eher ungewöhnlich sind, gehören sie im Falle von Unternehmensnetzwerken zu den üblichen Gestaltungsparametern. Hier werden mitunter unmittelbare Wettbewerber eingebunden. Damit besteht eine große Herausforderung darin, eine Balance zwischen Kooperation und Wettbewerb zu finden, die im Wesentlichen über eine klare Abgrenzung der gemeinsamen Sphäre zu erreichen ist.[967] Netzwerkaktivitäten decken in diesem Fall nur Teilbereiche der Geschäftstätigkeit jedes Mitglieds ab. Nicht vom Netzwerk erfasste Bereiche stehen am Markt u.U. in direktem Wettbewerb.[968] Eine Lösung dieses Konflikts wurde als wesentliche Erfolgsdeterminante herausgearbeitet,[969] da sie einerseits die Stimulanzwirkung kompetitiver Elemente erhalten, andererseits damit verbundene Zerfallstendenzen begrenzen muss.

Die Überlegungen stellen die Relevanz einer Ausrichtung an den wesentlichen Interessengruppen als Effektivitätskriterium nicht grundsätzlich in Frage; sie

---

[967] Vgl. Doz/Hamel (1998), S. 24; Perlmutter/Heenan (1986), S. 142

[968] Vgl. Faust (1996), S. 273 f.

[969] Vgl. Urban (1998b), S. 23; Yoshino/Rangan (1995), S. 109

illustrieren aber die Notwendigkeit einer inhaltlichen Überarbeitung entsprechender Lösungsansätze. Gleiches gilt für Fragen der Koordinationseffizienz. Diese ist auch im Hinblick auf Unternehmensnetzwerke von erheblicher Bedeutung, allerdings lässt sie sich unter veränderten Rahmenbedingungen nur über modifizierte Ansätze erreichen: Konstitutives Element des Unternehmens ist die hierarchiebasierte Weisungsbefugnis einschließlich entsprechender Kontrollmechanismen.[970] Diese stößt im Unternehmensnetzwerk durch die jederzeit wahrnehmbare Austrittsoption der Mitglieder an enge Grenzen.[971] Zwar wurden bereits Bindungsintensität, wechselseitige Abhängigkeit und Austrittsbarrieren diskutiert,[972] doch ist grundsätzlich davon auszugehen, dass über das Vorhandensein strategischer Rückzugspositionen[973] der Mitglieder die Bindungswirkung korporativer Akteure im Vergleich zu Mitarbeitern geringer ist. Eine dynamische Mitgliederstruktur wurde sogar explizit als Gestaltungsparameter eingeführt.[974]

Zusammenfassend ist aber von einer weitgehenden Übertragbarkeit einzelorganisatorischer Effektivitäts- und Effizienzkriterien auszugehen. Relevante Unterschiede betreffen insbesondere die zumindest potentielle zeitliche Befristung von Unternehmensnetzwerken mit entsprechenden Implikationen auf das Erhaltungsziel sowie die eindeutige Abgrenzung individueller und kollektiver Interessens- und Entscheidungssphären, die die Grundlage zur Definition der System- bzw. Organisationsgrenzen liefert und damit auch die Gestaltung der Außenbeziehungen determiniert (vgl. Tab. 79, S. 455).

4.5.2 Zusätzliche Kriterien für Unternehmensnetzwerke

Weitere Kriterien ergeben sich aus den Charakteristika von Unternehmensnetzwerken, wie sie als konstitutive Elemente herausgearbeitet wurden (vgl. Kap. 4.1.3). Zusätzliche wertvolle Hinweise liefern die Ergebnisse der empirischen Erhebung bei kleinen und mittleren Unternehmen in Deutschland – und hier insbesondere die Ermittlung kritischer Erfolgsfaktoren (vgl. Kap. 4.2.4). Schließlich sind die Ausführungen zu Gefahren und Grenzen der Kooperation hinzuziehen (vgl. Kap. 4.4). Alle genannten Erkenntnisquellen liefern inhaltliche Anforderungen an die strukturelle Gestaltung von Unternehmensnetzwerken, die einzelbetriebliche Effektivitäts- und Effizienzkriterien ergänzen und erweitern.

---

970 Vgl. Sydow (1993), S. 78 f.

971 Vgl. Schräder (1996), S. 81

972 Vgl. Doz/Hamel (1998), S. 22; Faust (1996), S. 273; Johanson/Mattsson (1987), S. 6 f.; Mattsson (1987), S. 251

973 Vgl. Yoshino/Rangan (1995), S. 18

974 Vgl. Jäger/Boucke (1997), S. 98; Handy (1995), S. 46; Mattsson (1987), S. 236; Rilling (1997), S. 132; Schräder (1996), S. 74-82; Schreyögg/Papenheim (1988), S. 3; Thorelli (1986), S. 42; Wiendahl/Kuhn/Beckmann/Fastabend/Helms/Kloth (1996), S. 24

Zunächst wurde im Zusammenhang mit der Betrachtung interorganisatorischer Arbeitsteilung (vgl. Kap. 4.1.3.1) auf die Notwendigkeit einer Zusammenführung und wirksamen Verknüpfung von Kompetenzen der Mitglieder oder Partner hingewiesen. Überlegene Leistung auf Ebene des gesamten Netzwerks erfordert zunächst exzellente Beiträge und eine überlegene Leistungsfähigkeit der beteiligten Einzelunternehmen.[975] Diese bezieht sich zum einen auf die für die Erstellung der Marktleistung notwendigen Fachkompetenzen, zum anderen auf die Fähigkeit, ein komplexes Unternehmensnetzwerk zielgerichtet zu gestalten und zu koordinieren.[976] Die Fähigkeit zu letzterem geht durch die Aktualität und Neuartigkeit der Herausforderungen bei der Überwindung der Dichotomie aus Markt und Hierarchie über das klassische Kompetenzprofil des einzelbetrieblichen Managements hinaus.[977] Aufbau und Erhaltung entsprechender Fähigkeiten erfordern zunächst eine strukturierte Auswahl neuer Partner, die zum kollektiven Leistungsportfolio beitragen können. Außerdem setzt die Erhaltung der gemeinsamen Leistungsfähigkeit eine kontinuierliche Bewertung der individuellen Leistungen und der Leistungsfähigkeit beteiligter Unternehmen voraus, die die Grundlage einer etwaigen Selektionsentscheidung bildet. Der daraus für die Mitglieder entstehende Zwang zur kontinuierlichen Weiterentwicklung führt einerseits zur Dynamisierung des gemeinsamen Kompetenzportfolios. Aus einzelbetrieblicher Ebene begrenzt er andererseits die Gefahr eines Verlusts der eigenen Innovationskraft (vgl. Kap. 4.4.2) und die Entstehung stark asymmetrischer Abhängigkeitsbeziehungen zu den übrigen Unternehmen im Netzwerk (vgl. Kap. 4.4.3).

Fragen der Koordinationseffizienz, die auf einzelbetrieblicher Ebene bereits betrachtet wurden, konkretisieren sich im Unternehmensnetzwerk in der inhaltlichen Verknüpfung individueller und kollektiver Ziele und entsprechender Zielbildungsprozesse (vgl. Kap. 4.1.3.2, 4.1.3.3). Steht dort die Verbindung der personalen und organisationalen Ebene im Mittelpunkt, kristallisiert sich im Zusammenhang mit Organisationsmehrheiten darüber hinaus die kollektive, d.h. interorganisationale Ebene heraus. Damit ist zunächst ein strukturiertes Vorgehen zur Strategiegenerierung und Planung auf Ebene des gesamten Netzwerks gefordert; inhaltlich werden die Marktpositionierung, grundsätzliche Fragen interorganisationaler Arbeitsteilung, die Reichweite der Netzwerkaktivitäten sowie die Etablierung von Handlungs- und Entscheidungskompetenzen angesprochen.[978]

Darüber hinaus ist über einen Deploymentprozess, der sowohl die einzelbetriebliche Sphäre als auch die des Netzwerks erfasst, einerseits die inhaltliche Konsistenz der unterschiedlichen Zielebenen,[979] andererseits eine strukturelle Integration der

---

975 Vgl. Jäger/Boucke (1997), S. 96; Schuh/Millarg/Göransson (1998), S. 86 f.

976 Vgl. Hippe (1997), S. 177; Jäger/Boucke (1997), S. 96; Kaluza/Blecker (1999), S. 13; Raben (1994), S. 96 f.

977 Doz/Hamel (1998), S. IX

978 Vgl. Bresser (1989), S. 545; Bronder/Pritzl (1991), S. 45; Doz/Hamel (1998), S. 74; Heck (1999), S. 50

979 Vgl. Schmidt/Kochan (1977), S. 231 f.

Planungsprozesse auf organisationsindividueller und kollektiver Ebene zu gewährleisten.[980] Diese Kriterien gewinnen im Zusammenhang mit Unternehmensnetzwerken insofern an Bedeutung, als ein Rückgriff auf hierarchiebasierte Weisungsbefugnisse als Koordinationsinstrument durch die Austrittsoption der Mitglieder nur begrenzt möglich ist und die Abstimmung der unterschiedlichen Planungsprozesse und des individuellen Verhaltens im Konsens erfolgen muss. Konsequenterweise kommt einer konsensorientierten Führung und insbesondere der Etablierung von Mechanismen zur Konfliktlösung erhebliche Bedeutung für die Erfolgssicherung zu. Sie muss gleichzeitig im Netzwerk entstehende Konflikte und Rivalitätsbeziehungen kompensieren oder neutralisieren, um ein Auseinanderbrechen des Unternehmensnetzwerks vor Erreichung der gemeinsamen Ziele zu verhindern.

Die Koordinationseffizienz von Unternehmensnetzwerken wurde auf ihre Mittelstellung zwischen Markt und Hierarchie und insbesondere auf den im Vergleich zu Einzelorganisationen geringeren Formalisierungsgrad zurückgeführt.[981] Allerdings entwickeln auch kooperative Formen der Zusammenarbeit eine mitunter nachteilige Tendenz zur Ausbildung organisatorischer Routinen und zur Institutionalisierung, die eine Annäherung an den Extrempol der Hierarchie mit sich bringen (vgl. Kap. 4.4.4).[982] Parallel wurden systemimmanente Zerfallstendenzen angesprochen, die zur Dominanz antagonistischen Verhaltens und einer Durchsetzung marktlicher Transaktionen führen.[983] Unternehmensnetzwerke zeigen damit zumindest potentiell die Tendenz zur Entwicklung in Richtung der Extrempole Markt oder Hierarchie. Insoweit besteht eine der Herausforderungen darin, die instabile Balance von Kooperation und Wettbewerb aufrechtzuerhalten und die Hybridposition des Netzwerks zu bewahren. Die Festlegung eines angemessenen Organisationsgrades konstituiert daher eine weitere wesentliche Facette der Effektivitäts- und Effizienzkriterien, die in ihrer Bedeutung über ähnlich gelagerte Probleme von Einzelorganisationen hinausgeht.

Die Motivationseffizienz wird über den Mehrwert angesprochen, den kooperatives Verhalten gegenüber kompetitivem für die beteiligten Unternehmen stiftet.[984] Sie wird über den Abgleich individueller Ziele mit dem realisierten Nutzen und die Etablierung eines fairen Austauschs erreicht (vgl. hierzu auch Kap. 4.1.3.2).[985] Dadurch kommt den Regelungen zur Festlegung individueller Beiträge und zur Partizipation an den im Rahmen der gemeinsamen Tätigkeit geschaffenen Nutzenpotentialen besondere Bedeutung zu. In diesem Zusammenhang ist die Möglichkeit relevant, das eigene, unternehmensindividuelle Kompetenzportfolio durch den Austausch mit den Partnern

---

980 Vgl. Doz/Hamel (1988), S. 142 f.

981 Vgl. Powell (1990), S. 304

982 Vgl. Håkansson/Johanson (1988), S. 371; Killing (1988), S. 55

983 Vgl. Blancke (1994), S. 42; Sydow (1993), S. 303

984 Vgl. Yoshino/Rangan (1995), S. 18, 71

985 Vgl. Bullinger/Ohlhausen/Hoffmann (1997), S. 25; Hagedoorn (1993), S. 374

zu erweitern und gleichzeitig eigenes, wettbewerbskritisches Know-how zu schützen (vgl. Kap. 4.1.3.3).[986]

Ein weiterer wichtiger Aspekt, der bei der Betrachtung von Netzwerken intensiv diskutiert wird, allerdings eng mit den zuvor betrachteten Facetten der Koordinations- und Motivationseffizienz zusammenhängt, betrifft die kulturelle Integration der Partner.[987] Trotz aller praktischen Probleme bei der strukturellen Verankerung von Maßnahmen zur Schaffung einer gemeinsamen Organisationskultur[988] kommt dem Erfolg bei der Etablierung einer organisationsübergreifenden Vertrauenskultur sowie gemeinsamer Werte und Weltanschauungen hohe Bedeutung zu,[989] um die innerhalb der Kooperation verbleibenden diskretionären Handlungsspielräume der Mitarbeiter und institutionellen Mitglieder im Sinne der gemeinsamen Ziele auszufüllen. Die kulturelle Integration der Partner sowie die Förderung einer Vertrauensbeziehung, die zur Verbesserung der Abstimmungsmechanismen beiträgt und insofern in der Lage ist, die begrenzte Wirkung von Weisung und Kontrolle in der interorganisationalen Domäne zu kompensieren, stellt im Vergleich zur Führung von Einzelorganisationen eine signifikante Erweiterung dar.

Die hier diskutierten Elemente beschreiben zusätzliche, d.h. über die Diskussion einzelbetrieblicher Aspekte hinausgehende Anforderungen an die Gestaltung von Unternehmensnetzwerken. Sie sind Voraussetzung einer hohen Effektivität und Effizienz, d.h. eines signifikanten Beitrags der gemeinsamen Aktivitäten zur Erreichung der Kooperationsziele bzw. zur Erfüllung von Erwartungen wesentlicher Interessengruppen einschließlich einer günstigen Relation von Beiträgen und Nutzen. Sie müssen daher Eingang in die hier konzipierten Bewertungskriterien für Unternehmensnetzwerke finden (vgl. Tab. 79).

---

986 Vgl. Yoshino/Rangan (1995), S. 18, 76

987 Heck (1999), S. 50; Vgl. Doz/Hamel (1998), S. 93 f.

988 Bea/Göbel (1999), S. 411 f.

989 Vgl. Amann (1999), S. 30; Balling (1997), S. 100 f.; Braun (1999), S. 71; Bronder/Pritzl (1991), S. 50 f.; Bullinger/Ohlhausen/Hoffmann (1997), S. 59, S. 72; Godoy Tenter/Müller (1998), S. 142-156; Hinterhuber/Handlbauer/Matzler (1997), S. 174; Jansen (1998), S. 120 f.; Reiß (1996b), S. 202; Schienstock (1994), S. 258; Sydow (1993), S. 93, 296; Ulmer (1996), S. 130-132

Quelle	Inhalt
Kriterien aus der Übertragung von der einzelbetrieblichen Ebene	Systemansatz: Existenzsicherung über einen vordefinierten Zeitraum ist wesentliches Gestaltungs- und Steuerungsziel des Netzwerks, das über die Fähigkeit zur Erfüllung eigener und fremder Ansprüche erreicht wird. Weitere Kriterien betreffen die Optimierung von Abstimmungs- und Autonomiekosten bei der Koordination sowie die zielkonforme Motivation der Mitglieder. Systemzuverlässigkeit impliziert darüber hinaus eine geringe Verhaltensvarietät und eine kontinuierlich positive Leistungs- bzw. Ergebnisentwicklung. Sozialansatz: Die Effektivität eines Netzwerks wird über die Erfüllung nicht nur ökonomischer Wünsche und Bedürfnisse der wesentlichen Interessengruppen determiniert. Interaktionsansatz: Effektivität und Effizienz betreffen im Wesentlichen die Gestaltung der Außenbeziehungen. Sie schlagen sich in einer auf das umgebende Wirtschafts-, Gesellschafts- und Sozialsystem abgestimmten Binnenstruktur, einer konsistenten Marktpositionierung und Strategiebildung sowie der Kooperationsfähigkeit des Netzwerks nieder.
Zusätzliche Kriterien für Unternehmens-netzwerke	Die Auswahl neuer und die regelmäßige Bewertung der Leistung und Leistungsfähigkeit neuer und beteiligter Unternehmen führen zum Aufbau und zur ständigen Pflege bzw. Weiterentwicklung eines leistungsfähigen Kompetenzportfolios, das sowohl Fach- als auch Koordinationsaspekte umfasst. Strategiebildungsprozesse und –inhalte sind auf einzelorganisatorischer und netzwerkbezogener Ebene aufeinander abgestimmt. Die Koordination im Netzwerk stützt sich auf eine konsensuale Führung und Mechanismen zur Konfliktlösung. Auf Basis eines Abgleichs individueller Ziele wird ein fairer Austausch zwischen den Partnern realisiert. Die Mitwirkung im Netzwerk stiftet einen individuellen Nutzen für alle beteiligten Unternehmen. Die Zusammenarbeit im Netzwerk wird durch die kulturelle Integration der beteiligten Unternehmen unterstützt.

Tab. 79: Effektivitäts- und Effizienzkriterien für Unternehmensnetzwerke

5 Bewertung von Unternehmensnetzwerken

5.1 Ziele und Aufgaben der Bewertung von Unternehmensnetzwerken

Sinn und Notwendigkeit einer Bewertung von Unternehmensnetzwerken sind unbestritten: "The process of forging an alliance does not end with the choice of structure, which must be viewed as fluid, subject to change as dictated by continual reevaluation. In addition, within a given structure, managers may have to intervene to obtain optimum performance ... ."[1] Insoweit ist eine kontinuierliche Strukturevaluation wichtige Voraussetzung, um die Effektivität und Effizienz des Gesamtsystems zu erhalten.

"Die Bewertung ermöglicht nicht nur die Beurteilung der Ergebnisse des Unternehmensnetzwerkes. ... Mit der Bewertung erhöht sich ... das Verständnis für die Funktionsweise des Unternehmensnetzwerkes und für die Einflussfaktoren auf die Nutzenpotentiale. Eine aussagekräftige Bewertung erfordert daher die Einbeziehung aller kooperativen Prozesse, der Beiträge der einzelnen Partnerunternehmen und des wettbewerblichen Umfeldes. Die auf diese Weise gewonnenen Informationen unterstützen einerseits die strategische und operative Planung der unter dem Dach des Unternehmensnetzwerks abgewickelten Geschäftsprozesse. ... Zudem liefert die Erfolgsmessung wichtige Informationen, um den kontinuierlichen Verbesserungsprozess sowohl innerhalb des Unternehmensnetzwerkes als auch in Bezug auf das Anliegen des Unternehmensnetzwerkes auf den anvisierten Zielmärkten in Gang zu halten."[2]

Diese Überzeugung wird durch die Dynamik der Rahmenbedingungen gestützt, die eine kontinuierliche Anpassung und Weiterentwicklung kooperativer Strukturen erfordern: "Partners should not cling to obsolete bargain, or pretend that it remains valid, or make unilateral choices to reduce or increase their own commitments. Instead, they should accept the need to renegotiate based on a new and more accurate assessment of relative contributions. Thus, a healthy alliance is a series of microbargains made over time ... ."[3] Die Basis für entsprechende Entscheidungen liefert eine fundierte Bewertung, die Stärken und Verbesserungsbereiche der gegenwärtigen Situation herausarbeitet.

Diese Aussage deckt sich nahezu vollständig mit den früher formulierten Zielen und Anforderungen für die Bewertung von Einzelorganisationen. Dies gilt insbesondere im Hinblick auf die mehrfach hervorgehobene Entwicklungs- und Verbesserungs-

---

1 Yoshino/Rangan (1995), S. 88 (*Anm.: Der hier verwendete Begriff "alliance" deckt sich mit dem Begriffsverständnis dieser Arbeit von Unternehmensnetzwerken.*)

2 Merkle (1999), S. 2

3 Doz/Hamel (1998), S. 72 (*Anm.: Der hier verwendete Begriff "alliance" deckt sich mit dem Begriffsverständnis dieser Arbeit von Unternehmensnetzwerken.*)

orientierung, die über den klassisch wertorientierten Bewertungsbegriff hinausgeht (vgl. Kap. 3.2.2). Damit ergibt sich nahezu zwingend die Frage, inwieweit eine Übertragung einzelbetrieblicher Ansätze auf Organisationsmehrheiten und hier insbesondere Unternehmensnetzwerke möglich ist. Diese Überlegungen werden durch den Hinweis MERKLEs gestützt, dass es ökonomisch wenig sinnvoll erscheint, wenn Unternehmen zur Bewertung kooperativer und nicht-kooperativer Geschäftsaktivitäten grundsätzlich unterschiedliche Bewertungs- und Steuerungskonzepte einsetzen.[4] Auch LUCZAK und WIMMER heben die Sinnhaftigkeit eines Rückgriffs auf Erfahrungen aus der Organisationsgestaltung bei der Entwicklung von Unternehmenskooperationen hervor.[5] Aus theoretischer Sicht sprechen deutliche Parallelen im konzeptionellen Verständnis beider Arten von Betrachtungsobjekten dafür (vgl. Kap. 4.5.1). Der konkrete Bedarf für eine entsprechende Diskussion leitet sich aus einem Mangel geeigneter Bewertungskonzepte in der Praxis ab (vgl. Abb. 77).[6]

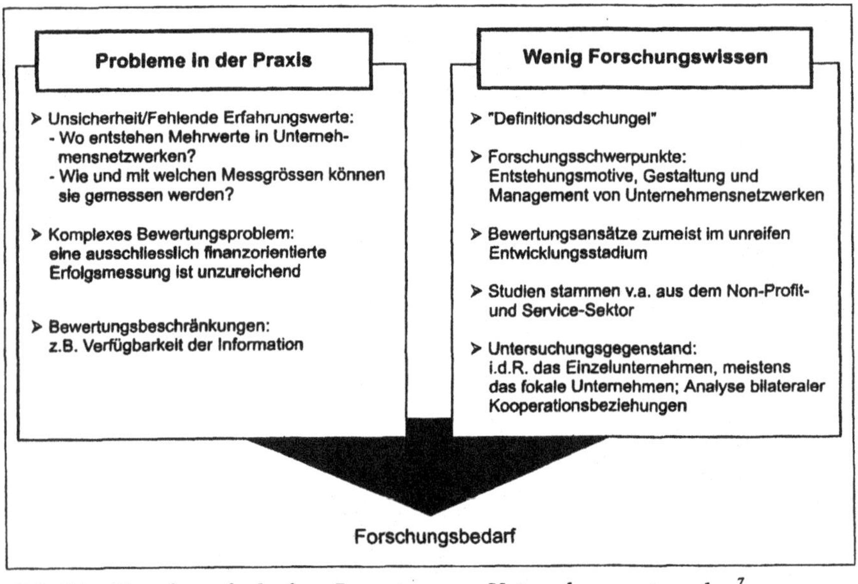

Abb. 77: Forschungsbedarf zur Bewertung von Unternehmensnetzwerken[7]

Zunächst werden daher Anforderungen an die Bewertung von Unternehmensnetzwerken erarbeitet (vgl. Kap. 5.2). Daran schließt sich eine Auseinandersetzung mit bestehenden Ansätzen an, die im Hinblick auf die zuvor thematisierten methodisch-

4 Vgl. Merkle (1999), S. 76

5 Vgl. Luczak/Wimmer (2000), S. 163 f.

6 Vgl. Merkle (1999), S. 2

7 Abb. aus Merkle (1999), S. 11

inhaltlichen Anforderungen analysiert werden (vgl. Kap. 5.3). Sie greifen in Teilen auf Konzepte zurück, die für Einzelorganisationen entwickelt wurden und eingesetzt werden. Daher wird im nächsten Schritt der Versuch unternommen, auch den Ansatz der Selbstbewertung auf Basis von Excellence-Modellen auf Organisationsmehrheiten zu übertragen. Den Ausgangspunkt bilden die Analogien im konzeptionellen Verständnis und in den Effektivitäts- bzw. Effizienzkriterien von Einzelorganisationen und Unternehmensnetzwerken (vgl. Kap. 4.5.1). Sie legen den Grundstein für die grundsätzliche Übertragung des Konzepts. Etwaige Anpassungsbedarfe ergeben sich aus konzeptionellen Unterschieden beider Betrachtungsobjekte und zuvor formulierten zusätzlichen Kriterien (vgl. Kap. 4.5.2). Auf dieser Basis wird ein Bewertungsmodell einschließlich erster Überlegungen zur Anwendung erarbeitet, das den Kern der vorliegenden Arbeit bildet (vgl. Kap. 5.4, Kap. 5.5). Dieses wird abschließend im Hinblick auf die Erfüllung der Bewertungsanforderungen analysiert (vgl. Kap. 5.6).

5.2 Anforderungen an die Bewertung von Unternehmensnetzwerken

Inhaltliche und methodische Anforderungen an die Bewertung, d.h. an entsprechende Modelle und Verfahren, leiten sich zum einen aus der Diskussion um Bewertungsansätze für Einzelorganisationen, zum anderen aus den Besonderheiten kooperativer Strukturen ab. MERKLE hebt in diesem Zusammenhang folgende Aspekte hervor:

- Sie geht zunächst von einen mehrdimensionalen Bewertungsansatz aus, der output- und prozessbezogene Aspekte integriert. Erstere beschreiben die Zielerreichung der Gesamtkooperation sowie der einzelnen Partner im Sinne einer ergebnisorientierten Betrachtung, letztere beziehen sich auf Konzepte und Maßnahmen zur Erreichung dieser Ziele und zur nachhaltigen Erfolgssicherung.[8]
- Im engen Zusammenhang mit der Frage der individuellen Zielerreichung steht die Forderung nach Einbeziehung aller Partner in die Definition der Kooperationsziele. Dies beinhaltet die Explikation der jeweiligen partnerspezifischen Zielsysteme, die wiederum eine strukturierte Synthese gemeinsamer Ziele ermöglicht. Diese gemeinsamen Ziele sind in konkrete strategische Aussagen auf kollektiver Ebene zu überführen.[9]
- Eine ganzheitliche Bewertung darf sich überdies nicht auf den Betrachtungshorizont der Kooperation als Organisationsmehrheit beschränken, sondern muss darüber hinaus auch die jeweils individuelle Sphäre der Partner einbeziehen. Die Bewertung muss damit sowohl die Sicht des Netzwerks als auch der Einzelunternehmen einschließen.[10]

---

8 Merkle (1999), S. 69 f.

9 Merkle (1999), S. 70 f.

10 Vgl. Luczak/Wimmer (2000), S. 145 f.; Merkle (1999), S. 71 f.

- Schließlich fordert MERKLE die regelmäßige Überprüfung individueller und kollektiver Zielsysteme, um eine kontinuierliche Ausrichtung an Markt- und Wettbewerbserfordernissen sowie eine ständige Steigerung der Organisationseffizienz im Netzwerk zu erreichen.[11]
- Strategische Aussagen bilden die Grundlage für die Definition konkreter Messgrößen, die eine eindeutige Bewertung des Kooperationserfolgs zulassen. Dabei kommen sowohl qualitative als auch quantitative Indikatoren in Frage, um die Vielschichtigkeit kooperativer Zielsysteme abzubilden.[12]

Diese Aspekte beinhalten zum einen fundierte methodische Anforderungen an das Bewertungsverfahren, die sich insbesondere auf den Betrachtungshorizont beziehen. Sie umfassen zum anderen jedoch vereinzelt auch inhaltliche Prämissen im Hinblick auf die strukturelle Gestaltung der betrachteten Kooperationsbeziehungen. Diese werden z.B. in der – aus Sicht des Autors nicht generalisierbaren – Forderung nach Einbeziehung aller Partner in den kollektiven Zielbildungsprozess sichtbar. Daher folgt diese Arbeit MERKLE nur insoweit, als sie Anforderungen an den kriterien- und objektbezogenen Betrachtungshorizont formuliert. Diese beziehen sich primär auf die Integration ergebnis- und prozessbezogener, d.h. struktureller Aspekte sowie die strategieorientierte Erfolgsbewertung. Das vorrangige Bewertungsziel besteht auch hier nicht in einer Wertermittlung, sondern in der Ableitung konkreter Handlungs- und Verbesserungsbedarfe zur Schwerpunktsetzung bei der Gestaltung, Steuerung und kontinuierlichen Verbesserung einer Organisation. Grundsätzlich sind damit die Anforderungen an die Bewertung von Einzelorganisationen weiterhin relevant (vgl. Tab. 5), sie werden in inhaltlicher Fortführung des Ganzheitlichkeitsanspruchs um die simultane Betrachtung der individuellen und kollektiven Sphäre ergänzt.

Aus den zuvor formulierten Effekivitäts- und Effizienzkriterien für Unternehmensnetzwerke (vgl. Kap. 4.5) leiten sich weitere inhaltliche Anforderungen an die Bewertung ab. Zunächst muss sie strukturelle Elemente und Ergebnisse erfassen, die die aktive Auseinandersetzung mit der Systemumwelt und die Reagibilität auf dynamische Veränderungen im wirtschaftlichen, sozialen und gesellschaftlichen Umfeld betreffen. Diese beziehen sich insbesondere auf den strukturierten Dialog mit den wesentlichen Interessengruppen sowie die Erhebung und Umsetzung ihrer Wünsche und Bedürfnisse in der Geschäftstätigkeit. Ferner implizieren sie eine systematische Auseinandersetzung mit relevanten Rahmenbedingungen, die Prognose ihrer zukünftigen Entwicklung und eine konsistente Festlegung der strategischen Ausrichtung, die die Grundlage der operativen Umsetzung bildet. Die Programmierung oder Vorstrukturierung von Handlungen und Entscheidungen zur Reduktion von Verhaltensvarietät findet in der Bewertung durch die Erfassung wesentlicher Organisationsstrukturen ihren Niederschlag.

---

11 Vgl. Merkle (1999), S. 72 f.

12 Vgl. Merkle (1999), S. 73-75

Zur validen Abbildung wesentlicher Erfolgsvoraussetzungen muss das hier entwickelte Bewertungsmodell daher die in der Kooperation geschaffenen Regelungen und Strukturen erfassen, die eine Abgrenzung kooperativer und kompetitiver Bereiche betreffen und die Interaktion der Mitglieder bestimmen. Insofern ist hier eine wesentliche Erweiterung einzelbetrieblicher Bewertungsansätze vorzunehmen. Generell muss das Bewertungsmodell eine größere Gestaltungsfreiheit bei der Definition relevanter Interessengruppen zulassen. Insbesondere die im Zusammenhang mit Unternehmen verbindlich vorgegebenen Parteien "Kunden" und "Mitarbeiter" sind im Zusammenhang mit Unternehmenskooperationen eher dispositiver Natur und unterliegen damit einer einzelfallbezogenen Auswahl und ggf. Eingrenzung.

Die Bewertung einer Organisation oder einer Organisationsmehrheit muss sich – so die bisherigen Ausführungen – inhaltlich an deren jeweiligen Zielen orientieren. Insoweit muss sie im Falle von Unternehmensnetzwerken eine etwaige befristete Bestandsperspektive berücksichtigten. Die Auflösung einer Kooperation ist demnach nicht mit mangelndem Erfolg gleichzusetzen.[13] Sind im Falle eines langfristig angelegten Netzwerks positive Ergebnisentwicklungen über einen längeren Zeitraum ein Beleg für nachhaltigen Erfolg und damit ein Indikator hoher Organisationseffizienz, ist diese Perspektive für befristete Kooperationen nicht zwingend. Die Betrachtung und Bewertung muss sich hier am Lebenszyklus der Gesamtstruktur orientieren. Insoweit sind Anpassungen der Bewertungskriterien erforderlich.

Zusammenfassend ergeben sich die in Tab. 80 illustrierten Anforderungen an die Bewertung. Sie zeigen deutliche Parallelen zur Auseinandersetzung mit Einzelorganisationen. Dies gilt insbesondere für die Entwicklungs- und Verbesserungsorientierung, die Erfüllung der Testgütekrieterien sowie die Utilität und Operationalität. Die Forderungen zur Abbildung der Effizienzkriterien sowie zur Ganzheitlichkeit greifen ebenfalls auf die im Zusammenhang mit der Bewertung von Einzelorganisationen herausgearbeiteten Anforderungen zurück, erweitern deren Inhalte jedoch in Teilen, um den konzeptionellen Unterschieden beider Betrachtungsobjekte Rechnung zu tragen.

---

13 Vgl. Baumgarten (1998), S. 209; Powell (1990), S. 332

Forderung	Inhalt
Abbildung der Effizienzkriterien	Die Bewertung fokussiert auf die Nachhaltigkeit der Entwicklung. Diese bezieht sich auf die Sicherung der Existenz über den für fallspezifisch zu definierende Interessengruppen gestifteten Nutzen bis zur Erreichung der kollektiven Ziele. Weitere bewertungsrelevante Inhalte betreffen die Binneneffizienz der Aufbau- und Ablauforganisation, die Programmierung von Entscheidungen und organisationalen Handelns durch Etablierung organisatorischer Routinen sowie den Fit mit dem umgebenden Wirtschafts-, Gesellschafts- und Sozialsystem. Inhaltlich werden netzwerkspezifische Besonderheiten wie die Vielfalt bei der Definition wesentlicher Interessengruppen, eine organisationsübergreifende Planung, die Koordination unter Verzicht auf hierarchiebezogene Weisungsbefugnisse oder die kulturelle Integration der Partner abgebildet.
Ganzheitlichkeit	Die Bewertung basiert auf einem systemischen Betrachtungsansatz, der auf eher globaler Ebene Ursache-Wirkungsbeziehungen im System Unternehmensnetzwerk analysiert. Sie erfasst Fragen normativen, strategischen und operativen Managements, die horizontalen Dimensionen Aktivitäten, Strukturen und Verhalten sowie die inhaltliche Konsistenz und Harmonisierung dieser Elemente. Der Betrachtungshorizont bezieht die kollektive Sphäre des Netzwerks und ergänzend die einzelbetriebliche Ebene der Mitgliedsunternehmen ein.
Entwicklungs- und Verbesserungsorientierung	Die Bewertung unterstützt inhaltlich und methodisch die Ableitung konkreter Handlungsbedarfe zur kontinuierlichen Verbesserung eines Unternehmensnetzwerks. Sie bezieht sich daher sowohl auf realisierte Ergebnisse als auch auf die zu ihrer Realisation geschaffenen Strukturen im Netzwerk.
Testgütekriterien	Die Bewertung stützt sich auf ein standardisiertes Verfahren, dass objektive und valide Ergebnisse hervorbringt.
Utilität und Operationalität	Die Bewertung leistet einen relevanten Beitrag zur praktischen Führung eines Unternehmensnetzwerks. Sie stützt sich im Sinne der Handhabbarkeit auf verständliche und in der Praxis verwendbare Kriterien und Verfahren. Die Ergebnisse erbringen im Sinne der Nützlichkeit einen Erkenntnisgewinn und einen Zuwachs an Entscheidungsqualität.

Tab. 80: Anforderungen an die Bewertung von Unternehmensnetzwerken

5.3 Aktuelle Bewertungskonzepte für Unternehmensnetzwerke

Ausgangspunkt für die Entwicklung eines Bewertungsmodells ist zunächst die Analyse bestehender Ansätze zur Bewertung von Unternehmensnetzwerken. Die Literatur über eigenständige Bewertungsansätze erweist sich hier insgesamt jedoch als wenig ergiebig. Überwiegend werden Ansätze, die für Einzelorganisationen entwickelt und erprobt wurden, auf die Ebene von Organisationsmehrheiten übertragen. Diese Strategie erscheint auch aus theoretischer Sicht sinnvoll und wird durch Forderungen der Praxis gestützt.[14]

[14] Vgl. Merkle (1999), S. 76

Die dort geführte Diskussion konzentriert sich auf finanzorientierte Verfahren, vielfach fokussiert auf die Bewertung von Mergers und Acquisitions (vgl. Kap. 5.3.1). Hier liegt allerdings eine nur eingeschränkt vergleichbare Bewertungssituation vor, da zumindest ein Teil der Partner seine wirtschaftliche und rechtliche Selbständigkeit aufgibt. Insoweit sind entsprechende Instrumente auch nur bedingt geeignet, um das hier betrachtete Bewertungsproblem zu lösen.

Hier rückt die Netzwerkanalyse in den Blickpunkt, die sich vor dem Hintergrund eines wissenschaftlich-theoretischen Erkenntnisinteresses mit der Beschreibung und Erklärung komplexer Systemzusammenhänge beschäftigt. Die Netzwerkanalyse ist Gegenstand des darauf folgenden Abschnitts (vgl. Kap. 5.3.2). Schließlich wird ein Modell der Praxis betrachtet: In der Balanced Scorecard steht nach Übertragung von Einzelorganisationen auf Organisationsmehrheiten ein Instrument zur Bewertung und operativen Steuerung der Geschäftstätigkeit zur Verfügung (vgl. Kap. 5.3.3).

5.3.1 Bewertung von Mergers und Acquisitions

Anregungen für die Bewertung von Unternehmensnetzwerken sind aus der Analyse von Unternehmenszusammschlüssen zu erwarten. Mergers & Acquisitions (M&A) spielen augenblicklich in der wissenschaftlichen Diskussion sowie in der betrieblichen Praxis eine herausragende Rolle.[15] Mergers (Fusionen) sind mit dem Verlust der Rechtspersönlichkeit zumindest für eines der beteiligten Unternehmen verbunden, Acquisitions (Akquisitionen oder Übernahmen) beinhalten demgegenüber eine Beteiligungstransaktion, die mit der Übernahme von Mehrheitsstimmrechten und damit dem Erwerb der Entscheidungs- und Kontrollgewalt verbunden ist. Zwar wurden Fusionen und Übernahmen bei der Betrachtung von Unternehmensnetzwerken explizit ausgeschlossen, da sie das konstitutive Merkmal mehrerer rechtlich selbständiger Partner nicht erfüllen, doch können entsprechende Bewertungsanstäze wichtige Anregungen zur Konzeption eines Bewertungsmodells liefern.

Zahlreich sind die Ansätze zur Bewertung von Mergers & Acquisitions. Sie können bei der Lösung des Problems einer Analyse von Unternehmensnetzwerken dann weiterhelfen, wenn sie über eine rein additive Verknüpfung von Ergebnissen auf unternehmensindividueller Ebene hinausgehen. Eine rein summarische Betrachtung würde am Kern des Bewertungsproblems vorbeigehen; sie kann keine Erklärung oder Rechtfertigung für eine Fusion oder eine Übernahme liefern. Hier spielt der über synergetische Effekte erzielte Mehrwert gegenüber der isolierten Fortführung der Einzelunternehmen eine Rolle.[16]

Die in diesem Zusammenhang vorgeschlagenen Instrumente basieren auf den finanzorientierten Bewertungsverfahren für Einzelorganisationen (vgl. Kap. 3.3.1).

---

15 Vgl. Huemer (1991), S. 8-14

16 Vgl. Altwegg (1995), S. 20 f.; Huemer (1991), S. 216

Der Wert einer Fusion oder Übernahme wird dabei rekursiv aus einer Schätzung des Gesamtwertes der verbundenen Unternehmen abzüglich der unabhängigen Fortführungswerte von Käufer und Verkäufer ermittelt.[17] Die Höhe der einzelnen Positionen in dieser Gleichung wird über die Anwendung klassisch finanzorientierter Verfahren ermittelt. ALTWEGG beispielsweise greift auf das DCF-Verfahren zurück (vgl. Kap. 3.3.1.2).[18] Der unbestreitbare Vorteil eines solchen Vorgehens besteht im quantitativen bzw. quantifizierenden Charakter des Bewertungsergebnisses. Er ermöglicht eine weitere Verarbeitung über numerische Verfahren. So stehen für die Zusammenführung von Einzelbewertungsergebnissen auf Ebene von Organisationsmehrheiten mathematische Verfahren zur Verfügung.

Gleichzeitig werden jedoch die methodischen Probleme finanzorientierter Verfahren, insbesondere im Hinblick auf die problematische Prämisse eindimensionaler Ziele sowie die begrenzte prognostische Validität, übernommen. Im Zusammenhang mit der Bewertung von Organisations- oder Unternehmensmehrheiten treten die Schwierigkeiten bei der Ermittlung einer geeigneten Datengrundlage gleich in mehrfacher Hinsicht auf: Bewertungsrelevante Zahlungsströme müssen nicht nur für das Bewertungsobjekt der (zum Zeitpunkt der Bewertung ggf. noch fiktiven) Kooperation insgesamt definiert werden, sondern darüber hinaus auch für das Vergleichsobjekt. Dieses ergibt sich unter der Prämisse einer Beibehaltung des status quo, erfordert daher die isolierte Betrachtung von mindestens zwei Einzelorganisationen. Damit erhöht sich die Zahl nicht oder nur begrenzt kontrollierbarer Einflussfaktoren signifikant (vgl. Tab. 81).

Zur näheren Diskussion der mit einer finanzorientierten Bewertung verbundenen Einschränkungen wird auf die früheren Ausführungen verwiesen. Insgesamt ist damit zumindest für finanzorientierte Ansätze im Hinblick auf das Betrachtungsobjekt des Unternehmensnetzwerks festzustellen, dass eine befriedigende Lösung des Bewertungsproblems noch nicht erreicht wurde.[19] Die bislang vorhandenen Konzepte haben sicherlich ihre Berechtigung, genügen aber nicht den zuvor entwickelten Anforderungen an die Bewertung von Unternehmensnetzwerken.

---

17 Vgl. Altwegg (1995), S. 57-110, S. 163-173, S. 204; Huemer (1991), S. 217

18 Vgl. Altwegg (1995), S. 25-33

19 Vgl. Altwegg (1995), S. 22

Forderung	Erfüllung
Abbildung der Effizienzkriterien	Fokussierung der Bewertung auf den wirtschaftlichen Erfolg, wenig Aussagen zur Binneneffizienz, begrenzte methodische Unterstützung bei der Bewertung von Synergiepotentialen, wenig Aussagen zu Interessengruppen außerhalb der Eigen- und Fremdkapitalgeber, nur begrenzte Abbildung netzwerkspezifischer Besonderheiten
Ganzheitlichkeit	Betrachtung struktureller Elemente nicht methodisch verankert, damit unzureichende Abdeckung der Strukturierungsdimensionen, keine systemische Betrachtung
Entwicklungs- und Verbesserungsorientierung	Keine unmittelbare Ableitung von Maßnahmen aus dem Bewertungsergebnis
Testgütekriterien	Güte des Bewertungsergebnisses wesentlich über die Qualität der Datengrundlage bestimmt, daher keine zuverlässige Aussage zur Testgüte
Utilität und Operationalität	Operationalität des Verfahrens durch den Rückgriff auf die Bewertung von Einzelorganisationen gegeben, Nutzen auf bestimmte Anwendungssituationen beschränkt

Tab. 81: Bewertung von Mergers und Acquisitions

5.3.2 Netzwerkanalyse

Die Netzwerkanalyse erfasst soziale Beziehungen zwischen Akteuren und versucht auf Basis quantitativer Erhebungs- und Auswertungsmethoden Voraussetzungen und Folgen bestimmter Erscheinungsmuster zu definieren:[20] "In network analysis, an organization is conceived of as a cluster of people joined by a variety of links which transmit goods and services, information, influence, and affect."[21] SYDOW führt ihre Entstehung auf vier Themenfelder zurück:

- SIMMEL beschäftigt sich als Vertreter der interpretativen Soziologie mit der Bedeutung von Interaktion und Kommunikation für Funktion und Verhalten sozialer Systeme.[22]
- Wichtige Anregungen stammen darüber hinaus aus der Austauschtheorie,[23] z.B. von HOMANS[24] und BLAU[25]. Diese setzt sich mit Transaktionsprozessen innerhalb

20 Vgl. Simmel (1992), S. 63-159; Sydow (1993), S. 121; Tichy (1981), S. 228

21 Tichy/Fombrun (1979), S. 925

22 Vgl. Simmel (1955); Tichy (1981), S. 226

23 Vgl. Tichy/Fombrun (1979), S. 925

24 Vgl. Homans (1972)

25 Vgl. Blau (1964)

des Netzwerks auseinander, in denen neben Strömen materieller auch Informationen und sonstige immaterielle Güter fließen.[26]

- Die dritte Quelle sieht SYDOW in der Rollentheorie, die das Zusammenspiel menschlicher Individuen beleuchtet. Sie sieht wesentliche Bedingungsfaktoren für Funktion und Verhalten von Netzwerken in sozialen Beziehungen bzw. Bindungen und Erwartungen zwischen individuellen Akteuren.[27]
- Schließlich steuern die Mathematik und die Grafentheorie wichtige inhaltliche Erkenntnisse bei. Dies wurde bereits in der Konzepualisierung von Netzwerken als System aus Knoten und Kanten deutlich.[28] Der Beitrag der Grafentheorie besteht insbesondere in der Entwicklung von Begriffen zur Beschreibung sowie von mathematischen Modellen zur Simulation der Entwicklung und des Verhaltens von Netzwerken.

In Zusammenführung dieser Strömungen beschäftigt sich die Netzwerkanalyse mit Beziehungs- und Strukturmustern von Netzwerken.[29] Beziehungen zwischen den Akteuren werden dabei primär über Erklärungsansätze der Austauschtheorie begründet. Methodisch geht es darum, über eine soziometrische Beschreibung Handlungsmuster von Organisationen oder Organisationsmehrheiten zu erklären und zu modellieren. "Der theoretische Anspruch der Netzwerkanalytiker geht zunächst dahin, das Instrumentarium zur Entwicklung empirisch gehaltvoller Strukturtheorien bereitzustellen."[30]

Grundsätzlich wird bei der Betrachtung zwischen totalen und partiellen Netzwerken unterschieden.[31] Die Unterscheidung betrifft die inhaltliche Vielfalt und Komplexität der Knoten: Totale Netzwerke umfassen das gesamte Beziehungsgefüge mit allen möglichen Facetten von materiellen Austauschbeziehungen bis hin zu personal-sozialen Aspekten. Partielle Netzwerke nehmen demgegenüber eine inhaltliche Beschränkung auf Relationen einer bestimmten Art vor.[32] Die Analyse von Unternehmensnetzwerken wird daher auf das Konzept partieller Netzwerke zurückgreifen; eine erschöpfende Analyse jedweder Beziehungsdimension zwischen individuellen Akteuren, die letztlich Träger organisationalen, d.h. unternehmerischen Handelns sind, scheitert regelmäßig sowohl an der Verfügbarkeit entsprechender Informationen als auch an der Komplexität des dadurch begründeten Beziehungsgefüges. Damit sind zumindest potentiell Einschränkungen im Hinblick auf die Ganzheitlichkeitsforderung verbunden.

---

26 Vgl. Tichy (1981), S. 226

27 Vgl. Tichy (1981), S. 226

28 Vgl. Wilson (1975), S. 9-21

29 Vgl. Tichy/Fombrun (1979), S. 927

30 Pappi (1987b), S. 12

31 Vgl. Pappi (1987b), S. 13 f.

32 Vgl. Pappi (1987b), S. 14

Zur Beschreibung und Erklärung von Netzwerken kommt die Grafentheorie zur Anwendung, die einerseits eine grafische Darstellung, andererseits die Zuordnung quantitativer Merkmale unterstützt. Beispielhaft sind Soziogramme zu nennen, die eine Erfassung sozialer Interaktionsbeziehungen erlauben.[33] Entsprechende Daten werden über Befragungen, Beobachtungen etc. gewonnen.[34] Die Erfassung direkter Beziehungen in Matrizen erlaubt die Analyse und Quantifizierung auch indirekter Beziehungen über mathematische Transformationen und damit die Identifikation von Teilgruppen, Clustern und Cliquen sowie von Macht- und Statuspositionen innerhalb der Untersuchungsgesamtheit.[35]

Das so identifizierte Beziehungs- und Entscheidungsgefüge unterstützt in Verbindung mit bestimmten Strukturtheoremen[36] sowie Annahmen über das Verhalten individueller Akteure und seine Bedingungsfaktoren, die z.B. aus der Austauschtheorie abgeleitet werden, eine Analyse, Erklärung und ggf. Prognose organisationalen Handelns. Damit ist gleichzeitig die theoretische Grundlage zur Modellierung effizienter Organisationsstrukturen geschaffen.

Allerdings gelten grundsätzlich dieselben Einschränkungen, die im Zusammenhang mit der systemtheoretischen Analyse von Einzelorganisationen diskutiert wurden (vgl. Kap. 2.4.3.5): Die konkrete Handlungsuntersützung für die Praxis leidet unter dem hohen Abstraktionsgrad einer netzwerkanalytischen Betrachtung. Eine über die Erläuterung grundsätzlicher Zusammenhänge hinausgehende Nutzung zur Lösung betrieblicher Probleme ist eher unwahrscheinlich.[37] Insoweit genügt die Netzwerkanalyse nicht den zuvor explizierten Anforderungen an die Bewertung (vgl. Tab. 82).

---

33 Vgl. Pappi (1987b), S. 27

34 Vgl. Feger (1987), S. 204; Pappi (1987b), S. 20-22

35 Vgl. Feger (1987), S. 204 f.; Hummell/Sodeur (1987a); Hummell/Sodeur (1987b); Kappelhoff (1987a); Kappelhoff (1987b); Pappi (1987b), S. 28-30; Ziegler (1987)

36 Vgl. Hummell/Sodeur (1987a); Kappelhoff (1987c)

37 Vgl. Hartmann (1985), S. 23

Forderung	Erfüllung
Abbildung der Effizienzkriterien	Durch starke methodisch-formale Orientierung keine zwingende inhaltliche Auseinandersetzung mit den Effizienzkriterien von Organisations- und Unternehmensnetzwerken
Ganzheitlichkeit	Betonung der Strukturanalyse, systemische Betrachtung, Abdeckung der Strukturierungsdimensionen jedoch nicht methodisch verankert
Entwicklungs- und Verbesserungsorientierung	Unmittelbare Ableitung von Maßnahmen aus dem Bewertungsergebnis möglich, allerdings nicht methodisch verankert
Testgütekriterien	Keine zuverlässige Aussage zur Testgüte durch fehlende methodische Konkretisierung
Utilität und Operationalität	Operationalität und Utilität des Verfahrens abhängig von der Gestaltung im Einzelfall

Tab. 82: Bewertung mit Hilfe der Netzwerkanalyse

5.3.3 Balanced Scorecard

MERKLE leitet aus den von ihr zuvor herausgearbeiteten Anforderungen an die Bewertung von Unternehmensnetzwerken konkrete Vorschläge zum Einsatz der Balanced Scorecard ab (vgl. Abb. 78).[38] Sie führt damit Ansätze von KAPLAN und NORTON fort, die in der Anwendung auf die gemeinsame Geschäftstätigkeit mehrerer Partner eine Möglichkeit zur Explikation gemeinsamer Ziele sowie zum Aufbau eines alle beteiligten Organisationen erfassenden Systems der Zielentfaltung und des Controlling sehen.[39]

Auf methodischer Ebene führt die Nutzung der Balanced Scorecard für Unternehmensmehrheiten nicht zu einer grundsätzlichen qualitativen Veränderung im Vergleich zum klassischen Anwendungshorizont eines Einzelunternehmens, sondern setzt die Überlegungen zur Anwendung sachlogisch fort. Bereits KAPLAN und NORTON gehen von einer Festlegung der in der Scorecard verankerten Messgrößen über die verschiedenen Ebenen des Unternehmens aus. Durch die Kaskadierung dieser Indikatoren von der strategischen bis hinunter zur operativen Ebene sehen sie ein wirkungsvolles Instrument zur Unterstützung eines stringenten Deploymentprozesses.[40] Insoweit führt die Ergänzung um eine organisationsübergreifende Ebene methodisch nur zu einer vertikalen Streckung der Zielkaskade. Durch die Entwicklung einer Scorecard auf Ebene des Unternehmensnetzwerks wird zum einen die Explikation gemeinsamer, zum anderen die Integration unternehmensindividueller Ziele erzwungen.

38 Vgl. Merkle (1999), S. 80-89

39 Vgl. Kaplan/Norton (1996), S. 173

40 Vgl. Brown (1997), S. 7; Kaplan/Norton (1996), S. VIII

MERKLE blendet in diesem Zusammenhang allerdings die Frage aus, inwieweit ein solches System top-down, d.h. ausgehend von der Kooperationssphäre, oder bottom-up, d.h. auf Basis individueller Zielsysteme, entsteht. Methodisch ist diese Entscheidung aus Sicht der Balanced Scorecard sicherlich vernachlässigbar, ihr Ergebnis illustriert aber das Verhältnis zwischen der Kooperation insgesamt und ihren Mitgliedern. Im ersten Fall stehen gemeinsame Ziele im Mittelpunkt, die Kaskadierung dient der Festlegung individueller Beiträge. Im zweiten kehrt sich diese Situation um: Das Kooperationsziel ergibt sich aus einer Stärkung der Wettbewerbsposition der einzelnen Partner. In der Praxis wird i.d.R. eine Kombination beider Verfahren angemessen sein. In jedem Fall kann die Balanced Scorecard hier einen wichtigen Beitrag zur Definition und Harmonisierung mitunter divergenter Individualziele leisten.

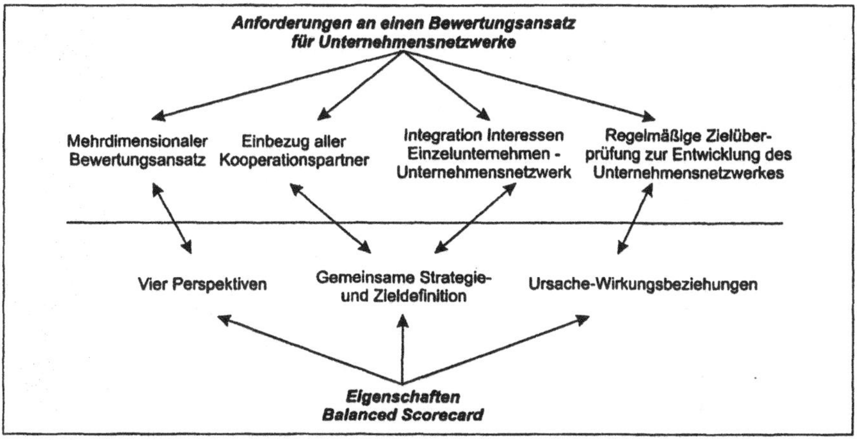

Abb. 78: Balanced Scorecard für Unternehmenskooperationen[41]

Inhaltlich erfüllt die Balanced Scorecard durch ihre vier Elemente zunächst die Anforderungen an eine mehrdimensionale Bewertung, da sie sowohl finanzielle Geschäftsergebnisse als auch prozessorientierte Aspekte integriert. Gleichzeitig zwingt die Ableitung konkreter Messgrößen für die Organisationseffizienz zur Explikation individueller und kollektiver Zielsysteme und zur Harmonisierung von Interessenlagen der Partner. Insoweit reflektieren die Inhalte der Scorecard sowohl die Ziele der gesamten Kooperation als auch diejenigen der Partner. Die Bewertung erfasst damit beide Betrachtungshorizonte und erfüllt eine der wesentlichen Anforderungen an entsprechende Bewertungskonzepte. Die an früherer Stelle geäußerte Kritik einer nur impliziten Berücksichtigung der Mitarbeiter[42] (vgl. Kap. 3.3.5) erweist sich hier als methodisch-inhaltlicher Vorteil: Da das Netzwerk selbst nicht zwingend über eigene

41 Abb. aus Merkle (1999), S. 80

42 Vgl. Töpfer/Mauerer (2000), S. 19

Mitarbeiter verfügen muss, wird durch die abstrakte Perspektive Lernen und Wachstum ("Learning and Growth")[43] eine Übertragung wesentlich vereinfacht. Der Einsatz der Balanced Scorecard setzt überdies eine regelmäßige Erhebung und Auswertung der darin verankerten Messgrößen voraus. Insoweit ist auch die Forderung nach einer kontinuierliche Leistungsbewertung erfüllt, die inhaltliche Schwerpunkte für die Weiterentwicklung von Kooperationsstrukturen und damit zur Steigerung der Organisationseffizienz setzt.

Der wesentliche Nachteil des Instruments liegt in der Fokussierung auf eine ergebnisbezogene Betrachtung. Sie erfasst zwar sowohl (klassische) Geschäftsergebnisse im Sinne einer nacheilenden Messung des Organisationserfolgs ("lagging indicators") als auch – insbesondere in der Prozessbetrachtung – Parameter zur präventiven Steuerung ("leading indicators"), blendet aber strukturelle Aspekte der Organisations- und Unternehmensgestaltung weitgehend aus. Die grundsätzlich vorgesehene Abbildung von Maßnahmen (vgl. Abb. 13) kann dieses Defizit durch ihre fehlende methodische Konkretisierung nicht ausgleichen.[44] Insoweit wird die Anwendung der Balanced Scorecard primär in der operativen Steuerung gesehen (vgl. Tab. 83).[45]

Forderung	Erfüllung
Abbildung der Effizienzkriterien	Verknüpfung finanzieller und nicht-finanzieller Elemente, Anknüpfung der Bewertung an die strategischen Ziele, Berücksichtigung von Kunden, Mitarbeitern und Anteilseignern, stringente Verknüpfung der individuellen und kollektiven Ebene, wenig Hinweise zur Erfassung struktureller Aspekte
Ganzheitlichkeit	Zwingende Anknüpfung der Bewertung an strategische Ziele, Unterstützung des vertikalen Fit durch Operationalisierung von Zielen, allerdings keine konkreten Hinweise zur Betrachtung struktureller Elemente, damit keine vollständige Abdeckung der Strukturierungsdimensionen
Entwicklungs- und Verbesserungsorientierung	Unmittelbare Ableitung von Maßnahmen aus dem Bewertungsergebnis möglich, allerdings nicht umfassend methodisch verankert
Testgütekriterien	Güte des Bewertungsergebnisses wesentlich über die konsistente Konkretisierung der inhaltlichen Dimensionen der Scorecard bestimmt, daher keine zuverlässige Aussage zur Testgüte
Utilität und Operationalität	Operationalität und Utilität des Verfahrens durch die Anknüpfung an die einzelbetriebliche Anwendung plausibel

Tab. 83: Bewertung über die Balanced Scorecard

43 Vgl. Kaplan/Norton (1996), S. 28 f., S. 126-144

44 Vgl. Kaplan/Norton (1996), S. 9

45 Vgl. Kinsey (2000), S. 181; Töpfer (2000c), S. 79; Töpfer (2000f), S. 311, S. 315

In Anknüpfung an die Argumentation im Zusammenhang mit der Betrachtung der Balanced Scorecard auf einzelbetrieblicher Ebene ist daher eine stärkere strategische Ausrichtung wünschenswert, die sich in der Anlehnung eines neu zu entwickelnden Bewertungsansatzes an den Excellence-Modellen niederschlagen kann. Diese sind durch die Berücksichtigung struktureller Faktoren einer systemorientierten Sicht verpflichtet, die eine stärkere Maßnahmenorientierung impliziert.[46] Damit bieten sich gleichzeitig konkrete inhaltliche Anknüpfungspunkte für die Konzeption eines Bewertungsmodells.

5.4 Konzeption eines Bewertungsmodells

Die vorliegende Arbeit knüpft bei der Entwicklung eines Bewertungsmodells für Unternehmensnetzwerke an die zuvor diskutierten (Business) Excellence-Modelle an (vgl. Kap. 3.4). Sie bieten den Vorzug, dass sie die Abbildung mehrdimensionaler Zielsysteme unterstützen und damit der empirischen Situation Rechnung tragen: "In new strategic alliances, managers need to take a broader view of performance than they did in traditional partnerships, focusing on a wide range of economic and strategic outcomes. Some of these outcomes are the options that accrue to partners; their values cannot be measured easily. ... Here a shift from simple cost-benefit analysis - of inputs versus outputs - to a probabilistic assessment of strategic value is required."[47]

Daher sind die wesentlichen Handlungs- und Entscheidungsfelder bei der Gestaltung und Steuerung von Unternehmensnetzwerken zu identifizieren, in ihren Zusammenhängen zu erläutern und in einen geschlossenen Bewertungsansatz zu überführen. So entsteht ein symbolisches Modell, das Eigenschaften eines realen Systems (hier: eines Unternehmensnetzwerks) in eine abstrakte Darstellung überführt.[48] Die Integration struktureller und ergebnisbezogener Elemente lenkt den Blick auf die wesentlichen Determinanten des Kooperationserfolgs. Die Anordnung der Kriterien vermittelt im Sinne einer Bewusstseinsbildung bei den verantwortlichen Führungskräften Einsichten in konzeptionell begründete und empirisch plausible Ursache-Wirkungs-Beziehungen innerhalb von Unternehmensnetzwerken als soziotechnologische Systeme.

Die vergleichende Betrachtung von Organisationen und Netzwerken sowie ihren wesentlichen Erfolgs-, Effektivitäts- und Effizienzkriterien hat in der Hervorhebung konzeptioneller Parallelen die Grundlage für den Rückgriff auf Bewertungsansätze für Einzelorganisationen und die inhaltlich analoge Konzeption eines Modells für Unternehmensnetzwerke geschaffen. Die überzeugende Erfüllung der eingangs formulierten Bewertungsanforderungen durch die Excellence-Modelle begründet ihre Zugrundelegung bei der Kriterienentwicklung. Die Ausführungen zur Bewertung von

---

46 Vgl. Töpfer (2000c), S. 101 f.; Wigand/Schnopp (2000), S. 276

47 Doz/Hamel (1998), S. 9 f. (*Anm.: Der hier verwendete Begriff "strategic alliance" deckt sich mit dem Begriffsverständnis dieser Arbeit von Unternehmensnetzwerken.*)

48 Vgl. Hanssmann (1978), S. 74

(Einzel-)Organisationen haben gezeigt, dass in den beschriebenen Excellence-Modellen ein wirksames Instrument zur Steuerung des organisationalen Entwicklungs- und Verbesserungsprozesses zur Verfügung steht. Sie erfüllen einerseits die zuvor herausgearbeiteten Anforderungen an eine ganzheitliche Betrachtung, an eine unmittelbare Entwicklungs- und Verbesserungsorientierung durch hinreichend konkrete inhaltliche Unterstützung bei der Ableitung von Maßnahmen sowie an die Utilität und Operationalität im Sinne empirisch-praktischer Anwendbarkeit. Andererseits belegt eine Vielzahl unterschiedlicher Studien die prognostische Validität der Bewertungsergebnisse und damit die inhaltliche Fundierung der Modellforderungen.

Die Gegenüberstellung des EFQM-Modells für Excellence[49], der Baldrige Criteria for Performance Excellence[50], des Australian Business Excellence Framework[51] und der Kriterien des Japan Quality Award[52] ermöglicht die Identifikation inhaltlich und formal überzeugender Lösungen, die durch die Vorschläge CONTIs[53] und SCHMIDTs[54] sinnvoll ergänzt werden. Anpassungen der betrachteten Modelle sind insbesondere im Hinblick auf die strukturellen Unterschiede zwischen Einzelorganisationen und Kooperationen bzw. Netzwerken notwendig. Entsprechende Überlegungen münden in die Entwicklung des Network-Excellence-Modells, das in den folgenden Abschnitten vorgestellt wird.

5.4.1 Inhaltliche Grundlagen des Modells

Ähnlich wie die etablierten Excellence-Modelle basiert auch das Network-Excellence-Modell auf einer Reihe normativer Setzungen, die als Grundlegende Konzepte bezeichnet und im Folgenden erläutert werden (vgl. Abb. 79, Tab. 84):

Das erste dieser Grundlegenden Konzepte steht unter dem Titel "Systemorientierung". Es impliziert die Identifikation wesentlicher Elemente, die das System Unternehmensnetzwerk konstituieren, sowie ihrer grundlegenden Beziehungen zueinander. Damit sind insbesondere die Einbeziehung der wesentlichen Akteure, die Beschreibung grundsätzlicher Handlungs- und Gestaltungsfelder sowie die simultane Erfassung von Strukturen und Ergebnissen gefordert. Das Network-Excellence-Modell setzt diesen Anspruch durch seinen Modellcharakter um, der - in vereinfachender und schematisierender, aber dadurch verständlicher Form - elementare Wirkungsbeziehungen vom später ausgeführten Bereich Führung über die strategische Ausrichtung und die strukturelle Gestaltung bis hin zu den Ergebnissen illustriert. Es greift in seiner systemorientierten Betrachtungsperspektive primär die Ausführungen der Baldrige

49 Vgl. EFQM (1999a)

50 Vgl. NIST (2001)

51 Vgl. Australian Quality Council (2001)

52 Vgl. Japan Quality Award Committee (1999)

53 Vgl. Conti (1999a)

54 Vgl. Schmidt (2001)

Criteria for Performance Excellence zur "Systems Perspective"[55] sowie SCHMIDTs "A Systems Perspective"[56] auf, korrespondiert aber auch mit dem Australian Business Excellence Framework.[57]

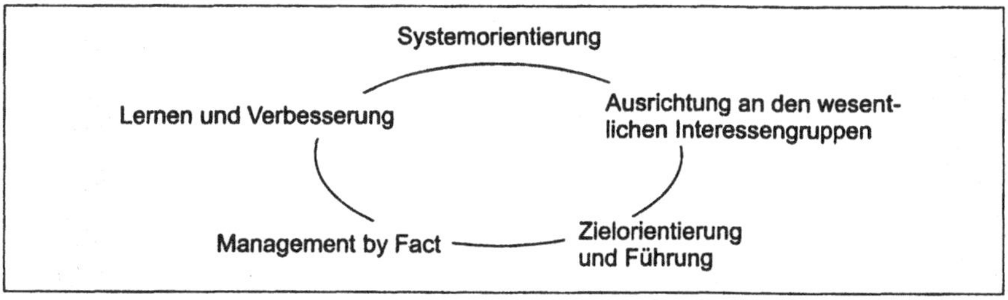

Abb. 79: Grundlegende Konzepte des Network-Excellence-Modells

Das zweite Grundlegende Konzept bezieht sich auf die "Ausrichtung an den wesentlichen Interessengruppen".[58] Dazu gehören in der Modellkonzeption zunächst die beteiligten Unternehmen. Sie werden im Falle einer ausdrücklichen Zugehörigkeits- oder Eintrittsentscheidung als Mitglieder oder bei einer eher informellen Konstitution der Kooperation als Partner bezeichnet. Der Partnerbegriff unterscheidet sich signifikant von der Verwendung im Rahmen des EFQM-Modells, wo Partner regelmäßig Außenstehende bezeichnen. Hier gehören Partner zum Unternehmensnetzwerk als Betrachtungsobjekt. Im Hinblick auf Mitglieder und Partner ergibt sich die Notwendigkeit eines angemessenen Ausgleichs mitunter widerstreitender Interessen. Dieser ist Voraussetzung für die Stabilität der Kooperation und eine langfristige Erfolgsperspektive. Die mittelbaren und unmittelbaren Kunden bilden eine weitere Gruppe; hier sind allerdings Überschneidungen mit Mitgliedern und Partnern denkbar, sofern diese zum Kreis der Leistungsempfänger gehören. Die Einbeziehung auch nur mittelbarer Leistungsempfänger trägt in diesem Zusammenhang der Tatsache Rechnung, dass die Aktivitäten der Kooperation im Außenverhältnis, d.h. gegenüber Dritten, nicht zwingend sichtbar werden müssen. Dies ist insbesondere dann der Fall, wenn gemeinsame Leistungen über einen Partner unter dessen Namen am Markt angeboten und vertrieben werden oder wenn Wettbewerber zur Erzielung von Skaleneffekten oder zur gemeinsamen Nutzung von Ressourcen kooperieren.

---

55 Vgl. NIST (2001), S. 4

56 Vgl. Schmidt (2001), S. 302

57 Vgl. Australian Quality Council (2001), S. 30

58 Vgl. Gomez (1993), S. 23, S. 39; Janish (1993)

Grundlegende Konzepte In den Grundlegenden Konzepten kommen die Werthaltungen und Überzeugungen zum Ausdruck, die der Bewertung von Unternehmensnetzwerken inhaltlich zugrunde liegen.
Systemorientierung Die systemorientierte Betrachtung von Unternehmensnetzwerken stützt sich auf die Bestimmung der wesentlichen Akteure, der von ihnen inhaltlich auszufüllenden Handlungs- und Entscheidungsfelder und der erzielten Leistungen. Sie erfasst Ursache-Wirkungsbeziehungen innerhalb dieser sowie zwischen diesen Bereichen und verknüpft Handlungen und Entscheidungen mit entsprechenden Ergebnissen.
Ausrichtung an den wesentlichen Interessengruppen Unternehmensnetzwerke bewegen sich in einem Spannungsfeld aus Erwartungen unterschiedlicher Gruppen. Ihr Erfolg manifestiert sich in einer ausgewogenen Balance bei deren Erfüllung. Er schließt insbesondere einen Interessenausgleich zwischen den beteiligten Unternehmen ein. Die strukturelle Gestaltung, das Handeln und die Auswahl von Ergebnisgrößen reflektieren diese Ausrichtung an den wesentlichen Interessengruppen.
Zielorientierung und Führung Die strukturelle Gestaltung, insbesondere die Definition der wesentlichen Prozesse, sowie die Geschäftstätigkeit des Unternehmensnetzwerks werden von seinen Werten und strategischen Zielen geleitet. Deren Umsetzung wird durch eine unternehmensübergreifende Führung aktiv gefördert.
Management by Fact Handlungen und Entscheidungen beruhen auf fundierten Information über Erwartungen der wesentlichen Interessengruppen und ihre Erfüllung, über wirtschaftliche, gesellschaftliche, rechtliche und technologische Rahmenbedingungen sowie Messungen der eigenen Leistung.
Lernen und Verbesserung Die Einführung eines kontinuierlichen Verbesserungsprozesses, der Innovation und Lernen auf Ebene des gesamten Netzwerks, einzelner Unternehmen und der Mitarbeiter strukturell unterstützt und zur zeitnahen Nutzung neu gewonnenen Wissens beiträgt, ist Voraussetzung zur Erreichung und nachhaltigen Sicherung eines exzellenten Leistungsniveaus.

Tab. 84: Grundlegende Konzepte des Network-Excellence-Modells

Eine ähnliche Situation tritt im Zusammenhang mit den Mitarbeitern auf: Das Netzwerk verfügt nicht zwingend über eigene Mitarbeiter, sondern greift oftmals auf personelle Ressourcen der Partner zurück. Dennoch werden alle für die gemeinsame Geschäftstätigkeit tätigen Mitarbeiter an dieser Stelle als Interessengruppe erfasst. Eine wichtige Rolle spielt überdies die Gesellschaft als Ganzes. Das Network-Excellence-Modell greift hier die in den betrachteten Excellence-Modellen verankerte Überzeugung der Corporate Citizenship auf, die sich in der Wahrnehmung der gesellschaftlichen Verantwortung manifestiert.[59] Schließlich werden weitere Gruppen behandelt, die sich einzelfallspezifisch aus dem Selbstverständnis und den strategischen Zielen einer Kooperation ergeben.

Dem Network-Excellence-Modell liegt die Überzeugung zugrunde, dass sich die Geschäftstätigkeit des Netzwerks an den Wünschen und Bedürfnissen all dieser

---

59 Vgl. Liebl (1997), S. 17

Gruppen orientierten muss und sich zur langfristigen Erfolgssicherung nicht auf eine isolierte Betrachtung der Mitglieder bzw. Partner beschränken darf. Die Herausforderung besteht somit darin, die u.U. antagonistischen Interessenlagen in eine ausgewogene Balance zu bringen. Das Konzept greift damit die Ausführungen zur "Ergebnisorientierung", zur "Kundenorientierung", zur "Mitarbeiterorientierung und -beteiligung" sowie zur "Verantwortung gegenüber der Öffentlichkeit" im EFQM-Modell für Excellence auf und führt diese in einem gemeinsamen Verständnis zusammen.[60] Korrespondierende Aussagen finden sich auch in den grundlegenden Konzepten des MBNQA, AQA und JQA sowie in den Ausführungen SCHMIDTs sowie teilweise auch in der Modellkonzeption CONTIs.

Das Konzept "Zielorientierung und Führung" bringt die Ausrichtung des Unternehmensnetzwerks an seinen Werten und den strategischen Zielen zum Ausdruck. Diese schlägt sich in der organisatorischen Gestaltung nieder, die insbesondere die konsistente Ableitung der wesentlichen Geschäftsprozesse aus den strategischen Zielen und dem Selbstverständnis der Kooperation sowie einen konsistenten Deploymentprozess zur Transformation qualitativer in quantitative bzw. kollektiver in unternehmensspezifische Ziele impliziert. Dieser Prozess wird durch die Führung inhaltlich in Wahrnehmung der Managementfunktion sowie auf personal-sozialer Ebene im Sinne einer Vorbildfunktion unterstützt. Führung bezieht sich in diesem Zusammenhang weniger auf die institutionell verankerte Führungsrolle einer Partner- oder Mitgliedsorganisation, sondern auf personale Führung durch die für die Gestaltung und Steuerung der gemeinsamen Aktivitäten zuständigen Mitarbeiter. Sie kann sich auf Markt-, Organisations- oder Personalmacht stützen. Die aktive Wahrnehmung der Führungsrolle innerhalb eines Netzwerks wird als wesentliche Erfolgsvoraussetzung angesehen. Der Überzeugung und Begeisterung durch Führungskräfte kommt bei der Gestaltung und Steuerung insofern besondere Bedeutung zu, als die Überwindung von Interessendisparitäten der Mitglieder oder Partner nicht durch hierarchiegestützte Weisungsbeziehungen möglich ist.[61] Auch vertraglich verankerte Regelungen hierzu liegen nicht zwingend vor.

Über das Konzept der Zielorientierung werden klare inhaltliche Analogien zwischen Werten und Zielen im Sinne einer strategischen Ausrichtung des Netzwerks, organisationalem Handeln, das Strukturen und Maßnahmen konkretisiert, sowie den erzielten Ergebnissen begründet. Diese Zusammenhänge sind neben der isolierten inhaltlichen Betrachtung einzelner Elemente und Kriterien Gegenstand der Bewertung. Hier fließen Anregungen der Konzepte "Führung und Zielkonsequenz" im EFQM-Modell für Excellence[62], "Visionary Leadership" der Baldrige Criteria for Performance Excel-

60 Vgl. EFQM (1999b), S. 6-8

61 Vgl. Braun (1999), S. 66-68; Heck (1999), S. 39; Yoshino/Rangan (1995), S. 147, S. 160

62 Vgl. EFQM (1999b), S. 6

lence[63] und ähnliche Ausführungen des Australian Business Excellence Framework sowie CONTIs und SCHMIDTs ein.[64]

"Management by Fact" ist konzeptioneller Bestandteil aller betrachteten Excellence-Modelle. Es beinhaltet eine fundierte informationelle Absicherung von Handlungs- und Gestaltungsentscheidungen. Diese setzt zum einen die strukturierte Auseinandersetzung mit Wünschen und Bedürfnissen der wesentlichen Interessengruppen sowie mit aktuellen Entwicklungen im Hinblick auf wirtschaftliche, gesellschaftliche, rechtliche und technologische Rahmenbedingungen voraus. Zum anderen erfordert sie die kontinuierliche Messung der eigenen Leistung und Leistungsfähigkeit, um operative Steuerungsaufgaben wahrnehmen und Verbesserungspotentiale zur kontinuierlichen Weiterentwicklung identifizieren zu können.

Auch die Prämisse kontinuierlicher und strukturell verankerter Verbesserung - Kerninhalt der Konzepts "Lernen und Verbesserung" im Network-Excellence-Modell - ist bei unterschiedlicher begrifflicher Prägung integraler Bestandteil aller betrachteten Modelle. Die besondere Herausforderung im Zusammenhang mit der Gestaltung und Bewertung von Unternehmensnetzwerken als Organisationsmehrheiten besteht in der Einführung einer weiteren Ebene: Innovation und Lernen beschränken sich nicht auf die personale Dimension der Mitarbeiter sowie die unternehmensbezogene Sphäre, sondern müssen darüber hinaus auch die kollektive Ebene der Kooperation insgesamt erreichen. Hier ist allerdings nicht mehr nur die Förderung, sondern zum Schutz proprietären Wissens einzelner Mitglieder oder Partner auch die Verhinderung von Lernprozessen wichtig, um einen unkontrollierten Abfluss von Wissen und damit die nachhaltige Schwächung der Wettbewerbsposition einzelner Akteure zu vermeiden.[65]

Zum Kanon grundlegender Konzepte der Baldrige Criteria for Performance Excellence gehört "Agility".[66] Darin kommt die grundsätzliche Fähigkeit einer Organisation zum Ausdruck, mit hoher Veränderungsgeschwindigkeit auf dynamische Rahmenbedingungen zu reagieren. In die gleiche Richtung zielen Aussagen im Modell des Japan Quality Award unter der Überschrift "Quick Responses to Customers and Markets".[67] Beide Aspekte zeigen deutliche Anknüpfungspunkte zu wesentlichen Vorteilen kooperativer Strukturen, die in eben dieser hohen Reagibilität gesehen werden.[68] In den grundlegenden Konzepten des Network-Excellence-Modells werden sie in der

---

63 Vgl. NIST (2001), S. 1

64 Vgl. Australian Quality Council (2001), S. 5, S. 29-31; Conti (1999a), S. 31; Schmidt (2001), S. 302

65 Vgl. Balling (1997), S. 149; Hagedoorn (1990), S. 21; Hamel/Doz/Prahalad (1989), S. 133; Heinz/Eichmann/Schütze (2000), S. 221

66 Vgl. NIST (2001), S. 2 f.

67 Vgl. Japan Quality Award Committee (1999), S. 13

68 Vgl. Goldman/Nagel/Preis (1996a), S. 71; Lorenzoni/Ornati (1988), S. 51 f.; Reiß (1996b), S. 198; Schuh/Millarg/Göransson (1998), S. 143; Sihn/Hägele (1998), S. 10; Schwaninger (1999b), S. 67; Sommerlatte (1990), S. 164

Ausrichtung an den wesentlichen Interessengruppen, die über die Gruppe der Kunden und Mitglieder bzw. Partner eine starke Marktorientierung einschließt, sowie in der strukturellen Unterstützung personalen und organisationalen Lernens reflektiert. Insoweit wurde auf die Einführung eines eigenen Elements verzichtet. Entsprechende Inhalte finden mit etwas anderer Akzentuierung über die Auseinandersetzung mit der Zielbildung und strategischen Positionierung sowie mit einer zeitnahen Umsetzung von Verbesserungen ihren Niederschlag.

Die hier skizzierten Grundsätze bilden die "weltanschauliche Grundlage" zur Konzeption der Modellelemente und -kriterien, die in den folgenden Abschnitten beschrieben werden.

5.4.2 Modellstruktur und Bewertungsdimensionen

Im formalen Aufbau orientiert sich das Network-Excellence-Modell am EFQM-Modell für Excellence und den Kriterien der übrigen Quality Awards. Grundsätzliche Themenkreise bei der Analyse werden durch neun Elemente angesprochen. Diese werden durch 37 Teilkriterien konkretisiert, deren inhaltliche Erfüllung bzw. Dokumentation bei Anwendung des Modells verbindlich ist. Die Teilkriterien des Network-Excellence-Modell werden allerdings nicht durch eine Aufzählung von Ansatzpunkten weiter ausgeführt, sondern in einer verbalen Beschreibung. Diese ist nach Ansicht des Autors eher geeignet, den offenen Charakter der Forderungen hervorzuheben und eine nur grundsätzliche Interpretation zu leisten. Eine Erläuterung der Inhalte über Ansatzpunkte fördert eine Verwendung als Checkliste, d.h. eine sukzessive Abarbeitung der aufgezählten Items. Wesentliches Element der Bewertung ist jedoch eine einzelfallspezifische inhaltliche Füllung der Modellforderungen. Deren Offenheit ist Voraussetzung für eine Übertragung auf unterschiedliche Arten von Organisationen. Eine rein verbale Beschreibung bietet in hierfür erste Interpretationshilfen, leistet aber ausdrücklich keine erschöpfende inhaltliche Übertragung auf das Bewertungsobjekt, d.h. das betrachtete Unternehmensnetzwerk.

Im Gegensatz zum EFQM-Modell für Excellence ist das hier entwickelte Network-Excellence-Modell dreigeteilt. Der Aufbau geht aus Abb. 80 hervor. Der linke Block steht unter dem Titel "Strategische Ausrichtung". Er beinhaltet primär Fragen des normativen Managements, die zunächst methodische und inhaltliche Aspekte bei der Festlegung der strategischen Ausrichtung gemeinsamer Aktivitäten und der Positionierung am Markt implizieren. Diese setzen eine Einigung zwischen den Mitgliedern oder Partnern über Fragen der grundsätzlichen organisatorischen Gestaltung des Netzwerks voraus. Außerdem sind die Festlegung gemeinsamer Werte sowie die Entstehung einer entsprechenden Kultur angesprochen. Werte und Kultur werden entweder bewusst geschaffen und durch Maßnahmen zur Integration der Partner umgesetzt oder müssen sich im Falle einer nur kurzen zeitlichen Bestandsperspektive durch von vornherein bestehende und kompatible Wertesysteme und Kulturen der beteiligten Organisationen ergeben. In jedem Fall spielen in diesem Prozess Führungskräfte eine herausragende Rolle; sie zeichnen für die Definition, Autorisierung und inhaltliche Ausfüllung der Werte und Ziele verantwortlich. Daher wird ihre richtunggebende Rolle explizit berücksichtigt.

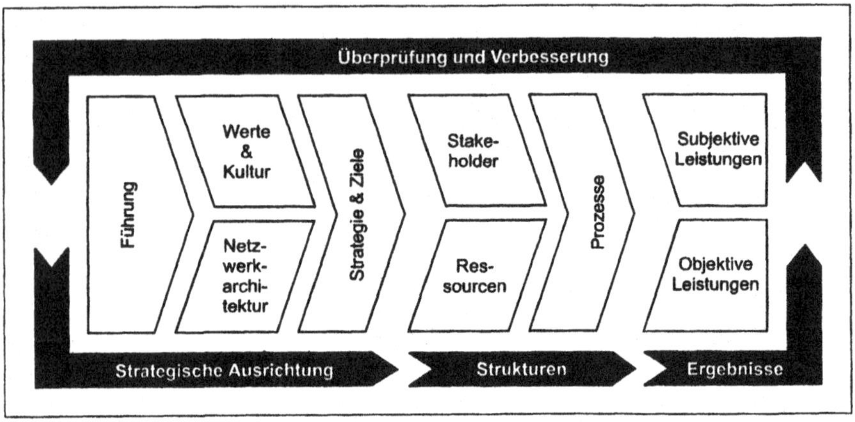

Abb. 80: Das Network-Excellence-Modell

Die damit determinierte strategische Ausrichtung spiegelt sich im zweiten Block wider, der unter dem Titel "Strukturen" steht. Er fokussiert auf Fragen der Organisationsgestaltung einschließlich der Definition von Außenbeziehungen und der wesentlichen Geschäftsprozesse. Strategische Ausrichtung sowie Strukturen bestimmen gemeinsam die "Ergebnisse" des Netzwerks, die den dritten Block im Network-Excellence-Modell bilden. Sie erfassen die Erfüllung strategischer Ziele sowie von Wünschen und Bedürfnissen der wesentlichen Interessengruppen.

Grundlage der Bewertung bilden neben den später ausführlicher diskutierten inhaltlichen Forderungen in den Elementen und Teilkriterien des Modells die Bewertungsdimensionen. Die Analyse international etablierter Excellence-Modelle hat in diesem Zusammenhang - mit Ausnahme des in dieser Hinsicht wenig überzeugenden Australian Business Excellence Framework - weitgehende inhaltliche Parallelen gezeigt. Hier stechen insbesondere das EFQM-Modell für Excellence und die Baldrige Criteria for Performance Excellence positiv hervor.[69]

Aus diesem Grund werden die Bewertungsdimensionen des EFQM-Modells in begrifflicher Anlehnung und nur geringfügig veränderter Strukturierung für das Network-Excellence-Modell übernommen. Für die Bereiche "Strategische Ausrichtung" sowie "Strukturen" gelten daher die Aspekte "Vorgehen", "Umsetzung" und "Bewertung und Überprüfung" (vgl. Tab. 85), für die Ergebnisse "Qualität" und "Umfang" (vgl. Tab. 86). Zu näheren inhaltlichen Ausführungen wird auf die Beschreibung des EFQM-Modells (vgl. Kap. 3.4.1.2) verwiesen.

---

[69] Vgl. EFQM (1999a), S. 35 f.; NIST (2001), S. 45 f.

Bewertungsdimensionen für die Bereiche "Strategische Ausrichtung" sowie "Strukturen"	
Vorgehen	**Fundierung des Vorgehens** Maßnahmen sind inhaltlich begründet und erfüllen die Zielrichtung der Modellforderungen. Sie basieren auf definierten Abläufen und stabilen Strukturen.
	Integration des Vorgehens Maßnahmen sind aufeinander abgestimmt und an den Werten und Zielen ausgerichtet. Sie unterstützen die Wahrnehmung von Anforderungen der wesentlichen Interessengruppen.
Umsetzung	**Umfang der Umsetzung** Maßnahmen sind in allen relevanten Bereichen und über alle Mitglieder bzw. Partner hinweg realisiert sowie Bestandteil der regelmäßigen Geschäftstätigkeit.
	Systematische Verankerung Maßnahmen sind strukturiert eingeführt; ihre Anwendung wird durch das Netzwerk unterstützt und gesteuert.
Bewertung und Überprüfung	**Messung der Wirksamkeit** Die Effektivität und Effizienz des Vorgehens und der Umsetzung werden regelmäßig gemessen.
	Lernen Ergebnisse der Messungen, Feedback relevanter Gruppen und Benchmarking werden zur Ableitung von Verbesserungsmöglichkeiten genutzt.
	Verbesserung Identifizierte Verbesserungsmöglichkeiten werden durch die Umsetzung von Maßnahmen angesprochen. Veränderungen der eingesetzten Maßnahmen und des Vorgehens sind belegt.

Tab. 85: Bewertung "Strategische Ausrichtung", "Strukturen"

Änderungen betreffen nur wenige Aspekte: Die Ausrichtung von Maßnahmen an den wesentlichen Interessengruppen wird unter "Integration des Vorgehens" subsumiert. Damit ist eine analoge Einordnung von Werten, strategischen Zielen und Anforderungen dieser Gruppen gewährleistet. Die beiden inhaltlichen Facetten der "Umsetzung" werden begrifflich deutlicher voneinander abgegrenzt: Sie beziehen sich zum einen auf die Breite der Anwendung, zum anderen auf deren strukturelle Absicherung. Unter dem Stichwort "Lernen" wird nicht mehr allein die Gewinnung von Verbesserungsvorschlägen über externe Vergleiche gefasst, sondern alle Ansätze zur Konzeption von Verbesserungsmaßnahmen. Diese können Benchmarking, aber auch interne Maßnahmen zur Kreativitätsförderung beinhalten.

Bewertungsdimensionen für den Bereich "Ergebnisse"	
Qualität	**Trends** Ergebnisse weisen positive Trends auf oder belegen ein dauerhaft hohes Leistungsniveau.
	Ziele Ziele für Ergebnisse sind gesetzt und stehen in nachvollziehbarem Zusammenhang zu den Werten und strategischen Zielen. Sie werden überwiegend erreicht oder übertroffen.
	Vergleiche Ergebnisse fallen im Vergleich mit anderen Organisationen positiv aus.
	Bezug zu den Maßnahmen Ergebnisse lassen Zusammenhänge mit dem Vorgehen erkennen.
Umfang	**Inhaltliche Vollständigkeit** Ergebnisse decken die Modellforderungen inhaltlich vollständig ab und lassen eine fundierte Beurteilung der Leistungen zu.
	Erfassung aller Organisationsbereiche Ergebnisse decken das Netzwerk in seiner gesamten Breite ab und erfassen alle relevanten Geschäftsbereiche und organisatorischen Teileinheiten. Sie liegen ggf. in segmentierter Form vor, um die Ableitung von Verbesserungsmaßnahmen zu unterstützen.

Tab. 86: Bewertung "Ergebnisse"

Der "Umfang" der Ergebnisse wird explizit in die Bereiche "Inhaltliche Vollständigkeit" sowie "Erfassung aller Organisationsbereiche" aufgespalten. Damit ist keine inhaltliche Erweiterung, sondern lediglich eine Klarstellung bereits vorhandener Forderungen verbunden. Die Bewertungssystematik insgesamt unterliegt durch die skizzierten Punkte keiner tiefgreifenden Veränderung.

Daher kommen zur Bewertung die folgenden Tabellen zum Einsatz, die auf denen des EFQM-Modells für Excellence beruhen,[70] allerdings im Hinblick auf die Bewertungsdimensionen und eine in Anlehnung an SCHMIDT deutlichere, möglichst äquidistante verbale Beschreibung der Merkmalsausprägungen[71] modifiziert wurden (vgl. Tab. 87, Tab. 88). Diese Bewertungsmatrizen bilden die Grundlage zur Bewertung des Erfüllungsgrades im Hinblick auf die inhaltlichen Forderungen, die in den folgenden Ausführungen erläutert werden. Nähere Hinweise zu ihrer Nutzung sowie zum allgemeinen Vorgehen bei der Bewertung finden sich in Kap. 5.5.

70 Vgl. EFQM (1999a), S. 35 f.

71 Vgl. Schmidt (2001), S. 339 f., S. 342 f.

Dimension	Ausprägung				
Fundierung	keine oder vereinzelte Nachweise	einige Nachweise	durchgängig gute Nachweise	durchgängig sehr gute Nachweise	exzellente und umfassende Nachweise
Integration	keine oder vereinzelte Nachweise	einige Nachweise	durchgängig gute Nachweise	durchgängig sehr gute Nachweise	exzellente und umfassende Nachweise
Vorgehen	0 5 10	15 20 25 30 35	40 45 50 55 60	65 70 75 80 85	90 95 100

Umfang	keine oder vereinzelte Nachweise	Nachweis der Einführung in etwa 25 % der relevanten Bereiche	Nachweis der Einführung in etwa 50 % der relevanten Bereiche	Nachweis der Einführung in etwa 75 % der relevanten Bereiche	Nachweis der Einführung in allen relevanten Bereichen
Verankerung	keine oder vereinzelte Nachweise	einige Nachweise	durchgängig gute Nachweise	durchgängig sehr gute Nachweise	exzellente und umfassende Nachweise
Umsetzung	0 5 10	15 20 25 30 35	40 45 50 55 60	65 70 75 80 85	90 95 100

Messung	keine oder vereinzelte Nachweise	einige Nachweise	durchgängig gute Nachweise	durchgängig sehr gute Nachweise	exzellente und umfassende Nachweise
Lernen	keine oder vereinzelte Nachweise	einige Nachweise	durchgängig gute Nachweise	durchgängig sehr gute Nachweise	exzellente und umfassende Nachweise
Verbesserung	keine oder vereinzelte Nachweise	einige Nachweise	durchgängig gute Nachweise	durchgängig sehr gute Nachweise	exzellente und umfassende Nachweise
Bewertung und Überprüfung	0 5 10	15 20 25 30 35	40 45 50 55 60	65 70 75 80 85	90 95 100

Gesamtbewertung	**0 5 10**	**15 20 25 30 35**	**40 45 50 55 60**	**65 70 75 80 85**	**90 95 100**

Tab. 87: Bewertungsmatrix "Strategische Ausrichtung", "Strukturen"

Dimension	**Ausprägung**				
Trends	keine oder vereinzelte positive Trends	einige positive Trends	durchgängig positive Trends	durchgängig sehr positive Trends	durchgängig exzellente Trends oder Leistungen
Ziele	keine oder vereinzelte Nachweise	einige Nachweise	durchgängig gute Nachweise	durchgängig sehr gute Nachweise	exzellente und umfassende Nachweise
Vergleiche	keine oder vereinzelte Nachweise	einige Nachweise	durchgängig gute Nachweise	durchgängig sehr gute Nachweise	exzellente und umfassende Nachweise
Bezug zu den Maßnahmen	keine oder vereinzelte Nachweise	einige Nachweise	durchgängig gute Nachweise	durchgängig sehr gute Nachweise	exzellente und umfassende Nachweise

Qualität		0	5	10	15	20	25	30	35	40	45	50	55	60	65	70	75	80	85	90	95	100	

Inhaltliche Vollständigkeit	keine oder geringfügige inhaltliche Abdeckung	inhaltliche Abdeckung zu etwa 25 %	inhaltliche Abdeckung zu etwa 50 %	inhaltliche Abdeckung zu etwa 75 %	vollständige inhaltliche Abdeckung
Erfassung aller Organisationsbereiche	keine oder geringfügige Abdeckung relevanter Bereiche	Nachweis für etwa 25 % der relevanten Bereiche	Nachweis für etwa 50 % der relevanten Bereiche	Nachweis für etwa 75 % der relevanten Bereiche	Nachweis für alle relevanten Bereiche

Umfang		0	5	10	15	20	25	30	35	40	45	50	55	60	65	70	75	80	85	90	95	100	

Gesamtbewertung		**0**	**5**	**10**	**15**	**20**	**25**	**30**	**35**	**40**	**45**	**50**	**55**	**60**	**65**	**70**	**75**	**80**	**85**	**90**	**95**	**100**	

Tab. 88: Bewertungsmatrix "Ergebnisse"

5.4.3 Inhalte der Modellelemente

In den folgenden Abschnitten werden die Elemente und Teilkriterien des Network-Excellence-Modells vorgestellt und interpretiert. Die Tabellen enthalten dabei die Modellbeschreibung i.e.S. Diese wird durch Erläuterungen zu Begriffen und Forderungsinhalten sowie zu Zusammenhängen zwischen einzelnen Elementen und Teilkriterien im Text ergänzt.

5.4.3.1 Führung

Das Element "Führung" hebt die hohe Bedeutung von Führungskräften bei der Gestaltung und Steuerung von Unternehmen und Unternehmensnetzwerken hervor. Es führt damit den grundlegenden Ansatz des EFQM-Modells fort,[72] das "Management" und "Leadership" als sachlich-inhaltlichen bzw. personal-sozialen Aspekten des Führungsverhalten ebenfalls ein eigenes Element widmet und ihnen in der Bewertung erhebliches Gewicht beimisst.[73] Der Autor folgt damit explizit nicht den Entwicklungsvorschlägen SCHMIDTs, der die Rolle der Führung nur noch implizit bei der Entwicklung und Umsetzung von Mission, Vision und Werten eines Unternehmens betrachtet.[74] Diese Zuordnung würde der Auseinandersetzung mit Rollen und Aufgaben von Führungskräften in Unternehmensnetzwerken nicht gerecht werden, die in folgenden Aussagen beispielhaft zum Ausdruck kommt:

- "Gerade Produktionsnetzwerke bedürfen einer zielorientierten Führung, da hier selbständige Unternehmen mit unterschiedlichen Interessen zusammenarbeiten."[75]
- "Die besondere Bedeutung einer Führungsperson und deren Fähigkeiten für die Kooperation wird auch durch Beobachtungen aus der Praxis verdeutlicht: Ein Ausscheiden der Führungsperson führt häufig zu einem Stillstand, obwohl sich Ziele und wirtschaftliche Rahmenbedingungen nicht geändert haben."[76]

Die hohen Anforderungen an das Führungsverhalten ergeben sich aus der "losen Kopplung" der Partner.[77] Sie erfordert Koordinations- und Überzeugungsarbeit, um Interessendisparitäten, kulturelle Unterschiede und die fehlenden Durchgriffs- bzw. Durchsetzungsmöglichkeiten hierarchischer Systeme zu kompensieren. Diese Überlegungen führen zur Einführung eines eigenen Elements "Führung" im Network-Excellence-Modell, das sich in vier Teilkriterien gliedert (vgl. Tab. 89).

Das erste Teilkriterium beschäftigt sich unter der Überschrift "Rolle und Aufgaben der Führungskräfte" zunächst mit der Eingrenzung des Kreises von Führungskräften und Entscheidungsträgern sowie mit Festlegungen über deren Kompetenzspielräume. Die Wichtigkeit einer klaren Definition leitet sich aus der bei einer "losen Kopplung" der Partner fehlenden Möglichkeit ab, durchgängig auf Weisungs- oder Über- und Unterordnungsbeziehungen hierarchischer Systeme zurückgreifen zu können. Insoweit sind unklare Aussagen zu Zuständigkeiten sowie Kompetenzüberschneidungen nur schwer kompensierbar. Aufgrund der hierarchieübergreifenden Koordinationsaufgaben greifen disziplinarische Befugnisse als ausschließliches Identifikationsmerkmal von Führungsfunktionen bei Unternehmensnetzwerken zu kurz. Stattdessen wird i.d.R. ein Rückgriff auf fachlich-inhaltliche Planungs- und Entscheidungskompetenzen sinnvoll sein.

---

72 Vgl. EFQM (1999a), S. 12 f.

73 Vgl. Blau (1964), S. 200-205; Pölking (1999), S. 861

74 Vgl. Schmidt (2001), S. 307 f.

75 Braun (1999), S. 66

76 Balling (1997), S. 117

77 Vgl. Hippe (1997), S. 34; Pohlmann/Apelt/Buroh/Martens (1995), S. 20

1 Führung

Führungskräfte entwickeln und kommunizieren gemeinsame Werte, Strategien und Ziele für das Unternehmensnetzwerk und setzen diese im persönlichen Verhalten glaubhaft um. Sie unterstützen die Gestaltung der Netzwerkarchitektur, die kulturelle Integration der Partner und deren Einbindung in die Geschäftstätigkeit.

Führungskräfte sind diejenigen natürlichen Personen, die innerhalb des Netzwerks über fachliche Planungs- und Entscheidungskompetenzen oder disziplinarische Weisungsbefugnisse verfügen. Sie stehen in einem unmittelbaren Arbeitsverhältnis mit dem Netzwerk oder mit den einzelnen Mitgliedern bzw. Partnern.

1a Rolle und Aufgaben der Führungskräfte

Der Kreis der Führungskräfte im Unternehmensnetzwerk ist klar definiert. Handlungs- und Entscheidungskompetenzen werden in einem strukturierten Prozess unter Berücksichtigung der Einheit von Kompetenz und Verantwortung festgelegt und intern sowie extern kommuniziert. Auswahlkriterien für die Besetzung von Führungspositionen auf Ebene des Unternehmensnetzwerks liegen vor und spiegeln die grundsätzlichen Werte wider. Vertreter der oberen Führungsebenen aus den beteiligten Unternehmen nehmen Führungsfunktionen im Rahmen des Netzwerks wahr.

1b Managementfunktion der Führungskräfte

Führungskräfte wirken aktiv bei der Formulierung und Vermittlung grundlegender Werte und konkreter Ziele für das Unternehmensnetzwerk mit. Sie führen einen stringenten Prozess der Zielentfaltung ein, der das Zusammenwirken der beteiligten Unternehmen und Mitarbeiter auf inhaltlicher Ebene unterstützt. Führungskräfte wirken bei der Festlegung organisatorischer Strukturen sowie von Handlungs- und Entscheidungskompetenzen für Unternehmen und Mitarbeiter mit. Sie nehmen Koordinationsaufgaben wahr und sorgen für die Bereitstellung personeller und sachlicher Ressourcen, um eine kontinuierliche Verbesserung der Zusammenarbeit sowie der gemeinsamen Geschäftstätigkeit insgesamt zu unterstützen.

1c Vorbildfunktion der Führungskräfte

Führungskräfte setzen durch konsistentes eigenes Verhalten die grundlegenden Werte und konkreten Ziele für das Unternehmensnetzwerk um. Sie vermitteln gegenüber den beteiligten Unternehmen und Mitarbeitern vorbild- und glaubhaft das in den gemeinsamen Werten zum Ausdruck kommende Grundverständnis sowie Bedeutung und Inhalt gemeinsamen unternehmerischen Handelns und tragen zur kulturellen Integration aller Beteiligten bei. Führungskräfte unterstützen durch persönliche Mitwirkung die kontinuierliche Verbesserung der Zusammenarbeit sowie der gemeinsamen Geschäftstätigkeit. Sie fördern durch persönliches Handeln die Erfüllung von Wünschen und Bedürfnissen der wesentlichen Interessengruppen.

1d Einbindung von Führungskräften der Mitglieder und Partner

Führungskräfte des Netzwerks stehen im ständigen Dialog mit den Führungsebenen der beteiligten Unternehmen. Sie kooperieren mit diesen bei der sachlich-inhaltlichen Koordination einzelbetrieblicher Aktivitäten sowie bei personal-sozialen Fragen, um das Zusammenwirken der beteiligten Unternehmen kontinuierlich zu verbessern.

Tab. 89: Führung

Zum Kreis der Führungskräfte und damit zum Geltungsbereich des Elements "Führung" gehören nach dem Verständnis des Network-Excellence-Modells alle Mitarbeiter, die innerhalb der kollektiven Sphäre wesentliche Steuerungs- und Gestaltungsentscheidungen treffen. Deren Durchsetzung muss sich nicht zwingend auf hierarchische oder vertraglich verankerte Weisungsbeziehungen stützen, sie kann auch

Ergebnis konsensualer Entscheidungsprozesse sein. Für die Zuordnung zum Führungskreis des Netzwerks spielt auch die arbeitsvertraglich bestimmte Zugehörigkeit keine Rolle: Führungskräfte können sowohl Mitarbeiter des Netzwerks als auch der beteiligten Unternehmen sein; entscheidend ist einzig und allein ihr inhaltlicher Tätigkeitsschwerpunkt bzw. ihre Position im kollektiven Entscheidungsprozess. Insoweit können in der personellen Zusammensetzung der Führung auf Netzwerk- und einzelorganisatorischer Ebene deutliche Unterschiede bestehen; häufig wird jedoch eine weitgehende Deckungsgleichheit vorliegen. Diese ist im Sinne einer glaubwürdigen Vermittlung der Bedeutung interorganisationaler Kooperationsbeziehungen in der jeweils individuellen Sphäre der beteiligten Unternehmen sogar explizit gewünscht.

Über die Abgrenzung des Führungskreises hinaus betrifft ein weiterer Aspekt die inhaltliche Festlegung und Zuordnung von Handlungs- und Entscheidungskompetenzen. Da die Ausübung von Weisungs- und Kontrollrechten durch die regelmäßig verbleibende Austrittsoption an ihre Grenzen stößt, hängt die Durchsetzung von Entscheidungen in kooperativen Strukturen vielfach von der Interessenkomplementarität der Partner und damit auch von ihrer Bereitschaft zur Anerkennung einer zumindest partiellen Fremdbestimmung ab. Hier leistet eine Zuständigkeitsklärung ex ante wirksame Hilfe. Gleichzeitig stellt sie sicher, dass Führungskräfte auf Ebene der Kooperation nicht zwischen ihrer Zuständigkeit und Verantwortung für die Koordination einzelbetrieblicher Aktivitäten, d.h. für die strategische und operative Steuerung der gemeinsamen Geschäftstätigkeit einerseits sowie fehlender Autorisierung bzw. unzureichenden Entscheidungskompetenzen andererseits aufgerieben werden und damit ausschließlich zu Ansprechpartnern im Falle von Schuldzuweisungen degenerieren.

Die weiterhin geforderte Wahrnehmung von Führungsaufgaben in der gemeinsamen Geschäftstätigkeit durch Vertreter des Top-Managements aus den beteiligten Unternehmen stellt einerseits sicher, dass die inhaltliche Konsistenz mit deren strategischer Planung gewährleistet ist. Andererseits trägt sie den strategischen Risiken Rechnung (vgl. Kap. 4.4) und illustriert so die Bedeutung der Zusammenarbeit für die jeweiligen Partner: "Top managers' treatment of an alliance signals its importance to lower-level alliance managers and others, thereby setting the context for and delimiting the likely evolution of the relationship. Top managers who view alliances as ad hoc responses to transitory market needs tend to leave their management to alliance managers. Only when an alliance is truly temporary, of really limited time horizon and scope and unlikely to affect a firm's long-term strategic posture, conditions that rarely occur, is this a wise course. Even alliances established for tactical reasons frequently have the potential to become crucial strategic links."[78]

---

78 Yoshino/Rangan (1995), S. 147 (*Anm.: Der hier verwendete Begriff "alliance" deckt sich mit dem Begriffsverständnis dieser Arbeit von Unternehmensnetzwerken.*)

Das zweite Teilkriterium zielt unter dem Stichwort "Managementfunktion der Führungskräfte" auf die sachlich-inhaltlichen Aspekte des Führungsverhaltens.[79] Dazu gehört die Etablierung gemeinsamer Werte, die eine wichtige Integrationsfunktion ausüben.[80] Sie werden – bei hinreichendem Zeithorizont – in einem intentionalen Entscheidungsprozess geschaffen und autorisiert oder ergeben sich aus dann zwingend schon kompatiblen Wertesystemen der Mitglieder bzw. Partner. Außerdem sind strategische Ziele zu formulieren, die die Grundlage eines stringenten Deploymentprozesses bilden und damit die inhaltliche Koordination einzelbetrieblicher Aktivitäten erst ermöglichen. "When top management fails to articulate and communicate a shared strategic intent for an alliance, the relationship almost invariably falls under a dark cloud of suspicion and is probably doomed from the beginning. Top management's failure in this regard can have another unintended consequence. Managers who do not understand the strategic rationale for an alliance may approach the relationship too cavalierly, for example, leaking vital information to a partner, at considerable long-term cost to their companies."[81]

Neben der Wahrnehmung der Koordinationsfunktion umfassen Führungsaufgaben grundsätzliche Fragen der Strukturierung. Insoweit zielt das vorliegende Teilkriterium auf die stringente Umsetzung strategischer Ziele in geeignete Organisationsstrukturen sowie die Bereitstellung personeller und sachlicher Ressourcen zur Unterstützung eines kontinuierlichen Verbesserungsprozesses. Diese Forderung betrifft die Kontinuität bei der Realisierung der gemeinsamen Geschäftstätigkeit, die eine angemessene sachlich-inhaltliche Unterstützung voraussetzt: "Wenn die Führung einer Allianz nicht wirklich bereit ist, bei der Umsetzung gegen Hindernisse, Barrieren und Blockaden wirksam vorzugehen (die in jeder Allianz genauso wie in jedem anderen Unternehmen vorkommen), wird auch der Einsatz der besten organisatorischen Mittel keine positiven Erfolge bewirken. Hierin liegt m.E. die größte Herausforderung für das Management strategischer Allianzen."[82]

In jedem Fall ist auf inhaltliche Konsistenz mit den Elementen "Werte und Kultur", "Netzwerkarchitektur"" sowie "Strategie und Ziele" zu achten. Damit werden elementübergreifende inhaltliche Anknüpfungspunkte deutlich. Der Fokus im Element "Führung" liegt jedoch weniger auf inhaltlichen Fragen der Werte- und Zieldefinition, sondern rückt den Prozess ihrer Entwicklung und hier insbesondere den Beitrag von Führungskräften in den Mittelpunkt. Das Network-Excellence-Modell ordnet damit die Verantwortung für die Implementierung eines stringenten inhaltlichen Prozesses zur

---

79 Vgl. Blau (1964), S. 200-205; Pölking (1999), S. 861

80 Vgl. Bea/Göbel (1999), S. 167; Godoy Tenter/Müller (1998), S. 145-156, S. 152; Morgan (1986), S. 128; Sydow (1993), S. 161, Töpfer (2000c), S. 71

81 Yoshino/Rangan (1995), S. 160 (*Anm.: Der hier verwendete Begriff "alliance" deckt sich mit dem Begriffsverständnis dieser Arbeit von Unternehmensnetzwerken.*)

82 Heck (1999), S. 39 (*Anm.: Der hier verwendete Begriff "Allianz" deckt sich mit dem Begriffsverständnis dieser Arbeit von Unternehmensnetzwerken.*)

Zielbildung und -entfaltung explizit der Führungsebene zu und führt hier die Teilkriterien 1a und 1d aus dem EFQM-Modell für Excellence zusammen.[83]

Personal-soziale Aspekte des Führungsverhaltens werden im dritten Teilkriterium unter dem Stichwort "Vorbildfunktion" angesprochen. Sie gewinnen durch die zumindest potentiell vorhandene kulturelle Diversität der Mitgliedsunternehmen, die über die einzelbetriebliche Sozialisation hinaus durch eine weiträumige geografische Verteilung z.B. über Landesgrenzen hinweg begünstigt wird, erheblich an Bedeutung. Insoweit ist die Vermittlung geteilter Werte und einer gemeinsamen Kultur wichtige Führungsaufgabe. Im Falle einer nur kurzen Bestandsperspektive des Unternehmensnetzwerks reduziert sie sich allerdings mitunter auf die Auswahl von Mitgliedern oder Partnern, die bereits kompatible Wertesysteme und Kulturen entwickelt haben. In jedem Fall besitzt "Führung ... eine stark menschenbezogene Komponente, die spezielle Anforderungen an die Führenden stellt. Sie müssen die Handlungen der im Netzwerk agierenden Individuen und Gruppen verschiedener Unternehmen auf die angestrebten Ziele des Produktionsnetzwerkes hin lenken."[84] Insoweit ist glaubwürdiges und authentisches Verhalten der Führungskräfte im Sinne einer glaubhaften Vermittlung von Werten und Zielen im eigenen Verhalten eine wichtige Voraussetzung der überbetrieblichen Integration und beeinflusst damit in hohem Maße das strategische Erfolgspotential des Netzwerks.[85]

Eine Besonderheit von Unternehmensnetzwerken besteht in der Durchbrechung klassisch hierarchischer Über- bzw. Unterordnungsbeziehungen bzw. stringenter Weisungsrechte. Die Führungskaskade weist damit an der Schnittstelle zwischen der gemeinsamen und der unternehmensindividuellen Sphäre i.d.R. einen deutlichen Bruch auf. Dieser ist nur durch eine übergreifende Zusammenarbeit zu kompensieren. Insoweit widmet das Network-Excellence-Modell der Zusammenarbeit zwischen kollektiver und unternehmensindividueller Führungsebene ein eigenes Teilkriterium mit dem Titel "Einbindung von Führungskräften der Partner". Damit wird die Gefahr einer Abkopplung einzelbetrieblichen Handelns von der gemeinsamen Geschäftstätigkeit reduziert: "Under enormous pressure, middle managers, who often bear the brunt of the demands imposed by alliances, tend to assign very low priority to demands on their time viewed as peripheral to their core responsibilities. Justified or not, many alliance-related activities tend to be so perceived, leaving the managers in a position of having to compete for the time and attention of their functional and business unit managers. Moreover, many middle managers resent alliances, viewing them as intrusions. Managers and technical specialists alike are wont to view alliances with competitors as detrimental to their firm's long-term interests, fear often sub-

83 Vgl. EFQM (1999a), S. 12. f.

84 Braun (1999), S. 68

85 Vgl. Belzer (1993), S. 200 f.; Yoshino/Rangan (1995), S. 123

stantiated by sourcing alliances. Many also see alliances as a prelude to the eventual migration of some or all of a firm's manufacturing activities to a foreign location."[86]

Eine zumindest partielle Deckungsgleichheit zwischen dem Führungskreis der Kooperation und dem der einzelnen Partner ist zu erwarten und - in Fortführung der Ausführungen zum Teilkriterium 1a - sogar explizit gewünscht. Sie kann ein wertvolles Instrument zur Integration darstellen. Strukturierte Ansätze zur Zusammenarbeit müssen jedoch weitergehen und insbesondere die unteren Führungsebenen der beteiligten Unternehmen erfassen. Häufig liegen Teile der individuellen Geschäftstätigkeit außerhalb der Sphäre des Netzwerks. In diesem Fall sind zumindest einzelne Führungskräfte nur mittelbar oder partiell von der überbetrieblichen Zusammenarbeit betroffen, sie empfinden die Notwendigkeit einer organisationsübergreifenden Abstimmung und Koordination sowie einen damit verbundenen Verlust an Entscheidungsautonomie somit potentiell als überwiegend negativ. Dadurch induzierte Widerstände beeinträchtigen die Erfolgsperspektive des Netzwerks und können nur durch eine angemessene Einbindung in Informations- und Entscheidungsprozesse aufgefangen werden.

5.4.3.2 Werte und Kultur

Die identitätsstiftende und handlungsleitende Wirkung gemeinsamer Werte und einer gemeinsamen Kultur sowie die kulturelle Integration der Partner wurden als wesentliche Erfolgsvoraussetzung in Unternehmensnetzwerken hervorgehoben.[87] Dieser Tatsache trägt das Network-Excellence-Modell im Element "Werte und Kultur" Rechnung, das sich mit den normativen Grundlagen der gemeinsamen Geschäftstätigkeit beschäftigt und in drei Teilkriterien gegliedert ist (vgl. Tab. 90).

Den Ausgangspunkt des normativen Managements bildet die Definition gemeinsamer Werte, die im ersten Teilkriterium unter dem Stichwort "Entwicklung und Definiton der Werte" thematisiert wird. Dabei geht es zum einen um die inhaltliche Einigung auf ein gemeinsames System geteilter Werte einschließlich Aussagen zu den wesentlichen Interessengruppen, zum anderen aber auch um die Art seiner Konkretisierung und Darstellung. Das Network-Excellence-Modell stellt in diesem Zusammenhang keine verbindlichen Forderungen im Hinblick auf die Art der Explikation oder Kodifizierung auf, es fordert aber eine nachvollziehbare Darstellung, die Grundlage für Kommunikation und Umsetzung ist. Damit wird nicht zwingend die Erstellung eines entsprechenden Dokuments verlangt. In welcher Form gemeinsame Werte schriftlich

---

86 Yoshino/Rangan (1995), S. 138 (*Anm.: Der hier verwendete Begriff "alliance" deckt sich mit dem Begriffsverständnis dieser Arbeit von Unternehmensnetzwerken.*)

87 Vgl. Amann (1999), S. 30; Balling (1997), S. 100 f.; Braun (1999), S. 71; Bronder/Pritzl (1991), S. 50 f.; Bullinger/Ohlhausen/Hoffmann (1997), S. 59, S. 72; Godoy Tenter/Müller (1998), S. 142-156; Hinterhuber/Handlbauer/Matzler (1997), S. 174; Jansen (1998), S. 120 f.; Reiß (1996b), S. 202; Schienstock (1994), S. 258; Sydow (1993), S. 93, S. 296; Ulmer (1996), S. 130-132

niedergelegt werden, steht in der Disposition der beteiligten Parteien. Werte sind aber so weit zu konkretisieren, dass sie ein gemeinsames Verständnis sicherstellen.

Inhaltlich sind sie grundsätzlich das Ergebnis eines bewussten Entscheidungs- und Autorisierungsprozesses auf der kollektiven Ebene. Gemeinsame Werte entstehen selbstverständlich im Rückgriff auf die Wertesysteme der beteiligten Unternehmen, die zu einem gemeinsamen Verständnis aggregiert werden. Daraus ergeben sich interorganisationale Abstimmungsbedarfe, die durch kulturelle Integration zu überwinden sind. Dieser Prozess ist in der Praxis aufgrund der nur begrenzten Instrumentalisierbarkeit von Werten und Kultur allerdings mit erheblichen Schwierigkeiten verbunden.[88] Er stützt sich auf personelle Aspekte der Organsationsentwicklung[89] und erstreckt sich in jedem Fall über einen längeren Zeitraum. Übersteigt dieser die Bestandsperspektive des gesamten Unternehmensnetzwerks, bleibt als Alternative nur eine Beschränkung des Partner- oder Mitgliederkreises auf solche Unternehmen, die sich bereits durch sehr ähnliche Wertesysteme und Kulturen auszeichnen. Die Komplementaritätsanforderungen zum Zeitpunkt der Gründung steigen erheblich, da die Zeit für das kulturelle "Zusammenwachsen" der Partner oder Mitglieder fehlt.

Die Bildung gemeinsamer Werte leitet zum zweiten Teilkriterium über, das sich auf die "Kommunikation der Werte und [die] Umsetzung in der Kultur" bezieht. Dabei sind zum einen Fragen der Information über das Wertesystem und seiner zielgruppenbezogenen Erklärung angesprochen. Sie stellen ein geteiltes Verständnis über Unternehmensgrenzen hinweg sicher und bilden die Grundlage einer einheitlichen Handlungsausrichtung. Diese erfordert jedoch zum anderen die strukturelle Absicherung der Realisation. Gemeinsame Werte dürfen nicht auf unverbindliche Aussagen beschränkt bleiben, sondern müssen einen konkreten Niederschlag in der Handlungsrealisation finden. Dies gelingt nur durch die Umsetzung in konkrete Maßnahmen, die Verhalten in Übereinstimmung mit den Werten fördern und Verstöße mit negativen Sanktionen belegen. Beispielhafte Maßnahmen sind die Verankerung wertbezogener Dimensionen in der Leistungs- und Persönlichkeitsbeurteilung der für das Netzwerk tätigen Mitarbeiter, bei der Bewertung strategischer Planungsentscheidungen etc. Nur so ist die Konkretisierung des Wertesystems im Verhalten und damit in einer erfahrbaren organisationsübergreifenden Kultur gewährleistet.[90]

Ähnlich wie bei der Auseinandersetzung mit dem Thema "Führung" (vgl. Kap. 5.4.3.1) müssen die Bewertungsforderungen des Modells auch hier dem potentiellen kulturellen Bruch zwischen kollektiver und unternehmensindividueller Sphäre begegnen. Daher fordert das dritte Teilkriterium unter dem Stichwort "Kulturelle Integration und Vertrauen" eine enge inhaltliche und methodische Verknüpfung der Wertentwicklung auf beiden Ebenen. Einerseits müssen die kulturellen Identitäten der beteiligten

---

88 Vgl. Bea/Göbel (1999), S. 411 f.; Doz/Hamel (1998), S. 320; Harrigan (1988), S. 223

89 Vgl. Gebert (1993), S. 482; Zink (1995), S. 55

90 Vgl. Schmidt (2001), S. 307

Unternehmen in den gemeinsamen Wertekanon einfließen. Andererseits muss eine Harmonisation potentiell divergenter Wertvorstellungen auch zu Anpassungen individueller Systeme führen. Darüber hinaus sind Maßnahmen zu treffen, die die Kommunikation und Umsetzung geteilter Werte in der Sphäre der beteiligten Unternehmen sicherstellen. Dabei ist ein Rückgriff auf bereits vorhandene Systeme sinnvoll und wünschenswert. Entscheidend ist weniger die konkrete Auswahl von Methoden und Instrumenten als vielmehr die grundsätzliche Gewährleistung und strukturelle Absicherung einer unternehmensübergreifenden Integration. Nur sie kann eine wirklich gemeinsame Geschäftstätigkeit entstehen lassen.

2 Werte und Kultur Das Unternehmensnetzwerk stützt sich auf ein System geteilter Werte, die sich in einer gemeinsamen Kultur niederschlagen und in der operativen Geschäftstätigkeit umgesetzt werden. Werte sind normative Aussagen zum Selbstverständnis des Netzwerks, in denen grundlegende und handlungsleitende Regeln für die Geschäftstätigkeit und das individuelle Handeln von Führungskräften und Mitarbeitern und zum Umgang mit den wesentlichen Interessengruppen zum Ausdruck kommen. Die Kultur beschreibt den im gemeinsamen Verhalten zum Ausdruck kommenden Konsens aller Mitglieder bzw. Partner sowie von Führungskräften und Mitarbeitern über die Umsetzung des Wertesystems.
2a Entwicklung und Definition der Werte Das Unternehmensnetzwerk entwickelt ein System gemeinsamer Werte, in denen sein grundlegendes Selbstverständnis insbesondere im Hinblick auf das Verhältnis zu den wesentlichen Interessengruppen, auf seine Einordnung in das Wirtschafts-, Gesellschafts- und Sozialsystem sowie normative Regeln für das eigene Verhalten zum Ausdruck kommen. Die Darstellung der Werte schafft durch ihre Form die Grundlage für ein einheitliches Verständnis aller Interessengruppen, insbesondere der beteiligten Unternehmen und Mitarbeiter.
2b Kommunikation der Werte und Umsetzung in der Kultur Gemeinsame Werte des Unternehmensnetzwerks werden allen wesentlichen Interessengruppen, insbesondere den beteiligten Unternehmen und Mitarbeitern, intern und extern kommuniziert; es werden Maßnahmen getroffen, die durch Information und Erklärung ein einheitliches Verständnis sicherstellen. Wertkonformes Verhalten wird gefördert, Handlungen und Entscheidungen im Widerspruch mit den gemeinsamen Werten werden sanktioniert, um die Entstehung und Pflege einer gemeinsamen Kultur zu unterstützen.
2c Kulturelle Integration und Vertrauen Gemeinsame Werte auf der Ebene des Netzwerks werden mit den individuellen Werten und Kulturen der beteiligten Unternehmen abgestimmt. Es werden Maßnahmen getroffen, um die Kommunikation gemeinsamer Werte und die Umsetzung in der Kultur auch in den Verantwortungsbereichen der beteiligten Unternehmen sicherzustellen. Auf Ebene des Netzwerks wird die Entstehung von Vertrauen zwischen den Mitgliedern oder Partnern aktiv gefördert und unterstützt.

Tab. 90: Werte und Kultur

Diese setzt neben kultureller Verträglichkeit eine stabile Vertrauensbeziehung zwischen den beteiligten Unternehmen voraus.[91] Dabei spielt Vertrauen in die organisatorische Gestaltung der Kooperation eine Rolle, die durch die Festschreibung von Abläufen und Entscheidungskompetenzen verhaltensleitende Wirkung entfaltet. Angesichts der Unsicherheit, die häufig mit der Gründung von Unternehmensnetzwerken verbunden ist,[92] gewinnen personal-soziale Aspekte an Bedeutung. Vertrauen gründet sich nicht nur in der Erwartung effizienter Koordination auf der Sachebene, sondern ebenso auf die Prämisse authentischen Verhaltens aller Partner und des Verzichts auf opportunistisches Verhalten.[93] Die Entstehung wechselseitigen Vertrauens wird i.d.R durch enge soziale Beziehungen oder mentale Nähe der Partner begünstigt.[94] Diese wiederum kann durch gezielte Maßnahmen der Organisation - in diesem Fall auf Ebene des Netzwerks - gefördert werden.

Entsprechende Überlegungen münden in die vorliegende Forderung des Network-Excellence-Modells zur systematischen Förderung einer Vertrauenskultur zwischen den Mitgliedern oder Partnern. Die Auswahl konkreter Maßnahmen zur Umsetzung muss sich selbstverständlich am Zeithorizont der Zusammenarbeit orientieren. Ein nur kurzer Bestand führt hier u.U. weniger zur Angleichung einzelorganisatorischer Kulturen und Werte als zur Förderung des wechselseitigen Verständnisses über einen regelmäßigen Kontakt und Austausch zwischen Mitarbeitern der Mitglieder bzw. Partner auf unterschiedlichen Ebenen. Voraussetzung ist in diesem Fall jedoch eine geeignete Auswahl beteiligter Unternehmen, die sich bereits im Vorfeld durch hohe kulturelle Verträglichkeit auszeichnen müssen.

5.4.3.3 Netzwerkarchitektur

Ein wesentliches Merkmal jeder Organisation und damit auch eines Unternehmensnetzwerks betrifft grundsätzliche Entscheidungen zur organisatorischen und rechtlich-formalen Gestaltung, die im Element "Netzwerkarchitektur" betrachtet werden (vgl. Tab. 91). Die Konzeption des Network-Excellence-Modells entfernt sich hier vom EFQM-Modell für Excellence, das entsprechende Fragen über die Gestaltung und Steuerung der Geschäftsprozesse hinaus nicht betrachtet. Sie greift hier vielmehr Anregungen BLEICHERs auf, der sich auf Ebene des normativen Managements unter dem Stichwort der Unternehmungsverfassung mit Grundsatzentscheidungen über die gestaltete Ordnung einer Organisation beschäftigt.[95] Die Überlegungen korrespondieren

---

91 Vgl. Bleicher (1999), S. 135; Doz/Hamel (1998), S. 28; Millarg (1999), S. 143; Schuh/Strack (1999), S. 10; Sydow (1996), S. 10

92 Vgl. Bresser (1989), S. 548

93 Vgl. Balling (1997), S. 122; Gronau (1999b), S. 373; Schräder (1996), S. 66

94 Vgl. Pohlmann/Apelt/Buroh/Martens (1995), S. 46; Schuh/Millarg/Göransson (1998), S. 78; Schwarz (1996), S. 366; Sydow (1993), S. 196

95 Vgl. Bleicher (1999), S. 181-226

mit dem Konzept CONTIs, der dem Thema ebenfalls ein eigenes Element widmet.[96] Die Netzwerkarchitektur definiert den grundlegenden Rahmen, innerhalb dessen Strategien und Ziele formuliert sowie die wesentlichen Geschäftsprozesse definiert und gesteuert werden können. Die entsprechenden Forderungen verweisen damit auf die Elemente "Strategie und Ziele" (vgl. Kap. 5.4.3.4) sowie "Prozesse" (vgl. Kap. 5.4.3.7)

3 Netzwerkarchitektur Das Netzwerk hat verbindliche Regelungen geschaffen, um das Zusammenwirken der Mitglieder oder Partner und der verschiedenen Interessengruppen zu gestalten und einen Rahmen für die Umsetzung der strategischen Ziele zu schaffen.
3a Netzwerkverfassung Die Mitglieder oder Partner treffen gemeinsam grundsätzliche Entscheidungen über die Verfassung des Netzwerks. Die Festlegungen betreffen die Rechtsform, die Auswahl beteiligter Unternehmen sowie die rechtliche Ausgestaltung der zwischen ihnen bestehenden Beziehungen. Koordinationsinstrumente sowie Entscheidungskompetenzen von Stellen und Gremien sowie der einzelnen Mitglieder oder Partner sind definiert. Dies gilt besonders für diejenigen Bereiche, in denen im Vorfeld eine detaillierte Festlegung von Rechten und Pflichten Einzelner nicht getroffen werden kann oder soll.
3b Beiträge und Nutzen der Unternehmen Die Leistungsfähigkeit und Leistungen der Mitglieder oder Partner werden im Vorfeld ihrer Beteiligung am Netzwerk und regelmäßig über die Dauer ihrer Zugehörigkeit festgelegt und nach definierten Kriterien bewertet. Diese reflektieren die strategischen Ziele und die Werte des Netzwerks. Es bestehen Regelungen über die Beteiligung der Unternehmen an den Erfolgen der gemeinsamen Geschäftstätigkeit.
3c Kooperation und Wettbewerb Der Umfang der gemeinsamen Geschäftstätigkeit sowie individuelle Interessensphären der beteiligten Unternehmen werden definiert. Es bestehen Regelungen über Art und Umfang wettbewerblicher Beziehungen zwischen den beteiligten Unternehmen innerhalb und außerhalb der gemeinsamen Geschäftstätigkeit.
3d Interessenausgleich und Konfliktlösung Es sind Regelungen für den Fall von Konflikten oder Interessendisparitäten zwischen den Partnern oder Mitgliedern getroffen, die eine faire und effiziente Beilegung und Lösung unterstützen.

Tab. 91: Netzwerkarchitektur

Das erste Teilkriterium steht unter dem Titel "Netzwerkverfassung" und bezieht sich auf grundlegende Fragen zur Ordnung und Verfassung des Netzwerks. Die entsprechenden Forderungen setzen einen von allen beteiligten Unternehmen getragenen Prozess voraus, um "einen generell zu respektierenden Verhaltensrahmen nach innen wie nach außen"[97] festzulegen. Entsprechende Entscheidungen betreffen zunächst

---

[96] Vgl. Conti (1999a), S. 27

[97] Bleicher (1999), S. 182

Kriterien zur Eingrenzung des Mitglieder- oder Partnerkreises. Diese können sich z.B. aus verfügbaren oder für die gemeinsame Geschäftstätigkeit benötigten Kompetenzen bzw. Ressourcen, aus bestehenden persönlichen Beziehungen zwischen den Mitarbeitern oder dem Management bereits beteiligter Unternehmen, aus geografischen, d.h. standortbezogenen Faktoren oder aus generellen Merkmalen wie der Unternehmensgröße ergeben. Weitere Festlegungen umfassen im Außenverhältnis die Rechtsform der gemeinsamen Aktivitäten. Letztere können sich auf ein System bi- oder multilateraler Verträge stützen oder durch die Gründung einer eigenständigen Gesellschaft mit eigener Rechtspersönlichkeit ausgestattet werden. Im zweiten Fall kann das Netzwerk als solches selbständig Träger von Rechten und Pflichten werden.

Im Innenverhältnis ist insbesondere die rechtlich-formale Gestaltung der zwischen den beteiligten Unternehmen bestehenden Beziehungen von Interesse. Sie betrifft Art und Umfang der Vereinbarung wechselseitiger Rechte und Pflichten. Eine erschöpfende Regelung ist hier ex ante i.d.R. nicht möglich.[98] Dann ist die Übertragung von Entscheidungskompetenzen auf Personen oder Gruppen Voraussetzung, um den Fortbestand des Netzwerks zu sichern. Das Network-Excellence-Modell stellt den Umfang und Detaillierungsgrad entsprechender Regelungen explizit in die Disposition der beteiligten Unternehmen; allerdings ist hierüber Einigkeit zwischen den Mitgliedern oder Partnern zu erzielen. Das Modell fordert eine Klärung verbleibender Handlungs- und Entscheidungsspielräume im Sinne einer Bewusstseinsbildung über das Risiko opportunistischen Verhaltens und ihre Ausfüllung durch die Zuordnung von Entscheidungsbefugnissen. Außerdem sind die grundlegenden Abstimmungsmechanismen innerhalb des Netzwerks zu klären. Sie beziehen sich auf die Koordinationsinstrumente, die zur Disposition der Entscheidungsträger stehen. Dabei kommen neben der angesprochenen exakten Spezifikation von Leistungen vertraglich verankerte Weisungsbeziehungen, leistungsabhängige Vergütungen oder ähnliche Instrumente in Betracht.

Das zweite Teilkriterium bezieht sich unter dem Titel "Beiträge und Nutzen der Unternehmen" über rechtliche Regelungen hinaus auf die sachlich-inhaltliche Verteilung von Rechten und Pflichten aus der Kooperation. Dabei geht es zunächst um die Einigung zwischen den beteiligten Unternehmen über ihre Beiträge zur gemeinsamen Geschäftstätigkeit sowie über die Verteilung der materiellen oder immateriellen Erträge. Entsprechende Leistungen können sowohl finanzieller als auch sachlich-materieller oder immaterieller Art sein. Beispiele sind auf der Leistungsseite die Bereitstellung eigener Vertriebswege oder auf der Ertragsseite die Möglichkeit einer eigenständigen Nutzung gemeinsamen Know-hows. Mit der Festlegung von Leistungs- und Nutzungsrechten ist die Frage deren Bewertung eng verknüpft. Auch

98 Vgl. Cunningham (1995), S. 86; Doz/Hamel (1998), S. 15; North (1992), S. 74; Schräder (1996), S. 79; Sydow (1993), S. 103

hier sind Regelungen vorzusehen, um ein signifkantes Konfliktpotential zu entschärfen.[99]

Die Frage der Bewertung von Leistungen leitet in Verbindung mit den Ausführungen zur tendenziell dynamischen Mitgliederstruktur von Unternehmensnetzwerken unmittelbar zur Auswahl neuer bzw. Selektion bestehender Partner über.[100] Sie setzt nicht nur eine Bewertung des tatsächlich realisierten Leistungsniveaus voraus, sondern überdies eine strukturierte Auseinandersetzung mit der Fähigkeit eines Unternehmens, komplementäre und vor allem überlegene Kompetenzen in die gemeinsame Geschäftstätigkeit einzubringen. Insoweit fordert das Network-Excellence-Modell die Entwicklung und regelmäßige Anwendung von Bewertungsinstrumenten, die die Leistungsfähigkeit der Mitglieder erfassen und insoweit zur Dynamisierung des Kompetenzportfolios beitragen.

Die zyklische Bewertung der Leistungen und der Leistungsfähigkeit der Partner kann sich methodisch auf die zuvor betrachteten Bewertungskonzepte für Einzelorganisationen stützen. Hier kommen insbesondere die Excellence-Modelle in Betracht (vgl. Kap. 3.4). Sie erfüllen zum einen die Anforderungen an die Bewertung. Zum anderen wählt das Network-Excellence-Modell einen ähnlichen methodischen und inhaltlichen Zugang; damit kämen vergleichbare Instrumente auf kollektiver und organisationsindividueller Ebene zum Einsatz. Diese Parallelität lässt Vorteile im Hinblick auf eine glaubwürdige Vermittlung des Bewertungsziels gegenüber den Mitarbeitern sowie Synergien im Bewertungsverfahren erwarten.[101] Letztere betreffen sowohl die Qualität des Bewertungsergebnisses als auch den personellen und sachlichen Aufwand für seine Ermittlung. Hinsichtlich der Angemessenheit und Vollständigkeit der in den Excellence-Modellen verankerten Kriterien im Bewertungskontext einer Netzwerkzugehörigkeit besteht allerdings trotz grundsätzlicher Plausibilität weiterer Forschungsbedarf.

Im nächsten Teilkriterium wird unter dem Titel "Kooperation und Wettbewerb" das erfolgskritische Thema einer Balance aus kooperativem und kompetitivem Verhalten der beteiligten Unternehmen angesprochen. Hier wird regelmäßig der Grundstein für die Stabilität und den Erfolg der Kooperation gelegt. Die Erzielung von Synergieeffekten setzt ein abgestimmtes Verhalten voraus. Gleichzeitig zeichnen sich wettbewerbliche Elemente durch ihre günstige Stimulanzwirkung aus.[102] Insoweit sind hier zunächst grundsätzlich die Reichweite der Zusammenarbeit bzw. etwaige Konkurrenz-

---

99 Vgl. Belzer (1993), S. 89; Doz/Hamel (1998), S. 87 f.; Hofmann/Holzschuh/Gölz (2000), S. 245; Porter/Fuller (1989), S. 378

100 Vgl. Jäger/Boucke (1997), S. 98; Handy (1995), S. 46; Mattsson (1987), S. 236); Rilling (1997), S. 132; Schräder (1996), S. 74-82; Schreyögg/Papenheim (1988), S 3; Thorelli (1986), S. 42; Wiendahl/Kuhn/Beckmann/Fastabend/Helms/Kloth (1996), S. 24

101 Vgl. Merkle (1999), S. 76

102 Vgl. Bellmann/Hippe (1996b), S. 68; Kasuga (1999), S. 499; Schuh/Millarg/Göransson (1998), S. 78; Whinston (1962), S. 417; Wolter/Wolff/Freund (1998), S. 21 f.

beziehungen zu definieren: "An effective scope separates parents' mutual purpose from their other interests. Define what is and is not included in the venture's markets, products, and technologies, and the field of parent commitments. Joint ventures that have unlimited freedom or leave future parent inputs vague may conflict with present or future parent interests."[103] Darüber hinaus sind Regelungen zur Gestaltung kooperativer oder kompetitiver Beziehungen zwischen den beteiligten Unternehmen zu treffen.

Das vierte Teilkriterum schließlich greift einen Bereich heraus, der für die Auseinandersetzung mit Organisationsmehrheiten und damit verbundenen widerstreitenden Partikularinteressen besondere Bedeutung besitzt.[104] Unter der Überschrift "Interessenausgleich und Konfliktlösung" sind Regelungen gefordert, die eine Beilegung interorganisationaler Konflikte innerhalb des Netzwerks zum Ziel haben. Sie ergänzen die in den übrigen Teilkriterien betrachteten organisatorischen Festlegungen und kompensieren ex ante nicht erkannte Regelungslücken. Lösungsansätze bestehen beispielsweise in der Einrichtung von Schiedsfunktionen, in der Vereinbarung von Kompensationszahlungen etc.

5.4.3.4 Strategie und Ziele

Die strategische Ausrichtung findet in den Zielen für die gemeinsame Geschäftstätigkeit ihren Niederschlag und steckt den Rahmen organisationalen Handelns ab. Sie liefert damit - in Fortführung der Werte und der grundsätzlichen Netzwerkarchitektur - die Basis für eine einheitliche Handlungsausrichtung der Mitglieds- oder Partnerunternehmen. In ihr kommt zum einen die Ziel- und Interessenidentität oder –komplementarität der Mitglieder oder Partner zum Ausdruck. Zum anderen bilden die strategischen Ziele den Rahmen, um über eine Analyse der Leistungen den Erfolg des Unternehmensnetzwerks zu bewerten. Fragen der strategischen Positionierung und Planung sind damit für Organisationsmehrheiten von ebenso hoher Bedeutung wie für Einzelorganisationen.

Insoweit gilt analog: "Die Ausrichtung eines Unternehmens auf seine spezifischen Umweltbedingungen ist ein konstitutives Merkmal jeder strategischen Planung. Informationen über die relevanten Umweltbedingungen und über deren zu erwartende Veränderungen bilden gewissermaßen den 'Rohstoff' für strategische Entscheidungen."[105] Das Element "Strategie und Ziele" im Network-Excellence-Modell bezieht sich daher auf die strategische Planung der gemeinsamen Geschäftstätigkeit. Es erfasst in sechs Teilkriterien sowohl prozessuale als auch inhaltliche Aspekte der Zielbildung.

---

103 Lewis (1990), S. 132 (*Anm.: Der hier verwendete Begriff "venture" deckt sich mit dem Begriffsverständnis dieser Arbeit von Unternehmensnetzwerken.*)

104 Vgl. Belzer (1993), S. 89; Doz/Hamel (1998), S. 87 f.; Hofmann/Holzschuh/Gölz (2000), S. 245; Porter/Fuller (1989), S. 378

105 Kreikebaum (1991), S. 32

4 Strategie und Ziele Das Unternehmensnetzwerk verfügt über einen strukturierten Planungsprozess, der inhaltlich auf der fundierten Kenntnis des wirtschaftlichen und gesellschaftlichen Umfelds sowie auf den Wünschen und Bedürfnissen wesentlicher Interessengruppen aufbaut, diese in konkrete und messbare Ziele überführt und damit die Grundlage für eine kontinuierliche Überwachung und Steuerung der Geschäftstätigkeit schafft.
4a Information und Analyse Strategie und Ziele basieren auf fundierten Informationen über Wünsche und Bedürfnisse der wesentlichen Interessengruppen, insbesondere der beteiligten Unternehmen, auf aktuellen und der Prognose zukünftiger Entwicklungen im wirtschaftlichen, technologischen, gesellschaftlichen und rechtlichen Umfeld, auf der Bewertung der eigenen Leistungsfähigkeit sowie auf sonstigen internen und externen Quellen, die strategierelevante Informationen generieren können. Diese werden im Hinblick auf die Bedeutung für die Strategieentwicklung bewertet und aufbereitet.
4b Strategieentwicklung Die Strategie sowie konkrete und messbare Ziele auf Ebene des Netzwerks werden in einem Prozess entwickelt, der auf den Ergebnissen der strategischen Analyse aufbaut und die Abwägung und Priorisierung von Anforderungen an das Netzwerk unterstützt. Strategie und Ziele spiegeln die gemeinsamen Werte und die Kultur wider und werden regelmäßig weiterentwickelt und aktualisiert. Ihre Darstellung schafft durch ihre Form die Grundlage für ein einheitliches Verständnis aller Interessengruppen, insbesondere der beteiligten Unternehmen und Mitarbeiter. Die Strategie des Netzwerks umfasst die zumindest qualitative Festlegung eines langfristig angestrebten Zielzustands sowie die Planung der grundsätzlichen Vorgehensweise zu seiner Erreichung. Konkrete Ziele auf Ebene des Netzwerks untermauern diese und schaffen die Grundlage für eine fundierte Bewertung des Realisationserfolgs.
4c Kommunikation und Deployment Strategie und Ziele des Netzwerks werden allen wesentlichen Interessengruppen, insbesondere den beteiligten Unternehmen und Mitarbeitern, kommuniziert. Es werden Maßnahmen getroffen, die durch Information und Erklärung ein einheitliches Verständnis sicherstellen. Strategische Ziele werden in der gemeinsamen Sphäre des Netzwerks auf die relevanten Bereiche sowie auf die beteiligten Unternehmen heruntergebrochen und auf allen Ebenen in messbaren Zielen konkretisiert.
4d Strategie- und Planungsprozesse der Partner Gemeinsame Strategien und Ziele auf der Ebene des Netzwerks werden mit den individuellen Planungen der beteiligten Unternehmen abgestimmt. Es werden Maßnahmen getroffen, um die Kommunikation gemeinsamer Ziele und die weitere inhaltliche Entfaltung auch in den Verantwortungsbereichen der beteiligten Unternehmen sicherzustellen.

Tab. 92: Strategie und Ziele

Ausgangspunkt der strategischen Planung ist die Analyse der wirtschaftlichen, technologischen, rechtlichen und gesellschaftlichen Rahmenbedingungen. Sie wird im ersten Teilkriterium des Network-Excellence-Modells unter dem Titel "Information und Analyse" bewertet. Hier wird ein strukturiertes Vorgehen zur Erhebung entsprechender Informationen sowie zu ihrer Aufbereitung zur Vorbereitung der strategischen Planung gefordert. Das Teilkriterium führt damit die Kriterien 2a und 2b im EFQM-Modell für Excellence zusammen,[106] deren inhaltliche Untergliederung argumentativ nur schwer zu vermitteln ist (vgl. Kap. 3.4.1.3). Die Konzeption lehnt sich an die Modelle des MBNQA, des AQA und JQA sowie an die Vorschäge SCHMIDTs an, die die informationelle Unterstützung des strategischen Planungsprozesses jeweils in einem gemeinsamen Teilkriterium betrachten.[107]

Auf die so gewonnenen Daten und Informationen stützt sich ein stringenter Planungsprozess, der im zweiten Teilkriterium unter dem Titel "Strategieentwicklung" angesprochen wird. Er führt die unterschiedlichen Informationen zusammen und bildet insbesondere den strukturellen Rahmen, um Interessendisparitäten unterschiedlicher Gruppen aufzufangen und zu harmonisieren. Auch hier ist - ähnlich wie beim Umgang mit den gemeinsamen Werten - die Forderung nach einer schriftliche Niederlegung des Planungsergebnisses dispositiver Natur. Das Network-Excellence-Modell stellt keine verbindlichen Forderungen im Hinblick auf die Explikation oder Kodifizierung auf, es fordert aber eine nachvollziehbare Darstellung. Strategie und Ziele sind so weit zu konkretisieren, dass ein gemeinsames Verständnis sichergestellt wird und dass eine solide Grundlage für die Messung der eigenen Leistungen und damit für die operative Steuerung zur Verfügung steht. Der strategische Planungsprozess auf Ebene der Kooperation muss überdies eine regelmäßige Überarbeitung von Strategien und Zielen und ihre Anpassung an dynamische Rahmenbedingungen sicherstellen.

Das dritte Teilkriterium steht unter der Überschrift "Kommunikation und Deployment" und bezieht sich auf die Information relevanter Gruppen über Inhalte der strategischen Planung sowie deren Konkretisierung im Sinne einer stringenten Zielentfaltung. Beide Aspekte gelten zum einen für diejenigen Bereiche und Funktionen, die sich unmittelbar im gemeinsamen Zugriff der Partner befinden, zum anderen für die Ableitung von Zielen für und Anforderungen an unternehmens- oder mitgliedsspezifische Leistungen. Die Schnittstelle liegt dabei zunächst noch im Übergang von der kollektiven auf die unternehmensindividuelle Sphäre. Hier knüpft jedoch unmittelbar das vierte Teilkriterium an, das sich mit den "Strategie- und Planungsprozesse(n) der Partner" beschäftigt und die konsistente Fortführung des Kommunikations- und Deploymentprozesses auf Netzwerkebene in der Zuständigkeit und individuellen Sphäre der beteiligten Unternehmen fordert - in Bereichen also, die sich einem unmittelbaren gemeinsamen Zugriff entziehen (vgl. hierzu auch Kap. 4.1.3.3).[108] Zusammen decken die beiden Teilkriterien daher einen Informations- und Zielentfaltungsprozess ab, der sich vertikal von strategischen Vorgaben auf der

---

106 Vgl. EFQM (1999a), S. 14 f.

107 Vgl. NIST (2001), S. 14 f.; Australian Quality Council (2001), S. 18 f.; Japan Quality Award Committe (1999), S. 40; Schmidt (2001), S. 308

108 Vgl. Yoshino/Rangan (1995), S. 42

kollektiven Ebene bis zu den Individualzielen der für das Netzwerk tätigen Mitarbeiter in den beteiligten Unternehmen erstreckt.

5.4.3.5 Stakeholder

Nachhaltiger Organisationserfolg setzt - so die Grundüberzeugung aller diskutierten Excellence-Modelle - eine konsequente Auseinandersetzung mit den Wünschen und Bedürfnissen der wesentlichen Interessengruppen voraus. Entsprechende Ansätze werden im Network-Excellence-Modell im Element "Stakeholder" betrachtet (vgl. Tab. 93). Dabei sind - bei engen inhaltlichen Parallelen auf Ebene der Teilkriterien - insbesondere die Gruppen der Partner bzw. Mitglieder, der Kunden, der Mitarbeiter sowie die Gesellschaft insgesamt relevant.

Auf die Einführung eines separaten Kriteriums zum Thema Kundenorientierung, das z.B. Gegenstand des MBNQA oder des AQA ist, wurde verzichtet, da Unternehmensnetzwerke nicht zwingend über einen klar von den Partnern bzw. Mitgliedern abgrenzbaren Kundenkreis verfügen müssen. In diesem Zusammenhang sei z.B. auf die extern nur begrenzt sichtbare gemeinsame Nutzung von Fertigungsstätten oder aktuelle Konzepte des sog. Badge-Engineering verwiesen. Aus dem gleichen Grund folgt die Arbeit auch nicht der Argumentation SCHMIDTs, der - ausgehend von einer systemtheoretischen Organisationsperspektive - Menschen oder Mitarbeiter als wesentliches Systemelement identifiziert und ihnen in dem von ihm vorgelegten Modell ein eigenes Element widmet.[109] Unternehmensnetzwerke verfügen nicht zwingend über eigene Mitarbeiter, ein Rückgriff auf Humanressourcen der Mitglieder ist denkbar und üblich. Insoweit werden alle genannten Gruppen bei gleicher Gewichtung in einem gemeinsamen Element behandelt.

Der größeren Gestaltungsvielfalt der wesentlichen Interessengruppen von Unternehmensnetzwerken im Vergleich zu Einzelorganisationen wird über eine veränderte Definition dieser Gruppen Rechnung getragen. Zur Gruppe der Mitarbeiter gehören daher nicht nur diejenigen Personen, die über ein Beschäftigungverhältnis mit dem Netzwerk selbst verbunden sind, sondern auch diejenigen, die den Mitglieds- oder Partnerunternehmen zuzuordnen sind. Entscheidend ist daher weniger eine formell definierte Zugehörigkeit, sondern vielmehr der materielle Tätigkeitsschwerpunkt. Mitarbeiter sind alle natürlichen Personen, deren regelmäßige Tätigkeit zur Leistungserstellung des Netzwerks beiträgt. Auch der Kundenbegriff wird weiter gefasst. Die potentielle Identität von unmittelbaren Kunden und Anteilseignern sowie die u.U. fehlende Sichtbarkeit des Netzwerks gegenüber Außenstehenden führt zur Abstellung auf die faktische Leistungsbeziehung. Zur Gruppe der Kunden gehören daher alle mittelbaren Leistungsempfänger, insbesondere auch solche außerhalb der Netzwerksphäre.

---

109 Vgl. Schmidt (2001), S. 309

5 Stakeholder Wesentliche Interessengruppen des Unternehmensnetzwerks sind definiert; stringente Ansätze zur Erhebung, Auswertung und Umsetzung ihrer Wünsche und Bedürfnisse sind eingeführt.
5a Mitglieder und Partner Es sind Maßnahmen getroffen, um Wünsche, Bedürfnisse und mit der Mitwirkung im Netzwerk verbundene Ziele beteiligter Unternehmen zu erfassen, auszuwerten und umzusetzen. Beziehungen zu den beteiligten Unternehmen werden kontinuierlich gepflegt und verbessert, die Zufriedenheit der Unternehmen mit den Leistungen des Netzwerks wird regelmäßig erhoben. Mitglieder und Partner sind die das Netzwerk tragenden Unternehmen. Mitglieder sind durch formalen Beschluss, Partner durch faktisches Handeln Bestandteil des Netzwerks.
5b Kunden Es sind Maßnahmen getroffen, um Wünsche und Bedürfnisse mittelbarer und unmittelbarer Kunden des Netzwerks im Hinblick auf erstellte Produkte und Leistungen sowie die Kundenbeziehungen insgesamt zu erfassen, auszuwerten und umzusetzen. Beziehungen zu Kunden werden kontinuierlich gepflegt und verbessert, die Zufriedenheit mit den Leistungen des Netzwerks wird regelmäßig erhoben. Kunden sind alle mittelbaren und unmittelbaren Empfänger von Leistungen des Netzwerks. Die Zuordnung hängt nicht von deren Sichtbarkeit gegenüber Außenstehenden ab, sondern ausschließlich von der faktischen Leistungsbeziehung.
5c Mitarbeiter Wissen und Kompetenzen der Mitarbeiter werden regelmäßig ermittelt, bewertet und kontinuierlich weiterentwickelt. Sie sind in Entscheidungsprozesse eingebunden und zu eigenständigem Handeln ermächtigt. Es sind Maßnahmen getroffen, um ihre Wünsche und Bedürfnisse zu erfassen, auszuwerten und umzusetzen. Leistungen der Mitarbeiter werden anerkannt, ihre Zufriedenheit in regelmäßigen Abständen gemessen und bewertet. Mitarbeiter sind alle natürlichen Personen, deren regelmäßige Tätigkeit zur Leistungserstellung des Netzwerks beiträgt. Sie stehen in einem unmittelbaren Arbeitsverhältnis mit dem Netzwerk oder mit einzelnen Mitgliedern bzw. Partnern.
5d Gesellschaft Das Netzwerk nimmt seine gesellschaftliche Verantwortung, z.B. im Hinblick auf ethische, soziale und umweltbezogene Belange, aktiv wahr. Es trifft Maßnahmen, um Wünsche und Bedürfnisse der Gesellschaft zu erfassen, auszuwerten und umzusetzen. Beziehungen zu gesellschaftlichen Gruppen werden kontinuierlich gepflegt und verbessert, ihre Zufriedenheit mit der Geschäftstätigkeit und den Leistungen des Netzwerks regelmäßig erhoben. Die Gesellschaft umfasst diejenigen Personen, Gruppen und Organisationen, die von der Geschäftstätigkeit des Netzwerks betroffen sind, ohne in einer unmittelbaren Rechtsbeziehung zu ihm zu stehen. Insbesondere sind die lokale Gemeinschaft sowie die nationale und internationale Öffentlichkeit umfasst.

Tab. 93: Stakeholder

5 Stakeholder
5e Sonstige Interessengruppen Es sind Maßnahmen getroffen, Wünsche und Bedürfnisse weiterer, für das Netzwerk relevanter Interessengruppen zu erfassen, auszuwerten und umzusetzen. Die Auswahl der Gruppen orientiert sich am Selbstverständnis und den strategischen Zielen des Netzwerks. Beziehungen zu diesen Gruppen werden kontinuierlich gepflegt und verbessert, ihre Zufriedenheit mit der Geschäftstätigkeit und den Leistungen des Netzwerks regelmäßig erhoben. Sonstige Interessengruppen sind diejenigen Gruppen über die in den übrigen Teilkriterien Genannten hinaus, zu denen das Netzwerk durch sein Selbstverständnis sowie zur Erreichung seiner strategischen Ziele Beziehungen unterhält. Dies können beispielsweise Lieferanten oder assoziierte Unternehmen sein, die in einer nur lockeren Beziehung zum Netzwerk stehen und insoweit nicht zum Kreis der Mitglieder oder Partner gehören.

Tab. 93 (Fortsetzung): Stakeholder

Mitglieder und Partner bezeichnen die das Netzwerk tragenden Unternehmen und damit gleichzeitig dessen "Shareholder". Dabei werden zwei Fälle unterschieden: Mitglieder sind durch formalen Beschluss, Partner durch faktisches Handeln Bestandteil des Netzwerks. Der Mitgliedsbegriff setzt also einen über formale Kriterien und Merkmale abgrenzbaren Kreis von Unternehmen voraus, die zum Netzwerk gehören. Die begriffliche Differenzierung zeigt keine Auswirkungen auf die Rolle und Verantwortung der betroffenen Unternehmen. Sie dient im Wesentlichen der Bewusstseinsbildung für die unterschiedlichen Formen der Zuordenbar- und Zugehörigkeit.

Der Forderungsinhalt ist zu allen genannten Gruppen im Kern deckungsgleich. Das Netzwerk muss deren Wünsche und Bedürfnisse im Hinblick auf bestehende Leistungsbeziehungen unabhängig vom konkretem Inhalt erheben, auswerten und umsetzen. Außerdem ist ein strukturierter Ansatz zur Gestaltung und kontinuierlichen Verbesserung der Außenbeziehungen gefordert. Damit werden die Ausführungen im Zusammenhang mit der Betrachtung von Effektivitäts- und Effizienzkriterien aufgegriffen (vgl. Kap. 4.5).[110] Die Bewertung und Steuerung dieser Beziehungen stützt sich auf ein regelmäßiges Feedback wesentlicher Interessengruppen im Hinblick auf ihre Zufriedenheit mit dem Handeln und den Leistungen des Netzwerks. Hier werden die methodischen Grundlagen für das Element "Subjektive Leistungen" gelegt (vgl. Kap. 5.4.3.8), indem Instrumente, Maßnahmen und Vorgehensweisen dokumentiert werden, die die auf der Seite der Ergebnisse bewerteten Daten und Informationen generieren. Die Bewertung berücksichtigt daher nicht nur die Qualität der dargestellten Inhalte isoliert für jedes Element oder Teilkriterium, sondern auch die Konsistenz über das gesamte Modell.

Die Mitarbeiter nehmen bei der Betrachtung der Interessengruppen insofern eine Sonderstellung ein, als das Network-Excellence-Modell zur Bewertung des Umgangs mit ihnen einen erweiterten Betrachtungsansatz wählt. Hier sind zusätzlich zu den

---

110 Vgl. Belzer (1993), S. 12

bislang diskutierten Forderungen die Bereiche der Qualifizierung, der Schulungs- und Entwicklungsplanung, der Beteiligung bzw. des Empowerment, der Leistungsbeurteilung und Anerkennung sowie das gesamte Spektrum mitarbeiterbezogener (Sozial-)Leistungen relevant. Damit ist jedoch kein grundsätzlicher qualitativer Sprung oder ein Bruch in der Modellsystematik, sondern nur eine inhaltliche Klärung im Sinne von Eindeutigkeit sowie besserer Verständlichkeit verbunden: Die entsprechenden Themenbereiche sind regelmäßig das Ergebnis einer strukturierten Auseinandersetzung mit Wünschen und Bedürfnissen der Mitarbeiter.

5.4.3.6 Ressourcen

Die effiziente Nutzung materieller und immaterieller Einsatzfaktoren ist eine der wesentlichen Determinanten organisationaler Effizienz[111] und wird im fünften Element "Ressourcen" bewertet (vgl. Tab. 94). Die einzelnen Teilkriterien beschäftigen sich mit den Bereichen Finanzen, Anlagen und Material, Information und Kommunikation sowie Wissen und Know-how. Die grundsätzlichen Forderungen sind weitgehend deckungsgleich. Sie umfassen in jedem Fall die Entwicklung einer Funktionalstrategie, die Grundsätze des Ressourceneinsatzes festschreibt.

Die Forderungen betreffen nicht nur die kollektive Sphäre des Netzwerks, sondern greifen auch in den Einfluss- und Entscheidungsbereich der beteiligten Unternehmen ein. Die Breite des Betrachtungsansatzes rechtfertigt sich über einen der wesentlichen Vorteile kooperativer Arrangements, der in der gemeinsamen Nutzung materieller und immaterieller Ressourcen liegt. Entsprechende Motive wurden unter den Stichworten der Bündelung materieller Ressourcen[112] (vgl. Kap. 4.2.1.3) sowie der Wissensakquisition und des Know-how-Transfers[113] (vgl. Kap. 4.2.1.4) beispielhaft diskutiert. Insofern erfasst die Bewertung alle Bereiche, in denen sich Einsatzfaktoren unmittelbar im kollektiven Zugriff befinden oder über gemeinsame Regelungen Verpflichtungen einzelner Mitglieder oder Partner zur Einbringung von Leistungen konstituiert werden.

Besondere Bedeutung kommt im Vergleich zur Betrachtung von Einzelorganisationen den Bereichen "Information und Kommunikation" sowie "Wissen und Know-how" zu, die im dritten und vierten Teilkriterium analysiert werden. Die überbetriebliche Abstimmung unternehmerischen Handelns unter Verzicht auf hierarchische Weisungsbeziehungen, der nur teilweise durch ex ante getroffene vertragliche Regelungen zu kompensieren ist, setzt eine enge informationelle und kommunikative Verknüpfung der beteiligten Unternehmen voraus.[114] Koordination beruht mehr auf Überzeugung denn auf reiner Weisung: "Die Abstimmung der vielen Einzelprozesse im Netzwerk

---

[111] Vgl. Frese (1995), S. 26 f.; Porter (1985), S. 33

[112] Vgl. Braun (1999), S. 64; Merkle (1999), S. 1; Porter (1990), S. 57; Porter/Fuller (1989), S. 385

[113] Vgl. Klocke (1998), S. 50; Lewis (1990), S. 79

[114] Vgl. Kaluza/Blecker (1996), S. 397

wird durch den Faktor Kommunikation entscheidend mitbestimmt. Dadurch entstehen besondere Anforderungen an die die Gestaltung von Kommunikationsstrukturen."[115]

6 Ressourcen Das Netzwerk setzt eigene Ressourcen und solche der Partner effizient ein, um seine strategischen Ziele zu erreichen und die Wünsche und Bedürfnisse der wesentlichen Interessengruppen zu erfüllen. Ressourcen umfassen dabei alle über die Mitarbeiter hinaus verfügbaren materiellen und immateriellen Einsatzfaktoren.
6a Finanzen Das Netzwerk entwickelt eine finanzielle Strategie. Es verfügt über ein System zum Finanzmanagement, das einen effizienten Einsatz eigener finanzieller Mittel sowie solcher der Mitglieder oder Partner und die stringente Umsetzung der finanziellen Strategie gewährleistet.
6b Anlagen und Material Das Netzwerk entwickelt eine Strategie zur Nutzung von Anlagen und Material. Es plant, überwacht und verbessert kontinuierlich die Nutzung und den Verbrauch materieller Ressourcen.
6c Information und Kommunikation Das Netzwerk entwickelt eine Informations- und Kommunikationsstrategie, die den Inhalt und Umfang benötigter Daten und Informationen sowie ihre interne und externe Weitergabe und Vermittlung definiert. Es verfügt über ein Informationsmanagement zur Erfassung, Aufbereitung, Speicherung und Verwaltung entscheidungsrelevanter Daten und Informationen. Es implementiert und nutzt Kommunikationswege und -kanäle, um eine hinreichende Versorgung von Entscheidungsträgern mit relevanten Daten und Informationen zu gewährleisten.
6d Wissen und Know-how Das Netzwerk entwickelt eine Strategie zur Pflege und zum Ausbau von Wissen und Know-how. Es identifiziert und bewertet regelmäßig eigenes Wissen und Know-how sowie das der Mitglieder oder Partner. Es fördert die interne Erzeugung neuen Wissens, akquiriert Wissen aus externen Quellen und nutzt es zur innovativen Gestaltung eigener Leistungen und Strukturen. Es fördert den Wissenstransfer zwischen den Mitgliedern oder Partnern und ergreift Maßnahmen, um eine unkontrollierte Verbreitung von Wissen und Informationen zu verhindern.

Tab. 94: Ressourcen

YOSHINO und RANGAN argumentieren in die gleiche Richtung und leiten unmittelbar zum Umgang mit Wissen und Know-how über, das ein weiteres wichtiges Element innerhalb kooperativer Strukturen darstellt: "Information flow thus poses three simultaneous, and often contradictory, challenges. Alliance management must (1) ensure the smooth and timely flow of information between partners, that is crucial to the success of alliances; (2) at the same time, since alliances bring together two firms that are actual or potential rivals, manage the outward flow of information with utmost care, safeguarding their own firms' competitive positions, and (3) exploit the extra-

[115] Jäger/Boucke (1997), S. 105

ordinary opportunities for learning from their partners and manage the inward information flow to advantage."[116]

Der Perspektive gemeinsamen Lernens sowie der individuellen Wissensakquisition[117], die auf dem zumindest partiellen Zugriff auf das Know-how der Partner basiert, steht die Gefahr eines unkontrollierten Abflusses eigenen Wissens und damit seiner Entwertung gegenüber.[118] Die Verwischung der Grenzen zwischen System und Umwelt, die mit der Quasi-Internalisierung oder -Externalisierung von Funktionen im Rahmen kooperativer Arrangements einhergeht, verschärft damit die Anforderungen an das Wissensmanagement des Unternehmensnetzwerks erheblich. Einerseits sind Maßnahmen zur Förderung eines unternehmensübergreifenden Transfers von Wissen und Know-how zu schaffen; andererseits sind bestimmte Bereiche insoweit zu schützen, dass Wissen Einzelner nicht unkontrolliert verbreitet wird. Den Ausgangspunkt bildet hier die Abgrenzung kollektiver und individueller Sphären, die im Zusammenhang mit dem Thema "Strategie und Ziele" angesprochen wurde. Sie schlägt sich in den Transfer- und Schutzmechanismen nieder, die innerhalb der Kooperation ergriffen und im Teilkriterium "Wissen und Know-how" dokumentiert werden.

Der Umgang mit Wissen und Know-how zeigt enge inhaltliche Bezüge zum zuvor ausgeführten Element "Stakeholder": Mitarbeiter als eine der dort betrachteten Gruppen, deren Tätigkeitsschwerpunkt in der kollektiven Sphäre des Unternehmensnetzwerks liegt, sind personale Träger organisationalen Wissens. Dennoch unterscheiden sich die Forderungskomplexe der Elemente "Stakeholder" und "Ressourcen" in ihrem Betrachtungswinkel. Die Bewertung von Beziehungen zu den wesentlichen Interessengruppen fokussiert auf die Erfüllung von deren Bedürfnissen. Zusätzlich spielen im Hinblick auf die Mitarbeiter Fragen der Qualifizierung eine Rolle. Ressourcenaspekte zielen demgegenüber auf die Strukturierung, Weitergabe und ggf. den Schutz von Wissen und seiner Nutzung im Sinne kollektiver Ziele. Insoweit treten hier personale Aspekte hinter der Sach- und Inhaltsdimension organisationalen Wissens in den Hintergrund.

5.4.3.7 Prozesse

Die Bedeutung einer zielgerichteten Gestaltung und Steuerung von Geschäftsprozessen hebt HECK hervor: "Die Leistungsfähigkeit der Allianz ... wird somit durch eine konsequente Ausrichtung ihrer Geschäftsprozesse entscheidend beeinflusst, was bedeutet, dass die Geschäftsabwicklung an den vom Markt abgeleiteten Zielen zu orientieren ist und die Führungs- und Steuerungssysteme sowie die operative

---

116 Yoshino/Rangan (1995), S. 130 (*Anm.: Der hier verwendete Begriff "alliance" deckt sich mit dem Begriffsverständnis dieser Arbeit von Unternehmensnetzwerken.*)

117 Vgl. Lewis (1990), S. 26; Raben (1994), S. 89; Shan (1990), S. 130

118 Vgl. Balling (1997), S. 149; Hagedoorn (1990), S. 21; Hamel/Doz/Prahalad (1989), S. 133; Heinz/Eichmann/Schütze (2000), S. 221

Aufgabendurchführung ... den Prozessen angepasst werden müssen. Dies erfordert auch ein effizientes Controlling, das über die erreichten Ergebnisse Auskunft gibt. ... Bei dem Aufbau der Allianz muss daher zunächst eine Strukturierung der wesentlichen Geschäftsprozesse erfolgen ... . In einem nächsten Schritt sind dann die spezifischen strategischen und operativen Ziele für jeden einzelnen Geschäftsprozess zu vereinbaren und die Führungsorganisation ... entsprechend auszurichten. Sodann muss die Ergebniserreichung abgesichert werden, d.h. für die Prozesse sind Verantwortliche festzulegen ('Process Owner') und es muss ein leistungsfähiges Prozesscontrolling ... installiert werden."[119]

Das Network-Excellence-Modell trägt der Bedeutung der Prozesse für den Organisations- und Kooperationserfolg im fünften Element "Prozesse" Rechnung (vgl. Tab. 95), das die grundsätzliche Gliederung des EFQM-Modells für Excellence aufgreift[120] und diese durch Anregungen aus dem MBNQA, AQA und JQA[121] sowie Vorschläge CONTIs und SCHMIDTs ergänzt.[122] Den Ausgangspunkt bildet die "Definition der wesentlichen Prozesse" im ersten Teilkriterium. Sie führt zur Entwicklung eines Prozessmodells, das die gesamte Geschäftstätigkeit des Netzwerks erfasst und gleichzeitig zur Illustration der Schnittstellen dient. Das Network-Excellence-Modell fordert in diesem Zusammenhang eine strukturierte Auseinandersetzung mit dem Beitrag der einzelnen Prozesse zur Erreichung der strategischen Ziele und zur Erfüllung von Wünschen und Bedürfnissen der wesentlichen Interessengruppen. Sie bildet ggf. die Grundlage für eine Priorisierung der Prozesse in Abhängigkeit von ihrer Bedeutung für die Erfolgssicherung des Netzwerks.

---

119 Heck (1999), S. 93 f. (*Anm.: Der hier verwendete Begriff "Allianz" deckt sich mit dem Begriffsverständnis dieser Arbeit von Unternehmensnetzwerken.*)

120 Vgl. EFQM (1999a), S. 20 f.

121 Vgl. NIST (2001), S. 23-25; Australian Quality Council (2001), S. 26 f.; Japan Quality Award Committee (1999), S. 55-62

122 Vgl. Conti (1999a), S. 27-41; Schmidt (2001), S. 311-313

7 Prozesse Die Prozesse des Netzwerks, die zur Erreichung der strategischen Ziele und zur Zufriedenstellung der wesentlichen Interessengruppen beitragen, sind definiert. Sie werden systematisch gesteuert und kontinuierlich verbessert.
7a Definition der wesentlichen Prozesse Die wesentlichen Prozesse des Netzwerks werden aus den strategischen Zielen abgeleitet. Schnittstellen zwischen den Prozessen sowie Auswirkungen auf die Erreichung der Ziele und die Zufriedenstellung wesentlicher Interessengruppen sind definiert. Es liegt ein Prozessmodell vor, das die Geschäftstätigkeit des Netzwerks abbildet.
7b Management der Prozesse Die Prozesse des Netzwerks sind in ihren Abläufen und Verantwortlichkeiten beschrieben. Beziehungen zwischen Prozessen und organisatorischen Einheiten sind definiert. Aufbau- und ablauforganisatorische Regelungen unterstützen die effiziente Prozessgestaltung und -steuerung. Für jeden Prozess sind Leistungsmessgrößen definiert, die aus den Zielen des Netzwerks abgeleitet und kontinuierlich gemessen werden. Prozesse werden systematisch gesteuert, um den Nutzen für die wesentlichen Interessengruppen zu steigern.
7c Entwicklung und Leistungserstellung Maßnahmen und Konzepte zum Management der Prozesse werden vollständig auf die Prozesse zur Entwicklung von Produkten und Dienstleistungen sowie zur Leistungserstellung angewendet. Entwicklung und Leistungserstellung sind an den Anforderungen mittelbarer und unmittelbarer Kunden ausgerichtet und tragen zur Wertschöpfung für diese bei.
7d Weitere wesentliche Prozesse Über die Leistungserstellung hinaus sind diejenigen Prozesse festgelegt, welche die Geschäftstätigkeit des Netzwerks im Wesentlichen darstellen. Maßnahmen und Konzepte zum Management der Prozesse werden vollständig auf diese Prozesse angewendet. Die Prozesse sind an den Anforderungen relevanter Interessengruppen ausgerichtet und tragen zur Nutzenmaximierung für diese bei.
7e Prozessverbesserung Es sind Maßnahmen getroffen, um auf Basis interner Messungen oder durch Anregungen der Interessengruppen Möglichkeiten zur Verbesserung der Prozesse abzuleiten. Veränderungen werden geplant und strukturiert eingeführt. Ihr Beitrag zur Erreichung strategischer Ziele und der Nutzen für wesentliche Interessengruppen werden prognostiziert und gemessen.

Tab. 95: Prozesse

Im zweiten Teilkriterium werden Fragen zum "Management der Prozesse" betrachtet. Dabei geht es um eine detaillierte Prozessfestlegung, die die Reproduzierbarkeit und damit die Planbarkeit ex ante ermöglicht. Das Modell stellt in diesem Zusammenhang keine verbindlichen Forderungen zur Form oder zur Schriftlichkeit entsprechender Regelungen auf; es fordert aber Maßnahmen zur Sicherstellung eines definierten Prozessablaufs. Daneben wird die kontinuierliche Steuerung über Leistungsmessgrößen bewertet. Hier ergeben sich wichtige Anknüpfungspunkte an das Element "Strategie und Ziele", an dessen konkreter Ausgestaltung sich die Festlegung von Leistungsmessgrößen inhaltlich orientieren muss. Außerdem fordert das Network-Excellence-Modell eine Klärung der Beziehungen zwischen Organisations- und Prozessstruktur. Dabei ist zu klären, welche Einheiten in welchen Prozessen mitwirken bzw. durch sie betroffen sind, welche Schnittstellen sich ergeben und inwieweit beispielsweise funktionale und prozessbezogene Verantwortlichkeiten voneinander abgegrenzt werden.

Der Detaillierungsgrad im Hinblick auf die Definition und Dokumentation der wesentlichen Prozesse hängt zum einen von der zeitlichen Bestandsperspektive des Netzwerks, zum anderen von seiner strategischen Bedeutung für die beteiligten Unternehmen ab. Beide Aspekte determinieren den für die Gestaltung und Steuerung der Prozesse gerechtfertigten organisatorischen Aufwand. Nichtsdestoweniger müssen die Mitglieder oder Partner im Netzwerk grundsätzliche Einigkeit über Inhalt und Gestaltung der kollektiven Geschäftsprozesse und über ihre wesentlichen Leistungsindikatoren erzielen. Damit sind die Modellforderungen des Network-Excellence-Modells in jedem Fall verbindlich, die Art ihrer Erfüllung hängt jedoch vom Einzelfall ab.

Bezieht sich das zweite Teilkriterium noch auf ein eher allgemeines Instrumentarium, das losgelöst vom spezifischen Prozess betrachtet wird, konkretisieren das dritte und vierte dieses unter den Überschriften "Entwicklung und Leistungserstellung" sowie "Weitere wesentliche Prozesse" anhand konkreter Prozesse, die den Kern der Geschäftstätigkeit beschreiben. Die Entwicklung von Produkten und Dienstleistungen und ihre Erstellung im Sinne der klassischen Auftragsabwicklung stellen Kernbestandteile jeder wirtschaftlichen oder unternehmerischen Betätigung dar und sind insofern integraler Bestandteil jedes Prozessmodells. Sie werden ergänzt um organisationsspezifische weitere Prozesse, die sich im Wesentlichen aus dem Selbstverständnis des Unternehmensnetzwerks und seinen strategischen Zielen ergeben. Das Network-Excellence-Modell fordert neben einer Darstellung des grundsätzlichen Ablaufs dieser Prozesse einen Nachweis über die Anwendung der im zweiten Teilkriterium dokumentierten Instrumente und Ansätze zum Prozessmanagement. Insofern besitzen die beiden folgenden Teilkriterien illustrativen Charakter, um das grundsätzliche Vorgehen zur Prozessgestaltung und -steuerung an wichtigen Beispielen zu konkretisieren.

Das fünfte Teilkriterium steht unter der Überschrift "Prozessverbesserung" und fordert die systematische Suche nach Ansatzpunkten und Lösungen zur Verbesserung und ihre strukturierte Umsetzung und Einführung. Diese umfasst die prognostische Bewertung der Ergebniswirkung, ggf. eine Erprobung, die Information und die erforderliche Schulung betroffener Mitarbeiter oder sonstiger Interessengruppen und schließlich die Messung der tatsächlich erreichten Verbesserung. Das Teilkriterium ergänzt die bisherigen Forderungen insofern, als es eine inhaltliche Überprüfung aller wesentlichen Geschäftsprozesse und ein strukturiertes Vorgehen zu ihrer Weiterentwicklung beinhaltet. Die Überprüfungsforderung aus den Bewertungsdimensionen (vgl. Kap. 5.4.2) bewirkt in diesem Zusammenhang zusätzlich, dass auch die Maßnahmen zur Einführung, d.h. z.B. zur Erfassung von Verbesserungsvorschlägen, zur Erprobung von Veränderungen oder zur Schulung betroffener Mitarbeiter, kontinuierlich im Hinblick auf ihre Wirksamkeit zu beurteilen und ggf. zu modifizieren sind.

5.4.3.8 Subjektive Leistungen

Das Element "Subjektive Leistungen" beschreibt die Wahrnehmung des Netzwerks durch die im Kriterium "Stakeholder" betrachteten Gruppen (vgl. Tab. 96). Es bildet einen Baustein der "Ergebnisse" im Network-Excellence-Modell. Insoweit sind nicht mehr Konzepte und Maßnahmen zur Umsetzung einzelner Modellforderungen Grundlage der Bewertung, sondern Nachweise über das wahrgenommene Leistungsniveau des Netzwerks. Im vorliegenden Element sind dabei nur solche Daten und Informationen von Interesse, die sich auf unmittelbare Äußerungen und Bekundungen der jeweiligen Gruppen beziehen. In diesem Zusammenhang sind Mitarbeiter- und Kundenbefragungen, Imagestudien etc. zu nennen. Zur Bewertung der Zufriedenheit zusätzlich herangezogene Ergebnisse interner Messungen werden hier noch vernachlässigt, sie fließen im folgenden Element in die Bewertung ein.

Grundsätzliche inhaltliche Unterschiede in Abhängigkeit von der jeweils betrachteten Gruppe bestehen insoweit nicht, als das Modell keine methodischen Vorgaben zur Datengewinnung enthält. Es fordert in jedem Teilkriterium den Nachweis einer fundierten und inhaltlich umfassenden Datenbasis, die eine zuverlässige Aussage zur Zufriedenheit der Interessengruppen ermöglicht. Die Konzeption des Network-Excellence-Modells führt im Element "Subjektive Leistungen" damit die Teilkriterien 6a, 7a und 8a des EFQM-Modells für Excellence zusammen[123] und lehnt sich an das Modell des MBNQA[124] bzw. die Vorschläge SCHMIDTs[125] an.

---

123 Vgl. EFQM (1999a), S. 22 f.; S. 24 f.; S. 26 f.

124 Vgl. NIST (2001), S. 26-28

125 Vgl. Schmidt (2001), S. 314 f.

8 Subjektive Leistungen Subjektive Leistungen beziehen sich auf Daten und Informationen, die die Zufriedenheit wesentlicher Gruppen mit vergangenen und gegenwärtigen Leistungen des Netzwerks illustrieren.
8a Mitglieder und Partner Es liegen unmittelbare und inhaltlich umfassende Aussagen der Mitglieder und Partner über ihre Erwartungen an das Netzwerk sowie über die Zufriedenheit mit dessen Handeln und Leistungen vor, die Erfolge im Hinblick auf diese Gruppe belegen. Entsprechende Daten sind über eine strukturierte Abfrage, z.B. im Rahmen von Befragungen und Interviews, zu gewinnen.
8b Kunden Es liegen unmittelbare und inhaltlich umfassende Aussagen der Kunden über ihre Erwartungen an das Netzwerk sowie über die Zufriedenheit mit dessen Handeln und Leistungen vor, die Erfolge im Hinblick auf diese Gruppe belegen. Entsprechende Daten sind beispielsweise über Kundenbefragungen, Fokusgruppen etc. zu gewinnen.
8c Mitarbeiter Es liegen unmittelbare und inhaltlich umfassende Aussagen der Mitarbeiter über ihre Erwartungen an das Netzwerk sowie über die Zufriedenheit mit dessen Handeln und Leistungen vor, die Erfolge im Hinblick auf diese Gruppe belegen. Entsprechende Daten sind über eine strukturierte Abfrage, z.B. im Rahmen von Befragungen und Personalgesprächen, zu gewinnen.
8d Gesellschaft Es liegen unmittelbare und inhaltlich umfassende Aussagen gesellschaftlicher Gruppen über ihre Erwartungen an das Netzwerk sowie über die Zufriedenheit mit dessen Handeln und Leistungen vor, die Erfolge im Hinblick auf diese Gruppe belegen. Entsprechende Daten sind über eine strukturierte Abfrage, z.B. im Rahmen von Befragungen, oder über die Auswertung von Beschwerden und der Berichterstattung in den Medien zu gewinnen.
8e Sonstige Interessengruppen Es liegen unmittelbare und inhaltlich umfassende Aussagen sonstiger Interessengruppen über ihre Erwartungen an das Netzwerk sowie über die Zufriedenheit mit dessen Handeln und Leistungen vor, die Erfolge im Hinblick auf diese Gruppe belegen. Entsprechende Daten sind über eine strukturierte Abfrage, z.B. im Rahmen von Befragungen, zu gewinnen.

Tab. 96: Subjektive Leistungen

5.4.3.9 Objektive Leistungen

Das Element "Objektive Leistungen" beschreibt das realisierte und objektiv messbare Leistungsniveau des Netzwerks (vgl. Tab. 97). Im ersten Teilkriterium wird dabei unter der Überschrift "Strategische Ziele" deren Erreichung bewertet. Hier ergeben sich deutliche inhaltliche Anknüpfungspunkte zur Strategieformulierung im Element "Strategie und Ziele" (vgl. Kap. 5.4.3.3). Dort wurde die Überführung qualitativer Aussagen zur strategischen Ausrichtung in operationale, d.h. konkrete und messbare

Ziele gefordert. Damit sind die zu betrachtenden Merkmale in erster Näherung festgelegt. Die konkreten Ausprägungen sind Gegenstand des vorliegenden Kriteriums, das die Erreichung eben jener Ziele betrachtet. Ggf. sind zusätzliche Daten und Informationen einzubringen, die geeignet sind, die Erreichung strategischer Ziele zu illustrieren. Das Teilkriterium ist inhaltlich weitgehend deckungsgleich mit dem Teilkriterium 9a im EFQM-Modell für Excellence, das sich ebenfalls mit Leistungsmessgrößen auf Ebene der Gesamtorganisation beschäftigt.[126]

9 Objektive Leistungen Objektive Leistungen beziehen sich auf Daten und Informationen, die - unabhängig von der subjektiven Wahrnehmung - über objektive Messgrößen die Leistungsfähigkeit und die Leistungen des Netzwerks beschreiben.
9a Strategische Ziele Es liegen objektive und inhaltlich umfassende Daten vor, die die Erreichung strategischer Ziele dokumentieren. Beispielhafte Merkmale sind erzielte Erträge oder Gewinne, Marktanteile oder Leistungsvolumina. Ihre einzelfallbezogene inhaltliche Festlegung ergibt sich aus den strategischen Zielen des Netzwerks.
9b Interessen der Stakeholder Es liegen objektive und inhaltlich umfassende Daten vor, die einen positiven Nutzen des Netzwerks aus Sicht der wesentlichen Interessengruppen dokumentieren. Beispielhafte Merkmale können für Mitglieder bzw. Partner und Mitarbeiter die Fluktuation, für Kunden Fehler in gelieferten Produkten und Dienstleistungen sowie aus Sicht der Gesellschaft Belastungen der Umwelt sein. Ihre einzelfallbezogene inhaltliche Festlegung ergibt sich aus den Anforderungen der wesentlichen Interessengruppen, deren Erhebung im Element "Stakeholder" betrachtet wird.
9c Interne Leistungen und Effizienz Es liegen objektive und inhaltlich umfassende Daten vor, die eine hohe interne Effizienz des Netzwerks in den wesentlichen Abläufen dokumentieren. Beispielhafte Merkmale sind intern gemessene Fehlerraten, Durchlaufzeiten sowie sonstige Indikatoren, die zur Steuerung der Geschäftsprozesse verwendet werden. Die einzelfallbezogene inhaltliche Festlegung ergibt sich aus der im Element "Prozesse" betrachteten Prozessdefinition und den Methoden und Konzepten zu ihrer operativen Steuerung.

Tab. 97: Objektive Leistungen

Das zweite Teilkriterium ergänzt die im Element "Subjektive Leistungen" zusammengestellten Daten. Hier werden unter dem Titel "Interessen der Stakeholder" Merkmale und Merkmalsausprägungen betrachtet, die in Ergänzung zu unmittelbaren Befragungsergebnissen einen Rückschluss auf die Zufriedenstellung wesentlicher Interessengruppen zulassen. Die interne Messung dieser Merkmale stellt die laufende Verfügbarkeit und hohe Aktualität entscheidungsrelevanter Daten sicher und unter-

126 Vgl. EFQM (1999a), S. 28 f.

stützt damit das operative Controlling und Management. Die inhaltliche Zusammenstellung der Merkmale sollte diejenigen Aspekte in der Beziehung der Kooperation zu den betrachteten Gruppen widerspiegeln, die über die im Element "Stakeholder" beschriebenen Erhebungsmethoden als besonders wichtig identifiziert werden. Das Network-Excellence-Modelle führt hier die Forderungen des EFQM-Modells für Excellence aus den Teilkriterien 6b, 7b und 8b zusammen.[127]

Das dritte Teilkriterium schließlich erfasst unter dem Stichwort "Interne Leistungen und Effizienz" die Organisationseffizienz des Netzwerks. Dabei stehen die Dimensionen der Prozess-, Ressourcen- und Delegationseffizienz im Mittelpunkt (vgl. Kap. 2.5.1.2).[128] Hier werden diejenigen Aspekte der Leistungsfähigkeit bewertet, die sich normalerweise einer externen Betrachtung weitgehend verschließen, die aber dennoch einen entscheidenden Beitrag zur Wettbewerbsfähigkeit leisten.[129] Methodisch geht es um die realisierten Ausprägungen der Merkmale, die im Zusammenhang mit den Ausführungen zum Prozessmanagement als wesentliche Mess- und Steuergrößen identifiziert werden. Insoweit ist eine enge inhaltliche Verknüpfung mit den Elementen "Netzwerkarchitektur" und "Prozesse" gegeben, die auch in der Auswahl von Daten für die Bewertung Berücksichtigung finden muss. Das Teilkriterium greift damit die Inhalte des Teilkriteriums 9b im EFQM-Modell für Excellence auf.

5.5 Überlegungen zur Anwendung des Modells

Die Anwendung des Network-Excellence-Modells konzentriert sich auf eine Selbstbewertung, d.h. die Beurteilung der Struktur bzw. Leistungsfähigkeit und das realisierte Leistungsniveau eines Unternehmensnetzwerks durch dieses selbst bzw. durch die beteiligten Unternehmen. Das Verfahren orientiert sich am Vorgehen bei der einzelbetrieblichen Anwendung. Entsprechende Ausführungen finden sich bei ZINK ET AL.[130] Da die Erfüllung der eingangs entwickelten Anforderungen an die Bewertung zu einem erheblichen Teil nicht über die Bewertungskriterien bzw. das verwendete Modell allein, sondern auch über das methodische Vorgehen bestimmt wird,[131] werden dazu im Folgenden einige Überlegungen angestellt.

Im ersten Schritt wird zunächst eine grundsätzliche Vorgehensweise entwickelt, die einen idealtypischen Prozessablauf unter Ausblendung der organisatorischen Gestaltung im Einzelfall beschreibt (vgl. Kap. 5.5.1). Dieser wird anschließend um Hinweise für den Fall konkreter Gestaltungsmodelle ergänzt (vgl. Kap. 5.5.2). Die Ausführungen orientieren sich dabei an den zuvor herausgearbeiteten Systematisie-

---

127 Vgl. EFQM (1999a), 23 f.; S. 25 f.; S. 27 f.

128 Vgl. Frese (1995), S. 26-28

129 Vgl. Porter (1985), S. 33

130 Vgl. Zink (1998); Zink/Bäuerle/Schmidt (1999a); Zink/Bäuerle/Schmidt (1999b); Zink/Schmidt/Voß (1999); Zink/Voß (1998e); Zink/Voß (1999a)

131 Vgl. Schmidt (2001), S. 301, S. 345

rungsmerkmalen für Unternehmensnetzwerke (vgl. Kap. 4.2). Damit ergeben sich konkrete Umsetzungsempfehlungen für den Prozess der Selbstbewertung in Abhängigkeit von den realisierten Ausprägungen.

5.5.1 Grundsätzliches Vorgehen

Ein wesentliches Element der Selbstbewertung besteht in der Durchführung durch die bewertete Einheit. Dies schließt eine externe Moderation oder methodische Unterstützung nicht aus. Die Initiative zur Durchführung und insbesondere der Akt der Bewertung i.e.S., d.h. die Ableitung von Stärken und Verbesserungsbereichen, sollten jedoch in Händen der Betroffenen bleiben. Insoweit liegt die inhaltliche und organisatorische Verantwortung für die Durchführung der Selbstbewertung auf Ebene des Unternehmensnetzwerks im ggf. vorhandenen gemeinsamen Führungsgremium oder alternativ in den Leitungsgremien der beteiligten Unternehmen. In jedem Fall setzt die Einführung einen gemeinschaftlichen Beschluss der Partner oder Mitglieder voraus. Führungskräfte des Netzwerks und der Einzelunternehmen sollten auch als sog. Assessoren im Bewertungsteam vertreten sein. Der Begriff des Assessors kollidiert mit der in Deutschland geschützten Berufsbezeichnung für Juristen, er soll wegen seiner international gebräuchlichen Verwendung hier jedoch die Mitglieder des Bewertungsteams bezeichnen.

Idealerweise entsendet jedes Unternehmen einen autorisierten Vertreter der oberen Führungsebene. Sollte die dadurch entstehende Gruppengröße ein effizientes Arbeiten verhindern, ist eine gemeinsame Auswahl zu treffen. Verfügt die Kooperation selbst über eigene Mitarbeiter, sind ihre Fach- und Führungskräfte ebenfalls einzubinden. Die Auswahlkriterien orientieren sich dabei zum einen an der strategischen Bedeutung der Bewertung, die über die Beschäftigung mit Werten und langfristigen strategischen Zielen der Kooperation deutlich wird. Sie ergeben sich zum anderen aus der Notwendigkeit einer vollständigen inhaltlichen Abdeckung der Kriterien, die insbesondere im Hinblick auf die Nutzung von Ressourcen i.d.R. die Hinzuziehung von Experten, z.B. aus dem Bereich Finanzen, erfordert. Das gesamte Team sollte auf keinen Fall mehr als zehn Personen umfassen, eine Gruppe von etwa sieben Teilnehmern hat sich auf einzelbetrieblicher Ebene in der Praxis als sinnvoll erwiesen.

Der Ausgangspunkt der Selbstbewertung liegt in der sog. Datensammlung (vgl. Abb. 81). Sie verfolgt das Ziel, den Status quo des Netzwerks aufzunehmen und zu dokumentieren. Methodische Hinweise dazu liefert beispielsweise die EFQM.[132] In diesem Zusammenhang wird aufgrund praktischer Erfahrungen auf Unternehmensebene die Verwendung sog. Standardformulare auch im Rahmen des Network-Excellence-Modells empfohlen. Dabei handelt es sich um einfache papiergebundene oder EDV-basierte Dokumentationshilfen. In den Standardformularen werden - separat für jedes Teilkriterium - Maßnahmen, Strukturen und Leistungen der bewerteten

---

132 Vgl. EFQM (1999c)

Organisation bzw. des bewerteten Unternehmensnetzwerks in einer einheitlichen Form beschrieben, um die Erfüllung der jeweiligen Modellforderung nachzuweisen. Durch Ergänzung eines Quellenhinweises ermöglichen sie darüber hinaus eine Rekonstruktion des Dokumentationsergebnisses. Damit reduziert sich zum einen der redaktionelle Aufwand bei der Fortschreibung der Formulare im Laufe späterer Bewertungszyklen; zum anderen sind die Grundlagen für eine fundierte Quellenkritik bzw. intersubjektive Nachprüfbarkeit gelegt.[133] Standardformulare verbinden hohe Aussagekraft mit begrenztem redaktionellen Aufwand. Die Erstellung der Datensammlung liegt nicht zwingend allein in den Händen der Assessoren, sie können sich dabei der Zuarbeit von Experten auf Ebene des Netzwerks sowie der beteiligten Unternehmen bedienen.

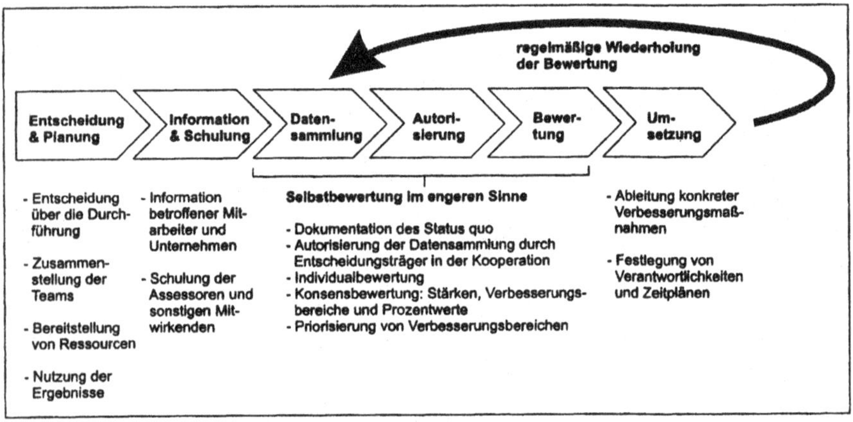

Abb. 81: Vorgehen zur Selbstbewertung

Da die Ergebnisse der Datensammlung die Grundlage zukünftiger strategischer Handlungs- und Gestaltungsentscheidungen bilden sollen, ist ihre Autorisierung durch die kollektive und unternehmensindividuelle Führungsebene sinnvoll. Deren Mitglieder sind im Vorfeld der Bewertung gehalten, die inhaltliche Angemessenheit und Vollständigkeit der Darstellung zu bestätigen. Dieser Zwischenschritt gewinnt durch die zumindest potentiell gegebene kulturelle und strukturelle Vielfalt der beteiligten Unternehmen,[134] die die Gefahr einer Ausblendung von Bereichen im Rahmen der Datensammlung erhöht, besondere Bedeutung.

Die autorisierte Dokumentation bildet die Grundlage für die Bewertung. In einem ersten Schritt leitet dazu jeder der Assessoren individuell unter Hinzuziehung der Modellforderungen und insbesondere der Bewertungsdimensionen Stärken und Verbesserungsbereiche ab. Letztere ergeben sich im Hinblick auf die Bereiche

133 Vgl. Bortz/Döring (1995), S. 304 f.; S. 307

134 Vgl. Bartlett/Ghoshal (1991), S. 42 f.; Belzer (1993), S. 198; Doz/Hamel (1998), S. 14; Lewis (1990), S. 62 f.; Perlmutter/Heenan (1986), S. 146; Yoshino/Rangan (1995), S. 114

"Strategische Ausrichtung" oder "Strukturen" beispielsweise aus einem nicht systematisierten Vorgehen, aus einer nur begrenzten Umsetzung in einzelnen Geschäftsbereichen oder aus einer fehlenden Weiterentwicklung. Im Bezug auf "Ergebnisse" sind uneinheitliche Trends, fehlende Ziele oder externe Vergleiche sowie eine nicht erkennbare Rekursion auf Werte, die strategische Ausrichtung sowie ergriffene Maßnahmen relevant.

Die Einzelbewertung der Assessoren wird im sog. Konsensmeeting - ggf. unter externer Moderation - zu einem von allen getragenen Gesamtergebnis verdichtet. Dies schließt sowohl eine inhaltliche Einigung über Stärken und Verbesserungsbereiche als auch die Festlegung eines quantitativen Prozentwertes auf Basis der Bewertungsmatrizen ein. Die Quantifizierung des Ergebnisses bietet den Vorteil einer zusätzlichen Überprüfung des geteilten inhaltlichen Verständnisses: Stark divergierende individuelle Prozentbewertungen indizieren i.d.R. einen noch nicht abgeschlossenen Konsensfindungsprozess auf der inhaltlichen Ebene.

Dem Network-Excellence-Modell liegt keine Gewichtung der neun Elemente zugrunde; insofern ist die Kombination der Erfüllungsgrade auf Ebene der Teilkriterien zu einem Gesamtwert für das Netzwerk als Ganzes nicht möglich. Die Modellkonzeption folgt hier der Argumentation SCHMIDTs, der dadurch eine zu starke Fokussierung auf das quantitative Bewertungsergebnis vermeidet und überdies auf die fehlende Fundierung einer Gewichtung hinweist.[135]

Die Nutzung der Bewertungsergebnisse im Rahmen der Gestaltung und Steuerung des Netzwerks muss sich in jedem Fall auf das qualitative Profil von Stärken und Verbesserungsbereichen stützen, eine ausschließliche Rekursion auf das quantitative Ergebnis erscheint demgegenüber wenig hilfreich. Daher stützt sich das weitere Vorgehen der Selbstbewertung auch auf die Priorisierung von Verbesserungsbereichen und die Ableitung konkreter Veränderungsmaßnahmen. Diese mündet in klassische Fragen des Projektmanagements einschließlich einer greifbaren Zielformulierung sowie der Festlegung von Zuständigkeiten. Eine zyklische Durchführung der Selbstbewertung ermöglicht schließlich die (qualitative) Bewertung erzielter Fortschritte, die stark simplifizierend auch in der Prozentbewertung dokumentiert werden.

5.5.2 Anwendungsvoraussetzungen und Einfluss der Gestaltung

Die Vielzahl realisierter Gestaltungsmodelle für Unternehmensnetzwerke bringt erhebliche Unterschiede in den Anwendungsbedingungen für eine Selbstbewertung mit sich. Damit sind häufig einzelfallbezogene Anpassungen im Bewertungsprozess erforderlich. Tab. 98 beschreibt unter Rückgriff auf die in Kap. 4.2 erarbeiteten Systematisierungsmerkmale die Bedeutung einzelner Gestaltungsparameter für die grund-

135 Vgl. Schmidt (2001), S. 306

sätzliche Eignung des Network-Excellence-Modells sowie das konkrete Prozessdesign bei der Bewertung von Unternehmensnetzwerken.

Merkmal	Auswirkungen auf die Bewertung
Ziele der Kooperation	Der konkrete Inhalt der Ziele ist nicht Gegenstand der Bewertung und beeinflusst demnach nicht das Bewertungsverfahren. Er ist jedoch insoweit relevant, als das Modell eine korrespondierende Strukturgestaltung sowie eine auf die Ziele rekurrierende Definition von Ergebnisgrößen fordert. Für die Bewertung relevant ist allerdings der Zielbildungsprozess auf Ebene des Netzwerks.
Zahl der Mitglieder	Die Zahl der beteiligten Unternehmen ist zumindest aus theoretischer Perspektive für die Gestaltung des Bewertungsprozesses vernachlässigbar. Allerdings bedeutet ein großer Kreis von Partnern oder Mitgliedern zum einen eine Ausweitung des Betrachtungshorizonts. Zum anderen führt eine Beteiligung aller Unternehmen bzw. ihrer Vertreter an der Bewertung zu einer nicht mehr handhabbaren Gruppengröße. Damit entstehen u.U. Schwierigkeiten bei der praktischen Anwendung des Bewertungskonzepts. Grundsätzlich ist aber ein Netzwerk mit vielen Partnern oder Mitgliedern nicht mehr über rein konsensuale Prozesse, sondern nur über die Ausbildung von Führungsstrukturen und die Benennung von Führungskräften auf kollektiver Ebene steuerbar. In diesem Fall kann auch der Bewertungsprozess darauf zurückgreifen. Damit ist die Anwendung des Verfahrens unabhängig von der Zahl der Partner oder Mitglieder möglich. Im Falle einer geringen Anzahl kommt eine unmittelbare Beteiligung von Führungskräften der Einzelunternehmen in Betracht, ansonsten konzentriert sich die Durchführung auf Führungskräfte und Mitarbeiter auf Ebene des Netzwerks.
Kreis der Mitglieder	Besondere Schwierigkeiten für die Gestaltung des Bewertungsprozesses entstehen aus einem wechselnden Kreis von Partnern oder Mitgliedern, da hier einerseits einheitliche Aussagen zur Bindungsintensität, andererseits die Herausbildung organisatorischer Strukturen nur im Ausnahmefall möglich sind. Grundsätzlich ist allerdings bei einem offenen Partner- oder Mitgliederkreis entweder von einer stabilen Kerngruppe unter Hinzuziehung peripherer Unternehmen oder von einem langfristig stabilen Beziehungsnetzwerk als Grundlage auftragsbezogen aktivierter Netzwerke auszugehen. Im ersten Fall sollte sich die Bewertung auf den weitgehend konstanten Kreis der Kernunternehmen beschränken, im zweiten ist das längerfristig angelegte Beziehungsnetzwerk Bezugs- und Betrachtungsobjekt der Bewertung.
Größe der Mitglieder	Die Größe der beteiligten Unternehmen zeigt grundsätzlich keine Auswirkungen auf die Prozessgestaltung. Das in der Praxis bei starken Größenunterschieden mitunter auftretende Problem unterschiedlich ausgeprägter Formalisierungsgrade sowohl im Hinblick auf die detaillierte Festlegung organisatorischer Entscheidungswege als auch auf ihre Dokumentation muss im Einvernehmen zwischen den Partnern oder Mitgliedern gelöst werden. Es betrifft aber eher Fragen der organisatorischen Gestaltung des Netzwerks als solche seiner Bewertung. Hier werden lediglich die Konsistenz organisatorischer Regelungen mit gemeinsamen Werten und Zielen und ihre über die Ergebnisse belegte Funktionsfähigkeit unabhängig vom Detaillierungsgrad und Dokumentationsumfang bewertet.
Richtung der Zusammenarbeit	Die Richtung der Zusammenarbeit zeigt grundsätzlich keine Auswirkungen auf die Gestaltung des Bewertungsprozesses.

Tab. 98: Einfluss der Gestaltung auf die Bewertung

Merkmal	Auswirkungen auf die Bewertung
Geografische Reichweite	Die Anwendung des Bewertungsprozesses hängt grundsätzlich nicht von der geografischen Reichweite der Kooperation ab. Allerdings ergeben sich aus einer weiten räumlichen Verteilung der Partner oder Mitglieder sowie einer ggf. damit einhergehenden Diversität besondere, z.B. kulturelle, sprachliche oder administrative Herausforderungen für die Arbeit in Gruppen. Allerdings betreffen diese primär Fragen der Zusammenarbeit im Allgemeinen, weniger der Bewertung im Besonderen. In keinem Fall beeinträchtigen sie die grundsätzliche Relevanz und Anwendbarkeit des Modells. Im Falle einer internationalen Kooperation bietet die Bewertung auf Basis des Network-Excellence-Modells die Chance, durch den Rückgriff auf gemeinsame Bewertungskriterien unterschiedliche Erfahrungs- und Bewertungshintergründe der beteiligten Unternehmen und ihrer Mitarbeiter zu kompensieren, zur Objektivierung des Bewertungsergebnisses beizutragen und damit die Konsensfindung bei der Maßnahmendefinition innerhalb des Netzwerks zu unterstützen. Die grundsätzlichen Empfehlungen zur Zusammensetzung des Bewertungsteams (z.B. im Hinblick auf Entscheidungskompetenzen für die gemeinsame Geschäftstätigkeit, fachliche Kompetenzen im Hinblick auf die Modellinhalte) gelten unabhängig von der geografischen Verteilung der Partner oder Mitglieder.
Wertschöpfungsbereiche der Kooperation	Die Wertschöpfungsbereiche der Kooperation zeigen grundsätzlich keine Auswirkungen auf die Gestaltung des Bewertungsprozesses.
Redundanz der Mitglieder	Die Redundanz der Partner oder Mitglieder zeigt grundsätzlich keine Auswirkungen auf die Gestaltung des Bewertungsprozesses. Allerdings führen starke Überschneidungen in der Geschäftstätigkeit dazu, dass Fragen der Abgrenzung kooperativer und kompetitiver Bereiche an Bedeutung gewinnen. Veränderungsbedarfe im Hinblick auf das Bewertungsmodell oder –verfahren ergeben sich hieraus jedoch nicht.
Machtgrundlage	Die Durchführung der Bewertung und insbesondere die anschließende Ableitung und Umsetzung von Maßnahmen zur Verbesserung hängen von einem verbindlichen Beschluss für das gesamte Netzwerk ab. Dabei ist es aber unerheblich, ob sich dieser auf Markt-, Personal- oder Organisationsmacht stützt.
Machtverteilung	Die Machtverteilung innerhalb des Unternehmensnetzwerks zeigt keine unmittelbaren Auswirkungen auf die Relevanz und Anwendbarkeit des Modells. Eine machtbasierte Entscheidung über seine Einführung und Nutzung gegen den Widerstand einer größeren Gruppe von Partnern oder Mitgliedern schmälert jedoch potentiell die Aussagekraft des Bewertungsergebnisses. Durch die qualitative Ausrichtung und Konsensorientierung erweist sich das Konzept als anfällig gegenüber Obstruktionen der beteiligten Unternehmen. Insoweit ist anzustreben, dass die Einführungsentscheidung zumindest von der Mehrheit der Partner oder Mitglieder mitgetragen wird.
Abhängigkeit der Mitglieder	Die wechselseitige Abhängigkeit der Partner oder Mitglieder zeigt keine unmittelbaren Auswirkungen auf die Relevanz und Anwendbarkeit des Modells. Ähnlich wie im Zusammenhang mit der Machtverteilung beeinträchtigt eine Entscheidung über die Einführung und Nutzung gegen den Widerstand einer größeren Gruppe von Partnern oder Mitgliedern unter Ausnutzung einseitiger Abhängigkeitsbeziehungen jedoch potentiell die Aussagekraft des Bewertungsergebnisses. Daher gilt auch hier, dass die Einführungsentscheidung zumindest von der Mehrheit der Partner oder Mitglieder mitgetragen werden sollte.

Tab. 98 (Fortsetzung): Einfluss der Gestaltung auf die Bewertung

Merkmal	Auswirkungen auf die Bewertung
Reichweite der Kooperation	Die Reichweite der Kooperation zeigt grundsätzlich keine Auswirkungen auf die Gestaltung des Bewertungsprozesses.
Strategische Bedeutung der Kooperation	Die strategische Bedeutung der Kooperation beeinflusst die Abwägung von Aufwand und Nutzen einer Bewertung auf Basis des Network-Excellence-Modells. Diese bindet für die Schulung und Durchführung personelle und finanzielle Ressourcen sowohl auf der kollektiven als auch auf einzel-organisatorischer Ebene. Die Bereitschaft der Partner oder Mitglieder zur Anwendung des Modells wird daher in der Praxis davon abhängen, welche Bedeutung sie der gemeinsamen Geschäftstätigkeit beimessen. Im Falle stark unterschiedlicher Einschätzungen entsteht hieraus eine potentielle Konfliktquelle. Die Entscheidung ist in diesem Fall unter Rückgriff auf Führungs- und Entscheidungsstrukturen im Netzwerk zu treffen; fehlen diese, ist ein Konsens herbeizuführen. Das sich hier andeutende Problem hoher Trägheit einer gemeinschaftlichen Entscheidungsfindung betrifft jedoch nicht primär die Frage der Bewertung eines Unternehmensnetzwerkes, sondern eher die der grundsätzlichen Gestaltung und Steuerung der gemeinsamen Geschäftstätigkeit. Daher müssen die Partner oder Mitglieder in jedem Fall Handlungs- und Entscheidungsbefugnisse definieren, um den Erfolg des Netzwerks und gleichzeitig auch die individuelle Zielerreichung nicht zu gefährden. Grundsätzlich aber gilt, dass der Aufwand für eine Bewertung auf Basis des Network-Excellence-Modells im Falle nur geringer strategischer Bedeutung für alle beteiligten Unternehmen zu bezweifeln ist.
Rechtliche Bindung	Rechtliche Unverbindlichkeit kommt nur dann in Betracht, wenn einerseits ein Bindungswille der Partner nicht zu erkennen ist und andererseits die zwischen ihnen bestehenden Absprachen oder Vereinbarungen inhaltlich nicht konkretisiert sind. In diesem Fall fehlen auch die Ansatzpunkte für eine Bewertung auf Basis des Network-Excellence-Modells, das die Ausbildung zumindest rudimentärer organisatorischer Strukturen und damit eine Konkretisierung der Zusammenarbeit voraussetzt. Die schriftliche Niederlegung entsprechender Vereinbarungen spielt hingegen keine Rolle. Die Bewertung fokussiert auf die tatsächliche Implementierung, nicht auf eine schriftliche Dokumentation aufbau- und ablauforganisatorischer Regelungen etc. Insoweit ist eine Bewertung auf Basis des Network-Excellence-Modells sowohl für nicht formalisierte als auch für kodifizierte Kooperationsbeziehungen möglich. Im Falle institutionalisierter Netzwerke besteht darüber hinaus die alternative Möglichkeit einer Anwendung von Bewertungskonzepten aus dem Kontext von Einzelorganisationen.
Detaillierungs-grad	Die Durchführbarkeit der Bewertung hängt grundsätzlich nicht vom Detaillierungsgrad bei der Beschreibung und Vereinbarung der Kooperationsbeziehungen ab. Nichtsdestoweniger bieten differenzierte Regelungen Anknüpfungspunkte für die Datenerhebung und die Dokumentation des Status quo und erleichtern insoweit die Bewertung. Umgekehrt unterstützt die Auseinandersetzung mit den Forderungen des Network-Excellence-Modells im Falle eines nur geringen Detaillierungsgrades die Identifikation von Regelungslücken in der Interorganisationsbeziehung. Diese können im Vorfeld entstehender Konflikte in einem konsensualen Prozess gelöst werden. In diesem Fall trägt die Bewertung zur Konfliktvermeidung und damit zur Existenzsicherung des Netzwerks bei.

Tab. 98 (Fortsetzung): Einfluss der Gestaltung auf die Bewertung

Merkmal	Auswirkungen auf die Bewertung
Bestandsperspektive der Kooperation	Der Anwendungsschwerpunkt des Network-Excellence-Modells liegt auf langfristig oder unbefristet angelegten Unternehmensnetzwerken. Eine nur kurzfristige Bestandsperspektive bringt dagegen potentiell inhaltliche und methodische Probleme mit sich. Zwar ist die grundsätzliche Relevanz der Modellforderungen aus einer theoretischen Perspektive nach wie vor gegeben, doch erweist sich ihre kurzfristige Erfüllung in der Praxis mitunter als schwierig. Dies gilt insbesondere, wenn eine nur geringe strategische Bedeutung der gemeinsamen Geschäftstätigkeit für die beteiligten Unternehmen den verfügbaren personellen und sachlichen Ressourcen Grenzen setzt. Im Übrigen spricht der zwischen der Einführungsentscheidung und dem Vorliegen der Bewertungsergebnisse liegende Zeitraum gegen eine Anwendung, sofern die Bestandsperspektive der Kooperation unter zwei Jahren liegt. Eine zyklische Bewertung, die zur umfassenden Erschließung der Nutzenpotentiale einer Selbstbewertung erforderlich ist, setzt sogar einen Zeithorizont von mindestens drei Jahren voraus. Aber auch eine nur einmalige Bewertung in oder kurz nach der Gründungsphase bietet den Vorteil, das zwischen den Partnern oder Mitgliedern erarbeitete Konzept zur Führung und Gestaltung des Netzwerks im Hinblick auf seine Vollständigkeit und Konsistenz zu prüfen und ggf. noch bestehende Defizite vor dem Eintritt einer Konfliktsituation zu lösen. Insoweit erscheint die Anwendung des Modells ab einem Zeithorizont von mindestens zwei Jahren möglich und – bei positiver Nutzenabwägung auf Basis der strategischen Bedeutung – sinnvoll.
Dauer der Mitgliedschaft	Im Hinblick auf die Dauer der Mitgliedschaft gelten die Ausführungen zu einem offenen Kreis der Mitglieder analog: Im Falle einer nur kurzfristigen Mitgliedschaft ist die Bewertung entweder auf das längerfristig stabile Beziehungsnetzwerk zwischen den Unternehmen oder den engeren Kreis der Kernmitglieder zu beschränken, um die aus einer kurzfristigen Zugehörigkeit einzelner Unternehmen resultierenden inhaltlichen Probleme bei der Erfüllung der Modellforderungen bzw. die prozeduralen Schwierigkeiten bei der Durchführung der Bewertung zu vermeiden.
Kapitalbeteiligung	Die Kapitalbeteiligung zeigt grundsätzlich keine Auswirkungen auf die Gestaltung des Bewertungsprozesses.
Haftung der Mitglieder	Die Haftung der Mitglieder zeigt grundsätzlich keine Auswirkungen auf die Gestaltung des Bewertungsprozesses.
Bindung über Sachmittel	Die Bindung über Sachmittel zeigt grundsätzlich keine Auswirkungen auf die Gestaltung des Bewertungsprozesses.

Tab. 98 (Fortsetzung): Einfluss der Gestaltung auf die Bewertung

Neben prozeduralen Fragen sind der erforderliche Aufwand und erzielbare Nutzen abzuwägen sowie die Sinnhaftigkeit des gesamten Verfahrens im Einzelfall zu prüfen. Die Beschreibung des prinzipiellen Ablaufs hat gezeigt, dass eine Selbstbewertung auf Basis des Network-Excellence-Modells i.d.R. mit einen hohen personellen und sachlichen Aufwand verbunden ist. Dieser ergibt sich zunächst aus den Qualifizierungsanforderungen für eine fundierte Anwendung des Modells, darüber hinaus bindet das gruppen- und konsensorientierte Vorgehen in nicht unerheblichem Umfang Mitarbeiter der Führungsebenen sowohl in den beteiligten Unternehmen als auch in der gemeinsamen Sphäre des Netzwerks. Überdies liegen Bewertungsergebnisse nicht unmittelbar vor. Zwar ist eine kurzfristige Durchführung denkbar, doch zeigt die Erfahrung auf einzelbetrieblicher Ebene, dass sich der gesamte Prozess von der

Qualifizierung über die Datenerhebung bis zur Konsensfindung über einen Zeitraum von etwa zwei Monaten erstreckt. Beide Faktoren lassen eine Selbstbewertung im Falle nur kurzfristig bestehender Kooperationsbeziehungen oder für solche von untergeordneter marktstrategischer Bedeutung nicht sinnvoll erscheinen.

Die als konstitutives Element herausgearbeitete strategische Ausrichtung eines Unternehmensnetzwerks (vgl. Kap. 4.1.3.3) deutet allerdings regelmäßig auf eine substanzielle Bedeutung der Zugehörigkeit für den Erfolg der Partner oder Mitglieder hin.[136] Diese Überlegung wird durch die Ergebnisse der empirischen Erhebung gestützt, die in weniger als einem Drittel der Fälle eine nur geringe strategische Relevanz belegen (vgl. Abb. 62). Hohe strategische Bedeutung rechtfertigt aber auch den Einsatz eines aufwendigen Bewertungsverfahrens bei hinreichenden Erfolgspotentialen. Letztere wurden für die Anwendung auf einzelorganisatorischer Ebene durch umfangreiche empirische Erhebungen belegt und sind analog auch für Unternehmensnetzwerke zu erwarten (vgl. Kap. 3.4.6).

Einschränkungen ergeben sich nichtsdestoweniger aus der potentiellen zeitlichen Befristung der Kooperation. Der Zeitbedarf für die Bewertung sowie für die Ableitung und Umsetzung von Veränderungsmaßnahmen lässt hier eine Bestandsperspektive von mindestens zwei Jahren als sinnvoll erscheinen. Auch in diesem Fall ist jedoch noch keine zyklische Anwendung zu erreichen; die Selbstbewertung dient hier als einmalige Bestandsaufnahme während oder kurz nach der Etablierung kooperativer Beziehungen, um unmittelbare Handlungsbedarfe zu bestimmen, oder als Strukturierungsinstrument, um ein erfolgversprechendes Organisationskonzept für die Zusammenarbeit zu erarbeiten. Eine zyklische Anwendung ist erst bei einer längerfristigen oder unbefristeten Bestandsperspektive gerechtfertigt. Sie trägt dazu bei, über den gesamten Lebenszyklus der Kooperation den zielgerichteten Ressourceneinsatz im organisationalen Gestaltungs- und Verbesserungsprozess zu steuern und damit die für die Leitung der gemeinsamen Aktivitäten zuständigen Mitarbeiter in der Wahrnehmung ihrer Managementaufgabe zu unterstützen. Abhängig von der sachlichen und personellen Ressourcenausstattung des Netzwerks und der Partner bzw. Mitglieder wird eine Wiederholung der Bewertung in einem jährlichen bis zweijährigen Rhythmus empfohlen.

Demgegenüber ist der Formalisierungsgrad der Zusammenarbeit nur von untergeordneter Bedeutung. Durch die Anwendung des Modells im Rahmen der Selbstbewertung erübrigt sich eine Nachweisführung gegenüber Dritten. Grundlage der Bewertung ist nicht die detaillierte Dokumentation von Organisationsstrukturen in Handbüchern, Verfahrensanweisungen etc., sondern ihre tatsächliche Implementierung in der Praxis. Hierüber ist allerdings organisationsübergreifend Einigkeit zu erzielen, ein etwaiger Dissens wird im Bewertungsergebnis dokumentiert. Er deutet bereits als Erkenntnisgewinn auf strukturelle Gestaltungsprobleme hin: Diese können sich ent-

---

[136] Vgl. Lewis (1990), S. 218; Pohlmann/Apelt/Buroh/Martens (1995), S. 27; Braun (1999), S. 74

weder aus einer unvollständigen Umsetzung in der kollektiven Sphäre oder aus einem widersprüchlichen Verständnis der Partner bzw. Mitglieder ergeben. Insbesondere letzteres gefährdet im Konfliktfall potentiell die Fortführung der Zusammenarbeit; eine konstruktive Lösung ist im Vorgriff auf mögliche Probleme i.d.R. einfacher zu erreichen.

Insoweit erfordert eine Selbstbewertung auf Basis des Network-Excellence-Modells nicht zwingend eine kodifizierte oder institutionalisierte Form der Zusammenarbeit. Sie setzt aber die Herausbildung organisatorischer Strukturen voraus. Damit wird ein bloß zufällig kooperatives Verhalten ausgeschlossen.[137] Auch rechtliche Unverbindlichkeit kommt regelmäßig nicht mehr in Betracht, da in der mündlichen oder schriftlichen Vereinbarung gemeinsamer Vorgehensweisen ein wechselseitiger Bindungswille der beteiligten Parteien sowie eine hinreichende Konkretisierung der Interorganisationsbeziehung erkennbar wird und insoweit ein Vertragsverhältnis konstituiert wird.[138] Selbstbewertung auf Basis des Network-Excellence-Modells setzt also eine explizite, ggf. auch mündliche Vereinbarung zur organisatorischen Gestaltung voraus. Die Ergebnisse der empirischen Erhebung zeigen jedoch, dass damit nur ein geringer Anteil der in der Praxis realisierten Beziehungen ausgegrenzt wird (vgl. Abb. 63).

Sowohl die Form organisationsübergreifender Vereinbarungen als auch deren Detaillierungsgrad liegen im Ermessen der beteiligten Unternehmen. Gleiches gilt für die Auswahl konkreter Gestaltungsalternativen, die das Modell grundsätzlich nicht einschränkt. Seine Anwendung gewährleistet aber die Vollständigkeit und Konsistenz entsprechender Entscheidungen, d.h. die inhaltliche Abdeckung relevanter struktureller Gestaltungsfelder im Sinne langfristiger Erfolgssicherung. Insoweit erlaubt sie schon in der Phase der Anbahnung einer Kooperation eine Bewertung erarbeiteter Gestaltungsentwürfe. Allerdings können in dieser Situation die Ergebnisdimensionen des Modells zumindest auf Netzwerkebene nur begrenzt angesprochen werden. Sie werden erst in späteren Bewertungszyklen relevant, wenn sich der Schwerpunkt auf die Unterstützung der Führung und Weiterentwicklung des Unternehmensnetzwerks verschiebt.

Zusammenfassend ist also die Ausfüllung aller Bewertungsforderungen aus Sicht des Modells verbindlich, der Detaillierungsgrad entsprechender Festlegungen und die Entscheidung über konkrete Gestaltungsalternativen werden jedoch nur durch die Konsistenzforderungen beschränkt. Beide Aspekte beeinflussen im Übrigen nicht die grundsätzliche Anwendbarkeit im Einzelfall.

Die Gestaltung des Selbstbewertungsprozesses hängt allerdings vom Grad der Autonomie ab, über den die Partner und Mitglieder im Netzwerk verfügen. Ein weiterer, damit eng verbundener Einflussfaktor ergibt sich aus der Leitungsstruktur und perso-

---

137 Vgl. Jansen (1998), S. 90; Schneider (1973), S. 34; Strohmeyer (1996), S. 27

138 Vgl. Heinrichs (2000), S. 144

nellen Ausstattung des Netzwerks auf der Führungsebene. Grundsätzlich gilt, dass die Entscheidung über die Einführung der Selbstbewertung eine Führungsentscheidung in der kollektiven Sphäre darstellt. Sie ist insofern durch die im Netzwerk etablierten Instanzen zu treffen. Verfügt dieses nicht über ein eigenständiges Führungsgremium, ist eine konsensuale Entscheidung durch die Leitungsinstanzen der Mitglieder bzw. Partner herbeizuführen. In jedem Fall sind diejenigen Entscheidungsträger angesprochen, die einerseits kraft ihrer Stellung in den Hierarchien der Mitglieds- oder Partnerorganisationen diese verpflichten können, andererseits durch Personal- oder Organisationsmacht die Gestaltung und Steuerung der gemeinsamen Geschäftstätigkeit bestimmen. Der entsprechende Personenkreis deckt sich mit dem im Element "Führung" des Network-Excellence-Modells angesprochenen (vgl. Kap. 5.4.3.1). Zur konkreten Eingrenzung ist auf Ebene des Netzwerks auch hier weniger die arbeitsvertraglich bestimmte Zugehörigkeit, sondern vielmehr der tatsächliche Tätigkeitsschwerpunkt relevant.

Wichtig ist in jedem Fall eine verbindliche Entscheidung über die Durchführung der Selbstbewertung und über die anschließende Umsetzung von Verbesserungsmaßnahmen. Nur so kann es gelingen, die grundsätzlich gewünschte Autonomie der Mitglieder oder Partner[139] im Sinne einer gesamthaften Steuerung und einer einheitlichen Handlungsausrichtung im organisationsübergreifenden Verbesserungsprozesses zu überwinden. Die Bewertung auf Basis des Network-Excellence-Modells ist dabei nicht in der Lage, den hierarchischen Bruch zwischen der kollektiven Sphäre des Netzwerks und der individuellen Ebene der beteiligten Unternehmen zu überwinden, der auf die nur lose Kopplung zurückzuführen ist.[140] Sie kann diesen aber sichtbar machen und damit die ggf. vorhandene Notwendigkeit entsprechender Regelungen verdeutlichen.

Die Zuordnung der Einführungsentscheidung leitet unmittelbar zur Durchführungsverantwortung über. Diese betrifft insbesondere die Datenerhebung und –bewertung. Sie liegt – sofern vorhanden – primär bei den Mitarbeitern des Netzwerks, ersatzweise bei den für die gemeinsame Geschäftstätigkeit zuständigen Mitarbeitern der Mitglieds- oder Partnerorganisationen. Der entsprechende Personenkreis ergibt sich aus den Ausführungen zum Element "Stakeholder" (vgl. Kap. 5.4.3.5). Zusätzlich sind ggf. Experten zu einzelnen Forderungsinhalten hinzuzuziehen, um z.B. das Vorgehen zum Einsatz von Ressourcen (finanzielle Mittel, Wissen und Know-how, sachliche Einsatzfaktoren) im kollektiven Zugriff zu erfassen. Die Zusammensetzung des für die Datenerhebung und –bewertung zuständigen Teams muss daher zum einen eine vollständige fachliche Abbildung aller Forderungsinhalte aus dem Network-Excellence-Modell, zum anderen eine umfassende Abdeckung des gesamten Netzwerks, d.h. der

---

139 Vgl. Baumgarten (1998), S. 153; Strohmayer (1996), S. 26; Sydow/Windeler (1999), S. 55

140 Vgl. Hippe (1997), S. 34; Pohlmann/Apelt/Buroh/Martens (1995), S. 20

kollektiven Sphäre sowie der individuellen Aktivitäten im gemeinsamen Zugriff gewährleisten.

Dabei spielt die Reichweite der Netzwerkaktivitäten eine wichtige Rolle. Der Umfang, in dem sich die Geschäftstätigkeit der Mitglieds- oder Partnerunternehmen im kollektiven Zugriff befindet, determiniert zum einen deren strategische Rückzugspositionen,[141] zum anderen den Betrachtungshorizont bei der Selbstbewertung. Anknüpfungspunkte bietet hier die zwischen den Partnern vereinbarte Grenzziehung zwischen der individuellen und der kollektiven Sphäre, die sich z.B. in Vereinbarungen zur Balance zwischen Kooperation und Wettbewerb manifestiert. Diese gelten unabhängig von der Selbstbewertung als wesentliche Voraussetzung für die Stabilität des Netzwerks.[142]

Weitere Herausforderungen für die Bewertung ergeben sich im Zusammenhang mit einem offenen Mitgliederkreis (vgl. Kap. 4.2.2.1). Der Eintritt neuer und der Austritt vorhandener Unternehmen bringt eine ständige Veränderung des Bewertungsobjekts mit sich.[143] Dies erschwert einerseits die Grenzziehung zwischen In- und Umsystem im Hinblick auf das Bewertungsverfahren. Eine dynamische Zusammensetzung des Mitglieder- oder Teilnehmerkreises behindert andererseits auch inhaltlich die kontinuierliche Weiterentwicklung der kollektiven Aufbau- und Ablauforganisation sowie aufgrund fehlender Vergleichbarkeit über die Zeit eine stabile Ergebnisentwicklung. Die Struktur- und Leistungsentwicklung des Netzwerks wird in diesem Fall regelmäßig durch die Integration eintretender und Separation ausscheidender Unternehmen überlagert.

Aufgrund der hohen Bedeutung des personal-sozialen Beziehungsgefüges innerhalb des Netzwerks ist eine solche Entwicklung in der Praxis nur zu bewältigen, wenn entweder ein Teil der Mitglieds- oder Partnerunternehmen einen stabilen Kern bildet oder neue Partner aus einem abgrenzbaren Pool von Unternehmen stammen. Im ersten Fall kristallisieren sich zwei Gruppen von Unternehmen heraus: Die erste zeichnet sich durch eine dauerhafte oder zumindest langfristige Zugehörigkeit zum Netzwerk aus und ist über ein enges Beziehungsgeflecht miteinander verbunden; die zweite ist eher peripherer Natur mit lockeren Bindungen innerhalb der Gruppe und zu den Kernunternehmen. In diesem Fall erscheint es sinnvoll, die Bewertung auf die Kerngruppe zu beschränken und periphere Partner auszugrenzen. Die zweite Alternative entspricht in ihrer Konstellation den Ausführungen zu Virtuellen Unternehmen (vgl. Kap. 4.3.6). Hier werden sog. aktivierte Netzwerke geschaffen, innerhalb derer die gemeinsame Geschäftstätigkeit abgewickelt wird.[144] Sie entstehen auf der Basis eines langfristig

---

141 Vgl. Buckley/Casson (1988), S. 34; Doz/Hamel (1998), S. 21; Faust (1996), S. 273 f.; Sydow (1995), S. 630; Yoshino/Rangan (1995), S. 77

142 Vgl. Doz/Hamel (1998), S. 74; Lewis (1990), S. 132

143 Vgl. Hayes/Abernathy (1980), S. 74; Heck (1999), S. 8; Schuh/Millarg/Göransson (1998), S. 143

144 Vgl. Schuh/Millarg/Göransson (1998), S. 63

stabilen Beziehungs- oder Kooperationsnetzwerks, das zum einen grundsätzliche Regeln für die Formation und Gestaltung der aktivierten Netzwerke umfasst, zum anderen die normative Basis geteilter Werte und einer gemeinsamen Kultur beinhaltet.[145] Hier erscheint als Betrachtungsobjekt das umfassendere Beziehungsnetzwerk sinnvoll; die aktivierten Netzwerke kommen aufgrund ihres i.d.R. nur kurzfristigen, auftrags- oder projektbezogenen Bestands weniger in Frage. Ihre Gestaltung hängt in jedem Fall von den im zugrunde liegenden Kooperationsnetzwerk verankerten Regelungen ab, unterliegt dort getroffenen Gestaltungsentscheidungen und wird somit mittelbar über die Bewertung ebenfalls erfasst.

Damit wird deutlich, dass die Selbstbewertung auf Basis des Network-Excellence-Modells im Hinblick auf die inhaltliche Erfüllung der Modellforderungen und insbesondere auf das Bewertungsverfahren von der organisatorischen Gestaltung des Unternehmensnetzwerks im Einzelfall abhängt. Bei weitgehender Beibehaltung der im vorhergehenden Kapitel beschriebenen grundsätzlichen Vorgehensweise sind einzelfallspezifisch Anpassungen des Bewertungsverfahrens sowie zur Abgrenzung des Bewertungsobjekts erforderlich. Sie beeinflussen allerdings nicht die Aussagekraft und grundsätzliche Relevanz des gesamten Konzepts. Im nächsten Abschnitt werden daher Bewertungsmodell und –konzept im Hinblick auf ihre Eignung zur Erfüllung der Bewertungsanfoderungen betrachtet.

5.6 Erfüllung der Anforderungen an die Bewertung

Ähnlich wie im Zusammenhang mit den zuvor diskutierten aktuellen Konzepten zur Bewertung von Unternehmensnetzwerken ist auch für das hier erarbeitete Network-Excellence-Modell zu prüfen, inwieweit es die Anforderungen an die Bewertung erfüllen kann. Die Beurteilung folgt einem zweistufigen Schema. Zunächst wird analysiert, inwieweit das Modell allein, d.h. losgelöst von den konkreten Anwendungsbedingungen, in der Lage ist, dem in dieser Arbeit aufgestellten Anspruch an ein Bewertungskonzept zu genügen (vgl. Kap. 5.6.1). Dabei festgestellte Defizite müssen durch die Gestaltung des Bewertungsverfahrens aufgefangen werden. Die hierzu erarbeiteten Empfehlungen zeigen signifikante Auswirkungen auf die Güte des Bewertungsergebnisses. Daher folgt eine zusammenfassende Beurteilung des Konzepts, die sowohl die Ausführungen zum Modell als auch zum Verfahren berücksichtigt (vgl. Kap. 5.6.2).

5.6.1 Bewertung des Modells

Eine isolierte Betrachtung des Network-Excellence-Modells kann sicherlich nicht zu einer erschöpfenden Beurteilung der Güte des gesamten Bewertungskonzepts führen. Insbesondere Objektivität und Reliabilität werden über die Qualität des Verfahrens

---

145 Vgl. Davidow/Malone (1993), S. 161; Jansen (1998), S. 120 f.; o.V. (1996c), S. 42; Schuh/Strack (1997), S. 13; Wolter/Wolff/Freund (1998), S. 83

determiniert. Die Modellbetrachtung liefert aber fundierte Hinweise zur Erfüllung der inhaltlichen Bewertungsanforderungen, die sich im Wesentlichen auf die Abbildung der Effizienzkriterien, den ganzheitlichen Betrachtungshorizont und die Validität des Bewertungsergebnisses beziehen. Hier zeigt das Network-Excellence-Modell gute Ergebnisse.

Aus den Effizienzkriterien der Organisation wurde zunächst die inhaltliche Abbildung von Forderungen nach einer langfristig erfolgreichen Entwicklung, hoher Binneneffizienz der Aufbau- und Ablauforganisation sowie der Ausrichtung an den wesentlichen Interessengruppen und wirtschaftlichen, gesellschaftlichen und sozialen Rahmenbedingungen abgeleitet (vgl. Kap. 2.5). Diese wird im Modell zum einen über das Element "Stakeholder" geleistet, das die aktive Auseinandersetzung mit den wesentlichen Interessengruppen beinhaltet und von einer strukturellen Verankerung entsprechender Vorgehensweisen ausgeht. Zum anderen sind die Erhebung relevanter Entwicklungen im Umfeld sowie ihre Berücksichtigung im kollektiven Planungsprozess Gegenstand der Modellforderungen zum Element "Strategie und Ziele". Fragen der Binneneffizienz sowie einer nachhaltig positiven Gesamtentwicklung werden einerseits über die Betrachtung der Ergebnisse angesprochen, die sowohl die Erfüllung strategischer Ziele und der Anforderungen relevanter Gruppen als auch die Entwicklung interner Effizienzmessgrößen einschließen. Im Hinblick auf die Strukturgestaltung und Handlungsrealisation ist andererseits die Forderung nach regelmäßiger Überprüfung und Verbesserung des Vorgehens zu nennen, die Bestandteil der Bewertungsdimensionen ist. Sie unterstützt die strukturelle Verankerung einer kontinuierlichen Optimierung der eigenen Leistungs- und Adaptationsfähigkeit und fördert insofern die Organisations- und Markteffizienz der Kooperation.

Aus der Auseinandersetzung mit der Bewertung von Organisationsmehrheiten wurde darüber hinaus die simultane Einbeziehung der individuellen und kollektiven Sphäre in den Betrachtungshorizont abgeleitet (vgl. Kap. 5.2).[146] Dieser Forderung trägt das Network-Excellence-Modell durch die explizite Betrachtung beider Ebenen und die eigenständige Auseinandersetzung mit den Schnittstellen in einzelnen Kriterien Rechnung. Auch die netzwerkspezifischen Facetten der Effektivitäts- und Effizienzbetrachtung (vgl. Kap. 4.5.2) finden Eingang in die inhaltliche Konzeption des Bewertungsmodells. Dies gilt insbesondere für die Abgrenzung der individuellen und kollektiven Interessens- und Entscheidungssphäre, auf die Auswahl und kontinuierliche Leistungsbewertung der beteiligten Unternehmen, auf die Lösung von Koordinationsproblemen ohne die Möglichkeit eines Rückgriffs auf hierarchiebasierte Weisungsbeziehungen sowie auf die Etablierung von Mechanismen zur Konfliktlösung. Insoweit werden die zuvor herausgearbeiteten Effektivitäts- und Effizienzkriterien im Modell inhaltlich vollständig abgebildet.

---

146 Luczak/Wimmer (2000), S. 145 f.; Merkle (1999), S. 71 f.

Die Forderung nach einer ganzheitlichen Betrachtung (vgl. Kap. 5.2 in Verbindung mit Kap. 3.2.1) wird über die inhaltliche Breite der Kriterien angesprochen. Sie reichen vertikal von der Wertentwicklung und Festlegung der grundsätzlichen strategischen Ausrichtung auf normativer Ebene bis zur Betrachtung von Organisationsprozessen und Verhaltensdimensionen auf operativer Ebene und horizontal von strukturellen Fragen der Organisationsgestaltung bis zu konkreten Verhaltensdimensionen, die sich z.B. im Verhalten der Führung (vgl. Kap. 5.4.3.1), in der kulturellen Integration der beteiligten Unternehmen (vgl. Kap. 5.4.3.2) sowie der Personalplanung und -entwicklung (vgl. Kap. 5.4.3.5) niederschlagen. Insoweit werden die von BLEICHER identifizierten Dimensionen des Integrierten Managements[147] im Forderungsumfang des Modells angesprochen, die Konsistenz innerhalb der und zwischen den Feldern (Basis-Fit sowie horizontaler und vertikaler Fit) schlägt sich in der Integration als relevante Bewertungsdimension nieder. Sie spiegelt die Forderung MINTZBERGs wider, die Strukturelemente der Organisation seien "so auszuwählen, dass interne Konsistenz und Harmonie sowie grundlegende Konsistenz mit den situativen Bestimmungsfaktoren der Organisation gewährleistet sind."[148]

Die Entwicklungs- und Verbesserungsorientierung als weiteres wesentliches Kriterium zur Beurteilung (vgl. Kap. 3.2.2) wird im Bewertungsergebnis und im Verfahren der Selbstbewertung erkennbar. Das qualitative Profil von Stärken und Verbesserungsbereichen zeigt unmittelbar Handlungsbedarfe auf, die durch konkrete Maßnahmen anzusprechen sind. Die Erfahrung mit der Anwendung auf der Ebene von Einzelunternehmen belegt überdies, dass eine scharfe Trennung der Bewertung von der Maßnahmendefinition nur selten möglich ist. Identifizierte Verbesserungsbereiche deuten vielfach bereits auf bestimmte Lösungsansätze hin. Insoweit ist von einer starken Entwicklungs- und Verbesserungsorientierung des Ansatzes auszugehen.

Objektivität als Testgütekriterium (vgl. Kap. 3.2.3) bezieht sich auf die Unabhängigkeit des Bewertungsergebnisses von der Person des Bewerters.[149] In der Modellkonzeption wird dieses Ziel durch eine offene, vom Einzelfall unabhängige und verallgemeinernde, aber dennoch verständliche und hinreichend konkrete Formulierung der Bewertungskriterien verfolgt. Im Falle qualitativer Verfahren ist hierdurch allein die Objektivitätsforderung jedoch noch nicht zu erfüllen. Daher wird außerdem eine sorgfältige Testinstruktion gefordert,[150] die im folgenden Abschnitt betrachtet wird (vgl. Kap. 5.5). Hierzu ist allerdings einschränkend anzumerken, dass sich die Objektivität der Bewertung auf das qualitative Ergebnis der Stärken und Verbesserungsbereiche beschränkt. Die prozentuale Bewertung kann diesen Anspruch nur in Grenzen erfüllen; hier ist eine vollständige Unabhängigkeit des Bewertungsergeb-

---

147 Vgl. Bleicher (1999), S. 77

148 Mintzberg (1992), S. 18

149 Vgl. Bortz/Döring (1995), S. 302

150 Vgl. Fisseni (1990), S. 55

nisses von der Person und dem Erfahrungshintergrund des Bewerters nicht zu erreichen.

Reliabilität als zweites der klassischen Testgütekriterien (vgl. Kap. 3.2.3) bezieht sich auf die Genauigkeit der Bewertung, d.h. unsystematische Abweichungen im Bewertungsergebnis.[151] Im Zusammenhang mit inhaltsanalytischen Verfahren ist ihre Bedeutung umstritten, zur Lösung wird die Gewährleistung eines vergleichbaren Bewertungskontextes empfohlen.[152] Auch die unabhängige Durchführung durch mehrere Personen wird unter dem Stichwort der Interkoderreliabilität diskutiert.[153] Damit wird die Erfüllung der Reliabilitätsforderung ebenfalls primär über die Anwendung, d.h. über das Bewertungsverfahren (vgl. Kap. 5.5), weniger über die inhaltlich-formale Konzeption der Bewertungskriterien determiniert.

Eine testtheoretische Begründung der Validität des Verfahrens (vgl. Kap. 3.2.3) ist nicht erschöpfend zu leisten. Die Inhaltsvalidität wird über die theoretische Herleitung des Modells begründet.[154] Kriteriumsvalidität ist auf dieser Ebene nur schwer zu belegen.[155] Sie kann sich erst ex post aus der Verifizierung der (zukunftsgerichteten) Bewertungsergebnisse ergeben. Insoweit ist zum gegenwärtigen Zeitpunkt erst eine Abschätzung möglich, die insbesondere auf der Rekursion der Modellentwicklung auf etablierte Excellence-Modelle sowie auf der Analyse deren Erfolgswirkung basiert (vgl. Kap. 3.4.6). Trotz der jeweils individuellen methodischen Angreifbarkeit bislang vorliegender empirischer Erhebungen zur Validität der Excellence-Modelle bzw. zur Erfolgswirkung der Selbstbewertung spricht die Einheitlichkeit der Ergebnisse für eine stark positive Korrelation zwischen Bewertungsergebnis und Organisationserfolg. Die Anpassung dieses Verfahrens an die besonderen Gegebenheiten der Unternehmensnetzwerke unter gleichzeitigem Rückgriff auf konzeptionelle Übereinstimmungen lässt eine vorläufige, positive Bewertung im Hinblick auf die Validität zu. Diese bedarf jedoch noch genauerer Untersuchungen.

Schließlich wurden Utilität und Operationalität als Anforderungen an die Bewertung postuliert (vgl. Kap. 3.2.4). Die Modellkonzeption kann hier insoweit einen Beitrag leisten, als eine verständliche Modellbeschreibung und –erklärung die Anwendung in der Praxis erleichtert. Entsprechende Überlegungen waren für die konkrete Formulierung und Ausgestaltung des Modells handlungsleitend. Sie schlagen sich in einer präzisen Formulierung, einer im Vergleich zu den übrigen Ausführungen in dieser Arbeit einfacheren syntaktischen Struktur und geringeren Anforderungen an das verwendete Vokabular aus. Auch die Überführung der Ansatzpunkte im EFQM-Modell für Excellence in eine verbale Beschreibung dient einer Verbesserung der

151 Vgl. Bortz/Döring (1995), S. 181; Fisseni (1990), S. 56

152 Vgl. Bortz/Döring (1995), S. 302

153 Vgl. Mayring (1988), S. 94

154 Vgl. Fisseni (1990), S. 77 f.

155 Vgl. Fisseni (1990), S. 79; Mummendey (1995), S. 77

Operationalität. Der Erfolg dieser Bemühungen ist jedoch erst in einer empirischen Überprüfung abschließend zu beurteilen.

Die Ausführungen belegen, dass die Erfüllung wesentlicher Anforderungen an die Bewertung über das Modell gewährleistet ist oder – im Falle einer noch fehlenden empirischen Verifizierung – zumindest plausibel erscheint. Verbesserungsbereiche bestehen zunächst noch im Hinblick auf die Objektivität und Reliabilität des Verfahrens sowie auf die Operationalität und Utilität. Die genannten Aspekte werden in erheblichem Maße über die konkrete Anwendung bestimmt. Insofern waren hierzu erste Überlegungen erforderlich (vgl. Kap. 5.5). Sie fließen in die Bewertung des Konzepts im folgenden Abschnitt ein.

5.6.2 Bewertung des Konzepts

Die konkrete Ausgestaltung des Bewertungsverfahrens determiniert die Erfüllung der Bewertungsanforderungen, die im Folgenden ausführlicher diskutiert wird. Sie zeigt primär Auswirkungen auf die Testgütekriterien, insbesondere Objektivität und Reliabilität, sowie auf die Utilität und Operationalität:

- Die Objektivität der Bewertung (vgl. Kap. 3.2.3) wird über die Beschreibung des Modells hinaus im Rahmen einer Selbstbewertung auf zweierlei Weise unterstützt. Als Lösungsansatz wird die Standardisierung des Vorgehens vorgeschlagen, die im Falle qualitativer Verfahren durch eine sorgfältige Instruktion approximiert wird.[156] Im vorliegenden Fall ist das grundsätzliche Vorgehen zur Bewertung durch die vorangegangenen Ausführungen festgeschrieben. Die konkrete Umsetzung des Verfahrens im Einzelfall sollte auch über eine zyklische, d.h. mehrfache Anwendung konstant bleiben. Ein einheitliches Verständnis wird überdies für die Selbstbewertung auf Ebene der Einzelorganisation durch die Schulung der Assessoren und aller am Prozess Beteiligten an Hand einer Fallstudie unterstützt. Ein ähnliches Vorgehen wird auch für die Vermittlung des Network-Excellence-Modells vorgeschlagen. Hier besteht allerdings noch weiterer Forschungs- und Entwicklungsbedarf.

  Die Objektivität des Bewertungsergebnisses wird weiterhin durch die Konsensorientierung des Verfahrens unterstützt. Ausgangspunkt der Bewertung ist die individuelle Einschätzung der Assessoren über das Netzwerk. Diese wird in einem qualitativen Profil der Stärken und Verbesserungsbereiche sowie in einer Prozentbewertung dokumentiert. Differenzen sind Gegenstand einer inhaltlichen Diskussion. Der Abgleich innerhalb des Teams verbessert die Objektivität des Verfahrens insofern, als er durch die Konsensfindung bei entsprechender Qualifikation die Wahrscheinlichkeit weitgehender inhaltlicher Abweichungen zwischen Teams gegenüber einer ausschließlich individuellen Bewertung reduziert.

---

156 Vgl. Fisseni (1990), S. 55

Die Ausführungen legen den Schluss nahe, dass das Verfahren im Hinblick auf die Ableitung von Stärken und Verbesserungsbereichen eine hinreichende Objektivität erreicht, die insbesondere auf ähnlichem Niveau wie die gegenwärtig praktizierter Verfahren liegt. Eine fundierte empirische Überprüfung steht hierzu jedoch noch aus. Einschränkungen ergeben sich überdies sicherlich im Hinblick auf die Festlegung der Erfüllungsgrade. Hier ist die Objektivitätsforderung durch die zwingend pauschale Beschreibung der Beurteilungsstufen nur mit erheblichen Schwierigkeiten theoretisch zu begründen. Da das quantitative Prozentergebnis jedoch nur von untergeordneter Bedeutung ist, ist mit diesem Defizit keine wesentliche Beeinträchtigung bei der Beurteilung des Verfahrens verbunden.

- Reliabilität wird für inhaltsanalytische Verfahren über einen vergleichbaren Bewertungskontext sowie die unabhängige Durchführung durch mehrere Personen erreicht.[157] Beiden Ansätzen trägt das Network-Excellence-Modell Rechnung. Zum einen richtet sich die Zusammensetzung des Bewertungsteams nach inhaltlichen Anforderungen an die jeweiligen Stellen und Positionen der Assessoren. Fach- und Führungsfunktionen werden so kombiniert, dass eine vollständige Abdeckung der Kriterien möglich wird. Durch diese Anforderung ist bei zyklischer Anwendung des Instruments die Konstanz des Bewertungskontextes im Hinblick auf das Beziehungsgefüge zwischen Bewertern und Bewertungsobjekt sichergestellt.[158] Die teambasierte Vorgehensweise der Bewertung unterstützt parallel die Interkoderreliabilität des Verfahrens.

- Schließlich wurden Utilität und Operationalität als Anforderungen an die Bewertung postuliert (vgl. Kap. 3.2.4). Der Nachweis kann erst über eine konkrete Anwendung des Instruments erbracht werden, die inhaltlichen und insbesondere die methodischen Parallelen zur Selbstbewertung auf Basis der etablierten Excellence-Modelle lassen jedoch in dieser Hinsicht keine größeren Schwierigkeiten erwarten. Die realistische Möglichkeit einer Anwendung in der Praxis ist demnach anzunehmen.

Insoweit wird deutlich, dass das hier konzipierte Network-Excellence-Modell unter Berücksichtigung der Anwendungsbedingungen den eingangs entwickelten Anforderungen an Bewertungsverfahren und den besonderen Gegebenheiten aus der Anwendung auf Organisationsmehrheiten entspricht. Damit steht ein Instrument zur Verfügung, das neben seiner theoretischen Fundierung die Voraussetzungen hoher Operationalität erfüllt (vgl. Tab. 99). Trotz der Plausibilität der Betrachtungen ist allerdings einschränkend darauf hinzuweisen, dass eine abschließende Beurteilung hier erst nach der Durchführung ergänzender empirischer Untersuchungen möglich ist. Eine Überprüfung entsprechender Einschätzungen in der praktischen Anwendung im Rahmen weiterer Forschung wird insoweit die Modellentwicklung abrunden.

---

157 Vgl. Mayring (1988), S. 94

158 Vgl. Schmidt (2001), S. 332-335

Forderung	Inhalt
Abbildung der Effizienzkriterien	Verknüpfung finanzieller und nicht-finanzieller Elemente, Anknüpfung der Bewertung an die strategischen Ziele, Berücksichtigung aller relevanten, über das Selbstverständnis der Organisation determinierten Interessengruppen, Erfassung struktureller Aspekte, Abbildung netzwerkspezifischer Elemente
Ganzheitlichkeit	Abbildung globaler Ursache-Wirkungszusammenhänge in der Modellstruktur, Verknüpfung von Strukturen und Ergebnissen, Erfassung der vertikalen und horizontalen Strukturierungsdimensionen sowie des elementübergreifenden Fits, Einbeziehung der einzelbetrieblichen Ebene in die Betrachtung
Entwicklungs- und Verbesserungsorientierung	Ableitung von Maßnahmen als Kernbestandteil des Bewertungsergebnisses
Testgütekriterien	Güte des Bewertungsergebnisses in Abhängigkeit von der Gestaltung des Verfahrens, Objektivität und Validität des Ergebnisses durch theoretische Herleitung und Rückgriff auf Erfahrungen aus der einzelbetrieblichen Anwendung grundsätzlich plausibel
Utilität und Operationalität	Operationalität des Verfahrens in der praktischen Anwendung auf einzelbetrieblicher Ebene belegt, Nutzen zumindest unter Anwendern anerkannt, Übertragbarkeit auf Unternehmensnetzwerke plausibel

Tab. 99: Bewertung durch das Network-Excellence-Modell

6 Zusammenfassung und Ausblick

Mit dem Network-Excellence-Modell wird ein Instrument vorgelegt, das der Bewertung von Unternehmensnetzwerken dient. Dabei steht die Ableitung von Stärken und Verbesserungsbereichen zur Gestaltung und Steuerung eines Unternehmensnetzwerks im Vordergrund. Die Herleitung des Modells geht von der konzeptionellen Auseinandersetzung mit Organisationen und Unternehmen als korporativen Akteuren aus. Sie leitet zur Entwicklung von Kriterien organisationaler Effektivität und Effizienz über, die im Wesentlichen über den System-, den Sozial- und den Interaktionsansatz begründet werden.

Eine Betrachtung aktueller Ansätze zur Bewertung von Organisationen setzt diese Ausführungen zum konzeptionellen Organisationsverständnis einschließlich der Determinanten ihrer Leistungsfähigkeit konsistent fort, da der hier konstituierte Zweck- und Zielbezug der Bewertung den inhaltlichen Rückgriff auf die Effektivitäts- und Effizienzkriterien erzwingt. In dieser Aussage zeigt sich bereits das gegenüber der Diskussion in der Praxis sowie auch in weiten Teilen der Wissenschaft erweiterte Verständnis des Bewertungsbegriffs. Er zielt nicht primär auf die Ableitung eines finanziellen Wertes. Stattdessen impliziert Bewertung hier eine Aussage zur Leistung und Leistungsfähigkeit einer Organisation im Sinne der zuvor formulierten Effektivitäts- und Effizienzkriterien. Damit wird nicht die Notwendigkeit einer klassisch finanziellen oder finanzorientierten Bewertung in Zweifel gezogen. Sie bleibt z.B. aus rechtlichen Gründen oder zur Vorbereitung bestimmter Transaktionen unverzichtbar, insbesondere im Falle eines Unternehmenskaufs, –verkaufs oder allgemeiner der Übertragung von Vermögenswerten. Auch ist sie immer dann inhaltlich adäquat, wenn das Bewertungsziel in einer ausschließlichen oder zumindest überwiegenden Abbildung von Interessen der Eigentümer im Sinne des Shareholder-Value-Ansatzes besteht.

Eine Beschränkung des Betrachtungshorizonts auf finanzielle Größen oder die Fähigkeit einer Organisation zur störungsfreien Generierung von Zahlungsströmen ist jedoch nicht geeignet, dem hier zugrunde gelegten Organisations- und Unternehmensverständnis Rechnung zu tragen, das ein vielfältiges Interessen- und Anspruchsgefüge beinhaltet. Dieses ist einerseits über die Mehrdimensionalität individueller Zielsysteme begründet, die überwiegend auch außerökonomische Facetten beinhalten. Es entsteht andererseits aus der Einbeziehung unterschiedlicher Interessengruppen im Sinne einer Stakeholder-Perspektive.

Aus entsprechenden Überlegungen werden grundsätzliche Anforderungen an die Bewertung abgeleitet. Sie umfassen zunächst eine ganzheitliche Betrachtung, die sich an den Ausführungen BLEICHERs zum Integrierten Management orientiert. Inhaltlich ist damit die Forderung verbunden, die zugehörigen horizontalen (Strukturen, Aktivitäten, Verhalten) und vertikalen Strukturierungsdimensionen (Normatives, Strategisches, Operatives Management) zu berücksichtigen. Somit wird der Bewertungsbezug zum gesamten Unternehmen festgeschrieben, eine Fokussierung auf Teilbereiche (z.B. auf singuläre betriebliche Funktionen oder inhaltliche Facetten) kommt nicht in Betracht. Außerdem setzt Ganzheitlichkeit im hier zugrunde gelegten Verständnis eine systemorientierte Sicht voraus, die den Akzent auf eine strukturierte Analyse von Ursache-Wirkungs-Beziehungen legt. Ihre Erfüllung bringt i.d.R. eine gesamthafte und eher globale Auseinandersetzung mit dem Betrachtungsobjekt Unternehmen mit sich, die sowohl strukturelle als auch ergebnisbezogene Aspekte integriert.

Damit ist die zweite, hier konstituierte Forderung verbunden, die im Sinne von Entwicklungs- und Verbesserungsorientierung eine unmittelbare Verknüpfung der Bewertung mit Maßnahmen zur kontinuierlichen Verbesserung im Hinblick auf die Führung und Gestaltung eines Unternehmensnetzwerks beinhaltet. Sie greift die Prämisse auf, dass Bewertung über die Wert- oder Preisermittlung hinaus die Ableitung struktureller Veränderungen und Verbesserungen unterstützen muss. Außerdem wird die Erfüllung klassischer Testgütekriterien verlangt, soweit dies angesichts der Komplexität des Betrachtungsojekts möglich ist. Zuletzt werden Anforderungen an die Utilität und Operationalität des Bewertungsverfahrens konstituiert, die das Verständnis der Betriebswirtschaftslehre als primär anwendungsorientierte Wissenschaftsdisziplin reflektieren.

Eine Auseinandersetzung mit unterschiedlichen Konzepten zur Unternehmensbewertung, die inhaltlich aus den Bereichen Strategisches Management, Finanzwirtschaft, Controlling und Qualitätsmanagement stammen und durch Wissenschaft und Praxis entwickelt wurden, führt zu der Erkenntnis, dass etablierte Verfahren nach wie vor erhebliche Defizite insbesondere im Hinblick auf die Ganzheitlichkeit ihrer Betrachtung sowie ihre Entwicklungs- und Verbesserungsorientierung aufweisen. Eine weitgehende Erfüllung der zuvor formulierten methodischen und inhaltlichen Forderungen ist lediglich über die sog. (Business-)Excellence-Modelle internationaler Qualitätspreise möglich. Eine Gegenüberstellung dieser Modelle einschließlich aktueller Überlegungen zu ihrer konzeptionellen Weiterentwicklung zeigt einerseits umfangreiche inhaltliche Gemeinsamkeiten im Sinne einheitlicher Kernforderungen, erlaubt andererseits die Identifikation inhaltlich und formal überzeugender Detaillösungen.

Eine Analyse empirischer Studien zur prognostischen Validität der Bewertungsmodelle schließt die Argumentation. Obwohl jeweils individuell angreifbar, belegen sie in der Summe die inhaltliche Angemessenheit und die hohe Praxisrelevanz der entsprechenden Kriterien. Als Ergebnis dieser Betrachtung werden die Excellence-Modelle und hier vorzugsweise das EFQM-Modell für Excellence als Grundlage zur Konzeption eines eigenständigen Bewertungsmodells für Unternehmensnetzwerke vorgeschlagen, dessen Inhalte sich im ersten Schritt aus den skizzierten grundsätzlichen Übereinstimmungen ergeben.

Parallel wird eine zweite Argumentationslinie eröffnet, die sich mit der Betrachtung von Unternehmensnetzwerken beschäftigt. Hier wird ein Defizit in der Wissenschaft konstatiert, die derzeit noch keine geschlossene und erschöpfende begriffliche Definition vorgelegt hat. Die Vielgestaltigkeit entsprechender Realisationsformen hat bislang die Erarbeitung eines geschlossenen theoretischen Konzepts verhindert. Insofern identifiziert die Arbeit zunächst grundsätzliche Betrachtungsebenen des Netzwerkbegriffs, um auf dieser Basis konstitutive Merkmale von Organisations- und Unternehmensnetzwerken abzuleiten. Damit liegt eine erste Eingrenzung des Netzwerkbegriffs vor, die im nächsten Schritt durch eine Systematisierung grundsätzlicher inhaltlicher- und struktureller Gestaltungsalternativen erweitert wird. Diese bildet ihrerseits die Grundlage für die Erarbeitung eines Merkmalskatalogs, der eine Einordnung theoretischer Konzepte und empirisch beobachtbarer Gestaltungsformen ermöglicht. Das Ziel besteht explizit nicht in der Erarbeitung einer umfassenden Definition des Netzwerkbegriffs. Die Abgrenzung des Betrachtungsobjekts Unternehmensnetzwerk basiert vielmehr auf einer quasi morphologischen Kategorisierung, die aus der Auseinandersetzung mit konzeptionellen Ansätzen der Literatur gewonnen und in der Verteilung der Merkmalsausprägungen durch eine empirische Erhebung bei kleinen und mittleren Unternehmen (KMU) in Deutschland ergänzt wird.

Die Ausführungen erfahren eine weitere Konkretisierung in der Beschreibung praxisrelevanter Realisationsformen, die nach dem hier erarbeiteten Merkmalskatalog charakterisiert werden. Die Darstellung schlägt einerseits die Brücke zur Praxis, indem sie mögliche und konkrete Anwendungsbedingungen für hier konzipierte Bewertungsmodell verdeutlicht, und illustriert andererseits die empirische Relevanz des Themas. Eine konzeptionelle Analyse von Gefahren und Grenzen der Kooperation rundet die Betrachtung ab.

Beide Argumentationslinien, die Analyse bestehender Ansätze zur Organisationsbewertung und die Eingrenzung des Betrachtungsobjekts Unternehmensnetzwerk, fließen in den Ausführungen zur Bewertung von Unternehmensnetzwerken zusammen. Eine Analyse bestehender Konzepte bestätigt hier die eingangs formulierte These eines entsprechenden Entwicklungsbedarfs. Die weitere Argumentation stützt sich zunächst auf die Herausarbeitung konzeptioneller Parallelen in der Genese und Struktur von Einzelorganisationen und Unternehmensnetzwerken. Sie leitet daraus die grundsätzliche Übertragbarkeit einzelbetrieblicher Ansätze auf Organisationsmehrheiten ab. Etwaige Anpassungsbedarfe werden in der Betrachtung konzeptioneller Unterschiede deutlich. Damit sind insgesamt die Grundlagen geschaffen, um die als geeignet identifizierten Excellence-Modelle auf Unternehmensnetzwerke zu übertragen: Entsprechende inhaltliche Elemente leiten sich einerseits aus dem Vergleich international anerkannter Modelle, andererseits aus der konzeptionellen Auseinandersetzung mit dem Netzwerkbegriff und seiner Gegenüberstellung mit Einzelorganisationen ab. Sie münden in die Konzeption eines eigenständigen Bewertungsmodells für Unternehmensnetzwerke, das als Network-Excellence-Modell eingeführt wird (vgl. Abb. 82).

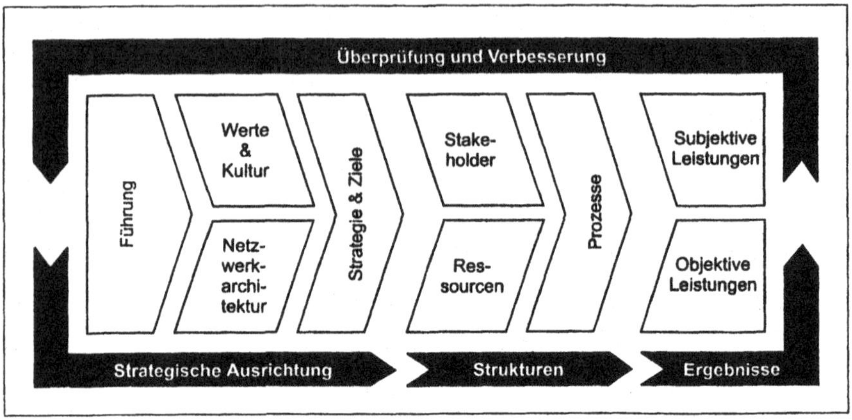

Abb. 82: Das Network-Excellence-Modell

Seine dreigliederige Struktur mit den Bereichen "Strategische Ausrichtung", "Strukturen" sowie "Ergebnisse" illustriert den grundlegenden Betrachtungsansatz: Den Ausgangspunkt der inhaltlichen und strukturellen Gestaltung bilden der Konsens über die organisatorische Gestaltung sowie gemeinsame Ziele und Werte der beteiligten Unternehmen, formuliert und um- bzw. durchgesetzt durch die Führung des gesamten Netzwerks. Weitere Aspekte betreffen eine systematische Auseinandersetzung mit Wünschen und Bedürfnissen der wesentlichen Interessengruppen sowie den zielgerichteten Einsatz materieller und immaterieller Ressourcen. Dafür wird ein struktureller Rahmen geschaffen, der primär die auf die strategischen Ziele und wesentlichen Interessengruppen ausgerichteten Geschäftsprozesse beinhaltet. Diese Elemente bringen Leistungen und Ergebnisse hervor. Die zugehörigen Kriterien reflektieren einerseits die Wahrnehmung des Netzwerks aus Sicht relevanter Interessengruppen, andererseits objektive Indikatoren erzielter Leistungen.

Die den inhaltlichen Schwerpunkten des Modells überlagerten Bewertungsdimensionen fokussieren auf die Etablierung prozesshafter, d.h. proaktiv gestalteter Vorgehensweisen, eine kontinuierliche Verbesserung sowie überragende Leistungen im Vergleich zu eigenen Zielen sowie anderen Organisationen. In jedem Fall ist auf die Konsistenz der Maßnahmen und Strukturen untereinander sowie mit strategischen Zielen und Wünschen bzw. Bedürfnissen wesentlicher Gruppen zu achten. Dieser Aspekt spiegelt einerseits die kontingenztheoretisch begründete Ausrichtung an externen Rahmenbedingungen, andererseits den von BLEICHER thematisierten Fit unterschiedlicher Strukturierungsdimensionen wider.

Erste Überlegungen zur Anwendung des Modells im Rahmen einer Selbstbewertung auf Ebene eines Unternehmensnetzwerks schließen die Ausführungen ab. Sie begründen über die inhaltliche Konzeption hinaus die Erfüllung der eingangs formulierten Bewertungsanforderungen. Damit liegt im Network-Excellence-Modell ein Instrument zur Bewertung und mittelbar zur Führung, Gestaltung und kontinuierlichen Verbesserung von Unternehmensnetzwerken vor, das einerseits konzeptionellen Anforderungen, andererseits Bedürfnissen der Praxis Rechnung trägt und einen Beitrag zur nachhaltigen Erfolgssicherung leisten kann.

Hieraus ergibt sich weiterer Forschungsbedarf. Anwendungserfahrungen mit dem Modell liegen bislang nicht vor. Insoweit sind im Hinblick auf die Utilität und Operationalität des Verfahrens sowie auf die prognostische Validität bislang nur Analogieschlüsse von der einzelbetrieblichen Ebene möglich. Sie liefern zwar plausible Erkenntnisse im Hinblick auf die Erfüllung beider Forderungen, eine empirische Überprüfung steht jedoch noch aus. Entsprechende Forschungsergebnisse sind jedoch erst mittelfristig zu erwarten. Die Erfüllung der Testgütekriterien ist nur begrenzt im Rahmen einer singulären, z.B. fallstudienhaften Betrachtung nachzuweisen. Hierzu sind vielmehr umfangreiche Anwendungserfahrungen erforderlich. Überdies zeigen die empirischen Studien zu den betrachteten Excellence-Modellen, dass die Realisierung von Erfolgspotentialen und daher auch eine fundierte Bewertung der Validität eine Betrachtung über einen längeren Zeitraum voraussetzen.

Weiterer Entwicklungsbedarf besteht im Hinblick auf eine geeignete Einführungsstrategie. Sie kann sich in der Konzeption an den Erfahrungen zur Selbstbewertung auf einzelbetrieblicher Ebene orientieren; Anpassungen sind jedoch sicherlich notwendig. Hierzu wurden nur erste Überlegungen angestellt. Die Verwendung des Modells in der betrieblichen Praxis setzt u.a. ein Schulungskonzept für die mit der Bewertung betrauten Mitarbeiter voraus. Entsprechende Vorschläge und Materialien, z.B. in Form von Fallstudien, liegen bislang nicht vor.

Schließlich fordert das Modell eine zyklische Bewertung der einzelnen Partner oder Mitglieder im Hinblick auf ihre Leistung und Leistungsfähigkeit. Sie kann sich methodisch auf die betrachteten Excellence-Modelle stützen. Diese beinhalten eine strukturierte Auseinandersetzung zum Umgang mit Partnern, der auch eine etwaige Mitgliedschaft in Unternehmensnetzwerken impliziert. Hier sind allerdings weitere Untersuchungen erforderlich, um die Angemessenheit und Vollständigkeit entsprechender Forderungen zu überprüfen.

Die Konzeption des Network-Excellence-Modells hat damit eine Reihe bislang ungelöster Fragen aufgeworfen, die eine weitere Beschäftigung mit der Bewertung von Unternehmensnetzwerken sinnvoll erscheinen lassen. Damit wird gleichzeitig die bislang geringe konzeptionelle Geschlossenheit in der wissenschaftlichen Auseinandersetzung mit diesem Thema deutlich. Dennoch liegt mit dem Modell ein Instrument vor, um die Gestaltung und Steuerung von Unternehmensnetzwerken methodisch zu unterstützen. Damit trägt es einem in der Praxis artikulierten, in der wissenschaftlichen Diskussion zwar relevanten, aber bislang weitgehend ausgeblendeten Bedarf Rechnung. Das Modell bietet einen theoretisch fundierten, von der Konzeption her aber nichtsdestoweniger praxisrelevanten Bezugsrahmen zur Bewertung und einer darauf basierenden ziel- bzw. erfolgsorientierten Gestaltung von Unternehmensnetzwerken.

Abbildungsverzeichnis

Abb. 1: Aufbau der Arbeit 5
Abb. 2: Kontrollformen im Transaktionskostenansatz 40
Abb. 3: Das Konzept Integriertes Management 76
Abb. 4: Bewertungsströme bei der Unternehmensbewertung 94
Abb. 5: Der Ratingprozess bei Standard & Poor's 109
Abb. 6: Ermittlung des Shareholder-Value 116
Abb. 7: Prozessorientierung der ISO 9000 ff. 126
Abb. 8: VDA 6 – Qualitätsstandard der deutschen Automobilindustrie 130
Abb. 9: Aufbau der DIN EN ISO 14001 137
Abb. 10: Aufbau der BS 8800 140
Abb. 11: Formen der Integration von Managementsystemen 143
Abb. 12: Aufbau eines integrierten Managementsystems nach AS/NZS 4581 144
Abb. 13: Aufbau der Balanced Scorecard 161
Abb. 14: Die Grundlegenden Konzepte im EFQM-Modell für Excellence 168
Abb. 15: Das EFQM-Modell für Excellence 174
Abb. 16: Der Malcolm Baldrige National Quality Award 199
Abb. 17: Anerkennungsstufen im Australian Quality Award 208
Abb. 18: Der Australian Quality Award 212
Abb. 19: Der Japan Quality Award 223
Abb. 20: Das Assessment-Modell nach Conti 232
Abb. 21: Das International Excellence Model 235
Abb. 22: Auswirkungen der Selbstbewertung auf Geschäftsergebnisse 241
Abb. 23: Fortführung der Selbstbewertung 242
Abb. 24: Dow-Jones-Sustainability-Group-Index 247
Abb. 25: Aktienkursentwicklung von Preisträgern und Kontrollportfolios 253
Abb. 26: Struktur und Ergebnisse der GAO-Studie 256
Abb. 27: Verbesserungen bzgl. Mitarbeitern und Kunden 256
Abb. 28: Verbesserungen bzgl. Effizienz und Erfolg 257
Abb. 29: Veränderung operativer Leistungsmessgrößen 260

Abb. 30: Vergleich zwischen Lieferanten- und unabhängigen Preisen 260
Abb. 31: Vergleich großer und kleiner Unternehmen 262
Abb. 32: Korrelation von Gesamtbewertung und KPI-Verbesserung 265
Abb. 33: Korrelation von Einzelbewertung und KPI-Verbesserung 266
Abb. 34: Auswirkungen auf finanzielle Geschäftsergebnisse 268
Abb. 35: Auswirkungen auf nicht-finanzielle Geschäftsergebnisse 268
Abb. 36: Verbesserung durch Umsetzung von Excellence-Konzepten 269
Abb. 37: Netzwerke zwischen Markt und Hierarchie 290
Abb. 38: Transaktionsmerkmale und Organisationsformen 292
Abb. 39: Beispiele und Formen von Unternehmenszusammenschlüssen 298
Abb. 40: Kompetenzen und Rollen der Partner im Netzwerk 300
Abb. 41: Phasen der Kooperation 333
Abb. 42: Anzahl aktueller Kooperationen je Unternehmen 344
Abb. 43: Gliederung von Kooperationszielen nach Doz/Hamel 346
Abb. 44: Chancen von Kooperationen nach Bullinger et al. 346
Abb. 45: Kooperationsziele nach Littig 347
Abb. 46: Interdisziplinarität neuer Technologien 360
Abb. 47: Abhängigkeit von Kooperations- und Marktstrukturen 365
Abb. 48: Ziele der Kooperation 367
Abb. 49: Monozentrische und heterarchische Netzwerke 369
Abb. 50: Zahl der Mitglieder des Netzwerks 371
Abb. 51: Kreis der Mitglieder im Netzwerk 371
Abb. 52: Größe der Mitglieder des Netzwerks 372
Abb. 53: Richtung der Zusammenarbeit im Netzwerk 375
Abb. 54: Geografische Reichweite des Netzwerks 375
Abb. 55: Wertschöpfungsbereiche der Kooperation 379
Abb. 56: Redundanz der Mitglieder im Netzwerk 379
Abb. 57: Machtasymmetrie durch exklusiven Zugang zu Ressourcen 383
Abb. 58: Machtgrundlage im Netzwerk 388
Abb. 59: Machtverteilung zwischen den Partnern 388
Abb. 60: Abhängigkeit der Mitglieder im Netzwerk 389
Abb. 61: Reichweite der Kooperation 391

Abb. 62: Strategische Bedeutung der Kooperation 392
Abb. 63: Rechtliche Bindung der Partner 395
Abb. 64: Detaillierungsgrad von Vereinbarungen 395
Abb. 65: Bestandsperspektive der Kooperation 398
Abb. 66: Dauer der Mitgliedschaft im Netzwerk 399
Abb. 67: Kapitalbeteiligung der Partner 401
Abb. 68: Haftung der Partner 402
Abb. 69: Bindung der Partner über Sachmittel 402
Abb. 70: Erfolgsfaktoren der Kooperation 404
Abb. 71: Gestaltung der Netzwerkstruktur 406
Abb. 72: Strukturschema der Keiretsu 422
Abb. 73: Formation des aktivierten Netzwerks in der Virtuellen Fabrik 430
Abb. 74: Risiken von Kooperationen nach Bullinger et al. 436
Abb. 75: Risiken und Probleme von Kooperationen nach Littig 437
Abb. 76: Stadien der Abhängigkeit in einer Kooperation 441
Abb. 77: Forschungsbedarf zur Bewertung von Unternehmensnetzwerken 458
Abb. 78: Balanced Scorecard für Unternehmenskooperationen 469
Abb. 79: Grundlegende Konzepte des Network-Excellence-Modells 473
Abb. 80: Das Network-Excellence-Modell 478
Abb. 81: Vorgehen zur Selbstbewertung 512
Abb. 82: Das Network-Excellence-Modell 532

Tabellenverzeichnis

Tab. 1: Inhalte des Organisationsbegriffs ... 10
Tab. 2: Efficiency und Effectiveness im anglo-amerikanischen Sprachraum ... 51
Tab. 3: Effizienz und Effektivität im deutschen Sprachraum ... 52
Tab. 4: Effektivitäts- und Effizienzkriterien von Organisationen ... 67
Tab. 5: Anforderungen an die Bewertung von Organisationen ... 87
Tab. 6: Bewertung auf Basis des Unternehmensvermögens ... 93
Tab. 7: Varianten des DCF-Verfahrens ... 97
Tab. 8: Bewertung auf Basis von Erfolgsgrößen ... 100
Tab. 9: Bewertung auf Basis von Markt-/Wettbewerbsvergleichen ... 102
Tab. 10: Arten der Due Diligence ... 105
Tab. 11: Zeitpunkt der Due Diligence ... 106
Tab. 12: Bewertung im Rahmen der Due Diligence ... 108
Tab. 13: Bewertung von Industrieunternehmen ... 110
Tab. 14: Bewertung durch Ratings ... 114
Tab. 15: Bewertung im Rahmen des Shareholder-Value-Konzepts ... 117
Tab. 16: Corporate-Sustainability-Assessment-Criteria ... 120
Tab. 17: Corporate-Sustainability-Assessment ... 122
Tab. 18: Bewertung nach DIN EN ISO 9000 ff. ... 129
Tab. 19: Bewertungsschema der VDA 6.1 ... 131
Tab. 20: Bewertung nach VDA 6.1, QS 9000 und ISO TS 16949 ... 136
Tab. 21: Bewertung auf Basis von DIN EN ISO 14000 ff. oder BS 8800 ... 141
Tab. 22: Bewertung nach AS/NZS 4581 ... 146
Tab. 23: Bewertung mit Hilfe der Portfolioanalyse ... 152
Tab. 24: Bewertung mit Hilfe der Nutzwertanalyse ... 155
Tab. 25: Bewertung mit Hilfe der Gemeinkostenwertanalyse ... 157
Tab. 26: Bewertung mit Hilfe des Zero-Base-Budgeting ... 159
Tab. 27: Bewertung über die Balanced Scorecard ... 163
Tab. 28: Führung ... 179
Tab. 29: Politik und Strategie ... 181

Tab. 30: Mitarbeiter ... 184
Tab. 31: Partnerschaften und Ressourcen ... 185
Tab. 32: Prozesse ... 187
Tab. 33: Kundenbezogene Ergebnisse ... 189
Tab. 34: Mitarbeiterbezogene Ergebnisse ... 190
Tab. 35: Gesellschaftsbezogene Ergebnisse ... 190
Tab. 36: Schlüsselergebnisse ... 191
Tab. 37: Grundlegende Konzepte von MBNQA und EQA ... 197
Tab. 38: Kriterien von MBNQA und EQA ... 206
Tab. 39: Grundlegende Konzepte von AQA und EQA ... 211
Tab. 40: Kriterien von AQA und EQA ... 218
Tab. 41: Grundlegende Konzepte von JQA und EQA ... 222
Tab. 42: Kriterien von JQA und EQA ... 229
Tab. 43: Beitrag der MBNQA-Kriterien zur Wettbewerbsfähigkeit ... 244
Tab. 44: Nutzen aus der Anwendung des MBNQA-Modells ... 244
Tab. 45: Öffentlich gehandelte Gewinner des MBNQA ... 249
Tab. 46: Finalisten im Preisvergabeprozess des MBNQA ... 249
Tab. 47: Vergleich von TQM- und S&P 500-Index ... 254
Tab. 48: Leistungsvergleich von Preisträgern und Kontrollgruppe ... 259
Tab. 49: Aktienkursentwicklung des TQM-Portfolios (Median) ... 264
Tab. 50: Bewertung über Excellence-Modelle ... 271
Tab. 51: Begriffe und Konzepte der Managementforschung ... 278
Tab. 52: Alternativen zum Ausbau strategischer Stärken ... 293
Tab. 53: Strategiedefinitionen im deutschsprachigen Raum ... 307
Tab. 54: Strategiedefinitionen im deutschsprachigen Raum ... 308
Tab. 55: Mortalitätsraten von Joint Ventures über die Lebensdauer ... 334
Tab. 56: Strukturelle Organisiertheit strategischer Netzwerke ... 339
Tab. 57: Kulturelle Organisiertheit strategischer Netzwerke ... 339
Tab. 58: Verteilung der Stichprobe und Rückläufer ... 344
Tab. 59: Empirische Erhebung von Kooperationszielen ... 348
Tab. 60: Ziele der Kooperation ... 366
Tab. 61: Größe und Zahl der Mitglieder im Netzwerk ... 370

Tab. 62: Richtung der Zusammenarbeit und geografische Reichweite des Netzwerks ... 374
Tab. 63: Wertschöpfungsbereiche der Kooperation ... 378
Tab. 64: Machtverteilung im Netzwerk ... 387
Tab. 65: Reichweite und strategische Bedeutung der Kooperation ... 391
Tab. 66: Rechtliche Bindung der Partner ... 394
Tab. 67: Zeitliche Bindung der Partner ... 398
Tab. 68: Ressourcenbindung der Partner ... 401
Tab. 69: Merkmale von Unternehmensnetzwerken ... 403
Tab. 70: Kunden-Lieferanten-Partnerschaften ... 410
Tab. 71: Arbeitsgemeinschaften und Konsortien ... 411
Tab. 72: Strategische Allianzen ... 414
Tab. 73: Joint Ventures ... 416
Tab. 74: Excellence-Centers ... 421
Tab. 75: Keiretsu ... 424
Tab. 76: Branchenbezogene Regionalnetzwerke ... 427
Tab. 77: Virtuelle Unternehmen ... 432
Tab. 78: Public-Private-Partnerships ... 435
Tab. 79: Effektivitäts- und Effizienzkriterien für Unternehmensnetzwerke ... 455
Tab. 80: Anforderungen an die Bewertung von Unternehmensnetzwerken ... 462
Tab. 81: Bewertung von Mergers und Acquisitions ... 465
Tab. 82: Bewertung mit Hilfe der Netzwerkanalyse ... 468
Tab. 83: Bewertung über die Balanced Scorecard ... 470
Tab. 84: Grundlegende Konzepte des Network-Excellence-Modells ... 474
Tab. 85: Bewertung "Strategische Ausrichtung", "Strukturen" ... 479
Tab. 86: Bewertung "Ergebnisse" ... 480
Tab. 87: Bewertungsmatrix "Strategische Ausrichtung", "Strukturen" ... 481
Tab. 88: Bewertungsmatrix "Ergebnisse" ... 482
Tab. 89: Führung ... 484
Tab. 90: Werte und Kultur ... 490
Tab. 91: Netzwerkarchitektur ... 492
Tab. 92: Strategie und Ziele ... 496

Tab. 93: Stakeholder....499
Tab. 94: Ressourcen....502
Tab. 95: Prozesse....505
Tab. 96: Subjektive Leistungen....508
Tab. 97: Objektive Leistungen....509
Tab. 98: Einfluss der Gestaltung auf die Bewertung....514
Tab. 99: Bewertung durch das Network-Excellence-Modell....528

Abkürzungsverzeichnis

Abb.	Abbildung
ADL	Arthur D. Little
ADRI	Approach – Deployment – Review – Improvement (Bewertungssystem des → AQA)
AHP	Analytic-Hierarchy-Process
AIAG	Automotive Industry Action Group
AktG	Aktiengesetz
AMS	Arbeitsschutzmanagement-system
ANFIA	Associazione Nazionale Fra Industrie Automobilistiche
Anm.	Anmerkung
APQP	Advanced-Product-Quality-Planning-and-Control-Plan
APV	Adjusted-Present-Value
AQA	Australian Quality Award
AQC	Australian Quality Council
ARGE	Arbeitsgemeinschaft
AS	Australian Standard
ASCA	Arbeitsschutz und sicherheitstechnischer Check in Anlagen
ASN	Advance-Shipping-Notification
ASQC	American Society for Quality Control
Aufl.	Auflage
BBE	Basic Beliefs of Excellence
BCG	Boston Consulting Group
Bd.	Band
Bearb.	Bearbeiter
BGB	Bürgerliches Gesetzbuch
bmb+f	Bundesministerium für Bildung, Wissenschaft, Forschung und Technologie
BS	British Standard
BSC	Balanced Scorecard
BSI	British Standards Institution
bzw.	beziehungsweise
CCFA	Comité des Constructeurs Français d'Automobiles
CD	Compact-Disc
CEO	Chief-Executive-Officer
CFROI	Cash-Flow-Return-on Investment
CVA	Cash-Value-Added
d.h.	das heißt
DB	Der Betrieb
DBW	Die Betriebswirtschaft
DCF	Discounted-Cash-Flow
DGQ	Deutsche Gesellschaft für Qualität
DIN	Deutsches Institut für Normung
DJGI	Dow-Jones-Group-Index
DJSGI	Dow-Jones-Sustainability-Group-Index
DVFA	Deutsche Vereinigung der Finanzanalysten
e.g.	z.B.
EG	Europäische Gemeinschaft
EDV	Elektronische Datenverarbeitung
EFQM	European Foundation for Quality Management

EMAS	Environmental-Management-and-Audit-Scheme
EN	Europäische Norm
EOQ	European Organization for Quality
EPS	Earnings-per-Share
EQA	European Quality Award
et al.	und andere
etc.	et cetera
EU	Europäische Union
EVA	Economic-Value-Added
f.	folgende
ff.	fort folgende
FB/IE	Zeitschrift für Unternehmensentwicklung und Industrial Engineering
FhG	Fraunhofer Gesellschaft
FIEV	Fédération des Industries des Équipements pour Véhicules
FMEA	Failure-Mode-and-Effects-Analysis
FuE	Forschung und Entwicklung
GAAP	Generally-Accepted-Accounting-Principles
GAO	U.S. General Accounting Office
GewRgAd	Gewichtete Rangaddition
ggf.	gegebenenfalls
GMH	Gewerkschaftliche Monatshefte
GuV	Gewinn- und Verlustrechnung
GWA	Gemeinkostenwertanalyse
HGB	Handelsgesetzbuch
HHL	Handelshochschule Leipzig
HMD	Praxis der Wirtschaftsinformatik
HRD	Human Resource Development
HRK	Hochschulrektorenkonferenz
Hrsg.	Herausgeber
IAO	Institut für Arbeitswirtschaft und Organisation
IAS	International-Accounting-Standards
i.d.R.	in der Regel
i.e.	das heißt
IEM	International Excellence Model
IEF	International Excellence Framework
i.e.S.	im engeren Sinne
i.S.	im Sinne
i.w.S.	im weiteren Sinne
IBM	International Business Machines
ISO	International Organization for Standardization
IT	Informationstechnologie, Information Technology
IuK	Information und Kommunikation
Jg.	Jahrgang
Jh.	Jahrhundert
JIT	Just-in-Time
JQA	Japan Quality Award
JUSE	Japanese Union of Scientists and Engineers
Kap.	Kapitel
KBR	Knowledge Based Resources
KMU	kleine und mittlere Unternehmen

KPI	Key Performance Indicators
Ltd.	Limited
M&A	Mergers & Acquisitions
MAUT	Multi-Attribute-Utility-Theory
MAVIT	Multi-Attribute-Value-Theory
M&C	Management & Computer
MBNQA	Malcolm Baldrige National Quality Award
m.E.	meines Erachtens
mir	Management International Review
MM	Maschinenmarkt
MNE	Multinational Enterprise
MSA	Measurement-Systems-Analysis
MVA	Market-Value-Added
NASDAQ	National Association of Securities Dealers Automated Quotation
NIST	National Institute of Standards and Technology
No.	Nummer, Anzahl
NWA	Nutzwertanalyse
NZS	New Zealand Standard
o.g.	oben genannt
OHS	Occupational Health and Safety
o.Jg.	ohne Jahrgang
o.O.	ohne Ort
ORESTE	Organisation, rangement et synthèse de données relationelles
o.V.	ohne Verfasser
PBR	Property Based Resources
P/E-Ratio	Price-Earnings-Ratio
PPAP	Production-Part-Approval-Process
PPP	Public-Private-Partnership
QM	Qualitätsmanagement
QMS	Qualitätsmanagementsystem
QS	Qualitätssicherung
QS	Quality System Requirements
QSA	Quality-System-Assessment
QZ	Qualität und Zuverlässigkeit
RADAR	Results – Approach – Deployment – Assessment and Review (Bewertungssystem des → EQA)
Rdz	Randziffer
ROE	Return-on-Equity
ROI	Return-on-Investment
SAM	Sustainable Asset Management
S&P 500	Standard & Poor's 500
S.	Seite
SCC	Sicherheits Certificat Contractoren *bzw.* Safety Checklist Contractors
SCM	Supply-Chain-Management
SG	Schmalenbach Gesellschaft
SGE	Strategische Geschäftseinheit
SIC	Standard Industry Classification Code
SMMT	Society of Motor Manufacturers and Traders Ltd.
sog.	so genannt
Sp.	Spalte
SPC	Statistical-Process-Control

SROR	Shareholder-Rate-of-Return
SVA	Shareholder-Value-Added
t&m	technologie & management
Tab.	Tabelle
TQM	Total Quality Management
TS	Technical Specification
u.a.	unter anderem
u.ä.	und ähnlichen
UMS	Umweltmanagementsystem
US, U.S.	United States
US$	US-Dollar
USA	United States of America
usw.	und so weiter
u.U.	unter Umständen
u.v.m.	und vieles mehr
VDA	Verband der Automobilindustrie
VDI	Verein Deutscher Ingenieure
vgl.	vergleiche
Vol.	Jahrgang
WiSt	Wirtschaftswissenschaftliches Studium
wisu	Das Wirtschaftsstudium
WWW	World-Wide-Web
z.B.	zum Beispiel
ZBB	Zero-Base-Budgeting
ZfB	Zeitschrift für Betriebswirtschaft
zfbf	Schmalenbachs Zeitschrift für betriebswirtschaftliche Forschung
zfo	Zeitschrift Führung und Organisation
ZO	Zeitschrift für Organisation

Literaturverzeichnis

- A -

Afriyie, K.: A Technology-Transfer Methodology for Developing Joint Production Strategies in Varying Technological Systems, in: Contractor, F.J.; Lorange, P. (Hrsg.): Cooperative Strategies in International Business, Massachusetts, Toronto 1988, S. 81-95

AIAG – **Automotive Industry Action Group** (Hrsg.): ISO/TS 16949, Checklist to ISO/TS 16949, Quality System Assessment (QSA), o.O. 1999

Albach, H.: Strategische Unternehmensplanung bei erhöhter Unsicherheit, in: ZfB – Zeitschrift für Betriebswirtschaft, 48. Jg. (1978), S. 705-715

Altwegg, R.: Strategiebewertung und Ermittlung des Synergiewertes bei Kooperationen, Ein strategischer Kooperationsbewertungsansatz, Basel 1995

Amann, W.: Einkaufskooperationen in der Automobilzulieferindustrie, Gemeinsam stark auf dem virtuellen Marktplatz, in: t&m – Technologie & Management, 48. Jg. (1999), Heft 2, S. 28-31

Anderson, E.W.; **Fornell**, C.; **Lehmann**, D.R.: Customer Satisfaction, Market Share and Profitability, Findings from Sweden, in: Journal of Marketing, 58. Jg. (1994), Heft 3, S. 53-66

Arnold, H.; **Englert**, J.; **Eube**, S. (Hrsg.): Werte messen - Werte schaffen, Von der Unternehmensbewertung zum Shareholder-Value-Management, Wiesbaden 2000

Arnold, O.; **Faisst**, W.; **Härtling**, M.; **Sieber**, P.: Virtuelle Unternehmen als Unternehmenstyp der Zukunft, in: HMD – Praxis der Wirtschaftsinformatik, 32. Jg. (1995), Heft 185, S. 8-23

Arthur D. Little (Hrsg.): Management im vernetzten Unternehmen, Wiesbaden 1995

Ashby, W.R.: Introduction to Cybernetics, New York et al. 1956

ASQC – **American Society for Quality Control** (Hrsg.): An Introduction and Discussion on Community Quality Councils, Cincinatti, 1995

Auster, E.R.: International Corporate Linkages: Dynamic Forms in Changing Environments, in: The Columbia Journal of World Business, 22. Jg. (1987), Heft 2, S. 3-6

Australian Quality Council (Hrsg.): Australian Quality Awards 1994, Assessment Criteria & Application Guidelines, St. Leonards 1993

Australian Quality Council (Hrsg.): Australian Quality Award 1996, Assessment Criteria, St. Leonards 1995

Australian Quality Council (Hrsg.): Australian Business Excellence Awards, Application Guidelines 2000, St. Leonards 2000

Australian Quality Council (Hrsg.): Australian Business Excellence Framework, 2001 Framework, St. Leonards 2001

Australian Quality Council; Deloitte Touche Tohmatsu (Hrsg.).: Achieving Business Excellence 2000, A Study of How Australian Organisations Approach Business Improvement, ohne Ort 2000

Axelrod, R.: Die Evolution der Kooperation, 2. Aufl., München 1991

- B -

Baan, W.: Die Rolle des Shareholder-Value-Konzeptes in der strategischen Planung des RWE-Konzerns, in: Bühner, R. (Hrsg.): Der Shareholder Value Report – Erfahrungen, Ergebnisse, Entwicklungen, Landsberg/Lech 1994, S. 127-143

Bälz, U.: Einheit und Vielheit im Konzern, in: Baur, F.; Esser, J.; Kübler, F.; Steindorff, E. (Hrsg.): Funktionswandel der Privatrechtsinstitutionen, Festschrift für Ludwig Raiser zum 70. Geburtstag, Tübingen 1974, S. 287-338

Barnard, C.: The Functions of the Executive, 18. Nachdruck, Cambridge (Mass.), London 1968

Bärtl, O.; **Brockmann**, S.: Wertorientierte Unternehmenssteuerung durch realoptionsbasierte Bewertung strategischer Entscheidungen - Fallstudie am Beispiel eines Kabelnetzbetreibers, in: Arnold, H.; Englert, J.; Eube, S. (Hrsg.): Werte messen - Werte schaffen, Von der Unternehmensbewertung zum Shareholder-Value-Management, Wiesbaden 2000, S. 389-419

Baetge, J.: Überwachung, in: Bitz, M.; Dellmann, K.; Domsch, M.; Egner, H. (Hrsg.): Vahlens Kompendium der Betriebswirtschaftslehre, Band 2, 3. Aufl., München 1993, S. 175-218

Baetge, J.; **Sieringhaus**, I.: Bilanzbonitäts-Rating von Unternehmen, in: Büschgen, H.E.; Everling, O. (Hrsg.): Handbuch Rating, Wiesbaden 1996, S. 221-249

Bäuerle, T.: Customer Focus Assessment, Kriterien zur Bewertung von Kundenorientierung, Wiesbaden 2000

Ball, B.C.; **Lorange**, P.: Managing Your Strategic Responsiveness to the Environment, in: Managerial Planning, o.Jg. (1979), Heft 6, S. 3-27

Balling, R.: Kooperation – Strategische Allianzen, Netzwerke, Joint-Ventures und andere Organisationsformen zwischenbetrieblicher Zusammenarbeit in Theorie und Praxis, Frankfurt/Main, Berlin, Bern 1997

Ballwieser, W.: Unternehmensbewertung mit Disounted Cash Flow-Verfahren, in: Die Wirtschaftsprüfung, 51. Jg. (1998), Heft 3, S. 81-91

Bamberg, G.; **Bauer**, F.: Statistik, 8. Aufl., München, Wien 1993

Bankmann, J.: Der Substanzwert, Essen 1960

Barber, B.M.; **Lyon**, J.D.: Detecting Long-Run Abnormal Stock Returns: The Empirical Power and Specification of Test-Statistics, in: Journal of Financial Economics, 43. Jg. (1997), S. 341-372

Barion, H.-J.: Betriebswirtschaftliche Unternehmensanalyse im Rahmen der Jahresabschlußprüfung, Bergisch-Gladbach, Köln 1992

Barksdale, H.C.; **Harris**, C.E.: Portfolio Analysis and the Product Life Cycle, in: Long Range Planning, 15. Jg. (1982), Heft 6, S. 74-83

Barnard, C.I.: The Functions of the Executive, 8. Aufl., Cambridge (Mass.) 1968

Barney, J.B.: Organizational Culture: Can It Be a Source of Sustained Competitive Advantage? in: Academy of Management Review, 11. Jg. (1986), Heft 3, S. 656-665

Barthel, C.W.: Unternehmenswert-Ermittlung vs. Due-Diligence-Untersuchung – Teil I, in: Deutsche Steuer-Zeitung, 87. Jg.Heft 3, S. 73-81 (a)

Barthel, C.W.: Unternehmenswert-Ermittlung vs. Due-Diligence-Untersuchung – Teil II, in: Deutsche Steuer-Zeitung, 87. Jg.Heft 4, S. 136-143 (b)

Bartlett, C.A.; **Ghoshal**, S.: Managing Across Borders, The Transnational Solution, Boston (Mass.) 1989

Bartmess, A.; **Cerny**, K.: Building Competitive Advantage through a Global Network of Capabilities, in: California Management Review, 35. Jg. (1992), Heft 2, S. 78-103

Bassenge, P.; **Brudermüller**, U.; **Diederichsen**, U.; **Edenhofer**, W.; **Heinrichs**, H.; **Heldrich**, A.; **Putzo**, H.; **Sprau**, H.; **Thomas**, H. (Bearb.): Beck'sche Kurz-Kommentare, Palandt, Bürgerliches Gesetzbuch, 59. Aufl., München 2000

Baumgarten, C.: Unternehmenskooperationen, Eine Betrachtung aus der Perspektive der Führung, München 1998

Baur, F.; **Esser**, J.; **Kübler**, F.; **Steindorff**, E. (Hrsg.): Funktionswandel der Privatrechtsinstitutionen, Festschrift für Ludwig Raiser zum 70. Geburtstag, Tübingen 1974

Bea, F.X.; **Göbel**, E.: Organisation, Stuttgart 1999

Behringer, S.: Unternehmensbewertung der Mittel- und Kleinbetriebe, Regensburg, Münster 1999

Behringer, S.: Cash-flow und Unternehmensbewertung, Berechnungen und Anwendungsfelder für die Finanzanalyse, 7. Aufl., Berlin 2001

Belderbos, R.A.; **Sleuwaegen**, L.: Local Content Requirements and Vertical Market Structure, in: European Journal of Political Economy, 13. Jg. (1997), S. 101-119

Bellinger, B.; **Vahl**, G.: Unternehmensbewertung in Theorie und Praxis, 1. Aufl., Wiesbaden 1992

Bellmann, K.: Prozeßorientierte Organisationsgestaltung im Büro, in: zfo – Zeitschrift Führung und Organisation, 60. Jg. (1991), Heft 2, S. 110-111

Bellmann, K.; **Hippe**, A.: Management von Unternehmensnetzwerken, Interorganisationale Konzepte und praktische Umsetzung, Wiesbaden 1996 (a)

Bellmann, K.; **Hippe**, A.: Kernthesen zur Konfiguration von Produktionsnetzwerken, in: Bellmann, K.; Hippe, A.: Management von Unternehmensnetzwerken, Interorganisationale Konzepte und praktische Umsetzung, Wiesbaden 1996, S. 55-85 (b)

Bellmann, K.; **Mildenberger**, U.: Komplexität und Netzwerke, in: Bellmann, K.; Hippe, A.: Management von Unternehmensnetzwerken, Interorganisationale Konzepte und praktische Umsetzung, Wiesbaden 1996, S. 121-156

Belzer, V.: Unternehmenskooperation., Erfolgsstrategien und Risiken im industriellen Strukturwandel, München, Mering 1993

Benson, J.K.: The Interorganizational Network as a Political Economy, in: Administrative Science Quarterly, 20. Jg. (1975), S. 229-249

Berblinger, J.: Marktakzeptanz des Rating durch Qualität, in: Büschgen, H.E.; Everling, O. (Hrsg.): Handbuch Rating, Wiesbaden 1996, S. 21-110

Berens, W.; **Brauner**, H.U. (Hrsg.): Due Diligence bei Unternehmensakquisitionen, Stuttgart 1998

Berens, W.; **Mertes**, M.; **Strauch**, J.: Unternehmensakquisitionen, in: Berens, W.; Brauner, H.U. (Hrsg.): Due Diligence bei Unternehmensakquisitionen, Stuttgart 1998, S. 21-65

Berens, W.; **Hoffjan**, A.; **Strauch**, J.: Planung und Durchführung der Due Diligence, in: Berens, W.; Brauner, H.U. (Hrsg.): Due Diligence bei Unternehemensakquisitionen, Stuttgart 1998, S. 109-152

Berens, W.; **Schmitting**, W.; **Strauch**, J.: Due Diligence im Rahmen des Unternehmenskaufs, in: Berens, W.; Brauner, H.U. (Hrsg.): Due Diligence bei Unternehmensakquisitionen, Stuttgart 1998, S. 67-107

Berens, W.; **Strauch**, J.: Herkunft und Inhalt des Begriffs Due Diligence, in: Berens, W.; Brauner, H.U. (Hrsg.): Due Diligence bei Unternehmensakquisitionen, Stuttgart 1998, S. 3-19

Berg S.V.; **Duncan**, J.; **Friedman**, P.: Joint Venture Strategies and Corporate Innovation, Cambridge (Mass.) 1982

Beyer, S.: Kapitalstruktur, Unternehmenswert und Cash-Flow-at-Risk, in: Arnold, H.; Englert, J.; Eube, S. (Hrsg.): Werte messen - Werte schaffen, Von der Unternehmensbewertung zum Shareholder-Value-Management, Wiesbaden 2000, S. 301-321

Bitz, M.; **Dellmann**, K.; **Domsch**, M.; **Egner**, H. (Hrsg.): Vahlens Kompendium der Betriebswirtschaftslehre, Band 2, 3. Aufl., München 1993

Bläsing, J.P.: Über die ISO-Norm zum TQM, in: Beschaffung aktuell, o.Jg. (1992), Heft 4, S. 18-23

Blancke, W.: Evolution und Strategische Allianzen – Der Einfluß von Strategischen Allianzen auf den Wettbewerb, Bayreuth 1994

Blau, P.M.: Exchange and Power in Social Life, New York, London, Sydney 1964

Bleicher, K.: Das Konzept Integriertes Management, Visionen – Missionen – Programme, 5. Aufl., Frankfurt, New York 1999

Bliemel, F. (Hrsg.): "Mehr Markt" in der Unternehmensführung, Praxisbeispiele und Konzepte, Berlin 1995

Bliemel, F.; **Eggert**, A.: Relationship Marketing Under Fire, Kaiserslautern 1997

Blohm, H.: Kooperation, in: Grochla, E. (Hrsg.): Handwörterbuch der Organisation, 2. Aufl., Stuttgart 1980, Sp. 1112-1117

Böcking, H.-J.; **Nowak**, K.: Der Beitrag der Discounted Cash Flow-Verfahren zur Lösung der Typisierungsproblematik bei Unternehmensbewertungen, in: DB – Der Betrieb, 51. Jg. (1998), Heft 14, S. 685-690

Böcking, H.-J.; **Nowak**, K.: Das Konzept des Economic Value Added, in: Finanzbetrieb, 1. Jg. (1999), Heft 10, S. 281-288

Böcking, H.-J.; **Nowak**, K.: Konkretisierung marktorientierter Unternehmensbewertung durch das Bundesverfassungsgericht, in: Arnold, H.; Englert, J.; Eube, S. (Hrsg.): Werte messen - Werte schaffen, Von der Unternehmensbewertung zum Shareholder-Value-Management, Wiesbaden 2000, S. 129-157

Böhler, H.: Portfolio-Analysetechniken, in: Szyperski, N.; Winand, U. (Hrsg.): Handwörterbuch der Planung, Stuttgart 1989, Sp. 1548-1559

Böffel, S.; **Beisel**, M.: Zertifizierung nach DIN EN ISO 9002 – Erfahrungen aus dem Umsetzungsprojekt mit rheinland-pfälzischen Werkstätten für Behinderte, in: Schubert, H.J.; Zink, K.J.: Qualitätsmanagement in sozialen Dienstleistungsunternehmen, Neuwied, Kriftel, Berlin 1997, S. 98-112

Bohne, E.; **König**, H.: Probleme der politischen Erfolgskontrolle, in: Die Verwaltung, Bd. 9, 1976, S. 19-38

Bortz, J.: Statistik für Sozialwissenschaftler, 5. Aufl., Berlin, Heidelberg, New York 1999

Bortz, J.; **Döring**, N.: Forschungsmethoden und Evaluation für Sozialwissenschaftler, 2. Aufl., Berlin, Heidelberg, New York 1995

Bosch, G.: Bildung und regionaler Kontext, Lernprozesse und regionale Netzwerke als Faktoren der Standortqualität, in: Schöni, W.; Sonntag, K. (Hrsg.): Personalförderung im Unternehmen, Bildung, qualifizierende Arbeit und Netzwerke für das 21. Jahrhundert, Chur 1999, S. 151-165

Bourgetau, F.: A la recherche de l'excellence territoriale: Une Méthodologie générale d'implantation d'une dynamique territoriale par la qualité, Nancy 1995

Bowman, E.H.: Strategy Changes, Possible Worlds and Actual Mindes, in: Fredrickson, J.E. (Hrsg.): Perspectives on Strategic Management, London 1990, S. 9-37

Bosetzky, H.: Zur Erzeugung von Eigenkomplexität in Grossorganisationen, in: ZO – Zeitschrift für Organisation, 45. Jg. (1976), S. 279-285

Box, G.E.P.; **Joiner**, L.W.; **Rohan**, S.; **Sensenbrenner**, F.J.: Quality in the Community: One City's Experience, in: Quality Progress, o.Jg. (1991), Heft 5, S. 57-63

Bradley, J.R.: Toward a Community of Great Possibility, in: Canadian Business Review, o.Jg. (1994), Heft Winter, S. 17-19

Brakhahn, W.: QS 9000 für alle? in: QZ - Qualität und Zuverlässigkeit, 41. Jg. (1996), Heft 6, S. 637-639

Brandstätt, T.: Prozessmanagement in der kommunalen Verwaltung, Möglichkeiten und Grenzen für die Übertragung eines Organisationskonzeptes, Lohmar, Köln 2000

Brantl, S.: Managment und Ethik, Unternehmenspolitische Rahmenplanung und moralisch-praktische Rationalisierung der Unternehmensführung, München 1985

Braun, J.: Veränderte Blickwinkel auf Unternehmen, in: Warnecke, H.-J.; Braun, J. (Hrsg.): Vom Fraktal zum Produktionsnetzwerk, Unternehmenskooperationen erfolgreich gestalten, Berlin, Heidelberg, New York 1999, S. 41-90

Brauner, H.U.; **Grillo**, U.: Due Diligence aus strategischer Sicht, in: Berens, W.; Brauner, H.U. (Hrsg.): Due Diligence bei Unternehmensakquisitionen, Stuttgart 1998, S. 173-192

Brebeck, F.; **Bredy**, J.: Due Diligence aus bilanzieller und steuerlicher Sicht, in: Berens, W.; Brauner, H.U. (Hrsg.): Due Diligence bei Unternehmensakquisitionen, Stuttgart 1998, S. 195-224

Brech, E.F.L.: The Balance Between Centralization and Dezentralization in Managerial Control, in: Kruisinga, H.J. (Hrsg.): The Balance Between Centralization and Decentralization in Managerial Control, Leiden 1954, S. 8-23

Breidenbach, B.: Steuerliche Unternehmens- und Anteilsbewertung – Abschied vom Stuttgarter Verfahren? in: Herzig, N.; Günkel, M.; Niemann, U. (Hrsg.): Steuerberater-Jahrbuch 1998/99, Köln 1999, S. 245-264

Bresser, R.K.F.: Kollektive Unternehmensstrategien, in: ZfB - Zeitschrift für Betriebswirtschaft, 59. Jg. (1989), Heft 5, S. 545-564

Bronder, C.; **Pritzl**, R.: Leitfaden für strategische Allianzen, in: Harvard Manager, 13. Jg. (1991), Heft 1, S. 44-53

Brown, J.H.: Erie Council Applies Deming's Principles, in: National Productivity Review, 11. Jg. (1992), Heft 2, S. 181-194

Brown, M.G.: Kennzahlen, Harte und weiche Faktoren erkennen, messen und bewerten, München, Wien 1997

Brox, H: Allgemeiner Teil des Bürgerlichen Gesetzbuchs, 15. Aufl., Köln, Berlin, Bonn 1991

Bruhn, M.; **Homburg**, C. (Hrsg.): Handbuch Kundenbindungsmanagement, Grundlagen - Konzepte - Erfahrungen, 2. Aufl., Wiesbaden 1999

Brusco, S.: The Emilian Model: Productive Decentralization and Social Integration, in: Cambridge Journal of Economics, 6. Jg. (1982), S. 167-184

BSI – British Standards Institution (Hrsg.): BS 8800, Guide to Occupational health and safety management systems, London 1996

Buchner, K.H.: Qualität – Qualitätsorganisation – Qualitätsmanagement und ISO 9000, in: Wirtschaftspolitische Blätter, 41. Jg. (1994), Heft 4, S. 398

Buckley, P.; **Casson**, M.: A Theory of Cooperation in International Business, in: Contractor, F.J.; Lorange, P. (Hrsg.): Cooperative Strategies in International Business, Massachusetts, Toronto 1988, S. 31-53

Budäus, D.; **Dobler**, C.: Theoretische Konzepte und Kriterien zur Beurteilung der Effektivität von Organisationen, in: mir – Management International Review, 17. Jg. (1977), Heft 3, S. 61-75

Budäus, D.; **Eichhorn**, P. (Hrsg.): Public Private Partnership, Neue Formen öffentlicher Aufgabenerfüllung, Baden-Baden 1997 (a)

Budäus, D.; **Eichhorn**, P.: Vorwort, in: Budäus, D.; Eichhorn, P. (Hrsg.): Public Private Partnership, Neue Formen öffentlicher Aufgabenerfüllung, Baden-Baden 1997, S. 11 f. (b)

Budäus, D.; **Grüning**, G.: Public Private Partnership – Konzeption und Probleme eines Instrumentszur Verwaltungsreform aus Sicht der Public Choice-Theorie, in: Budäus, D.; Eichhorn, P. (Hrsg.): Public Private Partnership, Neue Formen öffentlicher Aufgabenerfüllung, Baden-Baden 1997, S. 25-66

Büchel, B.; **Prange**, C.; **Probst**, G.J.B.; **Rüling**, C.-C.: Joint Venture-Management, Aus Kooperationen lernen, Bern, Stuttgart, Wien 1997

Bühner, R.: Messung des Erfolgs von Organisationen unter Berücksichtigung situativer Einflussfaktoren, in: mir – Management International Review, 17. Jg. (1977), Heft 3, S. 51-59

Bühner, R. (Hrsg.): Der Shareholder Value Report – Erfahrungen, Ergebnisse, Entwicklungen, Landsberg/Lech 1994

Bühner, R.: Worauf es beim Shareholder Value ankommt, in: t&m – Technologie & Management, 46. Jg. (1997), Heft 2, S. 12-15

Bünting, H.F.: Organisatorische Effektivität von Unternehmungen, Ein zielorientierter Ansatz, Wiesbaden 1995

Bührer, R.: Technik und vernetzte Systeme, Gestaltung von Arbeits- und Lernprozessen in der Region, in: Schöni, W.; Sonntag, K. (Hrsg.): Personalförderung im Unternehmen, Bildung, qualifizierende Arbeit und Netzwerke für das 21. Jahrhundert, Chur 1999, S. 167-179

Büschgen, H.E.; **Everling**, O. (Hrsg.): Handbuch Rating, Wiesbaden 1996

Büschgen, H.E.: Das kleine Börsenlexikon, 21. Aufl., Düsseldorf 1998

Bullinger, H.-J.; **Fröschle**, H.-P.; **Brettreich-Teichmann**, W.; **Hofmann**, J.: Das Virtuelle Unternehmen – Konzept, Stand, Aussichten, in: GMH – Gewerkschaftliche Monatshefte, Zeitschrift für soziale Theorie und Praxis, o.Jg. (1995), Heft 6, S. 375-386

Bullinger, H.-J.; **Ohlhausen**, P.; **Hoffmann**, M.: Kooperationen von mittelständischen Unternehmen, Gemeinsame Umfrage des Fraunhofer Instituts für Arbeitswirtschaft und Organisation IAO und der VDI-Nachrichten, Studie, Stuttgart 1997

Bullinger, H.-J.; **Seidel**, U.A.: Einführung in das Technologiemanagement, Modelle, Methoden, Praxisbeispiele, Stuttgart 1994

Bullinger, H.J.; **Zahn**, E. (Hrsg.): Dienstleistungsoffensive – Wachstumschancen intelligent nutzen, Stuttgart 1998

Bungard, W.: Vorwort, in: Bungard, W.; Volpert, W. (Hrsg.): Taylor, F.W.: Die Grundsätze wissenschaftlicher Betriebsführung, Reprint, Neu herausgegeben und eingeleitet von Walter Bungard und Walter Volpert, Weinheim 1995, S. VIII-XVIII

Bungard, W.; **Volpert**, W. (Hrsg.): Taylor, F.W.: Die Grundsätze wissenschaftlicher Betriebsführung, Reprint, Neu herausgegeben und eingeleitet von Walter Bungard und Walter Volpert, Weinheim 1995

Burt, D.; **Doyle**, M.: Amerikanisches Keiretsu, Die neue Waffe zur Kostensenkung, Düsseldorf, Wien, New York, Moskau 1994

Byrne, J.A.: Management Theory – or Fad of the Month? in: Business Week, o.Jg. (1997), Heft 25, 23.06.1997, S. 37

Byrne, J.A.; **Brandt**, R.: The Virtual Corporation, The Company of the Future Will Be the Ultimate in Adaptability, in: Business Week, o.Jg. (1993), Heft 6, 08.02.1993, S. 36-41

- C -

Cammerer, P.: TWIST – Teleworking in flexiblen Strukturen, in: t&m – Technologie und Management, 47. Jg. (1998), Heft 6, S. 10-13

Carayon, P.; **Coujard**, J.-L.: Development of Small and Medium-Sized Businesses in an Industrial Zone Through the Use of Quality Management Methods, in: Vink, P.; Koningsveld, E.A.P.; Dhondt, S. (Hrsg.): Human Factors in Organizational Design and Management - VI, Amsterdam 1998, S. 39-44

Castells, M.: Regionale Ungleichheiten im Informationszeitalter, in: Lehner, F.; Schmidt-Bleek, F.; Kilper, H. (Hrsg.): Regiovison – Neue Strategien für alte Industrieregionen, München, Mering 1995, S. 21-46

Caves, R.E.: Multinational Enterprise and Economic Analysis, London, New York, New Rochelle 1982

Champy, J.: Reengineering im Management, Die Radikalkur für die Unternehmensführung, Frankfurt/Main 1995

Chandler, A.D.: Strategy and Structure, Chapters in the History of the Industrial Enterprise, Cambridge (Mass.) 1962

Chisholm, R.F.: On the Meaning of Networks, in: Group & Organization Management, 21. Jg. (1996), Heft 2, S. 216-235

Chromy, B.; **Stork**, A.: Die Veränderung von Unternehmenskultur als Grundlage einer erfolgreichen Fusion, in: Henckel von Donnersmarck, M.-E.; Schatz, R. (Hrsg.): Fusionen gestalten und kommunizieren, Bonn, Dover, Fribourg 1998, S. 121-136

Chynoweth, E.: International Community Continues Talks on Mutual Recognition, in: Chemical Week, 151. Jg. (1992), Heft 19, S. 40-46

Clayborne, M.K.; **Wilson**, W.: Creating a Total Quality Network, in: Economic Development Review, 11. Jg. (1993), Heft 3, S. 21-23

Coase, R.H.: The Firm, the Market, and the Law, Chicago, London 1990

Colletis, G.: Von der Allokation zur Produktion von Ressourcen – Die zentrale Rolle regionaler Innovationsnetzwerke, in: Lehner, F.; Schmidt-Bleek, F.; Kilper, H. (Hrsg.): Regiovison – Neue Strategien für alte Industrieregionen, München, Mering 1995, S. 213-220

Comelli, G.: Organisationsentwicklung, in: von Rosenstiel, L.; Regnet, E.; Domsch, M.E. (Hrsg.): Führung von Mitarbeitern, Handbuch für erfolgreiches Personalmanagement, 4. Aufl., Stuttgart 1999, S. 631-651

Conti, T.: Company Quality Assessments, in: Total Quality Management, 3. Jg. (1991), Heft 3, S. 167-172

Conti, T.: Building Total Quality, A Guide for Management, London 1993

Conti, T.: Self-Assessment, Ein Werkzeug zur Verbesserung der Wettbewerbsfähigkeit, München, Wien 1999 (a)

Conti, T.: Vision 2000: Positioning the New ISO 9000 Standards with Respect to Total Quality Management Tools, in: Total Quality Management, 10. Jg. (1999), Heft 4/5, S. 454-464

Contractor, F.J.; **Lorange**, P. (Hrsg.): Cooperative Strategies in International Business, Massachusetts, Toronto 1988 (a)

Contractor, F.J.; **Lorange**, P.: Why Should Firms Cooperate? The Strategy and Economics Basis for Cooperative Ventures, in: Contractor, F.J.; Lorange, P. (Hrsg.): Cooperative Strategies in International Business, Massachusetts, Toronto 1988, S. 3-30 (b)

Cooper, W.W.; **Leavitt**, H.J.; **Shelly**, M.W. (Hrsg.): New Perspectives in Organization Research, New York, London, Sydney 1962

Copeland, T.; **Koller**, T.; **Murrin**, J.: Valuation, Measuring and Managing the Value of Companies, 2. Aufl., New York, Chichester 1996

Cunningham, M.H.: Internationale Strategische Allianzen: Unternehmensreaktion auf steigende Umweltkomplexität, in: Bliemel, F. (Hrsg.): "Mehr Markt" in der Unternehmensführung, Praxisbeispiele und Konzepte, Berlin 1995, S. 81-91

Cyert, R.M.; **March**, J.G.: The Behavioral Theory of the Firm: A Behavioral Science-Economics Amalgam, in: Cooper, W.W.; Leavitt, H.J.; Shelly, M.W. (Hrsg.): New Perspectives in Organization Research, New York, London, Sydney 1962, S. 289-304 (a)

Cyert, R.M.; **March**, J.G.: Organizational Design, in: Cooper, W.W.; Leavitt, H.J.; Shelly, M.W. (Hrsg.): New Perspectives in Organization Research, New York, London, Sydney 1962, S. 557-566 (b)

Cyert, R.M.; **March** J.G.: A Behavioral Theory of the Firm, Englewood Cliffs 1963

- D -

Dahlgaard, J.J.: Erfahrungen mit der Implementierung von TQM an Hochschulen, in: HRK – Hochschulrektorenkonferenz (Hrsg.): Beiträge zur Hochschulpolitik 1/1999, Qualität an Hochschulen, Bonn 1999, S. 55-72

Dale, E.: Planning and Developing the Company Organization Structure, New York 1952

Dale, E.: A Study of the Problems of Centralization and Decentralization in Relation to Private Enterprise, in: Kruisinga, H.J. (Hrsg.): The Balance Between Centralization and Decentralization in Managerial Control, Leiden 1954, S. 27-43

Daley, W.: Baldrige National Quality Award Dividends Ripple throughout the Economy, in: Journal of Innovative Management, 2. Jg. (1997), Heft 3, S. 4-6

d'Arbeloff, A.; **Bowles**, J.; **Clausing**, D.; **Cooper**, G.E.; **Crawford-Mason**, C.; Crosby, P.B.; **Deming**, W.E.; **Gale**, B.T.; **Galvin**, R.W.; **Garvin**, D.A.; **Hammond**, J.; **Hockmann**, K.K.; **Irvin**, B.M.; **Leach**, K.E.; **McKeown**, K.; **Peck**, D.; **Peterson**, D.E.; **Pifer**, P.; **Reimann**, C.W.; **Rickard**, N.E.; **Shiba**, S.; **Sims**, A.C.: Does the Baldrige Award Really Work? in: Harvard Business Review, 70. Jg. (1992), Heft 1, S. 126-147

Dathe, J.: Kooperationen, Leitfaden für Unternehmen, München, Wien 1998

Davidow, W.H.; **Malone**, M.S.: Das virtuelle Unternehmen, Der Kunde als Co-Produzent, Frankfurt, New York 1993

Day, G.S.: Analysis for Strategic Market Decisions, St. Paul, New York, Los Angeles, San Franciso 1986

DeCrease, W.M.: Community Improvement in Erie, Pennsylvania: A Decade of Excellence, Erie 1992

Dedeke, A.: Champions for Transition: Developing Community-Based Quality Initiatives into Learning Networks, in: National Productivity Review, 16. Jg. (1997), Heft 1, S. 53-58

Demsetz, H.: Toward a Theory of Property Rights, in: Furubotn, E.G.; Pejovich, S. (Hrsg.): The Economics of Property Rights, Cambridge, Mass. 1974, S. 31-42

Derkinderen, F.: Pre-Investment Planning, in: Long Range Planning, 10. Jg. (1977), Heft 1, S. 2-8

Deutsch, K.; **Diedrichs**, E.; **Raster**, M.; **Westphal**, J. (Hrsg.): Gewinnen mit Kernkompetenzen, München, Wien 1997 (a)

Deutsch, K.; **Diedrichs**, E.; **Raster**, M.; **Westphal**, J.: Kernkompetenzen – Jungbrunnen für das Unternehmen, in: Deutsch, K.; Diedrichs, E.; Raster, M.; Westphal, J. (Hrsg.): Gewinnen mit Kernkompetenzen, München, Wien 1997, S. 15-19 (b)

Deutsch, K.; **Diedrichs**, E.; **Raster**, M.; **Westphal**, J.: Kernkompetenzen – dynamischer Mechanismus zur signifikanten und nachhaltigen Steigerung von Kundennutzen, in: Deutsch, K.; Diedrichs, E.; Raster, M.; Westphal, J. (Hrsg.): Gewinnen mit Kernkompetenzen, München, Wien 1997, S. 20-30 (c)

Deutsch, K.; **Diedrichs**, E.; **Raster**, M.; **Westphal**, J.: Der Prozeß des Managements von Kernkompetenzen, in: Deutsch, K.; Diedrichs, E.; Raster, M.; Westphal, J. (Hrsg.): Gewinnen mit Kernkompetenzen, München, Wien 1997, S. 31-47 (d)

Digmann, A.; **Brinch Jørgensen**, E. (Hrsg.): På Vej mod Den Lærende Organisation i Europa, LEO, Århus 1999

Diller, H.: Beziehungs-Marketing, in: WiSt – Wirtschaftswissenschaftliches Studium, 24. Jg. (1995), Heft 9, S. 442-447

Diller, H.: Kundenbindung als Marketingziel, in: Marketing – Zeitschrift für Forschung und Praxis, 18. Jg. (1996), Heft 2, S. 81-94

DIN – Deutsches Institut für Normung (Hrsg.): DIN EN ISO 9000, Qualitätsmanagementsysteme, Grundlagen und Begriffe, Dezember 2000, Berlin 2000

DIN – Deutsches Institut für Normung (Hrsg.): DIN EN ISO 9001, Qualitätsmanagementsysteme, Anforderungen, Dezember 2000, Berlin 2000

DIN – Deutsches Institut für Normung (Hrsg.): DIN EN ISO 9004, Qualitätsmanagementsysteme, Leitfaden zur Leistungsverbesserung, Dezember 2000, Berlin 2000

DIN – Deutsches Institut für Normung (Hrsg.): DIN EN ISO 14001, Umweltmanagementsysteme, Spezifikation mit Anleitung zur Anwendung, Berlin 1996

DIN – Deutsches Institut für Normung (Hrsg.): DIN ISO 14004, Umweltmanagementsysteme, Allgemeiner Leitfaden über Grundsätze, Systeme und Hilfsinstrumente, Berlin 1998

DIN – Deutsches Institut für Normung (Hrsg.): Auswirkungen der Überarbeitung von ISO 9000 ff., Mannheim 2000

DiMaggio, P.J.: Structural Analysis of Organizational Fields: A Block Model Approach, in: Staw, B.M.; Cummings, L.L. (Hrsg.): Research in Organizational Behavior, An Annual Series of Analytical Essays and Critical Reviews, Band 8, London, Greenwich 1986, S. 335-370

DiMaggio, P.J.; **Powell**, W.W.: The Iron Cage Revisited: Institutional Isomorphism and Collective Rationality in Organizational Fields, in: American Sociological Review, 48. Jg. (1983), S. 147-160

Dörsam, P.; **Icks**, A.: Vom Einzelunternehmen zum regionalen Netzwerk: Eine Option für mittelständische Unternehmen, Stuttgart 1997

Dore, R.: Taking Japan Seriously, London 1987

Dow Jones Sustainability Group (Hrsg.): Dow Jones Sustainability Group Index, Performance and Attributes, Zürich 2000 (a)

Dow Jones Sustainability Group (Hrsg.): Dow Jones Sustainability Group Index, The Index of Dow Jones Indexes and SAM Sustainability Group, Zürich 2000 (b)

Dow Jones Sustainability Group (Hrsg.): Dow Jones Sustainability Group Index, Dow Jones Sustainability Group Index Guide, Version 2.0, September 2000, Zürich 2000 (c)

Doz, Y.L.; **Hamel**, G.: Alliance Advantage, Boston 1998

Drenth, P.J.D.; **Thierry**, H.; **Willems**, P.J.; **de Wolff**, C.J. (Hrsg.): Handbook of Work and Organizational Psychology, Chichester 1984

Dreyfack, R.; **Seibel**, J.J.: Zero-Base Budgeting, Das Budget als Führungsinstrument in Wirtschaft und Verwaltung, 2. Aufl., Zürich 1978

Drukarczyk, J.; **Honold**, J.: Unternehmensbewertung und periodische Unternehmenswertänderung, Zur Leistungsfähigkeit von Entity-, APV- und Equity-Ansatz, Regensburg 1998

Drukarczyk, J.; **Schüler**, A.: Rückstellungen und Unternehmensbewertung, in: Arnold, H.; Englert, J.; Eube, S. (Hrsg.): Werte messen - Werte schaffen, Von der Unternehmensbewertung zum Shareholder-Value-Management, Wiesbaden 2000, S. 5-37

Drucker, P.: Management: Tasks, Responsibilities, Practices, London 1988

Dudenhausen, H.-M.; **Halmosi**, H.; **Lickefett**, M.: Auftragsmanagement im Virtuellen Unternehmen, in: Industrie Management, 12. Jg. (1996), Heft 6, S. 18-22

Duncan, R.; **Weiss**, A.: Organizational Learning: Implications for Organizational Design, in: Research in Organizational Behavior, 1. Jg. (1979), S. 75-123

Dunning, J.H. (Hrsg.): Globalization, Trade and Foreign Investment, Amsterdam 1998

Dyllick, T.: Gesellschaftliche Instabilität und Unternehmungsführung, Bern, Stuttgart 1982

- E -

Eberl, P.: Die Idee des organisationalen Lernens, Konzeptionelle Grundlagen und Gestaltungsmöglichkeiten, Stuttgart, Wien 1996

Eccles, R.G.; **Crane**, D.B.: Managing Through Networks in Investment Banking, in: California Management Review, 32. Jg. (1987), Heft Frühjahr, S. 176-195

Ederer, F.: Instrumente des strategischen Kostenmanagements – Gemeinkostenwertanalyse und Prozesskostenrechnung (I), in: Betrieb und Wirtschaft, 51. Jg. (1997), Heft 4, S. 121-123

EFQM - European Foundation for Quality Management (Hrsg.): The 1995 Learning Edge Conference, Vienna, Mai 18-19, 1995, Brüssel 1995

EFQM – European Foundation for Quality Management (Hrsg.): More Fresh Views on TQM 1996 - 1997, A selection of Research Projects entered for the European Award for Theses on Total Quality Management, Brüssel 1998

EFQM – European Foundation for Quality Management (Hrsg.): Das EFQM Modell für Excellence, Brüssel 1999 (a)

EFQM – European Foundation for Quality Management (Hrsg.): Die acht Eckpfeiler der Excellence, Die Grundlegenden Konzepte der Excellence, Brüssel 1999 (b)

EFQM – European Foundation for Quality Management (Hrsg.): Assessing for Excellence, A Practical Guide for Self-Assessment, Brüssel 1999 (c)

EFQM – European Foundation for Quality Management (Hrsg.): The EFQM Excellence Model 1999, Brüssel 1999 (d)

EFQM – European Foundation for Quality Management (Hrsg.): The EFQM Excellence Model 1999, Public and Voluntary Sector, Brüssel 1999 (e)

Ehrbar, A.: EVA – Economic Value Added, Der Schlüssel zur wertsteigernden Unternehmensführung, Wiesbaden 1999

Ehrhart, K.J.: Sinn und Unsinn der Zertifizierung, in: FB/IE - Zeitschrift für Unternehmensentwicklung und Industrial Engineering, 45. Jg. (1996), Heft 2, S. 50

Eichhorn, P.: The Public Private Partnership, in: Urban, S.: (Hrsg.): From Alliance Practices to Alliance Capitalism, New Strategies for Management and Partnership, Wiesbaden 1998, S. 225-239

Eidel, U.: Modene Verfahren der Unternehmensbewertung und Performance-Messung, Kombinierte Analysemethode auf Basis von US-GAAP-, IAS- und HGB-Abschlüssen, Herne, Berlin 1999

Eisele, J.: Erfolgsfaktoren des Joint Venture-Management, Wiesbaden 1995

Elmauer, E.; **Preuß**, A.: 18 Unternehmen proben die virtuelle Fabrik, in: Impulse, o.Jg. (1996), Heft 11, S. 58-63

Emerson, R.M.: Power-dependence Relations, in: American Sociological Review, 27. Jg. (1962), S. 31-41

EOQ - European Organization for Quality (Hrsg.): The 39th EOQ Annual Congress, Lausanne, Switzerland, June 15, 1995, Brüssel 1995

Erd, R.: Privatisierung öffentlicher Dienstleistungen, Stärken und Schwächen, in: Hewel, B. (Hrsg.): Verwaltung reformieren, Öffentlich-private Partnerschaften, Managementbeispiele aus der Praxis, Frankfurt/Main 1995, S. 10-15

Ernst & Young; American Quality Foundation (Hrsg.): International Quality Study – The Definitive Study of the Best International Quality Management Practices, New York 1991

Etzioni, A.: Modern Organizations, Englewood Cliffs 1964

Eube, S.: Realoptionen - Instrument wertorientierter Unternehmensführung, in: Arnold, H.; Englert, J.; Eube, S. (Hrsg.): Werte messen - Werte schaffen, Von der Unternehmensbewertung zum Shareholder-Value-Management, Wiesbaden 2000, S. 371-387

European Centre for Business Excellence (Hrsg.): The X-factor, Winning Performance Through Business Excellence, Executive Report, Leeds 1998

European Commission (Hrsg.): The European Way to Excellence, Case study series, Brüssel 1996

Everling, O.: Ratingagenturen an nationalen und internationalen Finanzmärkten, in: Büschgen, H.E.; Everling, O. (Hrsg.): Handbuch Rating, Wiesbaden 1996, S. 3-17

- F -

Farquhar, C.R.; **Macbride-King**, J.L.: The Conference Board of Canada, Report No. 134-94 – Building Community Excellence: One Organization at a Time, New York, Brüssel, Ottawa 1994

Faßhauer, R.: Die Zertifizierung nach DIN ISO 9002 in einem Großunternehmen, in: Preßmar, D. (Hrsg.): Total Quality Management II, Wiesbaden 1995, S. 169-185

Faust, J.: Internationale Netzwerke und ökonomische Regimebildung im asiatisch-pazifischen Raum, in: Bellmann, K.; Hippe, A.: Management von Unternehmensnetzwerken, Interorganisationale Konzepte und praktische Umsetzung, Wiesbaden 1996, S. 269-302

Fayol, H.: Allgemeine und industrielle Verwaltung, München, Berlin 1929

Fechtel, F.; **Stelter**, A.: Umsetzung wertorientierten Managements, in: t&m – Technologie & Management, 46. Jg. (1997), Heft 2, S. 30-33

Feger, H.: Netzwerkanalyse in Kleingruppen: Datenarten, Strukturregeln und Strukturmodelle, in: Pappi, F.U. (Hrsg.): Techniken der empirischen Sozialforschung, Band 1, Methoden der Netzwerkanalyse, München 1987, S. 203-251

Felix, R.; **Pischon**, A.; **Riemenschneider**, F.; **Schwerdtle**, H.: Integrierte Managementsysteme: Ansätze zur Integration von Qualitäts-, Umwelt- und Arbeitssicherheitsmanagementsystemen, St. Gallen 1997

Fessmann, K.-D.: Organisatorische Effizienz in Unternehmungen und Unternehmungsteilbereichen, Düsseldorf 1980

Fischer, T.: Virtuelle Integration der Produktentwicklung in verzweigten industriellen Netzwerken, in: Schwaninger, M. (Hrsg.): Intelligente Organisationen, Konzepte für turbulente Zeiten auf der Grundlage von Systemtheorie und Kybernetik, Berlin 1999, S. 151-168

Fischer, T.R.; **Hahnenstein**, L.; **Heitzer**, B.: Kapitalmarkttheoretische Ansätze zur Berücksichtigung von Handlungsspielräumen in der Unternehmensbewertung, in: ZfB – Zeitschrift für Betriebswirtschaft, 69. Jg. (1999), Heft 10, S. 1207-1232

Fisseni, H.-J.: Lehrbuch der psychologischen Diagnostik, Göttingen, Toronto, Zürch 1990

Fleischer, H.; **Körber**, T.: Due diligence und Gewährleistung beim Unternehmenskauf, in: Betriebs-Berater, 56. Jg. (2001), Heft 17, S. 841-849

Flick, U.: Qualitative Forschung, Theorie, Methoden, Anwendung in Psychologie und Sozialwissenschaften, Reinbek 2001

Flynn, B.; **Schroeder**, R.G.; **Sakakibara**, S.: The Impact of Quality Management Practices on Performance and Competitive Advantage, in: Decision Science, 26. Jg. (1995), Heft 5, S. 659-691

Frank, H.: Flexible Organisationsarchitektur, in: Krallmann, H.; Frank, H.; Gronau, N. (Hrsg.): Systemanalyse im Unternehmen, Partizipative Vorgehensmodelle, objekt- und prozeßorientierte Analysen, flexible Organisationsarchitekturen, 3. Aufl. München, Wien 1999, S. 257-288

Frank, H.; **Gronau**, N.: Vorgehensmodell der Systemanalyse, in: Krallmann, H.; Frank, H.; Gronau, N. (Hrsg.): Systemanalyse im Unternehmen, Partizipative Vorgehensmodelle, objekt- und prozeßorientierte Analysen, flexible Organisationsarchitekturen, 3. Aufl. München, Wien 1999, S. 45-103

Franz, K.-P.: Die Gemeinkostenwertanalyse als Instrument des Kostenmanagements, in: Scholz, C.; Djarrahzadeh, M. (Hrsg.): Strategisches Personalmanagement, Konzeptionen und Realisationen, Stuttgart 1995, S. 131-140

Fredrickson, J.E. (Hrsg.): Perspectives on Strategic Management, London 1990

Frese, E. (Hrsg.): Handwörterbuch der Organisation, 3. Aufl. Stuttgart 1992

Frese, E.: Grundlagen der Organisation, Konzept – Prinzipien – Strukturen, 6., überarbeitete Aufl., Wiesbaden 1995

Frese, E. (Hrsg.): Organisationsmanagement, Neuorientierung der Organisationsarbeit, Stuttgart 2000

Frey, H.-E.: Öffentlich-private Partnerschaften und Verwaltungsreform, in: Hewel, B. (Hrsg.): Verwaltung reformieren, Öffentlich-private Partnerschaften, Managementbeispiele aus der Praxis, Frankfurt/Main 1995, S. 50-58

Frigo-Mosca, F.; **Brütsch**, D.; **Tettamanti**, S.: Vorwärts zur Virtuellen Organisation, in: Office Management, 44. Jg. (1996), Heft 9, S. 46-50

Furubotn, E.G.; **Pejovich**, S.: Property Rights and Economic Theory: A Survey of Recent Literature, in: The Journal of Economic Literature, 10. Jg. (1972), S. 1137-1162

Furubotn, E.G.; **Pejovich**, S. (Hrsg.): The Economics of Property Rights, Cambridge, Mass. 1974 (a)

Furubotn, E.G.; **Pejovich**, S.: Introduction, in: Furubotn, E.G.; Pejovich, S. (Hrsg.): The Economics of Property Rights, Cambridge, Mass. 1974, S. 1-9 (b)

Fuchsberg, G.: Quality Programs Show Shoddy Results, in: Wall Street Journal, o.Jg. (1992), 14.05.1992, S. B1, B7 (a)

Fuchsberg, G.: 'Total Quality' Termed Only Partial Success, in: Wall Street Journal, o.Jg. (1992), 01.10.1992, S. B1, B9 (b)

- G -

Gaitanides, M.: Prozeßorganisation – Entwicklung, Ansätze und Programme prozeßorientierter Organisationsgestaltung, München 1983

Gaitanides, M.: Ablauforganisation, in: Frese, E. (Hrsg.): Handwörterbuch der Organisation, 3. Aufl. Stuttgart 1992, Sp. 1-18

Gaitanides, M.: Aufbau- und Ablauforganisation, in: Wittmann, W.; Kern, W.; Köhler, R.; Küpper, H.-U.; v. Wysocki, K. (Hrsg.): Handwörterbuch der Betriebswirtschaft, Teilband I, A-H, 5. Aufl., Stuttgart 1993, Sp. 190-204

Gälweiler, A.: Strategische Unternehmensführung, Frankfurt, New York 1987

Gälweiler, A.: Portfolio-Management, in: Szyperski, N.; Winand, U. (Hrsg.): Handwörterbuch der Planung, Stuttgart 1989, Sp. 1559-1568

Gebert, D.: Interventionen in Organisationen, in: Schuler, H. (Hrsg.): Organisationspsychologie, Bern, Göttingen, Toronto 1993, S. 481-494

Geiger, W.: Die Entstehung, Erstellung und Weiterentwicklung der DIN ISO 9000-Familie, in: Stauss, B. (Hrsg.): Qualitätsmanagement und Zertifizierung, Wiesbaden 1994, S. 27-62

Georgia Institute of Technology (Hrsg.): Research News, August 14, 1998, Georgia 1998

Georgia Oglethorpe Award Process, Inc. (Hrsg.): Award Winning Companies Improve Bottom Line! Georgia 1998

Geringer, J.M.; **Frayne**, C.A.: Human Resource Management and International Joint Venture Control: A Parent Company Perspective, in: mir – Management International Review, 30. Jg. (1990), Sonderheft, S. 103-120

Gerstein, M.S.: Von der Maschinenbürokratie zur Netzwerkorganisation: Eine architektonische Reise, in: Nadler, D., Gerstein, M.S., Shaw, R.B. (Hrsg.): Organisations-Architektur, Optimale Strukturen für Unternehmen im Wandel, Frankfurt/Main, New York 1994, S. 23-48

Gerstein, M.S.; **Shaw**, R.B.: Organisations-Architekturen für das einundzwanzigste Jahrhundert, in: Nadler, D., Gerstein, M.S., Shaw, R.B. (Hrsg.): Organisations-Architektur, Optimale Strukturen für Unternehmen im Wandel, Frankfurt/Main, New York 1994, S. 262-272

Gerth, E.: Zwischenbetriebliche Kooperation, Stuttgart 1971

Gerum, E.: Unternehmensverfassung, in: Frese, E. (Hrsg.): Handwörterbuch der Organisation, 3. Aufl. Stuttgart 1992, Sp. 2480-2502

Geser, H.: Organisationen als soziale Akteure, in: Zeitschrift für Soziologie, 19. Jg. (1990), Heft 6, S. 401-417

Ghemawat, P.; Porter, M.E.; Rawlinson, R.A.: Das strukturelle Gefüge internationaler Koalitionen, in: Porter, M.E. (Hrsg.): Globaler Wettbewerb, Wiesbaden 1989, S. 401-424

Gläbe, R.; **Meissner**, H.: Mitarbeiterzufriedenheit, Augsburg 1999

Godoy Tenter, C.; **Müller**, S.: Unternehmenskultur – Problem- oder Erfolgsfaktor bei Fusionen, in: Henckel von Donnersmarck, M.-E.; Schatz, R. (Hrsg.): Fusionen gestalten und kommunizieren, Bonn, Dover, Fribourg 1998, S. 137-159

Goeken, M.: Interorganisationale Unternehmensnetzwerke als Alternative zur Fusion, in: Henckel von Donnersmarck, M.-E.; Schatz, R. (Hrsg.): Fusionen gestalten und kommunizieren, Bonn, Dover, Fribourg 1998, S. 183-201

Goetz, G.: Strategische Allianzen, Baden-Baden 1996

Goldberg, V.P.: Relational Exchange: Economics and complex contracts, in: American Behavioral Scientist, 23. Jg. (1980), Heft 3, S. 337-352

Goldman, S.L.; **Nagel**, R.N.; **Preiss**, K.: Konfrontation mit Wandel und Instabilität, in: Goldman, S.L.; Nagel, R.N.; Preiss, K.; Warnecke, H.-J. (Hrsg.): Agil im Wettbewerb, Die Strategie der virtuellen Organisation zum Nutzen des Kunden, Berlin, Heidelberg, New York 1996, S. 1-151 (a)

Goldman, S.L.; **Nagel**, R.N.; **Preiss**, K.: Erfolg mit Wandel und Instabilität, in: Goldman, S.L.; Nagel, R.N.; Preiss, K.; Warnecke, H.-J. (Hrsg.): Agil im Wettbewerb, Die Strategie der virtuellen Organisation zum Nutzen des Kunden, Berlin, Heidelberg, New York 1996, S. 153-324 (b)

Goldman, S.L.; **Nagel**, R.N.; **Preiss**, K.; **Warnecke**, H.-J. (Hrsg.): Agil im Wettbewerb, Die Strategie der virtuellen Organisation zum Nutzen des Kunden, Berlin, Heidelberg, New York 1996

Gomez, P.: Wertmanagement, Vernetzte Strategien für Unternehmen im Wandel, München, Wien 1993

Gomez, P.; **Zimmermann**, T.: Unternehmensorganisation – Profile, Dynamik, Methodik, 2. Aufl., Frankfurt/Main, New York 1993

Gordon, R.: Die Bedeutung der kleinen und mittleren Unternehmen für die wirtschaftliche Entwicklung von Industrieregionen, in: Lehner, F.; Schmidt-Bleek, F.; Kilper, H. (Hrsg.): Regiovison – Neue Strategien für alte Industrieregionen, München, Mering 1995, S. 136-145

Gora, W.; **Scheid**, M.: New Business Development im Zeitalter des E-Commerce, in: t&m – Technologie & Management, 49. Jg. (2000), Heft 9/10, S. 16-20

Gottschalk, W.: Praktische Erfahrungen und Probleme mit Public Private Partnership (PPP) in der Versorgungswirtschaft, in: Budäus, D.; Eichhorn, P. (Hrsg.): Public Private Partnership, Neue Formen öffentlicher Aufgabenerfüllung, Baden-Baden 1997, S. 153-166

Graebig, K.: Änderungen bei ISO 9000 ff. mit Vergleichsmatrix ISO 9001, 2. Aufl., Berlin, Wien, Zürich 2000

Graf, S.: Strategische Unternehmensbewertung beim Kauf eines Unternehmens, Duisburg 1992

Graham, J.W.: Principled Organizational Dissent: A Theoretical Essay, in: Staw, B.M.; Cummings, L.L. (Hrsg.): Research in Organizational Behavior, An Annual Series of Analytical Essays and Critical Reviews, Band 8, London, Greenwich 1986, S. 1-52

Granovetter, M.: Economic Action and Social Structure: The Problem of Embeddedness, in: American Journal of Sociology, 91. Jg. (1985), Heft 3, S. 481-510

Grochla, E. (Hrsg.): Handwörterbuch der Organisation, 2. Aufl., Stuttgart 1980

Grochla, E.; **Lehmann**, H.: Systemtheorie und Organisation, in: Grochla, E. (Hrsg.): Handwörterbuch der Organisation, 2. Aufl., Stuttgart 1980, Sp. 2204-2216

Gronau, N.: Prozeßorientierte Sicht des Unternehmens, in: Krallmann, H.; Frank, H.; Gronau, N. (Hrsg.): Systemanalyse im Unternehmen, Partizipative Vorgehensmodelle, objekt- und prozeßorientierte Analysen, flexible Organisationsarchitekturen, 3. Aufl. München, Wien 1999, S. 209-255 (a)

Gronau, N.: Auflösung der Unternehmensgrenzen – das virtuelle Unternehmen, in: Krallmann, H.; Frank, H.; Gronau, N. (Hrsg.): Systemanalyse im Unternehmen, Partizipative Vorgehensmodelle, objekt- und prozeßorientierte Analysen, flexible Organisationsarchitekturen, 3. Aufl. München, Wien 1999, S. 347-387 (b)

Guldin, A.: Balanced Scorecard: Erfahrungen mit einem Instrument zur ganzheitlichen Unternehmenssteuerung im Handel, in: Töpfer, A. (Hrsg.): Das Management der Werttreiber, Die Balanced Score Card für die Wertorientierte Unternehmenssteuerung, Frankfurt/Main 2000, S. 107-123

Gutenberg, E.: Grundlagen der Betriebswirtschaftslehre, Bd.1: Die Produktion, 19. Aufl., Berlin, Heidelberg, New York 1972

Gzuk, R.: Messung der Effizienz von Entscheidungen, Beitrag zu einer Methodologie der Erfolgsfeststellung betriebswirtschaftlicher Entscheidungen, Tübingen 1975

- H -

Hafsi, T.: Environment, Resources and the Performance of Cooperative Strategies, in: Urban, S.: (Hrsg.): From Alliance Practices to Alliance Capitalism, New Strategies for Management and Partnership, Wiesbaden 1998, S. 31-62

Hage, J.; **Aiken**, M.: Relationship of Centralization to other Structural Properties, in: Administrative Science Quaterly, 12. Jg. (1967), S. 72-92

Hagedoorn, J.: Organizational Modes of Inter-Firm Co-operation and Technology Transfer, in: Technovation, 10. Jg. (1990), Heft 1, S. 17-30

Hagedoorn, J.: Understanding the Rationale of Strategic Technology Partnering: Interorganizational Modes of Cooperation and Sectoral Differences, in: Strategic Management Journal, 14. Jg. (1993), Heft 5, S. 371-385

Hahn, D.; **Koch**, H.; **Gälweiler**, A.; **Aurich**, W.; **Bebermeyer**, H.; **Förster**, H.-P.; **Friedrich**, A.; **Gast**, K.-H.; **Gleisberg**, D.; **Hay**, P.H.; **Kemper**, N.; **Lingesleben**, O.; **Löckenhoff**, H.; **Mirow**, H.M.; **Pelka**, M.; **Petersson**, K.-D.; **Reuter**, J.F.; **Standop**, D.; **Schwarzrock**, K.; **Wagner**, R.: Strategische Planung, in: zfbf – Schmalenbachs Zeitschrift für betriebswirtschaftliche Forschung, 29. Jg. (1977), S. 1-20

Håkansson, H.; **Johanson**, J.: Formal and Informal Cooperation Strategies in International Industrial Networks, in: Contractor, F.J.; Lorange, P. (Hrsg.): Cooperative Strategies in International Business, Massachusetts, Toronto 1988, S. 369-379

Haldi, C.: Einführung der Balanced Scorecard bei ABB Schweiz, in: Töpfer, A. (Hrsg.): Das Management der Werttreiber, Die Balanced Score Card für die Wertorientierte Unternehmenssteuerung, Frankfurt/Main 2000, S. 239-265

Hall, G.: A Framework for Identifying the Intangible Resources of Sustainable Competitive Advantage, in: Hamel, G.; Heene, A. (Hrsg.): Competence-based Competition, Chichester, New York, Brisbane 1994, S. 151-169

Hamel, G.: The Concept of Core Competence, in: Hamel, G.; Heene, A. (Hrsg.): Competence-based Competition, Chichester, New York, Brisbane 1994, S. 11-33

Hamel, G.; **Doz**, Y.; **Prahalad**, C.K.: Collaborate with your Competitors – and Win, in: Harvard Business Review, 67. Jg. (1989), Heft 1, S. 133-139

Hamel, G.; **Heene**, A. (Hrsg.): Competence-based Competition, Chichester, New York, Brisbane 1994 (a)

Hamel, G.; **Heene**, A.: Introduction: Competing Paradigms in Strategic Management, in: Hamel, G.; Heene, A. (Hrsg.): Competence-based Competition, Chichester, New York, Brisbane 1994, S. 1-10 (b)

Hammer, R.M.: Unternehmensplanung, Lehrbuch der Planung und strategischen Unternehmensführung, 6. Aufl. München, Wien 1995

Hammer, R.M., **Hinterhuber**, H.H.; **Kapferer**, R.; **Turnheim**, R. (Hrsg.): Strategisches Management in den 90er Jahren, Entwicklungstendenzen – Controlling – Human Resources, Wien 1990

Hammer, M.; **Champy**, J.: Business Reengineering, Die Radikalkur für das Unternehmen, 4. Aufl., Frankfurt/Main 1994

Hammer, M.; **Stanton**, S.: Die Reengineering Revolution, Handbuch für die Praxis, München 1995

Handfield, R.B.; **Ragatz**, G.L.; **Petersen**, K.J.; **Monczka**, R.M.: Involving Suppliers in New Product Development, in: California Management Review, 42. Jg., Heft 1, S. 59-82

Handy, C.: Trust and the Virtual Organization, in: Harvard Business Review, 73. Jg. (1995), Heft 3, S. 40-54

Hannan, M.; **Freeman**, J.H.: Structural Inertia and Organizational Change, in: American Sociological Review, 49. Jg. (1984), Heft 2, S. 149-164

Hansen, U.; **Stauss**, B.; **Riemer**, M. (Hrsg.): Marketing und Verbraucherpolitik, Stuttgart 1982, S. 182-195

Hanssmann, F.: Einführung in die Systemforschung, Methodik der modellgestützten Entscheidungsvorbereitung, München 1978

Hanssmann, F.: Quantitative Betriebswirtschaftslehre, Lehrbuch der modellgestützten Unternehmensplanung, 3. Aufl., München, Wien 1990

Harrigan, K.R.: Strategies for Joint Ventures, Lexington (Mass.), Toronto 1985

Harrigan, K.R.: Strategic Alliances and Partner Asymmetries, in: Contractor, F.J.; Lorange, P. (Hrsg.): Cooperative Strategies in International Business, Massachusetts, Toronto 1988, S. 205-226

Hartmann, B.: Angewandte Betriebsanalyse, 3. Aufl., Freiburg im Breisgau 1985

Hartmann, M.: Theorie und Praxis technologischer Unternehmensbeurteilung, in: ZfB – Zeitschrift für Betriebswirtschaft, 68. Jg. (1998), S. 1009-1027

Haspeslagh, P.: Portfolio Planning: Uses and Limits, in: Harvard Business Review, 60. Jg. (1982), Heft 1, S. 58-73

Hauff, V. (Hrsg.): Unsere gemeinsame Zukunft, Der Brundtland-Bericht der Weltkommission für Umwelt und Entwicklung, Greven 1987

Hauser, A.: The 1999 AQC Research Study, Linking Bottomline Improvements with The Australian Business Excellence Framework, St. Leonards 1999

Hax, K.: Konzernprobleme und Aktienrechtsreform in theoretischer Sicht, Linhardt, H. u.a. (Hrsg.): Betriebsgröße und Unternehmenskonzentration, Nürnberger Hochschulwoche, 16.-20. Februar 1959, Berlin 1959, S. 45-60

Hayes R.; **Abernathy**, W.: Managing our Way to Economic Decline, in: Harvard Business Review, 58. Jg. (1980), Heft 4, S. 67-77

Heck, A.: Strategische Allianzen, Erfolg durch professionelle Umsetzung, Berlin, Heidelberg, New York 1999

Hedley, B.: Strategy and the "Business Portfolio", in: Long Range Planning, 10. Jg. (1977), Heft 1, S. 9-15

Heinrichs, H.: Bürgerliches Gesetzbuch, Erstes Buch. Allgemeiner Teil, in: Bassenge, P.; Brudermüller, U.; Diederichsen, U.; Edenhofer, W.; Heinrichs, H.; Heldrich, A.; Putzo, H.; Sprau, H.; Thomas, H. (Bearb.): Beck'sche Kurz-Kommentare, Palandt, Bürgerliches Gesetzbuch, 59. Aufl., München 2000, S. 1-220

Heinz, K.; **Eichmann**, S.; **Schütze**, A.: Mehrwertorientierte Unternehmenskooperationen im Technischen Kundendienst, in: Wojda, F. (Hrsg.): Innovative Organisationsformen, Neue Entwicklungen in der Unternehmensorganisation, Stuttgart 2000, S. 211-227

Helleloid, D.; **Simonin**, B.: Organizational Learning and a Firm's Core Competence, in: Hamel, G.; Heene, A. (Hrsg.): Competence-based Competition, Chichester, New York, Brisbane 1994, S. 213-239

Heller, T.: The Superior Stock Market Performance of a TQM Portfolio, in: The Center for Quality Management Journal, 3. Jg. (1994), Heft 1, S. 23-32

Henckel von Donnersmarck, M.-E.; **Schatz**, R. (Hrsg.): Fusionen gestalten und kommunizieren, Bonn, Dover, Fribourg 1998

Hendricks, K.B.; **Singhal**, V.R.: Quality Awards and the Market Value of the Firm: An Empirical Investigation, in: Management Science, 42. Jg., Heft 3, S. 415-436

Hendricks, K.B.; **Singhal**, V.R.: Does Implementing an Effective TQM Program Actually Improve Operating Performance? Empirical Evidence from Firms that have won Quality Awards, in: Management Science, 43. Jg. (1997), Heft 9, S. 1258-1274 (a)

Hendricks, K.B.; **Singhal**, V.R.: The Long-Run Stock Price Performance of Firms with Effective TQM Programs as Proxied by Quality Award Winners, Arbeitspapier des Georgia Institute of Technology, Überarbeitete Fassung, Atlanta 1997 (b)

Hendricks, K.B.; **Singhal**, V.R.: Impact of Total Quality Management (TQM) on Financial Performance: Evidence from Quality Award Winners, Arbeitspapier des Georgia Institute of Technology, Atlanta 1998 (a)

Hendricks, K.B.; **Singhal**, V.R.: Firm Characteristics, Total Quality Management, and Financial Performance: An Empirical Investigation, Arbeitspapier des Georgia Institute of Technology, Atlanta 1998 (b)

Henning, D.: Quantifizierung und Bewertung nicht-monetärer Einflusskriterien beim Vergleich von Logistikalternativen in mittelständischen Unternehmen, Dortmund 1994

Hentze, J.; **Brose**, P.: Unternehmensplanung, Eine Einführung, Bern, Stuttgart 1985

Hergert, M.; **Morris**, D.: Trends in International Cooperative Agreements, in: Contractor, F.J.; Lorange, P. (Hrsg.): Cooperative Strategies in International Business, Massachusetts, Toronto 1988, S. 99-109

Herzberg, F.; **Mausner**, B.; **Snyderman**, B.B.: The Motivation to Work, New Brunswick 1993

Herzig, N.; **Günkel**, M.; **Niemann**, U. (Hrsg.): Steuerberater-Jahrbuch 1998/99, Köln 1999

Hesse, T.: Periodischer Unternehmenserfolg zwischen Realisations- und Antizipationsprinzip, Vergleich von Aktienrendite, Cash-Flow und Economic Value-Added, Bern, Stuttgart, Wien 1996

Hewel, B. (Hrsg.): Verwaltung reformieren, Öffentlich-private Partnerschaften, Managementbeispiele aus der Praxis, Frankfurt/Main 1995

Hiam, A.: Closing the Quality Gap: Lessons from America's Leading Companies, Englewood Cliffs 1992

Hiam, A.: The Conference Board, Report No. 1043 - Does Quality Work? Review of Relevant Studies, New York, Brüssel, Ottawa 1993

Hill, W.; **Fehlbaum**, R.; **Ulrich**, P.: Organisationslehre 1, 4. Aufl., Bern, Stuttgart 1989

Hinterhuber, H.H.: Strategie und Strategische Führungskompetenz, in: Hammer, R.M., Hinterhuber, H.H.; Kapferer, R.; Turnheim, R. (Hrsg.): Strategisches Management in den 90er Jahren, Entwicklungstendenzen – Controlling – Human Resources, Wien 1990, S. 17-40

Hinterhuber, H.H.: Strategische Unternehmungsführung, I. Strategisches Denken, 6. Aufl., Berlin 1996 (a)

Hinterhuber, H.H.: Strategische Unternehmungsführung, II. Strategisches Handeln, 6. Aufl., Berlin 1996 (b)

Hinterhuber, H.H.; **Handlbauer**, G.; **Matzler**, K.: Kundenzufriedenheit durch Kernkompetenzen, München, Wien 1997

Hinterhuber, H.H.; **Matzler**, K. (Hrsg.): Kundenorientierte Unternehmensführung, Wiesbaden 1999

Hinterhuber, H.H.; **Stahl**, H.H.: Unternehmensnetzwerke und Kernkompetenzen, in: Bellmann, K.; Hippe, A.: Management von Unternehmensnetzwerken, Interorganisationale Konzepte und praktische Umsetzung, Wiesbaden 1996, S. 87-117

Hinz, W.; **Wanke**, M.: Neue Richtlinie - Anforderungen nach QS 9000 für Lieferanten der Automobilindustrie, in: MM - Maschinenmarkt, 101. Jg. (1995), Heft 48, Sonderbeilage Nov. 1995, S. 40-43

Hippe, A.: Betrachtungsebenen und Erkenntnisziele in strategischen Unternehmensnetzwerken, in: Bellmann, K.; Hippe, A.: Management von Unternehmensnetzwerken, Interorganisationale Konzepte und praktische Umsetzung, Wiesbaden 1996, S. 21-53

Hippe, A.: Interdependenzen von Strategie und Controlling in Unternehmensnetzwerken, Wiesbaden 1997

Hirsch, U.: Rating ist objektiv subjektiv, in: Büschgen, H.E.; Everling, O. (Hrsg.): Handbuch Rating, Wiesbaden 1996, S. 657-672

Hofer-Alfeis, J. (Hrsg.): Geschäftsprozeßmanagement – innovative Ansätze für das wandlungsfähige Unternehmen, Marburg 1999 (a)

Hofer-Alfeis, J. (Hrsg.): Geschäftsprozeßmanagement – innovative Ansätze für das wandlungsfähige Unternehmen, Ergebnisberichte aus dem zugrunde liegenden, BMBF-geförderten Forschungsprojekt "Geschäftsprozeßgestaltung mit integrierten Prozeß- und Produktmodellen (GiPP)" Marburg 1999 (CD-Publikation) (b)

Hoffmann, F.: Aufbauorganisation, in: Frese, E. (Hrsg.): Handwörterbuch der Organisation, 3. Aufl. Stuttgart 1992, Sp. 208-220

Hoffmann, W.; **Hanebeck**, C.: Das Virtuelle Unternehmen, in: M&C – Management und Computer, 3. Jg. (1995), Heft 1, S. 69-71

Hofmann, J.; **Holzschuh**, G.; **Gölz**, A.: Strategiestudie virtuelle Unternehmen, Bestandsaufnahme und Aktionsmatrix virtuelle Unternehmen in Baden Württemberg, Abschlußbericht V2.0, Februar 2000, Stuttgart 2000

Holz, A.; **Hippe**, A.: Steuergestaltungsmöglichkeiten in grenzüberschreitenden Unternehmensnetzwerken, in: Bellmann, K.; Hippe, A.: Management von Unternehmensnetzwerken, Interorganisationale Konzepte und praktische Umsetzung, Wiesbaden 1996, S. 237-268

Homans, G.C.: Elementarformen sozialen Verhaltens, Social Behavior, Its Elementary Forms, 2. Aufl., Opladen 1972

Homburg, C.; **Bruhn**, M.: Kundenbindungsmanagement - Eine Einführung in die theoretischen und praktischen Problemstellungen, in: Bruhn, M.; Homburg, C. (Hrsg.): Handbuch Kundenbindungsmanagement, Grundlagen - Konzepte - Erfahrungen, 2. Aufl., Wiesbaden 1999, S. 3-35

Homolka, W.; **Tung-Quan**, N.-K.: Ethisch-ökologisches Rating, in: Büschgen, H.E.; Everling, O. (Hrsg.): Handbuch Rating, Wiesbaden 1996, S. 675-699

Hoppenstedt Verlag GmbH (Hrsg.): Mittelständische Unternehmen, Ausfkunfts-CD, Ausgabe 2-2000, Darmstadt 2000 (CD-Publikation)

Horváth, P.: Controlling, 5. Aufl., München 1994

HRK – Hochschulrektorenkonferenz (Hrsg.): Beiträge zur Hochschulpolitik 1/1999, Qualität an Hochschulen, Bonn 1999

Huemer, F.: Mergers & Acquisitions, Strategische und finanzielle Analyse von Unternehmensübernahmen, Frankfurt/Main, Bern, New York 1991

Hummell, H.J.; **Sodeur**, W.: Triaden- und Triplettzensus als Mittel der Strukturbeschreibung, in: Pappi, F.U. (Hrsg.): Techniken der empirischen Sozialforschung, Band 1, Methoden der Netzwerkanalyse, München 1987, S. 129-161 (a)

Hummell, H.J.; **Sodeur**, W.: Strukturbeschreibung von Positionen in sozialen Beziehungsnetzen, in: Pappi, F.U. (Hrsg.): Techniken der empirischen Sozialforschung, Band 1, Methoden der Netzwerkanalyse, München 1987, S. 177202 (b)

- I -

IBM – International Business Machines (Hrsg.): IBM Rochester, The Quality Showcase, Rochester 1993

Institut für Bankrecht und Bankwirtschaft (Hrsg.): 5. Akademischer Bankentag 1999: Kreditgeschäft und Kreditsicherheiten

Iselin-Tremaine, P. (Hrsg.): IMEDE – Perspectives for Managers, o.Jg. (1988), Heft 1

ISO – International Organization for Standardization (Hrsg.): The ISO Survey of ISO 9000 and ISO 14000 Certificates, Genf 2000

- J -

Jacobs, R.: TQM – More than a Dying Fad? in: Fortune, o.Jg. (1993), 18.10.1993, S. 52-56

Jäger, C.; **Boucke**, B.: Strukturen und Typen – Ausrichtung der Organisationsstruktur, in: Warnecke, H.-J.; Braun, J. (Hrsg.): Vom Fraktal zum Produktionsnetzwerk, Unternehmenskooperationen erfolgreich gestalten, Berlin, Heidelberg, New York 1999, S. 91-121

Janisch, M.: Das strategische Anspruchsgruppenmanagement, Vom Shareholder Value zum Stakeholder Value, Bern, Stuttgart, Wien 1993

Jansen, S.A.: Mergers & Acquisitions, Unternehmensakquisitionen und –kooperationen, Wiesbaden 1998

Japan Quality Award Committee (Hrsg.): Japan Quality Award, Award Criteria, 1999 Edition, Tokio 1999

Jarillo, J.C.: On strategic networks, in: Strategic Management Journal, 9. Jg. (1988), Heft 1, S. 31-41

Jarrell, S.L.; **Easton**, G.: The Effects of Total Quality Management on Corporate Performance: An Empirical Investigation, in: Journal of Business, 71. Jg. (1998), Heft 2, S. 253-307

Jaworski, B.J.; **Kohli**, A.J.: Market Orientation: Antecedents and Consequences, in: Journal of Marketing, 57. Jg. (1993), Heft 3, S. 53-70

Jensen, M.C.; **Meckling**, W.H.: Theory of the Firm: Managerial Behavior, Agency Costs and Ownership Structure, in: Journal of Financial Economics, 3.Jg. (1976), Heft 3, S. 305-360

Jernberg, B.; **Lindström**, J.; **Chocron**, R.: How Smaller Companies and Smaller Groups Use and Benefit from the Criteria of an Award, in: Proceedings of The First European Forum on Quality Self-Assessment, March 3-4, 1994, Mailand 1994, S. 35-46

Johannisson, B.: Beyond Process and Structure: Social Exchange Networks, in: International Studies of Management & Organization, 17. Jg. (1987), Heft 1, S. 3-23 (a)

Johannisson, B.: Anarchists and Organizers: Entrepreneurs in a Network Perspective, 17. Jg. (1987), Heft 1, S. 49-63 (b)

Johanson, J.; **Mattsson**, L.-G.: Interorganizational Relations in Industrial Systems – A Network Approach Compared with the Transaction Cost Approach, Uppsala 1987

Jones, K.J.; **Shill**, W.E.: Global Organization, Allying for Advantage, in: McKinsey Quarterly, 3. Jg. (1991), S. 73-101

Joost, N.: Organisation in Entscheidungsprozessen, Eine empirische Untersuchung, Tübingen 1975

Jorde, T.M.; **Teece**, D.J.: Competition and Cooperation - Striking the Right Balance, in: California Management Review, 31. Jg. (1989), Heft 3, S. 25-37

Jung, M.: Strategische Spielregeln oder: Die formative Kraft des Kontrafaktischen, in: Hammer, R.M., Hinterhuber, H.H.; Kapferer, R.; Turnheim, R. (Hrsg.): Strategisches Management in den 90er Jahren, Entwicklungstendenzen – Controlling – Human Resources, Wien 1990, S. 181-189

JUSE – Union of Japanese Scientists and Engineers (Hrsg.): The Deming Prize Guide for Overseas Companies 1996, Tokio 1996

- K -

Kaluza, B.; **Blecker**, T.: Management industrieller Entsorgungsnetzwerke, in: Bellmann, K.; Hippe, A.: Management von Unternehmensnetzwerken, Interorganisationale Konzepte und praktische Umsetzung, Wiesbaden 1996, S. 379-417

Kaluza, B.; **Blecker**, T.: Integration von Unternehmung ohne Grenzen und Supply Chain Management, Klagefurt 1999

Kamiske, G.F. (Hrsg.): Rentabel durch TQM, München, Wien 1996

Kamiske, G.; **Malorny**, C.; **Michael**, H.: Zertifiziert - die Meinung danach, in: QZ - Qualität und Zuverlässigkeit, 39. Jg. (1994), Heft 11, S. 1215-1224

Kaplan, R.S.; **Norton**, P.: Translating Strategy into Action, The Balanced Scorecard, Boston, Mass. 1996

Kappelhoff, P.: Cliquenanalyse. Die Bestimmung von intern verbundenen Teilgruppen in sozialen Netzwerken, in: Pappi, F.U. (Hrsg.): Techniken der empirischen Sozialforschung, Band 1, Methoden der Netzwerkanalyse, München 1987, S. 39-63 (a)

Kappelhoff, P.: Blockmodellanalyse: Positionen, Rollen und Rollenstrukturen, in: Pappi, F.U. (Hrsg.): Techniken der empirischen Sozialforschung, Band 1, Methoden der Netzwerkanalyse, München 1987, S. 101-128 (b)

Kappelhoff, P.: Die Triade als System dichotomer Variablen, in: Pappi, F.U. (Hrsg.): Techniken der empirischen Sozialforschung, Band 1, Methoden der Netzwerkanalyse, München 1987, S. 162-176 (c)

Karl, H.; **Schonelle**, H.: Überbetrieblich optimierte Produktionsnetze, Ansätze zur kooperativen Reorganisation von Zulieferbeziehungen, in: QZ – Qualität und Zuverlässigkeit, 91. Jg. (1996), Heft 5, S. 205-208

Kasuga, H.: International Business Alliances: An Incomplete Contract Approach, in: Japan and the World Economy, 11. Jg. (1999), S. 497-515

Kemmner, G.-A.; **Gillesen**, A.: Virtuelle Unternehmen, Ein Leitfaden zum Aufbau und zur Organisation einer mittelständischen Unternehmenskooperation, Heidelberg 2000

Kernler, H.: Simultane Disposition für virtuelle Unternehmen, in: QZ – Qualität und Zuverlässigkeit, 91. Jg. (1996), Heft 1/2, S. 37-40

Kieser, A.: Organisation, in: Wittmann, W.; Kern, W.; Köhler, R.; Küpper, H.-U.; v. Wysocki, K. (Hrsg.): Handwörterbuch der Betriebswirtschaft, Teilband II, I-Q, 5. Aufl., Stuttgart 1993, Sp. 2988-3006

Kieser, A.; **Kubicek**, H.: Organisation, 3. Aufl., Berlin, New York 1992

Kilka, M.: Realoptionen, Optionspreistheoretische Ansätze bei Investitionsentscheidungen unter Unsicherheit, Frankfurt/Main 1995

Killing, P.J.: Understanding Alliances: The Role of Task and Organizational Complexity, in: Contractor, F.J.; Lorange, P. (Hrsg.): Cooperative Strategies in International Business, Massachusetts, Toronto 1988, S. 55-67

Kinkel, S.; **Schneider**, R.; **Wengel**, J.: Regionale Vernetzung und produktbegleitende Dienstleistungen im Zeichen der Globalisierung, in: FB/IE - Zeitschrift für Unternehmensentwicklung und Industrial Engineering, 47. Jg. (1998), Heft 5, S. 274-280

Kinsey, G.: Experiences Using a Balanced Scorecard to Implement Strategic Change, in: Töpfer, A. (Hrsg.): Das Management der Werttreiber, Die Balanced Score Card für die Wertorientierte Unternehmenssteuerung, Frankfurt/Main 2000, S. 167-186

Kirsch, W.: Unternehmenspolitik und strategische Unternehmensführung, München 1990

Kirstein, H.: Das EFQM-Modell soll wachsen, in: QZ - Qualität und Zuverlässigkeit, 44. Jg. (1999), Heft 1, S. 12-17

Klaus, P.: Durch den Strategie-Theorien-Dschungel ..., zu einem Strategischen Management Pradigma? in: DBW – Die Betriebswirtschaft, 47. Jg. (1987), Heft 1, S. 50-68

Kleber, P.: Prognoseproblem in der Unternehmensbewertung, Wiesbaden 1989

Klein, S.: Virtuelle Organisation, in: WiSt – Wirtschaftswissenschaftliches Studium, 23. Jg. (1994), Heft 6, S. 309-311

Klein, S.: Informationstechnologie und Unternehmensnetzwerke, in: Bellmann, K.; Hippe, A.: Management von Unternehmensnetzwerken, Interorganisationale Konzepte und praktische Umsetzung, Wiesbaden 1996, S. 157-190 (a)

Klein, S.: Interorganisationssysteme und Unternehmensnetzwerke, Wiesbaden 1996 (b)

Klein, K.-G.; **Jonas**, M.: Due Diligence und Unternehmensbewertung, in: Berens, W.; Brauner, H.U. (Hrsg.): Due Diligence bei Unternehmensakquisitionen, Stuttgart 1998, S. 155-169

Kline, J.J.: State Government's Growing Gains from TQM, in: National Productivity Review, 12. Jg. (1993), Heft 2, S. 259-271

Klingebiel, N.: Integriertes Performance Measurement, Wiesbaden 2000

Klink, J.: Denken, handeln, lenken – der Mensch als Dreh- und Angelpunkt, in: Warnecke, H.-J.; Braun, J. (Hrsg.): Vom Fraktal zum Produktionsnetzwerk, Unternehmenskooperationen erfolgreich gestalten, Berlin, Heidelberg, New York 1999, S. 123-147

Klocke, F.: Produktion 2000 plus, Visionen und Forschungsfelder für die Produktion in Deutschland, Untersuchungsbericht zur Definition neuer Forschungsfelder für die Produktion nach dem Jahr 1999, Aachen 1998

Klug, F.: Erfolgspotential Zulieferpark, Logistik der kurzen Wege, in: t&m – Technologie & Management, 49. Jg. (2000), Heft 7/8, S. 32-35

Knetsch, W.; **Hacker**, T.; **Hesse**, A.; **Mörsdorf**, T.; **Weling**, F.: Die treibenden Kräfte: Der Weg zum vernetzten Unternehmen, in: Arthur D. Little (Hrsg.): Management im vernetzten Unternehmen, Wiesbaden 1995, S. 15-63

Knoke, K.: A Catalyst for Quality in the Community, in: Canadian Business Review, o.Jg. (1994), Heft Winter, S. 19-21

Knotts, U.S.; **Parrish**, L.G.; **Evans**, C.R.: What Does the U.S. Business Community Really Think About the Baldrige Award? in: Quality Progress, o.Jg. (1993), Heft Mai, S. 49-53

Köhler, O.: Scheinbare Firmen – echter Profit, in: Mitbestimmung, o.Jg. (1996), Heft 12, S. 22-24

Köhrmann, C.; **Schimmelpfeng**, K.: Anwendung der Nutzwertanalyse im Bereich von Investitionsentscheidungen für Produktionssysteme unter besonderer Berücksichtigung der Verfügbarkeitssicherung, in: ZfP – Zeitschrift für Planung, 8. Jg. (1997), Heft 4, S. 395-406

Kogut, B.: A Study of the Life Cycle of Joint Ventures, in: Contractor, F.J.; Lorange, P. (Hrsg.): Cooperative Strategies in International Business, Massachusetts, Toronto 1988, S. 169-185

Kolleck, K.D.: Auswirkungen der ISO 9000-Revision, in: QZ - Qualität und Zuverlässigkeit, 40. Jg. (1995), Heft 8, S. 936-940

Korolev, K.; **Leifert**, K.D.; **Rommelfanger**, H.: Optionspreistheorie bei vagen Daten, Working Paper Series: Finance & Accounting des Fachbereichs Wirtschaftswissenschaften der Johann Wolfgang Goethe-Universität, Frankfurt/Main 1999

Kosiol, E.: Organisation der Unternehmung, 2. Aufl., Wiesbaden 1976

Koschnitzki, K.: Systemtechnik als anwendungsorientiertes Instrumentarium einer sozio-technologischen Systemgestaltung, in: Zink, K.J. (Hrsg.): Sozio-technologische Systemgestaltung als Zukunftsaufgabe, München 1984, S. 25-49 (b)

Kothari, S.P.; **Warner**, J.B.: Measuring Long-Horizon Security Price Performance, in: Journal of Financial Economics, 43. Jg. (1997), S. 301-339

Kotler, P.; **Bliemel**, F.: Marketing-Management, Analyse, Planung, Umsetzung und Steuerung, 9. Aufl., Stuttgart 1999

Krallmann, H.; **Frank**, H.; **Gronau**, N. (Hrsg.): Systemanalyse im Unternehmen, Partizipative Vorgehensmodelle, objekt- und prozeßorientierte Analysen, flexible Organisationsarchitekturen, 3. Aufl. München, Wien 1999

Kreikebaum, H.: Strategische Unternehmensplanung, 4. Aufl., Stuttgart, Berlin, Köln 1991

Krischer, G.: Konsortien in der Automobilzulieferindustrie, in: Bellmann, K.; Hippe, A.: Management von Unternehmensnetzwerken, Interorganisationale Konzepte und praktische Umsetzung, Wiesbaden 1996, S. 221-235

Krolle, S.; **Knollmann**, J.: Überlegungen zum relevanten Einkommensteuersatz bei der Ermittlung des Unternehmenswertes, Arnold, H.; Englert, J.; Eube, S. (Hrsg.): Werte messen - Werte schaffen, Von der Unternehmensbewertung zum Shareholder-Value-Management, Wiesbaden 2000, S. 71-82

Kruisinga, H.J. (Hrsg.): The Balance Between Centralization and Decentralization in Managerial Control, Leiden 1954 (a)

Kruisinga, H.J.: Introduction, in: Kruisinga, H.J. (Hrsg.): The Balance Between Centralization and Decentralization in Managerial Control, Leiden 1954, S. 3-7 (b)

Kübler, F.: Gesellschaftsrecht, 4. Aufl., Heidelberg 1994

Küting, K.; **Eidel**, U.: Marktwertansatz contra Ertragswert- und Discounted Cash Flow-Verfahren, in: Finanzbetrieb, 1. Jg. (1999), Heft 9, S. 225-231

Kumar, B.N.: Joint Venture, Organisation des, in: Frese, E. (Hrsg.): Handwörterbuch der Organisation, 3. Aufl. Stuttgart 1992, Sp. 1077-1086

Kutschker, M.; **Schmidt**, S.: Netzwerke internationaler Unternehmungen, Diskussionsbeiträge der Wirtschaftswissenschaftlichen Fakultät Ingolstadt, Nr. 64, Ingolstadt 1995

- L -

Lahiri, S.; **Ono**, Y.: Foreign Direct Investment, Local Content Requirement, and Profit Taxation, in: The Economic Journal, o.Jg. (1998), Heft 108, S. 444-457

Landauer, G.: Die Wirkung von Problemlösungstechniken auf Informationsverhalten und Entscheidungseffizienz, Frankfurt/Main, Berlin, Bern 1996

Laske, S.; **Weiskopf**, R.: Hierarchie, in: Frese, E. (Hrsg.): Handwörterbuch der Organisation, 3. Aufl. Stuttgart 1992, Sp. 791-806

Laux, C.: Handlungsspielräume im Leistungsbereich des Unternehmens: Eine Anwendung der Optionspreistheorie, in: zfbf – Schmalenbachs Zeitschrift für betriebswirtschaftliche Forschung, 45. Jg. (1993), Heft 11, S. 933-958

Laux, H.; **Liermann**, F.: Grundlagen der Organisation. Die Steuerung von Entscheidungen als Grundproblem der Betriebswirtschaftslehre, 3. Aufl., Berlin, Heidelberg, New York 1993

Lawler, E.E.; **Mohrmann**, S.; **Ledford**, G.E.: The Fortune 1000 and Total Quality, in: Journal for Quality and Participation, 15. Jg. (1992), Heft 5, S. 6-10

Lazerson, M.: Organizational Growth of Small Firms: An Outcome of Markets and Hierarchies? in: American Sociological Review, 53. Jg. (1988), Heft 3, S. 330-342

Lehner, F.; **Schmidt-Bleek**, F.; **Kilper**, H. (Hrsg.): Regiovison – Neue Strategien für alte Industrieregionen, München, Mering 1995 (a)

Lehner, F.; **Schmidt-Bleek**, F.; **Kilper**, H.: Vorwort der Herausgeber, in: Lehner, F.; Schmidt-Bleek, F.; Kilper, H. (Hrsg.): Regiovison – Neue Strategien für alte Industrieregionen, München, Mering 1995, S. 7 f. (b)

Lei, D.; **Slocum**, J.W.: Global Strategic Alliances: Payoffs and Pitfalls, in: Organizational Dynamics, 19. Jg. (1991), Heft 3, S. 44-62

Leonhard, K.W.: Einflüsse und Konsequenzen der Revision der ISO 9000-Familie für das Jahr 2000 auf die Managementsysteme moderner Unternehmen, in: DIN – Deutsches Institut für Normung (Hrsg.): Auswirkungen der Überarbeitung von ISO 9000 ff., Mannheim 2000, S. 1.1-1.13

Lersmacher, R.: Handbuch der Unternehmensbewertung, Wiesbaden 1979

Leuenberger, J.: The Quest for Quality in Community Education, in: Journal for Quality and Participation, 17. Jg. (1994), Heft 5, S. 38 f.

Levine, S.; **White**, P.E.: Exchange as a Conceptual Framework for the Study of Interorganizational Relationships, in: Administrative Science Quarterly, 5. Jg. (1961), S. 583-601

Lewis, J.D.: Partnerships for Profit, Structuring and Managing Strategic Alliances, New York, London 1990

Liebl, F.: Zur Karriere des Stakeholder-Konzeptes, in: t&m – Technologie & Management, 46. Jg. (1997), Heft 2, S. 16-19

Liesegang, D.G.; **Pischon**, A.: Integrierte Managementsysteme für Qualität, Umweltschutz und Arbeitssicherheit, Berlin, Heidelberg, New York 1999

Lillich, L.: Nutzwertverfahren, Heidelberg 1991

Linhardt, H. u.a. (Hrsg.): Betriebsgröße und Unternehmenskonzentration, Nürnberger Hochschulwoche, 16.-20. Februar 1959, Berlin 1959

Lipnack, J.; **Stamps**, J.: The Age of the Network, Organizing Principles for the 21st Century, Essex Junction 1994

Littig, P.: Coopertition: Die Klugen vergrößern den Kuchen, Marktstudie zur Kooperation zwischen Wettbewerbern, Stuttgart 1999

Littler, D.: Quality Assurance in Higher Education, Experiences from the UK, in: HRK – Hochschulrektorenkonferenz (Hrsg.): Beiträge zur Hochschulpolitik 1/1999, Qualität an Hochschulen, Bonn 1999, S. 45-54

Lorenzoni, G.; **Ornati**, O.: Constellations of Firms and New Ventures, in: Journal of Business Venturing, 3. Jg. (1988), S. 41-57

Luczak, H.; **Wimmer**, R.: Konzept zur Bewertung von Kooperationen als Instrument zur Unternehmensentwicklung, in: Wojda, F. (Hrsg.): Innovative Organisationsformen, Neue Entwicklungen in der Unternehmensorganisation, Stuttgart 2000, S. 139-166

Luhmann, N.: Funktionen und Folgen formaler Organisation, 2. Aufl., Berlin 1972

Luhmann, N.: Die Wirtschaft der Gesellschaft, Frankfurt 1988

Luhmann, N.: Vertrauen, Ein Mechanismus zur Reduktion sozialer Komplexität, 3. Aufl., Stuttgart 1989

Luhmann, N.: Soziale Systeme: Grundriß einer allgemeinen Theorie, 4. Aufl. Frankfurt/Main 1993

Luke, R.D.; **Begun**, J.W.; **Pointer**, D.W.: Quasi Firms: Strategic Interorganizational Forms in the Health Care Industry, in: Academy of Management Review, 14. Jg. (1989), Heft 1, S. 9-19

Luscuere, C.: Samenwerking tussen Organisaties: Ideologieën en Dilema's, in: M&O – Tijdschrift voor Organisatiekunde en Sociaal Beleid, 32. Jg. (1978), Heft 1, S. 49-61

- M -

MacMillan, K.; **Farmer**, D.: Redefining the Boundaries of the Firm, in: The Journal of Industrial Economics, 27. Jg. (1979), Heft 3, S. 277-285

Macneil, I.: Relational Contract: What we do and do not know, in: Wisconsin Law Review, 3. Jg. (1985), S. 483-526

Mag, W.: Planung, in: Bitz, M.; Dellmann, K.; Domsch, M.; Egner, H. (Hrsg.): Vahlens Kompendium der Betriebswirtschaftslehre, Band 2, 3. Aufl., München 1993, S. 1-57

Malik, F.; **Probst**, G.J.B.: Evolutionäres Management, in: Die Unternehmung, 35. Jg. (1981), S. 121-140

Malone, T.W.; **Laubacher**, R.J.: Vernetzt, klein und flexibel – die Firma des 21. Jahrhunderts, in: Harvard Business Manager, 21. Jg. (1999), Heft 2, S. 28-36

Malorny, C.: Vergleichen Sie sich mit den Besten – Benchmarks TQM-geführter Unternehmen, in: Kamiske, G.F. (Hrsg.): Rentabel durch TQM, München, Wien 1996, S. 224-257

Malorny, C.; **Kassebohm**, K.: Brennpunkt TQM, Stuttgart 1994

Mansfield, R.: Commentary on Chapter 7, in: Pettigrew, A.M. (Hrsg.): The Management of Strategic Change, Oxford 1987, S. 257-260

March, J.G.; **Simon**, H.A.: Organizations, New York, London 1958

Marten, K.-U.; **Köhler**, A.G.: Due Diligence in Deutschland, Eine empirische Untersuchung, in: Finanzbetrieb, 1. Jg. (1999), Heft 11, S. 337-348

Maslow, A.H.: Motivation and Personality, New York 1954

Mathers, E.F.: Quality Initiatives in Campbell County, Wyoming, in: Economic Development Review, o.Jg. (1993), S. 28-30

Matzler, K.; **Hinterhuber**, H.H.; **Handlbauer**, G.: Fünf "falsche" Thesen zur Kundenzufriedenheit, in: t&m – Technologie & Management, 46. Jg. (1997), Heft 2, S. 4-7

Mattsson, L.-G.: Management of Strategic Change in a 'Markets-as-Networks' Perspective, in: Pettigrew, A.M. (Hrsg.): The Management of Strategic Change, Oxford 1987, S. 234-260

Mauthe, K. D.; **Roventa**, P.: Versionen der Portfolio-Analyse auf dem Prüfstand, Ein Ansatz zur Auswahl und Beurteilung strategischer Analysemethoden, in: zfo – Zeitschrift Führung und Organisation, 51. Jg. (1982), Heft 4, S. 191-204

Mayer, A.G.: Strategische Unternehmensnetzwerke und Marketing, Aufbau und Management von marktorientierten strategischen Interorganisationsbeziehungen, Regensburg 2000

Mayring, P.: Qualitative Inhaltsanalyse, Grundlagen und Techniken, Weinheim 1988

Mayring, P.: Einführung in die qualitative Sozialforschung, 3. Aufl., Weinheim 1996

McGregor, D.: The Human Side of Enterprise, New York 1960

McHugh, P.; **Merli**, G.; **Wheeler**, W.A.: Beyond Business Process Reengineering, Towards the Holonic Enterprise, Chichester, New York, Bisbane 1995

Mehler, G.: Public Private Partnership in der Abfallwirtschaft des Main-Taunus-Kreises, in: Hewel, B. (Hrsg.): Verwaltung reformieren, Öffentlich-private Partnerschaften, Managementbeispiele aus der Praxis, Frankfurt/Main 1995, S. 73-77

Merkle, M.: Bewertung von Unternehmensnetzwerken, Eine empirische Bestandsaufnahme mit der Balanced Scorecard, Bamberg 1999

Mertens, P.; **Faisst**, W.: Virtuelle Unternehmen – eine Organisationsstruktur für die Zukunft? in: t&m – Technologie & Management, 44. Jg. (1995), Heft 2, S. 61-68

Mertens, P.; **Faisst**, W.: Virtuelle Unternehmen, Eine Organisationsstruktur für die Zukunft? in: WiSt – Wirtschaftswissenschaftliches Studium, 25. Jg. (1996), Heft 6, S. 280-285

Merton, R.K.: Social Theory and Social Structure, 3. Aufl., New York, London 1968

Mesarović, M.D.; **Sanders**, J.L.; **Sprague**, C.F.: An Axiomatic Approach to Organizations from a General Systems Viewpoint, in: Cooper, W.W.; Leavitt, H.J.; Shelly, M.W. (Hrsg.): New Perspectives in Organization Research, New York, London, Sydney 1962, S. 493-512

Meyer-Parpart, W.: Ratingkriterien für Unternehmen, in: Büschgen, H.E.; Everling, O. (Hrsg.): Handbuch Rating, Wiesbaden 1996, S. 111-173

Michel, K.: Technologie im strategischen Management, Ein Portfolio-Ansatz zur integrierten Technologie- und Marktplanung, Regensburg, Münster 1987

Millarg, K.: Virtuelle Fabrik – Auf dem Weg zu einer neuen Stabilität? in: Schwaninger, M. (Hrsg.): Intelligente Organisationen, Konzepte für turbulente Zeiten auf der Grundlage von Systemtheorie und Kybernetik, Berlin 1999, S. 141-149

Mintzberg, H.: Strategy-Making in Three Modes, in: California Management Review, 18. Jg. (1973), Heft Winter, S. 44-53

Mintzberg, H.: Patterns in Strategy Formation, in: Management Science, 24. Jg. (1978), Heft 9, S.934-948

Mintzberg, H.: Strategie als Handwerk, Von Grenzen formaler Planung, in: Harvard Manager, 45. Jg. (1988), Heft 1, S. 73-80

Mintzberg, H.: Strategy Formation: Schools of Thought, in: Fredrickson, J.E. (Hrsg.): Perspectives on Strategic Management, London 1990, S. 105-235

Mintzberg, H.: Die Mintzberg-Struktur – Organisationen effektiver gestalten, Landsberg/Lech 1992

Mintzberg, H.: Rethinking Strategic Planning Part I: Pitfalls and Fallacies, in: Long Range Planning, 27. Jg. (1994), Heft 3, S. 12-21 (a)

Mintzberg, H.: Rethinking Strategic Planning Part II: New Roles for Planners, in: Long Range Planning, 27. Jg. (1994), Heft 3, S. 22-30 (b)

Mirow, T.: Public Private Partnership – eine notwendige Strategie zur Entlastung des Staates, in: Budäus, D.; Eichhorn, P. (Hrsg.): Public Private Partnership, Neue Formen öffentlicher Aufgabenerfüllung, Baden-Baden 1997, S. 13-23

Mitchell, J.C. (Hrsg.): Social Networks in Urban Situations, Manchester 1969 (a)

Mitchell, J.C.: The Concept and Use of Social Networks, in: Mitchell, J.C. (Hrsg.): Social Networks in Urban Situations, Manchester 1969, S. 1-50 (b)

Mitroff, I.I.: Stakeholders of the Organizational Mind, St. Francisco 1989

Mocker, H.; **Mocker**, U.: Einführung eines Intranet, in: t&m – Technologie und Management, 46. Jg. (1997), Heft 3, S. 20-23

Morgan, G.: Images of Organization, Newbury Park, London, Neu Delhi 1986

Moss Kanter, R.M.: Collaborative Advantage: The Art of Alliances, in: Harvard Business Review, 72. Jg. (1994), Heft 4, S. 96-108

Moss Kanter, R.M.: Unternehmenspartnerschaften: Langsam zueinander finden, in: Harvard Business Manager, 17. Jg. (1995), Heft 2, S. 33-43

Mowery, D.C.: Alliance Politics and Economics, Multinational Joint Ventures in Commercial Aircraft, Cambridge, Mass. 1987

Mowshowitz, A.: Social Dimensions of Office Automation, in: Advances in Computers, 25. Jg. (1986), S. 335-404

Moxon, R.; **Roehl**, T.W.; **Truitt**, J.F.: International Cooperative Ventures in the Commercial Aircraft Industry: Gains, Sure, But What's My Share? in: Contractor, F.J.; Lorange, P. (Hrsg.): Cooperative Strategies in International Business, Massachusetts, Toronto 1988, S. 256-277

Müller-Merbach, H.: Einführung in die Betriebswirtschaftslehre, 2. Aufl., München 1976

Müller-Merbach, H.: Die Intelligenz der Unternehmung: Management von Information, Wissen und Meinung, in: t&m - Technologie & Management, 44. Jg. (1995), Heft 1, S. 4 (a)

Müller-Merbach, H.: Aufbruch in das Zeitalter des Virtuellen? in: t&m - Technologie & Management, 44. Jg. (1995), Heft 3, S. 103-108 (b)

Müller-Merbach, H.: Stakeholder versus Shareholder, Über die Vereinbarkeit von zwei Zielorientierungen, in: t&m – Technologie & Management, 46. Jg. (1997), Heft 2, S. 8-10 (a)

Müller-Merbach, H.: Auf dem Weg in die Informations-Dienstleistungsgesellschaft, in: t&m – Technologie & Management, 46. Jg. (1997), Heft 1, S. 4-6 (b)

Müller-Stevens, G.: Strategie und Organisationsstruktur, in: Frese, E. (Hrsg.): Handwörterbuch der Organisation, 3. Aufl. Stuttgart 1992, Sp. 2344-2355

Mummendey, H. D.: Die Fragebogen-Methode, 2. Aufl., Göttingen, Bern, Toronto 1995

Muthesius, T.: Praktische Erfahrungen und Probleme mit Public Private Partnership in der Verkehrswirtschaft, in: Budäus, D.; Eichhorn, P. (Hrsg.): Public Private Partnership, Neue Formen öffentlicher Aufgabenerfüllung, Baden-Baden 1997, S. 169-183

- N -

Nadler, D., **Gerstein**, M.S., **Shaw**, R.B. (Hrsg.): Organisations-Architektur, Optimale Strukturen für Unternehmen im Wandel, Frankfurt/Main, New York 1994

Narver, J.C.; **Slater**, S.F.: The Effect of a Marketing Orientation on Business Profitability, in: Journal of Marketing, 54. Jg. (1990), Heft 3, S. 20-35

Naschold, F.: Typologie regionaler Netzwerke – internationale Erfahrungen, in: Lehner, F.; Schmidt-Bleek, F.; Kilper, H. (Hrsg.): Regiovison – Neue Strategien für alte Industrieregionen, München, Mering 1995, S. 196-204

Naschold, F.: Public Private Partnership in den internationalen Modernisierungsstrategien des Staates, in: Budäus, D.; Eichhorn, P. (Hrsg.): Public Private Partnership, Neue Formen öffentlicher Aufgabenerfüllung, Baden-Baden 1997, S. 67-91

Neilson, G.L.; **Baum**, S.H.; **Doria**, J.C.: Organization Development Viewpoint, Lessons Learned: The Dangers of Total Quality Management, Booz, Allen & Hamilton Inc. 1991

Neuberger, D.: **Henning**, M.: Rating im Kreditgeschäft mit kleinen und mittleren Unternehmen, in: Institut für Bankrecht und Bankwirtschaft (Hrsg.): 5. Akademischer Bankentag 1999: Kreditgeschäft und Kreditsicherheiten, S. 7-28

Nieschlag, R.; **Dichtl**, E.; **Hörschgen**, H.: Marketing, 18. Aufl.. Berlin 1997

NIST – National Institute of Standards and Technology (Hrsg.): Malcolm Baldrige National Quality Award, 1996 Award Criteria, Gaithersburg 1996

NIST – National Institute of Standards and Technology (Hrsg.): The Nation's CEO's Look to the Future, A survey conducted for the Foundation for the Malcolm Baldrige National Quality Award, Gaithersburg 1998 (verfügbar unter: http://www.quality.nist.gov/ceo-rpt.htm)

NIST – National Institute of Standards and Technology (Hrsg.): United States Department of Commerce News, NIST 99-02, Feb. 4, 1999, Gaithersburg 1999

NIST – National Institute of Standards and Technology (Hrsg.): Baldrige National Quality Program 2000, Criteria for Performance Excellence, Gaithersburg 2000 (a)

NIST – National Institute of Standards and Technology (Hrsg.): Baldrige National Quality Program 2000, Criteria for Performance Excellence, Education Criteria, Gaithersburg 2000 (b)

NIST – National Institute of Standards and Technology (Hrsg.): Baldrige National Quality Program 2000, Criteria for Performance Excellence, Healthcare Criteria, Gaithersburg 2000 (c)

NIST – National Institute of Standards and Technology (Hrsg.): Baldrige National Quality Program 2001, Criteria for Performance Excellence, Gaithersburg 2001

Nordsieck, F.: Rationalisierung der Betriebsorganisation, 2. Aufl., Stuttgart 1955

Nordsieck, F.: Die schaubildliche Erfassung und Untersuchung der Betriebsorganisation, 6. Aufl., Stuttgart 1972 (a)

Nordsieck, F.: Betriebsorganisation, 4. Aufl., Stuttgart 1972 (b)

North, D.C.: Institutionen, institutioneller Wandel und Wirtschaftsleistung, Tübingen 1992

Nowicki, L.W.: Rules of Origin and Local Content Requirements: Protectionism after the Uruguay Round, in: The International Trade Journal, 11. Jg. (1997), Heft 3, S. 349-387

Nystrom, P.C.; **Starbuck**, W.H. (Hrsg.): Handbook of Organizational Design, Bd. 2, Oxford 1981

- O -

Ossadnik, W.; **Lange**, O.; **Aßbrock**, M.: Investitionsentscheidung und Nutzwertanalyse, in: WiSt – Wirtschaftswissenschaftliches Studium, 26. Jg. (1997), Heft 10, S. 548-552

o.V.: The Cracks in Quality, in: The Economist, 149. Jg. (1992), Heft 7755, 18.04.1992, S. 69 f.

o.V.: The Straining of Quality, in: The Economist, 152. Jg. (1995), Heft 7896, 14.01.1995, S. 61 f.

o.V.: NIST Study Finds that "Quality" Stocks Yield Big Payoffs, in: Journal of Innovative Management, 1. Jg. (1996), Heft 4, S. 73 (b)

o.V.: Organisation der Zukunft, Netzwerke setzen auf neue Informations- und Kommunikationssysteme, in: Wirtschaft & Produktivität, 47. Jg. (1996), Heft 10, S. 5 (c)

o.V.: Partnerschaft der neuen Dimension, in: Markt und Mittelstand, o.Jg. (1996), Heft 3, S. 40-42

o.V.: 1997 Baldrige Criteria Reflects Evolution into a Standard for Excellence, in: Journal of Innovative Management, 2. Jg. (1997), Heft 3, S. 11 f. (a)

o.V.: Frequently Asked Questions and Answers about the Malcolm Baldrige National Quality Award, in: Journal of Innovative Management, 2. Jg. (1997), Heft 3, S. 14-20 (b)

o.V.: Proposed National Education and Health Care Quality Awards, in: Journal of Innovative Management, 2. Jg. (1997), Heft 3, S. 13 (c)

o.V.: Baldrige Award: 10 Years of Elevating Organization Excellence, in: Journal of Innovative Management, 2. Jg. (1997), Heft 3, S. 3 (d)

o.V.: One More Time: Latest NIST Stock Study Shows Quality Pays, in: Journal of Innovative Management, 2. Jg. (1997), Heft 3, S. 7-10 (e)

o.V.: Gabler Wirtschaftslexikon, 14. Aufl. Wiesbaden 1997 (f)

o.V.: Building a Case for Excellence, in: Measuring Business Excellence, 2. Jg. (1998), Heft 4, S. 30-37

o.V.: "Baldrige Index" Continues to Outperform S&P 500, in: Journal of Innovative Management, 5. Jg. (2000), Heft 3, S. 55

o.V.: A New Achievement Reward for a New Century, in: EFQM Excellence Network, 1. Jg. (2001), Heft 2, S. 16 f. (a)

o.V.: ISO 9001 : 2000 – A New Stage on the Journey to Excellence, in: EFQM Excellence Network, 1. Jg. (2001), Heft 2, S. 4-7 (b)

Oshry, B.: Seeing Systems, Unlocking the Mysteries of Organizational Life, San Franciscos 1995

Ott, M.C.: Virtuelle Unternehmensführung, Zukunftsweisender Ansatz im Wettlauf um künftige Markterfolge, in: Office Management, 44. Jg. (1996), Heft 7/8, S. 14-17

- P -

Pappi, F.U. (Hrsg.): Techniken der empirischen Sozialforschung, Band 1, Methoden der Netzwerkanalyse, München 1987 (a)

Pappi, F.U.: Die Netzwerkanalyse aus soziologischer Perspektive, in: Pappi, F.U. (Hrsg.): Techniken der empirischen Sozialforschung, Band 1, Methoden der Netzwerkanalyse, München 1987, S. 11-37 (b)

Parasuraman, A.; **Zeithaml**, V.A.; **Berry**, L.L.: A Conceptual Model of Service Quality and its Implications for Future Research, in: Journal of Marketing, 49. Jg. (1985), Heft 4, S. 41-50

Parasuraman, A.; **Zeithaml**, V.A.; **Berry**, L.L.: Qualitätsservice, Frankfurt, New York 1992

Partain, J.: Creating a Grassroots Quality Revolution in Arkansas, in: National Productivity Review, 11. Jg. (1992), Heft 1, S. 21-19

Patel, P.; **Younger**, M.: A Frame of Reference for Strategy Development, in: Long Range Planning, 11. Jg. (1978), Heft 3, S. 6-15

Perlmutter, H.V.; **Heenan**, D.A.: Cooperate to Compete Globally, in: Harvard Business Review, 64. Jg. (1986), Heft 2, S. 136-152

Peter, S.I.: Kundenbindung als Marketingziel: Identifikation und Analyse zentraler Determinanten, Wiesbaden 1997

Peters, T.J.; **Waterman**, R.H.: Auf der Suche nach Spitzenleistungen, Was man von den bestgeführten US-Unternehmen lernen kann, 7. Aufl., München 1997

Pettigrew, A.M. (Hrsg.): The Management of Strategic Change, Oxford 1987

Pfeffer, J.; **Nowak**, P.: Joint Ventures and Interorganizational Interdependence, in: Administrative Science Quarterly, 21. Jg. (1976), S. 398-418

Pfitzinger, E.: Die Weiterentwicklung zur DIN EN ISO 9000:2000, Berlin, Wien, Zürich 2000

Picot, A.: Transaktionskostenansatz in der Organisationstheorie: Stand der Diskussion und Aussagewert, in: DBW – Die Betriebswirtschaft, 42. Jg. (1982), Heft 2, S. 267-284

Picot, A.: Organisation, in: Bitz, M.; Dellmann, K.; Domsch, M.; Egner, H. (Hrsg.): Vahlens Kompendium der Betriebswirtschaftslehre, Band 2, 3. Aufl., München 1993, S. 101-174

Pinnekamp, H.-J.; **Siegmann**, F.: Deskriptive Statistik, Einführung in die statistische Methodenlehre, 2. Aufl., München, Wien 1990

Pölking, R.: Motivation als Triebfeder und Autopilot, Mitarbeiter und Führungskräfte eines Markenunternehmens auf ihrem Weg zu Business Excellence, in: QZ – Qualität und Zuverlässigkeit, 44. Jg. (1999), Heft 7, S. 860-864

Pohlmann, M.: Interorganisationsbeziehungen im Wandel, Arbeitsbericht Nr. 71 des Fachbereichs Wirtschafts- und Sozialwissenschaften der Universität Lüneburg, Lüneburg 1989

Pohlmann, M.; **Apelt**, M.; **Buroh**, K.; **Martens**, H.: Industrielle Netzwerke, Antagonistische Kooperationen an der Schnittstelle Beschaffung – Zulieferung, München, Mering 1995

Poirier, C.C.; **Reiter**, S.E.: Die optimale Wertschöpfungskette, Wie Lieferanten, Produzenten und Handel bestens zusammenarbeiten, Frankfurt/Main, New York 1997

Porter, M.E.: Competitive Advantage, Creating and Sustaining Superior Performance, New York, London 1985

Porter, M.E. (Hrsg.): Globaler Wettbewerb, Wiesbaden 1989 (a)

Porter, M.E.: Der Wettbewerb auf globalen Märkten: Ein Rahmenkonzept, in: Porter, M.E. (Hrsg.): Globaler Wettbewerb, Wiesbaden 1989, S. 17-68 (b)

Porter, M.E.: The Competitive Advantage of Nations, New York 1990

Porter, M.E.; **Fuller**, M.B.: Koalitionen und globale Strategie, in: Porter, M.E. (Hrsg.): Globaler Wettbewerb, Wiesbaden 1989, S. 363-399

Porter, L.; **Lawler**, E.E.; **Hackman**, J.R.: Behavior in Organisations, New York, St. Louis, San Francisco 1975

Powell, W.: Neither Market nor Hierarchy: Networking Forms of Organization, in: Research in Organizational Behavior, 12. Jg. (1990), S. 295-336

Prahalad, C.K.; **Hamel**, G.: The Core Competence of the Corporation, in: Harvard Business Review, 68. Jg. (1990), Heft 3, S. 79-91

Prange, C.; **Probst**, G.; **Rüling**, C.-C.: Lernen zu kooperieren – Kooperieren, um zu lernen, in: zfo– Zeitschrift Führung und Organisation, 65. Jg. (1996), Heft 1, S. 10-16

Preßmar, D. (Hrsg.): Total Quality Management II, Wiesbaden 1995

Probst, G.J.B.: Variationen zum Thema Management-Philosophie, in: Die Unternehmung, 37. Jg. (1983), Heft 4, S. 322-332

Probst, G.J.B.: Selbstorganisation, in: Frese, E. (Hrsg.): Handwörterbuch der Organisation, 3. Aufl. Stuttgart 1992, Sp. 2250-2270

Probst, G.J.B.: Organisation – Strukturen, Lenkungsinstrumente, Entwicklungsperspektiven, Landsberg/Lech 1993

Przasnyski, Z.H.; **Tai**, L.S.: Stock Market Reaction to Malcolm Baldrige National Quality Award Announcements: Does Quality Pay? in: Total Quality Management, 10. Jg. (1999), Heft 3, S. 391-400

- Q -

QS 9000 - Advanced Product Quality Planning and Control Plan, AQPQ, 2. Nachdruck, o.O. 1995 (a)

QS 9000 - Statistical Process Control, SPC, 2. Nachdruck, o.O. 1995 (b)

QS 9000 - Potential Failure Mode and Effects Analysis, FMEA, 2. Aufl., o.O. 1995 (c)

QS 9000 - Quality System Requirements, QS – 9000, Third Edition, 3. Aufl., 3. Nachdruck, o.O. 1998 (a)

QS 9000 – Quality System Assessment, QSA, Second Edition, 2. Aufl., 2. Nachdruck, o.O. 1998 (b)

QS 9000 - Measurement System Analysis, MSA, 2. Aufl., 2. Nachdruck, o.O. 1998 (c)

QS 9000 - Production Part Approval Process, PPAP, Third Edition, 3. Aufl., 2. Nachdruck, o.O. 2000

- R -

Raben, C.S.: Der Aufbau strategischer Partnerschaften: Schaffung und Management effektiver Joint Ventures, in: Nadler, D., Gerstein, M.S., Shaw, R.B. (Hrsg.): Organisations-Architektur, Optimale Strukturen für Unternehmen im Wandel, Frankfurt/Main, New York 1994, S. 89-114

Rappaport, A.: Creating Shareholder Value, The New Standard for Business Performance, New York, London 1986

Rappaport, A.: Creating Shareholder Value, A Guide for Managers and Investors, 2. Aufl., New York, London 1998

Rebmann, E.; **Bergemann**, R.; **Schulz**, M.; **Maier**, T.: Prozeßintegrierte Managementsysteme – ein effizienter und zukunftsorientierter Weg zur Integration komplexer Managementsysteme, in: FB/IE - Zeitschrift für Unternehmensentwicklung und Industrial Engineering, 47. Jg. (1998), Heft 4, S. 167-175

Reddish, J.: Supercharging ISO 9000, in: Transportation & Distribution, 36. Jg. (1995), Heft 4, S. 104

Reichwald, R.; **Möslein**, K.; **Riedel**, D.: Telekooperation – Arbeitsform der Informationsgesellschaft, in: t&m – Technologie und Management, 46. Jg. (1997), Heft 4, S. 20-23

Reiß, M.: Virtuelle Unternehmung, Organisatorische und personelle Barrieren, in: Office Management, o.Jg. (1996), Heft 5, S. 10-13 (a)

Reiß, M.: Grenzen der grenzenlosen Unternehmung, Perspektiven der Implementierung von Netzwerkorganisationen, in: Die Unternehmung, 50. Jg. (1996), Heft 3, S. 195-206 (b)

Richter, C.: Transaktionsbewertung, in: Arnold, H.; Englert, J.; Eube, S. (Hrsg.): Werte messen - Werte schaffen, Von der Unternehmensbewertung zum Shareholder-Value-Management, Wiesbaden 2000, S. 61-69

Rilling, G.: Koordination im Produktionsverbund, Eine empirische Untersuchung, Wiesbaden 1997

Ringlstetter, M.J.: Konzernentwicklung: Rahmenkonzepte zu Strategien, Strukturen und Systemen, München 1995

Ringlstetter, M.J.: Organisation von Unternehmen und Unternehmensverbindungen, München 1997

Ritter, A.; **Langhoff**, T.: Arbeitsschutzmanagementsysteme, Vergleich ausgewählter Standards, Dortmund, Berlin 1998

Robinson, S.J.Q.; **Hichens**, R.E.; **Wade**, D.P.: The Directional Policy Matrix – Tool for Strategic Planning, in: Long Range Planning, 11. Jg. (1978), Heft 3, S. 8-15

Roethlisberger, F.J.; **Dickson**, W.J.: Management and the Worker, 14. Aufl., Cambridge 1966

Roggencamp, S.: Public Private Partnership, Entstehung und Funktionsweise kooperativer Arrangements zwischen öffentlichem Sektor und Privatwirtschaft, Frankfurt/Main 1999

Root, F.R.: Some Taxonomies of International Cooperative Arrangements, in: Contractor, F.J.; Lorange, P. (Hrsg.): Cooperative Strategies in International Business, Massachusetts, Toronto 1988, S. 69-80

Rühl, G.: Untersuchungen zur Arbeitsstrukturierung, in: Industrial Engineering, 3. Jg. (1973), Heft 3, S. 147-197

Rühl, G.: Untersuchungen zur Arbeitsstrukturierung, in: Industrial Engineering, 4. Jg. (1974), Heft 3, S. 155-156

Russell, S.: ISO 9000 : 2000 and the EFQM Excellence Model: Competition or Cooperation, in: Total Quality Management, 11. Jg. (2000), Heft 4/5/6, S. 657-665

- S -

Sabel, C.; **Herrigel**, G.; **Kazis**, R.; **Deeg**, R.: How to Keep Mature Industries Innovative, in : Technology Review, 90. Jg. (1987), Heft 3, S. 27-35

SAM Sustainability Group (Hrsg.): Corporate Sustainability Questionnaire, Zürich 2000

Sautter, M.: Virtuelle Welten – Schlüsselfaktor Informations- und Kommunikationstechnologie, in: Warnecke, H.-J.; Braun, J. (Hrsg.): Vom Fraktal zum Produktionsnetzwerk, Unternehmenskooperationen erfolgreich gestalten, Berlin, Heidelberg, New York 1999, S. 149-186

Schanz, G.: Organisation, in: Frese, E. (Hrsg.): Handwörterbuch der Organisation, 3. Aufl. Stuttgart 1992, Sp. 1459-1471

Schauenberg, B.: Theorien der Unternehmung, in: Wittmann, W.; Kern, W.; Köhler, R.; Küpper, H.-U.; v. Wysocki, K. (Hrsg.): Handwörterbuch der Betriebswirtschaft, Teilband III, R-Z, 5. Aufl., Stuttgart 1993, Sp. 4168-4182

Scheffen, O.: Optionspreistheoretische Fundierung der langfristigen Entscheidung zwischen Eigenerstellung und Fremdbezug, Berlin 1995

Scheiber, K.: ISO 9000 – Die große Revision, Interpretation – Analyse – Umsetzung – Audit, Wien 1998

Schein, L.: Introduction, in: The Conference Board (Hrsg.): Research Report No. 909 – Total Quality Performance, New York, Brüssel, Ottawa 1988, S. VII-IX (a)

Schein, E.H.: Organizational Culture and Leadership, San Francisco, London 1988 (b)

Schenk, M.: Soziale Netzwerke und Kommunikation, Tübingen 1984

Schieble, M.; **Spielmann**, R.; **Weimer**, T.: Restrukturierung von Zentralbereichen durch Zero Base Budgeting, in: Die Bank, o.Jg. (1999), Heft 10, S. 692-697

Schienstock, G.: Globale Konzerne: Netzwerkstrukturen, Organisationsstrategien und Arbeitsbeziehungen, in: Arbeit, 3. Jg. (1994), Heft 3, S. 254-269

Schiffenbacher, K.; **Lorenzen**, J.: Intelligente Konfiguration virtueller Fabriken, in: t&m – Technologie & Management, 47. Jg. (1998), Heft 6, S. 18-20

Schildbach, T.: Der handelsrechtliche Konzernabschluß, München, Wien 1991

Schildbach, T.: Entscheidung, in: Bitz, M.; Dellmann, K.; Domsch, M.; Egner, H. (Hrsg.): Vahlens Kompendium der Betriebswirtschaftslehre, Band 2, 3. Aufl., München 1993, S. 59-99

Schmid, S.: Japanische Keiretsu und der Hyperwettbewerb von D'Aveni, Diskussionsbeiträge der Wirtschaftswissenschaftlichen Fakultät Ingolstadt, Nr. 89, Ingolstadt 1997

Schmidt, A.: Ganzheitliche Unternehmensbewertung, Von der Wertermittlung zur Metasteuerung, Kaiserslautern 2001

Schmidt, B.: Computerisierung – Das Ende der Kommunikationskultur, in: t&m – Technologie & Management, 46. Jg. (1997), Heft 1, S. 8-16

Schmidt, M.: Zweck, Ziel und Ablauf des Ratings aus Emittentensicht, in: Büschgen, H.E.; Everling, O. (Hrsg.): Handbuch Rating, Wiesbaden 1996, S. 253-272

Schmidt, B.; **Brüning**, J.; **Köster**, T.: Unternehmensübergreifende Optimierung von Produkt, Fertigung und Logistik, in: t&m – Technologie & Management, 47. Jg. (1998), Heft 4, S. 22-25

Schmidt, S.M.; **Kochan**, T.A.: Interorganizational Relationships: Patterns and Motivations, in: Administrative Science Quarterly, 22. Jg. (1977), S. 220-234

Schneider, D.: Unternehmungsziele und Unternehmungskooperation, Ein Beitrag zur Erklärung kooperativ bedingter Zielvariation, Wiesbaden 1973

Schönherr, M.: Wissensmanagement im Unternehmen, in: Krallmann, H.; Frank, H.; Gronau, N. (Hrsg.): Systemanalyse im Unternehmen, Partizipative Vorgehensmodelle, objekt- und prozeßorientierte Analysen, flexible Organisationsarchitekturen, 3. Aufl. München, Wien 1999, S. 319-345

Schöni, W.; **Sonntag**, K. (Hrsg.): Personalförderung im Unternehmen, Bildung, qualifizierende Arbeit und Netzwerke für das 21. Jahrhundert, Chur 1999

Scholl, W.: Grundkonzepte der Organisation, in: Schuler, H. (Hrsg.): Organisationspsychologie, Bern, Göttingen, Toronto 1993, S. 409-444

Scholz, C.: Strategisches Management, Ein integrativer Ansatz, Berlin, New York 1987

Scholz, C.: Effektivität und Effizienz, organisatorische, in: Frese, E. (Hrsg.): Handwörterbuch der Organisation, 3. Aufl. Stuttgart 1992, Sp. 532-551

Scholz, C.: Strategische Organisationen: Prinzipien zur Virtualisierung und Vitalisierung, Landsberg/Lech 1997

Scholz, R.: Geschäftsprozeßoptimierung, Crossfunktionale Rationalisierung oder strukturelle Reorganisation, 2. Aufl., Bergisch Gladbach, Köln 1995

Scholz, C.; **Djarrahzadeh**, M. (Hrsg.): Strategisches Personalmanagement, Konzeptionen und Realisationen, Stuttgart 1995

Schräder, A.: Management virtueller Unternehmungen, Frankfurt/Main, New York 1996

Schreyögg, G.: Umwelt, Technologie und Organisationsstruktur, Eine Analyse des kontingenztheoretischen Ansatzes, Bern Stuttgart 1978

Schreyögg, G.: Unternehmensstrategie, Grundfragen einer Theorie strategischer Unternehmensführung, Berlin, New York 1984

Schreyögg, G.: Organisation, Grundlagen moderner Organisationsgestaltung, Wiesbaden 1996

Schreyögg, G.; **Papenheim**, H.: Kooperationsstrategien, Diskussionsbeitrag Nr. 138 des Fachbereichs Wirtschaftswissenschaft der Fernuniversität Hagen, Hagen 1988

Schubert, H.J.; **Zink**, K.J.: Qualitätsmanagement in sozialen Dienstleistungsunternehmen, Neuwied, Kriftel, Berlin 1997, S. 83-97

Schubert, H.-J.; **Zink**, K.J.; **Albert**, W.; **Bahmer**, F.: Zentrale Prinzipien umfassender Qualitätsmanagementkonzepte und deren Übertragung auf Krankenhäuser, in: Schubert, H.J.; Zink, K.J.: Qualitätsmanagement in sozialen Dienstleistungsunternehmen, Neuwied, Kriftel, Berlin 1997, S. 195-204

Schuh, G.; **Katzy**, B.R.; **Eisen**, S.: Der Praxistext ist bestanden, in: Gablers Magazin, o.Jg. (1997), Heft 3, S. 8-11

Schuh, G.; **Millarg**, K.; **Göransson**, Å.: Virtuelle Fabrik, Neue Marktchancen durch dynamische Netzwerke, München, Wien 1998

Schuh, G.; **Strack**, J.: Die Virtuelle Fabrik – Neue Flexibilität für dynamische Märkte, in: Management und Qualität Special, o.Jg. (1997), Heft Mai, S. 12-13

Schuh, G.; **Strack**, J.: Virtualität in der produzierenden Industrie, in: t&m – Technologie & Management, 48. Jg. (1999), Heft 1, S. 10-14

Schuler, H. (Hrsg.): Organisationspsychologie, Bern, Göttingen, Toronto 1993

Schwaninger, M.: Managementsysteme, Frankfurt/Main, New York 1994

Schwaninger, M. (Hrsg.): Intelligente Organisationen, Konzepte für turbulente Zeiten auf der Grundlage von Systemtheorie und Kybernetik, Berlin 1999 (a)

Schwaninger, M.: Organisationale Intelligenz aus managementkybernetischer Sicht, in: Schwaninger, M. (Hrsg.): Intelligente Organisationen, Konzepte für turbulente Zeiten auf der Grundlage von Systemtheorie und Kybernetik, Berlin 1999, S. 55-78 (b)

Schwarz, E.J.: Industrielle Verwertungsnetze – Ein Beitrag zur Integration ökologischer Aspekte in die Produktionswirtschaft, in: Bellmann, K.; Hippe, A.: Management von Unternehmensnetzwerken, Interorganisationale Konzepte und praktische Umsetzung, Wiesbaden 1996, S. 349-377

Schwerdtle, H.: Prozeßintegriertes Management – PIM, Ein Modell für effizientes Qualitäts-, Umwelt- und Arbeitsschutzmanagement, Berlin, Heidelberg, New York 1999

Schwetzler, B.: Unternehmensbewertung unter Unsicherheit – Sicherheitsäquivalent oder Risikozuschlagsmethode?, HHL – Arbeitspapier Nr. 21, Leipzig 1998

Schwetzler, B.; **Darijtschuk**, N.: Unternehmensbewertung mi Hilfe der DCF-Methode – eine Anmerkung zum "Zirkularitätsproblem", in: ZfB – Zeitschrift für Betriebswirtschaft, 69. Jg. (1999), Heft 3, S. 295-318

Schwinn, C.J.: On the Community Quest, We Are Not Alone, in: Journal for Quality and Participation, 17. Jg. (1994), Heft 5, S. 8-15

Seghezzi, H.D.: Integriertes Qualitätsmanagement, München, Wien 1996

Seltz, R.; **Mill**, U.; **Hildebrandt**, E. (Hrsg.): Organisation als soziales System, Kontrolle und Kommunikationstechnologie in Arbeitsorganisationen, Berlin 1986

Selz, A.: Die Rolle der Informations- und Kommunikationstechnologie im Virtuellen Unternehmen, in: WiSt – Wirtschaftswissenschaftliches Studium, 25. Jg. (1996), Heft 6, S. 309-311

Semmer, N.; **Udris**, I.: Bedeutung und Wirkung von Arbeit, in: Schuler, H. (Hrsg.): Organisationspsychologie, Bern, Göttingen, Toronto 1993, S. 133-165

Servatius, H.-G.: Methodik des strategischen Technologie-Managements, Grundlage für erfolgreiche Innovationen, Regensburg, Münster 1985

Shan, W.: An Empirical Analysis of Organizational Strategies by Entrepreneurial High Technology Firms, in: Strategic Management Journal, 11. Jg. (1990), Heft Februar, S. 129-139

Sieben, G.: Unternehmensbewertung, in: Wittmann, W.; Kern, W.; Köhler, R.; Küpper, H.-U.; v. Wysocki, K. (Hrsg.): Handwörterbuch der Betriebswirtschaft, Teilband III, R-Z, 5. Aufl., Stuttgart 1993, Sp. 4315-4331

Sihn, W.; **Hägele**, T.: Added Value Networks, Wettbewerbsvorteile durch Unternehmensnetzwerke, in: t&m – Technologie & Management, 47. Jg. (1998), Heft 5, S. 10-14

Simmel, G.: Conflict and The Web of Group-Affiliations, New York, London 1955

Simmel, G.: Soziologie, Untersuchungen über die Formen der Vergesellschaftung, Frankfurt/Main 1992

Simon, H.A.: Entscheidungsverhalten in Organisationen, Eine Untersuchung von Entscheidungsprozessen in Management und Verwaltung, Landsberg/Lech 1981

Simon, H.; **Homburg**, C.: Kundenzufriedenheit, Konzepte – Methoden – Erfahrungen, 3. Aufl. Wiesbaden 1998 (a)

Simon, H.; **Homburg**, C.: Kundenzufriedenheit als strategischer Erfolgsfaktor – Einführende Überlegungen, in: Simon, H.; Homburg, C.: Kundenzufriedenheit, Konzepte – Methoden – Erfahrungen, 3. Aufl. Wiesbaden 1998, S. 18-31 (b)

Simon, H.A.; **Kozmetsky**, G.; **Guetzkow**, H.; **Tyndall**, G.: Centralization vs. Decentralization in Organizing the Controller's Department, Houston 1954

Sinz, K.: Praktische Erfahrungen und Probleme mit Public Private Partnership in der Entsorgungswirtschaft, in: Budäus, D.; Eichhorn, P. (Hrsg.): Public Private Partnership, Neue Formen öffentlicher Aufgabenerfüllung, Baden-Baden 1997, S. 185-194

Smith, A.: Der Wohlstand der Nationen, Buch 1, Entstehung und Verteilung des Sozialprodukts, München 1974

Sohn, H.F.: Prevailing Rationales in the Corporate Social Responsibility Debate, in: Journal of Business Ethics, 1. Jg. (1982), S. 139-144

Sommerlatte, T.: Die Integration der Technologie in die Strategien des Unternehmen, in: Hammer, R.M., Hinterhuber, H.H.; Kapferer, R.; Turnheim, R. (Hrsg.): Strategisches Management in den 90er Jahren, Entwicklungstendenzen – Controlling – Human Resources, Wien 1990, S. 160-173

Staehle, W.H.: Management, Eine verhaltenswissenschaftliche Perspektive, 8. Aufl. München 1999

Stalk, G.; **Evans**, P.; **Shulman**, L.E.: Competing on Capabilities: The New Rules of Corporate Strategy, Harvard Business Review, 70. Jg. (1992), Heft 2, S. 57-69

Standard & Poor's Ratings Services (Hrsg.): Corporate Ratings Criteria 2000, New York 2000

Standards Australia; **Standards New Zealand** (Hrsg.): AS/NZS 4581: Management System Integration – Guidance to Business, Government and Community Organizations, Homebush, Wellington 1999

Staudt, E.; **Kriegesmann**, B.; **Thielemann**, F.; **Behrendt**, S.: Kooperation als Erfolgsfaktor ostdeutscher Unternehmen, Ergebnisse einer empirischen Untersuchung zur Kooperationslandschaft in Ostdeutschland, in: ZfB – Zeitschrift für Betriebswirtschaft, 65. Jg. (1995), Heft 11, S. 1209-1230

Stauss, B. (Hrsg.): Qualitätsmanagement und Zertifizierung, Wiesbaden 1994 (a)

Stauss, B.: Qualitätsmanagement und Zertifizierung als unternehmerische Herausforderung: Eine Einführung in den Sammelband, in: Stauss, B. (Hrsg.): Qualitätsmanagement und Zertifizierung, Wiesbaden 1994, S. 11-23 (b)

Staw, B.M.; **Cummings**, L.L. (Hrsg.): Research in Organizational Behavior, An Annual Series of Analytical Essays and Critical Reviews, Band 8, London, Greenwich 1986

Steers, R.M.: Organizational Effectiveness, A Behavioral View, Santa Monica 1977

Steinbach, R.: Expansion mit der richtigen Unternehmensstrategie, Wachstum im Mittelstand, in: t&m – Technologie & Management, 48. Jg. (1999), Heft 2, S. 8-11

Steinbrenner, J.O.: Japanische Unternehmensgruppen, Organisation, Koordination und Kooperation der Keiretsu, Stuttgart 1997

Steiner, M.; **Heinke**, V.: Rating aus Sicht der modernen Finanzierungstheorie, in: Büschgen, H.E.; Everling, O. (Hrsg.): Handbuch Rating, Wiesbaden 1996, S. 579-628

Steiner, M.; **Wallmeier**, M.: Unternehmensbewertung mit Discounted Cash Flow-Methoden und dem Economic Value Added-Konzept, in: Finanzbetrieb, 1. Jg. (1999), Heft 5, S. 1-10

Stewart, J.: Financial Institutions, Networking and Industrial Development, in: Urban, S.: (Hrsg.): From Alliance Practices to Alliance Capitalism, New Strategies for Management and Partnership, Wiesbaden 1998, S. 201-223 (a)

Stewart, T.A.: Der vierte Produktionsfaktor, München, Wien 1998 (b)

Straube, F.; **Zadek**, H.: Mit E-Logistics zum End-to-End im E-Business, in: t&m – Technologie & Management, 49. Jg. (2000), Heft 7/8, S. 24-28

Strohmayer, M.: Expansion durch Kooperation, Wachstumsstrategien mittelständischer Unternehmen im Europäischen Binnenmarkt, Frankfurt/Main, Berlin, Bern 1996

Sydow, J.: Strategische Netzwerke, Evolution und Organisation, Wiesbaden 1993

Sydow, J.: Netzwerkorganisation, Interne und externe Restrukturierung von Unternehmungen, in: WiSt – Wirtschaftswissenschaftliches Studium, 24. Jg. (1995), Heft 12, S. 629-634

Sydow, J.: Virtuelle Unternehmung, Erfolg als Vertrauensorganisation? in: Office Management, 44. Jg. (1996), Heft 7/8, S. 10-13

Sydow, J.; **Windeler**, A.: Organizing and Evaluating Interfirm Networks: A Structurationist Perspective on Network Processes and Effectiveness, in: Operations Research/ManagementScience, 39. Jg. (1999), Heft 1, S. 55-58

Szyperski, N.; **Winand**, U.: Grundbegriffe der Unternehmensplanung, Stuttgart 1980

Szyperski, N.; **Winand**, U. (Hrsg.): Handwörterbuch der Planung, Stuttgart 1989

- T -

Tait, S.A.: Using Quality to Advance Community Well-being, in: Canadian Business Review, o.Jg. (1994), Heft Winter, S. 23-25

Takanashi, T.: The Japan Quality Award: Excellence in Quality Management, Journal of Innovative Management, 3. Jg. (1998), Heft 1, S. 44-52

Taucher, G.: Beyond Alliances, in: Iselin-Tremaine, P. (Hrsg.): IMEDE – Perspectives for Managers, o.Jg. (1988), Heft 1, o.S.

Taylor, F.W.: Die Grundsätze wissenschaftlicher Betriebsführung, München, Berlin 1913 (Reprint, Neu herausgegeben und eingeleitet von Walter Bungard und Walter Volpert, Weinheim 1995)

Taylor, V.A.: Economic Policy, MNE Competitiveness and Local Content: An Application of the Lecraw-Morrison Framework, in: Dunning, J.H. (Hrsg.): Globalization, Trade and Foreign Investment, Amsterdam 1998, S. 116-129

Teltschik, H.: Nachhaltiger Kurs, in: Mitbestimmung, 45. Jg. (1999), Heft 12, S. 29-31

Tettinger, P.J.: Die rechtliche Ausgestaltung von Public Private Partnership, in: Budäus, D.; Eichhorn, P. (Hrsg.): Public Private Partnership, Neue Formen öffentlicher Aufgabenerfüllung, Baden-Baden 1997, S. 125-141

The Conference Board (Hrsg.): Research Report No. 909 – Total Quality Performance, New York, Brüssel, Ottawa 1988

Thorelli, H.B.: Networks: between Markets and Hierarchies, in: Strategic Management Journal, 7. Jg. (1988), Heft 1, S. 31-51

Thompson, J.D.: Organizations in Action, Social Science Bases of Administrative Theory, New York 1967

Tichy, N.M.: Networks in Organizations, in: Nystrom, P.C.; Starbuck, W.H. (Hrsg.): Handbook of Organizational Design, Bd. 2, Oxford 1981, S. 225-249

Tichy, N.M.; **Fombrun**, C.: Network Analysis in Organizational Settings, in: Human Relations, 32. Jg. (1979), Heft 11, S. 923-965

Tincombe, D.: Integrating Quality Across a Community, in: Canadian Business Review, o.Jg. (1994), Heft Winter, S. 21 f.

Töpfer, A. (Hrsg.): Kundenzufriedenheit messen und steigern, Neuwied, Kriftel, Berlin (1996)

Töpfer, A. (Hrsg.): Das Management der Werttreiber, Die Balanced Score Card für die Wertorientierte Unternehmenssteuerung, Frankfurt/Main 2000 (a)

Töpfer, A.: Die Fokussierung auf Werttreiber, in: Töpfer, A. (Hrsg.): Das Management der Werttreiber, Die Balanced Score Card für die Wertorientierte Unternehmenssteuerung, Frankfurt/Main 2000, S. 31-49 (b)

Töpfer, A.: Balanced Score Card als ganzheitliches Managementkonzept, in: Töpfer, A. (Hrsg.): Das Management der Werttreiber, Die Balanced Score Card für die Wertorientierte Unternehmenssteuerung, Frankfurt/Main 2000, S. 69-106 (c)

Töpfer, A.: Messung und Messgrößen für die Gestaltungsfelder der Balanced Score Card, in: Töpfer, A. (Hrsg.): Das Management der Werttreiber, Die Balanced Score Card für die Wertorientierte Unternehmenssteuerung, Frankfurt/Main 2000, S. 124-144 (d)

Töpfer, A.: Zielvereinbarung, Leistungsbewertung und Erfolgsbeteiligung beim Einsatz der Balanced Score Card, in: Töpfer, A. (Hrsg.): Das Management der Werttreiber, Die Balanced Score Card für die Wertorientierte Unternehmenssteuerung, Frankfurt/Main 2000, S. 281-310 (e)

Töpfer, A.: TQM und BSC: Zwei sich ergänzende Managementkonzepte, in: Töpfer, A. (Hrsg.): Das Management der Werttreiber, Die Balanced Score Card für die Wertorientierte Unternehmenssteuerung, Frankfurt/Main 2000, S. 311-332 (f)

Töpfer, A.; **Mann**, A.: Kundenzufriedenheit als Meßlatte für den Erfolg, in: Töpfer, A. (Hrsg.): Kundenzufriedenheit messen und steigern, Neuwied, Kriftel, Berlin (1996), S. 25-81

Töpfer, A.; **Mauerer**, F.: Werttreiber und Balanced Score Card: Überblick und Einordnung der Beiträge, in: Töpfer, A. (Hrsg.): Das Management der Werttreiber, Die Balanced Score Card für die Wertorientierte Unternehmenssteuerung, Frankfurt/Main 2000, S. 11-30

Trist, E.: Referent Organizations and the Development of Inter-Organizational Domains, in: Human Relations, 36. Jg. (1983), Heft 3, S. 269-284

Trost, A.; **Jöns**, I.; **Bungard**, W.: Mitarbeiterbefragung, Augsburg 1999

Troy, K.: The Conference Board, Report No. 974 - Employee Buy-In to Total Quality, New York, Brüssel, Ottawa 1991

Turnheim, G.: Entwicklungstendenzen des strategischen Managements – ein Gedankenspiel, in: Hammer, R.M., Hinterhuber, H.H.; Kapferer, R.; Turnheim, R. (Hrsg.): Strategisches Management in den 90er Jahren, Entwicklungstendenzen – Controlling – Human Resources, Wien 1990, S. 174-189

- U -

Ulmer, M.: Die virtuelle Fabrik am Bodensee, in: Trend, o.Jg. (1996), Heft 3, S. 128-132

Ulrich, H.: Unternehmenspolitik, 2. Aufl., Bern, Stuttgart 1987

Ulrich, H.: Von der Betriebswirtschaftslehre zur systemorientierten Managementlehre, in: Wunderer, R. (Hrsg.): Betriebswirtschaftslehre als Management- und Führungslehre, 2. Aufl. Stuttgart 1988, S. 173-190

Ulrich, P.; **Fluri**, E.: Management, Eine konzentrierte Einführung, 2. Aufl., Bern, Stuttgart 1975

Ulrich, P.; **Fluri**, E.: Management, Eine konzentrierte Einführung, 7. Aufl., Bern, Stuttgart 1995

Ulrich, H.; **Krieg**, W.: St. Galler Management-Modell, 3. Aufl., Bern, Stuttgart 1974

Ulrich, H.; **Probst**, G.J.B.: Anleitung zum ganzheitlichen Denken und Handeln, Ein Brevier für Führungskräfte, 4. Aufl., Bern, Stuttgart 1995

United States General Accounting Office (Hrsg.): Management Practices, U.S. Companies Improve Performance Through Quality Efforts, Washington 1991

Université de Toulon-Var; Universitá di Verona (Hrsg.): Qualiversity 1998, Qualité Totale et Enseignement Superieur, Toulon 1998

Urban, S.: (Hrsg.): From Alliance Practices to Alliance Capitalism, New Strategies for Management and Partnership, Wiesbaden 1998 (a)

Urban, S.: From Alliance Practices to Alliance Capitalism, On the Way to a New Paradigm? in: Urban, S.: (Hrsg.): From Alliance Practices to Alliance Capitalism, New Strategies for Management and Partnership, Wiesbaden 1998, S. 15-30 (b)

- V -

van den Bos, A.M.: Recent Development in Total Quality Management Tools: The Dutch Quality Award, in: Proceedings of The First European Forum on Quality Self-Assessment, March 3-4, 1994, Mailand 1994, S. 159-167

van der Schroeff, H.J.: Decentralization of Authority and Responsibility with Centralization of Control, in: Kruisinga, H.J. (Hrsg.): The Balance Between Centralization and Decentralization in Managerial Control, Leiden 1954, S. 44-49

van der Wiele, A.; **Dale**, B.G.; **Williams**, A.R.T.; **Kolb**, F.; **Luzon**, D.M.; **Schmidt**, A.; **Wallance**, M.: State-of-the-Art Study on Self-Assessment, in: The TQM Magazine, 7. Jg. (1995), Heft 4, S. 13-17

van der Wiele, A.; **Williams**, A.R.T.; **Dale**, B.G.; **Carter**, G.; **Kolb**, F.; **Luzon**, D.M.; **Schmidt**, A.; **Wallance**, M.: Quality Management Self-Assessment: An Examination in European Business, in: Journal of General Management, 22. Jg. (1996), Heft 1, S. 48-67

van Gils, M.R.: Interorganizational Relations and Networks, in: Drenth, P.J.D.; Thierry, H.; Willems, P.J.; de Wolff, C.J. (Hrsg.): Handbook of Work and Organizational Psychology, Chichester 1984, S. 1073-1100

VDA – Verband der Automobilindustrie (Hrsg.): VDA 6, Qualitätsmanagement in der Automobilindustrie, Teil 2, QM-Systemaudit - Dienstleistungen, Frankfurt/Main 1997

VDA – Verband der Automobilindustrie (Hrsg.): VDA 6, Qualitätsmanagement in der Automobilindustrie, Teil 1, QM-Systemaudit, 4. Aufl., Frankfurt/Main 1998

VDA – Verband der Automobilindustrie (Hrsg.): Technische Spezifikation ISO/TS 16949, VDA Qualitätsmanagement in der Automobilindustrie, Anforderungen an QM-Systeme, Frankfurt/Main 1999

Vettiger, T.; **Volkart**, R.: Economic Value Added (EVA): Wertorientierte Unternehmensführung, in: Gablers Magazin, o.Jg. (1999), Heft 3, S. 14-17

Vickers, J.; **Yarrow**, G.: Privatization: An Economic Analysis, 2. Aufl., Cambridge (Mass.) 1989

Vink, P.; **Koningsveld**, E.A.P.; **Dhondt**, S. (Hrsg.): Human Factors in Organizational Design and Management - VI, Amsterdam 1998

Volpert, W.: Einführung: Von der Aktualität des Taylorismus, in: Bungard, W.; Volpert, W. (Hrsg.): Taylor, F.W.: Die Grundsätze wissenschaftlicher Betriebsführung, Reprint, Neu herausgegeben und eingeleitet von Walter Bungard und Walter Volpert, Weinheim 1995, S. XIX-LVII

von Moltke, H.: Militärische Werke, IV Kriegslehren, Dritter Teil, Berlin 1912

von Oetinger, B.: Vision – Fernbild einer neuen Logik, in: Hammer, R.M., Hinterhuber, H.H.; Kapferer, R.; Turnheim, R. (Hrsg.): Strategisches Management in den 90er Jahren, Entwicklungstendenzen – Controlling – Human Resources, Wien 1990, S. 151-159

von Rosenstiel, L.: Motivation von Mitarbeitern, in: von Rosenstiel, L.; Regnet, E.; Domsch, M.E. (Hrsg.): Führung von Mitarbeitern, Handbuch für erfolgreiches Personalmanagement, 4. Aufl., Stuttgart 1999, S. 173-192 (a)

von Rosenstiel, L.: Arbeitszufriedenheit, in: von Rosenstiel, L.; Regnet, E.; Domsch, M.E. (Hrsg.): Führung von Mitarbeitern, Handbuch für erfolgreiches Personalmanagement, 4. Aufl., Stuttgart 1999, S. 194-204 (b)

von Rosenstiel, L.; **Regnet**, E.; **Domsch**, M.E. (Hrsg.): Führung von Mitarbeitern, Handbuch für erfolgreiches Personalmanagement, 4. Aufl., Stuttgart 1999

von Werder, A.; **Grundei**, A.: Organisation des Organisationsmanagements: Gestaltungsalternativen und Effizienzbewertung, in: Frese, E. (Hrsg.): Organisationsmanagement, Neuorientierung der Organisationsarbeit, Stuttgart 2000, S. 97-141

Vornhusen. K.: Die Organisation von Unternehmenskooperationen, Joint Ventures und Strategische Allianzen in Chemie- und Elektroindustrie, Frankfurt/Main, Berlin, Bern 1994

Voß, W.: Implementation of TQM based on a Certification to the ISO 9000 Series, in: EFQM - European Foundation for Quality Management (Hrsg.): More Fresh Views on TQM 1996 - 1997, A selection of Research Projects entered for the European Award for Theses on Total Quality Management, Brüssel 1998, S. 136-152

- W -

Wagener, F.: Neubau der Verwaltung, Gliederung der öffentlichen Aufgaben und ihrer Träger nach Effektivität und Integrationswert, Berlin 1969

Walsh, F.J.: The Conference Board, Research Bulletin No. 234 – Current Practices in Measuring Quality, New York, Brüssel, Ottawa 1989

Warnecke. H.-J.: Die Fraktale Fabrik, Revolution der Unternehmenskultur, Berlin, Heidelberg, New York 1992

Warnecke, H.-J.: Neue Wege zum Erfolg, in: Warnecke, H.-J.; Braun, J. (Hrsg.): Vom Fraktal zum Produktionsnetzwerk, Unternehmenskooperationen erfolgreich gestalten, Berlin, Heidelberg, New York 1999, S. 1-39

Warnecke, H.-J.; **Braun**, J. (Hrsg.): Vom Fraktal zum Produktionsnetzwerk, Unternehmenskooperationen erfolgreich gestalten, Berlin, Heidelberg, New York 1999

Weber, M.: Wirtschaft und Gesellschaft, Studienausgabe, 5. Aufl., Tübingen 1976

Weinert, A.B.: Organisationspsychologie, Ein Lehrbuch, 4. Aufl., Weinheim 1998

Welge, A.; **Al-Laham**, A.: Planung, Prozesse – Strategien – Maßnahmen, Wiesbaden 1992

Welge, A.; **Al-Laham**, A.: Strategisches Management, Grundlagen – Prozess – Implementierung, 2. Aufl., Wiesbaden 1999

Weng, Z.K.: Manufacturing and Distribution Supply Chain Management: Alliances and Competition, Marketing Science Institute, Technical Working Paper, Report No. 99-117, Cambridge (Mass.) 1999

Wentz, M.: Perspektiven der Stadtentwicklung durch Public Private Partnership – Anforderungen und Modelle in Frankfurt am Main, in: Hewel, B. (Hrsg.): Verwaltung reformieren, Öffentlich-private Partnerschaften, Managementbeispiele aus der Praxis, Frankfurt/Main 1995, S. 60-64

Westkämper, E.; **Mai**, C. (Hrsg.): Q-Jahrbuch 98/99, Qualitätsmanagement in Industrie und Dienstleistung – Trends und Adressen, München, Wien 1998

Whinston, A.: Price Guides in Decentralized Organizations, in: Cooper, W.W.; Leavitt, H.J.; Shelly, M.W. (Hrsg.): New Perspectives in Organization Research, New York, London, Sydney 1962, S. 405-448

Whisler, T.L.: Measuring Centralization of Control in Business Organisations, in: Cooper, W.W.; Leavitt, H.J.; Shelly, M.W. (Hrsg.): New Perspectives in Organization Research, New York, London, Sydney 1962, S. 314-333

Wiendahl, H.-P.; **Kuhn**, A.; **Beckmann**, H.; **Fastabend**, H.; **Helms**, K.; **Kloth**, M.: Kooperatives Management in wandelbaren Produktionsnetzen, in: Industrie Management, 12. Jg. (1996), Heft 6, S. 23-28

Wiener, N.: Kybernetik, Regelung und Nachrichtenübertragung im Lebewesen und in der Maschine, Düsseldorf, 2. Aufl., Wien 1963

Wigand, K.; **Schnopp**, R.: Schritte auf dem Weg zur Einführung der BSC bei Siemens, in: Töpfer, A. (Hrsg.): Das Management der Werttreiber, Die Balanced Score Card für die Wertorientierte Unternehmenssteuerung, Frankfurt/Main 2000, S. 266-278

Wild, J.: Grundlagen und Probleme der betriebswirtschaftlichen Organisationslehre – Entwurf eines Wirtschaftsprogramms, Berlin 1966

Wildemann, H.: Entsorgungsnetzwerke, in: Bellmann, K.; Hippe, A.: Management von Unternehmensnetzwerken, Interorganisationale Konzepte und praktische Umsetzung, Wiesbaden 1996, S. 305-348

Wildemann, H.: Wie ist eine lernende Unternehmensorganisation zu gestalten? in: Wojda, F. (Hrsg.): Innovative Organisationsformen, Neue Entwicklungen in der Unternehmensorganisation, Stuttgart 2000, S. 323-342

Williamson, O.E.: Markets and Hierarchies: Analysis and Antitrust Implications, A Study in the Economics of Internal Organization, New York, London 1975

Williamson, O.E.: Die ökonomischen Institutionen des Kapitalismus – Unternehmen, Märkte, Kooperationen, Tübingen 1990

Wilson, R.J.: Introduction to Graph Theory, 2. Aufl., London 1977

Wirth, S.: Vom hierarchischen Unternehmen zu hierarchielosen (-armen) kompetenzzellenbasierten Produktionsnetzen in: Wojda, F. (Hrsg.): Innovative Organisationsformen, Neue Entwicklungen in der Unternehmensorganisation, Stuttgart 2000, S. 167-209

Wittmann, W.; **Kern**, W.; **Köhler**, R.; **Küpper**, H.-U.; **v. Wysocki**, K. (Hrsg.): Handwörterbuch der Betriebswirtschaft, Teilband I, A-H, 5. Aufl., Stuttgart 1993 (a)

Wittmann, W.; **Kern**, W.; **Köhler**, R.; **Küpper**, H.-U.; **v. Wysocki**, K. (Hrsg.): Handwörterbuch der Betriebswirtschaft, Teilband II, I-Q, 5. Aufl., Stuttgart 1993 (b)

Wittmann, W.; **Kern**, W.; **Köhler**, R.; **Küpper**, H.-U.; v. **Wysocki**, K. (Hrsg.): Handwörterbuch der Betriebswirtschaft, Teilband III, R-Z, 5. Aufl., Stuttgart 1993 (c)

Wöhe, G.: Einführung in die Allgemeine Betriebswirtschaftslehre, 17. Auflage, München 1990

Wöhe, G.: Einführung in die Allgemeine Betriebswirtschaftslehre, 20. Auflage, München 2000

Wojda, F. (Hrsg.): Innovative Organisationsformen, Neue Entwicklungen in der Unternehmensorganisation, Stuttgart 2000

Wolfrum, B.: Grundgedanke, Formen und Aussagewert von Technologieportfolios (I), in: wisu – Das Wirtschaftsstudium, 21. Jg. (1992), Heft 4, S. 312-324 (a)

Wolfrum, B.: Grundgedanke, Formen und Aussagewert von Technologieportfolios (II), in: wisu – Das Wirtschaftsstudium, 21. Jg. (1992), Heft 5, S. 403-407 (b)

Wolter, H.-J.; **Wolff**, K.; **Freund**, W.: Das Virtuelle Unternehmen, Eine Organisationsform für den Mittelstand, Wiesbaden 1998

Würzberg, H.G.: Weich ist wichtig, Was Shareholder-Value wirklich bedeutet, in: Die Zeit, o.Jg. (2001), Heft 6, 01.02.2001, S. 21

Wunderer, R. (Hrsg.): Betriebswirtschaftslehre als Management- und Führungslehre, 2. Aufl. Stuttgart 1988

Wyssusek, B.: Grundlagen der Systemanalyse, in: Krallmann, H.; Frank, H.; Gronau, N. (Hrsg.): Systemanalyse im Unternehmen, Partizipative Vorgehensmodelle, objekt- und prozeßorientierte Analysen, flexible Organisationsarchitekturen, 3. Aufl. München, Wien 1999, S. 15-43

- Y -

Yoshino, M.Y.; **Rangan**, U.S.: Strategic Alliances: An Entrepreneurial Approach to Globalization, Boston 1995

- Z -

Zäpfel, G.; **Piekarz**, B.: Supply Chain Controlling, Interaktive und dynamische Regelung der Material- und Warenflüsse, Wien 1986

Zahn, E.: Strategische Planung, in: Szyperski, N.; Winand, U. (Hrsg.): Handwörterbuch der Planung, Stuttgart 1989, Sp. 1904-1916

Zangemeister, C.: Nutzwertanalyse in der Systemtechnik, Eine Methodik zur multidimensionalen Bewertung und Auswahl von Projektalternativen, 4. Aufl. München 1976

Ziegler, R.: Positionen in sozialen Räumen. Die multivariate Analyse multipler Netzwerke, in: Pappi, F.U. (Hrsg.): Techniken der empirischen Sozialforschung, Band 1, Methoden der Netzwerkanalyse, München 1987, S. 64-100

Zink, K.J. (Hrsg.): Sozio-technologische Systemgestaltung als Zukunftsaufgabe, München 1984 (a)

Zink, K.J.: Zur Notwendigkeit eines sozio-technologischen Ansatzes, in: Zink, K.J. (Hrsg.): Sozio-technologische Systemgestaltung als Zukunftsaufgabe, München 1984, S. 25-49 (b)

Zink, K.J. (Hrsg.): Business Excellence durch TQM, Erfahrungen europäischer Unternehmen, München, Wien 1994

Zink, K.J.: TQM als integratives Managementkonzept, München, Wien 1995

Zink, K.J. (Hrsg.): Successful TQM – Inside Stories from European Quality Award Winners, Hampshire 1997 (a)

Zink, K.J.: Qualitätsmanagement – Relevanz in Werkstätten für Behinderte, in: Schubert, H.J.; Zink, K.J.: Qualitätsmanagement in sozialen Dienstleistungsunternehmen, Neuwied, Kriftel, Berlin 1997, S. 83-97 (b)

Zink, K.J.: Bewertung ganzheitlicher Unternehmensführung am Beispiel des Ludwig Erhard-Preises für Spitzenleistungen im Wettbewerb, München, Wien 1998

Zink, K.J. Safety and Quality Issues as Part of a Holistic (i.e., Sociotechnological) Approach, in: Journal of Occupational Safety and Ergonomics, 5. Jg. (1999), Heft 2, S. 279-290

Zink, K.J.; **Bäuerle**, T.: Kundenorientierung und –zufriedenheit in Business Excellence-Konzepten, in: Hinterhuber, H.H.; Matzler, K. (Hrsg.): Kundenorientierte Unternehmensführung, Wiesbaden 1999, S. 291-319

Zink, K.J.; **Bäuerle**, T.; **Schmidt**, A.: Ganzheitliche Unternehmensbewertung, in: Hofer-Alfeis, J. (Hrsg.): Geschäftsprozeßmanagement – innovative Ansätze für das wandlungsfähige Unternehmen, Marburg 1999, S. 158-160 (a)

Zink, K.J.; **Bäuerle**, T.; **Schmidt**, A.: Ganzheitliche Unternehmensbewertung, Analyse der Wettbewerbsfähigkeit von Organisationen, in: Hofer-Alfeis, J. (Hrsg.): Geschäftsprozeßmanagement – innovative Ansätze für das wandlungsfähige Unternehmen, Ergebnisberichte aus dem zugrunde liegenden, BMBF-geförderten Forschungsprojekt "Geschäftsprozeßgestaltung mit integrierten Prozeß- und Produktmodellen (GiPP)" Marburg 1999, o.S. (CD-Publikation) (b)

Zink, K.J.; **Dedeke**, A.; **Voß**, W.: Regional Development: Total Quality Management promotion as a competitive approach in the US: Results of an Empirical Survey, in: Total Quality Management, 9. Jg. (1998), Heft 7, S. 553-561

Zink, K.J.; **Hauer**, R.; **Schmidt**, A.: Quality Assessment, Instrumentarium zur Analyse von Qualitätskonzepten auf der Basis von EN 29000, Malcolm Baldrige Award und European Quality Award, Teil 1, in: QZ – Qualität und Zuverlässigkeit, 37. Jg. (1992), Heft 10, S. 585-590 (a)

Zink, K.J.; **Hauer**, R.; **Schmidt**, A.: Quality Assessment, Instrumentarium zur Analyse von Qualitätskonzepten auf der Basis von EN 29000, Malcolm Baldrige Award und European Quality Award, Teil 2, in: QZ – Qualität und Zuverlässigkeit, 37. Jg. (1992), Heft 11, S. 651-658 (b)

Zink, K.J.; **Klein**, U.; **Voß**, W.: Wieland Werke AG - Germany, in: Directorate-General III Industry, European Commission (Hrsg.): The European Way to Excellence, Case study series, Brüssel 1996

Zink, K.J.; **Schmidt**, A.; **Voß**, W.: Total Quality Management, Umfrage zur Selbstbewertung bezüglich umfassendem Qualitätsmanagement (Self-Assessment), Ergebnisfragebogen (Kurzfassung), Kaiserslautern 1998 (a)

Zink, K.J.; **Schmidt**, A.; **Voß**, W.: Total Quality Management, Umfrage zur Selbstbewertung bezüglich umfassendem Qualitätsmanagement (Self-Assessment), Ergebnisfragebogen (Langfassung), Kaiserslautern 1998 (b)

Zink, K.J.; **Schmidt**, A.; **Voß**, W.: Current Research Into Self-Assessment: An Empirical Survey from Germany 1994 and 1998, in: EFQM – European Foundation for Quality Management (Hrsg.): Assessing for Excellence, A Practical Guide for Self-Assessment, Brüssel 1999, S. 44-52

Zink, K.J.; **Voß**, W.: Wettbewerbsvorsprung durch Qualität, Qualitätsmanagementkonzepte für kleine und mittlere Betriebe, Eschborn 1997

Zink, K.J.; **Voß**, W.: Qualitätspreise in Europa, Nationale Ansätze zur Förderung der Wettbewerbsfähigkeit, in: Westkämper, E.; Mai, C. (Hrsg.): Q-Jahrbuch 98/99, Qualitätsmanagement in Industrie und Dienstleistung – Trends und Adressen, München, Wien 1998, S. 125-141 (a)

Zink, K.J.; **Voß**, W.: Quality in Germany – an overview, The TQM Magazine, 10. Jg. (1998), Heft 6, S. 458-463 (b)

Zink, K.J.; **Voß**, W.: Business Excellence – A Concept for University, in: Université de Toulon-Var; Universitá di Verona (Hrsg.): Qualiversity 1998, Qualité Totale et Enseignement Superieur, Toulon 1998, S. 83 – 89 (c)

Zink, K.J.; **Voß**, W.: Verbesserung der Standortqualität durch Public-Private-Partnership, Netzwerkstrukturen und ihre Bedeutung für die Regionalförderung, in: Bullinger, H.J.; Zahn, E. (Hrsg.): Dienstleistungsoffensive – Wachstumschancen intelligent nutzen, Stuttgart 1998, S. 179-196 (d)

Zink, K.J.; **Voß**, W.: Self-Assessment as an Approach to Organizational Learning, in: Vink, P.; Koningsveld, E.A.P.; Dhondt, S. (Hrsg.): Human Factors in Organizational Design and Management - VI, Amsterdam 1998, S. 707-712 (e)

Zink, K.J.; **Voß**, W.: An Empirical Approach to Organizational Learning, in: Digmann, A.; Brinch Jørgensen, E. (Hrsg.): På Vej mod Den Lærende Organisation i Europa, LEO, Århus 1999, S. 158-184 (a)

Zink, K.J.; **Voß**, W.: Total Quality Management – Umsetzung im Hochschulbereich, in: HRK – Hochschulrektorenkonferenz (Hrsg.): Beiträge zur Hochschulpolitik 1/1999, Qualität an Hochschulen, Bonn 1999, S. 144-161 (b)

Zink, K.J.; **Voß**, W.: The New EFQM Excellence Model and its Impact on Higher Education Institutions, in: TQM for Higher Education Institutions II, Higher Education Institutions and the Issue of Total Quality, Conference Proceedings, Verona, 30-31 August 1999, Verona 2000, S. 241-255

Zink, K.J.; **Voß**, W.; **Reuter**, A.: Synergien unterschiedlicher Ansätze nutzen, Qualitätsmanagement und Business Excellence, in: VDI-Z, o.Jg. (2001), Heft 5, S. 27-30

Zorn, J.: Die Revision der ISO 9000-Familie, in: DIN – Deutsches Institut für Normung (Hrsg.): Auswirkungen der Überarbeitung von ISO 9000 ff., Mannheim 2000, S. 2.1-2.24

Zucker, L.G.: Production of Trust: Institutional Sources of Economic Structure, in: Staw, B.M.; Cummings, L.L. (Hrsg.): Research in Organizational Behavior, An Annual Series of Analytical Essays and Critical Reviews, Band 8, London, Greenwich 1986, S. 53-112

zu Knyphausen-Aufseß, D.: Theoretische Perspektiven der Entwicklung von Regionalnetzwerken, in: ZfB – Zeitschrift für Betriebswirtschaft, 69. Jg. (1999), Heft 5/6, S. 503-616

Zündorf, L.: Macht, Einfluß, Vertrauen und Verständigung, in: Seltz, R.; Mill, U.; Hildebrandt, E. (Hrsg.): Organisation als soziales System, Kontrolle und Kommunikationstechnologie in Arbeitsorganisationen, Berlin 1986, S. 33-56

Personen- und Sachregister

Abhängigkeit 274, 286, 319, 379, 383, 452, 515
Ablauforganisation .. 9, 13, 15, 187, 521
Absichtserklärung 392
Abteilung 14
Abteilungsegoismus 361
Abwesenheit 203
Accountability 27
Adjusted-Present-Value-Ansatz 97
ADL-Portfolio 148
Agenturkosten 41
Agglomerationen 277
Agilität 194, 368
Aiken, M. 385
Akquisition 294, 316, 363, 390, 463
Akteur, korporativer 28, 43, 446, 529
Aktiengesetz 315
Aktienindex 246
Aktienkurs 247, 263
Aktivitäten 4, 75, 77, 177, 338, 529
Aktoren 279
Al-Laham, A. 306
Alleinstellungsmerkmal 299, 353, 361, 377, 438
Allianz, strategische 194, 221, 294, 298, 330, 368, 412
Allopoiesis 11
Alphastat Research Corporation 267
Altwegg, R. 464
American Quality Foundation 245
Analyse 496
Analysten 263
Anbahnungsphase 319
Anerkennung 184, 203, 226, 501
Anerkennungsstufen 207
Anlagen 501
Anlegerschutz 104
Anreiz-Beitrags-Theorie 33, 55
Anreizsystem 330
Anreizverträglichkeit 314, 377, 405
Ansatz
  entscheidungstheoretischer 36, 46
  evolutionstheoretischer 43
  institutionalistischer 281, 287, 291
  institutionenökonomischer 38
  interpersonaler 280, 282, 329
  interpretativer 47
  kognitiv-symbolischer 47
  situativer 35, 79
  strukturaler 281, 329
  strukturalistischer 35, 79
  systemtheoretischer 54, 498
Ansatzpunkte 173, 197, 477
Anspruchsgruppen 62, 103, 195, 201
Anteilseigner 204, 449
Anwendungsbedingungen 513
Anwendungsempfehlungen 73
Approach 176, 212, 224, 266
Arbeitsgemeinschaft 410
Arbeitsgestaltung 78, 203
Arbeitsschutz 139, 203
Arbeitssystemgestaltung 203
Arbeitsteilung 13, 16, 18, 20, 30, 57, 182, 277, 298, 320, 328, 335, 377, 423, 447, 452
Architekturen 233
AS/NZS 4581 144
ASCA-Programm 139
Ashby, W.R. 46
Assessment and Review 176
Assessor 511, 526
Aufbauorganisation 9, 13, 521
Aufgaben
  ausführende 20
  dispositive 20
Aufgabenanalyse 15
Auflösung 396
Auftragsabwicklung 203, 506

Ausbildung 203, 226
Ausrichtung, strategische 477
Ausschluss 335, 390
Ausschüttung 93
Außenbeziehungen 273
Außendarstellung 428
Außenverhältnis 400, 493
Austausch 453
Austauschtheorie 357, 465
Australian Business Excellence Framework 207, 472
Australian Quality Award 167, 207, 264
Australian Quality Council 207, 244, 264, 267
Austritt..... 335, 380, 383, 390, 396, 438
Austrittsbarrieren 440
Austrittsoption 317, 319, 363, 453
Authentizität 321
Automobilindustrie 130, 409
Autonomie 27, 57, 313, 320, 333, 386, 441, 519
Autopoiesis 11, 22, 302, 393
Autorisierung 512
Autorität 287
Badge-Engineering 498
Balanced Scorecard ... 88, 159, 463, 468
Baldrige Criteria for Performance Excellence 472, 478
Baldrige Index Study 247
Ball, B.C. 86
Balling, R. 337
Bälz, U. 315
Barber, B.M. 249
Barnard, C. 33
Barthel, C.W. 107
Basic Beliefs of Excellence 233
Baum, S.H. 246
Bea, F.X. 12, 26, 49, 50
Bedürfnisbefriedigung 283
Befähiger 175
Befristung 332, 395, 448
Beharrungsvermögen 26, 44
Behringer, S. 70
Beispielsammlung 83
Bellinger, B. 17
Bellmann, K. 296
Belzer, V. 347, 413
Benchmarking 171, 173, 178, 202, 216, 479
Berblinger, J. 108
Berens, W. 104, 106
Berg, S.V. 334
Berufsgenossenschaft 139
Beschwerdemanagement 188, 202, 219, 225
Bestandsperspektive 309, 337, 413, 448, 477, 487, 489, 506, 517
Bestehensphase 327
Betrachtungshorizont 514
Betrachtungsobjekt 69, 72
Betriebsanalyse 70
Betriebsführung, wissenschaftliche .. 20, 30
Betriebsleitung 10
Beurteilung 69, 203
Beweisbarkeit 393
Bewerbung 242, 261
Bewertung 6, 53, 69, 164, 176, 444, 457, 478, 529
Bewertungsdimensionen 176, 200, 213, 478, 512
Bewertungsergebnis 513
Bewertungskontext 84, 525
Bewertungskonzept 4, 74, 77, 78, 88, 143, 147, 190, 458, 462, 469, 494
Bewertungskriterien 72, 108
Bewertungsmatrizen 513
Bewertungsmodell 72
Bewertungsverfahren 72, 109, 522
Beziehungen
latente 369
manifeste 369
Beziehungsmanagement 202, 215
Beziehungsnetzwerk 396, 430, 522

Bilanz 91, 204
Bilanzierungsrichtlinien 101
Bindung 319, 364
Bindungsdauer 289
Bindungsintensität 341, 379, 514
Bindungsrisiko 331
Bindungswille 516
Bindungswirkung 380, 441, 451
Binnenstruktur 32, 47, 56, 65, 66
Black Box 46
Blancke, W. 412
Blau, P.M. 465
Blecker, T. 409
Bleicher, K. 4, 73, 79, 177, 201, 237, 338, 491, 524, 529, 532
Blohm, H. 317
Bonität 108
Börsenphantasie 89
Bortz, J. 342
Bradford Management Centre 268
Branche 426
Branchenattraktivitäts-Geschäftsfeldstärken-Matrix 149
Braun, J. 345
Brech, E.F.L. 59
Brütsch, D. 431
BS 8800 139
Buckley, P. 393
Budgetierung 157
Bullinger, H.-J. 345, 413, 436
Bündelung 347
Bürokratie 29, 301, 328, 333, 336
Burt, D. 423
Büschgen, H.E. 108
Business Reengineering 170
Business Results 204, 217
Cash-Flow 80, 99, 112, 115
Cash-Flow-Return-on-Investment-Modell 98
Cash-Value-Added 98
Casson, M. 393
Chancengleichheit 228
Chandler, A.D. 35, 340
Checkliste 477
Clique 340, 369, 467
Cluster 340, 369, 467
Coase, R.H. 39
Cockpitfunktion 162
Comelli, G. 78
Community-Quality-Council 418
Comparable-Acquisitions-Approach 102
Comparable-Company-Approach 101, 107
Conjoint Measurement 153
Content Analysis 81
Conti, T. 165, 231, 472, 492, 504
Controlling 111, 120, 147, 185, 191, 510, 530
Corporate Social Responsibility 63
Corporate-Sustainability-Assessment 117
Corsten, H. 150
Criteria for Performance Excellence 192
Current-Earnings-plus-Future-Investment-Opportunities 95
Customer and Market Focus 215
Cyert, R.M. 34
Dale, E. 59, 62
Daten 500
Datenerhebung 511, 516
Datengrundlage 99
Dedeke, A. 419
Delegation 11, 42, 58, 183, 215
Deloitte Touche Tohmatsu 244, 267
Deming Prize 166, 192
Deployment 176, 200, 212, 224, 266, 497
Description Ranges 222
Detaillierung 393, 394, 514, 516
Dezentralisierung 324, 386
Dichte 340, 369
Dickson, W.J. 32
Differenzierung 21

DIN EN ISO 14000 ff. 137
DIN EN ISO 9000 ff. 123, 187
Directional-Policy-Matrix 149
Discounted-Cash-Flow 95, 96, 107, 115, 464
Diversifizierung.............................. 422
Diversität 361, 487, 515
Dividende 94
Dokumentation 511, 514, 516
Dominanz 336
Doria, J.C. 246
Dörsam, P. 417
Dow Jones Sustainability Group.... 117, 246
Dow-Jones-Group-Index 246
Dow-Jones-Sustainability-Group-Index 246
Doyle, M. 423
Doz, Y.L. 274, 304, 320, 328, 332, 345, 356, 393, 437, 443, 444
Drivers 223, 235
Due Diligence................................ 104
Duncan, R. 53
Durchführungsverantwortung 520
DVFA/SG-Verfahren 107
Dynamik 1, 19, 22, 32, 73, 79, 99, 149, 231, 335, 336, 363, 368, 384, 397, 425, 442, 457, 476
Dynamisierung 273, 349, 358, 362, 494
Earnings-per-Share................... 93, 101
Easton, G. 262
Economic-Value-Added 98
Economies of Scale 347, 358
Economies of Scope 347, 358
EDV-System.................................. 186
Effektivität...................... 5, 50, 72, 178, 191, 204, 445, 529
Effizienz 5, 22, 33, 35, 39, 50, 72, 78, 159, 178, 191, 202, 204, 294, 445, 510, 523, 529
Effizienz-Markt-These 250
EFQM-Modell für Excellence 166, 478, 525, 530
EG-Öko-Audit-Verordnung............ 139
Eigendynamik 322, 368
Eigenkomplexität 21, 288
Eigenverantwortlichkeit.................. 386
Einbettung, soziale.......................... 282
Einführungsphase 262
Einführungsstrategie 533
Einführungszeit............................... 357
Eintritt 396
Einzelorganisation 4, 5, 6, 7, 19, 302, 305, 311, 416, 442, 445, 453, 454, 459, 460, 462, 465, 467, 471, 494, 495, 498, 501, 516, 531
Elemente 173, 179, 477
Emilia-Romagna 426
Emittent.. 108
Empowerment 501
Enablers 235
Entity-Ansatz 97
Entscheidungsbefugnisse 379, 485, 516
Entscheidungsorientierung 70
Entscheidungspakete 157
Entscheidungsqualität..................... 210
Entscheidungssystem 16
Entwertung 296, 503
Entwicklung 506
Environmental-Management-and-Audit-Scheme 139
Equity-Ansatz 97
Erfolg 5, 49, 445
Erfolgsfaktoren 225
Erfolgspositionen 357
Erfolgspotential................................ 92
Erfolgswirkung 525
Erfüllungsgrad 513
Ergebnisorientierung 168
Ergebnisse 174, 176, 212, 266, 523
Ergebnistriade 199
Erhebungsinstrument 342
Ermächtigung 183

Ernst & Young 245
Ertrag 80
Ertragswert 91
Ertragswertverfahren 96
Ethik 113, 118, 172
European Foundation for Quality
Management 166
European Quality Award 166, 240
Evans, C.R. 243
Evolution 322
Examination Items 222
Excellence-Center 418
Excellence-Council 418
Excellence-Modelle 6, 86, 163,
164, 459, 471, 494, 525, 530
Existenzsicherung 55
Exit-Option 363, 383
Experten 381, 511
Exploration 342
Externalisierung 304, 329, 425
Fabrik, fraktale 2
Fachkompetenz 300, 452
Fallstudie 269, 526, 533
Fayol, H. 29, 31
Fehlervarianz 83
Fertigungsstätten 376
Fertigungstiefe 439
Fessmann, K.-D. 50
Finalist 247
Finanzen 501
Finanzorientierung 88
Finanzportfolio 149
Finanzwirtschaft 530
Fisseni, H.-J. 83
Fit 35, 65, 77, 201
Flexibilisierung 349, 358
Flexibilität 1, 3, 77, 110, 112,
149, 167, 194, 234, 287, 300, 301,
313, 314, 348, 371, 425, 441
Flexibilitätskosten 441
Fluktuation 203
Flynn, B. 246
Formalisierung 29, 333, 380,
393, 426, 453, 514, 518
Forschung 204
Forschungsbedarf 533
Forschungsprojekt 341
Fragebogen 255, 341
Fragilität 332, 396
Franchising 323, 329
Free-Cash-Flow-Konvergenz 99
Freeman, J.E. 442
Free-Rider-Position 325
Freiwilligkeit 317
Fremdbestimmung 485
Fremdorganisation 11
Frese, E. 54, 56, 59
Frigo-Mosca, F. 431
FuE-Programm-Portfolio 150
Führung 77, 86, 111, 119,
144, 169, 179, 193, 200, 210, 213,
219, 232, 246, 251, 296, 313, 385,
415, 453, 475, 482, 530
Führungskräfte 179, 482
Führungsorientierung 74
Führungstriade 199
Fuller, M.B. 345, 436
Fundamentalanalyse 89
Fundierung 479
Funktion 497
Fusion 316, 363, 463
Gälweiler, A. 175
Ganzheitlichkeit 4, 74, 80,
259, 338, 459, 472, 530
Gebäude 186
Gebert, D. 78
Gefahren 6
Gefangenen-Dilemma 325
Geld 323
Gemeinkostenwertanalyse 155
Gemeinschaft 283
General Accounting Office 255, 262
Geografie 373
Georgia Institute of Technology 251,
259

Gesamthandsvermögen 319
Geschäftsbedingungen 431
Geschäftseinheit 147
Geschäftsergebnisse 217, 224, 228, 240, 255, 469
Geschäftsprozesse 160, 167, 203, 216, 234, 478, 492, 506
Geschäftsrisiko 110
Geschäftszweck 191
Gesellschaft 119, 225, 283, 373, 449, 498
Gesellschaftsbezogene Ergebnisse.. 190
Geser, H. 27, 44
Gesetz 392
Gestaltung 3, 4, 6, 10, 16, 31, 37, 42, 43, 56, 57, 66, 71, 77, 80, 86, 122, 128, 145, 165, 166, 175, 195, 231, 286, 295, 313, 336, 343, 406, 446, 451, 460, 471, 475, 477, 493, 503, 513, 516, 519, 522, 529, 532, 533
Gestaltungsdilemma 302
Gestaltungsparameter 513
Gesundheit 137
Gesundheitsschutz 203
Gewinn 17
Gewinn- und Verlustrechnung .. 96, 204
Gewinner 247
Gläubiger 400
Glaubwürdigkeit 330
Globalisierung 1, 358, 425
Göbel, E. 12, 26, 50
Going-Concern 91
Göransson, A. 407
Grafentheorie 466
Granovetter, M. 282
Grenzstellen 450
Großbank 423
Größe 340, 370
Größenunterschiede 514
Grundgesamtheit 342, 343
Grundlegende Konzepte 472
Gründungsphase 327
Gruppengröße 514
Hackman, J.R. 12
Haftung 399, 517
Hage, J. 385
Hagedoorn, J. 347
Hägele, T. 349, 352, 360, 405
Hamel, G. 274, 304, 320, 328, 332, 345, 356, 393, 437, 443, 444
Handelshaus 423
Handelskammer 420
Handlungsempfehlungen 78, 79
Hannan, M. 442
Harmonisierung 4, 77, 129, 445, 462, 469
Häufigkeit 24, 292
Hauser, A. 264
Hawthorne-Experimente 32
Heck, A. 332, 373, 503
Heller, T. 253
Hendricks, K.B. 251, 259, 267
Hermeneutik 81
Herrschaft 29
Herzberg, F. 33
Heterarchie 386, 427
Heuristik 47
Hiam, A. 246, 269
Hierarchie 6, 17, 18, 22, 24, 36, 39, 276, 281, 287, 289, 291, 294, 302, 314, 324, 329, 341, 347, 349, 366, 425, 437, 452, 453
Hierarchieversagen 281
Hinterhuber, H.H. 64, 294
Hippe, A. 296, 305, 320
Hirsch, U. 80, 112
Hoffmann, M. 345, 413, 436
Homans, G.C. 465
Hoppenstedt 341
Horváth, P. 155
Hub Firm 313
Human Resource Focus 203
Human Resource Management 183
Humankapital 160
Human-Relations-Ansatz 32

Humanressourcen ... 498
Human-Ressourcen-Ansatz ... 33
IBM ... 267
Icks, A. ... 417
Identifikation ... 381
Ideologie ... 284
Imitierbarkeit ... 390
Implementierung ... 516
Improvement ... 212
Individualziele ... 304
Informatik ... 428
Information ... 496, 500, 501
Informations- und Kommunikationstechniken ... 274
Informationseffizienz ... 349
Informationsmanagement ... 227, 350
Informationspreisgabe ... 437
Informationstechnologie ... 429
Infrastruktur ... 338, 425
Inhaltsanalyse ... 80
Inhaltsvalidität ... 85, 525
Initial-Public-Offering-Approach ... 102
Innenverhältnis ... 400
Innovation ... 118, 170, 204, 213, 358, 417, 452, 476
Innovationsgeschwindigkeit ... 362
Innovationsmanagement ... 195, 236
Innovationsmatrix ... 150
Innovationspotentialportfolio ... 151
Instanz ... 14, 21, 36
Institutionalisierung ... 363, 442, 453
Institutionalismus ... 18, 349
Instruktion ... 85
Integration ... 74, 142, 283, 301, 304, 331, 351, 431, 445, 447, 454, 477, 486, 488, 524
Interaktion, antagonistische ... 295
Interaktionsansatz ... 63, 445, 529
Interdependenz ... 279, 302
Interessendisparität ... 332, 483, 497
Interessengruppen ... 49, 62, 73, 76, 118, 145, 151, 164, 168, 181, 187, 195, 204, 210, 213, 225, 228, 233, 234, 236, 258, 264, 445, 460, 473, 478, 498, 523, 532
Interessenidentität ... 495
Interkoderreliabilität ... 84, 525
Internalisierung ... 351
International Excellence Framework ... 233
International Excellence Model ... 233
Internationalisierung ... 273
Interpretation ... 477
ISO TS 16949 ... 134
Isomorphie ... 48, 60, 284, 333, 361
Items ... 197, 212
Jansen, S.A. ... 99
Japan Productivity Center ... 219
Japan Quality Award ... 219, 472
Jarrell, S.L. ... 262
Joint Venture ... 315, 329, 334, 386, 412, 414, 446
Just-in-time ... 274
Kaluza, B. ... 409
Kanten ... 279, 298, 368, 466
Kapazitätsauslastung ... 376
Kapazitätsmanagement ... 357
Kapital, intellektuelles ... 214
Kapitalausstattung ... 400
Kapitalbeteiligung ... 315, 399, 414, 517
Kapitalgesellschaft ... 400
Kapitalisierungszins ... 103
Kapitalwert ... 93
Kaplan, R.S. ... 88, 159, 468
Kartell ... 353
Kategorien ... 197, 212, 222
Kategorisierung ... 531
Keiretsu ... 418, 421
Kennzahlen ... 101, 109, 111, 132, 159
Kerngruppe ... 514
Kernkompetenzen ... 64, 214, 294, 296, 302, 321, 425, 431, 439
Key Performance Indicator ... 264

Kieser, A. 35
Klocke, F. 4
KMU 3, 193, 243, 244, 262, 341, 370, 403, 421, 426, 427, 428, 432, 531
Knoten 279, 298, 368, 466
Knotts, U.S. 243
Know-how 186, 347, 358, 415, 501
Kodifizierung 488, 497
Kogut, B. 334
Kohäsion 327
Köhler, A.G. 105
Kollektivziel 305
Kommunikation 184, 203, 350, 363, 404, 465, 497, 501
Kommunikationsmodell 82
Kompetenz 1, 14, 41, 44, 59, 88, 132, 148, 150, 171, 184, 186, 226, 236, 274, 286, 288, 294, 299, 304, 311, 314, 318, 320, 341, 353, 358, 364, 366, 371, 372, 376, 382, 387, 389, 428, 438, 439, 447, 452, 493, 494, 499, 515
Kompetenzportfolio 362, 389, 439, 494
Komplettlösung 428
Komplexität 1, 19, 21, 22, 27, 29, 73, 79, 149, 176, 273, 287, 288, 291, 299, 386, 466, 530
Komplexitätstoleranz 366
Konfiguration 11, 14, 30
Konflikt 328, 333, 337
Konfliktlösung 453
Konfliktniveau 327
Konfliktpotential 312, 494
Konkretisierung 392
Konkurrenz 333, 352, 372, 444, 495
Konsens 295, 328, 369, 381, 453, 485, 516
Konsensfindung 513, 526
Konsensmeeting 513
Konservatismus 361
Konsistenz 321, 532
Konsistenztest 84
Konsortium 277, 411, 412
Konstruktvalidität 85
Kontingenz 35, 79
Kontrolle 295
Kontrollgruppe 250, 252, 259, 263
Konzepte, grundlegende 167, 193
Konzern 315
Kooperation 171, 180, 194, 279, 285, 296, 494
Kooperationskompetenz 300
Kooperationsmodelle 273
Kooperationsziel 344
Kooption 320
Koordination 11, 19, 29, 53, 56, 276, 286, 288, 295, 301, 310, 349, 368, 436, 493, 501
Koordinationseffizienz 451, 453
Koordinationskompetenz 452
Koordinationskosten 300
Kopplung, lose 281, 285, 329, 336, 350, 362, 379, 442, 483
Körperschaft 394
Kosiol, E. 15
Kospezialisierung 321
Kostendegression 357
Kostenerwägungen 440
Kostenrechnung 191
Kothari, S.P. 249
Krankenstand 203
Kreditwürdigkeit 108
Kriteriumsvalidität 525
Kubicek, H. 35
Kultur 303, 327, 444, 477, 488, 522
Kunden 225, 372, 449, 461, 498
Kundenanforderungen 202
Kundenbefragung 228, 507
Kundenbezogene Ergebnisse 188
Kundenbindung 216
Kunden-Lieferanten-Beziehungen 127
Kunden-Lieferanten-Partnerschaften 194, 406

Kundenorientierung.......... 65, 123, 135, 165, 168, 194, 202, 209, 215, 240, 245, 498
Kundenzufriedenheit........ 18, 135, 160, 164, 169, 175, 188, 194, 202, 204, 216, 223, 228, 248, 251, 255, 267
Kurs-Buchwert-Verhältnis............. 101
Kurs-Gewinn-Verhältnis................ 101
Kursverlauf............................... 89, 248
Kutschker, M.......... 275, 327, 339, 350
Kybernetik.. 45
Landauer, G.................................... 153
Langhoff, T..................................... 139
Lawler, E.E........................ 12, 245, 578
Lazerson, M.................................... 349
Leadership...................... 179, 200, 483
Lean Production................................ 2
Lebensdauer.................................... 395
Lebenszyklus......................... 186, 332
Legitimität....................................... 381
Lei, D.................................... 438, 440
Leibild... 48
Leistungen....................................... 529
  objektive....................................... 508
  subjektive.......................... 500, 507
Leistungsempfänger......................... 498
Leistungsfähigkeit........... 4, 29, 58, 97, 114, 123, 124, 128, 155, 160, 164, 175, 178, 182, 191, 194, 204, 209, 213, 215, 219, 224, 228, 236, 267, 268, 270, 294, 305, 321, 353, 452, 455, 476, 492, 494, 496, 503, 509, 529, 533
Leistungsmessgrößen............. 174, 505
Leistungsniveau.............. 494, 507, 508
Leitung.. 315
Lernen............ 160, 170, 296, 304, 311, 321, 361, 470, 476, 479, 503
Lewis, J.D........ 292, 294, 307, 353, 392
Libero.. 300
Lieferanten..................... 372, 407, 449
Lieferantenpreis............................. 259
Lillich, L.. 153
Liquidationswert................................ 91
Literaturwissenschaft......................... 82
Littig, P................................. 345, 436
Lizenzen................................ 323, 329
Local Content........................ 352, 415
Logistik... 408
Lorange, P... 86
Lorenzoni, G.................................... 345
Luczak, H.. 458
Lyon, J.D... 249
Macht....................... 301, 323, 379, 467
Machtausgleich................................ 382
Machtkonstellation.......................... 377
Machtstreben........................... 318, 384
Machtstruktur.................................. 380
Machtsurrogat.................................. 382
Machtverteilung.............. 322, 382, 515
Malcolm Baldrige National Quality Award......... 166, 192, 207, 219, 222, 240, 247, 251, 255
Management....... 30, 41, 111, 139, 159, 169, 179, 483, 510
  integriertes.............. 74, 79, 524, 529
  normatives......... 4, 74, 338, 477, 488, 491, 529
  operatives.................. 4, 75, 338, 529
  strategisches.......... 4, 36, 75, 88, 147, 338, 529
Management by Fact............. 125, 169, 195, 200, 209, 234, 476
Managementphilosophie.................... 75
Managementsystem.......... 75, 121, 122, 142, 167, 180
March, J.G.. 34
Market-Value-Added......................... 98
Markt.............. 6, 22, 39, 276, 281, 287, 341, 437, 452
Marktanteil....................... 205, 255, 267
Marktattraktivitäts-Wettbewerbsstärke-Matrix... 148
Markteffizienz................................... 57
Markteintrittsmatrix......................... 150
Marktmacht...... 286, 382, 399, 475, 515

Marktorientierung............ 16, 199, 202, 215, 477
Marktpräsenz.......................... 352, 428
Marktrisiko.............................. 17, 446
Marktsog.. 150
Markttransaktionen......................... 292
Marktversagen....................... 281, 350
Marktwachstum-Marktanteil-Matrix.. 148
Marktwert.. 91
Marktwertansatz............................ 101
Marktzugang.............. 1, 273, 347, 348, 352, 356, 359, 366, 387, 403, 414, 423, 424
Marten, K.-U. 105
Maslow, A.H. 33
Maßnahmendefinition 515
Material 501
Mauerer, F. 163
Mayring, P. 80
McGregor, D. 33
Measurement-Systems-Analysis 134
Mehrheit 367
Mehrwert 311, 390, 453, 463
Menschenbild 28, 172
Mergers.. 463
Merkle, M. 458, 468
Merkmale, konstitutives................. 297
Messgrößen 191, 195, 468
Messung 69, 497
Metamizing.................................... 234
Milieu 283
Millarg, K. 407
Mintzberg, H. 309, 524
Misserfolg...................................... 334
Mission 75, 179, 231, 235, 338, 483
Mitarbeiter............. 160, 170, 183, 220, 225, 232, 236, 449, 461, 474, 498
Mitarbeiterorientierung 165, 194, 203, 209, 215, 240, 245, 255
Mitarbeiterpartizipation.................. 245
Mitarbeiterumfrage................. 183, 507
Mitarbeiterzufriedenheit 18, 33, 59, 77, 136, 160, 175, 189, 248, 267
Mitglieder 498
Mitgliederinteressen 356
Mitgliederstruktur.... 336, 341, 367, 494
Mitgliedschaft................................. 395
Modell 72, 471
Modellforderungen 477
Modellierung............................ 46, 467
Moderation..................................... 511
Moody's Investors Service.............. 109
Morgan, G. 2, 55
Motivation........ 31, 33, 56, 58, 120, 209
Motivationseffizienz................. 60, 453
Motivationskonzepte
inhaltsorientierte 59
prozessorientierte............................ 59
Motive
ökonomische 282
soziale 282
Mowshowitz, A. 428
Nachhaltigkeit................................. 118
Nachweis.. 481
NASDAQ.. 252
National Institute of Standards and Technology 192, 243, 247
Neilson, G.L. 246
Network-Excellence-Modell 7, 86, 472, 477, 482, 531
Netzwerk................................ 273, 279
aktiviertes..................................... 396
soziales... 283
strategisches 289, 306, 315, 321, 414
Netzwerkanalyse...................... 463, 465
Netzwerkarchitektur 486, 491, 495, 510
Netzwerkfirmen 277
Netzwerksphäre 286, 312, 336, 341, 350, 355, 361, 376, 389, 409, 423, 444, 452, 460, 469, 484, 488, 496, 498, 501, 517, 523
Netzwerkverfassung 492

Neuansiedlung ... 425
New Public Management ... 433
Nordsieck, F. ... 15
Norm ... 122, 188
Normstrategie ... 152
Norton, P. ... 88, 159, 468
Nutzenfunktion ... 103
Nutzwertverfahren ... 152
Oberflächeninhalt ... 81
Objektentscheidung ... 37
Objektivität ... 80, 83, 522, 526
Obstruktion ... 515
Offenheit ... 477
Ohlhausen, P. ... 345, 413, 436
Ökologie ... 113, 118
Operationalität ... 86, 270, 525, 527, 530
Opportunismus ... 23, 39, 284, 291, 303, 318, 447, 493
Optionspreistheorie ... 90
Organigramm ... 14
Organisation
  divisionale ... 14
  formale ... 14, 30, 33
  funktionale ... 14
  informale ... 33
  Matrix- ... 14
Organisationsbegriff ... 5, 9
  institutioneller ... 37, 234
  instrumenteller ... 11, 37
  tätigkeitsorientierter ... 10, 37, 43
Organisationsentwicklung ... 74
Organisationsgrenzen ... 276
Organisationskonzepte ... 186
Organisationskultur ... 48, 213, 293, 328, 454
Organisationsmacht ... 287, 310, 382, 475, 515
Organisationsmehrheit ... 281
Organisationsverständnis ... 529
Organisieren ... 10, 43, 50
Organsationsentwicklung ... 489
Ornati, O. ... 345
Outsourcing ... 351, 440
Oversampling ... 342
Paketzuschlag ... 91
Paralleltest ... 84
Parallelverhalten ... 329
Parrish, L.G. ... 243
Partiallösung ... 73
Partikularinteressen ... 312
Partizipation ... 386, 453
Partner ... 204, 498
Partnerschaften ... 171, 184, 216, 221, 225, 227, 274
Performance Measurement ... 202
Person, juristische ... 27, 315
Personalentwicklung ... 220
Personalmacht ... 287, 310, 382, 399, 475, 515
Personalmanagement ... 226
Personalplanung ... 190
Personalpolitik ... 203
Personalvertretung ... 226
Pfeiffer, T. ... 151
Pflichten ... 393, 493
Planung ... 157, 214, 305, 312, 453, 496, 523
  strategische ... 182, 235
Planungsprozess ... 497
Pohlmann, M. ... 60, 281, 286, 295, 301, 306, 382
Policy Deployment ... 48, 162, 180, 201, 209, 214, 220, 226, 452, 468, 475, 486
Politik und Strategie ... 181
Polyzentrismus ... 302, 313, 369, 387
Porter, L. ... 12
Porter, M.E. ... 15, 57, 63, 65, 103, 116, 345, 375, 381, 407, 436
Portfolio ... 248, 252
Portfolioanalyse ... 147
Potential-Failure-Mode-and-Effects-Analysis ... 134
Potentialfaktoren ... 58
Powell, W. ... 3, 282, 350, 406
Präferenzstruktur ... 69

Prahalad, C.K. 437
Praxisrelevanz 530
Pre-Investment-Matrix 150
Preis 39, 89, 276, 293, 350, 407
Preisermittlung 4, 104, 530
Pretest 342
Price-Earnings-Ratio 100
Principal-Agency-Theorie 12, 38, 41, 42, 294, 296, 303, 351
Priorisierung 513
Problemlösungskompetenz 366
Probst, G.J.B. 76
Production-Part-Approval-Process 133
Produkthaftung 399
Produktionsfaktor 17
Produktionsnetzwerke 277
Produktionsverbund 408
Produktlebenszyklus 121
Produktqualität 124, 216
Programme 75
Programmierung 30, 32, 37, 61, 363, 447
Projektmanagement 513
Property Rights 40
Prozesse 75, 187, 233, 504, 510
Prozesseffizienz 57
Prozessmanagement 15, 203, 205, 216, 227, 236, 510
Prozessmodell 187, 504
Prozessverbesserung 188, 506
Przasnyski, Z.H. 250
Public Good-Game 324
Public-Choice-Theorie 433
Public-Private-Partnerships 432
QS 9000 130
Qualifizierung 501, 503
Qualität 478
Qualitätsbewusstsein 207
Qualitätsfähigkeit 124
Qualitätsmanagement 123, 164, 530
Qualitätsmanagementsystem 123
Qualitätspreis 6, 164, 166, 208, 243, 247, 530
Quality-System-Assessment 133
Quasi-Externalisierung 376, 439, 503
Quasi-Integration 407, 409
RADAR 176
Rangan, U.S. 331, 353, 355, 502
Rappaport, A. 93, 114
Rating 108, 121
Rationalität 23, 47, 291, 309
Rationalitätsprämisse 172, 309
Reagibilität 220, 251, 310, 460, 476
Rechnungswesen 147, 191
Recht 323, 392
Rechte 393, 493
Rechtsform 400
Rechtspersönlichkeit 314, 316
Rechtssystem 423
Recognition Scheme 167
Redundanz 377, 405, 515
Regelgeleitetheit 82
Regelkreis 203
Region 417
Regionalnetzwerk 409, 418
Reichweite 389, 413, 515, 516
Reinventing Government 433
Reiss, M. 349
Relevanz 379
Reliabilität 19, 27, 80, 83, 522, 525, 527
Rentabilität 267
Repräsentativität 342
Reproduktionswert 91
Reputation 325
Residualgewinn 98
Residualwert 115
Ressourcen 147, 214, 357, 501, 520, 532
Ressourcenbindung 380
Ressourceneffizienz 58
Restriktionen 447
  kapazitive 18
  kognitive 18

Results 176, 212, 223, 235, 266
Retest 84
Reziprozitätsnorm 319
Risiko 111, 399, 436
Risikomanagement 185
Risikominimierung 345
Risikoportfolio 149
Risikostreuung 376
Ritter, A. 139
Rivalität 444
Roethlisberger, F.J. 32
Roggencamp, S. 434
Rollentheorie 466
Ronagraph 149
Root, F.R. 345
Route 128 .... 417, 424
Rücklaufquote 343
Rückzugsposition 314, 335
Rühl, G. 46
Sachinvestition 380
Safety Checklist Contractors 139
Sakakibara, S. 246
Schadenersatz 442
Schein, E.H. 47
Schicht, soziale 283
Schieble, M. 156
Schiedsfunktion 495
Schlüsselergebnisse 191
Schlüsselpartner 185
Schmalenbach-Gesellschaft 107
Schmidt, A. 231, 233, 240, 472, 480, 497, 498, 504, 513
Schmidt, S. 275, 327, 339, 350
Schmitting, W. 106
Schneider, D. 316
Schnittstelle 407, 497
Schreyögg, G. 35
Schriftform 393
Schroeder, R.G. 246
Schuh, G. 273, 300, 407, 429
Schule, St. Galler 74
Schulung 501, 516, 533
Schulungsbedarf 183, 203
Schulungsplan 183
Schwaninger, M. 55
Scoring 110, 154
Segmentierung 21, 276
Selbständigkeit
  rechtliche 280, 288, 314, 431, 463
  wirtschaftliche 288
Selbstbewertung 164, 172, 196, 239, 510, 511, 513, 532
Selbstorganisation 10, 302
Selbstreferentialität 253, 258, 266
Selbststeuerung 22
Selbstverständnis 56, 506
Selektion 335, 396, 438, 452, 494
Selektionseffekt 342
Semiotik 82
Shan, W. 359
Shareholder 118, 174, 500
Shareholder-Rate-of-Return 114
Shareholder-Value 18, 89, 98, 104, 114, 116, 159, 529
Sicherheit 137, 139, 188
Sicherheits Certificat Contractoren . 139
Sichtbarkeit 330, 393
Sihn, W. 349, 352, 360, 405
Silicon Valley 417, 424
Simmel, G. 465
Simon, H.A. 34
Singhal, V.R. 251, 259, 267
Sinngehalt 82
Skaleneffekt 347, 358, 376, 415, 425, 473
Slocum, J.W. 438, 440
Smith, A. 20
Social Embeddedness 62
Solarfirmen 277
Sophia Antipolis 426
Sozialansatz 445, 529
Sozialforschung 82
Sozialleistungen 184
Soziologie 465
Soziostruktur 338
Speicherverwaltung 428

Spezialisierung 11, 20, 375, 447
Spezifität.................... 24, 291, 319, 400
Spielmann, R. 156
Stab 14
Stabilität 55, 336, 340, 442, 473, 494
Stahl, H.H. 64, 294
Stakeholder.......... 53, 55, 62, 103, 153,
201, 449, 498, 503, 507, 510, 520,
523
Stakeholder-Value 210
Standard & Poor's 500............ 248, 253
Standard & Poor's Ratings
Services 109
Standard Industry Classification
Code 251, 252, 263
Standardformulare 512
Standardisierung............................ 526
Standards 122
Standortentwicklung 419
Standortqualität 434
Stärken................ 4, 88, 164, 208, 511,
513, 524, 527, 529
Statistical-Process-Control............. 133
Staudt, E. 347
Steinbrenner, J.O. 412
Stelle 14, 36
Stellenbeschreibung 203
Stellenbildung.................................. 14
Steuerbarkeit.................................. 301
Steuerung......... 214, 460, 516, 529, 533
Stichprobe...................................... 342
Stimulanzwirkung 377, 494
Strack, J. 429
Strategic Planning 201
Strategie......... 209, 232, 306, 309, 495,
505, 508
Strategieentwicklung............. 181, 201,
214, 226, 235, 305, 310, 443, 452,
497
Strategiefähigkeit 310
Strauch, J. 104, 106
Stream-of-Dividends 94
Stream-of-Earnings 95
Struktur 1, 3, 4, 21, 25, 35, 37,
45, 53, 61, 75, 116, 119, 127, 145,
167, 177, 199, 209, 212, 234, 236,
287, 337, 338, 349, 386, 392, 417,
430, 457, 459, 461, 462, 466, 472,
475, 478, 511, 513, 514, 516, 519,
524, 528, 529, 531
Strukturierung 79
Strukturkomplexität 368
Strukturtheorie 466
Strukturträgheit 25, 32, 288, 340, 363
Stuttgarter Verfahren 92
Substanzwert 91
Substitutionsbedrohung .. 296, 300, 305,
353, 387, 439
Superstruktur.................................. 338
Supply-Chain-Management..... 204, 408
Supportprozesse 204
Sustainability 118
Sydow, J................. 275, 280, 285, 288,
296, 301, 306, 322, 326, 338, 363,
381, 382, 439, 465
Synergieeffekte 360
System.............................. 45, 199, 223
geschlossenes 32, 45
offenes...................................... 45, 54
soziales........................ 16, 44, 45, 74
soziotechnisches 16, 26, 46
soziotechnologisches 46, 54, 62,
446, 471
technisches 45
Systemanalyse.................................. 46
Systemansatz................... 209, 234, 529
Systematisierung..................... 337, 531
Systematisierungsmerkmale 511
Systemeffizienz................................. 56
Systemerhaltung 54, 445
Systemgrenzen 45
Systemlieferant 274
Systemorientierung 472
Systemtheorie 45, 55
Systemvertrauen 61
Tai, L.S. 250

Tätigkeitsbereiche 341
Taucher, G. 381, 386
Taylor, F.W. 20, 29, 30
Taylorismus 31
Technologie 3, 35, 45, 64, 78, 99, 110, 118, 150, 186, 204, 232, 236, 296, 345, 359, 420, 438, 495
Technologiedruck 150
Technologiemanagement 186, 204, 236
Technologieportfolio 99, 150, 151, 345
Teilkriterien 173, 477
Testgüte 73, 80, 524, 530
Testinstruktion 524, 526
Tettamanti, S. 431
Tettinger, P.J. 435
The Conference Board 241
Theoriegeleitetheit 82
Thesaurierung 93
Thorelli, H.B. 279
Töpfer, A. 163
Total Quality Management 166
Transaktion 12, 60, 330
Transaktionskosten 18, 22, 38, 291, 300, 349
Transformation 12, 60
Transitivität 299, 340, 368
Trend 176, 480
Troy, K. 245
Überprüfung 176, 478, 523
Überzeugung 501
Ulrich, H. 86
Ulrich, P. 74
Umfang 478
Umsatz 259, 263, 267
Umsatzrentabilität 255, 263
Umsetzung 176, 200, 212, 224, 266, 478
Umsystem 521
Umwelt 35, 45, 46, 99, 118, 186, 449
Umwelt-/Unternehmenportfolio 148
Umweltbilanz 121
Umweltfaktoren-Reaktionsmöglichkeiten-Matrix 149
Umweltkomplexität 288
Umweltmanagement 187
Umweltpolitik 138
Umweltrisiko-Marktattraktivitäts-Portfolio 149
Umweltschutz 137, 201, 221, 228
Unabhängigkeit 368, 440
wirtschaftliche 316
Unsicherheit . 23, 39, 289, 309, 351, 491
Unterkriterien 173
Unternehmen
polykorporatives 315
virtuelles .. 2, 277, 377, 427, 446, 521
Unternehmensanalyse 70
Unternehmensbegriff 5, 16
Unternehmenserfolg 241
Unternehmenskauf 529
Unternehmenskultur 48, 60, 75, 235, 338, 373, 444
Unternehmensnetzwerk 194
Unternehmensverfassung ... 75, 118, 338
Unternehmensvermögen 80
Unternehmenswert 70, 77, 91, 115
objektiver 70, 96, 112
subjektiver 70, 96
Unternehmung, fokale 313, 315, 336, 386
Unverbindlichkeit 392, 516
Unvollständigkeit 23, 289
Ursache-Wirkungs-Beziehungen 530
Utilität 86, 270, 525, 527, 530
Vahl, G. 17
Valenz 59
Validität 80, 84, 154, 253, 270, 464, 472, 525
Value Added Partnership 408
Varianz 26, 61
Variationspotential 361
Varietät 340, 361, 370, 442, 447, 460
VDA 6.1 130
Veränderungsgeschwindigkeit 476

Verantwortlichkeit 27
Verantwortung 22
gesellschaftliche 63, 118, 136, 164, 172, 180, 190, 195, 201, 210, 214, 221, 474
Veräußerungswert 91
Verbesserung 170, 209, 212, 220, 460, 472, 476, 479, 523
Verbesserung, kontinuierliche 224, 234, 251
Verbesserungsbereiche 88, 164, 511
Verbesserungsprozess 126, 144
Verbundeffekt 358
Verbundvorteile 347
Verfahren
nutzentheoretische 153
nutzwertanalytische 153
Verfassung 492
Verflechung 422
Verfügungsrechte 38, 40, 399, 431
Vergangenheitsorientierung 78
Verhalten 338, 529
antagonistisches 279, 329
opportunistisches 284, 293, 303, 309, 318, 325, 447
Verhaltensvarietät 26, 30, 61
Verhandlungsführung 322
Verhandlungsgeschick 381
Verkehrswert 91
Vermögen 399
Vermögenswert 259
Vernetzung 429
Verteilungskonflikt 356
Vertrag 314, 329, 356, 381, 392, 412, 442, 475, 493, 516
Vertragskonzern 315
Vertrauen 19, 28, 172, 221, 274, 284, 294, 303, 323, 328, 351, 454, 491
Vertriebsweg 352, 356
Verwendbarkeit, praktische 86
Virtualisierung 274
Vision 179, 225, 235, 483
Voice-Option 363
Voraussetzung 477
Vorbildfunktion 76, 193, 246, 487
Vorgehen 169, 176, 200, 212, 224, 266, 478, 523
Vorgehensweise 510
Vorleistung 323
Voss, W. 240, 419
Wachstum 470
Wachstumschancen 100
Warner, J.B. 249
Weber, M. 29
Weimer, T. 156
Weiss, A. 53
Weisungsbeziehungen 14, 22, 39, 179, 293, 302, 314, 329, 351, 450, 483, 487, 493, 501
Weiterbildung 194, 203, 226
Welge, A. 306
Werte 47, 179, 186, 193, 200, 225, 285, 293, 454, 475, 477, 486, 488, 495
Wertermittlung 530
Wertkette 375
Wertpapieranalyse 89
Wertpapierportfolio 89
Wertschöpfung 196, 363
Wertschöpfungskette 58, 65, 221, 372, 407
Wertschöpfungspartnerschaft 408
Wertschöpfungsstufe 301, 372
Werttreiber 97
Wettbewerb 204, 296, 301, 377, 405, 449, 494
Wettbewerber 225
Wettbewerbsanalyse 246
Wettbewerbsbeeinflussung 345, 372
Wettbewerbsfähigkeit 245
Wettbewerbsintensität 347
Wettbewerbsrecht 353
Wettbewerbsstruktur 345
Wettbewerbsvorsprung 429
Widerstand 488, 515

Wiener, N. 46
Wild, J. 15
Willenserklärung 392
Williamson, O.E. 39
Wimmer, R. 458
Win-Win-Situation 325
Wirtschaftseinheit 17
Wissen 119, 311, 347, 501
Wissensakquisition 361
Wissensdiffusion 305, 437
Wissensmanagement 170, 186, 215, 236, 503
Wissenstransfer 345, 358, 419
Wöhe, G. 10, 17, 69, 446
World-Wide-Web 274
Yoshino, M.Y. 331, 353, 355, 502
Zahlungsstörung 108
Zahlungsstrom 91
Zaibatsu 421
Zeithorizont 335
Zeitvorteil 357
Zentralisierung 333, 385, 426
Zerfallstendenz 336, 396, 450, 453
Zero-Base-Budgeting 156, 157
Zertifizierung 124, 127, 140
Ziel 340, 447
Zieldivergenz 303
Ziele 14, 49, 54, 56, 69, 75, 103, 111, 156, 160, 176, 303, 404, 461, 475, 480, 495, 505, 508, 514
strategische 174, 200
Zielentfaltung 48, 162, 183, 497
Zielerreichung 49
Zielkomplementarität 303, 319, 331, 356, 404, 434, 485, 495
Zielkongruenz 327
Zielkonvergenz 305
Zink, K.J. 46, 50, 78, 165, 240, 419, 510
Zufallsstichprobe 341, 342
Zugehörigkeit 283, 397, 498
Zugriff 497
Zuständigkeit 513
Zwang 381

Anhang: Fragebogen zur empirischen Erhebung

TA

Institut für Technologie und Arbeit e.V.
Universität Kaiserslautern
Kurt Schumacher-Str. 74A
67663 Kaiserslautern

Fragebogen zur Unternehmenskooperation

Sehr geehrte Damen und Herren,

anhand der nun folgenden drei Fragenbereiche möchten wir von Ihnen erfahren, wie Kooperationen Ihres Unternehmens gestaltet sind und welche Erfolgsfaktoren Sie dabei sehen.

Dazu stellen wir Ihnen auf den nächsten Seiten einige Fragen und bitten Sie, diese gemäß den nachfolgenden Hinweisen zu beantworten.

Im **Fragenblock A** fragen wir nach einigen Angaben zu Ihrem Unternehmen. Bitte kreuzen Sie die entsprechende Antwortkategorie an oder antworten Sie in Ihren eigenen Worten, wenn keine Antwortmöglichkeiten vorgegeben sind.

Im **Block B** stellen wir Ihnen einige Fragen zur konkreten Gestaltung bestehender Kooperationen. Bitte kreuzen Sie pro Frage diejenige Antwortmöglichkeit an, der Sie zustimmen. Die übrigen nicht angekreuzten Antwortmöglichkeiten werden als Ablehnung gewertet. Sollte bei einer Frage die Möglichkeit bestehen, mehrere Antworten anzukreuzen, dann wird dies rechts neben der entsprechenden Frage durch den Zusatz "Mehrfachnennungen möglich" angezeigt.
Bitte lesen Sie sich vor der Beantwortung einer Frage alle Antwortmöglichkeiten durch, bevor Sie diesen zustimmen bzw. diese ablehnen.

Im **Block C** des Bogens, in dem wir Sie nach dem Einfluss bestimmter Aspekte auf den Erfolg von Kooperationen fragen, können Sie auf einer 4-stufigen Antwortskala von „sehr positiv“ bis „sehr negativ“ Ihre Einschätzung abgeben.

Bitte bearbeiten Sie den Fragebogen **vollständig**, damit eine sinnvolle Auswertung möglich ist. Damit sichern Sie die Aussagekraft und den Nutzen der Ergebnisse auch für Ihr Unternehmen.

Vielen Dank für Ihre Beteiligung an der Befragung!

Dieses Projekt wird gefördert durch bmb+f Bundesministerium für Bildung, Wissenschaft, Forschung und Technologie

A: Fragen zu Ihrem Unternehmen

1. **In welchem Bundesland ist Ihr Unternehmen angesiedelt?**

   ____

2. **In welcher Branche ist Ihr Unternehmen tätig?**

   ____

3. **Wie viele Mitarbeiter sind in Ihrem Unternehmen (ohne Kooperationspartner) beschäftigt?**

   ❑ 1 – 20 ❑ 20 – 50 ❑ 50 – 100
   ❑ 100 – 500 ❑ 500 – 1000 ❑ mehr als 1000

4. **Wieviel Umsatz hat Ihr Unternehmen (ohne Kooperationspartner) im letzten Geschäftsjahr erwirtschaftet?**

   ❑ unter 2 Mio. DM ❑ 2 Mio. bis 10 Mio. DM ❑ 10 Mio. bis 20 Mio. DM
   ❑ 20 Mio. bis 100 Mio. DM ❑ 100 Mio. bis 200 Mio. DM ❑ über 200 Mio. DM

5. **Wie hat sich der Umsatz Ihres Unternehmens im Vergleich zum Vorjahr entwickelt?**

   ❑ Umsatzsteigerung ❑ Umsatzstagnation ❑ Umsatzrückgang

B: Strukturelle Merkmale der Kooperation

Grundlage der Befragung ist folgendes Verständnis von Unternehmenskooperationen:

"Eine Unternehmenskooperation liegt vor, wenn **zwei oder mehr** rechtlich selbständige Unternehmen ihre Geschäftstätigkeit auf **gemeinsam verfolgte Ziele** hin abstimmen.

Die Zusammenarbeit wird **ausdrücklich vereinbart** und ist mittel- bis langfristig angelegt; sie erfordert jedoch **nicht zwingend** detaillierte vertragliche Regelungen oder gar die Gründung eines eigenen Unternehmens.

Grundsätzlich bringt jedes Mitgliedsunternehmen in die Kooperation Leistungen ein, für die es besondere Fähigkeiten besitzt. Ihre Zusammenführung ist mit Vorteilen für alle Partner verbunden."

6. **Sind Sie derzeit an einer oder mehreren Unternehmenskooperationen in dem oben beschriebenen Sinne beteiligt?**

❑ ja ❑ nein

Wenn "nein"": Bitte beenden Sie an dieser Stelle die Befragung und senden Sie den Fragebogen an uns zurück!

7. **An wie vielen Kooperationen ist Ihr Unternehmen derzeit beteiligt?**

❑ 1 ❑ 2 – 5 ❑ mehr als 5

Falls Sie an mehreren Kooperationen beteiligt sind: bitte beziehen Sie sich im Folgenden auf die Ihrer Meinung nach **wichtigste Kooperation**!

8. **Wie viele Partner sind an der Kooperation beteiligt?**

❑ 2 ❑ 3-6 ❑ 7-10 ❑ >10

9. Welche Ziele verfolgt die Kooperation? *(Mehrfachnennungen möglich)*

- ↳ Höhere Effizienz einer Kooperation gegenüber einem "klassischen" Kauf/Verkauf am Markt oder der kompletten Leistungserstellung im eigenen Haus ...... ☐
- ↳ Verbesserung der Markt- und Wettbewerbsposition der Partner .... ☐
- ↳ Bündelung materieller Ressourcen (z.B. gemeinsame Nutzung von Anlagen) .... ☐
- ↳ Wissenserwerb und Know-How-Transfer zwischen den Partnern .... ☐
- ↳ Kurzfristiger Zugriff auf Partner und ihre Kompetenzen .... ☐
- ↳ Vermeidung dauerhafter Bindung an Partner .... ☐
- ↳ Höhere Flexibilität durch abgestimmtes, aber eigenverantwortliches Handeln der einzelnen Partner .... ☐
- ↳ Erhöhung der Problemlösungskompetenz durch gemeinsames Handeln .... ☐
- ↳ Sonstige Ziele, und zwar: ________________________________

10. Ist ein Eintritt neuer oder ein Austritt bisheriger Partner im Rahmen der Kooperation vorgesehen?

- ↳ Neue Partner können in die Kooperation eintreten, Mitglieder können die Kooperation verlassen .... ☐
- ↳ Der Fortbestand der Kooperation ist an einen unveränderten Mitgliederkreis gebunden .... ☐

11. Welche Unternehmensgröße haben die Partner der Kooperation?

- ↳ Die Partner sind ausschließlich kleine und mittlere Unternehmen (KMU) .... ☐
- ↳ Die Partner sind überwiegend kleine und mittlere Unternehmen (KMU) .... ☐
- ↳ Die Partner sind überwiegend Großunternehmen (über 1000 Mitarbeiter) .... ☐
- ↳ Die Partner sind ausschließlich Großunternehmen (über 1000 Mitarbeiter) .... ☐

12. In welchem Verhältnis stehen die Partner in der Wertschöpfungskette?

- ↳ Alle Unternehmen im Netzwerk stehen auf der gleichen Wertschöpfungsstufe und bringen gleiche Funktionen in die Kooperation ein (z.B. gemeinsame Beschaffung oder Produktion) ☐
- ↳ Alle Unternehmen im Netzwerk stehen auf der gleichen Wertschöpfungsstufe, bringen aber unterschiedliche Funktionen in die Kooperation ein (z.B. Hersteller A die Beschaffung, Hersteller B den Vertrieb) ☐
- ↳ Alle Unternehmen im Netzwerk sind auf unterschiedlichen Wertschöpfungsstufen tätig; die Kooperation dient der Vorwärts- bzw. Rückwärtsintegration ☐
- ↳ Die Kooperation integriert Unternehmen sowohl auf der gleichen wie auch auf vor- oder nachgelagerten Wertschöpfungsstufen ☐
- ↳ Die Kooperation integriert Unternehmen, die auf vollkommen unterschiedlichen Märkten agieren ☐

13. Wie weit liegen die Partner der Kooperation geografisch auseinander?

- ↳ Die Partner der Kooperation sind weitgehend oder ausschließlich in einer Region angesiedelt ☐
- ↳ Die Partner der Kooperation sind überregional angesiedelt, stammen aber alle aus Deutschland ☐
- ↳ Die Partner der Kooperation sind über nationale Grenzen hinweg angesiedelt ☐

14. Wie groß ist die Überschneidung zwischen den Aktivitäten der Kooperationspartner?

- ↳ Die Aktivitäten der Partner überschneiden sich nicht ☐
- ↳ Aktivitäten können teilweise auch von mehreren Partnern erbracht werden ☐
- ↳ Alle relevanten Aktivitäten können von mehreren Partnern erbracht werden ☐

15. Auf welcher Grundlage werden in der Kooperation überwiegend Entscheidungen getroffen?

- ↳ Entscheidungen hängen vor allem vom exklusiven Zugang eines Partners zu Know-how, Kapazitäten, Märkten etc. ab ☐
- ↳ Entscheidungen hängen vor allem von der Persönlichkeit und der Ausstrahlung einzelner Partner ab ☐
- ↳ Entscheidungsbefugnisse sind vertraglich festgelegt ☐

16. Wie sind die Entscheidungskompetenzen in der Kooperation verteilt?

- ↳ Entscheidungskompetenzen liegen weitgehend oder ausschließlich bei einem Partner .... ❑
- ↳ Entscheidungskompetenzen liegen bei einem Teil der Partner .... ❑
- ↳ Entscheidungen werden von allen Partnern gleichberechtigt getroffen........ ❑

17. Inwiefern sind die Partner der Kooperation voneinander abhängig?

- ↳ Abhängigkeitsbeziehungen zwischen den Partnern sind überwiegend einseitig, d.h. einzelne Partner sind stärker von der Kooperation abhängig als andere .... ❑
- ↳ Die Partner sind wechselseitig und gleichermaßen voneinander abhängig .... ❑

18. In welchem Umfang umfasst die Kooperation die Geschäftstätigkeit der Partner?

- ↳ Die Zusammenarbeit beschränkt sich auf Teilbereiche der Geschäftstätigkeit der Partner (z.B. einzelne Funktionen oder Prozesse) .... ❑
- ↳ Die Zusammenarbeit umfasst die wesentlichen Bereiche in der Geschäftstätigkeit der Partner .... ❑

19. Wie groß ist aus Ihrer Sicht die strategische Bedeutung der Kooperation für die Partner?

- ↳ Die Kooperation ist von eher geringer strategischer Bedeutung für die Partner; ein Austritt oder Ausschluss aus der Kooperation ist nicht mit einer bedeutsamen Beeinträchtigung der Wettbewerbsposition verbunden .... ❑
- ↳ Die Kooperation ist in einigen Geschäftsfeldern von eher hoher Bedeutung für die Partner; ein Austritt oder Ausschluss führt dort zu einer bedeutsamen Beeinträchtigung der Wettbewerbsposition, gefährdet aber nicht die wirtschaftliche Existenz insgesamt........ ❑
- ↳ Die Kooperation ist für die Partner von existenzieller Bedeutung; ein Austritt oder Ausschluss führt zu einer nachhaltigen Verschlechterung der Wettbewerbsposition ❑

20. Welche rechtlichen Regelungen wurden in der Kooperation getroffen?

- ↳ Es existieren nur unverbindliche Absprachen........ ❑
- ↳ Grundlegende Modalitäten der Kooperation wurden vereinbart, aber nicht schriftlich festgelegt .... ❑
- ↳ Modalitäten der Kooperation sind schriftlich festgelegt........ ❑
- ↳ Für die Kooperation wurde eine rechtlich eigenständige Organisation gegründet..... ❑

21. Wie detailliert sind Rechte und Pflichten im Rahmen der Kooperation geregelt?

- Rechte und Pflichten sind nur grundsätzlich geregelt und eröffnen weite Handlungs- und Interpretationsspielräume .... ❑
- Rechte und Pflichten der Partner sind weitgehend erschöpfend geregelt .... ❑

22. Auf welche Dauer ist die Kooperation insgesamt angelegt?

- kurzfristig (z.B. beschränkt auf der Erfüllung eines bestimmten Auftrags) .... ❑
- mittel- oder langfristig .... ❑
- unbefristet .... ❑

23. Auf welche Dauer ist die Zugehörigkeit der einzelnen Partner angelegt?

- kurzfristig (z.B. beschränkt auf der Erfüllung eines bestimmten Auftrags) .... ❑
- mittel- oder langfristig .... ❑
- unbefristet .... ❑

24. Welche Kapitalbeteiligungen bestehen zwischen den Partnern in der Kooperation?

- Keine Kapitalbeteiligung der Partner an der Kooperation .... ❑
- Gleiches finanzielles Engagement der Partner in der Kooperation .... ❑
- Mehrheits- oder Minderheitsbeteiligungen der Partner an der Kooperation .... ❑

25. Welche Regelungen existieren bezüglich der Haftung der Partner in der Kooperation?

- beschränkte Haftung der Partner (z.B. Begrenzung des Risikos auf eine Einlage) .... ❑
- unbeschränkte Haftung der Partner .... ❑

26. Inwieweit sind die Partner über Investitionen (Sachmittel) an die Kooperation gebunden?

- keine oder geringe Bindung .... ❑
- hohe Bindung .... ❑

C: Erfolgsfaktoren von Kooperationen

19. Welchen Einfluss haben folgende Aspekte auf die Erfolgsaussichten Ihrer Kooperation?	sehr positiv	positiv	keinen	negativ	sehr negativ
↳ Sich ergänzende Ziele der Kooperationspartner ..	☐	☐	☐	☐	☐
↳ Ausdrückliche Formulierung der gemeinsamen Kooperationsziele	☐	☐	☐	☐	☐
↳ Konkrete vertragliche Festschreibung individueller Leistungspflichten	☐	☐	☐	☐	☐
↳ Erkennbarer (finanzieller/nicht-finanzieller) Nutzen für jeden Partner	☐	☐	☐	☐	☐
↳ Erwartung eines kurzfristig realisierbaren Nutzens für die einzelnen Partner	☐	☐	☐	☐	☐
↳ Wechselseitiges Vertrauen der Partner untereinander	☐	☐	☐	☐	☐
↳ Vorerfahrungen der Partner mit Unternehmenskooperationen allgemein	☐	☐	☐	☐	☐
↳ Vorerfahrungen mit denselben Partnern aus früheren Geschäftsbeziehungen/Kooperationen ..	☐	☐	☐	☐	☐
↳ Aufbau einer eigenen Organisationsstruktur für die Kooperation	☐	☐	☐	☐	☐
↳ Gleichberechtigte Entscheidungsfindung	☐	☐	☐	☐	☐
↳ Interner Wettbewerb zwischen den Partnern	☐	☐	☐	☐	☐
↳ Regelmäßige strukturierte Leistungsbewertung für alle Partner	☐	☐	☐	☐	☐
↳ Funktionierende Kommunikationsbeziehungen ..	☐	☐	☐	☐	☐
↳ Einsatz von Informations- und Kommunikationstechniken	☐	☐	☐	☐	☐
↳ Regelungen und Verfahren zur Konfliktlösung ...	☐	☐	☐	☐	☐
↳ Bereitschaft der Partner, Entscheidungsmacht an die Kooperation abzutreten	☐	☐	☐	☐	☐
↳ Sonstige Aspekte, und zwar: a)	☐	☐	☐	☐	☐
↳ b) ________	☐	☐	☐	☐	☐
↳ c) ________	☐	☐	☐	☐	☐